SANCTI ROMANI
MELODI CANTICA

CANTICA GENUINA

SANCTI ROMANI MELODI CANTICA

CANTICA GENUINA

EDITED BY

PAUL MAAS

*Emeritus Professor of Greek in the
University of Königsberg*

AND

C. A. TRYPANIS

*Professor of Byzantine and
Modern Greek in the
University of Oxford*

OXFORD
AT THE CLARENDON PRESS

Oxford University Press, Great Clarendon Street, Oxford OX2 6DP
Oxford New York
Athens Auckland Bangkok Bogota Bombay
Buenos Aires Calcutta Cape Town Dar es Salaam
Delhi Florence Hong Kong Istanbul Karachi
Kuala Lumpur Madras Madrid Melbourne
Mexico City Nairobi Paris Singapore
Taipei Tokyo Toronto
and associated companies in
Berlin Ibadan

Oxford is a trade mark of Oxford University Press

Published in the United States by
Oxford University Press Inc., New York

© Oxford University Press 1963

First published by Oxford University Press 1963
Special edition for Sandpiper Books Ltd., 1997

All rights reserved. No part of this publication may be reproduced,
stored in a retrieval system, or transmitted, in any form or by any means,
without the prior permission in writing of Oxford University Press.
Within the UK, exceptions are allowed in respect of any fair dealing for the
purpose of research or private study, or criticism or review, as permitted
under the Copyright, Designs and Patents Act, 1988, or in the case of
reprographic reproduction in accordance with the terms of the licences
issued by the Copyright Licensing Agency. Enquiries concerning
reproduction outside these terms and in other countries should be
sent to the Rights Department, Oxford University Press,
at the address above

This book is sold subject to the condition that it shall not, by way
of trade or otherwise, be lent, re-sold, hired out or otherwise circulated
without the publisher's prior consent in any form of binding or cover
other than that in which it is published and without a similar condition
including this condition being imposed on the subsequent purchaser

British Library Cataloguing in Publication Data
Data available

Library of Congress Cataloging in Publication Data

ISBN 0-19-815244-2

3 5 7 9 10 8 6 4 2

Printed in Great Britain by
Bookcraft Ltd
Midsomer Norton, Somerset

PREFACE

In presenting the first fully critical edition of the genuine cantica of Romanos we are fully aware of the many shortcomings inevitable at the present stage of research in the whole field of medieval Greek, literary and linguistic, and more particularly in the writings of Romanos himself. We publish the present text in the hope that it may serve as a foundation for the further investigation of the greatest poet of the Greek middle ages, indeed of the greatest poet of the Christian Church.

We are greatly indebted to the Institut de Recherche et d'Histoire des Textes of Paris for making available microfilms of codices Patmiacus 212, Patmiacus 213, and Mosquensis Synod. 437.

We should like to acknowledge our obligation and express our thanks to Mr. P. M. Lewis who copied much of the apparatus criticus, to Mr. Mervyn Jones who read through the proof-sheets of the whole apparatus criticus, and to Mr. B. Mandilaras who read through the proof-sheets of the text. To Mrs. S. Argyle we are indebted for the preparation of the Index Nominum.

We should also like to take this opportunity of thanking the Delegates of the Clarendon Press for undertaking the publication of this volume and the staff of the Press for the care they have expended on its production.

Finally Professor Trypanis would like to express his thanks to the Institute of Advanced Study, Princeton, New Jersey, U.S.A., for the generous invitation which gave him the time to conclude the present work.

P. M., C. A. T.

CONTENTS

INTRODUCTION
1. The Kontakion   Page xi
2. The life and works of Romanos   xv
3. The present edition   xxiv

SELECT BIBLIOGRAPHY   xxxiii

SIGLA   xxxv

TEXT

I. CANTICA ON THE PERSON OF CHRIST
1. On the Nativity I (Mary and the Magi)   Page 1
2. On the Nativity II (Adam and Eve and the Nativity)   9
3. On the Massacre of the Innocents   17
4. On the Presentation in the Temple   26
5. On the Baptism of Christ   34
6. On the Epiphany   41
7. On the Marriage at Cana   49
8. On the Healing of the Leper   56
9. On the Woman of Samaria   64
10. On the Sinful Woman   73
11. On the Man possessed with Devils   80
12. On the Woman with an Issue of Blood   88
13. On the Multiplication of the Loaves   94
14. On the Raising of Lazarus I   102
15. On the Raising of Lazarus II   110
16. On the Entry into Jerusalem   116
17. On Judas   122
18. On Peter's Denial   131
19. On Mary at the Cross   142
20. On the Passion of Christ   149

21.	On the Crucifixion	157
22.	On the Victory of the Cross	164
23.	On the Adoration at the Cross	172
24.	On the Resurrection I	181
25.	On the Resurrection II	187
26.	On the Resurrection III	196
27.	On the Resurrection IV	201
28.	On the Resurrection V	210
29.	On the Resurrection VI	223
30.	On Doubting Thomas	234
31.	On the Mission of the Apostles	242
32.	On the Ascension	250
33.	On Pentecost	259
34.	On the Second Coming	266

II. CANTICA ON OTHER EPISODES FROM THE NEW TESTAMENT

35.	On the Nativity of the Virgin Mary	276
36.	On the Annunciation I	280
37.	On the Annunciation II	289
38.	On the Beheading of John the Baptist	294
39.	On the Healing of the Lame Man by Peter and John	303

III. CANTICA ON OLD TESTAMENT CHARACTERS

40.	On Noah	312
41.	On Abraham and Isaac	322
42.	On Jacob and Esau	330
43.	On Joseph I	339
44.	On Joseph II	354
45.	On Elijah	367
46.	On the Three Children	380

IV. CANTICA ON VARIOUS SUBJECTS

47.	On the Ten Virgins I	395
48.	On the Ten Virgins II	409

CONTENTS

49. On the Prodigal Son	420
50. On Dives and Lazarus	430
51. On Fasting	438
52. On Repentance	447
53. On Baptism	454
54. On Earthquakes and Fires	462
55. On Life in the Monastery	472
56. A Prayer	483

V. CANTICA ON MARTYRS AND SAINTS

57. On the Forty Martyrs of Sebasteia I	487
58. On the Forty Martyrs of Sebasteia II	495
59. On All Martyrs	506
METRICAL APPENDIX	511
INDEX NOMINUM	539
CONSPECTUS	547

ADDENDA AND CORRIGENDA

Preface, line 1: *for* fully *write* full
p. xxx, footnote 5: *write* Akrostichis
p. 9 Cant. 2 in apparatus: *write* Pitra A.S. I, p. 514 sq. Cant. XXIII
15   ιδ′ 7²: *write* ζωηφόρον
39 Cant. 5 ιγ′ 6¹ in apparatus: *write* δεικνύω
46 Cant. 6 ια′ 7² in text and apparatus: *write* ἀνέθαλε
55 Cant. 7 ιη′ 5² in apparatus: *write* P
60 Cant. 8 ια′ 1¹: *add quotation mark before* ʽΥπό
61   ια′ 7²: *delete quotation mark*
69 Cant. 9 ιγ′ 6²: *write* ἐπιμειξίαν
83 Cant. 11 ια′ 1¹ in apparatus: *write* ⏑ ⏑ – ⏑ ⏑ –
92 Cant. 12 ιε′ 2¹: *write* Σίμων Βαριωνᾶ
126 Cant. 17 θ′ 7¹: *write* αἰῶνας
177 Cant. 23 ιε′ 9² in apparatus: *write* ⏑ –; cf. App. Metr.
185 Cant. 24 ιδ′ 8: *write* γηθόμενοι
195 Cant. 25 ιθ′ 7: *write* κύριος;'
198 Cant. 26 δ′ 7² in apparatus: *write* εὑρεῖν m.c. Trypanis
273 Cant. 34 κ′ 3¹ in apparatus: *write* τότ' ἐκ δεξιῶν ⟨σου⟩ [Trypanis]
283 Cant. 36 ε′ 4² in apparatus: *write* ⟨ἄγγελος⟩ vel ⟨ἄκουσμα⟩ Trypanis
333 Cant. 42 ζ′ 12² in apparatus: *delete* μοι] Maas: ἡμῖν P
340 Cant. 43 δ′ 6² in apparatus: *write* (sic) P
342   ζ′ 4¹: *write* Πραθήτω
348   κϛ′ 2²: *write* Ἀβραάμ
413 Cant. 48 ϛ′ 2: *write* ῥαθυμήσασι
415   ι′ 9: *write* Μωσῆ
430 Cant. 50 α′ 1¹: *write* ὑμνῳδίᾳ
445 Cant. 51 ιθ′ 5¹: *delete comma after* ὄφις
447 Cant. 52 κδ′ 8′: *write* [[παν]]ἀχράντου
462 Cant. 54 β′ 2²: *write* ἀέναος
490 Cant. 57 ϛ′ 7² in apparatus: *write* ἐξουσιάζει
514 in footnote *: *write* (Athens 1907); *Libistros*
541 line 7: *delete* and see Deity

INTRODUCTION

1. THE KONTAKION

To the student of Byzantine literature the Cantica of Romanos are known as *Kontakia*. The kontakion[1] is a sermon in verse accompanied by music. In character it is similar to the early Byzantine festival sermons in prose, though metre and music must have greatly heightened the effect. The form generally consists of 18–24 metrically identical stanzas (called οἶκοι) preceded by a short prelude (called κουκούλιον) in another metre. The first letters of the stanzas form an acrostic, which frequently includes the name of the poet. The last line of the prelude introduces a refrain, with which all the following stanzas end.[2]

How the kontakion was delivered is not known, but from the surviving texts we gather that the main body of the metrical sermon was chanted from the pulpit by the preacher himself after the reading of the gospel, while a choir, or even the whole congregation, probably joined in the refrain.[3] The length of many kontakia, and the epic character of some, point to a kind of recitative. The music, which accompanied the sixth-century kontakia, and which was undoubtedly closely integrated with their metres, is now all lost.[4]

[1] The word *kontakion* first appears in the ninth century. The Byzantine poets of the sixth century called their metrical sermons by a number of other terms, such as ὕμνος, ἔπος, ᾠδή, ψαλμός, δέησις. Some of these are of pagan origin, cf. Norden, *Antike Kunstprosa*, pp. 84 f.
The explanation of the term *kontakion* ἀπὸ κοντοῦ περὶ τὸν ὁποῖον ἐτυλίσσετο ἡ μεμβράνα (therefore = *rotulus*) is the most probable. Cf. Pitra, *Anal. Sacra*, i, x f.; Maas, *Byz. Zeit.* 19 (1910), 285, n. 2.

[2] On the *kontakion* see Maas, *Byz. Zeit.* 19 (1910), 285 f.

[3] See *Byz. Zeit.* 19 (1910), 286 f.; cf. e.g. 11 a' 4[1] ff.:

ἐπειδὴ οὖν Δαβὶδ ἐμελῴδησε,
καὶ ἀναγνώσει εὐτάκτῳ γραφῶν ἐπευφράνθημεν,
αὖθις Χριστὸν ἀνυμνήσωμεν καὶ τοὺς ἐχθροὺς στηλιτεύσωμεν
αὕτη γὰρ γνώσεως κιθάρα,

or 47 a' 1[1]ff. Τῆς ἱερᾶς παραβολῆς τῆς ἐν εὐαγγελίοις ἀκούσας τῶν παρθένων
ἐξέστην, ἐνθυμήσεις καὶ λογισμοὺς ἀνακινῶν,
πῶς τὴν τῆς ἀχράντου παρθενίας ἀρετὴν αἱ δέκα μὲν ἐκτήσαντο, &c.

also Norden, *Antike Kunstprosa*, p. 859, and E. J. Wellesz, *Journ. of Theol. Studies*, 44 (1943), 42 f.

[4] The musical notation which is found on the manuscripts goes back only as

The oldest datable kontakia are by Romanos, and belong to the years 537–55,[1] the great period of that literary genre. But a number of more primitive kontakia have survived which may well be considered older.[2]

It has been suggested with much probability that the impulse towards this new Byzantine literary genre came from a foreign literature, in all probability Syriac.[3] For in the main types of Syriac poetry of the early Christian centuries, the *Memrā*, the *Maḏrāšā*, and the *Sugīṯā*, most of the elements that came to form the kontakion can be traced.[4]

There is nothing similar to these Syriac forms in the Greek literature of the same period. The only surviving Greek writings which may be considered as 'forerunners' of the kontakion are either translations from Syriac, like the Greek metrical translations of Ephraem,[5] or are directly influenced by Syriac literature, like the *Parthenion* of Methodius[6]

---

far as the thirteenth century. The melody is classified according to the key (ἦχος) and by name (πρὸς τό . . . . If no name of a tune is given, the kontakion is called an ἰδιόμελον). On Byzantine music in general see E. Wellesz, *A History of Byzantine Music*,[2] Oxford, 1961.

[1] See p. xix.

[2] Such are, for example, nos. 1 and 2 (pp. 13 f. and 16 f.) in Maas, *Frühbyzantinische Kirchenpoesie*, or those printed by Pitra in *Anal. Sacra*, i. 476 f. and 484 f.

[3] In the early Christian centuries Syriac religious writings (sermons, hymns, exegetical writings, &c.) were greatly admired and widely translated. Translations have survived in Greek, Armenian, Coptic, Arabic, and Ethiopian.

[4] The Memrā was a metrical sermon similar to the kontakion, but its metres were very simple and it had no acrostic and no refrain. On the other hand more complicated metres, acrostic and refrain can be found in the *Maḏrāšā*, but this differs considerably in tone from the kontakion. Finally in the *Sugīṯā* biblical episodes are presented in dialogue form. On these see A. Baumstark, *Gesch. der syrischen Literatur*, Bonn, 1922, pp. 39 f.; R. Duval, *La littérature syriaque*,[3] 1907, and Fr. Feldmann, *Syrische Wechsellieder von Narses*, Leipzig, 1896, p. 4. The same free use of biblical material which is found in the *Sugīṯā* and the kontakion also occurs in the Greek prose sermons of the fifth century, for example in the writings of Cyril of Alexandria († *c.* 444), Basil of Seleucia († *c.* 459), Proclus of Constantinople (Patriarch 434–46), and Eusebius of Alexandria (*fl. c.* 500), as well as in a number of spurious sermons attributed to Chrysostom, Athanasius, Hippolytus, and Amphilochius; but this free handling of biblical material seems itself to be due to Syrian influence. Cf. Batiffol, *Rev. biblique* ix (1900), 33 f., and Maas, *Byz. Zeit.* 19 (1910), 298 f.

[5] See J. Assemani, *Ephraem Syri Opera*, Romae, 1732–46, vols. i–vi, and S. I. Mercati, *Ephraem Syri Opera*, Romae, 1915, vol. i.

[6] H. G. N. Bonwetsch, *Methodius, Die gr. christ. Schriftsteller der ersten drei Jahrhunderte*, Berlin, 1917, pp. 131 f. This is the only poem in Greek surviving

(† 312) and the *Dialogue between Mary, Gabriel, and Joseph* attributed to Proclus[1] (*fl.* 440). It is therefore reasonable to assume that it was the Syrian poets of the fourth century, Ephraem, Narsai, Cyrillōnā, and Jacob of Sĕrūgh, who, unhampered by the weight of the classical Greek tradition, gave the new impulse to Byzantine religious poetry, since Synesius, Gregory of Nazianzus, and their Greek contemporaries had failed in the endeavour to unite the classical and the Christian spirit in their verse. The Syrian poets thus provided the model into which the Greeks of the sixth century infused new life. By combining the metrically primitive lines of the *Memrā* and the endless 'strophomythia' of the *Sugītā* with the variety and refrain of the *Madrāsā*, the Byzantine writers fashioned the long and disciplined strophes of their kontakia, in which argument and form were clearly and closely integrated in a manner which is essentially Greek. Moreover, they added the prelude, the *koukoulion*, which appears to be a purely Byzantine creation.

Undoubtedly the most impressive achievement of the Greek writers is the metrical perfection and variety they introduced. Only once before in the history of Greek literature from the eighth to the fourth centuries B.C. had the Greek genius invented metrical forms of similar intricacy and originality.[2] Then they had based their system of metric on quantitative rhythm. In the early Christian centuries, however, when that had been superseded, the rhythms of the new religious poetry were governed by a stress accent and the number of syllables in

from the fourth century which resembles a kontakion, though still preserving the ancient quantitative metres. As the *Madrāšā*, the Syrian poetic form most similar to the kontakion, was already being composed by Bardaiṣān and his son Harmonius in the course of the second century, it is reasonable to assume that it influenced Methodius. A common and now lost Hellenistic pattern for both Bardaiṣān and Methodius cannot, of course, be excluded, but appears to be very improbable. On Bardaiṣān and Harmonius see Harnack, *Gesh. d. altchrist. Lit. bis Eusebius*, II 2, p. 128 ff.

[1] Migne, *P.G.* 65, cc. 721–58. See A. Kirpitschnikow, *Byz. Zeit.* i (1892), 527 f., and R. A. Fletcher, *Byz. Zeit.* 51 (1958), 55 f. This may also be a Greek translation of a Syrian original. On Melito's *Homily on the Passion* and the question if it was originally written in Syriac or in Greek see E. J. Wellesz, *Journ. of Theol. Studies*, 44 (1943), 41 f., and P. Kahle, ibid. 52 f. On the Latin epitome see H. Chadwick, ibid. N.S. 11 (1960), 76 f.

[2] See P. Maas, *Griechische Metrik*, p. 1. (English translation by H. Lloyd-Jones, Oxford 1962, p. 1.)

each line.[1] Thirty-nine types of 'pattern-stanzas' attributed to Romanos have survived and they reveal a wealth of rhythmic effects that is indeed impressive.

The true precursors of these rhythms were the isocolons, in which the rhetoric of the fifth century delighted, and the rhythmic period endings found in fourth-century prose.[2] But there is nothing comparable there to the regulated accents within a colon, which we find in the fully developed kontakion. Rhyme, it is interesting to note (the *homoioteleuton* of ancient rhetoric), which was so closely connected with the isocolon, never became an integral part of Greek poetry before the thirteenth century.[3]

In the hands of Romanos and the other sixth-century poets of kontakia like Anastasios, Dometios, Kyriakos,[4] and the author of the famous *Akathistos Hymn*,[5] the literary genre of the kontakion reached its peak. These writers succeeded in combining the solemnity and dignity of the sermon with the delicacy and liveliness of lyric and dramatic poetry and out of their somewhat intractable form and material created some of the most vivid and yet impersonal masterpieces written in the Greek language. In Greek their poetry has not been matched in subsequent centuries, and the kontakion remains the one and only great original achievement of Byzantine literature.

From the seventh century onwards the kontakion began to decline. Such a decline must be connected with the storm of the iconoclastic controversy, which broke out in the reign of Leo III (717–41), and with the rise of a new type of poetry, the *Kanon*, believed to have been introduced by Andrew, bishop of Crete (*c.* 660–740). In this new and less disciplined form, music is more significant than words. Inevitably, therefore, the kanons present less interest from a literary point of view.

[1] See Metrical Appendix.
[2] Cf. E. Norden, *Antike Kunstprosa*, pp. 843 and 861 f.
[3] See W. Meyer, *Abh. Bay. Akad.* 1885, 406 f. The only important exception is the *Akathistos Hymn*, where the pairs of lines of equal length in the long strophes were undoubtedly introduced with the use of rhyme in mind.
[4] Cf. Pitra, *Anal. Sacra*, i. 242 f., 284 f., and 320 f.; also Krumbacher, *Romanos und Kyriakos*, and *Die Akrostichis*, pp. 638 f.
[5] On this see p. xvii.

Their popularity, however, was great, and it is the kanons of the later poets which enlarged and embellished the liturgy of the Orthodox Church in the years following the iconoclastic controversy and so gradually replaced the kontakia of the sixth-century writers. These had already been curtailed, and having lost the moral character of a sermon, became mere hymns.[1]

The new florescence of the kontakion which we find in the ninth and tenth centuries is of little literary significance. Neither in spirit nor in form are the later kontakia comparable with the great metrical sermons of the sixth century, nor did they exercise any noticeable influence upon the subsequent course of Greek poetry.[2]

2. THE LIFE AND WORKS OF ROMANOS

Little is known about the life of Romanos.[3] Even the century in which he lived was for long years hotly debated.[4] Today, however, it has been established beyond reasonable doubt that he belongs to the sixth century.[5] It is likely that he was born in Syria, in the city of Emesa, and that he was of Jewish

---

[1] The *koukoulion* and first stanza of many of the famous sixth-century kontakia are still chanted as hymns in the Greek Orthodox Church upon the feast-day for which they were written. [2] Cf. Pitra, *Anal. Sacra*, I. xxv f.

[3] See H. G. Beck, *Kirche und theolog. Lit. in Byz. Reich*, München, 1959, pp. 425 f. The information on the life of Romanos in Krumbacher, *Byz. Lit.-Gesch.*² is obsolete. The main sources for it are the *Menaia* (see H. Delehaye, *Propylaeum ad Acta Sanctorum*, Bruxellis, 1902, pp. 95 f.). All the extant lives of St. Romanos are drawing on an older and longer *Vita* of the saint, which is now lost. (See, Krumbacher, l.c., Cammelli, *Rom. il Melode*, pp. 12 f. and, C. Emereau, *Écho d' Orient* 24 (1925), 169 f.) To these must be added a later kontakion written in honour of the saint, a small section of which was published by Pitra, *Anal. Sacra*, I. xxix–xxx, and a further section by Maas, *Byz. Zeit.* 15 (1906), 30–31.

[4] See Cammelli, *Rom. il Melode*, pp. 11 f., and Mioni, *Rom. il Melode*, pp. 2 f.

[5] The decisive arguments were given by A. Papadopoulos-Kerameus and P. Maas. The former (*Néa 'Ημέρα* no. 1604, 27(9) September 1905) drew attention to a miracle mentioned in the *Vita* of St. Artemios (A. Papadopoulos-Kerameus, 'Varia Graeca Sacra', *Transactions (Zapiski), of the Hist.-Philol. Faculty of the University of St. Petersburg* 95 (1909), 1–79; cf. Maas, *Byz. Neugr. Jahrbücher* i (1920), 377 f.), during which a youth chanted the στιχηρά of Romanos; Maas based his arguments on irrefutable internal evidence, cf. *Byz. Zeit.* 15 (1906), 1 f. To these must be added strophe ς' of canticum 46 *On the Three Children*, part of which survives on a fragment of a sixth-century papyrus (see Maas, *Byzantion* 14 (1939), 381) and the Prooemium ψυχή μου, ψυχή μου of canticum 21 *On the Crucifixion*, which was later imitated by Andrew of Crete (c. A.D. 660–740); see Krumbacher, *Byz. Lit.-Gesch.*² p. 667.

origin.[1] He served as deacon in the church of the Resurrection in Beirut,[2] before coming to Constantinople during the reign of Anastasius the first (491–518 A.D.). In Constantinople he was attached to the church of the Virgin in the *Kyrou* quarter.[3]

According to the legend preserved in the life of St. Romanos,[4] he was miraculously endowed with the gift of writing kontakia. The Virgin, it is said, appeared to him in a dream on Christmas eve, and gave him a scroll which he swallowed. The poet rose from his sleep, gave praise to God, went straight to church, and, mounting the pulpit, chanted the most celebrated of his works, the kontakion *On the Nativity* (no. 1). According to the same source, he composed some thousand kontakia for various festivals of the Christian calendar.

His fame as a poet and a musician, a melodist, must have been established in his lifetime, if we are to believe that he became known to the Emperor and the Palace circle.[5] How-

---

[1] Ὥρμητο ἐκ Συρίας τῆς Ἐμεσσηνῶν πόλεως; Delehaye, l.c., p. 95, l. 20; Γένος μὲν ἐξ Ἑβραίων / τὸν νοῦν δὲ εἶχεν ἑδραῖον; see *Byz. Zeit.* 16 (1906), p. 30. In support of Romanos' Jewish origin, attention should be drawn to the Jewish forms of Jewish names he uses, whenever the metre demands it (see Metrical Appendix), the frequent use of semitisms or 'Translation Greek' we find in his writings (cf. p. xviii), as well as the occasional translation of Jewish words, e.g. 9 γ' 8² τὸ μεγαλεῖον (in Hebrew = volumen), ἡ βίβλος; 16 η' 5¹⁻²: "ὡσαννὰ" κραζόντων / (ὅ ἐστι σῶσον δή) "ἐν τοῖς ὑψίστοις." His frequent attacks on the Jews (e.g. 3 ιβ' 8¹ sq. ἀεὶ γὰρ ἦσαν / οἱ Ἰουδαῖοι / καὶ οἱ τούτων ἀνάσσοντες / ὑβρισταὶ καὶ παράνομοι / φονευταὶ καὶ ἀσύνετοι / καὶ νόμον παραβαίνοντες; 24 α' 3² τῶν ἀνόμων λαός; cf. 3 ιε' 8¹ sq.; 21 θ' 1¹ sq.; 23 ις' 5² sq.; 39 ιδ' 9¹ sq.; 54 κβ' 1¹ sq.,&c., must be seen as attacks against their religion and not their race. (Cf. 23 κα' 1¹ sq. Νῦν πίστιν τῆς φιλοθέου / ἐδέξατο ὁ κύριος / τὸν ὑπουργὸν ἀναδείξας/σπουδαῖον καὶ πιστότατον,/τὸν ποτὲ μὲν Ἰουδαῖον/μετὰ δὲ ταῦτα/ ποιμένα κάλλιστον λαῶν / Χριστιανῶν.) In connexion with Romanos' Jewish origin it is interesting to note what the so-called *Peregrinatio Aetheriae ad loca sancta* 47. 3 ff. (end of fourth century A.D.) tells us about Syria: et quoniam in ea provincia pars populi et grece et siriste (= συριστί) novit, pars etiam alia per se grece, aliqua etiam pars tantum siriste, itaque quoniam episcopus, licet siriste noverit, tamen semper grece loquitur et nunquam siriste, itaque ergo stat semper presbyter, qui episcopo grece dicente siriste interpretatur, ut omnes audiant quae exponuntur. The New Testament was read in Greek and then translated into Syriac (= Semitic, Aramaic) and Latin. Romanos could have easily been one of these bilingual πρεσβύτεροι when living in Syria.

[2] The main church in Beirut; Zacharias Scholasticus in his History of Severus repeatedly mentions it (48. 4, 55. 13 Kugener).

[3] The modern quarter Hexi-Marmara.

[4] Delehaye l.c.

[5] See *Byz. Zeit.* 16 (1906), 31: τὸ πυραυγὲς γὰρ σχῆμα/ τοῦ ἐρυθροῦ χιτῶνος / καὶ τὸ τῆς ῥάβδου εὔθετον/ βασιλεῦσιν ἐγνώρισε.

INTRODUCTION xvii

ever, there is no indication that he ever occupied an official position at court.[1]

We do not know when Romanos died, but his second kontakion on the *Ten Virgins* (**48**) refers to the violent earthquakes which shook Constantinople on 9 July 552 and 15 August 555, so he must have survived beyond the middle of the sixth century.[2] He was buried in the church of the Virgin in the *Kyrou* quarter, and many of his works, written in his own hand, are said to have been long preserved there.[3] Later, but the date is again obscure, he was canonized as a saint of the Orthodox Church, and is commemorated to this day on the 1st of October together with his disciple Ananias.[4]

Eighty-five kontakia attributed to Romanos have survived. Of these thirty-four are on the person of Christ, the rest dealing with other figures of the New and Old Testament, various martyrs and saints of the Christian church and other religious subjects.[5] A great number of these appear to be spurious, but the problems of authenticity are very involved,[6] as the inclusion of the poet's name in the acrostic does not prove the genuineness of the poem, and genuine works have been claimed by lesser writers who falsified the acrostics.[7] Moreover, the surprising uniformity of style which the writers of kontakia achieved in the sixth century does not allow modern scholarship to attribute a work to Romanos with any degree of certainty on purely stylistic grounds. The Christological kontakia are undoubtedly the most important writings of the poet, though striking examples of his art can be found among the cantica on other figures of the New and Old Testaments.

---

[1] It also remains an open question whether the poet is to be identified with the *Presbyteros* and *Ekklesiekdikos* (advocatus ecclesiae) mentioned in the acts of the Synod of A.D. 536; cf. *Byz. Zeit.* 15 (1906), 30.

[2] See Maas, *Byz. Zeit.* 15 (1906), 7 f.   [3] Delehaye, l.c. p. 96, ll. 18–20.

[4] See S. Pétridès, *Byz. Zeit.* 11 (1902), 358 f.

[5] See Krumbacher, *Miscellen*, pp. 106 ff., and *Akrostichis*, pp. 559 f.

[6] P. Maas, for example, believes that with the exception of the two kontakia on the *Forty Martyrs of Sebasteia* (**57** and **58**), no other hagiographical kontakia can be considered genuine; cf. *Byz. Zeit.* 15 (1906), 36 f.; *Or. Christ.* N.S. 2 (1912), 48 f.; *Byz. Zeit.* 31 (1931), 430 and *Byz. Zeit.* 38 (1938), 156 f.; Krumbacher, *Miscellen*, pp. 92 f., 106 ff.; *Der hl. Georg*, pp. 261 f., also H. G. Beck, *Kirche und theol. Liter. im byz. Reich*, p. 426.

[7] Cf. Krumbacher, *Akrostichis* pp. 638 f.; Maas, *Byz. Zeit.* 15 (1906), 32 f.

Opinion would no doubt differ as to which are the best of Romanos' cantica, but **1**, *On the Nativity*, **4**, *On the Presentation in the Temple*, and **29**, *On the Resurrection* vi, would be a reasonable selection. A few shorter prayers have also survived, and some fragments of kontakia, which are attributed to Romanos, but they are of little significance.[1] Modern scholarship has also repeatedly attributed to him the *Akathistos Hymn*, the most famous of all hymns of the Orthodox church. But this is by no means a settled question.[2]

The poet composed more than one kontakion for certain festivals.[3] We find, however, no rehandling or recasting of the same material in another metrical form (Umarbeitung) among the extant genuine cantica.[4]

The language of Romanos is the Atticized 'literary' *koine*, or Hellenistic Greek, which does not escape, however, the influence of the simple 'popular' language, nor that of Scripture (New Testament Greek) with many of the Jewish-Greek elements found there.[5] In fact the Jewish-Greek elements ('translation Greek') are so abundant that one should perhaps consider them an extra argument in support of the view that Romanos was of Jewish origin.[6] Many of these non-Attic

[1] Cf. Krumbacher, *Miscellen*, p. 108, and N. Libadaras in Tomadakis, 'Ρωμ. Μελ. Ὕμνοι iv, Appendix (Athens 1959).

[2] Cf. F. Dölger, *Die byz. Dichtung in der Reinsprache*, Berlin, 1948, pp. 35 f. and H. G. Beck, *Kirche und theol. Liter. im byz. Reich*, p. 427.

[3] e.g. **1** and **2** *On the Nativity*, **36** and **37** *On the Annunciation*, **24-29** *On the Resurrection*, **47** and **48** *On the Ten Virgins*, **57** and **58** *On the Forty Martyrs of Sebasteia*.

[4] Strophes κδ'-κη' of **28**, *On the Resurrection V*, which use the material of strophes ε'-ιγ' of **27**, *On the Resurrection IV*, are spurious.

[5] This is not the place for a detailed treatment of the language of Romanos. The student should consult Blass-Debrunner-Funk, *A Greek Grammar of the New Testament and other early Christian Literature*, Cambridge, 1961, where most of the 'unusual' Greek forms and constructions found in Romanos are explained, although no direct reference to that author is made. Some important observations on the language of Romanos are to be found in Maas, 'Grammatische und metrische Umarbeitungen in der Ueberlieferung des Romanos', *Byz. Zeit.* 16 (1907), 565 f. At the same time much help can be obtained from the standard works on Hellenistic Greek (for bibliography consult S. G. Kapsomenos, *Berichte zum XI. internationalen byzantinischen Kongress*, München, 1958, II. i. 1 ff.) as well as from the commentaries by Krumbacher in his editions of individual cantica (cf. General Bibliography).

[6] The vexed problem of the 'semitisms' in Hellenistic Greek writers cannot be examined here. It is interesting, however, to note that all the '**semitisms**'

usages which appear side by side with, though less frequently than, the normal Attic practice in the writings of Romanos, were seen as 'errors' by later Atticizing scribes and were often corrected to the detriment of the metre. Arresting imagery, sharp metaphors and similes, bold comparisons, antithesis, coining of successful maxims and vivid dramatization of his material characterize the style of Romanos.

Only a few of Romanos' cantica can be dated with any accuracy. No. **54,** *On Earthquakes and Fires,* contains direct reference to the Nika revolt of 532 and alludes to the destruction of the older churches of St. Sophia and St. Irene, as well as to the building of the great St. Sophia which was consecrated in 537, so it must have been composed between the years 532 and 537.[1] No. **48,** *On the Ten Virgins II,* refers, as already mentioned, to the earthquakes of 9 July 552 and 15 August 555, so it is fair to assume that it was composed at the time.[2] No. **53,** *On Baptism,* may well have been written soon after Justinian's law, which *c.* 528 enforced baptism on all non-Christians at the penalty of losing their property, and **4,** *On the Presentation at the Temple,* when Justinian altered in 542 the date of the *Hypapante* festival from 14 February to

Blass–Debrunner–Funk quote (cf. l.c., p. 273) appear in Romanos, and not only in passages quoted from or influenced by the Septuagint and the New Testament. Thus, e.g., the use of εἰς with the predicate in place of nominative or plain accusative (28 κα' 2¹; 43 κθ' 1³, &c.); ὡς accompanying the subject or object of a verb (15 ε' 4²; 32 γ' 2¹, &c.); υἱός used in metaphorical sense (16 ε' 2³; 40 η' 2¹⁻², &c.); partitive genitive as the equivalent of a superlative (6 θ' 8²; 44 α' 6, &c.); partitive genitive as object (6 ια' 5¹; 9 γ' 1¹, &c.); adjectival genitive (10 ιη' 9¹⁻²; 53 η' 8², &c.); σπλαγχνίζεσθαι—σπλάγχνον (18 κ' 6¹; 29 θ' 3¹, 45 ε' 6³, &c.); ἐν as dative of instrument, cause, manner, and means (15 ιζ' 2²; 20 ιε' 6²; 43 δ' 7¹⁻²; 29 κδ¹ 7¹ sq., &c.); ἐνώπιον—ἐναντίον, where classical Greek would have used a simple case (2 η' 10²; 52 ι' 9; 46 ιδ' 7¹, &c.); periphrasis with πρόσωπον, χείρ, στόμα (27 κ' 5¹; 51 γ' 4²; 54 ιζ' 8² &c.); omission of definite article in nouns governing a genitive (22 ιδ' 5¹, 22 ις' 7¹; 29 ι' 8², &c.), ψυχή as self (38 ιγ' 2²; 48 α' 1¹, &c.); καὶ ἰδού (15 ς' 2²; 33 θ' 3¹; &c.); ἐν τῷ + infinitive = 'during' or 'through' (19 ιζ' 7²; 21 ιδ' 5², 33 α' 2¹); redundant participle translating the Hebrew infinitive absolute (8 ς' 1²; 10 ιε' 9¹, &c.); coordination in questions (17 ιε' 7¹⁻²; 18 δ' 2¹⁻²; 48 α' ²⁻³, &c.); placing the verb first in the sentence (17 η'1¹ sq.; 18 ια' 1¹ sq.; 29 α' 7¹ sq., &c.); parallelismus membrorum (17 ιε' 1 sq.; 44 ιζ' 4 sq.; 58 β' 9¹ sq.; 59 ε' 1¹ sq.; cf. E. Norden, *Agnostos Theos,* pp. 355 f.); tautology (32 ς' 3³; 59 ιγ' 1¹, &c.; cf. Moulton–Howard, *Grammar of N. Test. Greek,* i. 419 f.), &c.

[1] Cf. Maas, *Byz. Zeit.* 15 (1906), 2 f.
[2] Cf. Maas, *Byz. Zeit.* l.c., 7 f.

2 February.[1] Moreover, **35**, *On the Nativity of the Virgin Mary*, in which the poet refers to the Emperor and the Empress jointly as βασιλεῖς (ια′ 4[1]) must have been composed before Theodora's death, which occurred in 548.[2] At the same time, in view of the part Theodora played in the affairs of the empire, it is unlikely that **59**, *On the Forty Martyrs of Sebasteia II*, was written in her lifetime, because the Emperor alone and not the βασιλεῖς are mentioned there (ιη[1] 9[2] τῷ πιστοτάτῳ ἄνακτι).[3]

No. **41**, *On Isaac*, is of special interest in this connexion. In α′ 1[1] ff. the poet writes:

> Εἰς ὄρος ἀναβαίνοντα σὲ τὸν πρεσβύτην ὁ νέος ἐγὼ
> ζηλῶσαι θέλω, καὶ ναρκοῦσι μου πόδες.

This appears to refer to the poet himself as a young man drawing the contrast between the deep faith of old Isaac and his own. If that is so, the whole canticum must be one of Romanos' early works, and this may well be supported by the fact that originally it appears to have had no refrain and to belong to a period of the poet's experimentation with the literary genre of the kontakion.

The assessment of Romanos as a poet of creative genius is closely connected with the problem of his sources. As research in the field proceeded, his originality became increasingly open to doubt. Pitra's unqualified approval[4] gave way to the scepticism of Krumbacher and Maas.[5]

---

[1] Cf. Maas, *Byz. Zeit.* l.c., 9 and J. E. Bickersteth, *Hypapante, Studies in the festival of the purification of S. Mary the Virgin in the early Byz. Church* (Oxford D. Phil. thesis, unpublished), 26 f.

[2] Cf. Maas, *Byz. Zeit.* l.c., 9. Other cantica in which the βασιλεῖς are jointly mentioned are **4** Prooem. III 5[2], and **54** κε′ 2[2].

[3] In 34 Kr., in the last strophe, the Emperor is also mentioned alone. The death of Theodora, whose monophysite sympathies were well known, could also perhaps be taken as a *terminus post quem* for **8**, *On the Healing of the Leper*, and **28**, *On the Resurrection V*, in which the Arians are attacked (cf. **8** ις′ 2[1] sq. and **28** ιδ′ 1[1] sq.). On the other hand **31** ις′ 2[2] καὶ ἡττῶνται Ἀθηναῖοι Γαλιλαίοις, and ιε′ 5 οὐ χαίρω τοῖς πλατωνίζουσι should not be necessarily connected with the closing by Justinian of the philosophic schools at Athens in 529. They are part of Romanos' general attack on ancient culture; cf. **33**, *On Pentecost* ις′ 1[1] sq.; ιζ′ 1[1] sq. (also the *Akathistos Hymn*, 190: χαῖρε τῶν Ἀθηναίων τὰς πλοκὰς διασπῶσα: Christ–Paranikas ed.).

[4] e.g. *Anal. Sacra*, I, *xxvii-xxviii*: 'nescio an aliquis vates, ne Aeschylo quidem

For continuation of note 4 and for note 5 see page xxi.

The most important sources for Romanos' poetry were the Old and New Testaments, the Apocrypha, and the lives of Martyrs and Saints.

Second to these, and of special importance for the moralizing and dogmatic passages, come the writings of celebrated early Fathers of the Church, such as Chrysostom, Basil, Gregory of Nyssa, Basil of Seleucia, and others. Romanos did not hesitate to borrow even from heretical writers like Nestorius, whom he also attacked.[1] Whether, or how far, Romanos depended on the Greek translations of Ephraem remains an open question.[2] The frequent 'semitisms', or 'translation Greek', however, of certain passages of his cantica may be due to Syriac (Aramaic) sources he could have used.

The technique Romanos followed in his borrowings varied. When drawing on biblical material he generally expanded and elaborated the brevity of his sources. On the other hand, when relying on writings of the early Fathers of the Church or on the lives of Martyrs and Saints he compressed and curtailed the long and often loose narratives to adapt them into the framework of his stanzas. This dependence on a multitude of sources is also responsible for a certain lack of uniformity and therefore of individuality of style, which is evident in the writings of Romanos. But it is not just to accuse

et Miltone exceptis, Acheronta moverit ut Noster, quando haec duo monstra exevit ab inferis, ut de Christo in patibulo patiente disputarent', or p. xxix: 'in quo hymno (**58**, *On the Forty Martyrs of Sebasteia II*) nec sibi Romanus, neque lyrico ulli impar est', &c.

⁵ Cf. Krumbacher, *Miscellen*, p. 90: 'Wenn Romanos in stofflichen Einzelheiten über die uns bekannten Quellen hinausgeht oder von ihnen abweicht, so ist nicht an frei Erfindung zu denken, sondern anzunehmen, daß er eine uns nicht erhaltene oder noch nicht veröffentliche Redaktion der dem Liede zugrunde liegenden Märtyrer- oder Heiligengeschichte verwertet hat'; *Der hl. Georg*, pp. 261 f. and *passim*. Also Maas, *Byz. Zeit*. 15 (1906), 14 and 10, n. 2; *Byz. Zeit*. 19 (1910), 300 f.

[1] Cf. Maas, *Byz. Zeit*. 15 (1906), 13 ff., and **44**, *On Joseph II*, ιη' 6¹ ff. in which he quotes Nestorius, *P.G.* 64. 469c ff.

[2] Already in his lifetime Ephraem (*c.* A.D. 373) had been translated into Greek, and also after his death (cf. Sozomenos, *P.G.* 67. 1088A), so Romanos may well have known some of these translations. Where parallel passages can be traced, and they are not many, it is not easy to decide on which side the dependence lies. See Maas *Byz. Zeit*. 23 (1914–20), 451 f., Krumbacher, *Miscellen*, pp. 78 f.

him of no originality, as some of his critics have done. For, though often starting from a borrowed passage, he proceeds to develop it freely and to dramatize it by introducing lively dialogues, monologues, and vivid descriptions, many of which are undoubtedly of his own creation. Thus, in his works, the pageantry of Christ, the Apostles, the Virgin, the Patriarchs of the Old Testament, and certain martyrs and saints of the Christian faith, are brought to life before our eyes. We are constantly aware of an aura of religious awe and hope. And this impression must have been still more arresting when the kontakia were chanted in church, where many of the traditional subjects treated were also painted on the walls, or towered over the congregation in brilliant mosaics. Perhaps the greatest quality of some of his works is a felicity of structure rarely deriving from his sources. Many of his kontakia are conceived on two or even three levels of action, the heavens, the world of the living, and the world of the dead, in which lyrical and tragic elements are skilfully blended.[1] The still quality of religious awe which permeates Romanos' writings occasionally erupts into passion,[2] where the outraged Christian piles contempt and abuse on the betrayers of the Lord.

But it is proper to add that not all his kontakia are successful. A number of them—especially those that display an 'epic' rather than a 'dramatic' impulse—tend to be excessively long and tedious.[3] Moreover, the lively dialogue is occasionally sacrificed to dogmatic or exegetical digressions, always tiring, but even more so when introduced by a man with no real philosophic or theological training. For when Romanos attacks the teachings of Arius, Nestorius, the Manichees, or the Novatians, he shows hardly any understanding of their views, nor does he introduce any convincing argument to support his polemics. He is usually content with naming the heresy and adding an obvious play upon words or a line of abuse.[4]

---

[1] The bewilderment and sorrow of the Virgin in **19**, *On Mary at the Cross*, for example, truly reflects the suffering and the hope of all mothers, who have loved and lost their children; it purges the emotions through genuine tragic pity and fear.
[2] Cf. **17**, *On Judas*. [3] e.g. **46**, *On the Three Children*, or **45**, *On Elijah*.
[4] Cf. Maas, *Byz. Zeit.* 15 (1906), 13 f.

Not unexpectedly the dogmatic views of Romanos are very close to those of the Council of Chalcedon (451) and support Justinian's religious policy. It is interesting, however, to notice that he treats the Monophysites with caution, probably because the Empress Theodora was well known for her Monophysite sympathies. He rarely refers to them by name, but indirectly attacks them by praising the twofold nature of Christ.[1]

Along with the heretics Romanos attacks the whole of pagan culture. It appears that his historical and literary education was limited. Homer, Pythagoras, Plato, or Demosthenes were mere names to him to be used for rhetorical tricks, a play on the sound of words.[2] He shows none of that understanding of ancient culture which we find in the writings of the Cappadocian fathers. The attitude of Church and State in the sixth century, which culminated in Justinian's decision in 529 to close the philosophic schools of Athens is faithfully reflected in the cantica of Romanos.[3]

In religious poetry Romanos represents the spirit of expansion and innovation which characterizes the era of Justinian in so many fields. It was roughly at the same time that Musaeus wrote *Hero and Leander*, which has been called the last flower of the ancient Greek garden. The ancient world with all it had felt and thought was passing away. But in the solemn surroundings of the Byzantine churches with their brilliant interiors and flickering candles it was Romanos who gave new life to the long and glorious tradition of Greek poetry; it was he who revived the dramatic element and handed it down to the medieval Greeks in the stanzas of his great cantica, for which he has been fittingly called θεορρήτωρ, 'the Orator of the Lord'.[4]

---

[1] Cf. Maas *Byz. Zeit.* 15 (1906), 13 f.
[2] e.g. 33, *On Pentecost*, ιζ' 3¹ sq.:
  τί φυσῶσιν καὶ βομβεύουσιν οἱ Ἕλληνες;
  τί φαντάζονται πρὸς Ἄρατον/τὸν τρισκατάρατον; τί πλανῶνται πρὸς Πλάτωνα;
  τί Δημοσθένην στέργουσι τὸν ἀσθενῆ; &c.
[3] Cf. Maas, *Byz. Zeit.* 15 (1906), 13 f.
[4] Pitra, *Anal. Sacra*, I, *xxix*; i. 14. Cf. also S. Pétridès, *Byz. Zeit.* 11 (1902), 363 f. On the most recent approach to Romanos' poetry see Beck, *Kirche und*

3. THE PRESENT EDITION

It is to Cardinal *J. B. Pitra* (1812–89) that we owe the first detailed edition of Romanos. The *Analecta Sacra spicilegio Solesmensi parata*, vol. i, Parisiis, 1876, and the *Sanctus Romanus veterum melodorum princeps, Cantica sacra ex codd. mss. monasterii S. Joannis in insula Patmo primum in lucem edidit J. B. Pitra, Anno Jubilaei Pontificii* (Roma, 1888), first brought to the notice of the Western world most of the important writings of the poet. These editions, together with his other work on Greek hymnography (*Hymnographie de l'église grecque*, Rome, 1867), have secured his reputation not only as the 'discoverer' of Romanos, but also as the 'father' of all important work on medieval Greek religious poetry.[1] Indeed, even by modern standards, and in spite of the fact that he had at his disposal only a few of the manuscripts that we possess today, Pitra must be judged as a brilliant editor.

A further contribution to the study of Byzantine metrics was subsequently made by *Wilhelm Meyer* of Speyer (1845–1917) in his *Anfang und Ursprung der lateinischen und griechischen rythmischen Dichtung* (Abhandlungen der bayer. Akademie, vol. 17. 2 (1885), 370 f.). He soon however abandoned the study of medieval Greek poetry in favour of that of the Latin West.

The work of Pitra and Meyer was much advanced by *Karl Krumbacher* (1856–1909), to whom Byzantine studies are so much indebted. Romanos was one of his main interests. He identified and sorted the manuscripts of the poet, examined the acrostics and published critical editions of a number of his kontakia.[2] Krumbacher intended to complete a full critical edition of all the poet's works,[3] but his many other interests and relatively early death prevented him from carrying out his intention.

The full critical edition of Romanos was then undertaken by

theol. Lit. im byz. Reich, p. 426: 'einige seiner Lieder sind Meisterwerke der Weltliteratur.'

[1] W. Christ and M. Paranikas, *Anthologia Graeca Carminum Christianorum*, which appeared in Leipzig in 1871, knew and drew on Pitra's *Hymnographie de l'église grecque*; it is of little significance for the study of Romanos.

[2] On these see Select Bibliography.   [3] See Krumb. *Byz. Lit.-Gesch.*[2], p. 671.

Paul Maas, a pupil of Krumbacher, to whom many of the latter's papers were passed. Paul Maas not only firmly established the date of Romanos, but also proceeded to a thorough examination of the poet's manuscripts, language, and metres.[1] Much of this work is included in a typescript, which after many vicissitudes occasioned by the two world wars has found its way to the Bodleian Library, Oxford, and is now there at the disposal of scholars wishing to consult it.

In 1952 a new independent critical edition of Romanos was undertaken by *N. B. Tomadakis* and a group of students of the University of Athens working under his guidance. Four volumes and a supplement to vol. iv have so far appeared,[2] covering a considerable part of the poet's work. Unfortunately the strange and unacceptable ideas of the editor about Byzantine metrics[3] have led him to a complete disregard of the poet's metres. The text, as printed in this edition, is therefore of little consequence.[4]

In 1949 I started a detailed study of the text and the metres of Romanos under the guidance of Professor Maas, and thus took on the final responsibility for completing the critical edition he began so many years ago.

The first part includes all the 'genuine' cantica of Romanos.[5] A second volume will consist of the *dubia* and *spuria* cantica attributed to the poet.

The Manuscripts of Romanos

No independent manuscripts of the works of Romanos have survived. His writings have been transmitted mainly by

---

[1] See Select Bibliography under *P. Maas*.

[2] While this book was in the press vol. iv of the Tomadakis edition appeared, Athens, 1959–61. It includes cantica **6, 12, 13, 22, 23, 26, 29, 31, 32, 44, 45, 48,** and **51** of the present edition.

[3] See N. B. Tomadakis, Εἰσαγωγὴ εἰς τὴν Βυζαντινὴν Φιλολογίαν, vol. i, Athens, 1952, pp. 201–7 (second edition Athens, 1958, i, pp. 324 f.)

[4] See Maas, *Byz. Zeit.* 46 (1953), 139 f., and P. Joannou, *Byz. Zeit.* 48 (1955), 142 f.

[5] By 'genuine' cantica are meant those which 'on the whole' appear to come from the poet's own hand, even if shorter or longer interpolations or contaminations with other similar texts are evident, or rehandling ('Umarbeitung') of certain parts is to be found there. On these see Krumbacher, *Umarb. b. Romanos*, pp. 8 ff.; Maas, Grammatische und metrische Umarbeitungen in der Überlieferung des Romanos, *Byz. Zeit.* 16 (1907), 565 f.

Kontakaria, i.e. medieval collections of metrical sermons. These range from the tenth to the fourteenth centuries and include works of many poets. We do not know when such collections were first made, or their exact liturgical purpose.

The manuscripts used in the present volume can be divided into primary and secondary codices.

1. *Primary Codices*:[1]

A—*Athous Batopediou* 1041, saec. x–xi (which includes **1, 2, 4, 5, 6, 15, 16, 19, 21, 22, 29, 30, 31, 32, 33, 34, 35, 38, 45, 46, 49, 55, 58, 59**)

B—*Athous Laurae* Γ' 27, saec. x–xi (which includes **1, 2, 3, 4, 5, 6, 15, 16, 19, 22, 29, 30, 31, 32, 34, 45, 46, 55, 58**)

$\Delta =$ ⎰ C—*Corsinianus* 366, saec. x–xi (written in Grottaferrata)
V—*Vindobonensis, suppl. gr.* 96, saec. xii (probably also witten in Grottaferrata)
c—*Cryptoferratensis* Δ a. 5, saec. xii. (Of these C and V include **1, 4, 5, 6, 10, 16, 17, 18, 19, 20, 22, 29, 30, 31, 32, 33, 34, 38** (only in C), **44, 45, 46, 47, 55** (only in V), **57** (only in V), **58** (only in V), **59** (only in C). c contains only **5** and **6**)

D—*Athous Laurae* Γ' 28, saec. xi (which includes **1, 3, 4, 5, 6, 15, 16, 22, 31, 34, 37, 45, 46, 58**)

G—*Sinaiticus* 925, saec. x (which contains **1, 4, 5, 33, 35**)

J—*Sinaiticus* 927, saec. xiii (which contains **1, 29, 35**)

K—*Sinaiticus* 928, saec. xiv (which includes **4**)

M—*Mosquensis Synod.* 437, saec. xii (originally in Batopedi, Mt. Athos, which includes cantica **1, 2, 4, 5, 6, 15, 16, 19, 22, 24, 26, 29, 30, 31, 32, 33, 34, 35, 38, 45, 46, 47, 55, 58, 59**)

P = ⎰ *Patmiacus* 212, saec. xi.
Patmiacus 213, saec. xi[2], (which include **1, 2, 3, 4, 5, 6, 7, 8, 9, 10, 11, 12, 13, 14, 15, 16, 17, 18, 19, 20, 21, 22, 23, 24, 25, 26, 27, 28, 29, 30, 31, 32, 33, 34, 36, 37, 39, 40, 41, 42, 43, 44, 45, 46, 47, 48, 49, 50, 51, 52, 53, 54, 55, 56, 57, 58**)

---

[1] Lithographs and photostats of some, or sections, of these manuscripts can be found in Amfilochij, *Snimki iz kondakarija xii–xiii vjeka*, Moscow 1879, Facsimile volume (M), Krumbacher, *Miscellen* (P), Tomadakis, vol. i (P).

[2] Q according to Krumbacher.

S—*Vaticanus gr.* 2008,[1] saec. XII. (which includes **4** and **5**)
T—*Taurinensis* B. iv. 34, saec. XI, (which was destroyed in the fire of the library of the University of Turin on 24 January 1904, but so far as Romanos is concerned had been fully collated by Krumbacher; it included **1, 2, 4, 5, 6, 15, 16, 19, 21, 22, 29, 30, 31, 32, 33, 34, 38, 40, 45, 46, 47, 58**)

II. *Secondary Codices:*[2]

a—Cryptoferratensis Δ a. 6, saec. XII (which includes **4**)
b—Cryptoferratensis Δ a. 1, saec. XI–XII (which includes **35**)
k—Mosquensis synod. 153, saec. XII (which includes **4**)
m—Vaticanus gr. 1212, saec. XII (which includes **5**)
p—Vaticanus gr. 1829, saec. XI (which includes **35**)
y—Parisinus gr. 1571, saec. XIII (which includes **5**)[3]

Only one Romanos fragment has so far been found on papyrus, and this is Pap. gr. Vind. 29430 of the sixth century, which includes a section of **46** ε'. This most important witness was first published in *Mitteilungen aus der Papyrussammlung der Nationalbibliothek in Wien, Papyrus Erzherzog Rainer*, iii. Folge, 1939, p. 68, and then republished by P. Maas in *Byzantion*, xiv (1939), 381.

The collation of the manuscripts for the present edition was done by Paul Maas. Nearly all the known codices of Romanos have been examined, but even in those few instances in which some of the lesser ones have been omitted a sufficient number has been used to enable the text to be critically established.

The collation of Romanos' manuscripts has shown that they are all to a greater or lesser degree related to one another. The transmission of the text is therefore 'contaminated', and no subdivision or grouping into families of manuscripts is pos-

---

[1] Part of a *kontakarion*, ff. 172ᵛ–176ᵛ (27 December–24 February), wrongly described by Krumbacher under siglum s in *Die Akrostichis*, p. 557.

[2] These are manuscripts which include isolated *kontakia* and fragments of hymns, together with other liturgical writings.

[3] Further details on the manuscripts of Romanos can be found in Krumb., *Die Akrostischis*, pp. 556 f.; E. Mioni, *I Kontakaria del Monte Athos*, Venezia, 1936 (Atti del Reale Istituto Veneto di scienze, lettere ed arti, xcvi. 2 (1936–7)); E. Mioni, Osservazioni sull tradizione manoscritta di Romano il Melode, *Atti V Congr. Intern. di Studi Byz.* 1 (1939), 507 f.; Cammelli, *Romano il Melode*, pp. 76 f.; Tomadakis, Ῥωμανοῦ Μελ. Ὕμνοι, vols. ii and iii. 1.

sible. The single Romanos papyrus shows that variants found in the codices are very old, many probably going back to the days of the poet himself.

In a contaminated transmission of this nature, where variants of equal value are so old and so abundant, *ceteris paribus* the majority reading of manuscripts must be taken in every case as the most probable reading of the archetype. When readings are transmitted in an equal number of manuscripts the choice is ambivalent. Many of the variants of equal value may well be due to a second redaction by the poet himself.[1]

The apparatus

In view of the nature of the transmission of the text, in the apparatus (which I prepared under the guidance of Professor Maas) variants transmitted in the minority of manuscripts are not mentioned unless they have some special value in establishing the text. Where manuscripts support a reading, but their own reading does not appear *in its exact form*, their sigla are given in brackets. Generally only important variants are given, except of course in doubtful passages, where all readings of the manuscripts are reported. The following examples may prove useful:

1 β′ 4¹ Εἰπέ μοι] τί τοῦτο JMΔ. Εἰπέ μοι as being the reading of the majority of the manuscripts (ABDPT) is put in the text; τί τοῦτο being the reading of a minority of manuscripts (JMΔ) is not reported in the apparatus, as it has no value in establishing the text.

1 ια′ 9² ἔστι] JPΔ : ἐτέχθη cett. ; ἔστι though in the minority of manuscripts (JPΔ) is given in the apparatus, because it helps in establishing the text.

1 θ′ 9² ἐγεννήθη θύρα] ἡμῖν ἐγεννήθη ABD(M). Both readings are given in the apparatus, as they are supported by an

---

[1] See Maas, *Byz. Zeit.* 16 (1907), 566 n. 2. This, of course, does not mean that all the manuscripts of Romanos are of equal value. There is no doubt for example that P is more complete than the others, that it has less corruption than M, and is more free from rehandling (Umarbeitungen) than Δ. But all these qualities are of no significance for the choice of a reading, where a majority of manuscripts agrees.

equal number of manuscripts. M is given in brackets because its *exact* reading is ἡμῖν Χριστὸς ἐγεννήθη, which is not reported as representing one manuscript against seven. Nonetheless indirectly it supports the writing of ABD.

This method has been adopted in order to avoid overburdening the apparatus with readings which are no substantial improvement on those of the text.[1] No reference is made in this edition to the sources of Romanos, except where necessary for establishing the text.[2]

In the text itself there are three points to which I should like to draw attention. The first is in the use of the subjunctive. Romanos often uses the indicative where Attic Greek requires the subjunctive (e.g. 4 ι′ 4¹ ἵνα ... πίπτουσιν; 7 ιζ′ 8¹ ἵν' αὐτοὶ μαρτυροῦσιν, &c.). In those forms, however, in which indicative and subjunctive were pronounced the same in the sixth century (for ει and ῃ, ο and ω were pronounced identically) the manuscripts are not consistent. We have abided by the normal Attic usage, as the spelling of the manuscripts is not to be trusted.[3]

The second concerns the Medieval Greek *enclitics*. These differ from Attic Greek, and information about their use in Romanos can be found in the Metrical Appendix pp. 512 f.

The third concerns the form πρόειπε. Professor Maas had originally believed that Romanos had written προὔλεγε where the manuscripts transmit προεῖπε and the metrical correspondence requires a word accented on the antepenultimate syllable (cf. *Byz. Zeit.* 16 (1907), 571 f.). This has been printed in the text, the reading of the manuscripts having

---

[1] The full collations of most of the cantica, on which the apparatus of the present edition is based, are to be found in Professor Maas's typescripts now in the Bodleian Library, Oxford (see p. xxv). Much of this information can also be found in extant editions of various cantica by Romanos, for which see General Bibliography, and the introductory notices to the apparatus of each canticum.

[2] For the cantica on the person of Christ these may be found in R. J. Shork, *The Sources of the Christological hymns of Romanos the Melodist* (Oxford D.Phil. thesis, unpublished); for other cantica consult the Tomadakis and Krumbacher editions.

[3] The manuscripts are also not (as probably Romanos himself was not) consistent in the use of the ν ἐφελκυστικόν and in the rough breathing in reflexive pronouns αὑτοῦ -ῆς -οῦ, etc.

been relegated to the apparatus. The form πρόσειπε, however, which occurs in **36** γ' 2¹, has convinced him that πρόειπε and not προῦλεγε is what the poet had written, and this he would now wish to be introduced into the text, a view with which I fully agree.

The length of Romanos' cantica varies from eleven to forty strophes (cf. **35** and **43**). As can be seen both from the acrostics and the content not all have been transmitted complete,[1] and some have been lengthened by later additions either in the middle or the end.[2] Even the sequence within the transmitted cantica is not always undisturbed.[3] No doubt there developed a tendency to shorten the long cantica for easier chanting in church, especially after they ceased to be seen as metrical sermons and were treated as ordinary hymns. To this one should attribute a number of later final strophes (in which the final 'prayer' of the poet is included) which have been added to curtailed cantica or have been transmitted side by side with the genuine final strophe.[4] As regards the acrostic it is important to remember that, as Krumbacher has shown, both forms ΤΑΠΙΝΟΣ and ΤΑΠΕΙΝΟΣ must have been used by Romanos himself.[5]

In this edition the number of Krumbacher's *Akrostichis* is given in brackets after my numbering of each canticum.[6] The names of the melodies, which accompanied the kontakia, are also given. They indicate for us the metrical pattern of each canticum. The Roman number which accompanies them refers to the Metrical Appendix.

---

[1] In many instances the final 'prayer' with which a canticum ended is missing.

[2] e.g. **30** ΤΟΥ ΤΑΠΕΕΙΝΟΥ ΡΩΜΑΝ[Ν]ΟΥ; **28** ΤΟΥ ΤΑΠΕΙΝΟΥ ΡΩΜΑΝΟΥ ΑΙΝΟΣ [ΕΙΣ ΤΟ ΠΑΘΟΣ].

[3] e.g. **45**; nor does the actual acrostic of the text always correspond to that given by the manuscripts in the title of the cantica; e.g. **4, 22, 30, 47**, &c., cf. Krumbacher, *Umarb. b. Rom.*, pp. 14 f. and 19 f.

[4] e.g. **11** κδ'; **18** κγ'; **59** ιδ', &c.

[5] Krumbacher, *Acrostichis*, pp. 653 f. The inclusion of the poet's name in the acrostic is, of course, no proof that the poem is genuine; cf. Maas, *Byz. Zeit.* 15 (1906), 32 f. and 41 f.

[6] Where the number of a kontakion followed by Kr. appears in this edition, it refers to Krumbacher's numbering in his *Akrostichis*.

At the beginning of the apparatus of every canticum a short introduction will be found giving information about the manuscripts on which the text is based, and all important editions. The title of the canticum, the festival at which it was chanted, and the key in which the music that accompanied the poem was composed are also given. None of these goes back to the days of the poet, they are therefore of secondary importance.

At the end of the present volume a Metrical Appendix, prepared by me under the guidance of Professor Maas, gives all the metrical patterns of the kontakia included in this volume, together with those of certain prooemia, which recur more than once. At the same time a few general rules about the poet's metrical system are given, as well as certain unusual phenomena peculiar to medieval Greek accentuation. An Index Nominum, prepared by Mrs. S. Argyle, concludes the volume.

In conclusion, I must express my gratitude to Professor Maas for help and guidance continuously and unstintingly given. By putting all his papers and his profound knowledge at my disposal he has made it possible for me to conclude the present edition. Any merits that the work may have are his, the faults are my own.

C. A. TRYPANIS

SELECT BIBLIOGRAPHY

H. G. Beck	*Kirche und theologische Literatur im byzantinischen Reich*, München, 1959.
G. Cammelli	*Romano il Melode*, Firenze, 1930.
K. Krumbacher	*Geschichte der byzantinischen Literatur*, Leipzig, 1897².
K. Krumbacher	'Studien zu Romanos', *Sitzungsberichte der philos.-philol. und der histor. Klasse der K. Bayer. Akad. d. Wiss.*, München, 1898, ii. 69 f.
K. Krumbacher	'Umarbeitungen bei Romanos', ibid, 1899, ii. 1 f.
K. Krumbacher	'Romanos und Kyriakos', ibid. 1901, 693 f.
K. Krumbacher	'Die Akrostichis in der griechischen Kirchenpoesie', ibid. 1903, 551 f.
K. Krumbacher	'Miscellen zu Romanos', *Abhandlungen der philos.-philol. und der histor. Klasse der K. Bayer. Akad. d. Wiss.*, München, 1907, XXIV. iii. 1 f.
K. Krumbacher	'Der heilige Georg', ibid. 1911, xxv. iii. 261 f.
P. Maas	'Die Chronologie der Hymnen des Romanos', *Byz. Zeitschrift*, 15 (1906), 1 f.
P. Maas	'Grammatische und metrische Umarbeitungen in der Ueberlieferung des Romanos', *Byz. Zeitschrift*, 16 (1907), 565 f.
P. Maas	'Das Kontakion', *Byz. Zeitschrift*, 19 (1910), 285 f.
P. Maas	'Das Weihnachtslied des Romanos', *Byz. Zeitschrift*, 24 (1923–4), 1 f.
P. Maas	*Frühbyzantinische Kirchenpoesie: Anonyme Hymnen des V.–VI. Jahrhunderts* (Kleine Texte für Vorlesungen und Übungen herausg. von H. Lietzmann, nn. 52–53), Berlin, 1931.
P. Maas	'Romanos auf Papyrus', *Byzantion*, xiv (1939), 381.
W. Meyer	'Anfang und Ursprung der lateinischen und griechischen rythmischen Dichtung', *Abhandlungen der philos.-philol. und der histor. Klasse der K. Bayer. Akad. d. Wiss.*, München 1885, XVII. ii. 370 f. = W. Meyer, *Gesammelte Abhandlungen zur mittellateinischen Rythmik*, vol. II (Berlin 1905), 1 f.
E. Mioni	*Romano il Melode*, Padova, 1937.
J. B. Pitra	*Analecta Sacra spicilegio Solesmensi parata*, Parisiis, 1876, vol. i.

SELECT BIBLIOGRAPHY

R. J. Schork   The Sources of the Christological Hymns of Romanos the Melodist, Oxford D. Phil. thesis, 1957 (unpublished).
N. B. Tomadakis   'Ρωμανοῦ τοῦ Μελῳδοῦ Ὕμνοι, Athens 1952–61, vols. i–iv, and supplement to vol. iv.

A good bibliography of Romanos down to 1959 is to be found in H. G. Beck, *Kirche und theologische Literatur im byzantinischen Reich*, München, 1959, pp. 425 f.

SIGLA

A	*Athous Batopediou* 1041, saec. x–xi
B	*Athous Laurae Γ'* 27, saec. x–xi
D	*Athous Laurae Γ'* 28, saec. xi
G	*Sinaiticus* 925, saec. x
J	*Sinaiticus* 927, saec. xiii
K	*Sinaiticus* 928, saec. xiv
M	*Mosquensis Synod.* 437, saec. xii
P {	*Patmiacus* 212, saec. xi
	Patmiacus 213, saec. xi
S	*Vaticanus gr.* 2008, saec. xii
T	*Taurinensis* B. iv. 34, saec. xi
	C *Corsinianus* 366, saec. x–xi
Δ	V *Vindobonensis*, suppl. gr. 96, saec. xii
	c *Cryptoferratensis* Δ *a.* 5, saec. xii
a	Cryptoferratensis Δ a. 6, saec. xii
b	Cryptoferratensis Δ a. 1, saec. xi–xii
k	Mosquensis synod. 153, saec. xii
m	Vaticanus gr. 1212, saec. xii
p	Vaticanus gr. 1829, saec. xi
y	Parisinus gr. 1571, saec. xiii
P¹	first hand in P
Pᶜ	corrector in P, whether *inter lineas* or *in margine*.
Pγρ	variants (following γρ = γράφε) in the margin of P.
ᴗ	unaccented syllable
–	accented syllable
$\genfrac{}{}{0pt}{}{-}{ᴗ}$ }	syllable which may, or may not, be accented (see *Metrical Appendix*).
dub.	dubitanter
m.c.	metri causa
v.l.	varia lectio

B. Z.   = *Byzantinische Zeitschrift*.
Cammelli, R. il M.   = G. Cammelli, *Romano il Melode* (see bibliography).
Christ–Paranikas, Anthologia Christiana = W. Christ et M. Paranikas, Anthologia Graeca Carminum Christianorum, Lipsiae, 1871.
Krumb. = Krumbacher, Studien z. R. = K. Krumbacher, 'Studien zu Romanos' (see bibliography).
„   Umarb. b. R. = K. Krumbacher, 'Umarbeitungen bei Romanos' (see bibliography).
„   R.u.K. = K. Krumbacher, 'Romanos und Kyriakos' (see bibliography).

SIGLA

Krumb. = Krumbacher, Akr.	= K. Krumbacher, 'Die Akrostichis in der gr. Kirchenpoesie' (see bibliography).
Krumb. Miscellen	= K. Krumbacher, 'Miscellen zu Romanos' (see bibliography).
Mioni, R. il M.	= E. Mioni, *Romano il Melode* (see bibliography)
Pitra, A. S., I	= J. P. Pitra, *Analecta Sacra spicilegio Solesmensi parata*, vol. 1 (see bibliography).
Pitra, Jubiläumsgabe	= J. B. Pitra, Sanctus Romanus veterum melodorum princeps. Cantica sacra ex codd. mss. monasterii S. Joannis in insula Patmo primum in lucem edidit J. B. Pitra, Anno Jubilaei Pontificii (Roma, 1888).
P. G.	= J. P. Migne, *Patrologiae Cursus Completus*, series Graeca.
Tom. P. M. Y.	= N. B. Tomadakis, ‛Ρωμανοῦ τοῦ Μελῳδοῦ Ὕμνοι (see bibliography).
Transformatio	= Recasting of the same text in another metre (= 'Umarbeitung')

When cantica are quoted, which are not included in this edition, I give the number of the acrostic in Krumbacher's 'Die Akrostichis in der gr. Kirchenpoesie', pp. 559–618, followed by Kr.

I

Cantica on the Person of Christ

1 (1 Kr.)

ON THE NATIVITY I
(MARY AND THE MAGI)

Acrostichis: *ΤΟΥ ΤΑΠΕΙΝΟΥ ΡΩΜΑΝΟΥ Ο ΥΜΝΟΣ*

Prooemium: Ἡ παρθένος σήμερον

Ἡ παρθένος σήμερον τὸν ὑπερούσιον τίκτει,
καὶ ἡ γῆ τὸ σπήλαιον τῷ ἀπροσίτῳ προσάγει·
ἄγγελοι μετὰ ποιμένων δοξολογοῦσι,
μάγοι δὲ μετὰ ἀστέρος ὁδοιπορoῦσι·
δι' ἡμᾶς γὰρ ἐγεννήθη 5
|: παιδίον νέον, ὁ πρὸ αἰώνων θεός. :|

Strophae: Τὴν Ἐδὲμ Βηθλεέμ (App. Metr. 1)

α' Τὴν Ἐδὲμ Βηθλεέμ ἤνοιξε, δεῦτε ἴδωμεν·
τὴν τρυφὴν ἐν κρυφῇ ηὕραμεν, δεῦτε λάβωμεν
τὰ τοῦ παραδείσου ἐντὸς τοῦ σπηλαίου·
ἐκεῖ ἐφάνη ῥίζα ἀπότιστος βλαστάνουσα ἄφεσιν,
ἐκεῖ ηὑρέθη φρέαρ ἀνόρυκτον, 5
οὗ πιεῖν Δαβὶδ πρὶν ἐπεθύμησεν·
ἐκεῖ παρθένος τεκοῦσα βρέφος
τὴν δίψαν ἔπαυσεν εὐθὺς τὴν τοῦ Ἀδὰμ καὶ τοῦ Δαβίδ·
διὰ τοῦτο πρὸς τοῦτο ἐπειχθῶμεν, ποῦ ἐτέχθη
|: παιδίον νέον, ὁ πρὸ αἰώνων θεός. :| 10

1 *Codices*: AB (Prooem. et α'-ιη', κ'-κδ') D (Prooem. et α'-ιη', κ'-κδ') G (Prooem. et α'-στ') JMPTΔ (Prooem. et α'-ιη', κ'-κδ')
Editiones: Pitra A.S. I Cant. I; Maas B.Z. 24 (1921), pp. 1 sq.; Cammelli R. il M., pp. 88 sq.
Titulus: On the Nativity I (Mary and the Magi) Trypanis: Τῆς ἁγίας καὶ πανσέπτου γεννήσεως τοῦ κυρίου ἡμῶν Ἰησοῦ Χριστοῦ P, alii alia.
Dies Festus: Δεκεμβρίου κε'
Modus: ἦχος γ'
Acrostichis: Τοῦ ταπεινοῦ Ῥωμανοῦ ὁ (om. BDΔ) ὕμνος codd.
α' ABDGJMPTΔ   3² ἐντὸς] Pitra: ἔνδον codd.

β´ Ὁ πατὴρ τῆς μητρὸς   γνώμῃ υἱὸς ἐγένετο·
   ὁ σωτὴρ τῶν βρεφῶν   βρέφος ἐν φάτνῃ ἔκειτο·
   ὃν κατανοοῦσα   φησὶν ἡ τεκοῦσα·
   " Εἰπέ μοι, τέκνον,   πῶς ἐνεσπάρης μοι   ἢ πῶς ἐνεφύης μοι;
   ὁρῶ σε, σπλάγχνον,   καὶ καταπλήττομαι,   5
   ὅτι γαλουχῶ   καὶ οὐ νενύμφευμαι·
   καὶ σὲ μὲν βλέπω   μετὰ σπαργάνων,
   τὴν παρθενίαν δὲ ἀκμὴν   ἐσφραγισμένην θεωρῶ·
   σὺ γὰρ ταύτην φυλάξας   ἐγεννήθης εὐδοκήσας
   |: παιδίον νέον,   ὁ πρὸ αἰώνων θεός. :| 10

γ´ Ὑψηλὲ βασιλεῦ,   τί σοὶ καὶ τοῖς πτωχεύσασι;
   ποιητὰ οὐρανοῦ,   τί πρὸς γηΐνους ἤλυθας;
   σπηλαίου ἡράσθης   ἢ φάτνῃ ἐτέρφθης;
   ἰδοὺ οὐκ ἔστι   τόπος τῇ δούλῃ σου   ἐν τῷ καταλύματι·
   οὐ λέγω τόπον,   ἀλλ' οὐδὲ σπήλαιον,   5
   ὅτι καὶ αὐτὸ   τοῦτο ἀλλότριον·
   καὶ τῇ μὲν Σάρρᾳ   τεκούσῃ βρέφος
   ἐδόθη κλῆρος γῆς πολύς,   ἐμοὶ δὲ οὔτε φωλεός·
   ἐχρησάμην τὸ ἄντρον,   ὃ κατῴκησας βουλήσει
   |: παιδίον νέον,   ὁ πρὸ αἰώνων θεός." :| 10

δ´ Τὰ τοιαῦτα ῥητὰ   ἐν ἀπορρήτῳ λέγουσα
   καὶ τὸν τῶν ἀφανῶν   γνώστην καθικετεύουσα
   ἀκούει τῶν μάγων   τὸ βρέφος ζητούντων·
   εὐθὺς δὲ τούτοις·   " Τίνες ὑπάρχετε;"   ἡ κόρη ἐβόησεν·
   οἱ δὲ πρὸς ταύτην·   " Σὺ γὰρ τίς πέφυκας,   5
   ὅτι τὸν τοιοῦτον ἀπεκύησας;
   τίς ὁ πατήρ σου;   τίς ἡ τεκοῦσα;
   ὅτι ἀπάτορος υἱοῦ   ἐγένου μήτηρ καὶ τροφός,
   οὗ τὸ ἄστρον ἰδόντες   συνήκαμεν ὅτι ὤφθη
   |: παιδίον νέον,   ὁ πρὸ αἰώνων θεός. :| 10

ε´ Ἀκριβῶς γὰρ ἡμῖν   ὁ Βαλαὰμ παρέθετο
   τῶν ῥημάτων τὸν νοῦν   ὧνπερ προεμαντεύσατο,
   εἰπὼν ὅτι μέλλει   ἀστὴρ ἀνατέλλειν,

γ´ ABDGJMPTΔ   2² ἤλυθας] A: ἐλήλυθας cett.   3² φάτνῃ] BΔ: φάτνης cett.   8¹ πολὺς] AGJT: πολλῆς cett.   8² οὐδὲ APTΔ
ε´ ABDGJMPTΔ

ἀστὴρ σβεννύων πάντα μαντεύματα καὶ τὰ οἰωνίσματα·
ἀστὴρ ἐκλύων παραβολὰς σοφῶν 5
ῥήσεις τε αὐτῶν καὶ τὰ αἰνίγματα·
ἀστὴρ ἀστέρος τοῦ φαινομένου
ὑπερφαιδρότερος πολὺ ὡς πάντων ἄστρων ποιητής,
περὶ οὗ προεγράφη· ἐκ τοῦ Ἰακὼβ ἀνατέλλει
|: παιδόν νέον, ὁ πρὸ αἰώνων θεός." :| 10

ϛ' Παραδόξων ῥητῶν ἡ Μαριὰμ ὡς ἤκουσε,
τῷ ἐκ σπλάγχνων αὐτῆς κύψασα προσεκύνησε
καὶ κλαίουσα εἶπε· " Μεγάλα μοι, τέκνον,
μεγάλα πάντα, ὅσα ἐποίησας μετὰ τῆς πτωχείας μου·
ἰδοὺ γὰρ μάγοι ἔξω ζητοῦσί σε 5
τῶν ἀνατολῶν οἱ βασιλεύοντες·
τὸ πρόσωπόν σου ἐπιζητοῦσι
καὶ λιτανεύουσιν ἰδεῖν οἱ πλούσιοι τοῦ σοῦ λαοῦ·
ὁ λαός σου γὰρ ὄντως εἰσὶν οὗτοι οἷς ἐγνώσθης
|: παιδίον νέον, ὁ πρὸ αἰώνων θεός. :| 10

ζ' Ἐπειδὴ οὖν λαὸς σός ἐστι, τέκνον, κέλευσον
ὑπὸ σκέπην τὴν σὴν γένωνται, ἵνα ἴδωσι
πενίαν πλουσίαν, πτωχείαν τιμίαν·
αὐτόν σε δόξαν ἔχω καὶ καύχημα· διὸ οὐκ αἰσχύνομαι·
αὐτὸς εἶ χάρις καὶ ἡ εὐπρέπεια 5
τῆς σκηνῆς κἀμοῦ· νεῦσον εἰσέλθωσιν·
οὐδέν μοι μέλει τῆς εὐτελείας·
ὡς θησαυρόν σε γὰρ κρατῶ, ὃν βασιλεῖς ἦλθον ἰδεῖν
βασιλέων καὶ μάγων ἐγνωκότων ὅτι ὤφθης
|: παιδίον νέον, ὁ πρὸ αἰώνων θεός." :| 10

η' Ἰησοῦς ὁ Χριστὸς ὄντως καὶ ὁ θεὸς ἡμῶν
τῶν φρενῶν ἀφανῶς ἥψατο τῆς μητρὸς αὐτοῦ
" Εἰσάγαγε " λέγων " οὓς ἤγαγον λόγῳ·

9² ἐκ τοῦ] GJTΔ : ἐξ cett. : (Ἰακὼβ = ∪ -, cf. App. Metr.)
ζ' ABDJMPTΔ 8¹ σε γὰρ] BDJ : γάρ σε cett. 9¹ βασιλέων καὶ
μάγων] MTΔ : βασιλεῦ βασιλέων AJP 9² ἐγν. ὅτι ὤφθη] MT : καὶ μάγων
ἐγνωκότων ABD(J)(P) : ἐρευνώντων ποῦ ἐτέχθη Δ
η' ABDJMPTΔ 1² καὶ ὁ] DT : τε καὶ Δ (B) : ὁ om. cett.

ἐμὸς γὰρ λόγος τούτοις ἐπέλαμψε τοῖς ἐπιζητοῦσι με·
ἀστὴρ μὲν ἔστιν εἰς τὸ φαινόμενον, 5
δύναμις δὲ τὶς πρὸς τὸ νοούμενον·
συνῆλθε μάγοις ὡς λειτουργῶν μοι
καὶ ἔτι ἵσταται πληρῶν τὴν διακονίαν αὐτοῦ
καὶ ἀκτῖσι δεικνύων τὸν τόπον ὅπου ἐτέχθη
|: παιδίον νέον, ὁ πρὸ αἰώνων θεός. :| 10

θ' **Ν**ῦν οὖν δέξαι, σεμνή, δέξαι τοὺς δεξαμένους με·
ἐν αὐτοῖς γὰρ εἰμὶ ὥσπερ ἐν ταῖς ἀγκάλαις σου·
καὶ σοῦ οὐκ ἀπέστην κἀκείνοις συνῆλθον."
ἡ δὲ ἀνοίγει θύραν καὶ δέχεται τῶν μάγων τὸ σύστημα·
ἀνοίγει θύραν ἡ ἀπαράνοικτος 5
πύλη, ἣν Χριστὸς μόνος διώδευσεν·
ἀνοίγει θύραν ἡ ἀνοιχθεῖσα
καὶ μὴ κλαπεῖσα μηδαμῶς τὸν τῆς ἁγνείας θησαυρόν·
αὐτὴ ἤνοιξε θύραν, ἀφ' ἧς ἐγεννήθη θύρα,
|: παιδίον νέον, ὁ πρὸ αἰώνων θεός. :| 10

ι' **Ο**ἱ δὲ μάγοι εὐθὺς ὥρμησαν εἰς τὸν θάλαμον
καὶ ἰδόντες Χριστὸν ἔφριξαν, ὅτι εἴδοσαν
τὴν τούτου μητέρα, τὸν ταύτης μνηστῆρα·
καὶ φόβῳ εἶπον· " Οὗτος υἱός ἐστιν ἀγενεαλόγητος·
καὶ πῶς, παρθένε, τὸν μνηστευσάμενον 5
βλέπομεν ἀκμὴν ἔνδον τοῦ οἴκου σου;
οὐκ ἔσχε μῶμον ἡ κύησίς σου;
μὴ ἡ κατοίκησις ψεχθῇ συνόντος σοι τοῦ Ἰωσήφ·
πλῆθος ἔχεις φθονούντων, ἐρευνώντων ποῦ ἐτέχθη
|: παιδίον νέον, ὁ πρὸ αἰώνων θεός." :| 10

ια' "**Ὑ**πομνήσω ὑμᾶς", μάγοις Μαρία ἔφησε,
" τίνος χάριν κρατῶ τὸν Ἰωσὴφ ἐν οἴκῳ μου·
εἰς ἔλεγχον πάντων τῶν καταλαλούντων·
αὐτὸς γὰρ λέξει ἅπερ ἀκήκοε περὶ τοῦ παιδίου μου·
ὑπνῶν γὰρ εἶδεν ἄγγελον ἅγιον 5
λέγοντα αὐτῷ, πόθεν συνέλαβον·

5² εἰς] ΜΡΤΔ : πρὸς cett.   9¹ ἀκτῖνι ΒDΤΔ
θ' ΑΒDJΜΡΤΔ   8¹ μηδαμῶς] ΒDΡγρ: πώ ποτε Τ(Ρ): τί ποτε J(Α)(Δ)
9² ἐγενν. θύρα] ἡμῖν ἐγενν. ΑΒD(Μ)   ια' ΑΒDJΜΡΤΔ

πυρίνη θέα   τὸν ἀκανθώδη
ἐπληροφόρησε νυκτὸς   περὶ τῶν λυπούντων αὐτόν·
δι' αὐτὸ σύνεστί μοι   Ἰωσὴφ δηλῶν ὡς ἔστι
|: παιδίον νέον,   ὁ πρὸ αἰώνων θεός. :| 10

ιβ´ Ῥητορεύει σαφῶς   ἅπαντα ἅπερ ἤκουσεν·
ἀπαγγέλλει τρανῶς   ὅσα αὐτὸς ἑώρακεν
ἐν τοῖς οὐρανίοις   καὶ τοῖς ἐπιγείοις·
τὰ τῶν ποιμένων,   πῶς συνανύμνησαν   πηλίνοις οἱ πύρινοι·
ὑμῶν τῶν μάγων,   ὅτι προέδραμεν   5
ἄστρον φωταυγοῦν   καὶ ὁδηγοῦν ὑμᾶς·
διὸ ἀφέντες   τὰ προρρηθέντα
ἐκδιηγήσασθε ἡμῖν   τὰ νῦν γενόμενα ὑμῖν·
πόθεν ἥκατε, πῶς δὲ   συνήκατε ὅτι ὤφθη
|: παιδίον νέον,   ὁ πρὸ αἰώνων θεός; " :| 10

ιγ´ Ὡς δὲ ταῦτα αὐτοῖς   ἡ φαεινὴ ἐλάλησεν,
οἱ τῆς ἀνατολῆς   λύχνοι πρὸς ταύτην ἔφησαν·
" Μαθεῖν θέλεις, πόθεν   ἠλύθαμεν ὧδε;
ἐκ γῆς Χαλδαίων,   ὅθεν οὐ λέγουσι· ' θεὸς θεῶν κύριος ',
ἐκ Βαβυλῶνος,   ὅπου οὐκ οἴδασι   5
τίς ὁ ποιητὴς   τούτων ὧν σέβουσιν·
ἐκεῖθεν ἦλθε   καὶ ἦρεν ἡμας
ὁ τοῦ παιδίου σου σπινθὴρ   ἐκ τοῦ πυρὸς τοῦ Περσικοῦ·
πῦρ παμφάγον λιπόντες   πῦρ δροσίζον θεωροῦμεν
|: παιδίον νέον,   τὸν πρὸ αἰώνων θεόν. :| 10

ιδ´ Ματαιότης ἐστὶ   ματαιοτήτων ἅπαντα·
ἀλλ' οὐδεὶς ἐν ἡμῖν   ταῦτα φρονῶν εὑρίσκεται·
οἱ μὲν γὰρ πλανῶσιν,   οἱ δὲ καὶ πλανῶνται·
διό, παρθένε,   χάρις τῷ τόκῳ σου,   δι' οὗ ἐλυτρώθημεν
οὐ μόνον πλάνης,   ἀλλὰ καὶ θλίψεως   5
τῶν χωρῶν πασῶν   ὧνπερ διήλθομεν,
ἐθνῶν ἀσήμων,   γλωσσῶν ἀγνώστων,
περιερχόμενοι τὴν γῆν   καὶ ἐξερευνῶντες αὐτὴν
μετὰ λύχνου τοῦ ἄστρου   ἐκζητοῦντες, ποῦ ἐτέχθη
|: παιδίον νέον,   ὁ πρὸ αἰώνων θεός. :| 10

9¹ δι' αὐτό] Maas: διὰ τοῦτο codd.   9² ἔστι] JPΔ: ἐτέχθη cett.
ιβ´ ABDJMPTΔ   2² ὅσα προεθεώρησεν AJΔ
ιδ´ ABDJMPTΔ   7¹ ἀσήμων] JP(D)(T): ἀθέων cett.

ιε΄ **Ἀλλ᾽** ὡς ἔτι αὐτὸν   τοῦτον τὸν λύχνον εἴχομεν,
  τὴν Ἰερουσαλὴμ   πᾶσαν περιωδεύσαμεν
  πληροῦντες εἰκότως   τὰ τῆς προφητείας·
  ἠκούσαμέν γαρ,   ὅτι ἠπείλησε   θεὸς ἐρευνᾶν αὐτήν·
  καὶ μετὰ λύχνου   περιηρχόμεθα   5
  θέλοντες εὑρεῖν   μέγα δικαίωμα·
  ἀλλ᾽ οὐχ εὑρέθη,   ὅτι ἐπήρθη
  ἡ κιβωτὸς αὐτῆς μεθ᾽ ὧν   συνεῖχε πρότερον καλῶν·
  τὰ ἀρχαῖα παρῆλθεν·   ἀνεκαίνισε γὰρ πάντα
  |: παιδίον νέον,   ὁ πρὸ αἰώνων θεός." :| 10

ις΄ "**Ναί**", φησί, τοῖς πιστοῖς   μάγοις Μαρία ἔφησε,
  " τὴν Ἰερουσαλὴμ   πᾶσαν περιωδεύσατε,
  τὴν πόλιν ἐκείνην   τὴν προφητοκτόνον;
  καὶ πῶς ἀλύπως   ταύτην διήλθατε   τὴν πᾶσι βασκαίνουσαν;
  Ἡρώδην πάλιν   πῶς διελάθετε   5
  τὸν ἀντὶ θεσμῶν   φόνους ἐμπνέοντα;"
  οἱ δὲ πρὸς ταύτην,   φησί· " Παρθένε,
  οὐ διελάθομεν αὐτόν,   ἀλλ᾽ ἐνεπαίξαμεν αὐτῷ·
  συνετύχομεν πᾶσιν   ἐρωτῶντες ποῦ ἐτέχθη
  |: παιδίον νέον,   ὁ πρὸ αἰώνων θεός." :| 10

ιζ΄ **Ὅτε** ταῦτα αὐτῶν   ἡ θεοτόκος ἤκουσεν,
  τότε εἶπεν αὐτοῖς·   " Τί ὑμᾶς ἐπηρώτησεν
  Ἡρώδης ὁ ἄναξ   καὶ οἱ Φαρισαῖοι;"
  " Ἡρώδης πρῶτον,   εἶτα ὡς ἔφησας   οἱ πρῶτοι τοῦ ἔθνους σου
  τὸν χρόνον τούτου   τοῦ φαινομένου νῦν   5
  ἄστρου παρ᾽ ἡμῶν   ἐξηκριβώσαντο·
  καὶ ἐπιγνόντες   ὡς μὴ μαθόντες
  οὐκ ἐπεθύμησαν ἰδεῖν   ὃν ἐξηρεύνησαν μαθεῖν,
  ὅτι τοῖς ἐρευνῶσιν   ὀφείλει θεωρηθῆναι
  |: παιδίον νέον,   ὁ πρὸ αἰώνων θεός. :| 10

ιη΄ **Ὑ**πενόουν ἡμᾶς   ἄφρονας οἱ ἀνόητοι
  καὶ ἠρώτων, φησί·   ' πόθεν καὶ πότε ἤκατε;
  πῶς μὴ φαινομένας   ὡδεύσατε τρίβους;'

ις΄ ABDJMPTΔ   2² περιωδεύσατε] MP: περιοδεύσαντες ABDJT:
περιεδράμετε Δ   4² διήλθετε AJPTΔ   5² διεφύγετε ADJMP
6² φόνους] JPT(M): φόνων ABDΔ   8² αὐτῷ]AP: αὐτὸν DMΔ
ιη΄ ABDJMPTΔ

ἡμεῖς δὲ τούτοις ὅπερ ἠπίσταντο ἀντεπηρωτήσαμεν·
' ὑμεῖς τὸ πάρος πῶς διωδεύσατε 5
ἔρημον πολλὴν ἥνπερ διήλθετε;
ὁ ὁδηγήσας τοὺς ἀπ' Αἰγύπτου
αὐτὸς ὡδήγησε καὶ νῦν τοὺς ἐκ Χαλδαίων πρὸς αὐτόν,
τότε στύλῳ πυρίνῳ, νῦν δὲ ἄστρῳ τῷ δηλοῦντι
|: παιδίον νέον, τὸν πρὸ αἰώνων θεόν. :| 10

ιθ' Ὁ ἀστὴρ πανταχοῦ ἦν ἡμῶν προηγούμενος
ὡς ὑμῖν ὁ Μωσῆς ῥάβδον ἐπιφερόμενος,
τὸ φῶς περιλάμπων τῆς θεογνωσίας·
ὑμᾶς τὸ μάννα πάλαι διέθρεψε, καὶ πέτρα ἐπότισεν·
ἡμᾶς ἐλπὶς ἡ τούτου ἐνέπλησε· 5
τῇ τούτου χαρᾷ διατρεφόμενοι
οὐκ ἐν Περσίδι ἀναποδίσαι
διὰ τὸ ἄβατον ὁδὸν ὁδεύειν ἔσχομεν ἐν νῷ
θεωρῆσαι ποθοῦντες, προσκυνῆσαι καὶ δοξάσαι
|: παιδίον νέον, τὸν πρὸ αἰώνων θεόν. ' " :| 10

κ' Ὑπὸ τῶν ἀπλανῶν μάγων αὐτὰ ἐλέγετο·
ὑπὸ δὲ τῆς σεμνῆς πάντα ἐπεσφραγίζετο
κυροῦντος τοῦ βρέφους τὰ τῶν ἀμφοτέρων,
τῆς μὲν ποιοῦντος μετὰ τὴν κύησιν τὴν μήτραν ἀμίαντον,
τῶν δὲ δεικνύντος μετὰ τὴν ἔλευσιν 5
ἄμοχθον τὸν νοῦν ὥσπερ τὰ βήματα·
οὐδεὶς γὰρ τούτων ὑπέστη κόπον,
ὡς οὐκ ἐμόχθησεν ἐλθὼν ὁ Ἀμβακοὺμ πρὸς Δανιήλ·
ὁ φανεὶς γὰρ προφήταις ὁ αὐτὸς ἐφάνη μάγοις,
|: παιδίον νέον, ὁ πρὸ αἰώνων θεός. :| 10

κα' Μετὰ πάντα αὐτῶν ταῦτα τὰ διηγήματα
δῶρα μάγοι χερσὶν ἦραν καὶ προσεκύνησαν
τῷ δώρῳ τῶν δώρων, τῷ μύρῳ τῶν μύρων·

9² τῷ] DP: om. cett. qui metrum aliter corr.
ιθ' AJMPT (stropham ιθ' om. BDΔ; delere vult Maas, cf. B.Z. 24 (1921),
pp. 1 sq.) 5¹⁻² metrum: divisio neglecta 8² νῷ] (sic) P: ᾧ JMT(A)
κ' ABDJMPTΔ 1² αὐτά] Maas: ταῦτα codd.
κα' ABDJMPTΔ 2¹⁻² δῶρα et μάγοι inter se mutant JM: μάγοι et
ἦραν inter se mutant BDΔ

χρυσὸν καὶ σμύρναν εἶτα καὶ λίβανον Χριστῷ προσεκόμισαν
βοῶντες· " Δέξαι δώρημα τρίυλον, 5
ὡς τῶν Σεραφὶμ ὕμνον τρισάγιον·
μὴ ἀποστρέψῃς ὡς τὰ τοῦ Κάϊν,
ἀλλ' ἐναγκάλισαι αὐτὰ ὡς τὴν τοῦ Ἄβελ προσφορὰν
διὰ τῆς σε τεκούσης, δι' ἧς ἥμιν ἐγεννήθης
|: παιδίον νέον, ὁ πρὸ αἰώνων θεός." :| 10

κβ' **Ν**έα νῦν καὶ φαιδρὰ βλέπουσα ἡ ἀμώμητος
μάγους δῶρα χερσὶ φέροντας καὶ προσπίπτοντας,
ἀστέρα δηλοῦντα, ποιμένας ὑμνοῦντας,
τὸν πάντων τούτων κτίστην καὶ κύριον ἱκέτευε λέγουσα·
" Τριάδα δώρων, τέκνον, δεξάμενος 5
τρεῖς αἰτήσεις δὸς τῇ γεννησάσῃ σε·
ὑπὲρ ἀέρων παρακαλῶ σε
καὶ ὑπὲρ τῶν καρπῶν τῆς γῆς καὶ τῶν οἰκούντων ἐν αὐτῇ·
διαλλάγηθι πᾶσι δι' ἐμοῦ, ὅτι ἐτέχθης
|: παιδίον νέον, ὁ πρὸ αἰώνων θεός. :| 10

κγ' **Ο**ὐχ ἁπλῶς γὰρ εἰμὶ μήτηρ σου, σῶτερ εὔσπλαγχνε·
οὐκ εἰκῇ γαλουχῶ τὸν χορηγὸν τοῦ γάλακτος·
ἀλλὰ ὑπὲρ πάντων ἐγὼ δυσωπῶ σε·
ἐποίησάς με ὅλου τοῦ γένους μου καὶ στόμα καὶ καύχημα·
ἐμὲ γὰρ ἔχει ἡ οἰκουμένη σου 5
σκέπην κραταιάν, τεῖχος καὶ στήριγμα·
ἐμὲ ὁρῶσιν οἱ ἐκβληθέντες
τοῦ παραδείσου τῆς τρυφῆς, ὅτι ἐπιστρέφω αὐτοὺς
λαβεῖν αἴσθησιν πάντων δι' ἐμοῦ τῆς σε τεκούσης
|: παιδίον νέον, τὸν πρὸ αἰώνων θεόν. :| 10

κδ' **Σ**ῶσον κόσμον, σωτήρ· τούτου γὰρ χάριν ἤλυθας·
στῆσον πάντα τὰ σά· τούτου γὰρ χάριν ἔλαμψας
ἐμοὶ καὶ τοῖς μάγοις καὶ πάσῃ τῇ κτίσει·

κβ' ABDJMPTΔ   1¹ καὶ φαιδρὰ] MPTΔ : ἀγαθὰ cett.
κγ' ABDJMPTΔ   8¹ τῆς τρυφῆς] σου ποτὲ BD(T)(Δ)   9¹ λάβῃ
ABDT   πάντων] AMP : πάντας J : πάντα BDT : τότε Δ   9² τῆς σε
τεκούσης] DPTΔ(M) : ὅτι ἐτέχθης ABJ(M)
κδ' ABDJMPTΔ

ἰδοὺ γὰρ μάγοι,   οἷς ἐνεφάνισας   τὸ φῶς τοῦ προσώπου σου,
προσπίπτοντές σοι   δῶρα προσφέρουσι
χρήσιμα καλὰ   λίαν ζητούμενα·
αὐτῶν γὰρ χρῄζω,   ἐπειδὴ μέλλω
ἐπὶ τὴν Αἴγυπτον μολεῖν   καὶ φεύγειν σὺν σοὶ διὰ σέ,
ὁδηγέ μου, υἱέ μου,   ποιητά μου, λυτρωτά μου,
|: παιδίον νέον,   ὁ πρὸ αἰώνων θεός."·|

2 (42 Kr.)
ON THE NATIVITY II
(ADAM AND EVE AND THE NATIVITY)

Acrostichis: *ΤΟΥ ΤΑΠΕΙΝΟΥ ΡΩΜΑΝΟΥ*

Prooemium: *Ἰδιόμελον*

Ὁ πρὸ ἑωσφόρου   ἐκ πατρὸς ἀμήτωρ γεννηθεὶς
ἐπὶ γῆς ἀπάτωρ   ἐσαρκώθη σήμερον ἐκ σοῦ·
ὅθεν ἀστὴρ   εὐαγγελίζεται μάγοις,
ἄγγελοι δὲ   μετὰ ποιμένων ὑμνοῦσι
τὸν ἄφραστον τόκον σου,
|: ἡ κεχαριτωμένη. :|

Strophae: *Τὸν ἀγεώργητον βότρυν* (App. Metr. 11)

α΄ **Τ**ὸν ἀγεώργητον βότρυν   βλαστήσασα ἡ ἄμπελος
ὡς ἐπὶ κλάδων ἀγκάλαις   ἐβάσταζε καὶ ἔλεγε·

9² λυτρ.] πλουτιστά BDJΔ

2 *Codices*: AB (Prooem. et α΄) M (Prooem. et α΄) PT (Prooem. et α΄–γ΄)
'Transformatio': 147 Kr.
Editiones: Pitra A.S. I, Cant. XXII; Tomadakis P.M.Y. III, pp. 357 sq.
Titulus: On the Nativity II (Adam and Eve and the Nativity) Trypanis: Εἰς
τὴν ἁγίαν γέννησιν τοῦ κυρίου ἡμῶν Ἰησοῦ Χριστοῦ P: Τῆς ὑπεραγίας θεοτόκου A
Dies Festus: Τῇ ἐπαύριον τῆς Χριστοῦ γεννήσεως (ἤ(?)τοι τῆς ὑπεραγίας θεοτόκου
add. A) ABPT: Σύναξις τῆς θεοτόκου M
Modus: ἦχος πλάγιος β΄
Acrostichis: Τοῦ ταπεινοῦ Ῥωμανοῦ P
Prooemium
ABMPT   2¹ ἐπὶ] τῆς add. BMPT   5 ἄφρ.] MP: ἄσπορον ABPγρ:
ἄχραντον T α΄ ABMPT (cf. 147 Kr., α΄)

" Σὺ καρπός μου, σὺ ζωή μου,
   ἀφ' οὗ ἔγνων   ὅτι καὶ ὃ ἤμην εἰμί·   σύ μου θεός·
   τὴν σφραγῖδα τῆς παρθενίας μου   ὁρῶν ἀκατάληπτον   5
   κηρύττω σε ἄτρεπτον   λόγον σάρκα γενόμενον·
   οὐκ οἶδα σποράν,   οἶδα σε λύτην τῆς φθορᾶς·
   ἁγνὴ γὰρ εἰμὶ   σοῦ προελθόντος ἐξ ἐμοῦ·
   ὡς γὰρ εὗρες ἔλιπες   μήτραν ἐμὴν   φυλάξας σώαν αὐτήν·
   διὰ τοῦτο συγχορεύει   πᾶσα κτίσις βοῶσα μοι·   10
|: 'ἡ κεχαριτωμένη.' :|

β' Οὐκ ἀθετῶ σου τὴν χάριν,   ἧς ἔσχον πεῖραν, δέσποτα·
    οὐκ ἀμαυρῶ τὴν ἀξίαν,   ἧς ἔτυχον τεκοῦσα σε·
    τοῦ γὰρ κόσμου βασιλεύω·
    ἐπειδὴ κράτος   τὸ σὸν ἐβάστασα γαστρί,   πάντων κρατῶ·
    μετεποίησας τὴν πτωχείαν μου   τῇ συγκαταβάσει σου·   5
    σαυτὸν ἐταπείνωσας   καὶ τὸ γένος μου ὕψωσας·
    εὐφράνθητε μοὶ   νῦν ἅμα, γῆ καὶ οὐρανός·
    τὸν γὰρ ποιητὴν   ὑμῶν βαστάζω ἐν χερσί·
    γηγενεῖς, ἀπόθεσθε   τὰ λυπηρὰ   θεώμενοι τὴν χαράν,
    ἣν ἐβλάστησα ἐκ κόλπων   ἀμιάντων καὶ ἤκουσα   10
|: ἡ κεχαριτώμενη." :|

γ' Ὑμνολογούσης δὲ τότε   Μαρίας ὃν ἐγέννησεν,
    κολακευούσης δὲ βρέφος   ὃ μόνη ἀπεκύησεν,
    ἤκουσεν ἡ ἐν ὀδύναις
    τεκοῦσα τέκνα,   καὶ γηθομένη τῷ Ἀδὰμ   Εὔα βοᾷ·
"   Τίς ἐν τοῖς ὠσί μου νῦν ἤχησεν   ἐκεῖνο ὃ ἤλπιζον,   5
    παρθένον τὴν τίκτουσαν   τῆς κατάρας τὴν λύτρωσιν;
    ἧς μόνη φωνὴ   ἔλυσε μὲ τῶν δυσχερῶν,
    καὶ ταύτης γονὴ   ἔδησε τὸν τρώσαντα μέ·
    ταύτῃ, ἣν προέγραψεν   ὁ τοῦ Ἀμώς,   ἡ ῥάβδος τοῦ Ἰεσσαί,
    ἡ βλαστήσασά μοι κλάδον,   οὗ φαγοῦσα οὐ θνήξομαι   10
| :ἡ κεχαριτώμενη. :|

4¹ metrum ∪ ∪̄ ∪ — ∪̄, cf. ια' 4¹ : ἐπέγνων Orphanidis : ἀφ' οὗπερ Pitra
5² ὁρῶν] Trypanis m.c. : ὁρῶσα codd.   ἀκατάλυτον ΑΤ : ἀπαράλλακτον P
9¹ ἔλιπας BMT   9³ φυλάξας] ὁρῶσα AM
    β' APT   5¹ μετεποίησας] (sic) P : ἀνενέωσας AT   8¹ τὸν γὰρ] (sic)
P : ὅτι τὸν AT
    γ' APT (cf. 147 Kr., β')   2² ὃ] (sic) P : ὃν AT   6¹ τὴν] (sic) P : μὲν AT
    9¹ ταύτῃ] dub. Maas : ταύτην AP : αὐτῇ T   10² οὐ θνήξ.] P : ἀνθήσομαι AT

δ' Τῆς χελιδόνος ἀκούσας   κατ' ὄρθρον κελαδούσης μοι
   τὸν ἰσοθάνατον ὕπνον,   Ἀδάμ, ἀφεὶς ἀνάστηθι·
   ἄκουσόν μου τῆς συζύγου·
   ἐγὼ ἡ πάλαι   πτῶμα προξενήσας βροτοῖς   νῦν ἀνιστῶ·
   κατανόησον τὰ θαυμάσια·   ἰδὲ τὴν ἀπείρανδρον   5
   διὰ τοῦ γεννήματος   ἰωμένην σε τοῦ τραύματος·
   ἐμὲ γὰρ ποτὲ   εἶδεν ὁ ὄφις καὶ σκιρτᾷ·
   ἀλλ' ἄρτι ὁρῶν   τοὺς ἐξ ἡμῶν φεύγει συρτῶς·
   κατ' ἐμοῦ μὲν ὕψωσε   τὴν κεφαλήν·   νυνὶ δὲ ταπεινωθεὶς
   κολακεύει, οὐ χλευάζει,   δειλιῶν ὃν ἐγέννησεν   10
   |: ἡ κεχαριτωμένη." :|

ε' Ἀδὰμ ἀκούσας τοὺς λόγους,   οὓς ὕφανεν ἡ σύζυγος,
   ἐκ τῶν βλεφάρων τὸ βάρος   εὐθέως ἀποθέμενος
   ἀνανεύει ὡς ἐξ ὕπνου,
   καὶ οὓς ἀνοίξας,   ὃ ἔφραξε παρακοή,   οὕτως βοᾷ·
   "Λιγυροῦ ἀκούω κελαδήματος,   τερπνοῦ [[δὲ]] μινυρίσματος·   5
   ἀλλὰ τοῦ μελίσματος   νῦν ὁ φθόγγος οὐ τέρπει με·
   γυνὴ γὰρ ἐστὶ   ἧς καὶ φοβοῦμαι τὴν φωνήν·
   ἐν πείρᾳ εἰμί·   ὅθεν τὸ θῆλυ δειλιῶ·
   ὁ μὲν ἦχος θέλγει με   ὡς λιγυρός,   τὸ ὄργανον δὲ δονεῖ,
   μὴ ὡς πάλαι με πλανήσῃ   ἐπιφέρουσα ὄνειδος   10
   |: ἡ κεχαριτωμένη." :|

ς' "Πληροφορήθητι, ἄνερ,   τοῖς λόγοις τῆς συζύγου σου·
   οὐ γὰρ εὑρήσεις με πάλιν   πικρά σοι συμβουλεύουσαν·
   τὰ ἀρχαῖα γὰρ παρῆλθε,
   καὶ νέα πάντα   δείκνυσιν ὁ τῆς Μαριὰμ   γόνος Χριστός·

δ' AP (cf. 147 Kr., γ')   1¹⁻² ἀκούω τὸν ὄρθρον συριζούσης μοι A
2² Ἀδὰμ post ἀφεὶς A   4² προξενήσας] Maas m.c. : προξενήσασα codd.
6² ἰωμένην] ∪ – ∪   7² εἶλεν P   10¹ χλευάζει] συρίζει A
ε' AP (cf. 147 Kr., δ')   1² σύζυγος] τάλαινα A   4¹ τὸ οὓς
γυμνώσας A   4² οὕτως βοᾷ] ἔφη οὕτως P   5¹ γλυκειροῦ A   κελαδ.]
λαλήματος dub. Trypanis m.c.   5² δὲ del. Trypanis m.c.   κινυρίσματος A
6¹ μελίζοντος A   7² ἧς om. P   8¹ πείρᾳ] γὰρ add. A   9³ τὸ
δὲ ὄργανον μου δονεῖ A   10¹ μὴ om. P   με] μὴ P   10² ἐπιφ. ὄνομα
τὸ κεχαριτωμένη P
ς' AP (cf. 147 Kr., ε')   2¹ εὑρίσκεις A   πάλιν] ἄρτι P   2² σοι om. A
4² Μαριὰμ] Trypanis m.c. : Μαρίας codd.

τούτου της νοτίδος οσφράνθητι   και ευθέως εξάνθησον   5
   ως στάχυς ορθότητι·   το γαρ έαρ σε έφθασε·
Ἰησοῦς Χριστὸς   πνέει ὡς αὔρα γλυκερά·
   τὸ καῦσος οὗ ἧς   ἀποφυγὼν τὸ αὐστηρὸν
δεῦρο ἀκολούθει μοι   πρὸς Μαριάμ,   καὶ τῶν ἀχράντων αὐτῆς
   ποδῶν ἅψαι σὺν ἐμοὶ νῦν,   καὶ εὐθέως σπλαγχνισθήσεται   10
|: ἡ κεχαριτωμένη." :|

ζ' " Ἔγνων, ὦ γύναι, τὸ ἔαρ   καὶ τῆς τρυφῆς αἰσθάνομαι,
   ἧς ἐξεπέσαμεν πάλαι·   καὶ γὰρ ὁρῶ παράδεισον
νέον ἄλλον τὴν παρθένον
   φέρουσαν κόλποις   αὐτὸ τὸ ξύλον τῆς ζωῆς,   ὅπερ ποτὲ
Χερουβὶμ ἐτήρει τὸ ἅγιον   πρὸς τὸ μὴ ψαῦσαι με·   5
   τοῦτο τοίνυν ἄψαυστον   ἐγὼ βλέπων φυόμενον
ᾐσθόμην πνοῆς,   σύζυγε, τῆς ζωοποιοῦ,
   τῆς κόνιν ἐμὲ   ὄντα καὶ ἄψυχον πηλὸν
ποιησάσης ἔμψυχον·   ταύτης νυνὶ   τῇ εὐοσμίᾳ ῥωσθεὶς
   πορευθῶ πρὸς τὴν ἀνθοῦσαν   τὸν καρπὸν τῆς ζωῆς ἡμῶν,   10
|: τὴν κεχαριτωμένην. :|

η' Ἰδοὺ εἰμὶ πρὸ ποδῶν σου,   παρθένε μῆτερ ἄμωμε,
   καὶ δι' ἐμοῦ πᾶν τὸ γένος   τοῖς ἴχνεσί σου πρόσκειται·
μὴ παρίδῃς τοὺς τεκόντας,
   ἐπειδὴ τόκος   ὁ σὸς ἀνεγέννησε νῦν   τοὺς ἐν φθορᾷ·
τὸν ἐν Ἅιδῃ παλαιωθέντα με   Ἀδὰμ τὸν πρωτόπλαστον   5
   οἰκτείρησον, θύγατερ,   τὸν πατέρα σου στένοντα·
τὰ δάκρυα μοῦ   βλέπουσα σπλαγχνίσθητι μοὶ
   καὶ τοῖς ὀδυρμοῖς   κλῖνον τὸ οὖς σου εὐμενῶς·
τὰ δὲ ῥάκη βλέπουσα   ἅπερ φορῶ,   ἃ ὄφις ὕφανε μοί,

5¹ πιάνθητι P   εὐθέως] νῦν add. P   7¹ Ἰησοῦς (∪ –) ὁ Χριστὸς
Trypanis m.c., cf. App. Metr.   7² πνεύσας P ⌣   γλυκειρά A
8¹ τὸ καῦσος οὗ ἧς] Maas : τὸν καύσωνα ᾧ ἧς P : ᾧ ἧς om. A   8² τὸ αὐστ.]
Maas : τὸν αὐστηρὸν P : τῶν καυτήρων A   9³–10² καὶ αὐτῆς πρὸ τῶν ποδῶν
ἐρριμμένους θεωροῦσα εὐθέως σπλαγχν. A
ζ' AP (cf. 147 Kr., ϛ')   1² ὀσφραίνομαι A   2¹ ἐξεπέσομεν P
2² καὶ] νῦν A   5² metrum { ∪–́∪∪–∪∪ / ∪–́∪∪∪–∪∪ }   6¹⁻² τὸ τοιοῦτον ἄψαυστον
τοῦτο βλέπω φυόμενον A   8¹ τῆς] καὶ P   9² νυνὶ] ἐγὼ A
η' AP (cf. 147 Kr., ζ')   1¹ εἰμί] ἡμεῖς A   2¹ ἐμοῦ] ἡμῶν A
2² πρόκειται A   3 τὴν τεκοῦσαν P   4² ὁ om. P   5¹ τὸν ἐν] καὶ τῷ P
παλαιωθέντα με] προκατασχεθέντας δι' P   8¹ τοὺς ὀδυρμοὺς P : τοῖς ἐμοῖς add. A
8² τὸ οὖς post σου A   εὐμενῶς om. A   9¹ βλέπεις μου P   9³ ὕφανε post μοι P

ἀμειψόν μου τὴν πενίαν ἐνώπιον οὗ ἔτεκες, 10
|: ἡ κεχαριτωμένη." :|

θ' "Νῦν, ἡ ἐλπὶς τῆς ψυχῆς μου, κἀμοῦ τῆς Εὔας ἄκουσον
καὶ τῆς ἐν λύπαις τεκούσης τὸ αἶσχος ἀποσόβησον,
ὡς εἰδυῖα, ὅτι πλέον
ἐγὼ ἡ τλήμων τοῖς ὀδυρμοῖς ⟨τοῖς⟩ τοῦ Ἀδὰμ
πάσχω [[τὴν]] ψυχήν·
τῆς τρυφῆς γὰρ οὗτος μνησκόμενος ἐμοὶ ἐπανίσταται 5
λοιδορῶν ὡς· ' εἴθε μὴ τῆς πλευρᾶς μου ἐβλάστησας·
καλὸν ἦν μὴ σὲ λαβεῖν εἰς βοήθειαν μοῦ·
οὐκ ἔπιπτον γὰρ νῦν εἰς τοῦτον τὸν βυθόν '·
καὶ λοιπὸν μὴ φέρουσα τοὺς ἐλεγμοὺς μηδὲ τὸν ὀνειδισμὸν
κατακάμπτω τὸν αὐχένα, ἕως οὗ ἀνορθώσῃς με, 10
|: ἡ κεχαριτωμένη." :|

ι' Οἱ ὀφθαλμοὶ δὲ Μαρίας τὴν Εὔαν θεωρήσαντες
καὶ τὸν Ἀδὰμ κατιδόντες δακρύειν κατηπείγοντο·
ὅμως στέγει καὶ σπουδάζει
νικᾶν τὴν φύσιν ἡ παρὰ φύσιν τὸν Χριστὸν σχοῦσα υἱόν·
ἀλλὰ τὰ σπλάγχνα ἐταράττετο γονεῦσι συμπάσχουσα· 5
τῷ γὰρ ἐλεήμονι μήτηρ ἔπρεπεν εὔσπλαγχνος·
διὸ πρὸς αὐτούς· " Παύσασθε τῶν θρήνων ὑμῶν,
καὶ πρέσβις ὑμῖν γίνομαι πρὸς τὸν ἐξ ἐμοῦ,
ὑμεῖς δὲ ἀπώσασθε τὴν συμφορὰν τεκούσης μου τὴν χαράν·
ὡς γὰρ πάντα τὰ τῆς λύπης ἐκπορθήσουσα ἥκω νῦν 10
|: ἡ κεχαριτωμένη. :|

ια' Υἱὸν οἰκτίρμονα ἔχω καὶ λίαν ἐλεήμονα,
ἐξ ὧν τῇ πείρᾳ ἐπέγνων· προσέχω ὅπως φείδεται·

10¹ δάκρυσόν μου A
θ' AP   1¹ Ναὶ P   ἡ om. A   2¹ τικτούσης P   3 ἰδοῦσα
A   πλεῖον P   4¹ ἡ τλήμων] πάντων P   4² τοῖς add. Maas m.c.   4³ πάσχω] τήκω A   τὴν del. Maas m.c.   5¹ μιμνησκόμενος P   6¹ κραυγάζων A   6² τῆς πλευρᾶς–7¹ ἦν μὴ om. A   7¹ σε post λαβεῖν P: ἔλαβον σε A   8² metrum −⏑−⏑−⏑⏑−: τοῦτον] τοιοῦτον Trypanis   βυθὸν] βοθυννὸν A   9² τὸν ἐλεγμὸν A
ι' AP   2¹ κατιδοῦσα A   4³ ἔχουσα A   5¹ τὰ σπλάγχνα] σπλάγχνοις P   8¹ ὑμῶν A   10¹ ὡς γὰρ πάντα] διὰ τοῦτο P (cf. ιβ' 10¹)   τὰ om. A   10² ἐκπορθήσουσα] Maas: ἐκπορθήσασα A: ἐκπορθῆσαι P   νῦν om. A
ια' AP   2¹⁻² ἐξ ὧν γὰρ τὴν πεῖραν εὗρον   προσέσχον τὸ πῶς φειδ. A

πῦρ ὑπάρχων ᾤκησέ μου
 τὴν γαστέρα   καὶ οὐ κατέφλεξεν ἐμὲ   τὴν ταπεινήν·
ὡς πατὴρ οἰκτείρει υἱοὺς αὐτοῦ,   οἰκτείρει ὁ γόνος μου
 τοὺς φοβουμένους αὐτὸν   ὡς Δαβὶδ προεφήτευσε·
τὰ δάκρυα οὖν   στείλαντες ἐκδέξασασθε μὲ
 μεσῖτιν ὑμῶν   γενέσθαι πρὸς τὸν ἐξ ἐμοῦ·
χαρᾶς γὰρ παραίτιος   ὁ γεννηθεὶς   ὁ πρὸ αἰώνων θεός·
ἡσυχάσατε ἀλύπως·   πρὸς αὐτὸν γὰρ εἰσέρχομαι
|: ἡ κεχαριτωμένη." :|

ιβ′ **Ῥήμασι τούτοις Μαρία,**   φιλάνθρωπος τυγχάνουσα,
 παρακαλέσασα Εὔαν   καὶ ταύτης τὸν ὁμόζυγα,
εἰσελθοῦσα πρὸς τὴν φάτνην
 αὐχένα κάμπτει   καὶ δυσωποῦσα τὸν υἱὸν   οὕτω φησίν·
" Ἐπειδή με, τέκνον, ἀνύψωσας   τῇ συγκαταβάσει σου,
 τὸ πενιχρὸν γένος μου   δι' ἐμοῦ νῦν σου δέεται·
Ἀδὰμ γὰρ πρὸς μὲ   ἤλυθε στενάζων πικρῶς·
 Εὔα δὲ αὐτῷ   ὀδυνωμένη συνθρηνεῖ·
ὁ δὲ τούτων αἴτιος   ὄφις ἐστὶ   τιμῆς γυμνώσας αὐτούς·
διὰ τοῦτο σκεπασθῆναι   ἐξαιτοῦσι βοῶντες μοι·
|: ' ἡ κεχαριτωμένη.' " :|

ιγ′ **Ὡς δὲ τοιαύτας δεήσεις**   προσήγαγεν ἡ ἄμωμος
 θεῷ κειμένῳ ἐν φάτνῃ,   λαβὼν εὐθὺς ὑπέγραψεν·
ἑρμηνεύων τὰ γραφέντα
 φησίν· " ῏Ω μῆτερ,   καὶ διὰ σὲ καὶ διὰ σοῦ σῴζω αὐτούς·
εἰ μὴ σῴζειν τούτους ἠθέλησα,   οὐκ ἂν ἐν σοὶ ᾤκησα,
 οὐκ ἂν ἐκ σοῦ ἔλαμψα,   οὐκ ἂν μήτηρ μου ἤκουσας·
τὴν φάτνην ἐγὼ   διὰ τὸ γένος σου οἰκῶ·
 μαζῶν δὲ τῶν σῶν   βουλόμενος νῦν γαλουχῶ·

3 με A   4¹ γαστέρα] ἀκανθώδη A: metrum ∪ ⏑ ∪ − ∪, cf. α′ 4¹ : ἐν τῇ γαστέρι dub. Trypanis (cf. ιγ′ 5²)   4² με P   7¹⁻² τὸ δακρύειν δὲ παύσαντες P   9¹ χαρᾶς γὰρ παραίτιος] ὑετὸς εὑρέθη μοι A   10¹ καρτερεῖτε A   10² γὰρ om. A
ιβ′ AP   1² φιλ.-τυγχ.] καὶ ἄλλοις δὲ τοῖς πλείοσι A   2² ὁμόζυγον A   5¹ τέκν. ἀνύψ.] ὦ τέκνον ὑψωσας P   6² σοῦ δέεται] αἰτεῖται σε A   7¹ γὰρ om. A   7² ἦλθε A   8¹ αὐτῷ] Maas: τούτῳ P   8¹⁻² ἡ Εὔα δὲ τούτου ὅμοια θρηνεῖ A   10¹ σκεπασθῆναι] οὖν σωθῆναι A
ιγ′ AP   2¹ θεῷ κειμ.] ἀνακείμενος A   2² ὑπέγραφεν P   3 γραφέντα] ἐσχάτως P: καὶ add. A   4² διὰ (ante σοῦ) om. A   5¹ σῶσαι A   ἠθέλησα] ἐλήλυθα P   5² οἴκησα A   6¹ ἔλαμψα] ἀνέλαμψα P   8² βουλόμενος] θέλων ἐγὼ A   νῦν om. P

ἐν ἀγκάλαις φέρεις με   χάριν αὐτῶν·   ὃν οὐχ ὁρᾷ Χερουβίμ,
ἰδοὺ βλέπεις καὶ βαστάζεις   καὶ ὡς υἱὸν κολακεύεις με,
|: ἡ κεχαριτωμένη. :|

ιδ' **Μη**τέρα σὲ ἐκτησάμην   ὁ πλαστουργὸς τῆς κτίσεως,
καὶ ὥσπερ βρέφος αὐξάνω   ὁ ἐκ τελείου τέλειος·
τοῖς σπαργάνοις ἐνειλοῦμαι
διὰ τοὺς πάλαι   χιτῶνας δερματίνους   φορέσαντας,
τὸ δὲ σπήλαιόν μοι ἐράσμιον   διὰ τοὺς μισήσαντας
τρυφὴν καὶ παράδεισον   καὶ φθορὰν ἀγαπήσαντας
καὶ παραβάντας   τὴν ζοηφόρον ἐντολήν·
κατέβην εἰς γῆν,   ἵνα σχῶσιν ἄφθαρτον ζωήν·
ἂν δὲ καὶ σταυροῦσθαι με   μάθῃς, σεμνή,
νεκροῦσθαι δὲ δι' αὐτούς,
μετὰ πάντων τῶν στοιχείων   δονηθήσῃ καὶ θρηνήσεις
|: ἡ κεχαριτωμένη." :|

ιε' **Ἀλ**λὰ τοιαῦτα εἰπόντος   τοῦ πᾶσαν γλῶσσαν πλάσαντος
καὶ τῆς μητρὸς τὰς δεήσεις   ταχέως ὑπογράψαντος,
" Ἔτι ", εἶπεν ἡ Μαρία,
" ἐὰν λαλήσω,   μὴ ὀργισθῇς μοι τῇ πηλῷ,   ὦ πλαστουργέ·
ὡς γὰρ τέκνῳ παρρησιάσομαι·   θαρρῶ ὡς γεννήσασα,
σὺ γάρ μοι τῷ τόκῳ σου   πᾶσαν καύχησιν ἔδωκας·
ὃ μέλλεις τελεῖν   τί ἔστι θέλω νῦν μαθεῖν·
μὴ κρύψῃς ἐμοὶ   τὴν ἀπ' αἰῶνος σου βουλήν·
ὅλον σὲ ἐγέννησα·   φράσον τὸν νοῦν   ὃν ἔχεις περὶ ἡμᾶς,
ἵνα μάθω καὶ ἐκ τούτου   οἵας ἔτυχον χάριτος
|: ἡ κεχαριτωμένη." :|

ις' "**Νι**κῶμαι διὰ τὸν πόθον,   ὃν ἔχω πρὸς τὸν ἄνθρωπον",
ὁ ποιητὴς ἀπεκρίθη,   " ἐγώ, δούλη καὶ μῆτερ μου·

9³ ὁρᾷ] τὰ add. A   10² καὶ om. P
ιδ' AP   1² πατέρα μου μὴ δείξῃς σε A   4² metrum ∪∪∪–∪∪∪–, cf.
Lxx Gen. 3. 21–22   5¹ τὸ δὲ] καὶ τὸ P   μοι] Maas : μου AP   7¹ καὶ
παραβάντας] παρέβησαν μοῦ A : metrum ∪–∪∪–   8² metrum –∪∪–∪∪–
ἵνα] νὰ dub. Trypanis, cf. App. Metr.   ἔχουσιν A   9¹⁻³ ἐὰν δὲ καὶ τὸ ἕτερον
μάθῃς σεμνὴ   ὃ μέλλω δρᾶν δι' αὐτούς A   10² δονηθήσῃ καὶ θρηνήσεις]
σὲ δονεῖ τὸ γενόμενον A : metrum ∪∪–∪∪–∪∪   11 τὴν κεχαριτωμένην A
ιε' AP   2¹ τῇ δεήσει P   5¹ ὡς πρὸς τέκνον παρρ. A   5² ὡς]
σὲ add. A   6¹ γὰρ post μοι A   6² δέδωκας P   9² φράσον]
μάθω A   10² ὅσης A
ις' AP   1¹ Νικᾷς με A   2² ἐγώ] ἐμὴ A   μήτηρ A

ού λυπῶ σε· γνωριῶ δὲ
ἃ θέλω πράττειν καὶ θεραπεύσω σου ψυχήν, ὦ Μαριάμ·
τὸν ἐν ταῖς χερσί σου φερόμενον, τὰς χεῖρας ἠλούμενον 5
μετὰ μικρὸν ὄψει με, ὅτι στέργω τὸ γένος σου·
ὃν σὺ γαλουχεῖς, ἄλλοι ποτίσουσι χολήν·
ὃν καταφιλεῖς, μέλλει πληροῦσθαι ἐμπτυσμῶν·
ὃν ζωὴν ἐκάλεσας, ἔχεις ἰδεῖν κρεμάμενον ἐν σταυρῷ,
καὶ δακρύσεις ὡς θανόντα, ἀλλ' ἀσπάσῃ με ἀναστάντα, 10
|: ἡ κεχαριτωμένη. :|

ιζ' Ὅλων δὲ τούτων ἐν πείρᾳ βουλήσει μου γενήσομαι·
καὶ πάντων τούτων αἰτία διάθεσις γενήσεται,
ἣν ἐκ πάλαι ἕως ἄρτι
πρὸς τοὺς ἀνθρώπους ἐπεδειξάμην ὡς θεὸς σῶσαι ζητῶν."
Μαριὰμ δὲ τούτων ὡς ἤκουσεν, ἐκ βάθους ἐστέναξε 5
βοῶσα· " Ὦ βότρυς μου, μὴ ἐκθλίψωσί σε ἄνομοι·
ἐβλάστησα σέ· μὴ ὄψομαι [[τοῦ ἐμοῦ]] τέκνου σφαγήν".
ὁ δὲ πρὸς αὐτὴν ἔφησεν οὕτως εἰπών·
" Παῦσαι, μῆτερ, κλαίουσα ὃ ἀγνοεῖς· ἐὰν γὰρ μὴ τελεσθῇ,
ἀπολοῦνται οὗτοι πάντες, ὑπὲρ ὧν ἱκετεύεις με, 10
|: ἡ κεχαριτωμένη. :|

ιη' Ὕπνον δὲ νόμισον εἶναι τὸν θάνατόν μου, μῆτερ μου·
τρεῖς γὰρ ἡμέρας τελέσας ἐν μνήματι θελήματι,
μετὰ ταῦτα σοὶ ὁρῶμαι
ἀναβιώσας ἐπ' ἀνακαινίσει τῆς γῆς καὶ τῶν ἐκ γῆς·
ταῦτα, μῆτερ, πᾶσιν ἀνάγγειλον, ἐν τούτοις πλουτίσθητι· 5
ἐκ τούτων βασίλευσον, διὰ τούτων εὐφράνθητι."
ἐξῆλθεν εὐθὺς ἡ Μαριὰμ πρὸς τὸν Ἀδάμ·
εὐαγγελισμὸν φέρουσα τῇ Εὔᾳ φησί·
" Τέως ἡσυχάσατε, ὅσον μικρόν· ἠκούσατε γὰρ αὐτοῦ,
ἅπερ εἶπεν ὑπομεῖναι δι' ὑμᾶς τοὺς βοῶντας μοι· 10
|: 'ἡ κεχαριτωμένη.' ":|

3 δὲ] σοι A   4¹ μέλλω A   6¹ μετά] καὶ praem. P   7² ποτιοῦσι A
10¹ δακρύεις A   10² metrum ⏑⏑−⏑⏑−⏑⏑
ιζ' AP   6¹ βοήσασα P   6² θλίψωσι Trypanis m. c.   7¹ βλαστήσαντός
σου A   7² τοῦ ἐμοῦ del. Maas m.c.   ταφήν A   8² εἰπών] λέγων A:
metrum −⏑⏑−⏑⏑−: οὕτως] τοιαῦτα Trypanis   10² ὑπὲρ ὧν] δι' οὓς P
ιη' AP   4²⁻³ ἀνακαινίσας τὴν γῆν καὶ τοὺς ἐκ γῆς A   10¹ εἶπεν]
ἐξ ὧν εἶπεν add. A   ὑπόμεινον A: canticum mutilum, quippe cui desit ultima
stropha invocationem continens

3 (44 Kr.)
ON THE MASSACRE OF THE INNOCENTS

Acrostichis: *ΤΟΥ ΤΑΠΕΙΝΟΥ ΡΩΜΑΝΟΥ*

Prooemium: *Τὴν ὑπὲρ ἡμῶν* (App. Metr. XXXVII)

Ἐν τῇ Βηθλεὲμ τεχθέντος τοῦ βασιλέως
μάγοι ἐκ Περσῶν σὺν δώροις ἐπιδημοῦσι
δι' ἀστέρος ἐξ ὕψους ὁδηγούμενοι·
ἀλλ' Ἡρώδης ταράσσεται καὶ θερίζει τὰ νήπια
ὥσπερ σῖτον, ὀδυρόμενος
|: ὅτι τὸ κράτος αὐτοῦ καθαιρεῖται ταχύ. :| 5

Strophae: *Τὰ τῆς γῆς* (App. Metr. III)

α' Τῶν ἄνω καὶ τῶν κάτω εὐφραινομένων
τί ἐστὶν ἐν Ῥαμᾶ, ὅτι ἠκούσθη
θρῆνος ἐκεῖ ἄμετρος; Ἰακὼβ ἐπαγάλλεται,
καὶ Ῥαχὴλ τί ὀδύρεται;
Ἰωσὴφ ἀνεγνωρίσθη, καὶ Ῥαχὴλ τί στενάζει;   5
Βενιαμὶν ὑψώθη, τί κλαίει Ῥαχήλ;
δεῦτε οὖν ἴδωμεν τὸν ὀδυρμὸν καὶ τὸ πένθος·
οὐ γὰρ τὰ πρῶτα θρηνεῖ παιδία,
οὐ τὰ πραθέντα καὶ εὑρεθέντα,
ἀλλ' ἅπερ νῦν κατέσφαξεν Ἡρώδης ὁ ὠμότατος·   10
τὸν χρόνον γὰρ ἠκρίβωσεν ἀστέρος τοῦ ἐκλάμψαντος
καὶ πέμψας εἰς Βηθλεὲμ ἀτεκνοῖ τὴν Ῥαχὴλ
διὰ τὸ βρέφος Μαριάμ·
ἀλλ' ἐκείνη ἐν χαρᾷ ηὗρε πάλιν αὐτά·
ὁ Ἡρώδης δὲ θρηνεῖ,
|: ὅτι τὸ κράτος αὐτοῦ καθαιρεῖται ταχύ. :|

3 *Codices*: B (Prooem. et α') D (Prooem. et α'-γ') P
Editiones: Tomadakis P.M.Y. I, pp. 119 sq.
Titulus: On the Massacre of the Innocents Trypanis: Εἰς τὰ ἅγια νήπια BG: Τῶν ἁγίων νηπίων DP
Dies Festus: Μηνὶ Δεκεμβρίῳ κθ'
Modus: ἦχος πλάγιος β'
Acrostichis: Τοῦ ταπεινοῦ Ῥωμανοῦ DP
α' BDP 2¹ metrum ∪∪−∪∪∪−, cf. β' 2¹, ι' 2¹   4² τί om. B   Ῥαχήλ D (cf. 11²)
11² Ῥαχὴλ] ∪∪ − (cf. 4² v.l.)   11³ metrum {∪∪−∪∪ (−) / ∪∪−∪∪∪−}

β′ Ὁ φόβος ὃν ἀεὶ ἐπηυλαβεῖτο
   νῦν ἐπῆλθεν αὐτῷ μὴ βουλομένῳ·
   καὶ ἅπερ οὐκ ἤλπιζε μελετήσας ἐξέμαθε
                            τὸν προφήτην τὸν λέγοντα·
   φησὶ γὰρ Ἡσαΐας· " Παιδίον ἐγεννήθη
   ἡμῖν καὶ οὕτως υἱὸς ἐδόθη ἡμῖν·   5
   πάντων πατήρ ἐστι καὶ τῶν αἰώνων δεσπότης·
   ἐπὶ τῶν ὤμων τὴν ἀρχὴν ἔχει·
   τὸ ὄνομά δε αὐτοῦ καλεῖται
   μεγάλης βουλῆς ἄγγελος ". θεὸς ἰσχυρὸς πέφυκεν
   ἐν θρόνῳ καὶ ἐν φάτνῃ τε καὶ πανταχοῦ ἀχώρητος·   10
   καλῶς οὖν δέδοικεν αὐτὸν ὁ Ἡρώδης φοβηθεὶς
                            καὶ ἠκρίβωσε μαθεῖν
   ποῦ ἐτέχθη ὁ φανεὶς βασιλεὺς τοῦ παντός·
   καὶ ἔμαθεν ἀψευδῶς
   |: ὅτι τὸ κράτος αὐτοῦ καθαιρεῖται ταχύ. :|

γ′ Ὑπνώσας ἐν εἰρήνῃ ἄφνω ἠγέρθη
   καὶ ἦν τεταραγμένος ὑπὸ δειλίας·
   φόβῳ γὰρ συνείχετο ὁ Ἡρώδης καὶ ἔτρεμε
                            τοῦ τεχθέντος τὸ ὄνομα·
   μαθὼν γὰρ ἐκ τῶν μάγων τὴν δύναμιν τοῦ βρέφους
   τῷ γέλωτι συμμίξας πένθος ἐκβοᾷ·   5
   " Ὦ τῶν ἀδοκήτων κακῶν, ὡς βρέφος πτοοῦμαι·
   ὢ τῶν ἀθλίων λογισμῶν ὅτι
   παιδίον τρέμω ὅπερ οὐκ εἶδον·
   πόντου καὶ γῆς ἐδέσποσα καὶ νήπιον ταράττει με·
   τί οὖν τελέσω σήμερον; τί πράξω εἰς τὴν αὔριον;   10
   ἐξαίφνης πᾶσαν τὴν γῆν κατεφώτισεν ἀστὴρ
                            καὶ ἐκήρυξεν αὐτὸν
   βασιλέα ἰσχυρὸν καθαιροῦντα τὴν ἐμὴν
   βασιλείαν, καὶ θρηνῶ
   |: ὅτι τὸ κράτος μου καθαιροῦμαι ταχύ." :|

   β′ DP   2¹ metrum cf. α′2¹, ι′2¹   5¹⁻²καὶ–ἡμῖν om. P: 5¹ metrum
   ‒ ⏑ ⏑ ⏑ ‒ ⏑: υἱὸς ante οὕτος Trypanis m.c. (cf. Lxx Is. 9. 6 sq.)
      γ′ DP   6² ὡς] Trypanis m.c.: ὅτι codd.   11³ αὐτῷ D   14¹⁻² ὅτι
   τὸ κράτος αὐτοῦ καθαιρεῖται ταχύ D: metrum ⏑ ⏑ ⏑ – ⏑ ⏑ –   ⏑ ⏑ – ⏑ ⏑ –: ὅτι
   τὸ κράτος τοὐμὸν καθαιρεῖται ταχύ dub. Trypanis

δ' Τούτους τοὺς λόγους ἀπορῶν ἀπεφθέγγετο
   καὶ κινῶν τοὺς λογισμοὺς ἐνεθυμεῖτο,
   πῶς καθαιρεθήσεται διὰ τάχους τὸ νήπιον,
                                        ὅπερ μάγοι ἐκήρυξαν·
   καὶ τὸν στρατὸν καλέσας παρέχει παρρησίαν
   βοήσας πᾶσιν οὕτως τραχείᾳ φωνῇ·   5
   " Πορεύεσθε ταχὺ ἐπὶ τὰς πόλεις καὶ χώρας
   καθωπλισμένοι, γεγαυρωμένοι
   καὶ ἀσπλαγχνίαν ἐνδεδυμένοι,
   καὶ πάντα ἀποκτείνατε τῆς Βηθλεὲμ τὰ ἔκγονα·
   οὐκ ἔχει δυσκολίαν οὖν, οὐ δειλίαν ὁ πόλεμος·   10
   πρὸς βρέφη πέμπω ὑμᾶς διετῆ καὶ τρυφερά· ὁ κωλύων οὐδεὶς
   πρόσταγμα βασιλικόν· πάντες τρέμουσι λαοὶ
   καὶ οὐ λέγουσι ποτὲ
   |: ὅτι τὸ κράτος αὐτοῦ καθαιρεῖται ταχύ." :|

ε' Ἀκούσας ὁ στρατὸς τὰ εἰρημένα
   ἀπεκρίθη παρευθὺς πρὸς τὸν Ἡρώδην·
   " Ταῦτα ἃ προσέταξας ἐκτελέσαι δεδοίκαμεν,
                                        μήπως γέλως γενώμεθα·
   ποῖος γὰρ τῶν ἀφρόνων ἀνθρώπων οὐ γελάσει,
   ὅτι κατὰ νηπίων στρατευόμεθα;   5
   εἰ Βηθλεὲμ ἐστὶ (‿)τοῦ τεχθέντος νηπίου,
   κέλευσον ἥμας καὶ ὅλην τάχος
   διερευνῶμεν, βάρεις καὶ οἴκους·
   οὐδείς σοι λέγει, ἄναξ, μὴ φρόντιζε τοῦ πράγματος·
   οὐδείς σοι καταμέμφεται ἐρευνᾶν, ἅπερ ἔμαθες·   10
   κατάδραμε, κατάδραμε τὸν ἐλθόντα ἐπὶ γῆς ἀπὸ τοῦ οὐρανοῦ·
   ἔθος ἦν τῇ Βηθλεὲμ προφέρειν βασιλεῖς·
   μὴ οὖν προσκρούσῃς αὐτῇ,
   |: ὅτι τὸ κράτος τὸ σὸν καθαιρεῖται ταχύ. :|

δ' P   1¹ metrum ∪∪–∪∪ (–́)   1² metrum ∪∪∪ – ∪   10¹ δυσκολίαν οὖν] Maas m.c.: οὖν δυσκ. P
ε' P   6¹ εἰ] Maas: ἡ P   6² metrum ∪∪∪–∪∪–∪: τοῦ] τόπος Orphanidis: ⟨ἡ⟩ τοῦ τεχ. νηπίου Trypanis (sc. γῆ)   9¹ metrum ∪–́ ∪∪∪ – ∪∪: ἄναξ] δέσποτα dub. Maas   10² ἐρευνᾶν] Trypanis: ἐρευνῶν P   11² τῷ ἐλθόντι Maas   14¹ τὸ σὸν] Trypanis m.c.: σου P

ς´ Πρὸ χρόνου τὸν Δαβίδ,   ἄνακτα μέγαν,
    ἤνεγκεν ἡ Βηθλεέμ,   ὃν γεννηθέντα
    φόβῳ ἐδειλίασε   Γολιὰθ ὁ ἀλλόφυλος
              ὡς ἡμεῖς τὸν τεχθέντα νῦν·
    εἰ οὖν δοκεῖ σοι, ἄναξ,   ἐρευνηθήτω πᾶσα
    ἡ Βηθλεὲμ καὶ τόποι   ὁρίων αὐτῆς   5
    †ὅτι ἐν τοῖς φονευομένοις νηπίοις
    τῷ γεννηθέντι†   εὕρωμεν βρέφος
    καὶ ἀνελῶμεν   αὐτὸ σὺν τούτοις·
    ὁ τόκος ἐδηλώθη σοι   καὶ ὁ τόπος ἐγνώσθη σοι·
    οἱ μάγοι σε ἐχλεύασαν   καὶ προφῆται ἐπτόησαν· 10
    νεῦσον οὖν τοῖς σοῖς παισί,   καὶ τὸν θέλοντα τὴν σὴν
              βασιλείαν ἀφελεῖν
    ἀφελώμεθα αὐτοῦ   τὴν ζωὴν ἀπὸ γῆς,
    καὶ μὴ ἔσῃ δειλιῶν,
    |: ὅτι τὸ κράτος τὸ σὸν   καθαιρεῖται ταχύ. " :|

ζ´ Εὐθὺς ἐνωτισθεὶς   τὰ εἰρημένα
    παρὰ τῶν στρατιωτῶν   ὁ παιδοκτόνος
    ⟨ὥσπερ⟩ πῦρ ἐγένετο   καὶ βολίδας ἐξέπεμπε
              τῆς ὀργῆς τὰ ὁρμήματα,
    οὐ φλέγων ἐν ἀκάνθαις,   ἀλλὰ φονεύων βρέφη
    καὶ καταμολύνων   αἵμασι τὴν γῆν·   5
    ἐσείσθη γὰρ τὸν νοῦν   καὶ ἐσκοτίσθη τὰς φρένας
    οὐκ ἀπὸ μέθης,   ἀλλ' ἀπὸ φθόνου
    βότρυς πικρίας   αὐτὸς ὑπάρχων·
    τοὺς νέους κλάδους ἔτεμεν   ὑπὲρ ἑνὸς ὁ ἄδικος,
    καὶ τούτους μὲν ἀπέκοψεν,   ἐκεῖνον δὲ οὐκ ἔφθασε·   10
    καὶ διὰ τοῦτο θυμοῦ   ἐνεπλήσθη χαλεποῦ,   ὅτι ἤκουσε φωνῆς
    καθαιρούσης τὴν αὐτοῦ   βασιλείαν ἀψευδῶς,
    καὶ διέμενε θρηνῶν
    |: ὅτι τὸ κράτος αὐτοῦ   καθαιρεῖται ταχύ. :|

ς´ P   6¹⁻² metrum ⏑⏋⏑⏑⏋⏑ ⏑⏑⏑⏋⏑⏑−⏑   14¹ τὸ σόν]
Trypanis m.c.: σοῦ P (cf. ε´ 14¹)
ζ´ P   3¹ ὥσπερ suppl. Maas m.c.   5¹ metrum ⏋⏑⏑⏑⏑−⏑   11¹ τοῦτο]
Orphanidis: τούτου P

η' Ἰχνεύσας ἡ ἀλώπηξ   τὸν μέγαν σκύμνον,
   διεγείρει κατ' αὐτοῦ   τοὺς κακοὺς κύνας
   ἔσωθεν καὶ ἔξωθεν   Βηθλεὲμ περιτρέχοντας
                         καὶ ζητοῦντας τὸ θήραμα·
   τοὺς ἄρνας δὲ σπαράττει,   οὐχὶ δὲ τὸν λέοντα·
   τῷ βλέμματι γὰρ τούτου   οὐκ ἀντοφθαλμεῖ·
   τὸν ἀετὸν γῦπες   ἐπὶ τὰ ὄρη ἐζήτουν·   5
   ἦν δὲ ἐκεῖνος   ἐν ἀποκρύφῳ
   σκέπων καὶ θάλπων   ταῖς αὐτοῦ πτέρυξι
   τὴν νοσσιάν, ἣν ἔκτισε   χειρὶ ἰδίᾳ πρότερον,
   κἂν ἄρτι τοῦτον τέτοκε   παρθένος, μήτηρ ἄνανδρος·
   αὐτὸς γὰρ ταύτης πατὴρ   καὶ τοῦ κόσμου ποιητὴς   10
                         καὶ εἰρήνης φυτουργός,
   κἂν Ἡρώδης πολεμῇ   κοπιῶν ἀνωφελῶς·
   θρηνήσει δὲ ἀψευδῶς
   |: ὅτι τὸ κράτος αὐτοῦ   καθαιρεῖται ταχύ. :|

θ' Νεφέλης φωτεινῆς   ἐφαπλωμένης
   κατὰ τῆς Ἰουδαίας   καὶ σκιαζούσης,
   γνόφον σκοτεινότατον   ὁ Ἡρώδης εἰσήνεγκε
                         καὶ ἐσκότισεν ἅπαντας·
   τὴν ἱλαρὰν γὰρ φύσιν   τῶν παίδων καὶ γελῶσαν
   δεικνύει παραχρῆμα   κλαίουσαν πικρῶς·   5
   τὴν πρὸ μικροῦ ⟨ἔτι⟩   εὐφραινομένην τῷ τόκῳ
   τῆς παναχράντου   ἁγνῆς Μαρίας
   καὶ ἄρτι μᾶλλον   ὀδυρομένην·
   ὡς ἄνθος γὰρ αὐθήμερον   ἐπὶ τὴν γῆν κατέπιπτε,
   καὶ πᾶς ὁρῶν ὠδύρετο   καὶ τῇ Ῥαχὴλ ἐμήνυε·   10
   "Δεῦρο κλαῦσον, Ῥαχήλ,   καὶ συνθρήνησον ἡμῖν
                         μέλος ὀδυνηρόν·
   ἀντὶ ᾄσματος τερπνοῦ,   ἀντὶ ὕμνου γλυκεροῦ
   προσκομίσωμεν κλαυθμόν,
   |: ὅτι τὸ κράτος ⟨αὐτοῦ   καθαιρεῖται ταχύ."⟩ :|

η' P   1¹ Ἰχνεύσας] Trypanis m.c.: Ἰχνεύσασα P   4² metrum
∪–́∪∪∪–∪   8² metrum ∪∪∪–∪
θ' P   6¹ ἔτι suppl. Maas m. c.   11¹ Ῥαχὴλ] ∪– – (cf. α' 4² et α' 11²),
vel ∪ – (cf. App. Metr.)   14¹ ὅτι] ἵνα Maas

ι´ Ὁ ἦχος τῶν θρηνούντων   τοὺς νέους παῖδας
    ὡς βροντὴ ἐπὶ γῆς   κτύπον ἐποίει·
    βουνοὶ γὰρ καὶ φάραγγες   καὶ κοιλάδες τῶν ὀρῶν
                                  ἀντηχοῦντες ὠλόλυζον·
    τὴν οἰμωγὴν ἐκείνην   ὥσπερ ἀφομοιοῦντες
    συνέπασχον ἀλλήλοις   συγκοπτόμενοι·   5
    ἦν δὲ ἰδεῖν τότε   πλήρης αἱμάτων τὴν γαῖαν
    τὴν ἔρημόν τε   καὶ ἀοικήτους,
    ὅτι καὶ μέχρι   τούτων ἐκτείνει
    τὸν θυμὸν ὁ παράνομος   καὶ ὄντως ὑπερήφανος·
    τὰς μητέρας γὰρ ἤλαυνε   καὶ φθάνων ταύτας ἥρπαζεν   10
    ἐκ τῶν ἰδίων ἀγκαλῶν   ὡς στρουθία νεοσσοῦ
                                  μέλος ᾄδοντα γλυκύ,
    καὶ κατέσφαζεν αὐτὰ   μὴ νοῶν ὁ δυσμενὴς
    ὅτι τοιαῦτα ποιῶν
    |: τὸ κράτος αὐτοῦ   καθαιρεῖται ταχύ. :|

ια´ Ὑπήντων ταῖς μητράσι   γυμνῷ τῷ ξίφει
    βασταζούσαις τὰ βρέφη   οἱ στρατιῶται·
    φόβῳ δὲ πτοούμεναι   ἃ ἐβάσταζον ἔρριπτον,
                                  ἅπερ πόθῳ ἐθήλαζον·
    δειλὸν γὰρ φύσει ἔστιν   τὸ γένος τῶν θηλείων,
    εἰ καὶ προπετὲς πέλει   καὶ θρασύτατον·
    ὅθεν αἱ μὲν αὐτῶν   τοὺς φονευτὰς ἐλιπάρουν   5
    καὶ τοὺς αὐχένας   αὐτοῖς παρεῖχον
    προτελευτῆσαι   ἐπιθυμοῦσαι
    τῶν τέκνων ἤπερ ὄψεσθαι   αὐτὰ κατασφαζόμενα·
    καὶ μάρτυς τούτου ἄξιος   εἴτις μήτηρ ἐγένετο·
    ὅθεν ἐβόων πικρῶς·   " Ἀποκτείνετε αὐτά·   10
                                  ἀλλ' ὁ κόλπος Ἀβραὰμ
    ὑποδέξεται αὐτὰ   ὡς τὸν Ἄβελ τὸν πιστόν· "
    ὁ Ἡρώδης δὲ θρηνεῖ
    |: ὅτι τὸ κράτος αὐτοῦ   καθαιρεῖται ταχύ. :|

ι´ P   2¹ metrum cf. α´ 2¹, β´ 2¹: fortasse γαίης Trypanis (cf. ι´ 6²)
3² metrum ∪∪–∪∪ – ∪∪: ὄρεων dub. Trypanis, sed cf. ιβ´ 3²   10² ταύτας]
τέκνα dub. Maas   11¹ ἀγκῶν Trypanis m.c.   13¹ τοιαῦτα] Trypanis:
ταῦτα P   14² καθαιρεῖται] Trypanis: καταλυθήσεται P
ια´ P   1² γυμνῷ τῷ ξίφει] Rikakis apud Tom.: γυμνὰ τὰ ξίφη P
11² ἀποκτένετε P: corr. Maas

ιβ' Ῥαινόντων τῶν ἀνόμων ἀθῷον αἷμα
τῶν ἀκάκων νηπίων ἔδει μνησθῆναι
Ἄβελ τοῦ προσάξαντος τὴν θυσίαν τῷ θεῷ
καθαρὰν καὶ ἀμόλυντον
καὶ παραμυθηθῆναι· κἀκεῖνος γὰρ ἐκτάνθη·
καὶ πάλιν Ζαχαρίαν ἐχρῆν κατιδεῖν, 5
ὃς τῷ θεῷ ἐκεῖ κατηγορίαν προσάγει
κατὰ τῶν τοῦτον ἀποκτεινάντων·
ἀεὶ γὰρ ἦσαν οἱ Ἰουδαῖοι
καὶ οἱ τούτων ἀνάσσοντες ὑβρισταὶ καὶ παράνομοι,
φονευταὶ καὶ ἀσύνετοι καὶ νόμον παραβαίνοντες· 10
τὸν Μωϋσῆν ἠθέτησαν, Ἡσαΐαν δὲ αὐτοὶ μέσον ἔπρισαν ποτέ·
καὶ τὰ βρέφη τῆς Ῥαχὴλ κατασφάττουσι νῦν·
διὰ τοῦτο καὶ †θρηνοῦν†
|: ⟨ὅτι τὸ κράτος αὐτοῦ καθαιρεῖται ταχύ.⟩ :|

ιγ' Ὦ κακία, ὦ μανία τοῦ βασιλέως,
ὦ ἀνοίκτιστος τρόπος, ὅτι νηπίοις
πόλεμον ἐξήγειρε καὶ τὸ γένος τὸ ἴδιον
οὐδὲ ὅλως ᾠκτείρησε·
τῶν τέκνων τῶν ἰδίων οὐχ ὑπεμνήσθη τότε,
οὐδ' ὅτι μία φύσις τοῖς πᾶσιν ἐστίν· 5
οὐκ ᾤκτειρε γονεῖς, ἀλλ' ὀργισθεὶς ἐμεθύσθη
καὶ ἑαυτόν τε πρῶτον ἠγνόει
καὶ τότε πάντας τοὺς ὁμοφύλους
ἐπιδραμὼν τοῖς ἅπασιν ὥσπερ θηρίον ἄγριον,
ὅταν φεύγῃ τοὺς βάλλοντας παγίδας καὶ διώκοντας· 10
πατέρες ἔκλαιον υἱοὺς καὶ μητέρες σὺν αὐτοῖς·
καὶ οὐδὲν τὸν ἀναιδῆ
ἔμελε περὶ αὐτῶν, ἀλλ' ἢ μόνον αὐτός.
τοῦτο ἐφρόντιζε θρηνῶν
|: ὅτι τὸ κράτος αὐτοῦ καθαιρεῖται ταχύ. :|

ιβ' P 3² metrum cf. ι' 3² 6² προσάγει] Maas: προσάξει P 8¹ ἦσαν] Maas: ὦσιν P 14¹⁻² add. Maas
ιγ' P 1¹ metrum ⏑⏑–⏑⏑⏑ (–́) 12¹ ἔμελε] Maas: ἤμελλε P 12² ἀλλὰ μόνον dub. Maas 13¹ metrum ⏑⏑–́⏑⏑⏑–; ἐφρόντιζε] ἐφρόνει dub. Trypanis

ιδ´ Μαχαίραις ἀνηλεῶς   ἀποκτανθέντα
     ὡς ἐν σχήματι φόνου   ἄμεμπτα βρέφη
     τὰ μὲν ἐκεντήθησαν   ἀπρεπῶς καὶ ἀπέψυξαν,
                                    τὰ δὲ διεμερίσθησαν·
     ἄλλα κάρας ἐτμήθη   τοὺς μασθοὺς τῶν μητέρων
     καθέλκοντα καὶ γάλα   ποτιζόμενα,   5
     ὡς ἐκ τούτου λοιπὸν   ἐν τοῖς μασθοῖς κρεμασθῆναι
     τὰ τῶν νηπίων   σεπτὰ κρανία
     καὶ τὰς θηλὰς δὲ   κατασχεθῆναι
     ἔνδον αὐτῶν τοῦ στόματος   τοῖς ὀδοῦσι †τοῖς τρυφεροῖς†·
     διπλαῖ δὲ τότε γέγοναν   ὀδύναι καὶ ἀφόρητοι   10
     ταῖς θηλαζούσαις γυναιξὶ   †διασπώμεναι φυσικῶς†
                                    ὑπὸ παίδων διετῶν,
     στερουμέναις δὲ αὐτῶν,   ὡς φησὶν ὁ βασιλεύς·
     διὰ τοῦτο καὶ θρηνεῖ,
     |: ὅτι τὸ κράτος αὐτοῦ   καθαιρεῖται ταχύ. :|

ιε´ Ἄωρον βότρυν ἐζήτει,   δι' ὃν ἐποίει
     οὐκ εὐκαίρως τρυγητὸν   ὁ Ἡρώδης·
     χειμὼν γὰρ καθέστηκεν,   ὅτε τὸν ἀγεώργητον
                                    βότρυν Μαρία τέτοκε,
     καὶ σταφυλὴν οὐχ εὗρε,   τοὺς ὄμφακας τρυγᾷ δέ·
     ὁ γὰρ καρπὸς τῆς μόνης   παρθένου ἁγνῆς   5
     μετὰ τῆς ἀμπέλου   μέλλει εἰς Αἴγυπτον φεύγειν
     καὶ φυτευθῆναι   καὶ καρπὸν δοῦναι·
     φεύγει δὲ χώραν   τῶν Ἰουδαίων
     χερσεύουσαν καὶ ἄμεστον   ⟨παντὸς⟩ καλοῦ ὑπάρχουσαν·
     τὸν Νεῖλον δὲ κατέλαβε   τὸν καρποδότην πέλοντα,   10
     οὐχ ὡς Μωσῆς ἐν ποταμῷ   καὶ τῷ ἕλει προσριφεὶς
                                    καὶ ἐν θίβει φυλαχθείς,
     μᾶλλον δὲ ῥίψας ἐκεῖ   ἅπαν εἴδωλον αὐτῶν,
     ὧν Ἡρώδης φίλος ὤν
     |: τὸ κράτος αὐτοῦ   καθαιρεῖται ταχύ. :|

ιδ´ P   1² ἀποκτανθέντα] Trypanis m.c.: ἀπεκτάνθησαν P   9² metrum ‒ ⏑ ⏑ ⏑ ⏑ ‒ ⏑ ⏑   11² metrum ⏑ ⏑ ‒ ⏑ ⏑ ⏑ ‒
ιε´ P   2² metrum ⏑ ⏑ ⏑ ‒ ⏑   9² παντὸς add. Maas

ις´ Νημάτων καὶ δικτύων   τότε πλακέντων
    τῷ νεβρῷ τῆς παρθένου   καὶ θεοτόκου
    ἡ παγὶς συντέτριπτο,   καὶ ὁ νεβρὸς ἐρρύετο
                           κατασχίζων τὰ δίκτυα,
    σὺν τῇ μητρὶ δὲ φεύγει   τῇ ἀμώμῳ δορκάδι
    εἰς Αἴγυπτον, ὡς ἔφη   Μιχαίας ποτέ·   5
    ὁ πανταχοῦ παρὼν   καὶ κρατῶν πάντων ποῦ φεύγεις;
    ποῦ δὲ ὑπάγεις;   πρὸς τίνα πόλιν
    τὴν κατοικίαν   τὴν σὴν ποιήσεις;
    ποῖος οἶκος χωρήσει σε;   ποῖος δὲ τόπος φέρει σε;
    οὐκ ἔστι κτίσις πώποτε   ἀφανὴς τῷ σῷ βλέμματι·   10
    ἀλλὰ τὰ πάντα σοι γυμνά,   ὅτι πάντων ποιητὴς
                               σὺ ὑπάρχεις, Χριστέ·
    τί οὖν φεύγεις, ἀγαθέ;   ὁ Ἡρώδης διὰ σὲ
    ἐποδύρεται θρηνῶν
    |: ὅτι τὸ κράτος αὐτοῦ   καθαιρεῖται ταχύ. :|

ιζ´ Ὁ φεύγων φεύγει πάντως,   ἵνα λανθάνῃ
    εἰς τὸ μὴ γνωρισθῆναι   τοῖς ἐκζητοῦσιν·
    ἀλλ' ὁ μόνος εὔσπλαγχνος,   Ἰησοῦς ὁ σωτὴρ ἡμῶν,
                               τῷ μὲν σχήματι ἔφυγε,
    τοῖς ἔργοις δὲ τοῖς πᾶσι   γνώριμος ἀνεδείχθη·
    ἡνίκα γὰρ εἰσῆλθεν   εἰς τὴν Αἴγυπτον,   5
    ἐσείσθησαν εὐθὺς   τὰ χειροποίητα ⟨πάντα⟩·
    ὁ ἐμβαλὼν γὰρ   Ἡρώδῃ τρόμον
    καὶ τοῖς εἰδώλοις   σεισμὸν εἰσάγει·
    κόλποις μητρὸς ἐκρύπτετο   καὶ ὡς θεὸς εἰργάζετο·
    εἰς Αἴγυπτον ἐβάδιζε   καὶ διηκόνει ἄγγελος   10
    ἐξ ὕψους τῇ φυγῇ αὐτοῦ·   ἀπηλαύνετο ἑκὼν
                               ὥσπερ βρέφος πενιχρόν,
    καὶ ὡς πλούσιος παντὶ   ἐκηρύττετο, διὸ
    καὶ ὁ Ἡρώδης θρηνεῖ
    |: ὅτι τὸ κράτος αὐτοῦ   καθαιρεῖται ταχύ. :|

ις´ P   4² τῇ ἀμώμῳ δορκάδι] Trypanis: ὡς ἄμωμον δορκάδιν P
7² πόλιν] Maas: πάλιν P
ιζ´ P   6² πάντα add. Maas m.c.   8² ἐπάγει Orphanidis

ιη' Ὑμεῖς οὖν, ἀδελφοί,   δότε συγγνώμην
τῇ ἐμῇ ῥαθυμίᾳ,   καὶ ἀναστάντες
δεῦτε προσκυνήσωμεν   τῷ ἐλθόντι καὶ σώσαντι
   γένος ἅπαν ἀνθρώπινον,
βοῶντες μετὰ πόνου   καρδίας τῷ δεσπότῃ
ἐκ τοῦ ἀνθρωποκτόνου   ῥυσθῆναι ἡμᾶς
καὶ τῶν ἁμαρτιῶν   ἀπαλλαγῆναι συντόμως
καὶ μετανοίας   εὑρεῖν τὴν τρίβον,
ἐγώ τε πρῶτον   ὁ λέγων ταῦτα·
πολλὰ γὰρ ἐπλημμέλησα   ἐν γνώσει καὶ ἀγνοίᾳ μου
καὶ τὸν θεὸν παρώξυνα   τοῖς ἀκαθάρτοις ἔργοις μου·
καὶ διὰ τοῦτο δυσωπῶ,   ὅπως στῆτε σὺν ἐμοὶ
   καὶ βοήσωμεν θερμῶς·
" Ταῖς πρεσβείαις, ὁ θεός,   τῆς ἀχράντου σου μητρὸς
καὶ τῶν ἁγίων βρεφῶν
|: μή με χωρίσῃς   τῆς βασιλείας σου, Χριστέ." :|

4 (6 Kr.)
ON THE PRESENTATION IN THE TEMPLE
Acrostichis: ΤΟΥΤΟ ΡΩΜΑΝΟΥ ΤΟ ΕΠΟΣ
Prooemium I: Χορὸς ἀγγελικός (App. Metr. xxxviii)

Χορὸς ἀγγελικὸς   ἐκπληττέσθω τὸ θαῦμα,
βροτοὶ δὲ ταῖς φωναῖς   ἀνακράξωμεν ὕμνον
ὁρῶντες τὴν ἄφατον   τοῦ θεοῦ συγκατάβασιν·

ιη' P   Stropha fortasse spuria, cf. ephymnium (14¹⁻² metrum ∪⁻∪∪∪
∪⁻ ∪∪⁻∪∪⁻)

4 *Codices*: A (sine Prooem. II) B (sine Prooem. I et II) D (sine Prooem. II) GK (Prooem. I et α'–γ') M (Prooem. III et α'–ιδ', ιζ'–ιη') P (sine Prooem. I et II) S (sine Prooem. I et II) T (sine Prooem. I et II) Δa (sine Prooem. I, II et III) k (sine Prooem. I, II et III)
Editiones: Pitra A.S. I, Cant. v; Krumbacher, Studien zu Rom. pp. 184 sq.; Christ–Paranikas, Anthologia Christiana p. 55 solum Prooem. I; Cammelli, R. il M., pp. 121 sq.; Tomadakis P.M.Y. ii, pp. 307 sq.
Titulus: On the Presentation in the Temple Trypanis: Εἰς τὴν ὑπαπαντὴν τοῦ κυρίου ἡμῶν Ἰησοῦ Χριστοῦ MPTs(A)(Δ)
Dies Festus: Μηνὶ Φεβρουαρίῳ β'
Modus: ἦχος α'
Acrostichis: Τοῦ ταπεινοῦ Ῥωμανοῦ τὸ ἔπος (om. D) BDMV¹ : τοῦτο Ῥωμανοῦ τὸ ἔπος ACGPV²ak
Prooemium I
ADGKΔ

ὃν γὰρ τρέμουσι τῶν οὐρανῶν αἱ δυνάμεις
νῦν γηράλαιαι ἐπαγκαλίζονται χεῖρες,
|: τὸν μόνον φιλάνθρωπον. :|

Prooemium II : Χορὸς ἀγγελικός (App. Metr. xxxviii)

[[Ὁ σάρκα δι' ἡμᾶς ἐκ παρθένου φορέσας
καὶ βρέφος βασταχθεὶς ἐν ἀγκάλαις πρεσβύτου,
τὸ κέρας ἀνύψωσον τῶν πιστῶν βασιλέων ἡμῶν·
τούτους κράτυνον ἐν τῇ δυνάμει σου, Λόγε·
τούτων εὔφρανον τὴν εὐσεβῆ βασιλείαν,
|: ὁ μόνος φιλάνθρωπος. :|]]

Prooemium III : Ὁ μήτραν παρθενικήν

Ὁ μήτραν παρθενικὴν ἁγιάσας τῷ τόκῳ σου
καὶ χεῖρας τοῦ Συμεὼν εὐλογήσας ὡς ἔπρεπε,
προφθάσας καὶ νῦν ἔσωσας ἡμᾶς, Χριστὲ ὁ θεός·
ἀλλ' εἰρήνευσον ἐν πολέμοις τὸ πολίτευμα
καὶ κραταίωσον βασιλεῖς οὓς ἠγάπησας,
|: ὁ μόνος φιλάνθρωπος. :|

Strophae: Τὸ φοβερόν σου (App. Metr. iv)

α' **Τ**ῇ θεοτόκῳ προσδράμωμεν οἱ βουλόμενοι
κατιδεῖν τὸν υἱὸν αὐτῆς
πρὸς Συμεὼν ἀπαγόμενον·
ὅνπερ οὐρανόθεν οἱ ἀσώματοι βλέποντες
ἐξεπλήττοντο λέγοντες·
" Θαυμαστὰ θεωροῦμεν νυνὶ καὶ παράδοξα,
ἀκατάληπτα, ἄφραστα·
ὁ τὸν Ἀδὰμ γὰρ δημιουργήσας βαστάζεται ὡς βρέφος·
ὁ ἀχώρητος χωρεῖται ἐν ἀγκάλαις τοῦ πρεσβύτου·
ὁ ἐπὶ τῶν κόλπων τῶν ἀπεριγράπτων
ὑπάρχων τοῦ πατρὸς αὐτοῦ
ἑκὼν περιγράφεται σαρκί, οὐ θεότητι,
|: ὁ μόνος φιλάνθρωπος. " :|

5² ἐναγκαλίζονται K
Prooemium III
ABDGKMPSTΔ   5 βασιλέας W. Meyer

β' Ὅτε δὲ ταῦτα ἐφθέγξαντο,   ἀοράτως μὲν
                                          προσεκύνουν τὸν κύριον,
ἀνθρώπους δὲ ἐμακάριζον,
ὅτι ὁ ἐπ' ὤμων   Χερουβὶμ ἐποχούμενος
                                                σὺν αὐτοῖς πολιτεύεται·
ὅτι τοῖς γηγενέσιν ἐφάνη εὐπρόσιτος   ὁ ἀγγέλοις ἀπρόσιτος·
ὅτι ὁ φέρων   καὶ περιέπων   τὰ σύμπαντα ὡς κτίστης,   5
ὁ τὰ βρέφη διαπλάττων   ἐν κοιλίαις τῶν μητέρων
γέγονεν ἀτρέπτως   βρέφος ἐκ παρθένου
                                            καὶ ἔμεινεν ἀχώριστος
πατρὸς καὶ τοῦ πνεύματος   ὁ τούτων συνάναρχος,
|: ὁ μόνος φιλάνθρωπος. :|

γ' Ὕμνουν ἐν τούτοις οἱ ἄγγελοι   τὸν φιλάνθρωπον,
                                                Μαριὰμ δὲ ἐβάδιζεν
ἀγκάλαις τοῦτον βαστάζουσα·
καὶ διενοεῖτο,   πῶς καὶ μήτηρ ἐγένετο
                                          καὶ παρθένος διέμεινεν·
ὑπὲρ φύσιν γινώσκουσα εἶναι τὴν γέννησιν
                                                  ἐφοβεῖτο καὶ ἔφριττε·
καθ' ἑαυτὴν δὲ   λογιζόμενη   ἐφθέγγετο τοιαῦτα·   5
" Ποίαν εὕρω, υἱέ μου,   ἐπὶ σοὶ προσηγορίαν;
ἐὰν γὰρ ὡς βλέπω   ἄνθρωπόν σε εἴπω,
                                          ὑπάρχεις ὑπὲρ ἄνθρωπον,
ὁ τὴν παρθενίαν μου   φυλάξας ἀκήρατον,
|: ὁ μόνος φιλάνθρωπος. :|

δ' Τέλειον ἄνθρωπον εἴπω σε;   ἀλλ' ἐπίσταμαι
                                          θεϊκήν σου τὴν σύλληψιν·
οὐδεὶς ἀνθρώπων γὰρ πώποτε
δίχα συνουσίας   καὶ σπορᾶς συλλαμβάνεται
                                          ὥσπερ σύ, ἀναμάρτητε.
κἂν θεόν σε καλέσω, θαυμάζω ὁρῶσά σε
                                         κατὰ πάντα μοι ὅμοιον·
οὐδὲν γὰρ ἔχεις   παρηλλαγμένον   οὐδὲν τῶν ἐν ἀνθρώποις,   5
εἰ καὶ δίχα ἁμαρτίας   συνελήφθης καὶ ἐτέχθης·

δ' ABDGMPSTΔak   4¹ κἂν] AMk: εἰ BSΔa: καὶ DGT: ἂν P   5³ οὐδὲ ABGMTk

γαλακτοτροφήσω ἢ δοξολογήσω; θεὸν γάρ σε τὰ πράγματα
κηρύττουσιν ἄχρονον, κἂν γέγονας ἄνθρωπος,
|: ὁ μόνος φιλάνθρωπος. " :|

ε' **Οὕτως εἰσήχθη ὁ κύριος** βασταζόμενος
σὺν τοῖς ὁλοκαυτώμασιν
ἐν τῷ ναῷ, καθὼς γέγραπται·
ὅνπερ ἐξ ἀγκάλων τῆς μητρὸς ὑπεδέξατο
Συμεὼν ὁ μακάριος·
ἡ χαρὰ καὶ ὁ φόβος συνεῖχε τὸν δίκαιον·
τῆς ψυχῆς γὰρ τοῖς ὄμμασι
τῶν ἀρχαγγέλων καὶ τῶν ἀγγέλων τὰ τάγματα ἑώρα   5
μετὰ φόβου παρεστῶτα καὶ Χριστὸν δοξολογοῦντα·
καὶ καθικετεύων ἐν τῇ διανοίᾳ ἐβόα· " Σύ με φύλαξον
καὶ μὴ καταφλέξῃς με τὸ πῦρ τῆς θεότητος,
|: ὁ μόνος φιλάνθρωπος. :|

ϛ' **Ῥώννυμαι νῦν ὁ ταλαίπωρος**, ὅτι εἶδον σου
τὸ σωτήριον, κύριε·
σὺ χαρακτὴρ ὁ παντέλειος
τῆς ἀκαταλήπτου πατρικῆς ὑποστάσεως,
ὁ φωστὴρ ὁ ἀπρόσιτος,
ἡ σφραγὶς τῆς θεότητος ἡ ἀπαράλλακτος,
τὸ τῆς δόξης ἀπαύγασμα
τὸ καταλάμπον τὰς τῶν ἀνθρώπων ψυχὰς ἐν ἀληθείᾳ,   5
ὁ ὑπάρχων πρὸ αἰώνων καὶ τὰ σύμπαντα ποιήσας.
φῶς γὰρ τηλαυγὲς εἶ, φῶς τὸ τοῦ πατρός σου
ἀσύγχυτον, ἀόριστον
καὶ ἀπερινόητον, κἂν γέγονας ἄνθρωπος,
|: ὁ μόνος φιλάνθρωπος. :|

ζ' **Ὦ ἀγαθὲ καὶ φιλάνθρωπε**, τὰς τοῦ Ἄβελ σὺ
προσφορὰς προσεδέξω πρὶν
καὶ τὰς τῶν ἄλλων δικαίων σου·
τίνι τὴν θυσίαν καὶ τὰ ὁλοκαυτώματα
προσκομίζεις, πανάγιε;
ὅτι μείζονα ἄλλον οὐκ ἔχεις ἐπίσταμαι, ἀσυλλόγιστε κύριε·
ὁ γὰρ πατήρ σου τὸ κατ' οὐσίαν οὐδέν σου ὑπερέχει·   5
ὁμοούσιος γὰρ τούτου καὶ συνάναρχος ὑπάρχεις·

ἀλλὰ ἵνα δείξῃς   ὡς ἐν ἀληθείᾳ   ὑπάρχεις ὅπερ γέγονας,
  ὡς φύλαξ τοῦ νόμου σου   θυσίαν προσήνεγκας,
|: ὁ μόνος φιλάνθρωπος. :|

η΄ **Μέγας** ὑπάρχεις καὶ ἔνδοξος ,   ὃν ἐγέννησεν
                                            ἀπορρήτως ὁ ὕψιστος,
  υἱὲ Μαρίας πανάγιε.
  ἕνα γάρ σε λέγω   ὁρατὸν καὶ ἀόρατον,
                                            χωρητὸν καὶ ἀχώρητον.
  κατὰ φύσιν θεοῦ υἱὸν προαιώνιον   καὶ νοῶ καὶ πιστεύω σε·
  ὁμολογῶ δὲ   καὶ ὑπὲρ φύσιν   υἱόν σε τῆς παρθένου·
  διὰ τοῦτο καὶ τολμήσας   ὥσπερ λύχνον σε κατέχω·
  πᾶς γὰρ ὁ βαστάζων   λύχνον ἐν ἀνθρώποις
                                            φωτίζεται, οὐ φλέγεται·
  διό με καταύγασον,   ὁ λύχνος ὁ ἄσβεστος,
|: ὁ μόνος φιλάνθρωπος." :|

θ΄ **Ἀκούων** ταῦτα παρίστατο   καὶ ἐξίστατο
                                            ἡ παρθένος ἡ ἄσπιλος,
  πρὸς ἣν ὁ γέρων ἐφθέγξατο·
  "Πάντες οἱ προφῆται   τὸν υἱόν σου ἐκήρυξαν,
                                            ὃν ἀσπόρως ἐγέννησας·
  περὶ σοῦ δὲ προφήτης πρὸς τούτοις ἐκέκραγε
                                            καὶ τὸ θαῦμα κατήγγειλεν,
  ὅτι ἡ πύλη   ἡ κεκλεισμένη   ὑπάρχεις, θεοτόκε·
  διὰ σοῦ γὰρ καὶ εἰσῆλθε   καὶ ἐξῆλθεν ὁ δεσπότης·
  καὶ οὐκ ἠνεῴχθη   οὔτε ἐκινήθη   ἡ πύλη τῆς ἁγνείας σου,
  ἣν μόνος διώδευσε   καὶ σῴαν ἐφύλαξεν
|: ὁ μόνος φιλάνθρωπος. :|

ι΄ **Νῦν** γνωριῶ σοι καὶ ἅπαντα   προφητεύσω σοι,
                                            παναγία ἀμώμητε·
  εἰς πτῶσιν γὰρ καὶ ἀνάστασιν
  κεῖται ὁ υἱός σου,   ἡ ζωὴ καὶ ἡ λύτρωσις
                                            καὶ ἡ πάντων ἀνάστασις·

η΄ ABDGMPSTΔak   1³ ἀπροσίτως GDTk
θ΄ ABDGMPSTΔak   1¹ Ἀκούων] Trypanis m.c.: Ἀκούουσα codd.
(Ἀκούσασα B)
ι΄ ABDGMPSTΔak   3³ ἡ πάντων] GTΔaks: ἁπάντων cett.: om. M

οὐχ ἵν᾽ ἄλλοι μὲν πίπτουσιν ἄλλοι δ᾽ ἀνίστανται
             ἐπεφάνη ὁ κύριος·
οὐδὲ γὰρ χαίρει ὁ πανοικτίρμων τῇ πτώσει τῶν ἀνθρώπων, 5
οὐδὲ πρόφασις ἐπέστη τοῦ πεσεῖν τοὺς ἱσταμένους·
ἀλλὰ τοὺς πεσόντας μᾶλλον ἀναστῆσαι
            σπουδάζων παρεγένετο,
θανάτου λυτρούμενος τὸ πλάσμα τὸ ἴδιον
|: ὁ μόνος φιλάνθρωπος. :|

ια′ Οὗτος ὁ τρόπος τῆς πτώσεως καὶ ἐγέρσεως
            τοῖς δικαίοις καθέστηκεν
ἐν τῇ ἐκλάμψει τῆς χάριτος·
τῇ μὲν ἁμαρτίᾳ οἱ ἱστάμενοι πίπτουσι
            καὶ νεκροὶ ἀποδείκνυνται·
τῇ δὲ δικαιοσύνῃ καὶ πίστει ἀνίστανται καὶ συζῶσι τῇ χάριτι·
καὶ καθαιρεῖται καὶ ἀποπίπτει τοῦ σώματος τὰ πάθη· 5
ἡ ψυχὴ δὲ διαλάμπει ἀρεταῖς ταῖς πρὸς τὸ θεῖον·
ὅταν γὰρ τελείως πέσῃ ἡ πορνεία, ἡ σωφροσύνη ἵσταται·
τὸ χεῖρον οὖν ἔσβεσε, τὸ κρεῖττον δ᾽ ἀνέστησεν
|: ὁ μόνος φιλάνθρωπος :|

ιβ′ Ὑπὸ Χριστοῦ ἐνεργούμενος προμηνύω σοι
            ὡς ἐντεῦθεν γενήσεται
σημεῖον ἀντιλεγόμενον·
ἔσται δὲ σημεῖον ὁ σταυρός, ὅνπερ στήσουσι
            τῷ Χριστῷ οἱ παράνομοι·
τὸν σταυρούμενον ἄλλοι θεὸν μὲν κηρύξουσιν,
           ἄλλοι δὲ πάλιν ἄνθρωπον
καὶ ἀσεβείας καὶ εὐσεβείας τὰ δόγματα κινοῦντες· 5
καὶ οὐράνιον τινὲς μὲν ὑποπτεύουσι τὸ σῶμα,
ἄλλοι φαντασίαν· ἕτεροι δὲ πάλιν ἐκ σοῦ τὴν σάρκα ἄψυχον
καὶ ἕτεροι ἔμψυχον, φησίν, ὡς ἀνέλαβεν
|: ὁ μόνος φιλάνθρωπος. :|

6¹ πρόφασις] S (correxerat Pitra): προφάσει cett. (cf. Ev. Luc. 2. 34)
 ια′ ABDGMPSTΔak 2¹ ἐν τῇ ἐκλάμψει] (sic) T: ἐν ἐπιλάμψει Δa(A)
(M): ἵν᾽ ἐν τῇ λάμψει P: τῇ ἀναλάμψει BD: ἵνα ἐκλάμψῃ S

ιγ΄ Τοσοῦτον δὲ τὸ μυστήριον ἀντιλέγεται, ὅτι τῇ διανοίᾳ σου
γενήσεται ἀμφισβήτησις·
καὶ γὰρ ὅταν ἴδῃς τῷ σταυρῷ προσηλούμενον
τὸν υἱόν σου, ἀμώμητε,
μεμνημένη τῶν λόγων, ὧν εἶπεν ὁ ἄγγελος,
καὶ τῆς θείας συλλήψεως
καὶ τῶν θαυμάτων τῶν ἀπορρήτων εὐθέως ἀμφιβάλλεις·   5
ὡς ῥομφαία δέ σοι ἔσται ἡ διάκρισις τοῦ πάθους.
ἀλλὰ μετὰ ταῦτα ἴασιν ταχεῖαν ἐκπέμψει τῇ καρδίᾳ σου
καὶ τοῖς μαθηταῖς αὐτοῦ εἰρήνην ἀήττητον
|: ὁ μόνος φιλάνθρωπος." :|

ιδ΄ Ὅτε δὲ ταῦτα ἐφθέγξατο πρὸς τὴν ἄμεμπτον
ὁ πρεσβύτης ὁ δίκαιος,
πρὸς τὸ παιδίον ἐβόησε·
"Νῦν με ἀπολύεις ἐν εἰρήνῃ τὸν δοῦλόν σου,
ὅτι εἶδόν σε, κύριε·
πρὸς ζωήν με ἀπόλυσον τὴν ἀτελεύτητον,
ἡ ζωὴ ἡ ἀνείκαστος,
ἐπειδὴ τοῦτο προεπηγγείλω, πρὶν ἔλθῃς ἐν τῷ κόσμῳ·   5
τοῦ οὖν λόγου σου τὸν ὅρον διατήρησόν μοι, Λόγε·
πρὸς τὸν Ἀβραάμ με καὶ τοὺς πατριάρχας
ἀπόστειλον, πανάγιε,
καὶ τῶν ἐπικήρων με ταχέως ἀπόλυσον,
|: ὁ μόνος φιλάνθρωπος. :|

ιε΄ Ἔστι γάρ, ἔστι πολυστένακτα καὶ ἐπίμοχθα
τὰ παρόντα ὡς πρόσκαιρα
καὶ τέλος πάντως δεχόμενα·
ὅθεν διὰ τοῦτο τοὺς δικαίους σου ἅπαντας
τῶν ἐντεῦθεν μετέστησας.
τὸν Ἐνὼχ καὶ Ἠλίαν θανάτου μὴ γεύσασθαι
προμηθούμενος, κύριε,
ἐκ τῶν ἐνταῦθα μετατεθῆναι εὐδόκησας ἀρρήτως,   5

ιγ΄ ABDGMPSTVΔak   8² εἰρήνην ἀήττητον] BCDSak: ὀφθεὶς ἀνιστάμενος εἰρήνην ἀήττητον P: ἐκ τῶν λογισμῶν ἡμῶν (τῶν σῶν A) AGT: ὀφθεὶς ἀνιστάμενος ἐκ τῶν λογισμῶν ἡμῶν M: om. V
ιε΄ ABDGPSTVΔak   1¹ metrum $\stackrel{\smile}{-}\cup\cup-\cup\cup-\cup\cup$: πολλὰ στενὰ Δ : πολυστένακτα cett.: πολύστονα Pitra (fortasse recte)

ἵνα ὦσιν ἐν χωρίοις   φωτεινοῖς καὶ ἀστενάκτοις·
νῦν οὖν τῶν προσκαίρων   χώρισόν με, κτίστα,
                           καὶ τὴν ψυχήν μου πρόσδεξαι
καὶ συγκαταρίθμησον   κἀμὲ τοῖς ἁγίοις σου,
|: ὁ μόνος φιλάνθρωπος. :|

ις´ **Πάντων** ζωὴ καὶ ἀνάστασις   παραγέγονας   διὰ σὴν ἀγαθότητα·
τῆς οὖν ζωῆς με ἀπόλυσον
ταύτης, ὁ θεός μου,   τῇ ζωῇ δὲ παράπεμψον
                               τῇ ἀφθάρτῳ ὡς ἄφθαρτος.
αἰσθητῷ μὲν θανάτῳ παράδος τὸ σῶμα μου
                               ὥσπερ πάντων τῶν φίλων σου,
τὴν νοητὴν δὲ   καὶ αἰωνίαν   ζωήν μοι δός, οἰκτίρμον·   5
ὡς ἐν σώματι σε εἶδον   καὶ βαστάσαι ἠξιώθην,
ἴδω σου τὴν δόξαν   τὴν σὺν τῷ πατρί σου
                               καὶ τῷ ἁγίῳ πνεύματι·
κἀκεῖ γὰρ μεμένηκας   καὶ ὧδε ἐλήλυθας,
|: ὁ μόνος φιλάνθρωπος." :|

ιζ´ **Ὁ βασιλεὺς** τῶν δυνάμεων   προσεδέξατο
                               τοῦ δικαίου τὴν δέησιν
καὶ ἀοράτως ἐφθέγξατο·
" Νῦν σε ἀπολύω   τῶν προσκαίρων, ὦ φίλε μου,
                               πρὸς χωρία αἰώνια·
τῷ Μωσῇ καὶ τοῖς ἄλλοις προφήταις ἐκπέμπω σε·
                               ἀλλὰ τούτοις ἐξάγγειλον,
ὅτι, ὃν εἶπον   ἐν προφητείαις,   ἰδοὺ παρεγενόμην   5
καὶ ἐτέχθην ἐκ παρθένου   ὡς προήγγειλαν ἐκεῖνοι·
ὤφθην τοῖς ἐν κόσμῳ   καὶ συνανεστράφην
                               ἀνθρώποις, ὡς ἐκήρυξαν·
ταχέως δὲ φθάνω σε   λυτρούμενος ἅπαντας,
|: ὁ μόνος φιλάνθρωπος." :|

ιη´ **Σὲ** δυσωποῦμεν, πανάγιε,   ἀνεξίκακε,   ἡ ζωὴ καὶ ἀνάκλησις,
πηγὴ ἡ τῆς ἀγαθότητος·
βλέψον οὐρανόθεν   καὶ ἐπίσκεψαι ἅπαντας
                               τοὺς ἀεὶ πεποιθότας σοι·

8² ἁγίοις] δικαίοις AD
ιζ´ ABDGMPSTΔak   7¹ τοῖς ἐν] PSΔa: ἐν τῷ ADGMTk
ιη´ ABDGMPSTΔak

ἀπὸ πάσης ἀνάγκης καὶ θλίψεως λύτρωσαι
τὴν ζωὴν ἡμῶν, κύριε,
καὶ ἐν τῇ πίστει τῆς ἀληθείας ὁδήγησον τοὺς πάντας 5
ταῖς πρεσβείαις τῆς ἀχράντου θεοτόκου καὶ παρθένου.
σῶσον σου τὸν κόσμον καὶ τοὺς ἐν τῷ κόσμῳ
καὶ πάντας περιποίησαι,
ὁ δι' ἡμᾶς ἄνθρωπος ἀτρέπτως γενόμενος,
|: ὁ μόνος φιλάνθρωπος. :|

5 (4 Kr.)
ON THE BAPTISM OF CHRIST

Acrostichis: *ΤΟΥ ΤΑΠΕΙΝΟΥ ΡΩΜΑΝΟΥ*

Prooemium: *Ἐπεφάνης σήμερον* (App. Metr. xxxix)

Ἐπεφάνης σήμερον τῇ οἰκουμένῃ
καὶ τὸ φῶς σου, κύριε, ἐσημειώθη ἐφ' ἡμᾶς
ἐν ἐπιγνώσει ὑμνούντων σε· " Ἦλθες, ἐφάνης,
|: τὸ φῶς τὸ ἀπρόσιτον." :|

Strophae: *Τῇ Γαλιλαίᾳ* (App. Metr. v)

α' **Τῇ** Γαλιλαίᾳ τῶν ἐθνῶν, τῇ τοῦ Ζαβουλὼν χώρᾳ
καὶ τοῦ Ναφθαλεὶμ γαίᾳ,
ὡς εἶπεν ὁ προφήτης, φῶς μέγα ἔλαμψε Χριστός·
τοῖς ἐσκοτισμένοις φαεινὴ ὤφθη αὐγὴ
ἐκ Βηθλεὲμ ἀστράπτουσα,
μᾶλλον δὲ ἐκ Μαρίας ὁ κύριος πάσῃ τῇ οἰκουμένῃ

4¹ ἀπὸ πάσης] ἐξ ὀργῆς καὶ ABDSΔak, cf. 1 Ep. Thess. 3. 7.

5 *Codices*: ABDGMPSTΔ(= CV (δ' 7–ιη' c) m (Prooem. et α'–γ')y
Edi iones: Pitra A.S. I, Cant. III
Titulus: On the Baptism of Christ Trypanis: Εἰς τὰ ἅγια Θεοφάνια (Φῶτα CP) codd.
Dies Festus: Μηνὶ Ἰανουαρίῳ ς'
Modus: ἦχος δ'
Acrostichis: Τοῦ ταπεινοῦ Ῥωμανοῦ ACDGMPT
Post prooem. ἄλλο ὅ(μοιον?)
Ἐν τοῖς ῥείθροις (ῥείστροις m) βλέψας σε τοῦ Ἰορδάνου
βαπτισθῆναι θέλοντα ὁ μέγας πρόδρομος, Χριστέ,
ἐν εὐφροσύνῃ ἐκραύγαζεν· "'Ἦλθες, ἐφάνης,
|: τὸ φῶς τὸ ἀπρόσιτον." :| add. m (melodia: Ἐπεφάνης σήμερον)
α' ABDGMPSTΔmy 4³ metrum · ∪∪∪–∪: τῇ dub. del. Trypanis m.c.

ἀνατέλλει τὰς ἀκτῖνας, ὁ ἥλιος τῆς δικαιοσύνης·
διὸ οἱ ἐξ Ἀδὰμ γυμνοὶ δεῦτε πάντες,
ὑποδύωμεν αὐτὸν ἵνα θαλφθῶμεν·
σκέπη γὰρ γυμνοῖς καὶ αἴγλη ἐσκοτισμένοις
ἦλθες, ἐφάνης,
|: τὸ φῶς τὸ ἀπρόσιτον. :|

β' Οὐχ ὑπερεῖδεν ὁ θεὸς τὸν δόλῳ συληθέντα
ἐντὸς τοῦ παραδείσου
καὶ ἀπολελωκότα τὴν θεοΰφαντον στολήν·
ἦλθε γὰρ πρὸς τοῦτον ἱερᾷ πάλιν φωνῇ
καλῶν τὸν παρακούσαντα·
"Ποῦ εἶ, Ἀδάμ; ἀπάρτι μὴ κρύπτου με· θέλω θεωρεῖν σε·
κἂν γυμνὸς εἶ, κἂν πτωχὸς εἶ, μὴ αἰσχυνθῇς·
σοὶ γὰρ ὡμοιώθην·
αὐτὸς ἐπιθυμῶν θεὸς οὐκ ἐγένου·
ἀλλ' ἐγὼ νῦν βουληθεὶς σὰρξ ἐγενόμην·
ἔγγισόν μοι οὖν καὶ γνώρισον, ἵνα λέξῃς·
' ἦλθες, ἐφάνης
|: τὸ φῶς τὸ ἀπρόσιτον. ' :|

γ' Ὑπὸ τῶν σπλάγχνων τῶν ἐμῶν ἐκάμφθην ὡς οἰκτίρμων
καὶ ἦλθον πρὸς τὸ πλάσμα
προτείνων τὰς παλάμας, ἵνα περιπτύξωμαι σέ·
μὴ οὖν αἰδεσθῇς με· διὰ σὲ γὰρ τὸν γυμνὸν
γυμνοῦμαι καὶ βαπτίζομαι·
ἤδη μοι Ἰορδάνης ἀνοίγεται, καὶ ὁ Ἰωάννης
εὐτρεπίζει τὰς ὁδούς μου ἐν ὕδασι καὶ ἐν διανοίαις."
τοιαῦτα ὁ σωτὴρ οὐ λόγοις ἀλλ' ἔργοις
πρὸς τὸν ἄνθρωπον εἰπὼν ἦλθεν, ὡς εἶπε,
τῷ μὲν ποταμῷ τῷ βήματι προσεγγίζων,
τῷ δὲ Προδρόμῳ
|: τὸ φῶς τὸ ἀπρόσιτον. :|

δ' Τὸν ἐν ἐρήμῳ ποταμὸν καὶ δρόσον ἐν καμίνῳ
καὶ ὄμβρον ἐν παρθένῳ
ἰδὼν ὁ Ἰωάννης ἐν Ἰορδάνῃ τὸν Χριστὸν

8¹ γυμνοῖς] PT: γυμνοὺς cett. ἐσκοτισμένοις] APT: ἐσκοτισμένους cett.
δ' ABDGMPSTΔγ 1³ ἐκ παρθένου MSΔ (cf. Lxx Iud. 6. 37; 51
κϛ' 10¹, et 37 proem. 2¹⁻³², ιβ' 3¹ sq.)

φόβῳ ἐταράχθη, ὡς ὁ γεννήτωρ αὐτοῦ
τὸν Γαβριὴλ ἐτρόμαξε·
μείζω δὲ ἦν τὰ τότε τῶν πάντοτε· τότε γὰρ πρὸς δοῦλον
ὁ δεσπότης τῶν ἀγγέλων ἐλήλυθε θέλων βαπτισθῆναι· 5
διὸ ὁ βαπτιστὴς γνωρίσας τὸν πλάστην
καὶ μετρήσας ἑαυτὸν ἔφησε φρίττων·
" Στεῖλον, λυτρωτά· ἀρκέσθητι μέχρι τούτου·
οἶδα σε τίς εἶ·
|: τὸ φῶς τὸ ἀπρόσιτον. :|

ε′ "Ἃ ἐπιτάσσεις μοι, σωτήρ, ἐὰν ἐπιτελέσω,
τὸ κέρας μου ὑψώσω,
ἀλλ᾽ ὅμως οὐχ ἁρπάσω τὰ ὑπὲρ τὴν δύναμιν μοῦ·
οἶδα τίς ὑπάρχεις
καὶ ὃ ᾖς οὐκ ἀγνοῶ· ἐκ μήτρας γὰρ γινώσκω σε·
πῶς οὖν νῦν ἀγνοήσω φαινόμενον, ὅνπερ κεκρυμμένον
θεωρήσας ἐν τῇ μήτρᾳ ἐσκίρτησα ἐν ἀγαλλιάσει; 5
ἐπίσχες οὖν, σωτήρ, καὶ μή με βαρύνῃς·
ἱκανὸν ὅτι ἰδεῖν σε ἠξιώθην·
ἔστι μοι καλόν, ἂν εἴπῃς με πρόδρομόν σου·
σὺ γὰρ ὑπάρχεις
|: τὸ φῶς τὸ ἀπρόσιτον. :|

ς′ Παραχωρῆσαι σοι ζητῶ τὴν τοῦ βαπτιστοῦ τάξιν·
αὐτὴ γὰρ σοὶ καὶ πρέπει·
ἐγὼ γὰρ χρείαν ἔχω τοῦ βαπτισθῆναι ὑπὸ σοῦ·
σὺ δὲ ἔρχῃ πρός με καὶ προλαμβάνων αἰτεῖς,
ἃ βούλομαι αἰτῆσαι σε·
τί ζητεῖς παρ᾽ ἀνθρώπου, φιλάνθρωπε; τί τὴν κεφαλήν σου
ὑποκλίνεις τῇ χειρί μου; οὐκ ἔχει γὰρ
ἔθος πῦρ κατέχειν· 5
οὐκ οἶδεν ἡ πτωχὴ πλουσίῳ δανείζειν·
ἰσχυρῷ ἡ ἀσθενὴς οὐκ ἀντερίζει·
τοῖς ἁμαρτωλοῖς ὡς χρῄζουσι χρησιμεύσει·
σὺ γὰρ ὑπάρχεις
|: τὸ φῶς τὸ ἀπρόσιτον. :|

ε′ ABDGMPSTΔγ 8¹ καλόν] GMT : καλῶς cett. ἂν] Krumb.:
ἐὰν codd.
ς′ ABDGMPSTΔγ 1 καὶ ante αὐτὴ ABDPγ 8² χρησιμεύει ABDM

ζ′ Ἐπέστης ῥείθροις διὰ τί; τί θέλων ἀποπλῦναι
  ἢ ποίας ἁμαρτίας
ὁ δίχα ἁμαρτίας καὶ συλληφθεὶς καὶ γεννηθείς;
σὺ μὲν ἔρχῃ πρός με· οὐρανὸς δὲ καὶ ἡ γῆ
  τηρεῖ, εἰ προπετεύσομαι·
λέγεις μοι· 'βάπτισόν με'· ἀλλ' ἄνωθεν ἄγγελοι σκοποῦσιν,
ἵνα τότε λέγωσί μοι· 'γνῶθι σαυτόν·
  μέχρι ποῦ παρέρχῃ;' 5
ὡς εἶπεν οὖν Μωσῆς, προχείρισαι ἄλλον
εἰς αὐτὸ τοῦτο, σωτήρ, ὃ ἀπαιτεῖς με·
μεῖζον μου ἐστὶ καὶ δέδοικα· δέομαί σου·
πῶς γὰρ βαπτίσω
|: τὸ φῶς τὸ ἀπρόσιτον;" :| 10

η′ Ἰδὼν ὁ πάντα προορῶν τὸν φόβον τοῦ Προδρόμου
  πρὸς τοῦτον ἀπεκρίθη·
"Καλῶς, ὦ Ἰωάννη, καλῶς ἐφοβήθης ἐμέ·
ὅμως ἄφες ἄρτι —οὕτω γὰρ πρέπον ἐστὶ— πληρῶσαι ἃ προώρισα·
ἄφες ἄρτι καὶ τέως ἀπόσεισαι ταύτην τὴν δειλίαν·
λειτουργίαν χρεωστεῖς μοι, καὶ δεῖ σε νῦν
  ταύτην ἐκτελέσαι· 5
ἐγὼ τὸν Γαβριὴλ ἀπέστειλα τότε,
καὶ ὑπούργησε καλῶς τῇ σῇ γεννήσει·
πέμψον μοι καὶ σὺ ὡς ἄγγελον τὴν παλάμην,
ἵνα βαπτίσῃ
|: τὸ φῶς τὸ ἀπρόσιτον. :| 10

θ′ Νῦν ἐπτοήθης, βαπτιστά, καὶ ἔφριξας τὸ δρᾶμα
  ὡς μέγα· καὶ γὰρ μέγα·
μειζότερον δὲ τούτου κατεῖδεν ἡ σὴ συγγενής·
βλέψον πρὸς Μαρίαν καὶ ἐνθυμήθητι, πῶς
  ἐκείνη μὲ ἐβάστασε·
πάντως ἐρεῖς μοι· 'τότε ἠθέλησας'· οὕτω καὶ νῦν θέλω·
μὴ διστάσῃς, βάπτισόν με· τὴν δεξιὰν
  μόνον δάνεισόν μοι· 5

η′ ABDGMPSTΔy   2² ἐφοβήθης] DGMy: εὐλαβήθης PSΔ (fortasse
recte)   5⁴ ἐκπληρῶσαι GMSTΔ (fortasse recte)
θ′ ABDGMPSTΔy   1¹ ἐφοβήθης AGMT   4³ ὄντως
AMSTΔ

τὸ πνεῦμα σου οἰκῶ   καὶ ἔχω σε ὅλον·
  τὴν παλάμην οὖν τὴν σὴν   πῶς οὐ κιχρᾷς μοι;
ἔνδον σου εἰμὶ   καὶ ἔξωθεν· τί με φεύγεις;
  στῆθι καὶ κράτει
|: τὸ φῶς τὸ ἀπρόσιτον. :| 10

ι´ Οὐκ ἀπαιτῶ σε, βαπτιστά,   τοὺς ὅρους ὑπερβῆναι·
                                 οὐ λέγω σοι· 'εἰπέ μοι,
  ἃ λέγεις τοῖς ἀνόμοις   καὶ παραινεῖς ἁμαρτωλοῖς'·
μόνον βάπτισόν με   σιωπῶν καὶ προσδοκῶν
                                      τὰ ἀπὸ τοῦ βαπτίσματος·
ἕξεις γὰρ διὰ τούτου   ἀξίωμα,   ὅπερ οὐχ ὑπῆρξε
  τοῖς ἀγγέλοις·   καὶ γὰρ πάντων   τῶν προφητῶν
                                   μεῖζον σε ποιήσω·   5
ἐκείνων μὲν οὐδεὶς   σαφῶς με κατεῖδεν,
  ἀλλ' ἐν τύποις καὶ σκιαῖς   καὶ ἐνυπνίοις·
σὺ δὲ ἐπὶ σοῦ   ἱστάμενον κατὰ γνώμην
  βλέπεις, κατέχεις
|: τὸ φῶς τὸ ἀπρόσιτον. :| 10

ια´ Ὑπέρθου τοῦτο ὃ λαλεῖς,   καὶ δρᾶσον ὃ ἀκούεις·
                                  μηδέν μοι μαρτυρήσῃς·
  ἐμοὶ γὰρ ἀεὶ μάρτυς   ἐν οὐρανῷ ἐστι πιστός·
σοῦ τὴν μαρτυρίαν   ὁ ἑστὼς οὗτος λαὸς
                                     εἰκὸς οὐ παραδέχεται·
ἄφες οὖν οὐρανόθεν   διδάσκωνται,   τίς εἰμι καὶ τίνος
  γόνος πέλω,   τί δὲ μέλλω   χαρίζεσθαι
                                   τοῖς ἀγαπητοῖς μου·   5
ἀνοίγω οὐρανούς,   κατάγω τὸ πνεῦμα,
  χορηγῶ τοῦτο αὐτοῖς   εἰς ἀρραβῶνα·
δεῦρο οὖν λοιπὸν   προσέγγισον, ἵνα μάθῃς
  πόθεν ἀστράπτω
|: τὸ φῶς τὸ ἀπρόσιτον." :| 10

6² ἔχω et ὅλον inter se mut. GMSTΔ
  ι´ ABDGMPSTΔy   4¹ τοῦτο ADGT   6¹⁻² σαφῶς et οὐδεὶς
  inter se mut. ABDSΔ   8¹ σὺ] BGDP: νῦν AMSTΔy
   ια´ ABDGMPSTΔy   ἀστράπτω] GPy : ἀστράπτει BDTΔ : def. AMS

ιβ´ Ῥητῶν ἀρρήτων καὶ φρικτῶν ἀκούσας ὁ ἐκ στείρας
                                                 φησὶ τῷ ἐκ παρθένου·
" Ἐὰν ἔτι λαλήσω,   μὴ ὀργισθῇς μοι, λυτρωτά·
ἤδη γὰρ ἀνάγκη   παρασκευάζει ἐμὲ   πολὺ παρρησιάζεσθαι·
τί οὖν, σωτήρ, ἵν᾽ οὗτοι   σὲ μάθωσι,   κίνδυνον ἐπάξω
τῇ χειρί μου   τῇ ἀθλίᾳ   εἰς κλίβανον
                                           ταύτην ἐπιρρίπτων; 5
καὶ τότε μὲν Ὀζὰν   ἐξέτεινε χεῖρα
ἐπισχεῖν τὴν κιβωτὸν   καὶ διεκόπη·
νῦν δὲ κεφαλὴν   κρατοῦντα με τοῦ θεοῦ μου
πῶς με οὐ φλέξει
|: τὸ φῶς τὸ ἀπρόσιτον; " :| 10

ιγ´ " Ὦ βαπτιστὰ καὶ ἐριστά,   μὴ εἰς ἀντιλογίαν,
                                           ἀλλὰ πρὸς λειτουργίαν
συντόμως εὐτρεπίζου·   ἰδοὺ γὰρ ὄψει ἃ τελῶ·
ὧδε ζωγραφῶ σοι   τὴν τερπνὴν καὶ φαεινὴν
                                           μορφὴν τῆς ἐκκλησίας μου
νέμων τῇ δεξιᾷ σου   τὴν δύναμιν,   ἥνπερ μετὰ ταῦτα
χορηγήσω   ταῖς παλάμαις   τῶν φίλων μου
                                           καὶ τῶν ἱερέων· 5
δεικνύω σοι σαφῶς   τὸ ἅγιον πνεῦμα,
τὴν φωνὴν δὲ τοῦ πατρὸς   ἀκουτιῶ σε
γνήσιον υἱὸν   δηλοῦσαν με καὶ βοῶσαν·
' οὗτος ὑπάρχει
|: τὸ φῶς τὸ ἀπρόσιτον.' " :| 10

ιδ´ Μετὰ δὲ ταῦτα τὰ φρικτὰ   ὁ γόνος Ζαχαρίου
                                           ἐβόησε τῷ πλάστῃ·
" Ἐγὼ οὐκ ἀντερίζω,   ἀλλ᾽ ὃ κελεύεις μοι ποιῶ".
ταῦτα λέξας τότε   τῷ σωτῆρι προσελθὼν
                                           δουλοπρεπῶς ἠτένιζε
βλέπων εὐλαβῶς μέλη   γυμνούμενα   τοῦ ἐντελλομένου
ταῖς νεφέλαις   περιβάλλειν   τὸν οὐρανὸν   δίκην ἱματίου, 5
καὶ πάλιν θεωρῶν   ἐν μέσῳ τῶν ῥείθρων
τὸν ἐν μέσῳ τῶν τριῶν   παίδων φανέντα

ιγ´ ABDGMPSTΔγ   1² εἰς] GPSΔγ: πρὸς cett.   6¹ εἰκνύδω]
GMSΔγ: δεικνύων ABDTP   7² σε] D (e coniectura, cf. Lxx Ps. 50 (51). 10):
σοι cett.

δρόσον ἐν πυρὶ   καὶ πῦρ ἐν τῷ 'Ιορδάνῃ
  λάμπον, πηγάζον
|: τὸ φῶς τὸ ἀπρόσιτον. :|

ιε' Ἀλλὰ τὰ θαύματα ὁρῶν   ὁ ἐκ τοῦ ἱερέως   ἐν τάξει ἱερέως
    προτείνει τὴν παλάμην   καὶ τὸν Χριστὸν χειροθετεῖ
    κράζων τοῖς ὁρῶσι·   " Τὴν ἑκούσιον βροχὴν
                                              ἐν Ἰορδάνῃ βλέπετε·
    τῆς τρυφῆς τὸν χειμάρρουν,   ὡς γέγραπται,
                                              ἐν ταῖς διεξόδοις
    τῶν ὑδάτων   θεωρεῖτε,   ἐν ποταμῷ   θάλασσαν μεγάλην·
    μηδεὶς οὖν τολμηρὸν   νομίσῃ με εἶναι·
    οὐ τελῶ ὡς προπετής,   ἀλλ' ὡς οἰκέτης·
    κύριος ἐστὶ   καὶ εἶπέ μοι τοῦτο δρᾶσαι·
    ὅθεν βαπτίζω
|: τὸ φῶς τὸ ἀπρόσιτον. :|

ις' Νωθρόν με ὄντα ὡς βροτὸν   αὐτὸς ὡς θεὸς πάντων
                                              ἐνεύρωσε βοήσας·
  ' ἐπίθες μοι τὴν χεῖρα,   κἀγὼ ἐνισχύσω αὐτήν '.
    πῶς γὰρ ἠδυνάμην,   εἰ μὴ ἦν τοῦτο αὐτὸ
                                              ὃ εἶπε καὶ ἐγένετο;
    πῶς ηὐτόνουν βαπτίσαι   τὴν ἄβυσσον   πήλινος ὑπάρχων,
    εἰ μὴ πρῶτον   ἐδεξάμην   καὶ ἔλαβον   δύναμιν ἐξ ὕψους;
    αἰσθάνομαι γὰρ νῦν   αὐτοῦ παρεστῶτος,
    ὅτι οὗ ἤμην τὸ πρὶν   πλεῖον ὑπάρχω·
    ἄλλο τι εἰμί·   ἠλλοίωμαι, ἐδοξάσθην
    βλέπων, βαπτίζων
|: τὸ φῶς τὸ ἀπρόσιτον. :|

ιζ' Οὐκέτι λέγω ὡς τὸ πρίν·   ' οὐ λύω τὸν ἱμάντα
                                              τῶν σῶν ὑποδημάτων '·
    ἰδοὺ γὰρ ἐκ βημάτων   ἐπὶ τὴν κάραν   προχωρῶ·
    γῆν πατῶ οὐκέτι,   ἀλλ' αὐτὸν τὸν οὐρανόν·
                                              ἃ γὰρ τελῶ, οὐράνια·

ιε' ABDGMPSTΔy   1² ἐκ τοῦ ἱερ.] γόνος Ζαχαρίου APSΔy
8² δρᾶσον ADSTΔ
ις' ABDGMPSTΔy   6² παρεστῶτος] TP(G) : μοι παρόντος BDSΔ : μοι
λαλοῦντος AMy   7¹ οὐ] AMTy : ꞌ BDGSPΔ
ιζ' ABDGMPSTΔy

μᾶλλον δὲ καὶ τὰ ἄνω παρέδραμον· ταῦτα γὰρ βαστάζει,
ἀλλ' οὐ βλέπει ὃν βαστάζει· ἐγὼ δὲ νῦν βλέπω καὶ βαπτίζω· 5
εὐφραίνου, οὐρανέ, καὶ γῆ, ἐπαγάλλου·
ἁγιάσθητε, πηγαί, αἱ τῶν ὑδάτων·
πάντα γὰρ φανεὶς ἐπλήρωσεν εὐλογίας,
πάντας φωτίζει
|: τὸ φῶς τὸ ἀπρόσιτον." :| 10

ιη' Ὑπερεπῆρεν οὖν τὸν νοῦν τῇ θείᾳ διατάξει ὁ γόνος Ζαχαρίου,
καὶ τείνας τὴν παλάμην ἐπιτιθεῖ τῷ βασιλεῖ·
λούει τοῦτον ῥείθροις, καὶ λοιπὸν ἄγει εἰς γῆν
τὸν γῆς καὶ πόλου κύριον,
ὅνπερ ἐξ οὐρανόθεν ὑπέδειξε φθόγγῳ ὡς δακτύλῳ
ὁ βοήσας· " Οὗτός ἐστιν ὁ υἱὸς ὁ ἀγαπητός μου ". 5
αὐτῷ οὖν τῷ πατρὶ καὶ τῷ βαπτισθέντι
υἱῷ καὶ τῷ αὐτοῦ πνεύματι κράζω·
" Θραῦσον, λυτρωτά, τοὺς θλίβοντας τὴν ψυχήν μου·
παῦσον τοὺς πλάνους,
|: τὸ φῶς τὸ ἀπρόσιτον.":| 10

6 (5 Kr.)
ON THE EPIPHANY
Acrostichis: ΤΟΥ ΤΑΠΕΙΝΟΥ ΡΩΜΑΝΟΥ

Prooemium: Ἰδιόμελον

Τὴν σωματικήν σου παρουσίαν δεδοικὼς
ὁ Ἰορδάνης φόβῳ ὑπεστρέφετο·

5⁴ βαπτ.] βαστάζω MPSTΔ
ιη' ABDGMPSTΔγ 4¹ ὅνπερ ἐξ GM: ὄντινα ABDPSΔγ 8¹⁻² πέμψον,
ἀγαθέ, εἰρήνην ταῖς ἐκκλησίαις A

6 *Codices*: ABD (Prooem. et α'–ε') M (Prooem. et α'–β', ιζ'–ιη') PT (Prooem. et α'–γ') Δ (= VC (Prooem. et α'–γ', ιη') c (Prooem. et α'–ια'))
Editiones: Pitra A.S. I, Cant. IV
Titulus: On the Epiphany Trypanis: Τοῦ ἁγίου Ἰωάννου τοῦ Προδρόμου A:
εἰς τὰ ἅγια Θεοφάνια: εἰς τὰ ἀπόλυτρα D: Εἰς τὴν σύναξιν τοῦ Προδρόμου M:
Εἰς τὸν Πρόδρομον καὶ εἰς τὸ βάπτισμα καὶ εἰς τὸν Ἀδάμ Δ
Dies Festus: Ἰανουαρίου ζ' (τῇ ἐπαύριον τῶν Φώτων)
Modus: ἦχος πλάγιος β'
Acrostichis: Τοῦ ταπεινοῦ Ῥωμανοῦ ΒΡΔ
Prooemium
ABMPTΔ 1² ἀπεστρέφετο AMP

τὴν προφητικὴν δὲ λειτουργίαν ἐκπληρῶν
ὁ Ἰωάννης τρόμῳ ὑπεστέλλετο·
τῶν ἀγγέλων αἱ τάξεις ἐξεπλήττοντο
ὁρῶσαι σε ἐν ῥείθροις σαρκὶ βαπτιζόμενον,
καὶ πάντες οἱ ἐν σκότει κατηυγάζοντο ὑμνοῦντες σε 5
|: τὸν φανέντα καὶ φωτίσαντα πάντα. :|

Strophae: Τῷ τυφλωθέντι Ἀδάμ (App. Metr. vi)

α΄ **Τῷ** τυφλωθέντι Ἀδὰμ ἐν Ἐδὲμ ἐφάνη ἥλιος ἐκ Βηθλεέμ,
καὶ ἤνοιξεν αὐτῷ τὰς κόρας ἀποπλύνων αὐτὰς
Ἰορδάνου τοῖς ὕδασι·
τῷ μεμελανωμένῳ καὶ συνεσκοτισμένῳ
φῶς ἀνέτειλεν ἄσβεστον·
οὐκέτι αὐτῷ νύξ, ἀλλὰ πάντα ἡμέρα·
τὸ πρὸς πρωῒ πρωῒ δι' αὐτὸν ἐγεννήθη· 5
δειλινὸν γὰρ ἐκρύβη, ὡς γέγραπται·
εὗρεν αὐγὴν φωτίζουσαν αὐτὸν ὁ πρὸς ἑσπέραν πεσών·
ἀπηλλάγη τοῦ γνόφου καὶ προέφθασε πρὸς ὄρθρον
|: τὸν φανέντα καὶ φωτίσαντα πάντα. :|

β΄ **Ὅτε** ἑκὼν ἐπηρώθη Ἀδὰμ καρποῦ γευσάμενος τυφλοποιοῦ
εὐθέως ἄκων ἐγυμνώθη· ὡς τυφλὸν γὰρ εὑρὼν
ὁ πηρώσας ἀπέδυσεν·
ἦν οὖν γυμνὸς καὶ πηρὸς καὶ ψηλαφῶν ἐζήτει
κατασχεῖν τὸν ἐκδύσαντα·
ἐκεῖνος δὲ αὐτὸν θεωρῶν ἐπεγέλα,
πῶς ἔτεινε παντὶ τὰς παλάμας καὶ ᾔτει 5
τὸν χιτῶνα κἂν μετὰ τὴν γύμνωσιν·
ὅθεν ἰδὼν ὁ φύσει συμπαθὴς ἦλθε πρὸς τοῦτον βοῶν·
" Γυμνωθέντα καὶ πηρὸν δέχομαί σε· δεῦρο πρός με
|: τὸν φανέντα καὶ φωτίσαντα πάντα. " :|

γ΄ **Ὕμνησον**, ὕμνησον τοῦτον, Ἀδάμ·
προσκύνησον τὸν ἐλθόντα πρὸς σέ·

α΄ ABDMPTΔ 2¹ αὐτῷ] αὐτοῦ ABD 2² ἀποπλύνας ABD 8² προέφθασε] (sic) D: ἔφθασε ABMPT: προέκοπτε Δ
β΄ ABDMPTΔ 4² ὑπεγέλα ABDΔ 6² κἂν] PΔ: καὶ ABMT: τὸν D
γ΄ ABDMPTΔ

ἐφάνη γάρ σοι, ὡς ἐχώρεις,   θεωρῆσαι αὐτόν,
                                ψηλαφῆσαι καὶ δέξασθαι·
οὗτος ὃν ἐφοβήθης,   ὅτε ἐξηπατήθης,   διὰ σὲ ὡμοιώθη σοι·
κατέβη ἐπὶ γῆς,   ἵνα λάβῃ σε ἄνω·
ἐγένετο θνητός,   ἵνα σὺ θεὸς γένῃ   5
καὶ ἐνδύσῃ   τὴν πρώτην εὐπρέπειαν·
θέλων ἀνοῖξαι πάλιν τὴν Ἐδὲμ   ᾤκησε τὴν Ναζαρέτ·
διὰ ταῦτα οὖν ᾆσον,   ἄνθρωπε, καὶ ψάλλων τέρπε
|: τὸν φανέντα   καὶ φωτίσαντα πάντα. :|

δ' Τῷ Ἀβραὰμ ὅτε ὤφθη θεὸς   πρὸς τῇ δρυῒ καθημένῳ Μαμβρῇ,
ὡς ἄνθρωπος ἐθεωρήθη   μὴ γνωρίσας αὐτὸν
                                ὅπερ ἦν· οὐ γὰρ ἔφερε·
νῦν δὲ ἡμῖν οὐχ οὕτως,   ἀλλὰ αὐτοπροσώπως·
                                ὁ γὰρ λόγος σὰρξ γέγονε·
τὸ αἴνιγμα ἐκεῖ,   τὸ σαφὲς δὲ ἐνταῦθα·
πατράσιν   αἱ σκιαί,   πατριάρχαις εἰκόνες,   5
τοῖς δὲ τέκνοις   αὐτὴ ἡ ἀλήθεια·
ὤφθη ποτὲ θεὸς τῷ Ἀβραάμ,   ἀλλ' οὐ μὴν εἶδε θεόν·
ἀλλ' ἡμεῖς θεωροῦμεν,   ὅτι θέλει, καὶ κρατοῦμεν
|: τὸν φανέντα   καὶ φωτίσαντα πάντα. :|

ε' Ἄνω τῆς κλίμακος εἶδε θεόν,   ἀλλ' ὄναρ ἔβλεπεν ὁ Ἰακώβ·
ἐπάλαισεν αὐτῷ τὴν νύκτα,   οὐχ ὡς φύσει θεός,
                                ἀλλ' ἀνθρώπου ὁμοίωμα·
νῦν δὲ οὐχ ὁμοιώσεις,   ἀλλ' ἀληθιναὶ πράξεις
                                πρὸς τὸ γένος συνέστησαν·
ἐφάνη γὰρ νυνὶ   τοῦ πατρὸς ἡ σοφία,
δύναμις καὶ ἰσχὺς   καὶ τῆς γνώσεως λόγος   5
τὴν τοῦ κόσμου   καθαίρων παράβασιν·

4² σε ante λάβῃ ΑΡΤΔ
δ' ΒDPΔ   2¹ ἄνθρωπος] DP: ἄγγελος ΒΔ (cf. Lxx Ge. 19. 1)   6¹ δὲ
τέκνοις] πιστοῖς ΒΔ   7¹ θεὸς ante ποτὲ ΒΔ
ε' ΒDPΔ   2² οὐχὶ φύσις θεοῦ ΒD   4¹–8² ἐφάνη—μεγαλύνειν]
     τὸ ὅραμα τὸ πρὶν   καὶ ὁ τότε παλαίσας
     ἐνώπιον (-ιος Β) ἐλθὼν   ἐνωπίως ἐφάνη   5
     γρηγοροῦντι   τῷ κόσμῳ καὶ νήφοντι·
     οὐ φαντασία οὐδ' ἐνύπνιον (ἐννυκτί Β)·   οὐ γὰρ ἐσμὲν τῆς νυκτός·
     ἐν ἡμέρᾳ ὁρῶμεν   λόγον σεσωματωμένον ΒΔ (vv. 6¹–8² cf. η').

ἦλθες αὐτὸς γὰρ διὰ ⟨τῆς⟩ σαρκὸς ἁγιασμὸς τοῦ παντός·
ὅθεν πρέπον δοξάζειν, εὐλογεῖν καὶ μεγαλύνειν
|: τὸν φανέντα καὶ φωτίσαντα πάντα. :|

ς΄ **Πάνυ** θαρρῶν ἀγαπᾶσθαι Μωσῆς ἐζήτει τὸν ἀγαπῶντα ἰδεῖν
καὶ ἔλεγε μεθ᾽ ἱκεσίας· " Εἰ ἠγάπησάς με,
                                            σεαυτόν μοι ἐμφάνισον ".
ὅμως οὐκ ἠξιώθη ὄψεως, ἀλλὰ νώτου,
                            καὶ αὐτὸ οὐκ εἰς τέλειον·
ὀπὴ γὰρ ἦν μικρὰ δι᾽ ἧς εἶδεν ὃ εἶδεν·
τί δέ ἐστιν ἰδεῖν δι᾽ ὀπῆς τὸν ὁρῶντα,   5
εἰ μὴ μέρος καὶ μόνον θεάσασθαι;
δόξα σοι, ὅτι ὅλον σεαυτὸν ἔδειξας πᾶσιν ἡμῖν,
οὐκ ἐκ μέρους, οὐ μέρος, ἀλλὰ ὅλον θεωροῦμεν
|: τὸν φανέντα καὶ φωτίσαντα πάντα. :|

ζ΄ **Ἔφησεν** ὅτι κατεῖδε θεὸν ὁ τοῦ Ἀμὼς Ἡσαΐας ποτὲ
ἐν ὕψει θρόνου ἐπηρμένον καὶ τῆς δόξης αὐτοῦ
                            πεπλησμένον τὸ οἴκημα·
εἶδεν ἐν κατανύξει πνεύματος ὁ προφήτης,
                            οὐκ ἐν ὄμμασι σώματος·
ἡμεῖς δὲ σαρκικοῖς ὀφθαλμοῖς θεωροῦμεν
κύριον Σαβαὼθ καὶ τῶν ἑξαπτερύγων   5
ὑμνῳδίαν αὐτῷ ἀναπέμπομεν·
ἅγιος, ἅγιος ὁ σαρκωθείς, ἅγιος εἶ ὁ θεός·
ἁγιάζομεν τρίτον ἕνα ἅγιον ἁγίων
|: τὸν φανέντα καὶ φωτίσαντα πάντα. :|

η΄ **Ἴσχυσαν** ὄμματα τῶν γηγενῶν οὐράνιον θεωρῆσαι μορφήν·
κατεῖδον βλέφαρα πηλίνων τοῦ ἀΰλου φωτὸς
                            τὴν ἀκτῖνα τὴν ἄστεκτον,
ἥντινα οἱ προφῆται καὶ βασιλεῖς οὐκ εἶδον,
                            ἀλλ᾽ ἰδεῖν ἐπεθύμησαν·
τῶν ἐπιθυμιῶν ἀνὴρ ἐπωνομάσθη

7¹ τῆς add. Trypanis m.c. (sed cf. θ΄ 7¹)
ς΄ BPΔ 5⁴ καὶ μόνον] P: ὧν θέλει Δ: ὧν θέμις B 8¹⁻² οὐ μέρος—
θεωροῦμεν] P: ἀλλὰ σῶον θεωρούμενον (θεωροῦμεν σε Bc) τὸν πλάστην BΔ
ζ΄ BPΔ 1¹ ὅτι] corr. c: ὅτε BPV 2¹ ἐπηρμένον] Δ: ἐπηρμένος P:
-μένω B 3² ὅ] P: ὡς BΔ 6² ἀναπέμπομεν] P: ἀναμέλποντες BΔ
7² εἶ ὅ] P: ἐστί BΔ
η΄ BPΔ 2³ ἄστεκτον] P: ἄσκιον BΔ

ὁ μέγας Δανιήλ, ἐπειδὴ ἐπεθύμει
ἀτενίσαι εἰς ὃν ἀτενίζομεν·
οὐ φανταζόμεθα, ἀλλὰ νήφομεν· οὐ γὰρ ἐσμὲν τῆς νυκτός·
ἐν ἡμέρᾳ ὁρῶμεν θεὸν σεσωματωμένον
|: τὸν φανέντα καὶ φωτίσαντα πάντα. :|

θ' **Ν**έος ἐφάνη ἡμῖν οὐρανός, ἐφ' ὃν κατέβη ὁ πάντων θεός·
τὸ σῶμα γὰρ τοῦ ἀσωμάτου οὐρανοῦ οὐρανὸν
ὁ προφήτης ἐκάλεσεν·
εἴτε γὰρ ἐγεννήθη, εἴτε ἐσπαργανώθη,
οὐρανός ἐστιν ἄμωμος·
ἐστὶ μὲν οὐρανός, οὐκ οὐράνιον σῶμα·
ἐκ γὰρ τῆς Μαριὰμ τῆς παρθένου ἐτέχθη
καὶ ἡνώθη θεῷ ὡς οὐκ οἴδαμεν·
οὐκ ⟨ὢν⟩ ἐκτὸς τῶν κόλπων τοῦ πατρός, ἀλλὰ συνὼν τῷ πατρί·
ὃν ἡμεῖς προσκυνοῦμεν ἕνα ἅγιον ἁγίων
|: τὸν φανέντα καὶ φωτίσαντα πάντα. :|

ι' **Ὄ**φελον ἔγνωμεν τὰ καθ' ἡμᾶς· μηδὲν ἡμῖν καὶ τοῖς ὑπὲρ ἡμᾶς·
ἐγγὺς ἡμῖν ἐστι τὸ ῥῆμα· τί ζητοῦμεν μακρὰν
ἀπελθεῖν, ἵνα μάθωμεν;
ἔχομεν ἐν τῇ πίστει, ὅπερ ἐπιθυμοῦμεν· ποῦ μετεωριζόμεθα;
εὐθεῖα ἡ ὁδός· μήτις ἤμας πλανήσῃ·
ὑπέδειξεν ἡμῖν ἡ Μαρία τὴν τρίβον·
υἱὸν γὰρ ἐκάλει τὸν κύριον,
υἱὸν αὐτῆς καὶ ὄντως ἐξ αὐτῆς ὡς ἐδιδάχθημεν,
σαρκωθέντα ἐκ ταύτης καὶ ἐκ πνεύματος ἁγίου
|: τὸν φανέντα καὶ φωτίσαντα πάντα. :|

7¹ metrum $\stackrel{\perp}{-} \cup \cup - \cup \stackrel{\perp}{-} \cup \cup \stackrel{\perp}{-}$, sed cf. 37 Kr. passim 7¹⁻8² οὐ φανταζ.–σεσωματωμένον] P:
ἐπιποθήσας ἐπεπόθησε (ἐπεθύμησεν ἰδεῖν B) τοῦτο τὸ κρίμα Δαβίδ·
καὶ ὃ ἦν κεκρυμμένον νῦν ἐστὶ κατανοῆσαι ΒΔ
θ' ΒΡΔ 1¹⁻² cf. Lxx Ps. 67. 34 2² οὐρανὸν οὐρανοῦ ΒΔ
5¹⁻² ἐκ γὰρ τῆς Μαρίας (corr. Trypanis) τῆς π. ἐτ.] ΒΔ : ἐκ γῆς παρθένου γὰρ τῆς Μαρίας ἐλήφθη P 6¹ θεῷ] Δ : θεὸς ΒΡ 7¹⁻8² οὐκ–ἁγίων] P: οὐ φανταζόμεθα γὰρ ὡς πολλοὶ λέγοντες· "ἴδομεν (οἴδαμεν c) θεόν (υἱόν c)". ὁ δοκῶν γὰρ εἰδέναι οὔπω ἔγνω ὡς ὀφείλει ΒΔ (cf. 1 Ep. Cor. 8. 2) 7¹ ὢν dub. add. Maas m.c., sed cf. ε' 7¹
ι' ΒΡΔ 1¹ Ὄφελον = ὤφελον propter acrostich. 2¹ cf. Lxx Deut. 30. 14
2² cf. Lxx Deut. 30. 11 3² ὅπερ ἐπιθ.] P: πᾶν ὃ ἐπιζητοῦμεν ΒΔ

ια΄ "Ὕψωσον κέρας ἡμῶν, Ἰησοῦ· κρατοῦμεν γὰρ ἀκεραίως τὰ σὰ
κηρύττοντες ἐν παρρησίᾳ· " Μεθ᾽ ἡμῶν ὁ θεός,
γνῶτε, ἔθνη, καὶ σύνετε "·
ὅπερ καὶ ὁ προφήτης ἔφησε· " Ὄψονταί σε
λαοὶ καὶ ὠδινήσουσιν "·
ἰδοὺ ὠδίναμεν καὶ ἐτέκομεν, πνεῦμα
τῆς σωτηρίας σου ἐποιήσαμεν πᾶσιν· 5
ἐπὶ γῆς γὰρ λαλοῦμεν οὐράνια·
εἶδε σε πᾶσα σάρξ, καὶ ὡς τὸ πρὶν πάλιν ἀνέθαλλε·
ἐφαιδρύνθη ἡ κτίσις θεωρήσασα τὸν κτίστην,
|: τὸν φανέντα καὶ φωτίσαντα πάντα. :|

ιβ΄ Ῥήγνυται νῦν ὁ πενθήρης χιτών·
ἐλάβομεν τὴν στολὴν τὴν λευκήν,
ἣν ὕφανεν ἡμῖν τὸ πνεῦμα ἀπὸ πόκων ἁγνῶν
τοῦ ἀμνοῦ καὶ θεοῦ ἡμῶν.
ἦρται ἡ ἁμαρτία· δέδοται ἀφθαρσία· ἐμφανὴς ἡ ἀνάκλησις·
ὁ Πρόδρομος αὐτὴν ἐνεφάνισε λέγων·
" Ἴδε νῦν ὁ ἀμνὸς τοῦ θεοῦ ὁ λαμβάνων 5
τὰ τοῦ κόσμου παντὸς ἁμαρτήματα "·
ἔδειξε πᾶσι χάρτην δωρεᾶς τοῖς χρεωστοῦσι πολλά·
ὁ τὸ πρῶτον σκιρτήσας νῦν κηρύξας ἐφανέρου
|: τὸν φανέντα καὶ φωτίσαντα πάντα. :|

ιγ΄ Ὢ τοῦ κηρύγματος τοῦ βαπτιστοῦ
καὶ τοῦ αἰνίγματος τοῦ ἐν αὐτῷ·
ἀμνὸν ἐκάλει τὸν ποιμένα, καὶ ἀμνὸν οὐχ ἁπλῶς,
ἀλλὰ λύοντα πταίσματα·
ἔδειξε τοῖς ἀνόμοις ὅτι ἀργὸς ὁ τράγος,
ὃν εἰς ἔρημον ἔπεμπον·
" Ἰδού ", φησιν, " ἀμνός· νῦν οὐ χρεία τοῦ τράγου·
ἐπίθετε αὐτῷ τὰς παλάμας οἱ πάντες 5
ἁμαρτίας ὑμῶν ἀναγγέλλοντες·

ια΄ ΒΡΔ 2³ σύνετε] P: ἴδετε ΒΔ 3³ metrum ∪ ∪ − ∪ ∪ − ∪ ∪; cf.
Lxx Hb. 3. 10 5² ἐποιήσαμεν] P: ἐκοίησαμεν Pγρ: ὡς (ὁ Δ) ἐποίησας
ΒΔ 7² ἀνέθαλλε] νῦν add. ΒΔ (corr. metr.)
8² θεωρήσασα] P: κατιδοῦσα σε (om. Β) ΒΔ
ιβ΄ BPV 3¹ ἦρται] P: ἤρθη BV 5¹ νῦν] P: που BV 8¹ τὸ
πρῶτον] P: ἐκ μήτρας BV
ιγ΄ BPV 2¹ ἐκάλει] P: γὰρ λέγει BV

ἦλθε γὰρ ἆραι σὺν ταῖς τοῦ λαοῦ καὶ τὰς τοῦ κόσμου παντός·
ἴδε ὁ ἀποπομπαῖος, ὃν ὁ πατὴρ ἔπεμψεν ἡμῖν
|: τὸν φανέντα καὶ φωτίσαντα πάντα." :|

ιδ' **Μέγα** μυστήριον Χριστιανοῖς· οὐδὲν ἀμάρτυρον ἔστιν ἐν σοί·
παντόθεν ἔχεις βεβαιώσεις· ἀπὸ πάσης γραφῆς
θεοπνεύστου συνίστασαι·
πάντα σοι μαρτυροῦσι, νόμος καὶ οἱ προφῆται,
οἱ πατέρες δὲ μάλιστα·
ἑκάστης γενεᾶς σὺ τὸ ἅλας ὑπάρχεις
ἀρτύων τοῖς πιστοῖς ἀδιάφθορον βρῶμα, 5
οὗ φαγόντες οὐ μὴ ἀποθάνωμεν·
ἤρτυσας ἔδεσμα τῷ Ἰσαάκ, ὥσπερ ἐφίλει φαγεῖν,
καὶ ηὐλόγει τὸ τέκνον ἐντυπῶν ταῖς εὐλογίαις
|: τὸν φανέντα καὶ φωτίσαντα πάντα. :|

ιε' **Ἄρωμεν** ἅπαντες τοὺς ὀφθαλμοὺς
πρὸς τὸν θεὸν τὸν ἐν τοῖς οὐρανοῖς
βοῶντες ὥσπερ Ἱερεμίας· ὁ ὀφθεὶς ἐπὶ γῆς
οὗτος ἔστιν θεὸς ἡμῶν,
ὅστις καὶ τοῖς ἀνθρώποις συνανεστράφη θέλων
καὶ τροπὴν οὐχ ὑπέμεινε·
ὁ δείξας ἑαυτὸν ἐν μορφῇ τοῖς προφήταις,
ὃν Ἰεζεκιὴλ ἐπὶ πύρινον ἅρμα 5
ὥσπερ εἶδος ἀνδρὸς ἐθεάσατο·
καὶ Δανιὴλ ἀνθρώπου υἱὸν καὶ παλαιὸν ἡμερῶν
τὸν ἀρχαῖον καὶ νέον ἕνα κύριον κηρύττων
|: τὸν φανέντα καὶ φωτίσαντα πάντα. :|

ις' **Νύκτα** ἠφάνισε τὴν ἀμειδῆ καὶ ἔδειξε μεσημβρίαν τὸ πᾶν·
κατηύγασε τὴν οἰκουμένην τὸ ἀνέσπερον φῶς,
Ἰησοῦς ὁ σωτὴρ ἡμῶν·

8^{1-2} metrum ∪∪−∪∪−∪   ∪∪−∪∪∪−∪: 8^1 ὁ et 8^2 ὁ del. Trypanis m.c.:
οὐρανόθεν τὸ δῶρον   ὁ πατὴρ ἔπεμψε πᾶσιν BV
ιδ' BPV 2^1 παντόθεν] P: ἐκ πάντων BV 3^1 πάντα] P: πάντες
BV 4^2 ὑπάρχεις] P: εὑρέθης BV 7^2 ὥσπερ ἐφίλει] P: ὅπερ ὤφειλεν
(ὀφείλει B) BV 8^2 προτυπῶν Pγρ
ιε' BPV 1^2 τὸν θεόν] P: κύριον BV 2^1 ὥσπερ] B: ὁ add. V: ὡς
P 2^3 ὁ ante θεὸς P 3^2 θέλων ante συνανεστρ. BV 4^2 μορφῇ] P:
μορφαῖς BV 7^2 κηρύττων] P: προσκυνοῦμεν V: ὑμνούμενον B

χώρα Ζαβουλωνία ἔστιν ἐν εὐθηνίᾳ καὶ μιμεῖται παράδεισον·
ποτίζει γὰρ αὐτὴν τῆς τρυφῆς ὁ χειμάρρους,
καὶ βρύει ἐν αὐτῇ τὸ ἀείζωον νᾶμα, 5
ὃ οἱ πρῶτοι οὐχ εὗρον ὀρύξαντες
φρέαρ τοῦ ὅρκου, φρέαρ τῆς Συχέμ, ἀλλ' οὐ πηγὴν τῆς ζωῆς·
ἐν δὲ τῇ Γαλιλαίᾳ φλέβα ζῶσαν θεωροῦμεν
|: τὸν φανέντα καὶ φωτίσαντα πάντα. :|

ιζ' **Ὄψομαι** οὖν σε κἀγώ, Ἰησοῦ, φωτίζοντα τὴν διάνοιαν μοῦ
καὶ λέγοντα τοῖς λογισμοῖς μου· " Οἱ διψῶντες ἀεὶ
δεῦτε πρός με καὶ πίετε "·
ἄρδευσον τὴν καρδίαν τὴν τεταπεινωμένην,
ἣν ὁ πλάνος συνέτριψε·
κατέτηξεν αὐτὴν ἐν λιμῷ τε καὶ δίψει,
λιμῷ οὐ βρώματος, οὐδὲ δίψει ὑδάτων, 5
ἀλλ' ἀκοῦσαι τῶν λόγων τοῦ πνεύματος·
οὐ γὰρ εὑρίσκει τὸν διδάσκοντα οὐδὲ μανθάνοντα·
ὅθεν στένει σιγῶσα δικαστήν σε προσδοκῶσα,
|: τὸν φανέντα καὶ φωτίσαντα πάντα. :|

ιη' **Ὕμνησα** τὴν ἐπιφάνειαν σοῦ, σημεῖον ποίησον μοὶ ἐμφανές·
καθάρισόν με τῶν κρυφίων, τὰ γὰρ ἄδηλα μοῦ
διαφθείρει με τραύματα·
πέμψον ἀθεωρήτως τῇ ἀφανεῖ πληγῇ μου
τὴν ἀόρατον ἔμπλαστρον·
προσπίπτω σοι, σωτήρ, καθάπερ ἡ αἱμόρρους
ἁπτόμενος κἀγὼ τοῦ κρασπέδου καὶ λέγων· 5
" Ἐὰν μόνον κρατήσω, σωθήσομαι "·
μὴ ματαιώσῃς οὖν τὴν πίστιν μου, ὁ τῶν ψυχῶν ἰατρός·
ἐκκαλύπτων τὸ ἄλγος εὕρω σὲ εἰς σωτηρίαν
|: τὸν φανέντα καὶ φωτίσαντα πάντα. :|

ιζ' BMPV 4² τε om. BMV καὶ] καὶ ἐν BV 5² ὑδάτων] πομάτων
BV : om. M 7¹ οὐδὲ] οὔτε BV
ιη' BMPΔ 5¹ κἀγὼ] πιστῶς MP

7 CANTICA ON THE PERSON OF CHRIST

7 (77 Kr.)

ON THE MARRIAGE AT CANA

Acrostichis: *ΤΟ ΕΠΟΣ ΡΩΜΑΝΟΥ ΤΑΠΕΕΙΝΟΥ*

Prooemium: Ἰδιόμελον

Ὁ τὸ ὕδωρ εἰς οἶνον ὡς δυνατὸς μεταποιήσας,
τὴν ἐξ ἁμαρτημάτων συνέχουσαν με θλῖψιν
εἰς χαρὰν μεταποίησον
διὰ τῆς θεοτόκου, Χριστὲ ὁ θεός,
|: ὁ τὰ πάντα ἐν σοφίᾳ ποιήσας. :|

Strophae: Τῷ τυφλωθέντι Ἀδάμ (App. Metr. VI)

α' **Τὴν** παρθενίαν τιμήσας θεὸς γαστέραν ᾤκησε παρθενικήν,
τεχθεὶς δὲ ἐξ αὐτῆς ἀσπόρως
τῆς ἁγνείας αὐτῆς τὰς σφραγῖδας οὐκ ἔλυσεν·
οὗτος τὴν ἐκκλησίαν ἄμωμον καὶ παρθένον
ἑαυτῷ ἐμνηστεύσατο·
ἡ μήτηρ οὖν Χριστοῦ καὶ παρθένος καὶ νύμφη·
παρθένος καὶ αὐτὸς ἡ παστὰς δὲ ἁγία, 5
οὐρανὸν γὰρ νυμφῶνα εἰργάσατο·
κἂν οὖν ἐτέχθη ἐκ παρθενικῆς καὶ παναγίας γαστρός,
οὐ βδελύττεται ὅμως τὰς τῶν γάμων συζυγίας
|: ὁ τὰ πάντα ἐν σοφίᾳ ποιήσας. :|

β' **Ὅθεν** ὁ ἄμοιρος γάμου θνητοῦ, ὁ μόνος ἅγιος καὶ φοβερός,
θαλάμῳ γαμικῷ ἐπέστη, ὡς ὁ θεῖος ἡμᾶς Ἰωάννης ἐδίδαξεν
ὅτι ὁ ἀνυμφεύτους διαδραμὼν ὠδῖνας
[ἐν] τοῖς γάμοις ἐλήλυθεν·
ὁ ἐπὶ χερουβὶμ ἐποχούμενος [μό]νος,
ἐν κόλποις τοῦ πατρὸς ἀχωρίστως ὑπάρχων 5
ἐν ἑστίᾳ φθαρτῇ ἀνεκλίνετο·

7 *Codices*: P
Editiones: nulla
Titulus: On the Marriage at Cana Trypanis: Εἰς τὸν ἐν Κανᾷ γάμον P
Dies Festus: Τῇ δ' τῆς β' ἑβδομάδος τοῦ Πάσχα
Modus: ἦχος πλάγιος β'
Acrostichis: τὸ ἔπος Ῥωμανοῦ ταπεινοῦ P
α' 1² γαστέραν] sic P
β' 3³ suppl. Maas 4² suppl. Krumb. 5² ἀχωρίστως] Trypanis m.c. :
ἀχώριστος P 6¹ ἐν ἑστίᾳ] Maas: ἐνστι[.]μαι P

6329 E

συνεστιάθη τοῖς ἁμαρτωλοῖς   ὁ ἁμαρτίαν μὴ γνούς,
ἵνα δείξῃ τὸν γάμον   τίμιον τῇ παρουσίᾳ
|: ὁ τὰ πάντα   ἐν σοφίᾳ ποιήσας. :|

γ΄ Ἔνθεν εἰκότως λαβὼν ἀφορμὰς
                              ὁ μέγας ἔγραψε Παῦλος βοῶν
ὡς τίμιος ἐστὶν ὁ γάμος
               καὶ τοῦ γάμου ἡ κοίτη ὑπάρχει ἀμίαντος·
καὶ γὰρ διὰ τοῦ γάμου   λάμπουσιν αἱ παρθένοι·
                              διὰ γάμου γὰρ τίκτονται·
ἡ θεοτόκος γὰρ   καὶ ἁγία παρθένος,
κἂν ἔμεινεν ἁγνὴ   μετὰ τόκον παρθένος,   5
ἀλλὰ γάμος   αὐτὴν ἀπεκύησεν,
ὡς καὶ τὸ πλῆθος τῶν διὰ Χριστὸν   παρθενευσάντων ἀεὶ
διὰ γάμου ἐτέχθη,   ὃν ἡγίασεν ἐκ μήτρας
|: ὁ τὰ πάντα   ἐν σοφίᾳ ποιήσας. :|

δ΄ Πρόκειται νῦν καὶ τὸ θαῦμα εἰπεῖν,
                              ὃ πρῶτον ἔπραξεν ἐν τῇ Κανᾷ
ὁ πρώην Αἰγυπτίοις δείξας
               καὶ Ἑβραίοις αὐτοῖς τῶν θαυμάτων τὴν δύναμιν·
τότε μὲν γὰρ εἰς αἷμα   ἡ τῶν ὑδάτων φύσις
                              θαυμαστῶς μετεβάλλετο·
δεκάπληγον ὀργὴν   Αἰγυπτίοις ἐπῆξε,
τὴν θάλασσαν βατὴν   τοῖς Ἑβραίοις παρέσχεν,   5
ἣν ὡς χέρσον   σπουδαίως διώδευσαν·
ἐν τῇ ἀνύδρῳ ὕδωρ χορηγεῖ   ἀπὸ τῆς πέτρας αὐτοῖς,
ἐν τοῖς γάμοις δὲ ἄρτι   φύσιν πάλιν μεταβάλλει
|: ὁ τὰ πάντα   ἐν σοφίᾳ ποιήσας. :|

ε΄ Ὅτε τοῖς γάμοις παρῆν ὁ Χριστός,
                              καὶ εὐωχεῖτο ἀνθρώπων πληθύς,
ἐπέλειψεν αὐτοῖς ὁ οἶνος,
               καὶ εἰς λύπην αὐτοῖς ἡ χαρὰ μετεβάλλετο·
ἤχθετο ὁ νυμφίος,   καὶ οἱ οἰνοχοοῦντες   ἐψιθύριζον ἄπαυστα,
καὶ μία ἦν αὐτοῖς   τραγῳδία πενίας,
καὶ θόρυβος παρῆν   οὐ μικρὸς τῷ θαλάμῳ·   5
ὃν καὶ γνοῦσα   Μαρία ἡ πάναγνος

γ΄ 5¹ κἂν] Orphanidis: καὶ P

ἦλθεν εὐθὺς καὶ λέγει τῷ υἱῷ· " Οἶνον οὐκ ἔχουσιν,
ἀλλὰ δέομαι, τέκνον,   δεῖξον ὅτι πάντα δύνῃ
|: ὁ τὰ πάντα   ἐν σοφίᾳ ποιήσας." :|

ϛ' Σὲ δυσωποῦμεν, παρθένε σεμνή· ἐκ ποίων ἔγνως θαυμάτων αὐτοῦ
ὡς δύναται ὁ υἱός σου
                σταφυλὴν μὴ τρυγήσας τὸν οἶνον χαρίζεσθαι
οὔπω θαυματουργήσας   πρώην, ὡς Ἰωάννης
                                ὁ θεσπέσιος ἔγραψεν;
ἐκδίδαξον ἡμᾶς,   πῶς μὴ θεασαμένη,
πῶς θαύματος αὐτοῦ   μὴ λαβοῦσα τὴν πεῖραν   5
προσκαλεῖσαι   αὐτὸν πρὸς τὰ θαύματα;
οὐ γὰρ ἁπλῆ ἡ [αἴ]τησις νυνὶ   ἔστιν ἐν τούτῳ ἡμῖν,
ὅτι πῶς τῷ υἱῷ σου·   " Δ[ὸς] αὐτοῖς", ἐβόας, "οἶνον
|: ὁ τὰ πάντα   ἐν σοφίᾳ ποιήσας." :|

ζ' Ῥήματα μάθωμεν, ἃ πρὸς ἡμᾶς   ἡ μήτηρ λέγει τοῦ πάντων θεοα·
" Ἀκούσατε", φησίν, " ὦ φίλοι,
            συνετίσθητε πάντες καὶ γνῶτε μυστήριυ·
εἶδον τὸν υἱόν μου   ἤδη θαυματουργοῦντα
                καὶ πρὸ τούτου τοῦ θαύματος·
οὐδέπω ἦν αὐτοῦ   μαθητὴς Ἰωάννης·
οὐδέπω γὰρ οὐκ ἦν   τῷ Χριστῷ μαθητεύσας,   5
ὅτε ταῦτα   ἐποίει τὰ θαύματα·
πρώτην αὐτοῦ θαυμάτων ἀπαρχὴν   ταύτην τεθέαται
ἐν Κανᾷ γενομένην,   ὥσπερ οἶδεν ὁ υἱός μου
|: ὁ τὰ πάντα   ἐν σοφίᾳ ποιήσας. :|

η' "Ὥστε ἐπείπερ ἐκεῖνα οὐδεὶς   ἀνθρώπων ἔχει εἰς πίστιν σαφῶς
ταῖς βίβλοις μὴ ἐγγεγραμμένα,
            αἷς αὐτοῦ οἱ αὐτόπται τῆς χάριτος ἔγραψαν,
ταῦτα μὲν παραλείψω,   ἅψομαι δὲ μειζόνων,
                ὧνπερ ἔχω τὴν εἴδησιν·
ἐπίσταμαι ἐγὼ   ὅτι ἄνδρα οὐκ ἔγνων,
καὶ ἔτεκον υἱὸν   ὑπὲρ φύσιν καὶ λόγον   5
καὶ ὡς ἤμην   παρθένος μεμένηκα·

ϛ' 7¹ suppl. Krumb.   8² suppl. Maas

τούτου τοῦ τόκου μεῖζον οὖν ζητεῖς   θαῦμα, ὦ ἄνθρωπε;
Γαβριὴλ μοι ἐπέστη   λέγων, πῶς γεννᾶται οὗ[τος]
|: ὁ τὰ πάντα   ἐν σοφίᾳ ποιήσας. :|

θ´ **Μ**ετὰ τὴν σύλληψιν εἶδον ἐγὼ   τὴν Ἐλισάβεθ καλοῦσαν ἐμὲ
μητέρα θεοῦ πρὸ τόκου,
                    Συμεὼν δὲ ἐμὲ μετὰ τόκον ἀνύμνησεν·
Ἄννα με ἀνευφήμει,   μάγοι δὲ ἐκ Περσίδος
                              πρὸς τὴν φάτνην ἐξέδραμον,
οὐράνιος ἀστὴρ   προμηνύων τὸν τόκον·
ἐκήρυττον χαρὰν   μετ᾿ ἀγγέλων ποιμένες,   5
καὶ ἡ κτίσις   σὺν τούτοις ἠγάλλετο·
τί τῶν θαυμάτων τούτων ἐκζητεῖν   μεῖζον δυνήσομαι;
καὶ ἐντεῦθεν πιστεύω   ὅτι ἔστιν ὁ υἱός μου
|: ὁ τὰ πάντα   ἐν σοφίᾳ ποιήσας." :|

ι´ **Ἀλλ**᾿ ὁ Χριστὸς τὴν μητέρα ἰδὼν
               "Παράσχου" λέγουσαν " χάριν ἐμοί",
καὶ εἶπε πρὸς αὐτὴν εὐθέως·
               " Τί ἐμοὶ καὶ σοί γύναι; οὐχ ἥκει ἡ ὥρα μου"·
τοῦτον τινὲς τὸν λόγον   πρόφασιν ἀσεβείας
                                    ἑαυτοῖς κατεσκεύασαν
οἱ λέγοντες Χριστὸν   ὑποκεῖσθαι ἀνάγκαις,   5
οἱ φάσκοντες αὐτὸν   καὶ ταῖς ὥραις δουλεύειν,
οὐ νοοῦντες   τοῦ λόγου τὴν ἔννοιαν·
ἀλλ᾿ ἐνεφράγη στόμα ἀσεβῶν   τῶν μελετώντων κακά,
ἐπειδὴ παραχρῆμα   καὶ τὸ θαῦμα διεξῆλθεν
|: ὁ τὰ πάντα   ἐν σοφίᾳ ποιήσας. :|

ια´ "**Ν**ῦν ἀποκρίθητι, τέκνον", φησὶν   ἡ πάναγνος μήτηρ τοῦ Ἰησοῦ,
"ὁ μέτροις χαλινῶν τὰς ὥρας
                    πῶς τὰς ὥρας ἐκδέχει, υἱέ μου καὶ κύριε;
πῶς δὲ καιρὸν προσμένεις   σὺ ὁ νομοθετήσας
                              τοῖς καιροῖς διαστήματα;
ὁ κτίστης ὁρατῶν   ὁμοῦ καὶ ἀοράτων,

η´ 8² suppl. Maas
θ´ 2¹ metrum cf. ιζ´ 2¹ et κ´ 2¹

CANTICA ON THE PERSON OF CHRIST

ἡμέρᾳ καὶ νυκτὶ   ὁ ἀλύτους βραβεύσας
ὡς δυνάστης   τροπὰς ὡς ἠθέλησας,
κύκλοις εὐτάκτοις τοὺς ἐνιαυτοὺς   εὖ περιέγραψας,
πῶς καιρὸν ἀναμένεις   πρὸς τὸ θαῦμα ⟨ὃ⟩ αἰτῶ σε,
|: ὁ τὰ πάντα   ἐν σοφίᾳ ποιήσας; " :|

ιβ΄ " **Οἶδα** πρὶν μάθῃς, παρθένε σεμνή,   ὡς οἶνος ἔλειψε τούτοις νυνί",
ὁ ἄφραστος καὶ ἐλεήμων
               τῇ πανσέμνῳ μητρὶ παρευθὺς ἀπεκρίνατο·
" οἶδα σου τῆς καρδίας   πάσας τὰς ἐνθυμήσεις,
                    ἃς ἐν τούτῳ ἐκίνησας·
καὶ γὰρ ἐν ἑαυτῇ   ἐλογίσω τοιαῦτα·
' ἡ χρεία νῦν καλεῖ   τὸν υἱόν μου πρὸς θαῦμα,
καὶ προφάσει   ὡρῶν ἀναβάλλεται '·
μήτηρ ἁγνή, τὸν τῆς ἀναβολῆς   νῦν ἐκδιδάχθητι νοῦν·
ὅταν τοῦτον γὰρ μάθῃς,   δώσω σοι τὴν χάριν πάντως
|: ὁ τὰ πάντα   ἐν σοφίᾳ ποιήσας. :|

ιγ΄ **Ὕψωσον** σοῦ πρὸς τοὺς λόγους τὸν νοῦν
               καὶ γνῶθι, ἄφθορε, ἅπερ ἐρῶ·
ἡνίκα γὰρ ἐκ τῶν μὴ ὄντων
               οὐρανόν τε καὶ γῆν καὶ τὰ πάντα παρήγαγον,
ὅλα τὰ παραχθέντα   τότε διακοσμῆσαι   παραχρῆμα ἐξίσχυον·
ἀλλ' εὔτακτόν τινὰ   συνεισήγαγον τάξιν·
συνέστη γὰρ ἐν ἓξ   τὰ κτισθέντα ἡμέραις·
οὐκ ἐπείπερ   οὐ δυνατὸς πέφυκα,
ἀλλ' ἵν' ἀγγέλων βλέπων ὁ χορὸς   ἃ κατὰ μέρος ποιῶ
ἐκθειάζεται ᾄδων   ὕμνον· 'δόξα σοι, δυνάστα,
|: ὁ τὰ πάντα   ἐν σοφίᾳ ποιήσας'. :|

ιδ΄ **Ταῦτα** σαφῶς ἐνωτίζου, σεμνή,   ὡς ἠδυνάμην ἑτέρᾳ ὁδῷ
λυτρώσασθαι τοὺς πεπτωκότας
               καὶ μὴ δούλου πτωχοῦ τὴν μορφὴν καταδέξασθαι·
ὅμως δὲ ἠνεσχόμην   πρῶτον μὲν συλληφθῆναι
                    καὶ τεχθῆναι ὡς ἄνθρωπος

ια΄ 7² εὖ] ὃς Orphanidis   8² ὃ add. Trypanis m.c. (sed cf. 2 Kr. et 37 Kr. passim)
ιγ΄ 8¹ ἐκθειάζεται] (sic) P   8² ὕμνον] Trypanis m.c. : ὑμνῶν P

καὶ γάλακτος λαβεῖν ἐκ μαζῶν σου, παρθένε·
καὶ πάντα δ᾽ ἐν ἐμοὶ κατὰ τάξιν προέβη·
παρ᾽ ἐμοὶ γὰρ οὐδέν ἐστιν ἄτακτον·
οὕτως καὶ νῦν τὸ θαῦμα βούλομαι τάξει εὐτάκτῳ ποιεῖν,
ὃ εὐδόκησ[α] πράττειν πρὸς ἀνθρώπων σωτηρίαν
|: ὁ τὰ πάντα ἐν σοφίᾳ ποιήσας. :|

ιε′ Ἅπαντα σύνες ἃ λέγω, σεμνή· νυνὶ γὰρ ἤθελον πρῶτον ἐγὼ
κηρῦξαι τοῖς Ἰσραηλίταις
καὶ διδάξαι αὐτοὺς τὴν ἐλπίδα τῆς πίστεως,
ἵνα πρὸ τῶν θαυμάτων οὗτοι ἐκδιδαχθῶσιν,
ὅτι τίς με ἀπέστειλε,
καὶ γνῶσιν ἀσφαλῶς τοῦ [πατρός] μου τὴν δόξαν
καὶ τούτου τὴν βουλήν, ὅτι βούλεται πάντως
σὺν αὐτῷ με ἐκ πάντων δοξάζεσθαι·
ἃ ὁ γεννήσας γὰρ ἐμὲ ποιεῖ, ταῦτα ποιῶ καὶ ἐγὼ
ὁμοούσιος τούτου καὶ τοῦ πνεύματος ὑπάρχων
|: ὁ τὰ πάντα ἐν σοφίᾳ ποιήσας. :|

ιϛ′ Πάντα γὰρ ταῦτα εἰ ἔγνωσαν αὐτοί,
ἡνίκα θαύματα εἶδον φρικτά,
ἐγίνωσκον ὅτι ὑπάρχω
πρὸ αἰώνων θεός, κἂν γεγένημαι ἄνθρωπος·
νῦν δὲ παρὰ τὴν τάξιν πρὸ τῆς διδασκαλίας
ἐπεζήτησας θαύματα·
καὶ διὰ τοῦτο σοὶ μικρὸν ἀνεβαλλόμην
καὶ τοῦ θαυματουργεῖν ἐπεζήτουν τὴν ὥραν
διὰ ταύτην καὶ μόνην τὴν πρόφασιν
ἀλλ᾽ ὅτι χρὴ τιμᾶσθαι τοὺς γονεῖς παρὰ τῶν τέκνων αὐτῶν,
θεραπεύσω σε, μῆτερ· δύναμαι γὰρ πάντα πράττειν
|: ὁ τὰ πάντα ἐν σοφίᾳ ποιήσας. :|

ιζ′ Εἶπε οὖν τάχος τοῖς ἐν τῇ οἰκίᾳ, ἵν᾽ ὑπουργήσωσι τοῖς παρ᾽ ἐμοῦ,
καὶ ἔσονται μετὰ ταῦτα
ἑαυτοῖς καὶ τοῖς ἄλλοις τοῦ θαύματος μάρτυρες·

ιδ′ 8 suppl. Trypanis
ιε′ 4 suppl. Krumb.
ιζ′ 2¹ metrum cf.θ′ 2¹ et κ′ 2¹

Πέτρον γὰρ ὑπουργῆσαι ἀλλ᾽ οὐδὲ Ἰωάννην,
οὐκ Ἀνδρέαν νῦν βούλομαι
οὐκ ἄλλον οὐδένα τῶν ἐμῶν ἀποστόλων·
ἵνα μὴ γενηθῇ δι᾽ αὐτῶν τοῖς ἀνθρώποις 5
ὑποψία ἐντεῦθεν φαυλότητος·
ἀλλὰ αὐτοὺς νῦν θέλω ὑπουργεῖν τοὺς ὑπηρέτας ἐμοί,
ἵν᾽ αὐτοὶ μαρτυροῦσιν ὅτι πάντα ἐξισχύω
|: ὁ τὰ πάντα ἐν σοφίᾳ ποιήσας." :|

ιη´ Εἶξασα τούτοις ἡ μήτηρ Χριστοῦ τοῖς ὑπηρέταις τοῦ γάμου εὐθὺς
ἐφθέγξατο σὺν προθυμίᾳ·
" Ἅπερ λέγει ὑμῖν ὁ υἱός μου ποιήσατε "·
τότε δὲ ἓξ ὑδρίαι, ὡς ἡ γραφὴ διδάσκει,
ἐν τῷ οἴκῳ ἀπέκειντο·
τοῖς ὑπηρέταις οὖν ὁ Χριστὸς ἐπιτάττει
" Γεμίσατε ", λέγων, " ὕδατος τὰς ὑδρίας ", 5
καὶ εὐθέως τὸ ἔργον ἐγένετο.
[τὰς οὖν ὑ]δρίας ὕδατος ψυχροῦ πάσας ἐπλήρωσαν,
καὶ εἰ[στήκεσαν] γνῶναι, τί βουλεύεται πρὸς τοῦτο
|: ὁ τὰ πάντα ἐν σοφίᾳ ποιήσας. :|

ιθ´ [Νῦν τὰς] ὑδρίας ἐπαινέσω ἐγὼ πῶς ἀπεδείχθησαν οἴνου [μεσταί·]
πῶς ἄθροον ἡ τῶν ὑδάτων
μεταχώνευσις οὕτως [αἰφν]ίδιον γέγονε·
τότε γὰρ ὁ δεσπότης εἶπε τοῖς ὑπηρέταις
[φαν]ερῶς, καθὼς γέγραπται·
" Ἀντλήσατε ὑμεῖς μὴ τρυγή[σαν]τες οἶνον·
ποτίσατε λοιπὸν τοὺς ἀνακεκλιμένους, 5
[τὰ]ς ἀβρόχους φιάλας ἀρδεύσατε·
ἀπολαυέτω πᾶσα ἡ [πλ]ηθὺς καὶ ὁ νυμφίος αὐτός·
παραδόξως γὰρ πᾶσιν ἔδ[ω]κα τὴν εὐφροσύνην
|: ὁ τὰ πάντα ἐν σοφίᾳ ποιήσας. " :|

4¹ metrum ∪ – ∪ ∪̆ ∪ – (cf. 2 Kr. passim)
ιη´ 1¹ Ἴξασα P   5¹ metrum ∪ ᷉– ∪ ∪̆ ∪ – : λέγων] εἰπών Trypanis m.c.
5² ὕδατος τὰς ὑδρίας] Maas m.c.: τὰς ὑδρίας ὕδατος P 3   7¹ suppl. Maas
8¹ suppl. Trypanis
ιθ´ 1¹–8² suppl. Maas

κ' ["Ο]τε τὸ ὕδωρ εἰς οἶνον Χριστὸς σαφῶς μετέβαλεν ὡς δυνατός,
εὐφράνθη ἅπαν τὸ πλῆθος
θαυμασίαν τὴν γεῦσιν αὐτοῦ ἡγησάμενοι·
ἄρτι δὲ ἐν τῷ δείπνῳ τῷ ἐν τῇ ἐκκλησίᾳ
ἀπολαύομεν ἅπαντες·
εἰς αἷμα γὰρ Χριστοῦ μεταβάλλεται οἶνος,
καὶ πίνομεν αὐτὸν εὐφροσύνῃ ἁγίᾳ 5
τὸν νυμφίον τὸν μέγαν δοξάζοντες·
ὁ γὰρ νυμφίος ὁ ἀληθινὸς ὁ ἐκ Μαρίας ἐστίν,
ὁ προάναρχος λόγος ὁ λαβὼν μορφὴν τοῦ δούλου,
|: ὁ τὰ πάντα ἐν σοφίᾳ ποιήσας. :|

κα' Ὕψιστε, ἅγιε, πάντων σωτήρ, τὸν οἶνον φύλαξον τὸν ἐν ἡμῖν
ἀνόθευτον ὡς παντεπόπτης·
κακοδόξους δὲ πάντας ἐντεῦθεν ἀπέλασον,
οἵτινες ὡς πανοῦργοι μίσγουσι σοῦ τὸν οἶνον
τὸν πανάγιον ὕδατι·
τὸ δόγμα γὰρ τὸ σὸν ἀεὶ ἐξυδαροῦντες
κατάκριτοι εἰσὶ τῷ πυρὶ τῆς γεέννης· 5
ἀλλὰ ῥῦσαι ἡμᾶς, ἀναμάρτητε,
τοῦ ὀδυρμοῦ τῆς κρίσεως τῆς σῆς ὡς ἐλεήμων θεὸς
ταῖς εὐχαῖς τῆς ἁγίας θεοτόκου καὶ παρθένου,
|: ὁ τὰ πάντα ἐν σοφίᾳ ποιήσας. :|

8 (78 Kr.)
ON THE HEALING OF THE LEPER
Acrostichis: ΤΟΥ ΤΑΠΕΙΝΟΥ ΡΩΜΑΝΟΥ
Prooemium: Ἰδιόμελον

Ὡς τὸν λεπρὸν ἐκάθαρας τῆς νόσου, παντοδύναμε,
τὸ ψυχικὸν ἡμῶν ἄλγος θεράπευσον ὡς εὔσπλαγχνος

κ' 2¹ metrum cf. θ' 2¹ et ιζ' 2¹
8 *Codices*: P
Editiones: Nulla
Titulus: On the healing of the leper Trypanis: Εἰς τὸν λεπρόν P
Dies Festus: Τῇ δ' τῆς γ' ἑβδομάδος τοῦ Πάσχα
Modus: ἦχος δ'
Acrostichis: Τοῦ ταπεινοῦ Ῥωμανοῦ P
Ephymnium: |: ὁ φιλάνθρωπος :|] σωτὴρ καὶ μόνος ἀναμάρτητος add. P, strophis
θ', ιβ', et ιδ' exceptis; in β', γ', et ιη' σωτὴρ καὶ μόνε ἀναμάρτητε invenimus

τῇ πρεσβείᾳ τῆς θεοτόκου,   ἰατρὲ τῶν ψυχῶν ἡμῶν,
   φ[ιλάνθρωπε]
|: [σω]τὴρ καὶ μόνε ἀναμάρτητε. :|
   Strophae: Τοὺς μὴ ὄντας θεούς (App. Metr. VII)   5

α´ **Τὸν** τοῦ γένους θεὸν καὶ εὐεργέτην
                        καὶ σωτῆρα Χριστὸν ἀ[νυμνῶμεν],
τὸν τὰς ψυχὰς εὐφραίνοντα   τὰς ἡμετέρας, τὴν [ῥίζαν]
                        τῶν ἀγαθῶν,
ὅτι ἔστιν εὐφροσύνη   καὶ σωτηρία τοῖς ἀν[θρώποις]
ὡς ἐλεήμων καὶ οἰκτίρμων   καὶ πιστὸς ἰατρός·
ὁ [ἀφρά]στῳ σοφίᾳ   διέπων τὰ πάντα   5
καὶ βουλήματι θείῳ   [τῶν] ψυχῶν τὰ πάθη   ὡς θεὸς ἰώμενος,
ὁ πάντα περιέπων   ὡς ἀχώριστος μόνος δυνάστης,
ὁ ἔχων καὶ παρέχων   πᾶσι χαρὰν καὶ δόξαν
καὶ ἄφεσιν πταισμάτων,
|: ὁ φιλάνθρωπος. :| 10

β´ **Ὁ** τοῦ χρόνου δεσπότης τε καὶ κτίστης
                        κατὰ χρόνου π[αρ]ῆλθεν ἐν κόσμῳ·
ὁ ποιητὴς ἐγένετο   ἐν τοῖς ἰδίοις θελήσας   σῶσαι ἡμᾶς·
τὸν Ἀδὰμ ὁ πλαστουργήσας   Ἀδὰμ ἐγένετο ἀρρήτως,
καὶ τὸ μυστήριον ὑπάρχει   ὑπὲρ λόγον καὶ νοῦν·
καὶ γὰρ σὰρξ ἐγεννήθη   ἀτρέπτως ὁ λόγος   5
καὶ μεμένηκε λόγος,   ὅπερ προϋπῆρχε,
                        τοῦ πατρὸς ἀχώριστος
σκηνώσας ἀπορρήτως   ἐν ἡμῖν ὁ πατὴρ τῶν αἰώνων·
οὐδὲ γὰρ ἐπῃσχύνθη   οὗτος καταπεσοῦσαν
τὴν φύσιν τῶν ἀνθρώπων
|: ὁ φιλάνθρωπος. :| 10

γ´ **Ὑπὸ** πλείστων παθῶν κατεχομένην
                        τὴν ταλαίπωρον φύσιν ἰᾶται,
ἣν ἐλεήσας ἔφθασε,   καὶ ἐπεσκέψατο πάντα   ὡς ἀγαθός·
τοὺς ἐν θλίψει θεραπεύει,   τοὺς ἐν ἀνάγκῃ περισῴζει,
τοὺς ἐν ταῖς νόσοις ἰατρεύει   ὡς σοφὸς ἰατρός·

Prooem. 4–5 suppl. Maas
α´ 1² suppl. Maas   2² suppl. Orphanidis   3² suppl. Maas
5¹ suppl. Krumb.   6¹ suppl. Maas
   β´ 1² π[αρ]ῆλθεν] Maas: π[ρο]ῆλθεν Orphanidis: π[ροσ] ῆλθεν Trypanis

ἐξ ἀνθρώπων ἐλαύνει τοὺς δαίμονας πάντας, 5
τοὺς τυφλοὺς ἀναβλέπειν, παραλύτους τρέχειν
ὡς θεὸς προσέταττεν·
λεπροὺς δὲ καθαρίζει ἐν τῷ θείῳ βουλήματι μόνῳ,
ὅτι καὶ ἀοράτων πάντων καὶ ὁρωμένων
αὐτὸς ὑπάρχεις κτίστης
|: ὁ φιλάνθρωπος. :| 10

δ' Τί δὲ λέγει κατίδωμεν σπουδαίως
τῷ λεπρῷ ὁ Χριστὸς προσελθόντι,
πῶς δὲ τὴν νόσον ἔδειξε τῷ ἰατρῷ τῷ πανσόφῳ
ὁ ἀσθενῶν·
τοῦ Ματθαίου γὰρ ἡ βίβλος καὶ ἡ τοῦ Μάρ[κου διη]γεῖται
καὶ ⟨τοῦ⟩ Λουκᾶ τῶν θεσπεσίων περὶ τούτου [σα]φ[ῶ]s,
ὡς ἐν ὄχλῳ τοσούτῳ καὶ πλήθει ἀπείρῳ 5
συ[χνῶν] τῶν ἀνθρώπων πρὸς Χριστὸν δραμόντων
οὗτος παρεγέ[νετο],
τοῦ πάθους δὲ τὸ μύσος οὐκ ᾐσχύνετο δεῖξαι τοῖς πᾶ[σι,
[καὶ] οὕτως ἐπὶ πάντων πίπτει εἰς γῆν κραυγάζων·
" [Κ]ἀμ[ὲ] ὡς πάντας σῶσον,
|: ὁ φιλάνθρωπος." :| 10

ε' Ἁπάντων ἀνθρώπων ἐστι τοῦτο μισητὸν καὶ αἰσχρὸν τὸ πάθος·
κρύπτειν οὖν τοῦτο σπεύδουσιν οἱ πειραθέντες τῆς νόσου
τῆς χαλεπῆς·
τῶν παθῶν ἐστὶ τῶν ἄλλων δυσειδεστέρα ἐν ἀνθρώποις,
ὡς ἐπὶ χόρτου βοσκομένης τῆς σαρκὸς ὑπ' αὐτῆς·
ἐπιτίθεται αὕτη τοῖς μέλεσι πᾶσιν, 5
ὥσπερ ἐπιθυμοῦσα παραδεῖξαι ὅλον
ὄνειδος τὸν ἄνθρωπον·
τῆς λώβης γὰρ ὑπάρχει συγγενὴς ἡ ἀκάθαρτος νόσος,
ἣν τέχνη ἰατρείας ὅλως οὐ θεραπεύει,
Χριστὸς δὲ ἐκδιώκει
|: ὁ φιλάνθρωπος. :| 10

δ' 3²⁻⁹ suppl. Maas   6¹ metrum ⏑⏑–⏑⏑–⏑: συ[νελθόν]των ἀνθρώπων
dub. Trypanis, dura syntaxis, sed cf. Ev. Luc. 5. 15   9 suppl. Orphanidis
  ε' 1¹ ⏑⏑–⏑⏑–⏑⏑⏑–⏑ metrum   1² ⏑⏑–⏑⏑–⏑⏑–⏑ metrum : αἰ-
σχρὸν τὸ] P : αἰσχρότατον Trypanis m.c.   6³ ὄνειδος] Orphanidis : ὃν ἰδών P

ς' Πολεμούμενος οὖν ὑπὸ τῆς νόσου   ὁ λεπρὸς δακρυχέων ἐθρήνει·
   ὥρας ἑκάστης ἔβλεπεν   ὅτι προσθήκην λαμβάνει
                                                  τῶν λυπηρῶν,
   καὶ φησὶ τοιούτους λόγους· " Ἡ σάρξ μου, οἴμοι, ἀνεβάφη
   δεινῇ βαφῇ παρὰ τὴν φύσιν   ἀσθενείᾳ πολλῇ,
   καὶ ὡς σπίλος διέρπει   τῷ σώματι ὅλῳ·   5
   ἡ χροιὰ μετεβλήθη,   καὶ ἐγένετό μοι   θεωρία ἄσχημος
   ὡς μώλωψ ἐκ καυτῆρος   σηπεδὼν χαλεπὴ τοῖς ὁρῶσιν·
   οὐκ ἔχω οὐδὲ μίαν   ὅλως τῆς σωτηρίας
   ἐλπίδα, εἰ μὴ δώσει
   |: ὁ φιλάνθρωπος.:| 10

ζ' Ἐν σπουδῇ οὖν, ψυχή μου, νῦν πορεύου
                           πρὸς Χριστὸν τὸν υἱὸν τῆς παρθένου,
   ἵνα κομίσῃ τὴν ἴασιν,   ἣν παρ' ἀνθρώπου οὐδ' ὅλως
                                                  δύνῃ λαβεῖν·
   ἐγεννήθη ἐκ κοιλίας   μητρὸς τυφλὸς ἐσκοτισμένος,
   καὶ ὃ ἐστέρησεν ἡ φύσις   παρέσχεν ὁ Χριστός·
   τὸν υἱὸν δὲ τῆς χήρας   ἁρπάζει θανάτου,   5
   πολυχρόνια μέλη   λελυμένα πόνοις   παραλύτου ἔσφιγξεν·
   οὐδὲν οὖν στασιάζει   πρὸς αὐτὸν ὡς θεῷ τε καὶ κτίστῃ·
   διόπερ καὶ πιστεύω   ὅτι ψιλὸς οὐκ ἔστιν
   υἱὸς ἀνθρώπου οὗτος
   |: ὁ φιλάνθρωπος. :| 10

η' Ἰατρὸς γὰρ τὴν φύσιν οὐκ ἰσχύει
                           ἐλλιπῶς προσελθοῦσαν πληρῶσαι,
   ὥσπερ Χριστὸς ἐποίησεν   ἐπὶ τυφλῷ γεννηθέντι
                                                  ἐκ τῆς γαστρός·
   καὶ ἐντεῦθεν ἔστι δῆλον   ὅτι αὐτός ἐστιν ὁ κτίστης
   τοῦ πρωτοπλάστου, ὁ ποιήσας   αὐτὸν ἀπὸ ⟨τῆς⟩ γῆς·
   ἐκ τῆς γῆς γὰρ καὶ ἄρτι   ὃν εἶπον προφέρει,   5
   καὶ τῆς φύσεως ἔστι   πλάστης καὶ δεσπότης
                                                  καὶ θεὸς ἀίδιος·

ς' 5¹ σπίλος] Orphanidis: πηλὸς P   6¹ χροιὰ] Trypanis m.c.: χρόα P
ζ' 2¹ metr. cf. ιζ' 2¹   7² θεόν τε καὶ κτίστην Orphanidis
η' 1² ἐλλιπῶς] Orphanidis: ἀλύπως P   προελθοῦσαν Orphanidis   4² τῆς
add. Trypanis m.c.: τὸν Ἀδὰμ ἀπὸ γῆς Orphanidis

ἐμοὶ μὲν παρὰ φύσιν τῆς σαρκὸς στασιάζει ἡ [ῥ]ῶσις,
αὐτὸς δὲ ὑπὲρ φύσιν πᾶσαν ἐτέχθη θέλων
ἐκ μήτρας τῆς παρθένου
|: ὁ φιλάνθρωπος· :| 10

θ' Νευρωθεῖσα τῇ πίστει ἡ αἱμόρρους
  ἁψαμένη κρασπέδου ἰάθη·
σπεύσω κἀγὼ τὸν ἄχρονον καθικετεῦσαι δεσπότην
 ὡς ἀγαθόν"·
ὡς ἐφθέγξατο δὲ ταῦτα, μετὰ δεήσεως ἐκτρέχει
καὶ εἰς τὴν γῆν τὸ γόνυ κλίνας ἱκετεύει Χριστόν,
διὰ δύο δὲ λόγων τὴν δέησιν γράφει 5
καὶ φησίν· " Ἐὰν θέλῃς, δύνασαί με πάντως
 καθαρίσαι, κύριε"·
οὐ πλῆθος γὰρ ῥημάτων ἀλλὰ πίστιν ζητεῖ ὁ οἰκτίρμων,
ὁ πάσης διανοίας γνώστης, ὁ κυβερνήτης
καὶ κτίστης τῶν ἀνθρώπων,
|: ὁ φιλάνθρωπος. :| 10

ι' Ὅταν τις συσχεθεὶς ὑπὸ ἀνάγκης ἀπορεῖ βοηθείας καὶ λόγου
καὶ οὐκ ἰσχύει δέησιν συνθεῖναι, ἵνα προσέλθῃ
 τῷ ἄνακτι,
πρὸς σοφοὺς εὐθὺς ἐκτρέχει τοὺς δυναμένους ἐν συντόμῳ
τὴν ἱκεσίαν διαθεῖναι, οὐκ ἐν λόγοις πολλοῖς·
καὶ ὡς πάνσοφοι οὗτοι καὶ ἔμπειροι λόγων 5
δι' ὀλίγων ῥημάτων σκοπὸν νοημάτων
 ἄπειρον συντάττουσι
καὶ γράφουσι τοὺς λόγους τοὺς τοιούτους εἰς σύμμετρον χάρτην·
ὁ ἄναξ δὲ λαμβάνων ταύτην τὴν ἱκεσίαν
τὸν νοῦν τῶν λόγων οἶδεν
|: ὁ φιλάνθρωπος. :| 10

ια' Ὑπὸ πίστεως νῦν ὁ ἰδιώτης τῷ σοφῷ ἱκεσίαν συντάξω·
ἔσπευσα γὰρ καὶ ἔφθασα τὴν πίστιν τὴν παναγίαν
 καὶ συνετήν·
παρεκάλεσα δὲ ταύτην καὶ ὑπηγόρευσε συντόμως
ὑπὲρ ἐμοῦ τὴν ἱκεσίαν Ἰησοῦ βασιλεῖ·

7¹ μὲν] Maas: δὲ P   7² suppl. Maas
ι' 2³ metrum ᴗ ᴗ ᴗ –: τῷ βασιλεῖ dub. Maas

διὰ δύο ῥημάτων ὡς πάνσοφος ῥήτωρ
τὰ νοήματα ταύτης τῆς δεήσεώς μου ἅπαντα διέγραψεν·
ἐν χάρτῃ τῆς ψυχῆς μου γεγραμμένην τὴν αἴτησιν ἔχω,
καὶ ταύτην σοι προσφέρω· " σπεύσας ἐλέησόν με
ὁ πάντων εὐεργέτης,
|: ὁ φιλάνθρωπος. :|

ιβ' ['Ρυπ]ωθέντα με †ἄρα μὴ οὔ† θελήσῃς ὡς ἀνάξιον μὲ κα[θαρίσα]ι·
τοῦτο πρὸ πάντων [[ἐννοῶν εἰμι]] ἔφησα,
ὅτι ἂν θέ[λῃς] ἰσχύεις, κύριε μοῦ·
τὴν γὰρ δύναμίν σου ἔγνων, ὅτι οὐδείς [σοι] ἀντιπράττει·
ἀλλὰ φοβοῦμαι μὴ †ὑπέρθῃ καθαρίσαι ἐμέ†·
μόνον νεῦσον, οἰκτίρμον, καὶ φεύγει ἡ λέπρα·
μόνον βούλημα δεῖξον, καὶ τὸ πάθος ὅλον
ἐκποδὼν γενήσεται·
[[καὶ]] κἂν ἄνθρωπος ἐγένου ἐκ παρθένου Μαρίας ἀσπόρως,
ἀλλ' ὅμως πρὸ αἰώνων λόγος θεοῦ ὑπάρχεις,
θεὸς καὶ κτίστης πάντων
|: ὁ φιλάνθρωπος." :|

ιγ' " ['Ω]ς πιστόν σε τοῦ πάθους ἀπαλλάξω",
ὁ Χριστὸς τῷ λεπρῷ ἀπεκρίθη,
" ὅτι αὐτὴ ἡ δέησις ἡ παρὰ σοῦ μοι δοθεῖσα ἔτερψε μέ·
τῇ δυνάμει οὖν τῇ ταύτῃ ἀκολουθήσει καὶ ἡ ψῆφος,
ἐπειδὴ εἶπας· ' ἐὰν θέλῃς, δύνῃ, κύριε μοῦ '·
καὶ δυνάστης ὑπάρχω καὶ βούλομαι σῶσαι·
διὰ τοῦτο προστάττω, αὐθεντῶ καὶ λέγω·
'θέλω καθαρίσθητι '·
καὶ θέλω ὡς οἰκτίρμων καὶ προστάττω καθάπερ δυνάστης,
ἰσχὺν γὰρ τῇ θελήσει ἔχω συνυπουργοῦσαν
ὡς ἄναξ τε καὶ κτίστης
|: ὁ φιλάνθρωπος." :|

ιδ' Μόνος πέλων οἰκτίρμων συνεκτείνει
τὴν παλάμην καὶ ἅπτεται τούτου,
καὶ ὁ λεπρὸς αἰφνίδιον ἀνεκαθάρθη τὸ σῶμα τὸ ἑαυτοῦ·

ια' 7² τὴν αἴτησιν] Orphanidis : τρυ[. .]τησιν P
ιβ' 1¹ suppl. Krumb.: metrum ∪∪−∪∪−∪∪∪−∪ 1² καθαρίσαι] Maas :
κα[....]σαι? P 2¹ ἐννοῶν εἰμι del. Trypanis m.c. 2²−3² suppl.
Maas 7¹ καὶ del. Maas ιγ' 2² σοῦ] Maas : σοι P 3¹ ταύ-
τῃ] Maas : ταύτης P

τῆς γὰρ λέπρας ἀπηλλάγη καὶ ἐδραπέτευσεν εὐθέως·
πρὸς φυσικὸν μετῆλθε κάλλος ἡ χρόα τῆς σαρκός·
ἐθαμβήθησαν πάντες οἱ τότε παρόντες 5
τοῦ λεπροῦ ἐκβοῶντος· " Σὺ θεὸς ὑπάρχεις
μόνος παντοδύναμος,
καὶ ἦλθες ἐν τῷ κόσμῳ τὸν πλανώμενον κόσμον καλέσαι·
ἀνθρώπου γὰρ οὐκ ἔστιν ὅλως τὰ ἔργα ταῦτα·
θεὸς οὖν εἶ τῶν ὅλων,
|: ὁ φιλάνθρωπος." :| 10

ιε´ Ἀλλ' ὡς ἤκουσε ταῦτα ὁ οἰκτίρμων
τῷ λεπρῷ ἐπὶ πάντων προστάττει·
" Ὕπαγε, νόμον πλήρωσον, καὶ ἑαυτὸν δεῖξαι σπεῦσον
τῷ ἱερεῖ·
καὶ προσένεγκε τὸ δῶρον, ὅπερ προσέταξε προσφέρειν
Μωσῆς ὁ παῖς μου καθαρθέντας ἐν τῷ ἔθνει λεπρούς·
Ἰουδαῖοι ἐχθρόν με τοῦ νόμου καλοῦσι, 5
καὶ πολέμιον εἶναι τοῦ Μωσέως οὗτοι
ἄσπονδόν με λέγουσι·
γε[νοῦ] μοι τούτων μάρτυς, ὅτι πάντα πληρῶ τὰ τοῦ νόμου·
μισθὸν τῆς ἰατρείας δός μοι τὴν μαρτυρίαν·
εἰμὶ γὰρ φύλαξ νό[μου]
|: [ὁ φιλάνθρωπος.]" :| 10

ιϛ´ Νεκρωθὲν τῇ κελεύσει τοῦ κυρίου
δραπετεύει τὸ πάθος [τῆς λέ]πρας·
ἔφριξε γὰρ τὸ νόσημα αὐτὸν ἰδὸν τὸν κτίστην
καὶ λυτρωτήν·
καὶ οὐ φρίττουσιν οὐδ' οὕτως Ἀρειανοὶ τ[ὴν δε]σποτείαν,
τὴν αὐθεντίαν τὴν τοῦ λόγου τοῦ υἱοῦ τοῦ θεοῦ,
[ὅτ]ι οὗτος ὑπάρχει ὁ πρὸ τῶν αἰώνων 5
γεννηθεὶς ἀιδίως ἐ[κ πατρ]ὸς ἀχρόνου
ἄχρονος υἱὸς αὐτοῦ,
ὁ μένων εἰς αἰῶνας ὅ[περ] ἦν πρὸ τῶν πάντων αἰώνων·

ιδ´ 3¹ ἡ γὰρ λέπρα Maas 4² χρόα] χροιὰ dub. Trypanis m.c. (cf. ϛ´ 6¹)
ιε´ 7¹ suppl. Krumb. 8¹ μισθὸν] Orphanidis: μετ[.]θ[..]ς P teste Krumbacher: μ[....]υς P teste Maas: μισθοὺς dub. Maas 9–10 suppl. Maas
ιϛ´ 1²–8² suppl. Maas 2² metrum ∪∪∪–∪∪–∪

αὐτὸς γὰρ ἐκ παρθένου   θέ[λω]ν σαρκὶ ἐτέχθη
μὴ λείψας τὸν πατέρα
|: ὁ φιλάνθρωπος. :| 10

ιζ´ Οἱ Χριστοῦ τοῦ θεοῦ ἡμῶν καὶ πλάστου
                              ἀγαπῶντες τὸ ἅγιον δόγμα
σέβομεν πάντες πιστεύοντες   μοναδικὸν μὲν τὸ θεῖον
                                        τὸ ἀληθές,
ἐν τρισί γε μὴν προσώποις   ὁμοουσίοις συνανάρχοις,
ἵνα ἐκκλίνωμεν τὴν πλάνην   τῶν ἀθέων ἀνδρῶν·
τὰς μὲν τρεῖς ὑποστάσεις   κατὰ τῶν Ἑβραίων,   5
τὴν δὲ μίαν οὐσίαν   τῆς πολυθείας   φεύγοντες τὸ νόσημα·
μιᾶς ἐστιν οὐσίας   ὁ πατήρ, ὁ υἱὸς καὶ τὸ πνεῦμα·
ἐκ τούτων ἐσαρκώθη   θέλων ἐκ τῆς παρθένου
ὁ εἷς ὁ τῆς τριάδος,
|: ὁ φιλάνθρωπος. :| 10

ιη´ Ὑἱὲ τοῦ θεοῦ, ὁ βασιλεύων   πρὸ αἰώνων καὶ εἰς τοὺς αἰῶνας,
ὡς τὸν λεπρὸν ἠλέησας   διώξας λόγῳ τὸ πάθος
                                        ὡς δυνατός,
καὶ ἡμᾶς τοὺς προσιόντας   τῇ ἀγαθότητί σου σῶσον
καὶ τὴν συγχώρησιν παράσχου   τῶν πταισμάτων ἡμῶν·
σὺ γὰρ δύνασαι μόνος   ὡς κτίστης τῶν πάντων   5
ἁμαρτίας ἀφεῖναι·   σὲ οὖν δυσωποῦμεν·
                              δὸς ἡμῖν ἀντίληψιν
πρεσβείαις τῆς θεοτόκου   καὶ παρθένου Μαρίας,
δι' ἧς σοι προσιόντες   πάντες παρακαλοῦμεν·
" Ἐλέησον ", βοῶντες,
|: " ὡς φιλάνθρωπος." :| 10

ιζ´ 2¹ metrum, cf. ζ´ 2¹
ιη´ 5² πάντων] (vel ὡς κτίστης ἀπάντων) Trypanis m.c.: ἀπάντων P
6¹ ἀφεῖναι] Maas: ἀφιέναι P   7¹⁻² metrum ∪−∪∪∪−∪ ∪∪−∪∪−
∪∪−∪: πρεσβείαις τῆς θεοτόκου καὶ ἀειπαρθένου Μαρίας (divisione neglecta)
dub. Trypanis

9 (80 Kr.)

ON THE WOMAN OF SAMARIA

Acrostichis: *ΤΟΥ ΤΑΠΙΝΟΥ ΡΩΜΑΝΟΥ ΑΙΝΟΣ*

Prooemium: *Ἰδιόμελον*

Ἐπὶ τὸ φρέαρ ὡς ἦλθεν ὁ κύριος,
ἡ Σαμαρεῖτις ἠρώτα τὸν εὔσπλαγχνον·
" Παράσχου μοι τὸ ὕδωρ τῆς πίστεως,
καὶ λήψομαι τῆς κολυμβήθρας τὰ νάματα,
|: ἀγαλλίασιν καὶ ἀπολύτρωσιν." :| 5

Strophae: *Ἰδιόμελον* (App. Metr. VIII)

α' [Τ]ὸ τάλαντον τὸ δοθέν σοι, ψυχή μου, μὴ ἀποκρύψῃς,
ἵνα μὴ τῆς ῥαθυμίας ὑπενέγκῃς τὴν αἰσχύνην
ἐν ἡμέρᾳ, ᾗ κρινεῖ ὁ θεὸς τὴν οἰκουμένην·
ἐρχόμενος γὰρ τότε τὸ κρῖμα παραχρῆμα ἀπαιτήσει σε·
οὐχ ὅσον ἐκομίσω, ἀλλ' ὅσον ἐπορίσω
ψηφίσας μεθοδεύσει σε· 5
σὺν τόκῳ γὰρ τὸ δάνειον παρ' ἑκάστου λαμβάνει·
ψυχή μου, μὴ ἀμέλει, ψυχή μου, ἐμπορεύου,
ψυχή μου, δὸς καὶ λάβε,
ἵν' ὅταν ἔλθῃ ὁ βασιλεύς σου, ἀντὶ τῆς πραγματείας
σοὶ παράσχῃ
|: ἀγαλλίασιν καὶ ἀπολύτρωσιν. :| 10

β' [Οὐ]κ ᾖς ἀξία τοῦ ἔχειν καὶ ἔχεις ἅπερ κατέχεις
†σὺ† τὴν χάριν τοῦ δόντος· μὴ οὖν ὄκνει ⟨διανέμειν⟩
τοῖς αἰτοῦσιν, ὡς μετέδωκε ποτὲ ἡ Σαμαρεῖτις·

9 *Codices*: P
Editiones: Tomadakis P.M.Y. II, pp. 285 sq.
Titulus: On the Woman of Samaria Trypanis: Εἰς τὴν Σαμαρείτιδα P
Dies Festus: Κυριακῇ δ' τοῦ Πάσχα
Modus: ἦχος β'
Acrostichis: Τοῦ ταπεινοῦ Ῥωμανοῦ αἶνος P
Ephymnium: ἀπολύτρωσιν] λύτρωσιν ι'–ιθ' et κ'–κβ' P
α' 3^2 metrum ∪ ∪ – ∪ ∪ ∪ – : ἐν ᾗ κρίνει ὁ θεὸς Trypanis (sed cf. ς' 3^2)
β' 2^1 metrum ∪ ∪ ∪ – ∪ ∪ – ∪: σὺ] διὰ Maas 2^2 διανέμειν add. Maas

ἀντλήσασα γὰρ μόνη παρέσχε καὶ ἑτέροις οὕπερ ἔλαβεν·
οὐδεὶς αὐτὴν ᾐτεῖτο καὶ πᾶσιν ἐδωρεῖτο
ἀφθόνως τοῦ χαρίσματος· 5
διψᾷ καὶ δαψιλεύεται, μὴ πιοῦσα ποτίζει·
ἀκμὴν μὴ γευσαμένη, ἀλλ᾽ ὡς μεμεθυσμένη
τοῖς ὁμοφύλοις κράζει·
" Δεῦτε ὁρᾶτε νᾶμα ὃ εὗρον· μὴ οὗτος πέλει ⟨ὄντως⟩
ὁ παρέχων
|: ἀγαλλίασιν καὶ ἀπολύτρωσιν;" :| 10

γ' Ὑδάτων οὖν ἀθανάτων, ὧν ἡ πιστὴ Σαμαρεῖτις
γέγωνε μὲν ὡς εὑροῦσα, ἡμεῖς ἄρτι ⟨∪∪−∪⟩
πιόντες ἐρευνήσωμεν καλῶς ὅλας τὰς φλέβας·
μικρὸν δὲ καὶ τὰς λέξεις τὰς τοῦ εὐαγγελίου ἀναλάβωμεν,
Χριστὸν τὸ φῶς ὁρῶντες, τὸ ὕδωρ ὅπερ πάλαι
ἡ Σαμαρεῖτις ἔπιεν, 5
καὶ πῶς αὐτὴ ἐξ ὕδατος ὕδωρ ἄλλο παρέσχε,
καὶ τίνος χάριν τότε διψῶντα οὐ ποτίζει, καὶ τί ἦν τὸ κωλῦον·
πάντα γὰρ ταῦτα τὸ μεγαλεῖον, ἡ βίβλος, περιέχει,
καὶ παρέχει
|: ἀγαλλίασιν καὶ ἀπολύτρωσιν :| 10

δ' Τί οὖν διδάσκει ἡ βίβλος; Χριστός, φησίν, ὁ πηγάζων
πνοὴν ζωῆς τοῖς ἀνθρώποις ἀπὸ τῆς ὁδοιπορίας
κοπιάσας ἐπεκάθητο πηγῇ τῆς Σαμαρείας·
καὶ καύσωνος ἦν ὥρα· ὡς ἕκτη γὰρ ὑπῆρχε, καθὼς γέγραπται·
μεσούσης τῆς ἡμέρας Μεσσίας οὕτως ἦλθε
τοὺς ἐν νυκτὶ καταυγάσαι· 5
πηγὴ πηγὴν κατέλαβεν ἀποπλύνων οὐ πίνων·
κρουνὸς ἀθανασίας τῷ ῥείθρῳ τῆς ἀθλίας
ὡς ἐνδεὴς ἐπέστη·
κάμνει βαδίζων ὁ ἐν θαλάσσῃ πεζεύσας ἀκαμάτως,
ὁ παρέχων
|: ἀγαλλίασιν καὶ ἀπολύτρωσιν. :| 10

8² ὄντως add. Maas
γ' 2¹ γέγωνε] Trypanis: γέγονε P   3¹ metrum ∪∪−∪   6¹ αὐτὴ] Trypanis: αὕτη P   7¹⁻² τότε διψ.] Maas: διψ. ante τότε P   8² μεγαλεῖον = liber Hebraice (cf. Soph. Greek Lex. s.v.)
δ' 3² ἐπεκάθητο πηγῇ Maas: ἐκεκάθητο ἐπὶ πηγῇ P   5² οὕτως] Trypanis (cf. Ev. Io. 4. 6): ὃς P   5³ metrum cf. ιγ' 5³   7¹ = ι' 7¹

ε' Ἀλλ' ὅτε ἦν ὁ οἰκτίρμων ἐπὶ τὸ φρέαρ, ὡς εἶπον,
τότε γυνὴ Σαμαρεῖτις ἐπὶ ὤμων τὴν ὑδρίαν
ἦρε καὶ ἦλθεν ἐξελθοῦσα τὴν Συχάρ, πόλιν ἰδίαν·
καὶ τίς οὐ μακαρίζει τὴν ἔξοδον ἐκείνης καὶ τὴν εἴσοδον;
ἐξῆλθε γὰρ ἐν ῥύπῳ, εἰσῆλθε δὲ ἐν τύπῳ
τῆς ἐκκλησίας ἄμωμος· 5
ἐξῆλθε καὶ ἐξήντλησε τὴν ζωὴν ὥσπερ σπόγγον·
ἐξῆλθεν ὑδροφόρος, εἰσῆλθε θεοφόρος· καὶ τίς οὐ μακαρίζει
τοῦτο τὸ θῆλυ, μᾶλλον δὲ σέβει τὴν ἐξ ἐθνῶν, τὸν τύπον,
τὴν λαβοῦσαν
|: ἀγαλλίασιν καὶ ἀπολύτρωσιν; :| 10
ϛ' Προσῆλθεν οὖν ἡ ὁσία καὶ ἤντλησεν ἐν σοφίᾳ·
τὸν γὰρ δεσπότην ἰδοῦσα κεκμηκότα καὶ διψῶντα
καὶ βοῶντα " Γύναι δίδος μοι πιεῖν " οὐκ ἐτραχύνθη,
ἀλλ' εἶπεν εἰλημμένως· "Καί πῶς σὺ ⟨ὁ⟩ Ἰουδαῖος ὢν ᾐτήσω με;"
ὑπέμνησε τὸ δόγμα, μετέπειτα τὸ πόμα
φρονίμως ἐπηγγείλατο· 5
οὐκ εἶπε γάρ· " Οὐ δίδωμι ἀλλοφύλῳ σοι πίνειν ",
ἀλλ' εἶπε· " Πῶς ᾐτήσω; " ὡς ποτὲ τῷ ἀγγέλῳ
ἡ θεοτόκος ἔφη·
" Πῶς ἔσται τοῦτο, πῶς ὁ ἀμήτωρ μητέρα με λαμβάνει
ὁ παρέχων
|: ἀγαλλίασιν καὶ ἀπολύτρωσιν;" :| 10
ζ' Ἰδού μοι δύο εἰκόνων ζωγράφος ἡ Σαμαρεῖτις
ἐκ τῆς Συχὰρ ἀνεφάνη, ἐκκλησίας καὶ Μαρίας·
διὰ τοῦτο μὴ παρέλθωμεν αὐτήν· ἔχει γὰρ τέρψιν·
λεγέτω οὖν τὸ θῆλυ καὶ πάλιν πρὸς τὸν πλάστην·
" Πῶς ᾐτήσω με;
ἐάν σοι δώσω πίῃς, πιὼν δὲ μεταβαίνῃς
[[εἰς]] τὸν Ἰουδαϊκὸν θεσμόν, 5
καὶ λήψομαι ἐξ ὕδατος σὲ ὁμόφρονα ἄνδρα"·
ὅτι καλοὶ οἱ λόγοι τῆς Σαμα[ρείτιδός μο]υ
ὑποσκιαγραφοῦσιν

ϛ' 3² δίδος] Trypanis m.c. : δός P 4² ὁ add. Trypanis m.c. nullum
spatium post stropham ϛ' exstat, ubi E stropha inveniri potuerit
ζ' 2² Μαρίας] Maas (cf. ϛ' 7 sq.) : Σαμαρείας P 5² μεταβαίνῃς] Maas:
μετάβαινε P 5² εἰς del. A. Basilikopoulou apud Tom. (cf. P.G. 61. 744)
7² dub. suppl. Maas

9 CANTICA ON THE PERSON OF CHRIST

ἐπὶ τὸ φρέαρ   τὴν κολυμ[βήθραν],   ἐξ ἧς λαμβάνει δούλην
ὁ παρέχων
|: ἀγαλλίασιν καὶ ἀπολύτρωσιν. :| 10

η' " [Νῦν ἄκου]σόν μου, ὦ γύναι ",   ὁ Ἰησοῦς ἀνεβόα·
"εἰ ᾔδεις τὴν δωρεάν [μου]   καὶ τίς ἔστιν ὁ εἰπών σοι
' ὕδωρ δός μοι ', σὺ ἂν ᾔτησας αὐ[τὸν]   νάματα ζῶντα·
ὕδωρ γὰρ ζῶν παρέχει"·   πρὸς ταῦτα ἀ[πεκ]ρίθη
                                   ἀμφιβάλλουσα·
" Οὐκ ἄντλημα βαστάζεις,   βαθὺ δὲ καὶ τὸ φρέαρ,
                             καὶ πόθεν σοι τὰ ὕδατα; 5
μὴ μείζων εἶ σὺ ἢ καλλίων   Ἰα[κὼ]β τοῦ γενέτου;
αὐτὸς γὰρ ἥμιν ταύτην   τὴν πηγὴν πρὶν πα[ρεῖ]χε·
                           καὶ πῶς σὺ λέγεις ἄρτι·
' ἔχω σοι δοῦναι   νάματα ζῶντα   οὐ λήγοντα διδοῦντα
τῷ αἰτοῦντι
|: ἀγαλλίασιν καὶ ἀπολύτρωσιν;' " :| 10

θ' " **Οὐκ οἶδας,** [[ὦ]] γύναι, ὃ λέγω·   οὐκ ἔφθασας ὅπου θέλω·
διὸ τὰ ὦτα σου κλῖνον   καὶ τὰς φρένας ἄνοιξόν μοι,
ἵν' εἰσέλθω   καὶ οἰκήσω ἐν αὐταῖς·   οὕτω γὰρ θέλω·
τοῦ ὕδατος γὰρ τούτου   ὁ πίνων καθ' ἑκάστην
                                      πάλιν διψήσεται,
τὸ ὕδωρ δέ, ὃ δώσω   τοῖς πίστει φλεγομένοις,
                      ἐκ δίψης μὲν [[γὰρ]] ἀνάψυξις· 5
γενήσεται γὰρ ἔνδοθεν   τοῖς πιοῦσι τὸ ῥεῖθρον
κρουνὸς ἀθανασίας   ἁλλόμενον καὶ βρύον   ζωὴν τὴν αἰωνίαν·
τοῦτο γὰρ πρώην   ἐν τῇ ἐρήμῳ   οἱ ἐξ Ἑβραίων ᾖραν,
ἀλλ' οὐχ εὗρον
|: ἀγαλλίασιν καὶ ἀπολύτρωσιν." :| 10

ι' **Ὑφήφθη** τούτοις τοῖς λόγοις   ἡ Σαμαρεῖτις πρὸς δίψαν,
καὶ μετηλλάγη ἡ τάξις·   ἡ ποτίζουσα γὰρ πρώην
νῦν ἐδίψα,   καὶ ὁ διψήσας ἐξ ἀρχῆς   ἄρτι ποτίζει·

8² suppl. Maas
    η' 1¹–7² suppl. Maas   4¹ metrum ∪ – ∪ ∪ ∪ – ∪ : παρέχει γὰρ ζῶν
ὕδωρ Trypanis   6¹ metrum ∪ – ∪ ∪ ∪ – ∪ ∪ : μὴ μείζων ἢ καλλίων (κάλλιον
P) εἶ Maas   8³ οὐ λήγ. διδ.] Maas : οὐ ληγόμενα διδοῦντι P
    θ' 1¹ ὦ del. Maas m.c.   4³ metrum ∪ ∪ – ∪ ∪   5³ γὰρ del. Maas
m.c. (μὲν sine δὲ, cf. ιη' 4²)   7¹ = δ' 1¹   7³ αἰωνίαν] Maas m.c. : αἰώνιον P

προσπίπτει οὖν τὸ θῆλυ· "Τὸ ὕδωρ", φησί, "τοῦτο
δός μοι, κύριε,
ἵνα μηκέτι τούτῳ τῷ φρέατι προστρέχω,
ὃ Ἰακὼβ παρέσχε μοι· 5
ἀργείτω τὰ γηράσαντα καὶ ἀνθείτω τὰ νέα·
παρέλθῃ τὰ πρὸς ὥραν· καὶ γὰρ ἦλθεν ἡ ὥρα
τοῦ ὕδατος οὗ ἔχεις·
τοῦτο βρυέτω καὶ ἀρδευέτω ἐμοὶ καὶ τοῖς ἐν πίστει
ἐκζητοῦσιν
|: ἀγαλλίασιν καὶ ἀπολύτρωσιν." :| 10

ια´ " Ῥοὰς ἀχράντων ὑδάτων εἰ θέλεις ἵνα σοι δώσω,
πορεύου, φώνει τὸν ἄνδρα· οὐ μιμοῦμαι σου τὴν γνώμην,
οὐκ ἐρῶ σοι· ' Σαμαρεῖτις εἶ καὶ πῶς ᾔτησας ὕδωρ;'
οὐ θλίβω σου τὴν δίψαν· ἐγὼ γάρ σε πρὸς δίψαν
δίψῃ εἵλκυσα·
διψῶντα ὑπεκρίθην καὶ ὡς διψῶν ἐτρώθην,
ἵνα διψῶσαν δείξω σε· 5
πορεύθητι οὖν, φώνησον τὸν σὸν ἄνδρα καὶ ἐλθέ".
τὸ γύναιον δὲ ἔφη· "Οὐκ ἔχω ἄνδρα οἴμοι"·
καὶ πρὸς αὐτὴν ὁ πλάστης·
"[Πάν]τως οὐκ ἔχεις; πέντε γὰρ ἔσχες,
τὸν ἕκτον δὲ οὐ κτήσ[ῃ],
[ἵνα] λάβῃς
|: ἀγαλλίασιν καὶ ἀπολύτρωσιν." :| 10

ιβ´ "Ὦ τῶν σοφῶν αἰνιγμάτων, ὦ τῶν σοφῶν χαρακτήρων·
[πάντα] τὰ τῆς ἐκκλησίας ἐν τῇ πίστει τῆς ὁσίας
ζωγραφεῖται ἐκ χρωμάτων ἀληθῶν, ἀπαλαιώτων·
ὃν τρόπον γὰρ τὸ θῆλυ ἠρνήσατο τὸν ἄνδρα ἡ πολύανδρος,
οὕτως ⟨ἡ⟩ ἐκκλησία πολλοὺς θεοὺς ὡς ἄνδρας
ἠρνήσατο καὶ ἔλιπεν 5
καὶ ἕνα ἐμνηστεύσατο ἐξ ὑδάτων δεσπότην·
ἐκείνη ἄνδρας πέντε καὶ τὸν ἕκτον οὐκ ἔσχε·
καὶ αὕτη δὲ ⟨τοὺς⟩ πέντε

ι´ 4² φησί, τοῦτο] Maas m.c. : τοῦτο φησί P
ια´ 8¹–9¹ suppl. Maas
ιβ´ 2¹ πάντα (vel ὄντως) suppl. Maas   5¹ ἡ add. Maas m.c.   7³ τοὺς add. Maas m.c.

τῆς ἀσεβείας ἄρτι λιποῦσα τὸν ἕκτον ἐξ ὑδάτων
σὲ λαμβάνει,
|: ἀγαλλίασιν καὶ ἀπολύτρωσιν. :| 10

ιγ' Μισήσωμεν τὰ εἴδη τῆς εἰδωλολατρίας·
ἡ ἐξ ἐθνῶν νυμφωθεῖσα ὡς πικρὰν ἀποστρέφεται
καὶ ἀρνεῖται †τὴν ἀμείνην†, ὅ ἐστὶ ῥίζα γλυκεῖα·
ἀλλ' ἴσως ἐρωτᾷ τις· "Τὰ πέντε εἴδη ταῦτα τί ὑπάρχουσιν;"
ἡ τῶν εἰδώλων πλάνη πολυειδὴς μὲν ἔστιν,
                                ἔχει δὲ πέντε κεραίας· 5
ἀσέβειαν, ἀσέλγειαν καὶ τὴν ἐπειμειξίαν,
πρὸς τούτοις ἀσπλαγχνίαν καὶ τὴν τεκνοφονίαν,
                                ὡς καὶ Δαβὶδ διδάσκει·
"Ἔθυσαν", λέγων, "τοῖς δαιμονίοις υἱοὺς καὶ θυγατέρας
καὶ οὐχ εὗρον
|: ἀγαλλίασιν καὶ ἀπολύτρωσιν." :| 10

ιδ' Ἀφῆκεν οὖν τὰ τοσαῦτα ἡ ἐξ ἐθνῶν μνηστευθεῖσα
⟨καὶ⟩ πρὸς τὸ τῆς κολυμβήθρας φρέαρ τρέχει ἐκεῖσε
καὶ ἀρνεῖται τὰ ποτέ, ὥσπερ ποτὲ ἡ Σαμαρεῖτις·
οὐκ ἔκρυψε γὰρ αὕτη τὸν πάντα πρὶν γενέσθαι ἐπιστάμενον,
ἀλλ' ἔφησεν· "Οὐκ ⟨ἔχω⟩"· οὐκ⟩ εἶπε γάρ· "Οὐκ ἔσχον",
                                  νομίζω τοῦτο λέγουσαν· 5
"κἂν ἔσχον ἄνδρας πρότερον, ἀλλ' οὐ θέλω νῦν ἔχειν
⟨ἐκείνους⟩ οὕσπερ εἶχον· σὲ γὰρ ἄρτι κατέχω
                                  τὸν σαγηνεύσαντά με
ἐκ τοῦ βορβόρου τῶν πονηρῶν μου πιστῶς ἀντλησαμένη,
ἵνα λάβω
|: ἀγαλλίασιν καὶ ἀπολύτρωσιν." :| 10

ιε' Νοήσασα ἡ ὁσία τὴν τοῦ σωτῆρος ἀξίαν
ἐκ τῶν ἀποκαλυφθέντων, ἐπὶ πλεῖον ἐπεπόθει
ἐπιγνῶναι, τί ἐστὶ καὶ τίς ἐστὶν ὁ πρὸς τὸ φρέαρ·
καὶ τάχα τοῖς τοιούτοις συνείχετο εἰκότως ἐνθυ[μήμ]ασι·

ιγ' 1^{1-2} metrum ⏑⏑–⏑⏑–⏑   ⏑–⏑–⏑⏑–⏑ : 1^1 metrum cf. ιθ' 1^1
et κα' 1^1 2^1 νυμφευθεῖσα Maas 2^2 metrum $\begin{Bmatrix} ⏑⏑–⏑⏑⏑–⏑ \\ –⏑–⏑⏑–⏑ \end{Bmatrix}$
3^2 ἀμείνην non intellegitur 5^3 metrum cf. δ' 5^3
ιδ' 2^1 καὶ add. Maas 5^{1-2} οὐκ ἔχω add. Maas 7^1 ⟨ἐκείνους⟩
add. A. Basilikopoulou apud Tom.
ιε' 4^3–5^3 suppl. Maas

" Θεὸς ὑπάρχει ἆρα ἢ ἄνθρωπος ὃν βλέπω;
οὐράνιος ἢ γή[ϊνος]; 5
ἰδοὺ γὰρ τὰ ἀμφότερα ἐν ἑνί μοι γνωρίζει,
διψῶν νῦν καὶ ποτίζων, μανθάνων καὶ προλέγων
καὶ πάλιν προ[..]λῶν με
τὴν παρὰ νόμον καὶ προδεικνύς μοι τὰ σφάλματα πάντα,
ἵνα λάβω
|: ἀγαλλίασιν καὶ ἀπολύτρωσιν. :| 10

ιϛ' Οὐ[κοῦ]ν οὐράνιος πέλει καὶ τὸ ἐπίγειον φέρει;
εἰ οὖν θεὸς καὶ βροτὸς ὤν ⟦ὡς⟧ ἄνθρωπός μοι ἐδείχθη,
καὶ διψήσας ⟨με⟩ ποτίζει ὡς θεὸς καὶ προφητεύει·
οὐκ ἦν †γὰρ ἐν οὐρανῷ† τοῦ γνῶναι μου τὸν βίον
καὶ ἐνθυμήσασθαι,
ἀλλὰ τοῦ ἀοράτου καὶ νῦν θεωρουμένου
ἐνδεῖξαι καὶ ἐλέγξαι με, 5
αὐτοῦ ἦν καὶ εἰδέναι με καὶ κηρῦξαι ὃ πέλω·
αὐτοῦ τὸν νοῦν ἀντλήσω, αὐτοῦ τὴν γνῶσιν πίω,
αὐτοῦ τοῖς [λό]γοις πλύνω
πάντα τὸν ῥύπον τῶν ἁμαρτιῶν μου, ἵν' ἀμωμήτῳ γνώμῃ
ἀπολάβω
|: ἀγαλλίασιν καὶ ἀπολύτρωσιν. :| 10

ιζ' [Υἱ]ὲ βροτοῦ ὡς ὁρῶ σε, υἱὲ θεοῦ ὡς νοῶ σε,
σὺ φώτισόν μου τὰς φρένας, κύριε δίδαξόν με,
τίς ὑπάρχεις;" χρηστῶς παρεκάλει Χριστὸν ἡ Σαμαρεῖτις·
" ἰδοὺ σαφῶς σε βλέπω πιστῶς κατανοοῦσα,
καὶ μὴ κρύψῃς μοι·
μὴ ἄρα σὺ ὑπάρχεις, Χριστός, ὃν οἱ προφῆται
προεῖπον ὅτι ἔρχεται; 5
ἐὰν σὺ εἶ ὡς ἔφησαν, παρρησίᾳ εἰπέ μοι·
ὁρῶ γὰρ ὅτι ὄντως, ἃ ἔπραξα γνωρίζεις καὶ τὰ τῆς καρδίας μου

7³ προ[κα]λῶν suppl. Krumb.: προ[σκα]λῶν Trypanis 8³ metrum
∪−∪∪̆−∪: τὰ σφάλματά ⟨μου⟩ πάντα dub. Trypanis
ιϛ' 1¹ sq. constructio strophae non iam intellegitur 2² ὡς del. Trypanis
m.c. 3² με add. Maas m.c. 4¹ metrum ∪−∪∪̆−∪: οὐκ ἦν ἐν
οὐρανίοις dub. Trypanis 7³ suppl. Krumb. 8² metrum ∪̆∪∪−∪:
τῶν del. Trypanis
ιζ' 3² metrum ∪∪−∪∪∪− 7³ τά] Maas: ταῦτα P

κρύφια πάντα· ⟨καὶ⟩ διὰ τοῦτο   καθικετεύω γνώμῃ,
ἵνα λάβω
|: ἀγαλλίασιν καὶ ἀπολύτρωσιν." :| 10

ιη' [Ἀ]λλ' ὅτε εἶδεν ὁ βλέπων   τὰς τῆς σοφῆς διαλέξεις
καὶ τὸ πιστὸν τῆς καρδίας,   παρευθὺς ἀπεκρίθη
πρὸς τὸ θῆλυ·   " Ὃν μὲν λέγεις Μεσσίαν,   ὃν οἱ προφῆται
νῦν ἔρχεσθαι προεῖπον,   ὁρᾷς μὲν καὶ ἀκούεις   τῆς φωνῆς αὐτοῦ·
ἐγώ εἰμι ὃν βλέπεις,   ἐγώ εἰμι ὃν ἔχεις
                                ἐν μέσῳ τῆς καρδίας σου· 5
ἐγὼ ποθῶν ἐλήλυθα   σὲ ἑλκύσαι καὶ σῶσαι·
νῦν κήρυξον τοῖς πᾶσι   τοῖς θέλουσι σωθῆναι
                                ἐν τῇ Συχὰρ τῇ πόλει,
τοῖς συγγενέσι   καὶ συμπολίταις,   καὶ δεῦτε πάντες ἅμα
οἱ διψῶντες
|: ἀγαλλίασιν καὶ ἀπολύτρωσιν. :| 10

ιθ' Ἰδοὺ ἤντλησαι, γύναι,   ἐκ λάκκου ταλαιπωρίας·
ὁ μηδὲ ἄντλημα ἔχων   τὴν καρδίαν σου καθῆρα
ἄνευ ῥείθρου   καὶ ἀπέπλυνα τὸν νοῦν   ἄνευ ναμάτων·
καὶ ᾤκισα σε θέλων   καὶ ἔδειξα ὃ πέλω   καὶ οὐκ ἔπιον."
καὶ τούτων λεγομένων   [ὁμοῦ] καὶ τελουμένων
                                οἱ μαθηταὶ ἐλήλυθαν· 5
οὐκ ἦσαν γ[άρ, ὡς γέ]γραπται,   πρὸς τὸ φρέαρ ἐν τούτοις,
ἀλλ' ἦλθον μετὰ [ταῦτα]   καὶ γνόντες ταῦτα πάντα
                                ἐθαύμασαν βοῶντες·
" Ὦ τῆς ἀφάτου   φιλανθρωπίας·   γυναίῳ συγκατέβη
ὁ παρέχων
|: ἀγαλλίασιν   καὶ ἀπολύτρωσιν." :| 10

κ' Νευροῦται ἡ Σαμαρεῖτις   καὶ τρέχει πρὸς Σαμαρείτας
καταλιποῦσα τὴν κάλπιν   καὶ λαβοῦσα ἐπὶ ὤμων
τῆς καρδίας   τὸν ἐτάζοντα νεφροὺς   καὶ τὰς καρδίας·
καὶ φθάσασα τὴν πόλιν   ἐσάλπισε τοῖς πᾶσιν   οὕτως κράζουσα·

8² καὶ add. Maas m.c.
ιη' 3² metrum ∪∪−∪∪∪−   4¹ προεῖπον ante νῦν P: corr. Maas m.c.
6¹⁻² ἐλήλυθα post σε P: corr. Maas m.c.   8¹⁻² τοῖς συγγενέσι καὶ
συμπολίταις] Maas : τοὺς συγγενεῖς σου καὶ συμπολίτας P
ιθ' metrum cf. ιγ' 1¹ et κα' 1¹   5²⁻7¹ suppl. Maas

" Πρεσβῦτ[αι] μετὰ παίδων,   νεανίσκοι καὶ παρθένοι,
                                              ἐπὶ τὸ φρέαρ δράμετε· 5
τὸ ὕδωρ ἐπεπόλευσε   καὶ προχεῖται τοῖς πᾶσιν·
ἐκεῖ κατεῖδον ἄνδρα,   ὃν οὐ χρὴ λέγειν ἄνδρα·
                                              θεοῦ γὰρ ἔχει ἔργα
πάντα [προ]λέγων   καὶ προφητεύων   ὁ πάντας σῶσαι θέλων
καὶ παρέχων
|: ἀγαλλίασιν καὶ ἀπολύτρωσιν." :| 10

κα' Οὐδὲν ὅλως οὐκ εἶπον   οἱ κήρυκες τοῦ σωτῆρος,
ὅτι συνόμιλον εὗρον   τῷ γυναίῳ τὸν ἐλθόντα
καὶ τεχθέντα   ἐκ παρθένου ἐπὶ γῆς   οἰκονομίᾳ·
τροφὰς γὰρ ἀπελθόντες   κομίσαι, εὗρον βρῶσιν   ἀγεώργητον
διδοῦντα τοῖς αἰτοῦσι   τροφὴν ἀθανασίας·
                                              πρὸς οὓς καὶ ἀπεκρίνατο· 5
" Ἐμὸν βρῶμα τὸ θέλημα   τοῦ πατρός μου ὑπάρχει·
διὸ ἣν ἀγνοεῖτε   τροφὴν ἐγὼ ἐσθίω,   ἥ⟨τις⟩ ἐσθιομένη
πᾶσι πηγάζει   πνοὴν τελείαν   καὶ πίστιν ἀναφαίρετον
διδοῦντα
|: ἀγαλλίασιν καὶ ἀπολύτρωσιν." :| 10

κβ' Συνῆλθε τῆς Σαμαρείας   τὸ πλῆθος ἐπὶ τὸν πλάστην
καταλιπόντα τοὺς οἴκους,   καὶ ἐδείχθησαν τῇ πίστει
ὥσπερ οἶκοι   τοῦ εἰπόντος ἐν γραφαῖς   ταῖς θεοπνεύστοις·
ὡς λέγει·   " Ἐνοικήσω   καὶ ἐμπεριπατήσω",
                                              καθὼς γέγραπται·
" †εἰ ἐν [...]κοις τοιούτοις†   καταλιποῦσι πάντα,
                                              ἀγροὺς γονεῖς καὶ φίλτατα, 5
καὶ ἔσομαι αὐτῶν θεὸς   καὶ σωτὴρ ἐκ παγίδων·
αὐτοὶ δὲ ἔσονταί μοι   λαὸς ἡγιασμένος   κατοίκησιν ποιοῦντες
τῇ ἀιδίᾳ   καὶ ἀχωρίστῳ   τριάδι τῇ ἀφθόνως
πηγαζούσῃ
|: ἀγαλλίασιν καὶ ἀπολύτρωσιν." :| 10

5¹ suppl. Maas   παίδων] Trypanis m.c.: παιδίων P   5² metrum ∪−∪∪∪−∪:
παρθένοι νεανίσκοι (cf. 52 ι' 8¹ sq.) vel νεώτεροι, παρθένοι (cf. 43 θ' 1¹) Trypanis
6² προσεῖται dub. Maas   8¹ suppl. Maas
    κα' 1¹ metrum cf. ιγ' 1¹ et ιθ' 1¹   7³ ἥ⟨τις⟩ add. Maas   8³ metrum
∪−∪∪∪−∪   8³⁻⁹ metrum: divisio neglecta
    κβ' 4¹ sq. cf. 2 Ep. Cor. 6. 16 sq.   5¹ metrum ∪−∪∪∪−∪: ἐν οἴκοις vidit
Krumb.

10 (15 Kr.)

ON THE SINFUL WOMAN

Acrostichis: *ΤΟΥ ΤΑΠΕΙΝΟΥ ΡΩΜΑΝΟΥ*

Prooemium I: *Ἰδιόμελον*

Ὁ πόρνην καλέσας θυγατέραν, Χριστὲ ὁ θεός,
υἱὸν μετανοίας κἀμὲ ἀναδείξας
δέομαι ῥῦσαί με
|: τοῦ βορβόρου τῶν ἔργων μου. :|

Prooemium II: *Ἰδιόμελον*

Κατέχουσα ἐν κατανύξει ἡ πόρνη τὰ ἴχνη σου
ἐβόα σοι ἐν μετανοίᾳ τῷ εἰδότι τὰ κρύφια,
           Χριστὲ ὁ θεός·
" Πῶς σοι ἀτενίσω τῷ ὄμματι ἡ πάντας ἀπατήσασα
           τῷ βλέμματι;
πῶς σε δυσωπήσω τὸν εὔσπλαγχνον ἡ σὲ παροργίσασα
           τὸν κτίστην μου;
ἀλλὰ δέξαι τοῦτο τὸ μύρον πρὸς δυσώπησιν, δέσποτα· 5
καὶ δώρησαί μοι ἄφεσιν τῆς αἰσχύνης
|: τοῦ βορβόρου τῶν ἔργων μου." :|

Strophae: *Τὰ ῥήματα τοῦ Χριστοῦ* (App. Metr. ιx)

α' Τὰ ῥήματα τοῦ Χριστοῦ καθάπερ ἀρώματα
ῥαινόμενα πανταχοῦ βλέπων ἡ πόρνη ποτὲ

10 *Codices*: PΔ
Transformationes: 194 Kr.; Transformationes in prosa: Pseudo-Chrysostomus, P.G. 59. 53 et Pseudo-Amphilochius, P.G. 39. 66 (= 61. 745 Holl Amphil.)
Editiones: Pitra A.S. I, Cant. xii
Titulus: On the Sinful Woman Trypanis: Εἰς τὴν πόρνην codd.
Dies festus: Τῇ μεγάλῃ δ'
Modus: ἦχος πλάγιος δ'
Acrostichis: Τοῦ ταπεινοῦ Ῥωμανοῦ PΔ
Prooemium I
PΔ   1² θυγατέρα Δ   ὁ θεός om. Δ
Prooemium II
PΔ (sed P attrib. 195 Kr.)   3² τοῖς ὄμμασι Δ   3³ ἀπατῶσα Δ
τοῖς νεύμασι Δ   5¹ τοῦτο om. P   5² δέσποτα] κύριε Δ
α' 1² metrum: ᴗᴗ—ᴗ—ᴗᴗ   2³ βλέπων] Maas m.c.: βλέπουσα codd.

καὶ τοῖς πιστοῖς πᾶσι πνοὴν ζωῆς χορηγοῦντα,
τῶν πεπραγμένων αὐτῇ τὸ δυσῶδες ἐμίσησεν,
ἐννοοῦσα τὴν αἰσχύνην τὴν ἑαυτῆς 5
καὶ σκοποῦσα τὴν ὀδύνην τὴν δι' αὐτῶν ἐγγινομένην·
πολλὴ γὰρ θλῖψις γίνεται τότε τοῖς πόρνοις ἐκεῖ·
ὧν εἷς εἰμι καὶ ἕτοιμος πέλω εἰς μάστιγας,
ἃς πτοηθεῖσα ἡ πόρνη οὐκέτι ἔμεινε πόρνη·
ἐγὼ δὲ καὶ πτοούμενος ἐπιμένω 10
|: τῷ βορβόρῳ τῶν ἔργων μου. :|

β' **Οὐ**δέποτε τῶν κακῶν ἀποστῆναι βούλομαι·
οὐ μνήσκομαι τῶν δεινῶν ὧν ἐκεῖ μέλλω ὁρᾶν,
οὐδὲ λογίζομαι τὴν τοῦ Χριστοῦ εὐσπλαγχνίαν,
πῶς περιῆλθε ζητῶν με τὸν γνώμῃ πλανώμενον·
δι' ἐμὲ γὰρ πάντα τόπον ἐξερευνᾷ, 5
δι' ἐμὲ καὶ Φαρισαίῳ συναριστᾷ ὁ τρέφων πάντας·
καὶ δείκνυσι τὴν τράπεζαν θυσιαστήριον
ἐν ταύτῃ ἀνακείμενος καὶ χαριζόμενος
τὴν ὀφειλὴν τοῖς χρεώσταις, ἵνα θαρρῶν πᾶς χρεώστης
προσέλθῃ λέγων· " Δέσποτα, λύτρωσαί με 10
|: τοῦ βορβόρου τῶν ἔργων μου." :|

γ' **Ὑ**πέπνευσεν ἡ ὀσμὴ τῆς τραπέζης τοῦ Χριστοῦ
τὴν πρώην μὲν ἄσωτον νυνὶ δὲ καρτερικήν,
τὴν ἐν ἀρχῇ κύνα καὶ ἐν τῷ τέλει ἀμνάδα,
τὴν δούλην καὶ θυγατέρα, τὴν πόρνην καὶ σώφρονα·
διὰ τοῦτο λίχνῳ δρόμῳ φθάνει αὐτήν, 5
καὶ λιποῦσα τὰ ψιχία τὰ ὑπ' αὐτὴν τὸν ἄρτον ἦρε·
τῆς πάλαι Χανανίτιδος πλεῖον πεινάσασα,
ψυχὴν κενὴν ἐχόρτασεν οὕτω πιστεύσασα·

5¹ ἐννοῶσα P   5² ἑαυτῆς] ἐν αὐτῇ P   6² δι' αὐτῆς P: ἐξ αὐτῶν Pγρ
7¹⁻² θλῖψις et τότε inter se mutat P   8² πέλω] μέλλω P (corr. Pγρ)
9¹ φοβηθεῖσα P
β' 3¹ οὔτε Δ   6¹ καὶ] τῷ P   8¹ αὐτῇ Δ   8² καὶ χαριζ. om. P¹
10¹ λέγων] Maas: λέγω codd.   δέσποτα] κύριε Δ
γ' 1¹ Ὑπέκνισεν Δ   4 θυγατέρα (cf. prooem. I. 1²)] ἐλευθέραν P Ps.-
Chrysostom. : fortasse θυγατέραν Maas   6² ὑπ' αὐτήν] ἑαυτῆς Δ   6³ τὸν
ἄρτον post ἦρε P   7² πλέον Δ   8² ποθήσασα Δ

ἀλλ' οὐ κραυγῇ ἐλυτρώθη,   σιγῇ δὲ μᾶλλον ἐσώθη·
κλαυθμῷ γὰρ εἶπε· " Κύριε,   ἔγειρόν με   10
|: τοῦ βορβόρου τῶν ἔργων μου." :|

δ' **Τ**ὴν φρένα δὲ   τῆς σοφῆς   ἐρευνῆσαι ἤθελον
    καὶ γνῶναι, πῶς   ἐν αὐτῇ   ἔλαμψεν ὁ Ἰησοῦς,
    ὁ ὡραιότατος   καὶ τῶν ὡραίων ἐργάτης,
    οὗ τὴν ἰδέαν πρὶν ἴδῃ ἡ πόρνη ἐπόθησεν·
    ὡς ἡ τῶν εὐαγγελίων   βίβλος βοᾷ·   5
    τοῦ Χριστοῦ ἀνακειμένου   ἐν οἰκίᾳ   τοῦ Φαρισαίου
    γυνή τις τότε ἤκουσεν   ἅμα καὶ ἔσπευσεν
    ὠθήσασα τὴν ἔννοιαν   πρὸς τὴν μετάνοιαν·
    " Ἄγε λοιπόν, ὦ ψυχή μου,   ἰδοὺ καιρὸς ὃν ἐζήτεις·
    ἐπέστη ὁ καθαίρων σε·   τί προσμένεις   10
|: τῷ βορβόρῳ τῶν ἔργων σου; :|

ε' **Ἀ**πέρχομαι   πρὸς αὐτόν·   δι' ἐμὲ γὰρ ἤλυθεν·
    ἀφίημι   τοὺς ποτέ·   τὸν γὰρ νῦν πάνυ ποθῶ·
    καὶ ὡς ποθοῦντα με   μυρίζω καὶ κολακεύω,
    κλαίω, στενάζω καὶ πείθω δικαίων ποθῆσαι με·
    ἀλλοιοῦμαι πρὸς τὸν πόθον   τοῦ ποθητοῦ,   5
    καὶ ὡς θέλει φιληθῆναι   οὕτως φιλῶ   τὸν ἐραστήν μου·
    πενθῶ καὶ κατακάμπτομαι·   τοῦτο γὰρ βούλεται·
    σιγῶ καὶ περιστέλλομαι·   τούτοις γὰρ τέρπεται·
    ἀναχωρῶ τῶν ἀρχαίων,   ἵνα ἀρέσω τῷ νέῳ·
    συντόμως ἀποτάσσομαι   ἐμφυσῶσα   10
|: τῷ βορβόρῳ τῶν ἔργων μου. :|

ϛ' **Π**ροσέλθω οὖν   πρὸς αὐτόν·   φωτισθῶ, ὡς γέγραπται·
    ἐγγίσω νῦν   τῷ θεῷ   καὶ οὐ μὴ καταισχυνθῶ·
    οὐκ ὀνειδίζει με,   οὐ λέγει μοι·   ' ἕως ἄρτι
    ἧς ἐν τῷ σκότει καὶ ἦλθες ἰδεῖν με τὸν ἥλιον '·

10² ἔγειρόν με] λύτρωσαί με Δ (cf. ιγ' 10²)
δ' 2²⁻³ ἐν αὐτῇ post ἔλαμψε Δ   Ἰησοῦς] κύριος Δ   3² ἐργάτης] ὁ κτίστης Δ   9¹ λοιπόν] φησὶν Δ   10² προσμένεις] P Ps.-Chrysostom.: ἐμμένεις Δ
ε' 1³ ἤλυθεν] Maas: ἐλήλυθεν codd.   2² τοὺς] τὰ P   2³ τὸν] τὰ P
3¹ φιλοῦντα Δ   4 πείθω] ποθῶ Δ   φιλήσει με Δ   6² φιλῶ] ποθῷ Δ
8² τούτοις] οὕτω P   9¹ ἀναχωρῶν P
ϛ' 1² ἐξ αὐτῶν P   2² τῷ Χριστῷ Δ

διὰ τοῦτο μύρον αἴρω   καὶ πορευθῶ·   5
   φωτιστήριον ποιήσω   τὴν οἰκίαν   τοῦ Φαρισαίου·
ἐκεῖ γὰρ ἀποπλύνομαι   τὰς ἁμαρτίας μου,
ἐκεῖ καὶ καθαρίζομαι   τὰς ἀνομίας μου·
κλαυθμῷ, ἐλαίῳ καὶ μύρῳ   κεράσομαι κολυμβήθραν
καὶ λούομαι καὶ σμήχομαι   καὶ ἐκφεύγω   10
|: τοῦ βορβόρου τῶν ἔργων μου. :|

ζ΄ Ἐδέξατο   καὶ Ῥαὰβ   κατασκόπους πρότερον
καὶ τῆς δοχῆς   τὸν μισθὸν   ὡς πιστὴ εὗρε ζωήν·
τῆς γὰρ ζωῆς τύπος   ὁ πέμψας τούτους ὑπῆρχε
τοῦ Ἰησοῦ μου βαστάζων τὸ τίμιον ὄνομα·
σωφρονοῦντας τότε πόρνη   ξενοδοχεῖ,   5
νῦν παρθένον ἐκ παρθένου   πόρνη ζητεῖ   ἀλεῖψαι μύρῳ·
ἐκείνη μὲν ἀπέλυσεν   οὕσπερ ἀπέκρυψεν,
ἐγὼ δὲ ὃν ἠγάπησα   μένω κατέχουσα·
οὐχ ὡς κατάσκοπον κλήρων,   ἀλλ᾽ ὡς ἐπίσκοπον πάντων
κρατῶ καὶ ἐξεγείρομαι   τῆς ἰλύος   10
|: τοῦ βορβόρου τῶν ἔργων μου. :|

η΄ Ἰδοὺ καιρὸς   ἔφθασεν   ὃν ἰδεῖν ἐπόθησα·
ἡμέρα μοι   ἔλαμψε   καὶ δεκτὸς ἐνιαυτός·
ἐν τοῖς τοῦ Σίμωνος   αὐλίζεται ὁ θεός μου·
σπεύσω πρὸς τοῦτον καὶ κλαύσω ὡς Ἄννα τὴν στείρωσιν·
κἂν λογίσηταί με Σίμων   ἐν μεθυσμῷ,   5
ὡς Ἠλὶ τὴν Ἄνναν τότε,   μένω κἀγὼ   προσευχομένη,
σιγῇ βοῶσα· ' κύριε,   τέκνον οὐκ ᾔτησα,
ψυχὴν μονογενῆ ζητῶ   ἥνπερ ἀπώλεσα '·
ὡς Σαμουὴλ τῆς ἀτέκνου,   Ἐμμανουὴλ τῆς ἀνάνδρου,
τῆς στείρας ᾖρες ὄνειδος,   ῥῦσαι πόρνην   10
|: τοῦ βορβόρου τῶν ἔργων μου." :|

θ΄ Νευροῦται μὲν   ἡ πιστὴ   τοῖς τοιούτοις ῥήμασι·
ποιεῖται δὲ   τὴν σπουδὴν   πρὸς τὴν τοῦ μύρου ὠνήν,

5¹ ἄρω P   9² κεράσω μου Δ
ζ΄ 1² καὶ] ἡ Δ   3² ὁ πέμψας et ὑπῆρχε inter se mutat Δ   5¹ σωφρο-
νοῦσα Δ   τότε post πόρνη Δ   6² ζητῶ P   6³ μύρῳ ἀλεῖψαι P   9¹ κλή-
ρῳ P   10² τῆς ἰλύος] ἐκ τῆς ὕλης Δ   11 τοῦ βορβόρου] λύτρωσαι P
η΄ 9² ἀνάνδρου] sc. υἱὲ Pitra : 9–10 constructio incerta   10¹ τῇ στείρᾳ
τὸν υἱὸν ὁ δοὺς Δ

καὶ παραγίνεται βοῶσα τῷ μυροπράτῃ·
" Δός μοι, εἰ ἔχεις, ἐπάξιον μύρον τοῦ φίλου μου,
τοῦ δικαίως φιλουμένου καὶ καθαρῶς, 5
τοῦ πυρώσαντός μου μέλη καὶ τοὺς νεφροὺς
καὶ τὴν καρδίαν·
μηδὲν περὶ τιμήματος νῦν ἀμφιβάλῃς μοι·
κἂν δέοι μέχρι δέρματος καὶ τῶν ὀστέων μου,
ἑτοίμως ἔχω τοῦ δοῦναι, ἵν' εὕρω τί ἀποδοῦναι
τῷ σπεύσαντι καθᾶραί με ἐκ τῆς ὕλης 10
| τοῦ βορβόρου τῶν ἔργων μου." :|

ι' Ὁ δὲ ἰδὼν τῆς σεμνῆς τὸ θερμὸν καὶ πρόθυμον
φησὶν αὐτῇ· " Λέξον μοι, τίς ἐστὶν ὃν ἀγαπᾷς,
ὅτι τοσοῦτον σε ἐπέθελξε πρὸς τὸ φίλτρον;
ἆρα κἂν ἔχει τι ἄξιον δοῦναι τοῦ μύρου μου;"
παραυτὰ δὲ ἡ ὁσία ἦρε φωνὴν 5
καὶ βοᾷ ἐν παρρησίᾳ τῷ σκευαστῇ τῶν ἀρωμάτων·
" Ὦ ἄνθρωπε, τί λέγεις μοι· ' ἔχει τι ἄξιον ' ;
οὐδὲν αὐτοῦ ἀντάξιον τοῦ ἀξιώματος·
οὐκ οὐρανὸς οὔτε γαῖα οὐδ' ὅλος τούτῳ ὁ κόσμος
συγκρίνεται τῷ σπεύσαντι ῥύσασθαί με 10
|: τοῦ βορβόρου τῶν ἔργων μου. :|

ια' Υἱός ἐστι τοῦ Δαβὶδ· δι' αὐτὸ ⟨καὶ⟩ εὔοπτος·
υἱὸς θεοῦ καὶ θεός· δι' αὐτὸ πάνυ τερπνός·
ὃν οὐχ ἑώρακα, ἀλλ' ἤκουσα καὶ ἐτρώθην
πρὸς τὴν ἰδέαν τοῦ ἔχοντος φύσιν ἀνείδεον·
τὸν Δαβὶδ ποτὲ ἰδοῦσα στέργει Μελχώ· 5
ἐγὼ δὲ μὴ κατιδοῦσα τὸν ἐκ Δαβὶδ ποθῶ καὶ στέργω·
ἐκείνη τὰ βασίλεια πάντα κατέλιπε,
καὶ τῷ Δαβὶδ πτωχεύοντι ποτὲ προσέδραμε·

θ' 6¹ μέλη] πάντα Δ 7² νῦν] τί Δ 8¹ κἂν] εἰ Δ 9¹ ἑτοίμως] Trypanis: ἑτοῖμος codd. 10¹⁻² καθᾶραι–ὕλης] καὶ ἐλθόντι καθᾶραι τῆς αἰσχύνης με ᾗσπερ ἔχω Δ
ι' 3² ἐπέθελξε] Maas: ἔθελξε Δ: ἐπύρωσε P: ἐθέρμαινε Ps.-Chrysostom. 4 τι ἄξιον (cf. v. 7²)] ἐπάξιον P δοῦναι] τούτου Δ 6¹ βοᾷ] ἐβόα P ἐν] συμ Δ 7¹ ὦ ἄνθρωπε post τι λέγεις μοι Δ 7² ἔχειν τι ἀντάξιον Δ
ια' 1³ δι' αὐτὸ] Maas: διὰ τοῦτο codd. καὶ] add. Maas (cf. Ps.-Chrysostom. et 194 Kr.) : om. PΔ 2¹⁻² υἱὸς–θεός] θεός ἐστι τοῦ Δαβὶδ P
2³ δι' αὐτὸ] Maas: διὰ τοῦτο codd. πάνυ] σφόδρα Δ 5² Μελχώλ Δ (corr. V²) 7² κατέλιπε] Δ (Ps.-Chrysostom.) : παρέδραμε P 8¹ πτωχεύσαντι P 8² ποτὲ προσ.] πάνυ συνέδραμε Δ

κἀγὼ τὸν ἄδικον πλοῦτον   ὑπερορῶ καὶ ὠνοῦμαι
τὸ μύρον τῷ καθαίροντι   τὴν ψυχήν μου
|: τοῦ βορβόρου τῶν ἔργων μου." :|

ιβ´ Ῥημάτων δὲ   τὴν ὁρμὴν   σιωπῇ συνέτεμε
καὶ ἔλαβεν   ἡ τερπνὴ   τὸ καλὸν μύρον αὐτῆς·
καὶ εἰς τὸν θάλαμον   εἰσῆλθε τοῦ Φαρισαίου
τρέχουσα ὥσπερ κληθεῖσα μυρίσαι τὸ ἄριστον·
ὁ δὲ Σίμων θεωρήσας   τοῦτο αὐτό,
τὸν δεσπότην καὶ τὴν πόρνην   καὶ ἑαυτὸν   ἤρξατο ψέγειν,
τὸν μὲν ὡς ἀγνοήσαντα   τὴν προσεγγίσασαν,
τὴν δ᾽ ⟨ὡς⟩ ἀναισχυντήσασαν   καὶ προσκυνήσασαν,
καὶ ἑαυτὸν ὡς ἀσκέπτως   δεξάμενον τοὺς τοιούτους,
καὶ μάλιστα τὴν κράζουσαν·   " Ἐξελοῦ με
|: τοῦ βορβόρου τῶν ἔργων μου." :|

ιγ´ "Ὦ ἄγνοια·   τί φησί;   " Τοῦτο μὲν ἐτέλεσα·
ἐκάλεσα   Ἰησοῦν   ὡς τινὰ τῶν προφητῶν·
καὶ οὐκ ἐνόησεν   ἦν ἕκαστος ἡμῶν οἶδεν,
οὗτος καὶ οὐκ ἔγνω· εἰ ἦν γὰρ προφήτης ἐγίνωσκεν".
ὁ ἐτάζων τὰς καρδίας   καὶ τοὺς νεφροὺς
θεωρῶν τοῦ Φαρισαίου   τοὺς λογισμοὺς   σαλευομένους,
εὐθέως τούτῳ γίνεται   ῥάβδος εὐθύτητος,
" Ὦ Σίμων", λέγων, " ἄκουσον   τὰ τῆς χρηστότητος
τῆς ἐπὶ σὲ γενομένης   καὶ ἐπὶ ταύτην, ἣν βλέπεις
κλαυθμῷ βοῶσαν·   ' δέσποτα,   ἔγειρόν με
|: τοῦ βορβόρου τῶν ἔργων μου.' :|

ιδ´ Μεμπτέος σοι   ἔδοξα,   ἐπειδὴ οὐκ ἤλεγξα
τὴν σπεύδουσαν   ἐκφυγεῖν   τῶν αὐτῆς ἀνομιῶν·
ἀλλ᾽ οὐ καλῶς, Σίμων,   οὐκ εὔλογος ἡ μομφή σου·
σύγκρινον τοῦτο ὃ ἔχω εἰπεῖν σοι, καὶ δίκασον·
ὀφειλέται δύο ἦσαν   τῳ δανειστῇ·
ὁ μὲν εἷς πεντακοσίων,   ἕτερος δὲ   πενήντα μόνον·

ιβ´ 1² τὸν εἱρμὸν Δ   1³ διέτεμε Δ   2² σεμνὴ Δ   2³ τερπνὸν Δ
3² εἰσῆλθε] εὑρέθη Δ   6³–8¹ ἤρξατο—τὴν δ᾽ om. P   8¹ ὡς add. Maas
ιγ´ 1² φησὶ τί P   1³ μὲν om. P   4 καὶ om. Δ   6³ σαλενομένους]
P Ps.-Chrysostom. : ἐξαλλομένους Δ   7¹ τούτου P   8² τὰ] τὸ Δ
9¹ σὲ] σοὶ P   10² ἔγειρόν με] λύτρωσαί με Δ (cf. γ´ 10²)
ιδ´ 4 ἔχω] θέλω Δ : μέλλω Ps.-Chrysostom.   6² πενήντα] Krumb. m.c. :
πεντήκοντα codd.

καὶ τούτοις ἀπορήσασι πρὸς τὴν ἀπόδοσιν
ὁ χρήσας ἐχαρίσατο ὅ τι ἐχρήσατο·
τίς οὖν αὐτὸν ἐκ τῶν δύο ποθήσει πλέον; εἰπέ μοι·
τίς ὤφειλε βοᾶν αὐτῷ· ' ἔσωσάς με 10
|: τοῦ βορβόρου τῶν ἔργων μου '; " :|

ιε' **Ἀκούσας** δὲ ὁ σοφὸς Φαρισαῖος ἔφησε·
" Διδάσκαλε, ἀληθῶς φανερὸν πᾶσίν ἐστὶν
ὅτι πλειότερον ὀφείλει τοῦτον ποθῆσαι,
ᾧ περισσότερον χρέος ὁ χρήσας κεχάρισται ".
ὁ δὲ κύριος πρὸς ταῦτα εἶπεν αὐτῷ· 5
" Ὀρθῶς ἀπεκρίθης, Σίμων· οὕτως ἐστὶ καθάπερ λέγεις·
ὃν σὺ γὰρ οὐκ ἐπήλειψας, αὕτη ἐμύρισεν·
ὃν ὕδασιν οὐκ ἔνιψας, αὕτη τοῖς δάκρυσιν·
ὃν οὐκ ἠσπάσω φιλήσας, καταφιλοῦσά με κράζει·
' ἐκράτησα τοὺς πόδας σου, μὴ ἐμπέσω 10
|: τῷ βορβόρῳ τῶν ἔργων μου.' :|

ις' **Νῦν**, ὅτι σοι ἔδειξα τὴν πολὺ ποθοῦσάν με,
διδάξω σε, βέλτιστε, τίς ἐστιν ὁ δανειστής,
καὶ ὑποδείξω σοι τοὺς τούτου χρεωφειλέτας,
ὧν εἷς ὑπάρχεις, καὶ αὕτη ἣν βλέπεις δακρύουσαν·
δανειστὴς δὲ ἀμφοτέρων πέλω ἐγώ, 5
καὶ οὐ μόνον ἀμφοτέρων ἀλλὰ καὶ τῶν ἀνθρώπων πάντων·
ἐγὼ γὰρ πᾶσιν ἔχρησα ταῦτα ἃ ἔχουσι,
ψυχὴν πνοὴν καὶ αἴσθησιν, σῶμα καὶ κίνησιν·
τὸν δανειστὴν οὖν τοῦ κόσμου, ἐν ὅσῳ ἔχεις, ὦ Σίμων,
ἱκέτευσον καὶ βόησον· ' λύτρωσαί με 10
|: τοῦ βορβόρου τῶν ἔργων μου.' :|

ιζ' **Οὐ** δύνασαι δοῦναί μοι ἅπερ ἐποφείλεις μοι·
κἂν σίγησον, ἵνα σοι χαρισθῇ ἡ ὀφειλή·
μὴ καταδίκαζε τὴν καταδεδικασμένην,
μὴ εὐτελίσῃς τὴν εὐτελισμένην· ἡσύχασον·

8² ἐχρήσατο] Trypanis (cf. ις' 7²) : ἐφήσατο codd. : ὠφείλετο Pitra   9¹ αὐτοῖς P
ιε' 6³ καθὰ καὶ βλέπεις Δ   10²–11 μὴ ἐμπέσω |: τῷ βορβόρῳ] ἔγειρόν με |: τοῦ βορβόρου Δ
ις' 1¹ ὅτε Δ   1³ τὴν ποθοῦσάν με στοργῇ Δ   2² βέλτιστα P
6²⁻³ metrum: divisio neglecta   7² ἄ] ὃ P   8¹ πνοὴν ψυχὴν Δ
ιζ' (stropham om. 'Transformatio', 194 Kr.)

οὐ τῶν σῶν οὐδὲ τῶν ταύτης βούλομαι τί· 5
χρεωλύτης γὰρ τῶν δύο ἦλθον ἐγὼ ὑμῖν καὶ πᾶσι·
νομίμως, Σίμων, ἔζησας, ἀλλ' ἐχρεώστησας·
ἐλθὲ οὖν πρὸς τὴν χάριν μου, ἵν' ἀποδώσῃς μοι·
ἴδε τὴν πόρνην ἣν βλέπεις καθάπερ τὴν ἐκκλησίαν
βοῶσαν· 'ἀποτάσσομαι ἐμφυσῶσα 10
|: τῷ βορβόρῳ τῶν ἔργων μου.' :|

ιη´ Ὑπάγετε· τὸ λοιπὸν τῶν χρεῶν ἐλύθητε·
πορεύθητε· ἐνοχῆς παρεκτὸς πάσης ἐστέ·
ἠλευθερώθητε· μὴ πάλιν ὑποταγῆτε·
τοῦ χειρογράφου σχισθέντος μὴ ἄλλο ποιήσητε"·
τὸ αὐτὸ οὖν, Ἰησοῦ μου, λέξον κἀμοί, 5
ἐπειδή σοι ἀποδοῦναι ἃ χρεωστῶ οὐκ ἐξισχύω·
σὺν τόκῳ γὰρ ἀνήλωσα καὶ τὸ κεφάλαιον·
διὸ μὴ ἀπαιτήσῃς με ὅσον παρέσχες μοι·
τοῦ τῆς ψυχῆς κεφαλαίου καὶ τῆς σαρκός μου τοῦ τόκου
κουφίσας με ὡς εὔσπλαγχνος ἄνες, ἄφες 10
|: τοῦ βορβόρου τῶν ἔργων μου. :|

11 (81 Kr.)
ON THE MAN POSSESSED WITH DEVILS

Acrostichis: Ο ΨΑΛΜΟΣ ΟΥΤΟΣ ΕΣΤΙΝ ΡΩΜΑΝΟΥ[Υ]

Prooemium: Ἰδιόμελον

Τῶν θαυμάτων σου μεμνημένοι, κύριε,
σὲ ἱκετεύομεν λυτρωθῆναι τοῦ πονηροῦ
καὶ τῆς βλάβης τῆς ἐξ αὐτοῦ·
σὺ γὰρ μόνος ὑπάρχεις
|: ὁ πάντων δεσπότης. :|

6¹⁻³ γὰρ—πᾶσι] ἀμφοτέρων ἐγὼ εἰμὶ μᾶλλον δὲ πάντων Δ   8² ἦν ἀποδώσω
σοι Δ   10²⁻¹¹ ἐμφυσοῦσα |: τοῦ βορβόρου P
ιη´ 2³ παρεκτὸς] γὰρ ἐκτὸς Δ   5¹ τὸ αὐτό] ταῦτα P   8² ὅσον] ὅσα Δ (Ps.-
Chrysostom.)   9² τὸν τόκον Δ

11 Codices: P
Editiones: nulla
Titulus: On the Man Possessed with Devils Trypanis: Εἰς τὸν ἐσχηκότα τὸν
    λεγεῶνα τῶν δαιμόνων P
Dies Festus: τῇ δ' τῆς ε' ἑβδομάδος (τοῦ Πάσχα) P
Modus: ἦχος α´
Acrostichis: ὁ ψαλμὸς οὗτος ἐστὶν Ῥωμανοῦ P

11 CANTICA ON THE PERSON OF CHRIST 81

Strophae: *Τὴν ζωὴν τῇ ταφῇ* (App. Metr. x)

α' Ὁ λαὸς ὁ πιστὸς   ἐν ἀγάπῃ Χριστοῦ
   συνελθὼν ἀγρυπνεῖ ἐν ψαλμοῖς καὶ ᾠδαῖς,
   ἀκορέστως δὲ ἔχει τοὺς ὕμνους θεῷ·
   ἐπειδὴ οὖν Δαβὶδ ἐμελῴδησε,
   καὶ ἀναγνώσει εὐτάκτῳ γραφῶν ἐπευφράνθημεν,   5
   αὖθις Χριστὸν ἀνυμνήσωμεν   καὶ τοὺς ἐχθροὺς στηλιτεύσωμεν·
   αὕτη γὰρ γνώσεως κιθάρα·
   τῆς δὲ γνώσεως ταύτης Χριστὸς ὁδηγὸς καὶ διδάσκαλος,
   |: ὁ πάντων δεσπότης. :|

β' Ψάλλειν ἔστι καλὸν   καὶ ὑμνεῖν τὸν θεὸν
   καὶ τιτρώσκειν ἐλέγχοις τοὺς δαίμονας
   πολεμίους ἀεὶ γενομένους ἡμῖν·
   τί δὲ τούτους τιτρώσκειν ἐγνώκαμεν;
   ὅταν τὴν πτῶσιν αὐτῶν κωμῳδοῦμεν γηθόμενοι·   5
   ὄντως πενθεῖ ὁ διάβολος,   ὅταν δαιμόνων τὸν θρίαμβον
   ἐν ἐκκλησίαις τρ[αγῳ]δῶμεν·
   οὐ γὰρ δύναται τὶ κατ' ἀνθρώπων, εἰ μὴ συγχωρ[ῇ ὁ θεὸς]
   |: ὁ πάντων δεσπότης. :|

γ' Ἀναξίοις ἀεὶ   βοηθῶν ὁ Χριστὸς
   καὶ ὁρῶν ἀθετοῦντας ὀργίζ[εται·]
   οἱ ἐχθροὶ ⟨δὲ⟩ εὐθέως ἐπέρχονται·
   οὐκ ἐᾷ δὲ αὐτοὺς ὁ φ[ιλάν]θρωπος
   ἐπὶ πολὺ παρ' ἐκείνων ἀμέτρως κολάζεσθαι·   5
   ἐν ἀοράτῳ γὰρ σχήματι   οἱ δυσμενεῖς ἐπανίστανται
   [τοῖς] γυμνουμένοις τῆς προνοίας·
   ἀοράτως δὲ πάνυ λυτρ[οῦ]ται αὐτοὺς ἐκ τῆς πλάνης αὐτῶν
   |: ὁ πάντων δεσπότης. :|

δ' Λαλιαὶ οὐκ εἰσὶν   ἃ φθεγγόμεθα νῦν,
   ἀλλὰ ἔργα φωτὸς διελέγχοντα
   προφανῆ τῶν δαιμόνων τὴν νέκρωσιν·

β' 7 suppl. Krumb.   8 suppl. Maas: συγχωρ[ήσει θεὸς] Orphanidis (cf. κδ' 3)
γ' 2 suppl. Maas   3 δὲ add. Maas   4 suppl. Krumb.   7-8 suppl. Maas

τὴν ἰσχὺν οὖν αὐτῶν ἐκπομπεύσωμεν,
τὴν ἀσθενοῦσαν, ἡ[νί]κα ὁ κτίστης προσίσταται·
ἦλθε Χριστὸς καὶ ἠσθένησαν·   ἔ[φυ]γον τοῦτον ὡς δίκαιον·   5
σῶμα ὁρῶντες ἐπλανῶντο,
οὐκ εἰδότες ὡς ἔστι θεὸς ἀληθὴς καὶ θεοῦ υἱὸς
|: ὁ πάντων δεσπότης. :|

ε′ Μάρτυς δὲ ἀληθὴς   ὁ εὐαγγελιστὴς
διαγράψας τὴν τούτ[ου] ἀσθένειαν·
τὴν γραφὴν οὖν ἡμεῖς διεξέλθωμεν·
ἐκ θαλάττης εἰς γῆν ἐξελθόντος Χριστοῦ
δαιμονιζόμενος τὶς ἐκ τῆς πόλεως ἤρχετο·   5
γέγονεν οὗτος αἰχμάλωτος   καὶ ἐδουλώθη τῷ δαίμονι·
ἔθλιψε τοῦτον δεσμοῖς πλείστοις·
ἀλλ' ἐπέστη Χριστὸς τὰ δεσμὰ διαλύων τὰ χρόνια,
|: ὁ πάντων δεσπότης. :|

ς′ Ὁ πικρὸς ὀλετὴρ   κυριεύσας αὐτὸν
ἐπὶ χρόνους πολλοὺς διεκώλυε
τὰ ἀσχήμονα κρύπτειν τοῦ σώματος·
ἱματίῳ γὰρ οὐκ ἐκαλύπτετο,
εἰς οἰκιὰν δὲ οὐκ ἔμενεν, ἀλλ' ἐν τοῖς μνήμασιν·   5
ὦ συμφορὰ ἀδιήγητος,   ὦ τραγῳδία ἀνέκφραστος·
ἔμψυχος ἄνθρωπος ἐν τάφοις·
⟨ἀληθῶς⟩ ἀθλιώτερος ἦν τῶν νεκρῶν, εἰ μὴ ἔφθασεν·
|: ὁ πάντων δεσπότης. :|

ζ′ Σῶμα κεῖται νεκρὸν   ἐνταφίων τιμῇ
καλυπτόμενον ἔνδον τοῦ μνήματος,
ἡ δὲ γῆ τούτου κρύπτει τὸ ἄμορφον·
εἰ γὰρ καὶ τάφος κατέχει τὸν θνήσκοντα,
οὐ λυπηρόν, οὐ χρηστὸν οὐκ αἰσθάνεται κείμενος·   5
ὁ δαιμονῶν δὲ ὁ ἄθλιος   οὐδὲ νεκρῷ παραπλήσιος·

δ′ 5 suppl. Krumb.   6² suppl. Maas   5² προσίσταται] Maas: προΐσταται P
ε′ 2 τούτου suppl. Maas   9 ὁ] ὡς Maas (cf. ιζ′ 9, ιη′ 9, κβ′ 9)
ς′ 1² αὐτοῦ Maas   8 ἀληθῶς add. Maas m.c.
ζ′ 2 καλυπτόμενος P: corr. Maas

ζῶν γὰρ εἰς τάφον κατηνέχθη
καὶ γυμνὸς ἐ⟨ν⟩ταφίων καὶ πάσης ζωῆς, εἰ μὴ ἔφθασεν
|: ὁ πάντων δεσπότης. :|

η´ Ὁ γὰρ δαίμων αὐτὸν μεταξὺ τῶν νεκρῶν
καὶ τῶν ζώντων πικρῶς ἐβασάνιζεν
ἑκατέροις κακοῖς περιβάλλων αὐτόν·
ἐν τοῖς ζῶσιν ἀλύσεις ἐπέβαλεν,
ἐν τοῖς νεκροῖς εἰς φθορὰν φυλακῆς ἐναπέκλεισεν, 5
ἐν ταῖς ἐρήμοις ἐδίωκεν, ἐν τοῖς βουνοῖς κατεκρήμνιζε,
βόθροις κατέρριπτε καὶ τάφροις
πανταχοῦ θανατῶσαι σπουδάζων αὐτόν, εἰ μὴ ἔσωσεν
|: ὁ πάντων δεσπότης. :|

θ´ Ὑλακτῶν ὁ φονεὺς ὥσπερ κύων δεινῶς
τοῦ δειλαίου τὸν φόνον ἐσκεύαζεν·
ἀληθείᾳ ἀνθίστατο ὡς πονηρός·
ὁ γὰρ δαίμων ἀεὶ ἐβουλεύετο
ἐν τοῖς κρημνοῖς καταρρίπτειν ἢ πνῖξαι ἐν ὕδασιν 5
ἢ περικεῖραι ἐν ξίφεσιν ἢ ἀποκτεῖναι ἐν ὄρεσιν
ἢ τῷ πυρὶ καταναλῶσαι·
οὐκ ἠδύνατο δέ, ἐπειδήπερ αὐτὸν διεφύλαττεν
|: ὁ πάντων δεσπότης. :|

ι´ Ταῦτα ὁ δαιμονῶν ὑπομένων ποτὲ
τῶν φρενῶν ἐγυμνοῦτο καὶ τοῦ λογισμοῦ
ἀπὸ τόπου εἰς τόπον πλανώμενος·
τῷ Χριστῷ δὲ ἡνίκα συνήντησε
καὶ βασιλέα κατεῖδε δυνάστην καὶ εὔσπλαγχνον, 5
τὴν παρρησίαν ἐλάμβανε, τὸν λογισμὸν ἐπανήγαγε·
τὴν ἀδικίαν ἐξαγγέλλει
κράζων· " Ῥῦσαι με τοῦ ἀδικοῦντος ἐχθροῦ καὶ ἐλέησον,
|: ὁ πάντων δεσπότης." :|

ια´ Ὁ χορὸς εὐσπλαγχνίσθη τῶν Χριστοῦ μαθητῶν
καὶ προσελθὼν ὑπὲρ τούτου ἱκέτευε·
" Βλέψον ", λέγων, " Χριστέ, καὶ ἐλέησον,

8 ἐ⟨ν⟩ταφίων] Orphanidis (cf. ζ´ 1²) ἐτάφη ὢν P
θ´ 5 κρημνοῖς om. P¹   6¹ περικεῖραι Maas: περιπεῖραι P
ια´ 1¹ metrum ‿ ‿ – ‿ ‿ – ‿   1¹⁻² Ὁ χορὸς σπλαγχνισθεὶς ... ⟦καὶ⟧
προσελθὼν dub. Maas   2 metrum ‿ ‿ – ‿ ‿ – ‿ ‿ – ‿ ‿ (–), sed cf. ιη´ 2

πῶς καθυβρίσθη ἡ φύσις ἣν ἔπλασας,
πῶς ὁ ἐχθρὸς ἀτιμάζει εἰκόνα τῆς δόξης σου,
πῶς τυραννεῖται ὁ ἄνθρωπος, ὃν ταῖς χερσί σου ἐτίμησας,
πῶς τιμωρεῖται διὰ φθόνον
ἐξ ἀρχῆς τοῦ ἐχθροῦ· ἀλλὰ σῶσον αὐτόν, παντοδύναμε,
|: ὁ πάντων δεσπότης. :|

ιβ' Σῶσον, σῶσον, Χριστέ, τὸν ἱκέτην τὸν σὸν
ἀδικούμενον ὑπὸ τοῦ δαίμονος
καὶ ἰάτρευσον τοῦτον ὡς εὔσπλαγχνος·
μὴ ἐγκαυχάσθω, σωτήρ, ὁ ἐχθρὸς ἡμῶν
ἐν τῇ ἰδίᾳ κακίᾳ, μὴ εἴπῃ· ' ἐνίσχυσα '·
οἴδαμεν ὡς ἀσθενής ἐστι σοῦ βουλομένου, φιλάνθρωπε·
μόνον ἂν νεύσῃς ἀπολεῖται·
σῷ γὰρ νεύματι πάντα συνέστη, ἀεὶ δὲ συνίσταται,
|: ὁ πάντων δεσπότης." :|

ιγ' Ἐπακούων Χριστὸς τῶν αὐτοῦ μαθητῶν
ἐπηυφραίνετο [τού]των τοῖς ῥήμασι,
καὶ εὐθὺς πρὸς αὐτοὺς ἀπεκρίν[ατο·]
" Ἀποδέχομαι τὴν προθυμίαν ὑμῶν,
ἐπειδὴ θέλω ὑμᾶς ἐλεήμονας γίνεσθαι·
πρὶν δὲ ὑμεῖς δεηθῆτε μου τούτῳ παρέσχον τὰ σπλάγχνα μου·
καὶ δι' αὐτὸν παρεγενόμην
ἐκ θαλάττης νυνὶ ὁ πρὶν ἢ γεννηθῇ προειδὼς αὐτόν,
|: ὁ πάντων δεσπότης. :|

ιδ' Σῶσαι πάντας ἐγὼ ἦλθον ἐξ οὐρανῶν
ἡ αὐτόκλητος πάντων βοήθεια·
διὰ τοῦτο καὶ ἄνθρωπος γέγονα,
ἵνα τὸ γένος κατάρας λυτρώσωμαι
τὸ συγγενὲς τῆς σαρκός μου· διὸ καὶ σεσάρκωμαι
ἔμψυχον σάρκα ὁ εὔσπλαγχνος· θέλω γὰρ σῶσαι τὸν ἄνθρωπον,
ὃν ἐλεήσας κατῆλθον θέλων
ἐν παρθένου γαστρὶ μὴ λιπὼν οὐρανοὺς ὡς ἀχώριστος
|: ὁ πάντων δεσπότης.":|

ιγ' 2–3 suppl. Maas   5 γίνεσθαι] Maas: γενέσθαι P
ιδ' 2 suppl. Maas   7 metrum ⏑ ⏑ ⏑ – ⏑ ⏑ ⏑ – ⏑: κατῆλθον] ἦλθον Trypanis m.c. (cf. ιδ' 1²), sed cf. 24 s' 7, et 87 Kr. α' 7   8 παρθένου] Maas: παρθένῳ P

ιε' Τοὺς αὐτοῦ μαθητὰς ἐκδιδάσκει Χριστός·
ὁ δὲ δαίμων πρὸς ταῦτα ἐκώφευε
καὶ ἐκτρέπεται πρὸς λοιδορίαν αὐτοῦ·
τὸν κριτὴν ὁ κατάκριτος μέμφεται,
τὸν δικαστὴν τὸν χρηστὸν αἰτιᾶται ὁ ἄδικος·   5
" Τί ἡμῖν καὶ σοί, Ἰησοῦ; " φησιν·
                                " ἄνθρωπος εἶ τὸ φαινόμενον,
οὐχ ὑποκείμεθα ἀνθρώπῳ·
εἰ δὲ σὺ εἶ θεός, δυσωπῶ ἵνα μὴ βασανίσῃς με,
|: ὁ πάντων δεσπότης. :|

ις' Ἱνατὶ πρὸ καιροῦ   βασανίσαι ἡμᾶς
παρεγένου ἰσχύειν οἰόμενος,
ὅπερ δύναται μόνος ποιεῖν ὁ θεός;
ὅτι γὰρ τῷ κριτῇ ὑποκείμεθα
τῷ οὐρανίῳ, καὶ κρίσις φρικτὴ προτεθήσεται   5
ἐν τῇ ἡμέρᾳ τῆς κρίσεως,   τοῦτο σαφῶς ἐπιστάμεθα·
σὺ δὲ τὸν χρόνον προλαμβάνεις
καθ' ἡμῶν ὡς θεὸς καὶ ὡς ἔχων τὸ κράτος ἀήττητον
|: ὁ πάντων δεσπότης. :|

ιζ' Νῦν γὰρ οἶδα κἀγὼ   σὲ Μαρίας υἱὸν
τὸν πατρίδα κτησάμενον τὴν Ναζαρέτ,
καὶ ὡς ἐξ οὐρανῶν ἐπιτάττεις ἡμῖν·
φορτικὸς ἡμῖν ἦλθες πολέμιος,
τῶν ἡμετέρων δεινὸς θηρευτὴς ἀποδέδειξαι·   5
πάσης τῆς γῆς ἐδεσπόζομεν,   πάντα αἰχμάλωτα εἴχομεν·
σὺ δὲ ὡς μέγας αὐτοκράτωρ
ἐπελθὼν αὐθεντεῖς ἀπελαύνων ἡμᾶς ὧν κεκτήμεθα
|: ὡς πάντων δεσπότης. :|

ιη' Ῥαδίως τοὺς ἡμῶν   μάγους μέμνημαι
πῶς γεννηθεὶς ἐκ Περσίδος ἀπέσπασας,
σωφρονεῖν δὲ τὰς πόρνας μετέ[πει]σας,
πλεονέκτας τελώνας ἐζώγρησας,
τοὺς δὲ νεκροὺς ὑφ' ἡμῶν κρατουμένους ἐσύλησας,   5

ιε' 6¹ metrum ⏑ ⏑ ⏑ ⏑ ⏑ ⏑ ⏑ ⏑ ⏑ ⏑ : Ἰησοῦ ⏑ – (cf. Synesius h. 7 [6 Terz.]. 14)
ιη' 2 metrum ⏑ ⏑ ⏑ ⏑ ⏑ ⏑ ⏑ ⏑ ⏑ ⏑ (–), sed cf. ια' 2   3 μετέπεισας
suppl. Orphanidis

τοὺς δαιμονῶντας ἀπέλυσας, πάντων ἡμᾶς ἀπεστέρησας,
ἅπερ οὐδεὶς ἐξ Ἀδὰμ πρᾶξαι
ἠδυνήθη ποτέ· ἀλλὰ δέομαι, μὴ μαστιγώσῃς με
|: ὡς πάντων δεσπότης." :|

ιθ' Ὡς δεινὸς ὀλετὴρ οὐκ ἐπέγνω σαφῶς
τὸν Χριστόν, ὡς αὐτός ἐστιν ὁ ποιητής,
διὰ τοῦ φαινομένου πλανώμενος·
εἰ γὰρ ἠπίστατο εἶναι δεσπότην αὐτόν,
οὐκ ἂν ἐτόλμησε λέγειν αὐτῷ· " Τί σοὶ καὶ ἡμῖν; "   5
ταῦτα οὐκ ἔστι γινώσκοντος, ὥσπερ καὶ πρώην ἐπείραζεν
εἰς τὸ πτερύγιον κραυγάζων·
" Εἰ υἱὸς εἶ θεοῦ ". καὶ ἐκεῖ γὰρ ἀμφέβαλεν ὅτι ἐστὶν
|: ὁ πάντων δεσπότης. :|

κ' Μὴ θαυμάσωμεν δέ, εἰ υἱὸν τοῦ θεοῦ
ὀνομάζων ἠγνόει τὸν κύριον·
υἱοὶ γὰρ θεοῦ ἐκαλοῦντο ποτὲ
οἱ ἀγαπῶντες θεὸν παντοκράτορα·
υἱὸς πρωτότοκος ὁ Ἰσραὴλ ἐπεκέκλητο·   5
καὶ ἐν τῇ κτίσει εὑρίσκομεν ὅτι υἱοὺς ἀπεκάλεσε
τοὺς γυναιξὶν ἐπιφυρέντας·
καὶ τοιοῦτον ἐνόμιζεν εἶναι καὶ νῦν τὸν φαινόμενον
|: ⟨ὡς πάντων δεσπότην⟩. :|

κα' Αὐτὸς οὖν Ἰησοῦς, ὡς ⟦καὶ⟧ θεὸς ἰσχυρὸς
ἀφανῶς τιμωρεῖται τὸν δαίμονα
καταλύσας αὐτοῦ τὴν θρασύτητα·
καὶ φησὶ πρὸς αὐτόν· "Τί τὸ ὄνομα σοί; "
ὡς δικαστὴς φοβερὸς ἐρωτᾷ τὸν κατάρατον·   5
οὐκ ἀγνοῶν δὲ ἠρώτησεν, ἀλλ' ἵνα γνῶμεν τὸν ἄνθρωπον
δαίμοσι πόσοις ἐπειράσθη.
" Λεγεὼν γάρ ", φησί, " ἐστὶ τοὔνομα μοί, ὡς ἐπίστασαι
|: ὁ πάντων δεσπότης." :|

ιθ' 7 κραυγάζων] P^c : κράζων P
κ' 6¹ sq. cf. LXX Gen. 6. 2 sq.   9 add. Maas
κα' 1² καὶ del. Maas m.c.   5 κατάκριτον Orphanidis   7 ἐπειράσθη]
ἐπαρείθη Pγρ : ἐπαφείθη Orphanidis   8 τοὔνομα] Maas m.c. : τὸ ὄνομα P

κβ' Νῦν δὲ ὡς κελευσθεὶς ἐξελθεῖν τοῦ ἀνδρὸς
ἐστασίαζε καὶ καθικέτευεν·
ἡ θρασύτης δὲ πρὸς τὸ φαινόμενον,
ἀλλ' ἡ παράκλησις πρὸς τὸ ἀπόρρητον·
ἡ τῶν μαστίγων ἀνάγκη ἐκίνει τὴν δέησιν· 5
χοίρων ἀγέλη ὑπῆρχε δὲ καὶ πρὸς τὸ ὄρος ἐβόσκετο·
εἶδεν ὁ δαίμων τὴν ἀνάγκην
καὶ βοᾷ τῷ Χριστῷ· " Εἰ ἐκβάλλεις με, δὸς τὸ αἰτούμενον
|: ὡς πάντων δεσπότης. :|

κγ' Ὁ Χριστὸς Ἰησοῦς, εἰ ἐκβάλλεις με
κἂν τὴν αἴτησιν πλήρωσον ἤνπερ αἰτῶ·
εἰσελθεῖν εἰς τοὺς χοίρους ἐπίτρεψον μοί."
τῇ προστάξει οὖν τῇ τοῦ δεσπότου Χριστοῦ
τοῦ μὲν ἀνθρώπου ἐξῆλθον εὐθὺς τὰ δαιμόνια, 5
εἰς δὲ τοὺς χοίρους εἰσέρχονται καὶ εἰς κρημνοὺς ἀποπνίγουσιν·
ὄντως μέγαλα σου τὰ ἔργα,
ὁ ἁρπάσας ἡμᾶς ἐκ χειρὸς τοῦ ἐχθροῦ, ὁ θεὸς ἡμῶν,
|: ὁ πάντων δεσπότης. :|

κδ' [[Υὸς γὰρ οὔτε τινὸς ζῴου ἢ πετεινοῦ
οἱ δαίμονες εἰσὶ δυνατώτεροι,
ἐὰν μὴ ὁ θεὸς συγχωρήσῃ αὐτοῖς·
καὶ βλέπε πῶς οὐκ ἐτόλμησαν οἱ τολμηροὶ
οὐδὲ τοῖς χοίροις αὐτοῖς ἀκελεύστως ἐφίστασθαι·
ὅτε δὲ ἔλαβον ἄδειαν, οὐδὲ τῶν χοίρων ἐφείσαντο· 5
οὕτως ἠβούλοντο τὰ πάντα
διαθεῖ[ναι], εἰ μὴ τῇ ἰσχύι αὐτοῦ διεφύλαττεν
|: ὁ πάντων δεσπότης. :|]]

κε' Ὑπηρέται Χριστοῦ, οἱ φιλοῦντες ἀεὶ
παραμένειν καὶ ψάλλειν εἰς δόξαν αὐτοῦ,
οἱ πομπεύσαντες νῦν τὸν διάβολον,
παρακαλέσωμεν τὸν κυβερνήτην ἡμῶν,
ἵνα καλῶς τὸν τοῦ β[ίου] παρέλθωμεν κλύδωνα· 5

κδ' stropham spuriam arguunt materia, metrum, acrostichis 1¹ metrum
◡◡−◡◡−   2 metrum ◡◡−◡◡−◡◡−◡◡ (−)   4 metrum
{◡◡ − ◡◡ − ◡◡ − ◡◡ (−) }
{◡◡◡ − ◡◡−◡◡ − ◡◡ (−)}   8 suppl. Maas
κε' 5 suppl. Krumb.

οἴδαμεν δὲ ὡς ἀκοίμητον ἔχει τὸ ὄμμα φρουροῦν ἡμᾶς
καὶ ταῖς εὐχαῖς τῆς θεοτόκου
διασῴζει ἡμᾶς εἰς λιμένα τὸν εὔδιον καὶ ἀγαθὸν
|: ὁ πάντων δεσπότης. :|

12 (82 Kr.)

ON THE WOMAN WITH AN ISSUE OF BLOOD

Acrostichis: *ΨΑΛΜΟΣ ΤΟΥ ΚΥΡΟΥ ΡΩΜΑΝΟΥ*

Prooemium: Ἰδιόμελον

Ὡς ἡ αἱμόρρους προσπίπτω σοι, κύριε,
ὅπως τοῦ ἄλγους με ῥύσῃ, φιλάνθρωπε,
καὶ πταισμάτων μοι παράσχῃς συγχώρησιν,
ἵνα ἐν κατανύξει καρδίας κραυγάζω σοι·
|: " Σῶτερ, σῶσον με." :| 5

Strophae: *Οἱ ἐν πάσῃ τῇ γῇ* (App. Metr. xi)

α' Ψάλλω σοὶ ἐν ᾠδαῖς, ἄναξ ὕψιστε,
                ὅτιπερ οὐ στερεῖς με τῆς δόξης σου·
παρορᾷς μου γὰρ τὰ ἁμαρτήματα θέλων μετανοοῦντα εὑρεῖν με,
ὑπάρχων φύσει ἀναμάρτητος· ὅθεν λίττομαι σοῦ ἐμοὶ γενέσθαι
τὴν σὴν μακροθυμίαν εἰς ἐπιστροφὴν
καὶ μὴ εἰς καταφρόνησιν, ὅτι βοῶ·
|: " Σῶτερ, σῶσον με. " :| 5

β' Ἀφθαρσίας ποσὶν γῆς ἐπέβης νῦν πᾶσι καταμερίζων ἰάματα·
πήροις γὰρ ἐδωρήσω ἀνάβλεψιν,
                    παρειμένοις δὲ ἔδωκας σύσφιγξιν

12 Codices: P
Editiones: nulla
Titulus: On the Woman with an issue of Blood Trypanis: Εἰς τὴν αἱμόρρουν P
Dies Festus: Τῇ δ' τῆς ἕκτης ἑβδομάδος (τοῦ Πάσχα)
Modus: ἦχος πλάγιος δ'
Acrostichis: Ψαλμὸς τοῦ κύρου Ῥωμανοῦ P
   Prooemium 5 Σῶτερ] Maas: σωτήρ P
   α' 2² εὑρεῖν με] εὑρίσκειν με dub. Maas m.c., sed cf. β' 2²   3¹ cf. κα' 3¹
   6 Σῶτερ] Maas: σωτήρ P
      β' 2² σύσφιγξιν] Orphanidis m.c.: σφίγξιν P

χειρὶ καὶ λόγῳ, μόνῳ θελήματι·
οὕτως οὖν ἐπακούσασα ἡ αἱμόρρους
σοὶ προσῆλθε σωθῆναι σιγῶσα φωνῇ,
τῇ παλάμῃ δὲ κράζουσα σοὶ ἐκτενῶς· 5
|: " Σῶτερ, σῶσον με. " :|

γ' **Λανθανόντως**, σωτήρ, σοὶ προσήρχετο·
καὶ γὰρ ἄνθρωπον μόνον ἐνόμιζεν·
ἰωμένη δὲ ἐξεπαιδεύετο ὅτι σὺ θεὸς ἅμα καὶ ἄνθρωπος·
λαθραίως ψαύει τοῦ κρασπέδου σου
τῇ παλάμῃ κρατῶν, ψυχῇ δειλιῶσα·
σὲ ἐνόμιζεν ἀποσυλᾶν τῇ χειρί,
ὑπὸ σοῦ ἐσυλήθη δὲ κράζουσα σοί· 5
|: " Σῶτερ, σῶσον με. " :|

δ' **Μαθεῖν** θέλεις σαφῶς πῶς σεσύληται
ὁ σωτὴρ καὶ ἐσύλησεν, ἀκροατά·
ὅπερ εἶχε ποιῆσαι ἠπίστατο ἡ γυνὴ καὶ σιγᾷ κλοπῆς ἕνεκα·
εἰ γὰρ ἐγνώρισεν, ἐμάνθανεν ὁ ἐχθρὸς τὴν τῆς κόρης σωτηρίαν
καὶ εἰς ἀπόγνωσιν ταύτην ἐνέβαλε·
διὰ τοῦτο σιγῇ ὑπακούει αὐτῆς· 5
|: " Σῶτερ, σῶσον με. " :|

ε' **Οὐ** γὰρ μόνον εἰκὸς ἐλογίζετο
ἡ αἱμόρρους καὶ ἔλεγε καθ' ἑαυτήν·
" Πῶς ὀφθήσομαι τῷ παντεπόπτῃ μου
φέρουσα τὴν αἰσχύνην πταισμάτων ἐμῶν;
αἱμάτων ῥύσιν ὁ ἀμώμητος ἐὰν ἴδῃ, χωρεῖ μου ὡς ἀκαθάρτου,
καὶ δεινότερον ἔσται μοι τοῦτο πληγῆς,
ἐὰν ἀποστραφῇ με βοῶσαν αὐτῷ· 5
|: 'σῶτερ, σῶσον με.' :|

ϛ' **Συνωθοῦσι** με πάντες ὁρῶντές με,
' ποῦ νυνὶ σὺ προσέρχῃ;' βοῶντές μοι·
' κατανόησον, γύναι, τὸ αἶσχος σου,
γνῶθι τίς τίνι θέλεις ἐγγίσαι νυνί,
τῷ ἀμωμήτῳ ἡ ἀκάθαρτος· ἄπιθι καὶ καθάρθητι ἀπὸ ῥύπου

3¹ metrum ⏑ ‒ ⏑ − ⏑ ⏑ ⏑ − ⏑ ⏑: μόνῳ] καὶ Maas (sed cf. 8 γ' ἐν τῷ θείῳ βουλήματι μόνῳ)
γ' 3² κρατῶν] Trypanis m.c.: κρατοῦσα P

καὶ τὸν σπίλον τὸν σὸν ἀποσμήξασα
τότε τούτῳ προσέρχου βοῶσα φωνῇ·
|: ' σῶτερ, σῶσον με. ' :|

ζ' **Τοῦ ἐμοῦ πάθους τάχα βουλεύεσθε**
                    χαλεπώτεροι ἄνδρες γενέσθαι μοι·
μὴ γὰρ νῦν τῇ ἀγνοίᾳ κεκράτημαι· οἶδα ὅτι αὐτὸς καθαρός ἐστιν·
ὅθεν αὐτῷ καὶ προσελεύσομαι
                    τῶν ὀνειδισμῶν ῥυσθῆναι καὶ τῶν κηλίδων·
μὴ κωλύσητε οὖν ῥῶσιν δρέψασθαι μέ·
διὸ λίττομαι ἄφετε κράξαι ⟨ἐμέ⟩·
|: ' σῶτερ, σῶσον με. ' " :|

η' " **Οὐ νοεῖς τί αἰτεῖς, γύναι·** ἄπιθι,
                    μὴ ἡμεῖς ὑπὸ μέμψιν γενώμεθα·
ἂν ἐάσωμεν σέ, πάντες αἴτιοι τῆς αὐτοῦ ἀτιμίας δεικνύμεθα·
ἐὰν δὲ πάλιν σε θεάσωνται οἱ φοιτῶντες αὐτῷ νῦν προσιοῦσαν,
ὥσπερ καταφρονοῦντας μέμψονται ἡμᾶς
καὶ ὡς ἄφρονας κρίνουσιν, ὅτι βοᾷς·
|: ' σῶτερ, σῶσον με. ' " :|

θ' " **Ὑμεῖς, δύσμοροι, φθόνῳ κεκράτησθε,**
                    ὅθεν ἐμὲ σωθῆναι οὐ βούλεσθε·
ἡ πηγὴ πᾶσι βλύζει τὰ νάματα·
                    χάριν τίνος αὐτὴν ἀποφράττετε;
ἰδοὺ προσέρχομαι τῷ πλάστῃ μου,
                    καὶ ἐὰν θυμωθῇ οὐκ ἔστιν ὑπὸ μέμψιν·
ἂν δὲ σώσῃ με ⟨νῦν⟩ τῆς πληγῆς τῆς ἐμῆς,
τὴν αἰσχύνην κομίσησθε, ὅτι βοῶ·
|: ' σῶτερ, σῶσον με. ' :|

ι' **Καθορᾶτε αὐτοῦ τὰ ἰάματα** καὶ τί τοὺς προσιόντας κωλύετε;
καθ' ἑκάστην βοᾷ καὶ προτρέπεται·
        ' δεῦτε πρός με νῦν οἱ κοπιῶντες κακοῖς·
ἐγὼ γὰρ ὕμας ἀναπαύσοιμι · ' χαίρει δῶρον διδοὺς πᾶσι τὴν ὑγείαν,

ϛ' 5 προσέρχου] Maas: προσέρχ[ῃ] P?
ζ' 5 ⟨ἐμέ⟩ add. Maas m.c.
θ' 4 ⟨νῦν⟩ add. Maas m.c. (sed cf. κ' 4)
ι' 3¹ ἀναπαύσομαι Trypanis

καὶ ὑμεῖς τί κεντᾶσθε κωλύοντες μέ,
ὡς προφάσει τιμῆς μὴ βοῆσαι αὐτῷ· 5
|: ' σῶτερ, σῶσον με; ' :|

ια' [Υ]μῶν ὄμμασι τί ἐνεφάνησα;
ῥῶσιν γὰρ ὡς οὐκ οἴδατε λήψομαι·
μὴ γὰρ μύσται ὑπάρχετε τοῦ Χριστοῦ;
τί δὲ ἀκολουθεῖτε στυγοῦντες αὐτῷ;
ὑμεῖς πτερνίζετε τὸν ἄχραντον· ὅθεν ἀπόστητε καὶ μόνος οὐκ ἔνι·
φθόνου, φόνου δυσοσμίαν πνέετε·
διὰ τοῦτο κωλύετε μὲ τοῦ βοᾶν· 5
|: ' σῶτερ, σῶσον με.' ''' :|

ιβ' [Ρ]ήσεις ταύτας αἱμόρρους ἐλάλησε
τάχα πρὸς τοὺς σοβεῖν αὐτὴν θέλοντας
καὶ λαθραίως κρασπέδου προσήψατο·
ὥσπερ ἄνθρωπον γὰρ ἐπειρᾶτο συλᾶν
τὸν τῇ θεότητι ἀκοίμητον. ὅμως Χριστὸς ἠνέσχετο τοῦ κλαπῆναι
πρὶν ὁ κλέψας πλευρὰν ἐν Ἐδὲμ τοῦ Ἀδὰμ
καὶ μορφώσας τὴν κράξασαν νῦν ἐν κλοπῇ· 5
|: " Σῶτερ, σῶσον με." :|

ιγ' Ὁ τὰ πάντα εἰδὼς πρὶν γενέσεως,
ὅστις πρὶν οὐκ ἠγνόει τί πέπονθε,
στραφεὶς εἶπε πρὸς τοὺς μαθητὰς αὐτοῦ·
" Τίς ἥψατο νῦν τοῦ κρασπέδου μου,
καὶ ἔλαβεν ὅπερ ἠθέλησε; πῶς φυλάττετε οὖν τὸν θησαυρόν μου;
γρηγορούντων ὑμῶν τῶν ἐμῶν μαθητῶν
μὴ κλαπεὶς ἐσυλήθην βοώσῃ χειρί· 5
|: ' σῶτερ, σῶσον με; ' :|

ιδ' [Υ]πὸ τίνος αὐτὸ τοῦτο γέγονεν;
ὑμεῖς γνῶναι ὀφείλετε, φίλοι μου·
νῦν ἐγνώρισα τὸ δραματούργημα,
νῦν ὑμῖν ἐκκαλύπτω τὸν κλέψαντα
δυνάμει τρόπῳ πῶς ἐχρήσατο· ἀφωνίᾳ προσῆλθεν ἐμοὶ βοῶσα,

ια' 2¹ metrum ⏑⏑–⏑⏑–⏑⏑–⏑⏑ (sed cf. ιε' 2¹)
ιγ' 2² metrum ⏑⏑–⏑⏑–⏑⏑–⏑⏑ (–) : τίς ⟨μου⟩ ἥψατο ν. τ. κρασπ. μου dub. Trypanis (cf. Ev. Marc. 5. 30)
ιδ' 3¹ δυνάμει] Trypanis (cf. ιε' 1², κ' 2²) : δυνάμης (sic) P

καὶ κρατοῦσα στολὴν ὥσπερ ἐπιστολὴν
θεραπείαν ἐδρέψατο κράζουσα μοί·
|: ' σῶτερ, σῶσον με.' :|

ιε' [Ῥῶ]σιν ἔλαβεν ἡ προσελθοῦσά μοι,
δύναμιν ἐξ ἐμοῦ γὰρ ἐλήστευεν·
τί μοι φθέγγει, ὦ Σύμων Βὰρ-ιωνᾶ,
ὅτι ὄχλοι πολλοί με συνέχουσιν;
οὐ ψαύουσί μου τῆς θεότητος·
αὕτη ψαύσασα δὲ [στ]ολῆς ὁρωμένης
θείας φύσεως σαφῶς ἐδράξατο
καὶ ὑγείαν ἐκτήσατο κράξασα μοί·
|: ' σῶτερ, σῶσον με.' ":|

ις' Ὡς κατεῖδε δὲ ὅτι οὐκ ἔλαθεν, ἡ γυνὴ ταῦτα συνελογίζετο·
[καὶ] φησὶν ὅτι " Ὀφθῶ τῷ σωτῆρί μου
Ἰησοῦ καθαρθεῖσα τοῦ σπίλου μου·
οὐκέτι φόβος γὰρ οὐκ ἔστι μοι·
τῇ βουλῇ γὰρ αὐτοῦ ἐξετέλεσα τοῦτο·
ὃ ἠθέλησε, τοῦτο καὶ ἔδρασα·
ἐν γὰρ πίστει προσῆλθον βοῶσα αὐτῷ·
|: ' σῶτερ, σῶσον με.' :|

ιζ' Μὴ οὐκ ᾔδει ὁ πλάστης ὃ ἔπραττον;
ἀλλ' ἠνέσχετο μοῦ ὡς καὶ εὔσπλαγχνος·
μόνον ψαύσασα ῥῶσιν ἐτρύγησα,   ἐπειδήπερ ἡδέως σεσύλητο·
διὸ οὐ δέδοικα ὀφθῆναι νῦν   τῷ θεῷ μου κηρύττουσα ὅτι ἔστιν
ἰατρὸς ἀσθενῶν καὶ σωτὴρ τῶν ψυχῶν
καὶ δεσπότης τῆς φύσεως, ᾧπερ βοῶ·
|: ' σῶτερ, σῶσον με.' :|

ιη' Ἀγαθῷ ἰατρῷ σοι προσέφυγον   ἀπορρίψασα μοῦ νῦν τὸ ὄνειδος·
κατ' ἐμοῦ τὸν θυμὸν μὴ ἐγείρῃς σου,
μηδὲ τῇ θεραπαίνῃ τῇ σῇ ὀργισθῇς·
ὃ γὰρ ἠθέλησας, ἐτέλεσα·   πρὶν λογίσωμαι γὰρ ποιῆσαι τὸ δρᾶμα,
σὺ ὑπῆρχες συμβιβάζων με πρὸς αὐτό·
τὴν καρδίαν μου ᾔδεις κραυγάσασαν σοί·
|: ' σῶτερ, σῶσον με.' ":|

ιε' 2¹ metr. cf. ια' 2¹   3² suppl. Krumb.
ις' 2¹ καὶ del. Maas m.c.   2² τοῦ σπίλου] Maas: τοὺς σπίλους P

ιθ′ " Νῦν νευρώθητι, γύναι, τῇ πίστει σου·
            θέλοντά με συλήσα[σα] θάρσει λοιπόν·
ού γὰρ ἔνεκεν τοῦ ἐλεγχθῆναι σε
            τούτ[ων] πάντων εἰς μέσον παρήγαγον σέ,
ἀλλ' ἵνα τούτους νῦν πιστώσωμαι,
            ὅτι συλούμενος χαίρω, οὐκ ἀπελέγχω·
ὅθεν ἔσο λοιπὸν ὑγιαίνουσα
μέχρι τέλους τῆς νόσου σου, κράζουσα μοί·   5
|: ' σῶτερ, σῶσον με.' :|

κ′ Οὐ χειρὸς τῆς ἐμῆς τοῦτο τοὔργον νῦν,
            ἀλλὰ πίστεως τῆς σῆς τὸ κάτεργον·
πολλοὶ ἥψαντο γὰρ τοῦ κρασπέδου μου,
            τῆς δυνάμεως δὲ οὐκ ἐπέτυχον,
ἐπειδὴ πίστιν οὐ προσήγαγον·
            σὺ δὲ πίστει πολλῇ ἐμοῦ ἁψαμένη
τὴν ὑγείαν ἐδρέψω, ὅθεν σε νῦν
ἐπὶ πάντων προήγαγον, ἵνα βοᾷς·   5
|: ' σῶτερ, σῶσον με.' " :|

κα′ Ὑἱὲ τοῦ θεοῦ ἀκατάληπτε,   δι' ἡμᾶς σαρκωθεὶς ὡς φιλάνθρωπος,
ὡς ἐκείνην αἱμάτων τὸ πρότερον,
            οὕτως ἁμαρτημάτων με λύτρωσαι
ὑπάρχων μόνος ἀναμάρτητος·
            ταῖς εὐχαῖς καὶ πρεσβείαις τῶν ἁγίων
κλῖν[ον] μου τὴν καρδίαν, μόνε δυνατέ,
ἐπὶ τὸ μελετᾶν σου τοὺς λόγους ἀεί,   5
|: ἵνα σώσῃς με. :|

ιθ′ συλήσα[σα] suppl. Orphanidis   1² suppl. Maas   2² suppl. Maas
            3² metrum $\left\{ \begin{smallmatrix} \cup\cup\dot{-}\cup\cup\dot{-}\cup\cup\dot\cup\cup-\cup \\ \cup\cup-\cup\cup-\cup\cup\cup\dot{-}\cup \end{smallmatrix} \right\}$:
ὅτι] ὡς dub. Trypanis
    κ′ 1¹ τοὔργον] Trypanis: ἔργον P: τὸ ἔργον Pᶜ   4 ὅθεν σε νῦν = ∪−∪∪
    κα′ 3¹ cf. α′ 3¹   4 suppl. Maas   6 ephymnium differt

13 (83 Kr.)

ON THE MULTIPLICATION OF THE LOAVES

Acrostichis: *ΠΟΙΗΜΑ ΡΩΜΑΝΟΥ ΤΟΥ ΤΑΠΙΝΟΥ*

Prooemium: Ἰδιόμελον

Τοὺς ἐκ τῆς σῆς τρεφομένους σαρκός, ἐλεῆμον,
ἀπὸ λιμοῦ καὶ ἀνάγκης ῥυόμενος πάσης,
  Χριστὲ ὁ θεὸς ἡμῶν,
τῶν αἰωνίων ἀγαθῶν σου τῇ ἱκεσίᾳ τῆς θεοτόκου
  ἀξίωσον ἡμᾶς,
ὅτι ὑπάρχεις, σωτήρ,
|: ἄρτος ἀφθαρσίας ἐπουράνιος. :| 5

Strophae: *Τίς ἐφύλαξε* (App. Metr. xii)

α΄ Πάντες ἄγγελοι   οἱ ἐν οὐρανοῖς   θαυμάζουσι τὰ ἐπίγ[εια],
  ὅτι ἄνθρωποι γηγενεῖς   τὰ κάτω   κατοικοῦντες
  ὑψοῦν[ται] τῇ διανοίᾳ   καὶ φθάνουσι   πρὸς τὰ ἄνω
  μέτοχοι Χριστοῦ   [ὄν]τες τοῦ ἐσταυρωμένου·
  τὸ σῶμα γὰρ αὐτοῦ   πάντες ἅμα ἐσθίουσι·   5
  τῷ ἄρτῳ τῆς ζωῆς   πρόθυμοι προσ[ιόν]τες
  ἀθάνατον ἐλπίζουσιν   ἐντεῦθεν σωτηρίαν·
  κἂν αἰσ[θη]τῶς γὰρ   ἄρτος ὁρᾶται,
  νοητῶς ἁγιάζει αὐτοὺς ὡς ὑ[πάρχων]
  |: ἄρτος ἀφθαρσίας   ἐπουράνιος. :| 10

β΄ Ὅτι σάρξ ἐστι   τοῦ Ἐμμανουὴλ   ὁ ἄρτος ὅνπερ λαμβάνομεν,
  αὐτὸς πρῶτος πάντας ⟨ἡμᾶς⟩   διδάσκει   ὁ δεσπότης·
  ἡνίκα γὰρ πρὸς τὸ πάθος   ἐλήλυθεν   ἑκουσίως,
  ἔκλασε Χριστὸς   ἄρτον τὸν τῆς σωτηρίας

13 *Codices*: P
Editiones: nulla
Titulus: On the Multiplication of the Loaves Trypanis: Εἰς τοὺς πέντε ἄρτους P
Dies Festus: τῇ δ΄ τῆς ζ΄ ἑβδομάδος (τοῦ Πάσχα) P
Modus: ἦχος πλάγιος δ΄
Acrostichis: Ποίημα Ῥωμανοῦ τοῦ ταπεινοῦ P
  α΄ 1³–9² suppl. Maas
  β΄ 2¹ ἡμᾶς add. Maas m.c.

καὶ λέγει τοῖς αὐτοῦ ἀποστόλοις, ὡς γέγραπται· 5
" Προσέλθετε νυνί, φάγετε ἀπὸ τούτου
[καὶ] τεύξεσθε ἐσθίοντες ζωῆς τῆς αἰωνίου·
ἔστι γὰρ σάρξ [μου] αὕτη ἡ βρῶσις,
ἐπειδήπερ ἐγώ, ὃν ὁρᾶτε, ὑπάρχω
|: ἄρτος ἀφθαρσίας ἐπουράνιος." :| 10

γ´ Ἴσμεν ἅπαντες, ὅσοι ἐν Χριστῷ τὴν πίστιν πᾶσαν κεκτήμεθα,
ὡς τῷ ἄρτῳ τῷ μυστικῷ προθύμως προσιόντες,
λαμβάνοντες δὲ πρὸς τούτοις ποτήριον σωτηρίου,
γνώμης καθαρᾶς ὄντες καὶ ἀνυποκρίτου,
τοῦ σώματος Χριστοῦ ἅμα τε καὶ τοῦ αἵματος 5
ἐν πίστει τῇ αὐτοῦ ἅπαντες μετασχόντες,
ἰσάγγελον ἐλπίζομεν ἐκ τούτων πολιτείαν·
ἔστι γὰρ ὄντως τοῦ πεπονθότος
Ἰησοῦ τοῦ Χριστοῦ τὸ πανάγιον σῶμα
|: ἄρτος ἀφθαρσίας ἐπουράνιος. :| 10

δ´ Ἦλθον ἅπαντες ἀκοῦσαι καὶ νῦν, πῶς κράζει τὰ εὐαγγέλια,
καὶ θαυμάζειν τὸν Ἰησοῦν· αὐτὸς γὰρ ἀπορρήτως
διέθρεψεν ἐν ἐρήμῳ τὰς πέντε πρὶν χιλιάδας,
θαῦμα φοβερὸν πάσης ἐκπλήξεως γέμον·
λαβὼν γὰρ ὁ σωτὴρ πέντε ἄρτους, ὡς γέγραπται, 5
ἐκτρέφει ἐξ αὐτῶν ταύτας τὰς χιλιάδας,
καὶ πάντες ἐκορέσθησαν σοφίᾳ τῇ ἀφράστῳ·
οὐδὲ γὰρ πλήθους ἔχρῃζον ἄρτων,
ἐπειδήπερ παρῆν ὁ Χριστὸς ὁ ὑπάρχων
|: ἄρτος ἀφθαρσίας ἐπουράνιος. :| 10

ε´ Μνήμην βούλομαι ποιήσασθαι νῦν, τὸ πλῆθος πῶς διετρέφετο
γεωργοῦ ⟨τε⟩ καὶ ἰατροῦ παρόντος ἐν ἐρήμῳ·
ἡ χώρα ἡ ἀσθενοῦσα καὶ ἔχουσα τὰς ἀκάνθας
ἔσπευσεν εὐθὺς φθάσαι τὸν εὐεργετοῦντα·
ἑώρα δὲ Χριστὸς πάντας καὶ εὐσπλαγχνίζετο, 5
καὶ πρῶτον ὁ σοφὸς δίδωσι θεραπείαν
καὶ δύναμιν χαρίζεται τῇ τούτων ἀσθενείᾳ·

7¹–8¹ suppl. Maas
   δ´ 2¹ θαυμάζειν] Maas: θαυμάζει P
   ε´ 2¹ τε add. Maas

οὗτοι δὲ τότε τῆς ἰατρείας
ἀπολαύσαντες [[πάντες]] ἔγνωσαν, ὅτι ὑπάρχει⟨s⟩
|: ἄρτος ἀφθαρσίας ἐπουράνιος. :| 10

ς' Ἀπαξάπαντας ὁ πάντων θεὸς ἰάτρευε τοὺς ἐν θλίψεσι
θεραπεύων καὶ τῶν ψυχῶν τὰ πάθη ὡς δυνάστης,
λαμβάνων συγκληρονόμους ὁ πλούσιος κληρονόμος
πάντας τοὺς πτωχούς, μόνον ἐὰν βουληθῶσιν·
ἐν ὅσῳ δὲ αὐτοῖς τοῦτο εὐηγγελίζετο,   5
τὸ μέτρον πρὸς δυσμὰς ᾤχετο τῆς ἡμέρας,
καὶ ὅλον τὸ συνάθροισμα ὑπῆρχεν ἐν νηστείᾳ
κεκορεσμένον διδασκαλίαις
καὶ εἰδὸς ὡς ὑπάρχει Χριστὸς τοῖς ἀνθρώποις
|: ἄρτος ἀφθαρσίας ἐπουράνιος. :| 10

ζ' Ῥᾴως μάθωμεν, τί μὲν τῷ Χριστῷ
ἐφθέγγοντο οἱ ἀπόστολοι,
τί δὲ ὁ σωτὴρ πρὸς αὐτοὺς εὐθέως ἀπεκρίθη·
αὐτὸς μὲν γάρ ὡς προγνώστης τὰ μέλλοντα προεώρα,
οὗτοι δὲ οὐδὲν τούτων ἠδύναντο γνῶναι·
αὐτὸς μὲν γὰρ θεὸς κτίστης τε τοῦ παντός ἐστιν,   5
αὐτοὶ δὲ ἀσθενεῖς ἦσαν ὡς ὄντες κτίσμα·
αὐτὸς μὲν δυνατός ἐστιν, ἀδύνατοι δὲ οὗτοι·
ἀλλὰ παρέσχε δύναμιν τούτοις
διαθρέψας αὐτοὺς θεϊκῶς ὡς ὑπάρχων
|: ἄρτος ἀφθαρσίας ἐπουράνιος. :| 10

η' Ὡς γὰρ εἴδοσαν οἱ τοῦ λυτρωτοῦ ἀπόστολοι, ὡς ἐξέδραμεν
ἡ ἡμέρα πρὸς τὰς δυσμάς, σπουδαίως προσελθόντες
" Διδάσκαλε ", ἀνεβόων, " ἀπέκλινεν ἡ ἡμέρα,
πᾶς δὲ ὁ λαὸς οὗτος νηστείαις ἐτάκη·
ὁ τόπος δέ ἐστιν ἔρημος ὡς ἐπίστασαι·   5
ἀπόλυσον αὐτοὺς πρὶν γενέσθαι ἑσπέραν,
ἵν' ἄρτους ἀγοράσωσιν ἐλθόντες εἰς τὰς κώμας·
οὐ γὰρ ἀρκοῦσιν οὗτοι νηστεύειν,
ὡς ἡμεῖς οἷς παρέσχες ἰσχὺν ὡς ὑπάρχων
|: ἄρτος ἀφθαρσίας ἐπουράνιος. :| 10

9 πάντες del. Maas m.c.   ὑπάρχεις] Maas: ὑπάρχει P
ς' 6² ᾤχετο] εἶχε τὸ (= οἴχετο?) P^c   8² διδασκαλίας Orphanidis
ζ' 5² τε] Maas: δὲ P

θ′ Μέγας πέφυκας τοῦ κόσμου σωτὴρ
καὶ γνῶσιν πάντας ἐδίδαξας·
διαθρέψας δὲ τὸν λαὸν ἐν λόγοις ἀληθείας,
ὡδήγησας τοὺς ἀνθρώπους πρὸς τρίβον τῆς σωτηρίας
δεδωκὼς αὐτοῖς γνῶναι τὴν δικαιοσύνην·
αὐτοὶ μὲν τὰς ψυχὰς νοητῶς ἀπετράφησαν, 5
τὸ σῶμα δὲ λοιπὸν χρῄζουσι θεραπεῦσαι
καὶ μάλιστα τὰ νήπια καὶ τούτων αἱ μητέρες·
ὃ μεριμνῶντες παρακαλοῦμεν
ἵνα θρέψῃς αὐτούς, λυτρωτά, ὡς ὑπάρχων
|: ἄρτος ἀφθαρσίας ἐπουράνιος. :| 10

ι′ Ἀλλά, κύριε, ὁρῶμεν νυνὶ πῶς στέργουσί σε οἱ ἄνθρωποι
ἀντὶ πάσης οὗτοι τρυφῆς τοὺς λόγους ἀγαπῶντες·
ἂν γένηται δὲ ἑσπέρα καὶ μέλλουσιν ὑποστρέφειν,
πόρος μὲν οὐδεὶς ἄρτων ἐστὶν ἐν ἐρήμῳ,
καὶ πίπτουσιν εἰκὸς ἀσιτίαν οὐ φέροντες· 5
ἀπόλυσον αὐτούς· σφόδρα γὰρ μεριμνῶμεν·
ἀπέλθωσιν, ὠνήσωνται τροφὰς πρὸ τῆς ἑσπέρας·
τοὺς μαθητάς σου καὶ ἀποστόλους
συμπαθεῖν ἐξεδίδαξας πᾶσιν ὑπάρχων
|: ἄρτος ἀφθαρσίας ἐπουράνιος." :| 10

ια′ Νῦν ὁ κύριος πρὸς τοὺς μαθητὰς τί ἔφησεν ἐπακούσωμεν·
" Μεριμνῶντες δότε τροφὴν καὶ ἄρτους τοῖς πεινῶσιν·
οὐ χρῄζουσιν ἐξ ἑτέρων χορτάσματα ἀγοράζειν·
θρέψατε αὐτοὺς πάντας ἐνταῦθα προθύμως "·
εὐθὺς δὲ πρὸς αὐτὸν ἀντεφθέγξαντο λέγοντες· 5
" Ἀμέτρητος ἐστὶν ὄχλος ὁ συνηγμένος,
καὶ ἄρτους ἂν θελήσωμεν ὠνήσασθαι, οἰκτίρμον,
διακοσίων οὐκ ἐξαρκέσει
δηναρίων αὐτοῖς· σὺ δὲ πέφυκας μόνος
|: ἄρτος ἀφθαρσίας ἐπουράνιος. :| 10

ιβ′ †"Ὅπως μάθωμεν† καὶ τὸ ἀληθές οὐ κρύπτομέν σοι, διδάσκαλε,
εἰ μὴ πέντε ἄρτους ἡμῖν κριθίνους οὐχ εὑρήσεις·

ι′ 2¹ τρυφῆς] τροφῆς dub. Maas   4¹ πόρος] Orphanidis: ὄρος P

οὐδεὶς ἡμῶν οὐδὲ τούτους ἐκόμισεν ἐν ἐρήμῳ·
παῖς γὰρ συμπαρὼν τούτους βαστάσας ἐπέστη·
οὐκ ἔστιν ἡμῖν τρόπος ἄλλος, φιλάνθρωπε· 5
πρὸς πλῆθος δὲ πολὺ ἄπειρον, πανοικτίρμον,
ἀρκέσαι πῶς δυνήσονται οἱ πέντε ἄρτοι οὗτοι;
ἔχει πρὸς τούτοις δύο ἰχθύας·
ἀλλὰ σπεῦσον καὶ θρέψον αὐτοὺς ὡς ὑπάρχων
|: ἄρτος ἀφθαρσίας ἐπουράνιος." :| 10

ιγ' Ὑπὸ τῶν αὐτοῦ μαθητῶν 〚ὁ〛 Χριστὸς
τοὺς λόγους τούτους ὡς ἤκουσεν,
ἀπεκρίθη οὕτως αὐτοῖς· " Πλανᾶσθε οὐκ εἰδότες,
ὡς κόσμου ὑπάρχω κτίστης, τοῦ κόσμου δὲ προνοοῦμαι·
οἶδα δὲ σαφῶς ἄρτι, ὧν χρῄζουσιν οὗτοι·
τὴν ἔρημον ὁρῶ καὶ τὸν ἥλιον δύναντα· 5
τὸν δρόμον δὲ ἐγὼ ἔταξα τῷ ἡλίῳ·
τὸν κάματον ἐπίσταμαι τοῦ πλήθους τοῦ παρόντος·
οἶδα τί μέλλω πράττειν εἰς τούτους·
θεραπεύσω τὴν πεῖναν αὐτὸς ὡς ὑπάρχων
|: ἄρτος ἀφθαρσίας ἐπουράνιος. :| 10

ιδ' Τοῦτο οἴεσθε †ἔσθότε ὑμεῖς† ἀνθρώπινά με λογίζεσθε,
οὐκ εἰδότες ὅτι ἐγὼ τὰ πάντα πρὶν γενέσθαι
ἐπίσταμαι ὡς δυνάστης τὰ κρύφια προγινώσκων·
οἶδα πρὸ ὑμῶν ὅτι οὐκ ἔχετε ἄρτους·
βουλῇ δὲ τῇ ὑμῶν ἡρμοσάμην εἰπὼν ὑμῖν· 5
' παράσχετε τροφὴν πᾶσι τοῖς συμπαροῦσι '·
φρονεῖτε γὰρ ἀνθρώπινα ἀτόπως μεριμνῶντες·
τί μεριμνᾶτε, ὦ μαθηταί μου,
οὐκ εἰδότες ὡς πρόκειμαι ἄφθονος πᾶσιν
|: ἄρτος ἀφθαρσίας ἐπουράνιος; :| 10

ιε' Οὐδὲ μέμνησθε, ὅπως ἡ ἐμὴ παρθένος μήτηρ 〚με〛 ᾐτήσατο
ἐν τοῖς γάμοις τοῖς ἐν Κανᾷ εἰποῦσα· ' υἱέ μου,
οὐκ ἔχουσιν οἶνον ὧδε οἱ τρέφοντες ἐν τοῖς γάμοις';
ὅπως δὲ ἐγὼ ταύτῃ πεισθεὶς ὡς μητρί μου

5¹ metrum ⏑−́⏑⏑−: οὐ πάρεστιν ἡμῖν Maas
ιγ' 1² ⏑−́⏑⏑− metrum: ὁ del. Trypanis m.c.: Χριστὸς μαθητῶν Orphanidis
9 αὐτῶν Orphanidis
ιδ' 1² ἔσθ' ὅτε ὑμεῖς dub. Trypanis
ιε' 1³ με del. Trypanis m.c. (sed cf. 30 β' 1³)

τὴν φύσιν ὡς θεὸς   τῶν ὑδάτων μετέβαλον,   5
ἀμπέλου δὲ χωρὶς   οἶνον ἐδωρησάμην·
διόπερ δυνατός εἰμι   καὶ ἄρτῳ διαθρέψαι
νεύματι μόνῳ   ἅπαν τὸ πλῆθος,
καὶ γὰρ ἄμπελος πέφυκα καὶ τοῖς πεινῶσιν
|: ἄρτος ἀφθαρσίας   ἐπουράνιος. :| 10

ις´ Ὑμεῖς οὐ δύνασθε   φροντίζοντες νῦν
                              τροφὴν παρέχειν ὡς ἄνθρωποι·
ἢ γὰρ θρέψατε τὸν λαὸν   οἱ οὕτως   μεριμνῶντες;
ἢ θρέψαι αὐτοὺς μηδ' ὅλως   ἰσχύοντες   σιωπᾶτε;
μόνος γὰρ ἐγὼ   πάντων φροντίζω ὡς κτίστης
ὑπάρχων ἀγαθὸς   ὡς θεὸς προαιώνιος·   5
καὶ πάσῃ δὲ σαρκὶ   πᾶσαν τροφὴν παρέχω,
ὑμεῖς δὲ θεωρήσαντες   τὸ πλῆθος μεριμνᾶτε
καὶ οὐ νοεῖτε   τὸν χορηγοῦντα,
ὅτι ἄνωθεν πρόκειμαι πᾶσι παρέχων
|: ἄρτον ἀφθαρσίας   ἐπουράνιον. :| 10

ιζ´ Τί λογίζεσθε   καὶ λέγετε νῦν   καθ' ἑαυτούς, προεπίσταμμι·
ὡς ὁρῶντες νῦν τὸν λαόν,   τὸν τρόπον   καὶ τὴν ὥραν,
τίς θρέψει τὸ πλῆθος ἅπαν,   λογίζεσθε,   ἐν ἐρήμῳ;
ὅθεν φανερῶς   γνῶτε, τίς πέφυκα, φίλοι·
ἐγὼ τὸν Ἰσραὴλ   ἐν ἐρήμῳ διέθρεψα   5
καὶ ἄρτον οὐρανοῦ   τούτοις ἐδωρησάμην·
ἐκ πέτρας δὲ ἐξήγαγον   τὸ ὕδωρ ἐν ἀνύδρῳ·
πρὸς ἐπὶ τούτοις   ὀρτυγομήτραν
παρεσχόμην ἀφθόνως αὐτοῖς ὡς ὑπάρχων
|: ἄρτος ἀφθαρσίας   ἐπουράνιος. :| 10

ιη´ Ἅμα δύναται   καὶ λόγος ἐμὸς   καὶ νεῦμα σῶσαι τὰ σύμπαντα·
ἵνα γνῶτε δὲ τὴν ἐμὴν   καὶ ἄρτι   δυναστείαν,
ποιήσατε κατὰ τάξιν   τὰ νήπια   καὶ τοὺς ἄνδρας
ἅμα γυναιξὶ   πάντας νῦν ἀνακλιθῆναι,
καὶ δείξω ὡς θεὸς   καρποφόρον τὴν ἔρημον   5
ἐμοῦ μὲν τοὺς καρποὺς   νεύματι γεωργοῦντος,
ἐργάται δὲ δειχθήσεσθε   ὑμεῖς καὶ ὑπηρέται·

7² ἄρτῳ] R. Burn: ἄρτι P
ις´ 1¹ metrum ╵ ∪ – ∪ ∪, cf. κ´ 1¹
ιη´ 4² πάντας] Maas: πάσαις P

καὶ διαθρέψω   ὅλον τὸ πλῆθος,
ὅτι μόνος ὑπάρχω προκείμενος πᾶσιν
|: ἄρτος ἀφθαρσίας   ἐπουράνιος. ":| 10

ιθ' Πρὸς ἃ ἤκουσαν   παρὰ τοῦ Χριστοῦ,
                           κατέσπευσαν οἱ ἀπόστολοι·
τῇ προστάξει γὰρ τῇ αὐτοῦ   τὸ πλῆθος   κατὰ τάξιν
εὐθέως ἀνακλιθῆναι   ἐποίησαν   προσηκόντως·
χόρτος ἦν αὐτοῖς,   στρῶμναι καὶ τράπεζαι ἅμα·
τοὺς πέντε δὲ Χριστὸς   τότε ἄρτους κομίζεται   5
καὶ λέγει παρευθὺς   βλέψας πρὸς τὸν πατέρα·
" Τὰ ἔργα σου ἐργάζομαι·   ὑπάρχω γὰρ υἱός σου·
καὶ γὰρ τὸν κόσμον   ὅλον ἐν πρώτοις
μετὰ σοῦ καὶ τοῦ πνεύματος ἔκτισα ὥσπερ
|: ἄρτος ἀφθαρσίας   ἐπουράνιος." :| 10

κ' Ἰδοὺ ὡς κύριοι   οἱ δοῦλοι Χριστοῦ   ἀνέμενον ἀνακείμενοι
ὑπηρέτην τὸν Ἰησοῦν   καὶ εὗρον   παραυτίκα·
τοὺς πέντε γὰρ τούτους ἄρτους   ηὐλόγησεν   ὁ δεσπότης
λέγων πρὸς αὐτούς   οὕτω φωνῇ ἀοράτῳ·
" Αὐξάνεσθε ὑμεῖς   αἰσθητῶς καὶ πληθύνεσθε   5
καὶ θρέψατε νυνὶ   πάντας τοὺς συμπαρόντας ".
εὐθέως δὲ ὑπήκουσαν   οἱ ἄρτοι τῷ κυρίῳ·
ἔτικτον οὗτοι   ἀορασίᾳ,
ὥσπερ εἶπεν αὐτοῖς ὁ Χριστὸς ὁ ὑπάρχων
|: ἄρτος ἀφθαρσίας   ἐπουράνιος. :| 10

κα' Νοῦς οὐ δύναται   ἀνθρώπων οὐδεὶς   τὸ θαῦμα ὅλως λογίσασθαι,
πῶς οἱ ἄρτοι οἱ ὁρατοὶ   ἐπέρρεον   ἀοράτως·
ἡ αὔξησις δὲ ἡ τούτων   ἡ ἄφραστος   ποῦ ἐνήργει,
ἐν τοῖς μαθηταῖς   ἆρα ἢ ἐν ταῖς τραπέζαις;
τὸν τρόπον οὐκ εἰδὼς   τοῦ ἀρρήτου θεάματος   5
τὸ θαῦμα σιωπῶ,   πίστει δὲ διορθοῦμαι
τὸν νοῦν μὴ ἐφικνούμενος   πρὸς βάθος μυστηρίου

ιθ' 1³ κατέσπευσαν] Orphanidis : καὶ ἔσπευσαν P   4² στρῶμναι] accentus fortasse e στρῶμα 〉 στρώμνη.
κ' 1¹ metrum $\stackrel{\perp}{-} \cup - \cup \cup$, cf. ις' 1¹
κα' 2² metrum $\cup - \cup$

δώδεκα βλέπων ἄρτι κοφίνους
πληρωθέντας κλασμάτων, ὡς οἶδεν ὁ μόνος
|: ἄρτος ἀφθαρσίας ἐπουράνιος. :| 10

κβ' Οὕτως πλήθυνον καὶ πᾶσιν ἡμῖν
                                  τὸ πλῆθος τῆς εὐσπλαγχνίας σου
καὶ καθάπερ τότε, σωτήρ, τὸ πλῆθος ἐν ἐρήμῳ
ἐχόρτασας ἐν σοφίᾳ καὶ ἔθρεψας ἐν δυνάμει,
χόρτασον ἡμᾶς πάντας τὴν δικαιοσύνην·
περί[σ]φιγξον ἡμᾶς ἐν τῇ πίστει σου, κύριε·   5
διάθρεψον ἡμᾶς πάντας, ὡς ἐλεήμων,
καὶ δὸς ἡμῖν τὴν χάριν σου καὶ ἄφεσιν πταισμάτων
ταῖς ἱκεσίαις τῆς θεοτόκου,
ὅτι μόνος χρηστὸς καὶ οἰκτίρμων ὑπάρχεις
|: ἄρτος ἀφθαρσίας ἐπουράνιος. :| 10

κγ' Ὕμνον ἅπαντες ὀφείλομεν σοί, Χριστὲ σωτὴρ ἀναμάρτητε,
καὶ πιστεύομεν ὅτι σὺ θεὸς ὢν πρὸ αἰώνων
ὁ τεχθεὶς ἐκ τῆς παρθένου καὶ ἔμεινας ὃ ὑπῆρχες·
μόνος δὲ αὐτὸς οἶδας τοῦ τόκου τὸ θαῦμα·
τοὺς ἄρτους γὰρ ἡμεῖς οὐκ εἰδότες πῶς ἔτικτον,   5
τὸν τόκον σου, σωτήρ, τὸν ἐξ ἀπειρογάμου
χωρῆσαι πῶς δυνάμεθα καρδίαις ἀνθρωπίναις;
ὅθεν σε πάντες δοξολογοῦμεν,
ὅτι σὺ εἶ θεὸς τοῦ παντὸς καὶ ὑπάρχεις
|: ἄρτος ἀφθαρσίας ἐπουράνιος. :| 10

κβ' 5¹ περί[σ]φιγξον] Maas : περι[σ]φίγγων P
κγ' 2² ὢν] εἶ Maas   3¹ metrum ∪ − ∪ ∪ ∪̆ ∪ − ∪

14 (70 Kr.)
ON THE RAISING OF LAZARUS I

Acrostichis: *ΤΟΥ ΤΑΠΕΙΝΟΥ ΡΩΜΑΝΟΥ*

Prooemium: *Ἰδιόμελον*

Ἐπέστης ἐν τῷ τάφῳ   τοῦ Λαζάρου, κύριε,
καὶ τοῦτον τετραήμερον   ἐκ νεκρῶν ἀνέστησας
δεσμεύσας τὸν Ἅιδην, δυνατέ·
Μαρίας δὲ καὶ Μάρθας   οἰκτείρας τὰ δάκρυα
ἐβόας πρὸς αὐτάς·   5
|: " Ἀναστήσεται καὶ στήσεται λέγων·
                              ' σὺ εἶ ζωὴ καὶ ἀνάστασις.' " :|

Strophae: *Ἰδιόμελον* (App. Metr. xiii)

α' Τὴν ταφὴν βλέποντες   καὶ τοὺς ἐν τῇ ταφῇ   κλαίομεν·
ἀλλ' οὐκ ὀφείλομεν·   καὶ γὰρ οἴδαμεν πόθεν ἐξῆλθον
καὶ ποῦ πέλουσι νῦν   καὶ τίς ἔχει αὐτούς·
ἐξῆλθον μὲν   τῆς προσκαίρου ζωῆς
                             ἀπαλλαγέντες τῶν πόνων αὐτῆς,
πέλουσι δὲ ἐν ἀναπαύσει   προσδοκῶντες τὴν θείαν φαῦσιν·   5
ἔχει τούτους ὁ φιλάνθρωπος   ἀποδύσας τὸ πρόσκαιρον ἔνδυμα,
ἵν' ἐνδύσῃ αἰώνιον σῶμα·
τί οὖν μάτην   ὀδυρόμεθα;   τί ἀπιστοῦμεν
                                                  τῷ βοῶντι Χριστῷ·
" Ὁ πιστεύων μοι   οὐκ ἀπόλλυται ";
κἂν γὰρ ᾔδει φθοράν, ἀλλὰ μετὰ φθορὰν   10
|: ἀναστήσεται καὶ στήσεται λέγων·
                            " Σὺ εἶ ζωὴ καὶ ἀνάστασις." :|

14 *Codices*: P
Editiones: Mioni R. il M., pp. 199 sq.; Tomadakis P.M.Y 1, pp. 149 sq.
Titulus: On the Raising of Lazarus I Trypanis: Εἰς τὸν δίκαιον καὶ τετραήμερον
    Λάζαρον P
Dies Festus: Τῷ Σαββάτῳ τῆς ϛ' ἑβδομάδος τῶν νηστειῶν
Modus: ἦχος πλάγιος β'
Acrostichis: Τοῦ ταπεινοῦ Ῥωμανοῦ P
Ephymnium: signum ephymnii semper post λέγων in P
Prooemium
    P 2¹⁻² τετραήμερον–ἀνέστησας] Pγρ: ἐξανέστησας τετραήμερον P   5 ἐβόας
πρὸς αὐτάς] Pγρ: ἔφησας αὐταῖς P   6¹ καὶ στήσεται] Pγρ: om. P
    α' 8³ ⊻ ∪ – ∪ metrum: ἀπιστοῦντες dub. Maas   9¹ μοι] Maas:
ἐν ἐμοὶ P   10¹ ἀλλὰ μ. φθορ.] Pᶜ: om. P

β' Ὁ πιστὸς πάντοτε ὅ τι ἂν βούλεται δύναται,
ἐπειδὴ κέκτηται τὴν τὰ πάντα ἰσχύουσαν πίστιν,
δι' ἧς παρὰ Χριστοῦ ἰσχύει ὃ ζητεῖ·
⟨ἡ⟩ πίστις ⟨γὰρ⟩ μέγα κτῆμά ἐστίν,
ἣν ἔχων ἄνθρωπος πάντων κρατεῖ·
εἶχον αὐτὴν καὶ ἐκαυχῶντο ⟨ἡ⟩ Μαρία ὁμοῦ καὶ Μάρθα 5
καί, ὡς εἶδον ἀσθενήσαντα
τὸν πιστὸν ἀδελφὸν αὐτῶν Λάζαρον,
πρὸς τὸν πλάστην ἀπέστειλον ταύτην
" Σπεῦσον ", λέγουσαι, " δέσποτα, ἴδε οὗτος
ὃν φιλεῖς ἀσθενεῖ·
ἀλλὰ πρόφθασον καὶ σωθήσεται·
ἐὰν γὰρ ἐπιφάνῃς τὸ πρόσωπόν σου, 10
|: ἀναστήσεται καὶ στήσεται λέγων·
' σὺ εἶ ζωὴ καὶ ἀνάστασις.' " :|

γ' Ὑπὸ τῆς πίστεως τῶν γυναίων κληθεὶς ἔρχεται
ὁ αὐτεπάγγελτος ἰατρὸς τῶν ψυχῶν καὶ σωμάτων
βοήσας παραυτὰ πρὸς τοὺς φίλους αὐτοῦ·
" Ἐγέρθητε, πορευθῶμεν ἡμεῖς ἐν Ἰουδαίᾳ οὗ ἦμεν ποτέ·
ἐπιστολὴν γὰρ ἐδεξάμην, ἣν ἡδέως ἀναγινώσκω· 5
καὶ γὰρ πίστις ὑπηγόρευσε, καὶ ἐλπὶς ἀδιάπτωτος ἔγραψε,
καὶ ἀγάπη ἐσφράγισε ταύτην·
τί δὲ κρύπτω τὰ φαινόμενα; ⟨ἴδε⟩ Μάρθα καὶ Μαρία πιστῶς
ἐδεήθη μου διὰ Λάζαρον,
ὅτι νῦν ἀρρωστεῖ· ἐὰν οὖν ἐπιστῶ 10
|: ἀναστήσεται καὶ στήσεται λέγων·
' σὺ εἶ ζωὴ καὶ ἀνάστασις.' " :|

δ' Ταῦτα φθεγξάμενος ὁ ἐπιστάμενος ἅπαντα
τὰ ἐνθυμήματα, τότε ἔμεινε δύο ἡμέρας
ἐν τῷ τόπῳ οὗ ἦν, ὡς λέγει ἡ γραφή·
παρέμεινεν, ἵνα φανερωθῇ ἡ γνώμη τῶν ἀγαπώντων αὐτόν·
καὶ γὰρ ἠγάπων τὸν δεσπότην Μάρθα, Λάζαρος, καὶ Μαρία, 5
οὐ ποτὲ μὲν καὶ οὐκ ἄλλοτε, ἀλλὰ πάντοτε προσμένοντες
ἐν ἀνέσεσι καὶ ἐν ἀνάγκαις·

β' 4¹ ἡ et γὰρ add. Maas m.c.   5² ἡ add. Maas m.c.   8¹⁻² metrum cf. ιη' 8¹⁻²
γ' 8³ ἴδε add. Maas m.c., cf. β' 8³
δ' 6² metrum cf. ιδ' 6² : προσμένω = maneo fidelis (cf. Act. Ap. II. 23)

ὅθεν οὕτως   τὴν διάθεσιν   πλέον οὖσαν   θεωρῶν ὁ Χριστός,
τὴν μὲν ἔσωσε   τὴν δὲ ἔστεψε·
περὶ γὰρ τοῦ Λαζάρου εἰρήκει αὐταῖς·   10
|: " Ἀναστήσεται καὶ στήσεται λέγων·
                              ' σὺ εἶ ζωὴ καὶ ἀνάστασις.' " :|
ε' Ἀλλ' εἰκὸς λέγετε·   " Ποίαν μὲν ἔστεψε,   δήλωσον,
ποίαν δὲ ἔσωσε;   τὸν γὰρ Λάζαρον οἴδαμεν ὅτι
τῆς τοῦ Ἅιδου χειρὸς   ἐξήρπασε Χριστός "·
Μαρία ἦν,   ὡς φησὶν ἡ γραφή,   ἣν ἔσωσεν ἐκ δαιμόνων ἑπτά,
ἥτις καὶ ἤλειψε τῷ μύρῳ   τὸν δοτῆρα τῶν ἀρωμάτων   5
καὶ ἐξέμαξε θριξὶ πόδας   τοὺς καθάραντας ὅλον τὸν ἄνθρωπον
ἀπὸ τῆς τοῦ δολίου κηλῖδος·
Μάρθαν τότε   ἐστεφάνωσεν,   ὅτε πόθῳ   διηκόνει αὐτοῖς,
ἣν καὶ κλαίουσαν   παρεθάρρυνε
περὶ τοῦ ἀδελφοῦ αὐτῆς λέξας αὐτῇ·   10
|: " Ἀναστήσεται καὶ στήσεται λέγων·
                              ' σὺ εἶ ζωὴ καὶ ἀνάστασις.' " :|
ς' Πάλιν ὁ Κύριος   τοῖς αὐτοῦ μαθηταῖς   ἔφησεν·
" Ἴδε, νῦν Λάζαρος   ὁ φίλος ἡμῶν ἐκοιμήθη,
καὶ θέλω ἀπελθεῖν   ἀφυπνίσαι αὐτόν ".
ἠγνόουν δὲ   ὅτι ὁ λυτρωτὴς   κοίμησιν εἶπε τὴν θνῆσιν ποτέ·
εἴπερ οὖν ἦν ἐκεῖ ὁ Παῦλος,   τὸν τοῦ Λόγου ἐνόει λόγον·   5
παρ' αὐτοῦ γὰρ διδασκόμενος   ταῖς αὐτοῦ ἐκκλησίαις ἐπέστελλε
τοὺς νεκροὺς λέγων κεκοιμημένους·
τίς γὰρ θνῄσκει   τὸν Χριστὸν στέργων;   πῶς δὲ πίπτει
                                                   ὁ ἐσθίων αὐτόν;
τὸ μυστήριον   φυλακτήριον
ἔχει ἐν τῇ ψυχῇ· ἐὰν οὖν καὶ φθαρῇ   10
|: ἀναστήσεται ⟨καὶ⟩ στήσεται λέγων·
                              " Σὺ εἶ ζωὴ καὶ ἀνάστασις." :|
ζ' Ἐπεὶ οὖν ἔγνωσαν   ὅτι ὁ κύριος   κοίμησιν
εἶπε τὸν θάνατον —καὶ γὰρ εἶπεν αὐτοῖς παρρησίᾳ·
" Ὑπάγω τὸ λοιπὸν   ἀναστῆσαι αὐτόν "—

8¹ οὕτως] Trypanis: οὗτος P   8³ οὖσαν] Trypanis m.c.: αὔξουσαν P
ς' 2² metrum ∪∪−∪∪−∪∪−∪: ὁ καὶ φίλος dub. Trypanis m.c.
11¹ καὶ add. Maas
ζ' 1¹ ἔγνωσαν] Maas: ἔγνωμεν P

διένευον   πρὸς ἀλλήλους εἰκὸς   χειρὶ λαλοῦντες καὶ τῇ κορυφῇ·
" Θαῦμα πρὸ θαύματος ὁρῶμεν   διὰ τοῦτο καὶ δειλιῶμεν·   5
οὐ γὰρ ἔμαθεν ἃ ἔφησεν,
                   ὅτι Λάζαρος τέθνηκεν, ἀλλ' ἀσθενεῖ,
καὶ προλέγει ἃ μέλλομεν βλέπειν·
φόβος, θάμβος   καὶ κατάπληξις·   τινὲς εἶπον
                                  τοῦτον ἄνδρα ψιλόν,
καὶ οὐκ ᾐσχύνθησαν   τὴν ἰσχὺν αὐτοῦ,
ὅτι λόγον ἐρεῖ καὶ εὐθὺς ὁ φθαρεὶς   10
|: ἀναστήσεται ⟨καὶ⟩ στήσεται λέγων·
                  ' σὺ εἶ ζωὴ καὶ ἀνάστασις.' " :|

η' Ἰησοῦς ἔρχεται   εἰς Ἰουδαίαν νῦν   σώματι·
τῇ γὰρ θεότητι   περιέπει ἀεὶ καὶ κατέχει
τὴν γῆν καὶ τοὺς ἐκ γῆς   ὡς ἀκρίδας οἰκτράς·
ἐλήλυθεν   οὖν ὁ πάντα πληρῶν   ἐν Βηθανίᾳ τὰ θεῖα τελῶν·
τῶν δὲ ποδῶν αὐτοῦ τὸν κτύπον   ὡς ἀκούσας ὁ Ἅιδης τότε   5
τῷ Θανάτῳ ἐψιθύριζε·   " Τίνες οὗτοι οἱ πόδες, ὦ Θάνατε,
οἱ πατήσαντες τὴν κεφαλήν μου;
οἴμοι τάχα   Ἰησοῦς πέλει·   πάλιν ἦλθεν   ἀναπράξας ἡμᾶς·
ἀποφεύγει οὖν   ὡς τὸ πρότερον
ὁ τῆς χήρας υἱὸς καὶ ὁ Λάζαρος νῦν   10
|: ἀναστήσεται ⟨καὶ⟩ στήσεται λέγων·
                  ' σὺ εἶ ζωὴ καὶ ἀνάστασις.' :|

θ' Νικητὰ Θάνατε,   ἀκαταγώνιστε,   ἄκουσον
Ἅιδου τοῦ φίλου σου   καὶ ἀνέθητι τούτων τῶν κόπων·
μὴ φέρε μοι τροφήν·   οὐ πέπτω γὰρ   αὐτήν·
προσάγεις μοι   δεδεμένους νεκροὺς
                              καὶ καταπίνων εὐθέως ἐμῶ·
χαίρω καὶ αἴρω θαπτομένους,   οὐ κατέχω δὲ φθειρομένους·   5
τοὺς ἐντός μου ἀναπράττομαι
                    καὶ οὓς †ἑτοιμάζομαι† ἁρπάζομαι·
διὰ τί οὖν ματαίως ταράττῃ;

11¹ καὶ add. Maas
η' 8³ ἀναπρᾶξαι Maas   11¹ καὶ add. Maas
θ' 5¹ αἴρω] Maas: ἐρῶ P   7 ματαίως] Trypanis m.c.: μάτην P

παῦσαι, στεῖλον ⟨καὶ⟩, ὦ Θάνατε, κτῆσαι φίλον τὸν ἐκ τῆς Ναζαρέτ·
ὑποτάγηθι ἐνθυμούμενος
ὅτι ὁ τετραήμερος μετὰ μικρὸν
|: ἀναστήσεται ⟨καὶ⟩ στήσεται λέγων· 10
' σὺ εἶ ζωὴ καὶ ἀνάστασις.' " :|

ι' Ὅτε δὲ ἤκουσε τούτων ὁ Θάνατος, ἔβρυξεν·
ὅθεν ἐκραύγασε καὶ θυμούμενος ἔφη τῷ Ἅιδῃ·
" Ὡς ἄμοιρος κακῶν καλῶς μοι παραινεῖς·
νουθέτησον τὴν γαστέρα τὴν σήν,
ἣν οὐκ ἐχόρτασας ἕως τοῦ νῦν·
καὶ γὰρ ἀπέκαμόν σοι φέρων
καὶ οὐκ εἶπας λοιπόν· ' ἀρκεῖ μοι ', 5
ἀλλ' ἡπλώθης ὡς ἡ θάλασσα
ποταμοὺς τελευτώντων δεχόμενος
καὶ μηδέποτε κόρον λαμβάνων·
τί οὖν ταῦτα πρὸς ἐμὲ φθέγγῃ; πρῶτον μάθε
ἃ διδάσκεις ἐμὲ
καὶ ἡσύχασον καὶ εὐτάκτησον·
ὃν γὰρ ἔχεις ἐντὸς μετὰ μίαν ῥοπὴν 10
|: ἀναστήσεται καὶ στήσεται λέγων·
' σὺ εἶ ζωὴ καὶ ἀνάστασις.' :|

ια' Ὕδωρ σοι ἔδοξεν ἡ ζωὴ τῶν βροτῶν πάντοτε·
ὅθεν ἐπλάτυνας καὶ οὐκ ἐπαύσω ἀεὶ καταπίνων [[αὐτούς]]·
ἀρκέσθητι οὐκοῦν μὴ πληθύνῃς σαυτῷ·
οἱ πόδες γὰρ ὧν ἀκούεις φωνὴν †ἀφορῶ† ἀπειλοῦντος εἰσί,
βήματα μὲν ἐμβριμωμένου, κατὰ σοῦ δὲ ὀργιζομένου, 5
τῷ μὲν τάφῳ προσεγγίζοντος, τὰς δὲ πύλας οὐ διαλακτίζοντος
καὶ τὴν σὴν κοιλίαν ἐρευνῶντος·
μᾶλλον ἦλθεν ὁ καθαίρων σε· χρῄζεις τούτου·
ἐξωγκώθης γὰρ σύ·
ἐλαφρύνει οὖν, ἐὰν Λάζαρος
ἀπὸ τῶν ἐντοσθίων σου ἐκκενωθεὶς 10
|: ἀναστήσεται καὶ στήσεται λέγων·
' σὺ εἶ ζωὴ καὶ ἀνάστασις.' " :|

8² ⟨καὶ⟩] add. Trypanis m.c. cf. 32 ι' 3¹, ζ' 10¹ sq., 42 β' 9¹ sq., etc. 11¹ καὶ add. Maas
ια' 1¹ ἔδοξεν] Maas : ἔδειξεν P   2² αὐτοὺς del. Maas m.c.   4³ me-
ₜrum ◡◡–◡◡–◡◡–   εἰσί] Maas : ἐστι P

ιβ' " Ῥυπαρὰ ῥήματα καὶ αἰσχύνης μεστὰ φθέγγει μοι,
Ἅιδη τῷ φίλῳ σου, καὶ ὁρῶν τὰ κακὰ ἐπιχαίρεις·
ἐγὼ δὲ δι' αὐτὰ δακρύω ἐμαυτόν·
τὰ μέλη γὰρ τοῦ Λαζάρου ὁρῶ, ἅπερ διέλυσε πρὶν ἡ φθορά,
ὡς προσδοκῶντα ἀναστῆναι· μελετᾷ γὰρ συναθροισθῆναι, 5
ὅτι ἕρπουσιν ὡς μύρμηκες, ἐπειδὴ ἀνεχώρησαν σκώληκες,
καὶ ἀφῆκεν αὐτὰ δυσοσμία·
οἴμοι ὄντως Ἰησοῦς ἦλθεν· οὗτος, πέμψας
τὴν ὀσμὴν πρὸς ἡμᾶς,
τὸν ὀζέσαντα εὐωδίασε, 10
καὶ λοιπὸν ὁ φθαρεὶς ἅμα καὶ τεφρωθεὶς
|: ἀναστήσεται καὶ στήσεται λέγων·
' σὺ εἶ ζωὴ καὶ ἀνάστασις.' " :|

ιγ' Ὡς οὖν ἀκήκοε τούτων ὁ Θάνατος ἔκραξεν,
εἶτα καὶ ἔδραμε τῇ παλάμῃ τὸν Ἅιδην κατέχων·
καὶ βλέπουσιν ὁμοῦ τεράστια, φρικτά·
τὴν ὄσφρησιν τοῦ υἱοῦ τοῦ θεοῦ ἐνειραμένην τῷ φίλῳ αὐτοῦ,
ἐξευτρεπίζουσαν τὸ σῶμα πρὸς τὴν κλῆσιν τοῦ ζωοδότου· 5
τὰς μὲν τρίχας εὐθετίζουσαν, τοὺς ὑμένας δὲ τούτῳ ὑφαίνουσαν
καὶ τὰ σπλάγχνα αὐτῷ συνιστῶσαν,
φλέβας πάσας διατείνουσαν, αἷμα πάλιν
ἐπαφεῖσαν αὐταῖς,
ἀρτηρίας δὲ καταρτίζουσαν,
ἵνα ἕτοιμος Λάζαρος ὅταν κληθῇ 10
|: ἀναστήσεται καὶ στήσεται λέγων·
" Σὺ εἶ ζωὴ ⟨καὶ⟩ ἀνάστασις." :|

ιδ' Μόνον οὖν εἴδοσαν Ἅιδης καὶ Θάνατος ἅπαντα
ταῦτα γινόμενα, ὀδυνώμενοι εἶπον ἀλλήλοις·
" Οὐκέτι τὰ ἡμῶν φανεῖται ἢ κρατεῖ·
ἐγένετο ἡ ταφὴ ὡς βαφὴ μεταποιοῦσα φθορὰν εἰς ζωήν·
νῆμα λελόγισται τὸ μνῆμα,
καὶ ὁ θέλων ἀκόπως τέμνει 5
καὶ κομίζεται ὃν βούλεται, ἀδελφόν, υἱόν, θυγάτριον,
καὶ γελῶσιν ἡμᾶς οἱ γεώδεις·

ιβ' 3¹ δι' αὐτὰ] Trypanis m.c.: διὰ ταῦτα P
ιγ' 6² ὑφαίνουσαν] Maas: ὑποφαίνουσαν P   8⁴ ἐπαφεῖσαν] Maas: ἐπαφοῦσαν P
ιδ' 5¹ νῆμα] Trypanis: ἦν μᾶλλον P   6² metrum cf. δ' 6²

δοῦλος ἅμα   καὶ ἐλεύθερος,   εἴ τις θέλει,   διαρπάζει ἡμᾶς·
κἂν οὐράνιος   κἂν ἐπίγειος
ῥῆμα μόνον ἐρεῖ, καὶ εὐθὺς ὁ φθαρεὶς   10
|: ἀναστήσεται ⟨καὶ⟩ στήσεται λέγων·
                                    ' σὺ εἶ ζωὴ καὶ ἀνάστασις.' :|

ιε΄ **Ἀπὸ** γῆς γέγονεν   ὁ Ἠλίας ποτὲ   ἄνθρωπος,
καὶ ὡς ἠθέλησε   τὸν υἱὸν ἀναστῆσαι τῆς χήρας,
παρέσχε δι' ἡμῶν   ὧν ἔφαγε μισθόν·
ἀνάλωσε   τῆς πτωχῆς τὴν τροφήν,
                        δεδώκαμεν δὲ ἡμεῖς τὴν τιμήν·
ὁ μὲν προφήτης διετράφη,   ὁ δὲ Θάνατος διεστράφη   5
σὺν τῷ Ἅιδῃ ἀπαιτούμενος   τὸ παιδάριον ὃ ἐθανάτωσαν
οἱ κλαυθμοὶ καὶ εὐχαὶ τῶν πεινώντων·
γῆ γὰρ πᾶσα   διεφθείρετο   πείνῃ, δίψῃ·   οὐ γὰρ ἦν ὑετός·
ὁ παρθένος δὲ   εὐφραινόμενος
πρὸς τὴν χήραν φησί· " τὸν υἱόν σου ζητεῖς;   10
|: ἀναστήσεται ⟨καὶ⟩ στήσεται λέγων·
                                    ' σὺ εἶ ζωὴ καὶ ἀνάστασις.' " :|

ις΄ **Νε**αρὸν ἥττημα   τοῦ ἀρχαίου ἡμῖν   πτώματος
λήθην ἐποίησε,   καὶ λοιπὸν ὡς οὐδὲν ὁ Ἠλίας
σὺν τῷ Ἐλισσαιὲ   παρῆλθεν ἀφ' ἡμῶν·
εὑρίσκονται   δὲ ἀκμὴν ἐν ἡμῖν
                οἱ μώλωπες τῶν τραυμάτων αὐτῶν,
μάλιστα δὲ τοῦ Ἐλισσαίου   τοῦ ποιήσαντος μεγαλεῖα·   5
ζῶν γὰρ νέκυν ἐξανέστησε   καὶ θανὼν τοῦ θανάτου ἀφήρπασε
τὸν νεκρὸν τὸν αὐτῷ προσριφέντα·
τοῦτο πάντας   ἐπιστώσατο   ὅτι θνῄσκει
                                    τῶν πιστῶν οὐδὲ εἷς,
ἀλλὰ ζήσεται,   ὅταν μάλιστα
τῶν ἁγίων τοῖς σώμασι προσκολληθῇ,   10
|: ⟨καὶ⟩ ἀναστήσεται ⟨καὶ⟩ στήσεται λέγων·
                                    ' σὺ εἶ ζωὴ καὶ ἀνάστασις.' " :|

11¹ καὶ add. Maas
ιε΄ 3² ὃν P: corr. Maas   9¹ παρθένος] προφήτης dub. Maas   11¹ καὶ add. Maas
ις΄ 2² οὐδὲν] Trypanis: οἶδεν P   5² μεγαλεῖα] Mercati (cf. LXX 4 Re. 8. 4): μεσάλια P   11¹ καὶ bis add. Maas

ιζ' Οἱ μὲν οὖν ἅπαντα ταῦτα ἐλάλησαν στένοντες
καὶ ὀδυνώμενοι ἐπὶ τῇ τοῦ θανέντος ἐγέρσει
θρηνοῦντες ἑαυτοὺς καὶ πάντα τὰ αὐτῶν·
ὁ πλάστης δέ, δι' ὃν καὶ παρῆν,
       κατέλαβε τοῦ νεκροῦ τὴν ταφὴν
μετὰ τὸ δῆθεν ἐρωτῆσαι, ποῦ ὁ Λάζαρος κατετέθη·   5
εἰρωνείᾳ γὰρ ἠρώτησεν ὁ παλάμῃ ποιήσας τὸν ἄνθρωπον
" Ποῦ κατάκειται Λάζαρος; " λέγων·
θέλει γνῶναι ἃ ἐπίσταται ὥσπερ εἶπε
       πρώην· " Ποῦ εἶ Ἀδάμ; "
οὕτως ἔλεγε " Ποῦ ὁ Λάζαρος;"
ὁ τῇ Μάρθᾳ εἰπὼν πρὸ μικροῦ ⟨◡ ◡ –⟩   10
|: " Ἀναστήσεται ⟨καὶ⟩ στήσεται λέγων·
     ' σὺ εἶ ζωὴ καὶ ἀνάστασις.' ":|

ιη' Ὑψηλὲ κύριε, ταπεινῶν δὲ πατὴρ εὔσπλαγχνε,
ὁ ἐκ τοῦ μνήματος ὡς ἐκ βήματος ἐξαναστήσας
τὸν Λάζαρον ποτὲ ζωώσας τῇ φωνῇ,
παράσχου τοῖς προλαβοῦσιν ἡμᾶς
       τὸ πρόσωπόν σου ἰδεῖν ἱλαρόν·
δὸς καὶ ἡμῖν ἐν ἡσυχίᾳ τὸν παρόντα καιρὸν βιῶσαι   5
καὶ τὸ τέλος τὸ ἀρέσκον σοι,
     ἵνα ζῶντες ὁμοῦ τε καὶ θνῄσκοντες
τῇ βουλήσει σου κυβερνηθῶμεν·
νεῦσον, κέλευσον, δέσποτα, λέξον,†θέλησον† σῶσαι ἡμᾶς,
οὐκ ἀπόλλεις γὰρ τὸν ποθοῦντα σε,
ἀλλὰ ζῶντα κρατεῖς καὶ θανόντα καλεῖς   10
|: καὶ ἀναστήσεται ⟨καὶ⟩ στήσεται λέγων·
     " Σὺ εἶ ζωὴ καὶ ἀνάστασις. " :|

ιζ' 4² metrum ◡◡–◡◡–: ὃν] ὅνπερ Trypanis m.c.   11¹ καὶ add.
Maas
 ιη' 2² ἐξαναστήσας] Mercati: ἐξανέστησας P   4² τοῖς προλαβοῦσι =
ante nos mortuis   7¹ βουλήσει] Trypanis m.c.: βουλῇ P   8¹⁻² metrum
cf. β' 8¹⁻²   8³⁻⁴ metrum –◡–◡ ◡◡–◡◡–   11¹ καὶ add. Maas
11² ἀνάστασις] σοὶ ὑποτέτακται πάντα, σωτήρ· σὺ γὰρ ζωὴ καὶ ἀνάστασις add. P

15 (71 Kr.)

ON THE RAISING OF LAZARUS II

Acrostichis: *ΤΟΥ ΤΑΠΕΙΝΟΥ ΡΩΜΑΝΟΥ*

Prooemium: *Τὰ ἄνω ζητῶν*

Ὁ πάντων, Χριστέ, τὴν γνῶσιν ἐπιστάμενος
τὸν τάφον μαθεῖν ἠρώτας τοῦ Λαζάρου
καὶ ἐλθὼν αὐτὸν ἤγειρας τεταρταῖον ὄντα, παντοδύναμε,
κατοικτειρήσας ὡς εὔσπλαγχνος
|: Μαρίας καὶ Μάρθας τὰ δάκρυα. :| 5

Strophae: *Τράνωσον* (App. Metr. xiv)

α' Τὸν ὀδυρμὸν Μαρίας καὶ Μάρθας ἐπιστὰς ὁ δεσπότης
μεταβάλλει εὐθὺς ἐγείρας αὐτῶν τὸν σύγγονον·
ἦν οὖν ἰδέσθαι θαῦμα θαυμάτων,
πῶς ὁ ἄπνους ἐξαίφνης ἔμπνους ὡρᾶτο·
τῆς γὰρ φωνῆς κατελθούσης τοῦ Ἅιδου συνέσεισε
τὰ κλεῖθρα πύλας τε ἅμα
καὶ μοχλοὺς τοῦ Θανάτου συνέτριψε,
νεκρὸν δὲ ἐξανέστησε τεταρταῖον οἰκτείρας ὡς εὔσπλαγχνος   5
|: Μαρίας καὶ Μάρθας τὰ δάκρυα. :|

---

15 *Codices*: A (δ', ς', θ') B (δ', ς', θ') D (δ', θ', ς') M (Prooem., et α', γ', δ', ς') P T (α'–δ', θ', ιη') [P totius cantici genuini strophas continet, ex quibus alias in MT, alias in Transformatione codicum ABDMTV invenimus. Quod ad M et T attinet, textus genuinus cum Transformatione contaminatus est; in M duo cantica invenimus M¹ et M¹¹: hic Transformationem, ille textum Romani genuinum (Prooem. α' et γ') habet. T continet nonnullas strophas genuinas (α', β', ιη') cum prooemio Transformationis.]
Editiones: Pitra A.S. I, pp. 473 sq.; Mioni R. il M., pp. 211 sq.; Tomadakis P.M.Y. I, pp. 179 sq.
Titulus: On the Raising of Lazarus II Trypanis: *Εἰς τὸν ὅσιον καὶ δίκαιον Λάζαρον τὸν τετραήμερον* P
Dies Festus: *Τῷ Σαββάτῳ τῶν Βαΐων*
Modus: *ἦχος β'*
Acrostichis: *Τοῦ ταπεινοῦ Ῥωμανοῦ* P
α' M¹¹PT (in T δ')   4² τοῦ θανάτου] τοὺς τοῦ Ἅιδου T
5¹ metrum cf. γ' 5¹

15 CANTICA ON THE PERSON OF CHRIST 111

β´ Ὅλοι συνδράμωμεν μετὰ πόθου ἕως τῆς Βηθανίας
τοῦ ἰδέσθαι ἐκεῖ Χριστὸν τὸν φίλον δακρύοντα·
θέλων γὰρ πάντα νομοθετῆσαι,
πάντα πράττει τῇ φύσει διπλοῦς ὑπάρχων·
πάσχει μὲν οὖν ὡς υἱὸς τοῦ Δαβίδ, ὡς υἱὸς δὲ θεοῦ
τὸν κόσμον πάντα λυτροῦται ἀπὸ πάσης κακίας τοῦ ὄφεως
καὶ τεταρταῖον τὸν Λάζαρον ἀνιστᾷ οἰκτειρήσας ὡς εὔσπλαγχνος 5
|: Μαρίας καὶ Μάρθας τὰ δάκρυα. :|

γ´ Ὑπὸ τῆς πίστεως αἱ γυναῖκες συνεχόμεναι ἅμα
τῷ Χριστῷ καὶ θεῷ προκαταγγέλλουσι θάνατον
τοῦ ἰδίου συγγόνου λέγουσαι [[οὕτως]]·
" Σπεῦσον, φθάσον ὁ ἀεὶ παρὼν ἐν πᾶσιν·
Λάζαρος γὰρ ὃν φιλεῖς ἀσθενεῖ· ἐὰν οὖν ἐπιστῇς,
ὁ Θάνατος δραπετεύσει, καὶ ὁ φίλος φθορᾶς λυτρωθήσεται,
Ἑβραῖοι δὲ θεάσονται ὅτι σὺ κατοικτείρεις ὡς εὔσπλαγχνος 5
|: Μαρίας καὶ Μάρθας τὰ δάκρυα." :|

δ´ Τοῖς μαθηταῖς ὁ κτίστης τῶν ὅλων προηγόρευσε λέγων·
" Ἀδελφοὶ καὶ γνωστοί, ἡμῶν ὁ φίλος κεκοίμηται· "—
μυστικῶς τούτους προεκδιδάσκων
ὅτι πάντα γινώσκει καὶ περιέπει—
" ἄγωμεν οὖν, πορευθῶμεν καὶ ἴδωμεν ξένην ταφὴν
καὶ θρῆνον τὸν τῆς Μαρίας
καὶ τῆς Μάρθας ταχὺ ἀπαλείψωμεν·
τὸν Λάζαρον γὰρ ἐκ τῶν νεκρῶν
ἀναστήσας οἰκτείρω ὡς εὔσπλαγχνος 5
|: Μαρίας καὶ Μάρθας τὰ δάκρυα." :|

β´ PT (in T ε´) 3¹⁻² οὖν ὡς] ὁ P 3³ θεοῦ] τοῦ θεοῦ P
γ´ PM^IIT 2¹ metrum ‒ ⏑ ⏑ ‒ ⏑ ⏑ ⏑ ⏑ — ⏑ : λέγουσαι] βοῶσαι Trypanis
m.c.: οὕτως del. Maas m.c. (sed cf. 53 Kr. γ´, ιβ´) 2² φθάσαι M
5¹ δὲ] αὖθις M¹¹ (corr. metr., sed cf. α´ 5¹) 5² οἰκτείρεις T ὡς εὔσπλ.] τοὺς
μέλποντας M¹¹ 6¹⁻² τοῖς πᾶσι παρέχων θείαν ἄφεσιν M¹¹ (ephymnium
Transformationis)
δ´ P Transformatio (ABDM¹T) 2¹ μυστ.–προεκδ.] τούτοις
προλέγων καὶ ἐκδιδάσκων Transf. 2² ὁ τὰ πάντα γινώσκων A: ὁ τοῦ κόσμου
δεσπότης DT καὶ περ.] ὡς (ὁ B: καὶ DT) κτίστης πάντων Transf. 4²–
6² καὶ τὸν τάφον Λαζάρου ὀψώμεθα· ἐκεῖ γὰρ μέλλω θαυματουργεῖν ἐκτελῶν τοῦ
σταυροῦ τὰ προοίμια· |: τοῖς πᾶσι παρέχων θείαν ἄφεσιν :| Transf.

ε' Ἅμα δὲ ἤκουσαν τῶν ῥημάτων,   οἱ ἀπόστολοι πάντες
   ὡς ἐκ μίας φωνῆς   ἐβόησαν πρὸς τὸν κύριον·
" Ὕπνος ἀνθρώποις πρὸς σωτηρίαν,
   οὐχὶ δὲ πρὸς ἀπώλειαν πάντως ὑπάρχει "·
ὅθεν αὐτὸς   παρρησίᾳ ἐβόα· " Ἀπέθανεν·
ἀπὼν γὰρ ὡς βροτὸς πέλω,   ὡς θεὸς δὲ τὰ πάντα ἐπίσταμαι·
ἐὰν οὖν ὄντως προφθάσωμεν,
   τὸν νεκρὸν ἀναστήσω καὶ παύσω νῦν 5
|: Μαρίας καὶ Μάρθας   τὰ δάκρυα." :|

ϛ' Πάντες ὁμοῦ ἐπέστησαν τότε,   προϋπήντων δὲ τούτοις
   καὶ ἐβόων πικρῶς   Μαρία τε καὶ ἡ σύγγονος·
" Κύριε ποῦ εἶ; ὅτι παρῆλθεν
   ὃν ἐπόθεις καὶ ἴδε παρὼν οὐκ ἐστίν "·
ταῦτα αὐτῶν   ἐκβοώντων, αὐτὸς ὑπεδάκρυσεν·
ἠρώτα δέ· " Ποῦ ὁ τάφος   τοῦ ἐμοῦ προσφιλοῦς, ὅνπερ μέλλω νῦν
δεσμῶν τοῦ Ἅιδου λυτρώσασθαι
   κατοικτείρας ὡς μόνος φιλάνθρωπος 5
|: Μαρίας καὶ Μάρθας   τὰ δάκρυα; " :|

ζ' Ἐπιστὰς οὖν ἐπὶ τὸ μνημεῖον   ὁ ἐν κόλποις ὑπάρχων
   τοῦ ἰδίου πατρὸς   ὡς γόνος τούτου ἐβόησε·
" Σύ με ἀπέστειλας εἰς τὸν κόσμον,
   ὅπως τοὺς νεκρωθέντας ζωοποιήσω·
ἤλυθον οὖν   καὶ ἐνταῦθα ἐγεῖραι τὸν Λάζαρον
καὶ δεῖξαι τοῖς Ἰουδαίοις,   ὅτι μέλλω ἐκ τάφου ἀνίστασθαι
τριήμερος, ὁ τὸν φίλον μου   τεταρταῖον ζωώσας οἰκτείρας νῦν 5
|: Μαρίας καὶ Μάρθας   τὰ δάκρυα. " :|

ε' P   2² metrum ⌣⌣–⌣⌣–⌣⌣–⌣–⌣: ὑπάρχει] ἔστιν dub. Trypanis m.c., sed cf. 31 ϛ' 2², ζ' 2², 30 Kr. δ' 2², 54 Kr. ιη' 2², κϛ' 2²
ϛ' P Transformatio (ABDM¹)   1¹ *Ἦλθε Χριστὸς ἐπὶ τὸ μνημεῖον Transf.   1² προϋπήντουν Transf.   τούτῳ Transf.   2² ἴδε] Trypanis m.c.: ἰδοὺ (sic) P: ἴδες B: ἴδεις M: ἴδως D: ἤδη A   4¹ δέ· "Ποῦ] ποῦ ἦν Transf.   4² ὅνπερ–6² δάκρ.] καὶ παρέστησαν· Ἑβραίων ὄχλοι τοῦ θαύματος θεαταὶ ἵνα γένωνται τότε Χριστοῦ |: τοῖς πᾶσι παρέχων θείαν ἄφεσιν :| Transf. (cum variis lectionibus)
ζ' P   3¹ ἤλυθον] Maas m.c.: ἦλθον P

15 CANTICA ON THE PERSON OF CHRIST

η′ "Ἵνα δὲ παύσῃ Μάρθας τὸν θρῆνον, ὁ σωτὴρ τῶν ἁπάντων
      προσφωνήσας αὐτῇ   θεϊκῶς τότε προσεφθέγξατο·
" Ἐγὼ ὑπάρχω τὸ φῶς τοῦ κόσμου
             καὶ ἀνάστασις πάντων τῶν νεκρωθέντων·
ὁ εἰς ἐμὲ   πεποιθὼς εἰς αἰῶνας οὐ θνήξεται·
εἰς τοῦτο γὰρ ἐπεφάνην
           τὸν Ἀδὰμ ἀναστῆσαι καὶ τοὺς ⟨ἐξ⟩ Ἀδὰμ
καὶ τεταρταῖον τὸν Λάζαρον
           ἐξεγεῖραι οἰκτείρας ὡς εὔσπλαγχνος 5
|: Μαρίας καὶ Μάρθας   τὰ δάκρυα." :|

θ′ Νεύματι οὖν ἰδίῳ κελεύσας   ἐσαλεύθη ὁ Ἅιδης
      καὶ Θανάτου ἰσχὺς   καὶ διαβόλου τὸ φρύαγμα·
φωνῇ δὲ καλέσας τὸν σεσηπότα
           ἐκ τῶν καταχθονίων τοῦτον ἐγείρας·
ὅνπερ ἰδὼν   Ἀβραάμ τε καὶ πάντες οἱ δίκαιοι
ἐβόων· " Νυνὶ θαρσεῖτε,   ὅτι ἥκει ἡ πάντων ἀνάστασις·
δεσμῶν θανάτου ἐλύτρωσεν
           ὃν φιλεῖ κατοικτείρας ὡς εὔσπλαγχνος 5
|: Μαρίας καὶ Μάρθας   τὰ δάκρυα." :|

ι′ Ὃν πρὸς ὀλίγον ἔσχε δεσμώτην   κάτω Λάζαρον Ἅιδης,
      ὡς αἰχμάλωτος νῦν   ὁρᾶται τοῦτον στερούμενος·
τοῦ βασιλέως γὰρ τῶν ἀγγέλων
           ἐπελθόντος δαιμόνων ἰσχὺς ἐλύθη·
καὶ ὁ πρὸς γῆν   τῇ κοιλίᾳ συρομένος ὄφις νῦν
ξυλίνῃ λόγχῃ τὸ στόμα   κεντηθεὶς ὡς νεκρὸς ἀποδείκνυται·
Ἀδὰμ δὲ χαίρει θεώμενος
           τὸν Χριστὸν κατοικτείροντα ὡς ἀγαθὸν 5
|: Μαρίας καὶ Μάρθας   τὰ δάκρυα. :|

η′ P   1⁴ προσεφθέγξατο] Trypanis m.c. : ἐφθέγξατο P   4² ἐξ add. Maas
θ′ P Transformatio (ADT)   1¹⁻² Γῆς τὰ θεμέλια ἐσαλεύθη·
καὶ τοῦ Ἅιδου τὰ κλεῖθρα Transf.   2¹ metrum cf. ις′ 2¹ et ιζ′ 2¹ : ὅτε
ἐφώνησας (ἐφώνη A : τὸν add. AT) τεταρταῖον Transf.   2² ἐγείρας] καλέσας
Transf.: ἐγείρει dub. Maas   3¹ ὅνπερ] τοῦτον DT   3² δίκαιοι] οἱ ἀπ'
αἰῶνος νεκροὶ DT   4¹ θαρροῦντες (ἐβόησαν A), ὅτι ἐγγίζει ἡ χαρὰ ἡ ζωὴ
καὶ ἀνάστασις (ἡ λύτρωσις A) Transf.   5¹ ἐλύτρωσεν] Trypanis : λυτρώσασθαι P   5¹ cf. 5′ 5¹ : ἠγέρθη οὖν (om. DT) δεδεμένος Transf.
5² χερσὶν καὶ ποσὶν καὶ ἐξέστησεν ἅπαντας (καὶ ἐχάρησαν ἅπαντες ὅτι Χριστὸς A)
Transf.   6¹⁻² |: τοῖς πᾶσι παρέχων θείαν ἄφεσιν.:| Transf.

114   CANTICA ON THE PERSON OF CHRIST   15

ια′ Ὑπεξελθὼν τοῦ τάφου ὁ φίλος   σουδαρίῳ τὰς ὄψεις
          καὶ τὰς χεῖρας αὐτοῦ   συνδεδεμένος ἐδείκνυτο.
     λύουσι τοῦτον οἱ δεσμευθέντες
                    τὰς καρδίας τῷ φθόνῳ τῆς βασκανίας
     καὶ τοῖς ὠσὶν   †ὡς ἀσπίδες βυοῦντες†   καὶ πρὸς σφαγὴν
     ἀδικωτάτην τὰς χεῖρας   ἑτοιμάζοντες, ὅπως ἐκχέωσιν
     ἀθῷον αἷμα καὶ δίκαιον   τοῦ νεκροὺς ἀνιστῶντος καὶ παύσαντος   5
     |: Μαρίας καὶ Μάρθας   τὰ δάκρυα. :|

ιβ′ Ῥήματα παίδων ἀκηκοότες   καθαρᾶς ἐκ καρδίας
          καὶ χειλέων ἁγνῶν   θορύβου πάντες ἐπλήσθησαν
     λέγοντες ἅμα· " Τίς ἐστιν οὗτος; "
                    ὦ μανίας καὶ πάσης ἀσυνεσίας·
     οἱ πρὸ μικροῦ   ἀνιστάμενον βλέποντες τὸν ἐν νεκροῖς
     ὑπάρχοντα ὀδωδότα   ἀγνοοῦσι τίς ἤγειρε καὶ ἔλυσε
     φωνῇ τοῦ Ἅιδου τὴν δύναμιν
                    καὶ κατέπαυσε φύσει ὡς εὔσπλαγχνος   5
     |: Μαρίας καὶ Μάρθας   τὰ δάκρυα. :|

ιγ′ Ὦ τῆς ἀφάτου σου εὐσπλαγχνίας,   Ἰησοῦ πανοικτίρμον,
          [[ὁ]] δι' ἐμὲ κατ' ἐμὲ   γενόμενος ὡς ηὐδόκησας·
     πῶς ἐπὶ πώλου †μετριάζεις†
                    καὶ εἰς πόλιν προφθάνεις τῶν θεοκτόνων,
     ὦν τὴν δεινὴν   ἀπιστίαν προβλέπων ἐκέλευσας
     χερσὶν ἰδίαις Λαζάρου   τὰ δεσμὰ διαλῦσαι, ἵν' ἴδωσιν,
     ὃν μετ' ὀλίγον βουλεύονται   ἀποκτεῖναι μηδ' ὅλως οἰκτείροντες   5
     |: Μαρίας καὶ Μάρθας   τὰ δάκρυα. :|

ιδ′ Μετὰ βαΐων πάντες ἐξῆλθον   εἰς ἀπάντησιν, σῶτερ,
          τῆς ἐλεύσεως σοῦ,   τὸ " ὡσαννά " σοι κραυγάζοντες·
     νῦν δὲ ἡμεῖς τὸν ὕμνον οἱ πάντες
                    ἐκ στομάτων οἰκτρῶν προσφέρωμέν σοι
     τοὺς τῆς ψυχῆς   ἐπισείοντες κλάδους καὶ κράζωμεν·
     " Ὁ ὄντως ἐν τοῖς ὑψίστοις,   σῶσον κόσμον ὃν ἔπλασας, κύριε,

        ια′ P   3² metrum ∪∪−∪∪−∪∪−∪∪ (−)
        ιγ′ P   1³ metrum ∪−−∪∪−: ὁ del. Trypanis m.c., sed cf. 31 γ′ 1³ et
     54 Kr. ια′1³, κα′ 1³   2¹ metrum −∪−∪−∪∪∪−∪: πῶς ἐπὶ πώλου μετεωρίζῃ
     Trypanis   3² προβλέπων Maas: προβλέπειν P
        ιδ′ 2² metrum ∪∪−∪∪−∪∪−∪−∪   4¹ ὄντως] Trypanis m.c.: ὦν P

15 CANTICA ON THE PERSON OF CHRIST 115

καὶ ἁμαρτίας ἐξάλειψον   τὰς ἡμῶν, ὥσπερ πρώην ἐξήλειψας   5
|: Μαρίας καὶ Μάρθας τὰ δάκρυα." :|

ιε´ Ἄγει πανήγυριν ἐτησίαν   ἡ σεπτὴ ἐκκλησία
        συγκαλοῦσα πιστῶς   τὰ τέκνα ταύτης, φιλάνθρωπε,
μετὰ βαΐων προσυπαντῶσα
              καὶ χιτῶνας στρωννύουσα εὐφροσύνης,
ὅπως αὐτὸς   μετὰ τῶν μαθητῶν σου καὶ φίλων σου
τοὺς πόδας ἐπιβιβάσῃς   καὶ εἰρήνην βαθεῖαν τοῖς δούλοις σου
ἐπιβραβεύσῃς καὶ θλίψεως   ἀπαλλάξῃς, ὡς πρώην ἀπήλειψας   5
|: Μαρίας καὶ Μάρθας   τὰ δάκρυα. :|

ις´ Νεῦσον τὸ οὖς σου, θεὲ τῶν ὅλων,   καὶ ἡμῶν δεομένων
        ἄκουσον καὶ δεσμῶν   τῶν τοῦ Θανάτου ἐξάρπασον·
οἱ γὰρ ἐχθροὶ ἡμῶν ἀεὶ κυκλοῦντες
              ὁρατῶς καὶ ἀοράτως ἐπαπειλοῦσιν
τοῦ θανατῶσαι ἡμᾶς καὶ τὴν πίστιν ἁρπάσαι λοιπόν·
ἀνάστα, καὶ διὰ τάχους   ἀπολέσθωσαν πάντες καὶ γνώτωσαν
ὅτι σὺ εἶ ὁ θεὸς ἡμῶν   καὶ οἰκτείρεις ἡμᾶς, ὥσπερ ᾤκτειρας   5
|: Μαρίας καὶ Μάρθας   τὰ δάκρυα. :|

ιζ´ Οἱ νεκρωθέντες ταῖς ἁμαρτίαις   καὶ ἐν τάφῳ οἰκοῦντες
        †ἀπογνώσεως κακῶν†   τὰς ἀδελφὰς μιμησώμεθα
τοῦ πιστοῦ Λαζάρου Χριστῷ βοῶντες
              ἐν κλαυθμῷ καὶ ἐν πίστει καὶ τῇ ἀγάπῃ·
" Σῶσον ἡμᾶς,   ὁ βουλήσει γενόμενος ἄνθρωπος,
καὶ τάφου ἁμαρτημάτων   ἐξανάστησον, μόνε ἀθάνατε,
λιταῖς Λαζάρου τοῦ φίλου σου,   ὃν ἐγείρας ἀπήλειψας, κύριε,   5
|: Μαρίας καὶ Μάρθας   τὰ δάκρυα." :|

ιη´ Ὕλην ῥευστὴν μισήσωμεν πάντες   καὶ Χριστῷ τῷ σωτῆρι
              ὑπαντήσωμεν νῦν   ἐν Βηθανίᾳ σπεύδοντι,
ὅπως αὐτῷ συνεστιαθῶμεν   σὺν τῷ φίλῳ Λαζάρῳ καὶ ἀποστόλοις
καὶ ταῖς αὐτῶν   ἱκεσίαις ῥυσθῶμεν τῶν πρώην κακῶν·

ιε´ P   2¹ προσυπαντῶσα] P^c: προϋπαντῶσα P
ις´ P   2¹ metrum cf. θ´ 2¹, ιζ´ 2¹   3¹⁻² metrum, divisio neglecta
ιζ´ P   1³ metrum ∪∸∪∸∪∪−   2¹ metrum cf. θ´ 2¹, ις´ 2¹
τοῦ dub. del. Trypanis m.c.
ιη´ PT (stropha suspecta, cf. ephymnium)   1⁴ metrum ∪∸∪∸∪−∪∪:
⟨τῇ⟩ Βυθ. Trypanis m.c., sed cf. 31 κδ´ 1⁴   2¹ συνεστιασθῶμεν T

τοῦ νοῦ δὲ πᾶσαν κηλῖδα καθαρθέντες ἀμέμπτως ὀψόμεθα
αὐτοῦ τὴν θείαν ἀνάστασιν, ἣν παρέσχεν ἡμῖν ἀφελόμενος
|: Ἀδάμ τε καὶ Εὔας τὰ δάκρυα. :|

16 (10 Kr.)

ON THE ENTRY INTO JERUSALEM

Acrostichis: *ΕΙΣ ΤΑ ΒΑΪΑ ΡΩΜΑΝΟΥ*

Prooemium I: *Ἰδιόμελον*

Τῷ θρόνῳ ἐν οὐρανῷ,   τῷ πώλῳ ἐπὶ τῆς γῆς
                         ἐποχούμενος, Χριστὲ ὁ θεός,
καὶ τῶν ἀγγέλων τὴν αἴνεσιν   καὶ τῶν παίδων ἀνύμνησιν
                         προσεδέχου βοώντων σοι·
|: "Εὐλογημένος εἶ ὁ ἐρχόμενος   τὸν Ἀδὰμ ἀνακαλέσασθαι." :|

Prooemium II: *Ἰδιόμελον*

Μετὰ κλάδων ὑμνήσαντες πρότερον,
                         μετὰ ξύλων συνέλαβον ὕστερον
οἱ ἀγνώμονες Χριστὸν   Ἰουδαῖοι τὸν θεόν·
ἡμεῖς δὲ πίστει   ἀμεταθέτῳ
ἀεὶ τιμῶντες   ὡς εὐεργέτην,   βοήσωμεν αὐτῷ·
|: "Εὐλογημένος εἶ ὁ ἐρχόμενος   τὸν Ἀδὰμ ἀνακαλέσασθαι." :|

Strophae: *Ἰδιόμελον* (App. Metr. xv)

α' **Ε**πειδὴ Ἅιδην ἔδησας   καὶ Θάνατον ἐνέκρωσας
                         καὶ κόσμον ἀνέστησας
βαΐοις τὰ νήπια   ἀνευφήμουν σε,   Χριστέ, ὡς νικητὴν
κραυγάζοντά σοι σήμερον·   "Ὡσαννὰ τῷ υἱῷ Δαβίδ·

6¹ Ἀδάμ] τοῦ praem. T
16 *Codices*: A (sine Prooem. II) B (Prooem. I et α'–γ') D (Prooem. I et α'–ι')
    M(sine Prooem. II et ιγ')P(sine Prooem. II)T (Prooem. I et α'–θ', ις') Δ
    Editiones: Pitra A.S. I, Cant. ix
    Titulus: On the Entry into Jerusalem Trypanis: Εἰς τὰ Βάϊα nonn. codd.
    Dies Festus: Τῇ Κυριακῇ τῶν Βαΐων
    Modus: ἦχος πλάγιος β'
    Acrostichis: Εἰς τὰ Βάϊα Ῥωμανοῦ (Ῥωμ. om. M) ADMPΔ
    Prooemium II
    Δ (et in Triodio)   4³ βοήσ.] διὰ παντός praem. Triod.
    α' ABDMPTΔ

οὐκέτι γάρ ", φησί,   "σφαγήσονται βρέφη
                              διὰ τὸ βρέφος Μαριάμ,
ἀλλὰ ὑπὲρ πάντων   νηπίων καὶ πρεσβύτων μόνος σταυροῦσαι· 5
οὐκέτι καθ' ἡμῶν   χωρήσει τὸ ξίφος·
ἡ σὴ γὰρ πλευρὰ   νυγήσεται λόγχῃ·
ὅθεν ἀγαλλόμενοι φαμέν·
|: ' εὐλογημένος εἶ ὁ ἐρχόμενος   τὸν Ἀδὰμ ἀνακαλέσασθαι.' " :|

β' Ἰδοὺ ὁ βασιλεὺς ἡμῶν   ὁ πρᾶος καὶ ἡσύχιος
                              τῷ πώλῳ καθήμενος
σπουδῇ παραγίνεται   ἐπὶ τὸ παθεῖν   καὶ τὰ πάθη τεμεῖν·
ὁ Λόγος ἐπὶ ἄλογον   λογικοὺς θέλων ῥύσασθαι·
καὶ ἦν θεάσασθαι   τοῖς νώτοις τοῦ πώλου
                              τὸν ἐπὶ ὤμων Χερουβίμ,
τὸν ποτὲ Ἠλίαν   ἐν ἅρματι πυρίνῳ ἀναλαβόντα, 5
πτωχεύοντα βουλῇ   τὸν πλούσιον φύσει
καὶ γνώμῃ ἀσθενῆ   τὸν ἐνδυναμοῦντα
πάντας τοὺς κραυγάζοντας αὐτῷ·
|: " Εὐλογημένος εἶ ὁ ἐρχόμενος   τὸν Ἀδὰμ ἀνακαλέσασθαι." :|

γ' Σιὼν ἐσείσθη ἄπασα   καθὼς ποτὲ ἡ Αἴγυπτος·
                              ἐκεῖ μὲν τὰ ἄψυχα,
ἐνταῦθα δὲ ἔμψυχοι   ἐσαλεύθησαν   μολοῦντος σου, σωτήρ·
οὐχ ὅτι ταραχώδης εἶ —φυτουργὸς γὰρ εἰρήνης εἶ—
ἀλλ' ὅτι ἅπασαν   ἐχθροῦ μαγγανείαν   λύεις ὡς πάντων ποιητής,
πανταχόθεν τοῦτον   ἐλαύνων ὡς παντὸς τόπου βασιλεύων· 5
τὰ εἴδωλα αὐτῶν   κατέπεσαν πάλαι,
καὶ νῦν οἱ τὰ αὐτῶν   φρονοῦντες δονοῦνται
τῶν βρεφῶν ἀκούοντες φωνάς·
|: " Εὐλογημένος εἶ ὁ ἐρχόμενος   τὸν Ἀδὰμ ἀνακαλέσασθαι." :|

δ' " Τίς ἐστιν οὗτος;" ἔλεγον   οἱ γνώμῃ ἀγνοοῦντες σε·
                              φησὶ γὰρ οὐκ ᾔδεισαν,
τίς ἦν ὁ υἱὸς Δαβὶδ   ὁ ῥυσάμενος   αὐτοὺς ἐκ τῆς φθορᾶς·
ἀκμὴν λύουσι Λάζαρον   καὶ οὐκ οἶδαν τίς ἤγειρεν·

7¹ metrum ∪ – ∪ ∪ ∪ – : ⟨ἡ⟩ πλευρὰ dub. Trypanis
β' ABDMPTΔ   6¹⁻² πτωχ.—φύσει] (sic) Δ : πτωχεύει γὰρ βουλήσει· ὁ
πλούσιος φύσει cett.   7¹⁻² ἀσθενεῖ ὁ ἐνδυναμῶν AMP
δ' ADMPTΔ   3² οἶδαν] DM (cf. δ' 7², 8) : οἴδασι PTΔ : ᾔδεισαν A

ἀκμὴν δὲ πάσχουσι τοὺς ὤμους οἱ τότε
βαστάσαντες χήρας υἱόν,
καὶ δῆθεν ἠγνόουν, τίς ἔστιν ὁ ἁρπάσας αὐτὸν θανάτου· 5
Ἰαείρου τὴν αὐλὴν οὐδέπω ἐξῆλθον,
καὶ τίς ὁ τὴν αὐτοῦ ζωώσας οὐκ οἶδαν;
οἶδαν, ἀλλ᾽ οὐ θέλουσιν εἰπεῖν·
|: " Εὐλογημένος εἶ ὁ ἐρχόμενος τὸν Ἀδὰμ ἀνακαλέσασθαι." :|

ε´ Ἀγνωμονοῦντες ἄνομοι τὴν ἄγνοιαν ἠσπάσαντο
καὶ δῆθεν ἠγνόησαν·
ὃν κτεῖναι ἐσκέπτοντο, οὐκ ἠπίσταντο οἱ τοῦ ψεύδους υἱοί·
οὐ ξένον ὅπερ λέγουσι· τὰ γὰρ πρῶτα καινίζουσι·
Μωσῆς ἐξαγαγὼν αὐτοὺς ἐξ Αἰγύπτου
εὐθὺς ἠρνήθη ὑπ᾽ αὐτῶν·
καὶ Χριστὸς ὁ σώσας αὐτοὺς ἐκ τοῦ θανάτου νῦν ἠγνοήθη· 5
ἠγνόησαν Μωσῆν οἱ γνόντες τὸν μόσχον,
ἠρνήσαντο Χριστὸν οἱ φίλοι Βελίαρ·
ὅθεν οὐκ ἠθέλησαν βοᾶν·
|: " Εὐλογημένος εἶ ὁ ἐρχόμενος τὸν Ἀδὰμ ἀνακαλέσασθαι." :|

ϛ´ Βαΐοις βρέφη ὕμνουν σε υἱὸν Δαβὶδ καλοῦντες σε
εἰκότως, ὦ δέσποτα·
καὶ σὺ γὰρ ἀπέκτεινας τὸν ὀνειδιστὴν νοητὸν Γολιάθ·
ἐκεῖνον αἱ χορεύουσαι μετὰ νίκην ηὐφήμησαν·
" Ἀπέκτεινε Σαοὺλ ἐν ταῖς χιλιάσι καὶ μυριάσιν ὁ Δαβὶδ ".
ὃ ἐστὶν ὁ νόμος· καὶ μετ᾽ αὐτὸν ἡ χάρις σοῦ Ἰησοῦ μου· 5
ὁ νόμος ἦν Σαοὺλ φθονῶν καὶ διώκων,
Δαβὶδ δὲ διωχθεὶς τὴν χάριν βλαστάνει·
σὺ γὰρ εἶ ὁ κύριος Δαβίδ·
|: εὐλογημένος εἶ ὁ ἐρχόμενος τὸν Ἀδὰμ ἀνακαλέσασθαι. :|

ζ´ Ἅρμα φωτὸς ὁ ἥλιος, καὶ οὗτός σοι δεδούλωται·
†φαιδρὸς μὲν εἰς ὄχημα†
καὶ οὗτος ὑπόκειται τῇ κελεύσει σου ὡς πλάστου καὶ θεοῦ·
καὶ πῶλός σε νῦν ἔτερψε· προσκυνῶ σου τὸ εὔσπλαγχνον·

7² οὐκ οἶδαν] DM(A) : ἀρνοῦνται PTΔ
ζ ADMPTΔ 1³ [φ]αιδρὸν γὰρ (?) τὸ ὄχ(ημα) P in margine

ποτὲ γὰρ δι' ἐμὲ ἐτέθης ἐν φάτνῃ
                                   ἐν τοῖς σπαργάνοις εἰληθείς,
καὶ νυνὶ τῷ πώλῳ   ἐπέβης οὐρανὸν θρόνον κεκτημένος· 5
οἱ ἄγγελοι ἐκεῖ   τὴν φάτνην ἐκύκλουν,
ἐνταῦθα μαθηταὶ   τὸν πῶλον συνεῖχον·
" Δόξα " τότε ἤκουες, καὶ νῦν
|: " Εὐλογημένος εἶ ὁ ἐρχόμενος   τὸν Ἀδὰμ ἀνακαλέσασθαι." :|

η' Ἰσχὺν τὴν σὴν ἐνδείκνυσαι   τὰ εὐτελῆ αἱρούμενος·
                                   πτωχείας γὰρ εἶδος ἦν
ἐν πώλῳ καθίσαι σε·   ἀλλ' ὡς ἔνδοξος   σαλεύεις τὴν Σιών·
εὐτέλειαν ἐσήμαινε   μαθητῶν τὰ ἱμάτια·
ἀλλ' ἦν τοῦ κράτους σου   ὁ ὕμνος τῶν παίδων
                                   καὶ ἡ τοῦ ὄχλου συνδρομὴ
" 'Ωσαννὰ" κραζόντων,   ὃ ἔστι σῶσον δή, "ἐν τοῖς ὑψίστοις". 5
σῶσον ὁ ὑψηλὸς   τοὺς ταπεινωθέντας·
ἐλέησον ἡμᾶς   τοῖς κλάδοις προσέχων·
βλέψον εἰς τοὺς κράζοντας πρὸς σέ·
|: " Εὐλογήμενος εἶ ὁ ἐρχόμενος   τὸν Ἀδὰμ ἀνακαλέσασθαι." :|

θ' Ἀδὰμ ἡμῖν ἐποίησε   τὸ χρέος ὃ ὀφείλομεν,
                                   φαγὼν ὃ οὐκ ὤφειλε,
καὶ μέχρι τῆς σήμερον   ἀπαιτούμεθα   ἀντ' αὐτοῦ οἱ αὐτοῦ·
οὐκ ἤρκεσε τῷ χρήσαντι   ἔχειν τὸν χρεωστήσαντα,
ἀλλὰ καὶ τοῖς αὐτοῦ   ἐφίσταται τέκνοις
                                   πατρῷον χρέος ἀπαιτῶν,
καὶ κενοῖ τὸν οἶκον   ἁπλῶς τοῦ ὀφειλέτου πάντας ἐκσύρων· 5
διὸ ὡς δυνατῷ   προσφεύγωμεν πάντες·
εἰδὼς ὅτι ἡμεῖς   πτωχεύομεν σφόδρα
σὺ αὐτὸς ἀπόδος †ἃ ὀφείλομεν†·
|: εὐλογημένος εἶ ὁ ἐρχόμενος   τὸν Ἀδὰμ ἀνακαλέσασθαι. :|

7² τὸν πῶλον] PΔ : τῷ πώλῳ cett.
   η' ADMPTΔ   1¹ ἐδείκνυες APT   3¹ ἐσήμανε ADMT   5² ὁ] CT : om. cett.
   8¹ βλέψον—σε] (sic) Δ : κλῶνες οἱ δονούμενοι κινήσουσι τὰ σπλάγχνα σου APT(DM)
   θ' ADMPTΔ   1¹ ἐπέθηκεν D Pγρ (A)   8¹ αὐτός] ὡς (ὁ D) πλούσιος
add. ADPT: σωτήρ add. Δ: metrum $\cup \cup \cup - \cup \cup \cup -$: ἃ ὀφείλομεν] ὀφειλήν
Trypanis

"Ῥύσασθαι πάντας ἤλυθας   καὶ μάρτυς ὁ προφήτης σου
                                                ὁ οὕτως καλέσας σε
πραότατον, δίκαιον   καὶ σώζοντα   Ζαχαρίας ποτέ·
ἐκάμομεν, ἡττήθημεν,   πανταχοῦ ἐξεβλήθημεν·
τὸν νόμον λυτρωτὴν   ἐδόξαμεν ἔχειν,   καὶ κατεδούλωσεν ἡμᾶς·
τοὺς προφήτας πάλιν   καὶ οὗτοι ἐπ' ἐλπίδι ἡμᾶς ἀφῆκαν·   5
διὸ μετὰ βρεφῶν   σὲ γονυπετοῦμεν·
ἐλέησον ἡμᾶς   τοὺς ταπεινωθέντας
†θέλησον σταυρώθητι καὶ σχίσον τὸ χειρόγραφον†
|: εὐλογημένος εἶ ὁ ἐρχόμενος   τὸν Ἀδὰμ ἀνακαλέσασθαι." :|

ια' " Ὦ πλάσμα τῆς παλάμης μου",   ὁ πλάστης ἀπεκρίνατο
                                        τοῖς ταῦτα κραυγάζουσιν,
" εἰδὼς ὡς οὐκ ἴσχυσε   νόμος σῶσαι σε,   ἐλήλυθα ἐγώ·
οὐκ ἦν τοῦ νόμου σῶσαι σε,   ἐπειδήπερ οὐκ ἔπλασεν·
ἀλλ' οὔτε προφητῶν,   διότι καὶ οὗτοι
                                    πλάσμα ἐμὸν ὥσπερ καὶ σύ·
ἐμοὶ μόνῳ πρέπει   τοῦ λῦσαι σε τοῦ χρέους τοῦ βαρυτάτου·   5
πωλοῦμαι ὑπὲρ σοῦ   καὶ ἐλευθερῶ σε·
σταυροῦμαι διὰ σέ,   καὶ σὺ οὐ νεκροῦσαι·
θνήσκω καὶ διδάσκω σε βοᾶν·
|: ' εὐλογημένος εἶ ὁ ἐρχόμενος   τὸν Ἀδὰμ ἀνακαλέσασθαι.' :|

ιβ' Μὴ γὰρ ἀγγέλους ἔστερξα;   σὲ τὸν πτωχὸν ἐφίλησα,
                                        τὴν δόξαν μου ἔκρυψα
καὶ πένης ὁ πλούσιος   ἑκὼν γέγονα·   πολὺ γὰρ σὲ ποθῶ·
ἐπείνασα, ἐδίψησα   διὰ σὲ καὶ ἐμόχθησα·
ἐν ὄρεσι, κρημνοῖς   καὶ νάπαις διῆλθον
                                        σὲ τὸν πλανώμενον ζητῶν·
ἀμνὸς ὠνομάσθην,   ἵν' ὅπως τῇ φωνῇ μου σὲ θέλξας ἄξω·   5
ποιμήν, καὶ διὰ σὲ   ψυχὴν θέλω θεῖναι,
ἵνά σε τῆς χειρὸς   ἐκσπάσω τοῦ λύκου·
πάντα πάσχω θέλων σε βοᾶν·
|: ' εὐλογημένος εἶ ὁ ἐρχόμενος   τὸν Ἀδὰμ ἀνακαλέσασθαι.' " :|

ι' ADMPΔ   1¹ ἤλυθας] D (A): ἐλήλυθας cett.   2² καὶ] τε praem. Δ (corr. metr.): τὸν praem. DM (corr. metr.?): metrum ∪∪–∪∪   3³ πανταχοῦ] Trypanis m.c. (=omnino): πανταχόθεν codd.   8 καὶ σχ. τὸ χειρ.] καὶ νῦν (= ζ' 8¹) M: Χριστέ D: metrum –∪∪∪–∪∪∪–
ιβ' AMPΔ   1¹ Μὴ] propter acrostichidem audacius pro οὐ positum (cf. Pitra)   2² γέγονα] φαίνομαι MΔ   5² εἰκότως τῇ σφαγῇ μου σὲ θέλων σῶσαι A   7² ἐκσπάσω] AP: ἁρπάσω MΔ

ιγ' Ἀλλὰ μετὰ τὰ ῥήματα ἐδείκνυτο τὰ πράγματα·
τὴν πόλιν γὰρ ἔφθασε
καὶ πάντας ἠρέθιζε τοὺς ἐχθροὺς αὐτοῦ
ὁ ὕμνος τῶν παίδων·
ἐπάρας δὲ τὰ ὄμματα τῇ Σιὼν ἐνητένιζε
καὶ θρῆνον ἐπ' αὐτῇ ὑφάνας ἐβόα· " Στέναξον, Ἰερουσαλήμ,
ὅτι εὗρες παῖδας πατέρων διδασκάλους τοὺς υἱούς σου· 5
νεάζεις τῷ κακῷ καὶ τῇ πονηρίᾳ,
καὶ πρὸς τὸ ἀγαθὸν τῷ γήρᾳ βαρύνῃ·
κρείττους σου οἱ κράζοντες ἐμοί·
|: ' εὐλογήμενος εἶ ὁ ἐρχόμενος τὸν Ἀδὰμ ἀνακαλέσασθαι.' :|

ιδ' Νῦν ἐν σοὶ εἰσελεύσομαι καὶ ῥίψας σε ἀπώσομαι,
οὐχ ὅτι ἐμίσησα,
ἀλλ' ὅτι μισήσασαν σὲ κατέλαβον ἐμὲ καὶ τοὺς ἐμούς·
σταυρόν μοι ἐτεκτήναντο ἀντὶ τίνος τὰ τέκνα σου;
ἀνθ' ὧν τὴν θάλασσαν καθάπερ χιτῶνα
ἔρρηξα ῥάβδῳ πρὸ αὐτῶν·
λατομοῦσι τάφον ἀνθ' ὧν αὐτοῖς παρέσχον σκέπην νεφέλην · 5
καὶ χαίρω, ἐπειδὴ αὐτῶν χάριν ἦλθον,
καὶ στέργω τοῦ παθεῖν ποθῶν τὸν πεσόντα,
ἵνα οἱ ποθοῦντες με φασίν·
|: ' εὐλογημένος εἶ ὁ ἐρχόμενος τὸν Ἀδὰμ ἀνακαλέσασθαι.' " :|

ιε' Οὕτω τὴν νωθροκάρδιον ὁ βλέπων τὰ ἐγκάρδια
ἐλέγξας, εἰσέρχεται
σὺν πᾶσι τοῖς βρέφεσιν ἐν τῷ ἱερῷ ὁ ἱερεὺς τοῦ παντός·
ἐν οἴκῳ τοῦ πατρὸς αὐτοῦ ὁ υἱὸς παρεγένετο
καὶ ἔξω ἔβαλεν ὁμοῦ τοὺς πωλοῦντας
καὶ ἀγοράζοντας εἰπών·
" Μηδὲν ἐμμεινάτω ἐνταῦθα· μεταβαίνομεν γὰρ ἐντεῦθεν 5
ἐγὼ καὶ ὁ πατὴρ ὁμοῦ καὶ τὸ πνεῦμα·

ιγ' ΑΡΔ   2³ metrum ∪ – ∪ ∪ ∪ – : παιδῶν Krumb. : βρεφῶν Pitra
5² πατέρας ΑΡ   διδασκάλ.] δὲ add. ΑΡ (corr. metr.)
ιδ' ΑΜΡΔ   3¹ ἐτεκτήναντο] (sic) P: ἐτεκτόνευσαν ΑΜ : ἐπαγγέλλονται
Δ   7¹ τοῦ] τὸ ΑΡ
ιε' ΑΜΡΔ   2³ ὡς ὢν ἀρχιερεὺς Δ (corr. metr.?) : metrum ∪ – ∪ ∪ ∪ – :
ὁ del. Trypanis m.c.   5¹ ἐμμεινάτω] (sic) Μ : μεινάτω ΑΡ : μενέτω Δ

νῦν εὕρομεν αὐλὴν τῶν πράων τὴν γνώμην,
τῶν πιστῶς κραζόντων μοι φωναῖς·
|: ' εὐλογημένος εἶ ὁ ἐρχόμενος τὸν Ἀδὰμ ἀνακαλέσασθαι.' " :|

ιϛ' Υἱὲ θεοῦ πανάγιε, μετὰ τῶν ὑμνησάντων σε
ἡμᾶς συναρίθμησον
καὶ δέξαι τὴν δέησιν τῶν οἰκέτων σου ὡς τῶν παίδων ποτέ·
ἐλέησον οὓς ἔπλασας, οὓς φιλῶν ἐπεδήμησας·
εἰρήνην δώρησαι ταῖς σαῖς ἐκκλησίαις
σαλευομέναις ὑπ' ἐχθρῶν
καὶ ἐμοὶ τὴν λύσιν κατάπεμψον, σωτήρ, τῶν ἀνομιῶν μου· 5
παράσχου μοι λαλεῖν ἃ θέλεις ὡς θέλεις·
μὴ νωθρόν μου τὸν νοῦν ἡ λύπη ποιήσῃ·
δεῖξον με καλλίεργον βοᾶν·
|: " Εὐλογημένος εἶ ὁ ἐρχόμενος τὸν Ἀδὰμ ἀνακαλέσασθαι." :|

17 (16 Kr.)

ON JUDAS

Acrostichis: ΤΟΥ ΤΑΠΙΝΟΥ ΡΩΜΑΝΟΥ ΠΟΙΗΜΑ

Prooemium I: Ἰδιόμελον

Δεσπότου χερσὶ πόδας νιπτόμενος Ἰούδας
ὡς κλέπτης κρυφῇ γλῶτταν ἠκόνησε δολίαν
ὁ παράνομος, Χριστὲ ὁ θεός·
ἀλλὰ τοιαύτης ἀπανθρωπίας
λύτρωσαι τοὺς ἐν τῷ οἴκῳ τῆς θεοτόκου ψάλλοντας· 5
|: " Ἵλεως, ἵλεως, ἵλεως γενοῦ ἡμῖν,
ὁ πάντων ἀνεχόμενος καὶ πάντας ἐκδεχόμενος." :|

ιϛ' ΑΜΡΤΔ 1³ ἡμᾶς] καὶ praem. ΑΜ 5² ἁμαρτιῶν ΜΔ
6² ὡς θέλεις] ὁ θεός μου ΡΔ 7¹ metrum ∪ − ∪ ∪ − 8¹ καλλίκαρπον ΡΔ
17 Codices: P (sine prooem. II et ιθ' bis) Δ (sine ιθ')
Editiones: Pitra A.S. I Cant. XIII; Krumbacher, Rom. u. Kyr., pp. 736 sq.;
Cammelli, R. il M., pp. 251 sq.; Tomadakis P.M.Υ. II, pp. 223 sq.
Titulus: On Judas Trypanis: Εἰς τὸν νιπτῆρα P
Dies Festus: Τῇ ἁγίᾳ καὶ μεγάλῃ Πέμπτῃ P(Δ)
Modus: ἦχος γ'
Melodia Prooemii II: Λάζαρον τὸν φίλον σου C (om. V)
Acrostichis: Τοῦ ταπεινοῦ Ῥωμανοῦ ποίημα ΡΔ
Prooemium I ΡΔ
2¹ κρυφῇ] ἐν praem. P 3¹ ὁ προδότης P 3² Χριστοῦ τοῦ θεοῦ Pγρ
5² ψαλλ.] κραυγάζοντας P

Prooemium II: Πάτερ επουράνιε

Πάτερ επουράνιε,   φιλόστοργε, φιλάνθρωπε,
|: ἵλεως, ἵλεως, ἵλεως   γενοῦ ἡμῖν,
ὁ πάντων ἀνεχόμενος   καὶ πάντας ἐκδεχόμενος. :|

Strophae: Τίς ἀκούσας (App. Metr. xvi)

α΄ Τίς ἀκούσας οὐκ ἐνάρκησεν   ἢ τίς θεωρήσας οὐκ ἐτρόμασε
τὸν Ἰησοῦν   δόλῳ φιλούμενον,
τὸν Χριστὸν φθόνῳ πωλούμενον,
                                    τὸν θεὸν γνώμῃ κρατούμενον;
ποία γῆ   ἤνεγκε   τὸ τόλμημα;
ποία δὲ θάλασσα ὑπέφερεν   ὁρῶσα τὸ ἀνοσιούργημα;
πῶς οὐρανὸς ὑπέστη,   πῶς δὲ αἰθὴρ συνέστη,   5
                        πῶς καὶ ὁ κόσμος ἔστη
συμφωνουμένου, πωλουμένου τότε,   προδιδομένου τοῦ κριτοῦ;
|: ἵλεως, ἵλεως, ἵλεως   γενοῦ ἡμῖν,
ὁ πάντων ἀνεχόμενος   καὶ πάντας ἐκδεχόμενος. :|

β΄ Ὅτε τὸν δόλον ἐμελέτησε,   ὅτε σοι τὸν φόνον κατεσκεύασεν
ὁ φιληθεὶς   καὶ ἀθετήσας σε,
ὁ κληθεὶς καὶ καταλείψας σε,   ὁ στεφθεὶς καὶ ἐνυβρίσας σε,
τότε σύ,   εὔσπλαγχνε,   μακρόθυμε,
δεῖξαι τῷ φονευτῇ βουλόμενος   τὴν ἄφατον φιλανθρωπίαν σου   5
ἔπλησας τὸν νιπτῆρα,   ἔκλινας τὸν αὐχένα,
                                        γέγονας δοῦλος δούλων·
καὶ ἐπεδίδου σοι Ἰούδας πόδας,   ἵν' ἀποπλύνῃς, λυτρωτά·
|: ἵλεως, ἵλεως, ἵλεως   γενοῦ ἡμῖν,
ὁ πάντων ἀνεχόμενος   καὶ πάντας ἐκδεχόμενος. :|

γ΄ Ὕδασι πόδας ἀπέπλυνας   τοῦ δραμόντος εἰς τὴν προδοσίαν σου
καὶ μυστικῇ   βρώσει ἐξέθρεψας
τὸν ἐχθρὸν τῆς εὐσπλαγχνίας σου   καὶ γυμνὸν τῆς εὐλογίας σου·
ὕψωσας   τὸν πτωχὸν   χαρίσμασιν,

α΄ PΔ   5¹ ὑπέμεινε Δ   6² δὲ] ὁ Δ   6³ καὶ] δὲ Δ
β΄ PΔ   1¹ Ὅτε τὸν] Ὅ[.....]ν (fortasse Ὅτε σοι τὸν) P: τὸν del.
Krumb. m.c.   1² ὅτε σοι] (sic) Pγp: ὅτε σου V: τότε σου C: τότε καὶ P
5² ἄπειρον Δ   6³ δούλων] δούλου Δ   7² λυτρ.] ὁ θεός Δ
γ΄ PΔ   1¹ ἀπένιψας Δ   1² τὴν om. Δ   2² διέθρεψας Δ

ηὔξησας τὸν οἰκτρὸν δωρήμασιν,   ἐπλούτισας καὶ ἐμακάρισας·   5
ὑποταγὴν δαιμόνων,   ἀπαλλαγὴν δὲ πόνων
            εἶχεν ἐπὶ τῆς γλώττης,
καὶ ἀντὶ τούτων πάντων διεσχίσθη   καὶ οὐ κατενύγη ὁ φονεύς·
|: ἵλεως, ἵλεως, ἵλεως   γενοῦ ἡμῖν,
ὁ πάντων ἀνεχόμενος   καὶ πάντας ἐκδεχόμενος. :|

δ' **Τίς** εἶδε πόδας νιπτόμενον   καὶ λακτίζειν ἤδη ἐπειγόμενον;
τίς ἤκουσε   κτῆνος θαλπόμενον
καὶ βαλεῖν κατεπειγόμενον   τὸν αὐτῷ ἐπικαθήμενον;
ἔλουσεν,   ἔθρεψεν   ὁ κύριος,
ἔτρεχεν, ἔβρυχεν ὁ δόλιος   ὡς μονιὸς ἀνημερώτατος·   5
πεπληρωμένης φάτνης   ὁ ἀπηνὴς ἐξαίφνης
            φεύγει τὸν κεκτημένον
καὶ ὑποτίθησι τὸν νῶτον ὄντως,   ἵν' ἐπιβῇ ὁ Σατανᾶς·
|: ἵλεως, ἵλεως, ἵλεως   γενοῦ ἡμῖν,
ὁ πάντων ἀνεχόμενος   καὶ πάντας ἐκδεχόμενος. :|

ε' **Ἄδικε**, ἄστοργε, ἄσπονδε,   πειρατά, προδότα, πολυμήχανε,
τί γέγονεν   ὅτι ἠθέτησας;
τί ἰδὼν οὕτως ἠφρόνησας;   τί παθὼν οὕτως ἐμίσησας;
οὐκ αὐτοῦ   φίλον σε   ὠνόμασεν;
οὐκ αὐτὸς ἀδελφόν σε κέκληκε,   καίτοι εἰδὼς ὅτι δεδόλωσαι;   5
τὸ τῶν χρημάτων λῆμμα   τὸ ἐν τῷ γλωσσοκόμῳ
            δέδωκε τῇ σῇ πίστει·
καὶ ἀσυνείδητος ἐν τούτοις πᾶσιν   ἐφάνης ἄφνω πρὸς αὐτόν·
|: ἵλεως, ἵλεως, ἵλεως   γενοῦ ἡμῖν,
ὁ πάντων ἀνεχόμενος   καὶ πάντας ἐκδεχόμενος. :|

ς' **Πέτρος** τότε παρῃτήσατο,   ὅτε ὁ μονογενὴς παρίστατο
νιπτοποδεῖν   κατεπειγόμενος,
καὶ φησί· " Κύριε, κύριε,   οὐ μὴ σὺ νίψῃς τοὺς πόδας μου "·
ὁ νιπτὴρ   ἔκειτο   καὶ ἐπέπληστο,

7¹ πάντ. om. Δ   κατηνύγη P
δ' PΔ   1² ἤδη om. Δ   3¹ πατεῖν P²   5¹ ἔλουεν, ἔτρεφεν Δ
ε' PΔ   3¹⁻² ἰδὼν et παθὼν inter se mut. Δ   4¹ αὐτοῦ] αὐτὸς dub.
Maas   5¹⁻² οὐχ αὐτοῦ ἀδελφόν σε κέκληκεν· οὐχ αὐτοῦ φίλον σε ὠνόμασεν Δ
5² καίτοι] καὶ ταῦτα Δ   ὅτι] οὕτως add. Δ   δεδούλωσαι P   7¹ πᾶσιν ante
τούτοις Δ
ς' PΔ   3² νίψῃς ante σὺ P

ὁ σωτὴρ ἵστατο καὶ ἔζωστο   ὁ λυτρωτὴς ὡς ἀργυρώνητος·   5
αἱ τῶν ἀγγέλων τάξεις   ἄνωθεν κατιδοῦσαι
                        ἔκραζον θαμβηθεῖσαι,
καὶ ὁ ἀναίσχυντος οὐκ ἐνετράπη,   ἀλλ' ἐξετράπη κατ' αὐτοῦ·
|: ἵλεως, ἵλεως, ἵλεως   γενοῦ ἡμῖν,
ὁ πάντων ἀνεχόμενος   καὶ πάντας ἐκδεχόμενος. :|

ζ' Ἵσταντο φόβῳ οἱ πύρινοι,   καὶ ἐξίσταντο χοροὶ ἀόρατοι
    ὁρῶντες τὸν ἀπερινόητον
    γνωμικῶς κατακαμπτόμενον   καὶ πηλῷ διακονούμενον.
    Γαβριὴλ ἔλεγε   πτοούμενος·
    " Ἅγιοι ἄγγελοι, συνόμιλοι,   κατίδετε καὶ καταπλάγητε·   5
    τείνει τὸν πόδα Πέτρος   καὶ ὁ ἐκ παρθένου μήτρας
                        δέχεται καὶ ἀποπλύνει·
    καὶ οὐ τὸν Πέτρον μόνον νίπτει, ἄλλα
                        καὶ τὸν Ἰούδαν μετ' αὐτοῦ·
    |: ἵλεως, ἵλεως, ἵλεως   γενοῦ ἡμῖν,
    ὁ πάντων ἀνεχόμενος   καὶ πάντας ἐκδεχόμενος. :|

η' Νίπτει τὴν πλίνθον ἡ θάλασσα,   ἀποπλύνει τὴν πηλὸν ἡ ἄβυσσος
    καὶ οὐκ ἀναιρεῖ   τούτου τὴν σύστασιν,
    ἀλλὰ σφίγγει τὴν ὑπόστασιν   καὶ ἀποσμήχει τὴν προαίρεσιν·
    βλέπετε,   πόση τοῦ ποιήσαντος,
    ἴδετε, ποταπὴ τοῦ πλάσαντος   διάθεσις περὶ τὰ πλάσματα·   5
    κέκλινται καὶ εἰστήκει,   τρέφονται καὶ παρέχει,
                        νίπτονται καὶ ἀποσμήχει,
    καὶ οὐ χωνεύονται γηΐνων πόδες   ἐν ταῖς παλάμαις τοῦ πυρός·
    |: ἵλεως, ἵλεως, ἵλεως   γενοῦ ἡμῖν,
    ὁ πάντων ἀνεχόμενος   καὶ πάντας ἐκδεχόμενος." :|

θ' Οὕτω μὲν ἔφη ὁ ἄγγελος,   ὅτε καὶ κατεῖδεν σὲ τὴν ἄμπελον
    τὰ ἑαυτῆς   κλήματα τρέφουσαν

7² ἀλλ' ἀπετράπη ὅλος πρὸς σφαγὴν Δ   post stropham ς' spatium in Δ,
ubi E stropha inveniri possit
ζ' ΡΔ   1² ἀόρ. def. P   2¹⁻² metrum: divisio neglecta   6² καὶ
ὁ ἐκ] ὁ δ' ἐκ Maas (cf. Ργρ)   6²⁻³ ὁ ἐκ παρθένου δὲ κύψας δέχεται ἀποσμήχειν
Ργρ
    η' ΡΔ   2¹ οὐ χαυνοῖ τ[ούτου] τὴν ἔνστασιν add. P   4²⁻³ metrum:
divisio neglecta   5² διάθ.] ἡ praem. P   7² τοῦ πυρὸς] τοῦ κριτοῦ
Ργρ Δ
    θ' ΡΔ   1¹ μὲν] δὲ P   ἔφη] ἔφησεν Δ   1² καὶ om. Δ

καὶ εἰς γῆν πᾶσαν ἐκτείνουσαν   καὶ εἰς ὕψος ἐπανάγουσαν·
Πέτρος δέ,   ἡ ἀρχὴ   τῶν φίλων σου,
ὁ κανὼν τῶν ἀκολουθούντων σοι,   5
                    ὁ στρατηγὸς τῆς φαμιλίας σου,
ἰδών σε ἐζωσμένον   ἔλεγεν ἀδημονῶν·
                    " Σύ μου τοὺς πόδας νίπτεις;
οὐ μή μου νίψῃς πόδας εἰς αἰωνᾶς,   ἡ χεὶρ ἡ πλάσασα ἐμέ·
|: ἵλεως, ἵλεως, ἵλεως   γενοῦ ἡμῖν,
ὁ πάντων ἀνεχόμενος   καὶ πάντας ἐκδεχόμενος. :|
ι' Ὕπνος μοι ἔλθοι εἰς θάνατον,   ἐάν σε ἐάσω τὸν ἀθάνατον
καμφθῆναι μοι   τῷ ὑπὸ θάνατον·
ὁ ἐχθρὸς ἐπιγελάσοι μοι,   ἐὰν σὺ τοῦτο τελέσῃς μοι·
οὐκ ἀρκεῖ   ὅτι σὸς   νενόμισμαι;
οὐ πολὺ ὅτι σοι λελόγισμαι
                    καὶ πρῶτος τῶν φίλων σου κέκλημαι; 5
ἀλλὰ καὶ πλύνεις πόδας   τοῦ ὀστρακίνου σκεύους,
                    ὁ κεραμεὺς τοῦ κόσμου;
καὶ τὰ φθαρτά μου σκέλη καὶ τὰ ἴχνη
                    σὺ θέλεις πλῦναι, λυτρωτά;
|: ἵλεως, ἵλεως, ἵλεως   γενοῦ ἡμῖν,
ὁ πάντων ἀνεχόμενος   καὶ πάντας ἐκδεχόμενος." :|
ια' Ῥήμασι τούτοις χρησάμενος   ὁ ἀπόστολος πρὸς τὸν διδάσκαλον·
" 'Εὰν μὴ νῦν   νίψω σε ", ἤκουσε,
" μετ' ἐμοῦ μέρος οὐ δώσω σοι,   ἀλλ' ἐχθρὸν ἀποκαλέσομαι"·
τοῦτο δὲ   λέξαντος   τοῦ πλάσαντος
φόβος καὶ θόρυβος ἐπέπεσε   τῷ μαθητῇ, ὅθεν καὶ ἔφησε· 5
" Κύριε μοῦ, εἰ πλύνεις,   μή μου τοὺς πόδας μόνον,
                    ἀλλὰ καὶ δέμας ὅλον,
καὶ ἐπὶ πλεῖον πλῦνον μέ, εἰ θέλεις,   ἵνα τῶν σῶν μὴ στερηθῶ·
|: ἵλεως, ἵλεως, ἵλεως   γενοῦ ἡμῖν,
ὁ πάντων ἀνεχόμενος   καὶ πάντας ἐκδεχόμενος." :|

6¹ metrum ⏑ ⏑ ⏑ –́ ⏑ – ⏑: βλέπων dub. Maas   6² metrum ⏑ ⏑ ⏑ –́ ⏑ – ⏑:
ἀδημόνως Pitra   7¹ πόδ.] τοὺς praem. Δ   7² με Δ
    ι' ΡΔ   3¹ ἐπιγελάσει PC¹   3² τοῦτο τελ. μοι] νίψῃς τοὺς πόδας μου Ργρ
4³ ὠνόμασμαι Δ   5¹ οὐ πολὺ] οὐκ ἀρκεῖ Ρ   6² ὀστρ.] μου add. Δ
7² πλῦν.] ἀποπλῦναι Δ
    ια' ΡΔ   2¹⁻² 'Εὰν–ἦκ.] Ἀκούει, ἐὰν μὴ νίψω σε Δ   3² ὡς ἐχθρόν σε
ἀποβάλλομαι Δ   4¹ ταῦτα Δ   δὲ om. Δ (corr. Pitra)   6³ δέμ.] def. Ρ
7¹ πλῦν. post με Δ   7² ἵν' αὐτοῦ σοῦ μὴ στ. Ρ

ιβ΄ Ὦ πόσοις πόσα συνήπτετο,   καὶ Ἰούδας φίλος οὐκ ἐγίνετο·
ὢ ποταποὶ   λόγοι καὶ πράγματα
καὶ ὁ ἐχθρὸς οὐ κατηλλάσσετο·   ὁ σκληρὸς οὐχ ἡπαλύνετο.
ἅμα γὰρ   τῷ φαγεῖν   ὃ ἔφαγεν
καὶ πιεῖν ὃ πιστῶς οὐκ ἔπιεν
                    ἐπῆρε τὴν πτέρναν, ὡς γέγραπται· 5
καὶ ἐξελθὼν τῆς μάνδρας   ὥρμησε πρὸς τοὺς θῆρας
                    καταλιπὼν τοὺς ἄρνας,
καὶ τὸν γλυκύτατον μασθὸν ἐάσας   ἦλθεν ἐπὶ θηλὴν πικράν·
|: ἵλεως, ἵλεως, ἵλεως   γενοῦ ἡμῖν,
ὁ πάντων ἀνεχόμενος   καὶ πάντας ἐκδεχόμενος. :|

ιγ΄ Μάτην πρώην ὑπεχώρησε   τὸν δεινὸν Ἰούδαν ὁ διάβολος·
ἰδοὺ γὰρ νῦν   οὗτος ἐχώρησε
πρὸς τὸν πρὶν ὑποχωρήσαντα   καὶ ἐστὶν ὅλως διάβολος·
μάτην ἦν   φοβερὸς   τοῖς πλήθεσιν·
ὤφθη γὰρ φθονερὸς ἐν ἅπασι
                    καὶ τολμηρὸς κατὰ τοῦ πλάσαντος· 5
μάτην αὐτοῦ λαλοῦντος   ἔφευγον πᾶσαι νόσοι·
                    εἶχε γὰρ ἤδη νόσον
τῆς ἀθεΐας καὶ φιλαργυρίας·   ἐντὸς αὐτοῦ ἦν ἡ πληγή·
|: ἵλεως, ἵλεως, ἵλεως   γενοῦ ἡμῖν,
ὁ πάντων ἀνεχόμενος   καὶ πάντας ἐκδεχόμενος. :|

ιδ΄ Ἄρας τοὺς πόδας ὁ δόλιος   ηὐτομόλησε πρὸς τὸν διάβολον
καὶ φατριὰν   φθάσας φονεύτριαν
τὸν Χριστὸν ὥσπερ ἀλλότριον   παραδοὺς γίνεται μέτριος·
" Τί ἐμοὶ   θέλετε   δωρήσασθαι; "
λέγει τοῖς θέλουσιν ὠνήσασθαι
                    τὸ αἷμα τοῦ ζῶντος καὶ μένοντος· 5
ἄκουσον, γῆ, καὶ φρῖξον·   θάλασσα, φεύγειν σπεῦσον·
                    φόνος γὰρ συμφωνεῖται·

ιβ΄ PΔ   1² ἐγένετο Δ   3² οὐκ PΔ   5¹ ὁ [. . .]ὣς οὐκ ἔπιε P: ὁ
δεινὸς ἔπιε Pγρ: ὁ ἄπιστος ὃ ἔπιε Δ   7¹ καὶ om. Δ (correxerat
Pitra)   γλυκὺν μαζὸν Δ   ἐάσ.] τάχος add. Δ   7² ἦλθεν post ἐπὶ θηλ. Δ
     ιγ΄ PΔ   1¹ πρὶν Δ   4¹ ἦν post φοβ. P   4³ πλήθεσιν Δ   5¹ ἐν
ἄπ.] παντάπασι Δ   7¹ ἀθεΐας καὶ] τῆς add. P: ἀθέου Δ   7² ἦν] ὑπῆρχεν
     ιδ΄ PΔ   1¹ ὁ ἄνομος Δ   1² πρὸς τὸ παράνομον Δ   3² μέτριος = εὐτελής,
cf. Hesych. s.v.

τοῦ ἀτιμήτου τίμημα λαλεῖται   καὶ ζωοδότου ἡ σφαγή·
|: ἴλεως, ἴλεως, ἴλεως   γενοῦ ἡμῖν,
ὁ πάντων ἀνεχόμενος   καὶ πάντας ἐκδεχόμενος. :|

ιε´ **Νῦν** σου ἐφάνη τὸ ἄπληστον,   νῦν ἐφανερώθη τὸ ἀκόρεστον,
ἀχόρταστε,   ἄσωτε, ἄσπονδε,
ἀναιδέστατε καὶ λαίμαργε,   ἀσυνείδητε, φιλάργυρε·
" Τί ἐμοὶ   θέλετε   δωρήσασθαι; "
λέγεις τοῖς θέλουσιν ὠνήσασθαι
                                     τὸ αἷμα τοῦ ζῶντος καὶ μένοντος· 5
τί γὰρ καλὸν οὐκ εἶχες;   τίνος δὲ οὐ μετεῖχες;
                                                        τίνος ποτὲ ἀπεῖχες;
μετὰ τῶν κάτω καὶ τὰ ἄνω εἶχες   καὶ τὸν θεόν σου προδιδῷς;
|: ἴλεως, ἴλεως, ἴλεως   γενοῦ ἡμῖν,
ὁ πάντων ἀνεχόμενος   καὶ πάντας ἐκδεχόμενος. :|

ις´ **Ὅλον** τὸν πλοῦτον ἐβάσταζες,   θησαυρὸς ὑπῆρχες ἀδαπάνητος·
παντόθεν ἦς   πάντοτε πλούσιος
ἐν χερσὶν ἔχων τὰ χρήματα   καὶ φρεσὶ φέρων τὸν πλάσαντα·
τί οὖν σοὶ   γέγονεν,   ὦ ἄθλιε,
ὅτι νῦν ὡς πτωχὸς πεπόρευσαι
                                   πρὸς τοὺς οὐδὲν ἔχοντας δοῦναι σοι; 5
τί γὰρ καὶ δώσουσί σοι,   τί προσενέγκωσί σοι
                                           ἀντὶ τοῦ πωλουμένου;
τὸν οὐρανόν τε καὶ τὴν γῆν ἢ πάντα
                                           τὸν κόσμον αὐτὸν ἀντ᾽ αὐτοῦ;
|: ἴλεως, ἴλεως, ἴλεως   γενοῦ ἡμῖν,
ὁ πάντων ἀνεχόμενος   καὶ πάντας ἐκδεχόμενος. :|

ιζ´ **Ὕπαγε**, ἄφρον, ἀνάνηψον,   τὴν αὐθάδειάν σου ἀναχαίτισον,
τὴν τολμηρὰν   γνώμην σου κώλυσον,
ταῖς φρεσί σου ἐπιτίμησον,   καὶ μωροί †ποτε φρονήσατε†.
οὐδὲ γὰρ   δύνασαι   τιμήσασθαι,
οὐδ᾽ αὐτοὶ ἱκανοὶ ὠνήσασθαι   τὸν τῇ χειρὶ πάντα συνέχοντα· 5

7¹ τίμ.] τιμὴ Δ   7² ζωοδ. ἡ] ἡ τοῦ ζωοδ. Δ
ιε´ PΔ   2² ἄστεκτε, ἄσωτε Δ   7² προδιδῷς (προδίδεις C¹)] νῦν πωλεῖς P
ις´ PΔ   1² ἀδαπ.] (sic) Pγρ: καὶ οὐκ ἔλιπες PΔ   6¹ γὰρ] δὲ Δ
6² προσενέγκουσι Δ   7¹ γῆν] γαῖαν Δ   7¹⁻² ἢ πάντα τὸν] καὶ τὸν ἐν τούτοις Δ
ιζ´ PΔ   4¹ οὔτε Δ   5¹ οὔτε Δ

17 CANTICA ON THE PERSON OF CHRIST 129

ἐὰν δὲ καὶ πωλήσῃς, καὶ μὴ αὐτὸς θελήσῃ,
          τίς ὁ τολμῶν κρατῆσαι;
τίς ἐπ' αὐτὸν τὴν χεῖρα ἐπιβάλλει, εἰ μὴ συγχωρήσῃ αὐτός;
|: ἴλεως, ἴλεως, ἴλεως γενοῦ ἡμῖν,
ὁ πάντων ἀνεχόμενος καὶ πάντας ἐκδεχόμενος. :|

ιη' **Πένης** Ἠλίας ἐτύγχανε καὶ ὡς εὔπορος πυρὶ ἀνάλωσε
τοὺς ἐπ' αὐτὸν τότε ὁρμήσαντας,
πεντηκόνταρχον καὶ ἕτερον, τοὺς αὐτῷ καταθαρρήσαντας·
Ἠλιοῦ γέγονεν ἀκράτητος,
καὶ θεὸς Ἠλιοῦ καὶ κύριος τῷ ἀναιδεῖ εὐκαταφρόνητος·   5
ὦ τῆς παραπληξίας· δοῦλος ἦν ὁ Ἠλίας
          τοῦ νῦν πιπρασκομένου,
καὶ οὐδ' ὡς προφήτην ὁ προδότης εἶχε
          τὸν ποιητὴν τῶν προφητῶν·
|: ἴλεως, ἴλεως, ἴλεως γενοῦ ἡμῖν,
ὁ πάντων ἀνεχόμενος καὶ πάντας ἐκδεχόμενος. :|

ιθ' **Οὕτως** δέ, ἄφρον, ἐμέθυες αὐθαδείᾳ σου καὶ οὐκ ἐνόησας
τὸν ὑπὸ σοῦ γνώμῃ πωλούμενον,
κἂν τὰ σύμφωνα γνωρίσῃ σοι, τίς ἐστιν ὁ συμφωνούμενος.
ἔλαβες χρύσινα τριάκοντα·
ψήφισον, ἄθλιε, καὶ νόησον, τίς προφητῶν οὕτω πεπώληται.   5
Ὁ Ἰωσὴφ ἐκεῖνος τοῦ Ἰησοῦ ἦν τύπος,
          οὗ τὴν τιμὴν λαμβάνεις·

6² μὴ post αὐτὸς P   7¹ τίς ἐπενέγκῃ τούτῳ χεῖρας Δ   7² ἐὰν Δ
αὐτός] (sic) Pγρ (corr. metr.?) : ὡς θεός PΔ
ιη' PΔ   1² ἀνήλωσε Δ   3² τοὺς–καταθ.] ἐπ' αὐτὸν τότε θαρρήσαντας Δ
7¹ ἔσχε Δ
ιθ' P   5¹ ἄθλιε] (sic) Pγρ (corr. metr.?) : Ἰούδα P
ιθ' bis Ὅλον λαβὼν τὸν διάβολον ἑαυτὸν τοῦ κτίστου ἠλλοτρίωσεν
  αὐτὸς πωλῶν καὶ πιπρασκόμενος,
  καὶ Χριστοῦ ξένος δεικνύμενος τοῦ ἐχθροῦ δοῦλος ἐγένετο·
  ἔβλεπε τοὺς νεκροὺς βαδίζοντας,   5
  ἤκουεν τὰ φρικτὰ διδάγματα καὶ γέγονε τούτων ἀλλότριος·
  κλείσας φιλαργυρίᾳ ὦτα καὶ τὴν καρδίαν ⟨–́ ⏑ ⏑ –́ ⏑ – ⏑⟩
  καὶ ἀτενίσας πρὸς τὴν προδοσίαν [[ὅλως]] οὐ κατενόησε τὸ φῶς·
  |: ἴλεως, ἴλεως, ἴλεως, γενοῦ ἡμῖν,
  ὁ πάντων ἀνεχόμενος καὶ πάντας ἐκδεχόμενος. :| Δ
7¹ ὅλως del. Trypanis m.c.

καὶ δι' αὐτῆς καταλαμβάνεις Ἅιδην τὸν βρόχον ἔχων †ἀγχόνην†.
|: ἵλεως, ἵλεως, ἵλεως   γενοῦ ἡμῖν,
ὁ πάντων ἀνεχόμενος   καὶ πάντας ἐκδεχόμενος. :|

κ' Ἵλεως, ἵλεως, ἵλεως·   ποταπὸν ὁ μαθητὴς ὠλίσθησε,
καὶ ποταποῦ   ὕψους ἀπέτυχε·
ποταπὸν πτῶμα κατέπεσε,   ποταπὸν κτύπον ἐποίησε·
πρώην μὲν   ἔπεσε   διάβολος
ἀστραπὴν δείξας τὴν κατάπτωσιν·   αὐτὸν καὶ Ἰούδας ἐζήλωσε· 5
τῷ γὰρ Χριστῷ ἀντάρας   καὶ ἀνιὼν πρὸς κέντρα
τὰς βάσεις συνετρίβη,
καὶ ἐν βαράθρῳ κατηνέχθη Ἅιδου   ἐκεῖ τὸ κέρδος πληρωθείς·
|: ἵλεως, ἵλεως, ἵλεως   γενοῦ ἡμῖν,
ὁ πάντων ἀνεχόμενος,   καὶ πάντας ἐκδεχόμενος. :|

κα' Ἦλθεν οὖν τρέχων ὁ ἄνομος
καὶ φιλεῖ ἐν δόλῳ τὸν φιλάνθρωπον
καὶ ἀναιρεῖ   κατὰ διάνοιαν
τὸν βουλῇ πάθος ἑλόμενον   καὶ ζωὴν πᾶσι δωρούμενον·
πρόβατον   τοῦ Χριστοῦ   ἐτύγχανε,
λύκος δὲ τῷ ποιμένι γέγονεν   ὡς ἄγριος θὴρ ἐπερχόμενος· 5
φίλημα σὺν προσφέρεις;   φίλημα ποῖον, ἄφρον;
φίλημα προδοσίας·
καὶ οὐκ αἰσχύνῃ τὸν ἐχθρὸν ζηλώσας
αὐτοῦ μανθάνων τὰς βουλάς·
|: ἵλεως, ἵλεως, ἵλεως   γενοῦ ἡμῖν,
ὁ πάντων ἀνεχόμενος   καὶ πάντας ἐκδεχόμενος. :|

κβ' Μεῖνον μικρόν, ὦ πανάθλιε,   ἵνα ὄψῃ δίκην ἀμετάθετον·
τὸ συνειδὸς   σοῦ κατακρίνει σε,
ἵνα γνῷς, ὅπερ ἐποίησας   τῷ δεινῷ μόρῳ νεκρούμενος.
δένδρον σοι   γίνεται   ὡς δήμιος,
ἄξιον τὸν μισθόν σοι φέροντα·
καὶ ποῦ σοι τὸ χρῆμα, φιλόπλουτε; 5

7² metrum ∪ ⏓ ∪ ⏓ ∪ ∪ ∪ —: ἀγχόνην]PΔ: ἀντ' ὠνής vel ὡς ὠνήν Trypanis
κ' PΔ   2¹–3¹ ποτ.–ἀπέτ. (ἐξέπεσε Δ) et ποτ.–κατ. inter se mutat Δ
6² ἀνιῶν] λακτιῶν Pγρ   7² ἐκεῖ post τὸ κέρδος P   κληρωθείς Pγρ: def. P
κα' PΔ   3¹ βουλήσει P   4³ ἐτύγχ.] ἐμάνθανε Pγρ Δ   5² ἀπερχό-
μενος Δ   6¹ σὸν] νῦν Δ   7¹ οὐκ αἰσχ. post τὸν ἐχθρ. ζηλ. Δ
κβ' PΔ   5¹ ἄξιον–φέροντα (φέρων PΔ: corr. Krumb.)] ἄξιος σῆς βουλῆς
τὸ τόλμημα Pγρ   5² σοι] σου Δ

ἀλλὰ καὶ τοῦτο δώσεις καὶ σεαυτὸν οὐ σώσεις
μετανοῶν ἀκαίρως,
ὅτι προέδωκας ὃν εἶχες πλοῦτον
τὸν ψυχικόν σου, τὸν Χριστόν·
|: ἴλεως, ἴλεως, ἴλεως γενοῦ ἡμῖν,
ὁ πάντων ἀνεχόμενος καὶ πάντας ἐκδεχόμενος. :|

κγ´ "Ἅγιε, ἅγιε, ἅγιε, ὁ θεὸς τῶν πάντων ὁ τρισάγιος,
τοὺς δούλους σου ῥῦσαι τοῦ πτώματος,
καὶ τὸ πλάσμα σου ἀνάστησον
τοῦ φυγεῖν τοιοῦτον κίνδυνον·
ταῦτα οὖν, ἀδελφοί, γινώσκοντες
καὶ τὴν τοῦ πράτου πτῶσιν βλέποντες
τοὺς ἑαυτῶν πόδας στηρίξωμεν· 5
στήσωμεν οὖν τὰς βάσεις ἐπὶ τὰς ἀναβάσεις
τῶν ἐντολῶν τοῦ κτίστου
καὶ τὴν τοῦ Ἅιδου φύγωμεν πορείαν
βοῶντες πρὸς τὸν λυτρωτήν·
|: " Ἴλεως, ἴλεως, ἴλεως γενοῦ ἡμῖν,
ὁ πάντων ἀνεχόμενος, καὶ πάντας ἐκδεχόμενος." :|

18 (18 Kr.)
ON PETER'S DENIAL

Acrostichis: *ΤΟΥ ΤΑΠΙΝΟΥ ΡΩΜΑΝΟΥ ΑΙΝΟΣ[Σ]*

Prooemium I: *Τῶν φοβερῶν* (App. Metr. xl)

Τῶν φοβερῶν κυμάτων †ἐπιλησθεὶς†
καὶ τῷ ῥητῷ τῆς κόρης ἀλλοιωθεὶς

6³ μετ. ἀκ. om. Δ   7² τὸν (ante ψυχ.) om. Δ (correxerat Pitra)   ψυχ.]
τῆς ψυχῆς Δ   τὸν Χρ.] θησαυρὸν Δ
κγ´ PΔ   1² πάντ.] ὅλων Δ   3¹ ἀνάστ.] ἐλέησον PγρΔ   5² ἐρείσω-
μεν Δ   7¹ πορ.] τρίβον Δ

18 *Codices*: P (sine Prooem. III) Δ (Prooem. I, III et α´–κβ´)
Editiones: Pitra A.S. I, Cant. xv; Krumbacher, Studien z. Rom., pp. 114 sq.
Titulus: On Peter's Denial Trypanis: Εἰς τὴν ἄρνησιν τοῦ Πέτρου codd.
Dies Festus: Τῇ ἁγίᾳ καὶ μεγάλῃ Πέμπτῃ P: Τῇ ἁγίᾳ Παρασκευῇ Δ
Modus: ἦχος πλάγιος δ´
Acrostichis: Τοῦ ταπεινοῦ 'Ρωμανοῦ αἶνος PΔ
Prooemium I
PΔ   1 ἐπιμνησθεὶς Pitra: ἐπιπλησθεὶς R. Burn   2 τῶν ῥητῶν P

ὁ Πέτρος ἔλεγε· "Χριστὲ ὁ θεός,
τῇ ζάλῃ βυθιζόμενος ἀξίως ἐδειλίασα
καὶ λόγῳ ἐρωτώμενος ἀρνήσει ὑποπέπτωκα· 5
ἀλλὰ δακρύων βοῶ σοι·
|: ' σπεῦσον, σῶσον, ἅγιε, τὴν ποίμνην σου.' " :|

Prooemium II: Τὴν ἐκ νεκρῶν

Ἄλλος βυθὸς ἐπὶ γῆς ἡ παιδίσκη·
ἀλλὰ εὑρὼν ὕστερον κορυφαῖον
ἐπὶ σὲ τὸν λιμένα καταφεύγω·
κύριε, τὰ δάκρυά μου εἰς πρεσβείαν κινήσω σοι
καὶ κράξω σοι διὰ τοῦτο· 5
|: "Σπεῦσον, σῶσον, ἅγιε, τὴν ποίμνην σου." :|

Prooemium III: Ὁ ποιμήν

Ὁ ποιμὴν ὁ καλός, ὁ τὴν ψυχὴν αὑτοῦ θεὶς
ὑπὲρ τῶν προβάτων,
|: σπεῦσον, σῶσον, ἅγιε, τὴν ποίμνην σου. :|

Strophae: Τὸν νοῦν ἀνυψώσωμεν (App. Metr. xvii)

α' Τὸν νοῦν ἀνυψώσωμεν, τὴν φρένα ὑφάψωμεν,
τὸ πνεῦμα μὴ σβέσωμεν,
τῇ ψυχῇ διαναστῶμεν καὶ σπουδάσωμεν σχεδὸν συμπαθεῖν
τῷ ἀπαθεῖ.
ἀφήσωμεν πάντα λογισμὸν πολυμέριμνον
καὶ προσκολληθῶμεν τῷ ἐν σταυρῷ·
ἄγωμεν πάντες, εἰ δοκεῖ, ἅμα τῷ Πέτρῳ 5
εἰς τὴν Καϊάφα αὐλήν· σὺν αὐτῷ

4² ἀναξίως Pitra
Prooemium II
P 2 ἀλλ' P κορυφαῖον] Krumb.: κο..φαῖα P
α' PΔ 1² ὑφάψ.] πετάσωμεν Δ 2¹ ψυχῇ] δὲ add. Δ 2² καὶ–
σχεδὸν om. P 2³ τῷ] def. P 4¹ καὶ] def. P 4² τῷ σταυρῷ P
5¹ δοκεῖ] def. P 6¹⁻² εἰς–αὐτῷ] εἰς τὴν τοῦ Κ. τότε αὐλήν Δ

βοήσωμεν Χριστῷ τὰς τοῦ Πέτρου   πάλαι φωνάς·
κἂν ἐν ξύλῳ ἀνέρχῃ,   κἂν ἐν τάφῳ κατέρχῃ,
μετὰ σοῦ   πάσχομεν καὶ θνήξομεν καὶ κράξομεν·
|: " Σπεῦσον, σῶσον,   ἅγιε, τὴν ποίμνην σου." :| 10

β' **Οὐ** μάτην ἐμνήσθημεν   τοῦ Πέτρου, φιλόχριστοι,
        ἀλλ' ἵνα ζηλώσωμεν
τὴν ἀγάπησιν τοῦ φίλου,   οὐ τὴν ἄρνησιν τοῦ ὄντως δειλοῦ
        καὶ τὴν φυγήν·
τῷ φίλτρῳ γὰρ Πέτρος   ὑπερζέσας τὸ πρότερον
τῷ φόβῳ ἐσβέσθη   μετὰ μικρόν·
ὅμως δεξάμενος αὐτοῦ   τὴν προθυμίαν   5
τὴν ταλαιπωρίαν   συνέγνω Χριστός,
εἰδὼς τὴν ἀσθενῆ φύσιν ταύτην   καὶ ταπεινήν,
τὴν ἑκάστῳ ἀνέμῳ   κλονουμένην καλάμην,
τὴν ἀεὶ   τρέμουσαν τὸν κίνδυνον καὶ κράζουσαν·
|: " Σπεῦσον, σῶσον,   ἅγιε, τὴν ποίμνην σου." :| 10

γ' **Ὑμεῖς** οὖν, φιλόχριστοι,   τοῦ Πέτρου ἀκούσαντες
        τὰ ὦτά μοι κλίνατε
καὶ τοῖς τοῦ εὐαγγελίου   ὑπακούσατε ῥητοῖς καὶ αὐτοῖς
        δότε τὸν νοῦν·
φησὶ γὰρ Ματθαῖος   ἐν τῇ βίβλῳ, διέγραψε·
μετὰ τὸ δειπνῆσαι   εἶπε Χριστός·
" Τέκνα μου, φίλοι μαθηταί,   τῇ νυκτὶ ταύτῃ   5
ἀρνεῖσθέ με πάντες   καὶ φεύγετε μέ".
καὶ πάντων ὁμαδὸν ἐκπλαγέντων   Πέτρος βοᾷ·
" Εἰ καὶ πάντες ἀρνοῦνται,   ἀλλ' ἐγὼ οὐκ ἀρνοῦμαι·
μετὰ σοῦ   ἔσομαι καὶ θνήξομαι καὶ κράξω σοι·
|: ' σπεῦσον, σῶσον,   ἅγιε, τὴν ποίμνην σου.' " :| 10

8¹ ἀνέλθῃς Δ   8² κατέλθῃς Δ   9² θνήξ... P: θνήσκομεν Δ
κράζομεν Δ
β' PΔ   2¹ ἀγάπην Δ   2² οὐ] μὴ Δ   4¹ ἐσείσθη Δ   6¹ τῇ
ταλαιπωρίᾳ Δ   6² ὁ Χριστὸς P   7² φύσ. ταύτην] αὐτοῦ φύσιν Δ
8² καμπτομένην V   9² φεύγουσαν Δ
γ' PΔ   1¹ φιλήκοοι Δ   1³ μοι κλιν.] πετάσωμεν Δ   2² ἐπακούσω-
μεν Δ   2³ δῶμεν Δ   3² ἔγραψε P   5² τῇ νυκτί]...τι P   6² μέ
om. Δ   7¹ .μαδὸν P: ὁμοθυμαδὸν Δ   7³ ἐβόα P   9² θνήξο..] P:
ᾄσομαι Δ   κράζω V

δ' " Τί λέγεις, διδάσκαλε ", ὁ Πέτρος ἐβόησεν,
　　　　　　　　　　　　　　　" ἐγώ σε ἀρνήσωμαι;
ἐγὼ λίπω σε καὶ φύγω　　καὶ οὐ μνήσκομαι τῆς κλήσεως σοῦ
　　　　　　　　　　　　　　　καὶ τῆς τιμῆς;
ἀκμὴν ἐνθυμοῦμαι,　　πῶς τοὺς πόδας μου ἔνιψας,
καὶ λέγεις· ' ἀρνεῖσαι　　μέ ' λυτρωτά;
ἔτι λογίζομαι, σωτήρ,　　πῶς τὸν νιπτῆρα　　　　　　　　5
βαστάζων προσῆλθες　　τοῖς ἴχνεσι μοῦ,
ὁ φέρων τὴν ξηρὰν καὶ βαστάζων　　τὸν οὐρανόν·
ταῖς χερσὶν αἷς ἐπλάσθην　　νῦν τοὺς πόδας ἐπλύθην,
καὶ βοᾷς　　ὅτι ἀρνοῦμαί σε καὶ οὐ κράζω σοι·
|: ' σπεῦσον, σῶσον,　　ἅγιε, τὴν ποίμνην σου; ' :|　　10

ε' Ἀκμήν, ἀναμάρτητε,　　ἀκμήν, ἀτελεύτητε,
　　　　　　　　　　　　　　τὸν νόστον τοῦ δείπνου σου
ἐν τῷ στόματί μου ἔχω　　καὶ πῶς δύναμαι ἀρνήσασθαι σοῦ
　　　　　　　　　　　　　　τὴν δωρεάν;
εἰ γένωμαι, οἴμοι,　　ὡς προδότης ὁ μύστης σου,
καλὸν τὸ θανεῖν με　　ἢ γὰρ τὸ ζῆν·
εἴπερ λανθάνω ἀκριβῶς　　τοῦ μυστηρίου,　　　　　　5
οὗ οἶδα καὶ εἶδον　　καὶ πάλιν ὁρῶ,
συμφέρει μοι τὰ νῦν πρὸς τὸν Ἅιδην　　ζῶντα δραμεῖν·
κολληθήτω ἡ γλῶσσα　　ἄρτι τῷ λάρυγγί μου,
ἂν ἐγὼ　　ψεύσωμαι ἢ παύσωμαι τοῦ κράζειν σοι·
|: ' σπεῦσον, σῶσον,　　ἅγιε, τὴν ποίμνην σου.' " :|　　10

ϛ' Πρὸς ταῦτα τὰ ῥήματα　　ὁ πλάσας τὸν ἄνθρωπον
　　　　　　　　　　　　　　τῷ Πέτρῳ ἀντέφησε·
" Τί μοι λέγεις, φίλε Πέτρε·　' οὐκ ἀρνήσομαι ' ; οὐ φεύγεις ἐμέ;
　　　　　　　　　　　　　　　　　　　　οὐκ ἀθετεῖς;
κἀγὼ τοῦτο θέλω·　　ἀλλ' ἡ πίστις σου ἄστατος,

δ' PΔ　　1² ἀντέφησεν Δ　　2¹ σε ante λείπω Δ (correxerat Pitra)
φεύγω Δ　　4¹⁻² ἀρνοῦμαι σὲ Δ (cf. δ' 9²)　　6¹ προσῆλθ. βαστ. Δ
7² βαστάζων] κατέχων Δ　　9² ἀρνοῦμαι σε] σκανδαλίζομαι Δ　　σοι
om. Δ
ε' PΔ　　2² πῶς δύναμαι] αἰσχύνομαι　　ἀρνεῖσθαι P　　3¹ ἢ γένωμαι ὅμοιος
P　　3² ὡς om. Δ　　4² μᾶλλον ἢ ζῆν Δ　　5¹ ἀληθῶς Δ　　7¹ μοι τὰ
νῦν] γὰρ ἐμοὶ Δ　　8¹ κολ. ἡ γλῶσσα] μου add. P : κολληθῇ μου ἡ γλῶσσα Δ
9¹ ἂν] Krumb.: ἐὰν codd.　　ἐγὼ] σε Δ
ϛ' PΔ　　1² τὸν ἄνθρ.] τὰ σύμπαντα Δ　　2¹ μοι] οὖν Δ　　2² οὐκ ἀρνεῖσαι
με Δ　　ἐμέ] με P

καὶ οὐκ ἀντιβαίνεις τοῖς πειρασμοῖς·
μέμνησαι, πῶς παρὰ μικρὸν κατεποντίσθης,
εἰ μὴ τὴν παλάμην ἐπέδωκα σοί;
ἐπέζευσας μὲν γὰρ ἐν θαλάσσῃ ὥσπερ κἀγώ,
ἀλλ᾿ εὐθέως ἐσείσθης καὶ ταχέως ἐλήφθης·
καὶ λοιπὸν ἔφθασά σε κράζοντα καὶ λέγοντα·
|: ' σπεῦσον, σῶσον, ἅγιε, τὴν ποίμνην σου.' :|

ζ´ Ἰδοὺ καὶ νῦν λέγω σοι ὅτι, πρὶν ἀλέκτορα
φωνῆσαι, τρὶς ψεύσῃ με,
καὶ ὡς κύματα θαλάσσης περικλύζων καὶ βυθίζων τὸν νοῦν
τρὶς ἀπαρνῇ.
καὶ τότε μὲν κράξας, νῦν δὲ κλαύσας, εὑρήσεις με
οὐ χεῖρά σοι δόντα ὥσπερ τὸ πρίν·
ταύτῃ γὰρ κάλαμον λαβὼν ἄρχομαι γράφειν
συγχώρησιν πᾶσι τοῖς ἐκ τοῦ Ἀδάμ·
ἡ σάρξ μου ἦν ὁρᾷς ὥσπερ χάρτης γίνεται μοί,
καὶ τὸ αἷμά μου μέλαν, ὅθεν βάπτω καὶ γράφω
δωρεὰν νέμων ἀδιάδοχον τοῖς κράζουσι·
|: ' σπεῦσον, σῶσον, ἅγιε, τὴν ποίμνην σου.' ":|

η´ " Νῦν οὖν, ἀτελεύτητε ", ὁ Πέτρος ἀντέφησε,
" νῦν, ὅτι ἐσήμ[ανας]
τὸ ποσάκις σε ἀρνοῦμαι, ἐμφανίζω σοι κἀγὼ τὴν ἐμὴν
γνώμην, σωτήρ·
εἰ γὰρ καὶ γινώσκεις πρὶν εἰπεῖν με, φιλάνθρωπε,
ἀλλ᾿ ὅμως δηλῶ σοι ἅπερ φρονῶ·
ἐπὶ ἀγγέλων καὶ βροτῶν καὶ σοῦ τοῦ κτίστου
τῶν ἄνω καὶ κάτω νῦν ὁμολογῶ·
κἂν δέῃ με θανεῖν, οὐκ ἀρνοῦμαι σέ, λυτρωτά·
μετὰ σοῦ θέλω ζῆσαι, χωρὶς σοῦ δὲ μὴ ζῆσαι·
διὰ τί βλέπω γὰρ τὸν ἥλιον μὴ κράζων σοι·
|: ' σπεῦσον, σῶσον, ἅγιε, τὴν ποίμνην σου; ' ":|

7¹ μὲν γὰρ] σὺν ἐμοὶ Δ   8² ἐσχίσθης Δ
ζ´ PΔ   2³ τρίτον ἀρνῇ Δ   4¹ σοι om. P   4² καθὼς Δ   7¹ ἦν ὁρᾷς] ἡ ἁγνὴ Δ   8¹ μέλαν] πάλιν Δ   8² βαπτίζω Δ
η´ PΔ   1¹ Νῦν ὅτι μοι ἔφησας Δ   1² ἐβόησε Δ   1³ ἐσήμ[ανας] suppl. Krumb.] μοι ἔδειξας Δ   2¹ τὸ ποσ.] ὅτι τρίτον Δ   2² ἐμφανίσω Δ   2³ σῶτερ P
4¹ ὅμως] def. P   7¹ δέῃ] δεῖ Δ   θανεῖν] Krumb.: ἀποθ.... P: νῦν θανεῖν Δ
8² χωρὶς σοῦ] μετὰ σὲ Δ   9² βλέπων P   κράζω P

θ' Ὁ Πέτρος μὲν πρόθυμος ὡς φίλος ἐπίσημος,
ὁ πλάστης δὲ ἕτοιμος
βοηθῆσαι πάλιν Πέτρῳ ὡς εἰδὼς αὐτοῦ τὸ ὀλισθηρὸν
καὶ τὸ σαθρόν.
τοιαῦτα οὖν λέξας καὶ ἀκούσας ὁ κύριος
ἀπήγετο θέλων πρὸς τὸ παθεῖν
ὑπὸ ἀνόμων κρατηθείς, ὡς ἠβουλήθη, 5
καὶ ὑπὸ Ἰούδα ὡς οἶδε πραθείς.
καὶ ἤχθη εἰς τὴν τοῦ Καϊάφα τότε αὐλήν·
ἠκολούθει δὲ Πέτρος, ἵνα ἴδῃ τὸ τέλος,
καὶ ἰδὼν ἔπτηξεν, ἐτρόμασεν, ἐκραύγασε·
|: " Σπεῦσον, σῶσον, ἅγιε, τὴν ποίμνην σου ". :| 10

ι' Ὑπὸ διαθέσεως πολλῆς ὁ ἀπόστολος τῷ ὄχλῳ προσπλέκεται
καὶ εἰσέρχεται σπουδαίως· καὶ γενόμενος ἐντὸς τῆς αὐλῆς
βλέπει ἐκεῖ
τὸ πῦρ δεδεμένον καὶ τὸν χόρτον καθήμενον,
Χριστὸν παρεστῶτα τῷ ἱερεῖ·
καὶ μὴ βαστάσας τὸ κακὸν ἤδη δακρύει 5
καὶ τύπτει τὸ στῆθος καὶ λέγει σιγῇ·
" Δεδέσμευσαι, Χριστέ, καὶ ἀνέχῃ καὶ καρτερεῖς·
καὶ ἐμπτύῃ τὴν ὄψιν, δι' ἣν κρύπτει τὰς ὄψεις
Σεραφὶμ φρίττοντα καὶ τρέμοντα καὶ κράζοντα·
|: ' σπεῦσον, σῶσον, ἅγιε, τὴν ποίμνην σου.' :| 10

ια' Ῥαπίζῃ, διδάσκαλε, καὶ ζῶ καὶ προσέχω σοι;
ὑβρίζῃ, φιλάνθρωπε,
καὶ ὁρᾷ ἡ γῆ καὶ στέγει καὶ οὐ σχίζεται τοῦ καταπιεῖν
τοὺς κατὰ σοῦ;
ἐμπαίζῃ, καὶ βλέπει οὐρανὸς καὶ οὐχ εἱλίσσεται;
οὐκ ἀγανακτοῦσιν οἱ ἐν αὐτῷ;
καὶ οὐ θυμοῦται Μιχαὴλ σοῦ ῥαπισθέντος 5
καὶ φλέγει καὶ καίει τοὺς ἐπὶ τῆς γῆς;

θ' PΔ   2³ θερμὸν Δ   3¹ οὖν] δὲ Δ   4¹ ἠπείγετο Δ   6¹ καὶ
om. Δ   7¹ ἤχθη] ἦλθεν Δ   7³ τότε om. P
ι' PΔ   1³ συμπλέκεται Δ   2² ἔνδον Δ   3¹ δεδαιμένον Pitra
3² sic PΔ: τὸν χορὸν προκαθήμενον Pitra   8¹ καὶ ἐμπτ.] ἐνεπτύσθης Δ
8² δι' ἣν] ᾧπερ Δ   9¹⁻² Χερουβὶμ τρέμ. καὶ φρίττ. Δ   9² καὶ λέγοντα Δ
ια' PΔ   2³ κατὰ σοῦ] ἀπειθεῖς Δ   3² ὁ οὐρ. Δ   4¹ οὐκ] καὶ οὐκ P
6¹ φλέγ. et καίει inter se mut. Δ   6² τῆς om. Δ

φέρει δὲ Γαβριὴλ καὶ οὐ καίει   τοὺς κατὰ σοῦ;
εἰ καὶ πᾶσαι δυνάμεις   αἱ τῶν ἄνω σιγῶσιν,
ἀλλ' ἐγὼ   φρίττω καὶ ὀδύρομαι καὶ κράζω σοι·
|: ' σπεῦσον, σῶσον,   ἅγιε, τὴν ποίμνην σου. ' " :| 10

ιβ' Ὡς ταῦτα δὲ ἔφησεν,   ὁ Πέτρος ἡσύχασε   καὶ ὑπὸ ἐκπλήξεως
συσχεθεὶς οὐδὲν προσεῖπεν·   ἀλλ' αἰφνίδιον σιγήσας καλῶς
                                                            ἔφη κακῶς,
ἵνα ἀληθεύσῃ   ὁ Χριστός, ἡ ἀλήθεια,
καὶ γένηται ψεύστης   πᾶς γηγενής.
τί οὖν ἐροῦμεν, ἀδελφοί;   ὅτι, ὁ πλά[στης]   5
ἵνα ἀληθεύσῃ,   ἀρνεῖται Κηφᾶς;
μὴ γένοιτο ἵνα οὕτως εἴπω   περὶ Χριστοῦ,
ἀλλὰ οὕτως νοήσω,   ὅτι πάντα προβλέπει
καὶ δηλοῖ   καὶ προασφαλίζεται τοὺς κράζοντας·
|: " Σπεῦσον, σῶσον,   ἅγιε, τὴν ποίμνην σου ". :| 10

ιγ' Μικρὸν οὖν ἡσύχασεν   ὁ Πέτρος, ὡς ἔφημεν·
                                                  ὀλίγον ἐπαύσατο
ἀπὸ τῆς ἀδημονίας   καὶ ἐκάθητο ἐντὸς τῆς αὐλῆς
                                                  σύννους, στυγνός·
παιδίσκη δὲ μία   τοῦτον περιεβλέπετο
καὶ περιεκύκλου   τὸν μαθητήν·
ἄνω καὶ κάτω ἀκριβῶς   κατανοοῦσα   5
καὶ καταλαβοῦσα   βοᾷ πρὸς αὐτόν·
" Καὶ σύ ποτε σὺν τῷ Γαλιλαίῳ   ἦσθα σαφῶς ".
ἀπεκρίθη δὲ Πέτρος·   " Οὐ γινώσκω ἃ λέγεις·
ἀγνοῶ   τοῦτον ὃν κηρύττουσιν οἱ κράζοντες·
|: ' σπεῦσον, σῶσον,   ἅγιε, τὴν ποίμνην σου. ' :| 10

7¹ φέρει δέ] καὶ στέγει Δ   7²⁻³ καὶ οὐ φλέγει τοὺς τολμηροὺς Δ   8¹ πᾶσαι]
αἱ add. Δ   9² πλήττομαι καὶ φύρομαι Δ
ιβ' ΡΔ   1² ὁ Πέτρος] ὀλίγον Δ   2¹ οὐδέν] διὸ Δ   προεῖπεν Δ
2² αἰφνίδιον] ἐξαίφνης ὁ Δ   2³ ἔφη] def. P   3² ὁ om. Δ   4¹ ....s P:
ψεύστης Δ   5² πλά.... P: χριστὸς Δ: suppl. Krumb.   7² εἴπω def. P
8¹ ἀλλ' ἵνα ὄντως βοήσω Δ   9¹ δηλοῖ def. P
ιγ' ΡΔ   1² ἔφημεν] προεῖπον P   2¹ ὑπὸ (sed v incertum) P   2² ἔνδον
Δ (cf. ι' 2²)   8¹ ὁ δὲ Πέτρος πρὸς αὐτήν Δ   8² ἃ . ἔγεις P: τίς ἐστιν Δ
9² οἳ] ιν̄ (sic) Δ

ιδ' **Ἀφῆκες,** ἀπόστολε, ταχέως τὸ κράτημα
          καὶ κόρη σε ἔρριψεν·
 ἀλλ' ἀνάστηθι, ἐξάλλου καὶ ἀνάζωσαι τὴν πρώτην ἰσχὺν
              ὡς ἀθλητής·
 οὐκ ἔσχες τὴν πάλην πρός τινα δυνατώτερον,
 καὶ πῶς κατηνέχθης λόγῳ ψιλῷ;
 κόρη προσῆλθε σοι μικρά, ἥτις καὶ τάχα   5
 ψελλίζουσα εἶπεν ἃ εἶπε πρὸς σέ·
 καὶ ταύτης ὡς βρυγμὸν δειλιάσας τὸν ψελλισμὸν
 ἀπεφήνω πρὸς ταύτην· " Οὐ γινώσκω ἃ λέγεις".
 διὰ τί κόρη σε ἐπτόησε, καὶ οὐκ ἔκραξας
 |: " Σπεῦσον, σῶσον, ἅγιε, τὴν ποίμνην σου;" :| 10

ιε' **Νομίζων** ὁ δίκαιος, ὅτι τὸ κοράσιον τοῖς ἔσω προσβέβληται,
 τὴν αὐλὴν καταλιμπάνει καὶ προσκόψας τῷ πυλῶνι αὐτῆς
             πίπτει κἀκεῖ·
 παιδίσκη γὰρ ἄλλη προσελθοῦσα, ὡς γέγραπται,
 τοῖς θερμαινομένοις οὕτω φησίν·
 ὅτι " Καὶ οὗτος ὁ ἀνὴρ τῷ Ναζωραίῳ   5
 συνῆν καθ' ἑκάστην καὶ δῆλος ἐστί".
 πρὸς ταῦτα δὲ Κηφᾶς ἀπεκρίθη θορυβηθείς·
 " Οὐ γινώσκω τὸν ἄνδρα, οὐκ ἐπίσταμαι τοῦτον·
 ἀγνοῶ ἄνθρωπον, ὃν λέγουσιν οἱ κράζοντες·
 |: ' Σπεῦσον, σῶσον, ἅγιε, τὴν ποίμνην σου'." :| 10

ις' **Οὐκ** οἶδας τὸν ἄνθρωπον, ὦ Πέτρε, ὡς ἔφησας;
           οὐκ οἶδας τὸν ἄνθρωπον;
 μή τι τοῦτο θέλεις λέγειν, ὅτι ἄνθρωπον οὐκ οἶδας ψιλόν,
              ἀλλὰ θεόν;
 μὴ ἄρα διδάξαι τοὺς ἀνόμους ἐσπούδασας,
 ὅτι θεὸς πέλει ὁ σταυρωθείς;

ιδ' PΔ 1¹ Ἀφῆκας Δ 1³ ἔρρηξεν Δ 2¹ ἀνάστα καὶ Δ 2² ἀνάλαβε
Δ 3¹ ἔχεις Δ 7¹ ταύτ. ὡς] σὺ ὥσπερ Δ 7² δειλ.] κατεδέξω Δ
8¹ ἀπεκρίθης Δ 8² ἃ λέγ.] τὸν ἄνδρα Δ 9¹⁻² ἀγνοῶ ἄνθρωπον ὃν λέγουσιν
οἱ κράζοντες Δ 9² ἔκραξας] Trypanis m.c.: κράξεις PΔ
ιε' PΔ 1³ προβέβλητο Δ 2² προκύψας Δ 4¹ ἐμμαινομένοις Δ
4² φησίν] βοᾷ Δ 6¹ καθ' ἑκάστην om. Δ
ις' PΔ 2¹ οὕτω Δ 2² ψιλόν] αὐτόν Δ 2³ θεόν] καὶ praem. P

εἰ γὰρ καὶ ἔπαθεν σαρκὶ   σάρκα ὁ φέρων,   5
ὁ ἄσαρκος ἦλθεν   ἐκ τῆς Μαριάμ,
ἀλλ᾽ οὖν ἐστὶ θεὸς καὶ οὐ θνήσκει   θνήσκων σαρκί.
ὡς ὁρᾶται, κρατεῖται·   ὡς δὲ μὴ θεωρεῖται,
οὐδενὶ   πρόσκειται ἢ μόνοις τοῖς κραυγάζουσι·
|: " Σπεῦσον, σῶσον,   ἅγιε, τὴν ποίμνην σου." :| 10

ιζ´ Ὑμνοῦμέν σε, δέσποτα,   ὅτι ἀγαθὸν ψαλμός·
                                                   αἰνοῦμέν σε, κύριε,
ὅτι πάντα σὺ ὑπέστης·   καὶ ὁ Πέτρος σου μηδὲν ὑποστὰς
                                                           ψεύδεταί σε.
αὐτὸς ἐμαστίζου   καὶ ὁ Πέτρος ἠρνεῖτό σε,
μηδὲν ὑπομένων   ὁ μαθητής·
ἤδη γὰρ δεύτερον βληθεὶς   ὑπὸ θηλείων   5
τὸ τρίτον ἡττᾶται   ὑπ᾽ ἄλλων ἀνδρῶν·
καὶ γὰρ μετὰ μικρὸν προσελθόντες   ἄλλοι τινὲς
ἐπιτίθενται Πέτρῳ,   καὶ ἀρνεῖται μεθ᾽ ὅρκων,
καὶ εὐθὺς   ὄρνις τοῦτον ἤλεγξε καὶ ἔκραξε·
|: " Σπεῦσον, σῶσον,   ἅγιε, τὴν ποίμνην σου." :| 10

ιη´ Ἀκούσας τοῦ ὄρνιθος   ὁ Πέτρος φωνήσαντος
                                                   εὐθέως ἐκραύ[γα]σε
κωκυτὸν μετὰ δακρύων·   " Οἴμοι, οἴμοι, ποῦ ἀπέλθω, ποῦ στῶ;
                                                           ποῦ δὲ φανῶ;
τί λέξω, τί φράσω;   τί ἀφήσω, τί λήψομαι;
τί πράξω, τί πάθω;   τί ὑποστῶ;
ποίαν θρηνήσω μου πληγήν,   πρώτην, δευτέραν;   5
τριπλῆ γὰρ ὀδύνη   ἐπῆλθεν ἐμοί·
τρισσῶς ὁ δολερὸς ἔβαλέ με   τὸν ἀφελῆ·
ἀφανῶς ἐτοξεύθην,   φανερῶς κατεβλήθην·
ποῦ τὸν νοῦν ⟨νῦν⟩ ἐμετεώρισα καὶ οὐκ ἔκραξα·
|: ' σπεῦσον, σῶσον,   ἅγιε, τὴν ποίμνην σου ' ; :| 10

5² ὁ om. P   6¹–7¹ ἐκ τῆς ἀμιάντου ἀσπόρως τεχθεὶς   θεός ἐστιν αὐτὸς Δ
7¹ οὐ] μὴ Δ   7¹⁻² θνήσκων θνήσκει V   8² δὲ] γὰρ P   9² ἢ
μόν. τοῖς] εἰ μή τι δᾶν Δ   κραυγ.] τοῖς κράζουσι Δ
ιζ´ PΔ   1¹ κύριε Δ   1³ ἅγιε Δ   2¹ σὺ πάντα Δ   3²–4¹ σε
μηδὲν] Krumb.: σου μηδὲν P: δὲ οὐδὲν Δ   4¹ ὑπομείνας Δ   4² ὁ ἀθλητὴς Δ
6² ἀπ᾽ Δ   9² τοῦτον ante ὄρν. Δ
ιη´ PΔ   1³ ἐβόησε Δ   2¹ κωκ.] στεναγμῷ Δ   2² οἴμοι ter C   2¹ τί φρ.]
Krumb.: τί δὲ φράσω P: τί πράξω Δ   3¹ τί εἴπω, τί ποίησω Δ   8¹ ἀφανῶς]
ἄφνω νῦν Δ   9¹ νῦν add. Trypanis m.c.   9² ἐμετεώρ.] τοῦτον μετεώρισα Δ

ιθ' Ἰσχύς μου καὶ ὕμνησις   ὑπάρχεις, φιλάνθρωπε·
                                    μὴ ἐγκαταλίπῃς με."
ταῦτα Πέτρος ἔφη κλαίων,   ὅτε ἤρχετο πρὸς τοὺς μαθητὰς
                                    τοῦ λυτρωτοῦ.
ἐπέθηκε χεῖρας   ἐπὶ τῆς κεφαλῆς αὐτοῦ·
ἐβόησεν· " Οἴμοι,   δοῦλοι Χριστοῦ·
ἤδη ἐπλήρωσα Χριστοῦ   τὴν προφητείαν   5
ἐπὶ τῇ ἀρνήσει   ἐμοῦ τῇ τριπλῇ·
συγκλαύσατέ μοι οὖν καὶ θρηνοῦντες   λέξατε μοί·
' ποῦ ὁ πόθος καὶ ζῆλος ;   ποῦ ἡ πίστις καὶ νῆψις ;
ποῦ τὸν νοῦν,   Πέτρε, μετεώρισας καὶ οὐκ ἔκραξας·
|: σπεῦσον, σῶσον,   ἅγιε, τὴν ποίμνην σου ; ' " :| 10

κ' Νικᾶται ὁ εὔσπλαγχνος   τοῦ Πέτρου τοῖς δάκρυσι
                                    καὶ πέμπει τὴν ἄφεσιν·
τῷ λῃστῇ γὰρ ὁμιλήσας   ὑπαινίττεται τὸν Πέτρον ἐκεῖ
                                    ἐν τῷ σταυρῷ·
" Ὦ φίλε λῃστά μου,   μετ' ἐμοῦ γενοῦ σήμερον,
ἐπειδὴ ὁ Πέτρος   ἔλιπε μέ·
ὅμως ἐκείνῳ τε καὶ σοὶ   καὶ τοῖς ζητοῦσιν   5
ἀνοίγω τὰ σπλάγχνα   φιλάνθρωπος ὤν·
δακρύων, ὦ λῃστά· ' μνήσθητί μου ',   λέγεις ἐμοί·
καὶ ὁ Πέτρος δὲ κλαίων·   ' μὴ ἀφήσῃς με ', κράζει·
δι' αὐτὸ   σοὶ κἀκείνῳ λέγω σὺν τοῖς κράζουσι
|: σπεῦσον, σῶσον,   ἅγιε, τὴν ποίμνην σου· :| 10

κα' ' Οὐδεὶς ἀναμάρτητος,   οὐδεὶς ἀτελεύτητος·
                                    μὴ ὀλιγωρήσητε,
ἐγὼ μόνος δίχα μώμου·   διὸ ἅπασιν ὑμῖν ἐφαπλῶ
                                    τὴν δωρεάν.' "
ἀλλ' ἴσως ἐρεῖ τις·   " Πόθεν τοῦτο, ὦ ἄνθρωπε,

ιθ' PΔ   3¹ τὰς χεῖρας δὲ θήσας Δ   4¹ ἐβόησεν· Οἴμοι] οἴμοι κραυ-
γάζων P   5¹⁻² ἴδε πεπλήρωται, φησίν, ἡ προφητεία Δ   6² μου Δ
7¹ δακρύσατε ἐπ' ἐμοὶ Δ   7³ λέγετε Δ   8² καὶ] ἡ add. Δ   9¹⁻² ποῦ ὁ
νοῦς οὗτος; ὃς ἐρέμβετο οὐκ ἔκραζε Δ
        κ' PΔ   2² ὑπαινίττετο Δ   3¹ λῃστὰ φίλε λέγων Δ   3² γενοῦ] ἔσῃ Δ
5¹ ὁμοίως κἀκείνῳ (om. τε) Δ   6¹ παρέχω Δ   7²⁻³ λέγεις μοι μνήσθητί
μου Δ   8² ἐάσῃς Δ   9¹ δι' αὐτό] Trypanis m.c. : διὰ τοῦτο Δ : διὸ
P   9² σοὶ κἀκείνῳ λέγω σὺν] σοὶ καὶ τῷ Πέτρῳ λέγω καὶ P
        κα' PΔ   1² ἀκατάβλητος Δ   2² διὸ ἅπασιν] ὅθεν πᾶσιν Δ

ὅτι ἀνεκλήθη   Πέτρος πεσών;"
ἤδη δεικνύω ἀκριβῶς   καὶ διὰ τίνος   5
ἐπέμφθη τὸ δῶρον   τῷ Πέτρῳ ποτέ·
ἀγγέλου ἦν φωνὴ ὁμιλοῦντος   ταῖς γυναιξίν·
" Ὅταν εἴπητε πᾶσιν,   εἴπατε καὶ τῷ Πέτρῳ·
μὴ φοβοῦ,   εἶπεν ὁ διδάσκαλος,   ἀνάκραξον·
|: σπεῦσον, σῶσον,   ἅγιε, τὴν ποίμνην σου." :| 10

κβ′ Συνάντησον, ἅγιε,   καὶ δέξαι τὸν κύριον
                    πρὸς σὲ πορευόμενον
ἐκ ταφῆς ὡς ἐκ παστάδος·   δι' ἐμοῦ γὰρ τοῦ ἀγγέλου αὐτοῦ
                        λέγει πρὸς σέ·
εἰπὲ νῦν τῷ Πέτρῳ·   " μὴ ἀπόγνως τὴν ἄφεσιν
ἀλλ' εὔχου μὴ πίπτειν   εἰς πειρασμόν·"
μὴ οὖν πλεκέτω τις ἡμῖν,   ὅτι τῷ Πέτρῳ   5
οὐ συνεχωρήθη   τὸ πταῖσμα ποτέ.
συγχώρησιν Χριστὸς θέλων δοῦναι   ἦλθεν εἰς γῆν·
συγχωρῆσαι θελήσας   τῷ σταυρῷ προσηλώθη·
συγχωρῶν   θάνατον ὑπέταξε τοῖς κράζουσι·
|: " Σπεῦσον, σῶσον,   ἅγιε, τὴν ποίμνην σου." :| 10

κγ′ [[" [Συ]γχώρησον, δέσποτα",   τῷ πλάστῃ βοήσατε,
                    ὑμεῖς οἱ νεόλεκτοι,
ἐπειδὴ τῆς κολυμβήθρας   ἀπογεύεσθε γλυκείας πηγῆς
                        καὶ ἀγαθῆς.
φωτίζεσθε μᾶλλον   καὶ μὴ μόνον βαπτίζεσθε·
μὴ δόλῳ τὸ δῶρον   δέξασθε νῦν,
μήποτε εἴπῃ ὁ θεός·   " Ὅτε εἰσῆλθον,   5
ἐμίαναν οὗτοι   τὴν γῆν τὴν ἐμήν".
μὴ γένοιτο δὲ νῦν, ἵνα οὕτως   λέξῃς, Χριστέ,
ἀλλ' ἵν' ἔλθῃς ταχέως,   ἵνα δέξῃ ἡδέως
σὺν ἡμῖν   τούτους ⟨τούς⟩ σοι ⟨πάντοτε⟩ κραυγάζοντας·
|: " Σπεῦσον, σῶσον,   ἅγιε, τὴν ποίμνην σου." :|]]   10

7^1–9^2 per errorem scribae = κβ′ 7^1–9^3 P
κβ′ PΔ 3^1–4^2 τοιαῦτα ἢ πάντως   ἅπερ ἔφη ὁ ἄγγελος   εἴπατε [..]
Πέτρῳ ταῖς γυναιξί P 5^1 πλεκέτω ἡμῖν τις P: λεγέτω τις ὑμῖν Δ : corr.
Maas 8^1–9^2 καὶ σταυρῷ προσηλώθη   καὶ ταφῇ παρεδόθη συγχωρῶν
ἔγερσιν ὑπέγραψε τοῖς (om. V) κράζουσιν Δ
κγ′ P stropha spuria videtur; pertinet ad baptisma. Cf. etiam acrostichidem
9^2 τοὺς et πάντοτε add. Krumb. m.c.

19 (17 Kr)
MARY AT THE CROSS

Acrostichis: *ΤΟΥ ΤΑΠ[Ε]ΙΝΟΥ ΡΩΜΑΝΟΥ*

Prooemium: *Τὸν δι' ἡμᾶς σταυρωθέντα*

Τὸν δι' ἡμᾶς σταυρωθέντα   δεῦτε πάντες ὑμνήσωμεν·
αὐτὸν γὰρ κατεῖδε Μαρία   ἐπὶ ξύλου καὶ ἔλεγεν·
" Εἰ καὶ σταυρὸν ὑπομένεις,   σὺ ὑπάρχεις
|: ὁ υἱὸς καὶ θεός μου." :|

Strophae: *Ἰδιόμελον* (App. Metr. xviii)

α' Τὸν ἴδιον ἄρνα   [[ἡ]] ἀμνὰς θεωροῦσα
    πρὸς σφαγὴν ἑλκόμενον   ἠκολούθει ⟨ἡ⟩ Μαρία   τρυχομένη
    μεθ' ἑτέρων γυναικῶν   ταῦτα βοῶσα·
" Ποῦ πορεύῃ, τέκνον;   τίνος χάριν τὸν ταχὺν
                                        δρόμον τελέεις;
    μὴ ἕτερος γάμος   πάλιν ἔστιν ἐν Κανᾷ,   5
    κἀκεῖ νυνὶ σπεύδεις,   ἵν' ἐξ ὕδατος αὐτοῖς οἶνον ποιήσῃς;
    συνέλθω σοι, τέκνον,   ἢ μείνω σε μᾶλλον;
    δός μοι λόγον, Λόγε·   μὴ σιγῶν παρέλθῃς με,
    ὁ ἁγνὴν τηρήσας με,
|: ὁ υἱὸς καὶ θεός μου. :| 10

β' Οὐκ ἤλπιζον, τέκνον,   ἐν τούτοις ἰδεῖν σε,
    οὐδ' ἐπίστευον ποτὲ   ἕως τούτου τοὺς ἀνόμους   ἐκμανῆναι
    καὶ ἐκτεῖναι ἐπὶ σὲ   χεῖρας ἀδίκως·
ἔτι γὰρ τὰ βρέφη   τούτων κράζουσί σοι τὸ ' εὐλογημένος '·
    ἀκμὴν δὲ βαΐων   πεπλησμένη ἡ ὁδὸς   5
    μηνύει τοῖς πᾶσι   τῶν ἀθέσμων τὰς πρὸς σὲ πανευφημίας.

19 *Codices*: A (sine ϛ' bis) B (sine ϛ' bis) MPT (sine ϛ' bis) Δ (sine ϛ' bis)
Editiones: Pitra A.S. I, Cant. xiv; Krumbacher Akr., pp. 658 sq.; Cammelli R. il M., pp. 329 sq.; Tomadakis P.M.Y. ii, pp. 143 sq.
Titulus: Mary at the Cross Trypanis: Εἰς τὸ πάθος τοῦ κυρίου (ἡμῶν Ἰησοῦ Χριστοῦ) καὶ εἰς τὸν θρῆνον τῆς θεοτόκου nonn. codd.
Dies Festus: Τῇ μεγάλῃ Παρασκευῇ
Modus: μέσος δ' P: πλάγιος δ' cett.
Acrostichis: Τοῦ ταπεινοῦ Ῥωμανοῦ ΑΜΡΤΔ
    α' ΑΒΜΡΤΔ   1² ἡ] del. Pitra m.c.   2² ἡ add. Krumb. m.c.
    (metrum cf. η' 2²)   4³ τελέεις] Maas: τελεῖς codd.: τελέσεις Krumb.
    β' ΑΒΜΡΤΔ   4²⁻³ metrum: divisio neglecta

καὶ νῦν τίνος χάριν ἐπράχθη τὸ χεῖρον;
γνῶναι θέλω, οἴμοι, πῶς τὸ φῶς μου σβέννυται,
πῶς σταυρῷ προσπήγνυται
|: ὁ υἱὸς καὶ θεός μου. :| 10

γ´ Ὑπάγεις, ὦ τέκνον, πρὸς ἄδικον φόνον
καὶ οὐδείς σοι συναλγεῖ· οὐ συνέρχεταί σοι Πέτρος
                                            ὁ εἰπών σοι·
' οὐκ ἀρνοῦμαί σε ποτέ, κἂν ἀποθνήσκω '·
ἔλιπέ σε Θώμας ὁ βοήσας· ' μετ᾽ αὐτοῦ θάνωμεν πάντες '·
οἱ ἄλλοι δὲ πάλιν, οἱ οἰκεῖοι καὶ γνωστοὶ   5
καὶ μέλλοντες κρίνειν τὰς φυλὰς τοῦ Ἰσραήλ, ποῦ εἰσιν ἄρτι;
οὐδεὶς ἐκ τῶν πάντων, ἀλλ᾽ εἷς ὑπὲρ πάντων
θνήσκεις, τέκνον, μόνος, ἀνθ᾽ ὧν πάντας ἔσωσας,
ἀνθ᾽ ὧν πᾶσιν ἤρεσας,
|: ὁ υἱὸς καὶ θεός μου. " :| 10

δ´ Τοιαῦτα Μαρίας ἐκ λύπης βαρείας
καὶ ἐκ θλίψεως πολλῆς κραυγαζούσης καὶ κλαιούσης,
                                                             ἐπεστράφη
πρὸς αὐτὴν ὁ ἐξ αὐτῆς οὕτω βοήσας·
" Τί δακρύεις, μῆτερ; τί ταῖς ἄλλαις γυναιξὶ συναποφέρῃ;
μὴ πάθω; μὴ θάνω; πῶς οὖν σώσω τὸν Ἀδάμ;   5
μὴ τάφον οἰκήσω; πῶς ἑλκύσω πρὸς ζωὴν τοὺς ἐν τῷ Ἅιδῃ;
καὶ μὴν καθὼς οἶδας ἀδίκως σταυροῦμαι·
τί οὖν κλαίεις, μῆτερ; μᾶλλον οὕτω κραύγασον
ὅτι ' θέλων ἔπαθεν,
|: ὁ υἱὸς καὶ θεός μου. ' :| 10

ε´ Ἀπόθου, ὦ μῆτερ, τὴν λύπην ἀπόθου·
οὐ γὰρ πρέπει σοι θρηνεῖν, ὅτι κεχαριτωμένη ὠνομάσθης·
τὴν οὖν κλῆσιν τῷ κλαυθμῷ μὴ συγκαλύψῃς·

8¹ θέλω γνῶναι AMT
γ´ ABMPTΔ   5² γνωστοὶ] υἱοὶ BTΔ   6² τὰς φυλὰς τ. Ἰσραήλ] (sic)
M : τὰς δώδεκα (δυόδεκα dub. Trypanis m.c., in 43 ιθ´ 4¹ δυὸ καὶ δέκα = ∪ ∪ − ∪)
φυλὰς ABTPΔ
δ´ ABMPTΔ   2³ ἀπεκρίθη BP   5¹⁻⁶¹ μὴ (ter)] εἰ μὴ MTΔ
9 ἔπαθον PTΔ   10 σου AP
ε´ ABMPTΔ   1¹ ᾧ] (sic) P : οὖν cett.   1² ἀπόθου ante τὴν λύπην PΔ

μὴ ταῖς ἀσυνέτοις ὁμοιώσῃς ἑαυτήν, πάνσοφε κόρη·
ἐν μέσῳ ὑπάρχεις τοῦ νυμφῶνος τοῦ ἐμοῦ.
μὴ οὖν ὥσπερ ἔξω ἱσταμένη τὴν ψυχὴν καταμαράνῃς.
τοὺς ἐν τῷ νυμφῶνι ὡς δούλους σου φώνει·
πᾶς γὰρ τρέχων τρόμῳ ὑπακούσει σου, σεμνή,
ὅταν εἴπῃς· ' ποῦ ἐστιν
|: ὁ υἱὸς καὶ θεός μου; ' :|

ϛ' **Πι**κρὰν τὴν ἡμέραν τοῦ πάθους μὴ δείξῃς·
δι' αὐτὴν γὰρ ὁ γλυκὺς οὐρανόθεν νῦν κατῆλθον
ὡς τὸ μάννα,
οὐκ ἐν ὄρει τῷ Σινᾷ, ἀλλ' ἐν γαστρί σου.
ἔνδοθεν γὰρ ταύτης ἐτυρώθην, ὡς Δαυὶδ προανεφώνει·
τὸ τετυρωμένον ὄρος νόησον, σεμνή,
ἐγὼ γὰρ ὑπάρχω, ὅτι λόγος ὢν ἐν σοὶ σὰρξ ἐγενόμην·
ἐν ταύτῃ οὖν πάσχω, ἐν ταύτῃ καὶ σῴζω·
μὴ οὖν κλαίῃς, μῆτερ· μᾶλλον κράξον ἐν χαρᾷ·
' θέλων πάθος δέχεται
|: ὁ υἱὸς καὶ θεός μου.' " :|

ϛ' [['**Εν** τούτοις τοῖς λόγοις ἡ πάναγνος μήτηρ
bis τῷ ἀφράστως ἐξ αὐτῆς σαρκωθέντι καὶ τεχθέντι ἐπὶ πλεῖον
τρυχωθεῖσα τὴν ψυχὴν οὕτως ἐβόα·
" Τί μοι λέγεις, τέκνον· ' μὴ ταῖς ἄλλαις γυναιξὶ
συναποφέρῃ; '
καὶ γὰρ ὥσπερ αὗται ἐν κοιλίᾳ υἱὸν
σὲ ἔσχον ἐν μήτρᾳ, καὶ μαστοῖς σοι τοῖς ἐμοῖς γάλα παρέσχον.
πῶς οὖν θέλεις ἄρτι μὴ κλαῦσαι σε, τέκνον,
θάνατον ἀδίκως ὑποστῆναι σπεύδοντα,
τὸν νεκροὺς ἐγείραντα,
|: ὁ υἱὸς καὶ θεός μου;" :|]]

8² ὑπακούει ΜΤΔ
ϛ' ΑΒΜΡΤΔ 1² δείξῃς] δόξῃς ΤΔ 2¹ δι' αὐτήν] (sic) Δ : διὰ σὲ (σοῦ Τ) ΑΒΜΤ : def. Ρ 6¹ νῦν] (sic) Ρ : γὰρ cett. 8² κράξον ἐν χαρᾷ] τοῦτο (οὕτω Δ) βόησον ΡΔ
ϛ' bis MP (stropha spuria videtur, utquae in codicibus tam paucis legatur, quaeque cum narratione parum cohaereat; addita est propter acrostichidem)
2¹⁻² τοῦ ... σαρκωθέντος καὶ τεχθέντος Μ 4³ ὁμοιωθῆναι Μ
5¹–6¹ καὶ γὰρ–μήτρᾳ] οὐχὶ ὥσπερ αὐταὶ ἐν κοιλίᾳ ὡς υἱὸν συνέσχον μήτρᾳ Μ
6² σοι] Maas : σε codd. 7¹ πῶς] καὶ πῶς Μ

19 CANTICA ON THE PERSON OF CHRIST

ζ´ " Ἰδού," φησι, " τέκνον, ἐκ τῶν ὀφθαλμῶν μου
τὸν κλαυθμὸν ἀποσοβῶ· τὴν καρδίαν μου συντρίβω
           ἐπὶ πλεῖον·
ἀλλ' οὐ δύναται σιγᾶν ὁ λογισμός μου·
τί μοι λέγεις, σπλάγχνον· ' εἰ μὴ θάνω, ὁ Ἀδὰμ
           οὐχ ὑγιαίνει ';
καὶ μὴν ἄνευ πάθους ἐθεράπευσας πολλούς·   5
λεπρὸν γὰρ καθῆρας καὶ οὐκ ἤλγησας οὐδέν, ἀλλ' ἠβουλήθης·
παράλυτον σφίγξας οὐ κατεπονήθης·
πῆρον πάλιν λόγῳ ὀμματώσας, ἀγαθέ,
ἀπαθὴς μεμένηκας,
|: ὁ υἱὸς καὶ θεός μου. :| 10

η´ Νεκροὺς ἀναστήσας νεκρὸς οὐκ ἐγένου,
οὐδ' ἐτέθης ἐν ταφῇ, υἱέ μου ⟨καὶ⟩ ζωή μου·
           πῶς οὖν λέγεις·
' εἰ μὴ πάθω, ὁ Ἀδὰμ οὐχ ὑγιαίνει ';
κέλευσον, σωτήρ μου, καὶ ἐγείρεται εὐθὺς κλίνην βαστάζων.
εἰ δὲ καὶ ἐν τάφῳ κατεχώσθη ὁ Ἀδάμ,   5
ὡς Λάζαρον τάφου ἐξανέστησας φωνῇ, οὕτως καὶ τοῦτον·
δουλεύει σοι πάντα ὡς πλάστῃ τῶν πάντων·
τί οὖν τρέχεις, τέκνον; μὴ ἐπείγου πρὸς σφαγήν·
μὴ φιλῇς τὸν θάνατον,
|: ὁ υἱὸς καὶ θεός μου." :| 10

θ´ " Οὐκ οἶδας, ὦ μῆτερ, οὐκ οἶδας ὃ λέγω·
διὸ ἄνοιξον τὸν νοῦν καὶ εἰσοίκισον τὸ ῥῆμα ὃ ἀκούεις,
καὶ αὐτὴ καθ' ἑαυτὴν νόει ἃ λέγω·
οὗτος, ὃν προεῖπον, ὁ ταλαίπωρος Ἀδάμ, ὁ ἀρρωστήσας
οὐ μόνον τὸ σῶμα ἀλλὰ γὰρ καὶ τὴν ψυχήν,   5
ἐνόσησε θέλων· οὐ γὰρ ἤκουσεν ἐμοῦ καὶ κινδυνεύει·

ζ´ ΑΒΜΡΤΔ
2² συντρίβω] συντρίβεις ΜΤ : ταράττεις Δ   3¹ ἀλλ' οὐ] Ρ : οὐ γὰρ ΤΔ :
καὶ οὐ ΑΒΜ   4² θάνω] (sic) P : θάνῃς B : πάθω ΑΤ : πάθῃς ΜΔ
η´ ΑΒΜΡΤΔ   2¹ οὐδ'] κἂν Ρ ἐτέθης] ἠγέρθης Δ ἐν ταφῇ] Krumb. :
ἐν τάφῳ P (ante ἐτέθης) ΑΒΜΤ : ἐκ ταφῆς Δ   2² καὶ add. Maas m.c.   3¹ πάθω]
εἰ μὴ θάνω add. ΑΔ(Μ)   ὁ] ταλαίπωρος add. ΑΡΤΔ   4¹ σωτήρ μου]
Ρ(Β) : καὶ ἤδη ΑΤΔ   4² καὶ ἐγ. εὐθ.] (sic) Ρ : ἐγείρεται καὶ στερρῶς ΑΤ(Μ)
4³ κλίν. βαστ.] ΒΡ : κλίνην βαστάζει ΑΜΤ(Δ)   9 φιλῇς τὸν] (sic) P :
φιλήσῃς ΒΜΤ : θελήσῃς Δ : ἀσπάσῃ Α
θ´ ΑΒΜΡΤΔ

γνωρίζεις ὃ λέγω·   μὴ κλαύσῃς οὖν, μῆτερ,
μᾶλλον τοῦτο κράξον·   ' τὸν Ἀδὰμ ἐλέησον
καὶ τὴν Εὔαν οἴκτειρον,
|: ὁ υἱὸς καὶ θεός μου.' :| 10

ι' Ὑπὸ ἀσωτίας,   ὑπ' ἀδηφαγίας
ἀρρωστήσας ὁ Ἀδὰμ   κατηνέχθη ἕως Ἅιδου   κατωτάτου
καὶ ἐκεῖ τὸν τῆς ψυχῆς   πόνον δακρύει.
Εὔα δὲ ἡ τοῦτον   ἐκδιδάξασα ποτὲ   τὴν ἀταξίαν
σὺν τούτῳ στενάζει·   σὺν αὐτῷ γὰρ ἀρρωστεῖ,   5
ἵνα μάθωσιν ἅμα   τοῦ φυλάττειν ἰατροῦ παραγγελίαν·
συνῆκας κἂν ἄρτι;   ἐπέγνως ἃ εἶπον;
πάλιν, μήτηρ, κράξον·   ' τῷ Ἀδὰμ εἰ συγχωρεῖς,
καὶ τῇ Εὔᾳ σύγγνωθι,
|: ὁ υἱὸς καὶ θεός μου.' " :| 10

ια' Ῥημάτων δὲ τούτων   ὡς ἤκουσε τότε
ἡ ἀμώμητος ἀμνάς,   ἀπεκρίθη πρὸς τὸν ἄρνα·
                                                " Κύριέ μου,
ἔτι ἅπαξ ἂν εἰπῶ,   μὴ ὀργισθῇς μοι·
λέξω σοι ὃ ἔχω,   ἵνα μάθω παρὰ σοῦ   πάντως ὃ θέλω·
ἂν πάθῃς, ἂν θάνῃς,   ἀναλύσεις πρὸς ἐμέ;   5
ἂν περιοδεύσῃς   σὺν τῇ Εὔᾳ τὸν Ἀδάμ, βλέψω σε πάλιν;
αὐτὸ γὰρ φοβοῦμαι,   μήπως ἐκ τοῦ τάφου
ἄνω δράμῃς, τέκνον,   καὶ ζητοῦσα σὲ ἰδεῖν
κλαύσω, κράξω· ' ποῦ ἐστιν
|: ὁ υἱὸς καὶ θεός μου; ' " :| 10

ιβ' Ὡς ἤκουσε ταῦτα   ὁ πάντα γινώσκων
πρὶν γενέσεως αὐτῶν,   ἀπεκρίθη πρὸς Μαρίαν·
                                             " Θάρσει, μῆτερ,
ὅτι πρώτη με ὁρᾷς   ἀπὸ τοῦ τάφου·

7¹ γνωρίζεις] ἐπέγνως ΑΤ(Β)   7² οὖν] ΑΡ: ὦ ΒΜΤΔ   9 οἴκτειρον] λύτρωσαι Δ(Μ)
ι' ΑΒΜΡΤΔ   1² ὑπ'] καὶ ΒΤΔ : καὶ ἐξ Μ   6¹ metrum ∪–∪∪–∪:
ἵνα] νὰ Krumb., cf. 2 ιδ' 8², 30 ιγ' 9 et App. Metr.   7² ἐπέγνως ἃ εἶπον]
P(M)(Δ) : γνωρίζεις ἃ λέγω ΑΒΤ
ια' ΑΒΜΡΤΔ   3¹ ἂν εἰπῶ] Τ(Ρ)(Δ) : εἴπω σοι ΑΒ(Μ)   4³ πάντως ὃ]
PΔ : ὄντως ἃ ΑΒΜΤ   5² ἀναλύεις ΜΤΔ   6² βλέπω ΒΤΔ
ιβ' ΑΒΜΡΤΔ   1¹ ὃ] τὰ add. ΒΜΡ   3² τοῦ τάφου] τῶν τάφων ΒΜΤΔ

ἔρχομαί σοι δεῖξαι πόσων πόνων τὸν Ἀδὰμ ἐλυτρωσάμην
καὶ πόσους ἱδρῶτας ἔσχον ἕνεκεν αὐτοῦ· 5
δηλώσω τοῖς φίλοις τὰ τεκμήρια δεικνὺς ἐν ταῖς χερσί μου·
καὶ τότε θεάσῃ τὴν Εὔαν, ὦ μῆτερ,
ζῶσαν ὥσπερ πρώην καὶ βοήσεις ἐν χαρᾷ·
' τοὺς γονεῖς μου ἔσωσεν
|: ὁ υἱὸς καὶ θεός μου.' :| 10

ιγ' Μικρὸν οὖν, ὦ μῆτερ, ἀνάσχου καὶ βλέπεις,
πῶς καθάπερ ἰατρὸς ἀποδύομαι καὶ φθάνω
ὅπου κεῖνται,
καὶ ἐκείνων τὰς πληγὰς περιοδεύω,
τέμνων ἐν τῇ λόγχῃ τὰ πωρώματα αὐτῶν καὶ τὴν σκληρίαν·
λαμβάνω καὶ ὄξος, καὶ ἐπιστύφω τὴν πληγήν· 5
τῇ σμίλῃ τῶν ἥλων ἀνευρύνας τὴν τομὴν χλαίνῃ μοτώσω·
καὶ δὴ τὸν σταυρόν μου ὡς νάρθηκα ἔχων
τούτῳ χρῶμαι, μῆτερ, ἵνα ψάλλῃς συνετῶς·
' πάσχων πάθος ἔλυσεν
|: ὁ υἱὸς καὶ θεός μου.' :| 10

ιδ' Ἀπόθου οὖν, μῆτερ, τὴν λύπην ἀπόθου,
καὶ πορεύου ἐν χαρᾷ· ἐγὼ γὰρ δι' ὃ κατῆλθον
ἤδη σπεύδω
ἐκτελέσαι τὴν βουλὴν τοῦ πέμψαντός με·
τοῦτο γὰρ ἐκ πρώτης δεδογμένον ἦν ἐμοὶ καὶ τῷ πατρί μου,
καὶ τῷ πνεύματί μου οὐκ ἀπήρεσε ποτὲ 5
τὸ ἐνανθρωπῆσαι καὶ παθεῖν με διὰ τὸν παραπεσόντα·
δραμοῦσα οὖν, μῆτερ, ἀνάγγειλον πᾶσιν
ὅτι· ' πάσχων πλήττει τὸν μισοῦντα τὸν Ἀδὰμ
καὶ νικήσας ἔρχεται
|: ὁ υἱὸς καὶ θεός μου.' :| 10

4^1 σοι] P(T) : γὰρ ΒΔ(Α)(Μ)(Τ)
ιγ' ΑΒΜΡΤΔ 3^1 ἐκείνων] τούτων ΑΒΜΤ 5^2 ἐπιστύφω] Krumb. :
ἐπ...... Ρ : καταστύφω ΑΒ : καὶ στύφω ΤΔ : καὶ ἐκστύφω Μ 6^1 τῇ]
ΑΒ : καὶ τῇ ΡΤΔ : τῇ δὲ Μ 6^2 ἀνευρύνας] (sic) Ρ : ἐρευνήσας ΑΜΤΔ : def. Β
ιδ' ΑΒΜΡΤΔ 1^{1-2} οὖν, μῆτερ, τὴν λύπην] τὴν λύπην, ὦ μῆτερ ΑΜΤ
2^2 δι' ὃ] ΡΔ : δι' ὃν ΑΒΤ(Μ) 7^1 οὖν] ΡΔ : ὦ ΑΒΜΤ

ιε′ "Νικῶμαι, ὦ τέκνον,   νικῶμαι τῷ πόθῳ
καὶ οὐ στέγω ἀληθῶς,   ἵν' ἐγὼ μὲν ἐν θαλάμῳ,
                                                σὺ δ' ἐν ξύλῳ,
καὶ ἐγὼ μὲν ἐν οἰκίᾳ,   σὺ δ' ἐν μνημείῳ·
ἄφες οὖν συνέλθω·   θεραπεύει γὰρ ἐμὲ   τὸ θεωρεῖν σε·
κατίδω τὴν τόλμαν   τῶν τιμώντων τὸν Μωσῆν·   5
αὐτὸν γὰρ ὡς δῆθεν   ἐκδικοῦντες οἱ τυφλοὶ κτεῖναί σε ἦλθον.
Μωσῆς δὲ τοιοῦτο   τῷ Ἰσραὴλ εἶπεν
ὅτι· ' μέλλεις βλέπειν   ἐπὶ ξύλου τὴν ζωήν.'
ἡ ζωὴ δὲ τίς ἐστιν;
|: ὁ υἱὸς καὶ θεός μου." :| 10

ις′ "Οὐκοῦν εἰ συνέρχῃ,   μὴ κλαύσῃς, ὦ μῆτερ,
μηδὲ πάλιν πτοηθῇς,   ἐὰν ἴδῃς σαλευθέντα   τὰ στοιχεῖα·
τὸ γὰρ τόλμημα δονεῖ   πᾶσαν τὴν κτίσιν·
πόλος ἐκτυφλοῦται   καὶ οὐκ ἀνοίγει ὀφθαλμόν,
                                                ἕως ἂν εἴπω·
ἡ γῆ σὺν θαλάσσῃ   τότε σπεύσουσι φυγεῖν·   5
ναὸς τὸν χιτῶνα   ῥήξει τότε κατὰ τῶν ταῦτα τολμώντων·
τὰ ὄρη δονοῦνται,   οἱ τάφοι κενοῦνται·
ὅταν ἴδῃς ταῦτα,   ἐὰν πτήξῃς ὡς γυνή,
κράξον πρός με· ' φεῖσαι μου,
|: ὁ υἱὸς καὶ θεός μου.' " :| 10

ιζ′ Υἱὲ τῆς παρθένου,   θεὲ τῆς παρθένου
καὶ τοῦ κόσμου ποιητά,   σὸν τὸ πάθος, σὸν τὸ βάθος
                                                τῆς σοφίας·
σὺ ἐπίστασαι ὃ ἦς   καὶ ὃ ἐγένου·
σὺ παθεῖν θελήσας   κατηξίωσας ἐλθεῖν   ἀνθρώπους σῶσαι·
σὺ τὰς ἁμαρτίας   ἥμων ἦρας ὡς ἀμνός·   5
σὺ ταύτας νεκρώσας   τῇ σφαγῇ σου, ὁ σωτήρ, ἔσωσας πάντας·

ιε′ ΑΒΜΡΤΔ   3¹ καὶ om. ΑΒΤ   6³ ἦλθον] ΜΔ : θέλουν ΑΒ(Τ) : ζητοῦσι Ρ
7¹ Μωϋσῆς ΑΒΜ   τοιοῦτο] Trypanis m.c. : τοῦτο codd.   8 Lxx Nu. 21. 8, 9
ις′ ΑΒΜΡΤΔ   3¹ δονεῖ] βαρεῖ ΑΜΤ   4² καὶ om. ΑΒΜΡ (corr.
metr.)   5² σπεύσουσι] Maas : σπεύσωσι codd.   6² ταῦτα] (sic) Δ : τοῦτο
ΑΜΤ(Β) : om. Ρ   9 κράξον πρός με] ἐμοὶ κράξον ΑΤ(Μ)
ιζ′ ΑΒΜΡΤΔ   4¹ θελήσας] (sic) Ρ : ἠθέλησας ΒΜ(Α)(Τ) : θέλων Δ
4²⁻³ κατηξίωσας–ἀνθρώπους (θέλων τοῦ Δ corr. metr.)   σῶσαι] ΡΔ : μὴ λιπὼν
τοὺς οὐρανοὺς ἦλθες ἐν κόσμῳ ΑΒΜΤ   4³ metrum ∸ ∪ ∪ − ∪: σῶσαι
ἀνθρώπους Trypanis M.C.   6² ὅ] ὡς ΜΔ   6³ πάντας] ἡμᾶς ΑΜΤ

σὺ εἶ ἐν τῷ πάσχειν   καὶ ἐν τῷ μὴ πάσχειν·
σὺ εἶ θνήσκων, σώζων·   σὺ παρέσχες τῇ σεμνῇ
παρρησίαν κράζειν σοι·
|: " Ὁ υἱὸς καὶ θεός μου." :| 10

20 (19 Kr.)

ON THE PASSION OF CHRIST

Acrostichis: *ΕΕΙΣ ΤΟ ΠΑΘΟΣ ΨΑΛΜΟΣ ΡΩΜΑΝΟΥ*

Prooemium I: Ἰδιόμελον

Σήμερον ἐταράττετο   τῆς γῆς τὰ θεμέλια,
ὁ ἥλιος ἠλλοιοῦτο   μὴ στέγων θεωρῆσαι·
ἐν σταυρῷ γὰρ περιέκειτο   ὁ πάντων ζωοδότης,
παράδεισος ἠνέῳκτο   τῇ πάλαι παραβάσει·
|: μόνος χορεύει ὁ Ἀδάμ. :| 5

Prooemium II: Ἰδιόμελον

Τῆς ἔχθρας ἐλύθη τὸ τύραννον,   τῆς Εὔας ἐπαύθη τὸ δάκρυον
διὰ τοῦ πάθους σου, φιλάνθρωπε,   Χριστὲ ὁ θεός·
ἐν αὐτῷ γὰρ   ὁ θανὼν   ἀνακεκαίνισται,
δι' αὐτοῦ δὲ   ὁ λῃστὴς   εἰσοικίζεται·
|: μόνος χορεύει ὁ Ἀδάμ. :| 5

Strophae: Ἰδιόμελον (App. Metr. xix)

α΄ **Ἔ**κστηθι φρίττων, ⟨ὦ⟩ οὐρανέ,   δῦνον εἰς χάος, ὦ γῆ,
μὴ τολμήσῃς, ἥλιε,   σὸν δεσπότην
κατιδεῖν ἐπὶ τοῦ ξύλου   βουλήσει κρεμάμενον·

20 *Codices*: P Δ (sine Prooem. I)
Editiones: Pitra A.S. I, Cant. xvi; Tomadakis P.M.Y. ii, pp. 175 sq.
Titulus: On the Passion of Christ Trypanis: Εἰς τὸ πάθος Δ : om. P
Dies Festus: Τῇ ἁγίᾳ καὶ μεγάλῃ Παρασκευῇ
Modus: ἦχος γ΄
Acrostichis: Εἰς τὸ πάθος ψαλμὸς Ῥωμανοῦ PΔ
Ephymnium: Ἀδάμ] ὅτι σώζεται per totum canticum add. P
Prooemium I
  P   2² ἠλλοιοῦτο ante ὁ ἥλιος dub. Maas
Prooemium II
  PΔ   4¹ διὰ σοῦ δὲ P
  α΄ 1¹ φρίττων] σήμερον Δ   ὦ add. Trypanis m.c.   1²–2¹ ὦ [γῆ μὴ
τολμή]σῃς P

ῥαγήτωσαν πέτραι,   ἡ γὰρ πέτρα τῆς ζωῆς
                                   νῦν τοῖς ἥλοις τιτρώσκεται·
σχισθήτω τοῦ ναοῦ   τὸ καταπέτασμα,
σώματος δεσποτικοῦ   λόγχῃ νυσσομένου ὑπὸ ἀνόμων·
ἁπλῶς πᾶσα ἡ κτίσις   τοῦ κτίστου τὸ πάθος   φρίξῃ, στενάξῃ·
|: μόνος χορεύει ὁ Ἀδάμ. :|

β´ Εἷλου, σωτήρ μου, τὰ ἐμά,   ἵν᾿ ἐγὼ λάβω τὰ σά·
κατεδέξω τὸ παθεῖν,   ἵν᾿ ἐγὼ νῦν
τῶν παθῶν καταφρονήσω·   σῷ θανάτῳ ἀνέζησα·
ἐτέθης ἐν τάφῳ   καὶ εἰς οἴκησιν ἐμοὶ   ἐδωρήσω παράδεισον·
εἰς βάθος κατελθὼν   ἐμὲ ἀνύψωσας·
πύλας Ἅιδου καθελὼν   πύλας οὐρανίους ἠνέῳξάς μοι·
σαφῶς πάντα ὑπέστης   διὰ τὸν πεσόντα·   πάντα ἠνέσχου,
|: ἵνα χορεύῃ ὁ Ἀδάμ. :|

γ´ Σὲ τὸν κρατοῦντα τῇ χειρὶ   πάντα τὸν γῦρον τῆς γῆς
συλλαβόντες ἄνομοι   ἤγαγόν νυν
εἰς αὐλὴν τοῦ Καϊάφα,   τὸν κόσμῳ ἀχώρητον·
καὶ μόνον σε εἶδον   οἱ μὴ βλέποντες νοῒ   ἐκμανῶς ἀνεβόησαν·
" Ὁ νόμον καὶ Μωσῆν   ὑβρίζων ἤλυθεν·
ὅστις οὖν τιμᾷ Μωσῆν   καὶ σέβει τὸν νόμον, δείξῃ τὸν ζῆλον·
μηδεὶς ῥαθυμησάτω·   †ὁ γὰρ πλάνος ἥκει   παθεῖν ὡς ἔφη†
|: ἵνα χορεύῃ ὁ Ἀδάμ." :|

δ´ Ταῦτα δὲ κράζοντος τοῦ λαοῦ   ἔφησεν ὁ ἱερεύς·
" Οὐ καλῶς εἶπον τὸ πρίν·   ' συμφέρει
ἀπολέσθαι τοῦτον μόνον   καὶ μὴ ὅλον τὸ ἔθνος; ' "
τίς εἶδεν ἀσπίδα   ἀντὶ τοῦ ἰοῦ αὐτῆς   γλυκὺ μέλι προφέρουσαν;
τίς ἐθεάσατο   φλόγα δροσίζουσαν;

4² ζωῆς] def. P   5¹ σχισθῇ V   τοῦ om. C   7²⁻³ φρίττει στενά[ζουσα]
τὸ πάθος τοῦ σωτῆρος P
β´ 1¹ Ἴλω Δ   2² νῦν om. Δ   3² σῷ om. Δ   4² ἐμοί] ἡμῖν Δ
6¹ κατιδὼν Δ   6² αἰωνίους Δ   7¹ σαφῶς om. Δ
γ´ 1² τὸν om. Δ   3² τὸν ἐν κόσμῳ Pitra   5² ὑβρίζων] μὴ τιμῶν P
ἐλήλυθεν Δ   7² ἥκει] ἑκὼν P   7³ πάθεν P
δ´ 1¹ δὲ] μὲν Δ   2¹ τὸ πρίν] πρώην P
                                   3² metrum { ∪ – ∪ ∪ – ∪ ∪ (–)
                                                ∪ ∪ – ∪ ∪ – ∪ ∪ }
4³ γλυκὺ–προφέρ. om. Δ

τίς ἀκήκοε ποτὲ   ψεῦδος ἀληθεῦον ὡς Καϊάφαν;
μὴ θέλων προφητεύει   ὅτι ὑπὲρ πάντων   θνῄσκεις, σωτήρ μου,
|: ἵνα χορεύῃ ὁ Ἀδάμ. :|

ε΄ Οὕτω μὲν ἔφη ὁ ἱερεύς,   τοῦτο δὲ οὐ συνῆκεν·
   οὐ γὰρ εἴασεν αὐτὸν   ὁ φθόνος,
   ἀλλ' ἠρέθισε πρὸς φόνον·   φθόνῳ φόνος γὰρ ἕπεται·
   καὶ μάρτυς ὁ Ἄβελ   ὑπὸ Κάϊν φθονηθείς,
                                φονευθεὶς δὲ μετέπειτα·
   ὃ δὴ καὶ ὁ Χριστὸς   ὑπομεμένηκε·   5
   βάσκανον λαὸν ποθῶν   εἰς ὀργὴν ἐκίνει στοργὴν δεικνύων,
   ἰάτρευε νοσοῦντας   καὶ ἀντ' εὐχαριστίας   πάσχει, σταυροῦται,
|: ἵνα χορεύῃ ὁ Ἀδάμ. :|

ϛ΄ Πλήθει θαυμάτων ἀντὶ παθῶν   ὄχλος ὁ τῶν ἀνόμων
   " Ἆρον, σταύρωσον αὐτὸν "   ἐπεβόων,
   παραστήσαντες Πιλάτῳ   τὸν πάντα συστησάμενον·
   τὸν μέλλοντα κρίνειν   βασιλεῖς τε καὶ πτωχοὺς
                                κριτηρίῳ παρέπεμψαν·
   τὸν δίκαιον κριτὴν   [κρίνει κ]ατάκριτος,   5
   καὶ τὸν ῥύστην ὡς λῃστὴν   ἠπείλει φονεύειν ὁ ζῶν ἀδήλως·
   αὐτὸς δὲ ἵνα πάθῃ,   σιγῶν τέως στέγει,   ἄλα[λος στήκ]ων,
|: ἵνα χορεύῃ ὁ Ἀδάμ. :|

ζ΄ Ἄφωνος ἵστατο ὁ βροντῶν,   λόγου ἐκτὸς ὁ Λόγος·
   εἰ γὰρ ἔρρηξε φωνήν,   οὐχ ἥττατο
   καὶ νικῶν οὐκ ἐσταυροῦτο   καὶ Ἀδὰμ οὐκ ἐσῴζετο·
   διὸ ἵνα πάθῃ   ὁ δρασσόμενος σοφούς,   σιωπήσας ἐνίκησε·
   ὁρῶν δὲ ὁ κριτὴς   τὸν μὴ φθεγγόμενον,   5

6² Καϊάφας Δ   7³ θνῄσκεις] θνῄσκει ὁ Δ   μου om. Δ   8 χορεύσῃ P
    ε΄ 1¹ ἔφησεν Δ   2¹ ἔασεν αὐτῷ Δ   2² ὁ] τότε ὁ P   3¹ ἐρέθιζε Δ
    3² γὰρ ἕπεται] παρέπεται Δ   5¹ ὃ δὴ] ὡς δὲ Δ   5² ὑπομεμ.] ἑκὼν ὑπήνεγκε Δ
        6¹ βάσκανον] πάσχων Δ   παθὼν Δ   7¹ νοσοῦντας] τὰ πάθη Δ
    7³ πάσχει] θνῄσκει Δ
    ϛ΄ 1¹ παθῶν] ὁ add. Δ   2² ἀνεβόων] Δ   4³ παρέστησαν Δ
    5² [....κ]ατάκριτος P: κρῖναι κατεδίκασαν Δ: suppl. Maas   6² ἠθέλησε
        φονεῦσαι Δ   ὁ ζῶν] def. P   7¹ ἵνα] εἰ Δ   7² σιγῶν τέως] σιγώντως Δ
    7³ ἄλα[λος στή]κων P: ἄλ. καὶ εἱστήκει Δ: suppl. Maas
    ζ΄ 4³ ἐνίκησε] παρίστατο Δ   5¹ ὁρῶν] def. P   δὲ] οὖν Δ   5² τὸν–φθεγ.]
        Χριστὸν σιγήσαντα Δ

ἀπορίᾳ συσχεθεὶς ἔφη· " Τί ποιήσω τῷ μὴ λαλοῦντι; "
οἱ δέ· " Ἔνοχος ἔστιν ὧν ἡμεῖς αἰτοῦμεν· ὅθεν κωφεύει,
|: ἵνα χορεύῃ ὁ Ἀδάμ. " :|

η' " Θάνατον ὤφειλον νῦν ἐγώ ", ἔφησεν ὁ σωτήρ μου
πρὸς τὸν ἄνομον λαὸν— τὸν Πιλᾶτον
οὐδὲ λόγου γὰρ ἠξίου λογισάμενος ἄλογον—
" ἀνθ' ὧν Ἰαείρου τὸ θυγάτριον ποτὲ λόγῳ μόνῳ ἀνέπραξα,
ἀνθ' ὧν μονογενῆ τῆς χήρας ἤγειρα 5
καὶ τὸν Λάζαρον φωνῇ τρέχοντα τὸν ἄπνουν ἔδειξα πᾶσι,
μὴ τάχα διὰ ταῦτα, μᾶλλον δ' ἀντὶ τούτων πάσχω καὶ θνήσκω,
|: ἵνα χορεύῃ ὁ Ἀδάμ; " :|

θ' Ὅτε δὲ ἤκουσεν ὁ λαὸς τῶν μελιρρύτων λόγων,
ὡς πικρίας ἐμπλησθεὶς ἀπεκρίθη·
" Χάριν τούτων οὐ σταυροῦσαι, ἀλλ' ὡς λύων τὸ σάββατον ".
" Καί τί καλὸν ἄρα, ἐλεῆσαι ἀσθενεῖς ἢ τιμῆσαι τὸ σάββατον;
ἐλύσατε ὑμεῖς πολλάκις σάββατα, 5
καὶ ἐκ κόλπων πατρικῶν οὐ παρεγενόμην χάριν σαββάτων·
ἠσθένησε ἡ φύσις, καὶ βλέπων ἐξ ὕψους τάχος κατῆλθον,
|: ἵνα χορεύῃ ὁ Ἀδάμ. :|

ι' Σάββατον Ἅιδης οὐ δειλιᾷ, τοῦτο οὐ φεύγει νόσος,
οὐκ ἰᾶται ἀσθενεῖς, εἰ μὴ μόνος
ὁ δεσπότης τοῦ σαββάτου, ἐγὼ ὁ σταυρούμενος·
πολλῶν γὰρ σαββάτων φύλαξ γέγονε τυφλὸς
καὶ τῷ ζόφῳ συνέζευκτο·
ἐτίμησε πολλὰ πολλάκις σάββατα 5

7¹ οἱ δὲ] οὐδὲν Δ   7²⁻³ αἰτούμεθα ὅθεν καὶ θνησκει|: Δ
    η' 1¹ ὀφείλω Δ   2¹ λαὸν] def. P   3¹ οὔτε λόγων Δ   4² ποτὲ]
ἐγὼ Δ   4³ μόνῳ om. P   ἀνέστησα Δ (cf. 29 ιε' 11²)   7² δὲ om. Δ
7³ καὶ om. Δ
    θ' 1²] τὸν μελίρρυτον λόγον codd. : corr. Trypanis m.c.   2¹ πικρίαν Δ
2²⁻3¹ ἀπεκρίθη· " Χάριν] ἀνεβόα· " Ἀντὶ Δ   3² λύσας τὸν θάνατον Δ (correxerat Pitra)   4¹ ἄρα–5² σάββατα] ἔστι· θεραπεῦσαι ἀσθενῆ ἢ τηρῆσαι τὰ σάββατα; (om. v. 5¹⁻²) Δ   6² οὐ παρεγ.] παρεγενόμην Δ   σαββάτου Δ
7² βλέπων] εἶδεν Δ   7³ τάχος κατῆλθον] ταῦτα ὃς καὶ ἦλθον Δ
    ι' 1² νόσος] ἄλλος C: μόνος ἄλλον V   3² ὁ (post ἐγὼ) om. Δ   4² ὁ
τυφλὸς P   4³ τῷ–συνέζ.] τὸ πάθος οὐκ ἤμβλυνεν Δ   5¹ ἐφύλαξε Δ

ὁ παράλυτος νοσῶν ὀκτὼ καὶ τριάκοντα ἔτη τὸ πάρος,
ἀλλ' ὅμως οὐκ ἐρρύσθη οὐδ' ὅλως ἰάθη ἕως οὗ ἦλθον,
|: ἵνα χορεύῃ ὁ Ἀδάμ. :|

ια' Ψόγον ἠκούσατε ἐκ πολλῶν τῶν παροικούντων κύκλῳ,
ὡς τηροῦντες σάββατα καὶ νοσοῦντες·
τὰ γὰρ ἔθνη πάντων εἶπον· ' ποῦ ἐστὶν ὁ θεὸς αὐτῶν;
τὰς νόσους σοβιῶ ἀπ' αὐτῶν ὁ ὑπ' αὐτῶν
διὰ νόμου τιμώμενος '.
ταῦτ[α δὴ] λέγοντες καὶ οἱ ἐχθροὶ ὑμῶν 5
ἐμυκτήρισαν ὑμᾶς ὀνειδίζοντες καὶ καταλαλοῦντες·
ἐγὼ δὲ πάντας σώσας τ[ῷ σαβ]βάτῳ πλέον
κλέος παρέσχον,
|: ἵνα χορεύῃ ὁ Ἀδάμ. :|

ιβ' "Ἄδικος ἔδοξα δικαιῶν πόρνην μετανοοῦσαν,
τὴν τοὺς πόδας τοὺς ἐμοὺς διδασκάλους
σωφροσύνης κτ[ησα]μένην καὶ καλῶς μοι πιστεύσασαν,
τὴν βρέξασαν ἴχνη, ἃ οὐκ ἔβρεξε βυθός,
ψιλοῖς τότε τοῖς δάκρυσι,
τὴν μύρῳ κεφαλὴν ἐμὴν ἀλείψασαν, 5
ἣν ὁ πρόδρομος θιγεῖν ἐφοβήθη ἕως οὗ ἐκελεύσθη,
τὴν ταῦτα προδηλοῦσαν, ἃ νῦν ὑπομένω
θέλων καὶ στέργων,
|: ἵνα χορεύῃ ὁ Ἀδάμ." :|

ιγ' Λέγοντος ταῦτα τοῦ Ἰησοῦ ἤκουσεν αἱμοβόρως,
ὁ ἀνήμερος λαός, καὶ ὡς λέων
ὠρυᾶτο τοῦ ἁρπάσαι τὴν ψυχὴν τοῦ ἀμνοῦ Χριστοῦ·

6¹ νοσῶν om. Δ   6² τριάκοντα] γὰρ add. Δ : metrum ∪∪∪∪⏤∪∪∪∪—∪:
τριάντα Maas   τὸ πάρος] ἐνόσει Δ   7¹⁻² ἐρρύσθη—ἰάθη] ἰάθη· κλίνης οὐκ
ἠγέρθη Δ   οὐκ Δ
ια' 2¹ νοσοῦντες] μισοῦντες Δ   3¹ τὰ om. Δ   πάντα Δ   4¹ σοβιῶ]
Δ σοβ[..] P : σοβέων Pitra : σοβέει Trypanis : metrum ∪—∪∪⏤∪   ἀπ' om. Δ
ὁ] καὶ Δ   5¹ ταῦ[...]P : τοιαῦτα Δ : suppl. Maas   6¹ ἐμυκτήρυζον Δ
7¹⁻³ ἐγὼ τῷ σαββάτῳ πάντας ἰατρεύω δόξαν παρέχων :| Δ   7² suppl. Maas
ιβ' 1] Ἄδικος] Δ : ἀδίκως P   1² πόρνην] καὶ πόρνην Δ   3¹ κεκτημένη Δ :
suppl. Maas   3² καὶ] τὴν Δ   μοι πιστεύσασαν] ἀναισχυντήσασαν P
6² οὗ om. Δ   7³ καὶ στέργ.] γὰρ πάσχω Δ
ιγ' 1¹ ταῦτα] μὲν ταῦτα Δ   1² αἱμοβόρως] Trypanis : ὁ (ὁ om. Δ) αἱμοβόρος codd.

Πιλᾶτος δὲ τούτων   τὴν βουλὴν ἀποπληρῶν
                              σὲ τὸν πρᾶον ἐμάστιξεν·
ἐπὶ τὸν νῶτον σου   οὕτως ἐτέκταινε,
σὺ δὲ τούτου τὴν πλευρὰν   βασανίζων ἔδειξας τὴν ἰσχύν σου·
γυνὴ γὰρ τούτου τότε   ἐδήλου βοῶσα·
                              " Σὸν κριτὴν κρίνεις,
|: ἵνα χορεύῃ ὁ Ἀδάμ. " :|

ιδ' **Μάστιγας** φέρει ὁ λυτρωτής,   δέσμιος ἦν ὁ λύτης,
γυμνωθεὶς καὶ ἐκταθεὶς   ἐπὶ στύλου
ὁ ἐν στύλῳ πρὶν νεφέλης   Μωσῇ καὶ Ἀαρὼν συλλαλῶν·
ὁ τῆς γῆς τοὺς στύλους   στερεώσας, ὡς Δαβὶδ
                              ἔφη, στύλῳ προσδέδεται·
ὁ δείξας τῷ λαῷ   ὁδὸν εἰς ἔρημον—
πύρινος γὰρ πρὸ αὐτῶν   ἔφαινεν ὁ στῦλος—στύλῳ προσήχθη·
ἡ πέτρα ἐπὶ στύλου,   καὶ λαξεύεταί μοι   ἡ ἐκκλησία,
|: ἵνα χορεύῃ ὁ Ἀδάμ. :|

ιε' **Ὅμως** μαστίξας τὸν ἰατρὸν   νίπτεται τὰς παλάμας
ὁ Πιλᾶτος ἐπ' αὐτῷ   διὰ τούτου
προσδοκήσας ἀθῳοῦσθαι,   ἀλλ' εὑρέθη ὑπεύθυνος·
καὶ γὰρ φραγγελλώσας   παρεδίδου τῷ σταυρῷ
                              καί· " Ἀθῷος εἰμί ", φησί·
τίς ἤκουσε ποτὲ   φονέως λέγοντος
τῇ μαχαίρᾳ ἑαυτοῦ·   " Ἐν σοὶ ἀποκτείνας δίκας οὐ δώσω ";
τῷ ξίφει τῶν ἀνόμων   χρώμενος Πιλᾶτος
                              σφάτ[τει τὸν] κτίστην,
|: ἵνα χορεύῃ ὁ Ἀδάμ. :|

4² ἀναπληρῶν Δ (cf. ις' 2²)   4³ σὲ] εὐθὺς Δ   5¹⁻² ἐπὶ τῷ νώτῳ σου αὐτὸς δ' ἐτέκταινε Δ (correxerat Pitra), cf. Lxx Ps. 128 (129). 4   6¹ τὴν ante τούτου Δ   πλευρά = coniux, cf. ιη' 5¹ sq.   7¹ ἡ γυνὴ P   γὰρ τούτῳ πρωὶ Δ   7² λέγουσα P   ιδ' 1² ἦν] ὧν Δ   1²⁻2² ὁ ῥύστης βουληθεὶς καὶ ἐκτανθεὶς ἐπὶ ξύλου Δ   3¹ ὁ] στερεώσας add. Δ   3² Μωϋσῇ Δ   λαλῶν Δ   4²⁻³ ὡς Δαβὶδ ἔφη] ἐπὶ Δ   6² ἐφαίνετο Δ   προσήφθη Δ   7¹ ἡ om. Δ   στύλου] ξύλου Δ   8 χορεύσῃ P: def. Δ
ιε' 1¹ Οὗτος P   4³ καὶ] ὡς Δ   φησί] εἰπών Δ   5² φονεῦ Δ (correxerat Pitra)   6¹ ἑαυτοῦ] τῇ αὐτοῦ Δ   6² δώσω def. P   7² χρησάμενος P   7³ κρῖνε τὸν ζῶντα :| Δ (cf. ις' 6²⁻³)

ιϛ´ "Σταύρωσον" ἤκουσεν ὁ φονεὺς τῶν ἀσεβῶν κραξάντων
καὶ τὸ θέλημα αὐτῶν ἀπεπλήρου,
παραδοὺς οὐκ ἐξ ἀνάγκης τὸν βουλήσει σταυρούμενον·
ἀκούσας γὰρ ὅτι ἔσται Καίσαρος ἐχθρός, ἐπτοήθη ὁ δείλαιος·
τοῦ παντοκράτορος ἢ γὰρ τοῦ Καίσαρος 5
θέλει εἶναι δυσμενής, τῆς Ζωῆς τὴν ζωὴν νῦν προτιμήσας;
ἀθῷος οὖν οὐκ ἔσται [[ὁ]] διὰ τῶν ἀνόμων κτείνας τὸν ζῶντα,
|: ἵνα χορεύῃ ὁ Ἀδάμ. :|

ιζ´ Ῥίψας τὸ ἔγκλημα ἐπ᾽ αὐτοὺς κτείνει Χριστὸν δι᾽ αὐτῶν,
ὑπουργοὺς αὐτοὺς εὑρὼν τοὺς εἰπόντας·
" Τὸ αἷμα αὐτοῦ ἔσται ἐπ᾽ αὐτοὺς σὺν τοῖς τέκνοισιν "·
υἱοῖς μὴ τεχθεῖσιν οἱ πατέρες τῆς ἀρᾶς
τὸν χιτῶνα ηὐτρέπισαν·
τοῖς γόνοις τῇ πληγῇ πληγὴν προσέθηκαν, 5
δίκην ἕλκοντες κακῶν εἰς τὰς γενεὰς αὐτῶν εἰς αἰῶνας·
ἡμεῖς δὲ τοῦ σωτῆρος τὸ αἷμα λαβόντες εὕρομεν λύτρον,
|: ἵνα χορεύῃ ὁ Ἀδάμ. :|

ιη´ Ὤλετο δίψῃ ὁ γηγενής, καύσωνι κατεφλέχθη
ἐν ἐρήμῳ πλανηθείς, ἐν ἀνύδρῳ,
καὶ ἰάσασθαι τὴν δίψαν οὐχ εὗρεν ὁ δύστηνος·
διὸ ὁ σωτήρ μου, ἡ πηγὴ τῶν ἀγαθῶν, ζωῆς νάματα ἔβλυσε
βοῶν· " Διὰ τῆς σῆς πλευρᾶς ἐδίψησας, 5
πίε τῆς ἐμῆς πλευρᾶς καὶ οὐ μὴ διψήσεις εἰς τὸν αἰῶνα·
διπλοῦν ταύτης τὸ ῥεῖθρον· λούει καὶ ποτίζει
τοὺς ῥυπωθέντας,
|: ἵνα χορεύῃ ὁ Ἀδάμ. " :|

ιϛ´ 1² κραζόντων Δ 2² ἀνεπλήρου Δ (cf. ιγ´ 4²) 3² [βουλ]ήσει P
4² ἔσται] Maas: ἔσῃ P: ἐστὶ Δ 5² ἢ] Trypanis (cf. 57, ιβ´ 2¹) : εἰ codd.
6¹ [θέλει]s P δυσμενῆ P 7¹ οὖν om. Δ ἔσῃ P ὁ del. Trypanis
m.c. 7³ ζῶντα] κτίστην Δ (cf. ιε´ 7³)
ιζ´ 1¹ ἐπ αὐτοὺς] κατ᾽ αὐτοῦ Δ 2¹ αὐτοὺς def. P 3¹ ἔσται] ἔστιν Δ
3¹ metrum ∪∪−∪∪−∪ 3² τέκνοις Δ 4² ὁ πρῶν Δ 4³–5¹ ηὐτρέπισαν
τοῖς] εὐτρεπίζοντος Δ 5¹ τῇ πληγῇ] τῆς πληγῆς P 6² αἰῶνα Δ 7³ εὕρομεν Δ
ιη´ 1¹ Ὤλετο] def. P 2² ἐν ἀνύδρῳ] καὶ ἀνύδρῳ Δ 4¹ ὁ om. Δ
4² ἡ–ἀγαθῶν] ἐπὶ τοῦ σταυροῦ νυγείς Δ 4³ ἔβλυσας Δ 5¹ τῆς σῆς om. Δ
5²–6¹ ἐδίψ.–τῆς] ἔπιε διψήσας πίεται Δ 6² διψήσεται Δ

ιθ' **Μήτις** οὖν τοῦ Χριστοῦ τὴν πλευρὰν   εἴπῃ ψιλοῦ ἀνθρώπου·
ἄνθρωπός γαρ ὁ Χριστὸς   καὶ θεὸς ἦν,
οὐ σχιζόμενος εἰς δύο·   εἷς ἐστιν ἐξ ἑνὸς πατρός·
καὶ πάσχων αὐτὸς ἦν,   καὶ μὴ πάσχων ὁ αὐτός·
                θνῄσκων καὶ μὴ νεκρούμενος·
θεότητι γὰρ ζῶν   νεκροῦται σώματι.   5
οὗ καὶ τύπος ὁ πατὴρ   Ἰσαὰκ ἐγένετο ἐν τῷ ὄρει·
ἐσφάγη ἐν ἀρνίῳ   καὶ ζῶν κατηνέχθη   ὡς ὁ σωτήρ μου,
|: ἵνα χορεύῃ ὁ Ἀδάμ. :|

κ' **Ἄλλος** δὲ τύπος τοῦ Ἰησοῦ   γέγονεν ὁ προφήτης
Ἰωνᾶς ἐν κοιλίᾳ   τοῦ κήτους·
κατεπόθη, οὐκ ἐπέφθη   ὡς ἐν τάφῳ ὁ κύριος·
ἐκεῖνος ἐξῆλθεν   ἐκ τοῦ κήτους μετὰ τρεῖς,
                ὡς Χριστὸς ἐκ τοῦ μνήματος·
ἐκεῖνος Νινευὶ   κηρύξας ἔσωσε,   5
πᾶσαν δὲ τὴν γῆν Χριστὸς   ἐλυτρώσατο καὶ τὴν οἰκουμένην·
τὰ πάντα ἐν προφήταις   ἡμῖν προδηλώσας   ἦλθε πληρῶσαι,
|: ἵνα χορεύῃ ὁ Ἀδάμ. :|

κα' **Νίκην** παρέχων τοῖς ταπεινοῖς,   δίκην τροπαίου φέρων
ἐπὶ ὤμων τὸν σταυρὸν   ἐξῆλθε
σταυρωθῆναι καὶ σταυρῶσαι   τὸν ἡμᾶς κατατρώσαντα·
πληρώσας γὰρ πάντα   ἃ ὀφείλομεν ἡμεῖς,
                καὶ πρὸς θάνατον ἔσπευδε·
ῥαπίσματι ποτὲ   μορφὴν ὑπέθηκεν,   5
ἣν οὐ φέρουσιν ἰδεῖν   Χερουβίμ· καλύπτουσι γὰρ τὰς ὄψεις·
αἰσχύνης διαπτύων,   ἐνεδύθη θέλων   χλαίνην εἰς χλεύην,
|: ἵνα χορεύῃ ὁ Ἀδάμ. :|

ιθ' 1¹ τοῦ Χριστοῦ] ταύτην Δ (correxerat Pitra)   2¹⁻² ἇϋς γὰρ [..] ὁ Χς καὶ
Θς ἦν P : ἄνθρ. γὰρ ἦν Χς ὁ Θς καὶ Δ (correxerat Pitra) : 2¹ metrum ∪ ∪ − ∪ ∪ ∪ −
4¹⁻² αὐτὸς–ὁ om. Δ   5¹⁻⁸ θεὸς ὡς ἀληθῶς· παθεῖν ἠνέσχετο· ἅπαντα γὰρ
ἀψευδῶς ἑκὼν ὑπέμεινεν, οὐκ ἐξ ἀνάγκης, ὡς ἔφη Ἡσαΐας, νῦν πληρῶν, σωτήρ μου,
πάντα φέρει, |: ἵνα χ. ὁ Ἀδάμ. :|
κ' 1² ὁ om. Δ   3¹ καταποθεὶς ἐπέμφθη Δ   3² ὁ κύριος] ὡς Δ (correxerat Pitra)   4² κήτους] τάφου P   4³ ὡς] οὕτως ὁ Δ (correxerat Pitra)
6¹ γῆν] ὁ add. Δ
κα' 3¹ σταυρῶσαι] σταυρω[...] P : τρῶσαι Δ (cf. 37 β' 3)   4² ὀφείλαμεν
V   6² Χερ.] Σεραφείμ Δ   7¹ αἰσχύνη διαπτύην Δ   7² θέλων def. P

κβ´ "Οξος επότισαν την πηγήν   των γλυκερών ναμάτων
    και χολήν επέδωκαν   τω το μάννα
    υετίσαντι και νάμα   εκ της πέτρας πηγάσαντι·
    καλάμω την κάραν   τυπτηθείς, την των εχθρών   εξορίαν υπέγραψε·
    γυμνός επί σταυρού   ταθείς, απέδυσε   5
    της ζωής τους δυσμενείς,   νεκροίς τε και ζώσι γέλωτα δείξας·
    του ξύλου κατηνέχθη,   σινδόνι ειλήθη,   τάφω εδόθη,
    |: ίνα χορεύη ο Αδάμ. :|

κγ´ Ύμνησον τούτον, ω γηγενή,   αίνεσον τον παθόντα
    και θανόντα δια σέ,   ον και ζώντα
    μετ' ολίγον θεωρήσας   της ψυχής ένδον είσδεξαι·
    των τάφων γαρ μέλλει   εξανίστασθαι Χριστός
                    και καινίζειν σε, άνθρωπε·
    ψυχήν ουν καθαράν   αυτώ ευτρέπισον,   5
    ίνα ταύτην ουρανόν   κατοικών ποιήση ο βασιλεύς σου·
    μικρόν όσον και ήξει   και χαράς εμπλήσει   τους λυπηθέντας,
    |: ίνα χορεύη ο Αδάμ. :|

21 (67 Kr.)

ON THE CRUCIFIXION

Acrostichis: ΤΟΥ ΤΑΠΕΙΝΟΥ ΡΩΜΑΝΟΥ ΑΙΝΟΣ

Prooemium: *Ιδιόμελον*

Ψυχή μου,   ψυχή μου,   ανάστα·   τί καθεύδεις;
το τέλος   εγγίζει,   και μέλλεις   θορυβείσθαι·

κβ´ 2² το om. Δ   4¹ καλ. την κάραν] αυτός καλ. Δ   4² του εχθρού Δ
5² τεθείς V: def. P   7³ δοθείς Δ
κγ´ 1¹ τούτον] ταύτα P   ο γηγενής Δ   2² ον om. Δ   3² ένδον
εισδέξαι] ηδονή δέξαι Δ   4¹ μέλλει ante γάρ Δ   5² ετοίμασον Δ
6¹ ταύτην] ενταύθα Δ   ουρανόν] σε add. Δ   6² σου] μου Δ   7¹ και om. Δ
7³ τους λυπηθ.] την εκκλησίαν Δ
21 *Codices*: A (Prooem. et α´) PT (Prooem. et α´)
Editiones: Mioni R. il. M., pp. 153 sq.; Tomadakis P.M.Y. I, pp. 19 sq.
Titulus: On the Crucifixion Trypanis: sine titulo codd.
Dies Festus: Τη ε´ της ε´ εβδομάδος των νηστειών (κονδάκιον ... ψαλλόμενον ηνίκα
    και ο Μέγας Κανών άδεται P)
Modus: ήχος πλάγιος β´
Acrostichis: Του ταπεινού Ρωμανού αίνος P
Prooemium
    APT

ἀνάνηψον οὖν,   ἵνα φείσηταί σου
Χριστὸς ὁ θεός,
|: ὁ πανταχοῦ τὰ πάντα πληρῶν. :|

Strophae: 'Ιδιόμελον (App. Metr. xx)

α' Τὸ τοῦ Χριστοῦ ἰατρεῖον   βλέπων ἀνεῳγμένον
    καὶ τὴν ἐκ τούτου τῷ Ἀδὰμ   πηγάζουσαν ὑγείαν
    ἔπαθεν, ἐπλήγη ὁ διάβολος
    καὶ ὡς κινδυνεύων   ὠδύρετο
    καὶ τοῖς αὐτοῦ φίλοις   ἀνεβόησε·
    " Τί ποιήσω   τῷ υἱῷ τῆς Μαρίας;
    κτείνει με ὁ Βηθλεεμίτης,
    |: ὁ πανταχοῦ τὰ πάντα πληρῶν :|

β' Ὁ κόσμος ὅλος ἐπλήσθη   τῶν αὐτοῦ ἰαμάτων,
    κἀγὼ τὰ ἔνδοθεν πονῶ   μάλιστα καὶ ἀκούων
    ὅτι καὶ δωρεὰν ἰατρεύθησαν·
    ὁ μὲν γὰρ τὴν λέπραν   ἀπέθετο,
    ὁ δὲ καὶ τὰς κόρας   ἐκομίσατο,
    ἄλλος κλίνην   ἐπὶ ὤμοισι λαβὼν
    χορεύει βοῶν· ' ἤγειρέ με
    |: ὁ πανταχοῦ τὰ πάντα πληρῶν. ' :|

γ' Ὑμεῖς οὖν, φίλοι τῆς ζάλης   καὶ ἐχθροὶ τῆς γαλήνης,
    τί συμβουλεύετέ μοι νῦν   ποιῆσαι τῷ τοιούτῳ;
    δότε λογισμὸν τῇ διανοίᾳ μου·
    καὶ γὰρ συνεχύθην,   ἀπόλωλα,
    οὐδὲν ἐνθυμοῦμαι,   οὐ γὰρ δύναμαι·
    κατεπλάγην,   ἠμαυρώθη μου ὁ νοῦς·
    ἐξαίφνης ἐθάμβησέ με
    |: ὁ πανταχοῦ τὰ πάντα πληρῶν." :|

5 πανταχοῦ] παρὼν καὶ add. A (fortasse recte)
α' APT   3 ἐπνίγη P   6² τὸν ὖν T   8 πανταχοῦ] παρὼν καὶ
add. A (fortasse recte)
γ' P   7 metr. cf. ι' 7

δ´ Τοιαῦτα τότε λαλήσας πρὸς τοὺς αὐτοῦ ὁ πλάνος,
εὐθὺς ἀκούει παρ᾽ αὐτῶν· " Βελίαρ, μὴ δειλία,
θάρσησον, κραταίωσον τὰς φρένας σου·
τῶν πρώτων ⟦σου⟧ καμάτων μνημόνευε·
τὰ ἐν παραδείσῳ ἀνακαίνισον· 5
τοῖς τοῦ Κάιν ἐὰν πάλιν κολληθῇς,
ὡς Ἄβελ ἀνελεῖται δόλῳ
|: ὁ πανταχοῦ τὰ πάντα πληρῶν. :|

ε´ Ἀκμὴν εἰσὶν ἐν τῷ κόσμῳ τῆς σπορᾶς τοῦ φονέως
καὶ ἱερεῖς καὶ γραμματεῖς, Ἰούδας καὶ Καϊάφας·
τί ὀλιγωρεῖς ὡς ἀπερίστατος;
Ἡρώδης σου φίλος διάπυρος,
Πιλᾶτος δὲ πλέον θεραπεύσει σε 5
τὰς ἀρχαίας ὑπουργίας σου εὑρών·
μὴ κλαῖε βοῶν· ' ἔλυσέ με
|: ὁ πανταχοῦ τὰ πάντα πληρῶν. ' :|

ϛ´ Πολλῶν σου γέμει δραμάτων πᾶσα ἡ οἰκουμένη·
εἰς γενεὰν καὶ γενεὰν λαλεῖται ἡ ἰσχύς σου·
πῶς οὖν νῦν σαυτὸν ἐταλαιπώρησας;
οἱ κατακλυσθέντες ⟨τοῖς⟩ ὕδασιν
⟨καὶ⟩ οἱ ἐμπρησθέντες σε γνωρίζουσιν· 5
ὡς οὖν πάντες ἀπεγεύσαντο τῶν σῶν,
καὶ οὗτος αὐτῶν ἀπολαύσει
|: ὁ πανταχοῦ τὰ πάντα πληρῶν." :|

ζ´ Εὐθὺς δὲ τούτων ἀκούσας ὁ διάβολος ἤσθη
καὶ χαίρων ἔφη τοῖς αὐτοῦ· " Εὐφράνθην, ὦ φίλοι,
ὅτι τοῖς ἐμοῖς με ἐστηρίξατε·
διὸ θαρσαλέως πορεύομαι
καὶ τοῖς Ἰουδαίοις συμβάλλομαι, 5
ἵν᾽ ἐκείνους ἐξαρτήσας τοῖς ἐμοῖς
διδάξω βοᾶν· ' σταυρωθήτω
|: ὁ πανταχοῦ τὰ πάντα πληρῶν. ' :|

δ´ P 4¹ σου del. Trypanis m.c.
ϛ´ P 4² τοῖς add. Maas m.c.: σε οἴδασι A.D. Kominis apud Tom.
5¹ καὶ add. Trypanis m.c.
ζ´ P 2² metrum ◡–◡◡◡–◡: ⟨νῦν⟩, ὦ φίλοι Trypanis 5² metr.
cf. ι´ 5², κα´ 5²

η′ Ἰδοὺ δὴ τῶν Ἰουδαίων	τὸ συνέδριον βλέπω
καθ' ἑαυτὸ ἀδολεσχοῦν	καὶ ἀπησχολημένον·
τάχα ἃ λογίζομαι βουλεύονται;
ἐγγίσας οὖν εἴπω·	'ἀνδρίζεσθε,
ὅτι τὴν βουλήν μου	προλαμβάνετε· 5
ἐπειδὴ οὖν	σπουδαιότεροι ἐστέ,
τί λέγετε νῦν, ἵνα πάθῃ
|: ὁ πανταχοῦ τὰ πάντα πληρῶν;'" :|

θ′ Νὺξ τῇ νυκτὶ ἀναγγέλλει	γνῶσιν ⟨τὴν⟩ ζοφοφόρον,
τῷ Σατανᾷ τὰ ἑαυτῶν	δηλοῦσιν Ἰουδαῖοι
λέγοντες· "Ἀπόθου τὴν φροντίδα σου·
ἃ εἶχες τελέσαι	ἐτελέσαμεν·
μηδέν σοι μελήσει·	ἀμερίμνησον· 5
παρεδόθη	καὶ ἠρνήθη Ἰησοῦς,
ἐδέθη, ἐδόθη Πιλάτῳ
|: ὁ πανταχοῦ τὰ πάντα πληρῶν." :|

ι′ "Οὐχ ὡς ῥαθύμως προσέχων	ἦλθον, ὦ Ἰουδαῖοι·
καὶ γὰρ γινώσκω τὴν ὑμῶν	σπουδὴν τὴν περὶ ταῦτα·
μέμνημαι τῶν πρώτων ὧν ἐπράξατε·
ὡς μάννα φαγόντες	ἠρνήσασθε
καὶ γάλα πιόντες	ἐψεύσασθε· 5
οἱ οὖν μόσχον	προτιμήσαντες θεοῦ
τί θέλετε, ἵνα πάθῃ
|: ὁ πανταχοῦ τὰ πάντα πληρῶν; :|

ια′ Ὑπὲρ ὑμῶν τῷ στρατῷ μου	ἐγὼ ἀπολογοῦμαι,
ὅτι ἡμέτεροι ἐστὲ	ἐξ ὅλης διανοίας·
μόνον δὲ τῷ στόματι μισεῖτε με·
καὶ χαίρω ἐν τούτῳ	τῷ σχήματι·
πολλοὺς γὰρ ἐκ τούτου	συναρπάζετε, 5
ἵν' ἐγὼ μὲν	ἐν τοῖς λόγοις μισηθῶ,
ἐκεῖνος δὲ καὶ ἐν τοῖς ἔργοις,
|: ὁ πανταχοῦ τὰ πάντα πληρῶν. :|

θ′ P   1² τὴν add. Maas
ι′ P   5² metrum cf. ζ′ 5², κα′ 5²   7 metr. cf. γ′ 7

ιβ′ Ῥητὰ τοῦ νόμου Μωσέως βλέπω ὅτι κρατεῖτε,
ἀλλὰ μὴ σφίγξητε αὐτὰ ἐντὸς τῆς διανοίας·
γλώσσῃ καὶ μὴ γνώμῃ περιφέρετε·
χερσὶ τὰ βιβλία βαστάζετε,
φρεσὶ δὲ μηδ᾽ ὅλως αὐτῶν θίγετε· 5
ἀναγνώστας καὶ μὴ γνώστας τῶν γραφῶν
καλείτω ὑμᾶς καὶ ἡγείσθω
|: ὁ πανταχοῦ τὰ πάντα πληρῶν. ":|

ιγ′ Ὡς οὖν ἐστήριξε τούτοις τοὺς ἀνόμους ὁ πλάνος
καὶ τὸν θεμέλιον αὐτῶν ἐνέθηκε τῇ ψάμμῳ,
ἔδραμε σαλεῦσαι καὶ τὸν Θάνατον·
πρὸς ὃν ἐλθὼν εἶπεν· " Ἀνάστηθι,
καὶ οἷς ἀπαγγέλλω ἐπευφράνθητι· 5
παρεδόθη καὶ ἠρνήθη Ἰησοῦς·
ἐδέθη, ἐδόθη Πιλάτῳ
|: ὁ πανταχοῦ τὰ πάντα πληρῶν. ":|

ιδ′ " Μετὰ πολλῆς ἡδονῆς μοι λέγεις τοῦτο, ὦ δαῖμον·
ἐγὼ δέ, μόνον εἶδον σέ, ὀδύνης ἐνεπλήσθην,
φόβῳ ἐνθυμούμενος τὰ δεύτερα·
ὁ γὰρ σιωπήσας ὡς κρίνεται,
φιμῶσαι με ἔχει ἐν τῷ θάπτεσθαι· 5
εἰ Πιλάτῳ οὐκ ἐλάλησεν οὐδέν,
τὰ κάτω σαλεῦσαι σπουδάζει
|: ὁ πανταχοῦ τὰ πάντα πληρῶν.":|

ιε′ Ἀκούσας ταῦτα ὁ δαίμων γέλωτος ἐνεπλήσθη
καὶ τῷ Θανάτῳ ὡς δειλῷ ἐμβλέψας ἀπεκρίθη·
" Ἤδη σε καὶ ἄτονον καὶ ἄθλιον
ἐκ τῶν τοῦ Λαζάρου ἐπίσταμαι,
καὶ ἐκ τῶν ἄλλων πάντων ὧν ἀφῄρησαι, 5
ὅτι τρέμεις καὶ τὴν φήμην Ἰησοῦ
καὶ δοῦλον σε ἀχρεῖον ἔχει
|: ὁ πανταχοῦ τὰ πάντα πληρῶν." :|

ιγ′ P   2² τῇ] Maas: τῷ (sic) P
ιδ′ P   5 φιμώσας Maas

ις´ " Νῦν ὀνειδίζων με λέγεις,   ὅπερ λέγεις, ὦ δράκον,
   ἐγὼ δὲ πλέον οἶδα σὲ   φοβούμενον καὶ τρέμω·
   οἶδα καὶ δονούμενον καὶ τρέμοντα·
   οὐκ ἐκ τῶν μνημάτων   σε ἀπήλασεν;
   οὐ τῆς Χαναναίας   ἀπεδίωξε;   5
   μετὰ ταῦτα   τοῦ ἀλάλου καὶ κωφοῦ
   ἀλλότριον ἐποίησέ σε
   |: ὁ πανταχοῦ τὰ πάντα πληρῶν." :|

ιζ´ " Οὐκ ἀγνοῶ ὅπερ λέγεις·   ἔγνων καὶ παρὰ γνώμην,
   ὅτι ἀήττητος Χριστὸς   ἐν φύσει νικωμένῃ·
   ὅμως δὲ τῆς πάλης οὐκ ἀφίσταμαι·
   ἠρξάμην γὰρ ἤδη   τοῦ σκάμματος.
   ἐὰν οὖν ἐκφύγω,   καταισχύνομαι·   5
   ἀνδριζέσθω   Ἰουδαίων ὁ αὐχήν,
   οἱ πάλαι καὶ νῦν †οὐ κατηνύγησαν†
   |: ὁ πανταχοῦ τὰ πάντα πληρῶν. :|

ιη´ Ὑπάγω οὖν πρὸς ἐκείνους   τοὺς τὰ πάντα τολμῶντας
   καὶ τὴν αὐθάδειαν αὐτῶν   φορῶν ὡς θωρακεῖον
   τῷ Βηθλεεμίτῃ ἀντιτάσσομαι·
   ἀεὶ Βηθλεέμ μοι   ἀντίκειται·
   τὸ γέννημα ταύτης   ἀεὶ βλάπτει με·   5
   ἐκεῖθέν γαρ   Δαβὶδ καὶ ὁ ἐκ Δαβὶδ
   ἔφυγε καὶ ἐφυγάδευσέ με,
   |: ὁ πανταχοῦ τὰ πάντα πληρῶν." :|

ιθ´ Ἀπερχομένου δὲ ἤδη   τοῦ πικροῦ πρὸς τοὺς χείρω,
   ἐπῆρεν ἄνω τὴν φωνὴν   ὁ Θάνατος καὶ εἶπε·
   " Βλέπε μοι τί πράττεις, πολυμήχανε·
   ἐμοὶ τῷ Θανάτῳ   μὴ πρόσεχε·
   οὐ γὰρ κοινωνῶ σοι   τοῦ τολμήματος·   5
   ἐὰν νεύσῃ,   προσεγγίζω τῷ σταυρῷ·
   εἰ μὴ γὰρ θελήσει, οὐ θνῄσκει
   |: ὁ πανταχοῦ τὰ πάντα πληρῶν." :|

ιζ´ P   7 metrum ‿ _ ‿ ‿ _ ‿ ‿ _ ‿   8 cum prioribus ephymnium non
convenit
ιη´ P   2² θωρακεῖον Maas (cf. L.S.J. s.v. θωρακεῖον) : θωράκιον P
ιθ´ P   1² χείρους dub. Maas

21   CANTICA ON THE PERSON OF CHRIST

κ' Ἰδὼν δὲ †ταῦτα† ὁ δράκων τοῦ Θανάτου τὸν φόβον,
τοῖς Ἰουδαίοις προσελθὼν εὑρίσκει ἃ ἐζήτει·
ἦραν γὰρ αὐτὸν καὶ ἐθεράπευσαν
κραυγάζοντες· " Δεῦρο καὶ θεώρησον
τὸν σὲ καὶ τὸν κόσμον θορυβήσαντα· 5
μετὰ ὕβρεις, μετὰ μάστιγας πολλὰς
ὡς σάλπιγξ ἐν τῷ ξύλῳ κεῖται
|: ὁ πανταχοῦ τὰ πάντα πληρῶν. :|

κα' Νέον δὲ ἄλλο ἂν μάθῃς, πλέον ἔχεις γελάσαι·
εἷς τῶν λῃστῶν τῶν μετ' αὐτοῦ δικαίως σταυρωθέντων
κράζει αὐτῷ· ' μνήσθητί μου, κύριε ' "·
ἀκούσας δὲ ταῦτα ἐστύγνασεν·
καὶ κάμψας τὴν κάραν ἐκραύγασεν· 5
" Εἰ ἐν ξύλῳ μαθητὰς χειροτονεῖ,
ἐν τάφῳ παιδευτὰς καθίσει
|: ὁ πανταχοῦ τὰ πάντα πληρῶν. :|

κβ' Οὐκοῦν οὐδὲν ἠδικήθη Ἰησοῦς ἐκ τοῦ πάθους·
ἐγὼ δὲ μᾶλλον ἑαυτῷ ἐπλήθυνα τοὺς γόους·
Θάνατε, καλῶς μοι οὐ συνήνεσας·
κάλλιον δὲ πράξεις, ἐὰν φείσῃ μου
καὶ λάβῃς με κάτω καὶ παιδεύσῃς με· 5
οὐ γὰρ φέρω τὴν αἰσχύνην τὴν πολλήν,
ἣν ἔδωκε μοὶ ἐκ τοῦ ξύλου
|: ὁ πανταχοῦ τὰ πάντα πληρῶν. " :|

κγ' Σωτὴρ ἁπάντων ἀνθρώπων, μάλιστα πιστευόντων,
ὅτι βουλῇ ἐσταυρώθης καὶ γνώμῃ ἐνεκρώθης
λέγουσι μὴ θέλοντες οἱ ἄνομοι·
λῃστῶν ⟨γὰρ⟩ τὰ σκέλη κατεάξαντες
τὰ σὰ οὐ κατέαξαν, ἵνα μάθωσιν 5
ὅτι ἄκων οὐκ ἐγένου ἐν νεκροῖς,
ἑκὼν δὲ ἀφῆκες τὸ πνεῦμα
|: ὁ πανταχοῦ τὰ πάντα πληρῶν. :|

κ' P   1¹ ταῦτα] τοῦτον Maas
κα' P   5² metrum cf. ζ'5², ι' 5²
κγ' P   2¹ metrum ⏑⏑⏑ - ⏑⏑⏑ - (cf. 1¹)   4¹ ⟨γὰρ⟩ add. Maas
m.c.   4² κατάξαντες dub. Maas   5¹ τὰ σὰ οὐ om. P¹   5¹ metrum
⏑⏑⏑ - ⏑: κατῆξαν dub. Trypanis

22 (9 Kr.)

ON THE VICTORY OF THE CROSS

Acrostichis: *ΤΟΥ ΤΑΠΕΙΝΟΥ ΡΩΜΑΝΟΥ*

Prooemium I: *Ἰδιόμελον*

Οὐκέτι φλογίνη ῥομφαία φυλάττει τὴν πύλην τῆς Ἐδέμ·
αὐτῇ γὰρ ἐπῆλθε παράδοξος δέσις, τὸ ξύλον
τοῦ σταυροῦ·
Θανάτου τὸ κέντρον καὶ Ἅιδου τὸ νεῖκος ἐνήλωτο·
ἐπέστης δέ, σωτήρ μου, βοῶν τοῖς ἐν Ἅιδῃ·
" Εἰσάγεσθε 5
|: πάλιν εἰς τὸν παράδεισον." :|

Prooemium II: *Ἰδιόμελον*

Ὡς ἀληθῶς λύτρον ἀντὶ πολλῶν
προσηλωθεὶς τῷ τύπῳ τοῦ σταυροῦ,
Χριστὲ ὁ θεὸς ἡμῶν, ἐξαγόρασον ἡμᾶς·
τῷ τιμίῳ γὰρ φιλανθρώπως αἵματι
τὰς ψυχὰς ἡμῶν ἐκ θανάτου ἥρπασας 5
συνεισενέγκας ἡμᾶς
|: πάλιν εἰς τὸν παράδεισον. :|

Prooemium III: *Ἰδιόμελον*

Τὰ οὐράνια καὶ τὰ ἐπίγεια συγχαίρουσι δικαίως τῷ Ἀδάμ,
ὅτι κέκληται
|: πάλιν εἰς τὸν παράδεισον. :|

22 *Codices*: A (Prooem. I et α΄–ιη΄) B (Prooem. I et α΄) D(Prooem. I et α΄–ζ΄)
M (Prooem. I et α΄–ιη΄) P (Prooem. I et α΄–ιη΄) T (Prooem. I et α΄–β΄) Δ
Editiones: Pitra A.S. I, Cant. VIII
Titulus: On the Victory of the Cross Trypanis: (κοντάκιον σταυρώσιμον P)
Dies Festus: Τῇ Τετάρτῃ τῆς μεσονηστίμου ABDMP: Κυριακῇ τῆς Σταυροπροσκυνήσεως T: Τῆς Μεγάλης Παρασκευῆς Δ
Modus: ἦχος βαρύς
Acrostichis: Τοῦ ταπεινοῦ Ῥωμανοῦ AMPV: ποίημα Ῥωμανοῦ C
Prooemium I
    ABDMPTC (om. V)   2¹ ἐπέστη BDC   2² σβέσις AD   3³ ἐνήλατο
MP: ἐλήλατο (-ται A) AT
Prooemium II
    Δ   3² ἐξαγόρασον] Pitra: ἐξηγοράσων Δ

Strophae: Ἰδιόμελον (App. Metr. xxi)

α΄ Τρεῖς σταυροὺς ἐπήξατο ἐν Γολγοθᾷ ὁ Πιλᾶτος,
 δύο τοῖς λῃστεύσασι καὶ ἕνα τῷ ζωοδότῃ·
 ὃν εἶδεν ὁ Ἅιδης καὶ εἶπε τοῖς κάτω·
 "Ὦ λειτουργοί μου καὶ δυνάμεις μου,
 τίς ὁ ἐμπήξας ἧλον τῇ καρδίᾳ μου; 5
 ξυλίνῃ με λόγχῃ ἐκέντησεν ἄφνω καὶ διαρρήσσομαι·
 τὰ ἔνδον ⟦μου⟧ πονῶ, τὴν κοιλίαν μου ἀλγῶ·
 τὰ αἰσθητήρια μοῦ μαιμάσσει τὸ πνεῦμα μου,
 καὶ ἀναγκάζομαι ἐξερεύξασθαι
 τὸν Ἀδὰμ καὶ τοὺς Ἀδὰμ ξύλῳ δοθέντας μοι· 10
 ξύλον τούτους εἰσάγει
 |: πάλιν εἰς τὸν παράδεισον." :|

β΄ Ὅτε τούτων ἤκουσεν ὁ δολιόβουλος ὄφις,
 ἔδραμε συρόμενος καὶ κράζει· "Ἅιδη, τί ἔχεις;
 τί μάτην στενάζεις; τί γόους προσφέρεις;
 τοῦτο τὸ ξύλον, ὅπερ ἔφριξας,
 τῷ ἐκ Μαρίας ἄνω ἐτεκτόνευσα· 5
 ἐγὼ Ἰουδαίοις ὑπέδειξα τοῦτο πρὸς τὸ συμφέρον ἡμῖν·
 ἐστὶ γὰρ σταυρός, ᾧ προσήλωσα Χριστὸν
 ξύλῳ θέλων ἀνελεῖν τὸν Ἀδὰμ τὸν δεύτερον·
 μὴ οὖν ταράξῃ σε· οὐ σπαράξει σε·
 μεῖνον ἔχων οὓς κρατεῖς· ὧν γὰρ δεσπόζομεν, 10
 οὐδὲ εἷς ἀποφεύγει
 |: πάλιν εἰς τὸν παράδεισον." :|

γ΄ "Ὕπαγε, ἀνάνηψον, Βελίαρ", κράζει ὁ Ἅιδης,
 "δράμε, ἀποκάλυψον τοὺς ὀφθαλμούς σου καὶ ἴδε
 τοῦ ξύλου τὴν ῥίζαν ἐντὸς τῆς ψυχῆς μου·
 κάτω κατῆλθεν εἰς τὰ βάθη μου,
 ἵν᾿ ἀνασπάσῃ τὸν Ἀδὰμ ὡς σίδηρον· 5

α΄ ABDMPTΔ 7¹ μου del. Maas 11 ξύλῳ BDMΔ
 β΄ ADMPTΔ 3² γόους] λόγους AMΔ(D) 5² ἄνω] (sic) A:
 ἀνθρώπω TΔ: ἐγὼ D: ἄνωθεν P: τεχθέντι υἱῷ ἐγὼ M 7² προσήλωσαν
 DMΔ 8¹ θέλων] PT: γὰρ θέλω ADΔ: ἐν ᾧ θέλω M ἐλεῖν MΔ
 8¹ metrum ⌣ ⌣ ⌣ – ⌣ ⌣ – 9² σπαράξει] PT: ἁρπάσει AΔ(D)(M)
 γ΄ ADMPΔ 1² κράζει] MP: λέγει ADΔ 2² ἴδε] MP: βλέπε
 D(A)(Δ) 3¹ ἐντὸς] AΔ: ἔνδον DMP

τὴν τούτου εἰκόνα ποτὲ Ἐλισσαῖος προεζωγράφησεν
ἐκ τοῦ ποταμοῦ τὴν ἀξίνην ἀνελών·
τῷ ἐλαφρῷ τὸ βαρὺ ὁ προφήτης εἵλκυσε
προοιμιάζων σοι καὶ διδάσκων σε
ὅτι ξύλῳ ὁ Ἀδὰμ μέλλει ἀνάγεσθαι 10
ἀπὸ ταλαιπωρίας
|: πάλιν εἰς τὸν παράδεισον. ":|

δ' "Τίς τοιαύτην ἔννοιαν ὑπέθετό σοι, ὦ Ἅιδη;
πόθεν ἐδειλίασας νῦν φόβον, οὗ οὐκ ἦν φόβος;
ἐκ ξύλου ἀτίμου, ξηροῦ καὶ ἀκάρπου
τοῦ γενομένου πρὸς ἀναίρεσιν
τῶν κακουργούντων καὶ χαιρόντων αἵμασι; 5
Πιλᾶτος γὰρ τοῦτο ἐφεῦρε πεισθείς μου
τοῖς συμβουλεύμασι·
καὶ τρέμεις αὐτὸ καὶ ἡγεῖσαι δυνατόν;
τὸ τιμωρὸν πανταχοῦ παρὰ σοῦ σωτήριον;
τίς ὁ πλανήσας σε; τίς δ' ὁ πείσας σε
ὅτι ξύλῳ ὁ πεσὼν ξύλῳ ἀνίσταται 10
καὶ καλεῖται οἰκῆσαι
|: πάλιν εἰς τὸν παράδεισον; " :|

ε' "Ἄφρων ἄφνω γέγονας ὁ πρώην φρόνιμος ὄφις·
πᾶσα ἡ σοφία σου διὰ σταυροῦ κατεπόθη,
καὶ ἐν τῇ παγίδι τῇ σῇ ἐζωγρεύθης·
ἆρον τὸ ὄμμα καὶ θεώρησον
ὅτι εἰς βόθρον, ὃν εἰργάσω, ἔπεσας· 5
ἰδοὺ γὰρ τὸ ξύλον ἐκεῖνο, ὃ λέγεις ξηρὸν καὶ ἄκαρπον,
βλαστάνει καρπόν, οὗ γευσάμενος λῃστὴς
τῶν ἀγαθῶν τῆς Ἐδὲμ κληρονόμος γέγονεν·
ὑπὲρ τὴν ῥάβδον γὰρ τὴν ἐξάξασαν
ἐξ Αἰγύπτου τὸν λαὸν τοῦτο ἠνήργησε· 10
τὸν Ἀδὰμ γὰρ εἰσάγει
|: πάλιν εἰς τὸν παράδεισον." :|

8¹ βαρὺν ADM 9¹ σοι] μοι Α(Δ) 9² σε] με ΑΔ 10¹⁻² ξύλῳ
et μέλλει inter se mutant ADΔ
δ' ADMPΔ 2² νῦν φόβον] DP: ἐν φόβῳ ΑΜ(Δ): νῦν φόβῳ Trypanis (cf. 3,
ς' 3¹)

ς´ "Παῦσαι, Ἅιδη ἄθλιε· δειλῶν ἀπόσχου ῥημάτων·
οὗτοι γὰρ οἱ λόγοι σου τοὺς λογισμούς σου δηλοῦσι·
σταυρὸν ἐφοβήθης καὶ τὸν σταυρωθέντα;
ὧν οὐδὲ εἷς με παρεσάλευσε·
τῆς γὰρ βουλῆς μου δράματα ὑπάρχουσι· 5
θελήσω δὲ πάλιν καὶ μνῆμα ἀνοίξω καὶ ἐντυμβεύσω Χριστόν,
ἵν' †ὅλως ἔχῃς† τὴν δειλίαν σου διπλῆν
ἀπὸ τοῦ τάφου αὐτοῦ ὡς ἐκ τοῦ σταυροῦ αὐτοῦ·
ἐγὼ δὲ βλέπων σε ἐγγελάσω σε·
θαπτομένου γὰρ Χριστοῦ ἔρχομαι λέγων σοι· 10
' τὸν Ἀδὰμ τίς εἰσάγει
|: πάλιν εἰς τὸν παράδεισον; ' " :|

ζ´ Ἔκραζε δὲ ἄθροον πρὸς τὸν διάβολον Ἅιδης·
πῆρος τῷ μὴ βλέποντι, τυφλὸς τυφλῷ λέγει· " Βλέψον·
ἐν σκότει πορεύει, ψηλάφα μὴ πέσῃς·
νόει ὃ λέγω, βαρυκάρδιε,
ὅτι ὃ πράττεις ἔσβεσε τὸν ἥλιον· 5
αὐτὸ γὰρ τὸ ξύλον εἰς ὃ ἐγκαυχᾶσαι, τὸ πᾶν ἐσάλευσεν·
ἐκλόνησε γῆν, ἐκάλυψεν οὐρανόν,
ἔρρηξε πέτρας ὁμοῦ καὶ τὸ καταπέτασμα,
καὶ τοὺς ἐν μνήμασιν ἐξανέστησε·
καὶ βοῶσιν οἱ νεκροί· ' Ἅιδη, κατάλαβε, 10
ὁ Ἀδὰμ γὰρ ἐκτρέχει
|: πάλιν εἰς τὸν παράδεισον.' " :|

η´ " Ἴσχυσε πτοῆσαί σε τοῦ Ναζωραίου τὸ ξύλον; "
ἔφη ὁ διάβολος πρὸς τὸν ὀλέθριον Ἅιδην·
" σταυρῷ ἐνεκρώθης ὁ πάντας νεκρώσας;
ὅλως εἰ ξύλον σὲ ἐπτόησεν,
ἔδει σε φρίξαι τοῦ Ἀμὰν τὴν σταύρωσιν 5
κἀκεῖνον τὸν πάσσαλον, ᾧπερ ἀνεῖλε τὸν Σισαρὰ Ἰαήλ,

ς´ ADMPΔ 1² δεινῶν DM 7¹ ὅλως] MP: ὄντως DΔ: οὕτως A
ἔχει Δ 7¹ metrum ∪–∪∪–
ζ´ ADMPΔ 5¹ ὃ] MP: ἃ cett. 6² ἐκλόνησεν MP 7¹ ἐδόνησε
MP 7² ἐκάλυψεν] AD: ἐξέστησεν MP: ἐσκότισεν Δ 7² metrum cf. θ´ 7²
11 ἐκτρέχει] MP: ὑπάγει ADΔ
η´ AMPΔ 4²–5¹ σὲ ἐπτ.–φρίξαι] MP: παρεχώρησας· ἔδει φυγεῖν σε AΔ
6¹ ᾧπερ] (sic) A: ἐν ᾧπερ Δ: δι' οὕπερ M: εἰς ὄνπερ P (correxerat Pitra)

καὶ πέντε σταυρούς,   οἷς προσήλωσε ποτὲ
τοὺς τυραννοῦντας αὐτῷ   Ἰησοῦς ὁ τοῦ Ναυῆ·
περισσοτέρως δὲ   πτοησάτω σε
τὸ φυτὸν τὸ ἐν Ἐδέμ,   ὅτι ἐξήγαγε   10
τὸν Ἀδὰμ καὶ οὐκ εἰσάγει
|: πάλιν εἰς τὸν παράδεισον." :|

θ' " **Νῦν** καιρὸς ἀνοῖξαί σοι   τὰς ἀκοάς σου, Βελίαρ·
νῦν ἡ ὥρα δείξει σοι   τὴν τοῦ σταυροῦ δυναστείαν
καὶ τοῦ σταυρωθέντος   πολλὴν ἐξουσίαν·
σοὶ μὲν μωρία   ὁ σταυρός ἐστι,
πάσῃ δὲ κτίσει   θρόνος τεθεώρηται,   5
ἐν ᾧ Ἰησοῦς ἡλωμένος καθάπερ   ἐπικαθήμενος
ἀκούει λῃστοῦ   κραυγάζοντος πρὸς αὐτόν·
' κύριε, μνήσθητί μοῦ   ἐν τῇ βασιλείᾳ σου '·
καὶ ἀποκρίνεται   ὡς ἐκ βήματος,
ὅτι· ' σήμερον, πτωχέ,   συμβασιλεύσεις μοι·   10
μετ' ἐμοῦ γὰρ εἰσέρχῃ
|: πάλιν εἰς τὸν παράδεισον.' " :|

ι' Ὅτε τούτων ἤκουσεν   ὁ πολυμήχανος δράκων,
ὥρμησε τρυχόμενος   καὶ ἅπερ ἤκουσεν εἶδε,
λῃστὴν μαρτυροῦντα   Χριστῷ σταυρουμένῳ·
ὅθεν πρὸς ταῦτα   ἐκπληττόμενος
τύπτει τὸ στῆθος   καὶ διαλογίζεται·   5
" Λῃστῇ ὁμιλεῖ καὶ τοῖς κατηγοροῦσιν   οὐκ ἀποκρίνεται;
Πιλᾶτον ποτὲ   οὔτε λόγου ἀξιῶν
νῦν προσφωνεῖ τῷ φονεῖ   λέγων· ' δεῦρο τρύφησον ';
τί τὸ γινόμενον;   τίς ἑώρακεν
ἐν σταυρῷ πρὸς τοῦ λῃστοῦ   ἔργα ἢ ῥήματα   10
διὰ ποίων λαμβάνει
|: τοῦτον εἰς τὸν παράδεισον; " :|

θ' ΑΜΡΔ   7² metrum cf. ζ' 7²   8¹ κύριε post μνήσθητι μοῦ ΑΜΡ
ι' ΑΜΡΔ   2¹ ὥρμησε] ἔδραμε ΑΔ (cf. β' 2¹)   3² σταυρ.] Δ : μαρτυ-
ροῦντι ΑΡ(Μ) (cf. 3¹)   7¹ Πιλᾶτον] Ρ: Πιλάτῳ ΑΜΔ   9¹ γινόμενον]
Μ: γενόμενον ΑΡ : ἐσόμενον Δ   9² τίς] Δ : τί ΜΡ: τί δὲ Α   10¹ πρὸς
τοῦ λῃστοῦ] Μ: πρὸς τὸν λῃστὴν ΑΔ(Ρ)

ια΄ **Ὕψωσε** δὲ δεύτερον   φωνὴν ἰδίαν ὁ δαίμων
    κράζων· " Ἄιδη, δέξαι με·   πρὸς σὲ ἡ ἀποστροφή μου·
    τὰ σὰ γὰρ ὑπέστην   τοῖς σοῖς μὴ πιστεύσας·
    εἶδον τὸ ξύλον   ὅπερ ἔφριξας,
    πεφοινιγμένον   αἵματι καὶ ὕδατι·   5
    καὶ ἔφριξα, οὐκ ἐκ τοῦ αἵματος λέγω,   ἀλλ᾽ ἐκ τοῦ ὕδατος·
    τὸ μὲν γὰρ δηλοῖ   τὴν σφαγὴν τοῦ Ἰησοῦ,
    τὸ δὲ τὴν τούτου ζωήν·   ἡ ζωὴ γὰρ ἔβλυσεν
    ἐκ τῆς πλευρᾶς αὐτοῦ·   οὐχ ὁ πρῶτος γάρ,
    ἀλλ᾽ ὁ δεύτερος Ἀδὰμ   Εὕαν ἐβάστασε,   10
    τὴν μητέρα τῶν ζώντων,
    |: πάλιν εἰς τὸν παράδεισον. " :|

ιβ΄ **Ῥήμασι** χρησάμενος   τοιούτοις ὁ παμπανοῦργος
    μόλις ὡμολόγησε   συμπεπτωκέναι τῷ Ἄιδῃ·
    ἀμέλει γοῦν ἅμα   θρηνοῦσι τὸ πτῶμα·
    " Τί ", φησι, " τοῦτο   ὃ ὑπέστημεν;
    πόθεν τῷ ξύλῳ   τούτῳ ἐνεπέσαμεν;   5
    εἰς ὄλεθρον ἥμων ἡ τούτου φυτεία   ἐνερριζώθη τῇ γῇ·
    στελέχη πικρὰ   ἐγκεντρίσαντες αὐτῷ
    τὸν ἐν αὐτῷ γλυκασμὸν   οὐ μετεποιήσαμεν "·
    " Οἴμοι, συνόμιλε "·   "Οἴμοι, σύντροφε ".
    " Ὡς ἐπέσαμεν ὁμοῦ,   οὕτως πενθήσωμεν·   10
    ὁ Ἀδὰμ γὰρ εἰσάγει
    |: πάλιν εἰς τὸν παράδεισον. :|

ιγ΄ **Ὦ** πῶς οὐκ ἐμνήσθημεν   τῶν τύπων τούτου τοῦ ξύλου·
    πάλαι γὰρ ἐδείχθησαν   πολυμερῶς, πολυτρόπως
    ἐν τοῖς σῳζομένοις   καὶ ἀπολλυμένοις·
    ξύλῳ ὁ Νῶε   διεσῴζετο,
    κόσμος δὲ ὅλος   ἀπειθήσας ὤλλυτο·   5
    Μωσῆς δι᾽ αὐτοῦ ἐδοξάσθη, τὴν ῥάβδον
                καθάπερ σκῆπτρον λαβών,
    ἡ Αἴγυπτος δὲ   ταῖς πληγαῖς ταῖς ἐξ αὐτοῦ

ια΄ ΑΜΡΔ   10² ἐβάστασε] Trypanis, cf. Ev. Io. 20. 15 : ἐβλάστησε codd.
ιβ΄ ΑΜΡΔ   1² παμπανοῦργος] Δ (corr. metr.?) : πανοῦργος cett.
8¹ ἐν αὐτῷ] P: ἑαυτοῦ M : om. ΑΔ   11 ὑπάγει A
ιγ΄ ΑΜΡΔ

ὥσπερ βαθείαις πηγαῖς ἐμπεσοῦσα πνίγεται·
ἃ νῦν γὰρ ἔπραξε, πάλαι ἔδειξεν
ἐν εἰκόνι ὁ σταυρός· τί οὖν οὐ κλαίομεν; 10
ὁ Ἀδὰμ γὰρ ὑπάγει
|: πάλιν εἰς τὸν παράδεισον." :|

ιδ' " Μεῖνον, Ἅιδη ἄθλιε", στενάζων ἔφη ὁ δαίμων·
" σίγησον, καρτέρησον, ἐπίθες στόματι χεῖραν·
φωνῆς γὰρ ἀκούω χαρὰν μηνυούσης·
ἦχος μοι ἦλθεν ἀγαθάγγελος,
κτύπος ῥημάτων ὥσπερ φύλλων τοῦ σταυροῦ· 5
Χριστὸς γὰρ ὡς μέλλων νεκροῦσθαι ἐβόα
τὸ ' πάτερ ἄφες αὐτοῖς '·
ἀλλ' ἔθλιψέ με τὸ μετέπειτα εἰπὼν
ὅτι· ' οὐκ οἴδασι τι ποιοῦσιν οἱ ἄνομοι·'
ἡμεῖς δὲ οἴδαμεν ὅτι κύριος
δόξης ἔστιν ὁ παθὼν καὶ ὅτι βούλεται 10
τὸν Ἀδὰμ εἰσενέγκαι
|: πάλιν εἰς τὸν παράδεισον." :|

ιε' " Ἆρα ὅπερ ἔδειξε τῷ Μωϋσῇ ὁ δεσπότης
ξύλον ὃ ἐγλύκανε ποτὲ τὸ ὕδωρ εἰς Μέρραν,
ἐδίδαξε τί ἦν καὶ τίνος ἡ ῥίζα;
τότε οὐκ εἶπεν· οὐ γὰρ ἤθελε·
νῦν δὲ τοῖς πᾶσι τοῦτο ἐφανέρωσεν· 5
ἰδοὺ γὰρ τὰ πάντα ἠδύνθη, ἡμεῖς δὲ παρεπικράνθημεν·
ἐκ ῥίζης ἡμῶν ἀνεβλάστησε σταυρός,
ὃς ἐνεβλήθη τῇ γῇ καὶ γλυκεῖα γέγονεν·
ἡ ἀνατείλασα τὰς ἀκάνθας πρὶν
νῦν ὡς ἄμπελος Σωρὴχ κλάδους ἐξέτεινε 10
μεταφυτευομένους
|: πάλιν εἰς τὸν παράδεισον." :|

ις' " Νῦν οὖν, Ἅιδη, στέναξον καὶ συμφωνῶ σοι τοῖς γόοις·
κλαύσωμεν θεώμενοι ὃ ἐφυτεύσαμεν δένδρον
μεταβεβλημένον εἰς ἅγιον πρέμνον,

11 γὰρ ὑπάγει] MP: ἀποφεύγει Δ: ἀναλύει A
ιδ' AMPΔ   2¹ καρτέρησον] ἡσύχασον AΔ   2² χεῖρα PΔ (cf. ιζ' 3²)
ις' AMPΔ

οὗ ὑποκάτω κατεσκήνωσαν
καὶ ἐπὶ κλάδοις τούτου ἐννοσσεύουσι
λῃσταὶ φονευταὶ καὶ τελῶναι καὶ πόρναι, ἵνα τρυγήσωσι
καρπὸν γλυκασμοῦ ἀπὸ τοῦ δῆθεν ξηροῦ·
ὡς γὰρ φυτῷ τῆς ζωῆς τῷ σταυρῷ προσπλέκονται·
ἐπερειδόμενοι καὶ νηχόμενοι
ἐκπερῶσι δι' αὐτοῦ καὶ προσορμίζονται
ὡς εἰς εὔδιον κόλπον
|: πάλιν εἰς τὸν παράδεισον." :|

ιζ' " Ὅμοσον οὖν, τύραννε, λοιπὸν μηδένα σταυρῶσαι."
" Στῆσον καὶ σύ, Τάρταρε, βουλὴν μηδένα νεκρῶσαι."
" Ἐλάβομεν πεῖραν, συστείλωμεν χεῖραν·
γένηται ἧμιν ὃ ὑπέστημεν
πρὸς ἐπιστήμην εἰς τὰ ἐπερχόμενα·
μηδεὶς ἐξ ἡμῶν τοῦ λοιποῦ τυραννήσῃ κατὰ τοῦ γένους Ἀδάμ·
ἐσφράγισται γὰρ τῷ σταυρῷ ὡς θησαυρὸς
ἔχων ἐν σκεύει φθαρτῷ μαργαρίτην ἄσυλον,
ὃν ἐπὶ τοῦ σταυροῦ ἀπεσύλησεν
εὐφυέστατος λῃστής· κλέψας καθήλωτο
καὶ λῃστεύσας ἐκλήθη
|: πάλιν εἰς τὸν παράδεισον." :|

ιη' Ὕψιστε καὶ ἔνδοξε, θεὲ πατέρων καὶ νέων,
γέγονε τιμὴ ἡμῶν ἡ ἑκουσία σου ὕβρις·
ἐν γὰρ τῷ σταυρῷ σου καυχώμεθα πάντες·
τούτῳ τὰς φρένας προσηλώσαμεν,
ἵν' ἐπὶ τούτῳ ὄργανα κρεμάσωμεν
καὶ ᾄσωμεν σοὶ τῷ τῶν ὅλων κυρίῳ ἐκ τῶν ᾠδῶν τῆς Σιών·
ἡ ναῦς ἐκ Θαρσῖς ἀπεκόμισε ποτὲ
τῷ Σολομῶντι χρυσὸν ἐν καιρῷ, ὡς γέγραπται·
ἡμῖν τὸ ξύλον σου ἀποδίδωσι
καθ' ἡμέραν καὶ καιρὸν πλοῦτον ἀτίμητον·
τοὺς γὰρ πάντας εἰσάγει
|: πάλιν εἰς τὸν παράδεισον. :|

5² ἐννοσσεύουσι] PΔ : ἐννοσσεύσουσι A(M)   7² metrum ∪ ∪̇ - ∪ ∪ ∪ —
ιζ' ΑΜPΔ   3² χεῖραν] Maas (cf. ιδ' 2²) : χεῖρας ΑΔ : χεῖρα P : χεῖρον M
6¹ τὸ λοιπὸν AP   8¹ ἀφθάρτῳ MP : κρυπτῷ Δ   11² ἐκλήθη] εἰσῆλθεν ΑΔ
ιη' ΑΜPΔ   3¹ γὰρ post τῷ MP

23 (64 Kr.)

ON THE ADORATION AT THE CROSS

Acrostichis: *ΤΟΥΤΟ ΤΟ ΕΠΟΣ ΕΣΤΙΝ ΡΩΜΑΝΟΥ[Υ]*

Prooemium: *'Ιδιόμελον*

Τὸ σεβάσμιον ξύλον προσκυνοῦντες
       τοῦ τιμίου σταυροῦ σου, Χριστὲ ὁ θεός,
δυσωποῦμεν σε, κύριε, τὸν ἐν αὐτῷ προσηλωθέντα·
κινδύνων ἐλευθέρωσον τὸ γένος τῶν ἀνθρώπων
διὰ τῆς θεοτόκου, δι' ἧς Ἀδὰμ ἀνεκλήθη πάλιν
|: ἐν τῷ παραδείσῳ. :|

Strophae: *Τὸν ἀγεώργητον* (App. Metr. II)

α' Τὸ τρισμακάριστον ξύλον, τὸ δῶρον τῆς ζωῆς ἡμῶν,
 ἐν μέσῳ τοῦ παραδείσου ἐφύτευσεν ὁ ὕψιστος,
 ἵνα τούτῳ προσεγγίζων
 τῆς αἰωνίου καὶ ἀθανάτου ὁ Ἀδὰμ τύχῃ ζωῆς·
 ἀλλ' ἐκεῖνος μὲν οὐκ ἐσπούδασε γνωρίσαι τὴν ζωὴν αὐτοῦ   5
 καὶ ταύτης διήμαρτε καὶ τὸν θάνατον ἔδειξε·
 λῃστὴς δὲ ἰδὼν τοῦτο ἐν 'Εδὲμ τὸ φυτὸν
 ἐν τῷ Γολγοθᾷ πῶς μετεφυτεύθη καλῶς,
 τὴν ζωὴν ἐγνώρισε τὴν ἐν αὐτῷ, καὶ λέγει πρὸς ἑαυτόν·
 " Τοῦτο ἔστιν, ὅπερ πρώην ὁ πατήρ μου ἀπώλεσεν   10
 |: ἐν τῷ παραδείσῳ." :|

β' Ὅτε γὰρ οὗτος ὑψώθη ἐν ξύλῳ ὁ κατάκριτος
 καὶ πίστει ἐδικαιώθη καὶ ταύτην ὡμολόγησε,
 διηνοίχθη τῆς καρδίας
 αὐτοῦ τὸ ὄμμα καὶ ἐθεώρει τὴν τρυφὴν τὴν ἐν 'Εδέμ·

23 *Codices*: P
Editiones: nulla
Titulus: On the Adoration at the Cross Trypanis: Εἰς τὴν προσκύνησιν τοῦ
 Τιμίου Σταυροῦ P
Dies Festus: Τῇ Παρασκευῇ τῆς μεσονηστίμου
Modus: ἦχος πλάγιος β'
Acrostichis: Τοῦτο τὸ ἔπος ἐστὶν 'Ρωμανοῦ P
 α' 8² πῶς om. P¹   9³ ἑαυτόν] Trypanis m.c.: αὐτόν P

23 CANTICA ON THE PERSON OF CHRIST

ἐν ⟨τῷ⟩ μέσῳ δὲ ἐθεάσατο τὸν τύπον ἐξαστράπτοντα, 5
ὃν ἔβλεπεν ἔχοντα τὸν σταυρὸν ὃν ἐπήξατο·
ἰσόμετρος γὰρ πάσης ἡλικίας ἐστὶν
ἀνθρώπων θνητῶν τοῦτο τὸ φυτὸν τῆς ζωῆς·
τὴν αὐτὴν δὲ ἔβλεπε λάμπειν ζωὴν ἐν ἀμφοτέροις φυτοῖς
καὶ στενάζει ὅτι ταύτης ὁ Ἀδὰμ ἀπωλίσθησεν 10
|: ἐν τῷ παραδείσῳ. :|

γ´ Ὑπὸ χαρᾶς τε καὶ λύπης κατείχετο κρεμάμενος·
τὴν μὲν ζωὴν ἐθεώρει ἐν ξύλῳ καὶ εὐφραίνετο,
τὸν Ἀδὰμ δ᾽ εἰς ἀρρωστίαν
ὁρῶν συμπάσχει καταφρονήσας τῆς πληγῆς τῆς ἑαυτοῦ·
ἀλλὰ γνοὺς Χριστὸς τὴν διάνοιαν τοῦ ὁμολογητοῦ αὐτοῦ· 5
"Μὴ στέναζε", ἔλεγε, "τὸν Ἀδὰμ τὸν προπάτορα·
ἐγὼ γὰρ εἰμὶ δεύτερος Ἀδὰμ ἀληθὴς
καὶ ἦλθον ἑκὼν σῶσαι τὸν Ἀδὰμ τὸν ἐμόν·
ἐγὼ [[γὰρ]] τούτῳ δέδωκα πᾶσαν τρυφὴν
σὺν τῷ ξύλῳ τῆς ζωῆς·
ἀλλ᾽ ἐκεῖνος στασιάσας τὴν κατάραν ἐκτήσατο 10
|: ἐν τῷ παραδείσῳ. :|

δ´ Τούτου οὖν χάριν κατῆλθον ἐξ ὕψους ὡς φιλάνθρωπος,
ἵνα τὸ γένος ἐκείνου λυτρώσωμαι ὡς εὔσπλαγχνος,
καὶ κατάρα ἐγενόμην,
ἵνα κατάρας ἐλευθερώσω τὸν Ἀδὰμ καὶ τοὺς αὐτοῦ·
διὰ ξύλου δὲ ἡ παράβασις εἰσήχθη τῷ προπάτορι, 5
δι᾽ οὗ ὥσπερ ἄνομος παραδείσου ἐκβέβληται·
εἰσέρχεται δὲ πάλιν διὰ ξύλου ζωῆς·
εἰσέρχου δὲ σὺ πρῶτος μετ᾽ αὐτοῦ ἐν αὐτῷ,
ἐν νομῇ γενόμενος κάλει βροτοὺς καὶ προσδέχου τοὺς πιστούς·
σήμερον γὰρ εἰσελεύσῃ μετ᾽ ἐμοῦ εὐφραινόμενος 10
|: ἐν τῷ παραδείσῳ. :|

ε´ Ὅτε δὲ τοῦ παραδείσου ὠθίσθη ὁ πρωτόπλαστος,
τὰ Χερουβὶμ προσετάγη φυλάττειν τὴν ὁδὸν αὐτοῦ·
ἀλλὰ λάβε τὸν σταυρόν μου
ἐπὶ τῶν ὤμων, καὶ οὕτως ἔρχου ἐν Ἐδὲμ μετὰ σπουδῆς·

β´ 5¹ ⟨τῷ⟩ add. Trypanis m.c.
γ´ 9¹ γὰρ del. Trypanis m.c.

εἰ μὴ ἴδῃ σε ἀποφέροντα   τοῦ τίτλου τὰ θεσπίσματα,   5
ῥομφαία συγκαύσει σε   τῆς φλογὸς ἡ φυλάττουσα·
τὸ πρόγραμμα δὲ   τοῦτο τοῦ σταυροῦ τοῦ ἐμοῦ
βαστάζων, λῃστά,   βάδιζε πρὸς τὰ Χερουβίμ·
καὶ γνωρίσει σύμβολον   τὸ τῆς ζωῆς,   καὶ δώσει σοι ἐν χερσὶν
ἐξουσίαν   τοῦ ἀνοίγειν   καὶ εἰσάγειν τοὺς φίλους μου   10
|: ἐν τῷ παραδείσῳ." :|

ς΄ **Ταῦτα** λῃστὴς ἐπακούσας   ἐπ' ὤμων ἐπεφέρετο,
ὡς εἶπεν ὁ πανοικτίρμων,   τὸ γνώρισμα τῆς χάριτος·
καὶ βαδίζων ἀνευφήμει
σταυροῦ τὸ δῶρον   καὶ ψάλλων ἔλεγεν ἀεὶ   ᾆσμα καινόν·
" Σὺ ψυχῶν ἀκάρπων ἐγκέντρισμα,   σὺ ἄροτρον γεγένησαι,   5
γεώργιον κάλλιστον   καθαρίζον διάνοιαν·
σὺ ῥίζα καλὴ   τῆς ἀναστάσης μου ζωῆς·
σὺ ῥάβδος πληγῆς   τύπτουσα ἐχθρὸν τοῦ Ἀδάμ·
σὺ τὰς θύρας ἤνοιξας   τὰς τῆς τρυφῆς,   ἃς ἀπέκλεισε ποτὲ
⟦[ἡ]⟧ ἁμαρτία,   ἥνπερ τότε   ⟨ὁ⟩ Ἀδὰμ ἐπλημμέλησεν   10
|: ἐν τῷ παραδείσῳ. :|

ζ΄ **Ὅλην** ζωὴν ἐχαρίσω,   ὦ ξύλον τρισμακάριστον,
ἐμοὶ καὶ πᾶσιν ἀνθρώποις   τοῖς ἔχουσι τὴν χάριν σου·
σὺ ὑπάρχεις βακτηρία
χειραγωγοῦσα   πρὸς τὴν ζωὴν ἁμαρτωλοὺς   στέργοντας σέ·
ἀπεδείχθης δὲ λικμητήριον   σκορπίζον εἰς τὴν ἅλωνα   5
ἐντέχνως τὸ ἄχυρον   εἰς τὸ πῦρ ἐμβαλλόμενον·
ἵνα ὁ καρπὸς   εἰς τὰς ἀποθήκας τεθῇ,
ἐγένου ζυγός,   δάμαστρον Ἑβραίων δεινῶν·
τοῦ δὲ σκάφους γέγονας   τῆς ἐν Χριστῷ   ἐκκλησίας τῆς σεμνῆς
θεία κώπη,   τοὺς δικαίους   καὶ πιστοὺς ἀπευθύνουσα   10
|: ἐν τῷ παραδείσῳ. :|

η΄ **Εὔκαιρον** εὕρηκα δρόμον   τῆς ἐξομολογήσεως,
καὶ ἀνυμνήσω σε, ξύλον,   βαστάσαν τὴν ζωὴν ἡμῶν·

ς΄ 7¹ καλὴ] Maas (cf. η΄ 4³ 5²) : ἄλλη P   10¹ ⟦[ἡ]⟧ del. Maas m.c.
10³ ⟨ὁ⟩ add. Maas m.c.
ζ΄ 6¹ ἐντέχνως] Orphanidis: ἔνχνως P
η΄ 1² ἐξομολογήσεως] Maas: ἐξομολήσεως P   2² βαστάσαν] Maas: βαστάσασαν P

23 CANTICA ON THE PERSON OF CHRIST 175

σὺ εἶ τίτλος εὐνομίας,
τῶν οἰκημάτων τῆς εὐσεβείας τῶν πιστῶν φύλαξ καλός·
σὺ βωμὸς ἐγένου θειότατος, καλὸν θυσιαστήριον 5
τὸ αἷμα δεξάμενον τῆς θυσίας τὸ ἄχραντον·
σὺ δόρυ φρικτὸν πλῆττον τῶν δαιμόνων ἰσχύν·
σὺ κέρας ἁγνὸν φύον ἐν προβάτοις Χριστοῦ·
σὺ κρανίῳ ἤγγισας τῷ τοῦ Ἀδὰμ καὶ ἐμβέβληκας χαράν·
καὶ ἐγὼ δὲ πεποιθώς σοι ἐν σπουδῇ ἀπελεύσομαι 10
|: ἐν τῷ παραδείσῳ. :|

θ′ **Πατρίδα** βλέπω ἁγίαν, ἣν εἶχεν ὁ προπάτωρ μου,
φωτὸς γὰρ εὗρον χωρία τῷ σκότει μὴ ἐμπίπτοντα·
εἰ τὰ ἔξωθεν τοιαῦτα,
μεγάλα ὄντως ὑπάρχει ἔνδον τῆς τρυφῆς τὰ ἀγαθά·
ὀφθαλμὸς γὰρ οὐχ ἑώρακεν, ἀλλὰ οὐδὲ οὓς ἤκουσε, 5
καρδία οὐκ ἔγνωκεν, ἃ ἡτοίμασε κύριος
τοῖς φίλοις αὐτοῦ τοῖς συσταυρουμένοις αὐτῷ,
οἷς πρῶτος ἐγὼ ἤνοιξα ζωῆς τὴν ὁδὸν
τοῦ σταυροῦ τὸ σύμβολον παραλαβὼν πρὸς ἀσφάλειαν ζωῆς·
ὁ γὰρ στέργων τὴν σφραγῖδα τοῦ σταυροῦ εἰσελεύσεται 10
|: ἐν τῷ παραδείσῳ. :|

ι′ **Οὐ** δειλιῶ τὴν φλογίνην ῥομφαίαν τὴν φυλάττουσαν,
τοῦ γὰρ σταυροῦ τὴν σφραγῖδα βαστάζω καὶ τεθάρρηκα."
ταῦτα λέγων προσεγγίζει
τῷ παραδείσῳ καὶ ἐμφανίζει ἑαυτὸν τοῖς Χερουβὶμ
καὶ κραυγάζει· " Φύλαξ πιστότατε, κληδοῦχε ἀσφαλέστατε, 5
τετράμορφε ἅγιε, Χερουβὶμ πολυόμματε,
σφραγῖδα Χριστοῦ ἦλθον ἐμφανίσαι ὑμῖν
πεμφθεὶς παρ' αὐτοῦ σήμερον ἐκ γῆς Ἰσραήλ·
τὸ οὖν γράμμα σκόπησον καθ' ἑαυτὸν καὶ παράδος τὰς νομὰς
τοῦ πατρός μου τὰς ἀρχαίας, ἃς κρατῶν ἐπευφραίνετο 10
|: ἐν τῷ παραδείσῳ. :|

θ′ 2¹ χωρία] (vel χωρίον) Orphanidis (cf. Cyrill. Ierusal., p. 12 Lietzmann
1. 1. 9 (Kl. Texte)): χορείαν P 2² ἐμπίπτοντα] Orphanidis: ἐμπίπτουσαν P
5¹ metrum ⏔⏑‒⏑‒⏑⏑‒⏑⏑: οὐχ] οὔπω Maas m.c. 9² παραλαβὼν]
Trypanis m.c.: παρέλαβον P
ι′ 8¹ πεμφθεὶς] Maas: πεμφθεῖσαν P

ια' **Σφραγῖδα δέχου βεβαίαν   καὶ θεῖα ἐγχαράγματα,**
    ὑπογραφὴν βασιλέως   θεοῦ τοῦ πανοικτίρμονος."
    ταῦτα λέγων ἐπεδίδου
        τοῦ βασιλέως   τὰ διατάγματα Χριστοῦ   μετὰ σπουδῆς·
    Χερουβὶμ δὲ ὑποδεξάμενα   ἐγνώριζε τὰ γράμματα   5
    ἐκλάμποντα χάριτι   πορφυρίδος τοῦ αἵματος.
    ἐτέρπετο δέ,   πῶς ὑπηγορεύθη καλῶς·
    λαβὼν γὰρ εὐθὺς   εὕρισκε λόγους τοὺς σοφοὺς
    ἀναγνοὺς τὴν δύναμιν   τὴν ἐν αὐτοῖς   φθεγγομένην τῷ λῃστῇ
    ὅτι· " Σήμερον εἰσέρχῃ   μετ' ἐμοῦ εὐφραινόμενος   10
    |: ἐν τῷ παραδείσῳ. " :|

ιβ' " **Ἔρχου, λῃστά, τοῦ πατρός σου   παράλαβε τὰ δίκαια**",
    τὰ Χερουβὶμ ἀπεκρίθη·   " ἐγνώρισα τὸ θέσπισμα
    βασιλέως τοῦ μεγάλου·
        ἰδοὺ τὰ σκεύη   [[θείου]] τοῦ παραδείσου ἐν χερσὶ   δίδωμι νῦν·
    τὰς νομὰς δὲ σὺ παραλάμβανε   πατρίδος τῆς ἀρχαίας σου·   5
    τὴν κτῆσιν ἀνάλαβε   τὴν πατρῴαν, τὴν ἄφθαρτον·
    τὴν δήμευσιν γὰρ   ἔλυσε νυνὶ ὁ σταυρός,
    ὃν ἦλθες κρατῶν   ἄρτι ἐμφανίσας ἐμοί·
    ἐν αὐτῷ συνέζευκται   ἡ παρὰ σοῦ   ἱκεσία πρὸς Χριστὸν
    καὶ ἡ ψῆφος   ἡ διδοῦσα   τὴν νομήν σοι ἀσάλευτον   10
    |: ἐν τῷ παραδείσῳ. :|

ιγ' **Σοῦ οὖν τὰ νῦν κληδουχοῦντος   ἀφίσταμαι γηθόμενος·**
    οὐ γὰρ ἐμοὶ ὡς δεσπότῃ   παράδεισος ἐκδέδοται·
    ἡ νομὴ γὰρ ἐχαρίσθη
        τοῦ παραδείσου   τῷ πρωτοπλάστῳ ἐξ ἀρχῆς   παρὰ θεοῦ·
    ἐδημεύθη δὲ ἐκ προστάξεως   καὶ ἐν φθορᾷ ἐξώριστο,   5
    καὶ φύλαξ προβέβλημαι,   ὧν ἐκεῖνος ἐκέκτητο·
    χωρία γὰρ μοὶ   ἕτερα ἐστὶ νοητὰ
    σὺν τοῖς Σεραφὶμ   ἀφιερωμένα φρικτά·
    σὺ δὲ τὴν ἀνάκλησιν   τὴν τοῦ Ἀδὰμ   ἐνεφάνισας ἐμοί·
    ἀλλὰ δέχου   τῶν δικαίων,   ὧν Ἀδὰμ προσεκέκτητο   10
    |: ἐν τῷ παραδείσῳ. " :|

ια' 10¹⁻² metrum: divisio neglecta
ιβ' 4² θείου del. Maas m.c.   7² νυνὶ] Trypanis m.c.: νῦν P
ιγ' 1¹ Σοὶ P: corr. Maas   7¹⁻² ἕτερα ante μοι P: corr. Maas m.c.
9¹ ἀνάκτησιν dub. Maas   10³ προσεκέκτητο] Orphanidis: πρὸς σὲ κέκτηται P

ιδ' Τούτων ληστής επακούσας παράδεισον παρέλαβε
καὶ τὴν σφραγῖδα κατέχων ἐγένετο δριμύτερος
τῆς ῥομφαίας τῆς φλογίνης
τῷ διαβόλῳ, θεασαμένῳ τὸν ληστὴν ἐν τῇ τρυφῇ·
ὀδυρόμενος γὰρ ἐβόησε· " Δεινὸν ἐμοὶ συμβέβηκε· 5
ληστὴς δεδικαίωται καὶ παράδεισον ἤνοιξεν,
ἐν ὅσῳ ἐγὼ Πέτρον ὑποκλέψαι ζητῶ,
ὁ κλέπτης ἐγὼ ἤδη ὑπεκλάπην ληστής·
ὡς γελῶ μαινόμενον τὸν μαθητήν, τὸν προδότην τοῦ Χριστοῦ,
ὑπὸ τούτου ἐγελάσθην τοῦ δραμόντος ἐκ πίστεως 10
|: ἐν τῷ παραδείσῳ. :|

ιε' Ἱστάμην τοὺς ἀποστόλους πανούργως τεχναζόμενος·
αὐτοῖς γὰρ ὡς πολεμίοις τὰ βέλη μου ηὐτρέπιζον·
ἐγυμνώθην δὲ τοῦ φίλου,
ἐν ὅσῳ θέλω ἑτέρους δοῦναι τῷ ληστῇ συλλειτουργούς·
τὸν Ἰούδαν εἰ ἐθεώρησα παράδεισον λαμβάνοντα, 5
μετρίως ἂν ἤνεγκα ἐπ' ἐκείνῳ τὸ ἄλγημα·
οὐκ ἦν γὰρ ἐμός, ἀλλὰ τοῦ Χριστοῦ μαθητής·
ληστὴς δὲ ἐμὸς γέγονε πιστὸς μαθητὴς
καὶ ἀφείς με ἔδραμε πρὸς τὸν Ἰησοῦν καὶ ἐμίσησεν ἐμέ·
τὸ δὲ χεῖρον, διὰ ξύλου καὶ κληδοῦχος ἐγένετο 10
|: ἐν τῷ παραδείσῳ. :|

ις' Νῦν οὖν ἐγὼ εὐτρεπίσω τὸν πόλεμον βαρύτερον
καὶ τὴν ὁδὸν ἀποκλείσω τὴν ἐπὶ τὸν παράδεισον,
ἵνα δείξω τῷ κληδούχῳ
ὅτι εἰς μάτην κατεπιστεύθη κληδουχεῖν τὰ ἐν Ἐδέμ."
ταῦτα λέγων τρέχει μαινόμενος καὶ πρῶτον μὲν ἠρέθιζεν 5
Ἑβραίους βδελύττεσθαι τὸ τῆς πίστεως κήρυγμα·
τοὺς δὲ βασιλεῖς †γόητας† καὶ τυράννους τῆς γῆς
ὀξύνει σφοδρῶς κατὰ τοῦ σταυροῦ τῆς ζωῆς·

ιδ' 7² ζητῶν P: corr. Maas   8² ληστὴν P: corr. Maas
ιε' 6¹ μετρίως] Trypanis: μήτι ὡς P   ἂν ἤνεγκα] Orphanidis: ἀνήνεγκα P
9² Ἰησοῦν= υ—,—cf. App Metr.   9³ ἐμίσησεν ἐμέ] Maas m.c.: ἐμίσησέ
με P
ις' 7² metrum {⏑⏑–⏑⏑–⏑⏑–/⏑⏑⏑⏑⏑⏑–}

διωγμοὺς ἐκίνησε κατὰ Χριστοῦ καὶ τῶν δούλων τῶν αὐτοῦ,
ὑποπτεύων ὡς ἐπέχει τοὺς θνητοὺς εἰσπορεύεσθαι
|: ἐν τῷ παραδείσῳ. :|

ιζ' Ῥαίνων τὸ αἷμα τῶν πράων ἡττᾶτο ὁ παμπόνηρος
διώξας τοὺς ἀποστόλους ὁμοῦ τε καὶ τοὺς μάρτυρας·
αἰσχυνόμενος ἐπένθει
ὁρῶν τὴν τούτων τῶν ἀθλοφόρων τοῦ Χριστοῦ ὑπομονήν·
ἱκανὰ δὲ ἔτη ἐτάραξεν ἀνόμοις συμπραξάμενος, 5
τυράννοις καὶ ἄρχουσι, βασιλεῦσι καὶ †δόγμασι†
ποτὲ ἀφανῶς, ποτὲ δὲ πάλιν ἐμφανῶς·
οὐδέποτε δὲ ἥττης ἀνεχώρει ἐκτός·
τῶν ἁγίων ἔβλεπε τὴν ἀρετὴν καὶ ἐθρήνει τὴν ὁδὸν
τῶν τρεχόντων διὰ νίκης πρὸς λῃστὴν τὸν πιστότατον 10
|: ἐν τῷ παραδείσῳ. :|

ιη' Ὡς πάντας γὰρ τοὺς αἰῶνας διέπων ἐν χρηστότητι,
ἐν τῇ βουλῇ τῇ πανσόφῳ ἐξήγειρεν ὁ εὔσπλαγχνος
Κωνσταντῖνον βασιλέα
ἀπὸ τοῦ γένους τοῦ Ἀβραὰμ καὶ τοῦ Δαβὶδ ὄντα πιστόν·
ἐμιμήσατο τὸν προπάτορα καὶ ἔδειξε συγγένειαν 5
βεβαίαν καὶ ἔπαυσεν ἐκκλησίας τὸν πόλεμον·
δέκα καὶ ὀκτὼ καὶ τριακοσίους λαβὼν
ὁπλίτας πιστοὺς [[χαλεπὸν]] πόλεμον νικᾷ Ἀβραάμ·
ἐν τοσούτοις ἔπαυσε καὶ ὁ πιστὸς καὶ ἀνδρεῖος βασιλεὺς
τὰς αἱρέσεις τὰς ἀθέους, οὐκ ἐώσας πορεύεσθαι 10
|: ἐν τῷ παραδείσῳ. :|

ιθ' Μεγάλα ὄντως τὰ ἔργα Χριστοῦ καὶ ἀδιήγητα,
ἀπίστοις καὶ ἀναξίοις οὐκ ἀποκαλυπτόμενα
ἀλλ' ἀξίοις καὶ δικαίοις·
ὅπερ συνέβη ἐπὶ Ἑλένῃ τῇ μητρὶ τούτου ποτέ·
ὡς ἀξία γὰρ ἐπεθύμησε τὸ ξύλον τῆς ζωῆς ἡμῶν 5
τῷ χρόνῳ κρυπτόμενον ἐξευρεῖν ἡ φιλόθεος·
καὶ τρέχει σπουδῇ, ὅπου ἐσταυρώθη Χριστός,
λιποῦσα ταχὺ τὰς ἐν βασιλείοις αὐλάς·

ιη' 8² χαλεπὸν del. Maas m.c.   πόλεμον] Pᶜ: om. P¹   10³ ἐώσας] Trypanis: ἐάσας P

καὶ τὸν ὄκνον ἔρριψεν   ἀφ' ἑαυτῆς   καὶ τὸν πόνον τῆς ὁδοῦ·
   τὸν γὰρ λύχνον   ἐπεπόθει   ἐξευρεῖν τὸν εἰσάγοντα   10
|: ἐν τῷ παραδείσῳ. :|

κ' Αὐτῆς τὴν πρόθεσιν βλέπων   ὁ πάντας ἐκδεχόμενος,
      ὡς περὶ ὥραν μὲν πρώτην   καὶ μέχρι ἑνδεκάτης δὲ
   οὐκ ὀκνήσας ἐξιέναι
   καὶ προσκαλεῖσθαι   τοὺς ἐκλεκτοὺς καὶ τοὺς κλητοὺς
                                                        πρὸς τὴν ζωήν,
   ὥσπερ Παῦλον πρώην ἐζήτησε   καὶ εὗρε καὶ ἐκάλεσε   5
   καὶ ἔδειξε κήρυκα   ἑαυτοῦ καὶ ἀπόστολον,
   οὕτως ἐκλεκτὸν   ἔκρινεν Ἰούδαν ποτέ,
   ὃς εὗρε σταυρὸν   καὶ μετωνομάσθη καλῶς·
   τοῦ προδότου ὄνομα   εἶχε τὸ πρίν,   ἀλλ' ἐνήλλαξεν αὐτό,
   ἐπειδήπερ   οὐ προδότης   ἀνεδείχθη, ἀλλ' ἔφθασεν   10
|: ἐν τῷ παραδείσῳ. :|

κα' Νῦν πίστιν τῆς φιλοθέου   ἐδέξατο ὁ κύριος
   τὸν ὑπουργὸν ἀναδείξας   σπουδαῖον καὶ πιστότατον,
   τὸν ποτὲ μὲν Ἰουδαῖον,
   μετὰ δὲ ταῦτα   ποιμένα κάλλιστον λαῶν   Χριστιανῶν·
   φερωνύμως γὰρ καὶ ὠνόμασται   Κυριακὸς ὁ ἅγιος   5
   ἀνδρείαν ζωσάμενος   καὶ σταυρὸν ἐξευράμενος·
   ἠρεύνησε δὲ   ποῖος ἐστὶν ὁ τοῦ Χριστοῦ·
   ὁ θάνατος δὲ   ἤλεγχε καὶ νῦν τὴν ζωήν·
   ὡς ἐν τάφῳ πρότερον   ἐπὶ Χριστοῦ   οὕτως νῦν ὑποχωρεῖ,
   ὅτε εἶδε   πρὸς τῆς κλίνης   τὴν ζωὴν τὴν ἀπάγουσαν   10
|: ἐν τῷ παραδείσῳ. :|

κβ' Ὅμως ἵνα τέλειον ᾖ   τὸ δώρημα τῆς χάριτος,
   τοὺς ἥλους ἀνακαλύπτει   Χριστὸς ὁ βασιλεὺς ἡμῶν·
   οὓς εὑροῦσα ἡ ὁσία
   ὡς μαργαρίτας   περιεπτύξατο αὐτοὺς   σὺν τῷ σταυρῷ·
   καὶ τοὺς ἥλους μὲν σαλλιβάριον   ποιήσασα ἐπλήρωσε   5
   προφήτου τὸ κήρυγμα   Ζαχαρίου κραυγάζοντος
   ὡς· "Ἔσται ποτὲ   ἅγιον τὸ τοῦ χαλινοῦ",
   εἰς νίκην ἀεὶ   τῶν πεπιστευκότων αὐτῷ·

τὸν σταυρὸν ⟨δὲ⟩ δέδωκε ταῖς γενεαῖς εἰς ἀσφάλειαν ζωῆς·
οἱ γὰρ τούτῳ πεποιθότες μετὰ δόξης ⟨εἰσ⟩έρχονται 10
|: ἐν τῷ παραδείσῳ. :|

κγ' Ὑπὸ σταυροῦ σκεπασθέντες σκιρτῶμεν ἀγαλλόμενοι·
ἁμαρτωλοὶ νήψωμεν οὖν· παράδεισος ἠνέῳκται·
ὁ λῃστὴς δὲ φύλαξ ἔστι
τοῦ παραδείσου, ὃν ἐξελέξατο Χριστὸς ἐν τῷ σταυρῷ·
μὴ τὸν ἄκλειστον ἀποκλείσωμεν· φιλόχριστος καθέστηκε 5
λῃστὴς συμπαθέστατος, ξενοδόχος φιλόστοργος·
τιμῶμεν σταυρὸν φύλακα ζωῆς τῆς ἡμῶν,
ζωῆς γὰρ ἐστὶ πρόξενος τῆς τῶν οὐρανῶν·
οὗτος πάντας ῥύεται τοῦ πονηροῦ καὶ τῆς τούτου προσβολῆς·
οἱ εἰς τοῦτον σφραγισθέντες εἰσελθῆναι πιστεύουσιν 10
|: ἐν τῷ παραδείσῳ. :|

κδ' [Υἱὸς Μαρίας ἐγένου, υἱὲ θεοῦ σωτὴρ ἡμῶν,
καὶ τῷ σταυρῷ προσηλώθης θεὸς ὑπάρχων ἔνσαρκος,
ἵνα σώσῃς τοὺς ἐν θλίψει
καὶ ἐλεήσῃς ἁμαρτωλοὺς ὡς δυνατὸς καὶ ἀγαθός· 5
σὺ παράσχου πᾶσι κατάνυξιν τοῖς ἐπὶ σοὶ ἐλπίζουσι
προθύμως δουλεύειν σοι ἐν ψαλμοῖς καὶ δεήσεσι·
μετὰ τοῦ λῃστοῦ κράζομεν σοὶ ὡς ἐν σταυρῷ·
" Μνήσθητι ἡμῶν ἐν τῇ βασιλείᾳ τῇ σῇ·
τοῦ χοροῦ ἀξίωσον πάντας ἡμᾶς τῶν ἁγίων σου, Χριστέ, 10
ὡς λαβόντας τὴν σφραγῖδα τοῦ σταυροῦ σου εἰς ἕνωσιν
| ἐν τῷ παραδείσῳ." :|]

κβ' 9¹ δὲ add. Maas 10³ ⟨εἰσ⟩ add. Maas m.c.
κδ' (varia lectio strophae κγ') 7² κράζομεν] Trypanis m.c.: κραυγάζομεν P

24 (72 Kr.)

ON THE RESURRECTION I

Acrostichis: *ΤΟΥ ΚΥΡΟΥ ΡΩΜΑΝΟΥ ΑΙΝΟΣ*

Prooemium: *'Ιδιόμελον*

[Κατε]πόθη ὁ θάνατος εἰς νῖκος
τῇ ἐκ νεκρῶν ἐγέρσει σου, Χριστὲ ὁ θεός·
διὸ οἱ τῷ πάθει σου ἐγκαυχώμενοι
ἀεὶ ἑορτάζοντες εὐφραινόμεθα
καὶ ἀγαλλιῶντες βοῶμεν·   5
|: " Ἀνέστη ὁ κύριος." :|

Strophae: *Τὴν ζωὴν τῇ ταφῇ* (App. Metr. x)

α' **Τ**ὴν ζωὴν τῇ ταφῇ, τῷ θανάτῳ θεὸν
καὶ τῷ Ἅιδῃ τὸν Ἅιδην σκυλεύσαντα
παρέδωκε ποτὲ   τῶν ἀνόμων λαός,
ὡς θνητὸν τὸν θνητοὺς ἀθετήσαντα,
ὡς δὲ νεκρὸν τὸν νεκροὺς ἀναστήσαντα ῥήματι.   5
φύλακας ἔθεντο μνήματι   τοῦ πάντα φέροντος νεύματι·
ὢ ἀφροσύνης τῶν ἀνόμων·
εἰ νεκρός, μὴ πτοοῦ· εἰ δὲ ζῇ, παραιτοῦ καὶ βόα σὺν ἡμῖν·
|: " Ἀνέστη ὁ κύριος." :|

β' **Ὅ**τε μετὰ σταυρὸν κατετέθη ταφῇ
ὑπὸ τοῦ Ἰωσὴφ ὁ θεὸς Ἰωσήφ,
ὁ ἐκ λάκκου ποτὲ   σώσας τὸν Ἰωσήφ,

24 *Codices*: M (Prooem. et α') P
Editiones: Cammelli R. il M., pp. 370 sq.
Titulus: On the Resurrection I Trypanis: Εἰς τὴν τριήμερον ἀνάστασιν τοῦ κυρίου καὶ σωτῆρος ἡμῶν Ἰησοῦ Χριστοῦ P
Dies Festus: Τῷ Ἁγίῳ Πάσχᾳ
Modus: ἦχος α'
Acrostichis: Τοῦ κυροῦ Ῥωμανοῦ αἶνος P
Prooemium
   MP   1¹–4² suppl. Maas   4 εὐφραινόμενοι M   5 ἀγάλλοντες M
   α' MP   1 τῷ ἀθανάῳ θετῷ M   3¹ τότε M   4 τόν] Maas: τοὺς MP: τὸν τοὺς P² ἀθετήσαντα] Trypanis: ἀθανατήσαντα codd.   5 τόν] Maas: τοὺς M: τὸν τοὺς P   6² ὁ πάντα φέρων τῷ νεύματι M   7 ἀφροσύνη M
   β' P

ὁρατῶς ὡς θνητὸς ἐφυλάττετο,
ἀλλ' ἀοράτως τοὺς φύλακας φόβῳ ἐνέκρωσε· 5
λίθος ἦν ἐπὶ τοῦ μνήματος, πέτρα δὲ ἔνδον τοῦ μνήματος·
γέγοναν λίθοι οἱ τηροῦντες,
θεωροῦντες [τὸν ἄγγελον] λίθῳ καθήμενον λέγοντα [[ταῖς
γυναιξίν]]·
|: " Ἀνέστη ὁ κύριος." :|

γ' Ὑπὸ τῶν πονηρῶν λογισμῶν οἱ κριταὶ
τῶι ἀνόμων συνείχοντο λέγοντες·
" Ἰδοὺ κεῖται εἰς γῆν ὁ δονήσας τὴν γῆν·
ὁ παντὶ λαλητὸς καὶ περιβοητός,
οὗ πᾶσα γαῖα τὰ ἔργα ἐθαύμασε, τέθνηκε. 5
νήψωμεν οὖν, μὴ τὰ ἔσχατα χείρω τῶν πρώτων γενήσεται·
μή ποτε κλέψωσι τὸ σῶμα
τὸ αὐτοῦ οἱ αὐτοῦ καὶ ψευδόμενοι πᾶσι κηρύξωσιν·
|: ' ἀνέστη ὁ κύριος.' :|

δ' Κουστωδίαν ἡμεῖς αἰτησόμεθα νῦν
τὸν Πιλᾶτον καὶ δώσει φυλάττοντας·
καὶ ζῶν γὰρ καὶ θανὼν φ[οβε]ρὸς Ἰησοῦς·
ἐν τῇ ζωῇ αὐτοῦ [[τὸ]] σάββατον ἔλυσεν,
ἐ[ὰν δὲ νῦν] ἐκ νεκρῶν ἀναστῇ, νόμος λέλυται. 5
κεῖται νεκρὸς [καὶ ἐλ]πίζεται· δέδεται καὶ προσδοκᾶται ζῆν·
οἱ μαθηταὶ [τού]του γὰρ πάντες
' μετὰ τρίτην ', φησί, ' τὸν διδάσκαλον [βλέ]ποντες λέγομεν·
|: ' ἀνέστη ὁ κύριος.' :|

ε' Ὑπὸ σοῦ καὶ ἡμεῖς καὶ οἱ ἀλλογενεῖς,
ὦ Πιλᾶτε, σαφῶς ἰθυνόμεθα·
διὰ τοῦτο οἱ σοὶ σοὶ προσφεύγομεν·
διὰ σοῦ στήτω τοῦ ἔθνους τὰ δίκαια·
μὴ καταλύσῃ θνητὸς θεοῦ νόμον δεόμεθα." 5
Τί ἀφρονεῖτε, παράνομοι; νόμου Πιλᾶτος προΐσταται·

8 τὸν ἄγγελον suppl. Maas   ταῖς γυναιξίν del. Trypanis m.c.
    γ' P   2 συνήχθησαν Pγρ
    δ' 3²⁻⁸ suppl. Maas   4 τὸ del. Trypanis m.c.
    ε' P   6 ἀφρονεῖτε] Maas : ἀφρενεῖτε P

πόσῳ Πιλάτου Χριστὸς κρείττων;
ὃς καὶ νόμον στηρίζει καὶ χάριν παρέχει τοῖς κράζουσιν·
|: " Ἀνέστη ὁ κύριος. " :|

ς' " Ῥῆμά ἐστιν αὐτοῦ πρὸς τοὺς φίλους αὐτοῦ
ὅτι· ' μετὰ τὰς τρεῖς ἀναστήσομαι·
κἂν γὰρ θάνω ', φησί,   ' τὸν θάνατον πατῶ '.
οὐχ ὅτι τοῦτο γίνεται, φοβούμεθα,
ἀλλ' ὅτι κλέπτε[ται] ὑπό τινων λογιζόμεθα·   5
ὅτι γὰρ οὐκ ἀναστήσεται   ἀνέγνωμεν καὶ ἐπέγνωμεν·
πνεῦμα ἐξελθὸν οὐκ ἐπιστρέφει,
εἰ μὴ εἴπῃ θεός· εἰ δὲ οὗτος θεός ἐστιν, εἴπωμεν·
|: ' ἀνέστη ὁ κύριος. ' " :|

ζ' Ὁ Πιλᾶτος ἀκούσας φησὶ πρὸς αὐτούς·
" Πλήρης γέλωτος ὕμων τὰ ῥήματα·
τίς γὰρ κλέπτει νεκρόν;   τί δὲ κέρδος νεκροῦ;
ὁ φιλῶν φίλον φιλεῖ μέχρι μνήματος,
μετὰ δὲ τὴν ταφὴν μάτην τὸ φίλτρον ἐνδείκνυται·   5
κεῖται νεκρὸς μὴ κινούμενος·   τί ὠφελεῖτε τὸν κείμενον;
θάψαντες ἄφετε τὸν νέκυν·
οὐ γὰρ κλέπτεται, οὐδὲ ἂν μὴ ἀναστῇ ἐκβοήσωσιν·
|: ' ἀνέστη ὁ κύριος. ' :|

η' Ὑπ' ἐμοῦ μαστιχθείς, ὑφ' ὑμῶν σταυρωθείς,
ὑπὸ τοῦ Ἰωσὴφ ἐν τάφῳ τεθείς,
σαφής ἐστι νεκρός,   ἀψευδὴς δὲ θνητός·
ὥσπερ οὖν πάντων βλεπόντων ἀπέθανεν,
οὕτω καὶ πάντων βλεπόντων ἀνέλθῃ ἐκ [τοῦ] μνήματος·   5
κλέπτουσι τοῦτον, ὡς λέγετε,   καὶ λέγουσιν ὅ[τι ἐγή]γερται;
μὴ καὶ τὰ ὄμματα τυφλοῦσιν;
εἰ ἄπερ [βλ]έπομεν ταῦτα πιστεύοντες εἴπωμεν·
|: ' ἀνέστη ὁ κύριος. ' :|

ς' P   1 suppl. Maas   7 metrum ∪ ∪ ∪ – ∪ ∪ – ∪, sed cf. 11
ιδ' 7 et 87 Kr. α' 7
η' P   5 suppl. Maas   6² suppl. Maas, sed metrum ∪ – ∪ – ∪ ∪ – ∪ ∪
8 suppl. Maas: metrum ∪ ∪ – ∪ – ∪ – ∪ ∪ – ∪ ∪ – ∪ ∪ (–) [μόνον (vel ὄντως)
βλ]έπομεν] dub. Trypanis

θ′ Ῥαψῳδεῖν μοι δοκεῖ πᾶς τοιαῦτα λαλῶν,
  ὅτι κλέπτεται ἢ καὶ ἐγείρεται·
  καὶ τοῦτο γὰρ ψευδές,   καὶ τοῦτο ἀσαφές·
  εἰ δὲ τοῦτο [◡ −] θεραπεύει τὰ νῦν,
  τοῦ φυλαχθῆναι τὸ μνῆμα τοὺς φύλακας λάβετε·   5
  βλέπετε δὲ μὴ οἱ φύλακες   πάλιν πλανώμενοι εἴπωσιν·
  ' ὄντως θεοῦ υἱὸς ἦν οὗτος '
  ὡς ποτὲ ἐν σταυρῷ, καὶ νῦν ἐν τῷ μνημείῳ βοήσωσιν
  |: ' ἀνέστη ὁ κύριος.' " :|

ι′ [Ὡς] δὲ ταῦτα αὐτοῖς ὁ Πιλᾶτος φησίν·
  " Ἔχετε κουστωδίαν, πορεύεσθε,
  τὸ συμφέρον ὑμῖν   ποιήσατε νυνί ".
  ὦ Πιλᾶτε, [νῦν π]λῦνον τὰς φρένας σου
  ὡς καὶ τὰς χεῖρας ποτὲ καὶ εἰπέ· " Ἀθῷος εἰμί ".   5
  ἢ τάχα τότε τὸ ὅραμα   τῆς γυναικός σε κα[τ]έπληξε;
  τί οὖν ποιήσεις, ἂν ἀκούσῃς
  οὐρανίων γηΐνων βοώντων μετὰ τὴν ἀνάστασιν·
  |: ' Ἀνέστη ὁ κύριος '; " :|

ια′ " [Μή] ", φησίν, " νυσταγμὸν τοῖς βλεφάροις ὑμῶν
  νῦν παράσχητε, ἀλλ' ὑπομείνατε ",
  οἱ ἄνομοι πρὸς τοὺς   στρατιώτας ποτέ·
  " [κο]πιάσατε μικρὸν ἀγρυπνήσαντες,
  ἵνα εἰς τέλος νεκρὸς Ἰησοῦς λογισθήσεται·   5
  τοῦ γὰρ Πιλάτου τὸ θέλημα   ποιεῖτε, [ἂν] τοῦτο δράσητε·
  ἔσται δ' ὑμῖν κέρδος ὁ κόπος,
  καὶ ἡμῖν [κ]λέος, ὅτι μετὰ τὴν φθορὰν οὐδεὶς λέγει σαφῶς·
  |: ' ἀνέστη ὁ κύριος.' :|

ιβ′ [Ἀ]νωφέλητον δὲ τὸ ἐπίταγμα νῦν
  μὴ λογίσησθε· καὶ γὰρ σπουδάζομεν
  θεραπεῦσαι ὑμᾶς   μετὰ κόπον ὑμῶν·
  τῷ Ἰούδᾳ ἐδόθη τριάκοντα·
  λάβετε νῦν καὶ ὑμεῖς ἐν διπλῷ τὰ τριάκοντα.   5

θ′ P   4 τοῦτο [ὑμᾶς] θεραπεύει dub. Maas (cf. ι′ 4)
ι′ P   1¹ suppl. Maas   4 [νῦν π]λῦνον suppl. Trypanis   8 μετὰ τὴν
ἀνάστ. ante βοώντων P: corr. Maas
ια′ P   1¹–8 suppl. Maas

τοῦτο ἐστὶν ὅπερ εἴπομεν,   ζῶν καὶ θανὼν ἐπιζήμιος·
ὅμως μὴ κάμωμεν εἰς μάτην·
μὴ χρυσὸς ἀφ' ἡμῶν καὶ Χριστὸς καθ' ἡμῶν καὶ οἱ λέγοντες·
|: ' ἀνέστη ὁ κύριος.' " :|

ιγ' Νευρωθέντες εὐθὺς τῇ ματαίᾳ βουλῇ
τῶν ἀνόμων τὸ μνῆμα κατέλαβον,
καὶ ἐφρούρει Χριστὸν   βασιλέα στρατός.
στρατιῶται τοῦ μνήματος ἔξωθεν,
καὶ ἔνδον πόλεμος ἦν τοῦ Χριστοῦ πρὸς τὸν Θάνατον,   5
τοῦ μὲν τὸ κράτος ἁρπάζοντος,   τοῦ δὲ τοῦ κράτους ἐκπίπτοντος,
τοῦ μὲν ἁρπάζοντος τοὺς κάτω,
τοῦ δὲ τοῖς κατωτέρω βοῶντος [◡ – ◡ ◡] κράζωμεν·
|: " Ἀνέστη ὁ κύριος." :|

ιδ' Οὕτω δὲ νικωμένου Θανάτου ποτὲ
καὶ τοῦ ἃ [◡ ◡ –]βους κινήσαντος
οἱ φύλακες φησί·   " Τίς νῦν ἦτ[◡ ◡ –]
[◡ ◡] νύξ καὶ ἠρεμοῦσαν οἱ ἔνδοθεν;
δευτέρα δὲ καὶ ἡσύχ[ιον] τρίτην σαλεύονται.   5
κλαίουσιν ἅμα καὶ χαίρουσιν,   ὀδύρονται καὶ ἀγάλλονται·
' οἴμοι, οἴμοι ', πρὸς ἀλλήλ[ους],
ἀλλήλοις δὲ ἄλλοι γηθήμενοι· ' εὖ οὕτω λέγουσιν,
|: ἀνέστη ὁ κύριος.' " :|

ιε' Ὑπὸ φόβου πολλοῦ ἐσαλεύθη ἡ γῆ
καὶ ὁ λίθος δὲ ἤρθη τοῦ μνήματος·
" Μὴ πολλάκις, ὃν πρὶν   ἐφυλάττομεν
ἐν σταυρῷ καὶ ἐφρίξαμεν ἅπαντες,
οὗτος καὶ νῦν τὸν Ἀδὰμ ἀναστήσας ἐγείρεται;   5
τότε τὰς πέτρας διέρρηξε   νῦ[ν δὲ] τὸν λίθον ἐσάλευσε·
μᾶλλον αὐτός ἐστιν ὁ τότε
καταπέτασμα σχίσας καὶ μνῆμα ἀνοίξας· ὑπνούντων ἡμῶν
|: ἀνέστη ὁ κύριος. :|

ιγ' P   8 [νικώμεθα] vel [ἡττώμεθα] dub. suppl. Maas
ιδ' P   2 Ἅ[ιδου ◡ –]βους Maas: Ἅ[ιδου θορύ]βους dub. Trypanis
3^2 ἡ τ[αραχή;] dub. Maas   4 [ἔτι] νὺξ vel [ἦλθε] νὺξ dub. Maas   ἠρεμοῦσιν
dub. Trypanis   5 suppl. Maas: ἡσύχαζον P teste Trypanis   7 suppl.
Maas: οἴμοι, οἴμοι] οἴμοι ', ἐβόων Trypanis m.c. (cf. 18 ιη' 2^2 ubi οἴμοι abundat)
8 ἀλλήλοις] πρὸς ἀλλήλους Maas m.c.
ιε' P 6^2 suppl. Maas

ις´ **Ἀ**ναστάντες ἡμεῖς ἐρευνήσωμεν νῦν
τὸ μνημεῖον, ὦ φίλοι, καὶ ἴδωμεν·
ὁ λίθος γὰρ εἰκὸς   μετετέθη σεισμῷ.
εἰ ὁ νεκρὸς ἔνδοθεν κεῖται, σιγήσωμεν,
εἰ δ᾽ ἀφανὴς ὁ θανών, σὺν [τοῖς] κάτω δακρύσωμεν·   5
τότε γὰρ Θάνατος ἔκλαιε,   καὶ [Ἅιδης] μᾶλλον ὠδύρετο,
ὅτε ἡμεῖς συνεζητοῦμεν·
τίς ὁ λέγων· ʽ οὐαί ᾽, καὶ τίς κράζει· τὸ ʽ εὖ ᾽ καὶ τίνων αἱ
φωναί·
|: ʽ ἀνέστη ὁ κύριος ᾽; ᾽ :|

ιζ´ " Ἰδοὺ ἔνδον οὐδείς· ἐν τῷ λίθῳ δὲ τίς
ὃν ὁρῶ ἢ δοκῶ ἢ φαντάζομαι; "
" Τάχα νύξ σε πλανᾷ; "   " Φίλε, νύξ με πλανᾷ; "
" Σὺν ἡμῖν κατακλίθητι καὶ ὕπνωσον·
πνεῦμά ἐστι τὸ φαντάζον σε· σίγα, καθεύδησον "·   5
" Μᾶλλον δὲ νῦν ἀγρυπνήσωμεν   τῇδε κἀκεῖσε προσέχοντες,
μή τις θηρᾷ ἡμῶν τὸν ὕπνον,
καὶ ἐλθὼν κλέψει τοῦτον, καὶ τίς δυσωπήσει τοὺς [κράζοντας·
|: ʽ ἀνέστη ὁ κύριος ᾽; ᾽ :|]

ιη´ **Ν**ὺξ παρῆλθε λοιπόν, εἰ παρῆλθε σαφῶς·
καὶ ὃ εἶπας, ὦ φίλε, τὸ πρὶν ἀληθές,
καὶ ὁ τότε θανὼν   νῦν πέλει φαεινός·
οὗτος ἔνδον τὸν λίθον ἐσάλευσεν,
οὗτος ἐφόβησεν ἤμας τοῖς λόγοις· ἐστὶ γὰρ φρικτός·   5
φῶς φορεῖ, φῶς πέμπει, φῶς ἐστι·   τάχα φωτὸς υἱός ἐστι,
καὶ τοῦ φωτὸς δὲ ὑπηρέτης·
[∪ ∪ – ∪] τὰ ῥήματα ταῖς γυναιξίν, ἃ ἐβόησεν·
|: ʽ ἀνέστη ὁ κύριος. ᾽ ᾽ :|

ιθ´ Ὁ μὲν λ[άκ]κος αὐτῶν, τὸ δὲ κέρδος ἡμῶν·
τῶν ἀνόμων τὸ αἶσχος, τὸ καῦχος δ᾽ ἡμῶν,
ἐκείνοις ἡ πληγή,   ἡμῶν δὲ [ἡ ζωή],

ις´ P   5–6² suppl. Maas
ιζ´ 3¹ σε] με Maas   3² με] σε Maas
ιη´ P   4 ἔνδον] Maas: ἐντὸς P   8 [τίνα ταῦτα] τὰ ῥήμ. suppl.
Maas   [θαυμαστὰ ἦν] Mandilaras; cf. 29 ιε´ 3¹ sq. et ιη´ 2¹ sq.
ιθ´ P   1 suppl. Cammelli (cf. β´ 3¹)   3² suppl. Maas

καὶ γὰρ ὄντως ἀνέστη ὁ κύριος.
εἰ καὶ οἱ τηροῦντες τὸ μνῆμα ἀργύριον ἔλαβον,
ἵνα σιγήσωσι θέλοντες,   οἱ λίθοι μᾶλλον κράξουσιν
ὅτι ἄνευ χειρῶν ⟨ὁ⟩ λίθος
ὁ ἐξ ὄρους τμηθεὶς ὡς ποτὲ ἐκ γαστρὸς καὶ νῦν ἐκ τῆς ταφῆς
|: ἀνέστη ὁ κύριος. :|

κ' Σὺ, σωτήρ, ἐκ γαστρὸς ἦλθες ἄνευ σπορᾶς
τῇ παρθένῳ τὰ τῆς παρθενίας λιπών·
ὡς νῦν τὰ τῆς ταφῆς   ἀνεῖλες τῇ ταφῇ·
ὡς σινδόνα Ἰωσὴφ καταλείψας ταφῇ
ἔλαβες δὲ τῆς ταφῆς τὸν γεννήσαντα τὸν Ἰωσήφ·
ἦλθεν Ἀδάμ σοι ἑπόμενος,   Εὔα δέ σοι ἠκολούθησε·
τῇ Μαριὰμ Εὔα δουλεύει·
σὲ δὲ πᾶσα ἡ γῆ προσκυνεῖ ἐπινίκιον ᾄδουσα·
|: "Ἀνέστη ὁ κύριος." :|

25 (73 Kr.)

ON THE RESURRECTION II

Acrostichis: *ΤΟΥ ΤΑΠΙΝΟΥ ΡΩΜΑΝΟΥ ΑΙΝΟΣ*

Prooemium: *Ἰδιόμελον*

[Τ]ὸν σταυρόν σου προσκυνῶ,   Χριστὲ ὁ θεός,
καὶ τὴν ταφήν σου   δοξάζω, ἀθάνατε,
καὶ τὴν ἀνάστασίν σου   ἑορτάζων κραυγάζω σοι·
|: "Ἀνέστη ὁ κύριος." :|

6² metrum ◡–◡–◡◡–◡◡: κράξουσι] κραυγάζουσι Trypanis m.c.   7 ὁ
add. Maas m.c.
25 *Codices*: P
Editiones: Tomadakis P.M.Y. III, pp. 7 sq.
Titulus: On the Resurrection II Trypanis: ἕτερον κοντάκιον ἀναστάσιμον P
Dies Festus: Κυριακῇ τοῦ Πάσχα
Modus: ἦχος πλάγιος β'
Acrostichis: Τοῦ ταπεινοῦ Ῥωμανοῦ αἶνος P

Strophae: Τὴν πολλὴν τῶν ἀνθρώπων ἀνομίαν (App. Metr. XXII)

α' Τὴν ὁδόν σου, σωτήρ μου, τὴν εἰς Ἅιδην
          οὐδεὶς ἔγνω σαφῶς, εἰ μὴ ὁ Ἅιδης·
 ἠδυνήθη γὰρ ἀφ' ὧν εἶδεν, ἀφ' ὧν ἔπαθεν
            μαθεῖν σου τὴν δύναμιν·
αὐτὸν οὖν πρῶτον θέλω ἐρωτῆσαι [ὅ τ]ι γέγονε
καὶ τότε μετὰ τοῦτον τοὺς φυλάξαντας τὸ μνῆμα σου,
           τίς ὁ κλέψας τὸ σῶμα σου·
εἰ γὰρ καὶ ἔγνων ἀκριβῶς, πῶς ἀνέστης, ἀτελεύτητε,
           μαθὼν ἐκ τῶν φίλων σου, 5
ὅμως καὶ ἐκ τῶν μισούντων σε ἐπείγομαι πιστώσασθαι
           τοὺς λόγους τῶν κραζόντων·
|: "Ἀνέστη ὁ κύριος." :|

β' Ὁ φιλῶν γὰρ ὡς φίλον μεγαλύνει,
        ὁ μισῶν δὲ καὶ οὐ θέλων ἀληθεύει,
καθὼς γέγραπται· σωτηρίαν ἐξ ἐχθρῶν ἡμῶν
         καὶ ἐκ τῶν μισούντων ἡμᾶς·
"Εἰπὲ οὖν πρῶτος, Ἅιδη, ὁ ἀεὶ ἐχθρὸς τοῦ γένους μου,
πῶς εἶχες ἐν τῷ τάφῳ τὸν ποθήσαντα τὸ γένος μου;
          τίς σοι οὗτος λελόγιστο;
πάντως ὡς πάντες οἱ ἐκ γῆς ἐλογίσθη σοι, ὦ ταλαίπωρε,
          λοιπὸν δὲ καὶ ἄπορε; 5
οὓς γὰρ εἶχες ἀπώλεσας, καί, ὃν κατέχειν ἔλεγες,
          οὐχ εὗρες· ἀληθῶς γὰρ
|: ἀνέστη ὁ κύριος." :|

γ' "Ὑπ' ἐμοῦ θέλεις, ἄνερ, διδαχθῆναι,
        πῶς ἐμοὶ κατεπέβη ὁ φονεύς μου;
διαλέλυμαι καὶ οὐκ ἰσχύω σοι ἐ[ρεύξα]σθαι·
         ἀκμὴν γὰρ τεθάμβημαι,
αὐτὸν νομίζων [βλέ]πειν τὸν καιρὸν ἐκεῖνον, ἄνθρωπε,
ἐν ᾧ κατανοήσας ἐξ[. . .]ρουν σαλευόμενον
         τοῦ κειμένου τὸ λείψανον·

α' P 1¹ σωτήρ] Maas: σερ P 3² suppl. Maas
β' 1¹ φίλον] Trypanis m.c.: φιλῶν P 1² καὶ οὐ] Trypanis m.c.: καὶ μὴ P
(cf. 45 ιη' 1², etc.) 5² metrum cf. ιβ' 5²: ὤ: dub. del. Maas
γ' 2² suppl. Krumb. 3¹ suppl. Maas (et Mandilaras apud Tom.]
4 ἐξ[. . .] P: ἐθ[εώ]ρουν dub. Maas (et Mandilaras apud Tom.)

καὶ μετ' ὀλίγον δυνατῶς ἐξαλλόμενον ἀνίστατο
καὶ χεῖρας, ἃς ἔδησα, 5
τῷ λαιμῷ μου ἐπέθηκε, καὶ πάντας, οὓς κατέπιον,
ἐξέμεσα βοῶντας·
|: ' ἀνέστη ὁ κύριος.' :|

δ' **Τί** δὲ κλαίω νεκροὺς οὓς ἀφῃρέθην;
ἐμαυτὸν θρηνῳδῶ πῶς ἐχλευάσθην·
καὶ οὐκ ἤρκεσε τοῦτο μόνον εἰς αἰσχύνην μου,
ἀλλ' ὅτι καὶ ἐμπαίζομαι·
λιχνὸν γὰρ καὶ παμφάγον οἱ φυγόντες με καλοῦσί με
καὶ ῥήμασι τοιούτοις παροξύνουσί με λέγοντες·
' τί γὰρ χαίνεις ὑπέρμετρα;
τί τῷ λαιμῷ σου ἐνωθεῖς ἢ τί δήποτε ὡς δήποτε,
ἀκόρεστε, ἄπληστε; 5
τί ἠπείχθης πρὸς ἔδεσμα ταράσσων τὴν γαστέρα σου;
ἰδοὺ γάρ σε κενώσας
|: ἀνέστη ὁ κύριος.' :|

ε' **Ἀλλ'** εἰ δέχονται ἔχω ἀντιλέγειν·
καὶ τίς ἄρα οὐκ εἶχε πλανηθῆναι
θεωρῶν αὐτὸν τῇ σινδόνι ἐνειλούμενον
καὶ τάφῳ διδόμενον;
τίς οὕτως ἦν κτηνώδης μὴ νοῆσαι ὅτι τέθνηκεν,
ὁπότε σμῆγμα σμύρνης καὶ ἀλόης ἐπεχρίετο
πρὸς ἐμὲ πορευόμενος;
τίς εἶπε πάλιν μὴ νεκρὸν βλέπων λίθον ἐπικείμενον,
οὗ ἦν οὗτος κείμενος; 5
τίς τοιοῦτον ἐνόησεν, ἢ τίς ποτε ἐπήλπιζε
βοῆσαι περὶ τούτου·
|: ' ἀνέστη ὁ κύριος '; :|

ϛ' **Παρ'** ἐμοὶ οὖν οὐδὲν ὧν ἐγκαλοῦσι·
πρὸς ἐμὲ γὰρ αὐτὸς ἑκὼν κατῆλθε·
καὶ τὰ πρῶτα μὲν ὠδυνώμην, τελευταῖον δὲ
οὐκ οἶδα τί πέπονθα·

δ' 6² ταράσσων] P^c : ταράσσω P¹

τὸ ἄνθος τὸ γλυκάζον ἐμοὶ γέγονε τιθύμαλλος,
καὶ ὅλος μου ὁ φάρυγξ ἐπικράνθη ἐκ τῆς γεύσεως,
  καὶ οὓς εἶχον ἀπέπτυσα·
οὐδεὶς τοιοῦτον κατ' ἐμοῦ ἐνενόησεν ἢ ἔπραξεν
  ὡς οὗτος ἐποίησεν· 5
βασιλέων ἐδέσποζον καὶ προφητῶν ἐκράτησα
  καὶ τούτων τῶν κραζόντων·
|: ' ἀνέστη ὁ κύριος.' :|

ζ' Ἰδοὺ πέλω δεσμώτης ὁ δεσπότης
  καὶ δουλεύω ὁ πρώην βασιλεύων·
καὶ γεγένημαι ὁ ἐπίφοβος ἐπίληπτος
  καὶ πᾶσιν εἰς [γέλωτα·]
παντόθεν γυμνητεύω, τὰ γὰρ πάντα μου ἀφήρπασεν·
ἐκέλευσε, καὶ ἄφνω τοῦτον ἅπαντες ἐκύκλωσαν
  ὡς κηρίον αἱ μέλισσαι·
κἀμὲ δὲ δήσας ἰσχυρῶς ἔλεγεν αὐτοῖς ἐμπαίζειν μοι
  καὶ παίειν τὴν κάραν μου 5
καὶ τὸν νῶτον συγκάμπτειν μου καὶ τὴν σκληρὰν καρδίαν μου
  συντρίβειν καὶ κραυγάζειν·
|: ' ἀνέστη ὁ κύριος.' :|

η' Νὺξ μὲν ἦν ὅτε ταῦτα ἐκαρτέρουν,
  πρὸς τὸν ὄρθρον δὲ ἄλλο ἐθεώρουν,
ὡς ἐπείχθησαν εἰς τὴν τούτου ὑπαπάντησιν
  αἱ πύρινοι σύνοδοι·
καὶ ἔξωθεν μὲν φόβοι, ἔσωθεν δὲ μάχαι εἶχον με·
τὸ βλέμμα μου δὲ πέμπειν οὐδ' ἑτέρῳ κατεθάρρησα,
  ὅτι πάντες ἠπείλουν μοι·
διὸ ἐγκρύψας τὴν μορφὴν ἀναμέσον τῶν γονάτων μου
  δακρύων ἐβόησα· 5
' ὁ τὰς πύλας συντρίψας μου καὶ τοὺς μοχλοὺς συνθλάσας μου,
  πορεύου, ἵνα κράζω·
|: ἀνέστη ὁ κύριος.' :|

ζ' 2³ suppl. Maas

θ' Ὁ μὲν οὖν ἐπὶ τούτοις μειδιάσας
         τοῖς ὀπίσω φησίν· ' ἀκολουθεῖτε ',
 τοῖς δὲ ἔμπροσθεν ἔφη πάλιν· ' προηγεῖσθε μου·
          διὸ καὶ κατήλθατε '.
 καὶ ἄφνω ἡσυχία καὶ δειλία κατεκράτησε
 τῆς κτίσεως ἁπάσης· ὁ δεσπότης γὰρ τῆς κτίσεως
         τῶν μνημάτων ἐξήρχετο·
 προφῆται πάντες πρὸ αὐτοῦ δευτεροῦντες ἃ προέφησαν
         καὶ πᾶσι γνωρίζοντες 5
 ὅτι· ' οὗτος αὐτός ἐστιν ὁ γνώμῃ καταβὰς εἰς γῆν·
         καὶ γνώμῃ νῦν ἐκ ταύτης
 |: ἀνέστη ὁ κύριος.' :|

ι' Ὑψηλῇ τῇ φωνῇ ὁ Σοφονίας τῷ Ἀδὰμ ἀνεβόα· ' οὗτος ἔστιν,
 ὃν ὑπέμεινας εἰς ἡμέραν ἀναστάσεως,
         ὃν τρόπον προεῖπον σοι '·
 Ναοὺμ δὲ μετὰ τοῦτον τὸν πτωχὸν εὐηγγελίζετο,
 ' ἐκ γῆς ἀνέβη ', λέγων, ' ἐμφυσῶν σου εἰς τὸ πρόσωπον,
         [ὁ] ἐξαιρούμενος θλίψεως ',
 καὶ Ζαχαρίας χαριεὶς κράζων· ' ἦλθες ὁ θεὸς ἡμῶν
         μετὰ τῶν ἁγίων σου ', 5
 καὶ Δαβὶδ ψάλλων εὔσημα ὡς· ' δυνατὸς ἐγήγερται
         καὶ ὥσπερ ἀπὸ ὕπνου
 |: ἀνέστη ὁ κύριος.' :|

ια' Ῥαπιζόντων δὲ τούτων τὴν μορφήν μου
       προφητείαις, ψαλμοῖς, καὶ ὑμνῳδίαις
 ἀνεφύησαν καὶ γυναῖκες προφητεύουσαι, ἐμοῦ κατορχούμεναι·
 καὶ τούτων μὲν ἡ πρώτη Μωϋσέως ἦν ἡ σύγγονος
 σκιρτῶσα καὶ δονοῦσα τῇ χειρὶ αὐτῆς τὸ τύμπανον,
         ὃ καὶ πρώην ἐπέφερε,
 καὶ ὥσπερ ἄλλην ἐρυθρὰν δ[ιελ]θοῦσα μου τὰ δώματα
         τερπνῶς ἐτυμπάνιζεν· 5
 ' ᾄσωμεν τῷ θεῷ ἡμῶν· ἐνδόξως γὰρ δεδόξασται·
         τὸν Ἅιδην ἐδαφίσας
 |: ἀνέστη ὁ κύριος.' :|

ι' 4³ ὁ del. Trypanis (cf. Lxx Na. 2. 1) 5¹ χαριεὶς cf. 30 η' 6¹
ια' 5¹ ἄλλην] ἅλμην R. Burn, cf. Lxx Ex. 15. 4, 21 5² suppl. Krumb.

ιβ' "Ὦ τοιούτων κακῶν μία νὺξ μήτηρ,
                    καὶ τοσούτων δεινῶν πατὴρ εἷς ὄρθρος·
ἡ μὲν ἔτεκεν,   ὁ δὲ φθάσας προστέθεικε
                            τῷ ἄλγει μου ὄνομα·
ἀνάστασιν [ἐπι]καλοῦσι   τὴν ἡμέραν μου [τῆς] πτώσεως,
πανήγυριν τελοῦσι   τὸν καιρὸν τῆς ἀπωλείας μου·
                                    οἴμοι, οἴμοι, τί ἔπαθον."
τοιαῦτα Ἅιδης πρὸς ἐμὲ   ἐφώνησεν ὡς ἐρωτήσαντα,
                            οὐ ῥήμασι πείσας με,   5
ἀλλὰ πράγμασι δείξας μοι   ὅτι γυμνὸν καὶ ἔρημον
                            παντόθεν αὐτὸν δείξας
|: ἀνέστη ὁ κύριος. :|

ιγ' Μετὰ δὲ τοιαῦτα καὶ τοσαῦτα,   ὡς εὗρον τοὺς ἀντιφυλάξαντας
    τὸ μνῆμα,
εἰς ἐρώτησιν   ἐκινήθην καὶ ἐπείγομαι
                            πληρῶσαι ἃ προὔλεγον·
μηδεὶς οὖν ὡς ληροῦντα   ἢ [ἀπὸ] καιροῦ τι λέγοντα
ἡγήσηται με, φίλοι·   ἀναγκαῖον γὰρ ἐνόμισα
                            ἀποδοῦναι ἃ ὤφελον·
" Εἴπατε οὖν μοι καὶ ὑμεῖς,   στρατιῶται ληρωδέστατοι,
                            τί ἦν τὸ γενόμενον;   5
τίς τὸν λίθον ἐκύλισε   καὶ τὸν νεκρὸν ἐσύλησε
                            καὶ εἶπε μετὰ ταῦτα·
|: ' ἀνέστη ὁ κύριος '; " :|

ιδ' Ἀλλ' ἀκούσαντες ταῦτα οἱ τηροῦντες
                            τὸ μνημεῖον ποτὲ τοῦ ἀθανάτου
ἀπεκρίθησαν   οὐ φωνῇ μοι ὁμιλήσαντες,
                            φυγῇ δὲ δηλώσαντες·
" Τί βλέπεις ἡμᾶς, ἄνερ,   εἰρηνεύοντας ἢ φεύγοντας;
ἐκ τούτου οὖν ἐννόει   ὅτι πάντως κατεπλάγημεν·
                            οὐ γὰρ ὅτι ἐκλάπημεν·

ιβ' 2³ metrum ∪ ∪ − ∪ ∪ ∪ − ∪ ∪ (sed cf. 45 ιθ' 2²⁻³, κθ' 2²⁻³, λα' 2²⁻³) 3¹ ἐπι-
del. Maas m.c.   3² suppl. Maas   5² ἐφώνησεν] ἔλεγεν dub. Maas
(metrum cf. β' 5²)   5³ πείσας] Maas: ἔπεισαν P
ιγ' 1¹⁻² metrum ∪ ∪ − ∪ − ∪ ∪ ∪ − ∪   ∪ ∪ − ∪ ∪ − ∪ ∪ ∪ − ∪   1¹ ⟨τὰ⟩
τοιαῦτα dub. Trypanis m.c.   1² ἀντιφυλ.] ἄρτι φυλάξαντας dub. Maas: ὡς
εὑρὼν τοὺς [[ἀντι]]φυλάξαντας τὸ μνῆμα Trypanis   2² προὔλεγον] Maas:
προεῖπον P   3² suppl. Maas

CANTICA ON THE PERSON OF CHRIST

οὐ γὰρ παρέσχε νυσταγμὸν   ὁ καθεὶς ἡμῶν τοῖς ὄμμασιν,
                                                                    οὐ ταῖς φρεσὶ θάμβημα· 5
ἀλλὰ πάντες ἐγρήγοροι,   πάντες ἀεὶ ἐφυλάττομεν
                                                            καὶ οὐκ οἴδαμεν πῶς ἄφνω
|: ἀνέστη ὁ κύριος. " :|

ιε' " Νῦν ἐμοὶ ἀπαράδεκτον τὸ ῥῆμα,
                    ὃ φατέ, οἱ φυλάττοντες τὸ μνῆμα·
καὶ οὐ πείθομαι,   ὅτι πάντως ἠγνοήσατε
                                                Χριστοῦ τὴν ἀνάστασιν
οἱ πάντα πανταχόθεν   πρὸς ἀσφάλειαν ποιήσαντες·
πῶς εἴχετε μὴ γνῶναι   τί ἐγεγόνει ὁ τηρούμενος;
                                                        ὡς οὖν γνόντες σημάνατε."
" Οὐδεὶς ἰσχύει ἀκριβῶς,   ἅπ[ερ θέλεις] ἀπαγγεῖλαι σοι ",
                                                            φησί μοι οἱ φύλακες· 5
" οὐδὲ εἷς τῶν ἐν [σώ]ματι,   ἀλλ' οὐδὲ ὁ ἀσώματος
                                                            ὁ ἐν τῷ τάφῳ λέξας·
|: 'ἀνέστη ὁ κύριος.' :|

ις' "Οπερ] οἴδαμεν, τοῦτο καὶ δηλοῦμεν·
                        κἂν ἡμεῖς γὰρ αὐτὰ νῦν σιωπῶμεν,
[[οἱ]] λίθοι κράξουσι   καὶ ἐλέγξουσι τὴν πώρωσιν
                                                        ἡμῶν καὶ τὴν τύφλωσιν·
τὴν ὥραν μὲν ἐκείνην   τῆς ἐγέρσεως οὐκ οἴδαμεν,
ἐκ ταύτης δὲ τῆς ὥρας   ἃ ὑπέστημεν γνωρίζομεν·
                                                    ἀλλ' ἀνάσχου καὶ ἄκουσον·
ἐπαγρυπνοῦντες τῇ ταφῇ   καὶ σκοποῦντες μή τι γένηται,
                                                        ἐξαίφνης ⟨ἐ⟩βλέπομεν 5
πυ[ραυ]γεῖς χεῖρας ἕλκοντας   τὸν λίθον ἐκ τοῦ μνήματος
                                                        καὶ [[τὸ]] [στό]μα λαλοῦν ταῦτα·
|: ' ἀνέστη ὁ κύριος.' :|

ιδ' 5¹⁻² οὐ . . . ὁ καθεὶς (= οὐδείς)   6² metrum ∪–∪∪∪–∪∪ : φυλάττοντες dub. Trypanis m.c.
ιε' 4² metrum ∪∪–∪∪∪–∪∪ : γεγόνει dub. Maas   5²⁻6¹ suppl. Maas
ις' 1¹⁻6³ suppl. Maas   1³ νῦν σιωπῶμεν] Maas : νῦν [. . . .]πήσωμεν P
2¹ οἱ del. Maas m.c.   5³ ⟨ἐ⟩βλέπομεν] Maas : βλέπ. P   6¹ suppl. Maas
ἕλκοντας] Maas : ἑλκούσας P   6³ τὸ del. Maas

ιζ´ ['Υπ'] ἐκείνου ὁ λίθος ἐκυλίσθη, καὶ ἡμῶν πᾶς ὁ τόνος ἐξελύθη,
[καὶ] οὐδὲν ἡμῖν ὑπελείφθη πρὸς βοήθειαν,
οὐ ῥῆμα, οὐ νόημα·
[νε]κροὶ γὰρ ἦμεν πάντες οἱ νεκρὸν ποτὲ φυλάσσοντες,
καὶ πᾶ[σα] ἡ σοφία κατεπόθη ἥμων ἄθροον
θεωρούντων τὸ δρώμενον·
φωτοειδὴς γὰρ ἡ μορφὴ τοῦ τὸν λίθον ἐκκυλίσαντος
ἡμῖν [ἐπ]εφαίνετο, 5
καὶ θυμὸν ἐπεφέρετο τῇ γῇ ὥσπερ θυμούμενος
τοῖς μὴ ὁμολογοῦσιν·
|: [[ὅτι]] ' ἀνέστη ὁ κύριος.' :|

ιη´ ["Α ἐ]θέλεις μαθεῖν ἵνα θαυμάσῃς,
γυναιξὶ προσιτὸς ἦν [ὁ τοι]οῦτος,
καὶ ἀπρόσιτος τοῖς ἀθλίοις ἡμῖν γέγονεν
ἐκεῖνος ὁ πύρινος·
ἐκείναις συνωμίλει, καὶ ἡμῖν ἠπείλει θάνατον·
ἐκείνας ἐκραταίου, καὶ ἡμᾶς τῷ φόβῳ ἔκαμπτεν
καὶ προτρέχων κατέθαπτε·
πρὸς τὰς γυναῖκας ἱλαρός, πρὸς ἡμᾶς δὲ σοβαρώτερος
ἐξαίφνης ἐγένετο· 5
καὶ ἡμᾶς μὲν ἐνέκρωσεν, ἐκείνας δὲ ἐνεύρωσε
βοήσας· ' μὴ φοβεῖσθε,
|: ἀνέστη ὁ κύριος.' :|

ιθ´ Ἱσταμένων δὲ τότε τῶν θηλείων
καὶ σοφῶς ἐμβλεπόντων τῷ σπηλαίῳ,
ἀπεκρίνατο πρὸς ἐκείνας ὁ ἀσώματος·
' ἠγέρθη ὃν θέλετε·
εἰ δέ τι ἀπιστεῖτε καὶ ὡς φάσμα με νομίζετε,
ἐμοὶ ἀκολουθεῖτε καὶ τὸν τόπον θεωρήσατε
ὅπου ἔκειτο [[ὁ]] κύριος·

ιζ´ 1¹–5³ suppl. Maas   7 ὅτι del. Maas
ιη´ 1 ['Α ἐ]θέλεις vel [Ἄπερ] θέλεις Maas   1² suppl. Krumb.   4² ἡμᾶς
post τῷ φόβῳ ἔκαμπτεν P: transp. Maas   5¹ ἱλαρός] Maas: ἱλαρῶς P
ιθ´ 1² ἐμβλεπόντων] Maas: ἐμβλεπουσῶν P
4³ metrum $\begin{Bmatrix} \cup\cup\stackrel{\perp}{-}\cup\cup-\cup\cup \\ \cup\stackrel{\perp}{-}\cup\cup-\cup\cup \end{Bmatrix}$
ὁ del. Trypanis m.c.

25 CANTICA ON THE PERSON OF CHRIST 195

καὶ τούτων ἔνδον εἰσελθουσῶν τότε καὶ ἡμεῖς ἐφύγομεν
           καὶ ταῦτα ἐφήσαμεν· 5
' εἰ ὁ δοῦλος ἐλήλυθε καὶ γῆν πάντων ἐσάλευσε,
           τί ἄρα γε ποιήσας
|: ἀνέστη ὁ κύριος.' :|

κ' Νῦν οὖν, ἄνθρωπε, μὴ ἐγκαταλέξῃς
       σεαυτὸν τοῖς π[αρά]φροσιν ἐκείνοις,
καὶ πεισθῇς ἡμῖν ψευδομένοις ὅτι κέκλεπται
         Χριστὸς καὶ οὐκ ἐγήγερται·
χρυσὸς ἐστὶν ὁ π[είσας] ἡμᾶς κρύψαι τὴν ἀλήθειαν,
χρυσὸς ὁ πάντα τρέπων ἅπερ θέλουσιν ὡς θέλουσιν
         οἱ ἐν τούτῳ καυχώμενοι·
δ[ιὸ] πραθέντες ἀκριβῶς καὶ γενόμενοι τοῦ λήμματος
         τὸ ῥῆμα τοῦ κλέμματος 5
παρὰ πᾶσιν ἡπλώσαμεν καθάπερ ἠγοράσθημεν,
         μὴ λέγειν ὅτι ὄντως
|: ἀνέστη ὁ κύριος." :|

κα' Ὁ μὲν Ἅιδης τοιαῦτα μοι προεῖπεν,
       οἱ δὲ φύλακες π[άντα] τὰ τοσαῦτα
ἐπιτέθεικαν ὡς σφραγῖδα οἷς ἐλάλησ[εν]
        ἐκεῖνος ὁ ἄπληστος·
ἐγὼ δὲ ἐκ τῶν δύο τὸ ζητούμεν[ον ἐ]θέρισα
καὶ ψεύστων ἀπὸ ζεύγλης τὴν ἀλήθειαν ἐτρύγ[ησα]·
        διὰ τοῦτο καὶ γέγηθα,
ὅτι ὃ εἶπεν ὁ Σαμψὼν πρὸ τοσ[ού]των χρόνων πρόβλημα,
        ἐγὼ νῦν ἐγνώρισα· 5
ἀπὸ Ἅι[δου] ἐσθίοντος καὶ ἀπὸ ἰσχυροῦ στρατοῦ
        ἐξῆλθε γλυκὺ ῥῆ[μα]·
|: ἀνέστη ὁ κύριος. :|

κβ' Σὺ οὖν ἄναρχε τέλος ⟨τε⟩ μὴ ἔχων,
       ποιητὰ καὶ θεὲ τῆς ἀλ[ηθεί]ας,
ὁ τὸν Θάνατον θανατώσας, τὸν δὲ ἄνθρωπον
       ποιήσας ἀθάνατον,

κ' 1²–5¹ suppl. Maas
κα' 1²–6³ suppl. Maas 5¹ sq. cf. Lxx Iud. 14. 14
κβ' 1¹ ⟨τε⟩ add. Trypanis m.c. 1² suppl. Maas

ἐν τῇ ἐσχάτῃ ὥρᾳ,   ὅταν ἔρχῃ ἀναστῆσαι με.
ἐλεύσῃ γάρ, σωτήρ μου,   οὐχ ὡς ἄρτι ἐκ τοῦ μνήματος
              ἀλλ' ἐκ τοῦ στερεώματος·
†διὸ καὶ τότε ἑαυτὸν   βλέπων ἐνερ[..] φιλάνθρωπε†·
              φιλῶν σε γὰρ ἔχω σε· 5
μὴ οὖν κρίνῃς με δέομαι,   ἵν' εἴπω· " Οὐκ εἰς κόλασιν,
              ἀλλ' εἰς τὸ ῥύσασθαί με
|: ἀνέστη ὁ κύριος." :|

26 (75 Kr.)

ON THE RESURRECTION III

Acrostichis: ΩΔΗ ΡΩΜΑΝΟΥ[Υ]

Prooemium: 'Ιδιόμελον

" Τῷ πάθει σου, σωτὴρ ἡμῶν,   παθῶν ἠλευθερώθημεν "·
Ἀδὰμ ἀνεβόα σοι,   καὶ Ἅιδης ἐξεπλήττετο
|: διὰ τῆς ἀναστάσεως. :|

Strophae: 'Ιδιόμελον (App. Metr. xxiii)

α' "Ωσπερ οὐρανοῦ ὑετὸν   ἡ γῆ ἀπεκδέχεται,
    οὕτως ἐν τῷ Ἅιδῃ Ἀδὰμ   κρατούμενος ἔμενε σὲ
    τὸν τοῦ κόσμου σωτῆρα   καὶ ζωῆς τὸν δοτῆρα,
    καὶ ἔλεγε τῷ Ἅιδῃ·   " Τί μέγα φρονεῖς;
    μεῖνον με, μεῖνον μικρόν,   ἵν' †ὄψει μετὰ μικρὸν† 5
    τὸ κράτος σου λυθέντα   καὶ ἐμὲ ἀνυψωθέντα·
    νῦν με κατέχεις   καὶ γένος μου δέσμιον,
    μετ' ὀλίγον δὲ ὄψει   ἀπὸ σοῦ ἐκλυτρωθέντα·

5¹ τάτε in margine P   5² ἐνερ[...] P: ἐνερ[γῶ] dub. Maas
26 Codices: M (Prooem. et α') P
Editiones: Nulla
Titulus: On the Resurrection III Trypanis: ἕτερον κοντάκιον ἀναστάσιμον P
Dies Festus: Κυριακῇ τοῦ Πάσχα
Modus: ἦχος πλάγιος δ'
Acrostichis: 'Ωδὴ 'Ρωμανοῦ P
    α' MP   1 ἐπεκδέχεται M   2² σὲ] σοι M   5² metrum ∪∪−∪∪∪−
    5² ἵν'] καὶ M   7¹–8² om. M   7¹ κατέχει P   8¹ ἀλλ' εὐθὺς θεωρήσεις Pγρ

δι' ἐμὲ γὰρ ἥξει   ὁ Χριστός, καὶ σὺ φρίξεις·
καὶ τὴν τυραννίδα σου   καταλύσει
|: διὰ τῆς ἀναστάσεως. " :|

β' " **Δύναμιν** τοιαύτην οὐδεὶς   οὐδέπω ηὐπόρησε·
πάντων γὰρ εἰμὶ βασιλεύς ", ὁ Ἅιδης εἶπε τῷ Ἀδάμ·
" τίς οὖν ἕτερος ἥξει   καὶ ἐμὲ ὑπερέξει,
καὶ διαδέξεταί μου   τὸ βασίλειον;
Ἀβραὰμ καὶ Ἰσαὰκ   καὶ Ἰακὼβ καὶ Ἰωσὴφ
καὶ πάντας τοὺς προφήτας   ἐν τῷ κράτει μου κατέχω,
σοῦ δὲ κατάρχω   ὡς πάντων πρωτεύοντος·
πῶς οὖν ἔρχεσθαι ἔφης   τὸν ἐμὲ καταπατοῦντα;
ἆρα τούτων πάντων   ἀνώτερος ἔστιν,
ἵνα ἐκλυτρώσῃ σε   ὥσπερ ἔφης
|: διὰ τῆς ἀναστάσεως; " :|

γ' **Ἤκουσε** τοῦ Ἅιδου Ἀδὰμ   τοιαῦτα κομπάζοντος,
καὶ εὐθὺς φησὶ πρὸς αὐτὸν   ὁ πρωτοπλάστης τῶν βροτῶν·
" Ἄκουσόν μου ῥημάτων,   καὶ μὴ μάτην ἐπαίρου·
ἐμὲ γὰρ ὃν κατέχεις   οὐ δύνῃ κρατεῖν·
παραδείσου ⟦γὰρ⟧ τῆς τρυφῆς   διὰ σὲ τὸν δολερὸν
ἀπόβλητος ἐδείχθην   ⟨καὶ⟩ πρὸς σὲ νῦν κατεπέμφθην·
φύλαξ μου πέλεις,   οὐ δύνῃ ὀλέσαι με·
βασιλέα γὰρ ἔχω,   ὃς ἐκλύσει σου τὸ κράτος·
†αὐτῷ ἐστρατεύθην† ⟨∪ ‒ ∪ ∪ ‒ ∪⟩
ἵνα ἀναγάγῃ με   ἐν ὑψίστοις
|: διὰ τῆς ἀναστάσεως. " :|

δ' " **Ῥῆξαι** τὸ χειρόγραφον σοῦ   οὐδείς σου προΐσταται·
ὃν γὰρ σὺ καλεῖς βοηθόν,   καὶ τούτου ἐγὼ βασιλεύς·
λήψομαι γὰρ καὶ τοῦτον,   ὡς καὶ πάντας ἀνθρώπους·
οὐκ ἔστι γάρ μου μείζων   οὐδεὶς οὐδαμοῦ·
μὴ πλανῶ λοιπόν, Ἀδάμ·   τί εἰς μάτην κοπιᾷς;
ἐγώ σε ἐντυμβεύω   καὶ τοῦ γένους σου κατάρχω.

9² ὁ om. M   10² καταβαλεῖ Pγρ
β' P   4¹ διαδέξεται] Maas: διαδέξηται P   4² metrum ∪ ‒ ∪ ∪ (‒): τὸ
del. Trypanis m.c.   8¹ ἔρχ. ἔφης] Maas: ἔφης ἔρχ. P
γ' P   5¹ γὰρ del. Maas m.c.   6² καὶ add. Maas
δ' P

ὃν σὺ νομίζεις ἔχειν ἀντιλήπτορα,
νῦν σταυρούμενον ὄψει καὶ ὑπ' ἐμοῦ καταποθέντα.
πῶς οὖν ἔφης ὅτι ἀπ' ἐμοῦ σε λυτροῦται;
νῦν κρατεῖν τὸ γένος σου προσετάχθην· 10
|: διὰ τῆς ἀναστάσεως." :|

ε΄ " Ὥστε καὶ πληγὰς δι' ἐμὲ οὐκ ἂν παραιτήσηται,
δεύτερος Ἀδὰμ δι' ἐμὲ γενήσεταί μου ὁ σωτήρ·
τὴν ἐμὴν τιμωρίαν δι' ἐμὲ ὑπενέγκῃ
τὴν σάρκα μου φορέσας καθάπερ κἀγώ.
ὃν Χερουβὶμ οὐχ ὁρᾷ, τούτου νύξουσι πλευράν, 5
καὶ ὕδωρ ἀναβλύσει καὶ τὸν καύσωνά μου σβέσει.
ὃν σὺ νομίζεις κατέχειν ὡς ἄνθρωπον,
ὡς βροτὸν καταπίῃς, ὡς θεὸν δὲ ἐξεμέσεις
μετὰ τρεῖς ἡμέρας· οὐ γὰρ δύνῃ φέρειν,
ἅσπερ εἰσαγάγῃ σοι τιμωρίας
|: διὰ τῆς ἀναστάσεως." :| 10

ϛ΄ Μάθωμεν λοιπόν, ἀδελφοί, τί πράττει ὁ κύριος·
ὄξος γὰρ αὐτὸς καὶ χολὴν γευσάμενος ἐν τῷ σταυρῷ
ἔφη· " Τέλος ὑπάρχει τῶν ἐμῶν παθημάτων"·
καὶ κλίνας τὸν αὐχένα ἔδωκε ψυχήν.
ἥλιος καὶ σελήνη καὶ ἀστέρες οὐρανοῦ
μὴ φέροντες τὴν ὕβριν κατεκάλυπτον τὸ φέγγος· 5
βουνοὶ καὶ ὄρη φυγὴν ἐμελέτησαν,
τοῦ ναοῦ δὲ τὸ τέμβλον καὶ αὐτὸ ἐρράγη μέσον·
ὁ πρωτόπλαστός δε ἐκ βάθους ἐβόα·
" Ὁ θεός μου, ῥῦσαι με ἐκ τοῦ Ἅιδου
|: διὰ τῆς ἀναστάσεως." :| 10

ζ΄ Ἀλλ' ἦλθε Χριστὸς ἡ ζωὴ †ὕπνον δεῖξαι† τὸν θάνατον·
δέχεται ὁ Ἅιδης ⟦τὸν⟧ Χριστὸν ὡς ἕκαστον τῶν γηγενῶν·
καταπίνει ὡς δέλος τὸν οὐράνιον ἄρτον,
τιτρώσκεται ἀγκίστρῳ θεότητος.

7² metrum ∪ − ∪ ∪ − ∪ ∪ : ἔχειν] εὑρεῖν: δ Trypanis   11 cum prioribus ephymnium non convenit
ϛ΄ P   3¹ ὑπάρχει] Maas : ὑπάρχειν P   3² παθημάτων] Maas : ποθημάτων P   4² metrum ∪ − ∪ ∪ (−)   5¹ metrum − ∪ ∪ ∪ ∪ − : σελήνη] σεληνὶς dub. Trypanis
ζ΄ P   1² metrum ∪ − ∪ ∪ − ∪ ∪ : συνδῆσαι τὸν θαν. Trypanis   2¹ τὸν del. Trypanis m.c.

[[ὁ]] Ἅιδης δὲ ὀδυνηρὰς ἀνεβόησε φωνάς· 5
" Κεντῶμαι τὴν κοιλίαν· ὃν κατέπιον οὐ πέπτω·
ξένην μοι βρῶσιν παρέσχεν ὅ⟨ν⟩ ἔφαγον·
ὅσους ἤσθιον πάλαι οὐδὲ εἷς ἐνώχλησέ μοι·
τάχα οὗτος ἔστιν ὃν [[ὁ]] Ἀδάμ μοι προεῖπεν
ὅτι· ' μαστιγώσει σε, ὅταν ἔλθῃ 10
|: διὰ τῆς ἀναστάσεως;' ":|

η' " **Νῦν** μέμνησαι ῥημάτων ἐμῶν, ὧν πάλαι σοι ἔλεγον,
ὅτι ὁ ἐμὸς βασιλεὺς ἰσχύει μᾶλλον ὑπὲρ σέ·
σὺ δὲ ἔδοξας εἶναι ὄναρ τούτους τοὺς λόγους·
ἡ πεῖρα σε διδάξει αὐτοῦ τὴν ἰσχύν.
οὔτε γὰρ μόνον ἐμέ, ἀλλὰ καὶ τοὺς μετ' ἐμὲ 5
καὶ πάντας ἀπολέσας, †ἐκ πάντων† ἐρημωθήσει·
Χριστὸς ὃν εἶδες ἐν ξύλῳ κρεμάμενον,
αὐτὸς νῦν σε δεσμ[ή]σει· καὶ χαρεὶς ἀποκριθῶ σοι·
' ποῦ σου, Ἅιδη, τὸ νῖκος, ἢ ποῦ σου τὸ κράτος;
ὁ θεὸς κατέλυσε τὴν ἰσχύν σου 10
|: διὰ ⟨τῆς ἀναστάσεως.' "⟩ :|

θ' " **Οὕτως** Ἰωνᾶν τριταῖον τὸ κῆτος ἐξήμεσε·
νῦν κἀγὼ ἐμέσω Χριστὸν καὶ πάντας τοὺς ὄντας Χριστοῦ·
ἕνεκέν γαρ τοῦ γένους τοῦ Ἀδὰμ τιμωροῦμαι "·
ὁ Ἅιδης ταῦτα στένων ἐβόα θρηνῶν.
" Μὴ πιστεύσας τῷ Ἀδὰμ ταῦτα λέγοντί μοι πρὶν 5
ὑψαύχουν καὶ ἐβόων λέγων· ' οὐδείς μου κατάρχει '.
πάντων γὰρ ἄναξ ὑπάρχων τὸ πρότερον
νῦν ἀπώλεσα πάντας, καὶ γελῶντες με βοῶσι·
' ποῦ σου, Ἅιδη, τὸ νῖκος, ἢ ποῦ σου τὸ κράτος;
ὁ θεὸς κατέλυσε τὴν ἰσχύν σου 10
|: ⟨διὰ τῆς ἀναστάσεως.' "⟩ :|

ι' " **Ὑψηλὴν** ἰσχύν σου Χριστὸς ἐλθὼν ἐταπείνωσεν·
ὅλην γὰρ ἐμοῦ τὴν μορφὴν λαβὼν ἐτροπώσατο σέ.

5¹ ὁ del. Trypanis m.c. 7² ὅ⟨ν⟩] Maas : ὅ P 9² ὁ del. Maas m.c.
η' P 1¹ metrum ‒ ∪ ∪ ∪ ‒ ∪ ∪ ‒ : μέμνῃ Trypanis m.c. 6² metrum
∪ ∪ ‒ ∪ ∪ ∪ ‒ ∪ : ἐκ παντὸς dub. Trypanis 7¹ εἶδες] Maas : εἶδεν P
8¹ suppl. Maas 11 τῆς ἀναστ. add. Maas
θ' P 1¹ metrum ‒ ∪ ∪ ∪ ‒ ∪ ∪ ‒ 11 add. Maas
ι' P 2² cf. ια' 1²

αἵματι γὰρ τιμίῳ   νῦν ἐγὼ ἠγοράσθην·
φθορᾶς ἀπήλλαξέ με   ὁ ἄνευ φθορᾶς.
ὅπου δ' ἂν περιστραφῇς,   πανταχόθεν θεωρεῖς
τοὺς τάφους κενωθέντας   καὶ †γυμνὸν ἄσχημον ὄντα†.
ποῦ σου τὰ κλεῖθρα   ὑπάρχει, ὦ ἄθλιε;
Ἰησοῦς μου κατῆλθε   καὶ συνέτριψέ σου πάντα.
ποῦ σου, Ἅιδη, τὸ νῖκος,   ἢ ποῦ σου τὸ κράτος;
ὁ θεὸς κατέλυσε   τὴν ἰσχύν σου
|: διὰ τῆς ἀναστασέως." :|

ια' " Ὕψωσέ με ἐν οὐρανοῖς   ὁ σὲ τροπωσάμενος·
σύνθρονος εἰμὶ τὸ λοιπόν,   οὐκέτι ὑπόκειμαι σοί.
ἔλαβε σῶμα ἐμόν,   ἵνα ἀνακαινίσας
ἀθάνατον ποιήσῃ   καὶ σύνθρονον.
βασιλεύσω σὺν αὐτῷ,   συνηγέρθην γὰρ αὐτῷ·
οὐκέτι μου κατάρχεις,   ἀλλ' ἐγὼ σοῦ κυριεύω.
ἄνω ὑπάρχει   τοὐμὸν νῦν ἐνέχυρον,
σὺ δὲ κάτω πατεῖσαι   ὑπὸ πάντων τῶν βοώντων·
' ποῦ σου, Ἅιδη, τὸ νῖκος,   ἢ ποῦ σου τὸ κράτος;
ὁ θεὸς κατέλυσε   τὴν ἰσχύν σου
|: διὰ τῆς ἀναστάσεως.' " :|

ια' P (fortasse v.l. antiqua strophae ι', cf. acrostichidem. Canticum solito brevius)
1² cf. ι' 2²   3¹ metrum ⏑ ⏑ – ⏑ ⏑ – ⏑ : ἐμὸν ἔλ. σῶμα Trypanis m.c.
7² τοὐμὸν] Trypanis m.c. :τὸ ἐμὸν P

27 (79 Kr.)

ON THE RESURRECTION IV

Acrostichis: *ΤΟΥΤΟ ΤΑΠΕΙΝΟΥ ΡΩΜΑΝΟΥ*

Prooemium: *Ἰδιόμελον*

Οἱ [κολληθ]έντες Χριστῷ διὰ τοῦ βαπτίσματος
καὶ ἀναστάν[τες σὺν] αὐτῷ ψάλλοντες κραυγάσωμεν λέγοντες·
" Ποῦ σοῦ, [Θάνατε,] τὸ νῖκος, ποῦ σου, Ἅιδη, τὸ κέντρον;
ἀνέστη γὰρ ὁ κύριος,
|: [ἡ ζω]ὴ καὶ ἀνάστασις. " :| 5

Strophae: *Τῷ ἀρχαγγέλῳ Γαβριήλ* (App. Metr. XXIV)

α΄ [Τ]ῆς τ]οῦ Χριστοῦ παραβολῆς τῆς ἐν τοῖς εὐαγγελίοις,
                                    ἣν ὁ [Λουκ]ᾶς διηγεῖται,
ἀκούοντες μὴ πάρεργον σχῶμεν ταύτην,
                                    ἀ[λλ]ὰ πίστει ζητήσωμεν·
ἡ γυνὴ καὶ αἱ δραχμαὶ τίνες εἰσί,
                                    π[οί]αν δὲ τούτων ἀπώλεσεν,
ἣν ζητεῖ ἐπιμελῶς ἅψασα λύχν[ον] φωτὸς καὶ σαρώσασα
ὅλον τὸν οἶκον αὐτῆς, εὑροῦσα δὲ ταύτην
                                    συγκαλεῖ τὰς ἐκ γειτόνων·   5
" Δεῦτε συγχάρητε, εὗρον ἅσπερ ἀπώλεσα "·
νῦν οὖν ἡμεῖς δεηθῶμεν τοῦ Χριστοῦ
λέγοντες· " [Κύρι]ε, σὺ καταύγασον τὰς ψυχὰς ἡμῶν,
ὅτι φῶς καθέστηκας,
|: ἡ ζωὴ καὶ ἀνάστασις. " :| 10

27 *Codices*: P
Transformatio: 28 (74 Kr.) κδ΄-κη΄ transformatio est stropharum ε΄ 7-ιγ΄
Editiones: nulla
Titulus: On the Resurrection IV Trypanis: Εἰς τὴν ἀνάστασιν τοῦ Κυρίου καὶ
εἰς τὰς δέκα δραχμάς P
Dies Festus: Κυριακῇ γ΄ (post diem dominicam Paschalem)
Modus: ἦχος α΄
Acrostichis: Τοῦτο ταπεινοῦ 'Ρωμανοῦ P
Prooemium
1¹-4² suppl. Maas
α΄ 1¹-8¹ suppl. Maas   6¹ sq. cf. Ev. Luc. 15. 8-9

β΄ Ὁ ἀριθμὸς ὁ τῶν δραχμῶν   δῆλος ὑπάρχει τοῖς πᾶσι·
                                        δέκα γάρ εἰσιν αἱ πᾶσαι,
   ἃς κέκτηται ὁ κύριος   ὁ ποιήσας   ἐν σοφίᾳ τὰ σύμπαντα·
   ἡ γυνή ἐστι, φησίν,   ἡ ἀρετὴ   καὶ ἡ σοφία τοῦ πλάσαντος,
   ἥτις ἔστιν ὁ Χριστός,   ἡ τοῦ θεοῦ σοφία καὶ δύναμις·
   εἰσὶ δὲ δέκα δραχμαὶ   ἀρχαί, ἐξουσίαι,
                                        αἱ δυνάμεις καὶ οἱ θρόνοι 5
   καὶ κυριότητες,   ἄγγελοι καὶ ἀρχάγγελοι,
   τὰ Χερουβὶμ   ἅμα καὶ τὰ Σεραφὶμ
   καὶ ὁ πρωτόπλαστος,   ὃν ἀπώλεσε   καὶ ἐζήτησε
   καὶ πεσόντα εὕρηκεν
   |: ἡ ζωὴ καὶ ἀνάστασις. :| 10

γ΄ Ὑπὸ στοργῆς ἐκνικηθεὶς   ἦλθεν ἐν κόσμῳ ζητῆσαι
                                        τὸ πλανηθὲν αὐτοῦ κτίσμα
   ὁ ἄναρχος καὶ ἄφραστος   υἱός τε
                                        τοῦ θεοῦ καὶ θεὸς ἡμῶν,
   καὶ σοφῶς καὶ θεϊκῶς   ὥσπερ θεὸς
                                        τούτου ποιεῖται τὴν ζήτησιν,
   καὶ σαρκοῦται ἐκ μητρὸς   ἣν †ἐσάρωσε† καὶ ἡγίασε·
   καὶ ὥσπερ λύχνον φωτὸς   προσφέρει τὴν σάρκα,
                                        τῷ πυρὶ καὶ τῷ ἐλαίῳ 5
   τῷ τῆς θεότητος   καταυγάσας τὰ σύμπαντα·
   πῦρ γὰρ ἀεὶ   καὶ πηλὸς λύχνον ποιεῖ·
   οὕτως οὖν ἔλαμψεν   ἐκ θεότητος   καὶ σαρκώσεως
   τὸ τοῦ λύχνου φῶς, Χριστός,
   |: ἡ ζωὴ καὶ ἀνάστασις. :| 10

δ΄ Τότε ἀνῆλθεν ἐν σταυρῷ   ὡς ἐν λυχνίᾳ ὁ λύχνος,
                                        καὶ ἐθεώρει ἐκεῖθεν
   ἐν σκότει καθεζόμενον   καὶ ἐν γνόφῳ
                                        τὸν Ἀδὰμ τὸν πρωτόπλαστον·
   καὶ σπουδάζει πρὸς αὐτὸν   ἀποδημεῖν
                                        διὰ σαρκὸς ὁ ἀχώριστος,
   ὁ τῶν κόλπων τοῦ πατρὸς
                                        μὴ χωρισθεὶς καὶ πληρῶν τὰ γινόμενα·

β΄ 4² metrum cf. ιζ΄ 4²
γ΄ 4² metrum ≟ ∪ ∪ ≟ ∪ ∪ ≟ ∪ ∪ – ∪ ∪   5² προσφέρει] Maas : προφέρει P

ἔλαβε μεθ' ἑαυτοῦ   χολήν τε καὶ ὄξος,
                            τούς τε ἥλους καὶ τὴν λόγχην, 5
ἵνα τῇ λόγχῃ μὲν   καὶ τοῖς ἥλοις τὸν Θάνατον
τρώσῃ εὐθὺς   καὶ π[ικρά]νῃ τῇ χολῇ
Ἅιδην τὸν ἄδικον   συναντήσαντα   †δριμ[....]τα δὲ†
ὄξει ὅπερ ἔπιεν
|: ἡ ζωὴ καὶ ἀνάστασις. :| 10

ε′ Ὅτε μετὰ τὴν σταύρωσιν   ἔφθασε τὲ καὶ κατῆλθεν
                            ὁ βα[σιλεὺς] ἐν τῷ Ἅιδῃ,
ἐφαίνετο τὸ φῶς αὐτοῦ   ἐν [[τῇ]] σκοτίᾳ
                            καὶ τὰ [κά]τω ἐφώτισε·
τὸ δὲ σκότος τὸν Χριστὸν   καταλαβεῖν
                            οὐ δύ[ναται]· τῷ σκότῳ ἐξίσχυσε·
καὶ γὰρ [[καὶ]] δὴ ὡς Ἰωνᾶς
                            ἦν καὶ αὐτὸς [ἐν] κοιλίᾳ τοῦ μνήματος·
ἐν τάφῳ μὲν πορευθεὶς   καθ[ὼς] ἠβουλήθη,
                            ἐν σορῷ δὲ ἀγρυπνήσας· 5
οὐ γὰρ κεχώριστο   [ἡ] θεότης τοῦ σώματος·
ὅθεν ἰδὼν   τὸ φρικτὸν θαῦμα [αὐ]τοῦ
Ἅιδης ἐβόησε·   " Δεῦρο, Θάνατε,   νῦν κατίδωμεν,
ποῖ[ον] φῶς ἐξέλαμψεν
|: ἡ ζωὴ καὶ ἀνάστασις. " :| 10

ϛ′ " Τάχος τολμήσωμεν ", φησίν·   " σῶμα γὰρ ἀνθρώπου ἔστι
                            τὸ κομισθὲν ἐν τῷ τάφῳ·
τοῖς κλείθροις φυλακίσωμεν   τὸν ἐλθόντα
                            καὶ φθορᾷ παραδώσωμεν "·
καὶ εὐθὺς ταῦτα εἰπὼν   τρέχει ταχὺ
                            καὶ τῆς σαρκὸς ἐπελάβετο·
Ἰησοῦς δὲ ὁ Χριστὸς   ὥσπερ ἐξ ὕπνου τινὸς ἐξανίσταται,
δεσμεῖ δὲ τοῦτον σφοδρῶς   καὶ τίθησι κάτω
                            καὶ κραυγάζει τοῖς ἐν Ἅιδου· 5

δ′ 7² suppl. Trypanis: π[....]νει P teste Maas: τη[...]νει teste Krumb.
8³ metrum ⌣ ⌣ − ⌣ ⌣
    ε′ (ε′ 7–ιγ′ cf. 28 κδ′–κη′ et notam ad 28 κδ′)   1³–9¹ suppl. Maas
2² τῇ del. Maas m.c.   3³ metrum ⌣ ⌣ ⌣ − ⌣ ⌣ − ⌣ ⌣   4¹ καὶ del.
Maas m.c.   post ε′ lacunam indicat acrostichis (cf. ε′ 8¹ ἐβόησεν, ϛ′ 1¹
φησίν)

" Πάντες ἀνάστητε   καὶ τὸν Ἅιδην πατήσατε·
δεῦρο Ἀδὰμ   σὺν Εὔᾳ νῦν πρὸς ἐμέ·
μὴ δειλίασητε   ὡς ὑπεύθυνοι   τοῖς ὀφλήμασι·
πάντα γὰρ ἀπέδωκα,
|: ἡ ζωὴ καὶ ἀνάστασις. :| 10

ζ' Ἀλλὰ ῥαπίσατε, θνητοί,   Ἅιδου τὰς ὄψεις ἀτίμως
                                    καὶ τὸν αὐχένα πατοῦντες
εἰσέλθατε κραυγάζοντες·   ' κατεπόθη
                                    καὶ ὁ Ἅιδης καὶ ὁ Θάνατος '·
δι' ὑμᾶς ἦλθον ἐγώ·   καὶ γὰρ εἰμὶ   πάντων ζωὴ καὶ ἀνάστασις·
ἀλλὰ πάντες σὺν χαρᾷ   εἴπατε νῦν τοὺς ψαλμοὺς καὶ τὰ ᾄσματα·
'ποῦ ἐστι νῖκος τὸ σόν,   ὦ ἄτιμε Ἅιδη;
                                    ποῦ σοῦ, Θάνατε, τὸ κέντρον;' 5
κεῖσθε ἀδύνατοι·   Θάνατε, τεθανάτωσαι·
Ἅιδης, καί σὺ   καταδέδεσαι δεινῶς·
οἱ βασιλεύσαντες   ἐδουλώθητε   θεασάμενοι
ὅτι παρεγένετο
|: ἡ ζωὴ καὶ ἀνάστασις." :| 10

η' Πρὸς τὰ τοιαῦτα ὁ ἐχθρὸς   Ἅιδης μετὰ τοῦ Θανάτου
                                    καὶ δεδεμένος σὺν τούτῳ
καὶ κείμενος ἐκραύγαζε   καὶ ὡς ἄναξ
                                    τοῖς αὐτοῦ διετάττετο·
" Πυλωροί, δράμετε νῦν   βλέποντες μὲ   ὡς ἀδικίαν ὑφίσταμαι·
ἀλλ' ὑμεῖς δεῦτε ταχὺ   κλείσατε πύλας χαλκᾶς καὶ φυλάττετε,
βάλετε τοὺς σιδηροὺς   μοχλοὺς ἐν ταῖς πύλαις
                                    καὶ ἐάσατε μηδένα 5
τούτων ὧν ἤγειρεν   ἐξελθεῖν ἀπὸ μνήματος·
βούλομαι γὰρ   νῦν κριθῆναι μετ' αὐτοῦ
τοῦ ἐπελθόντος μοι·   ἀσφαλίσασθε   καὶ κρατήσατε
τοὺς βοῶντας·   ' ἤλυθεν
|: ἡ ζωὴ καὶ ἀνάστασις.' :| 10

θ' Ἐγὼ ὁποῖον ἄδικον   ὑφίσταμαι βασιλεύσας
                                    μέχρι τοῦ νῦν τῶν ἀνθρώπων·
εἰπέ μοι οὖν, ὦ ἄνθρωπε,   τίς ὑπάρχεις,
                                    πῶς δ' ἐνταῦθα ἐλήλυθας;

27 CANTICA ON THE PERSON OF CHRIST

ὅτι γὰρ ἄνθρωπος εἶ   δῆλον ἐστί·
                            σῶμα γὰρ βλέπω ἀνθρώπινον·
ἀλλ' ἐμὸν κτῆμα ἐστὶ   πᾶς ἐκ τοῦ γένους Ἀδὰμ καταγόμενος·
τί οὖν βιάζεις ⟨ἐ⟩μὲ   ἐκ πάντων ὑπάρχων
                            ὡς ἐλθὼν ὑπὲρ ἁπάντων; 5
ἅπας γὰρ ἄνθρωπος   ἔστι μοι ὑποχείριος,
κἄν τε πολὺν   κἄν τ' ὀλίγον ἐν τῇ γῇ
χρόνον βιώσηται·   πῶς οὖν ⟦σὺ⟧ γέγονας   ὑπὲρ ἄνθρωπον
καὶ ἀνθρώπων λύτρωσις,
|: ἡ ζωὴ καὶ ἀνάστασις; :| 10

ι' Ἰδοὺ οὖν εἴπω τὴν πρὸς σὲ   δίκην ὡς ἠδικημένος·
                                  υἱὸν ἀνθρώπου γὰρ βλέπω·
θεοῦ δὲ ἔργα κέκτησαι,   οὐκ ἀνθρώπου
                                  ὁ ὁρώμενος ἄνθρωπος·
καθορῶ σου τὴν πληγὴν   τὴν τῆς πλευρᾶς
                                  καὶ τὴν τῶν ἥλων καθήλωσιν·
θεωρῶ δὲ τὴν ἰσχὺν
                            καὶ ἐξαστράπτον τὸ φῶς σου τὸ ἄχραντον·
εἰ τοίνυν ἄνθρωπος εἶ,   ὑπόκεισαι πάντως
                               τῷ Θανάτῳ καὶ τῷ Ἅιδῃ· 5
εἰ δὲ γενόμενος   ἄνθρωπος τὸ ὁρώμενον
πέλεις θεὸς   τὸ νοούμενον ἐν σοί,
νῦν μοι ἑρμήνευσον,   ἵνα ἴδωμεν,   ὡς κἂν ἄνθρωπος
φαίνῃ, σὺ καθέστηκας
|: ⟨ἡ⟩ ζωὴ καὶ ἀνάστασις." :| 10

ια' Νῦν ὅτε ταῦτα ὁ Χριστὸς   ἤκουσε τούτου βοῶντος,
                                εἶπε πρὸς τοῦτον εὐθέως·
" Δικάζομαι καὶ κρίνομαι·   οὐ γὰρ θέλω
                                ἀδικῆσαι σε ἔν τινι·
κἂν γὰρ σὺ ἄδικος εἶ   καὶ ἀναιδὴς   καὶ κατακρίσεως ἄξιος,
     ἀλλ' ἐγὼ ἄνθρωπος μὲν   γέγονα, ὥσπερ ὁρᾷς, ἀναμάρτητος,
θεοῦ δὲ λόγος εἰμὶ   καὶ κτίστης τῶν ὅλων
                                καὶ θεὸς πάντων δυνάστης· 5

θ' 5¹ ἐμὲ] Trypanis m.c. : με P   8² metrum ⏑⏑−⏑⏑ : σὺ del. Trypanis m.c.
ι' 10 ἡ add. Maas
ια' 4² ἀναμαρτήτως P : corr. Maas

κἂν δὲ θεός εἰμι,   ὡς δεσπότης οὐ κρίνομαι,
ἀλλ' ὡς Ἀδὰμ   δίκην λέγω μετὰ σοῦ·
τοῦτο γὰρ γέγονα·   καὶ [νική]σω σε   καὶ ἐκβάλλω σε
τῆς ἀρχῆς ἧς κέκτησαι,
|: ἡ ζωὴ καὶ ἀνάστασις. :| 10

ιβ' Ὅλην τὴν χάριν τῆς ζωῆς   εἶχεν Ἀδὰμ τῆς ἀφθάρτου,
                                     ὅ[σπερ] παρήχθη ἐν πρώτοις·
ζωὴ δὲ ἐνυπόστατος   ἐγὼ πέλω   ὁ ποιήσας τὰ σύμπαντα·
ἀλλὰ σύ, Ἅιδη ⟨‿ –⟩   τὸ πρὶν οὐκ ἦς,   οὐδὲ Θανάτου ὑπόστασις·
ἁμαρτίας δὲ δεινῆς   πάθος ἐκεῖν[ον] καὶ σὲ ἀπεγέννησεν·
διόπερ οὖν ὁ Ἀδὰμ   ἀπάτῃ τοῦ π[λάν]ου
                                                 δουλωθεὶς τῇ ἁμαρτίᾳ 5
καὶ ὑποχείριος   γέγονε καὶ αἰχμάλωτος
σοί τε αὐτῷ   καὶ Θανάτῳ τῷ πικρῷ·
ὅθεν ὑπάρχετε   ἀνυπόστατοι   καὶ εὐάλωτοι·
πῶς οὖν ἐκρατήσατε
|: τὴν ζωὴν καὶ ἀνάστασιν; :| 10

ιγ' Ὑπὸ ἀνοίας ἐπαρθείς,   τοὺς ἐξ Ἀδὰμ γεννηθέντας,
                                     ὡς ἁμαρτίας μετόχους
ἐκράτεις καὶ συνέκλειες   ὡς πατρῷον   ἐποφείλοντας ὄφλημα·
ἀλλὰ ἦν ἔνοχος σοὶ   πᾶς ἐξ Ἀδὰμ   ἐν ἁμαρτίαις τικτόμενος,
ἐκ φθορᾶς ὁ γεννηθεὶς   καὶ συνουσίας ἀνδρὸς καὶ ἐκ μίξεως·
ἐγὼ δὲ τούτων εἰμὶ   ἐλεύθερος πάντων,
                                     ἁμαρτίας, συνουσίας· 5
κἂν γὰρ γεγένημαι   ἄνθρωπος ὡς ἠθέλησα,
παρθενικὴ   ἀπεκύησε γαστὴρ
τὸν ἀναμάρτητον·   καὶ τὸ αἷμά μου   τῷ γεννήσαντι
ὑπὲρ πάντων δέδωκα,
|: ἡ ζωὴ καὶ ἀνάστασις :| 10

ιδ' Ῥᾴως ἐρεύνησον ἐμὲ   καὶ βλέπε ὡς οὐχ εὑρήσεις
                                     ἄδικον πρᾶγμα καὶ λόγον·
ἐν πράξει γὰρ οὐχ ἥμαρτον,   οὐδὲ δόλον
                                     ἐφθεγξάμην ἐν ⟦τῷ⟧ στόματι·

ια' 8² suppl. Maas (cf. 28 κη' 8¹⁻²)
ιβ' 1³ suppl. Maas   3¹ metrum ‿ ‿ –́ ‿ ‿ ‿ –́   4²–5² suppl. Maas
ιδ' 2³ τῷ del. Trypanis m.c.

διὰ τοῦτο οὖν φημί· ' τίς ἐξ ὑμῶν
                                      ἐφ' ἁμαρτίᾳ ἐλέγξει με;
ἐν γὰρ πᾶσι τοῖς νεκροῖς   νῦν περὶ πάντα ἐδείχθην ἐλεύθερος
καὶ πάντων τῶν σαρκικῶν   ἁμαρτιῶν ξένος·
                                      πῶς ἐτόλμησας οὖν, Ἅιδη, 5
τὸν ἀναμάρτητον   κατασχεῖν ὡς ὑπεύθυνον;
ὅλον ἐμὲ   κατερεύνα ἀκριβῶς·
θέλω γὰρ γνῶναι σε   τὴν ἀλήθειαν,   ὡς δικαίως σε
ἄρτι διαδέχομαι,
|: ἡ ζωὴ καὶ ἀνάστασις. :| 10

ιε' Ὡς ἀναιδὴς ἀγανακτεῖς·   κρίσις γὰρ ἔστι δικαία,
                                      καὶ ἐκβληθή[σεσθε] ἔξω
οἱ ἄρχοντες οἱ ἄδικοι   οἱ τοῦ σκότους,
                                      παραβάντες τὸ δίκαιον·
ἐὰν οὖν καὶ ἐν ἐμοὶ   εὕρηκας τὶ   τῆς ἁμαρτίας κἂν λείψανον,
χρῆσαι νῦν καὶ ἐπ' ἐμοὶ   πᾶσι σου τοῖς δικαιώμασιν, ἄδικε·
εἰ δὲ εὑρήσεις οὐδέν,   ἀπόδος συντόμως
                                      ὃ κατέχεις γραμματεῖον, 5
ὅτιπερ γέγονας   τούτῳ ἐπερειδόμενος
κατὰ Χριστοῦ   ἀναμάρτητον θρασύς,
καὶ ἑτοιμάσθητι   πρὸς ἀπόδοσιν   ὧν προείληφας,
οὕσπερ καὶ ἀνέστησα,
|: ἡ ζωὴ καὶ ἀνάστασις. :| 10

ις' Μόνον ἵνα μὴ ἀγνοῇς   ἅπερ ὑπέστης, ὦ Ἅιδη·
                                      οὐ μόνον γὰρ ἀποδώσεις
οὓς ἔλαβες καὶ ἤγειρα,   οὓς λαμβάνω
                                      μετ' ἐμοῦ [[ὁ]] ἐξερχόμενος,
ἀλλὰ γὰρ †ὡς εἶδες† ἄν σοὶ   καὶ τοῦ λοιποῦ
                                      παραπεμφθῶσιν, ἐγείρονται,
ἐπειδὴ πάντας ὁμοῦ   ἐξαναστήσω φωνῇ τῇ τῆς σάλπιγγος,
ὅτι ἐτόλμησας σὺ   υἱὸν βασιλέως   ἀναμάρτητον κρατῆσαι.' " 5
ταῦτα δὲ λέγοντος   Ἅιδης ἦν ὑποβρύχιος·
οἱ πυλωροὶ   ἀπορρίψαντες τὰς κλεῖς

ιε' 1³ suppl. Maas
ις' 1¹ ἀγνοῇς] Maas: ἀγνοήσῃς P   2³ ὁ del. Trypanis m.c.   3¹ metrum ∪∪⏑∪∪⏑: ὡς εἶδες] P: ὅσοι δ' dub. Trypanis

ἔφυγον βλέποντες,   πῶς συνέτριψε   καὶ διέρρηξε
τοὺς μοχλοὺς αὐτῶν Χριστός,
|: ἡ ζωὴ καὶ ἀνάστασις. :| 10

ιζ' "**Ἄφνω** νεκρῶν τὰ σώματα   ἐψυχωμένα ἠγέρθη
                              καὶ κατεπάτουν τὸν Ἅιδην·
" ᾿Ω ἄδικε ", κραυγάζοντες,   " ποῦ σου νῖκος,
                              ποῦ σου κέντρον, ὦ Θάνατε; "
ἠνεῴχθησαν μὲν οὖν   πάντα εὐθὺς   ἐξ αὐτομάτου τὰ μνήματα,
οἱ νεκροὶ δὲ ἐξ αὐτῶν   πάντες ἐξήλλοντο καὶ ἐχόρευον.
ἀλλ' ἄγγελος κατελθὼν   κυλίει τὸν λίθον
                              ἐκ τοῦ τάφου τοῦ σωτῆρος·   5
" Δέσποτα κύριε,   σὺ τοὺς τάφους ἠνέῳξας
νεύματι σῷ   οὐ δεόμενος τινός·
πῶς ἐδεήθης οὖν   τοῦ κυλίοντος   ἐκ τοῦ τάφου σου
λίθον ἐπικείμενον,
|: ἡ ζωὴ καὶ ἀνάστασις; " :| 10

ιη' " **Νῦν** ἵνα μηδεὶς πλανηθῇ,   λέξω τε καὶ ἑρμηνεύσω
                              τὸ παρ' ὑμῶν προβληθέν μοι·
ὁ λίθος μοι πρὸς ἔξοδον   οὐδὲ ὅλως   ⟨οὐκ⟩ ἐγένετο κώλυμα,
ἐπειδὴ πάντα ἐμοὶ   ὥσπερ θεῷ   εἴκει τε καὶ ὑποτάσσεται·
εἰ ⟨γὰρ⟩ καὶ γέγονα σάρξ,   πάντων εἰμὶ ποιητής τε καὶ κύριος·
⟦καὶ⟧ τῷ νεύματι τῷ ἐμῷ   ἡ θάλασσα πρώην
                              ὥσπερ χέρσος ἀπεδείχθη·   5
ὁ Ἰορδάνης δὲ   εἰς τὰ ὀπίσω ἀνέκαμψεν·
νάματα δὲ   ἐν ἐρήμῳ τοῖς λαοῖς
πέτρα ἐπήγασε,   καὶ ὁ ἥλιος   ὑπεχώρησεν,
ὅτε μὲ ἐσταύρωσαν
|: τὴν ζωὴν καὶ ἀνάστασιν. :| 10

ιθ' '**Ο** μόνῳ νεύματι καὶ νῦν   πάντας τοὺς τάφους ἀνοίξας
                              καὶ τοὺς νεκροὺς ἀπολύσας
οὐδέποτε οὐκ ἔχρῃζον   τοῦ ἀγγέλου
                              τοῦ τὸν λίθον κυλίσαντος·

ιζ' 4² metrum cf. β' 4²
ιη' 2³ οὐκ add. Trypanis m.c. (cf. ιθ' 2¹; 43 α' 4², etc.)   4¹ γὰρ add. Maas
5¹ καὶ del. Maas m.c.
ιθ' 2¹ ἔχρῃζον] Maas: ἔχρῃζεν P

ἀλλὰ νῦν μάθετε μοῦ   τέχνην σοφήν·
                        τοῦτο γὰρ δέδωκα σύμβολον
  καὶ σημεῖον τοῖς θνητοῖς
                        τούτου τοῦ λίθου ἐκ τάφων ἡ ἔπαρσις
  ὡς ἐν τῇ ὥρᾳ αὐτῇ   αἱ πύλαι τοῦ Ἅιδου
                        ἀνεσπάσθησαν ἐκ [μέ]σου,   5
  οὐ χρηματίζουσαι   ἐν τοῖς τάφοις ὡς πρότερον·
  ὅθεν λαμπρᾷ   τῇ ἐσθῆτι ἐκφανεὶς
  τότε ὁ ἄγγελος,   ἐπινίκιον   ὕμνον ᾖσέ μοι
  λέγων ὡς ἐγήγερται
  |: ἡ ζωὴ καὶ ἀνάστασις." :| 10

κ' Ὑπὲρ δὲ τούτων, λυτρωτά,   τί ἔχομεν ἀντιδοῦναι,
                        εἰ μὴ τὴν δοξολογίαν;
  διὸ τῶν δοξαζόντων σου
                        τὸν σταυρὸν καὶ τὴν ταφὴν καὶ ἀνάστασιν
  ὡς θεὸς φεῖσαι, Χριστέ·   δὸς δὲ ἡμῖν
                        πλημμελημάτων συγχώρησιν
  καὶ ἀξίωσον ἡμᾶς,   ὅταν ἡ πάνδημος γένηται ἔγερσις,
  τὸ πρόσωπόν σου ἰδεῖν   μετὰ παρρησίας
                        καὶ ἀκοῦσαι τῆς φωνῆς σου·   5
  "Σὺν τοῖς ἁγίοις μου   δεῦτε κληρονομήσατε
  μετὰ χαρᾶς   βασιλείαν τὴν ἐμήν"·
  δὸς οὖν κατάνυξιν   ταῖς ψυχαῖς ἡμῶν,   πολυέλεε,
  ἵνα σε δοξάζωμεν,
  |: τὴν ζωὴν καὶ ἀνάστασιν. :| 10

3³ δέδωκε Maas   5³ [μέ]σου suppl. Trypanis
κ' 2²⁻³ divisio neglecta   6¹ μου] Maas : σου P   6² τάφοις] βάθροις Maas

28 (74 Kr.)

ON THE RESURRECTION V

Acrostichis: *ΤΟΥ ΤΑΠΕΙΝΟΥ ΡΩΜΑΝΟΥ ΑΙΝΟΣ [ΕΙΣ ΤΟ ΠΑΘΟΣ]*

Prooemium: *Ἰδιόμελον*

Τὸν σὸν ἑκούσιον θάνατον   ζωὴν ἀθάνατον εὕρομεν,
παντοδύναμε   καὶ μόνε τῶν ὅλων θεέ·
σὺ γὰρ ἐν τῇ σεπτῇ σου ἐγέρσει   πάντας ἀνεκαλέσω, οἰκτίρμων,
|: ὁ λύσας τοῦ Βελίαρ τὰ βέλη,   τοῦ Ἅιδου τὸ νῖκος
    καὶ Θανάτου τὸ κέντρον. :|

Strophae: *Ἰδιόμελον* (App. Metr. xxv)

α' Τὸ μυστήριον τῆς σῆς οἰκονομίας,   ὦ σωτὴρ ἥμων,
    ἄφραστον ἔστιν,   ἀκατάληπτον,
ὡς μεμένηκες ὁμοούσιος   τῷ πατρὶ καὶ ἡμῖν· ἀλλὰ ἵνα σαφῶς
ἕνα ἐξ ἀμφοῖν   ἀσυγχύτως νοήσωμεν,
[...]ωνας [[μὲν γὰρ]] ὃ ἦς,   γέγονας ὃ οὐχ ὑπῆρχες
ἐκ παρθένου [ἀ]φθόρου σαρκωθεὶς
    δι' ἡμᾶς ὡς ἡμεῖς ἁμαρτίας ἐκτός. 5
καὶ θεὸς ὢν ἀληθείᾳ   καὶ ἄνθρωπος οὐ φαντασίᾳ
εἷς ὁ αὐτὸς κατεδέξω   τὸ πάθος οἰκονομίᾳ,
ἵνα τῶν παθῶν δώσῃς   ⟨ἅπασιν⟩ ἐλευθερίαν,
|: ὁ λύσας τοῦ Βελίαρ τὰ βέλη,   τοῦ Ἅιδου τὸ νῖκος
    καὶ Θανάτου τὸ κέντρον. :|

28 *Codices*: P [strophae κδ'–κη' suspectae sunt ut Transformatio cantici 27 (79 Kr.) ε' 7–ιγ']
Editiones: Tomadakis P.M.Y. III, pp. 45 sq.
Titulus: On the Resurrection V Trypanis: κοντάκιον ἀναστάσιμον P
Dies Festus: Κυριακῇ τοῦ Πάσχα
Modus: ἦχος πλάγιος β'
Acrostichis: τοῦ ταπεινοῦ Ῥωμανοῦ αἶνος εἰς τὸ πάθος P

α' 1¹ metrum {⏑⏑–⏑⏑–⏑⏑–⏑⏑} : Τὸ τῆς οἰκονομίας μυστήριον Trypanis
{⏑⏑–⏑⏑–⏑⏑–⏑}
2¹ ⏑⏑–⏑⏑–⏑⏑–: ⟨σὺ⟩ ὁμοούσιος Trypanis   4¹ [..]ωνας P teste
Maas: [ἔμ]εινας vidit et suppl. Krumb. (fortasse recte)   μὲν γὰρ del. Maas m.c.
4² ὃ οὐχ] Maas: οὐχ ὃ P   5¹ suppl. Krumb.: metrum ⏑⏑–⏑⏑–⏑⏑–:
σαρκ.] P: τεχθεὶς Trypanis   8² ἅπασιν dub. add. Maas: ⟨τοῖς θνητοῖς⟩
Trypanis m.c.

CANTICA ON THE PERSON OF CHRIST

β´ ['Ο] ποιήσας τὰ πάντα προστάγματι ἐπὶ γῆς ὤφθης
                                       γενέτου μένων   ἀμέριστος·
οὐκ ἀρχὴν γὰρ θεότητος κέκτησαι,
                              οὔτε χρόνῳ τινὶ ἐποιήθης αὐτός,
ἀλλὰ σὺν πατρὶ   διαμένεις προάναρχος·
οὐ γὰρ κτίσμα εἶ,   ἀλλὰ ὑπάρχεις γέννημα,
συναΐδιος λόγος ἀεί,   τῷ γεννήσαντι σὲ ὁμοούσιος.   5
ὅθεν ἐν μιᾷ οὐσίᾳ   ἅμα πατρὶ καὶ τῷ πνεύματι
ὑπὸ πιστῶν καταγγέλλῃ   [ὡς] ἀμερὴς ἐν τριάδι,
εἰ καὶ τὸ κατὰ σάρκα   σταυρωθῆναι κατεδέξω
|: ὁ λύσας τοῦ Βελίαρ τὰ βέλη,   τοῦ Ἅιδου τὸ νῖκος
                                      καὶ Θανάτου τὸ κέντρον. :|
γ´ ['Υ]ἱὸς τῇ ἀνάρχῳ θεότητι   τοῦ πατρὸς πέλων,   γέγονας θέλων
                                                  καὶ ἄνθρωπος·
τὴν μὲν θείαν οὐσίαν οὐκ ἔτρεψας
                        ἐκ μητρὸς προσλαβὼν τὴν τοῦ δούλου μορφήν,
εἷς μονογενὴς   ὑπὸ πάντων δηλούμενος·
ἄκτιστος μὲν γὰρ   ὡς ἀκατάληπτος λόγος,
ἀλλὰ κτίσμα σαρκὶ θεαθεὶς
                        διὰ γένος βροτῶν τῇ τοῦ δούλου μορφῇ.   5
ἄνω ἀόρατος, γέγονες,   κάτω ὁρώμενος πᾶσι·
σωματικῶς δὲ τὸ πάθος   ὑπὲρ ἡμῶν κατεδέξω
⟨◡ ◡ ◡̆ ◡ ◡ − ◡   ◡ ◡ − ◡ ◡̆ ◡ − ◡⟩
|: ὁ λύσας τοῦ Βελίαρ τὰ βέλη,   τοῦ Ἅιδου τὸ νῖκος
                                      καὶ Θανάτου τὸ κέντρον. :|
δ´ [Τ]ὸν αὐτὸν οὖν Χριστὸν ἐπιστάμεθα   υἱὸν ἕνα,
                                 ἅμα θεόν τε   καὶ ἄνθρωπον,
τῇ ἀνάρχῳ μὲν φύσει ἀθάνατον,
                             ὑπομείναντα δὲ θάνατον τῇ σαρκί·
πᾶν γὰρ ὑλικὸν   τὰ βροτῶν ὑποδέχεται,
ἃ καὶ δεῖ εἰπεῖν   ὕβρεις καὶ ταλαιπωρίας,
ἐμπαιγμούς τε λοιπὸν καὶ πληγάς·
                                 ἀπαθὲς δὲ ὑπάρχει τὸ ἄκτιστον. 5
οὕτως πιστεύων, ὦ ἄνθρωπε,   οὐδέποτε ἁμαρτήσεις

β´ 6² metrum ◡ ◡ ◡̆ − ◡ ◡ − ◡: τῷ πνεῦμα (= τῷ πνεύματι) dub. Trypanis; cf.
S. G. Kapsomenakis, Voruntersuch. zu einer Gram. der Pap. der nachchrist.
Zeit, München 1938, p. 94   7² ὡς suppl. Maas

σωματικῶς σταυρωθέντα τὸν ἐκ θεοῦ πατρὸς λόγον·
οὔτε γὰρ διαιρεῖται ἡ τῶν φύσεων ἑνότης,
|: ὁ λύσας τοῦ Βελίαρ τὰ βέλη, τοῦ Ἅιδου τὸ νῖκος
καὶ Θανάτου τὸ κέντρον. :|

ε´ Ἀγνοήσας σε κτίστην τῶν ὅλων τὸ κτιστὸν λαβόντα,
δόλον Ἰούδας ἐξειργάσατο
καὶ φιλάργυρον τρόπον κτησάμενος
τοῖς ἀνόμοις πωλεῖ τὸν καλὸν θησαυρόν·
θείαν δὲ βουλὴν ἀποκρύπτειν οὐκ ἴσχυσε·
σῶμα γὰρ τὸ σὸν μεταλαμβάνων εἰς βρῶσιν
τῷ θανάτῳ εὐθὺς προδιδοῖ·
ἀλλ' οὐκ ἔλαθε σὲ τὸν γνώστην τῶν κρυπτῶν 5
καὶ ἐλεγχθεὶς οὐκ ᾐδέσθη γνώμην ὡς πλάνος προφέρων,
μᾶλλον δὲ ῥέπων πρὸς φόνον τοὺς ἀπειθεῖς προσκαλεῖται·
ὅθεν φίλτρῳ δολίως ἐξεδόθης πρὸς τὸ πάθος,
|: ὁ λύσας τοῦ Βελίαρ τὰ βέλη, τοῦ Ἅιδου τὸ νῖκος
καὶ Θανάτου τὸ κέντρον. :|

ϛ´ Παρανόμων ἀπάνθρωπα πλήθη ἀσεβῶς τελοῦντα
ἄδικον τόλμαν ἐνεδείξαντο·
καὶ ῥαπίζοντες πρόσωπον ἄχραντον
ὑστεροῦνται εὐθὺς τῆς ἀρχαίας τιμῆς
λόγους προφητῶν οὐδαμῶς ἐπιστάμενοι·
" Ὦ τῆς δυσμενοῦς ὦ ἀσυνέτου πωρώσεως ",
ὡς φησὶν Ἡσαΐας ποτὲ διελέγχων αὐτῶν τὸ ἀσύγγνωστον, 5
ἀποφθεγγόμενος· " ἥξει ἐπὶ σφαγὴν τὸ ἀρνίον·
ὃς οὐκ ἀνοίγει τὸ στόμα ἐν τῇ αὐτοῦ ταπεινώσει,
ὅπως ἄρας τὴν κρίσιν χορηγήσῃ [[τὴν αὐτοῦ]] εὐσπλαγχνίαν,
|: ὁ λύσας τοῦ Βελίαρ τὰ βέλη, τοῦ Ἅιδου τὸ νῖκος
καὶ Θανάτου τὸ κέντρον. " :|

ζ´ Ἐπὶ τούτοις δὲ μᾶλλον οἱ ἄνομοι ἰοβόλῳ γνώμῃ
ἄδικα πρ[άτ]τειν ἐβουλεύσαντο·
διεσχίσθησαν καὶ οὐ κατενύγησαν
οἱ πολλάκις πολλὰ εὑρηκότες καλά,

ε´ 5¹ προδιδοῖ] Maas: προεδίδει P
ϛ´ 8² metrum ∪∪–∪∪∪–∪: τὴν αὐτοῦ del. Trypanis m.c.
ζ´ 1³ suppl. Maas

πρότερον τρυφὴν ἐν ἐρήμῳ κτησάμενοι·
νόμον δὲ τιμᾶν διὰ τῶν ἔργων δοκοῦντες
τὸν τοῦ νόμου αὐτῶν πληρωτὴν
σταυρωθῆναι σαρκὶ παραδέδωκαν, 5
τὸν διαλάμψαντα χάριν βλάσφημον λέγειν τολμῶντες,
τὸν τοὺς νεκροὺς ἀνιστῶντα ἔνοχον εἶναι θανάτου,
ὅτι πάθος μανίας διελέγχει μακροθύμως
|: ὁ λύσας τοῦ Βελίαρ τὰ βέλη, τοῦ Ἅιδου τὸ νῖκος
καὶ Θανάτου τὸ κέντρον. :|

η' Ἰησοῦ τοῦ Ναυῆ πολεμοῦντος Ἐναπίων πόλεις, ὦ Ἰουδαῖε,
συνεβάδιζες,
θεωρῶν ἐκχεόμενα αἵματα
καὶ δυνάστων πολλῶν πρὸς τὸ ἔδαφος
τείχη ὀχυρὰ καταπτώσει τυγχάνοντα·
ἦλθεν Ἰησοῦς τὸ τῆς παρθένου βλάστημα
ἐν σαρκὶ τοῖς ἀνθρώποις φανεὶς
καὶ ζωὴν τοῖς θανοῦσι δωρούμενος· 5
καὶ νῦν τὸν σὸν εὐεργέτην ὅλως ἀχάριστος πέλων
καθυποβάλλεις Πιλάτῳ ἀξιῶν τοῦ σταυρωθῆναι·
ἀλλὰ θέλων σταυροῦται, ἵνα σώσῃ τοὺς φθαρέντας,
|: ὁ λύσας τοῦ Βελίαρ τὰ βέλη, τοῦ Ἅιδου τὸ νῖκος
καὶ Θανάτου τὸ κέντρον. :|

θ' Νόμον θεῖον φυλάττειν ἐνόμιζε παρανόμων πλῆθος
καὶ κατακρίνει τὸν νόμου ποιητήν·
τῷ Πιλάτῳ γὰρ ἔκραζε· " Σταύρωσον
τὸν ἀεὶ βεβηλοῦντα τὸ σάββατον
καὶ τοῦ Μωϋσῆ τὰς φωνὰς παρατρέψαντα ".
ὦ τῆς ἀναιδοῦς καὶ ἀπανθρώπου πράξεως·
οὐκ αἰδοῦνται ἐκδοῦναι σταυρῷ
ὃν προφῆται σαφῶς [προηγ]όρευσαν· 5
ἀλλ' ὡς μακρόθυμος φέρων τὰς τῶν ἀπί[στων ἀ]νοίας
σωματικῶς θανατοῦται, ἵνα τὸν κόσμον [λυτρώ]σῃ,

ζ' 8² μακροθύμως] Maas : μακροθυμῶν P
η' 1² Ἐναπίων] Maas : ἐναντίων P   2² δυνάστων] Trypanis (de accentu
cf. App. Metr.) : δυνάστας P   7² metrum ⏑⏑−⏑⏑−⏑ : ἄξιον Trypanis
θ' 5²–7² suppl. Maas

ἄφεσιν ὑπογράφων τῷ πεσόντι πρωτοπλάστῳ
|: ὁ λύσας τοῦ Βελίαρ τὰ βέλη, τοῦ Ἄιδου τὸ νῖκος
καὶ Θανάτου τὸ κέντρον. :|

ι´ ["Ότε οὖν] κατὰ σάρκα ἐσταύρωσαν προσηλώσαντες ξύλῳ
τὸν [πόλο]ν καὶ γαῖαν πλαστουργήσαντα,
θεωρῶν ἐσκοτίζετο [ἥλι]ος, οὐρανὸς δὲ καλύπτει τὰ ὄμματα·
ὅμοιος νυκτὶ ὁ αἰ[θὴρ] ἀπεδείκνυτο·
φόβου †ἐκτομὴ† πέτρας εὐθέως διέρρηξε·
καταπέτασμα δὲ μυστικὸν
διεσχίσθη εἰς μέσον ἔνδον τοῦ [να]οῦ· 5
καὶ τῶν ἀπίστων ὁ δῆμος βλέπων οὐδὲν κατενύγη·
[ἀλλ]ὰ προσέφερον λόγους ἀσυνέτους βοῶντες·
" Εἰ υἱὸς θεοῦ πέλει, [ἑαυ]τὸν ἐλευθερώσει
|: ὁ λύσας τοῦ Βελίαρ τὰ βέλη, τοῦ Ἄιδου τὸ νῖκος
καὶ Θανάτου τὸ κέντρον." :|

ια´ ['Υψ]ωθέντα ὁρῶν τὸν φιλάνθρωπον ὁ κακοῦργος τότε,
ὃς προσηλώθη εὐώνυμος αὐτῷ
καὶ αὐτὸς τοῖς κακούργοις συνέπραττε,
βλασφημῶν εἰς Χριστὸν καὶ λέγων τὰ αὐτῶν·
ὅμως παρευθὺς [κατ]ελέγχοντα ἔβλεπε
τὸν ἐκ δεξιῶν οὕτως φθεγγόμενον τότε·
" [Βλασφημεῖς] καὶ τολμᾷς ἀθετεῖν
σταυρωθέντα κριτήν, ὦ κατάκριτε; 5
σὺ μὲν δικαίως κολάζει, ὥσπερ κἀγὼ ἐκ τῶν ἔργων,
αὐτὸς δὲ πάσχει θελήσει, ἵνα τὰ πάθη συντρίψῃ
καὶ κουφίσῃ τοῦ ἄλγους τὸν [πληγ]έντα παραβάσει,
|: ὁ λύσας τοῦ Βελίαρ τὰ βέλη, τοῦ Ἄιδου τὸ νῖκος
καὶ Θανάτου τὸ κέντρον." :|

ιβ´ ['Ρ]ιζωθεὶς πρὸς τελείαν διόρθωσιν ὁ ποτὲ κακοῦργος
ῥῆμα συμφέρον ἐφθέγξατο·
τὸν βουλήσει τὸ πάθος ἑλόμενον ἐπιγνοὺς ἀπαθῇ τῇ θεότητι
ἔφη πρὸς αὐτόν· "Ἱκετεύω μὴ ἐάσῃς με,

ι´ 1¹ suppl. Maas 1³ πόλον suppl. Trypanis (cf. 19 5´ 4¹; 37 ι´ 2, ιγ´ 4²)
2¹–8² suppl. Maas 4¹ ἐκτροπὴ R. Burn, cf. L.S.J. s.v. II. 4: ἐκτροφὴ dub.
Trypanis 7² metrum cf. κ´ 7²
ια´ 3² suppl. Maas 5¹ Βλασφημεῖς dub. Maas 8² suppl. Orphanidis
ιβ´ 3² metrum ∪∪–∪∪–∪∪: δυσωπῶ dub. Maas (cf. 29 κδ´ 4)

ὅτε [γ]ηγενῶν δημοσιεύσῃς τὰς πράξεις·
μὴ μνησθῇς τῶν ἐμῶν πονηρῶν,
       ὧν ἐτέλουν ἐγὼ ἐν τῷ βίῳ τὸ πρίν, 5
ἀλλ' ὡς νῦν συναλγεῖς μοι ὄφθητι τότε συμπάσχων
καὶ ἐν τῇ σῇ βασιλείᾳ μνήσθητι μοῦ ὡς οἰκτίρμων·
διὰ τοῦτο γὰρ θνῄσκεις, ἁμαρτήσαντας οἰκτεῖραι,
|: ὁ λύσας τοῦ Βελίαρ τὰ βέλη, τοῦ Ἅιδου τὸ νῖκος
       καὶ Θανάτου τὸ κέντρον." :|

ιγ' "Ὦ δεινῆς διαβόλου πωρώσεως, ὦ ἀπίστων γνώμης
    οἱ τὰ ἐναντία φρονοῦντες τῶν γραφῶν·
τὴν ἀλήθειαν γὰρ ἀποκρύπτουσι
       διαφόρους ὁδοὺς ἐφευρίσκοντες·
ἕνα υἱὸν τὸν Χριστὸν μὴ γινώσκοντες,
θέλουσι τινὲς τὴν θείαν οὐσίαν μερίζειν
⟨καὶ⟩ βροτὸν ὀνομάζειν ψιλὸν
   τὸν ὀφθέντα ἐν κόσμῳ σαρκὶ δι' ἡμᾶς ⟦τολμῶντες εἰπεῖν⟧. 5
ἀλλὰ θεὸς ἀπεγνώσ[θη] φύσει ἀθάνατος μένων,
εἰ καὶ βροτὸς ἐθεάθη δούλου μορφὴν ἐπιφέρων·
θέλων γὰρ ἐσταυρώθη, ἵνα τὴν φθορὰν νε[κρώσῃ],
|: ὁ λύσας τοῦ Βελίαρ τὰ βέλη, τοῦ Ἅιδου τὸ νῖκος
       καὶ Θανάτου τὸ κέντρον. :|

ιδ' Μέγα πέλει ἐν κόσμῳ μυστήριον τὸ τῆς σῆς παρουσίας,
       ὃ βλασφημοῦσιν Ἀρείου μαθηταί,
ὅτι σὲ τὸν πατρὶ ὁμοούσιον ποιητὸν καὶ κτιστὸν καταγγέλλουσι,
λόγους γραφικοὺς κακεμφάτως τιθέμενοι·
λάβε κατὰ νοῦν —ὦ δυσμενοῦς πωρώσεως—,
εἴπερ κτίσμα τὸν κτίστην καλεῖς,
    [καὶ] θεὸν ληρωδεῖς πλασθέντα ἐκ θεοῦ, 5
θεοποιεῖς καὶ ἀγγέλους [τοὺς] ἐξ ἀΰλου οὐσίας·
ἀλλὰ καὶ χρόνος ὑπάρχει ὅτε οὐκ ἦ[σαν] ἐκεῖνοι·
μόνος ἄχρονος πέλει τοῦ γεννήτορος ὁ λόγος,
|: ὁ λύσας τοῦ Βελίαρ τὰ βέλη, τοῦ Ἅιδου τὸ νῖκος
       καὶ Θανάτου τὸ κέντρον. :|

4¹ suppl. Krumb.
ιγ' 5¹ καὶ add. Maas 5² τολμ. εἰπεῖν del. Maas 6¹-8² suppl. Maas
ιδ' 5²-7² suppl. Maas

ιε´ Ἀναπτύξας Χριστοῦ τὴν ἀνάστασιν ἐξ αὐτῆς γνῶθι,
πῶς τῇ Μαρίᾳ ἐφάνη ἐγερθεὶς
καὶ φησί· " Μή μου ἅπτου, ὦ γύναιον,
μὴ ἐγγίσῃς σαρκὶ τῇ παθούσῃ σταυρῷ·
οὔ πω γὰρ αὐτὴν ἐ[ν ὑψί]στοις ἀνήγαγον·
σπεῦσον οὖν ταχὺ τοῖς μαθηταῖς μου κη[ρῦ]ξαι,
ὅτι ἤδη πορεύομαι νῦν πρὸς πατέρα ἐμὸν καὶ πατέρα ὑμ[ῶν·] 5
πατέρα ὑμῶν κατὰ χάριν, πατέρα ἐμὸν κατὰ φύσιν·
οὔτε γὰρ [χρό]νος ὑπάρχει ὅτε ἐγὼ οὐχ ὑπῆρχον,
ἀλλὰ σὺν τῷ πατρί μου καὶ τῷ πνεύματι τιμῶμαι
|: ὁ λύσας τοῦ Βελίαρ τὰ βέλη, τοῦ Ἅιδου τὸ νῖκος
καὶ Θανάτου τὸ κέντρον." :|

ις´ Νευρωθέντες τοῦ Παύλου τοῖς ῥήμασι οἱ πικρῶς νοοῦντες
καὶ κακοτρόπως ἑρμηνεύοντες
ἐπουράνιον σάρκα σημαίνουσι
προσλαβόντα Χριστὸν καὶ οὐχὶ ἐκ μητρός·
" Οἷος γὰρ ", φησίν, " ἐστὶν ὁ ἐπουράνιος,
τοιοῦτοι εἰσὶν οἱ ἐπουράνιοι πάντες".
ἀλλὰ γνῶθι, κακῶν ἐραστά, τοὺς δικαίους ὁποῖοι γεγόνασιν· 5
ὁ Ἀβραὰμ ὁ προπάτωρ, αἱρετικέ, τί δοκεῖ σοι
ὁ γεννηθεὶς ἐκ τοῦ Θάρρα καὶ οὐκ ἐλθὼν ἐκ τῶν ὑψίστων;
λέγει δὲ οὐρανίους οὓς ἡγίασεν ὁ πλάστης,
|: ὁ λύσας τοῦ Βελίαρ τὰ βέλη τοῦ Ἅιδου τὸ νῖκος,
καὶ Θανάτου τὸ κέντρον. :|

ιζ´ Ὅτε ἔλαμψας κόσμῳ τὴν ἔγερσιν, ἀναστὰς σῇ δυνάμει
ὁ πάντας ζωώσας τῇ θεότητι,
ὁ ἀρχέκακος ὄφις ὠδύρετο τῷ Θανάτῳ βοῶν·" Νῦν ἡττήθημεν·
ἕνα γὰρ λαβὼν τῶν πολλῶν ἐστερήθημεν·
ἄνθρωπον ψιλὸν εἶναι αὐτὸν [ὑπε]νόουν
καὶ οὐκ ᾔδειν ὁ τάλας ἐγὼ
ὅτι κρύπτει τὴν φύ[σι]ν τὴν ἄναρχον, 5
ἵνα ἐμὲ πολεμήσῃ †ἃ ἐξ ἐμοῦ ὑπομέ[νει]†·

ιε´ 2² σταυρῷ] Trypanis: σταυρόν P   3² suppl. Orphanidis
4²–7¹ suppl. Maas   6¹⁻² metrum ◡◡◡–◡◡–◡   ◡◡◡–◡◡–◡ : fortasse
πατὴρ ὑμῶν κ. χ., πατὴρ ἐμὸς κ. φ. in parenthesi Trypanis
ις´ 7² metrum ◡◡◡–◡◡–◡
ιζ´ 3¹ λαβών] Trypanis m.c.: [λαβό]ντες P   4²–6² suppl. Maas

τί μοι καὶ ὄξος σκευάσαι   μετὰ χολῆς μεμιγμένον
καὶ [. . . .]άτον κινῆσαι,   ἵνα θάνῃ ἐπὶ ξύλου
|: ὁ λύσας τοῦ Βελίαρ τὰ βέλη,   τοῦ Ἅιδου τὸ νῖκος
                    καὶ Θανάτου τὸ κέντρον; " :|

ιη´ " ['Υπ]ὸ σοῦ ταῦτα πάντα ὑφίσταμαι,   ὅτι σὺ ἡ αἰτία
                ταύτης τῆς ἥττης   ἡμῖν γέγονας ",
πρὸς τὸν δόλιον ὄφιν ὁ Θάνατος·   " διὰ σοῦ βασιλείας ἐστέρημαι·
εἶπον ἐξ ἀρχῆς,   μὴ ἐνέγκῃς [τόν]δε τὸν Χριστόν·
ἔγνων γὰρ σαφῶς   τὴν ἐν αὐτῷ οὖσαν δύναμιν
[. . .]ι τῆς Ἰαείρου παιδός,
            ἣν ἐκ μόνης φωνῆς ἥρπασεν ἀπ' ἐμοῦ, 5
ἀλλὰ καὶ Λάζαρον πάλιν   ἤλκυσεν ἐκ τῶν δεσμῶν μου·
[. . . .]ι ἔργων τοιαῦτα   ἔδρασε μοὶ τῷ μελέῳ,
πόσῳ διὰ τὴν σάρκα   ἣν ἀνέλαβεν ἀτρέπτως
|: ὁ λύσας τοῦ Βελίαρ τὰ βέλη,   τοῦ Ἅιδου τὸ νῖκος
                    καὶ Θανάτου τὸ κέντρον." :|

ιθ´ " ['Αλλ'] ἐμοὶ τὸ δεινότερον ἔδρασεν   ὁ Μαρίας γόνος ",
            ἔφη τῷ Ἅιδῃ   ὁ ἀλλότριος·
" ὅτι ὅσους ἐγὼ ἐταπείνωσα   καὶ ἐν νόσοις πικραῖς παραδέδωκα,
τούτους ὑγιεῖς   τῷ προστάγματι ἔδειξε·
πηρὸν ἐκ μητρὸς   βλέπων ἐγώ, κατεγέλων,
καὶ ἐλθών, ἵνα ἴδῃ αὐτόν,   ἀνατέλλει εὐθὺς τῇ φωνῇ φωτισμόν· 5
ἀλλὰ ὑπέλαβον ὅτι,   ἐὰν αὐτὸν θανατώσω,
ἐκ τοῦ λοιποῦ καταδήσω   οὓς ἐμαστίγωσα πρώην·
καὶ οὐκ ᾔδειν ὁ τάλας   ὅτι παύει μου τὸ κράτος
|: ὁ λύσας τοῦ Βελίαρ τὰ βέλη,   τοῦ Ἅιδου τὸ νῖκος
                    καὶ Θανάτου τὸ κέντρον." :|

κ´ " ['Ι]οβούλευτε ὄφι, τί ἔδρασας,   ὦ τρικέφαλε δράκον;
            ἤκουσα γάρ σου   καὶ ἡττήθην ἐγώ ",
πρὸς τὸν πλάνον ὁ Ἅιδης ἀντέλεγε·
            " θρηνῳδοῦμεν πικρῶς οἱ ἀμφότεροι,
ὅτι κατελθὼν   τῆς γαστρός μου καθήψατο·

8¹ [Πιλ]ᾶτον Komines apud Tom. : [. . . .]ύτον vel [. . . .]άτον P
ιη´ 2² βασιλείας] Maas : βασιλεῖς P   3² suppl. Maas: [ὦ]δε, vel ὡδὶ m.c.
Trypanis   5¹ [κα]ὶ ⟨ἐκ⟩ τῆς Ἰ. παιδ. Maas   7¹ [εἰ δι]ὰ Maas: [εἴπερ δ]ι·'
Trypanis
ιθ´ 1¹ suppl. Maas   6¹ ἀλλὰ] Trypanis m.c. : ἀλλ' P

218 CANTICA ON THE PERSON OF CHRIST 28

ὅθεν ἐξεμέσω οὕσπερ κατέπιον πρώην,
ἀλλὰ θρήνησον νῦν σὺν ἐμοί·
τῆς γὰρ δόξης κοινῶς ἐ[στ]ερήθημεν· 5
ὁ γὰρ Ἀδὰμ ἐλυτρώθη ἐκ τῶν προτέρων δεσμῶν μου,
ὁ δὲ προφήτης κραυγάζει· ' ποῦ σου, Ἅιδη, τὸ νῖκος; '
γήθεται καὶ ἡ Εὔα, ὅτι ἔσωσεν ἐκείνην
|: ὁ λύσας τοῦ Βελίαρ τὰ βέλη, τοῦ Ἅιδου τὸ νῖκος
καὶ Θανάτου τὸ κέντρον." :|

κα' " Νεκρωθεὶς ὁ Χριστὸς ὡς ὑπέλαβον τοῖς νεκροῖς συνήφθη·
ὅμως οὐκ ἔγνων τὰ συμβαίνοντα μοί.
ἀλλὰ νῦν εἰς αἰσχύνην καθέστηκα
καὶ βροτοῖς ἀπεδείχθην εἰς γέλωτα·
τί οὖν ὠφελῶ ἐγκαλῶν σοι, ὁμόψυχε;
ὅλως ἡττηθεὶς τί καὶ τα[ράττομαι] μάτην;
ἀλλὰ ἄφες εἰδέναι ἡμᾶς ὅτι κράτου[ς ∪ – ∪] γενόμεθα· 5
τὸ γὰρ τῆς γνώσεως πρέμνον θάν[ατον ἔφε]ρε κόσμῳ·
τὸ δὲ τῆς θνήσεως ξύλον πᾶσιν ἀνάστ[ασις] ὤφθη·
τὰ ἐμὰ ταμιεῖα ἀπορεῖν παρασκευάζει
|: ὁ λύσας τοῦ Βελίαρ τὰ βέλη, τοῦ Ἅιδου τὸ νῖκος
καὶ Θανάτου τὸ κέντρον." :|

κβ' Ὁ μὲν Θάνατος ταῦτα ἐφθέγξατο διελέγχων τὸν π[λά]νον
ὅσα ἐν βίῳ ἀπετέλεσεν·
ἀμφοτέροις μὲν ἧτταν [εἰρ]γάσατο
ὁ παγεὶς ἐπὶ γῆς πολύτιμος σταυρός·
ξύλον τῆς ζωῆς τοῖς ἀνθρώποις δεδήλωται,
ὅπου ὁ καρπὸς τῶν ἀγαθῶν πρ[οσ]ηλώθη,
ἵνα θνήσκων ἀνθήσῃ βροτοῖς
ἐκ τῶν κάτ[ω λειμ]ώνων ἀνάστασιν 5
ὁ ἐκ θεοῦ κατὰ φύσιν καὶ ἐκ Δαβὶδ κατὰ σάρκα,
ὁ σὺν πατρὶ διαμένων καὶ ἐκ Μαρίας βλαστήσας
πάντων εἰς σωτηρίαν καὶ ἀπόγνωσιν ἀπίστων,
|: ὁ λύσας τοῦ Βελίαρ τὰ βέλη, τοῦ Ἅιδου τὸ νῖκος
καὶ Θανάτου τὸ κέντρον." :|

κ' 4¹ – ∪ ∪ ∪ –: ἐξεμῶ dub. Maas   7² metrum cf. ι' 7²
κα' 4² suppl. Krumb.   5² κράτου[ς κενοὶ ἐ]γενόμεθα dub. Maas
6² suppl. Krumb.   7² suppl. Maas
κβ' 1²–4² suppl. Maas   5² suppl. Krumb.

κγ' Στεναγμοῖς ἐθρηνῴδει ὁ δόλιος   καὶ πολέμιος δράκω[ν
                        ἅ]περ ὑπέστη   ἐξ ἀρχῆς δι' Ἀδάμ·
" Ὅτε ἔπλασε ", λέγων, " τὸν [ἄνθρωπον]
                        ἀπὸ γῆς ὁ θεὸς καὶ προσέταξεν
ἅπασιν ἡμῖν   ὡς προγνώστης καὶ κύριος
' δεῦτε ', ἐκβοῶν,   ' πᾶσαι ὁμοῦ αἱ δυνάμεις,
προσκυνήσατε πάντες νυνὶ   τὴν εἰκόνα μου, ἥνπερ ἐποίησα '·   5
καὶ δὴ ἀπέδρασα τότε   ὡς μὴ βουλόμενος τοῦτον
ἐγὼ κτίσμα γεγονότα   †μὴ θέλων† τοῦ προσκυνῆσαι
καὶ οὐκ ᾔδειν ὁ τλήμων   ὅτι σῴζει τὸν φθαρέντα
|: ὁ λύσας τοῦ Βελίαρ τὰ βέλη,   τοῦ Ἅιδου τὸ νῖκος
                        καὶ Θανάτου τὸ κέντρον. " :|

κδ' [[Ἐπιμένων ὁ Ἅιδης τοῖς ῥήμασιν   ἀνεβόησε φόβῳ·
                        " Θάνατε, δεῦρο   θεασώμεθα,
πῶς τὸ φῶς τοῖς ἐν σκότει ἐξέλαμψε
                        καὶ ἐφώτισε νῦν τὰ κάτω ἡμῶν
καὶ τοὺς ἐξ Ἀδὰμ   ἐκ τῶν τάφων ἀνέστησε·
δεῦρο σὺν ἐμοὶ   καὶ φυλακίσωμεν τοῦτον
τὸν ἐλθόντα ὀλέσαι ἡμᾶς   καὶ σὺν τούτῳ κρι⟨θῆ⟩ναι
                        σπουδάσωμεν. "   5
ταῦτα φθεγγόμενος τότε   τρέχει ὁ ἄδικος Ἅιδης
καὶ ἐπελάβετο τούτου   ἐκ τῆς σαρκὸς τῆς παθούσης·
ἄνθρωπον γὰρ ἐδόκει,   ἀλλ' ἐστὶ θεὸς καὶ λόγος
|: ὁ λύσας τοῦ Βελίαρ τὰ βέλη,   τοῦ Ἅιδου τὸ νῖκος
                        καὶ Θανάτου τὸ κέντρον. :|

κε' Ἰησοῦς ὁ Χριστὸς ὡς ἐξ ὕπνου   ἐξανίσταται τότε,
                        ἐδέσμει δὲ τούτου   τὰς παλάμας σφοδρῶς
τοῖς ἐν Ἅιδου κραυγάζων·   " Ἀνάστητε
                        [καὶ β]οῶντες τῷ Ἅιδῃ ἐμπαίζετε
λέγοντες αὐτῷ·   ' ποῦ [ἡμῶν τὸ ἀδ]ίκημα; '
τοῦτον γὰρ ἐγὼ   Ταρτάρῳ σειραῖς πα[ραδώσω],
ὡς ὑπεύθυνον δὲ τὸν Ἀδὰμ
                        τοῖς ὀφλήμασι πάν[τως πα]ρέδωκα·   5

κγ' 1²–2¹ suppl. Maas
κδ' (strophae κδ'–κη' suspectae sunt ut Transformatio cantici 27 ε' 7–ιγ')
5² κρι⟨θῆ⟩ναι] Trypanis: κρῖναι P
κε' 2²–7² suppl. Maas   3² 'ποῦ [σου, Ἅιδη, τὸ νί]κημα;' Komines apud Tom.

καὶ τὸν αὐχένα πατοῦντες· ' νῦν κατεπό[θη ', βο]ᾶτε,
' σὺν τῷ Θανάτῳ ὁ Ἅιδης   καὶ κατεβλήθη τοῦ κρά[τους '·]
δι' ὑμᾶς γὰρ ἐφάνην   ἐπὶ γῆς ἐνανθρωπήσας
|: ὁ λύσας τοῦ Βελίαρ τὰ βέλη,   τοῦ Ἅιδου τὸ νῖκος
καὶ Θανάτου τὸ κέντρον. :|

κϛ' [Σ...]ητε οὖν πάντες τοῖς ᾄσμασιν   καὶ ψαλμοῖς ἐκβοᾶτε·
' [(∪) ⏑ ∪] ὁ Ἅιδης   ὡς δυνατός·
καὶ σύ, Θάνατε, ἅμα πεπάτησαι
[νῦν ἀν]ώφελη ἔχων τὴν δύναμιν·
πᾶς γὰρ γηγενῶν   ἀποφεύγων δουλώσει σε '."
Ἅιδης δὲ λοιπὸν   ἀνταπεκρίθη βοήσας,
ὥσπερ ἄναξ [προ]στάττων εὐθὺς
τοῖς αὐτοῦ ὑπηρέταις, λέγων πρὸς αὐτούς·   5
" [Νῦν] καθορῶντες με ἄρτι   πάσχοντα ἄδικον τόλμαν
συνδρά[μετ]ε ὡς δυνάσται,   κλείσατε τὰς χαλκᾶς πύλας·
βούλεται γὰρ [κρι]θῆναι   μετ' ἐμοῦ ὁ ἐκ Μαρίας,
|: ὡς λύσας τοῦ Βελίαρ τὰ βέλη,   τοῦ Ἅιδου τὸ νῖκος
καὶ Θανάτου τὸ κέντρον. ":|

κζ' [Ταῦ]τα λέξας ὁ Ἅιδης ὁ δείλαιος   ἀπεκρίθη εὐθέως
πρὸς τὸν σωτῆρα   [καὶ] βοᾷ πρὸς αὐτόν·
" Πάντων νῦν τῶν ἀνθρώπων ἐδέσποζον
καὶ τοῦ [γέ]νους Ἀδὰμ ἐκυρίευον·
λέγε οὖν ἐμοί,   τίς ὑπάρχεις, ὦ ἄνθρωπε;
πῶς [δὲ] σὺ νυνὶ   ἐνταῦθα ἐλήλυθας ἄρτι;
δῆλον ἔστιν ὡς ἄνθρωπος εἶ·
καὶ γὰρ [σῶ]μα ἀνθρώπινον βλέπω ἐν σοί·   5
καὶ γὰρ ἐμοὶ κτῆμα ἔστι   πᾶς [ὢν] ἐκ γένους ἀνθρώπων·
τί οὖν βιάζῃ με ἄρτι   ἐληλυθὼς ὑπὲρ πάντων;
ἀλλ' ἀνάστασις πέλεις   καὶ ζωὴ τῶν τεθνηκότων
|: ὁ λύσας τοῦ Βελίαρ τὰ βέλη,   τοῦ Ἅιδου τὸ νῖκος
καὶ Θανάτου τὸ κέντρον. " :|

κϛ' 1 Συγκροτ]εῖτε dub. Maas, cf. 200 Kr. ιγ' 2
1⁴ metrum $\left\{\begin{array}{l}\cup-\cup\cup\\\cup\cup\dot{-}\cup\cup\,(-)\end{array}\right\}$: ὡς ἀδύνατος dub. Trypanis   2² dub. suppl.
Maas (accentus ut apud graecos hodiernos)   5¹⁻⁸¹ suppl. Maas
κζ' 1¹⁻⁶² suppl. Maas (6² cf. 27 θ' 3¹⁻³)   5² βλέπω] Maas : βλέπων P
(fortasse recte)

κη´ ["Ο]τε ταῦτα Χριστὸς ἐπυνθάνετο,   παρ᾽ αὐτὰ ἐκβοήσας
                                         ἔφη τῷ Ἅιδῃ   ὁ κύριος·
" Συνδικάζομαι σοὶ καὶ συγκρίνομαι·
                          οὐ γὰρ θέλω ἐγὼ τυραννῆσαι ποτέ·
σὺ γὰρ ἀναιδὴς   εἶ καὶ κρίματος ἄξιος·
ἀλλ᾽ ὥσπερ ὁρᾷς   ἄνθρωπος γέγονα ἄρτι·
ἀναμάρτητος λόγος εἰμὶ   παντοδύναμος κτίστης τῶν ὅλων θεός·   5
κἂν γὰρ ὁρατός σοι ὁρῶμαι,   οὐ κρίνομαι ὡς δεσπότης,
ἀλλ᾽ ὡς Ἀδὰμ ὁ γεώδης   λέγω νῦν δίκην μετά σου
καὶ νικήσας ἐκβάλω   σὲ τῆς πρώτης τυραννίδος
|: ὁ λύσας τοῦ Βελίαρ τὰ βέλη,   τοῦ Ἅιδου τὸ νῖκος
                                      καὶ Θανάτου τὸ κέντρον." :|

κθ´ " Παῦσαι ἄδικε, ἄνομε, δόλιε,   τῶν δολίων ῥημάτων ",
                                         ἔφη τῷ Ἅιδῃ   ὁ ἀλλότριος·
" μὴ τυράννει λοιπόν, ὦ ταλαίπωρε·
                          τὴν γὰρ γνώμην τὴν τούτου μεμάθηκας,
ὥσπερ ἐξ ἀρχῆς   τὰ δεινὰ ἡμῖν ἔδρασε·
τί οὖν τὸ λοιπὸν   σπεύδεις αὐτὸν λοιδορῆσαι;
οὐ γὰρ δύνασαι φέρειν αὐτοῦ   τὰς ἐννοίας ἃς πᾶσι[ν ἐ]πέδειξεν·   5
ὁ γὰρ σταυρὸς τοῦ σωτῆρος   ὄλεθρος ἥμιν ἐφάνη,
καὶ ἡ [σὺν] τούτῳ φυτεία   ἐνερριζώθη τῇ κτίσει·
στέλεχος ἐγκεντ[ρίζει],   δι᾽ αὐτοῦ τοὺς πάντας σῴζει
|: ὁ λύσας τοῦ Βελίαρ τὰ βέλη,   τοῦ Ἅιδου τὸ νῖκος
                                      καὶ Θανάτου τὸ κέντρον. :|

λ´ Ἆρα, ὅπερ καὶ πρώην ὑπέδειξε   τῷ Μωσῇ ὁ δεσπότης,
                   ξ[ύλον] ἐκεῖνο   ἤνθησε καθ᾽ ἡμῶν;
ἐὰν τοῦτο ἐγνώσθη τοῖ[ς ἅ]πασιν,
                   ἡ βουλὴ ἡμῶν νῦν κατεβλήθη σαφῶς,
πά[ντες] γὰρ αὐτῷ   προσδραμόντες εὐφραίνονται·
εἴθε οὖν [ἐγὼ]   μὴ ὑπ᾽ αὐτοῦ ἐζωγρήθην·
μὴ τοῖς λόγοις μου τοῖς μι[αροῖς]
                        τὸν Ἰούδαν προδοῦναι ἠνάγκασα   5

κη´ 1¹ Χριστὸς] Maas: Χῦ P   6¹ γὰρ ὁρατὸς] ὡς θεὸς dub. Maas (cf. 27
ια´ 5¹ sq.) : metrum ⏑ ⏑ ⏑ – ⏑ ⏑ – ⏑ : γὰρ del. Trypanis m.c.
κθ´ 5² suppl. Maas   7¹ suppl. Trypanis   8¹ suppl. Trypanis (cf.
22 ιβ´ 7)
λ´ 1³–8² suppl. Maas

καὶ τὸν Πιλᾶτον [δικά]σαι   καὶ τῷ σταυρῷ παραδοῦναι
καὶ τὸ λοιπὸν τυρανν[ῆσαι]   κατὰ Χριστοῦ βασιλέως·
πάντων γὰρ ἐστερήθην·   καὶ τὸ κράτος [μου ἀφεῖλεν]
|: ὁ λύσας τοῦ Βελίαρ τὰ βέλη,   τοῦ Ἅιδου τὸ νῖκος
                                καὶ Θανάτου τὸ κέντρον. :|

λα´ **Θ**έλω γνῶναι σε, Ἅιδη ὁμόψυχε,   ὅτι πάντα ὑπέστη
                σῶσ[αι] θελήσας   τὸ γένος τῶν βροτῶν·
δι᾽ ἀνθρώπους ὡράθη ὡς [ἄνθρωπος]
                        καὶ ἀνέλαβε σάρκα βουλόμενος,
ἵνα τὸν Ἀδὰμ   σὺ[ν] τῇ Εὔᾳ ζωώσῃ [[ὡς]] θεός."
ταῦτα θρηνῳδῶν   ἔφη Βελίαρ τῷ Ἅιδῃ·
" Εἰ μὴ ἔσπευσα κτεῖναι Χριστόν,
                        οὐκ ἂν οὗτος ἡμ[ᾶς] ἐνίκησε ποτέ· 5
ἀλλ᾽ ἐσπουδάσαμεν τοῦτον   ὥσπερ θνητὸν κατασχεῖν
καὶ ἀντιβῆναι ταῖς πύλαις   καὶ τοῖς μοχλοῖς ἀσφαλίσαι·
καὶ ἡμῶν τὰς ἐννοίας   νῦν κατέδησεν ἐκεῖνος,
|: ὁ λύσας τοῦ Βελίαρ τὰ βέλη,   τοῦ Ἅιδου τὸ νῖκος
                                καὶ Θανάτου τὸ κέντρον. :|

λβ´ **"Ο** ὑπέστημεν ἄρτι ὡς ἄπειροι,   ἐννοήσωμεν τοῦτο,
                πῶς τῷ μνημείῳ   ἐπέστησαν τινὲς
πυραυγεῖς μὲν τῇ ὄψει ὁρώμενοι
                        καὶ στολὴν τὴν λευκὴν περιβέβληντο·
καὶ ὡς ἀστραπὴν   ἐκ χειλέων ἐξέπεμπον
καὶ τὸν φοβερὸν   λίθον ἐκύλισαν τότε
καὶ τοὺς φύλακας πάντας ὁμοῦ   ὡς νεκροὺς ἐπὶ τάφον ἀνέδειξαν· 5
καὶ δὴ γυναῖκες ἐλθοῦσαι   εἶδον αὐτοὺς νεκρωθέντας
καὶ ἐν τῷ λίθῳ τοὺς δύο   φυλάττοντας τὸ μνημεῖον
[[καὶ]] λέγοντας αὐταῖς ταῦτα   ὅτι· ' ἠγέρθη ἐκ τοῦ τάφου
|: ὁ λύσας τοῦ Βελίαρ τὰ βέλη,   τοῦ Ἅιδου τὸ νῖκος
                                καὶ Θανάτου τὸ κέντρον '." :|

λα´ 2¹ suppl. Krumb.   3² ὡς del. Trypanis m.c.   6² metrum
◡◡−◡◡−◡
λβ´ 2² περιεβέβληντο P: corr. Maas m.c.   8¹ καὶ del. Trypanis m.c.
8² metrum ◡◡−◡◡◡−◡

λγ´ [Σ]φραγισθέντες τῷ ξύλῳ σου, δέσποτα,   μεγαλύνομεν [ἔ]π[ε]ι
                                    τὴν σὴν δι' ἀνθρώπους   ἐνανθρώπησιν,
ἀθανῆ καὶ θνητόν σε γινώσκοντες   ὡς θεὸν καὶ βροτόν, ἕνα υἱόν·
εἰ γὰρ καὶ παθεῖν   σαρκικῶς ᾠκονόμησας,
ὅμως ἀμερὴς   μένεις ἀεὶ ἐν τριάδι·
ἀλλ' ἐν πίστει τοιαύτῃ, σωτήρ,   τὴν σὴν ἐκκλησίαν κραταίωσον, 5
τὸν δὲ λαόν σου στηρίξας   σῶσον ὡς μόνος οἰκτίρμων,
ἵνα τῇ σῇ ἀναστάσει   πάντες ἡμεῖς προσκυνοῦμεν·
σὺ γὰρ πᾶσι παρέχεις   φωτισμόν, ζωὴν καὶ γνῶσιν
|: ὁ λύσας τοῦ Βελίαρ τὰ βέλη,   τοῦ Ἅιδου τὸ νῖκος
                                   καὶ [[τοῦ]] Θανάτου τὸ κέντρον. :|]

29 (20 Kr.)

ON THE RESURRECTION VI

Acrostichis: *ΤΟΥ ΤΑΠΕΙΝΟΥ ΡΩΜΑΝΟΥ ΨΑΛΜΟΣ*

Prooemium I: *Εἰ καὶ ἐν τάφῳ*

Εἰ καὶ ἐν τάφῳ   κατῆλθες,   ἀθάνατε,
ἀλλὰ τοῦ Ἅιδου   καθεῖλες   τὴν δύναμιν
καὶ ἀνέστης ὡς νικητής,   Χριστὲ ὁ θεός,
γυναιξὶ   μυροφόροις   τὸ " χαῖρε "   φθεγξάμενος
καὶ τοῖς σοῖς   ἀποστόλοις   εἰρήνην   δωρούμενος, 5
|: ὁ τοῖς πεσοῦσι παρέχων ἀνάστασιν. :|

λγ´ 1² ἔπει suppl. Trypanis: [.]π[.]ι P (cf. 23 in acrostichide)   5² metrum ∪∪−∪∪−∪∪́−∪∪ (−)
29 *Codices*: ABJMPTΔ (Prooemium II in Δ solo)
Editiones: Pitra A.S. I, Cant. XVII
Titulus: On the Resurrection VI Trypanis: Εἰς τὴν τριήμερον καὶ ζωοποιὸν καὶ ὑπέρλαμπρον ἀνάστασιν τοῦ κυρίου καὶ θεοῦ καὶ σωτῆρος ἡμῶν Ἰησοῦ Χριστοῦ P: Εἰς τὴν ἁγίαν καὶ ζωηφόρον τῆς Ἀναστάσεως ἡμέραν τοῦ Πάσχα Μ: om. JTΔ
Dies Festus: Τῇ ἁγίᾳ καὶ μεγάλῃ Κυριακῇ τοῦ Πάσχα nonn. codd.
Modus: ἦχος πλάγιος δ´
Acrostichis: Τοῦ ταπεινοῦ ʽΡωμανοῦ (ὁ add. Δ) ψαλμός ABMPTΔ
Prooemium I
    ABJMPTΔ   4³⁻⁴ τὸ "χαῖρε" φθεγξάμενος (φθεγγόμενος P¹: προσέταξας ABJT)] φθεγξάμενος "χαίρετε" Μ

Prooemium II : *Ἰδιόμελον*

Καταλαβοῦσαι γυναῖκες τὸ μνῆμα σου
καὶ μὴ εὑροῦσαι τὸ ἄχραντον σῶμα σου
ἐλεεινὰ δακρύουσαι ἔλεγον·
" Ἆρα ἐκλάπη ὁ συληθεὶς ἐκ τῆς αἱμόρρου τὴν ἴασιν;
ἆρα ἠγέρθη ὁ προειπὼν καὶ πρὸ τοῦ πάθους
              τὴν ἔγερσιν; 5
ἀληθῶς ἀνέστη Χριστὸς
|: ὁ τοῖς πεσοῦσι παρέχων ἀνάστασιν." :|

Strophae: Τὸν πρὸ ἡλίου ἥλιον (App. Metr. xxvi)

α' **Τ**ὸν πρὸ ἡλίου ἥλιον δύναντα τότε ἐν τάφῳ
προέφθασαν πρὸς ὄρθρον ἐκζητοῦσαι ὡς ἡμέραν
μυροφόροι κόραι καὶ πρὸς ἀλλήλας ἐβόων·
" Ὦ φίλαι, δεῦτε τοῖς ἀρώμασιν ὑπαλείψωμεν
σῶμα ζωηφόρον καὶ τεθαμμένον,   5
σάρκα ἀνιστῶσαν τὸν παραπεσόντα Ἀδὰμ
           κειμένην ἐν τῷ μνήματι·
ἄγωμεν, σπεύσωμεν ὥσπερ οἱ μάγοι
καὶ προσκυνήσωμεν καὶ προσκομίσωμεν
τὰ μύρα ὡς δῶρα τῷ μὴ ἐν σπαργάνοις,
ἀλλ' ἐν σινδόνι ἐνειλημένῳ·   10
καὶ κλαύσωμεν καὶ κράξωμεν· ' ὦ δέσποτα, ἐξεγέρθητι,
|: ὁ τοῖς πεσοῦσι παρέχων ἀνάστασιν.' " :|

β' **Ὅ**τε δὲ ταῦτα ἑαυταῖς ἔφησαν αἱ θεοφόροι,
ἐσκέψαντο καὶ ἄλλο, ὅ ἐστι σοφίας πλήρης,
καὶ φησὶν ἀλλήλαις· " Γυναῖκες, τί ἀπατᾶσθε;
†πάντως γὰρ ὅτι† ἐν τῷ τάφῳ πέλει ὁ κύριος;
ἆρα ἕως ἄρτι εἶχε κρατεῖσθαι   5
ὁ ἡνιοχεύων τὴν τῶν κινουμένων πνοήν;
          ἀκμὴν νεκρὸς κατάκειται;
ἄπιστον, ἄστατον τοῦτο τὸ ῥῆμα·
διὸ συνήσωμεν καὶ οὕτω πράξωμεν·

α' 1 τότε] Pitra m.c.: ποτὲ codd.   6³ κειμένην] BC : κείμενον AJMPTV
β' 5¹ ἆρα] PΔ : πῶς γὰρ M: πάντως JAT (cf. 4¹) : def. B

ἀπέλθῃ Μαρία   καὶ ἴδῃ τὸν τάφον
καὶ οἷς ἂν εἴπῃ   ἀκολουθῶμεν·
πολλάκις γάρ,   ὡς προὔλεγεν,   ἐγήγερται   ὁ ἀθάνατος,
|: ὁ τοῖς πεσοῦσι παρέχων ἀνάστασιν." :|

γ' Ὑπὸ δὲ τούτου τοῦ σκοποῦ   αἱ συνεταὶ ῥυθμηθεῖσαι
προέπεμψαν ὡς οἶμαι   τὴν Μαγδαληνὴν Μαρίαν
ἐπὶ τὸ μνημεῖον,   ὡς λέγει ὁ θεολόγος·
ἦν δὲ σκοτία,   ἀλλ' ἐκείνην πόθος κατέλαμπεν·
ὅθεν καὶ κατεῖδε   τὸν μέγαν λίθον   5
ἐκκεκυλισμένον   ἀπὸ τῆς θύρας τῆς ταφῆς
                                    καὶ εἶπεν ὑποστρέψασα·
"Μαθηταί,   μάθετε   τοῦτο ὃ εἶδον,
καὶ μή με κρύψητε   ὃ ἂν νοήσητε·
ὁ λίθος οὐκέτι   καλύπτει τὸν τάφον·
μὴ ἄρα ἦραν   τὸν κύριόν μου;   10
οἱ φρουροὶ γὰρ   οὐ φαίνονται,   ἀλλ' ἔφυγον·   μὴ ἐγήγερται
|: ὁ τοῖς πεσοῦσι παρέχων ἀνάστασιν;" :|

δ' Τούτων ὡς ἤκουσε Κηφᾶς   καὶ ὁ υἱὸς Ζεβεδαίου
ἐξέδραμον εὐθέως   ὡς ἐρίζοντες ἀλλήλοις·
καὶ τοῦ Πέτρου πρῶτος   εὑρέθη ὁ Ἰωάννης·
ὅμως καὶ φθάσας   οὐκ εἰσῆλθεν ἔνδον τοῦ μνήματος·
ἀλλὰ ἀναμένει   τὸν κορυφαῖον,   5
ἵνα ὡς ποιμένι   ἀκολουθήσῃ ὁ ἀμνός·
                                    καὶ ὄντως οὕτως ἔπρεπε·
Πέτρῳ γὰρ   εἴρηται·   "Πέτρε, φιλεῖς με;"
καί· "Τὰ ἀρνία μου   ὡς θέλεις ποίμαινε"·
τῷ Πέτρῳ ἐρρέθη·   "Μακάριε Σίμων,
τὰς κλεῖς σοι δώσω   τῆς βασιλείας"·   10
Πέτρῳ πρώην   ὑπέταξε   τὰ κύματα,   ἃ ἐπέζευσεν
|: ὁ τοῖς πεσοῦσι παρέχων ἀνάστασιν. :|

11² προὔλεγε] Maas: προεῖπε ABMPT(J) : προείρηκε Δ
γ' 7¹⁻² μαθηταὶ post μάθετε JΔ(B)   8² ὃ ἂν] (sic) P : ἐὰν cett.   9 τὸν
τάφον] τὸ μνῆμα AMT
δ' 2 εὐθέως] JPΔ : ταχέως ABMT   11¹ Πέτρῳ πρώην] BMΔ : τῷ Πέτρῳ
πρὶν AJPT

ε' Ἀλλ' ὡς προεῖπον πρὸ μικροῦ, Πέτρος καὶ ὁ Ζεβεδαίου
   κατέλαβον τὸ μνῆμα, δι' ὃ εἶπεν ἡ Μαρία,
   καὶ εἰσῆλθον ἔνδον· τὸν κύριον δὲ οὐχ εὗρον·
   ὅθεν πρὸς ταῦτα πτοηθέντες εἶπον οἱ ἅγιοι·
   " Ἆρα τίνος χάριν ἡμῖν οὐκ ὤφθη; 5
   μὴ τὴν παρρησίαν ἡμῶν ἡγήσατο πολλήν;
                              πολὺ γὰρ ἐτολμήσαμεν·
   ἔδει γὰρ ἔξωθεν ἡμᾶς σταθῆναι
   καὶ περιβλέψασθαι τὰ ἐν τῷ μνήματι·
   ὁ τάφος γὰρ οὗτος οὐκέτι ὡς τάφος,
   ἀλλ' ὄντως οἶκος θεοῦ ὑπάρχει· 10
   ἐν τούτῳ γὰρ ἐγένετο καὶ ᾤκησεν ὡς ηὐδόκησεν
   |: ὁ τοῖς πεσοῦσι παρέχων ἀνάστασιν. :|

ϛ' Περιετράπη οὖν ἡμῖν ἡ παρρησία εἰς τόλμαν,
   καὶ μᾶλλον ἐλογίσθη καταφρόνησις τὸ θάρσος;
   διὰ τοῦτο τάχα οὐκ ὤφθη ὡς ἀναξίοις; "
   ταῦτα λαλούντων τῶν γνησίων φίλων τοῦ πλάσαντος,
   εἶπεν ἡ Μαρία ἀκολουθοῦσα· 5
   " Μύσται τοῦ κυρίου καὶ ὄντως θερμοὶ ἐρασταί,
                              οὐχ ὡς ὑπολαμβάνετε·
   ἀλλ' ὑπομείνατε, μὴ ἀθυμεῖτε·
   τὸ γὰρ γενόμενον οἰκονομία ἦν,
   ἵνα αἱ γυναῖκες ὡς πρῶται πεσοῦσαι
   ἴδωσι πρῶται τὸν ἀναστάντα· 10
   ἡμῖν θέλει χαρίσασθαι τὸ ' χαίρετε ' ταῖς πενθήσασιν
   |: ὁ τοῖς πεσοῦσι παρέχων ἀνάστασιν." :|

ζ' Ἐπειδὴ οὕτως ἑαυτὴν ἐπληροφόρει Μαρία,
   παρέμεινε τῷ τάφῳ ἀπελθόντων τῶν ἁγίων·
   ἀκμὴν γὰρ ἐδόκει ὅτι ἐπήρθη τὸ σῶμα·
   ὅθεν ἐβόα, οὐ ῥήμασιν ἀλλὰ δάκρυσιν·
   " Οἴμοι, Ἰησοῦ μου, ποῦ σε μετῆραν; 5
   πῶς δὲ κατεδέξω κεκηλιδωμέναις χερσὶ
                              βαστάζεσθαι, ἀθάνατε;

ε' 1¹ Ζεβ.] 'Ιωάννης ΒJΔ   3¹ ἔνδον] ἅμα JTΔ   10¹ οἶκος] (sic) Δ : θρόνος cett.
ϛ' 6³ οὐχ ὡς] AT(J) : μὴ ὡς AMPΔ   7¹ metrum: divisio neglecta
ζ' 4² οὐχὶ ABJM (corr. metr.)   6² ἀμώμητε ΑΒΜΔ

' ἅγιος, ἅγιος, ἅγιος ' κράζει
  τὰ ἑξαπτέρυγα   καὶ πολυόμματα·
καὶ τούτων οἱ ὦμοι   μόλις φέρουσί σε,
  καὶ πλάνων χεῖρες   ἐβάστασάν σε;   10
ὁ πρόδρομος   βαπτίζων σε   ἐκραύγαζε·   ' σύ με βάπτισον
|: ὁ τοῖς πεσοῦσι παρέχων ἀνάστασιν. ' :|

η' Ἰδοὺ τριήμερος νεκρὸς   πέλεις ὁ πάντα καινίζων,
  ὁ Λάζαρον ἐγείρας   μετὰ τέσσαρας ἡμέρας
  καὶ δρομαῖον δείξας   τὸν κηριαῖς δεδεμένον·
κεῖσαι ἐν τάφῳ,   καὶ ὡς εἴθε εἶδον, ποῦ τέθαψαι,
  ἵνα ὡς ἡ πόρνη   δάκρυσι βρέξω   5
  μὴ μόνον τοὺς πόδας,   ἀλλὰ καὶ ὅλον ἀληθῶς
                                   τὸ σῶμα καὶ τὸ μνῆμα σου
λέγουσα·   ' δέσποτα,   ὡς τὸν τῆς χήρας
  υἱὸν ἀνέστησας,   σαυτὸν ἀνάστησον·
ὁ τὴν Ἰαείρου   παιδίσκην ζωώσας
  τί ἔτι μένεις   ἐν τῷ μνημείῳ;   10
ἀνάστηθι, ἐπίστηθι, ἐμφάνηθι   τοῖς ζητοῦσι σε,
|: ὁ τοῖς πεσοῦσι παρέχων ἀνάστασιν. ' " :|

θ' Νενικημένην τῷ κλαυθμῷ   καὶ ἡττημένην τῷ πόθῳ
  ἰδὼν ὁ πάντα βλέπων   τὴν Μαγδαληνὴν Μαρίαν
  ἐσπλαγχνίσθη τότε   καὶ ὤφθη λέγων τῇ κόρῃ·
" Γύναι, τί κλαίεις;   τίνα θέλεις ἔνδον τοῦ μνήματος; "
εἶτα ἡ Μαρία   στραφεῖσα εἶπε·   5
" Κλαίω ὅτι ἦραν   τὸν κύριόν μου τῆς ταφῆς,
                                   καὶ οὐκ οἶδα ποῦ κατάκειται·
πάντως δὲ   σόν ἐστιν   τοῦτο τὸ ἔργον;
  εἰ μὴ πλανῶμαι γάρ,   ὁ κηπουρὸς εἶ σύ·
λοιπὸν εἰ ἐπῆρας   τὸ σῶμα, εἰπέ μοι,
  κἀγὼ λαμβάνω   τὸν λυτρωτήν μου·   10
ἐμὸς πέλει   διδάσκαλος   καὶ κύριος   ἐμὸς ἔστιν
|: ὁ τοῖς πεσοῦσι παρέχων ἀνάστασιν. " :|

ι' Ὁ τὰς καρδίας ἐρευνῶν   καὶ τοὺς νεφροὺς ἐμβατεύων
  εἰδὼς ὅτι γνωρίζει   τὴν φωνὴν αὐτοῦ Μαρία,
  ὡς ποιμὴν ἐφώνει   τὴν μηκωμένην ἀμνάδα

η' 3¹ δείξας ante δρομ. ABJ   4² εἶδον] ᾔδειν BJMΔ   6¹ μή] οὐ AMΔ : def. J

λέγων· "Μαρία"· ἡ δ' εὐθέως εἶπε γνωρίσασα·
" Ὄντως ὁ καλός μου ποιμὴν φωνεῖ με,
ἵνα τοῖς ἐννέα καὶ ἐνενήκοντα ἀμνοῖς
                              λοιπὸν συναριθμήσῃ με·
βλέπω γὰρ ὄπισθεν τοῦ με καλοῦντος
ἁγίων σώματα, δικαίων τάγματα·
διὸ οὔτε λέγω· ' τίς εἶ ὁ καλῶν με; '
σαφῶς γὰρ ἔγνων, τίς ⟦εἶ⟧ ὁ καλῶν με·
ἐμὸς πέλει διδάσκαλος καὶ κύριος ἐμός ἐστιν,
|: ὁ τοῖς πεσοῦσι παρέχων ἀνάστασιν." :|

ια' Ὑπὸ δὲ πόθου τοῦ θερμοῦ καὶ τῆς ἐμπύρου ἀγάπης
ἡ κόρη κατεπείχθη καὶ κρατῆσαι ἠβουλήθη
τὸν ἀπεριγράπτως τὴν κτίσιν πᾶσαν πληροῦντα·
ὅμως ὁ πλάστης τὴν σπουδὴν αὐτῆς οὐκ ἐμέμψατο,
ἀλλ' ἐπὶ τὰ θεῖα αὐτὴν ἀνάγει
λέγων· "Μή μου ἅπτου· ἢ μόνον βροτόν με νοεῖς;
                              θεός εἰμι, μὴ ἅπτου μου·
ὦ σεμνή, πέτασον ἄνω τὸ ὄμμα
καὶ κατανόησον τὰ ἐπουράνια·
ἐκεῖ ζήτησόν με· καὶ γὰρ ἀναβαίνω
πρὸς τὸν πατέρα, ὃν οὐκ ἀφῆκα·
αὐτοῦ πέλω ὁμόθρονος ὡς σύγχρονος καὶ συνάναρχος,
|: ὁ τοῖς πεσοῦσι παρέχων ἀνάστασιν. :|

ιβ' Ῥητορευέτω δὲ λοιπὸν ταῦτα ἡ γλῶσσα σου, γύναι,
καὶ διερμηνευέτω τοῖς υἱοῖς τῆς βασιλείας
τοῖς καραδοκοῦσι τὴν ἔγερσίν μου τοῦ ζῶντος·
σπεῦσον, Μαρία, καὶ τοὺς μαθητάς μου συνάθροισον·
σάλπιγγί σοι χρῶμαι μεγαλοφώνῳ·
ἤχησον εἰρήνην εἰς τὰς ἐμφόβους ἀκοὰς
                              τῶν κεκρυμμένων φίλων μου·
ἔγειρον ἅπαντας ὥσπερ ἐξ ὕπνου,
ἵν' ὑπαντήσωσιν καὶ δᾷδας ἅψωσιν·

ι' 7³ με] (sic) Δ : ἐμὲ ABJPT(M)   10² εἶ om. B: metrum ∪∪∪–∪
11¹ ἐμὸς πέλει] αὐτός ἐστιν AJT(B)   11² διδάσκαλος] ὡς προεῖπον AJTΔ
11³⁻⁴ καὶ κύριος ὁ ἐμός ἐστιν JP: διδάσκαλός τε καὶ κύριος Δ : ὁ κύριος πάσης κτίσεως A: καὶ κύριος ὁ ἀθάνατος B (cf. θ' 11⁴)
ια' 11² ὁμόχρονος BΔ   11³ σύνθρονος JMΔ   11⁴ ὁμότιμος BMΔ

εἰπέ· ' ὁ νυμφίος   ἠγέρθη τοῦ τάφου
καὶ οὐδὲν ἀφῆκεν   ἐντὸς τοῦ τάφου· 10
ἀπώσασθε,   ἀπόστολοι,   τὴν νέκρωσιν,   ὡς ἐγήγερται
|: ὁ τοῖς πεσοῦσι παρέχων ἀνάστασιν.' " :|

ιγ' Ὡς οὖν ἀκήκοε σαφῶς   ὅλων τῶν λόγων τοῦ Λόγου,
ὑπέστρεψεν ἡ κόρη   καὶ φησὶ ταῖς ὁμοτρόποις·
" Θαυμαστά, γυναῖκες,   ἃ εἶδον καὶ διηγοῦμαι·
μήτις οὖν δόξῃ   ὡς ληρήματά μου τὰ ῥήματα·
οὐ γὰρ ἐφαντάσθην,   ἀλλ' ἐνεπνεύσθην· 5
πέπλησμαι τῆς θέας   καὶ τῆς ὁμιλίας Χριστοῦ·
καὶ πῶς καὶ πότε μάθετε·
ὅτε με   ἔλιπον   οἱ περὶ Πέτρον,
ἱστάμην κλαίουσα   ἐγγὺς τοῦ μνήματος·
ἐδόκουν γὰρ ὅτι   ἐπήρθη τοῦ τάφου
τὸ θεῖον σῶμα   τοῦ ἀθανάτου· 10
ἀλλ' εὐθέως   οἰκτείρας μου   τὰ δάκρυα   ἐπεφάνη μοι
|: ὁ τοῖς πεσοῦσι παρέχων ἀνάστασιν. :|

ιδ' Μετεποιήθη ἄθροον   εἰς εὐφροσύνην ἡ λύπη,
καὶ γέγονέ μοι πάντα   ἱλαρὰ καὶ γεγηθότα·
οὐκ ὀκνῶ δὲ λέγειν·   ' ὥσπερ Μωσῆς ἐδοξάσθην·'
εἶδον γάρ, εἶδον   οὐκ ἐν ὄρει, ἀλλ' ἐν τῷ μνήματι,
οὐχ ὑπὸ νεφέλην,   ἀλλ' ὑπὸ σῶμα 5
τὸν τῶν ἀσωμάτων   δεσπότην καὶ τῶν νεφελῶν,
τὸν πρὶν καὶ νῦν καὶ πάντοτε,
λέγοντα·   ' Μαριάμ,   σπεῦσον καὶ φράσον
τοῖς ἀγαπῶσι με   ὅτι ἐγήγερμαι·
ὡς κάρφος ἐλαίας   λαβοῦσα με γλώσσῃ
τοῖς ἐκ τοῦ Νῶε   εὐαγγελίζου 10
σημαίνουσα   ὡς πέπαυται   ὁ θάνατος   καὶ ἐγήγερται
|: ὁ τοῖς πεσοῦσι παρέχων ἀνάστασιν.' " :|

ιε' Ἀκούσας τούτων ὁ χορὸς   τῶν εὐσεβῶν νεανίδων
συμφώνως ἀπεκρίθη   τῇ Μαγδαληνῇ Μαρίᾳ·
" Ἀληθὲς ὃ εἶπας   καὶ συναινοῦμεν σοι πᾶσαι·

ιβ' ὡς] PC: ὅτι cett.
ιγ' 8² ante 8¹ ΒΤΔ   11¹ ἀλλ' εὐθ.] εὐθέως δὲ BPT

οὐκ ἀπιστοῦμεν· ἀλλὰ τοῦτο μόνον θαυμάζομεν,
ὅτι ἕως ἄρτι ἦν ἐν τῷ τάφῳ 5
καὶ συναριθμεῖσθαι τοῖς τεθνεῶσιν ἡ ζωὴ
           ἠνείχετο τριήμερον·
ὅτι γὰρ ἤμελλεν ἐκ τῶν χθονίων
ἐλθεῖν ἠλπίζομεν διὸ ἐλέγομεν·
' τοῦ κήτους οἰκέτην ἐξήγαγε πρώην,
καὶ πῶς κρατεῖται ὑπὸ Θανάτου; 10
εἰ τὸν θῆρα ἀνέπραξεν, ἀνίσταται καὶ ἐκ μνήματος
|: ὁ τοῖς πεσοῦσι παρέχων ἀνάστασιν.' :|

ις' **Νῦν** οὖν μὴ νόμιζε, σεμνή, ὅτι χωλεύει ἃ λέγεις·
ὀρθῶς ἡμῖν ἐφθέγξω καὶ οὐδὲν ἐν τούτοις σκάζον·
ἀληθὴς ὁ λόγος καὶ προσηνής σου ὁ τρόπος·
ὅμως, Μαρία, κοινωνῆσαι σοι βουλόμεθα,
ἵνα μὴ ἓν μέλος ἡμῶν τρυφήσῃ, 5
μείνῃ δὲ τὰ ἄλλα νεκρὰ καὶ ἄγευστα ζωῆς
           ἐκείνης ἧς ἀπήλαυσας·
γένωνται ἅμα σοὶ στόματα πλεῖστα
ἐπισφραγίζοντα τὴν μαρτυρίαν σου·
ἀπέλθωμεν πᾶσαι ἐπὶ τὸ μνημεῖον
καὶ βεβαιοῦμεν τὴν ὀπτασίαν· 10
κοινὸν ἔστω, συνόμιλε, τὸ καύχημα ὃ παρέσχε σοι
|: ὁ τοῖς πεσοῦσι παρέχων ἀνάστασιν." :|

ιζ' **Οὕτω** λαλῶν ὁ σύλλογος τῶν θεοφόρων θηλείων
ἐξήρχετο τὴν πόλιν μετὰ τῆς διηγουμένης
καὶ ἰδὼν τὸν τάφον ἀπὸ μακρόθεν ἐβόα·
" Ἴδε ὁ τόπος, μᾶλλον δὲ κόλπος ὁ ἄφραστος·
ἴδε ὁ βαστάσας τὸν βασιλέα· 5
ἴδε ὁ χωρήσας ὃν οὐ χωροῦσιν οὐρανοί,
         χωροῦσι δὲ οἱ ἅγιοι·
αἶνός σοι, ὕμνος σοι, ἅγιε τάφε,
μικρὲ καὶ μέγιστε πτωχὲ καὶ πλούσιε·

ιε' 4² μόνον] μᾶλλον AJPT
ιζ' 4² ἄφραστος] (sic) MPᶜ : ἄχραντος BΔ : ἄφθαρτος JT : def. P

ζωῆς ταμιεῖον,   εἰρήνης δοχεῖον,
χαρᾶς σημεῖον,   Χριστοῦ μνημεῖον·
ἑνὸς μνῆμα,   τοῦ κόσμου δὲ   τὸ καύχημα,   ὡς ηὐδόκησεν
|: ὁ τοῖς πεσοῦσι παρέχων ἀνάστασιν. " :|

ιη΄ Ὑμνολογήσασαι λοιπὸν   τοῦ ζωοδότου τὸν τάφον,
ἐστράφησαν καὶ εἶδον   τὸν καθήμενον τῷ λίθῳ
καὶ ἀπὸ τοῦ φόβου   εἰς τὰ ὀπίσω ἀπῆλθον,
εὐλαβηθεῖσαι,   κάτω κλίνασαι καὶ τὰ πρόσωπα
καὶ μετὰ δειλίας   λαλοῦσαι ταῦτα·
" Τί τοῦτο τὸ εἶδος   ἐστίν, ἢ τίνος ἡ μορφή;
                                    τίς πέφυκεν ὃν βλέπομεν;
ἄγγελος;   ἄνθρωπος;   ἄνωθεν ἦλθεν;
ἢ τάχα κάτωθεν   ἡμῖν ἀνέτειλεν;
πῦρ πέλει, φῶς πέμπει,   ἀστράπτει, αὐγάζει·
φύγωμεν, κόραι,   μὴ φλογισθῶμεν·
ὄμβρε θεῖε,   οὐράνιε,   ἐπίσταξον   τοῖς διψῶσι σε,
|: ὁ τοῖς πεσοῦσι παρέχων ἀνάστασιν. :|

ιθ΄ Ψυχαγωγήσουσιν ἡμᾶς   νῦν ὡς σταγόνες οἱ λόγοι
τοῦ θείου στόματός σου,   ἡ χαρὰ τῶν θλιβομένων,
ἡ ζωὴ τῶν πάντων·   μὴ νεκρωθῶμεν τῷ φόβῳ "·
ταῦτα, ὡς οἶμαι,   αἱ φιλόθεοι ἐλιτάνευον·
ὅθεν ἐμειλίχθη   ὁ ἐν τῷ λίθῳ
καὶ πρὸς τὰς ὁσίας   φησί· " Μὴ φοβεῖσθε ὑμεῖς·
                                    ἀλλ' οὗτοι οἱ φυλάσσοντες
φρίξουσι,   πτήξουσι   καὶ νεκρωθῶσιν
ἀπὸ τοῦ φόβου μου,   ἵνα καὶ μάθωσιν,
ὅτι τῶν ἀγγέλων   δεσπότης ὑπάρχει
ὃν νῦν φρουροῦσιν,   ἀλλ' οὐ κρατοῦσιν·
ἀνέστη γὰρ   ὁ κύριος   καὶ οὐκ ἔγνωσαν,   πῶς ἐγήγερται
|: ὁ τοῖς πεσοῦσι παρέχων ἀνάστασιν. :|

κ΄ Ἀθανατίσθητε λοιπόν,   θήλειαι, μὴ νεκρωθῆτε·
τὸν κτίστην τῶν ἀγγέλων   ἐζητεῖτε θεωρῆσαι,
καὶ ἑνὸς ἀγγέλου   τὴν ὄψιν τί δειλιᾶτε;

ιζ΄ 11⁴ ἠθέλησαν ΒΤΔ
ιη΄ 5² ταῦτα BJ : τοιαῦτα cett.   6² ἐστίν (πέλει ΒΔ) post τίνος ΒΜΔ
ιθ΄ 2¹ τοῦ στόματός σου λόγε AJP (corr. P^c) T   9¹ τῶν] καὶ ABCM
κ΄ 1¹ λοιπόν] ΒΜΔ : τὰ νῦν AJP(T)

δοῦλος ὑπάρχω τοῦ τὸν τάφον τοῦτον οἰκήσαντος·
τάξιν ὑπηρέτου καὶ φύσιν ἔχω· 5
ἅπερ προσετάχθην ἐπέστην κηρῦξαι ὑμῖν·
' ἐγήγερται ὁ κύριος·
ἔτριψε τὰς χαλκᾶς πύλας τοῦ Ἅιδου
καὶ σιδηροῦς μοχλοὺς αὐτοῦ συνέθλασε·
καὶ τῇ προφητείᾳ ἐπέθηκε πέρας
καὶ τῶν ἁγίων ὕψωσε κέρας '· 10
δεῦτε, κόραι, καὶ ἴδετε ποῦ ἔκειτο ὁ ἀθάνατος,
|: ὁ τοῖς πεσοῦσι παρέχων ἀνάστασιν." :|

κα' Λαβοῦσαι θάρσος ἄμεμπτον ἐκ τῆς φωνῆς τοῦ ἀγγέλου
φρονίμως αἱ γυναῖκες ἀπεκρίθησαν πρὸς τοῦτον·
" Ἀληθῶς ἀνέστη ὁ κύριος, καθὼς ἔφης·
ἔδειξας ἥμιν καὶ τῷ ῥήματι καὶ τῷ σχήματι
ὅτιπερ ἀνέστη ὁ ἐλεήμων· 5
εἰ μὴ γὰρ ἠγέρθη καὶ ἐπορεύθη τῆς ταφῆς,
οὐκ ἂν αὐτὸς ἐκάθισας·
πότε γὰρ στρατηγὸς τοῦ βασιλέως
παρόντος κάθηται καὶ διαλέγεται;
εἰ δὲ καὶ τελεῖται ἐν γῇ τὰ τοιαῦτα,
ἀλλ' ἐν τῷ ὕψει οὐκ ἔστι ταῦτα, 10
ὅπου θρόνος ἀθέατος καὶ ἄφραστος ὁ καθήμενος,
|: ὁ τοῖς πεσοῦσι παρέχων ἀνάστασιν." :|

κβ' Μείξασαι φόβῳ τὴν χαρὰν καὶ εὐφροσύνην τῇ λύπῃ
ὑπέστρεψαν τοῦ τάφου, ὡς διδάσκει τὸ βιβλίον,
πρὸς τοὺς ἀποστόλους καὶ ἔλεγον αἱ γυναῖκες·
" Τί ἀθυμεῖτε; τί τὰ πρόσωπα συγκαλύπτετε;
ἄνω τὰς καρδίας· Χριστὸς ἀνέστη· 5
στήσατε χορείας καὶ εἴπατε ἅμα ἡμῖν·
' ἐγήγερται ὁ κύριος '·
ἔλαμψεν ὁ τεχθεὶς πρὸ ἑωσφόρου·
μὴ οὖν στυγνάζετε, ἀλλ' ἀναθάλλετε·

κα' 1¹ ἄμεμπτον] (sic) Δ : ἄμετρον Μ : ἅπτωτον Β : τὸ λοιπὸν P (corr. P^c) JAT (cf. ιη' 1¹ et κ' 1¹) 10¹ ἐν τῷ ὕψει] JM(P) : ἐν ὑψίστοις ΒΤΔ(Α)
κβ' 6¹ χορείαν AJD : def. P 8¹ στυγνάζετε] JP : στυγνάσητε ΑΒΜΤΔ
8² ἀναθάλλετε] PΔ(J) : ἀναλάμψατε Τ(J)(M) : σκιρτήσατε AB

τὸ ἔαρ ἐφάνη, ἀνθήσατε κλῶνες
καρποφορίαν, μὴ δυσφορίαν·
πάντες χεῖρας κροτήσωμεν καὶ εἴπωμεν· ' ἐξεγήγερται
|: ὁ τοῖς πεσοῦσι παρέχων ἀνάστασιν.' " :|

κγ' **Οἱ** δὲ ἀκούσαντες σαφῶς καὶ εὐφρανθέντες τῷ λόγῳ
ἐξέστησαν εὐθέως καὶ φησὶ πρὸς τὰς γυναῖκας·
" Πόθεν τοῦτο, κόραι, ἐμάθετε ὃ λαλεῖτε;
ἄγγελος εἶπε; " " Ναί ", φησί, " καὶ εἶπε καὶ ἔδειξε·
καὶ ὁ τῶν ἀγγέλων θεὸς καὶ πλάστης
ὤφθη τῇ Μαρίᾳ καὶ ἔφη· ' λέξον τοῖς ἐμοῖς·
ἐγήγερται ὁ κύριος'.
δεῦτε οὖν, ὡς κριοὶ καὶ ὡς ἀρνία
προβάτων ἅπαντες σκιρτῶντες εἴπωμεν·
' ποιμὴν ἡμῶν δεῦρο συνάγαγε ἥμας
τοὺς σκορπισθέντας ὑπὸ δειλίας·
ἐπάτησας τὸν Θάνατον· ἐπίστηθι τοῖς ποθοῦσι σε,
|: ὁ τοῖς πεσοῦσι παρέχων ἀνάστασιν.' " :|

κδ' **Σ**υναναστήτω σοί, σωτήρ, ἡ νεκρωθεῖσα ψυχή μου·
μὴ φθείρῃ ταύτην λύπη καὶ λοιπὸν εἰς λήθην ἔλθῃ
τῶν ᾀσμάτων τούτων τῶν ταύτην ἁγιαζόντων·
ναί, ἐλεήμων, ἱκετεύω σε μὴ καταλείπῃς με
τὸν ταῖς πλημμελείαις κατεστιγμένον·
ἐν γὰρ ἀνομίαις καὶ ⟨ἐν⟩ ἁμαρτίαις ἐμὲ
ἐκίσσησεν ἡ μήτηρ μου·
πάτερ μου, ἅγιε καὶ φιλοικτίρμον,
ἁγιασθήτω σου ἀεὶ τὸ ὄνομα
ἐν τῷ στόματί μου καὶ τοῖς χείλεσί μου,
ἐν τῇ φωνῇ μου καὶ τῇ ᾠδῇ μου·
δός μοι χάριν κηρύττοντι τοὺς ὕμνους σου, ὅτι δύνασαι,
|: ὁ τοῖς πεσοῦσι παρέχων ἀνάστασιν. :|

κδ' 4² metrum {⏑⏑–⏑⏑⏑⏑–⏑⏑ / ⏑⏑⏑⏑⏑⏑–⏑⏑}: παρίδης B (corr. metr.): ἐγκαταλείπης
J: def. P: σε dub. del. Trypanis 5¹ ταῖς] MTΔ: ἐν ABJP 6² ⟨ἐν⟩
add. Maas (cf. Lxx Ps. 50. 7) 7¹ πάτερ μου] ἅγιε BMΔ 7² ἅγιε]
δέσποτα BM 9² καὶ τῷ πνεύματί μου JT(A): om. M 10² ἐν] καὶ AJT

30 (21 Kr.)

ON DOUBTING THOMAS

Acrostichis: *ΤΟΥ ΤΑΠΕΕΙΝΟΥ ΡΩΜΑΝ[Ν]ΟΥ*

Prooemium I: *Ἰδιόμελον*

Τῇ φιλοπράγμονι δεξιᾷ   τὴν ζωοπάροχόν σου πλευρὰν
ὁ Θωμᾶς ἐξερεύνησε,   Χριστὲ ὁ θεός·
συγκεκλεισμένων γὰρ   τῶν θυρῶν ὡς εἰσῆλθες,
σὺν τοῖς λοιποῖς   ἀποστόλοις ἐβόα·
|: " Κύριος ὑπάρχεις   καὶ θεὸς ἡμῶν." :| 5

Prooemium II: *Ἰδιόμελον*

Ὁ τοῦ Θωμᾶ δισταγμὸς   πίστις ἀναμφίβολος
ᾠκονομήθη, σωτήρ,   ὄντως ⟨τῇ⟩ βουλήσει σου,
ἵνα μηδείς σου ποτὲ   ἐνδοιάσῃ τὴν ἀνάστασιν·
ἑαυτὸν γὰρ μόνον   οὐκ ἔδειξας αὐτῷ,
ἀλλὰ τύπους ἥλων   καὶ λόγχης τὴν νυγμήν·
διὸ σὲ καὶ ὡμολόγησε·   5
|: " Κύριος ὑπάρχεις   καὶ θεὸς ἡμῶν." :|

Prooemium III: *Τῶν φοβερῶν σου* (App. Metr. xl)

Τὴν ἐκ νεκρῶν σου   ἀνάστασιν ἀπιστῶν
καὶ τὴν πλευράν σου   τὴν θείαν ἐξερευνῶν
ἐν πίστει ἔλεγεν   ὁ Δίδυμος Θωμᾶς·

30 *Codices*: A (sine Prooem. II et III) B (Prooem. I et α') M (Prooem. I et α'–ια')
 P (sine Prooem. II et III) T (Prooem. I et α'–β') Δ
Editiones: Pitra A.S.I. Cant. XVIII; Tomadakis P.M.Y. III, pp. 111 sq.
Titulus: On Doubting Thomas Trypanis: Εἰς τὴν ψηλάφησιν τοῦ ἁγίου ἀποστόλου
 Θωμᾶ B: Εἰς τὸν Θωμᾶν P: τοῦ ἀποστόλου Θωμᾶ Δ
Dies Festus: Καινῇ Κυριακῇ vel Νέᾳ Κυριακῇ vel Κυριακῇ τοῦ Ἀντίπασχα
Modus: ἦχος πλάγιος δ'
Acrostichis: Τοῦ ταπεινοῦ Ῥωμανοῦ APV: Ποίημα Ῥωμανοῦ C
Ephymnium: ἡμῶν] septies P: quater B: μου cett. per totum canticum
Prooemium I
 AB(non distincte legitur)MPTΔ   1² τῇ ζωοπαρόχῳ σου πλευρᾷ BMT
Prooemium II
 Δ   2² τῇ add. Maas

" Συμπάθησόν μοι, δέσποτα, θρασέως ψηλαφήσαντι
καὶ πρόσδεξαι, φιλάνθρωπε, μηκέτι με διστάζοντα,
ἀλλὰ ἐν πίστει βοῶντα·
|: ' κύριος ὑπάρχεις καὶ θεὸς ἡμῶν.' " :|

Strophae: Τίς ἐφύλαξε (App. Metr. xii)

α' Τίς ἐφύλαξε τὴν τοῦ μαθητοῦ παλάμην τότε ἀχώνευτον,
ὅτε τῇ πυρίνῃ πλευρᾷ προσῆλθε τοῦ κυρίου;
τίς ἔδωκε ταύτῃ τόλμαν, καὶ ἴσχυσε ψηλαφῆσαι
φλόγεον ὀστοῦν; πάντως ἡ ψηλαφηθεῖσα·
εἰ μὴ γὰρ ἡ πλευρὰ δύναμιν ἐχορήγησε,
πηλίνη δεξιὰ πῶς εἶχε ψηλαφῆσαι
παθήματα σαλεύσαντα τὰ ἄνω καὶ τὰ κάτω;
αὕτη ἡ χάρις Θώμᾳ ἐδόθη
τὸ αὐτὴν ψηλαφῆσαι, Χριστῷ δὲ βοῆσαι·
|: " Κύριος ὑπάρχεις καὶ θεὸς ἡμῶν." :|

β' Ὄντως φέρουσα ἡ βάτος τὸ πῦρ ἐκαίετο καὶ οὐ κατεκαίετο·
ἐκ γὰρ τῆς τοῦ Θώμα χειρὸς πιστεύω τοῖς Μωσέως·
σαθρὰ γὰρ καὶ ἀκανθώδης ὑπάρχουσα οὐκ ἐφλέχθη
ψαύσασα πλευρᾶς ὥσπερ φλογὸς καιομένης·
καὶ τότε μὲν τὸ πῦρ ἦλθεν ἐπὶ τὴν ἄκανθαν·
νυνὶ δὲ πρὸς τὸ πῦρ ἔδραμεν ἡ βατώδης,
καὶ ὤφθη ὁ αὐτὸς θεὸς ἀμφότερα φυλάττων·
οὕτω πιστεύω, οὕτω δοξάζω
τὸν αὐτὸν θεὸν ἅμα καὶ ἄνθρωπον λέγων·
|: " Κύριος ὑπάρχεις καὶ θεὸς ἡμῶν." :|

γ' Ὑπεγράφη γὰρ βεβαίως ἐμοὶ ὁ ὅρος ταύτης τῆς πίστεως
διὰ τῆς τοῦ Θώμα χειρός· Χριστοῦ γὰρ ἁψαμένη
ὡς κάλαμος γραμματέως ἐγένετο ὀξυγράφου
γράφουσα πιστοῖς, ἔνθεν ἡ πίστις πηγάζει·

α' ΑΒΜΡΤΔ 3¹ τόλμαν] τόνον P (corr. Pγρ) Δ (fortasse recte)
β' ΑΜΡΤΔ 1³ οὐ κατεκαίετο] T(M)(P) : οὐ κατεφλέγετο ΑΔ metrum
∪−∪∪∪∪−∪∪ (sed cf. 13 ιε' 1³) 2¹ τοῦ Θώμα χειρὸς](sic) Δ :
τοῦ Θώμα post χειρὸς ΑΜΡΤ (corr. metr., cf. ς' 6², ζ'1², ιβ' 1²)
γ' ΑΜΡΔ 2¹ τοῦ Θώμα post χειρὸς ΑΜ (cf. β' 2¹)

ἐκεῖθεν ὁ λῃστὴς ἔπιε καὶ ἀνένηψεν, 5
ἐκεῖθεν μαθηταὶ ἤρδευσαν τὴν καρδίαν,
ἐκεῖθεν Θώμας ἤντλησε τὴν γνῶσιν ὧν ἐζήτει·
πίνει οὖν πρῶτος, εἶτα ποτίζει·
ἀπιστήσας μικρὸν πολλοὺς ἔπεισε λέγειν·
|: " Κύριος ὑπάρχεις καὶ θεὸς ἡμῶν." :| 10

δ' Τί γὰρ γέγονεν; ἢ πόθεν ἢ πῶς ἠπίστησεν ὁ ἀπόστολος;
ἐρωτήσωμεν, εἰ δοκεῖ, τὸν γόνον Ζεβεδαίου·
τρανῶς γὰρ ὁ Ἰωάννης τὰ ῥήματα τοῦ Διδύμου
ἔγραψεν ἐν τῇ βίβλῳ τοῦ εὐαγγελίου·
φησὶ γὰρ ὁ σοφός· μετὰ τὴν Χριστοῦ ἔγερσιν 5
οἱ ἄλλοι μαθηταὶ ἔφησαν πρὸς τὸν Θώμαν·
" Ὦ φίλε, ἑωράκαμεν τὸν κύριον ἐνταῦθα"·
Θώμας δὲ εἶπε τάχα πρὸς τούτους·
" Οἱ ἰδόντες †τὸν Χριστὸν μὴ κρύπτεσθε ἀλλὰ† βοᾶτε·
|: ' κύριος ὑπάρχεις καὶ θεὸς ἡμῶν.' :| 10

ε' Ἀπαγγείλατε παντὶ τῷ λαῷ, ἃ εἴδετε καὶ ἠκούσατε·
μὴ καλύψητε, μαθηταί, τὸν λύχνον τῷ μοδίῳ·
ἃ λέγετε ἐν τῷ σκότει κηρύξατε ἐν τῷ φέγγει·
στῆτε φανερῶς ἔξω μετὰ παρρησίας·
ἀκμὴν ἐν φωλεῷ πέλετε καὶ θρασύνεσθε· 5
λαλεῖτε ὑψηλὰ τῶν θυρῶν κεκλεισμένων·
βοᾶτε ' ἑωράκαμεν ', γεγωνυίᾳ, ' τὸν κτίστην '·
φαίνηται πᾶσι, μάθῃ ἡ κτίσις,
διδαχθῶσι θνητοὶ βοᾶν τῷ ἀναστάντι·
|: ' κύριος ὑπάρχεις καὶ θεὸς ἡμῶν.' :| 10

5¹ ἐκεῖθεν] ἐκ ταύτης ΑΜ   7¹⁻² ἐκεῖθεν καὶ (δὲ Μ) ὁ Δίδυμος ἐξεῦρε
(ἐφεῦρε Α) ὃ (ἃ Μ) ἐζήτει ΑΜ
δ' ΑΜΡΔ   1¹ Τί γὰρ γέγονεν] (sic) Δ : Τίνος ἕνεκεν ΑΜΡ   4¹⁻² metrum : divisio neglecta   6² πρὸς τὸν Θώμαν] τῷ Διδύμῳ ΜΡ   8¹⁻² εἶπε
τάχα] Ρ(Α)(Μ): τότε εἶπε Δ   9 τὸν Χρ.] τὸν κύριον Μ   μὴ κρύπτ.] νῦν Μ
ἀλλὰ βοᾶτε] βοῶντες Ρ: ἐκβοήσατε Μ: metrum ∪∪−∪∪−∪∪−∪◡−∪:
τὸν Χριστὸν del. Trypanis m.c.
ε' ΑΜΡΔ   1³ καὶ] ἃ add. ΑΜ   7¹ βοᾶτε] Δ : βοῶντες ΑΜΡ
7² γεγωνυίᾳ (sc. τῇ φωνῇ)] Trypanis: ἐν γωνίᾳ Δ : τὸν κύριον ΑΜΡ (cf. δ' 7²)
τὸν (καὶ Ρ) κτίστην] ἐνταῦθα ΑΜ (cf. δ' 7²)   8¹ φαίνηται] Maas: φαίνετε
Δ : φάνητε Ρ: λέγετε ΑΜ   9 θνητοὶ] τὰ ἔθνη ΜΡ

ς' Πῶς δυνήσομαι πιστεῦσαι ὑμῖν ἀκούων ἄπιστα ῥήματα;
εἰ γὰρ ἦλθεν ὁ λυτρωτής, ἐζήτει τὸν οἰκέτην·
εἰ ἔλαμψεν ἡ ἡμέρα, οὐκ ἔφαινε παρὰ ὥραν·
εἴπερ ὁ ποιμὴν ὤφθη, ἐκάλει τὸν ἄρνα·
ἠρώτησε ποτέ· 'ποῦ τεθείκατε Λάζαρον;' 5
καὶ νῦν οὐκ ἔφησε· 'ποῦ ἀφήκατε Θώμαν;'
ἀλλ' ἔλαθε τοῦ θέλοντος μετὰ τούτου τεθνάναι;
ἄπιστος μένω, ἕως ἂν ἴδω·
ὅταν ἴδω καὶ ψαύσω, πιστεύσω καὶ λέξω·
|: 'κύριος ὑπάρχεις καὶ θεὸς ἡμῶν.' '' :| 10

ζ' Ἔτι λέγοντος τοῦ Θώμα ποτὲ τοιαῦτα τοῖς ἀδελφοῖς αὐτοῦ,
παρεγένετο ὁ σωτήρ, τὸ θάρσος τῶν ἐν φόβῳ,
ἡ ἄμεμπτος παρρησία τῶν ἐν φυγῇ καὶ δειλίᾳ·
μέσον μαθητῶν ὤφθη θυρῶν κεκλεισμένων·
ἰδὼν δὲ ὁ Θωμᾶς κάτω κάμπτει τὸ πρόσωπον 5
καὶ ἔνδον τῆς ψυχῆς ἔλεγε· " Τί τελέσω;
πῶς νῦν ἀπολογήσομαι οἷς ἠπίστησα πρώην;
τί εἴπω Πέτρῳ; τί φῶ τοῖς ἄλλοις;
οὓς ὠνείδισα πάλαι πῶς πείσω καὶ κράξω·
|: 'κύριος ὑπάρχεις καὶ θεὸς ἡμῶν;' :| 10

η' Εἴθε ἤσκησα κἀγὼ σιωπήν, ὡς Ἰησοῦς ἐν τῷ κρίνεσθαι,
ἀλλ' ἠρέθισέ με λαλεῖν ἡ θέα τῶν χαιρόντων·
τοῖς ῥήμασι ὑπεκνίσθην τῶν ἐν χαρᾷ κραυγαζόντων.
'εἴδομεν σαφῶς ζῶντα τὸν γνώμῃ θανέντα'·
ὁρῶν οὖν ἱλαρὸν Πέτρον τὸν ἀρνησάμενον 5
καὶ πάλιν χαριεὶς τοὺς σὺν αὐτῷ φυγόντας
ἐζήλωσα· ἐζήτουν γὰρ μετὰ τούτων χορεύειν·
ζήλῳ οὖν εἶπον ἅπερ προεῖπον·
μὴ μεμφθῶ, Ἰησοῦ μου, προσδεχθῶ δὲ βοῶν σοι·
|: 'κύριος ὑπάρχεις καὶ θεὸς ἡμῶν.' :| 10

ς' ΑΜΡΔ 6² ποῦ Θωμᾶς ἐπορεύθη MP (corr. metr., cf. β' 2¹, ζ' 1², ιβ' 1²)
ζ' ΑΜΡΔ 1² τοῦ Θώμα ποτὲ (τότε Δ)] Δ: τοῦ Θωμᾶ post ποτὲ ΑΜΡ (corr. metr., cf. β' 2¹, ς' 6², ιβ' 1²)
η' ΑΜΡΔ 1¹ Ἰού Δ 4² θανόντα Μ (fortasse recte propter ζῶντα) 6¹ χαριεὶς] (sic) ΑΔ, cf. 25 ι' 5¹ 7¹ ἐζήτουν γὰρ] ἐζήτησα ΜΡ 8¹ ζήλῳ] Ρ: ζηλῶν ΑΜΔ 9 προσδ.] δεχθῶ Δ (corr. metr.?) βοῶν ΑΜ: metrum ∪∪–∪∪–∪∪–∪∪–∪, cf. ιγ' 9

θ' Νύξ μοι γέγονε καὶ σκότος βαθὺ τὰ ῥήματα τῶν συνδούλων μου·
οὐχ ἐφώτισαν γὰρ αὐτά, οὐχ ἧψαν τῇ ψυχῇ μου
τοῦ θαύματος τὴν λαμπάδα, ἣν νῦν ὁρῶ παρ' ἐλπίδα·
βλέπω γὰρ Χριστὸν πάλιν θυρῶν κεκλεισμένων·
εἰ δ' ἔφθασα μαθεῖν ὅτι οὕτως ἐλήλυθεν, 5
οὐκ ἂν ἠπίστησα· εἶχον γὰρ ἐννοῆσαι
τὴν εἴσοδον καὶ ἔξοδον αὐτοῦ τὴν ἐκ Μαρίας·
μόνον γὰρ εἶπον ὅτι κατεῖδον·
τὶς δὲ τοῦτον οὐκ εἶδε πῶς δύναται λέγειν·
|: 'κύριος ὑπάρχεις καὶ θεὸς ἡμῶν; '" :| 10

ι' Οὕτω Δίδυμος λαλῶν ἑαυτῷ ἐλάλει καὶ τῷ θεῷ ἡμῶν·
ὁ ἐτάζων δὲ τοὺς νεφροὺς τὸν Θῶμαν θεωρήσας
συντρίβοντα τὴν καρδίαν καθὼς ποτὲ τὸν τελώνην
ᾤκτειρε βοῶν· "Φέρε τὴν χεῖρά σου ὧδε·
εἰς τί ἐδίστασας; λέγε μοι, ὀλιγόπιστε· 5
ἢ ποῖον τῶν ἐμῶν ἄπιστόν σοι ἐφάνη;
ἡ σταύρωσις, ἡ νέκρωσις, ἡ ἀνάστασις αὕτη;
μέχρι δὲ τίνος ἀμφισβητεῖς μοι;
ὃν ἐπόθεις ἰδεῖν ἰδοὺ βλέπων με κράζον·
|: 'κύριος ὑπάρχεις καὶ θεὸς ἡμῶν.' :| 10

ια' Ὕπνον ὕπνωσα ἐν τάφῳ μικρὸν καὶ μετὰ τρεῖς ἀνεβίωσα·
διὰ σὲ καὶ τοὺς κατὰ σὲ ἐκείμην ἐν μνημείῳ· .
καὶ σὺ ἀντ' εὐχαριστίας προσῆξάς μοι ἀπιστίαν;
ἤκουσα γὰρ ὧν εἶπας πρὸς τοὺς ἀδελφούς σου "·
πρὸς ταῦτα ὁ Θωμᾶς ἔπτηξε καὶ ἀνέκραξε· 5
"Μὴ μέμψῃ μοι, σωτήρ· σοὶ γὰρ ἀεὶ πιστεύω·
τῷ Πέτρῳ δὲ καὶ τοῖς ἄλλοις δυσχεραίνω πιστεύειν·
οἶδα γὰρ τούτους μὴ ψευδομένους,
ἀλλ' ἐν ὥρᾳ κακῶν φοβουμένους εἰπεῖν σοι·
|: 'κύριος ὑπάρχεις καὶ θεὸς ἡμῶν.'" :| 10

θ' ΑΜΡΔ 2³ τῆς ψυχῆς μου ΑΜΡγρ
ι' ΑΜΡΔ 3¹ συντρίβοντα] Μ: συντριβέντα ΑΔ: def. P 6¹⁻² ἢ ποῖον
τῶν ἐμῶν ἄπιστόν σοι ἐφάνη] Α: τὰ πέρατα τῆς γῆς· ἔφριξαν καὶ οὐκ ἔγνως
(ἔγν[...] P: ἔγνωσαν Μ: corr. Krumb.) MP: ποῖον μου τῶν παθῶν ἄπιστον
ἔδειξέ σε Δ 7¹⁻² τὴν σταύρωσιν, τὴν νέκρωσιν, τὴν ἀνάστασιν ταύτην (αὐτὴν
P) PM 9 κράξον] Δ: κράξεις P(M) : κράζε Α
ια' ΑΜΡΔ 4¹ ὧν] PΔ : ἃ Μ(Α) 6² ἀεὶ] ἄρτι ΑΜ 7¹ metrum
◡‐◡◡◡‐◡◡: λοιποῖς P 9¹ ἀλλ'] Δ: καὶ ΑΜΡ κακῇ ΑΜ

ιβ´ Ῥῖψαι θέλοντα   τὸν Θώμαν ποτὲ   τῆς ἀπιστίας τὸ ἔγκλημα
    θεωρῶν ὁ πάντα ὁρῶν   πρὸς τοῦτον   ἀπεκρίθη·
    " Καὶ σὺ μετὰ τούτων ἦσθα   ἐν τῷ καιρῷ   ᾧ ἠνίξω·
    πάντες γὰρ ἐμὲ   μόνον ἀφήκατε πάσχειν·
    καιρὸς ἦν χαλεπός,   Δίδυμε, μὴ ὀνείδιζε·   5
    δι' ὃν καὶ ἡ γραφή·   ' πατάξω τὸν ποιμένα
    καὶ διασκορπισθήσονται   τὰ πρόβατα τῆς ποίμνης '.
    νόει ἃ λέγω,   ποίει ὃ εἶπας·
    ψηλαφῆσαι με θέλεις; ψηλάφησον λέγων·
    |: ' κύριος ὑπάρχεις   καὶ θεὸς ἡμῶν.' " :| 10

ιγ´ Ὦ τοῦ θαύματος,   ὦ τῆς ἀνοχῆς,   ὦ τῆς ἀμέτρου πραότητος·
    ψηλαφᾶται ὁ ἀναφής,   κρατεῖται   ὑπὸ δούλου
    καὶ δείκνυσι τῷ οἰκέτῃ   τοὺς μώλωπας   ὁ δεσπότης,
    οὓς ἐν τῷ καιρῷ   ἰδοῦσα ἡ κτίσις ἐσείσθη·
    τοιούτων δὲ Θωμᾶς   δωρεῶν ἀξιούμενος   5
    τῷ ἀξιώσαντι   δέησιν ἀνατείνει·
    " Ἀνάσχου ", λέγων, " δέσποτα,   τῆς ἐμῆς προπετείας·
    φεῖσαι τοῦ χόρτου,   ῥῦσαι με φόρτου·
    κουφισθῶ ἀπιστίας, ἵνα ψάλλω καὶ λέξω·
    |: ' κύριος ὑπάρχεις   καὶ θεὸς ἡμῶν.' :| 10

ιδ´ Μεῖνον ἥμερος,   ἕως ἂν ἐγὼ   κατατρυφήσω σου, κύριε·
    πληροφόρησόν με τὸν σόν·   ἠνέσχου   ἀλλοτρίων,
    ἀνάσχου καὶ τοῦ ἰδίου   καὶ δεῖξόν μοι   τὰς πληγάς σου,
    ἵνα ὡς πηγὰς   ταύτας ἀντλήσω καὶ πίω·
    μὴ φλέξῃς με, σωτήρ·   πῦρ γὰρ εἶ καθ' ὑπόστασιν,   5
    κατὰ δὲ βούλησιν   σῶμα εἶ ὃ ἐγένου·
    ἀπόκρυψον οὖν, δέομαι,   ἑαυτὸν ὅσον ὅσον·
    δέξαι, σωτήρ μου,   ὡς τὴν αἱμόρρουν·
    οὐ κρατῶ τοῦ κρασπέδου, σοῦ ἅπτομαι λέγων·
    |: ' κύριος ὑπάρχεις   καὶ θεὸς ἡμῶν.' " :| 10

ιβ´ ΑΡΔ   1² τὸν Θώμαν ποτὲ] (sic) Δ : τὸν Θωμᾶν post ποτὲ (τότε Α)
PA (corr. metr., cf. β´ 2¹, ς´ 6², ζ´ 1²)   9 με] οὖν P : ὂν dub. Maas
ιγ´ ΑΡΔ   4² metrum – ⏑ ⏑ – ⏑ ⏑ – ⏑ : ἰδοῦσα] πᾶσα Δ   9 metrum :
⏑ ⏑ – ⏑ ⏑ – ⏑ ⏑ – ⏑ ⏑ –, cf. η´ 9: ἵνα ψάλλω καὶ λέξω] ἐν πίστει (δὲ add. V)
βοῶ σοι Δ   ἵνα] νὰ dub. Trypanis, cf. 2 ιδ´ 8², 19 ι´ 6¹, et App. Metr.
ιδ´ ΑΡΔ   7¹ δέομαι] Δ : δέσποτα ΑΡ

ιε΄ " Ἅπαξ ἤκουσας, καλὲ μαθητά, γενοῦ πιστὸς καὶ μὴ ἄπιστος·
μὴ φοβοῦ· οὐ φλέγω σε γάρ· φυλάττω τοὺς ἐντός μου·
τὴν κάμινον Βαβυλῶνος ἐδίδαξα τοῦτο πράττειν·
μᾶλλον δὲ ἐγὼ τοῦτο ποιῶ καὶ διδάσκω·
μὴ τῆς ἁμαρτωλοῦ πόρνης πέλεις σαθρότερος, 5
ἥτις ἐπήλειψε μύρῳ τὴν κεφαλήν μου
καὶ ταῖς θριξὶν ἐξέμαξε τοὺς ἁγίους μου πόδας;
δεῦρο οὖν, φίλε, μή με μυρίσῃς·
ἑαυτὸν εὐωδίασον πίστει βοῶν μοι·
|: ' κύριος ὑπάρχεις καὶ θεὸς ἡμῶν.' " :| 10

ις΄ " Ναί, φιλάνθρωπε, μυρίσω κἀγὼ
οὐχ ὡς ἡ πόρνη τὸ πρότερον·
οὐ προσέρχομαι μυρεψῷ κραυγάζων· ' δός μοι μύρον '·
τὴν πίστιν σοι προσκομίζω τῷ ἔχοντι ὑπὲρ μύρον
χάριν τὴν πλευράν, ἥνπερ κρατῶν ἀπολαύω·
δοξάζω σου, Χριστέ, τὴν πιστὴν συγκατάβασιν, 5
πῶς ἐνηνθρώπησας, ἵνα τῆς τῶν εἰδώλων
τὸν ἄνθρωπον ὃν ἔπλασας ματαιότητος ῥύσῃ·
καὶ ῥαπισθῆναι, σωτήρ, κατεδέξω,
κἀμὲ ἐλευθερώσεις παθῶν ἐκβοῶντα·
|: ' κύριος ὑπάρχεις καὶ θεὸς ἡμῶν.' " :| 10

ις΄ [" Νῦν οὖν, δέσποτα, εἰδὼς ὅτι ἐμφαίνω σοι τὴν καρδίαν μου,
bis καθορᾷς καὶ τοὺς λογισμοὺς γινώσκων τὰς ἐννοίας·

ιε΄ ΑΡΔ 5² πέλεις] Δ : σὺ εἶ P(A) 6¹ ἥτις] ὅτι ΡΔ
ις΄ ΔP (haec stropha sequitur ις΄ bis in P; in margine tamen scriptum est a΄)
8² metrum –‿‿–‿–: σωτήρ] om. Δ : σῶτερ, ἐδέξω Trypanis m.c. 9 κἀμὲ]
ἵν' ἐμὲ P ἐκβοῶντα] τοῦ βοᾶν σοι P
ις΄ bis AP (ις΄ et ις΄ bis inter se mutavit P¹ ; ις΄ bis loco strophae ιζ΄ A) ις΄
bis propter acrostichidem, sensum, et metrum spuria 1² metrum ‿–‿‿–

ις΄ " Νῦν [[οὖν]] ἐκπλήττωνται καρδίαι πιστῶν τοῖς λογισμοῖς χειμαζόμεναι·
κεκλεισμένων γὰρ τῶν θυρῶν εἰσῆλθεν ἡ χαρά⟨μου⟩·
ter ἐκέλευσέ μοι τὰς χεῖρας καὶ τὴν πλευρὰν ψηλαφῆσαι
λέγων μοι· ' Θωμᾶ, γίνου πιστὸς μαθητής μου ' ·
τότε τοῖς Σεραφὶμ τὰ Χερουβὶμ διένευε· 5
παλάμη χοϊκοῦ ἅπτεται καὶ οὐ φλέγεται·
ἐνίκησαν οἱ ἄνθρωποι τὰς φλογίνους δυνάμεις·
ὦ τῆς ἀφάτου [[Χριστέ σου]] φιλανθρωπίας,
δι' ἧς μου ἠνέσχου ψηλαφᾶν καὶ βοᾶν σοι·
|: ' κύριος ὑπάρχεις καὶ θεὸς ἡμῶν.' :| 10
ις΄ ter A (propter acrostichidem, sensum, et metrum spuria) 1¹ οὖν del.
Trypanis m.c. 2³ μου add. Maas m.c. 5² metrum ‿–‿–‿‿–‿‿
6² metrum –‿‿‿‿–‿ 8² Χριστέ σου del. Maas m.c.

30 CANTICA ON THE PERSON OF CHRIST 241

ἀλλ' ὅμως σοι ἀπαγγέλλω †προῄδεις† τὸν πιστόν σου·
ἴδω τὴν πλευράν, ἵνα τοὺς πάντας διδάξω·
ὀστέα ψηλαφῶ καὶ τοὺς τύπους τῶν ἥλων σου 5
καὶ κύριον ἐγὼ καὶ θεόν σε κηρύττω·
ὡς κύριος τῆς δόξης γὰρ τὴν σταύρωσιν ἠνέσχου
ἐπὶ τοῦ ξύλου πᾶσι δεικνύων
ἐν ἀμέμπτῳ καρδίᾳ καὶ πίστει βοᾶν σοι·
|: ' κύριος ὑπάρχεις καὶ θεὸς ἡμῶν.' " :|] 10

ιζ' " Ὅμως ἄκουσον καὶ μάθε σαφῶς·
σοφοῦ γὰρ γέγονας μέτοχος·
ἡ σοφία ἡ τοῦ πατρὸς ἐγνώσθην τοῖς ἀνθρώποις·
μακάριος εἶ ἐν πίστει· καὶ μᾶλλον δὲ μακαρίζω
τοὺς ἐξ ἀκοῆς μόνης ἐμοὶ προσελθόντας·
αὐτός με ψηλαφῶν νῦν ἐπέγνως τὴν δόξαν μου, 5
ἐκεῖνοι δὲ φωνῇ λόγων μοι προσκυνοῦσι·
μεγάλη δὲ ἡ ἔννοια τῶν οὕτω πιστευόντων·
σοὶ θεωροῦμαι ὡς μαθητῇ μου
καὶ ἐκείνοις ὡς δούλοις ἁγίοις βοῶσι·
|: ' κύριος ὑπάρχεις καὶ θεὸς ἡμῶν.' ":| 10

ιη' Ὑπὸ χάριτος ψυχῇ καὶ σαρκὶ στηρίξας σῶσον με, ὕψιστε,
ἵν' ἁπτόμενος τῆς πλευρᾶς λαμβάνω σου τὴν χάριν
λυτρούμενος τῶν κακῶν μου τὸ αἷμα σου καὶ τὸ σῶμα,
ἄφεσιν ἵνα εὕρω τῶν παραπτωμάτων·
ὁ Θωμᾶς ψηλαφῶν νῦν ἐπέγνω τὴν δόξαν σου, 5
ἐγὼ δὲ δειλιῶ· οἶδα γὰρ τὰς βουλάς σου·
ἐπίσταμαι τὰ ἔργα μου· τὸ συνειδός με ταράττει·
φεῖσαι, σωτήρ μου, φεῖσαι, οἰκτίρμων,
ἵνα ἔργοις καὶ λόγοις ἀπαύστως βοῶ σοι·
|: " Κύριος ὑπάρχεις καὶ θεὸς ἡμῶν." :| 10

3² metrum ∪ − ∪ ∪
ιζ' ΑΡΔ 2¹ ἡ (ante τοῦ)] γὰρ P: om. A
ιη' ΑΡΔ 2¹ ἵν' ἁπτόμενος] A: ἵνα ἅπτομαι PΔ (corr. Pγρ) λαμβάνω]
A: λαμβάνων PΔ 3¹ λυτρούμενος τῶν] A: λυτροῦμαι ἐκ τῶν PΔ 3²⁻³ τῷ
αἷμα (=τῷ αἵματι) σου καὶ τῷ σῶμα (= τῷ σώματι) dub. Trypanis, cf. S. G.
Kapsomenakis, Voruntersuch. zu einer Gram. der Pap. der nachchrist. Zeit,
München 1938, p. 94 et 28 β' 6². 5² νῦν] (sic) P (cf. ιζ' 5²) : σε Δ : om. A
7² metrum ∪ − ∪ ∪ ∪ − ∪: τὸ om. P: del. Pitra 8¹ et 8² inter se mut. AP
9 ἀπαύστως (post βοῶ σοι)] P: ἐν πίστει Δ: om. A

31 (25 Kr.)

ON THE MISSION OF THE APOSTLES

Acrostichis: *ΤΟΥ ΤΑΠΙΝΟΥ ΡΩΜΑΝΟΥ Ο ΨΑΛΜΟΣ*

Prooemium I: *Τοὺς ἀσφαλεῖς*

Τοὺς ἀσφαλεῖς καὶ θεοφθόγγους κήρυκας,
τὴν κορυφὴν τῶν μαθητῶν σου, κύριε,
προσελάβου εἰς ἀπόλαυσιν τῶν ἀγαθῶν σου καὶ ἀνάπαυσιν·
τοὺς πόνους γὰρ ἐκείνων καὶ τὸν θάνατον
     ἐδέξω ὑπὲρ πᾶσαν ὁλοκάρπωσιν,
|: ὁ μόνος γινώσκων τὰ ἐγκάρδια. :| 5

Prooemium II: *Ὁ σοφίσας*

Ὁ σοφίσας ὑπὲρ ῥήτορας τοὺς ἁλιεῖς
⟨καὶ ἐκπέμψας ὥσπερ κήρυκας πάσῃ τῇ γῇ
τῇ ἀφάτῳ φιλανθρωπίᾳ σου, Χριστὲ ὁ θεός,
δι' αὐτῶν κραταίωσον τὴν ἐκκλησίαν σου,
καὶ τοῖς πιστοῖς κατάπεμψον τὴν εὐλογίαν σου, 5
|: ὁ μόνος γινώσκων τὰ ἐγκάρδια⟩. :|

Strophae: *Τράνωσον* (App. Metr. xiv)

α' **Τ**ράνωσον μοῦ τὴν γλῶτταν, σωτήρ μου, πλάτυνόν μου τὸ στόμα
    καὶ πληρώσας αὐτὸ κατάνυξον τὴν καρδίαν μου,
ἵνα οἷς λέγω ἀκολουθήσω καὶ ἃ δῆθεν διδάσκω ποιήσω πρῶτος·
πᾶς γὰρ ποιῶν καὶ διδάσκων, φησὶν οὗτος, μέγας ἐστίν·
ἐὰν γὰρ λέγων μὴ πράττω, ὡς χαλκὸς ὁ ἠχῶν λογισθήσομαι·
διὸ λαλεῖν με τὰ δέοντα καὶ ποιεῖν τὰ συμφέροντα δώρησαι, 5
|: ὁ μόνος γινώσκων τὰ ἐγκάρδια. :|

31 *Codices*: A (sine Prooem. II) B (Prooem. I et α'–β' et δ') D (sine Prooem. II)
 M (Prooem. I et α'–ιγ' et ιη') P (sine Prooem. II) T (Prooem. I et α'–ιγ') Δ
Editiones: Pitra A.S. I, Cant. xxii; Christ-Paranikas, Anthologia Christiana,
 pp. 131 sq.
Titulus: On the Mission of the Apostles Trypanis: *Τῶν ἁγίων Ἀποστόλων* nonn.
 codd.: *Τῶν ἁγίων καὶ κορυφαίων τῶν* (τῶν om. A)*ἀποστόλων Πέτρου καὶ Παύλου*
 AP
Dies Festus: 'Ιουνίῳ λ'
Modus: ἦχος β'
Acrostichis: *Τοῦ ταπεινοῦ Ῥωμανοῦ ὁ ψαλμός* (ὁ ψαλμός om. M) ADMP
Prooemium II
 Δ (v. 1 tantum superest, ante prooemium I; cetera e Pentecostario)
5[1] τοῖς dub. del. Trypanis m.c.

31 CANTICA ON THE PERSON OF CHRIST 243

β' Οὕτω ποτὲ καὶ οἱ μαθηταί σου   ἐκτελέσαντες πρῶτον
  τὰ προστάγματα σοῦ   ἐδίδασκον ἅπερ ἔπραττον
πάσῃ δυνάμει ὁμοῦ κυροῦντες   τήν τε διδασκαλίαν τῇ πολιτείᾳ·
ἦν ὁ ὁρῶν   καὶ ζηλῶν ὡς αὐτοί, οὗτος μέγας ἐστί,
γυμνοῦσθαι   τῶν ἐν τῷ βίῳ   καὶ τῶν ἄνω φροντίζειν ἑκάστοτε,
σταυρὸν βαστάζειν ἐπ' ὤμοισιν,
  ἐντρυφᾶν τῷ θανεῖν ὡς προσέταξας, 5
|: ὁ μόνος γινώσκων   τὰ ἐγκάρδια. :|

γ' Ὕλη τοσαύτη τῶν ἐναρέτων   ὁ κατάλογος πάντων
  [τῶν] ἀποστόλων κομῶν   πᾶσαν τὴν γῆν εὐωδίασε·
τὰ κλήματα τῆς Χριστοῦ ἀμπέλου,
  τὸ γεώργιον τοῦ ἄνω καλλιέργου,
οἱ πρὸ Χριστοῦ   ἁλιεῖς καὶ μετὰ τὸν Χριστὸν ἁλιεῖς,
οἱ ἄλμῃ   συνομιλοῦντες   καὶ γλυκὺ ῥῆμα νῦν ἐρευγόμενοι,
οἱ πρὶν ἰχθύας ἀγρεύοντες   καὶ βροτοὺς νῦν θηροῦντες, ὡς ἔφησεν 5
|: ὁ μόνος γινώσκων   τὰ ἐγκάρδια. :|

δ' Τούτους τοὺς ἄρνας ὁ ἀγελάρχης,   οὓς ἐσκόρπισε φόβος
  ἐν καιρῷ τοῦ σταυροῦ,   συνήγαγε μετ' ἀνάστασιν.
στὰς ὡς εἰς ὕψος ἐπὶ τοῦ ὄρους
  ἐκελάδησε μέλος γλυκὺ τῇ ποίμνῃ·
θάρσος διδοὺς   καὶ μικρὸν ὡς δειλοῖς αἰνιττόμενος
ἐβόα   λέγων· " Θαρσεῖτε,   ἐγὼ μόνος τὸν κόσμον νενίκηκα·
ἐγὼ τοὺς λύκους ἐσκόρπισα·
  μετ' ἐμοῦ ἦν οὐδείς, μόνος ἤμην ὁ ὤν, 5
|: ὁ μόνος γινώσκων   τὰ ἐγκάρδια. :|

ε' Ἄπιτε οὖν εἰς πάντα τὰ ἔθνη·   μετανοίας τὸν σπόρον
  ἐμβαλόντες τῇ γῇ   διδασκαλίαις ἀρδεύσατε·
βλέπε μοι, Πέτρε, πῶς ἐκπαιδεύεις·
  ἐννοῶν σου τὸ πταῖσμα συμπάθει πᾶσι,

β' ABDMPTΔ   1² πρῶτον] DPΔ : πάντα cett. et Pγρ   2² τε] (sic)
P: om. cett.: σὴν Pitra   3¹⁻² ἦν–ἐστί] PΔ : ἵν' ἐν αὐτοῖς ὁ μανθάνων ὁρᾷ
ἃ ἐμάνθανε AMTPγρ(B)
γ' ADMPTΔ   1³ τῶν del. Trypanis m.c., sed cf. 15 ιγ' 1³ et 54 Kr.
ια' 1³, κα' 1³   5² τοὺς βροτοὺς νῦν θηρᾶν ἐδιδάχθησαν DΔ(P)
δ' ABDMPTΔ   2² γλυκύ] DPΔ : ἡδύ ABMT   3² δειλοῖς] DPΔ :
δειλούς ABMT   5² ὁ ὤν] AM : ἐγὼ DP (corr. Pᶜ) Δ : ὁ εἰς MT
ε' ADMPTΔ   2¹ ἐκδιδάσκεις AMT   2² ἐννοῶν] προορῶν AMT

μὴ αὐστηρὸς   δι' ἐκείνην τὴν κόρην τὴν σείσασαν σέ·
ἐάν σοι   τῦφος εἰσπέσῃ,   τῆς φωνῆς τοῦ ἀλέκτορος ἄκουσον
καὶ τῶν δακρύων μνημόνευε   ὧν ἐγώ σε τοῖς ῥείθροις ἀπέπλυνα,   5
|: ὁ μόνος γινώσκων   τὰ ἐγκάρδια. :|

ϛ' **Πέτρε**, φιλεῖς με; ποίει ἃ λέγω·   ποίμαινέ μου τὴν ποίμνην
    καὶ φίλει οὓς φιλῶ   συμπάσχων τοῖς ἁμαρτάνουσιν·
ὅρα μου τὴν πρὸς σὲ εὐσπλαγχνίαν,
                ὅτι τρὶς ἀρνησάμενον σὲ ἐδεξάμην·
ἔχεις λῃστὴν   θυρωρὸν παραδείσου θαρρύνοντα σέ·
ἐκείνῳ   πέμπε οὓς θέλεις·   δι' ὑμῶν πρὸς ἐμὲ ἀναστρέφει Ἀδὰμ
βοῶν· ' ὁ πλάστης παρέσχε μοι
                τὸν λῃστὴν πυλωρὸν καὶ κλῃδοῦχον Κηφᾶν,   5
|: ὁ μόνος γινώσκων   τὰ ἐγκάρδια. ' :|

ζ' **Ἴσχυέ** μοι καὶ σύ, ὦ Ἀνδρέα·   ὥσπερ εὗρές με πρῶτος
            εὑρεθεὶς παρ' ἐμοῦ   εὑρὲ καὶ σὺ τὸν πλανώμενον·
μὴ ἐπιλάθῃ τῆς πρώτης τέχνης·
                ἐξ αὐτῆς γὰρ εἰς ταύτην σε μεταπαιδεύσω·
πρώην γυμνὸς   εἰς βυθὸν καὶ νυνὶ πρὸς τὸν βίον γυμνός·
καλάμῳ   πρὶν ἁλιεύων,   τῷ σταυρῷ ἁλιεύειν διδάχθητι·
τῷ σκώληκι ἐδελέαζες·   τῇ σαρκί μου θηρᾶν παραγγέλλω σοι   5
|: ὁ μόνος γινώσκων   τὰ ἐγκάρδια. :|

η' **Νῦν** δεῖξον ἔργον, ὦ Ἰωάννη·   πάντες μάθωσιν ἄρτι
        ὡς οὐ μάτην τὸ πρὶν   ἀνέκλινά σε τῷ στήθει μου·
ποίησον αὔλακας τῇ πηγῇ μου,
                ἧς τὰ νάματα ἤντλησεν ἡ στοργή σου·
ὄρυξον μοὶ   ὡς δικέλλῃ τῇ γλώσσῃ διέξοδον,
καὶ ἥξω   οὗ ἐὰν θέλῃς   καὶ ποτίσας μεθήσω τὸν σπόρον σου·
ὡς κόκκους λόγους κατάβαλε,   καὶ αὐξήσας πληθύνω τὰ λήϊα σοῦ   5
|: ὁ μόνος γινώσκων   τὰ ἐγκάρδια. :|

5¹ μνημόνευε] σου μνήσθητι AMT   5² τοῖς ῥείθρ. ante ἐγώ σε ADM
ϛ' ADMPTΔ   1¹ ποίει] νόει AMTPγρ   2¹ μνησθείς μου τῆς πρὸς σὲ
εὐσπλαγχνίας PΔ(D)   2² metrum cf. ζ' 2² et 15 ε' 2², 30 Kr. δ' 2²; 54 Kr.
ιη' 2², κϛ' 2²
    ζ' ADMPTΔ   1⁴ τὸν] DT: τὸ AMPΔ   2² metrum cf. ϛ' 2²: γὰρ post
εἰς ταύτην (αὐτὴν DMT) A: om. MT (corr. metr.)   3¹ πρώην] AM:
ὡς πρώην DΔ(T):   τότε P
    η' ADMPTΔ   1² πάντες–ἄρτι] νυνὶ μάθωσι πάντες DΔ(T)   4² οὗ]
AMP (in rasura): ὡς TΔ: ἕως D   5² μεθήσω] Trypanis: μεθύσω codd.

θ' Οὕτω καὶ σύ, Ἰάκωβε, πρᾶττε μὴ τὸ κήρυγμα λείψας,
          Ζεβεδαίου μνησθείς, οὗ πρὶν ἐμὲ προετίμησας·
οἶδας γὰρ πῶς ἀφῆκας ἐν σκάφει
          τὸν γενέτην, τὸν πλάστην ἐμὲ ποθήσας·
πλήρωσον μοῦ τὴν βουλὴν μετὰ τῶν ὁμοδούλων σου·
μὴ πτήξῃς τοὺς ἐπιβούλους·
          τὰς βουλὰς γὰρ αὐτῶν διεσκέδασα·
μαχαίραις σὲ ὅταν τέμνωσι,
          νόει τίς ὁ τῇ λόγχῃ νυγεὶς τὴν πλευράν, 5
|: ὁ μόνος γινώσκων τὰ ἐγκάρδια. :|

ι' Ὕπαγε, Φίλιππε, ἅμα τούτοις· κήρυξόν με ὡς βλέπεις
          καὶ ἀκούεις μου νῦν· μὴ τοῦ πατρός μου χωρίσῃς με·
μὴ εἴπῃς, ὅτι· ' τὸν γόνον εἶδον,
          τὸν δὲ τούτου γενέτην οὐδ' ὅλως εἶδον '·
ἔδειξα σοὶ ἐν ἐμοὶ τὸν πατέρα κἀμὲ ἐν αὐτῷ·
οὐκ ἦλθον πάρεξ ἐκείνου· ἃ γὰρ θέλει τελῶ καὶ ἃ θέλω τελεῖ·
ἐν τῷ αὐτῷ ἐσμὲν πνεύματι· τούτου κήρυκα ῥήτορα πέμπω σε 5
|: ὁ μόνος γινώσκων τὰ ἐγκάρδια. :|

ια' Ῥήματα τῆς ποτὲ ἀπιστίας διὰ πίστεως ἄρτι
          ἀπαλείψας, Θωμᾶ, ὃν ἐψηλάφησας κήρυξον·
ἦλθε καιρός, ὃν ἀεὶ ἐπόθεις,
          παρατάξασθαι δήμῳ τῷ τῶν Ἑβραίων·
ἔχεις σαφῶς τῆς ἐγέρσεως μοῦ τὰ ἐνέχυρα·
τοὺς τύπους εἶδες τῶν ἥλων
          καὶ τῆς λόγχης κατεῖδες τοὺς μώλωπας·
οὐκ ἔστι σοὶ λοιπὸν πρόφασις· πᾶσαν γὰρ ἀφορμὴν περιεῖλον σου 5
|: ὁ μόνος γινώσκων τὰ ἐγκάρδια. :|

ιβ' Ὥσπερ τελώνης μεῖνον, Ματθαῖε, καὶ τελώνει ἐκεῖνον
          τὸν ἐχθρὸν τοῦ Ἀδὰμ ὡς πρώην τοὺς διοδεύοντας·
μὴ φείσῃ, ἕως ἂν ἀπολάβῃς
          καὶ τὸν ἔσχατον κοδράντην παρ' ἐκείνου·

θ' ADMPTΔ   4¹ πτήξας DTΔ   5¹ μαχαίρᾳ AMP
ι' ADMPTΔ   4³ ἃ (ante γὰρ)] ὃ MTΔ   ἃ (ante θέλω)] ὃ DMTΔ
ια' ADMPT (usque ad 4¹ τοὺς) Δ   1⁴ κήρυξον ante ὃν ἐψηλ. DTΔ
2² Ἑβραίων] ἀνόμων AM   5¹ λοιπὸν ante οὐκ ἔστι σοι AM
ιβ' ADMT (ab 1² ἐκεῖνον sq.) PΔ   1¹ Ὢ νῦν (μοι APᶜ) Ματθαῖε μεῖνον
τελώνης (μεῖν. τελ. om. Pᶜ) AMPᶜ   2¹ φείσῃ] ὅλως add. AMT   ἀπολάβῃς]
λάβῃς AMT   2² παρὰ τούτου AMT

κάθου τηρῶν τὴν ὁδὸν τὴν πρὸς Ἅιδην ἀπάγουσαν·
κἂν εὕρῃς τὸν ὀλετῆρα ἀπὸ τῶν ἐμῶν ἐμπορευόμενον,
ἐπίστηθι καὶ τελώνισον καὶ γυμνὸν τοῦτον δεῖξον ὡς λέγω σοι   5
|: ὁ μόνος γινώσκων τὰ ἐγκάρδια. :|

ιγ΄ Μίαν φωνὴν ἀφίημι πᾶσιν, ἵνα μὴ τὸν καθ᾽ ἕνα
ἐκδιδάσκων κοπῶ· ἅπαξ λαλῶ τοῖς ἁγίοις μου·
πορευθέντες εἰς πάντα τὸν κόσμον
μαθητεύσατε ἔθνη καὶ βασιλείας·
πάντα γὰρ μοὶ παρεδόθη ὑπὸ τοῦ γεννήσαντος μὲ
τὰ ἄνω ἅμα τοῖς κάτω, ὧν καὶ πρὶν λάβω σάρκα ἐδέσποζον·
καὶ νῦν πάντων βεβασίλευκα καὶ ὑμᾶς ἱερὰν ἔχω σύγκλητον   5
|: ὁ μόνος γινώσκων τὰ ἐγκάρδια. :|

ιδ΄ "Ἄπιτε οὖν εἰς πάντα τὰ ἔθνη μετανοίας τὸν σπόρον
ἐμβαλόντες τῇ γῇ, διδασκαλίαις ἀρδεύσατε "·
τούτων δὲ ἀκούσαντες οἱ μύσται
πρὸς ἀλλήλους ἑώρων κινοῦντες κάρας·
" Πόθεν ἡμῖν ἡ φωνὴ καὶ ἡ γλῶσσα πρὸς πάντας λαλεῖν;
ἰσχὺν δὲ τίς ἡμῖν δώσει
ἀντιστῆναι λαοῖς καὶ τοῖς ἔθνεσιν;
ἀγράμματοι καὶ ἀπαίδευτοι, ἁλιεῖς ἀσθενεῖς ὡς προσέταξας   5
|: ὁ μόνος γινώσκων τὰ ἐγκάρδια." :|

ιε΄ " Νῦν μὴ ταράσσεσθε τῇ καρδίᾳ, μὴ θολώσῃ τὰς φρένας
ὑμῶν ὁ δυσμενής· ὡς νήπιοι μὴ λογίζεσθε·
γίνεσθε φρόνιμοι ὡς οἱ ὄφεις·
δι᾽ ὑμᾶς γὰρ ὡς ὄφις ἐγὼ ὑψώθην·

3² κατάγουσαν AMT   4² ἐμπορευόμενον] (sic) A : ἐκπορευόμενον DΔ : ἐμπορευσάμενον MT
ιγ΄ ADPΔ
Μετὰ δὲ τούτων, Βαρθολομαῖε, κήρυξόν με τῷ κόσμῳ ὥσπερ εἶδες σαφῶς
ἐκ τῶν νεκρῶν ἀναστάντα με·
σύ τε, Ἰάκωβε τοῦ Ἀλφαίου καὶ Ἰούδα, οὐχὶ ὁ Ἰσκαριώτης.
Σίμων, γενοῦ ζηλωτὴς ὑπὲρ πίστεως τῆς εἰς ἐμέ·
τοὺς ἕνδεκα ἐκλεκτούς μου δίχα τοῦ χωρισθέντος ὑμῶν τοῦ χοροῦ
ἐκπέμπω νῦν εἰς τὰ πέρατα ἐπιστρέψαι καὶ σῶσαι τὸν κόσμον φθορᾶς,   5
|: ὁ μόνος γινώσκων τὰ ἐγκάρδια. :| MT
2² οὐχὶ] Trypanis : οὐχ codd.   4¹⁻² metrum; divisio neglecta
ιδ΄ ADPΔ   1⁴ διδασκαλίας AP   3² ἡ φωνὴ—γλῶσσα] φησὶ γλῶσσα
ἀρκοῦσα APγρ   5² ὥς] οἷς R. Burn
ιε΄ ADPΔ   1⁴ νήπια AD

μὴ ἑαυτοὺς ἐκφοβοῦντες τὸ κήρυγμα λείψητε·
οὐ θέλω σθένει νικῆσαι· διὰ τῶν ἀσθενῶν περιγίνομαι·
οὐ χαίρω τοῖς πλατωνίζουσι· τὰ μωρὰ γὰρ τοῦ κόσμου ἠγάπησα 5
|: ὁ μόνος γινώσκων τὰ ἐγκάρδια. :|

ις´ "Ομως ὑμῖν καὶ δύναμιν δώσω, δύναμιν ἐν τῷ πίπτειν
ἀνιστῶσαν πολλούς, καὶ γλῶσσαν δὲ τὴν σοφίζουσαν·
δῆμος ὑμῶν σοβεῖ Δημοσθένην,
καὶ ἡττῶνται Ἀθηναῖοι Γαλιλαίοις·
παύσει λοιπὸν συγγραφὰς ὁ Κηφᾶς ἐξαγγέλλων ἐμέ·
ἀμέτρους λέξεις καὶ μύθους
ἀμαυροῖ τὸ ῥητὸν τοῦ Μαραναθά·
ἡ Ναζαρὲτ δονεῖ Κόρινθον·
οἱ λαλοῦντες ὑμεῖς, καὶ ὁ πείθων ἐγώ, 5
|: ὁ μόνος γινώσκων τὰ ἐγκάρδια. :|

ιζ´ "Υβρεσι πάντες ὕμας πλυνοῦσι· φυλακαῖς ἐμβαλόντες
καὶ δεσμοῦντες πικρῶς τοῖς ἄρχουσι παραδώσουσιν·
ἀλλ' ὀρφανοὺς ὑμᾶς οὐκ ἐάσω·
μεθ' ὑμῶν γὰρ εἰμὶ μέχρι συντελείας·
ὅταν κριταῖς παραστήκετε, μέσον με ὄψεσθε·
δεσμεῖσθε, καὶ συνδεσμοῦμαι·
σὺν ἐμοὶ δι' ἐμὲ πάντα πάσχετε·
ὑμεῖς τὴν γνώμην προτείνατε, ὡς κἀγὼ δι' ὑμῶν ἀγωνίζομαι 5
|: ὁ μόνος γινώσκων τὰ ἐγκάρδια." :|

ιη´ Ὅτε δὲ ἤκουσαν τῶν ῥημάτων τοῦ σοφοῦ διδασκάλου
οἱ σοφοὶ μαθηταί, πρὸς ταῦτα ἀνταπεκρίθησαν·
" Πάντα σκληρὰ ἡμῖν ἐπηγγείλω
καὶ δειλίας ἀνάμεστα καὶ θανάτου·
τούτων δὲ νῦν ἐνομίζομεν φεύγειν κολλώμενοι σοί·
καὶ ἄρτι τοῖς σκληροτέροις παραδίδεις ἡμᾶς ὁ σωτὴρ ἡμῶν;
ἐκάλεσας εἰς ἀνάπαυσιν καὶ ἰδοὺ προαλείφεις εἰς ἄθλησιν 5
|: ὁ μόνος γινώσκων τὰ ἐγκάρδια." :|

ις´ ADPΔ   4³ metrum ⏑⏑–́⏑⏑–⏑⏑–⏑⏑ (–): ⟨τὸ⟩ τοῦ Μαραναθά
dub. Trypanis
ιζ´ ADPΔ   5² ὡς κἀγὼ] καὶ ἐγὼ AP
ιη´ ADMPΔ   1⁴ πρὸς ταῦτα] εἰκότως AM   2² θανάτου] ὀδύνης AM
3² ἐνομίσαμεν AM   κολλώμενοι] ἑπόμενοι AM   4¹ καὶ μᾶλλον AM
4² τοῖς βαρυτέροις AM   4³ περιβάλλεις AM

ιθ' "**Ψῆφος** ὑμᾶς καλεῖ πρὸς ἀγῶνας· ὁ κανὼν τῆς ἀγάπης
ἀπαιτεῖ παρ' ὑμῶν φιλίας ἔργον ἐνδείξασθαι·
πάθετε ὑπὲρ ἐμοῦ ὡς φίλοι,
ὡς κἀγὼ ὑπὲρ φίλων καὶ μὴ ὀφείλων
χρέος οὐδὲν οὐχ εὑρέθη καλοῦν με πρὸς θάνατον·
ἀλλ' ὅμως κατεδεξάμην καὶ σταυρὸν ὡς χρεώστης ὑπέμεινα·
τὸ πατρικὸν ὑμῶν δάνειον ὁ ἀνεύθυνος θέλων ἀπέδωκα, 5
|: ὁ μόνος γινώσκων τὰ ἐγκάρδια. :|

κ' "**Ἄπιτε** οὖν εἰς πάντα τὸν κόσμον, μετανοίας τὸν σπόρον
ἐμβαλόντες τῇ γῇ διδασκαλίαις ἀρδεύσατε·
βλέπετε μή τις μετανοήσας ἔξω τῆς ὑμετέρας σαγήνης μείνῃ·
χαίρω γὰρ τοῖς ἐπιστρέφουσιν, ὡς οἴδατε καὶ ὑμεῖς·
ὡς εἴθοις καὶ ὁ προδούς με εἰς ἐμὲ μετὰ πρᾶσιν ὑπέστρεψε,
κἀγὼ αὐτοῦ τὸ ἁμάρτημα ἐξαλείψας ὑμῖν τοῦτον ἥνωσα 5
|: ὁ μόνος γινώσκων τὰ ἐγκάρδια. :|

κα' **Λύπην** μισήσατε καὶ δειλίαν· αὕτη γὰρ παραπέμπει
τῷ θανάτῳ πολλούς, ὡς τὸν Ἰούδαν ἀπέδειξεν·
οἴδατε πῶς ἀγχόνης σχοινίον ἡ ἀπόγνωσις ἔπνιξε τὸν προδότην·
ὅμως κενὴ καὶ ἐν τούτῳ ἡ τοῦ διαβόλου παγίς·
μικρὸν γὰρ καὶ ἀποτίσει ἀντὶ τοῦ Ἰσκαριώτου τὸν Κίλικα,
ἀντὶ δολίου τὸν δόκιμον, ἀντὶ πράτου τὸν Παῦλον κομίσω ὑμῖν 5
|: ὁ μόνος γινώσκων τὰ ἐγκάρδια. :|

κβ' **Μύσται** μου, φίλοι καὶ ἀδελφοί μου— μύστας γὰρ ὑμᾶς λέγω,
οὐχὶ δούλους λοιπόν, υἱοὺς καὶ συγκληρονόμους μου—
φωστῆρες τῆς οἰκουμένης ὅλης
καὶ ἐμοῦ τοῦ ἡλίου φαιδραὶ ἀκτῖνες,

ιθ' ADPΔ   2¹ ὡς] ὦ AP
κ' ADPΔ   1¹⁻⁴ ψῆφος–ἐνδείξασθαι] DΔ: Ἄρξασθε οὖν τῆς διδασκαλίας·
καὶ διδάξατε κόσμον· ἐπιστρέφειν πρὸς μὲ· τὴν βασιλείαν κηρύσσοντες P: Ἄρτι
πορεύεσθε εἰς τὸν κόσμον· μετανοίας τὰς τρίβους· ὑποδείξατε πᾶσι· πολλὴν σπουδὴν
ἐνδεικνύμενοι A   3¹⁻² divisio neglecta   χαίρω–ὑμεῖς] DΔ: χαίρω καλῶς ἐπι-
στρέφοντας βλέπων ὡς οἴδατε P (fortasse recte): χαίρω καὶ γὰρ· τοῖς τοιαῦτα
φρονοῦσιν ὡς οἴδατε A   4¹ εἴθε AP (de εἴθοις cf. Tabachovitz, Theoph. Conf.
(1926) 19)   4² ὑπέστρεφεDΔ
κα' ADPΔ   1¹ Λοιπὸν dub. Maas   1²⁻³ αὕτη–θαν.] τῷ θαν. γὰρ αὕτη παραπ.
AP   2¹ ἀγχόνη AP   σχοινίου A: σχοινίῳ P   4² ἀποδώσει AP   5² κομ.
ὑμῖν] κομίσομαι DΔ
κβ' ADPΔ   1² μύστας] φίλους AP   1³ οὐχὶ] καὶ οὐ AP   2¹ ὅλης
ante τῆς οἰκουμένης A(P)   2² λαμπραὶ A(P)

τῶν θησαυρῶν τῶν ἐμῶν οἱ πιστοὶ κληδοφύλακες,
μεσῖται τῶν δωρουμένων παρ' ἐμοῦ τῷ Ἀδὰμ ὑποστρέφοντι,
οἱ στῦλοι τῆς ἐκκλησίας μου, οὓς ἐγὼ ἐκ θαλάσσης ἀνήγαγον 5
|: ὁ μόνος γινώσκων τὰ ἐγκάρδια. :|

κγ' Οὕτως κηρύξατέ με τῷ κόσμῳ φανεροῦντες ὃ πέλω
καὶ μισοῦντες λοιπὸν παραβολὰς καὶ αἰνίγματα·
εἴπατε ὅτι, θεὸς ὑπάρχων
καὶ ἀνέκφραστος, δούλου μορφὴν ἔλαβον·
δείξατε πῶς τὰς πληγὰς τῆς σαρκὸς οἰκειούμην ἑκών·
θεὸς ὤν, καίπερ μὴ θνήσκων
σὺν τῷ σώματι ἦλθον εἰς θάνατον
καὶ ὁ ταφεὶς ὡς κατάκριτος ἐξεπόρθουν τὸν Ἅιδην ὡς κύριος, 5
|: ὁ μόνος γινώσκων τὰ ἐγκάρδια. :|

κδ' Σώσατε οὖν ἐν τούτοις τὸν κόσμον
βαπτίζοντες εἰς ὄνομα πατρὸς καὶ υἱοῦ
καὶ τοῦ ἁγίου πνεύματος."
τούτοις τοῖς λόγοις κραταιωθέντες
οἱ ἀπόστολοι ἔλεγον πρὸς τὸν πλάστην·
"Σὺ εἶ θεὸς προαιώνιος καὶ ἀτελεύτητος·
σὲ ἕνα κύριον γνόντες ἅμα τῷ σῷ πατρὶ καὶ τῷ πνεύματι
κηρύσσομεν ὡς προσέταξας·
σὺ γενοῦ μεθ' ἡμῶν τε καὶ ὑπὲρ ἡμῶν, 5
|: ὁ μόνος γινώσκων τὰ ἐγκάρδια." :|

5² ἀνείλκυσα AP
κγ' ADPΔ   2¹ ὑπάρχω PΔ   2² καὶ—ἔλαβον] DΔ : metrum
◡◡−◡◡−◡◡−◡−◡ : καὶ ἀνέκφρ. om. A : ὤν add. P   μορφὴν ante
δούλου AP   ἔλαβον] ἔχω P : ἀνέλαβεν ἐξ ἀγάπης A
κδ' ADPΔ   1²⁻⁴ metrum −◡−◡◡−◡   ◡◡−◡◡−   ◡−◡◡−◡−◡◡
βαπτίζ.] τούτους add. P : αὐτοὺς add. D   εἰς τὸ ὄν. τοῦ πατρὸς AP   καὶ
(ante υἱοῦ)] τε καὶ Δ : καὶ τοῦ P   4² τῷ σῷ] σὺν τῷ AP

32 (22 Kr.)

ON THE ASCENSION

Acrostichis: *ΤΟΥ ΤΑΠΕΙΝΟΥ ΡΩΜΑΝΟΥ*

Prooemium I: Τὴν ὑπὲρ ἡμῶν (App. Metr. xxxvii)

Τὴν ὑπὲρ ἡμῶν   πληρώσας οἰκονομίαν
καὶ τὰ ἐπὶ γῆς   ἑνώσας τοῖς οὐρανίοις,
ἀνελήφθης ἐν δόξῃ,   Χριστὲ ὁ θεός,
οὐδαμόθεν χωριζόμενος,   ἀλλὰ μένων ἀδιάστατος
                             καὶ βοῶν τοῖς ἀγαπῶσι σε·
|: " Ἐγὼ εἰμὶ μεθ' ὑμῶν   καὶ οὐδεὶς καθ' ὑμῶν." :| 5

Prooemium II: Ἰδιόμελον

Ἐν τῷ ὄρει τῶν ἐλαιῶν   ἁγιάσας τοὺς μαθητὰς
εἰς οὐρανοὺς ἀνελήφθης, κύριε,
ἐπαγγειλάμενος αὐτοῖς διδασκαλίαν   καὶ βοήσας αὐτοῖς·
|: " Οὐ χωρίζομαι ὑμῶν·   ἐγώ εἰμι μεθ' ὑμῶν
                             καὶ οὐδεὶς καθ' ὑμῶν." :|

Strophae: Τὰ τῆς γῆς (App. Metr. iii)

α' **Τὰ** τῆς γῆς ἐπὶ τῆς γῆς   καταλιπόντες,
    τὰ τῆς τέφρας τῷ χοῒ   παραχωροῦντες
    δεῦτε ἀνανήψωμεν   καὶ εἰς ὕψος ἐπάρωμεν
                                 ὄμματα καὶ νοήματα·
    πετάσωμεν τὰς ὄψεις   ὁμοῦ καὶ τὰς αἰσθήσεις
    ἐπὶ τὰς οὐρανίους   πύλας οἱ θνητοί·   5
    νομίσωμεν εἶναι   τοῦ ἐλαιῶνος εἰς ὄρος
    καὶ ἀτενίζειν   τῷ λυτρουμένῳ
    ἐπὶ νεφέλης   ἐποχουμένῳ·

32 *Codices*: A (sine Prooem. II) B (sine Prooem. II) M (sine Prooem. II) P (sine Prooem. II) T (sine Prooem. II) Δ
Editiones: Pitra A.S. I, Cant. xix
Titulus: On the Ascension Trypanis: Εἰς τὴν ἀνάληψιν τοῦ κυρίου καὶ θεοῦ καὶ σωτῆρος ἡμῶν Ἰησοῦ Χριστοῦ nonn. codd.
Dies Festus: Κυριακῇ τῆς Ἀναλήψεως
Modus: ἦχος πλάγιος β'
Acrostichis: τοῦ ταπεινοῦ Ῥωμανοῦ codd.

ἐκεῖθεν γὰρ ὁ κύριος   εἰς οὐρανοὺς ἀνέδραμεν,
ἐκεῖ καὶ ὁ φιλόδωρος   τὰς δωρεὰς διένειμεν   10
τοῖς ἀποστόλοις αὐτοῦ   κολακεύσας ὡς πατὴρ
                              καὶ βοήσας αὐτοῖς,
ὁδηγήσας ὡς υἱοὺς   καὶ λέξας πρὸς αὐτούς·
|: " Οὐ χωρίζομαι ὑμῶν·   ἐγώ εἰμι μεθ' ὑμῶν
                              καὶ οὐδεὶς καθ' ὑμῶν. " :|

β' Ὁ τὴν γῆν καταλαβών,   ὡς μόνος οἶδεν,
    ἀναβαίνων ἐξ αὐτῆς   πάλιν ὡς οἶδεν,
    ἦρεν οὓς ἠγάπησε   καὶ εἰς ὄρος μετέωρον
                              ἤγαγεν οὓς συνήγαγεν·
    ἵν' ἔχοντες εἰς ὕψος   τὸν νοῦν καὶ τὰς αἰσθήσεις
    πάντων τῶν χαμαιζήλων   λάθωσι λοιπόν·   5
    διὸ ἀναχθέντες   ἐν τῷ βουνῷ τῶν ἐλαίων
    περιεκύκλουν   τὸν εὐεργέτην,
    ὡς διηγεῖται   Λουκᾶς ὁ μύστης·
    ἐπάρας δὲ ὁ κύριος   χεῖρας κάθαπερ πτέρυγας,
    ὡς ἀετὸς ἐσκέπασε   τὴν νοσσιὰν ἣν ἔθαλπε   10
    καὶ λέγει τοῖς νεοσσοῖς·   " Ἐπεσκίασα ὑμᾶς
                              ἐκ πάντων τῶν κακῶν·
    ὡς οὖν ἔστερξα ὑμᾶς,   ἀγαπήσατέ με·
|: οὐ χωρίζομαι ὑμῶν·   ἐγώ εἰμι μεθ' ὑμῶν
                              καὶ οὐδεὶς καθ' ὑμῶν. :|

γ' Ὑπεράνωθεν ὑμῶν,   ὦ μαθηταί μου,
    ὡς θεὸς καὶ ποιητὴς   ὅλου τοῦ κόσμου
    τείνω τὰς παλάμας μου   ἃς οἱ ἄνομοι ἔτειναν,
                              ἔδησαν καὶ καθήλωσαν·
    ὑμεῖς οὖν ὑποθέντες   τὰς κάρας ταῖς χερσίν μου
    σύνετε, γνῶτε, φίλοι,   ἅπερ ἐκτελῶ·   5
    ὥσπερ γὰρ βαπτίζων   χειροθετῶ ὑμᾶς ἄρτι
    καὶ εὐλογήσας   ἐξαποστέλλω
    πεφωτισμένους,   σεσοφισμένους·

β' 3² ὄρος] ὕψος ΒΜΔ   4 τὸν νοῦν καὶ τὰς αἰσθήσεις] τὰς κάρας καὶ τὰς
φρένας ΒΤ(Δ)   12² με] Maas: καὶ codd.

ἐπὶ ταῖς κεφαλαῖς ὑμῶν   αἴνεσις καὶ εὐπρέπεια,
ἐπὶ δὲ ταῖς ψυχαῖς ὑμῶν   ἔλλαμψις, καθὼς γέγραπται· 10
ἐκ γὰρ τοῦ πνεύματος μοῦ   ἐκχεῶ ἐπὶ ὑμᾶς,
                           καὶ ἔσεσθέ μοι δεκτοί,
διδακτοὶ καὶ ἐκλεκτοί,   πιστοὶ καὶ οἰκεῖοι·
|: οὐ χωρίζομαι ὑμῶν·   ἐγώ εἰμι μεθ' ὑμῶν
                          καὶ οὐδεὶς καθ' ὑμῶν." :|

δ' Ταῦτα λέξας ὁ σωτὴρ   τοῖς ἀποστόλοις
   ἱκανήν τε καὶ πολλὴν   παρέσχε λύπην·
   τάχα δὲ καὶ ἔκλαυσαν   καὶ ἐκ βάθους στενάξαντες
                           εἶπον πρὸς τὸν διδάσκαλον·
"Ἀφεὶς ἡμᾶς, οἰκτίρμων,   μακρύνῃ τῶν φιλούντων·
ταῦτα γὰρ ὡς ὀδεύων   ἐφθέγξω ἡμῖν· 5
τὰ ῥήματα ταῦτα   ἀποδημίαν σημαίνει,
καὶ τούτου χάριν   ἀδημονοῦμεν,
ἐπειδὴ εἶναι   σὺν σοὶ ποθοῦμεν·
ζητοῦμεν σου τὸ πρόσωπον, τέρπει γὰρ τὰς ψυχὰς ἡμῶν·
ἐτρώθημεν, ἐδέθημεν   τῇ γλυκυτάτῃ θέᾳ σου· 10
οὐκ ἔστι πλὴν σοῦ θεός·   μὴ μακρύνοις οὖν σαυτὸν
                           τῶν σῶν ἀγαπητῶν·
συμπαράμεινον ἡμῖν   καὶ λέξον πρὸς ἡμᾶς·
|: ' οὐ χωρίζομαι ὑμῶν·   ἐγώ εἰμι μεθ' ὑμῶν
                           καὶ οὐδεὶς καθ' ὑμῶν. ' :|

ε' Ἀπελίπομεν ἡμεῖς   ὅλον τὸν βίον
   καὶ ἐφύγομεν αὐτὸν   καθάπερ βίαν·
   ἵνα σὲ κερδήσωμεν,   ἐπὶ γῆς ἐγενήθημεν
                         ξένοι καὶ παρεπίδημοι·
ὁ πρῶτος ἥμων Πέτρος   γενόμενός σου φίλος
πάντων ἠλλοτριώθη   ὧν εἶχε τὸ πρίν· 5
Ἀνδρέας δ' ὁ τούτου   συναίμων, ὅτε σε εὗρεν,
τῶν ἐν τῷ κόσμῳ   εὐθὺς ἀπῆρεν
καὶ τὸν σταυρόν σου   ἐπ' ὤμων ἦρεν·

γ' 12² οἰκεῖοι] Maas: οἰκεῖοι καὶ codd. (praeter A): οἰκεῖοι καὶ πιστοὶ Trypanis m.c.
δ' 4¹ Ἀφεὶς] ΑΔ: ἀφίης cett.   4² μακρύνῃ] χωρίζῃ ΒΡΔ   5¹ ταῦτα] οὕτως ΑΒΡγρΔ   8²–9¹ ποθοῦμεν et ζητοῦμεν inter se mut. ΑΡΤ
ε' 6¹ δ'] δὲ πάλιν ΑΜΔ(Ρ)   7¹ κόσμῳ] ΒΔ: βίῳ ΑΡΤ: om. Μ

τοιαύτην οὖν διάθεσιν θέλεις ἀφεῖναι, δέσποτα,
καὶ σπεύδεις ἐκδραμεῖν ἡμῶν ὥσπερ ἐπιλαθόμενος; 10
μὴ γένοιτο, βασιλεῦ· μὴ γελάσωσιν ἡμᾶς
οἱ μισοῦντες ἡμᾶς·
μὴ βοήσωσιν ἡμῖν· " ποῦ ἐστὶν ὁ εἰπών·
|: οὐ χωρίζομαι ὑμῶν· ἐγώ εἰμι μεθ' ὑμῶν
καὶ οὐδεὶς καθ' ὑμῶν "; :|

ς' Παρορᾷς, ὦ λυτρωτά, καὶ οὐ λογίζῃ
τὴν φιλίαν τῶν υἱῶν τοῦ Ζεβεδαίου;
μνήσθητι, φιλάνθρωπε, πῶς τοῦ θείου σου ῥήματος
ἤκουσαν καὶ οὐ παρήκουσαν·
οὐκ εἶπον ἐν καρδίαις· ' τίς οὗτος ὁ καλέσας; '
ἀλλὰ καὶ τοῦ γενέτου προέκριναν σέ· 5
Ματθαῖος δὲ πάλιν τοῦ τελωνίου τὸν πόρον
ὡς ἀπορίαν πολλὴν ἡγεῖτο,
ἐπειδὴ πλοῦτον τὸν σὸν ἐπόθει·
Θωμᾶς δὲ ὁ καὶ Δίδυμος καὶ τὴν ζωὴν ἐμίσησεν·
καὶ ἅπαξ πάντες εἴπομεν· ' σὲ ἀντὶ πάντων στέργομεν '· 10
μὴ οὖν ἐάσῃς ἡμᾶς· ἐναγκάλισαι ἡμᾶς
ὁ τὰ πάντα πληρῶν·
περικύκλωσον ἡμᾶς καὶ λέξον πρὸς ἡμᾶς·
|: ' οὐ χωρίζομαι ὑμῶν· ἐγώ εἰμι μεθ' ὑμῶν
καὶ οὐδεὶς καθ' ὑμῶν.' " :|

ζ' Ἐπακούσας ὁ σωτὴρ τῶν ἀποστόλων
καὶ ἰδὼν τὸν ὀδυρμὸν τῶν ἀγαπώντων
τότε ἀντελάβετο ὡς πατὴρ υἱοὺς αὐτοῦ
ᾤκτειρεν καὶ ἐβόησεν·
" Μὴ κλαίετε, ὦ φίλοι· καιρὸς γὰρ οὐ δακρύων,
ἀλλὰ οὔτε ἡμέρα ἐστὶν ὀδυρμοῦ· 5
χαρᾶς ἐστιν ὥρα· πρὸς τὸν ἐμὸν γὰρ πατέρα
ἀναλαμβάνω τὰς πτέρυγάς μου
καὶ καταπαύω ἐν τῇ σκηνῇ μου·
σκηνὴν γὰρ τὸ στερέωμα τοῦ οὐρανοῦ ἐποίησα,
σκηνὴν οὐ περιγράφουσαν ἀλλὰ περικυκλοῦσαν με, 10

ς' 4¹ καρδίᾳ ΑΡΤ 11² ἡμῖν ΜΤΔ

ὡς Ἠσαΐας βοᾷ· ' ὡς καμάραν οὐρανὸν ἐστήσατο [[ὁ]] θεός·
καὶ οἰκεῖ ὥσπερ σκηνήν ', ὁ λέγων τοῖς αὐτοῦ·
|: ' οὐ χωρίζομαι ὑμῶν· ἐγώ εἰμι μεθ' ὑμῶν
καὶ οὐδεὶς καθ' ὑμῶν.' :|

η' Ἱλαροὶ οὖν καὶ φαιδροὶ γίνεσθε ἄρτι,
καὶ χαρίεσσαν μορφὴν ἀναλαβόντες
ᾆσμα καινὸν ᾄσατε· καὶ γὰρ πᾶν ὃ ἂν γένηται
ἕνεκεν ὑμῶν γίνεται·
ὑμῶν χάριν κατῆλθον καὶ διὰ πάντων ἦλθον,
ἵνα ὑμῖν ἀρέσω καὶ δέξησθε μέ· 5
ὑμῶν χάριν πάλιν εἰς οὐρανὸν ἀναβαίνω,
ἵνα τὸν τόπον ἐξευτρεπίσω,
ὅπου ὀφείλω ὑμῖν συνεῖναι·
πολλαὶ μοναὶ γὰρ πέλουσιν ἄνω πρὸς τὸν πατέρα μου·
αἱ μὲν πατέρας ἔχουσιν, ἄλλαι δικαίων †πνεύματα† 10
καὶ ἄλλαι τῶν προφητῶν· τὴν μονὴν δὲ τὴν ὑμῶν
οὐδεὶς οἶδεν ἀκμήν·
ἑτοιμάζω οὖν αὐτὴν καὶ λαμβάνω ὑμᾶς·
|: οὐ χωρίζομαι ὑμῶν· ἐγώ εἰμι μεθ' ὑμῶν
καὶ οὐδεὶς καθ' ὑμῶν. :|

θ' Νῦν ἀνάστητε ὀρθοί, στῆτε ἑδραῖοι
καὶ ἀμώμῳ ὀφθαλμῷ κατανοεῖτε
ταύτην τὴν ἀνάλημψιν, ἣν ὁρῶντες νοήσατε
σώματος, οὐ θεότητος·
ἡ σὰρξ γὰρ ἦν ὁρᾶτε αὐτὴ τὰ ἄνω φθάνει·
τῆς γὰρ θεότητός μου πᾶς τόπος μεστός· 5
ἀλλ' ὅμως καὶ τούτου τοῦ ὁρατοῦ ὑψουμένου
συναννυψοῦται τὸ ἀφανές μου·
καὶ γὰρ ἠνώθην τῷ φαινομένῳ·
εἷς πέλω ἀθεώρητος ἅμα καὶ θεωρούμενος,
ἐγώ εἰμι ὃν βλέπετε ὄντως καὶ οὐκ ἠλλοίωμαι, 10

ζ' 11³ ὁ del. Trypanis m.c.
η' 6² οὐρανοὺς ΑΡΜΔ 10² δικαίων πνεύματα] ΑΤ: δικ. γέμουσιν ΒΡ: δικ.
τάγματα Μ: δικ. γέμουσαι Δ 12² ὑμᾶς] καὶ add. ΒΜΤ: λέγων add. Α
θ' 4² αὐτή] Trypanis m.c.: αὕτη codd. ὃν βλέπετε] ἐγώ εἰμι ΡΤ: om.
ΑΜ: ὁ κύριος Ργρ

ὡς ἔφησεν ἡ γραφή,   καὶ ἀθάνατος εἰμὶ   καὶ ὅμοιος ὑμῶν
ὑπεράνωθεν ὑμῶν   καὶ ἐν μέσῳ ὑμῶν·
|: οὐ χωρίζομαι ὑμῶν·   ἐγώ εἰμι μεθ' ὑμῶν
                                  καὶ οὐδεὶς καθ' ὑμῶν." :|

ι' Ὅτε ταῦτα ὁ Χριστὸς   εἶπε τοῖς φίλοις,
    διανεύει τὸ λοιπὸν   τοῖς ἀρχαγγέλοις,
    ἵνα ἑτοιμάσωσιν   τοῖς ἁγνοῖς αὐτοῦ βήμασιν
                                 ἄνοδον ἀδιόδευτον·
καὶ δὴ ὡς προσταχθέντες   οἱ τῶν ἀγγέλων πρῶτοι
πάσαις ταῖς ἐν τῷ ὕψει   ἔκραζον ἀρχαῖς·   5
"Ἐπάρατε πύλας   καὶ ἐκπετάσατε θύρας
τὰς οὐρανίους   καὶ ἐπιδόξους·
ὁ γὰρ τῆς δόξης   δεσπότης φθάνει·
νεφέλαι ὑποστρώσατε   νῶτα τῷ ἐπιβαίνοντι·
αἰθὴρ ἐξευτρεπίσθητι   τῷ διὰ σοῦ ὁδεύοντι·   10
ἀνοίχθητε οὐρανοί·   οὐρανοὶ τῶν οὐρανῶν,   ἐκδέξασθε αὐτόν,
ὅτι φθάνει πρὸς ὑμᾶς   ὁ λέγων τοῖς αὐτοῦ·
|: ' οὐ χωρίζομαι ὑμῶν·   ἐγώ εἰμι μεθ' ὑμῶν
                               καὶ οὐδεὶς καθ' ὑμῶν.' " :|

ια' Ὑπακούσαντες εὐθὺς   οἱ ἐν τῷ ὕψει
    καὶ ἀνοίξαντες ὁμοῦ   πάντα τὰ ὕψη,
    θρόνοι κυριότητες   σὺν ἀρχαῖς καὶ δυνάμεσιν
                                 ἔδραμον εἰς ἀπάντησιν
καὶ στρώσαντες ταχέως   ὡς ἅρμα τὴν νεφέλην
ἐπὶ τὸν ἐλαιῶνα   πέμπουσιν αὐτήν·   5
ἡ δὲ κατελθοῦσα   ἐνεκολπώσατο τότε
τὸν τὰς νεφέλας   ἡνιοχοῦντα
καὶ ὀμβροτόκους   αὐτὰς ποιοῦντα·
λαβοῦσα οὖν ἐβάσταζεν,   μᾶλλον δὲ ἐβαστάζετο·
αὐτὸς γὰρ ὁ φερόμενος   ἔφερεν τὴν βαστάζουσαν   10
ὡς τὴν Μαρίαν ποτέ·   καὶ αὐτὴν γὰρ ἡ γραφὴ
                                 νεφέλην προσκαλεῖ,
ἣν ἐφύλαξεν οἰκῶν   ὁ τοῖς φίλοις εἰπών·
|: "Οὐ χωρίζομαι ὑμῶν·   ἐγώ εἰμι μεθ' ὑμῶν
                               καὶ οὐδεὶς καθ' ὑμῶν." :|

12² ὑμῶν] καὶ add. BMPT: λέγων add. A
ι' 2¹ διανεύει τὸ λοιπόν] MT: διανεύεται λοιπὸν AP

ιβ' **Ῥαθυμεῖ** δὲ οὐδὲ εἷς   τῶν ἀποστόλων,
ἀλλ' ἐφρόντιζον ὁμοῦ   τῶν τελουμένων·
πάντες γὰρ ἀνήρτησαν   πρὸς τὸ ὕψος τὰ πρόσωπα
           βλέποντες τὴν ἀνάληψιν·
εὐθὺς οὖν ὑποθεῖσα   τὰ νῶτα ἡ νεφέλη
ὄχημα τῷ ἀμώμῳ   γέγονεν ποδί·   5
χιτῶνος δὲ δίκην   ὁ οὐρανὸς διερράγη,
καὶ ὁ ἐκ Μαρίας   ἀνῆλθεν ἄνω
χορῶν πυρίνων   προηγουμένων
βοώντων· " Δεῦρο, δέσποτα,   ἕτοιμος γὰρ ὁ θρόνος σου·
ἐπίβηθι, ἐπάρθητι   ταῖς τῶν ἀνέμων πτέρυξιν,   10
καὶ φθάσον κόλπους πατρός·   ὁ γὰρ θρόνος σου σαφῶς
           αὐτός ἐστιν ἀεί,
ὃν οἰκεῖς καὶ οὐκ ἐᾷς,   κἂν τοῖς κάτω βοᾷς·
|: ' οὐ χωρίζομαι ὑμῶν·   ἐγώ εἰμι μεθ' ὑμῶν
           καὶ οὐδεὶς καθ' ὑμῶν.' " :|

ιγ' **Ὡς** οὖν εἶδον οἱ πιστοὶ   τὰ γεγονότα
παραυτὰ δαβιδικῶς   ψάλλοντες εἶπον·
" "Οντως ἀναβέβηκεν   ὁ θεὸς ἐν ἀλαλαγμῷ·
           κύριος ἐν φωνῇ σάλπιγγος "·
αὐτῶν οὖν συμψαλλόντων   καὶ ἄνω θεωρούντων
μία ζεύγλη ἀγγέλων   ἦλθεν πρὸς αὐτούς,   5
ὃν τρόπον διδάσκει   καὶ ἡ τῶν πράξεων βίβλος,
ὅτι τοῦ πλάστου   ἀναληφθέντος
καὶ τῶν ἁγίων   ἀτενιζόντων
ἐπέστησαν ὡς ἄνθρωποι   δύο λαμπροὶ τῷ σχήματι
βοῶντες· " Τί ἑστήκατε;   τίνι δὲ ἀτενίζετε;   10
τί θέλετε κατιδεῖν;   ἰδοὺ κάθηται θεὸς   ἐπὶ θρόνου αὐτοῦ·
ἐβασίλευσεν ἡμῶν   ὁ βοήσας ὑμῖν·
|: ' οὐ χωρίζομαι ὑμῶν·   ἐγώ εἰμι μεθ' ὑμῶν
           καὶ οὐδεὶς καθ' ὑμῶν.' :|

ιδ' **Μὴ** θαμβῆσθε τὸ λοιπόν,   ὦ Γαλιλαῖοι·
'Ιησοῦς γὰρ ὁ Χριστὸς   ὡς ἀνελήφθη
οὕτως καὶ ἐλεύσεται,   ὡς αὐτὸν ἐθεάσασθε   ἄνω παραγενόμενον·

ιβ' 9¹ δεῦρο] σπεῦσον ΒΡΔ 10¹ ἐπάρθητι] πετάσθητι ΒΡΔ
ιγ' 3³ metrum $\pm \cup \cup \cup \cup - \cup \cup$ (–), sed cf. Lxx Ps. 46. 6 4² ἄνωθεν
ὁρώντων ΑΤ 5² ζεύγλη post ἀγγέλων ΑΤΔ
ιδ' 3² ὡς αὐτὸν] ὃν τρόπον ΑΡΤ

σαφῶς γὰρ ἀνελήφθη καὶ οὐχὶ μετετέθη·
οὐχ ὡς Ἐνὼχ τὸ πρῶτον οὕτως ὁ Χριστός· 5
Ἐνὼχ γὰρ ἐκεῖνος τῶν ἐπιγείων μετέστη,
οὐκ ἠξιώθη τῶν οὐρανίων,
ἀλλ᾽ ἐνετέθη σκηναῖς δικαίων·
Ἠλίας δὲ ὁ πύρινον ἅρμα ἐπικαθήμενος
ἀνῆλθεν καὶ οὐκ ἔφθασεν τὸν οὐρανόν, ὡς γέγραπται, 10
ἀλλ᾽ ὡς εἰς τὸν οὐρανόν· ὁ θεὸς δὲ τοῦ Ἐνὼχ
καὶ θεὸς Ἡλιοῦ
ἀνελθὼν εἰς οὐρανοὺς ἐδήλωσεν ὑμῖν·
|: 'οὐ χωρίζομαι ὑμῶν· ἐγώ εἰμι μεθ᾽ ὑμῶν
καὶ οὐδεὶς καθ᾽ ὑμῶν.' " :|

ιε´ Ἀλλ᾽ ἀκούσαντες εὐθὺς τούτων τῶν λόγων
οἱ τοῦ ῥύστου μαθηταὶ εἶπον ἀλλήλοις·
" Ὄντως πιστοὶ μάρτυρες τῆς Χριστοῦ ἀναλήψεως
οὗτοι ὡς ἐπουράνιοι·
εἰ μὴ γὰρ εἶδον τοῦτον ἐν τῷ οὐρανῷ ἄνω,
οὐκ ἂν κατῆλθον κάτω κηρῦξαι ἡμῖν· 5
ἀγγέλων δεσπόζει καὶ δι᾽ ἀγγέλων γνωρίζει
τὰς φιλανθρώπους οἰκονομίας
ὁ ἀνατείλας ἐκ τῆς παρθένου·
ἐτέχθη, καὶ τὴν γέννησιν τούτου ἐδήλουν ἄγγελοι·
ἠγέρθη, καὶ τὴν ἔγερσιν πάλιν ἐδήλουν ἄγγελοι· 10
ἀνῆλθεν εἰς οὐρανούς, καὶ τὴν θείαν καὶ φαιδρὰν
ἀνάληψιν αὐτοῦ
δι᾽ ἀγγέλων ἀγαθῶν ἐδήλωσεν ἡμῖν·
|: 'οὐ χωρίζομαι ὑμῶν· ἐγώ εἰμι μεθ᾽ ὑμῶν
καὶ οὐδεὶς καθ᾽ ὑμῶν.' :|

ις´ Νευρωθῶμεν οὖν ἡμεῖς κατὰ τῶν πλάνων,
ὁπλισθῶμεν ὁμαδὸν τοῖς συκοφάνταις,
πάντες κοπιάσωμεν, ἐπιμόνως παλαίσωμεν,
ἕως ἂν αὐτοὺς ῥίψωμεν·

11[1] cf. Lxx 4 Re. 2. 11 12[2] ἐμήνυσεν PT
ιε´ 2[1] ῥύστου] λόγου AP 8[2] παρθένου] Μαρίας ΜΤΔ : αὐτὴν φυλάξας πάλιν
παρθένον add. ΑΡΤ 10[2] πάλιν] τούτου ΑΤΔ 11[2] φαιδρὰν] σεπτὴν ΒΤΔ
ις´ 3[3] ῥίψωμεν] (sic) P : ῥήξωμεν cett.

εἴπωμεν παρρησίᾳ   πρὸς τοὺς τῆς ἀπωλείας·
  ' ποῦ ἐστιν, ὃν ἐν τάφῳ   εἴχετε νεκρόν;
ποῦ πέλει ἐκεῖνος,   ὃν στρατιῶται ἐτήρουν,
καὶ αἱ σφραγίδες   ὑμῶν ἐφρούρουν;
πῶς ἀπεκλάπη;   ποῦ ἀνελήφθη;
τίς τοῦτον ἀπεσύλησεν;   τίς δὲ αὐτὸν ἐβάστασεν;
ἐκλάπη ἐκ τοῦ μνήματος;   πῶς ἐκ τοῦ στερεώματος
ἀπέστειλεν πρὸς ἡμᾶς   καὶ ἐδήλωσεν ἡμῖν·
                           ' μὴ πτοῆσθε αὐτούς·
οὐ νικήσουσιν ὑμᾶς,   ὡς γὰρ εἶπον ὑμῖν·
|: οὐ χωρίζομαι ὑμῶν·   ἐγώ εἰμι μεθ' ὑμῶν
                        καὶ οὐδεὶς καθ' ὑμῶν.' " :|

ιζ' Οἱ τοῦ ῥύστου μαθηταὶ   οὕτως φρονοῦντες
    τοῦ Χριστοῦ τε καὶ θεοῦ   ἀναληφθέντος
    τότε καταβαίνουσιν   ἐκ τοῦ ὄρους γηθόμενοι
                          ἅμα καὶ ἀγαλλόμενοι·
καὶ φθάσαντες τὰ κάτω,   ὡς ἡ γραφὴ διδάσκει,
κύψαντες προσκυνοῦσιν   τῷ ἄνω θεῷ·
καὶ πλήρεις ἐπαίνων   φωνὰς ἀφῆκαν τῷ ὄρει
ὡς εὐφημοῦντες   τὸν ἐλαιῶνα,
ὅτι τοσούτων   κατηξιώθη·
" Τὸ ὄρος τὸ Σινάτιον ",   λέγοντες, " ὑπερέβαλες·
ἐκεῖνο γὰρ ἐδέξατο   τὰ τοῦ Μωσέως βήματα,
σὺ δὲ αὐτοῦ τοῦ θεοῦ·   ἐν ἐκείνῳ νόμος ἦν,
                                            ἡ χάρις δὲ ἐν σοὶ
ἡ καὶ πλάσασα Μωσῆν   καὶ λέξασα ἡμῖν·
|: ' οὐ χωρίζομαι ὑμῶν·   ἐγώ εἰμι μεθ' ὑμῶν
                        καὶ οὐδεὶς καθ' ὑμῶν.' :|

ιη' Ὑπεράνω εἶ λοιπὸν   καὶ τοῦ Λιβάνου·
    Θαβὼρ καὶ Ἑρμονιεὶμ   σοὶ ἐλαττοῦνται,
    ὅτι οὐκ ἐποίησεν   ἐν αὐτοῖς ὁ φιλάνθρωπος
                          ἅπερ ἐν σοὶ ἐποίησεν."
τοιαῦτα οὖν εἰπόντες   οἱ μαθηταὶ τοῦ πλάστου
ἔστησαν μέχρι τούτων   τοὺς λόγους αὐτῶν

ιζ' 8¹ τοσούτων] PΔ(B) : τοιούτων AMT   9¹ Σιναῖον γὰρ AP(M)
11² νόμος BΔ : τύπος APT

καὶ ἄραντες ἄνω τοὺς ὀφθαλμοὺς καὶ τὰς χεῖρας
ἐξιλεοῦντο τὸν βασιλέα
τῶν οὐρανίων καὶ ἐπιγείων
βοῶντες· " Ἀναμάρτητε, τὴν σὴν εἰρήνην δὸς ἡμῖν
καὶ δι' ἡμῶν τῷ κόσμῳ σου πρεσβείαις τῆς τεκούσης σε· 10
οὐ στέγει γὰρ ὁ ἐχθρὸς κατιδεῖν τὰ ὑφ' ἡμῶν γινόμενα καλά·
ἀλλὰ σόβησον αὐτὸν ἀφ' ἡμῶν ὁ εἰπών·
|: ' οὐ χωρίζομαι ὑμῶν· ἐγώ εἰμι μεθ' ὑμῶν
καὶ οὐδεὶς καθ' ὑμῶν.' " :|

33 (23 Kr.)

ON PENTECOST

Acrostichis: ΤΟΥ ΤΑΠΕΕΙΝΟΥ ΡΩΜΑΝΟΥ

Prooemium: Ἰδιόμελον

Ὅτε καταβὰς τὰς γλώσσας συνέχεε, διεμέριζεν
ἔθνη ὁ ὕψιστος·
ὅτι τοῦ πυρὸς τὰς γλώσσας διένειμεν, εἰς ἑνότητα
πάντας ἐκάλεσε,
καὶ συμφώνως δοξάζομεν
|: τὸ πανάγιον πνεῦμα. :|

Strophae: Ἰδιόμελον (App. Metr. XXVII)

α' Ταχεῖαν καὶ σταθηρὰν δίδου παραμυθίαν
τοῖς δούλοις σου, Ἰησοῦ,
ἐν τῷ ἀκηδιᾶσαι τὰ πνεύματα ἥμων·
μὴ χωρίζου τῶν ψυχῶν ἡμῶν ἐν θλίψεσι,
μὴ μακρύνου τῶν φρενῶν ἡμῶν ἐν περιστάσεσιν,
ἀλλ' ἀεὶ ἡμᾶς πρόφθασον·

ιη' 11² τὰ ἐφ' ἡμῖν dub. Maas
33 Codices: AG (Prooem. et α') MP (Prooem. et α'–θ') T (ιδ' ante θ') Δ
Editiones: Pitra A.S. I, Cant. xx
Titulus: On Pentecost Trypanis: Εἰς τὴν ἁγίαν Πεντηκοστήν PT: om. AGMΔ
Dies Festus: Κυριακῇ ἑβδόμῃ (ἤγουν τῇ ἁγίᾳ ῡ)
Modus: ἦχος πλάγιος δ'
Acrostichis: Τοῦ ταπεινοῦ Ῥωμανοῦ codd.
Prooemium
AGMPTΔ 3¹ δοξάσωμεν GM: ὑμνοῦμεν Δ
α' AGMPTΔ

ἔγγισον ἡμῖν, ἔγγισον ὁ πανταχοῦ· 5
ὥσπερ τοῖς ἀποστόλοις σου πάντοτε συνῇς,
οὕτω καὶ τοῖς σε ποθοῦσιν ἕνωσον σαυτόν, οἰκτίρμων,
ἵνα συνημμένοι σοι ὑμνέομεν καὶ δοξολογοῦμεν
|: τὸ πανάγιον πνεῦμα. :|

β' **Οὐκ ἐχωρίσθης, σωτήρ,** ἀπὸ τῶν μαθητῶν σου
 ὁδεύσας εἰς οὐρανούς·
καὶ φθάσας γὰρ τὰ ἄνω τὰ κάτω συνέχεις,
οὐδὲ εἷς γὰρ τόπος δίχα σου, ἀχώρητε·
κἂν γὰρ γένηται, ἀπόλλυται καὶ ἀφανίζεται
 καὶ ὡς Σόδομα γίνεται·
σὺ γὰρ ἱστᾷς τὰ σύμπαντα πάντα πληρῶν· 5
σὲ οὖν καὶ οἱ ἀπόστολοι εἶχον ἐν ψυχαῖς·
διὸ ἐκ τοῦ ἐλαιῶνος σοῦ ἀναληφθέντος τότε
κατῆλθον χορεύοντες καὶ ψάλλοντες καὶ δοξολογοῦντες
|: τὸ πανάγιον πνεῦμα. :|

γ' **Ὑπέστρεψαν ἐν χαρᾷ** ἀπὸ τοῦ ἐλαιῶνος
 οἱ ἕνδεκα μαθηταί·
Λουκᾶς γὰρ τοῦτο γράφει ὁ ἱεροφάντης,
ὅτι εἰς Ἱεροσόλυμα ὑπέστρεψαν
εἰς ὑπερῷον δ' ἀνέβησαν, ἔνθα κατέμενον,
 καὶ ἐμβάντες ἐκάθισαν
Πέτρος καὶ οἱ ἐπίλοιποι τῶν μαθητῶν, 5
ὧν ὁ Κηφᾶς ὡς ἔξαρχος εἶπε πρὸς αὐτούς·
" Ἐρασταὶ τῆς βασιλείας, ἄνω σχῶμεν τὰς καρδίας
πρὸς τὸν ὑποσχόμενον καὶ λέξαντα· ' ἐγὼ ὑμῖν πέμψω
|: τὸ πανάγιον πνεῦμα.' " :|

δ' **Τοιαῦτα τότε εἰπὼν** Πέτρος τοῖς ἀποστόλοις
 διήγειρεν εἰς εὐχὴν
καὶ στὰς ἐν μέσῳ τούτων ἐβόησε λέγων·

8² ὑμνέομεν] Maas: ὑμνοῦμεν (-ῶμεν P) codd.
β' AMPTΔ 1² ἀπὸ om. PΔ σου] τότε add. PΔ
γ' AMPTΔ 2² ἱεροφάντης] TΔ : ἱερογράφος AMP 4¹ metrum
◡◡–◡◡◡–◡◡ : εἰς ὑπερῷον δ'] ὑπερῴῳ δὲ AΔ (corr. metrica?) 4² καὶ—
ἐκάθ.] TΔ : ἐν ᾧ καὶ συνηθροίσθησαν AMP 7¹ Ἐρασταὶ] MΔ : μερισταὶ
AP (corr. Pγρ) T
δ' AMPTΔ

CANTICA ON THE PERSON OF CHRIST

" Δεηθῶμεν, γόνυ κλίνωμεν,   αἰτήσωμεν,
ἐκκλησίαν τὸ δωμάτιον   τοῦτο ποιήσωμεν·
                          καὶ γὰρ ἔστι καὶ γίνεται·
ᾄσωμεν καὶ κραυγάσωμεν   πρὸς τὸν θεόν·   5
' πέμψον ἡμῖν τὸ πνεῦμα σου   τὸ ἀγαθόν,
ἵν' ὁδηγήσῃ τοὺς πάντας   εἰς τὴν γνῶσιν τὴν εὐθεῖαν,
ἣν σὺ προητοίμασας   τοῖς σέβουσι   καὶ δοξολογοῦσι
|: τὸ πανάγιον πνεῦμα.' " :|

ε' Ἀκούσαντες οὖν εὐθὺς   οἱ μετ' αὐτοῦ κληθέντες
                          συνήθροισαν ἑαυτοὺς
ὡς πρὸς ποιμένα ἄρνες   τῷ λόγῳ θελχθέντες·
καὶ σιγῶντες ὑπηγόρευον   ἃ ηὔχοντο
καὶ δεήσεις ἐπανέτεινον   τῷ παντοκράτορι
                          †περιεχούσας ταῦτα†·
" Τῷ τῶν ἀγγέλων πρύτανει   καὶ βασιλεῖ,   5
τῷ τῶν ἀνθρώπων ἄνακτι   καὶ δημιουργῷ,
τῷ τῶν ἐν γῇ καὶ θαλάσσῃ   μόνῳ νεύματι κρατοῦντι
οἱ φίλοι καὶ δοῦλοί σου   βοῶσί σοι·   ' ταχὺ ἡμῖν πέμψον
|: τὸ πανάγιον πνεῦμα.' " :|

ς' Πληρώσαντες δὲ εὐθὺς   τὰς ἑαυτῶν δεήσεις
                          ὑπέγραψαν ἐν αὐταῖς,
σφραγίσαντες τῇ πίστει   καὶ πέμψαντες ἄνω·
ἃς ἀνέγνω ὁ διδάσκαλος   καὶ ἔφησεν·
" Αὐτεξούσιος, παράκλητε,   μὴ κελευόμενος,
                          ἀλλ' ὡς θέλεις κατάβηθι·
σὲ γὰρ λοιπὸν ἐκδέχονται   οἱ μαθηταί,   5
οὕσπερ ἐγὼ συνήγαγον   σοὶ καὶ τῷ πατρί,
οὓς ἐξεπαίδευσα λέγων·   ' μαθητεύσατε τὰ ἔθνη
πατέρα κηρύττοντες   καὶ σέβοντες   υἱὸν καὶ ὑμνοῦντες
|: τὸ πανάγιον πνεῦμα.' " :|

5² πρὸς τὸν θεόν] ΤΔ : τῷ λυτρωτῇ ΑΜ(P)   6² metrum cf. ζ' 6²   7² γνῶσιν]
ΡΤ : γῆν σου ΑΜΔ   εὐθείαν ΑΡΔ : θείαν Τ : ἁγίαν Μ
ε' ΑΜΡΤΔ   1² μετ'] ΡγρΤΔ : παρ' ΑΜΡ   4³ ταῦτα (τοιαῦτα A) ante
περιεχ. Τ : metrum ∪ ∪ – ∪ ∪ – ∪ ∪ : τὰ αὐτὰ περιέχοντας dub. Trypanis

ζ' Ἐπήκουσεν ὁ θεὸς   ὁ παράκλητος τότε   τῶν δεομένων αὐτοῦ
καὶ δὴ καταλαμβάνει   αὐτοὺς εὐχομένους
οὐδαμόθεν μεθιστάμενος   ὁ ἄφραστος·
οὐ γὰρ γέγονε μετάβασις   ἡ συγκατάβασις,
             οὐδ' ὑπέμεινε μείωσιν·
ἄνω γὰρ ἦν καὶ κάτω ἦν   καὶ πανταχοῦ·   5
θεία γὰρ φύσις ἄφραστος   καὶ ἀναφής·
τοῖς ὀφθαλμοῖς οὐχ ὁρᾶται,   πίστει δὲ κατανοεῖται·
χερσὶν οὐ κατέχεται,   καρδίαις δὲ   πιστῶν ψηλαφᾶται
|: τὸ πανάγιον πνεῦμα. :|

η' Εἱστήκεισαν ὁμαδὸν   συμπληρουμένης τότε
             τῆς θείας πεντηκοστῆς,
εὐχαῖς προσκαρτεροῦντες   οἱ ἕνδεκα μύσται·
καὶ ὡς λέγει τὸ ἀνάγνωσμα   τῶν πράξεων,
ὡς πνοῆς βιαίας ἄθροον   ἦχος ἐγένετο
             οὐρανόθεν κτυπούμενος,
ὅλον δὲ τὸ δωμάτιον   ἔπλησεν πυρός,   5
μᾶλλον δὲ καὶ κατέπληξεν   τοὺς ἀγαπητούς·
διὸ ὡς σκάφος τὸν οἶκον   σαλευόμενον ὁρῶντες
ἐβόων·   "Ὦ δέσποτα,   κατάπαυσον   τὴν ζάλην καὶ πέμψον
|: τὸ πανάγιον πνεῦμα." :|

θ' Νομίσαντες οἱ σοφοὶ   ὅλον τὸ ὑπερῷον
             χαοῦσθαι ἐκ τῆς πνοῆς
συνέστειλαν ἐν φόβῳ   τὰ ὄμματα πάντες·
καὶ ἰδοὺ γέγονεν ἕτερον   φρικτότερον,
καὶ τῷ πρώτῳ φόβῳ δεύτερον   τρόμον ἐπήγαγε
             τὰ ἐπάλληλα θαύματα·
γλῶσσαι γὰρ πάλιν πύρινοι   ἥπτοντο αὐτῶν,   5
καὶ ἐπὶ κάραις ἤρχοντο   τῶν ἀγαπητῶν,
καὶ οὐ παρέφλεγον τρίχας,   ἀλλ' ἐφώτιζον τὰς φρένας·
καὶ γὰρ καθαρίζοντας   καὶ νίζοντας   προέπεμψε ταύτας
|: τὸ πανάγιον πνεῦμα. :|

ζ' ΑΜΡΤΔ 2² αὐτοὺς] Trypanis m.c. : τούτους ΜΡΤΔ : τοὺς A
4² συγκατάβασις] (sic) Δ : κατάβασις ΑΜΡΤ 6² metrum cf. δ' 6²
  θ' ΑΜΡΤΔ 8¹ καθαρίζοντας] Maas m.c. : καθαριζούσας codd. 8² καὶ
νίζοντας] Maas : καὶ καινιζούσας Δ(Α)(Μ) : καὶ φωτιζούσας ΡΤ

33 CANTICA ON THE PERSON OF CHRIST

ι´ Ὁ Πέτρος δὲ κατιδὼν τὰ γεγονότα πάντα
ἐβόησεν· " Ἀδελφοί,
τιμῶμεν ἃ ὁρῶμεν, μὴ ἐξερευνῶμεν·
μήτις εἴπῃ, τοῦτο τί ἐστι τὸ δρώμενον;
ὑπερβαίνει γὰρ διάνοιαν τὸ ἐκτελούμενον
καὶ νικᾷ τὴν ἐνθύμησιν·
πνεῦμα καὶ πῦρ συνέζευκται, θαῦμα πιστόν· 5
αὔρα καὶ φλὸξ συνήρμοσται, θέαμα φρικτόν·
μετὰ ἀνέμων λαμπάδες, μετὰ δρόσου δὲ σπινθῆρες·
τίς εἶδε; τίς ἤκουσε; τίς δύναται εἰπεῖν ὃ παρέχει
|: τὸ πανάγιον πνεῦμα ; :|

ια´ Ὑμεῖς οὖν, ἀγαπητοί, στῆτε καὶ καθορᾶτε ἀπεριέργως τὸ πῦρ,
ὃ ἔπεμψεν ἐξ ὕψους ὁ ὢν ἐν τῷ ὕψει·
μὴ φοβεῖσθε· οὐ γὰρ φλέγουσιν οἱ ἄνθρακες·
μὴ θαμβεῖσθε, ὅτι ἄκαυστον τοῦτο τὸ πῦρ ἐστιν·
ἀλλ᾽ ὡς φρόνιμοι μνήσθητε,
πῶς πάλαι πῦρ ἐδέξατο παῖδας τοὺς τρεῖς, 5
πῶς οὐκ ἐκαύθη σώματα τούτων οὐδὲ θρίξ·
πῶς ἡ τοὺς τρεῖς δεξαμένη τέσσαρας αὐτοὺς ἐδείκνυ·
σὺν τόκῳ γὰρ ἔδωκεν οὓς ἔλαβεν, ὅτι ἐφοβεῖτο
|: τὸ πανάγιον πνεῦμα. :|

ιβ´ Ῥιψάτω οὖν, ἀδελφοί, ὁ καθεὶς ὑμῶν ἄρτι
τὸν φόβον ἐκ τῆς ψυχῆς
καὶ πόθον ἐνδειξάτω τῷ ἀναληφθέντι,
ὅτι οὕτως οὓς ἐκάλεσεν ἠγάπησεν·
ὅτι πάντα ἅπερ προύλεγε νῦν ἀπεπλήρωσε
καὶ ὡς εἶπεν ἐποίησε·
τί δειλιῶμεν ἄφλεκτον φλόγα λοιπόν; 5
ῥόδα τὸ πῦρ νομίσωμεν, ὅπερ καὶ ἐστίν·
ἐπὶ τὰς κάρας γὰρ ἥμων ὥσπερ ἄνθη ἐπετέθη,
ἐν οἷς ἐστεφάνωσεν, ἐκόσμησεν, ἐλάμπρυνεν ἤμας
|: τὸ πανάγιον πνεῦμα. ": |

ι´ ΑΜΤΔ   1[1-2] κατιδ.—πάντα] ΤΔ : ἐκπλαγεὶς πρὸς τὰ συμβεβηκότα ΑΜ
2[2] ἐξερευνῶμεν Τ: ἐξερευνῶντες Α(Μ): ἐρευνήσωμεν Δ   3[2] δρώμενον] (sic) Α :
τὸ ὁρώμενον ΜΤΔ (corr. Pitra)   7[2] δρόσου] (sic) Α : δρόσον ΜΤΔ : δρόσων
dub. Maas   8[3] παρέχει] ὑπάρχει ΑΤ
ιβ´ ΑΜΤΔ   3[1-2] ἐκάλεσεν post ἠγάπησεν ΑΤ   4[1] προύλεγε] Maas:
προεῖπε codd.   7[1] ταῖς κάραις post γὰρ ἥμων Α(Τ)

ιγ´ Ὡς εἶπε ταῦτα Κηφᾶς   πᾶσι τοῖς ἀποστόλοις,
                                                ἡσύχασε μετ᾽ αὐτῶν
   καὶ δέχεται σὺν τούτοις   τὸ ἅγιον πνεῦμα·
   ἐληλύθει γὰρ μετέπειτα,   ὡς γέγραπται·
   ὡς προδρόμοις ἦν χρησάμενον   δύο τοῖς θαύμασι,
                                                τοῦ πυρὸς καὶ τοῦ πνεύματος·
   ἔδει γὰρ πρὸ τοῦ πνεύματος   θαῦμα δραμεῖν,   5
   ἔδει πρὸ τοῦ φωτίζοντος   φλόγα προελθεῖν
   καὶ προμηνῦσαι τῷ κόσμῳ   ὥσπερ σάλπιγγα ἠχοῦσαν
   ὅτι ὡς ἐπίσταται   καὶ ὡς βούλεται   τῇ γῇ ἐπιβαίνει
   |: τὸ πανάγιον πνεῦμα. :|

ιδ´ Μεγάλα ἦν καὶ φρικτὰ   τὰ γεγονότα πάντα,
                                                καὶ φρένας πάντων ἱστᾷ·
   πλησθέντες γὰρ ἐξαίφνης   τοῦ πνεύματος πάντες
   προσωμίλουν τοῖς ἀκούουσιν   ὡς ἤκουον,
   τοῖς Ῥωμαίοις οὐχ ὡς βάρβαροι,   Πάρθοις ὡς ὅμοιοι
                                                καὶ τοῖς Μήδοις ὡς ἴδιοι·
   τοῖς Ἐλαμίταις εὔλαλοι   ὤφθησαν τρανῶς,   5
   τοῖς Ἀραβίοις γνώριμοι   γέγοναν εὐθύς,
   Ἀσιανοῖς καὶ Φρυγίοις   εὔδηλοι καὶ τρανολάλοι
   καὶ πᾶσι τοῖς ἔθνεσιν   ἐφθέγγοντο   ὡς τούτοις ἐδίδου
   |: τὸ πανάγιον πνεῦμα. :|

ιε´ Ἀλλ᾽ ὅτε εἶδον αὐτοὺς   γλώσσας λαλοῦντας πάντας,
                                                οἱ πανταχόθεν ἐκεῖ
   ἐξίσταντο βοῶντες·   " Τί βούλεται τοῦτο;
   Γαλιλαῖοι οἱ ἀπόστολοι   ὑπάρχουσιν
   καὶ πῶς ἄρτι καθὼς βλέπομεν   πᾶσι τοῖς ἔθνεσι
                                                πατριῶται γεγόνασι;
   πότε κατεῖδεν Αἴγυπτον   Πέτρος ὁ Κηφᾶς;   5
   πότε Ἀνδρέας ᾤκησε   μέσην ποταμῶν;

ιγ´ ΑΜΤΔ   4¹ ἦν] (sic) Μ: γὰρ Δ: om. ΑΤ   χρησάμενος ΜΔ
4² δυσὶ ΑΤ   5² θαῦμα] καῦμα R. Burn   προδραμεῖν Τ(Α)   6¹⁻² φωτίζοντος
φλόγα] βαπτίσματος πνεῦμα ΜΔ   φλόγα] πνεῦμα Trypanis (et καῦμα in 5²)
8¹ ἐπίσταται] ἠθέλησε ΜΔ   8² καὶ] Δ: om. cett.
  ιε´ ΑΜΤΔ   1² γλώσσαις ΑΤ   πάντας] (sic) Δ: πάσαις Τ: πάντων Μ:
πᾶσιν Α

οἱ υἱοὶ τοῦ Ζεβεδαίου   πόθεν εἶδον Παμφυλίαν;
πῶς ταῦτα γνωρίσωμεν;   πῶς εἴπωμεν;   ἦ πάντως ὡς θέλει
|: τὸ πανάγιον πνεῦμα." :|

ιϛ′ **Νῦν** γέγοναν σοφισταὶ   οἱ ἀγρευταὶ τὸ πρώην·
                                   νῦν ῥήτορες καὶ τρανοὶ
οἱ πρὶν παρὰ τὰς ὄχθας   τῶν λίμνων ἑστῶτες·
οἱ τὸ πρῶτον καταρράπτοντες   τὰ δίκτυα
νῦν πλοκὰς ῥητόρων λύουσιν   καὶ εὐτελίζουσιν
                                   ἁπλουστέρῳ τῷ ῥήματι·
ἕνα λόγον γὰρ λέγουσιν   ἀντὶ πολλῶν,   5
ἕνα θεὸν κηρύττουσιν   οὐ μετὰ πολλῶν·
τὸ ἓν ὡς ἓν προσκυνοῦσιν,   ἀκατάληπτον πατέρα,
υἱὸν ὁμοούσιον   ἀμέριστον   καὶ ὅμοιον τούτοις
|: τὸ πανάγιον πνεῦμα. :|

ιζ′ **Οὐκοῦν** ἐδόθη αὐτοῖς   πάντων περιγενέσθαι
                                   δι' ὧν λαλοῦσιν γλωσσῶν;
καὶ τί φιλονεικοῦσιν   οἱ ἔξω ληροῦντες;
τί φυσῶσιν καὶ βομβέουσιν   οἱ Ἕλληνες;
τί φαντάζονται πρὸς Ἄρατον   τὸν τρισκατάρατον;
                                   τί πλανῶνται πρὸς Πλάτωνα;
τί Δημοσθένην στέργουσι   τὸν ἀσθενῆ;   5
τί μὴ νοοῦσιν Ὅμηρον   ὄνειρον ἀργόν;
τί Πυθαγόραν θρυλλοῦσιν   τὸν δικαίως φιμωθέντα;
τί δὲ μὴ προστρέχουσιν   πιστεύοντες   οἷς ἐνεφανίσθη
|: τὸ πανάγιον πνεῦμα; :|

ιη′ **Ὑμνήσομεν,** ἀδελφοί,   τῶν μαθητῶν τὰς γλώσσας,
                                   ὅτι οὐ λόγῳ κομψῷ,
ἀλλ' ἐν δυνάμει θείᾳ   ἐζώγρησαν πάντας,
ὅτι ἦραν τὸν σταυρὸν αὐτοῦ   ὡς κάλαμον,
ὅτι ῥήμασιν ὡς νήμασιν   πάλιν ἐχρήσαντο
                                   καὶ τὸν κόσμον ἡλίευσαν·

7² πόθεν] πότε ΑΜ
ιϛ′ ΑΜΤΔ   1² πρώην] πρῶτον ΑΤ   3¹ πρῶτον] Μ: πάλαι Α:
πάρος Τ: πρὶν Δ
ιζ′ ΑΜΤΔ   3¹ λυσσῶσι ΑΤ   βομβέουσιν] Trypanis: βομβεύουσιν Μ:
βαμβαίνουσι Τ(Α): βαμβεύουσιν Δ

ὅτι τὸν λόγον ἄγκιστρον   ἔσχον ὀξύ·
ὅτι καθάπερ δέλεαρ   γέγονεν αὐτοῖς
ἡ σὰρξ τοῦ πάντων δεσπότου,   οὐ πρὸς θάνατον θηρῶσα,
ἀλλ᾽ εἰς ζωὴν ἕλκουσα   τοὺς σέβοντας   καὶ δοξολογοῦντας
|: τὸ πανάγιον πνεῦμα. :|

34 (7 Kr.)

ON THE SECOND COMING

Acrostichis: *ΤΟΥ ΤΑΠΕΙΝΟΥ ΡΩΜΑΝΟΥ ΤΟ ΕΠΟΣ*

Prooemium: *Ὅταν ἔλθῃς*

Ὅταν ἔλθῃς, ὁ θεός,   ἐπὶ γῆς μετὰ δόξης,
καὶ τρέμουσι τὰ σύμπαντα,
ποταμὸς δὲ τοῦ πυρὸς   πρὸ τοῦ βήματος ἕλκει,
καὶ βίβλοι διανοίγονται,   καὶ τὰ κρυπτὰ δημοσιεύονται,
τότε ῥῦσαι με   ἐκ τοῦ πυρὸς τοῦ ἀσβέστου
καὶ ἀξίωσον   ἐκ δεξιῶν σου με στῆναι,
|: κριτὰ δικαιότατε. :|

Strophae: *Τὸ φοβερόν σου* (App. Metr. IV)

α' Τὸ φοβερόν σου κριτήριον   ἐνθυμούμενος,   ὑπεράγαθε κύριε,
καὶ τὴν ἡμέραν τῆς κρίσεως
φρίττω καὶ πτοοῦμαι   ὑπὸ τῆς συνειδήσεως
                                    τῆς ἐμῆς ἐλεγχόμενος·
ὅταν μέλλῃς καθέζεσθαι ἐπὶ τοῦ θρόνου σου
                                    καὶ ποιεῖν τὴν ἐξέτασιν,
τότε ἀρνεῖσθαι   τὰς ἁμαρτίας   οὐδεὶς οὐκ ἐξισχύσει
ἀληθείας ἐλεγχούσης   καὶ δειλίας κατεχούσης·

34 *Codices*: ABDMP (ιγ' 3 ad fin.) T (Prooem. et α'—s') Δ (sed C Prooem. et α'—κβ' 4)
Editiones: Pitra A.S. I, Cant. VI; Krumbacher, Studien zu Rom. pp. 163 sq.; Wehofer, Sitz.-ber. Akad. Wien CLIV (1907), 5, pp. 108 sq.; Cammelli, R. il M., pp. 215 sq.; Soyter, Byz. Dichtung, Heidelberg 1930, pp. 30 sq.
Titulus: On the Second Coming Trypanis: *Τῆς Δευτέρας Παρουσίας* DT: om. ABMΔ: def. P
Dies Festus: Κυριακῇ τῆς ἀποκρέου
Modus: ἦχος α'
Acrostichis: Τοῦ ταπεινοῦ ῾Ρωμανοῦ τὸ ἔπος BDMΔ

μέγα μὲν ἠχήσει πῦρ τὸ τῆς γεέννης,
ἁμαρτωλοὶ δὲ βρύξουσι·
διό με ἐλέησον πρὸ τέλους καὶ φεῖσαι μου,
|: κριτὰ δικαιότατε. :|

β' Ὅτε τὸ πρῶτον ἐλήλυθε καὶ ἐπέφανε
τοῖς ἀνθρώποις ὁ κύριος
μὴ χωρισθεὶς τοῦ γεννήτορος,
ἔλαθε τοὺς ἄνω, ἐξουσίας καὶ δυνάμεις
καὶ ἀγγέλων τὰ τάγματα,
καὶ ἐγένετο ἄνθρωπος ὥσπερ ἠθέλησεν
ὁ ποιήσας τὸν ἄνθρωπον·
καὶ ἀνελήφθη πρὸς τὸν πατέρα ὁ τοῦτον οὐκ ἐάσας· 5
ἀνερμήνευτόν σου ἔστι τὸ μυστήριον, σωτήρ μου·
οὐδὲ γὰρ ἀπέστης ὅλως τοῦ πατρός σου
καὶ τὸν πατέρα ἔφθασας,
ὁ τούτου ἀχώριστος πληρῶν καὶ τὰ σύμπαντα,
|: κριτὰ δικαιότατε. :|

γ' Ὑπὸ ἀγγέλων ὑμνούμενος ἀνελήλυθε μετὰ δόξης ὁ κύριος
βλεπόντων τῶν μαθητῶν αὐτοῦ·
οὕτω προτρεχόντων τῶν ἀγγέλων ἐλεύσεται
φανερῶς, καθὼς γέγραπται,
ὅτε καὶ τὰ οὐράνια καὶ τὰ ἐπίγεια ἅμα καὶ καταχθόνια
δοξολογήσει καὶ προσκυνήσει Χριστὸν τὸν σταυρωθέντα 5
καὶ σαφῶς ὁμολογήσει ὡς θεός ἐστι καὶ κτίστης·
τότε Ἰουδαῖοι ὄψονται θρηνοῦντες εἰς ὅνπερ ἐξεκέντησαν·
οἱ δίκαιοι λάμψουσι κραυγάζοντες· " Δόξα σοι,
|: κριτὰ δικαιότατε." :|

δ' Τῆς μὲν προτέρας ἐλεύσεως τοῦ θεοῦ ἡμῶν
Ἰωάννης προέδραμε
κηρύττων πᾶσι μετάνοιαν·
πρόδρομος ⟨δ'⟩ Ἠλίας τῆς δευτέρας γενήσεται
παρουσίας ὁ δίκαιος·

γ' ABDMTΔ   4¹ καὶ τὰ] πάντα AD(M)   4² καὶ] καὶ τὰ BTΔ(M)
8¹ δίκαιοι] δὲ add. ABMΔ (cf. δ' 3¹, κ' 4¹)
δ' ABDMTΔ   1 μὲν] δὲ BDTΔ   3¹ δ' add. Krumb. (cf. γ' 8¹,
κ' 4¹)

Μαλαχίας προφήτης αυτόν προεκήρυξε
λέγων· " Ἀποσταλήσεται
πρὸ τῆς ἡμέρας τῆς τοῦ κυρίου Ἠλίας ὁ Θεσβίτης ". 5
καὶ Ματθαῖος δὲ συγγράφει, πῶς ἐδίδασκες, σωτήρ μου,
περὶ Ἰωάννου· " Οὗτος ἔστι ", λέγων, " ἂν θέλετε προσδέξασθαι,
ὁ μέλλων ἐλεύσεσθαι Ἠλίας κηρύττων σε,
|: κριτὰ δικαιότατε." :|

ε′ Ἀλλὰ μεγάλα καὶ ἀπόρρητα παραδέδωκε
καὶ σαφῶς ἐξεδίδαξε
εἰς τὴν αὐτοῦ ἀποκάλυψιν
καὶ ὁ θεολόγος Ἰωάννης καὶ ἔδειξεν ὡς Ἠλίας ἐλεύσεται·
σὺν αὐτῷ δὲ ὑπέφηνεν ὡς παραγίνεται καὶ Ἐνὼχ ὁ μακάριος·
" Τοὺς δύο, λέγων, " ἐξαποστείλω προφήτας ἐν τῷ κόσμῳ, 5
περιβάλωνται δὲ σάκκους καὶ κηρύξωσι με πᾶσι ".
τούτους δὲ χιλίας καὶ διακοσίας ἑξήκοντα διέγραψεν
ἡμέρας προτρέχειν σοι πρὸ τῆς παρουσίας σου,
|: κριτὰ δικαιότατε. :|

ϛ′ Πάντα σαφῶς προεμήνυσε τὰ ἐσόμενα Δανιὴλ ὁ θεσπέσιος,
ἂν ἀκριβῶς ἐρευνήσωμεν·
" Μίαν ἑβδομάδα ", λέγων, " θήσω διαθήκην "·
καὶ εὐθέως ἐπήγαγεν·
" εἰς τὸ ἥμισυ τῆς ἑβδομάδος ἀρθήσεται
τῆς λατρείας τὸ καύχημα "·
καὶ ἑρμηνεύει ὡς τρία ἔτη καὶ ἥμισυ κηρύξει 5
ἡ δυὰς ἡ τῶν ἁγίων τὴν δευτέραν παρουσίαν·
ἄλλον δὲ τοσοῦτον χρόνον κυριεύσει ὁ ἄδικος Ἀντίχριστος
δεινῶς τιμωρούμενος τοὺς σὲ περιμένοντας,
|: κριτὰ δικαιότατε. :|

ζ′ Εὕρῃ δὲ ῥίζαν πικραίνουσαν ὁ Ἀντίχριστος
καὶ ἐκ ταύτης τεχθήσεται,
τὴν τοῦ Χριστοῦ ἐνανθρώπησιν
θέλων ἐκμιμεῖσθαι ὁ δεινὸς καὶ παμμίαρος,
ὁ μισῶν τὴν ἀλήθειαν·
τῆς αὐτοῦ πονηρίας ἐπάξιον ὄργανον ἀναλήψεται σώματος·

4¹ Μαλαχίας] ὁ add. BMΔ   7³ ἂν] ὃν (εἰ C) BΔ : def. M   8¹ Ἠλίας] ὡς praem. BTΔ
ζ′ ABDMΔ   1–6 interpunctio incerta

ἐκ γυναικὸς μὲν   ταῖς φαντασίαις   γεννᾶται ἀκαθάρτου,   5
ἐκπλανήσει δὲ ἀνόμους   ὡς παρθένος αὐτὸν τίκτει·
τέρατα ποιήσει   διὰ φαντασίας   ὁ ψεύστης καὶ ἀνόσιος,
ὃν στέρξουσιν ἄνομοι   καὶ σὲ ἀπαρνήσονται,
|: κριτὰ δικαιότατε. :|

η΄ Ἵνα δὲ οὕτως ὀφθήσεται   ὁ κατάρατος   καὶ ἀλάστωρ διάβολος,
ὁ τοῖς καλοῖς ἀντικείμενος,
ὁ τῆς ἀπωλείας   υἱὸς ἐπαιρόμενος,   ὡς θεὸς προσκυνούμενος
παρὰ τῶν πλανηθέντων τοῖς τούτου φαντάσμασιν,
                              παρ' αὐτῶν καὶ δεχθήσεται
τῶν τὴν ἀγάπην   τῆς ἀληθείας   Χριστοῦ μὴ δεξαμένων,   5
ἀλλὰ μᾶλλον πιστευσάντων   ἐν τῷ ψεύδει τῷ τοῦ πλάνου·
λόγους δὲ λαλήσει   κατὰ τοῦ ὑψίστου   ὁ δράκων ὁ ἀνήμερος,
καὶ πᾶσιν ἐπέρχεται   τοῖς σὲ περιμένουσι,
|: κριτὰ δικαιότατε. :|

θ΄ Ναὸν δὲ τότε ποιήσεται   περιούσιον   τῶν Ἑβραίων τὸ σύστημα
πλανῶν καὶ ἄλλους ὁ ἄνομος,
ὅταν πεπλασμένας   φαντασίας ἐργάσηται
                              καὶ σημεῖα ὁ τύραννος·
ἐκ μορφῆς εἰς ἑτέραν μορφὴν μεταβάλλεται,   εἰς ἀέρα διίπταται,
καὶ σχηματίζει   ὥσπερ ἀγγέλους   τοὺς δαίμονας πανούργως   5
τοῖς αὐτοῦ ὑπηρετεῖσθαι   ἐπιτάγμασι σπουδαίως·
θλῖψις καὶ ἀνάγκη   ἔσται τοῖς ἀνθρώποις
                              μεγάλη τε καὶ ἄμετρος,
δι' ἧς δοκιμάζονται   οἱ δοῦλοί σου ἅπαντες,
|: κριτὰ δικαιότατε. :|

ι΄ Ὁ μὲν λιμὸς μέγας γενήσεται   καὶ ἀρνήσεται
                              καὶ ἡ γῆ τοὺς καρποὺς αὐτῆς,
καὶ ὄμβροι ὅλως οὐκ ἔσονται,
πάντα τὰ φυτὰ δὲ   μαρανθήσεται ἄθροον
                              καὶ βοτάναι ξηραίνονται·

5² φαντασίαις] ἀληθείαις AB
η΄ ABDMΔ   1-4 interpunctio incerta   3³-4² προσκ.—δεχθ.] τε καὶ
κύριος παρ' ἐκείνων δεχθήσεται καὶ πιστευθήσεται τῶν ἀνθρώπων ὁ κάκιστος BΔ
θ΄ ABDMΔ   1² περιούσιον] περισπούδαστον dub. Maas (cf. W. Bousset,
Der Antichr. in der Ueberlief. des Judentums, des n. Test. u. d. alten Kirche,
Göttingen 1958, p. 105)
ι΄ ABDMΔ   1¹ metrum $- \cup \cup - \cup \cup - \cup \cup$: γένηται M (corr. metr.):
ἔσεται dub. Maas: γίνεται Trypanis   3² μαρανθήσεται] μαρανθήσονται AB

ἀπὸ τόπου εἰς τόπον οἱ ἄνθρωποι φεύξονται
καὶ θρηνήσουσιν ἄπαυστα·
ὁ διωγμὸς δὲ   ἐπικρατήσει   ὁ κατὰ τῶν ἁγίων,   5
καὶ ἐν ὄρεσιν ἐρήμοις   καὶ βουνοῖς καὶ τοῖς σπηλαίοις
γίνονται φυγάδες   φόβῳ τοῦ τυράννου
τὸν δράκοντα ἐκκλίνοντες,
βοῶντες· " Ἐπίβλεψον   καὶ σῶσον τοὺς δούλους σου,
|: κριτὰ δικαιότατε." :|

ια΄ Ὑπὸ πολλῆς δολιότητος   ὁ παγκάκιστος
ὥσπερ πρᾶος ἐλεύσεται,
ὡς ὁ ποιμὴν ὁ καλὸς ἡμῶν·
τούτου γὰρ μιμεῖται   τὴν φωνὴν καὶ προτρέπεται
ἐκ τῆς μάνδρας τὰ πρόβατα·
καὶ πολλοὶ ὑπακούσονται καὶ ἀπελεύσονται
πρὸς αὐτὸν ἀπατώμενοι·
καὶ τὴν σφραγῖδα   τὴν τοῦ σωτῆρος
ἐκ τούτων ἀφαιρεῖται   5
καὶ σφραγῖδα ἀπωλείας   ὡς ἰδίοις ἐγχαράττει·
ὅσοι δὲ νοοῦσι   τούτου τὴν ἀπάτην,   μισοῦσι καὶ βδελύσσονται
αὐτὴν τὴν φωνὴν αὐτοῦ   καὶ μόνον σὲ στέργουσι,
|: κριτὰ δικαιότατε. :|

ιβ΄ Ῥοιζοῦται τότε ὁ δόλιος   καὶ παγκάκιστος
δυσμενῶς ὀργιζόμενος,
καὶ ὥσπερ δράκων ἀνήμερος
πᾶσι τοῖς ἀνθρώποις   ὡς ἐχθρὸς ἐπελεύσεται,
τοῖς ἁγίοις δὲ μάλιστα·
καὶ προβάλλεται τὸν κεκρυμμένον ἰὸν αὐτοῦ
κατὰ πάντων ὁ ἄσπλαγχνος·
κινήσει φόβον   καὶ φαντασίας   καὶ κτύπους ἐν ἀέρι   5
ἐμποιοῦντας φρίκην πᾶσι   καὶ δειλίαν τοῖς ἀνθρώποις·
σείεται τὰ πάντα   γῆς καὶ τῆς θαλάσσης·
τὰ ἅγια ἀρθήσεται·
διόπερ οἱ δίκαιοι·   " Ἐμφάνηθι", κράζουσι,
|: " κριτὰ δικαιότατε." :|

ιβ΄ ABDMΔ 1¹ Ῥιζοῦται ABD

ιγ´ **Ὥστε καὶ πάντες θανήσονται**   διωκόμενοι
                                οἱ Χριστὸν ἀναμένοντες·
  ψαλμοὶ καὶ ὕμνοι παυθήσονται·
  οὐδὲ λειτουργία,   οὐχ ἁγίασμα ἔσεται,
                                προσφορὰ ἢ θυμίαμα·
  ἐπὶ τρεῖς γὰρ καὶ ἥμισυ χρόνους ἀρθήσεται
                                ἡ θυσία, ὡς γέγραπται·
  σεισμοὶ καὶ θνήσεις   καὶ πᾶσα θλῖψις
                                κρατήσει ἐν τῷ κόσμῳ· 5
  καὶ ἐκλείψουσι παιδία   ἐν τοῖς κόλποις τῶν μητέρων·
  θνήσκει δὲ καὶ μήτηρ   καὶ πρὸ τοῦ παιδίου·
                                ἐν ἀγοραῖς τὰ λείψανα·
  ὁ θάπτων οὐ φαίνεται·   ἐγείρεις δὲ ἅπαντας,
  |: κριτὰ δικαιότατε. :|

ιδ´ **Μία δὲ πόλις ἢ ἔρημος**   οὐκ ἰσχύσουσι
                                περισώζειν τοὺς φεύγοντας·
  συνέχει πένθος τὰ πέρατα·
  πάντες μετ᾽ ὀδύνης   ἐν ἡμέρᾳ προσεύξονται,
                                ἵν᾽ ἑσπέρα γενήσεται·
  ἐπελθούσης δὲ πάλιν νυκτὸς ἵνα ἴδωσιν
                                τὴν ἡμέραν προσεύξονται·
  μακαριοῦσι   τοὺς ἐν τοῖς τάφοις   δακρύοντες οἱ ζῶντες· 5
  καὶ πατὴρ μὲν συναντήσας   περιπλέκεται τῷ τέκνῳ,
  καὶ περιπλακέντες   θνήξονται οἱ δύο·   πεσοῦνται οἱ ἱστάμενοι·
  μακάριος ἔσται δὲ   ὁ φέρων καὶ στέργων σε,
  |: κριτὰ δικαιότατε. :|

ιε´ **Ἅμα τὴν θλῖψιν τὴν ἄφατον,**   ἣν ἐνδείξεται
                                ὁ πικρὸς ἀλιτήριος,
  πληροῦνται τότε τὰ σκάνδαλα,
  ὅτι ὁ δεσπότης   διὰ τοὺς ἐκλεκτοὺς αὐτοῦ
                                κολοβώσει, ὡς γέγραπται,

ιδ´ ABDMPΔ   4² προσεύξ.] ἐπεύξονται AM : προσεύχονται D   6² τὸ
τέκνον BDM   7² θνήξουσι ADMΔ
ιε´ ABDMPΔ   2 πληρ.—σκάνδαλα] (sic) ADM : τίς ἐξειπεῖν κατισχύσειεν
P (fortasse recte) (Δ) : βραχεῖ καιρῷ τελεσθήσεται B

τὰς ἡμέρας τῆς θλίψεως, περιφειδόμενος
τῶν ἰδίων ὡς εὔσπλαγχνος·
λοιπὸν δὲ ἥξει ἐκ τῶν ὑψίστων ὡς ἥλιος ἀστράπτων 5
ἐν νεφέλαις μετὰ δόξης, ὡς θεὸς σεσαρκωμένος,
ὥσπερ καὶ ἀνῆλθε πάντων βασιλεύων ὁ ἅγιος καὶ ἄχραντος,
ὃν τρέμουσιν ἄγγελοι κραυγάζοντες· " Δόξα σοι,
|: κριτὰ δικαιότατε." :|

ις' Νυμφίε θεέ, σωτὴρ ἡμῶν, ἵνα δείξῃς σου
τὴν ἀνείκαστον δύναμιν,
ἀγγέλων πάντων τὰ τάγματα
καὶ τῶν ἀρχαγγέλων ἀνυμνοῦντα προτρέχουσι
πρὸ τοῦ θρόνου σου, κύριε·
φλὸξ δὲ πέλουσιν οὗτοι πυρὸς κατακαίουσα
καὶ τὴν γῆν ἐκκαθαίρουσα·
καὶ ποταμὸς δὲ πεπληρωμένος φρικτοῦ πυρὸς προτρέχει· 5
Χερουβὶμ καὶ Σεραφὶμ δὲ μετὰ τρόμου λειτουργοῦσι
καὶ δοξολογοῦσι λέγοντα ἀπαύστως τὸν ὕμνον τὸν τρισάγιον·
τὰ πρόσωπα κρύπτουσι κραυγάζοντα· " Δόξα σοι,
|: κριτὰ δικαιότατε." :|

ιζ' Ὅλα τὰ μνήματα σείονται καὶ ἀνοίγονται
ἐνηχούσης τῆς σάλπιγγος,
καὶ οἱ νεκροὶ ἀναστήσονται,
πάντες δὲ οἱ ζῶντες ἁρπαγήσονται ἄθροον,
συντελεῖται δὲ ἅπαντα·
θεωροῦσι τὸ κάλλος ἐκεῖνο τὸ ἄφραστον
τοῦ νυμφίου καὶ τρέμουσιν
ἁμαρτωλῶν τε καὶ τῶν δικαίων τὰ γένη καὶ τὰ φῦλα· 5
φοβερὰ ὑπάρχει ὄντως τοῦ Χριστοῦ ἡ παρουσία·
μέγας οὐρανὸς μὲν σχίζεται ἐξαίφνης· ἡ γῆ δὲ ἐναλλάσσεται
καὶ πάντα τὰ ἔθνη σοι ἐξομολογήσονται,
|: κριτὰ δικαιότατε. :|

4¹ περιφειδόμενος] ὥσπερ φειδόμενος AMP   5¹ λοιπὸν δὲ] ADM: καὶ λοιπὸν BPΔ
ις' ABDMPΔ   1¹ metrum ‒⏑⏑−⏑⏑−⏑⏑: θεῖε PΔ   2 πάντα BDΔ: om. A   5¹ δὲ] μὲν AD: om. M   7² λέγοντα] CBP: λέγοντες cett.   8² κραυγάζοντες DM
ιζ' ABDMPΔ   3¹ ἅπαντες οἱ ADM   5¹ τε] δὲ DMΔ

ιη´ Ὕστερον πάλιν οἱ δίκαιοι θεασάμενοι
                                           τοῦ κυρίου τὸ πρόσωπον,
    ἐν τῷ νυμφῶνι γενόμενοι
    καὶ ἐν παρρησίᾳ   προσκυνοῦντες τὸν ὕψιστον
                                           μετ᾽ ἀγγέλων παρίστανται·
    τὸν ἀγῶνα τὸν ἴδιον ἕκαστος δίκαιος   ἐπιδείξει γηθόμενος,
    ὅτε τὰ ἔργα γεγυμνωμένα   καὶ τετραχηλισμένα   5
    φανεροῦνται ἐναντίον   τοῦ κριτοῦ καὶ βασιλέως·
    ὅσοι γὰρ τὴν πίστιν   μετὰ καὶ τῶν ἔργων   βεβαίαν ἐπιδείξουσι,
    καυχώμενοι κράξουσι· " Τὴν χάριν σου δὸς ἡμῖν,
    |: κριτὰ δικαιότατε. " :|

ιθ´ Τότε ὁ δόλιος ἄγεται   πρὸ τοῦ βήματος
                                           ὑπ᾽ ἀγγέλων δεσμούμενος
    σὺν πᾶσι τοῖς λειτουργοῖς αὐτοῦ·
    ἄγονται δὲ ἅμα   οἱ αὐτῷ πειθαρχήσαντες
                                           καὶ Χριστὸν ἀρνησάμενοι·
    ὁ ἐχθρὸς καὶ οἱ δαίμονες τούτου βληθήσονται
                                           εἰς τὸ πῦρ τὸ αἰώνιον,
    οἱ ἀσεβοῦντες   ἀποκληροῦνται   μετὰ τοῦ διαβόλου   5
    σὺν αὐτῷ τὰς αἰωνίους   ὑπομένοντες κολάσεις·
    ὅσοι δὲ ἐν νόμῳ   ἥμαρτον ἑκόντες   ἐννόμως καὶ κριθήσονται·
    δικαία ἡ κρίσις σου   καὶ ἀπροσωπόληπτος,
    |: κριτὰ δικαιότατε. :|

κ´ Ὅτε δικαίαν ἐξέτασιν   πρὸ τοῦ βήματος
                                           τοῦ Χριστοῦ ὑπομείνωμεν
    ἁμαρτωλοί τε καὶ δίκαιοι,
    τότε ἐκ δεξιῶν   οἱ εὐάρεστοι στήσονται
                                           ὥσπερ φῶς ἀπαστράπτοντες,
    τὰ δ᾽ εὐώνυμα λήψονται οἱ ἁμαρτήσαντες
                                           μετ᾽ ὀδύνης καὶ θλίψεως·
    οὐδὲ γὰρ τόπος   ἀπολογίας   δοθήσεται ἐκείνοις,   5
    ὅτι πάντα διηλέγχθη   τὰ ἑκάστῳ πεπραγμένα·

ιη´ ABDMPΔ   1² θεασάμενοι] BDΔ : θεωροῦσι P : ὡς (om. A) θεάσονται
AM : θεωρήσουσι dub. Maas   2 γηθόμενοι DMP   7³ ἐπιδείξουσι] BDΔ(A) :
ἐπεδείξαντο P (cf. κβ´ 7³)
κ´ ABDMPΔ   3¹ τότε] καὶ BΔ (corr. metr.) : τότ᾽ Krumb. : metrum
‒ ◡ ◡ ◡ ‒ ◡   4¹ δ᾽] CP : om. cett. (cf. γ´ 8¹, δ´ 3¹)

καὶ γὰρ σωτηρίας πρόξενος ὑπῆρχεν ἡ πρώτη ἐπιφάνεια,
ἡ ἄλλη δὲ κρίσεως ἣν πᾶσιν ἠπείλησας,
|: κριτὰ δικαιότατε. :|

κα' Ἔσονται δὲ τότε ἄφθαρτοι καὶ ἀθάνατοι
                                    μετ' ἀνάστασιν ἅπαντες·
φθορὰ γὰρ πᾶσα ἐλήλαται·
φόβος δὲ οὐκ ἔσται τοῦ λοιποῦ ὡς ἐπέρχεται
                                    ἢ τροπὴ ἢ καὶ θάνατος·
ἀλλ' αἰώνιον ἔσται ἀεὶ τὸ πολίτευμα, ἀτελεύτητον, ἄτρεπτον·
οἱ ἐν τῷ σκότει τῷ ἐξωτέρῳ βαλλόμενοι δικαίως   5
δι' αἰῶνος τῇ κολάσει ἀφορίζονται θρηνοῦντες·
δίκαιοι δὲ πάλιν τὴν σὴν βασιλείαν τὴν ἄφθαρτον λαμβάνοντες
ἀτέλεστον ἕξουσι τρυφὴν σὲ δοξάζοντες,
|: κριτὰ δικαιότατε. :|

κβ' Ποῖα καὶ πόσα θρηνήσουσιν οἱ κατάκριτοι
                                    ἐν τῇ ὥρᾳ τῆς κρίσεως,
ὧν εἷς καὶ πρῶτος καθέστηκα,
βλέποντες κριτὴν μὲν φοβερὸν προκαθήμενον
                                    ἐπὶ θρόνου τὸν ὕψιστον,
τῶν δικαίων δὲ καὶ τῶν ἁγίων τὰ τάγματα
                                    ἐν χαρᾷ διαλάμποντα,
ἁμαρτωλοὺς δὲ ἐν κατηφείᾳ καὶ κρίσει αἰωνίᾳ,   5
καὶ μετάνοιαν ματαίαν ἐπιδείξονται βοῶντες·
" Εἴθε ἐν τῷ κόσμῳ τὸν τῆς μετανοίας
                                    καρπὸν ἐπεδειξάμεθα,
καὶ εὕραμεν ἔλεος καὶ χάριν καὶ ἄφεσιν,
|: κριτὰ δικαιότατε. " :|

κγ' Οὗτος ὁ τρόπος τῆς κρίσεως· ἀλλὰ φύγωμεν
                                    τὴν αἰώνιον κόλασιν·
τὰ πρόσκαιρα βδελυξώμεθα
τῶν δὲ αἰωνίων καὶ μενόντων φροντίσωμεν,
                                    ἵνα ἔλεος εὕρωμεν·

κα' ABDMPΔ   4¹ ἔστιν ADP   ἀεὶ] ἡμῶν B: om. AΔ
κβ' ABDMPΔ (sed a v. 4 καὶ τῶν usque ad fin. solus V)   4¹ δὲ] τε
ABPΔ: (ἀ)πάντων add. BMΔ
κγ' ABDMPV   3² μενόντων] AM: μελλόντων cett.

μὴ νομίσωμεν ὅτι, ἐπείπερ ἡμάρτομεν, πάντως ἀποβαλλόμεθα·
καὶ γὰρ τὸ τραῦμα τῆς ἁμαρτίας φαρμάκῳ μετανοίας 5
ἰατρεύσομεν συντόμως, ἐὰν ἄρα βουληθῶμεν·
καὶ νῦν τοῦ σωτῆρος πάντες δεηθῶμεν
βοῶντες· " Δὸς κατάνυξιν
τοῖς δούλοις σου, κύριε, ἵν' εὕρωμεν ἄνεσιν,
|: κριτὰ δικαιότατε. " :|

κδ' Σωτὴρ τοῦ κόσμου πανάγιε, ὡς ἐπέφανας
καὶ τὴν φύσιν ἀνέστησας
κειμένην ἐν παραπτώμασιν,
οὕτως ὡς οἰκτίρμων ἀοράτως ἐμφάνηθι
καὶ ἐμοί, ἀνεξίκακε·
ἐν πολλαῖς ἁμαρτίαις ἐμὲ κατακείμενον ἐξανάστησον, δέομαι,
ὅτι ἃ λέγω καὶ συμβουλεύω τοῖς ἄλλοις οὐ φυλάττω·   5
ἀλλὰ σὲ καθικετεύω, δὸς καιρόν μοι μετανοίας
καὶ ταῖς ἱκεσίαις τῆς ἀειπαρθένου καὶ θεοτόκου φεῖσαι μου
καὶ μὴ ἀπορρίψῃς με ἀπὸ τοῦ προσώπου σου,
|: κριτὰ δικαιότατε. :|

7¹ καὶ νῦν] νῦν οὖν BDV: def. M
κδ' ABDMPV   4¹ ἐμὲ] ἀεὶ BP: νυνὶ V   5¹ ὅτι] ἵνα PΔ: ἃ γὰρ B

II

Cantica on Other Episodes from the New Testament

35 (28 Kr.)
ON THE NATIVITY OF THE VIRGIN MARY

Acrostichis: Η ΩΔΗ ΡΩΜΑΝΟΥ

Prooemium: Ἰδιόμελον

Ἰωακείμ καὶ Ἄννα   ὀνειδισμοῦ ἀτεκνίας,
καὶ Ἀδὰμ καὶ Εὔα   ἐκ τῆς φθορᾶς τοῦ θανάτου
ἠλευθερώθησαν, ἄχραντε,   ἐν τῇ ἁγίᾳ γεννήσει σου·
αὐτὴν ἑορτάζει   καὶ ὁ λαός σου,
ἐνοχῆς τῶν πταισμάτων   λυτρωθῆναι τῷ κράζειν σοι·   5
|: " Ἡ στεῖρα τίκτει   τὴν θεοτόκον
καὶ τροφὸν τῆς ζωῆς ἡμῶν." :|

Strophae: Ἡ προσευχή (App. Metr. xxviii)

α' **Ἡ προσευχὴ**   ὁμοῦ καὶ στεναγμὸς
    τῆς στειρώσεως καὶ ἀτεκνώσεως
Ἰωακείμ τε καὶ Ἄννης εὐπρόσδεκτος
καὶ εἰς ὦτα κυρίου ἐλήλυθεν   καὶ ἐβλάστησε καρπὸν
    ζωηφόρον τῷ κόσμῳ·

35 *Codices*: AGJM (Prooem. et α'-δ') bp
Editiones: Pitra A.S. I, Cant. xxv
Titulus: On the Nativity of the Virgin Mary Trypanis: Εἰς τὴν γέννησιν τῆς ὑπεραγίας Θεοτόκου nonn. codd.
Dies Festus: Σεπτεμβρίου η'
Modus: ἦχος δ'
Acrostichis: ' Ἡ ᾠδὴ 'Ρωμανοῦ AGbp
Prooemium
   AGJMbp   1² ὀνειδισμῶν Mp   5¹ ἐνοχὴν GJM
α' AGJMbp

ὁ μὲν γὰρ προσευχὴν   ἐν τῷ ὄρει ἐτέλει,
   ἡ δ' ἐπὶ τῷ παραδόξῳ   ὄνειδος φέρει· 5
ἀλλὰ μετὰ χαρᾶς
|: ἡ στεῖρα τίκτει   τὴν θεοτόκον
                              καὶ τροφὸν τῆς ζωῆς ἡμῶν. :|
β' Ὦ τοκετὲ   τῆς Ἄννης ἀγαθέ,
                      πῶς ὑμνήσω σε ἢ πῶς δοξάσω σε,
ὅτι ὑπάρχεις τεχθεὶς ναὸς ἅγιος;
Ἰωακεὶμ ἐν τῷ ὄρει ἱκέτευε   τὸν καρπὸν ἀπολαβεῖν
                              ἐκ κοιλίας τῆς Ἄννης·
καὶ γίνεται δεκτὴ   ἡ εὐχὴ τοῦ ὁσίου,
καὶ μετὰ κυοφορίαν   ἡ μακαρία 5
ἐν τῷ κόσμῳ χαρά·
|: ἡ στεῖρα τίκτει   τὴν θεοτόκον
                              καὶ τροφὸν τῆς ζωῆς ἡμῶν. :|
γ' Δῶρα ποτὲ   προσῆγεν ἐν ναῷ
                      καὶ ἀπρόσδεκτα ταῦτα γεγόνασι,
τῶν ἱερέων μὴ θελόντων προσδέξασθαι
ὡς ἀτέκνου καὶ σπέρμα μὴ ἔχοντος·   καὶ ἐν τοῖς υἱοῖς Ἰσραὴλ
                              Ἰωακεὶμ ἐβδελύχθη·
ἀλλ' ἦλθεν ἐν καιρῷ   καὶ προσάγει τὴν παρθένον
σὺν δώροις εὐχαριστίας   ἅμα τῇ Ἄννῃ, 5
ὅτι χαίρουσα νῦν
|: ἡ στεῖρα τίκτει   τὴν θεοτόκον   καὶ τροφὸν τῆς ζωῆς ἡμῶν. :|
δ' Ἤκουσαν οὖν   φυλαὶ τοῦ Ἰσραὴλ
                      ὅτι ἔτεκεν Ἄννα τὴν ἄχραντον,
καὶ ⟨ἐν⟩ εὐφροσύνῃ αἱ πᾶσαι συνέχαιρον·
πότον Ἰωακεὶμ ἐποίησε   καὶ ηὐφραίνετο λαμπρῶς
                              ἐπὶ τῷ παραδόξῳ·

5¹ ἡ δ' ἐπὶ τῷ παραδόξῳ] Trypanis (cf. δ' 3³ v.l. A): ἡ δὲ ἐν παραδείσῳ (τῷ praem. b) codd. .
  β' AGJMbp   2 τεχθεὶς] Trypanis m.c.: τεχθεῖσα Ap: om. GJMb
ἅγιος] ὁ (om. M) πανάγιος JMb   6¹ χαρά] Ap: χαράν GJM(b?)
  γ' AGJMbp   2 metrum cf. ς' 2, η' 2   3² καὶ om. GJMb (corr.
metr.?)   Ἰσραὴλ] τοῦ praem. JMb   4² metrum cf. ε' 4²?: τὴν del.
Trypanis m.c.
  δ' AGJMbp   2¹ ⟨ἐν⟩ add. Trypanis   3¹ metrum
$\begin{Bmatrix} \cup \dot{-} \cup - \cup - \cup \cup \\ \cup \cup - \cup \cup - \cup \cup - \cup \cup \end{Bmatrix}$: ἐποιήσατο Trypanis m.c.   3³ παραδείσῳ A (cf. α' 5¹)

καλέσας εἰς εὐχὴν ἱερεῖς καὶ Λευίτας
καὶ τὴν Μαρίαν μέσον ἤγαγε πάντων,
ὅπως μεγαλυνθῇ·
|: ἡ στεῖρα τίκτει τὴν θεοτόκον
καὶ τροφὸν τῆς ζωῆς ἡμῶν. :|

ε´ Ῥεῖθρον ζωῆς ἐξέβλυσας ἡμῖν
ἡ τραφῆναι δοθεῖσα εἰς ἅγια
καὶ τὴν ἀγγέλου τροφὴν ἀπολαύσασα,
ἐν ἁγίοις ἁγία ὑπάρχουσα, ὡς ὡρίσθη, καὶ ναὸς
καὶ δοχεῖον κυρίου·
αἱ παρθένοι τὴν παρθένον προσῆγον μετὰ λαμπάδων
τὸν ἥλιον τυποῦσαι, ὅνπερ προσφέρειν
ἤμελλε τοῖς πιστοῖς·
|: ἡ στεῖρα τίκτει τὴν θεοτόκον
καὶ τροφὸν τῆς ζωῆς ἡμῶν. :|

ϛ´ " Ὦ μυστικὸν τελούμενον ἐν γῇ "·
μετὰ τόκον ἡ Ἄννα ἐβόησε
πρὸς τὸν προγνώστην ποιητὴν καὶ θεὸν ἡμῶν·
" εἰσήκουσάς μου, δέσποτα, ὥσπερ τῆς Ἄννης τοῦ Ἠλὶ
μεμφομένου ἐν μέθῃ·
αὕτη τὸν Σαμουὴλ ὑπέσχετο τεχθέντα
κυρίῳ ἱερατεύειν· σὺ οὖν ὡς πρώην
ἐδωρήσω κἀμοί·
|: ἡ στεῖρα τίκτει τὴν θεοτόκον
καὶ τροφὸν τῆς ζωῆς ἡμῶν. :|

ζ´ Μέγα μοι νῦν ὑπάρχει, ἀγαθέ,
ὅτι τέτοκα παῖδα τὴν τίκτουσαν
τὸν πρὸ αἰώνων δεσπότην καὶ κύριον,
τὸν μετὰ τόκον φυλάττοντα τὴν μητέρα ἑαυτοῦ
ὥσπερ ἔστι παρθένον·

ε´ AGJbp   2 καὶ δι' ἀγγέλου τῆς τροφῆς GJb   4¹ metrum ∪ - ∪ - ∪ -
τὴν παρθένον post προσῆγον Ap   4² metrum cf. γ´ 4² : προσῆγον]
παρθένοι παρθένον ἦγον add. G
ϛ´ AGJbp   2 metrum cf. γ´ 2, η´ 2   3¹ metrum cf. 37 α´ 3¹, β´
3¹, δ´ 3¹ etc., et 52 Kr. 3¹ per totum canticum   3² metrum cf. ια´ 3² : ὥσπερ]
ὡς Jb (corr. metrica?) : τῆς del. Trypanis m.c.
ζ´ AGJbp   3¹ τόκον] σώαν add. Ap : metrum cf. ι´ 3¹, ια´ 3¹
3³ ὥσπερ ἔστι παρθένον] Ap : παρθένον ὡς ἔστι GJb

αὐτὴν ἐν τῷ ναῷ   προσφέρω σοι, οἰκτίρμων·
αὐτὴ καὶ πύλη σὴ ἔσται   τοῦ ἐξ ὑψίστων,   5
ἥνπερ μετὰ χαρᾶς
|: ἡ στεῖρα τίκτει,   τὴν θεοτόκον
                    καὶ τροφὸν τῆς ζωῆς ἡμῶν." :|

η' Ἆρα ποτὲ   καὶ Σάρρα ἡ πιστὴ
                    ἐπεθύμει γεννῆσαι στειρεύουσα
πρὶν ἢ τεχθῆναι Ἰσαὰκ τὸν υἱὸν αὐτῆς·
αὕτη μὲν θεὸν ὑπεδέξατο   ἐν ἀνθρωπίνῃ μορφῇ
                    σὺν δυσὶν ἀρχαγγέλοις,
καὶ λόγος πρὸς αὐτὴν   εἰς τὸν καιρὸν τοῦτον·
" Τῇ Σάρρᾳ ἔσται τέκνον "·   νῦν δὲ τῷ κόσμῳ   5
χαίρουσα ἐκβοᾷ·
|: " Ἡ στεῖρα τίκτει   τὴν θεοτόκον
                    καὶ τροφὸν τῆς ζωῆς ἡμῶν." :|

θ' Νῦν Μαριὰμ   ἐκλάμπει τοῖς καιροῖς
                    καὶ ναὸν τῶν ἁγίων οὐκ ἔλιπεν·
ἣν Ζαχαρίας θεωρῶν ὑπερακμάζουσαν
μνηστῆρα λαχμῷ καθυπέβαλεν   Ἰωσὴφ τὸν ἐκ θεοῦ
                    μνηστευσάμενον ταύτην·
ἐδόθη γὰρ αὐτῷ   ἐν ῥάβδῳ δηλωθεῖσα
ἐκ πνεύματος ἁγίου,   δι' ἣν καὶ Ἄννα   5
χαίρουσα ἐκβοᾷ·
|: " Ἡ στεῖρα τίκτει   τὴν θεοτόκον
                    καὶ τροφὸν τῆς ζωῆς ἡμῶν." :|

ι' Ὅλος σεπτὸς   ὁ τόκος σου, σεμνή·
                    τοῦ γὰρ κόσμου τὸ καύχημα ἔτεκες
καὶ τῶν ἀνθρώπων πρεσβείαν εὐπρόσδεκτον·

5¹ σὴ om. GJb (corr. metrica)
    η' AGJbp   2 metrum cf. γ' 2, στ' 2   3¹ metrum cf. θ' 3¹: αὐτὴ
Trypanis m.c.   3² ἐν] ὣς Gp: ἀνθρωπότητος Jb: corr. A e coniectura
4² metrum cf. ι' 4², 37 β' 4², ιβ' 4² et 52 Kr. δ' 4²
    θ' AGJbp   2 metrum { ∪−∪∪−∪∪−∪∪ }   3¹ metrum cf.
                                { ∪∪∪−∪∪−∪∪−∪∪ }
    η' 3¹
    ι' AGJbp

280 CANTICA ON EPISODES FROM NEW TESTAMENT 36

αύτή γάρ τείχος και στήριγμα   και λιμήν των επ' αυτή
                                        πεποιθότων υπάρχει,
ήν πας Χριστιανός   έχει προστασίαν
και σκέπην σωτηρίας   και ελπίδα,   5
ήνπερ εκ της [[σης]] γαστρός
|: ή στείρα τίκτει,   την θεοτόκον   και τροφόν της ζωής ημών. :|

ια' "Υψιστε θεέ,   ο πάντων πλαστουργός,
                        ο τω λόγω ποιήσας τα σύμπαντα
και ση σοφία σκευάσας τον άνθρωπον,
αυτός ως μόνος φιλάνθρωπος   την σην ειρήνην σω λαώ
                                ως οικτίρμων παράσχου,
φυλάττων βασιλείς   πιστούς, συν τω ποιμένι
ατάραχον την ποίμνην   φρουρών και σκέπων,   5
ίνα πας τις βοά·
|: " Ή στείρα τίκτει   την θεοτόκον
                        και τροφόν της ζωής ημών." :|

36 (50 Kr.)

ON THE ANNUNCIATION I

Acrostichis: ΤΟΥ ΤΑΠΕΙΝΟΥ ΡΩΜΑΝΟΥ

Prooemium: 'Ιδιόμελον

"Οτι ούκ έστιν ως συ ελεήμων
έγνωμεν, κύριε, αφ' ου ετέχθης

3¹ metrum cf. ζ' 3¹, ια' 3¹   τείχος] πάντων add. JG   4² metrum cf. η'4²
5² metrum ◡ – ◡ – ◡, sed cf. 52 Kr. α' 5², δ' 5²: ελπίδα] αντίληψιν b   6¹ metrum
◡ ◡ ◡ ◡ ◡ – : σης del. Trypanis, sed cf. 52 Kr. η' 6¹, ιγ' 6¹, κδ' 6¹: ήνπερ] ήν b
(corr. metr.)   5² ⟨ως⟩ ελπίδα Trypanis m.c.
   ια' AGJbp (stropha propter materiam et metrum fortasse spuria)
1¹ metrum – ◡ ◡ –   3¹ metrum cf. ζ' 3¹, ι' 3¹: αυτός] ούν add. GJ (corr.
metr.? cf. ζ' 3¹, ι' 3¹)   3² metrum cf. s' 3²: την del. Trypanis   6¹ πας
τις] (sic) b: πίστει AGJp   Canticum solito brevius
36 *Codices*: P
Editiones: Tomadakis P.M.Y. 1, pp. 303 sq.
Titulus: On the Annunciation I Trypanis: Εις τον ευαγγελισμόν της υπεραγίας
   Θεοτόκου P
Dies Festus: Μαρτίω κε'
Modus: ήχος α'
Acrostichis: Του ταπεινού 'Ρωμανού P

καὶ υἱὸς ὠνομάσθης   γυναικὸς ἦν ἐποίησας,
ἣν μακαρίζοντες   καθ᾽ ἑκάστην βοῶμεν·
|: " Χαῖρε, νύμφη ἀνύμφευτε. " :| 5

Strophae: Τῷ ἀρχαγγέλῳ (App. Metr. xxiv)

α´ **Τῷ ἀρχαγγέλῳ Γαβριὴλ**   δεῦτε καὶ συμπορευθῶμεν
                                                        πρὸς τὴν παρθένον Μαρίαν
καὶ ταύτην ἀσπασώμεθα   ὡς μητέρα
                                                        καὶ τροφὸν τῆς ζωῆς ἡμῶν·
οὔτε γὰρ μόνῳ πρέπον   τῷ στρατηγῷ
                                                        τὴν βασιλίδα ἀσπάσασθαι,
ἀλλὰ καὶ τοῖς ταπεινοῖς
                                                        ἔξεστι ταύτην ἰδεῖν καὶ προσφθέγξασθαι,
ἣν ὡς μητέρα θεοῦ   αἱ γενεαὶ πᾶσαι   μακαρίζουσαι βοῶσι·   5
" Χαῖρε, ἀκήρατε,   χαῖρε, κόρη θεόκλητε,
χαῖρε, σεμνή,   χαῖρε, τερπνή, χαῖρε, καλή,
χαῖρε, εὔειδε,   χαῖρε, ἄσπορε,   χαῖρε, ἄφθορε,
χαῖρε, μῆτερ ἄνανδρε,
|: χαῖρε, νύμφη ἀνύμφευτε. " :| 10

β´ **Ὁ ἀρχιστράτηγος ποτὲ**   τῶν οὐρανίων ταγμάτων
                                                        σύνθημα φιλανθρωπίας
δεξάμενος, ἐπείγετο   ἐμφανίσαι   τῇ παρθένῳ, ὡς γέγραπται·
καὶ ἐλθὼν εἰς Ναζαρὲτ   πρὸς τὴν σκηνὴν
                                                        τοῦ Ἰωσὴφ ἐξεπλήττετο,
ὅτι πῶς ὁ ὑψηλὸς   τοῖς ταπεινοῖς ἀγαπᾷ συνεπάγεσθαι·
" Ὅλος ", φησίν, " ⟦ὁ⟧ οὐρανὸς   καὶ ὁ πύρινος θρόνος
                                                        οὐ χωρεῖ μου τὸν δεσπότην·   5
καὶ ἡ εὐτελὴς αὕτη   πῶς ⟨αὐτὸν⟩ ὑποδέχεται;
ἄνω φρικτὸς   καὶ κάτω πῶς ὁρατός;
πάντως ὡς βούλεται·   τί οὖν ἵσταμαι   καὶ οὐχ ἵπταμαι
καὶ τῇ κόρῃ φθέγγομαι·
|: ' χαῖρε, νύμφη, ἀνύμφευτε '; " :| 10

α´ 5³ μακαρίζουσι βοῶσαι dub. Maas   7² metrum ∪ ∪́ – ∪́ ∪ ∪ –: χαῖρε
τερπνὴ καὶ καλὴ dub. Maas   8¹ metrum –́ ∪ ∪ – ∪ ∪
   β´ 1³ σύνθημα] Orphanidis : σύνθεμα P   4² συναπάγεσθαι Orphanidis
5¹ metrum –́ ∪ ∪ –́ ∪ ∪ –: ὁ del. Trypanis m.c.   6² αὐτὸν add. Maas

γ´ Ὑπὸ τὴν σκέπην τῆς σεμνῆς   ταῦτα λαλήσας, εἰσῆλθε
                                           τῶν οὐρανῶν ὁ οἰκήτωρ
   καὶ πρόσειπε τὴν ἄγαμον   λέγων· " Χαῖρε·
                                           μετὰ σοῦ ὁ κύριος ".
   ἡ δὲ παῖς πρὸς τὴν μορφὴν   τοῦ φαεινοῦ
                                           οὐδὲ ὅλως ἐθάρρησεν,
   ἀλλ' εὐθὺς ἐπὶ τὴν γῆν   ἔκλινε τὴν κεφαλὴν καὶ ἡσύχασε·
   νοῦν δὲ συνῆψεν εἰς νοῦν   καὶ φρένα εἰς φρένα
                                           συμβιβάζει ⟨ἐκ⟩βοῶσα· 5
   " Τί ἐστι τοῦτο   ὅπερ βλέπω; τί σκέψομαι;
   εἶδος πυρός,   φωνὴν δὲ ἔχει ἀνδρὸς
   ὁ παριστάμενος,   καὶ ταράττει με   ⟨καὶ⟩ θαρρύνει με
   ὅτι τοῦτο λέγει μοι·
   |: ' χαῖρε, νύμφη ἀνύμφευτε. ' " :| 10

δ´ Τοιαύτην ὕλην λογισμῶν   τῆς Μαριὰμ στοιβαζούσης
                                           ἐν τῇ ἰδίᾳ καρδίᾳ,
   ἐπένευσεν ὁ πύρινος   καὶ ὡς χαίτην   τὴν δειλίαν κατέκαυσε
   καὶ φησί· " Ὦ φαεινή,   μὴ πτοηθῇς·
                                           εὗρες γὰρ χάριν πρὸς κύριον·
   μὴ πτοοῦ τὸν λειτουργόν·   τὸν πλαστουργὸν γὰρ †ἥκω φέρων†·
   σὺ μέλλεις γεννᾶν υἱόν,   καὶ τί σε ταράττει
                                           ἡ πυρίνη ἰδέα μου; 5
   τίκτεις τὸν κύριον,   τί πτοεῖσαι τὸν σύνδουλον;
   τί δειλιᾷς   ἐμὲ τὸν τρέμοντα σὲ
   διὰ τὰ μέλλοντα   ἃ πεπίστευμαι   καὶ τεθάρρημαι;
   ταῦτα ἦλθον λέγων σοι·
   |: ' χαῖρε, νύμφη ἀνύμφευτε. ' " :| 10

ε´ Ἀλλ' ὅτε τούτων τῶν λόγων   ἤκουσεν ἡ παναγία,
                                           εἶπεν ἐν τῇ διανοίᾳ·
   " Τὰ πρότερα ἤκουσα   καὶ οὐ συνῆκα·
                                           καὶ πῶς μάθω τὰ ὕστερα;

γ´ 1¹ σκέπην] στέγην Maas   2¹ πρόσειπε τὴν ἄγ.] Maas: προσεῖπε τῇ
ἀγάμῳ P   2³ metrum ∪∪−∪∪−∪∪ (cf. 27 ιη´ 2³)   3³ οὐδὲ ὅλως]
Maas m.c.: οὐδόλως P: metrum cf. ζ´ 3³, ιγ´ 3³   5³ ⟨ἐκ⟩βοῶσα Maas m.c.
8³ καὶ add. Maas
   δ´ 1² Μαριάμ] Maas: Μαρία P   4² metrum −∪∪−∪−∪∪−∪∪
   ε´ 1¹ λόγων] ῥητῶν Maas m.c. (cf. 21 ιβ´ 1¹)   2¹ metrum ∪−∪∪∪−∪∪
   (sed cf. ιη´ 2¹)   2³ ὕστερα] Maas: ὕστερον P

ἀσπασμὸν εἶπεν ἐμοὶ   ὁ παρεστώς,
                                    καὶ οὐ νοῶ τὸ τελούμενον·
καὶ ἰδού, ἄλλο φρικτὸν   ἐν τοῖς ὠσί μου ἐπέθηκεν ⟨– ᴗ ᴗ⟩·
εἶπε γὰρ ὅτι· ' υἱὸν   βαστάζεις καὶ τίκτεις '·
                                    καίτοι ἄνδρα οὐ γινώσκω. 5
τάχα οὐκ ἔμαθεν   οὗτος ὅτι ἐσφράγισμαι;
ἆρ' ἀγνοεῖ   ὅτι παρθένος εἰμί;
ὄντως οὐ πείθομαι·   εἰ μὴ ἔμαθε   καὶ κατέμαθεν,
οὐκ ἂν ἦλθε λέγων μοι·
|: ' χαῖρε, νύμφη ἀνύμφευτε.' :| 10

ϛ´ Πῶς ἔσται τοῦτο ὃ λαλεῖς;   φράσον μοι νῦν ὃ ὑπάρχεις·
                                    ἄγγελον ἢ ἄνθρωπον εἴπω;
οὐράνιον ἢ γήϊνον;   δίδαξόν με,   καὶ ὃ εἶ καὶ ὃ εἴρηκας·
ἐὰν γὰρ φθάσω μαθεῖν   τίς ὁ λαλῶν,
                                    πάντως νοῶ τὸ λαλούμενον·
[καὶ] διὰ τοῦτο φράσον μοί·
                                    πόθεν εἶ; ἄνωθεν ἦλθες ἢ κάτωθεν;
ἔλαβον θάρσος λοιπόν·   πολλὴν παρρησίαν
                                    κεκτημένη συζητῶ σοι· 5
τοῦτο ὃ εἴρηκας   ποῦ ἐρρέθη μὴ κρύψῃς μοι·
ἐν οὐρανῷ   ἐρρέθη τὸ κατ' ἐμέ;
τί οὖν οὐ λέγεις μοι   ⟨ὅτι⟩ ἄγγελος   καὶ οὐκ ἄνθρωπος
πέλεις σὺ ὁ λέγων μοι·
|: ' χαῖρε, νύμφη ἀνύμφευτε '; " :| 10

ζ´ Εὐθὺς ἀκούσας Γαβριὴλ   τῶν τῆς παρθένου ῥημάτων
                                    πρὸς ἑαυτὸν ἐταράχθη·
οὐ μέντοι γε ἐλάλησε   σκληρὸν ῥῆμα
                                    τῇ τικτούσῃ τὸν κύριον·
ἀλλ' αὐτὸς καθ' ἑαυτὸν   οὕτω φησίν·
                                    " Οὐδὲ ὧδε πιστεύομαι,

4² ἐπέθηκεν] ⟨ἄγγελος⟩ add. Trypanis m.c.   7¹ ἆρ'] Trypanis m.c. : ἆρα P
ϛ´ 1³ metrum ᴗ ᴗ – ᴗ ᴗ – ᴗ: ἢ del. Trypanis   4¹ καὶ del. Maas m.c.
8² ὅτι add. Maas
ζ´ 3³ metrum cf. γ´ 3³ et ιγ´ 3³

ἀλλ' ὡς πρὶν ἐν τῷ ναῷ
νῦν ἐν τῷ οἴκῳ τῆς κόρης ἠπίσταμαι·
ἴσως ἐδίστασεν ἐκεῖ ὁ Ζαχαρίας, καὶ ἐνταῦθα ἡ Μαρία· 5
ὅμως οὐ δύναμαι, οὐ τολμῶ ἀποφήνασθαι,
οὐχ ἱκανῶ ταύτης δεσμεῦσαι φωνὴν
ὡς τὴν τοῦ γέροντος· τότε ἴσχυσα καὶ ἐφίμωσα,
νῦν δὲ τρέμων φθέγγομαι·
|: ' χαῖρε, νύμφη ἀνύμφευτε.' :| 10

η' Ἰδοὺ κωφὸς ὁ ἱερεύς, καὶ κυοφόρος ἡ στεῖρα,
καὶ Μαριὰμ ἀπιστεῖ μοι·
καὶ τίς εἰμι καὶ τί λαλῶ ἀπαιτεῖ με,
καὶ μὴ θέλων ἀνέχομαι,
ἵνα μὴ ὁ ἐν αὐτῇ ἐπιδημῶν ἀγανακτῶν ἀπολέσῃ με,
ὡς ποτὲ ἀπ' οὐρανῶν πταίσαντας ἀγγέλους εἰς Ἅιδην ἔρριψεν·
στέργω οὖν ἐγκαρτερῶν καὶ τῇ συζητούσῃ
τὴν ἀπόκρισιν δίδωμι· 5
' πῶς ἔσται τοῦτο, ὅπερ λέγω, ἀμώμητε;
πῶς τῷ λαῷ θάλασσα ὤφθη ξηρὰ
πάλιν δὲ θάλασσα; οὕτως γίνεται καὶ ἡ μήτρα σου,
ἵνα πᾶς τις λέξῃ σοι·
|: ' χαῖρε, νύμφη ἀνύμφευτε.' " :| 10

θ' Νοῆσαι θέλουσα σαφῶς τὸ λαληθὲν ἡ ἁγία
πάλιν βοᾷ τῷ ἀγγέλῳ·
" Τὴν θάλασσαν ἣν ἔφης μοι, ὁ προφήτης
ἐν τῇ ῥάβδῳ διέρρηξεν·
οὔτε γὰρ δίχα τινὸς τοῦ μεταξὺ τοῦτο τὸ θαῦμα ἐγένετο·
ἀλλὰ ἦν πρῶτος Μωσῆς, ἔπειτα εὐχαὶ καὶ ῥάβδος μεσάζουσα.
νῦν εἰς μέσον οὐδέν· καὶ πῶς ἔσται ⟨‑ ⌣⟩,
ἐπεὶ ἄνδρα οὐ γινώσκω; 5

4² ἠπίστημαι] Orphanidis (cf. η' 1 sq.): ὑφίσταμαι P   5¹⁻² metrum: divisio neglecta
    η' 1 ³ Μαριὰμ] Maas m.c.: Μαρία P   5² τῇ συζητούσῃ] Maas: τοῖς συζητοῦσι P   5³ metrum ∪∪–∪∪∪–∪
    θ' 4² metrum ‑∪∪‑∪∪‑∪∪–∪∪: εἶτα εὐχαὶ καὶ ⟨ἡ⟩ ῥ. μ. Trypanis m.c.
    5¹ metrum cf. ιζ' 5¹   5² τοῦτο post ἔσται add. Tom.

ἡ ἀναρότρευτος, ἄρουρα ἀγεώργητος,
δώσω καρπὸν μὴ δεξαμένη σπορὰν
μηδὲ τὸν σπείραντα; τοῦτο λέξον μοι, τοῦτο φράσον μοι,
ὁ ἑστὼς καὶ λέγων μοι·
|: ' χαῖρε, νύμφη ἀνύμφευτε.' ":| 10

ι' Ὁ ἐν ὑψίστοις θαρρηθεὶς τὸν ἀσπασμόν, οὐ τὸν τόκον
τῆς παναγίας Μαρίας,
ὡς ἤκουσεν ὃ ἔφησεν ἡ παρθένος,
πρὸς αὐτὴν ἀπεκρίνατο·
" Ἐπειδὴ ἔφης, σεμνή, μέσον τινὰ
ἔχειν τὰ πάλαι γενόμενα,
τὸ παρὸν μεῖζον ἐστίν· ὅθεν οὐκ ἔστι χρεία μεσιτεύοντος·
ἄγγελος πέλω ἐγὼ καὶ οὐκ ἐθαρρήθην
μεσιτεῦσαι τὸ τοιοῦτον· 5
πῶς οὖν ταλαίπωρος ἄνθρωπος μεσιτεύσει σοι;
ῥάβδος ποτὲ καὶ ὁ προφήτης Μωσῆς
τύποι ⟦τούτων⟧ ἐγένοντο· νῦν ἀλήθεια ἐπιλάμψει σοι·
ὅθεν ἦλθον λέγων σοι·
|: ' χαῖρε, νύμφη ἀνύμφευτε.' ":| 10

ια' " Ὑψόθεν ἦλθες ἀληθῶς· σύγγνωθι, νῦν σε ἐπέγνων·
φόβῳ γὰρ νῦν συνεσχέθην
τοῦ κάλλους σου, τῆς θέας σου, τῆς φωνῆς σου
διαφόρως θροούντων με·
εἰ μὴ γὰρ ἄνωθεν ἦς, τὰ τῆς γραφῆς ῥήματα οὐ διερμήνευες,
ἀλλ' ὡς ὢν ἐκ τοῦ φωτὸς ⟨ἅ⟩παντα τὰ σκολιὰ ἐξωμάλισας·
γένοιτο οὖν τοῦτο μοὶ ὅπερ εἶπας ἄρτι·
τὴν γὰρ ἀλήθειαν ἔχεις· 5
γένοιτο ⟦μοι⟧, ἄγγελε, γένοιτό μοι τὸ ῥῆμά σου·
δούλη εἰμὶ τοῦ ἀποστείλαντος σέ·
φράσον ἃ βούλεται, καὶ ⟨ἐν⟩οικήσει μοι καὶ τηρήσει με,
ἵνα πᾶς τις λέξῃ μοι·
|: ' χαῖρε, νύμφη ἀνύμφευτε.' ":| 10

6¹ ἡ ἀναρότρευτος] ἡ ἀνήροτος Pgr: ⟨γῆ⟩ ἡ ἀνήροτος Orphanidis
ι' 4² fortasse χρειὰ (⏑ –) m.c. 8¹ τούτων del. Maas m.c.
ια' 2¹ θέας σου] Maas: θέας σὺν P 4² ⟨ἅ⟩παντα] Trypanis m.c.: πάντα P
5³ metrum ⏑⏑ – ⏑⏑⏑ – ⏑ : τὴν ἀλήθειαν ἔχεις γὰρ dub. Maas 6¹ μοι del.
Trypanis m.c. 8² ⟨ἐν⟩οικήσει] Maas : οἰκήσει P (cf. η' 3¹ sq.)

ιβ' Ῥυθμῷ λαλήσας Γαβριὴλ   καὶ ἀντακούσας εὐθέως
                                          τῶν τῆς παρθένου ῥημάτων,
   ἀνίπταται καὶ ἔφθασε   τὸ πύρινον   καὶ φαιδρὸν ἐνδιαίτημα·
   ἡ δὲ παῖς τότε ἴσως   πρὸς ἑαυτὴν   τὸν Ἰωσὴφ μετεπέμψατο
   καὶ φησί· " Ποῦ ἦς, σοφέ;
                           πῶς οὐκ ἐφύλαξας τὴν παρθενίαν μου;
   ἦλθε γάρ τις ⟨πτερωτὸς⟩   καὶ ἔδωκε ⟦μοι⟧ μνῆστρα,
                                       μαργαρίτας τοῖς ὠσί ⟨μου⟩·   5
   οὗτος ἐνεῖρέ μοι   λόγους ὥσπερ ἐνώτια·
   βλέπε, ἰδὲ   πῶς ἐκαλλώπισε μὲ
   τούτῳ ὡραΐσας με,   ὅτι ἔφη μοι   ὅτι λέξεις μοι
   μετ' ὀλίγον, ὅσιε·
   |: ' χαῖρε, νύμφη ἀνύμφευτε. ' " :| 10
ιγ' Ὡς δὲ κατεῖδεν Ἰωσὴφ   τὴν θεοκόσμητον κόρην
                                          μάλα κεχαριτωμένην,
   ἐτρόμασεν, ἐθαύμασεν,   ἐθαμβήθη
                                          καὶ εἰς νοῦν ἐλογίσατο·
   " Ποταπὴ ⟦εἶ⟧ αὕτη; " φησίν·   " σήμερον γὰρ
                                       ὥσπερ χθὲς οὐχ ὁρᾶταί μοι·
   φοβερὰ καὶ γλυκηρὰ ⟦μοι⟧
                       φαίνεται ἡ σὺν ἐμοὶ καὶ συνέχει με·
   καύσωνι καὶ νιφετῷ   ἐγὼ ⟦ἐν⟧ ἀτενίζω,
                                       παραδείσῳ καὶ καμίνῳ·   5
   ὄρει καπνίζοντι,   θείῳ ἄνθει χλοάζοντι,
   θρόνῳ φρικτῷ,   ὑποποδίῳ οἰκτρῷ
   τοῦ πανοικτίρμονος·   ἤνπερ ἔλαβον,   οὐ κατέλαβον·
   πῶς οὖν ταύτῃ φθέγξομαι·
   |: ' χαῖρε, νύμφη ἀνύμφευτε '; " :| 10
ιδ' Μεγάλη οὖν καὶ ταπεινή,   δέσποινα ἅμα καὶ δούλη,
                                       φράσον μοι νῦν ὃ ὑπάρχεις·
   τί εἴπω σε; τί λέξω σοι;   πῶς ὑμνήσω;
                                       πῶς αἰνέσω τὸ κάλλος σου;

ιβ' 5¹ πτερωτὸς add. Tom. (cf. ις' 2¹)   5² μοι del. Trypanis m.c.
5³ μου add. Maas   7¹ ἰδὲ] ἰδοὺ Maas   7² πῶς] Maas : γὰρ P
8¹ metrum cf. ιη' 8¹
ιγ' 3¹ εἶ del. Maas   3³ metrum cf. γ' 3³, ζ' 3³   4¹ μοι del. Maas m.c.
5² ἀτενίζω Maas   6¹ ὄρει καπνίζοντι] Orphanidis et Tom. (cf. Lxx Ps.
103. 32) : ὄρη καπνίζουσι P   9 πῶς] Maas : ποῦ P

ἀληθῶς τοῦτο ἐστίν, ὅπερ ἡμῖν ἔφησε τὸ εὐαγγέλιον·
ὁ Ἰωσὴφ ἕως καιροῦ τὴν σὺν αὐτῷ Μαριὰμ οὐκ ἐγίνωσκεν,
ἕως [[οὗ]] ἔτεκε σαφῶς τὸν τοῦ θεοῦ Λόγον·
                                          ὅπερ ἦν καὶ ἐδηλώθη·   5
ἕως οὗ ἔτεκεν, ἀλλὰ οὐδὲ μετέπειτα·
ἔμεινε γὰρ κεκαλυμμένη αὐτή,
καὶ ὃν ἐτέκετο καὶ οὔτε ἔγνωσται οὔτε γνωσθήσεται,
ᾗ δικαίως λέξομεν·
|: " Χαῖρε, νύμφη ἀνύμφευτε." :| 10

ιε΄ Αὐτὸς οὖν οὗτος ὁ Ἰωσὴφ ποτὲ μὴ γνοὺς τὴν παρθένον
                                    πρὸς τὴν αὐτῆς εὐδοξίαν
ἱστάμενος ἐξίστατο καὶ ἀτενίζων
                                      τῷ φωτὶ τῆς μορφῆς αὐτῆς
ἔφησεν· "Ὦ φαεινή, φλόγα ὁρῶ
                                καὶ ἀνθρακίαν κυκλοῦσαν σε·
διὰ τοῦτο, Μαριάμ,
                        ἐκπλήττομαι· φύλαξον [[μὲ]] καὶ μὴ φλέξῃς με·
κλίβανος πλήρης πυρὸς ἐγένετο ἄφνω
                                          ἡ ἄμεμπτος γαστήρ σου·   5
μὴ οὖν χωνεύσῃ με δέομαι, ἀλλὰ φεῖσαι μου·
θέλεις, κἀγὼ λύσω ὡς πάλαι Μωσῆς
τὰ ὑποδήματα καὶ ἐγγίσω σοι καὶ ἀκούσω σου
καὶ μαθὼν λέξω σοι·
|: ' χαῖρε, νύμφη ἀνύμφευτε '; " :| 10

ις΄ " Νῦν προσεγγίσαι μοι ζητεῖς καὶ διδαχθῆναι ὃ πέλω ",
                                                   τῷ Ἰωσὴφ ⟨ἡ⟩ Μαρία·
" προσέγγισον καὶ ἄκουσον ὃ ὑπάρχω,
                                           καὶ εἰμὶ ὅπερ βλέπεις με.
πτερωτὸς ὤφθη μοι τίς, οὗ ἡ μορφὴ
                                         ὅλον τὸν θάλαμον ἔπλησε

ιδ΄ 4² Μαριὰμ] Maas m.c.: Μαρίαν P   5¹ οὗ del. Trypanis
m.c.   8¹ ἐτέκετο] dub. Trypanis m.c.: ἔτεκε P   8³ metrum ⏑⏑−⏑⏑:
γνώσεται dub. Maas   ᾗ] R. Burn: ἦν P
    ιε΄ 1³ αὐτῆς] Maas: ἑαυτῆς P   4² με del. Maas   5¹ κλίβανος]
Orphanidis: κλιβάνῳ P   5³ metrum ⏑⏑−⏑⏑⏑−⏑   9¹ metrum
⏑⏑⸺⏑−⏑⏑: λέξω] κραυγάσω dub. Trypanis
    ις΄ 1³ ἡ add. Maas   2³ με] Orphanidis: μοι P

καὶ ἐμὲ ἅμα αὐτῷ· τῶν γὰρ θυρῶν κεκλεισμένων ἐπέστη μοι·
ἔλεξε δ' οὕτως ἐμοί· ' κεχαριτωμένη,
            μετὰ σοῦ ὁ κύριος '. 5
ὅτε δὲ ἤκουσα τοῦ κυρίου τὸ ὄνομα,
τότε μικρὸν λαβοῦσα παραψυχὴν
εἶδον ὃ ἔβλεπον, φαεινόμορφον †φλογίζων ὅλον†
δροσινὰ λαλοῦντα μοι·
|: ' χαῖρε, νύμφη ἀνύμφευτε.' :| 10

ιζ' Ὁ οὖν τοιοῦτος ἀσπασμὸς ⟨ἐν⟩ηχηθεὶς τοῖς ὠσί μου
          πλήρης †φαεινὴν† ἀπαρτίσας
ἐγκύμονα ἀπέδειξεν· τοῦ ἐμβρύου
          οὖν οὐκ οἶδα τὴν σύλληψιν,
καὶ ἰδοὺ κυοφορῶ καὶ ὡς ὁρᾷς ἄθικτος ἡ παρθενία μου·
οὔτε γὰρ †ἔγνωσμαι†
      τίς τούτων μάρτυς ἢ σὺ ὁ φυλάττων με;
δὸς οὖν ὑπὲρ ἐμοῦ τὴν ἀπολογίαν,
            ἵνα εὕρῃς ἀνάπαυσιν ". 5
τοῦτο ὡς ἤκουσεν Ἰωσήφ, ἀνεκραύγασε·
" Τοῦτο ἐγὼ μαρτυρῶ ὄντως σαφῶς·
ὅμως δὲ ἄκουσον· τίς πιστεύσει μοι, ὅτι ἄνωθεν
⟨ἦλθεν⟩ ὁ βοήσας σοι·
|: ' χαῖρε, νύμφη ἀνύμφευτε '; :| 10

ιη' Υἱοὶ λοιμοὶ καὶ πονηροὶ οἱ ἱερεῖς τοῦ λαοῦ σου·
          τοῦτο δὲ οἶδας πρὶν εἴπω,
καὶ ἐμοὶ ἀπιστήσουσιν ὅτι δίχα συναφείας συνέλαβες·
παρ' ἐμοὶ δῆλον ἐστὶν ὅτι ⟨τὸ φῶς⟩
          λάμπει τὸ τῆς παρθενίας σου·
παρὰ δὲ τοῖς σκοτεινοῖς
      ἔσβεσται ὡς ἀναξίοις τοῦ γνῶναι σε·

5¹ δ'] Maas : γὰρ P 5³ metrum ∪∪−∪∪∪−∪ : κύριός ⟨μου⟩ dub. Trypanis
8¹ ὃ ἔβλεπον] Trypanis : ὧ βλέπω P 8³ φλογιζόμενον dub. Trypanis : φλογί
ζονθ' ὅλον Orphanidis
 ιζ' 1² ⟨ἐν⟩ηχηθεὶς Maas 1³ metrum ∪∪∪−∪∪−∪ 4¹ metrum
∪∪−∪∪∪−: ἔγνωκα Orphanidis 5¹ metrum cf. θ' 5¹ 9¹ ἦλθεν
add. Maas et Tom.
 ιη' 2¹ metrum ∪−∪∪∪−∪∪ (sed cf. ε' 2¹) : ἀπιστήσουσιν] Orphanidis :
ἀπιστήσονται P 3² τὸ φῶς add. Maas

τοῦτο οὖν ἔσται καλόν, νομίζω, παρθένε,
ἀπολῦσαι σε λαθραίως· 5
θέλω δικαίως μὴ παραδειγματίσαι σε·
στέργω γὰρ σὲ καὶ τὸν λαὸν δειλιῶ·
ὅθεν οὗ ἐκπέμπω σε δυνατός ἐστιν ἀθῳῶσαι σε·
θέλων καὶ λαλήσω σοι·
|: χαῖρε, νύμφη ἀνύμφευτε." :| 10

37 (43 Kr.)

ON THE ANNUNCIATION II

Acrostichis: *Ο ΥΜΝΟΣ ΡΩΜΑΝΟΥ*

Prooemium: Κατεπλάγη

Κατεπλάγη Ἰωσὴφ τὸ ὑπὲρ φύσιν θεωρῶν
καὶ ἐλάμβανεν εἰς νοῦν τὸν ἐπὶ πόκον ὑετὸν
ἐν τῇ ἀσπόρῳ κυήσει σου, θεοτόκε,
βάτον ἐν πυρὶ ἀκατάφλεκτον,
ῥάβδον Ἀαρὼν τὴν βλαστήσασαν· 5
καὶ μαρτυρῶν ὁ μνήστωρ σου καὶ φύλαξ
τοῖς ἱερεῦσιν ἐκραύγαζεν·
|: "Παρθένος τίκτει καὶ μετὰ τόκον πάλιν μένει παρθένος." :|

Strophae: *Ἡ προσευχή* (App. Metr. xxviii)

α' "Ὅπερ ὁρῶ νοῆσαι οὐ χωρῶ·
ὑπὲρ νοῦν γὰρ ὑπάρχει ἀνθρώπινον·
πῶς πῦρ φέρων ὁ χόρτος οὐ φλέγεται;

6[2] παραδειγματίσαι σε] Orphanidis: παραδειγματίσῃς με P 8[1] metrum cf.
ιβ' 8[2] 8[3] σε] Orphanidis: με P
canticum mutilum, cf. Matth. 1. 20–25 et R. A. Fletcher, B.Z. 51 (1958), pp. 53 sq.

37 *Codices*: D (Prooem. et α'–γ') P
Editiones: Nulla; Prooemium in Christ–Paranikas Anthol. Christiana, p. 60
Titulus: On the Annunciation II Trypanis: sine titulo codd.
Dies Festus: κοντάκιον μεθεόρτιον τῆς Χριστοῦ γεννήσεως (μηνὶ Δεκεμβρίῳ κϛ') codd.
Modus: ἦχος δ'
Acrostichis: Ὁ ὕμνος Ῥωμανοῦ DP
Prooemium DP
2[2] cf. Lxx Iud. 6. 37; 5 δ' 1[3]; 46 κϛ' 10[1]
α' DP

ἀμνὰς βαστάζει λέοντα,   ἀετὸν δὲ χελιδὼν
                           καὶ δεσπότην ἡ δούλη·
γαστρὶ θνητῇ θεὸν   ἀπεριγράπτως
Μαρία ἐμὸν σωτῆρα   ἑκόντα φέρει,
ἵνα πᾶς τις ἐρεῖ·
|: " Παρθένος τίκτει   καὶ μετὰ τόκον
                           πάλιν μένει παρθένος." :|

β' Ὕβριν οὐδεὶς   ἡγεῖται βασιλεύς,
                           ὅταν τὸν ἐχθρὸν θέλῃ χειρώσασθαι,
κἂν σχῆμα στρατιώτου ἐνδύσασθαι·
διὸ θεὸς τὸν τρώσαντα   τὸν Ἀδὰμ τρῶσαι ζητῶν
                           ἐκ παρθένου σαρκοῦται
καὶ γίνεται τὸ πᾶν   παγὶς τῷ πανούργῳ
†μορφὴν ἡμετέραν λαβὼν†   ὁ πρὸ αἰώνων,
ὅνπερ δίχα σπορᾶς
|: παρθένος τίκτει   καὶ μετὰ τόκον   πάλιν μένει παρθένος. :|

γ' Μάννα ποτὲ   καὶ στάμνον τὴν χρυσῆν
                           κιβωτὸν Μωσῆς γράφει βαστάζουσαν·
τί βούλεται δὲ ταῦτα ζητήσωμεν·
οὐδὲν γὰρ ἀργὸν ἔγκειται   τῇ γραφῇ οὐδ' ἀσαφές,
                           ἀλλὰ πάντα εὐθέα·
ἡ στάμνος ἡ χρυσῆ   Χριστοῦ τὸ σῶμα,
τὸ μάννα θεῖος λόγος   ᾧπερ ἡνώθη·
τίς δὲ ἡ κιβωτός;
|: παρθένος τίκτει   καὶ μετὰ τόκον   πάλιν μένει παρθένος. :|

δ' Νῦν θεωρῶ   τὴν ῥάβδον Ἀαρὼν
                           τὴν ἀνθήσασαν δίχα ἀρδεύοντος·
ἣν Ἀμὼς ⟨καὶ⟩ Ἡσαΐας μοι ἔγραψεν·

3² καὶ ἀετὸν ἡ χελ. D   4¹ γαστὴρ θνητὴ P   θεῖον] φέρει add. P   5¹ ἐμὸν] μόνη P   5² ἑκόντα φέρει] βαστάζει κόλποις P   6¹ ὅθεν χαίρων βοῶ D
β' DP   2 κἂν] καὶ D   ἐνδύσηται P   3¹ διὸ] καὶ νῦν ὁ D
4¹ τὸ πᾶν om. P   4² metrum cf. ιβ' 4²   5¹⁻² μορφ.–αἰώνων] ἡ τοῦ φύσει κρύπτουσα βασιλεία D : metrum $\left\{ \begin{array}{l} \cup - \cup \stackrel{\perp}{-} \cup - \cup \\ \cup \stackrel{\perp}{-} \cup \cup \cup \cup - \cup \end{array} \right\} \cup \stackrel{\perp}{-} \cup - \cup$
γ' DP   2 τί θέλει εἶναι τοῦτο βοήσωμεν D   3¹ κεῖται ἐν D
4² σῶμα] πέλει add. P   5² ὡς προσηνώθη D   6² ephymnium non convenit cum prioribus: τίκτουσα ... μένουσα dub. Maas
δ' P   2¹ add. Maas

" Ἰδού ", φησίν, " ἐλεύσεται ῥάβδος ἐκ τοῦ Ἰεσσαί,
καὶ ἐκ ῥίζης τὸ ἄνθος ".
Ἡ ῥάβδος Ἀαρὼν   καὶ Ἰεσσαὶ τὴν Μαρίαν
†ἡ ἀνθοῦσα   ἀγεωργήτως†   5
⟨‒ ◡ ‒ ◡ ◡ ‒⟩
|: παρθένος τίκτει   καὶ μέτα τόκον   πάλιν μένει παρθένος. :|

ε′ **Οὕτω ποτὲ**   καὶ πῦρ ἐν βάτῳ ἦν
φωταυγοῦν καὶ μὴ καῖον τὴν ἄκανθα,
ὡς νῦν ἐν τῇ παρθένῳ ὁ κύριος·
οὐ γὰρ φαντάσαι ἤθελε   τὸν Μωσέα ὁ θεός,
οὐδὲ καταπτοῆσαι·
γνωρίζων δὲ αὐτῷ   τὰ μετὰ ταῦτα
ἐδείκνυε πυρφόρον   τὴν βάτον, ὅπως   5
μάθῃ ὅτι Χριστὸν
|: παρθένος τίκτει   καὶ μετὰ τόκον   πάλιν μένει παρθένος. :|

ϛ′ **Σέ**, Ἰησοῦ,   δηλοῦσιν αἱ γραφαί,
ἡ μὲν μάννα καὶ στάμνον σημαίνουσα,
ἡ δὲ ἐκ ῥίζης ἄνθος γνωρίζουσα,
καὶ σὴν μητέρα λέγουσιν   ἄνθος, ῥάβδον, κιβωτὸν
τὴν σὲ φέρουσαν κόλποις
τὴν διὰ πνεύματος   ἀνεωχθεῖσαν
καὶ μετὰ τοῦτο μείνασαν κεκλεισμένην,   5
ἵνα πᾶς τις ἐρεῖ·
|: " Παρθένος τίκτει   καὶ μετὰ τόκον
πάλιν μένει παρθένος." :|

ζ′ **Ῥῆμα χαρᾶς**   εἰπὼν ὁ Γαβριὴλ
τῇ παρθένῳ τὸν Λόγον ἐνέσπειρε,
τὴν ἄγαμον λοχὸν δείξας πνεύματι·
" Ἰδοὺ μετὰ σοῦ κύριος   καὶ ἐκ σοῦ ὁ καὶ πρὸ σοῦ·
ὁ πατήρ σου υἱός σου,
ὁ πέμψας με πρὸς σὲ   καὶ προλαβών με,

5^1 metrum $\begin{Bmatrix} \cup - \cup \overset{\_}{-} \cup - \cup \\ \cup \overset{\_}{-} \cup \cup \cup \cup - \cup \end{Bmatrix}$ 5^2 ἀγεωργήτως] signum ephymnii add. P
ϛ′ P 5^{1-2} metrum: divisio neglecta

ὁ καὶ μετὰ τὸν τόκον   ἁγνὴν τηρῶν σε,
ἵνα πᾶς τις ἐρεῖ·
|: ' παρθένος τίκτει   καὶ μετὰ τόκον
                                πάλιν μένει παρθένος.' " :|

η' "**Ωσθη** Ἀδάμ·   διὸ θεὸς Ἀδὰμ   τῷ Ἀδὰμ μηχανώμενος ἔγερσιν
τῆς σῆς κοιλίας τοῦτον ἀνέλαβεν·
γυνὴ τὸ πρὶν κατέβαλε,   καὶ γυνὴ νῦν ἀνιστᾷ,
                                ἐκ παρθένου παρθένος·
τὴν Εὔαν ὁ Ἀδὰμ   οὐκ ἔγνω τότε,
οὐδὲ τὴν θεοτόκον   ὁ Ἰωσὴφ νῦν·
ἀλλὰ δίχα σπορᾶς
|: παρθένος τίκτει   καὶ μετὰ τόκον   πάλιν μένει παρθένος. :|

θ' **Μόνον** δὲ τῶν   ῥημάτων ἤκουσε   τοῦ ἀγγέλου, ἡ κόρη ἐβόησε·
" Πῶς ἔσται, ὅτι πέλω ἀπείρανδρος;
ὁ νῦν θαλάμοις ἔχων με   ὡς μνηστήρ, οὐχ ὡς ἀνήρ,
                                ἑαυτῷ με φυλάττει·
εἰ δὲ γενήσεται   ὅπερ σὺ λέγεις,
σωματικοῦ μοι γάμου   τὸ πρᾶγμα κρεῖττον,
ὅπως πᾶς τις ἐρεῖ·
|: ' παρθένος τίκτει   καὶ μετὰ τόκον
                                πάλιν μένει παρθένος.' " :|

ι' " "**Ακουσον** μοῦ", φησίν, " ὦ Μαριάμ,
                        πρὸς γὰρ σὲ ἀπεστάλην ὁ ἄσαρκος
ὡς ἄλλον πόλον μέλλουσαν γίνεσθαι·
μὴ θῇς ἐν τῇ καρδίᾳ σου   ὅτι μέλλει Ἰωσὴφ
                                γυναῖκα λαμβάνειν·
προώρισέ σε γὰρ   ὁ πλαστουργός σου
βαστάσαι τοῦτον ὥσπερ   ὁ θρόνος ἄνω,
ἵνα πᾶς τις ἐρεῖ·
|: ' παρθένος τίκτει   καὶ μετὰ τόκον
                                πάλιν μένει παρθένος.' " :|

ι' P   ι² Μαρίαμ] Maas: Μαρία P   3² μέλλει ⟨σε⟩ Ἰωσήφ Orphanidis   3³ metrum ∪∪−∪∪−∪: ⟨ὡς⟩ γυναῖκα λ. Trypanis

37 CANTICA ON EPISODES FROM NEW TESTAMENT

ια´ " **Νὺξ ἀμειδὴς** ἡ φύσις ἡ ἐμή,
         καὶ πῶς ἐξ αὐτῆς λάμψει ὁ ἥλιος;
ὡς ἄπιστον ὃ λέγεις μοι, ἄνθρωπε·
γυνὴ ἡ πρὶν τὸν θάνατον   προξενήσασα βροτοῖς
          πῶς ζωὴν νῦν βλαστήσει;
πηλὸν ὁ πλαστουργὸς   πῶς μοι οἰκήσει;
τὴν ἀκανθώδη φύσιν   τὸ πῦρ οὐ φλέγει;   5
ὄντως πᾶς τις ἐρεῖ·
|: ' παρθένος τίκτει   καὶ μετὰ τόκον
         πάλιν μένει παρθένος; ' " :|

ιβ´ " **Ὅλον θεὸς** βεβούλευται ἐκ σοῦ
        καινουργῆσαι φθαρέντα τὸν ἄνθρωπον
μὴ λέγε· ' πῶς οἰκεῖ καὶ οὐ φλέγει με; '
τὸ πῦρ ὅπερ σὺ δέδοικας   ἔσται ὄμβρος ἐπὶ σέ,
         ὡς Δαβὶδ προεφώνει·
' ὡς ὑετός ', φησίν,   ' ὁ ἐπὶ τὸν πόκον '·
οὕτως οἰκεῖ τὴν κόρην   θεὸς ἡσύχως,   5
ἵνα πᾶς τις ἐρεῖ·
|: ' παρθένος τίκτει   καὶ μετὰ τόκον
         πάλιν μένει παρθένος. :|

ιγ´ **Ὕμνησον** οὖν   Χριστόν, ὦ Μαριάμ,
        τὸν καὶ κάτω σοι κόλποις φερόμενον
καὶ ἄνω ⟨τῷ⟩ πατρὶ συγκαθήμενον,
μαστὸν τὸν σὸν μὲν ἕλκοντα,   χορηγοῦντα δὲ θνητοῖς
         βρῶσιν θείαν ὑψόθεν·
τὸν ἄνω ὡς σκηνὴν   οἰκοῦντα πόλον
καὶ κάτω ἐν σπηλαίῳ   ἀνακλιθέντα·   5
διὰ πόθον βροτῶν
|: παρθένος τίκτει   καὶ μετὰ τόκον   πάλιν μένει παρθένος. :|

ια´ P   2 ὡς] Orphanidis : ὦ P   ἄνθρωπε] Krumb. : ἀεν P : ἄγγελε dub.
Maas   4² μοι] P : με Maas
ιβ´ P   2¹ sq. cf. Lxx Iud. 6. 38 et 5 δ´ 1³, 51 κς´ 10¹   3³ προεφώνει]
Trypanis m.c. : προανεφώνει P   4² metrum cf. β´ 4², 35 η´ 4², ι´ 4² et 52 Kr.
δ´ 4²
  ιγ´ P   1² Μαριάμ] Maas m.c. : Μαρία P   ⟨τῷ⟩ πατρὶ] Maas : π̅ρ̅ς P
3¹ μαστὸν] Pᶜ : μαζὸν P   canticum solito brevius

38 (26 Kr.)

ON THE BEHEADING OF JOHN THE BAPTIST

Acrostichis: *ΤΟΥ ΤΑΠΕΙΝΟΥ ΡΩΜΑΝΟΥ*

Prooemium I: *Ἰδιόμελον*

Πρέπει σοι, Πρόδρομε,   ἔπαινος ἄξιος,
ὅτι τῆς αἰωνίας ζωῆς   ὑπὲρ ἀπέθανες
ὡς μισήσας τὴν πρόσκαιρον.

Prooemium II: *Ἰδιόμελον*

Ἡ τοῦ Προδρόμου ἔνδοξος ἀποτομὴ
                                    οἰκονομία γέγονέ τις θεϊκή,
ἵνα καὶ τοῖς ἐν Ἅιδῃ   τοῦ σωτῆρος κηρύξῃ τὴν ἔλευσιν·
θρηνείτω οὖν Ἡρωδιὰς   ἄνομον φόνον αἰτήσασα·
οὐμενοῦν γὰρ τὸν τοῦ θεοῦ   ζῶντα αἰῶνα ἠγάπησεν,
|: ἀλλ' ἐπίπλαστον, πρόσκαιρον. :| 5

Strophae: *Ἰδιόμελον* (App. Metr. xxix)

α' Τὰ γενέσια τὰ τοῦ Ἡρώδου   πᾶσιν ἐφάνησαν ἀνόσια,
   ὅτε ἐν μέσῳ τῶν τρυφώντων   ἡ κεφαλὴ ⟨ἡ⟩ τοῦ νηστεύοντος
   παρετέθη ὥσπερ ἔδεσμα·
   τῇ χαρᾷ συνήφθη λύπη,   καὶ τῷ γέλωτι ἐκράθη
                                    πικρὸς ὀδυρμός,
   ὅτι τὴν κάραν   τοῦ βαπτιστοῦ πίναξ φέρων   5
   ἐπὶ τῶν πάντων εἰσῆλθεν,   ὡς εἶπεν ἡ παῖς·

38 *Codices*: A (Prooem. II et α'– ιη') CM (Prooem. II et α'– γ') T (Prooem. II et α' –γ')
Editiones: Pitra A.S. I, Cant. xxiii
Titulus: On the Beheading of John the Baptist Trypanis: Εἰς ἀποτομὴν τοῦ Προδρόμου CM(A)
Dies Festus: Αὐγούστῳ κθ'
Modus: ἦχος πλάγιος α'
Acrostichis: Τοῦ ταπεινοῦ Ῥωμανοῦ AC
Prooemium II
  ACMT   3¹ οὖν om. AT   4¹ οὐμενοῦν] Pitra: οὐ μόνον ACM: οὐδὲ T
  α' ACMT   2² ἡ add. Pitra

καὶ διὰ στρῆνον		θρῆνος ἐπέπεσε πᾶσι
τοῖς ἀριστήσασι τότε		σὺν τῷ βασιλεῖ·
οὐ γὰρ ἔτερψεν ἐκείνους		οὔτε Ἡρώδην αὐτόν·
φησὶ γὰρ ἐλυπήθη		λύπην οὐκ ἀληθινήν,		10
|: ἀλλ' ἐπίπλαστον, πρόσκαιρον. :|

β' Οὐκ ἀνέμεινε γὰρ ὁ Ἡρώδης		οὔτε ἐχρόνισε λυπούμενος·
ἀλλ' ὥσπερ ἤδη μελετήσας		τὸ ἀσεβὲς εὐθὺς ἐποίησεν,
ἵνα τέρψῃ ἣν ἐμοίχευσεν·
ἡ μοιχὰς γάρ, οὐχ ἡ κόρη		ἀποκόψαι τὸν τῆς στείρας
				ἐζήτει καρπόν·
ἥτις καὶ τάχα		πρὸ τῆς τομῆς τὴν ἰδίαν		5
γνώμην ἐδήλου τῇ κόρῃ		βοῶσα αὐτῇ·
" Δεῦρο μοι, τέκνον,		συναίνεσον τῇ μητρί σου·
λόγον γὰρ κρύφιον ἔχω		γυμνῶσαι πρὸς σέ·
φανερῶ σοι τὴν βουλήν μου·		ἐπιθυμῶ ἀνελεῖν
τὸν υἱὸν Ζαχαρίου·		ἔδωκε γάρ μοι πληγὴν		10
αἰωνίαν, οὐ πρόσκαιρον." :|

γ' Ὑπακούσασα δὲ ἡ παιδίσκη		τοῦ παρανόμου μελετήματος
ἔφριξεν, ἔκραξεν· " Ὦ μῆτερ,		ὢ τί δεινόν ἐστι τὸ πάθος σου·
ἄφες τοῦτο ἀνιάτρευτον·
ἂν γὰρ θέλῃς θεραπεῦσαι		χαλεπώτερον τὸ τραῦμα
				ποιεῖς σεαυτῇ·
κοίμησον ἔνδον		τῶν λογισμῶν σου τὸ ῥῆμα,		5
μήποτε γένηται πτῶμα		τῷ γένει ἡμῶν·
οὔτε γὰρ μόνη		τὸν ἐξ αὐτοῦ μόρον δέχῃ,
ἀλλὰ κἀγὼ καὶ Ἡρώδης		καὶ οἱ ἐξ ἡμῶν·
ἐὰν θάνῃ Ἰωάννης,		γέγονε πάντα νεκρά,
καὶ ἐτάφημεν ζῶντες		μνήμην λείψαντες κακήν,		10
|: αἰωνίαν, οὐ πρόσκαιρον." :|

δ' " Τί ἐγένετο σοί, ὦ παιδίσκη;		τί σοι συμβέβηκεν αἰφνίδιον;
πόθεν ἐφείσω Ἰωάννου		καὶ τῆς μητρὸς ὑπερηγάπησας
τὸν μισοῦντα τὴν ζωὴν ἡμῶν;

10¹ ἐλυπήθη] Pitra: ἐλυπήθησαν codd.
β' ACMT		4¹ γὰρ] (sic) C: δὲ AMT		4²⁻³ τὸν τῆς στείρας et ἐζήτει (ἐξεζήτει T) inter se mut. CT
γ' ACMT		2² ἔφριξεν] CM: ἔβρυξεν AT		4¹ ἂν] T: ἐὰν AM: ὡς C, cf. s' 4¹		θελήσῃς AM		4³ ἐπ' αὐτῇ AM		7² δέχῃ ante μόρον A(M)
δ' AC		1¹ Τί σοι γέγονεν ὦ π. C		2¹ πόθεν] πῶς γὰρ C

ἀγνοεῖς πολλάκις, τέκνον,   ἃ ὑπέθετο Ἡρώδῃ   ἕνεκεν ἐμοῦ,
' οὐκ ἔξεστί σοι ',   ⟨λέγων⟩, ' ἔχειν τὴν γυναῖκα   5
Φιλίππου τοῦ ἀδελφοῦ σου·   ἀπόθου αὐτήν '·
θέλω οὖν ἤδη   τὴν ἄκαιρον παρρησίαν
τοῦ τολμηροῦ ἀποκόψαι,   ἂν εὔρω καιρόν·
ἀφελῶ αὐτοῦ τὴν γλῶτταν,   μᾶλλον δὲ τὴν κεφαλήν,
καὶ λοιπὸν οὐ λυποῦμαι   ἔχουσα ἐν ἀσφαλεῖ   10
|: τὴν ζωήν μου τὴν πρόσκαιρον." :|

ε' " Ἀσεβοῦμεν, μῆτερ, οὐκ εἰς ἄλλους,
                        ἀλλ' εἰς ἡμᾶς καὶ τὴν ζωὴν ἡμῶν,
ὥσπερ Ἰεζάβελ τὸν Ἠλίαν   ὀλέσαι θέλουσα τὸν δίκαιον
ἑαυτὴν μᾶλλον ἀπώλεσεν·
Ὁ Ἠλίας μὲν ἐντόνως,   Ἰωάννης δὲ ἐννόμως   ἤλεγξεν ἡμᾶς·
ὁ ἐρημίτης   σὺν αὐστηρότητι εἶπεν   5
ὡς παραινῶν τῷ Ἡρώδῃ·   ' οὐκ ἔξεστι σοί '·
ὁ δὲ Θεσβίτης   μετὰ πραΰτητος εἶρξε
τοῦ Ἀχαὰβ τὰς νεφέλας·   οὐκ ἔβρεξε γάρ·
διὰ τοῦτο, δέσποινά μου,   θάψον τὸ σκέμμα σου νῦν
καὶ τὸ σκάμμα νεκρώσῃς,   μὴ ποιήσῃς ὡς ἀεὶ   10
|: τὴν αἰσχύνην τὴν πρόσκαιρον." :|

ς' " Παρ' ἐμοῦ διδάσκου, ἀνοσία,   μὴ ἐπιχείρου νουθετῆσαι με·
ὅταν γὰρ πάντα μάθῃς †πλήρις   τὰ νῦν ἐπιλανθάνει σε†·
οὐ νοεῖς· οὐδὲ γὰρ δύνασαι·
ἂν γὰρ οὗτος ὁ βαπτίζων   ἐπιμείνῃ με ὑβρίζων
                                                  καὶ φαίνηται ζῶν,

4¹ πολλάκις] δὲ μᾶλλον C   4² τῷ 'Ηρ. C   4³ ἐμοῦ] ἡμῶν λέγων A
5² λέγων add. Maas   5²–6¹ γυν. Φιλ. et τοῦ ἀδ. inter se mutat A   6² ἀλλ'
ἀπόθ. A   7¹ οὖν ἤδη] δὴ οὖν C   9² δὲ] καὶ add. C   10² ἔχω γὰρ C
    ε' AC   1¹ ἄλλον C   1² ἡμῶν] ἀγνοεῖς πολλάκις τέκνον (cf. δ' 4¹), ἡ
μήτηρ ἀπεκρίθη, τὰς Ἰωάννου κακώσεις; ἡ δὲ αὖθις add. A   2¹ ὥσπερ]
ποτε A   Ἠλιοῦ A   2² τὸν δίκ. om. A   3 καθ' ἑαυτῆς μᾶλλον ἐποίησεν C
4¹ ἐν τόνοις C   4² ἐν νόμῳ A   5² μετὰ πραότητος A   6¹ ὡς–'Ηρ.] τῷ
'Ηρ. τὸ καθαρόν C   6² ἔξ.] ἔστι A   7¹ πρεσβύτης C   7²–8² ἐν
αὐστηρότητι ἤλεγξε τὸν Ἀχαὰβ A   9¹ δέσπ.] μήτηρ A   9² θλάσον τὸ
σχῆμα C   10¹–11 κἂν γὰρ Ἰωάννην νεκρώσῃς, ἀλλὰ ἡμῖν αἰσχύνην φέρεις
αἰωνίαν οὐ πρόσκ. A   10¹ νεκροῦται C
    ς' AC   1² ἐπιχαίρειν C   2¹ ὅτε C   πλήρις] πλήρως Trypanis
2² metrum ⏑⏑⏑–⏑⏑⏑–⏑⏑   2¹ πλήρ.–4¹ ἂν γὰρ] τότε νοήσεις· νυνὶ δὲ οὐ
δύνασαι· ἐὰν A   4² με] μοι A   4³ φαίνεται CA

ἕκαστος αἴρει   τὴν πρὸς ἐμὲ παρρησίαν,
καί, ἅπερ θέλει, ὡς θέλει   λέγει κατ' ἐμοῦ
ὡς τῆς τυχούσης,   οὐχὶ δὲ βασιλευούσης,
ὡς γυναικὸς ἰδιώτου   καὶ οὐ σεβαστοῦ·
ἀλλ' ἡσύχασον, παιδίσκη·   πλέον γὰρ σοῦ καὶ πολλῶν
τὸ συμφέρον γινώσκω·   οἶδα κτήσασθαι τιμὴν
|: αἰωνίαν, οὐ πρόσκαιρον." :|

ζ' " Ἐρωτῶ σε, μῆτερ, τὸ τοιοῦτον
    πότε βουλεύει τελεσθῆναί σοι;
ἐν τῷ φωτὶ ἢ ἐν τῷ σκότει;   τὸ ἀσεβὲς γάρ σου ἐνθύμημα
τῆς νυκτός ἐστιν ἐπάξιον·
διὰ τίνος οὖν τελεῖται;   τίς μὴ ναρκήσει φονεῦσαι
    προφήτην Χριστοῦ; "
" Σὺ ὡς θυγάτηρ   συνέρχου τῇ σε τεκούσῃ
τοῦ ἀνελεῖν τὸν ἐχθρόν μου   καὶ γένῃ μοι χείρ "·
" Δέομαι, μῆτερ,   μὴ δι' ἐμοῦ τῆς ἀθλίας
δέξεται [[ἡ]] γῆ τὸ ἀθῷον   αἷμα τοῦ σοφοῦ·
ὡς ἐσφάγη Ζαχαρίας,   νῦν Ἰωάννης τμηθῇ·
κἀγὼ μὴ ὑπουργήσω,   μήπως λήψωμαι πληγὴν
|: αἰωνίαν, οὐ πρόσκαιρον." :|

η' " Ἰωάννης σοι προετιμήθη,   ὦ παναθλία καὶ ταλαίπωρε,
τῆς βαστασάσης σε κοιλίας ;   ὁ βαπτιστὴς ἀναγκαιότερος
κατεφάνη τῇ ἀνοίᾳ σου;
οὐκ αἰδεῖσαι τοὺς μαστούς μου,   οἳ ἐποίησαν τροφήν σου;
    ὡς εἴθοις γε μή·

6¹ ἅπερ] ὅτε A   ὡς] ἆ A   7² οὐχὶ δὲ] καὶ οὐ A   βασιλίσσης C
8² καὶ οὐχὶ γνωστοῦ C   9¹ παιδ.] τέκνον A   10² οἶδα] γὰρ add. A
11 αἰων. οὐ (οὐ om. A)] ἐμφανῆ τὴν C
ζ' AC   1² βουλεύει] Maas: βούλει A: βουλεύεις C   2² πονηρὸν A
σου ante γάρ C   4¹⁻² οὖν—φονεῦσαι] γὰρ τέμνεται, τίς μακάριος τέμνει C
4³ Χριστοῦ] Θῦ A   5² τῇ σε] μοι τῇ A   6¹ τοῦ ἀν.] καὶ ἀνελεῖς A
6² μοι χαρά C   7² μὴ δι' ἐμοῦ] μηδείς μου C (corr. Pitra)   8¹⁻² δείξει
τὴν ἀθῴου αἵματος σφαγήν C   8¹ ἡ del. Maas m.c.   9² νῦν] καὶ A
10² δέξομαι A
    η' AC   1² ὦ] ναὶ C   2¹ σε κοιλ.] ἐν κοιλίᾳ A   4¹ αἰσχύνῃ C
4² οὓς ἐποίησα C   σου] σοι A   4³ εἴθοις] εἴθε A (cf. notam ad 31 κ' 4¹)
γε] Pitra : δὲ C: om. A

τί γὰρ ἐζήτουν κατ' ἐμαυτῆς ἀναθρέψαι 5
τὴν διὰ τῆς ἀπειθείας ἐχθραίνουσαν μέ;
τί δὲ ἠπείχθην τῷ βασιλεῖ συναφθῆναι
διὰ τὸ περισωθῆναι τὴν θλίβουσαν μέ;
διὰ τί δὲ προλυποῦμαι; γένηται ῥῆμα ἐμόν·
καὶ ὃ θέλω τελεῖται· καὶ μὴ θέλουσα ποιεῖς 10
|: τὴν βουλήν μου τὴν πρόσκαιρον. :|

θ' Νῦν οὖν ἡσυχάσω καὶ μὴ δείξω
τῇ παγκακούργῳ ἃ βουλεύομαι·
μήποτε σκέψηται καὶ εὕρῃ τοῦ ἐνθυμίου μου ἀναίρεσιν
ἡ τεχθεῖσα μου εἰς κόλασιν."
τῶν τοιούτων ἐσκεμμένων καὶ πολλάκις εἰρημένων
ὑπὸ τῆς μητρὸς
ἡ μὲν θυγάτηρ ἐν ἡσυχίᾳ διῆγεν, 5
ἡ δὲ τεκοῦσα ἐνήχει τότε τῷ ἀνδρὶ
λέγουσα· " Ἄνερ, τῶν γενεσίων σου ὥρα·
ποίησον ἥμιν ἡμέραν φαιδρᾶς ἑορτῆς·
εὐφρανθῶμεν ἐν τῷ γήρει· τὴν γὰρ νεότητα μοῦ
λαβὼν ὁ ἀδελφός σου περιέσυρε κακῶς 10
|: εἰς τὸν βίον τὸν πρόσκαιρον." :|

ι' Ὁ Ἡρώδης οὖν ὑπὸ τῶν λόγων τῆς ἐπιβούλου βουκολούμενος
μέγα ἐκραύγασε βοήσας καὶ ὡς ἀσύνετος ἐν γέλωτι
τὴν φωνὴν αὐτοῦ ἀνύψωσε·
" Κοινωνέ μου ", λέγων, " γύναι, καὶ ἐν τούτῳ χάριν ἔχω
τῷ φίλτρῳ τῷ σῷ·
ἂν οὖν τελέσω τῶν γενεσίων τὴν ὥραν, 5
σὺ τί προσάγεις μοι δῶρον ἄξιον ἐμοῦ; "

5¹ τί γὰρ om. A   5² καθ' ἑαυτὴν A   6² παροργίζουσαν A   9¹ τί δὲ] τοῦτο C   καὶ λυποῦμαι C   9² ἔσται ἡμέρα ἐμοί A   10² ποιήσεις A
θ' AC   1¹ οὖν om. C   1¹⁻² μὴ λέξω τῇ παμπανούργῳ ὅπερ βούλομαι A   2² τοῦ ἐνθ. μου] τὴν ἐνθύμησιν C   5² ὑπῆρχεν A   6¹ ἐνήχει] Pitra: ἐνῆχε C: ἐνῆγε A   7¹ ἄνερ] ἄναξ A   8² φαιδρὰν C   9¹ ἐν τῷ γήρ.] ἐπ' ἐσχάτων A   9² γὰρ om. C   μου] ἡμῶν C   11 περιεῦρε C
ι' AC   2¹ ἔκραξε γελάσας C   3 ὕψωσε A   4² ἔχω] οἶδα A   5² τὴν ὥραν] μου τὴν ἡμέραν C   6¹ σὺ] τότε add. A   προσαγάγεις C   δῶρον om. A   6² ἐμοῦ] αὐτῶν A

" Τί σοι προσάξω; δούλην ἐμαυτήν, καὶ πάλιν
τὴν ἐξ ἐμοῦ παραστήσω ὀρχήστριαν σοί,
τὴν εὐφραίνουσάν σε πάνυ, καὶ φαιδρυνῶ ἀληθῶς
τὴν τῆς γενέσεως ἡμέραν, ἣν ποιήσεις, βασιλεῦ, 10
|: διὰ τέρψιν τὴν πρόσκαιρον." :|

ια´ Ὑπεκλίθη οὖν τῷ παρανόμῳ τῆς πονηρᾶς αὐτοῦ γενέσεως
ἡ τρισκάταρατος ἡμέρα, ἣν καὶ αὐτὸς κατηράσατο
ὁ Ἰὼβ οὕτω φθεγξάμενος,
ἢ ὡς εἶπε Ζαχαρίας· " Ἡ ἡμέρα ἔσται ἐκείνη
σκότος καὶ οὐ φῶς "·
κἂν γὰρ ἐρρέθη τοῦτο περὶ τῆς ἡμέρας, 5
ὅτε τὸ φῶς τῶν ἐν σκότει ἦν ἐν τῷ σταυρῷ,
ὅμως ἁρμόττει τῇ τοῦ Ἡρώδου ἡμέρᾳ,
ὅτι ἐν ταύτῃ ἐκτάνθη φίλος τοῦ φωτός·
καὶ ὁ κτείνας μὲν οὐκ ἔστιν, ὁ δὲ κτανθεὶς καὶ ἐστὶ
καὶ λαλεῖ μετὰ θνῇσιν ἕλκων πάντας πρὸς ζωὴν 10
|: τὴν ἀεὶ καὶ οὐ πρόσκαιρον. :|

ιβ´ Ῥίψας ταῦτα πάντα ὁ Ἡρώδης τῶν ἑαυτοῦ λοιπὸν ἐγένετο,
καὶ τῆς ἡμέρας συμφθασάσης τῶν γενεσίων, καθὼς γέγραπται,
ἐν αὐτῇ δεῖπνον ἐποίησε
μεγιστᾶσι καὶ τοῖς φίλοις, χιλιάρχοις καὶ συμβούλοις
πᾶσιν ὁμαδόν·
τοῦ δὲ ἀρίστου μετὰ χαρᾶς τελουμένου 5
καὶ ἐσθιόντων ἡδέως τῶν ἀριστητῶν,
ἄφνω ἐτράπη ἡ τράπεζα εἰς παγίδα,
καὶ ἐγενήθη τὸ βρῶμα σκάνδαλον αὐτοῖς,

7¹ προσάγω A 8² σοί] σύ A: σήν C 9¹–10² complura incerta propter interpunctionem; 9¹ τὴν–10¹ γενέσ.] εὐφρανεῖς με κἀγὼ φαιδρυνῶ τὴν τῆς λαμπρότητός σου γενέθλιον A 10¹ metrum ∪∪–∪∪–∪ τὴν τῆς del. Pitra
ια´ AC 1¹ Ὑπεβλήθη A τοῦ παρανόμου C 1² γεννήσεως A 2¹ ἡμ. ante ἡ τρισκ. A 2² metrum ∪∪∪–∪∪∪–∪∪ 3 ὡς Ἰὼβ τότε ἐφθέγξατο A (cf. Lxx Iob 3. 1–4) 4¹ cf. Lxx Za. 14. 7; Am. 5. 18 4² ἔσται om. C 4² metrum ∪∪–∪∪∪–∪ 5¹ κἂν] καὶ C 5² τοῦτο] τότε C περὶ om. C 6¹ ὅτε om. C ἐν] τῷ add. C 7¹ ἀλλὰ νῦν πρέπει C 10² πάντας (πάντα C) ante ἕλκ. A πρός] εἰς C 11 om. A
ιβ´ AC 1¹ ταῦτα om. A 3 αὐτῇ] ᾧ C 5¹ δὲ (τε C) post ἀρίστ. A 6² ἀριστούντων A

ἐπειδὴ τὴν κεκρυμμένην   παγίδα τοῦ βαπτιστοῦ
οὐ συνέτριψαν γνόντες,   ἀλλ' ἠνέσχοντο ὁρᾶν   10
|: διὰ τέρψιν τὴν πρόσκαιρον. :|

ιγ′ **Ὡς** οὖν εἶδε πάντας μεθυσθέντας   Ἡρωδιὰς ἡ πολυμήχανος,
ἥνπερ ἐζήτει εὐκαιρίαν   εὑροῦσα, εἶπεν ἐν ψυχῇ αὐτῆς·
" Ἴδε, ὥρα ἦν ἐθήρευον·
νῦν τελεῖται ὅπερ ἤθελον,   καὶ φονεύεται ὁ λέγων
                                                μοιχάδα ἐμέ·
δεῦρο οὖν, τέκνον,   προσάξω σὲ τῇ ἡμέρᾳ   5
δῶρον καλὸν ὑποτάσσον   Ἡρώδην ἡμῖν·
εἴσελθε, τέκνον,   χαρίτωσον τῷ ποδί σου
τὸν βασιλέα καὶ πάντας   τοὺς φίλους αὐτοῦ·
μεταστρέφῃς τὴν καρδίαν   τοῦ σεβαστοῦ πρὸς ἡμᾶς
†ὡς στρεβλὸν τόξον ἄρτι·   κερδανοῦμεν τιμὴν†   10
|: αἰωνίαν, οὐ πρόσκαιρον." :|

ιδ′ **Μετεποίησεν** ἡ ἀνοσία   τοῖς λόγοις τούτοις τὸ κοράσιον,
καὶ κοσμηθὲν ἐπὶ τὸ πρᾶγμα   τὸ ἀναιδὲς περιεβάλλετο
ἀτιμίαν ὡς ἱμάτιον·
οἱ δὲ φίλοι τοῦ Ἡρώδου   τὸ μὲν κάλλος τῆς παιδίσκης
                                                ᾔνεσαν πολύ,
τῆς δὲ τεκούσης   τὴν ἀδιάτρεπτον γνώμην   5
καὶ τὸν σκοπὸν ἐννοοῦντες   εἶπαν ἐν κρυφῇ·
" Βλέπετε γνώμην   Ἡρωδιάδος τῆς πόρνης,
πῶς καὶ ἣν ἔτεκε θέλει   δεῖξαι κατ' αὐτήν;
οὐκ ἠρκέσθη τῇ ἰδίᾳ   ἀναισχυντίᾳ αὐτῆς,
ἀλλὰ καὶ τὴν ἐκ σπλάγχνων   ἔχρανεν ἐπὶ ἡμῶν   10
|: διὰ τέρψιν τὴν πρόσκαιρον. :|

10¹⁻² οὐ συνέτρ. αὐτὴν   ἀλλ' ἠνέσχετο ὁρ. A
ιγ′ AC   2² ἐν] τῇ add. A   3 ὥρα om. C   4¹ metrum ∪ ∪ – ∪ ∪ ∪ – ∪:
θέλω Trypanis   4¹⁻³ οὐδεὶς ἔστιν ὁ κωλύων· οὐδὲ γὰρ ⟨τινὰ⟩ τῶν ἔνδον νήφοντα
ὁρῶ C (fortasse recte: ⟨τινὰ⟩ add. Maas)   5¹ τέκνον] τῇ θυγατρὶ ἔφη add. A
6¹⁻² ὑπετάγη Ἡρώδης C   7¹ τέκν.] σπλάγχνον A   9¹ μετάστρεψον A
10¹ ἄρτι] τοῦτον ποιοῦσα καὶ A   10² metrum – ∪ – ∪ ∪ ∪ –   11 αἰων.-
πρόσκ.] βλαβεράν A
ιδ′ AC   1¹ ἀνομία C (correxerat Pitra)   2¹ ἐπὶ] περὶ C   πρᾶγμα]
πρόσταγμα A   4¹ δὲ] μὲν C   4³ πολύ] πολλοί A   5² ἀδιάτροπον A
6¹ τὸν κόσμον C   ἐφορῶντες εἶπον A   8¹⁻² θέλει post δεῖξαι A   9¹ ἠρκ.]
ἡ μιαρὰ add. A   αὐτῆς om. A

ιε΄ **Ἀψευδὴς** ὁ λόγος τῆς σοφίας· 'τέκνα μοιχῶν ἔσται ἀτέλεστα,
καὶ παρανόμου κοίτης σπέρμα ἀφανισθήσεται εἰς τέλεον'·
ὥσπερ τοῦτο τὸ κοράσιον,
ὃ πρὸς ὥραν μὲν ᾐσχύνθη, μετ' ὀλίγον δὲ πολλάκις
              χεῖρον τι ποιεῖ"·
τούτων δὲ πάντων οὐ φανερῶς λεγομένων,   5
ἦλθε κατόπιν τῶν λόγων ἔργα πονηρά·
ἡ γὰρ παιδίσκη ὀρχησαμένη ἐν μέσῳ
τῶν ἀριστώντων τὸ στόμα ἔπλησε κραυγῶν·
" Βασιλεῦ ", φησίν, " Ἡρώδη, ὡς ἐκ μελέτης ἐστὶν
ἡ ὀρχήστρια αὕτη· πάνυ ἔχει ἐν ψυχῇ   10
|: τὴν πορείαν τὴν πρόσκαιρον." :|

ις΄ **Νικηθεὶς** ὁ ἄναξ τοῖς ἐπαίνοις τῶν εὐφημούντων τὸ κοράσιον
ὤμοσε τότε ἐπὶ πάντων· " Ὃ ἂν αἰτήσῃ με, παρέχω σοι
ὑπὲρ ταύτης τῆς ὀρχήσεως "·
ἡ δὲ παῖς ἐξῆλθε καὶ φησὶ πρὸς τὴν τεκοῦσαν·
              " Αἰτήσομαι τί; "
" Αἴτησον, τέκνον, τὴν κεφαλὴν Ἰωάννου   5
τοῦ βαπτιστοῦ, ὅτι ταύτης μόνης ὑστερῶ"·
" Οἴμοι, τεκοῦσα, εἴθε ἐτμήθην τοὺς πόδας
καὶ μὴ ἐξέδραμον πρός σε μαθεῖν παρὰ σοῦ·
εἴθε πάλιν ἐφιμώθην καὶ μὴ ἠρώτησα σέ
ἃ οὐκ ἔδει· εἴθε ἤσκησα σιγὴν   10
|: αἰωνίαν οὐ πρόσκαιρον." :|

ιζ΄ **Οὕτως** ἔδει λέξαι τὴν παιδίσκην· ὅμως οὐδὲν τούτων ἐφθέγξατο·
ἦν γὰρ ἐκ γῆς ἀκανθηφόρου, ῥίζης κακῆς πικρὸν ζιζάνιον,
νόσον ἔχουσα θανάσιμον·
ἧς γευσάμενος Ἡρώδης οὐκ ἀπέπτυσεν, ἀλλ' ἔσχεν
              ἔνδον ἑαυτοῦ·

ιε΄ AC   1² εἰσὶν C   2¹ παράνομον A   κοίτ. om. A   2² εἰς om. C
4¹ ᾐσχ.] Maas: ηὐφράνθη C: ποιήσει A   6¹ ἠκολούθει A   7¹⁻⁸² τῆς γὰρ
παιδίσκης ἐν μέσω αὐτῶν ὀρχησαμένης οἱ ἀριστοῦντες εὐθέως εἶπον τῷ βασιλεῖ A
10² πάνυ (πάλαι C)] γὰρ add. A   εἶχεν C   11 πορ.—πρόσκ.] χαράν C
ις΄ AC   2² ὃν C   μοι A   παρέχω σοι om. C (recte suppl. Pitra)
4¹ metrum ∪ ∪ − ∪ ∪ − ∪: spatium ante ἡ C   5¹ αἴτησαι A   6² μόνον
A   8² μαθεῖν] τε add. A   9¹ ἐφοβήθην A   10¹ ἔδει] Trypanis:
ᾔδειν C   ἃ οὐκ ἔδει] ἀκοῦσαι ἃ οὐ πρέπει A   10² ἤκουσα A
ιζ΄ AC   1² ἐλάλησεν C   2¹ γῆς] τῆς A   2² ῥίζης] ἀρᾶς C
3 νόστον C (correxerat Pitra)   4² οὐκ ἔπτυξεν C   4³ αὑτοῦ A

ὅθεν μὴ πέψας   τοῦτο ἠρεύξατο φόνον   5
καὶ τὴν τοῦ θείου προδρόμου   ἤμεσε τομὴν
πόνον γεννῶσαν   τῷ ἐκτελέσαντι φόνον
καὶ τὴν τομὴν τοῖς τιμῶσι   νέμουσαν τιμήν·
ἠφανίσθη γὰρ ὁ κτείνας,   οἱ δὲ τιμῶντες πιστοὶ
εἰσὶν ἔτι καὶ ζῶσι   ποριζόμενοι ζωὴν   10
|: αἰωνίαν, οὐ πρόσκαιρον. :|

ιη′ Ὑιὲ τοῦ ὄντως ἱερέως,   τέκνον τῆς στείρας καὶ προφήτιδος,
θρέμμα ἐρήμου, Ἰωάννη,   ὅτι νηστείας σου ἐμνήσθημεν,
δὸς ἰσχὺν ἵνα νηστεύσωμεν·
γενηθῶμεν μιμηταί σου,   κἂν εἰς τοῦτο ὃ ἰσχύει
                                                        ἕκαστος ἡμῶν·
οὐ γὰρ δεσπόζει   τινὸς ⟨ἡμῶν⟩ ἡ κοιλία,   5
ἀλλὰ ἡμεῖς τῆς κοιλίας   κρατοῦμεν ἀεὶ
κατὰ τὸν Παῦλον·   " Τὰ βρώματα τῇ κοιλίᾳ
καὶ ἡ κοιλία τοῖς βρώμασιν "·   ἡμεῖς δὲ Χριστοῦ
τοῦ νηστεύσαντος βουλήσει   καὶ ἀφελόντος ἡμῶν
τὴν πεῖναν τὴν ἀρχαίαν,   ἣν ἐπείνασεν Ἀδὰμ   10
|: διὰ τέρψιν τὴν πρόσκαιρον. :|

5¹⁻² ὅθεν καὶ πέμψας εἰργάσατο φόνον τότε A   6² ἔμεσε A   7¹ πόνος
γέγονε C?   8¹ καὶ—τοῖς] τοῖς δὲ (cett. om.) A   τομὴν scil. τοῦ Προδρόμου
9² πίστει C (correxerat Pitra)   10² ζωὴν] τιμὴν C?
ιη′ CA (sermone pedestri)   5² ἡμῶν add. Pitra m.c.   8¹ metrum
∪∪∪-∪∪-∪ : τοῖς βρῶμα (= τοῖς βρώμασιν) dub. Trypanis; cf. S. G. Kap-
somenakis, Voruntersuch. z. einer Gram. der Pap. nachchr. Zeit, p. 94 et 26
η′ 1¹, 28 β′ 6², 30 ιή 3²⁻³   1¹⁻¹¹ Ὑ]ψιστε βασιλεῦ τῶν ἀπάντων, ἀνεχόμενος πάντων
πταιόντων καὶ μὴ ὀργὴν ἐπάγων καθ' ἑκάστην ἡμέραν, καθὼς διὰ τοῦ προφήτου
σου ἔφης, ἀλλὰ μακροθυμῶν ἐφ' ἡμῖν φύλαξον σώους πάντας τοὺς ἐπικεκλημένους
τῷ ἁγίῳ σου ὀνόματι τὰς δὲ αἱρέσεις πάσας εἰς τέλος ἀφάνισον· ἡμεῖς γὰρ λαός σου
καὶ πρόβατα νομῆς σου· ἐκτός σου ἄλλον θεὸν οὐ γινώσκομεν· δυσωπήθητι οὖν
τὴν τομὴν τοῦ Προδρόμου σου· δι' αὐτῆς γὰρ ἱκετεύω σε, τοῦ δωρήσασθαι ζωὴν
ἡμῖν :—A

39 (76 Kr.)

ON THE HEALING OF THE LAME MAN BY PETER AND JOHN

Acrostichis: *ΤΟΥ ΤΑΠΕΙΝΟΥ ΡΩΜΑΝΟΥ ΤΟ ΕΠΟΣ*

Prooemium: *Ἰδιόμελον*

Χριστὸν δοξάσωμεν τὸν ἰώμενον ἡμῶν τὰ συντρίμματα
καὶ τῷ πλήθει τῶν αὐτοῦ οἰκτιρμῶν ἐξαλείφοντα
ἡμῶν τὰ πταίσματα
διὰ τῶν ἀποστόλων
|: τῇ ἐλπίδι τῆς πίστεως. :|

Strophae: *Τὰ ῥήματα τοῦ Χριστοῦ* (App. Metr. ιx)

α' **Τὸ** δέεσθαι συνεχῶς καὶ βοᾶν πρὸς κύριον
θεοπνεύστως πανταχοῦ παραγγέλλει πᾶσιν ⟦ἡ⟧ γραφή·
τοῖς δεομένοις γὰρ καὶ νύκτωρ καὶ μεθ' ἡμέραν
δίδωσιν ἔλεος, δόξαν καὶ χάριν καὶ ἄφεσιν.
καὶ εἴ τις ἐπαναδράμῃ μετὰ σπουδῆς 5
πρὸς τὸ πλῆθος τῶν ἁγίων ⟨καὶ⟩ προφητῶν καὶ ἀποστόλων,
εὑρήσει ὡς οἱ δίκαιοι πάντες προσηύχοντο,
οἱ τέλειοι ἐν ἅπασι τοῖς κατορθώμασιν·
ὅσῳ γὰρ τέλειοι ἦσαν ταῖς ἀρεταῖς ἐκ τῶν ἔργων,
τοσούτῳ πλέον ἔσπευδον κραταιοῦσθαι 10
|: τῇ ἐλπίδι τῆς πίστεως. :|

β' **Οἱ** ζήσαντες εὐσεβῶς προσευχῶν ἐδέοντο
καὶ πᾶσαν τὴν ἀρετὴν ἐκ σπουδῆς κτησάμενοι,
ὅτι δεδοίκεισαν, μὴ συληθῶσι τὸν πλοῦτον
τὸν τῆς ψυχῆς καὶ μακρὰν εὑρεθῶσι τῆς χάριτος·

39 *Codices*: P
Editiones: nulla
Titulus: On the Healing of the Lame Man by Peter and John Trypanis: Εἰς τὸν χωλὸν τὸν παρὰ τὴν πύλην τοῦ ἱεροῦ θεραπευθέντα ὑπὸ τῶν Ἀποστόλων P
Dies Festus: Τῇ δ' τῆς διακαινησίμου
Modus: ἦχος πλάγιος δ'
Acrostichis: Τοῦ ταπεινοῦ Ῥωμανοῦ τὸ ἔπος P
α' 2² ἡ del. Maas m.c.

ἐντεῦθεν τῶν ἀποστόλων ἡ δωδεκὰς
καὶ κοινῇ ⟨καὶ⟩ κατ' ἰδίαν ἐν προσευχαῖς προσεκαρτέρουν·
εὐγνώμονες ἐδείκνυντο τῷ βασιλεῖ καὶ θεῷ,
μεσῖται [σωτηρ]ίας δὲ πᾶσιν ἐγίνοντο
καὶ ὅτε ἦσαν ἐν κόσμῳ καὶ ἀπελθόντες ἐντεῦθεν·
φωστῆρες γὰρ ὑπάρχουσιν ὁδηγοῦντες
|: ⟨τῇ ἐλπίδι τῆς πίστεως⟩. :|

γ' [Ὑπ]άρχουσι τοῖς πιστοῖς βοηθοὶ ἀόρατοι,
ἐτύγχανον καὶ τῶν [. . .]ν ἰατροὶ ὁρώμενοι,
οὐ θεραπεύοντες φαρμάκοις καὶ [τα]ῖς βοτάναις,
οὐδὲ σιδήρῳ ἢ ἄλλοις τοιούτοις ἰώμενοι,
ἀλλὰ λόγῳ καὶ τῇ πίστει τῇ εἰς Χριστόν,
ἣν κατεῖχον ὥσπερ φλόγα κατὰ παθῶν ἀθεραπεύτων,
τὰ πάθη μὲν διώκοντες μετ' αὐθεντίας πολλῆς,
ἀνθρώπους δὲ φωτίζοντες τῇ τῆς φλογὸς ἀστραπῇ·
ἀλλ' ἄρτι δεῦτε, τοῦ Πέτρου καὶ Ἰωάννου μνησθῶμεν·
ἀνῆλθον γὰρ προσεύξασθαι καὶ παρέσχον
|: τὴν ἐλπίδα τῆς πίστεως. :|

δ' [Τῇ] ὥρᾳ τῆς προσευχῆς τῆς ἐνάτης, ὥς φησιν,
ἀνέβαινον Πέτρος ⟨τε⟩ καὶ Ἰωάννης εἰς τὸν ναόν,
ὅπου ἐτέλουν μὲν Ἑβραῖοι τὰς λειτουργίας,
τὰς πανουργίας δὲ πάσας ἐγύμνουν οἱ ἄνομοι.
καὶ συντρέχοντες ἐνταῦθα καὶ πανταχοῦ
τὴν τῆς πίστεως λαμπάδα οἱ μαθηταὶ οὗτοι κατέσχον,
φλογὶ μὲν κατακαίοντες πάντα τὰ τραύματα,
φωτὶ δὲ καταυγάζοντες τοὺς μὴ ἐμβλέποντας·
καὶ τῆς ψυχῆς γὰρ τὰς νόσους καὶ τῶν σωμάτων τὰ πάθη
ἰάτρευον προσφέροντες τοὺς ἀνθρώπους
|: τῇ ἐλπίδι ⟨τῆς πίστεως.⟩ :|

ε' [Ἀ]κούσωμεν τῆς γραφῆς καὶ κατανοήσωμεν
τὰ μέγιστα καὶ φρικτὰ τοῦ Χριστοῦ θαυμάσια
τὰ διὰ Πέτρου τε καὶ Ἰωάννου πραχθέντα
ἐν τῇ δυνάμει καὶ τῇ ἐνεργείᾳ τοῦ πνεύματος.

β' 6¹ καὶ add. Maas   8¹ suppl. Krumb.   11 add. Maas
γ' 2¹ καὶ [[τῶν]] [παθῶ]ν dub. Maas
δ' 1² τῇ ἐνάτῃ Maas (cf. Act. Ap. 3. 1)   2¹ τε add. Maas (cf. ε' 3¹)
6² κατεῖχον dub. Orphanidis   11 τῆς πίστ. add. Maas

κἂν γὰρ Πέτρος μόνος ταῦτα θαυματουργῇ, 5
μηδεὶς ἄμοιρον ἡγείσθω τὴν σὺν αὐτῷ πεπορευμένην·
αὐτὴν γὰρ τὴν ἐνέργειαν ἔχει τοῦ πνεύματος·
ἀλλ' ὅτι κορυφαῖος ἦν Πέτρος τῶν δώδεκα,
σπουδάζει ὁ θεολόγος πρεσβεία τούτῳ διδόναι·
ἡμεῖς οὖν ἐπιγράψωμεν ἀμφοτέροις 10
|: τῇ ἐλπίδι τῆς πίστεως. :|

ς' **Π**ροσήρχοντο ἐν σπουδῇ εὔξασθαι οἱ ἅγιοι·
χωλὸς δέ τις ἔκειτο πρὸς τὴν πύλην τοῦ ἱεροῦ
τῇ συμφορᾷ μόνῃ τοῖς πᾶσι μὲν ἐγνωσμένος,
ἐλεεινὸς δὲ ὑπάρχων προσαίτης ταλαίπωρος·
χωλὸς μὲν κυοφορεῖται ἐκ τῆς γαστρός, 5
μετὰ δὲ τὸ γεννηθῆναι ταλαιπωρεῖ ἐν προσαιτήσει·
ἡ μήτρα μὲν ἐγένετο χείρω πτωχείας αὐτῷ,
πενία δὲ ἠθλίωσε πλέον τῆς μήτρας αὐτῆς·
ἡ μήτρα πόδας ἐδέσμει, πενία χεῖρας ἐκτείνει·
τοῖς δυσὶ κατετήκετο, ἕως ἦλθεν 10
|: ἡ ἐλπὶς ⟨ἡ⟩ τῆς πίσ[τεως]. :|

ζ' Ἐρρίζωτο ἐν αὐτῷ τὸ τοῦ πάθους ἄλγημα,
ἐξῄρη[το δὲ ἐλ]πὶς ἰατρείας πάσης αὐτῷ·
πολυετὴς γὰρ ἡ νόσος [ἦν] τηλικαύτη,
συγγενηθεῖσα δὲ συντελευτᾶν ἠγωνίζ[ετο]·
συντέτατο δὲ πρὸς πάντας ὁ ἀσθενῶν 5
καὶ τοὺς πάν[τας] εἰσιόντας εἰς τὸν ναὸν καὶ ἐξιόντας
ἀεὶ περιβλεπόμ[ενος] πάντας ἱκέτευεν·
" Ἐμὲ κατελεήσατε ", λέγων, " φιλάγα[θοι]·
μιᾶς ἡμέρας τροφήν μοι χαρίσασθε οἱ ὁρῶντες,
[πῶς κεῖμ]αι ὁ ἀδύνατος, ἕως ἔλθῃ 10
|: ἡ ἐλπὶς ⟨ἡ⟩ τῆς πίστεως." :|

η' Ἰδὼν οὖν ὁ ἀσθενῶν τοὺς δύο, ὡς γέγραπται,
τοὺς τοῦ [Χριστοῦ] μαθητὰς σπεύδοντας εἰς τὸ ἱερόν,

ε' 11 τὴν ἐλπίδα Orphanidis
ς' 7² χείρων dub. Maas   10¹ δυσὶ] δύο dub. Trypanis m.c. (cf. 33 ιγ'
4² ubi codd. ΜΔ habent δύο et codd. ΑΤ δυσὶ)   11 ἡ add. Trypanis m.c.
ζ' 2¹ suppl. Krumb.: ἐξῄρη[νε....] Maas   3¹ metrum ‿ ‿ ‿ — ‿ ‿
3²–8² suppl. Maas   10¹ [πῶς κεῖ]μαι] Maas: [......]με P   11 ἡ add.
Trypanis m.c.
η' 1² δυό] de accentu cf. Graecos hodiernos   2¹ suppl. Maas

"Δότε μοι", έλεγε, "μ[ικρὰν] τροφῆς θεραπείαν·
βλέπω γὰρ ἄνδρας πλουτοῦντας π[...]πὸν ἀδαπάνητον."
ἐκεῖνος μὲν οὖν τοιαῦτα κράζει αὐ[τοῖς], 5
οἱ δὲ τοῖς τῆς συμπαθείας κέντροις εὐθὺς κατακεν[τῶν]ται,
"Ἐλεεινὸν ὁ κείμενος", λέγοντες, "θέαμα·
καὶ οὐδὲ ὀβ[ολὸς] ἡμῖν ὑπάρχει πρόχειρος,
ἵνα παράσχωμεν τούτῳ τῷ ταπεινῷ καὶ ἀθλίῳ·
μὴ ἄχρηστοι παρέλθωμεν, ἀλλὰ δῶμ[εν] 10
|: ⟨τὴν ἐλπίδα τῆς πίστεως⟩. :|

θ' Νῦν ὡς Χριστοῦ μαθηταὶ τοῦτον μὴ παρίδωμεν,
ἀνόνητοι τῷ χωλῷ μηδὲ ἀναπόκριτοι
ὅλως γενώμεθα· προσμείνωμεν οὖν ὀλίγον·
καί, κἂν οὐδὲν ὧν αἰτεῖ ὁ προσαίτης κεκτήμεθα,
ἀφ' ὧν ἔχομεν ἀφθόνως δῶμεν αὐτῷ· 5
ἀφ' ὧν ἡ χάρις παρέχει ἡ τοῦ κυρίου λάβῃ καὶ οὗτος·
ἐλπίδα οὖν προπέμψωμεν τούτῳ τῆς δόσεως
καὶ λόγους προσλαλήσωμεν καὶ προτρεψώμεθα·
τὴν γὰρ ψυχὴν σπουδαστέον πρὸ τῶν ποδῶν ἀνεγεῖραι,
ἵν' οὕτως τῆς ἰάσεως ἀπολαύσῃ 10
|: τῇ ἐλπίδι τῆ⟨ς πίστεως⟩." :|

ι' Ὁ πονηρὸς [[μὲν]] οὖν λαὸς τότε περιίστατο,
ὁ Πέτρος δὲ τῷ χωλῷ ἀτενίσας ἔλεγε·
"Βλέψον, ὦ ἄνθρωπε, ἡμῖν τοῖς δυσὶ καὶ μόνοις
καὶ πρὸς μικρόν σου τὸ βλέμμα ἐκ πάντων ἀπόστρεψον·
καὶ ὅλως πρὸς θεωρίαν ὧδε γενοῦ, 5
τὸ τηρεῖν τοὺς εἰσιόντας [καταλιπ]ὼν καὶ ἐξιόντας·
τῆς συλλογῆς ἀμέλησον, τῆς [προσαιτήσ]εως,
τὸ παρ' ἡμῶν διδόμενον μόνον ἀνάμεινον·
[μ]ὴ ἀ[...]λλοῦ πρὸς τοὺς ἄλλους, ἀλλ' ἄφες πάντας τοὺς ἄλλους,
[ἵνὰ μ]ὴ ἀσχολούμενος ἀπολέσῃς 10
|: τὴν ἐλπίδα τῆς πίστεως. :|

3² suppl. Trypanis   5²–10² suppl. Maas   11 add. Maas
θ' 3² ὀλίγον] προσμεινο add. P   6² metrum ⏑ ⏑ ⏑ –: κυρίου] Χριστοῦ dub. Maas
ι' 1¹ μὲν del. Maas m.c.   3² metrum ⏑ – ⏑ ⏑ ⏑ ⏑ – ⏑: δυσὶ] δύο dub. Trypanis cf. ϛ' 10¹   5 sq. corrupti   6² suppl. Orphanidis   7² suppl. Krumb.   9¹ ἀ[σχο]λοῦ dub. Maas   10¹ suppl. Krumb.

ια' Ὑπὸ πολλῶν ὁ τὸ πρὶν   τὴν τροφὴν αἰτούμενος,
    δι' ὀλίγους ὀβολοὺς   ὁ σχολάσας πᾶσιν ὁμοῦ,
    ἄφες νυνὶ πάντας,   ἡμῖν δὲ [στρέ]ψον τὸ βλέμμα·
    νῦν γὰρ πλουσίαν παράσχωμεν σοὶ τὴν [ἀπ]όδοσιν·
    καὶ λοιπὸν προσενεχθέν σοι   τὸ παρ' ἡμῶν   5
    καὶ τὸ [δοθ]έν σοι παρ' ἄλλων   ἕως τοῦ νῦν   ἔχεις συγκρῖναι."
    τοῦ Πέτρου [οὖν] ὡς ἤκουσε   τότε ὁ ἄνθρωπος,
    τοῦ πάθους μὲν τὴν ἴασιν   ὅλως [οὐ]κ ἤλπισεν·
    ηὐτρέπισε δὲ τὰς χεῖρας   τῇ ὑποσχέσει τοῦ Πέτρου·
    [χρ]υσὸν ⟨γὰρ⟩ προσεδόκησεν,   οὐ γὰρ ταύτην   10
    |: τὴν ἐλπίδα τῆς πίστεως. :|

ιβ' [Ῥή]ματι ὑπέσχετο   Πέτρος δῶρον πλούσιον·
    προτείναντα δὲ ἰδὼν   [...]λωτέραν τὴν δεξιὰν
    πρὸ θεραπείας μὲν   ἀπολογίαν προφέρει,
    ὥσπερ δὲ πλοῦτον προσφέρει πενίας τὸ καύχημα·
    " Ἀργύριόν μοι οὐκ ἔστιν   οὐδὲ χρυσός "·   5
    ὡς πολύκτητον προβάλλει   δόξαν εὐθὺς   τὴν ἀπορίαν·
    " χρυσὸν ἐγὼ οὐ κέκτημαι   οὐδὲ ἀργύριον·
    τὸν κόσμον καταλέλοιπα   τὸν παρερχόμενον·
    δικτύων ἤμην δεσπότης   ποτὲ ἰχθύας θηρεύων·
    καὶ ταῦτα δὲ κατέλιπον   καὶ κατέχω   10
    |: τὴν ἐλπίδα τῆς πίστεως." :|

ιγ' Ὡς ταῦτα δὲ ἔφησεν,   ὀφθαλμοὺς ἀνέτεινε
    συνευχομένου αὐτῷ   Ἰωάννου τοῖς λογισμοῖς,
    καὶ πρὸς τὸν κύριον   συντεταμένως ἐβόα·
    " Καρδιογνῶστα Χριστέ, βασιλεῦ ὁ θεὸς ἡμῶν,
    ἐπάκουσον τῆς φωνῆς μου   ὡς ἀγαθός,   5
    ὑπόταξόν μοι τὸ πάθος   ὡς ἰσχυρὸς   καὶ πάντων κτίστης—
    πολλοὶ γὰρ περιίστανται   τῶν σταυρωσάντων σε
    ψιλόν σε ἡγησάμενοι   ἄνδρα τὸν κύριον—
    ἵνα πιστεύσωσιν οὗτοι   καὶ σὺν ἡμῖν ἐκβοῶσιν·
    ' σὺ ὑπάρχεις ὁ θεὸς ἡμῶν   ὁ παρέχων   10
    |: τὴν ἐλπίδα τῆς πίστεως.' " :|

ια' 3²–4 suppl. Maas   6¹ suppl. Krumb.   7¹–10¹ suppl. Maas
10¹ γὰρ add. Maas
ιβ' 2² [ὐψη]λοτέραν Krumb.
ιγ' 10¹ metrum ∪ – ∪ – ∪ – ∪ ∪: σὺ del. Trypanis m.c.

ιδ' **Μετὰ** δὲ τὴν προσευχὴν πρὸς αὐτὸν ὁ κύριος
 ἀοράτως ἔφησε· " Παρεσχόμην πᾶσιν ὑμῖν
 τοῖς ἀποστόλοις μου τῶν ἰαμάτων τὴν χάριν·
 οὐ στασιάσει ὑμᾶς οὐ παθὼν οὐδὲ νόσημα·
 ψυχῶν γὰρ καὶ τῶν σωμάτων θεραπευτὰς   5
 ἐξαπέστειλα τῷ κόσμῳ πάντας ὑμᾶς ὡς ἐλεήμων·
 τὸ ὄνομά μου κάλεσον, καὶ ἰαθήσεται
 καὶ οὗτος δὲ καὶ ἅπαντες, ὅπου καλέσετε·
 τὸ ὄνομά μου τὸ μέγα τὸ εὐτελὲς παρ' Ἑβραίων,
 ὃ ἄγγελοι δοξάζουσι, τοῦτο κάλει,   10
 |: τὴν ἐλπίδα τῆς πίστεως." :|

ιε' **Ἀναλαβὼν** τὴν ἰσχὺν Πέτρος ἐν τῇ χάριτι
 τῇ πίστει καθ' ἑαυτὸν αὖθις συνεσφίγγετο
 καὶ ὡς βαλάντιον πατρῷον προσκεκτημένος
 οὕτως προσφέρει καὶ λύει καὶ τούτῳ χαρίζεται·
 " Ὅ ἔχω σοι καὶ παρέξω, ἄνερ", φησίν,   5
 " ἐξ ὧν ἔχω ἃ οὐκ ἔχεις δίδωμι σοὶ τῷ δεομένῳ·
 ὡς ἄρτου μέρος δίδωμι ἄρτι τὴν ἴασιν,
 καὶ ὡς ἐκ βαλαντίου σοι ζυμῶ τὸ βάδισμα·
 οὐχ ὡς παραλελυμένῳ, ἀλλ' ὡς δι' ὄκνον κειμένῳ
 ἐντ[έλ]λομαι καὶ λέγω σοι, ἵνα δράμῃς   10
 |: τῇ ἐλπίδι τῆς πίστεως." :|

ις' **Νῦν** ἴδωμεν ἀληθῶς θαῦμα παράδοξον,
 πῶς γέγονε τῷ χωλῷ ἡ πενία ἡ χαλεπὴ
 καὶ τῆς μητρὸς μᾶλλον τῆς τούτου χρησιμωτέρα
 καὶ τοῦ πατρὸς τοῦ γεννήσαντος τοῦτον τὸν ἄνθρωπον·
 αὐτοὶ μὲν γὰρ οἱ τεκόντες τὸν ἐξ αὐτῶν   5
 χωλόν τε καὶ παρειμένον τοῦτον εἰς γῆν ἀπογεννῶσιν·
 πενία δὲ ἀνέστησε καὶ ἀνεγέννησεν,
 ὀρθὸν αὐτὸν ἐξήγειρεν ὥσπερ οὐ πάσχοντα·
 τροφὴν λαβεῖν παρεκάλει, ἀντὶ τροφῆς δὲ λαμβάνει
 καθάπερ ἀναγέννησιν ἰατρείαν   10
 |: τῇ ἐλπίδι τῆς πίστεως. :|

 ιδ' 4 παθὼν] Trypanis : πάθος P   9² Ἑβραίοις Orphanidis
 ιε' 10¹ suppl. Krumb.
 ις' 1² metrum ⏑⏑–⏑–⏑⏑: ⟨τὸ⟩ παράδοξον dub. Maas   6² ἀπογεννῶσιν] Maas : ὑπογεννῶσιν P

39 CANTICA ON EPISODES FROM NEW TESTAMENT 309

ιζ΄ Ὁ Πέτρος τί τῷ χωλῷ   αὖθις ἀπεκρίνατο;
   ἐξέτεινε δεξιὰν   καὶ κρατήσας τοῦτον βοᾷ·
  " Ἐν τῷ ὀνόματι   Ἰησοῦ τοῦ Ναζωραίου
   ἔγειραι καὶ περιπάτει συντόνως, ὦ ἄνθρωπε " ·
   καὶ εὐθέως ἐξανέστη   ὁ ἀσθενῶν   5
   καὶ περιεπάτει τρέχων   ἐπὶ αὐτῶν   καὶ τῶν παρόντων·
   εὐθὺς γὰρ ἀνωρθώθησαν   βάσεις ἀδύνατοι,
   εὐθὺς ἐστερεώθησαν   καὶ τὰ σφυρὰ αὐτοῦ·
   πρὸς κίνησιν μὲν ὑπῆρχεν   ἀκίνητος ὥσπερ βρέφος,
   ἀνδρεῖος δὲ ἐγένετο   καὶ ἐκτρέχει   10
  |: τῇ ἐλπίδι ⟨τῆς πίστεως⟩. :|

ιη΄ Υἱοὶ λοιμοί, φθονεροὶ   ἔκθαμβοι ἐγένοντο
   καὶ πρὸς τὸν Πέτρον φησίν·   " Πόθεν σοί, ὦ ἄνθρωπε,
   ταῦτα τὰ πράγματα,   ἃ δίδως πᾶσιν οἷς θέλεις
   καὶ ἐκπλουτίζεις καὶ λέγεις· ' ὃ ἔχω καὶ δίδωμι ';
   πόθεν ἔχεις ἅπερ ἔχεις;   λέγε ἡμῖν·   5
   οὐδὲ γάρ σε ἀγνοοῦμεν,   ὡς Ἰωνᾶ   γέγονας γόνος·
   ἡ ἄγρα τῶν ἰχθύων σοι   τέχνῃ ἐτύγχανε·
   καὶ πῶς ἐκτήσω ἄθροον   πλοῦτον ἀδάπανον;
   ὡς ἐν ἰδίοις σεμνύνει   τοῖς Ἰησοῦ ταμιείοις·
   ὡς ζῶντα τὸν θανόντα γὰρ   διαγράφω   10
  |: τῇ ἐλπίδι τῆς πίστεως." :|

ιθ΄ Ταῦτα Κηφᾶς πρὸς αὐτοὺς   ἀπεκρίθη παρευθὺς
   τῆς συνδρομῆς τοῦ λαοῦ   γενομένης ἄθροον·
  " †Βλέπετε τοῦτον ὃν χωλὸν   ἐν πρώτοις κατανοοῦντες
   ὅτι τὸ πάθος πρὸ τούτου ὁ [ἄνθρωπ]ος ὃ ἐκέκτητο
   ἐτινάχθη ὡς ἀράχνῃ   κονιορτοῦ† ·   5
   καὶ λοιπὸν μὴ ὥσπερ ψεύστην   ἔχετε μὲ   ἢ λογομάχον·
   ὁρᾶτε ὃν ἐβλέπετε   πάλαι ἀκίνητον
   κινούμενον,   ἁλλόμενον   καὶ παριστάμενον·
   θαρρῶν δὲ λέγω τοῖς πᾶσι   τῆς ἰατρείας τὸν τρόπον·

ιζ΄ 3² metrum ∪ ‒ ∪ ∪̆ ∪ ∪ ‒ ∪   4 συντόνως] Orphanidis : συντόμως P
11 τῆς πίστ. add. Maas
ιη΄ 2² σοί] Orphanidis : σὺ P   3¹ ταῦτα τὰ] Trypanis m.c. : τοιαῦτα P
9¹ σεμνύεις dub. Maas   10² διαγράφεις dub. Maas
ιθ΄ 3¹ ὃν] τὸν Orphanidis   3 sq. vv. corrupti   4² suppl. Maas
5¹ ἀράχνῃ] ἡ ἄχνη R. Burn

σπουδάζω γὰρ ἰάσασθαι καὶ τοὺς πάντας 10
|: τῇ ἐλπίδι τῆς πίστεως. :|

κ' [Ὁ] πρότερον ἁλιεὺς τῶν ἰχθύων πέλων ἐγὼ
γεγένημαι ἁλιεὺς τῶν ἀνθρώπων λόγῳ θεοῦ·
πρώην μὲν δίκτυα κατέρραπτον λελυμένα
νῦν [[δὲ]] λελυμένους τοὺς πόδας τοὺς τούτου διέσφιγξα·
ἐλεημοσύνην ᾔτει ὁ ἀσθενής· 5
ἀργύριον δὲ οὐκ ἔχων παρ' ἐμαυτῷ οὐδὲ χρυσίον
ἀντὶ ἀργύρου κέκτημαι πίστιν ἀθάνατον,
ἐλπὶς δὲ Χριστοῦ ἐστιν ἀντὶ χρυσίου μοι·
μόνη δ' ἀγάπη μοι κτῆμα πρὸς ⟨τὸν⟩ θεὸν καὶ ἀνθρώπους·
καὶ ταύτης μεταδίδωμι τοῖς αἰτοῦσι 10
|: τὴν ἐλπίδα τῆς πίστεως. :|

κα' Εἰ θέλετε οὖν ὑμεῖς γνῶναι τὴν ἀλήθειαν,
τοῦ ἀτενίζειν ἡμῖν παύσασθε καὶ μάθετε·
μὴ ἐπιγράφητε ἡμῖν τὸ θαῦμα τὸ μέγα—
καὶ γὰρ ὑπάρχομεν ἄνθρωποι ὅμοιοι ἅπασιν—
προσκυνήσατε δὲ μᾶλλον τὸν Ἰησοῦν 5
τὸν τῆς χάριτος δοτῆρα καὶ ποιητὴν ὅλου τοῦ κόσμου,
τὸν Ἰησοῦν δὲ λέγομεν τὸν Ναζωραῖον ὑμῖν,
ὅνπερ καὶ ἐσταυρώσατε καὶ ἀπεκτείνατε·
οὐ γὰρ ἰδίᾳ δυνάμει ἐπράξαμεν τὸ τοιοῦτον,
ἀλλ' ἔχομεν τὸν κύριον τὸν διδοῦντα 10
|: τὴν ἐλπίδα τῆς πίστεως. :|

κβ' Πεισθῆτε οὖν ἐξ αὐτοῦ τοῦ μεγάλου θαύματος,
εἰ δύναται δύναμις ἀνθρωπίνη τοῦτο ποιεῖν·
μόνου θεοῦ ἐστι τοῦ πάντα πεποιηκότος
τοῦ ἀναστῆσαι τὴν φύσιν κειμένην ἐν πάθεσιν·
ἵνα γνῶτε δὲ ὡς ἔστι μέγας θεὸς 5
καὶ κτίστης τῶν γενομένων ὁ Ἰησοῦς ὁ Ναζωραῖος,
θεοῦ οὐκ εἶπον ὄνομα, εἰ καὶ θεός ἐστιν,
ἵνα μὴ ἀμφιβάλητε πρὸς τὴν ἐπίκλησιν,
ὅτε θεοῦ μνημονεύσας ἔτυχον οὗ ἐβουλόμην,

κ' 4¹ δὲ del. Maas   8¹ metrum ∪−∪∪−∪∪: ἐλπὶς δὲ ⟨τοῦ⟩ Χρ. ἐστιν
Trypanis   9¹ μόνη] μόνον Trypanis   9² τὸν add. Maas m.c.

ἀλλ' εἶπον καὶ τὸ ὄνομα   καὶ πατρίδα
|: ⟨τῇ ἐλπίδι τῆς πίστεως⟩." :|

κγ´ Ὁ τοῦ θεοῦ υἱὸς   καὶ θεὸς ἀΐδιος
   αὐτός ἐστιν Ἰησοῦς   ὁ Χριστὸς ὃν ἔτεκεν
   ἡ ἀπειρόγαμος·   αὐτὸς οὖν καὶ ἐσταυρώθη,
   κατ' εὐδοκίαν ἐτάφη, ἀνέστη ἐκ μνήματος,
   ἐπιστεύθη ἐν τῷ κόσμῳ   ὁ ἐκ θ[εοῦ],   5
   ἐκηρύχθη εἰς τὰ ἔθνη   ὅτι [[ὡς]] θεὸς   ἔστι δυνάστης,
   ἀνῆλθε μετὰ δόξης δὲ   καθὼς ἠθέλησε
   σαρκὶ καὶ οὐ θεότητι   πρὸς τὸν γεν[νή]σαντα·
   οὐκ ἐχωρίσθη γὰρ κόλπων   τῶν πατρικῶν, ὅτε [ἦλ]θε
   καὶ ἄνθρωπος ἐγένετο   δι' ἀνθρώπους   10
|: τῇ ἐλπίδι τῆς πίστεως. :|

κδ´ Σωτὴρ ἡμῶν Ἰησοῦ,   ὡς θεὸς ἐλέησον,
   ἀήττητε ἰατρέ,   βασι[λεῦ] ἀθάνατε·
   σὺ δυσωπήθητι   πρεσβείαις τῆς θεοτόκου
   φείσασθαι τῶν δεομένων τῆς σῆς ἀγαθότητος·
   τὴν ὀργὴν τὴν ἐπελθοῦσαν   παῦσον, Χριστέ·   5
   τὰ πάθη τῶν ἐκβρασμάτων   τὰ χαλεπὰ   δίωξον, κτίστα·
   ἡ μήτηρ σου, φιλάνθρωπε,   παρακαλέσῃ σε·
   ἡμεῖς γὰρ ὡς ἀνάξιοι   μόνον δακρύομεν
   καὶ [προ]σερχόμεθα ταύτῃ,   ἵνα αὐτὴ δεηθῇ σου·
   " Κατάλαβε, βοήθησον,   σῶσον πάντας   10
|: τῇ ἐλπίδι τῆς πίστεως." :|

κβ´ 11 add. Maas
κγ´ 5² suppl. Maas   6² ὡς del. Trypanis m.c.   8²–9² suppl. Maas
κδ´ 2²–9¹ suppl. Maas   6¹ ἐκβρασμάτων] Maas : ἐβρασμάτων P

III

Cantica on Old Testament Characters

40 (63 Kr.)

ON NOAH

Acrostichis: *ΑΙΝΟΣ ΚΑΙ ΟΥΤΟΣ ΡΩΜΑΝΟΥ*

Prooemium I: *Ἰδιόμελον*

Ἐπὶ Νῶε   τὴν ἁμαρτίαν κατέκλυσας·
ἐπ' ἐσχάτων   διὰ βαπτίσματος ἔσωσας
τὸ γένος τῶν ἀνθρώπων,   Χριστὲ ὁ θεός·
μέλλεις δὲ πάλιν   διὰ πυρὸς   ἀνακαθαίρειν τὴν γῆν·
ὅθεν αἰτοῦμεν,   τοὺς ἐκτενῶς   ἀνυμνοῦντας σε ὡς εὔσπλαγχνος   5
|: ῥῦσαι πάντας τῆς ὀργῆς   στοργῇ σου τῇ πρὸς ἡμᾶς,
        λυτρωτὰ τοῦ παντός. :|

Prooemium II: *Τὴν ὑπὲρ ἡμῶν* (App. Metr. xxxvii)

Τῶν ἁμαρτιῶν   τὸ πέλαγος ἐπὶ Νῶε
ἐν ὀργῇ θυμοῦ   κατέκλυσας σῇ ἰσχύι·
ἐπ' ἐσχάτων δὲ κόσμον,   Χριστὲ ὁ θεός,
ἀνεκαίνισας   τῷ βαπτίσματι
καὶ πυρὶ τὴν γῆν   ὕστερον καθαρίσεις·   5
|: ἀλλὰ σῶσον ἡμᾶς   στοργῇ σου τῇ πρὸς ἡμᾶς,
        λυτρωτὰ τοῦ παντός. :|

Strophae: *Τὰ τῆς γῆς* (App. Metr. iii)

α' **Ἀ**φορῶν τὴν ἀπειλὴν   τῶν ὑπευθύνων,
ἣν ὑπέμειναν ποτὲ   ἐπὶ τοῦ Νῶε,

40 *Codices*: P (sine Prooem. I) T (Prooem. II et α'–γ')
Editiones: Pitra A.S. I., pp. 451 sq.; Mioni R. il M., pp. 109 sq.; Tomadakis
P.M.Y. II, pp. 87 sq.
Titulus: Εἰς τὸν Νῶε P
Dies Festus: Τῇ Κυριακῇ τῆς γ' ἑβδομάδος τῶν νηστειῶν P
Modus: ἦχος πλάγιος β'
Acrostichis: Αἶνος καὶ οὗτος Ῥωμανοῦ P
    α' PT   2¹ ὑπέμεινα T

τρέμω ενθυμούμενος τὰ δεινά μου εγκλήματα
                                        γέμοντα κατακρίσεως·
εκείνοις μὲν ὁ πλάστης ηπείλει εμπροθέσμως
χρόνον τῆς μετανοίας αναμένων αυτών· 5
ημῖν δὲ η ώρα τῆς τελευταίας ημέρας
ουκ επεγνώσθη το πότε ήξει,
ούτε αγγέλοις απεκαλύφθη,
εν ή Χριστὸς ελεύσεται ὁ πρὸ αιώνων κύριος
νεφέλαις εποχούμενος ως Δανιὴλ εώρακε 10
τοῦ διακρῖναι τὴν γῆν· πρὶν επέλθη οὖν ημῖν
                                        η τοῦ τέλους ροπή,
ικετεύσωμεν Χριστὸν εκβοῶντες αυτῷ·
|: " Ρῦσαι πάντας τῆς οργῆς στοργῇ σου τῇ πρὸς ημᾶς,
                                        λυτρωτὰ τοῦ παντός." :|

β' Ἵνα γνῶμεν οὖν ημεῖς τὰ επὶ Νῶε,
τῶν ρημάτων τῆς γραφῆς ακροηθῶμεν·
τοῦτο γὰρ εφθέγξατο πρὸς αυτὸν ὁ φιλάνθρωπος
                                        βλέπων τὰς αδικίας τῶν πρίν·
" Καιρὸς παντὸς ανθρώπου ενάντιον μου ήκει,
ὅτι η γῆ επλήσθη αδικίας πολλῆς· 5
νῦν οὖν καταφθείρω αυτοὺς καὶ πᾶσαν τὴν γένναν
τοῦ εξαρθῆναι τὴν αμαρτίαν,
ὅτι επλήσθη φθορᾶς τὰ πάντα·
υπάρχεις δὲ μονώτατος δίκαιος καὶ ευάρεστος
απὸ τῆς γενεᾶς αυτῶν· δίκην γὰρ ρόδου ήνθησας 10
εν μέσῳ τῶν ακανθῶν· ενωτίσθητι ουκοῦν σὺ ρημάτων εμῶν
τοῦ ποιῆσαι θέλημα τὸ εμὸν εκβοῶν·
|: ' ρῦσαι πάντας τῆς οργῆς στοργῇ σου τῇ πρὸς ημᾶς,
                                        λυτρωτὰ τοῦ παντός.' :|

γ' Νῦν οὖν ἄγαγε ύλην ασήπτων ξύλων
καὶ ποιήσεις κιβωτὸν καθάπερ θέλω,
ήντινα σοι δείκνυμι ως εις μήτραν βαστάζουσαν
                                        σπέρματα μελλουσῶν γενεῶν·

4² εμπροθέσμως] Maas: εμπρόθεσμον P   13¹ οργῆς] |: add. P
β' PT   6² γένναν] Maas: γενεὰν codd.   11³ εμοῦ P   12¹ ποιῆσαι]
τὸ add. T
γ' PT   3³ σπέρμα T

καὶ ταύτην ὥσπερ οἶκον ἐν τύπῳ ἐκκλησίας
ποίησον ἁρμοδίως, ὡς ἐντέλλομαί σοι· 5
νοσσιὰς ποιήσεις τὴν κιβωτὸν ἀσφαλτώσας,
τριακοσίων πηχῶν τὸ μῆκος,
πεντήκοντά δε τὸ πλάτος πάλιν·
τὸ ὕψος δὲ τριάκοντα ἐπισυνάγων ποίησον
εἰς πῆχυν ἕνα ἄνωθεν διώροφα, τριώροφα 10
σκευάσεις τῇ κιβωτῷ· τὴν δὲ θύραν τέλεσον
ἐκ πλαγίων αὐτῆς,
καὶ ἐν αὐτῇ φυλάξω σὲ βοῶντα μοι πιστῶς·
|: ' ῥῦσαι πάντας τῆς ὀργῆς στοργῇ σου τῇ πρὸς ἡμᾶς,
λυτρωτὰ τοῦ παντός.' " :|

δ' Ὅτε ἤκουσε ταῦτα ἐκ τοῦ κυρίου,
οὐ παρήκουσεν οὐδὲν τῶν λεγομένων,
ἀλλὰ ἐπειγόμενος ἐκτελέσαι τὸ πρόσταγμα
τάχιον καθὼς ἔφη θεὸς
ποιεῖται τὴν σχεδίαν ὡς ἔντιμος οἰκέτης
οὕτως, καθὼς ὁ πλάστης προσέταξεν αὐτῷ· 5
νοσσιὰς ὀρνέων καὶ ταμιεῖα θηρίων
ποιεῖ ἐν ταύτῃ, καθάπερ γράφει,
τὰ περικύκλῳ τῶν ὑπερῴων,
κατάγαια διώροφα καταφυγὴν τοῖς κτήνεσιν,
ὁμοίως καὶ τριώροφα τοῖς πετεινοῖς καὶ τοῖς ἑρπετοῖς, 10
τὰ πάντα πίστει ἐκτελῶν, ἵνα μὴ τῶν τοῦ θεοῦ
παρακούσῃ ῥητῶν
καὶ ὀφθῇ ὑπεύθυνος ὡς μὴ κράζων αὐτῷ·
|: " Ῥῦσαι πάντας τῆς ὀργῆς στοργῇ σου τῇ πρὸς ἡμᾶς,
λυτρωτὰ τοῦ παντός." :|

ε' Συνετῶς ὁ ἐκλεκτὸς πληροῖ τὸ ἔργον,
ἀσυνέτων δὲ λαὸς ὁρῶν τὰ ἔνδον
ἔγνω τὸ τελούμενον, καὶ τὸ δρᾶμα ἀκούσαντες
ἔδοξαν φαντασίαν ὁρᾶν·
ὁ δίκαιος δὲ πίστει ἐβόα τοῖς ἀπίστοις·
" Παύσατε μέχρι τούτου τὴν ὀργὴν τοῦ θεοῦ· 5

9² ἐπισυνάγων] Mioni: ἐπισυναγάγων P   11¹ τὴν κιβωτὸν T   12¹ ταύτῃ T
δ' P   11¹ τελῶν Mioni   11³ ῥητῶν] Maas m.c.: ῥημάτων P

40

ἐν τάχει γὰρ ἥξει   καὶ οὐ μὴ συγχωρηθείη
ἡ ἀπιστία   τῶν ἐν τῷ βίῳ,
εἰ μὴ τὸ τάχος   ἐπιστραφῆτε·
σφοδρὸς γὰρ καταβήσεται   κατακλυσμὸς αἰφνίδιον,
καὶ ὄρη ἄπερ βλέπετε   καλύψουσι τὰ ὕδατα   10
καὶ καταφθείρουσι τὴν γῆν   ἣν ἀπόλλυτε ὑμεῖς
    ἐν τοῖς ἔργοις ὑμῶν·
ἀλλὰ κλαύσατε πικρῶς   καὶ κράξατε θεῷ·
|: ' ῥῦσαι πάντας τῆς ὀργῆς   στοργῇ σου τῇ πρὸς ἡμᾶς,
    λυτρωτὰ τοῦ παντός.' " :|

ϛ' Καθορῶν τῶν δυσμενῶν   τὴν ἀπιστίαν
καὶ τὴν ἄμετρον αὐτῶν   ἀπανθρωπίαν
Νῶε διετρύχετο   καὶ ὑπὲρ τούτων προσηύχετο
    ὅπως μετανοήσωσιν·
ὁρῶν τὴν οἰκουμένην   σχεδὸν συντελουμένην
ἔστενεν ἐν τῇ καρδίᾳ   ἐκβοῶν τῷ λαῷ·   5
" Ἐκφύγετε τάχος   ἐκ τῆς δεινῆς ἁμαρτίας
ἀποσοβοῦντες   τὰς πονηρίας,
μετανοοῦντες   ἐφ' οἷς ἑδρᾶτε·
τὸν ῥύπον τῆς ψυχῆς ὑμῶν   δάκρυσιν ἀποσμήξατε·
τὸ κράτος τοῦ θεοῦ ἡμῶν   πίστει ἐξιλεώσασθε·   10
πρὶν οὖν ἐπέλθῃ ὑμῖν   ἡ αἰφνίδιος ὁρμὴ   τῆς ὀργῆς τοῦ θεοῦ
ἀπαλείφουσα ὑμᾶς,   βοήσατε αὐτῷ·
|: ' ῥῦσαι πάντας τῆς ὀργῆς   στοργῇ σου τῇ πρὸς ἡμᾶς,
    λυτρωτὰ τοῦ παντός.' " :|

ζ' Αὐτοὺς θέλων παιδεῦσαι   τῷ παραδόξῳ
ἐπακούσας τῇ εὐχῇ   ⟨τῇ⟩ τοῦ δικαίου,
ἅπαντα συνήγαγεν   ἐν σοφίᾳ ὁ κύριος
    κτήνη τὰ ἐν τοῖς ὄρεσιν
ἐνώπιον τοῦ Νῶε   ὡς πρὶν τῷ πρωτοπλάστῃ
θῆρας δὲ δεδοικότας   τὴν ὀργὴν τοῦ θεοῦ·   5
τὰ κτήνη πτοοῦνται   καὶ οἱ βροτοὶ ὡς κτηνώδεις
οὐκ ἀπωθοῦντο   τὴν πονηρίαν,
ἀλλὰ ἡγοῦντο   ὡς φάσμα βλέπειν·

ϛ' P $2^{1-2} = \iota' 2^{1-2}$ 5^1 metrum cf. ιϛ' 5^1
ζ' P 2^2 τῇ add. Maas m.c.

πρὸς τούτους δὲ ἐφθέγγετο   Νῶε ὁ τρισμακάριος·
" Τοῖς λόγοις μου οὐ πείθεσθε·   πείσει ὑμᾶς τὰ ἄλογα   10
νῦν ἄπερ βλέπετε,   ὅτι λύκοι καὶ ἀμνοὶ   ἵστανται ὁμαδόν,
ἑρπετὰ μετὰ πτηνῶν,   καὶ οὐ κράζετε ⟨θεῷ⟩·
|: ' ῥῦσαι πάντας τῆς ὀργῆς   στοργῇ σου τῇ πρὸς ἡμᾶς,
                              λυτρωτὰ τοῦ παντός. ' " :|

η΄ Ἱκετεύων συνετῇ   διδασκαλίᾳ
   οὐ μετέτρεπεν υἱοὺς   τῆς ἀπειθίας·
   ὅθεν καὶ προσέθηκαν   τοῖς κακοῖς καὶ ἐπέμειναν
                              πωρωθέντες οἱ ἄθλιοι·
   τοιαύτη ἀσπλαγχνία   ἐφάνη ἐν Αἰγύπτῳ
   ἐπὶ τῇ ἀπειθείᾳ   τοῦ λαοῦ Φαραώ·   5
   σκληρὰ γὰρ καρδία   ἐκτυφλωθεῖσα ἀνοίᾳ
   οὐ κατευθύνει   ἕως θανάτου;
   ὃ καὶ ἐδείχθη   ἐπ' ἀμφοτέρων·
   ἀπόλωλαν τὸ πρότερον   κατακλυσμῷ οἱ γίγαντες,
   ὡσαύτως οἱ Αἰγύπτιοι   σὺν Φαραὼ εἰς θάλασσαν,   10
   ὥσπερ ἐν χρόνοις τισὶν   ὁ λαὸς ὁ ἀσεβὴς   ἐν Σοδόμοις οἰκῶν,
   ἐξ ὧν ἔσωσε θεὸς   κραυγάζοντα τὸν Λώτ·
|: " Ῥῦσαι πάντας τῆς ὀργῆς   στοργῇ σου τῇ πρὸς ἡμᾶς,
                              λυτρωτὰ τοῦ παντός. " :|

θ΄ Ὁμαδὸν ἠθροισμένων   θηρῶν ἀγρίων,
   ἑρπετῶν καὶ πετεινῶν   ὁμοῦ παρόντων—
   πάντα γὰρ συνήχθησαν   τῇ προστάξει τοῦ κτίσαντος
                              εἰσελθεῖν εἰς τὴν λάρνακα—
   εὐχῇ δὲ ἀδιστάκτῳ   ἐβόα ὁ θεράπων
   ἄμεμπτος τηρηθῆναι   ἐν πᾶσι τῷ κριτῇ·   5
   σοφῶς δὲ εἰσάγων   τὰ ἀναρίθμητα ζῷα
   ἐν τοῖς ταμείοις   τῆς τριωρόφου
   καθάπερ εἶπεν   ὁ παντοκράτωρ·
   ζυγὰ μὲν τὰ ἀκάθαρτα,   τὰ καθαρά, ὡς γέγραπται,
   ἑπτὰ ἑπτὰ συνέκλεισεν,   ἅπερ καὶ διεχώρισε   10

12² suppl. Trypanis, cf. ε΄ 12²
    η΄ P   4¹ τοιαύτη] Orphanidis: τῇ αὐτῇ P   9¹ ἀπόλωλαν τὸ πρ.]
Maas (et Mercati): ἀπολώλαντο πρ. P
    θ΄ P   5¹ ἄμεμπτος] Maas: ἀμέμπτως P   7¹ ταμείοις] Maas:
ταμιείοις P

τῷ ἐν ὑψίστοις βοῶν· " Μὴ παρίδῃς με, σωτήρ,
ὁ τὰ πάντα ὁρῶν,
ἀλλὰ σῶσον με ⟨ἀεὶ⟩ βοῶντα σοι πιστῶς·
|: ' ῥῦσαι πάντας τῆς ὀργῆς στοργῇ σου τῇ πρὸς ἡμᾶς,
λυτρωτὰ τοῦ παντός.' " :|

ι΄ Ὑπερεῖδεν οὖν λοιπὸν τοὺς ἀσυνέτους
καὶ τὴν ἄμετρον αὐτῶν ἀπανθρωπίαν·
πάντων κατεφρόνησε καὶ τὸ μέλλον ἐφρόντισε
δάκρυσιν ἱκετεύων θεόν·
" Ἐξήγαγές με πάλαι ἐκ μήτρας, ὁ θεός μου·
σῶσον με καὶ ἐν ταύτῃ τῇ τερπνῇ κιβωτῷ· 5
καθάπερ γὰρ τύμβῳ ἐναποκλείομαι ταύτῃ,
ἐξ ἧς ἐξέλθω τῇ σῇ δυνάμει
ὥσπερ ἐκ τάφου σοῦ με καλοῦντος·
ἐν ταύτῃ προτυπώσω νῦν τὴν πάγκοσμον ἀνάστασιν,
ἐν ᾗπερ τοὺς δικαίους σου σῴζεις πυρὸς καθάπερ κἀμὲ 10
ἐκ μέσου ἀσεβῶν ἀφαρπάσας σῴζεις με
ἐν κλύδωνι κακῶν,
ἐκβοῶντα σοι πιστῶς τῷ εὐσπλάγχνῳ κριτῇ·
|: ' ῥῦσαι τάχος τῆς ὀργῆς στοργῇ σου τῇ πρὸς ἡμᾶς,
λυτρωτὰ τοῦ παντός.' " :|

ια΄ Τότε πράξας ὁ σοφὸς εὐρύθμως πάντα
διὰ ῥήματος θεοῦ εἰσήχθη τάχος
ἅμα τοῖς υἱοῖς αὐτοῦ καὶ σὺν ταῖς γυναιξὶν αὐτῶν
ἔνδοθεν ὀκτὼ μόναι ψυχαί·
στενάζων δ' ἀνενδότως ἐβόα ὁ θεράπων·
" Μή με συναπολέσῃς τοῖς ἀδίκοις, σωτήρ· 5
αὐτὴ γὰρ ἡ κτίσις νῦν συνταράττεται ἤδη,
καὶ τὰ στοιχεῖα δονοῦνται φόβῳ
τῆς οἰκουμένης συγκλονουμένης·
νεφέλαι ηὐτρεπίσθησαν, καὶ ὁ ἀὴρ συγκέχυται·
οἱ ἄγγελοι προτρέχουσι τῆς ἀπειλῆς σου πρόδρομοι." 10

11² σωτήρ] Maas m.c. : σερ P   12¹ ἀεὶ add. Trypanis m.c.
ι΄ P   2¹⁻² = 5' 2¹⁻²   8² με καλοῦντος] Maas : μετακαλοῦντος P
ια΄ P   4¹ δ'] Trypanis m.c. : δὲ P   5² σωτήρ] Maas : σερ P

τοιαῦτα λέξαντος αὐτοῦ ἠσφαλίσατο θεὸς τὴν κιβωτόν
καὶ ἐσφράγισεν αὐτὴν βοῶντος τοῦ πιστοῦ·
|: " Ῥῦσαι πάντας τῆς ὀργῆς στοργῇ σου τῇ πρὸς ἡμᾶς,
λυτρωτὰ τοῦ παντός." :|

ιβ´ Οὐρανόθεν ὁ κριτὴς κελεύει τότε,
καὶ ἠνοίχθησαν εὐθὺς οἱ καταράκται
ὄμβρους ἐπαφίοντες, ὀχετούς τε καὶ χάλαζαν
εἰς τὰ πέρατα ⟨ἅ⟩παντα·
πηγαὶ δὲ τῆς ἀβύσσου ἐρράγησαν τῷ φόβῳ,
ὅθεν καὶ ὑπερῆλθον πάντα τόπον τῆς γῆς· 5
ἐκάλυψαν ὄρη τὰ ὑψηλότατα λίαν,
καὶ οὐχ ὡρᾶτο ξηρὰ οὐκέτι,
ἀλλὰ ὑπῆρχε καθὼς τὸ πρώην·
ἀνήχθη γὰρ τὰ ὕδατα εἰς πήχεις πεντεκαίδεκα,
καὶ πάντα ἐκαλύφθησαν τὰ ἀπ᾽ ἀρχῆς ὁρώμενα 10
τῇ ἀπειλῇ τοῦ θεοῦ, ὅτι ἔμειναν βροτοὶ τῇ πωρώσει αὐτῶν
καὶ οὐκ ἔσπευσαν πιστῶς ἐκβοῆσαι αὐτῷ·
|: " Ῥῦσαι πάντας τῆς ὀργῆς στοργῇ σου τῇ πρὸς ἡμᾶς,
λυτρωτὰ τοῦ παντός." :|

ιγ´ Συνεπνίγοντο πλήθη τὰ τῶν ἀλόγων
ἅμ᾽ αὐτοῖς τῶν λογικῶν ἀπολλυμένων·
νάπαι διερρήγνυντο καὶ βουνοὶ διελύοντο
δύναντες εἰς ἀπέραντον·
ἡ ἄβυσσος ἐξήχει, φωνὴ βροντῶν ἐκτύπου,
ἀστραπαὶ δὲ σπινθῆρας ἀπέβαλον σφοδρῶς· 5
κατέδυσαν ὄρη ἐν ⟨ταῖς⟩ καρδίαις θαλάσσων
τῆς οἰκουμένης καταντλουμένης,
σφοδρῶν ἀνέμων ὑπερφυσώντων·
ἀπόλωλαν οἱ γίγαντες, οἱ ἀπ᾽ αἰῶνος ἄνθρωποι
ἀπαύστως παροργίσαντες τὸν πρὸ αἰώνων κύριον· 10
ὡς ἀθετοῦντες αὐτὸν ὑπὸ πλήθους ὑετῶν κατεκλύσθησαν,
ἐκαλύφθησαν βυθῷ μὴ βοήσαντες ⟨θεῷ⟩·
|: " Ῥῦσαι πάντας τῆς ὀργῆς στοργῇ σοῦ τῇ πρὸς ἡμᾶς,
λυτρωτὰ τοῦ παντός." :|

ιβ´ P   3³ ⟨ἅ⟩παντα Maas m.c.   5² τόπον om. P¹
ιγ´ P   2¹ ἄμ᾽] Maas m.c.: ἅμα P   6² ταῖς add. Maas m.c.
12² suppl. Trypanis, cf. ε´ 12²

ιδ' Ῥαθυμίας καὶ φθορᾶς   ἀφαιρεθείσης
    καὶ πάντων τῶν ἐν σαρκὶ   καταφθαρέντων,
    ὄμβροι οὐκ ἐξέλιπον,   ἕως ὅτε ἐξήλειπτο
                                ἅπαν γῆς τὸ ἀνάστημα·
    ⟦τεσ⟧σαράκοντα ἡμέρας   καὶ νύκτας ἰσαρίθμους
    ὕδατα ἀνυψοῦντο   ἐπὶ ὕψος πολύ·   5
    ἐμνήσθη οὖν τότε   τοῦ ἐκλεκτοῦ ὁ δεσπότης
    καὶ ἀναστέλλει   τὰ νέφη ἄφνω
    ἐξαποστείλας   εἰρήνης πνεῦμα·
    συνέσχε γὰρ τὴν ἄβυσσον   καὶ τὰς πηγὰς ἐκάλυψε,
    καὶ οὕτω διεχώρισαν   ἐκ τῆς ξηρᾶς τὰ ὕδατα   10
    ἐν τῇ προστάξει αὐτοῦ·   τῷ δεκάτῳ ⟨γὰρ⟩ μηνὶ
                                τῶν ὀρέων, φησίν,
    ὤφθησαν αἱ κεφαλαὶ   βοῶντος τοῦ πιστοῦ·
    |: " Ῥῦσαι πάντας τῆς ὀργῆς   στοργῇ σου τῇ πρὸς ἡμᾶς,
                                λυτρωτὰ τοῦ παντός." :|

ιε' Ὡς δὲ ἀκαταλήπτῳ   τῇ δυναστείᾳ
    διεχώρισε τὸ ὕδωρ   ὁ πανοικτίρμων,
    παύσας τὸν θυμὸν αὐτοῦ   εὐσπλαγχνίᾳ ἠλέησεν
                                ἅπαντας τοὺς ἐν τῇ κιβωτῷ·
    ἐμνήσθη τῆς ἰδίας   εἰκόνος ὁ οἰκτίρμων,
    ἥντινα καὶ ποθήσας   διέπλασε χερσίν·   5
    ἐπήγαγε πνεῦμα   καὶ ἠλαττοῦτο τὸ ὕδωρ
    ἐπὶ ἡμέρας   πολλὰς ὡς οἶμαι
    καὶ ὑπεχώρει   καθάπερ πρώην·
    εἰς τὰς συναγωγὰς αὐτοῦ,   καὶ ἡ ξηρὰ ἐδείκνυτο·
    διὸ καὶ ἐπεκάθισεν   ἡ κιβωτός, ὡς γέγραπται,   10
    εἰς ὄρη τὰ Ἀραράτ·   καὶ ἐπαύθη ὁ κλυδὼν
                                πάραυτα ἐξ αὐτῆς
    εὐχομένου τοῦ πιστοῦ   ἱκεσίᾳ δεκτῇ·
    |: " Ῥῦσαι πάντας τῆς ὀργῆς   στοργῇ σου τῇ πρὸς ἡμᾶς,
                                λυτρωτὰ τοῦ παντός." :|

        ιδ' P   2¹ metrum ∪∪−∪∪−   4¹ corr. Maas m.c.   11² γὰρ add. Maas m.c.
        ιε' P   1¹ ἀκαταλήπτῳ] Maas : ἀκατάλυπτα P   11³ πάραυτα Ioannou : παρ' αὐτὰ P

ις' Μετὰ ταῦτα ὁ χορὸς   τῶν ἀσωμάτων
    τὸν ἐν σώματι λαὸν   ἰδὼν φθαρέντα
    τότε ἀνεβόησεν   ὅτι· " Ἄρτι κρατήσωσι
                    δίκαιοι τῶν περάτων τῆς γῆς·
    ἡδέως γὰρ ὁ πλάστης   ὁρᾷ τοὺς κατ' εἰκόνα·
    ὅθεν κατ' ἰδίαν σῴζει   τοὺς ὁσίους αὐτοῦ."   5
    ἀνοίξας δὲ Νῶε   κατανοεῖ τὸν αἰθέρα
    καὶ ἀνεβόα   τοῖς ἐκ τῶν σπλάγχνων·
    " Μὴ ῥαθυμεῖτε,   ἀλλὰ θαρσεῖτε".
    εὐθὺς δὲ ἐξαπέστειλε   τὸν κόρακα ὁ ὅσιος,
    καὶ οὗτος οὐχ ὑπέστρεψε   παραχειμάσας ἔξωθεν·   10
    καὶ γὰρ πάντοτε ποθεῖ   τὸν χειμέριον καιρὸν
                    συγχαίρων τῷ βορρᾷ·
    ὅθεν οὐκ ἀνέλυσε   πρὸς τοὺς κράζοντας·
    |: " Ῥῦσαι πάντας τῆς ὀργῆς   στοργῇ σου τῇ πρὸς ἡμᾶς,
                    λυτρωτὰ τοῦ παντός." :|

ιζ' Ἀλλ' εὐθὺς περιστερὰν   ἐξαποστέλλει
    τὴν ἀκέραιον οὖσαν   ἐν τοῖς ὀρνέοις·
    ἥτις καὶ ὑπέστρεψε   μὴ εὑροῦσα ἀνάπαυσιν
                    πρὸς τὸν Νῶε τὸν δίκαιον·
    ὃς ἐπισχὼν ἡμέρας   ἑπτὰ ἐξαποστέλλει
    ταύτην, καὶ ἐπανῆλθε   πρὸς ἑσπέραν σχεδὸν   5
    κατέχουσα κάρφος   ἐν τῷ στόματι ⟦τῆς⟧ ἐλαίας
    θεοῦ σημαῖνον   τῷ πανολβίῳ
    τὴν εὐσπλαγχνίαν   ἐν μυστηρίῳ·
    εὐθὺς οὖν ἐξελήλυθε   Νῶε ἀπὸ τοῦ μνήματος
    κελεύσει τοῦ προστάξαντος   μετὰ πάντων τῶν ἔνδοθεν,   10
    οὐχ ὥσπερ πρώην Ἀδάμ·   οὐ γὰρ ἔφαγε φυτοῦ
                    θανατοῦντος αὐτόν,
    ἀλλ' ἐβλάστησε καρπὸν   μετανοίας βοῶν·
    |: " Ῥῦσαι πάντας τῆς ὀργῆς   στοργῇ σου τῇ πρὸς ἡμᾶς,
                    λυτρωτὰ τοῦ παντός." :|

ιη' Νεκρωθείσης τῆς φθορᾶς   καὶ ἀδικίας,
    κραταιοῦται ὁ εὐθὺς   τῇ διανοίᾳ

    ις' P   5¹ metrum cf. ς' 5¹
    ιζ' P   6² τῆς del. Trypanis m.c.   9² τοῦ om. P¹
    ιη' P

πίστει ὡς εὐάρεστος, καὶ οἱ τούτου ἀπόγονοι
λάμψαντες ἐπὶ γῆς ἀπ᾽ ἀρχῆς·
ὁ δίκαιος δὲ τότε θυσίαν ἀναπέμπει
ἄμωμον τῷ κυρίῳ ἱκεσίᾳ πολλῇ· 5
ὠσφράνθη δ᾽ ὁ πλάστης ὥσπερ ὀσμῆς εὐωδίας,
καὶ παρεκλήθη φιλανθρωπίᾳ
καὶ ὅρκῳ στήσας ἐπαγγελίαν
βοᾷ· " Οὐκέτι φθείρονται κατακλυσμῷ τὰ σύμπαντα,
εἴπερ καὶ πάντες ἔγκεινται τῇ πονηρίᾳ ἄνθρωποι· 10
νῦν οὖν ἀνίστημι αὐτοῖς διαθήκην ἀρραγῆ
τὸ τόξον μου δεικνὺς
εἰς σημεῖον τοῖς ἐν γῇ, ὅπως κράζωσι μοί·
|: ' ῥῦσαι πάντας τῆς ὀργῆς στοργῇ σου τῇ πρὸς ἡμᾶς,
λυτρωτὰ τοῦ παντός.' " :|

ιθ' Ὅτε εἶδεν ὁ σοφὸς τὴν γαῖαν πᾶσαν
ἐξ ἀνθέων ποικίλων στεφανουμένην,
τότε κατεβάλετο ταῖς ἀρούραις τὰ σπέρματα
μένων τὴν εὐφορίαν τῆς γῆς·
φυτεύει ἀμπελῶνα καὶ βάλλει ἐλαιῶνα,
σύντομον δὲ παρεῖχον εὐκαρπίαν αὐτῷ· 5
τρυγήσας οὖν Νῶε τὴν λύπην παραμυθεῖται,
καὶ ἐμεθύσθη πιὼν ἀμέτρως
καὶ ἐγυμνώθη ὑπνῶν καὶ ῥέγχων·
μὴ φέρων οὖν ὁ βάσκανος βλέπειν βροτὸν ἀμέριμνον,
τὸν ἕνα ἐξηπάτησε τῶν ἀδελφῶν ὁ δόλιος 10
ἐμπαίζειν ἰδίῳ πατρί· καὶ ἐκνήψας ὁ σοφὸς
καταρᾶται τῷ Χάμ,
τοὺς δὲ δύο εὐλογεῖ σκεπάσαντας βοῶν·
|: " Ῥῦσαι τούτους τῆς ὀργῆς στοργῇ σου τῇ πρὸς ἡμᾶς,
λυτρωτὰ τοῦ παντός." :|

κ' Ὑποπίπτει ὁ Ἀδὰμ τῇ παραβάσει,
καὶ ὑπεύθυνος ὁ Χὰμ εὑρέθη ταύτῃ·
ταῦτα δὲ πρὸς ἔλεγχον ἡ γραφὴ ἀνιστόρησεν
ἅμα καὶ νουθεσίαν ἡμῶν·

3³ ἀπ᾽ ἀρχῆς] Trypanis : ὡς ἀπαρχῆς P
κ' P

την πλάνην οὖν φυγόντες νικήσωμεν τῇ πίστει
πᾶσαν τὴν πανουργίαν τοῦ δολίου ἐχθροῦ·
ὑπάρχοντες τέκνα τῆς ἀμώμου κολυμβήθρας
μὴ ὑπαχθῶμεν τῇ ἁμαρτίᾳ,
ὥσπερ Ἰούδας φιλαργυρίᾳ·
ἐκεῖνος γὰρ κατέλιπε τὴν ἄμπελον τὴν ἀληθινήν,
καὶ ἀκάνθας ἐβλάστησε καὶ χερσωθεὶς ἀπώλετο·
ἐσόμεθα οὖν ἄμπελος τοῦ κυρίου Σαβαὼθ
ἐκποθοῦντες Χριστόν,
ἔργα ἔχοντες καλὰ καὶ βοῶντες αὐτῷ·
|: " Ῥῦσαι πάντας τῆς ὀργῆς στοργῇ σου τῇ πρὸς ἡμᾶς,
λυτρωτὰ τοῦ παντός." :|

41 (65 Kr.)

ON ABRAHAM AND ISAAC

Acrostichis: *ΕΙΣ ΤΟΝ ΑΒΡΑΑΜ ΡΩΜΑΝΟΥ ΥΜΝΟΣ*

Prooemium: *Ἰδιόμελον*

Ὡς καθαρὰν θυσίαν καὶ ἄμωμον προσφορὰν
ἀναιμωτὶ ἐδέξω τὸν ἄκακον Ἰσαὰκ
ἐκ πατρὸς προσαγόμενον ὑπὲρ υἱῶν ἀγαπώντων σε·
τῆς γὰρ φιλίας θριαμβεύσας τὴν γνώμην,
τῆς ἀτεκνίας τὸν πρεσβύτην ἐρρύσω, φιλάνθρωπε,
|: ὁ δοτὴρ τῶν ἀγαθῶν καὶ σωτὴρ τῶν ψυχῶν. :|

Strophae: *Ἰδιόμελον* (App. Metr. xxx)

α' Εἰς ὄρος ἀναβαίνοντα σὲ τὸν πρεσβύτην ὁ νέος ἐγὼ
ζηλῶσαι θέλω καὶ ναρκοῦσί μου πόδες·
εἰ γὰρ καὶ τὸ πνεῦμα πρόθυμον, ἀλλ' ἡ σὰρξ ἀσθενής·

11 3 ἐκποθοῦντες] Maas: ὃν ποθοῦντες P
41 Codices: P
Editiones:Mioni R. il M., pp. 129 sq.; Tomadakis P.M.Y. I, pp. 39 sq.
Titulus: On Abraham and Isaac Trypanis: Εἰς τὴν θυσίαν Ἀβραάμ P
Dies Festus: Τῇ Κυριακῇ τῆς δ' ἑβδομάδος τῶν νηστειῶν
Modus: ἦχος πλάγιος α'
Acrostichis: Εἰς τὸν Ἀβραὰμ Ῥωμανοῦ ὕμνος P
Ephymnium non convenit. In str. α'–ιη' invenimus |: ὅτι μόνος ἀγαθὸς ὁ σωτὴρ τῶν ψυχῶν ἡμῶν :|; in str. ιθ' |: ἄλλον τρόπον :|; et in str. κ'–κδ' |: ὅτι μόνος ἀγαθὸς ὁ δοτὴρ τῶν ἀγαθῶν καὶ :|
α' 3¹ metrum cf. κα' 3¹

ὦ ψυχή μου, θάρρησον θεωροῦσα
τὸν Ἀβραὰμ νῦν τὸ γῆρας ἀποθέμενον καὶ νεάζοντα· 5
οὗ ἔκαμνον πόδες, ἀλλ' ἠνδρίζετο τῇ γνώμῃ·
ἠγνόει τὸν τόπον καὶ ἀπῄει τῷ τρόπῳ
ὁδηγοῦντος αὐτὸν τοῦ καλέσαντος.
〚|: ὅτι μόνος ἀγαθὸς ὁ σωτὴρ τῶν ψυχῶν ἡμῶν. :|〛

β' Ἰσχὺς οὖν ἦν ἡ πίστις σου· ὅθεν ὁ πόθος πολὺς ἦν ὁ σὸς
τοῦ ἐκτελέσαι τοῦ καλοῦντος τὴν βουλήν·
τί δέ σοι ὁ καλῶν προσέταξεν, ἀκούσωμεν·
" Λάβε παῖδα τὸν ἐκ τῶν σῶν λαγόνων,
ὅνπερ ἐν γήρει ἔσχες παραμύθιον, καὶ σφάξον μοι ". 5
ὦ πόσης ὑπῆρχε τούτῳ λύπης τὸ ῥῆμα·
οὐκ εἶπε γάρ· " Παῖδα " καὶ ἠρκέσθη τῷ λόγῳ,
ἀλλ' ἠρέθιζε σπλάγχνα ⟨τοῦ⟩ γέροντος.
|:

γ' Σκληρὸν μὲν τὸ πρόσταγμα, σὺ δὲ πρὸς τοῦτο,
πρεσβῦτα, ὀξύς·
τοῦ γὰρ παιδός σοι ποθεινότερος θεός·
διὸ πρὸς τὸ ῥηθὲν ἀμφίβολος οὐ γέγονας·
πῶς οὐκ εἶπας· " Διὰ τί με πατέρα,
καὶ οὐ φονέα τέκνου προσηγόρευσας, ὦ δέσποτα; 5
ὃ γίνομαι λέγε, ὃ οὐ γέγονα μὴ κάλει·
καιρὸν γὰρ ὀλίγον ὠνομάσθην γενέτης,
εἰς αἰῶνα 〚δὲ〛 σφαγεὺς γόνου κηρύττομαι.
|:

δ' Τί ἄρα οἱ ὁρῶντες με σφάττοντα τέκνον λογίσονται νῦν;
μανέντα, οἴμοι, ἢ ἐκστάντα τῶν φρενῶν;
καὶ λῆρον μου τὸ γῆρας δόξουσιν οἱ ἀκούοντες·
πῶς χερσὶ δὲ ταῖς ἰδίαις ὀλέσω,
οὗ τοῖς δακτύλοις ἤλπιζον κλεισθῆναι μου τὰ βλέφαρα; 5

5² metrum cf. κβ' 5²: τὸ del. Trypanis m.c. 9¹⁻² del. Maas, cf. introd.
ad cant. 41
β' 8 τοῦ add. Maas m.c.
γ' 8 δὲ del. Maas m.c.

ὃν ἔλυσα σπαργάνων   πῶς δεσμήσας φονεύσω;
ὃν βλέπων σκιρτῶντα   σὲ εὐλόγουν τὸν δόντα,
οὗ γέγονα τροφεύς, σφαγεὺς οὐ γίνομαι.
|:

ε′ **Ὅ**ταν μὲν τῷ κάλλει σου   βλέψω, ὦ τέκνον,
                                        πληροῦμαι χαρᾶς·
ὅταν δὲ πάλιν   τοῦ δεσπότου ἀκούσω,
ὁ γέλως μου εἰς πένθος τρέπεται   καὶ δάκρυα·
οἴμοι, σπλάγχνον,   [[Ἰσαὰκ]] τὴν ψελλίζουσαν γλῶσσαν
ἄφωνον δείξει   χεὶρ τοῦ σὲ γεννήσαντος   ἡ σφάζουσα·   5
τὰ δὲ βλέφαρά σου   οὐ καμμύσει ἡ Σάρρα,
τὰ ῥοδίζοντα χείλη   νῦν ἀδόνητα δείξω,
ὅτι πρόσταγμα τελῶ τοῦ δώσαντος.
|:

ϛ′ **Ν**αρκῶσαν τὴν χεῖρά μου   καὶ δεδοικόσαν   τὸ ξίφος κρατεῖν
τίς κραταιώσει   καὶ διδάξει φονεύειν;
οὐ μόσχους [[σου]] οὕσπερ ἔθος ἔσχηκεν,   ἀλλὰ τέκνον μου·
τίς ὠμὸν δὲ   καὶ ἀνοίκτειρον δείξει
τὸν εὐσπλαγχνίας   χάριν εἰσδεξάμενον   τοὺς ἅπαντας;   5
ὁ πρώην ἀγνώστους   δεξάμενος καὶ θρέψας
σὲ τὸν κληρονόμον   σὸς πατὴρ πῶς ὀλέσω;
τίς ἀκούσεται κἀμὲ οὐ φεύξεται;
|:

ζ′ **Ἀ**κούσει τοὺς λόγους σου   πάντας ⟨ἡ⟩ Σάρρα,   ὦ δέσποτα,
καὶ τὴν βουλήν σου   ταύτην γνοῦσά μοι λέξει·
' εἰ αὐτὸς ὁ διδοὺς ἐλάμβανε,   τί παρέσχηκε;
σύ, πρεσβῦτα,   τὸν ἐμὸν ἔα πρός με·
καὶ ὅταν θελήσῃ   τοῦτον ὁ καλέσας σε,   δηλώσει μοι·

ε′ 1¹ τὰ κάλλη Mercati   4² Ἰσαὰκ del. Maas m.c.   7¹ ῥοδίζοντα]
ῥόδινα dub. Trypanis m.c.: metrum ∪ − ∪ ∪ − ∪: divisio post νῦν in P
7² δείξω] Trypanis: δείξει P   ϛ′ 1¹ δεδοικόσαν = δεδοικυῖαν   3¹ σου del. Mioni m.c.   8² φεύξεται]
Maas: φεύξει P
ζ′ 1² ἡ add. Trypanis m.c.

ὁ πρώην δι' ἀγγέλου τόκον τούτου σημάνας
τὸν φόνον μοι αὖθις ὡσὰν θέλῃ δηλώσει·
οὐ πιστεύω σοι τὸ τέκνον, οὐ δώσω σοι
|:

η' **Β**ραχὺν καιρὸν ζήσασα τούτῳ συζήσω ⟦καὶ⟧ μετὰ τὸ θανεῖν,
ἐὰν θελήσῃς τοῦτο δρᾶσον ἐν αὐτῷ·
μὴ λείπῃ με, καὶ λύπῃ κτείνῃ με, σοῦ αἰτέομαι·
μόλις τούτου ἐπετύχομεν, ἄνερ,
καὶ παρ' ἐλπίδας παῖδα ἐκ κοιλίας μου ἐκτησάμεθα· 5
εἰ οὖν πρώην τυχόντες ἀποτύχωμεν ἄρτι,
ἢ τάχα κυῆσαι †θηλὰς† θρέψαι ὀφείλω
καὶ ἀκμάσαντα δοῦναι τῷ δώσαντι;
|:

θ' **'Ρ**οπὴν ἐμοῦ ἀπόστηθι, τοῦτον ἀγκάλαις λαμβάνω ἐγώ,
πόνον γαστρός μου, κορεσθῆναι γὰρ ζητῶ·
εἰ χρῄζει θυσιῶν ὁ καλέσας σε, λάβῃ πρόβατον·
οἴμοι, τέκνον Ἰσαάκ, εἰ κατίδω
σοῦ ἐπὶ γαίας αἷμα ἐκχυνόμενον· μὴ γένοιτο· 5
φονεύσει με πρώτην, εἶτα οὕτως σε φονεύσει·
πρὸ σοῦ τὴν τεκοῦσαν, μετ' αὐτὴν σὲ τὸν τόκον,
μὴ κατίδω σου σφαγὴν καὶ ἀπόλωμαι.
|:

ι' **'Α**γγέλου σημάναντος ⟨ἄκαιρον⟩ τόκον ἐγέλασα πρίν,
καὶ νῦν τὸ ῥῆμα ἰδοῦσα πρᾶγμα ἐχάρην·
ἀλλ' ἤδη ἡ χαρὰ εἰς δάκρυα τάχα τρέπεται·
σύ μου φάος, σὺ αὐγὴ ἐμῶν βλεφάρων,
σὲ ὥσπερ ἄστρον βλέπουσα λαμπρύνομαι, ὦ τέκνον μου· 5

7² θελήσει P: corr. Maas
η' 1²⁻³ Hoc argumentum de vita cum dilectis post mortem continuata apud
Graecos hodiernos in lamentationibus invenimus, cf. Passow, Popularia Car-
mina Graeciae Recent., CCCLXX, CCCLXXV etc. 1³ καὶ del. Trypanis m.c.
2² δρᾶσαι Trypanis 3² αἰτέομαι Maas: αἰτῶμαι P 7² θηλὰς θρέψαι]
καὶ ἐκθρέψαι Maas metri et sensus causa: θηλαῖς θρέψαι Trypanis
θ' 3¹ metrum ∪−∪∪−∪−∪∪: ὁ del. Trypanis m.c. 5¹ γαίας]
Maas (cf. ιγ' 1²): γῆς P
ι' 1² ⟨ἄκαιρον τόκον⟩ R. Burn: ⟨σοῦ μοι τὸν⟩ τόκον Maas: ⟨τούτου τὸν⟩ τόκον
Baud–Bovy 2² metrum ∪∪−∪∪∪− 4² metrum cf. ιβ' 4², κγ' 4²

σὺ τῆς ἐμῆς κοιλίας   καρπὸς ὥριμος ὤφθης,
σὺ βότρυς περκάζων   ἀκμασάσης ἀμπέλου·
οὐ σβέσει σε πατὴρ ⟨⏑ ⏑⟩ οὐ τέμνει σε.
|:

ια′ Ἀκμάσας γενήσῃ μου   στήριγμα γήρους,   ὦ σπλάγχνον ἐμόν,
τὰ σὰ δὲ τέκνα   βακτηρία πολιᾶς·
κατίδω σῆς ὀσφύος ἔκγονα   καὶ οὕτω θνήξομαι·
σὺ δὲ κόρας   τὰς ἐμὰς ἀποκλείσῃς,
σὺ σὺν τοῖς τέκνοις   κόλποις παραπέμψῃς με
                                    τῶν πατέρων μου.   5
σὺ κλίνης μου πρῶτος   πορευόμενος κλαύσῃς·
ἐγὼ δὲ σοῦ θνῇσιν   οὐδαμῶς μὴ θρηνήσω
ὀλετῆρα σὸν πατέρα ἀκούσασα.'
|:

ιβ′ Μὴ τουτοισὶ τοῖς ῥήμασι,   γύναι, χρωμένη,   [[παρ]]ὀργίσῃς θεόν·
ἀλλότριόν τι   οὐκ αἰτεῖται παρ' ἡμῶν·
ὃ πρώην γὰρ αὐτὸς δεδώρηται,   τοῦτο λήψεται·
μὴ σπιλώσῃς   τὸ ὁλοκαύτωμα θρήνοις,
μηδὲ δακρύσῃς·   μῶμον ἐπιθήσεις γὰρ   τῇ θυσίᾳ μου·   5
θεὸς αὐτὸν θέλει,   καὶ τίς τοῦτον ἐπέχει;
καὶ κόλποις σοῖς ὄντα   θανατῶσαι ἰσχύει·
τὴν οὖν πρόθεσιν δεῖξον σου πέμψασα.
|:

ιγ′ [Ῥ]αντίσω τοῖς δάκρυσι   πᾶσαν τὴν γαῖαν   καὶ σὺ σὺν ἐμοί·
ἀλλ' οὖν ἐκ τούτου   κέρδος ἥμιν οὐκ ἔσται,
ὅταν γάρ τι θεὸς βεβούλευται,   τίς ἀνθίσταται;
ἢ δοκεῖ σοι   μόνος σὸς πέλει γόνος,
τέκνον ἐμὸν δὲ   οὗτος οὐχ ὑπάρχει νῦν   ὃν ἐγέννησα;   5
σπορεὺς αὐτοῦ πέλω   καὶ σφαγεὺς τούτου μέλλω·
ὁ τοῦτο προστάξας,   γύναι, πάντων δεσπόζει
δῶρον εὔκαιρον ἡμῶν ἐξαιτήσας με."
|:

7² ἀκμασάσης] Maas: ἀκμάσας εἰς P
  ιβ′ 1³ ὀργίσῃς] Trypanis m.c.   4² metrum cf. ι′ 4², κγ′ 4²   8 σοῦ
πέμψασα] προπέμψασα R. Burn
  ιγ′ 4¹ δοκεῖ] Maas: δοκεῖς P   6¹ πέλω] Trypanis: πέλεις P   6² μέλλω]
Trypanis: μέλλεις P

ιδ' Ὡς ἤκουσε τὰ ῥήματα τοῦ ὁμοζύγου, ⟨ἡ⟩ Σάρρα φησίν·
"Εἰ εἰς ζωήν σε θέλει, ζῆσαι προστάξει
ἀθάνατος ὑπάρχων κύριος· οὐ μὴ κτείνῃ σε·
νῦν αὐχήσω σε προσάξασα δῶρον
ἐκ κοιλιᾶς μου· τῷ δωρησαμένῳ σοι μακαρίζομαι· 5
πορεύου οὖν, τέκνον, καὶ γίνου θεῷ θῦμα
σὺν τῷ σῷ γενέτῃ, φονευτῇ δέ σου μᾶλλον·
πιστεύω δέ, γονεὺς σφαγεὺς οὐ γίνεται.
|:

ιε' Μητέρα λιμπάνων με εὕρῃς πατέρα τὸν πάντων θεόν·
αὐτὸς σφαγέντα ἀναδείξει μοι ζῶντα,
εἰ καὶ μὴ τῷ παρόντι, δείξει μοι ἐν τῷ μέλλοντι·
ἄσπασαί με, Ἰσαάκ, τὴν τεκοῦσαν
καὶ τῶν ὠδίνων μήπω ἀπολαύσασαν καὶ ἀποτρέχετε." 5
τοιαῦτα ἦν ἄρα ἅπερ ἔφη ⟨ἡ⟩ Σάρρα·
ὁ πρέσβυς δὲ πάντως †εἶπεν ἀλλ' ὑπὲρ ταῦτα†·
ἀλλ' οὐκ ἔστερξαν ὑπὲρ ⟨τὸν⟩ κύριον.
|:

ις' Αὐτὸς ὁ γεννήσας γὰρ σχίδακας τέκνῳ ἐπέθηκεν
καὶ ὤμοις φέρει †τοῖς ἐτέθετο ὅπως†
ἐνταῦθα πᾶς πιστὸς νοείτω μοι τὸ μυστήριον·
ἤλυθάν δε οὗπερ ἦσαν κληθέντες·
καὶ ὡς προβλέπων ἔφησε τὰ μέλλοντα ὁ πιστότατος· 5
"Καθίσατε", λέγων τοῖς συνοῦσιν, "ἐνταῦθα·
ἐγὼ δὲ σὺν τέκνῳ πορευθεὶς ἀναστρέψω"·
καὶ τὰ ῥήματα ἐφάνη πράγμ⟨ατα⟩.
|:

ιζ' Νευρώσας ναρκήσαντας πόδας τῇ πίστει καὶ τὴν δεξιὰν
ὁπλίσας ξίφει πρῶτον εἶχεν Ἰσαάκ·
ἀλλ' εὗρε πειρασμὸν τὰ ῥήματα τοῦ παιδός, φησίν·

ιδ' 1³ ἡ add. Maas 4¹ νῦν αὐχήσω σε] Orphanidis: νῦν αὔχει σῶσαι P
ιε' 5³ καὶ ἀπότρεχε Orphanidis 6² ἡ add. Maas m.c. 7² εἶπεν
ἄλλα τοιαῦτα dub. Trypanis 8 τὸν add. Trypanis m.c.
ις' 1² τέκνῳ] Maas: τέκνον P 2² non intellegitur, sed cf. κγ' 1¹ sq.
7² πορευθὺς P 8² πράγμ⟨ατα⟩] Maas: πράγμ:—P(?)

"Φράσον, πάτερ, τίς ὁ σφάττεσθαι μέλλων;
ἔχω τὰ ξύλα, πῦρ σὺ καὶ τὴν μάχαιραν, ποῦ τὸ πρόβατον;" 5
ὦ σπλάγχνων γενέτου πρὸς τοὺς λόγους τοῦ τέκνου·
τίς τότε ὑπάρχων ἀπηνὴς οὐκ ἐκάμφθη,
καὶ οὐκ ἔκαμψε λαλῶν, ἀλλ᾽ ἤγγρισεν;
|:

ιη' " Ὁ πρώην καλέσας με ὄψεται, τέκνον, εἰ θέλει σφαγήν·
ἡμεῖς δὲ τούτῳ ὑπουργήσωμεν", φησίν·
" *Ὦ πάτερ, κατ᾽ ἐμοῦ τὴν μάχαιραν ἠκόνησας;
βλέπω τύμβον τὸν βωμόν, ὦ γενέτα,
σὲ δὲ δεσμοῦντα ἅμα καὶ φονεύοντα ἐνοπτρίζομαι· 5
εἰ τοίνυν ὃ βλέπω ἀληθῶς ὁρῶ, λέγε·
' μὴ ἄκοντα σφάξῃς, ἵν᾽ εὐπρόσδεκτον εὕρῃς
τὴν θυσίαν σου ἐμὲ τὸ τέκνον σου.'"
|:

ιθ' Υἱοῦ μὲν τὰ ῥήματα τότε παρεῖδε πιστὸς Ἀβραάμ,
καὶ τῆς θυσίας ἦν ἐργάτης ἰσχυρὸς
καὶ πόδας σὺν χερσὶν ἐδέσμησεν ὃν ἐγέννησε·
"Πρῶτον" λέγων "δήσω εἶτα φονεύσω,
μήποτε τούτου σκίρτημα κωλύσῃ μου τὸ ὅρμημα". 5
χειρὶ λαβὼν ξίφος δοῦναι σφαγὴν ἐπεσχέθη,
οὐ τέκνου σκιρτῶντος, τοῦ θεοῦ δὲ καλοῦντος
καὶ σημαίνοντος αὐτοῦ τὰ μέλλοντα.
|:

κ' Ὑψόθεν ἐπέβλεψεν ὁ ἐπιβλέπων ἀβύσσους θεὸς
καὶ τῷ δικαίῳ ἀνεβόησε φωνήν·
"Ἀβραάμ, Ἀβραάμ, πιστότατε, στεῖλον χεῖρά σου·
γνῶναι θέλων σέ, ὁ μὴ ἀγνοήσας
σὲ πρὸ τοῦ πλάσαι, τὴν πίστιν σου εὗρον νῦν,
ἥνπερ μέλλουσι 5

ιθ' (stropha ιθ' post κ' in P, sed in margine: τὸ ιθ' πρῶτον ὅτι λήθη ἐγένετο)
6^2 metrum { ‿‿́‿‿‿‿‿ } 8 μέλλοντα] :—ἄλλον τρόπον (sic) add. P
                { ‿‿—‿‿‿‿— }
κ' (κ'] ιθ' P¹, cf. notam ad ιθ') 5^2 εὗρον νῦν] Maas m.c. : νῦν εὗρον P

†βλέπειν οἱ τῆς ἀληθείας   θερμοὶ ἐρασταί μου†
ἐπ' ἐσχάτων τῶν αἰώνων,   ὅτι μέλλει ὁ υἱός μου
εἰς ⟨τὸ⟩ ὄνομα ⟨τὸ⟩ ἐμὸν δοξάζεσθαι.
|:

κα' **Μὴ** κτείνῃς τὸν παῖδα σου·   νῦν γάρ σε ἔγνων   φοβούμενον μέ·
τοῦ υἱοῦ σου   οὐκ ἐφείσω δι' ἐμέ·
ὅντινα λαβὼν ἀπότρεχε,   καθὼς προὔλεγες "·
ταῦτα ἀκούων   Ἀβραὰμ ἔφη τότε·
" Μή τινα μῶμον   εὗρες ἐν θυσίᾳ μου   καὶ ἐπέσχες με;   5
μή τι παρερρύη   ἐν λόγῳ ἢ ἐν ἔργῳ;
ἢ⟨ν⟩ δόλος ἐν τῷ στόματί μου;   ὡς καρδίας ἐτάζων
σὺ καθάρισον καὶ σφάξαι πρόσταξον ".
|:

κβ' "**Νυνὶ** στεῖλον τὴν χεῖρα σου·   ηὗρον ὡς θέλω
σὴν πίστιν ἁγνήν·
διὸ καὶ ἔν σοι   προσκιάζω τὰ ἐμά·
ἐμὸν γὰρ εἶ σαφῶς ἐκτύπωμα,   ναί, δίκαιε·
θέλεις γνῶναι   ἐκ τῶν σῶν τὰ μετά σε;
τούτου γὰρ χάριν   ἐνθάδε σὲ ἀνήγαγον   ⟨τοῦ⟩ δεῖξαι σοι·   5
ὥσπερ οὖν οὐκ ἐφείσω   δι' ἐμὲ τοῦ υἱοῦ σου,
κἀγὼ διὰ πάντας   οὐ φείσομαι τοῦ υἱοῦ μου,
ὑπὲρ κόσμου δὲ σφαγῆναι δίδωμι.
|:

κγ' **Οὗτος** δ' ὡς ἐβάσταζε   ξύλα τοῖς ὤμοις   ὁ σὸς Ἰσαάκ,
ἐπ' ὤμων φέρει   ὁ ἐμὸς υἱὸς ⟦τὸν⟧ σταυρόν·
ὁ πόθος ὁ πολύς σοι ἔδειξε   καὶ τὰ μέλλοντα·

6¹ metrum {∪−∪∪−∪ / ∪−∪∪∪−∪}   6² metrum {∪∪−∪∪−∪ / ∪∪−∪∪∪−∪}   7¹ me-
trum ∪−∪∪−∪   7² metrum cf. κβ' 7² : ὁ del. Trypanis m.c.   8 τὸ
bis suppl. Trypanis m.c.
κα' 3¹ metrum cf. α' 3¹   3² προὔλεγες] Maas : προεῖπες P   4¹ me-
trum ∪∪−∪   7¹ ἦν] Maas: ἢ P   7² metrum ∪−∪∪−∪: ὡς del.
Trypanis m.c.
κβ' 5² metrum cf. α' 5² : ἐνθάδε] P : ἐνθά P¹ : ἔνθα (= ἐνθάδε) dub. Trypanis
5³ τοῦ add. Maas   7² metrum cf. κ' 7² : τοῦ del. Trypanis m.c.
κγ' 1³ ὁ] Maas: ὁ δὲ P   2² τὸν del. Maas m.c.

βλέψον ἄρτι   καὶ κριὸν τὸν ἐν τῷ ξύλῳ
πόθεν κρατεῖται·   βλέπων κατεμάνθανε   τὸ μυστήριον· 5
τοῖς κέρασιν οὗτος   τὰ δεσμὰ περιέχει·
τὰ κέρατα χεῖρας   τοῦ υἱοῦ μου σημαίνει·
καὶ σφάξον μοι, καὶ σὸν υἱὸν φυλάττω σοι."
|:

κδ΄ Σφαγὴν οὐ δεχόμενον   βλέπουσα Σάρρα   σὺν τῷ Ἀβραὰμ
    χορεύει πάλιν   δεξαμένη Ἰσαάκ·
    "Ὁ δείξας σε ἐμοί, ὦ τέκνον μου,   λάβῃ πνεῦμα μου".
    ταύτην ἥμιν   τὴν χαρὰν σὺ παράσχου,
    ὁ ἐπὶ ξύλου   χεῖρας ὥσπερ κέρατα   δεσμηθεὶς δι' ἡμᾶς· 5
    ἡμῶν ἱκεσίας   κενὰς μὴ ἀποστρέψῃς·
    δι' οὓς ἐσταυρώθης   ἐν θυμῷ σου μὴ κτείνῃς·
    τούτων πρέσβευε ⟦καὶ σύ⟧, πάτερ, τυχεῖν ἡμᾶς.
|:

42 (68 Kr.)

ON JACOB AND ESAU

Acrostichis: *ΤΟΥ ΤΑΠΕΙΝΟΥ ΡΩΜΑΝΟΥ[Υ]*

Prooemium: *Ἰδιόμελον*

Τὸν Ἠσαῦ μισήσας ὡς ἄσωτον   καὶ Ἰακὼβ ἀγαπήσας ὡς δίκαιον
τὴν εὐλογίαν ἐξ ἐκείνου   εἰς τοῦτον μετήγαγες·
ἀλλ' ὡς τῷ πράῳ   τῇ συμβουλίᾳ τῆς μητρός,
    ταῖς ἱκεσίαις τῆς ἀχράντου σου μητρός,   Χριστὲ ὁ θεός, 5
|: ἐξ οὐρανοῦ εὐλογίαν παράσχου ἡμῖν. :|

4² metrum cf. ι' 4², ιβ' 4²
κδ' 3¹⁻² Apud Iudaeos traditur Sarah statim obiisse cum Isaac redierit
8 καὶ σύ del. Trypanis m.c.
42 *Codices*: P
Editiones: Mioni R. il. M., pp. 164 sq.; Tomadakis P.M.Y. 1, pp. 67 sq.
Titulus: On Jacob and Esau Trypanis: Εἰς τὸν Ἰσαὰκ ὅτε εὐλόγησε τὸν Ἰακώβ P
Dies Festus: Τῇ Κυριακῇ τῆς ε' ἑβδομάδος τῶν νηστειῶν
Modus: ἦχος πλάγιος δ'
Acrostichis: Τοῦ ταπεινοῦ Ῥωμανοῦ P

Strophae: Τὸν πρὸ ἡλίου ἥλιον (App. Metr. xxvi)

α' Τὸν διὰ τῆς ὑπακοῆς σώσαντα γένος ἀνθρώπων,
 πατήσαντα τὸν ὄφιν καὶ φωτίσαντα τὸν κόσμον
 καὶ ἐκ τῆς παρθένου τεχθέντα ἀγεωργήτως,
 τὸν τῆς κατάρας ἀπαλλάξαντα κτίσιν ἅπασαν,
 τὸν τοὺς παραβάντας ῥήξαντα ἀγγέλους   5
 καὶ παραπεσόντα χειρὶ ἐγείραντα Ἀδὰμ
         ὑμνήσωμεν, δοξάσωμεν·
 γνῶμεν τί ἔδρασεν ἡμῖν τὸ πτῶμα
 τῆς παραβάσεως ἐν τῇ παρακοῇ,
 καθὼς καὶ ἡ βίβλος τῆς κτίσεως λέγει
 τοῦ πρωτοπλάστου τὴν ἀθεσίαν·   10
 ὅθεν σπεύσωμεν ἅπαντες καὶ κράξωμεν τῷ θεῷ ἡμῶν·
 |: " Ἐξ οὐρανοῦ εὐλογίαν παράσχου ἡμῖν." :|

β' Οἱ τῶν μελλόντων τύποι οὖν σύγγονοι δύο ὑπῆρχον
 τεχθέντες ἐκ Ῥεβέκκας Ἰσαὰκ τῷ πατριάρχῃ·
 τὸν Ἠσαῦ δὲ τότε καλέσας ἔφη ὁ πρέσβυς·
 " Πορεύου, τέκνον, ἐν ἀγρῷ σπουδῇ καὶ ἀγώνισαι·
 λάβε σου τὸ τόξον καὶ τὴν φαρέτραν,   5
 θήρευσόν μοι θήραν καὶ σπεῦσον ἀρέσαι πατρὶ
         καὶ ἔνεγκαί μοι ἔδεσμα,
 ὅπως σου δέξωμαι τὴν προθυμίαν
 καὶ εὐλογήσω σε πρὶν τελευτῆσαι με·
 ἀνάστηθι, δεῖξον τὴν διάθεσίν σου
 καὶ πλήρωσόν μου ἐπιθυμίαν·   10
 ὁρῶν γάρ σου τὴν ἅπασαν προαίρεσιν τῷ θεῷ κράζω·
 |: ' ἐξ οὐρανοῦ εὐλογίαν παράσχου ἡμῖν.' " :|

γ' Ὑπέστησεν ὁ γηραιὸς τὸν ἐκ τῶν σπλάγχνων τεχθέντα,
 καὶ τρέχειν κατηπείχθη ὁ Ἠσαῦ τό⟨τε⟩ εἰς θήραν·
 ἡ δὲ μήτηρ τούτου πρὸς Ἰακὼβ ἀνεβόα·
 " Σπούδασον φθάσαι εἰς τὴν ποίμνην καὶ ἀγωνίσασθαι·
 ἤκουσα λαλοῦντος τοῦ σοῦ γενέτου   5

α' 5² metrum ⌣⌣−⌣:   10² ἀθεσίαν] Maas: ἀθέτησιν Pγρ
β' 9² metrum ⌣−⌣⌣−⌣   11³ κράζω] Pγρ: κραυγάζω P
γ' 2² τό ⟨τε⟩] Maas: τό P

πρὸς τὸν ἀδελφόν σου· ' θήρευσον μοι θήραν, ὦ παῖ,
                                    καὶ ἔνεγκαί μοι ἔδεσμα·
καὶ φαγὼν   καὶ εὐφρανθεὶς   σὲ εὐλογήσω
πρὸ τοῦ με θανεῖν '·   συντόμως πείσθητι·
καθώς σοι οὖν εἶπον   πορεύθητι, λάβε
ἀπὸ τῆς ποίμνης δύο ἐρίφους·   10
ποιήσω τῷ γενέτῃ σου   τὸ ἔδεσμα,   ἵν' εὐξάμενος·
|: ' ἐξ οὐρανοῦ εὐλογίαν παράσχου ἡμῖν. ' " :|

δ' Ταῦτα ἀκούσας Ἰακὼβ   πρὸς τὴν τεκοῦσαν ἐβόα·
   " Πῶς φθάσω εἰς τὴν ποίμνην   καὶ κομίσω τοὺς ἐρίφους;
   ὁ Ἠσαῦ, ὦ μῆτερ,   ἀνὴρ δασὺς φύσει ἔστιν·
   ἐγὼ δὲ πάλιν   ὡς ἀνὴρ λεῖος ἐπαισχύνομαι,
   μήπως ὁ πατήρ μου   ἐμὲ γνωρίσῃ,   5
   καὶ ὑπὸ αἰσχύνης   ὡς καταφρονήσας αὐτοῦ
                                              ἀπέναντι γενήσομαι·
   ἐπάξω   δ' ἐμαυτῷ   μᾶλλον κατάραν
   καὶ οὐκ εὐλογήσει με,   ἀλλ' ἀπολέσει με·
   ὦ μῆτερ, πτοοῦμαι   τὸ τόλμημα πάνυ
   τοῦ ἀδελφοῦ μου καὶ τὴν μανίαν·   10
   σιγήσομαι οὖν καὶ εὔξομαι   τῷ πλάσαντι
                                     κράζων· ' εὔσπλαγχνε
|: ἐξ οὐρανοῦ εὐλογίαν παράσχου ἡμῖν. ' " :|

ε' " Ἄκουσον λόγων τῶν ἐμῶν   καὶ μὴ δειλία, ὦ τέκνον ",
   ἡ μήτηρ ἀνεβόα   κολακεύουσα τὸν νέον·
   " νῦν ἐπάκουσόν μου   καὶ δεῖξον ὡς ἀγαπᾷς με·
   ἡ σὴ κατάρα   ἐπ' ἐμὲ γενήσεται, τέκνον μου·
   μόνον τῇ βουλῇ μου   παράσχου χάριν   5
   ὡς ἐνετειλάμην,   καὶ δύο ἐρίφους καλοὺς
                                 καὶ ἁπαλούς μοι κόμισον ".
ὁ δὲ παῖς   πορευθεὶς   ἤγαγε ταύτῃ
   δυὸ ἐρίφια·   καὶ τὰ ἐδέσματα

8¹ metrum ⏑⏑⏑ – ⏑⏑: πρὸ τοῦ θανῆναι με Maas   12 παράσχῃ (cf. ι' 12),
vel 11³ ἵνα εὔξηται Maas (sed participium pro verbo saepe utitur poeta, e.g.
8 α' 5¹ sq.; 15 θ' 2²; 50 γ' 2² in cod.)
   δ' 7¹ metrum – ⏑ ⏑   7² δ'] Maas m.c. : δὲ P
   ε' 8¹ δυὸ] ⏑ –

ἐποίησε τάχος   καθὼς καὶ ἐφίλει
ἡ μήτηρ τούτου τῇ προθυμίᾳ·   10
ἀγαπῶσα τὸ τέκνον δὲ   προσηύχετο·   " Σύ, φιλάνθρωπε,
|: ἐξ οὐρανοῦ εὐλογίαν παράσχου ἡμῖν." :|
ϛ' **Π**εριεπτύξατο στολὴν   τοῦ πρεσβυτέρου συγγόνου
ὁ νεανίσκος τότε,   ὡς διδάσκει τὸ βιβλίον·
τὰ δὲ δάση πάλιν   τὰ τῶν ἐρίφων λαμβάνει
καὶ περισφίγγει   τῷ τραχήλῳ σὺν τοῖς βραχίοσι
μέχρι καὶ τῶν ὤμων   καὶ τῶν δακτύλων·   5
ἦρε δὲ τοὺς ἄρτους   καὶ τὰ ἐδέσματα ὁμοῦ
                          καὶ τρέχειν κατεπείγετο·
ἔνδον δὲ   εἰσελθὼν   τῷ γηραλέῳ
εὐθὺς ἐβόησεν·   " Ὦ πάτερ, κέλευσον·
ἰδοὺ ὁ υἱός σου   Ἡσαῦ ὁ πρωτότοκος·
ἐγὼ λαλῶ σοι, ἐπάκουσόν μου·   10
ἐδέσματά σοι ἤγαγον   ὡς ἔφης μοι,   καὶ αἰτοῦμαι σε
|: ἐξ οὐρανοῦ εὐλογίαν παράσχου ⟨ἡμῖν⟩." :|
ζ' **Ε**ἶπε δὲ τότε Ἰσαὰκ   τῷ υἱῷ αὐτοῦ·" Τέκνον,
ταχὺ ὑπήκουσάς μου   καὶ τὴν θήρα⟨ν⟩ ἐκομίσω"·
ὁ δὲ νέος πάλιν   πρὸς τὸν γενέτην ἐβόα·
" Τοῦτο ὑπάρχει   ὅπερ ὁ θεός σοι ἀπέστειλεν,
ὅστις θωρακίσας   ἐπὶ τὴν θήραν   5
ὥσπερ πρὸς ἀρνίον   ἐν τῷ πεδίῳ μοι ὀφθεὶς
                          παρέσχε μοι τὴν δύναμιν·
καὶ λοιπὸν   ἔφθασα   ὥσπερ εἰς μάνδραν
καὶ κομισάμενος   τὸ θῦμα ἤγαγον·
γενέτα, ὡς εἶπας   ἐπλήρωσα ἔργον,
ἵνα μετάσχω τῆς εὐλογίας·   10
τὴν χάριν οὖν, ἣν πρότερον   ὑπέσχου μοι,   ἐκπληρώσας νῦν
|: ἐξ οὐρανοῦ εὐλογίαν παράσχου ἡμῖν." :|
η' **Ἰ**σαὰκ γνοὺς τὸν υἱὸν   τάχος ἐλθόντα τῆς θήρας,
τὸν νοῦν αὐτοῦ ταράξας   ἐλογίζετο τοιαῦτα·
" Τίς ὁ δρόμος οὗτος,   τίς ἡ σπουδὴ ἡ τοσαύτη;
ὁ λογισμός μου   περιβάλλει με πρὸς ἐνθύμησιν,

ϛ' 9² metrum ∪ – ∪ ∪ – ∪ : Ἡσαῦ πρωτοτόκος Trypanis (cf. ιγ' 11¹)
12 ἡμῖν add. Maas
ζ' 2² corr. Mioni (cf. 5²)   12² μοι] Maas: ἡμῖν P

μήτις ἄρα τέχνη γέγονεν αὕτη; 5
μήτις μετὰ δόλου ἁρπάσαι ἦλθεν ἀπ' ἐμοῦ
τὴν δωρεὰν τοῦ τέκνου μου;
μᾶλλον δὲ κύριος πληρῶσαι θέλων
ἐπιθυμίαν μου αὐτὸς συνήργησε,
καὶ ὅπερ ἐζήτει εὗρεν ὁ υἱός μου·
διὸ καὶ ἦλθεν εὐθυδρομήσας, 10
μισθὸν λαβὼν τὸ χάρισμα τοῦ πέμψαντος, ὃν αἰτήσομαι·
|: ' ἐξ οὐρανοῦ εὐλογίαν παράσχου ⟨ἡμῖν⟩.' :|

θ' **Νῦν** ἔγγισόν μοι, τέκνον μοῦ, καὶ ψηλαφήσω σε τάχος,
εἰ πέλεις ὁ Ἠσαῦ σὺ ὁ πρωτότοκός μου δεῖξον "·
ψηλαφῶν δὲ τοῦτον ὁ Ἰσαὰκ ἐνθυμεῖται·
" Ἡ μὲν φωνὴ νῦν Ἰακὼβ ἠχεῖ εἰς τὰ ὦτα μου·
χεῖρες τοῦ Ἠσαῦ δὲ τοῦ υἱοῦ μου· 5
δεῦρο οὖν, ὦ σπλάγχνον, καὶ καταφίλησόν με ⟨νῦν⟩
καὶ ἔνεγκε τὸ ἔδεσμα".
καὶ φαγὼν Ἰσαὰκ καταφιλήσας
τὸν υἱὸν αὐτοῦ ὠσφράνθη τῆς στολῆς
τῆς τούτου καὶ εἶπεν· " Ἰδοὺ τοῦ υἱοῦ μου
ὡς ἀγροῦ πλήρης ὀσμὴ ὑπάρχει, 10
ἀγροῦ οὗπερ ηὐλόγησεν ⟨ὁ⟩ κύριος· εἰσακούσας μου
|: ἐξ οὐρανοῦ εὐλογίαν παρέσχεν ἡμῖν." :|

ι' **Ὅτε** εὐλόγησε σαφῶς τὸν Ἰακὼβ ὁ γενέτης,
κατήχησε τὸν παῖδα ταῖς εὐχαῖς αὐτοῦ ὁ γέρων
λέγων· " Ὁ θεός μου σὲ εὐλογήσει ἐν κόσμῳ
σίτῳ καὶ οἴνῳ, καὶ τὰ ἔθνη πάντα δουλεύσει σοι·
προσκυνήσουσί σοι ἄρχοντες πάντες· 5
κύριος δὲ πάλιν γίνου καὶ τοῦ σοῦ ἀδελφοῦ·
ὁ σὲ δὲ καταρώμενος
λήψεται τὴν ἀράν· ὁ δ' εὐλογῶν σε
εὐλογηθήσεται τῇ θείᾳ χάριτι".
τοιαῦτα ἀκούσας ἐξῆλθεν ὁ νέος
εὐλογημένος ὑμνῶν τὸν κτίστην, 10

η' 12 ἡμῖν suppl. Maas
θ' 6² νῦν add. Maas m.c. 11² ⟨ὁ⟩ Mioni m.c. 11³ εἶσα in
rasura, εἰσακούσας μου repetit in margine P 12 παρέσχεν] Trypanis (cf. ι'
12): παράσχου P

βοῶν· " Δίκαιος κύριος, φιλάνθρωπος, ὡς γὰρ εὔσπλαγχνος
|: ἐξ οὐρανοῦ εὐλογίαν παρέσχεν ἡμῖν. " :|

ια΄ Ὑπὸ τοῦ πόθου τὸν υἱὸν ὁ γηραλέος εὐλόγει
   Χριστὸν τὸν πάντων κτίστην ἐντυπῶν ταῖς εὐλογίαις·
   Ἰακὼβ δὲ τότε πρὸς τὴν τεκοῦσαν ἐκτρέχει
   λέγων πρὸς ταύτην· " Ἰδοὺ εὐλογίαν ἀπέλαβον·
   παρὰ τοῦ πατρός μου ἔλαβον χάριν ". 5
   τότε προσεπλάκη τῷ νέῳ ἡ μήτηρ αὐτοῦ
                                   καὶ κλαίειν κατεπείγετο
   λέγουσα· " Εἷς ἐστιν ὁ τοῖς ἁγίοις
   παρέχων σύνεσιν· αὐτὸς ἐλεύσεται
   σαρκὶ ἐν τῷ κόσμῳ ἐκ ῥίζης βλαστοῦ σου,
   πατρὸς τοὺς κόλπους μὴ καταλείψας· 10
   αὐτὸν οὖν δυσωπήσωμεν τὸν εὔσπλαγχνον καὶ φιλάνθρωπον·
   |: ἐξ οὐρανοῦ εὐλογίαν παράσχου ἡμῖν. " :|

ιβ΄ Ῥήματα καὶ ὁ Ἰσαὰκ εὐχαριστίας ἐκπέμπειν
    οὐδ᾽ ὅλως ἐνεδίδου, ἕως ὅτε ἐπληρώθη
    ἡ ψυχὴ ⟨ἡ⟩ τούτου χαρᾶς μεγάλης καὶ λέγει
    πρὸς τὴν Ῥεβέκκαν· " Νῦν θεὸς ἡμᾶς ἐπεσκέψατο
    καὶ ἐκ τῶν ὑψίστων ⟨ἡμᾶς⟩ ἐπεῖδεν, 5
    ὅπως τοῖς ἁγίοις τὴν εὐλογίαν τὴν αὐτοῦ
                                 δωρήσεται ὡς κύριος·
    παῖδας δὲ εἰς τιμὴν ἡμῖν παρέσχε
    καὶ χάριν δίδωσιν τὴν ἐκ τοῦ πνεύματος,
    ἐκχέων πλουσίως ὅτε εὐδοκήσει
    τὸ γένος σῶσαι ἐνανθρωπήσας· 10
    νυνὶ γὰρ προετύπωσε τὰ μέλλοντα ἐν τῇ χάριτι·
    |: ἐξ οὐρανοῦ εὐλογίαν ⟨παρέσχεν ἡμῖν⟩. " :|

ιγ΄ Ὡς οὖν ἐλάλει Ἰσαὰκ τῇ ὁμοζύγῳ τοιαῦτα,
    Ἡσαῦ ὁ γόνος τούτων ἐκ τῆς θήρας ἐπανῆλθε·
    καὶ αὐτὸς ἐποίει ἐδέσματα τῷ γενέτῃ·
    προσήνεγκε δὲ τῷ πατρὶ αὐτοῦ πρὸς μετάληψιν
    λέγων· " Ὦ γενέτα, ἐπάκουσόν μου, 5

ια΄ 11¹⁻³ = ιη΄ 11¹⁻³
ιβ΄ 3¹ ἡ add. Maas m.c.   5² ἡμᾶς add. Maas m.c.   12 παρ. ἡμῖν add. Maas

καὶ ἀπὸ τῆς θήρας   εὐφράνθητι τοῦ σοῦ υἱοῦ,
                                    δι' ἧς καὶ εὐλογήσεις με ".

εἶπε δὲ   [[ὁ]] Ἰσαὰκ   τότε ὁ πρέσβυς
   πρὸς τὸν υἱὸν αὐτοῦ·   " Τίς εἶ σύ, δήλωσον; "
ὁ δὲ ἀπεκρίθη·   " Ἐγὼ εἰμί ", λέγων,
" Ἠσαῦ, γενέτα, ὁ υἱός σου,   10
πρωτοτόκος σου πέφυκα   ἐκ σπλάγχνων σου·   ἀλλὰ δέομαι
|: ⟨ἐξ οὐρανοῦ εὐλογίαν παράσχου μοι⟩. " :|

ιδ' Μετὰ τοὺς λόγους τοῦ παιδὸς   καὶ τὰς αὐτοῦ ἱκεσίας
   ἐξέστη ὁ πρεσβύτης   σφόδρα ἔκστασιν μεγάλην
   λέγων· " Τίς οὖν ἔστιν   ὁ εἰσενέγκας μοι θήραν;
   καὶ ἀπὸ πάντων   εὐφρανθεὶς ἐκεῖνον εὐλόγησα,
   καὶ εὐλογημένος   ἔστιν ἐν πᾶσιν;   5
   πρὸ τοῦ γάρ σε φθάσαι   ἐκ τοῦ ἀγροῦ εἰς τὴν σκηνὴν
                                        ἐδέσματα μοι ἤγαγεν ".
   ὅτε δὲ   ἤκουσε   τούτους τοὺς λόγους,
   Ἠσαῦ ἐβόησεν   ὀδυνηρὰν φωνὴν
   κραυγάζων καὶ λέγων· " Εὐλόγησον σπεύσας
   κἀμέ, ὦ πάτερ, ὥσπερ ἐκεῖνον·   10
   κἀμοὶ ἀξίως δώρησαι   τὴν χάριν σου,   καὶ ὁ ὕψιστος
   |: ἐξ οὐρανοῦ εὐλογίαν παράσχῃ ἡμῖν. " :|

ιε' Ἀκούσας ταῦτα Ἰσαὰκ   τοὺς λόγους τούτους ἐβόα·
   " Ἐλθὼν ὁ ἀδελφός σου   Ἰακὼβ πρὶν μετὰ δόλου
   ὑπεδέξατό σου   τὴν εὐλογίαν ἐκεῖνος·
   τί οὖν ποιήσω;   πῶς εἰς τοῦτο σοι ὑπακούσομαι; "
   ὁ Ἠσαῦ δὲ ἔφη   πρὸς τὸν γενέτην·
   " Ὄντως καὶ δικαίως   ἐκλήθη οὗτος Ἰακὼβ   5
                       τῷ λόγῳ καὶ τῷ πράγματι·
   ἤδη γὰρ   δεύτερον   ἐπτέρνισέ με·
   τὰ πρωτοτόκια   αὐτὸς ἀφεῖλε μου·
   καὶ νῦν καθὼς ἔγνων   καὶ τὴν εὐλογίαν
   αὐτὸς ἐδέξατο τοῦ πατρός μου·   10
   ἐστέρησέ με δεύτερον   ἐκ μήτρας μου·   ἀλλὰ δέομαι
   |: ἐξ οὐρανοῦ ⟨εὐλογίαν παράσχου μοι⟩. " :|

   ιγ' 7² ὁ del. Maas m.c.
   ιε' 6¹ sq. cf. Lxx Gn. 25. 26, 32 sqq.; 27. 36   12 εὐλ. π. μοι add. Maas

ις' **Νενικημένος** Ἰσαὰκ τοῖς σπλάγχνοις καὶ ἡττημένος
πρὸς τὸν Ἡσαῦ ἐβόα λέγων· " Ἄκουσον, ὦ τέκνον·
εἰ τῷ ἀδελφῷ σου τὴν ἐξουσίαν παρέσχον,
σίτῳ καὶ οἴνῳ τὸν οἶκον τούτου ἐπλήρωσα,
σοὶ νῦν τί ποιήσω; τέκνον, εἰπέ μοι"· 5
πάλιν ἀπεκρίθη Ἡσαῦ τῷ γενέτῃ αὐτοῦ
καὶ κλαίων οὕτως ἔλεγεν·
" Μία γὰρ μόνη σοι ἐστὶν εὐλογία;
ἐξ ἧς κατέλιπας κἀμὲ εὐλόγησον ".
τότε κατενύγη Ἰσαὰκ ὁ γενέτης
καὶ ἀνεβόα μετὰ δακρύων· 10
" Εὐλογῶν εὐλογήσει σε ὡς βούλεται ὁ φιλάνθρωπος,
|: ἐξ οὐρανοῦ εὐλογίαν παράσχῃ ἡμῖν." :|

ιζ' **Ὅτε** ἐπαύσατο θρηνῶν ὁ γηραλέος ἐκτείνει
τὴν χεῖρα καὶ ηὐλόγει τὸν Ἡσαῦ τοιαῦτα λέγων·
" Ἰδοὺ ἐκ τῆς δρόσου τῶν ὑψωμάτων σοι ἔσται
καὶ ἐκ τῆς γαίας τῆς πιότητος κατοίκησις·
καὶ ἐν τῇ μαχαίρᾳ τῇ σῇ τραφήσει· 5
καὶ τῷ ἀδελφῷ σου προθύμως δουλεύσεις ἀεὶ
καὶ ἔσῃ εὐφραινόμενος·
ἐὰν γὰρ τὸν ζυγὸν τὸν τῆς δουλείας
αὐτοῦ μὴ καθέλῃς ἐκ τοῦ τραχήλου σου,
ἐν πάσῃ εἰρήνῃ πορεύσει ἐν κόσμῳ,
ὅτι ἐκλέλοιπεν ἡ ὀργή σου. 10
πληρώσει σου [[τὰ]] αἰτήματα ὁ κύριος καὶ ὡς βούλεται
|: ἐξ οὐρανοῦ εὐλογίαν ⟨παράσχῃ σοι⟩." :|

ιη' **Ὑπὸ** δὲ [[τοῦ]] φθόνου ὁ Ἡσαῦ τῷ Ἰακὼβ ἐνεκότει
καὶ κτεῖναι ἐνενόει τοῦτον μετὰ τὸ θανῆναι
τὸν αὐτοῦ γενέτην καὶ ἔλεγεν ἐν καρδίᾳ·

ις' 7³ metrum ⏑⏑⏑−⏑ : ἡ εὐλογία Trypanis   9² metrum ⏑−⏑⏑−⏑ :
Ἰσαὰκ] ⏑−   9 κατενύγη] Maas : κατηνύγη P
ιζ' 8¹ metrum ⏑⏑⏑−⏑⏑   11¹ τὰ del. Maas (cf. β' 10¹)   12 παρ.
σοι add. Maas
ιη' 1¹ τοῦ del. Maas m.c.   2² θανῆναι]P¹ : θανεῖν Pᶜ

" Νῦν ἐγγισάτω   ἡ ἀσθένεια τοῦ γενέτου μου,
καὶ μετὰ τὸ θνῆξαι   τοῦτον εὐθέως
τότε εὐκαιρίας   λαβόμενος κτείνω ἐγὼ
                              τὸν πτερνιστήν μου σύγγονον ".
ἀλλ' εὐθὺς   ὁ θεὸς   ὁ προγινώσκων
τὰ ἐνθυμήματα   Ἡσαῦ τὰ ῥήματα
μητρὶ ἀμφοτέρων   γνωρίσας σοφίζει
αὐτὴν ἐμφρόνως σκεδάσαι ταῦτα.
αὐτὸν οὖν δυσωπήσωμεν   τὸν εὔσπλαγχνον·   σύ, φιλάνθρωπε,
|: ἐξ οὐρανοῦ ⟨εὐλογίαν παράσχου ἡμῖν⟩. :|

ιθ' Ὑμεῖς οὖν ταῦτα ἀκριβῶς   κατανοήσατε, φίλοι·
τὰ πάντα γὰρ ἐν τύπῳ   προερρέθη καὶ ἐγράφη·
ὁ Ἡσαῦ μὲν τύπος   τῶν Ἰουδαίων ὑπάρχει,
Χριστιανῶν δὲ   Ἰακὼβ εἰκόνα προέφερεν,
ὡς τὴν εὐλογίαν   τὴν τοῦ συγγόνου
ἔλαβεν ἀξίως   τῇ συμβουλίᾳ τῆς μητρὸς
                              τὴν χάριν προσημάνας μοι·
τύπος δὲ   τοῦ Χριστοῦ   τῆς ἐκκλησίας
καὶ ἡ Ῥεβέκκα μοι   σαφῶς προδέδεικται·
καθάπερ γὰρ αὕτη   καὶ ἡ ἐκκλησία
υἱοὺς προσάγει πατρὶ τῶν ὅλων·
ἐν ᾗ συναθροιζόμενοι   κραυγάζομεν   τῷ θεῷ ἡμῶν·
|: " Ἐξ οὐρανοῦ εὐλογίαν παράσχου ἡμῖν." :|

7¹ ἀλλ'] Maas: ἀλλὰ P   11¹⁻³ = ια' 11¹⁻³   12 εὐλ.–ἡμῖν add. Maas
ιθ' aut stropha propter acrostichidem spuria, aut multa exciderunt,
materia enim ultimae cantici strophae convenit

43 (12 Kr.)

ON JOSEPH I

Acrostichis: *ΑΒΓΔΕΖΗΘΙΚΛΜΝΞΟΠΡΣΤΥΦΧΨΩ*
ΑΛΦΑΒΗΤΟΝ ΡΩΜΑΝΟΥ

Prooemium: Ὁ υἱός σου, παρθένε

Ὁ Ἰακὼβ τῷ χιτῶνι συνεκόπτετο,
οἱ ἀδελφοὶ ἀσπλαγχνίαν ἐπεδείξαντο·
τὸν Ἰωσὴφ γὰρ δουλώσαντες τοῖς ἀνόμοις ἐπίπρασκον·
ἀλλ' εἰς θεὸν τὴν ἑαυτοῦ πᾶσαν ἐλπίδα θέμενος
καὶ βασιλείας δι' αὐτοῦ στέφος ἐφόρεσε βοῶν· 5
|: " Μέγας μόνος κύριος ὁ σωτὴρ ἡμῶν. " :|

Strophae: Τὸν νοῦν ἀνυψώσωμεν (App. Metr. XVII)

α' **Ἀντλήσωμεν**, ἄνθρωποι, σωτήρια νάματα
καρδίας εὐφραίνοντα·
οἱ διψῶντες σωφροσύνην πορευθῶμεν ἐν τῷ λάκκῳ ⟨◡ –⟩
τοῦ Ἰωσήφ.
τούτου ⟨γὰρ⟩ ὁ πίνων οὐ διψήσει οὐδέποτε·
ἀθάνατον ὕδωρ βρύει ἐκεῖ.
πῶς δὲ ἀθάνατον ἐκεῖ ὕδωρ πηγάζει, 5
ἐρεῖτέ μοι, πάντως ὁ ἄνυδρος ὤν·
ὁ ἐν τῷ Ἰωσὴφ τύπος γενόμενος Χριστὸς
αὐτὸς βρύων ποτίζει ὡς καὶ τὴν Σαμαρῖτιν.
δι' αὐτὸ πίστει ἀρυσώμεθα· ὑπάρχει γὰρ
|: μέγας μόνος κύριος ὁ σωτὴρ ἡμῶν. :| 10

43 Codices: P
Editiones: Pitra Jubiläumsgabe, p. 11 sq.; Krumbacher Studien z. R., pp. 135 sq.
Titulus: On Joseph I Trypanis: Εἰς τὸν Ἰωσήφ P
Dies Festus: Τῇ ἁγίᾳ καὶ μεγάλῃ Δευτέρᾳ
Modus: πλάγιος δ'
Acrostichis: Ἀλφάβητον Ῥωμανοῦ P
Ephymnium: μόνος κύριος] κύριος μόνος in ε'–ις'

α' 2^2 metrum $\begin{Bmatrix} \cup\cup-\cup\cup\cup\stackrel{\perp}{-}\cup\cup- \\ \cup\cup-\cup\cup\cup\cup-\cup\cup- \end{Bmatrix}$: λάκκῳ] τῷ add. Krumb. 3^1 γὰρ
add. Krumb. m.c. 7^2 metrum $\begin{Bmatrix} \cup\cup-\cup\stackrel{\perp}{-}\cup\cup- \\ \cup\cup-\cup\cup-\cup \end{Bmatrix}$ cf. κδ' 7^2 8^1 δι'
αὐτὸ] Trypanis m.c.: διὰ τοῦτο P

β' Βασιλικοὶ στέφανοι   κοσμοῦσι τοὺς σώφρονας
                                   ὀνείροις προλάμποντες·
   διὰ τί δὲ δι' ὀνείρων   προφητεύει τὰς ἐκβάσεις αὐτῶν,
                                                μάθε, πιστέ·
   χρηστῶν πολιτείας   ἐπανάγων εἰς κρείττονα
   θεὸς ζωγραφεῖ ⟨σοι⟩   τὰς ἀρετάς,
   ὥσπερ οὖν καὶ τὰ πονηρὰ   στηλογραφεῖ σοι,   5
   τῶν πειρασμῶν εἰκόνας   καθ' ὕπνον δηλῶν.
   προτρέπων, νουθετῶν   ἀσφαλίζεται πάντα·
   ἀγρυπνῶν γὰρ ὁ πλάστης   σὲ τειχίζει ὑπνοῦντα
   γνωριῶν ἤδη σοι τὰ μέλλοντα· ὑπάρχει γὰρ
   |: μέγας μόνος   κύριος ὁ σωτὴρ ἡμῶν. :| 10

γ' Γραφὴ προϋπέστρωσε   τὸ σκάμμα τοῦ σώφρονος,
                                   καὶ μάθωμεν σώφρονες·
   μιμησώμεθα τὸν νέον,   πῶς κατέσβεσε τῆς πορνείας τὸ πῦρ
                                                χόρτῳ σαρκός.
   οὐδέπω γὰρ ὄντως   ἡ γραφὴ οὐκ ἀπέθανεν,
   ἀλλὰ διαμένει   ζῶσα ἀεί·
   στήλη ἁγνείας χαλκευθεὶς   ὁ νεανίας   5
   τοὺς θέλοντας διδάσκει   ἁγνείαν φιλεῖν.
   σαλπίζει ἡ γραφὴ   τοὺς πολέμους τοὺς σαρκικούς,
   ἵνα σοι παραστήσῃ   ὅπλον τὴν παρθενίαν·
   ἀλλὰ καὶ οἱ ταύτην ἀγαπήσαντες   κραυγάσωμεν·
   |: " Μέγας μόνος   κύριος ὁ σωτὴρ ἡμῶν." :| 10

δ' Δραγμὰς εἶδεν ἕνδεκα   δραγμῇ ἣν ἐδέσμησεν
                                   αὐτῇ προσκυνήσαντας·
   καὶ ἀπλάστως διηγεῖται   τῷ πατρὶ αὐτοῦ τὸ ὄναρ αὐτοῦ
                                                ὁ Ἰωσήφ.
   καὶ ἔστησαν γνώμην   ὡς πληγέντες οἱ σύγγονοι
   ἐπὶ τῇ ἐλπίδι   τοῦ ἀδελφοῦ.
   ποῖος δέ, φίλοι, ἀδελφός,   ἂν βασιλεύσῃ,   5
   οὐ σπεύδει ὑπὲρ πάντας   ὑψοῦν ἀδελφούς;

β' 4¹ σοι add. Krumb.
γ' 8² παρθενίαν] Krumb.: παρθένον P
δ' 1¹ Δραγμὰς] Krumb.: Δραχμὰς P   1² δραγμῇ ἣν] Krumb.: δραχμῇ ᾗ P
6² ὑψοῦν] Krumb.: ἀνυψοῖν (sic)

ἀλλ' ὤτρυνεν αὐτοὺς ἐν τῷ φθόνῳ ὁ σατανᾶς
καὶ χορὸν συνημμένον ὡς ⟨τὸν⟩ τῶν ἀποστόλων
ἐμβαλὼν ζῆλον ἀπεχώρισε κραυγάζοντα·
|: " Μέγας μόνος κύριος ὁ σωτὴρ ἡμῶν." :| 10

ε′ Ἐνύπνιον δεύτερον ἰδὼν τῷ πατρὶ αὐτοῦ φησίν ὅτι· " Ἥλιος
καὶ σελήνη καὶ ἀστέρες προσεκύνουν με ῥυθμῷ τῷ ἀριθμῷ
δέκα καὶ εἷς ".
" Φαντάζῃ, παιδίον, βασιλεῦσαι πειρώμενος ",
ὁ πρέσβυς ἀντέφη τῷ Ἰωσήφ·
" μάθε καθεύδειν ὡς ποιμὴν πρόβατα βόσκων·   5
βαρὺ προσκυνεῖσθαι υἱὸν ἐκ πατρός.
χιτῶνα σοι διδῶ τὸν ποικίλον ἀντὶ λαμπρᾶς
πορφυρίδος καὶ στέφος τὸν χορὸν τῶν συγγόνων,
ὃν ἐμοὶ κύριος χαρίσηται· ὑπάρχει γὰρ
|: μέγας μόνος κύριος ὁ σωτὴρ ἡμῶν. :| 10

ς′ Ζητῆσαι τὰ πρόβατα, ἀρνίον μου, ἄπιθι,
πρὶν λύκοι σε ἔδοιται ",
τῷ παιδὶ ἔφη ὁ πρέσβυς· καὶ δὴ ὥρμησεν ἐν τῇ ποίμνῃ σπουδῇ
ὁ Ἰωσήφ·
ὅντινα ἰδόντες οἱ συναίμονες τρέχοντα·
" Καλῶς ", φασιν, " ἦλθεν ὁ βασιλεύς·
βάψωμεν αἵματι αὐτοῦ τὴν πορφυρίδα·   5
ἐγκαινίσει πρόκενσον ἐν πύλαις νεκρῶν "·
Ῥουβὶμ δὲ συναλγῶν πάντας πείσας ῥίπτει αὐτὸν
ἐν τῷ λάκκῳ βοῶντα· " Οἴμοι τῆς βασιλείας·
τοῦτο νῦν ἐστι τὸ παλάτιον; " καὶ ἔκραξε·
|: " Μέγας μόνος κύριος ὁ σωτὴρ ἡμῶν." :| 10

ζ′ Ἡ πρόθεσις ἔσφαξε τὸ λογικὸν πρόβατον,
καὶ δεῖπνον παρέθηκαν·
μασησάμενοι τὰ μέλη ἐπεζήτησαν καὶ κέρδους τροφὴν
οἱ ἀδελφοί·

8² τὸν add. Krumb.
ε′ 8¹ στέφος] Krumb.: στέφους P   10¹ μέγας κύριος μόνος P: corr. Krumb.

φησὶ γάρ, Ἰούδας τοῖς συγγόνοις βουλεύεται·
" Πραθείτω τὸ μύρον τῶν ἀδελφῶν ".
ὢ ἀπὸ πόσων γενεῶν λάμπει Ἰούδας!
ὢ τῆς προδοσίας ἀρχαία εἰκών!
καὶ εἴκοσι χρυσῶν διεπράθη ὁ συγγενὴς
ἄνευ τοῦ ἱματίου δοθεὶς Ἰσμαηλίταις!
εἰ πωλεῖς, δὸς καὶ τὸ ἱμάτιον τῷ κράζοντι·
|: " Μέγας μόνος κύριος ὁ σωτὴρ ἡμῶν." :|

η´ Θηρῶν ἀγριώτεροι οἱ ἀδελφοὶ ὤφθησαν τὸ τέλος πωλήσαντες
λεαινῶν μὴ συγχωρούντων ἀφαρπάσαι ἐξ ἀγκάλων ποτὲ
σκύμνον αὐτῶν.
αἵματι ἐρίφου τὸν χιτῶνα μολύναντες
προσήγαγον τοῦτον τῷ Ἰακώβ·
βλέπων ὁ γέρων ⟦τὴν⟧ συμφορὰν πλείω καμίνου
φλεγόμενος τὰ σπλάγχνα τὸ τέκνον θρηνεῖ·
" Οἴμοι ", βοῶν, " υἱέ, ἀνῃρέθης ὑπὸ θηρός;
ὁ χιτὼν σῶος ἔστι· σὺ μόνος πῶς ἐβρώθης;
ποῦ τῶν σῶν σκήπτρων τὰ ὁράματα; πῶς ἔκραζες·
|: ' μέγας μόνος κύριος ὁ σωτὴρ ἡμῶν.' " :|

θ´ Ἰδὼν ὁ νεώτερος δεσπότην, αἰφνίδιον ὡς γέρων παρίστατο
λέγων· " ' Ὀνειροπολοῦμαι, τὰς ἡμέρας καὶ τὰς νύκτας ἐμὲ
χρὴ καρτερεῖν·
δραγμῶν καὶ ἡλίου καὶ σελήνης προσκύνησις
καὶ ἕνδεκα ἄστρων ἔδυσαν νῦν·
δεί[ξω] οὖν τὴν ὑπακοὴν τοῖς ἀδελφοῖς μου·
οὐ λύω τῶν πατέρων θεσμοὺς εὐπρεπεῖς.
εἰ γὰρ ὁ Ἰσαὰκ εἰς θυσίαν εἶξε πατρὶ
μόνο[ς] μόνῳ προστάξας, πῶς ἐμὲ δουλωσάντων
ἀδελφῶν δέκα μὴ ἀνέξομαι καὶ κράζομαι·
|: ' μέγας μόνος κύριος ὁ σωτὴρ ἡμῶν;' " :|

ι´ Κατέλαβεν Αἴγυπτον ὁ λογικὸς ἥλιος ἐν ζόφῳ κρυπτόμενος,
ὃς ἐν πράσει τῇ δευτέρᾳ ἀνατέλλει εἰς τὸν οἶκον ὡς φῶς
τοῦ Πετεφρῆ·

η´ 5¹ τὴν del. Krumb. m.c.
θ´ 1² δεσπότην] Krumb.: δέσποτα P   3¹ δραχμῶν P: corr. Krumb.
5¹ suppl. Krumb.   7² εἶξε] Maas: ᾖξε P

ἡ χάρις δὲ τοῦτον   πανταχοῦ ὡραΐζουσα
ἀστράπτειν ἐποίει   ταῖς ἀρεταῖς·
ὅθεν αὐτὸς ὁ Πετεφρὴς   σώφρονα βλέπων   5
χειροτονεῖ ἐπάνω   αὐτὸν τῶν αὐτοῦ·
ἀλλ᾽ ἦλθεν ἡ γυνὴ   κάτω ῥῖψαι τὸν ὑψηλόν·
πότε γὰρ λείπει Εὔα   τὴν τοῦ ὄφεως γνώμην;
ἦν λαοὶ πάλιν θεωρήσαντες κραυγάσωμεν·
|: " Μέγας μόνος   κύριος ὁ σωτὴρ ἡμῶν." :| 10

ια´ Λαμπρότητος ἄγαλμα   ὁρῶντα τὸ γύναιον
                          χαυνοῦται ὡς γύναιον
καὶ τὸν νέον κατεπάτει   προκαλοῦσα εἰς τὴν κοίτην πεσεῖν
                          τὴν τοῦ ἀνδρός.
αὐτὸς δὲ τὸ σθένος   τῆς ἀνδρείας ὑπήλειψε
φυγῇ νικῶν πτῶμα   τέχνῃ καλῇ·
πρώτην οὖν πάλην ἐξελθὼν   ὁ νικηφόρος   5
καὶ πάλιν κατεπάτει   αὐτὸν ἡ μαινάς·
καὶ εὑροῦσα μοναχὸν   ἐν τῷ οἴκῳ ἀμεριμνεῖ
καὶ ἁλύσεως δίκην   δράσσεται τοῦ χιτῶνος·
ἀλλ᾽ αὐτὸς ἄνω βλέπων οὕτως ἀνεκραύγασε·
|: " Μέγας μόνος   κύριος ὁ σωτὴρ ἡμῶν." :| 10

ιβ´ " Μαρᾶναι τὸ ἄνθος μου,   τὸ ἄνθος τῆς χάριτος,
                                ἐγὼ οὐκ ἀνέχομαι·
κἂν κρατῇς με τοῦ χιτῶνος,
                    οὐ γυμνοῖς με σωφροσύνης ", φησὶν   ὁ Ἰωσήφ·
" μὴ νόμιζε, γύναι,   τὸ σφάλμα ἀκατόπτευτον·
θεὸς ἡμᾶς βλέπει   ἐξ οὐρανοῦ·
γένος οὐκ οἶδεν Ἀβραὰμ   μίγνυσθαι πόρναις·   5
μὴ θελήσῃς τεφρῶσαι   τὸν σὸν Πετεφρῆν·
δεσπόζεις μου αὐτὴ   εἰς τὴν πρᾶσιν, ὁμολογῶ·
ἀλλ᾽ ἐγὼ εἰς τὴν πρᾶξιν   σοῦ δεσπόζω· ἐλπίζω
εἰς θεόν· ἔχε τὸν χιτῶνα μου· ὑπάρχει γὰρ
|: μέγας μόνος   κύριος ὁ σωτὴρ ἡμῶν." :| 10

ι´ 3¹ τοῦτον Krumb. : τούτου P
ιβ´ 3² metrum cf. λ´3²

ιγ´ Νικήσας ὁ ἄρρηκτος   πορνείας παλαίσματα,
                                           πηδᾷ ἐκ τοῦ σκάμματος
   ὁ εὐσχήμων ἐν ⟨τῇ⟩ γνώσει   προσκυνῶν τὸν ἀγωνοθέτην θεόν,
                                           ὁ εὐστεφής.
   ἀντὶ δὲ βραβείου   εἰς φρουρὰν ἀποκλείεται·
   ἡ γὰρ Αἰγυπτία   τέχνῃ πικρᾷ
   τὸν Πετεφρῆν παρώξυνεν   ⟦ἐν⟧ συκοφαντίαις   5
   τὸ σφάλμα ἀνακλῶσα   εἰς τὸν εὐγενῆ.
   δεικνύουσα αὐτῷ   τὸν χιτῶνα τοῦ Ἰωσὴφ
   καὶ δακρύων πελάγει   πνιγομένη τῷ πόθῳ
   εἰς εἱρκτὴν πείθει ἐκπεμφθῆναι τὸν κραυγάζοντα·
   |: " Μέγας μόνος   κύριος ὁ σωτὴρ ἡμῶν." :| 10
ιδ´ Ξενοπρεπῶς ὤργισται,   καινοπρεπῶς μαίνεται
                                           ὁ ἀληθῶς μάγειρος·
   πόθεν γὰρ αὐτῷ σοφία   τῆς ἁγνείας παιδευθῆναι τὸν νοῦν;
                                           ὁ ἀμαθής,
   εἰ φρόνησιν εἶχεν,   οὐκ ἂν τὸν δόλον ἔλαθε.
   κριτὴς ἐγένου ἄφρων·   τῷ Ἰωσὴφ
   μάρτυς ὑπάρχει ὁ χιτών·   ποῦ οὖν ὑπάρχει,   5
   ἐρεύνησον καὶ βλέπε   εἰ πιστή ἐστιν·
   εἰ ἔφυγεν αὐτόν,   πῶς κατέχει τούτου στολήν;
   ἀδικεῖν μὲν νομίζεις   τὸν ἐλεύθερον δοῦλον,
   ἀλλ᾽ αὐτὸν ὄψῃ ὡς φῶς λάμποντα καὶ κράζοντα·
   |: " Μέγας μόνος   κύριος ὁ σωτὴρ ἡμῶν." :| 10
ιε´ Οἰκεῖ δεσμωτήριον   τὸ αἷμα τὸ τίμιον,
                                           ἀνθ᾽ ὧν οὐκ ἠσέβησε·
   καὶ γίνεται ξενοδόχος   τὸν προπάτορα Ἀβραὰμ ζωγραφῶν
                                           ἐν τῇ φρουρᾷ.
   σοφὸς ἐθαυμάσθη   διαλύων ἐνύπνιον·
   τὸν μὲν ἐπανάγων   ἐν τῇ τιμῇ,
   τὸν δὲ κατάγων ἐν νεκροῖς   ταῖς ἑρμηνείαις·   5
   καὶ ὤφθη προφήτης   τοῖς δύο παισίν·

ιγ´ 2¹ τῇ add. Krumb.   5² ἐν del. Maas m.c.   8¹ δακρύων] Pitra: δέων P
   ιδ´ 3² metrum ∪∪−∪∪−∪∪   4¹ metrum cf. ιθ´ 4¹   7¹ αὐτὸν] Krumb.: αὐτὴν P
   ιε´ 1¹ Οἰκεῖ] Pitra: Ὄκει P   2¹ metrum ∪∪−∪∪−∪   2² Ἀβραάμ]
   C. Weyman: Ἀδὰμ P

τῇ τε ὑπομονῇ   τῆς φρουρᾶς ἦν ἄνετος·
καὶ γὰρ τῆς πορφυρίδος   σκυθρωπάζει ἡ ῥίζα,
ᾗ καιρῷ ἔλαμψεν ὡς ἥλιος τῷ κράζοντι·
|: " Μέγας μόνος   κύριος ὁ σωτὴρ ἡμῶν." :| 10

ις´ **Π**ικρὸν θεασάμενος   ὁ Φαραὼ ὅραμα   σοφοὺς μετεστείλατο
καὶ φησὶν αὐτοῖς· " Κατ᾽ ὄναρ   ἐθεώρησα λιπαροὺς καὶ καλοὺς
                                                                    βόας ἑπτὰ
καὶ ἄλλους ἰσχνούς τε   καὶ λεπτοὺς καὶ κατήσθιον
τοὺς εὐθαλεστέρους·   καὶ μετ᾽ αὐτοὺς
εἶδον καὶ στάχυας ἑπτὰ   πεπείρους πάνυ   5
καὶ ἀνεμοφθόρους   ἑτέρους ἑπτά·
καὶ ἔτι τῶν μικρῶν   τὰ μεγάλα ὤφθη τροφή"·
πάντων δ᾽ ἀπορησάντων   τὸ ἐνύπνιον λῦσαι,
Ἰωσὴφ λύσας στέφος εἴληφε καὶ ἔκραξε·
|: " Μέγας μόνος   κύριος ὁ σωτὴρ ἡμῶν." :| 10

ιζ´ **Ῥ**ητόρων ἀνώτερος   ὀφθεὶς ὁ νεώτερος
                                                    Αἰγύπτου ἐδέσπσεν·
ἦν δὲ βλέπειν βασιλέα   πατρικῶς οἰκονομοῦντα λαὸν
                                                                    ὡς υἱῶν·
τροφὰς θησαυρίζων   ὑπὲρ ψάμμον θαλασσίαν
κελλάριος ὤφθη   πάσης σαρκός·
εἶτα κατέλαβε λιμὸς   γῆν Χαναναίων,   5
καὶ Ἰακὼβ ἐκπέμπει   τοὺς ⟨δέκα⟩ υἱούς·
" Ἀπέλθατέ", φησιν,   " ἐν Αἰγύπτῳ, τέκνα ἐμά·
σιτοδότην ἀκούω   καὶ τροφέα πεινώντων·
ἀδελφὸν ἴδιον εὑράμενοι κραυγάσητε·
|: ' μέγας μόνος   κύριος ὁ σωτὴρ ἡμῶν.' " :| 10

ιη´ **Σ**κιρτῶντες ἐβάδιζον   ἐλπίδι ζωῆς αὐτῶν
                                                καὶ φθάσαντες Αἴγυπτον
προσκυνοῦσι τῷ πραθέντι·   περιύπνισε τὸ ὄναρ ἐκεῖ
                                                            τὸ τῶν δραγμῶν.

7² metrum $\begin{Bmatrix} \cup\cup-\cup\overset{\_}{\_}\cup\cup- \\ \cup\cup-\cup\cup-\cup \end{Bmatrix}$

ις´ 7¹ ἔτι] Pitra : ὅτι P
ιζ´ 3² θαλάσσιον Maas m.c.   6² δέκα add. Krumb.

ὁ μὲν Ἰωσὴφ τούτους ἐπέγνω, οἱ δέκα δὲ
οὐκ ἔγνωσαν, τίς ἦν· ὅθεν λοιπὸν
τὸν γνωρισμὸν κυοφορῶν λέγει ὁ ἄναξ· 5
"Κατάσκοποι οὗτοι οἱ ἄνδρες εἰσί"·
καὶ ἅμα τῷ ῥητῷ φυλαχθῆναι ἔφη αὐτούς·
καὶ αὐτὸν βασιλέα εἴδοσαν καὶ τροφέα,
ὃν αὐτοὶ φθόνῳ ἀπημπόλησαν καὶ ἔκραζον·
|: "Μέγας μόνος κύριος ὁ σωτὴρ ἡμῶν." :| 10

ιθ' "Τὰ καθ' ὑμᾶς εἴπατε, πορφύραν μὴ ψεύσησθε",
ὁ ἄναξ ἐβόησε·
"τὰς καρδίας ὑμῶν ἔγνων· οὐ λανθάνει με οὐδεὶς ἐξ ὑμῶν·
οἶδα ὑμᾶς".
οἱ δέ φασι· "Δοῦλον σου πατέρα κεκτήμεθα·
ἐσμὲν δυὸ καὶ δέκα οἱ ἀδελφοί·
εἷς τετελεύτηκεν ⟨ἡμῶν⟩· σοὶ τῷ δεσπότῃ 5
ἀλήθειαν ἐροῦμεν, [[εἰς]] ἃ φράζομεν σοί·
μικρότερος δ' ἡμῶν πάντων ἔστι Βενιαμίν·
τοῦ οἴκου ἡμῶν οὗτος ἐστὶ παραμυθία,
καὶ ἡμεῖς σίτου χάριν ἤλθομεν καὶ κράζομεν·
|: 'μέγας μόνος κύριος ὁ σωτὴρ ἡμῶν.'" :| 10

κ' "Ὑμεῖς, πρὸς ἃ λέγετε, εἰ θέλετε πεῖσαι με, ὃ λέγω ποιήσατε·
οὐχ ὡς ἄναξ ἐπιτρέπω, ἀλλ' ὡς σύγγονος συγγόνοις λαλῶ·
λάβετε μὲν
τὸν σῖτον οἱ πάντες, ἕνα δὲ παρεάσαντες
οἱ ἄλλοι βαδίσατε ἐν χαρᾷ·
ἀγάγατέ δε τὸν μικρὸν σύγγονον πρός με, 5
καὶ γνώσομαι ὅτι οὐ δόλιοι ἐστέ".
καὶ ἔλαβε λοιπὸν ἐξ ἐκείνων τὸν Συμεὼν
δήσας ἔμπροσθεν πάντων· οἱ λοιποὶ δὲ ἰδόντες,
ἃ ποτὲ ἔπραξαν ἐμνήσθησαν καὶ ἔκραξαν·
|: "Μέγας μόνος κύριος ὁ σωτὴρ ἡμῶν." :| 10

ιη' 3¹⁻² metrum: divisio neglecta
ιθ' 4¹ δυὸ καὶ δέκα] δεκαδύο Maas m.c. (cf. 52 ις' 8¹), sed cf. ιδ' 4¹ 5¹ ἡμῶν
add. Krumb. 6² εἰς del. Maas 8¹ ἡμῶν] Krumb. m.c.: σου P
κ' 1¹ πρὸς ἃ] Krumb.: πρὸ ἃ P 4¹⁻² metrum: divisio neglecta
5¹ τὸν μικρὸν] Maas m.c.: τὸν μικρότερον P 6¹⁻² metrum: divisio neglecta

κα´ Φρικτὰ τὰ τοῦ ἄνακτος   ἰδόντες ἐδάκρυσαν
                                   ὡς διὰ τὸν σύγγονον
    καὶ ἐλθόντες πρὸς γενέτην   προσηγόρευσαν αὐτὸν σκυθρωπῶς·
                                   " Χαίροις, πατήρ ".
    ἰδὼν δὲ ἐννέα   ἀντὶ δέκα ὁ ὅσιος
    νεκροῦται καὶ λέγει·   " Ποῦ Συμεών; "
    πρὸς ὃν φασιν οἱ υἱοί·   " Πάτερ, μὴ στένε·   5
    ἀνάσχου μακροθύμως   τῶν λόγων ἡμῶν ".
    " Οὐ λόγον τὸν ὑμῶν   οὔτε σῖτον χρῄζω ", φησίν·
    " τὸ ἐμὸν τέκνον θέλω·   μὴ καὶ ἄρτι χιτῶνα
    σύ, Ῥουβίμ, ἄγεις μοι; ἐπάκουσόν μοι κράζοντι·
    |: ' μέγας μόνος   κύριος ὁ σωτὴρ ἡμῶν.' " :| 10

κβ´ " Χαυνοῦσαι προβλήμασι,   νικᾶσαι τοῖς δάκρυσι
                                   ὀφείλων ἀγάλλεσθαι·
    ὡς ἠγάγομεν γὰρ σῖτον,   κομιοῦμεν σοι καὶ τὸν Συμεών,
                                   πάτερ ", φησί·
    " μὴ τρέμε, μὴ κλαῖε,   Συμεὼν οὐκ ἀπέθανε·
    πρὸ τοῦ σε ἀκοῦσαι   τί ἀθυμεῖς;
    ὁ τῆς Αἰγύπτου βασιλεύς,   ὡς ἡμᾶς εἶδεν,   5
    ἐδόκει κατασκόπους   τῆς γῆς καθορᾶν·
    καὶ πέμψας εἰς φρουρὰν   τρεῖς ἡμέρας πάντας ἡμᾶς
    κατακλείστους ποιήσας   θεραπεύει ἐξάξας,
    καὶ ἐπὶ τῇ ἐναλλαγῇ αὐτοῦ κραυγάζομεν·
    |: ' μέγας μόνος   κύριος ὁ σωτὴρ ἡμῶν.' :| 10

κγ´ Ψευδῆ οὐκ εἰρήκαμεν   ὑπόνοιαν φεύγοντες
                                   τοῦ εἶναι κατάσκοποι,
    ὡς εἰρήκαμεν πατέρα   καὶ ὅτι ἔχομεν μικρὸν ἀδελφὸν
                                   Βενιαμίν.
    ὁ ἄναξ δ' εὐθέως   τὸ ἀμφίβολον ἔλυσε
    θεσπίσας ⟨τοιαῦτα⟩·   ' μείνῃ ὁ εἷς,
    ἕως ἐλθεῖν Βενιαμίν,   ἵνα πιστεύσω '."   5
    ὁ Ἰακὼβ πρὸς ταῦτα   ἐβόα θρηνῶν·

κα´ 9 Ῥουβίμ] Krumb. : ρουβίν P
κβ´ 9 κραυγάζομεν] Maas : κράζομεν P
κγ´ 3² ἔλυσε] Krumb. : ἔλυσας P   4¹ suppl. Maas

" Ἰωσὴφ καὶ Συμεὼν   οὐχ ὑπάρχει· Βενιαμίν,
σὺ ὑπάγεις· τῶν τέκνων   'Ραχὴλ θλῖψιν οὐκ οἶδας·
τοὺς λοιπούς, ὕψιστε, συντήρησον· ὑπάρχεις γὰρ
|: μέγας μόνος   κύριος ὁ σωτὴρ ἡμῶν. :| 10

κδ' Ὡς τέκνα μου φείσασθε·   ἐγὼ γὰρ ἐκ θλίψεως
                                    εἰς Ἅιδην κατέρχομαι·
τὸν ἐμὸν γὰρ ἀμπελῶνα   ἐκτρυγώμενον κατὰ μέρος ὁρᾶν
                                    οὐ καρτερῶ·
ἐκεῖ γὰρ εὑρήσω   Ἰωσὴφ τὸν ποθούμενον."
οἱ δέ φασι· " Πάτερ,   τί στενάζεις;
ἴδε ἣν εὕρομεν χαρὰν   ἐν τοῖς μαρσίπποις,   5
τὸ τίμημα τοῦ σίτου,   καὶ παῦσαι θρηνῶν ".
" Διπλῆ μοι συμφορά ",   ἔκραζε λέγων Ἰακώβ·
" διὰ τοῦτο γὰρ πλέον   Συμεὼν κακῶς ἕξει,
ὃν χειρὶ σώσει ὁ φιλάνθρωπος· ὑπάρχει γὰρ
|: μέγας μόνος   κύριος ὁ σωτὴρ ἡμῶν. :| 10

κε' Ἄφευκτον τὸ πέμψαι με   φευκτὸν τὸ μὴ πέμψαι μοι·
                                    ὡς πλάστιγξ δαμάζει με
ἡ φροντίς ", φησι, " τῶν τέκνων·
                        τὴν ἀρχὴν γὰρ καὶ τὸ τέλος θρηνῶ   τῶν υἱῶν·
λοιπὸν μετ' ὀδύνης   εἰς τὸν Ἅιδην ἀπέρχομαι·
καὶ σὲ γὰρ προπέμπων,   Βενιαμίν,
ἤδη τὸ κλεῖθρον τῶν ἐμῶν   τέκνων προδίδω   5
φανερῶς τοῦ γενέσθαι   τροφὴν τῶν θηρῶν.
ἀπήλπισά σου νῦν·   μή σε κλαύσω ὡς τὸν Ἰωσήφ.
ὀφθαλμοὺς δύο εἶχον   τῆς 'Ραχὴλ ζεύγλην τέκνων·
κἂν αὐτὸν δώρησαί μοι, εὔσπλαγχνε· ὑπάρχεις γὰρ
|: μέγας μόνος   κύριος ὁ σωτὴρ ἡμῶν. :| 10

κϛ' Λοιπόν, τέκνον, ἄπιθι,   τὸ μέλος τὸ ἄωρον,
                                    μετὰ τῶν συγγόνων σου ",
ἔφη κλαίων ὁ πρεσβύτης·   " ὁδηγήσει ὑμᾶς [[ὁ]] θεὸς Ἀραὰμ
                                    καὶ Ἰσαὰκ

κδ' 4² metrum ⌣ ⌣ ⌣ −   7² metrum $\left\{\begin{array}{l}\cup - - \cup - \cup \cup - \\ \cup \cup - \cup \cup - \cup\end{array}\right\}$, cf. α' 7²
κϛ' 2² ὁ del. Trypanis m.c., sed fortasse Ἀβραὰμ = ⌣ − (cf. 42 ιϛ' 9² Ἰσαὰκ = ⌣ −)

κἀμοῦ Ἰακὼβ   τοῦ πατρὸς ὑμῶν, τέκνα μου ".
ἐν τούτοις ἀπῆλθον   χάριν τροφῆς
ἐν τῇ Αἰγύπτῳ ⟨ἐκ καινῆς⟩   καὶ προσκυνοῦσι   5
τῷ ἄνακτι φόβῳ   πεσόντες εἰς γῆν·
οὓς βλέψας Ἰωσὴφ   ἅμα τε καὶ τὸν Βενιαμὶν
πρὸς τὸ ὄναρ τὴν λύσιν   τῶν ἀστέρων ἠρίθμει,
καὶ σιγῇ ἔνδον ταραττόμενος προσηύχετο·
|: " Μέγας μόνος   κύριος ὁ σωτὴρ ἡμῶν." :| 10

κζ΄ **Φ**ρονήσεως αἵματι   φυκώσας τὸ πρόσωπον
                                αἰδεῖται τὰ πρόσωπα
καὶ τῇ φύσει ῥητορεύει   δικαστήριον κινήσας ψυχήν,
                                λέγων τῷ νῷ·
" Οὐχ ἥμαρτον οὗτοι·   θεοῦ ἔργον ἐγένετο·
αἰτία μοι οὗτοι   τῶν ἀρετῶν·
ποῖον ⟨δὲ⟩ καύχημα θερμῶς   ἀνδρὶ ἀθλοῦντι,   5
εἰ μὴ ἐκνικήσας   νομίμως στεφθῇ;
χορὸν ἀδελφικὸν   τίς τοιοῦτον ⟨οὐ⟩ προσκυνεῖ;
δάκρυα, σιωπᾶτε·   οὔπω θέλω γνωσθῆναι·
ὀφθαλμοί, γλῶτταν μὴ νικήσητε, σιγῇ δ' εὔξασθε·
|: ' μέγας μόνος   κύριος ὁ σωτὴρ ἡμῶν.' :| 10

κη΄ **Α**ὐταῖς ἰδεῖν ὄψεσι ",   φησί, " πῶς τεχνάσωμαι
                                τὸν πατρικὸν ἥλιον;
τῆς μητρός μου γὰρ γινώσκω   τὴν σελήνην ἐν τῇ ἄνω αὐλῇ
                                οὖσαν σεμνῶς.
τὰ ἄστρα καλύπτει   ὡς νεφέλη τὸν οἶκον μου.
παράσχω τὸν σῖτον   τοῖς ἀδελφοῖς
καὶ σίτῳ τὸν Βενιαμὶν   νῦν δελεάσω   5
ὡς δέλεαρ τὸ κόνδυ   μαρσίππῳ βαλών·
καὶ τῇ ἐμῇ κλοπῇ   θηραθήσεται ὃν ποθῶ·
ταῦτα μοι καλῶς ἔσται   ἐν κακούργῳ ἀγάπῃ·
Χανανεῖς φάγονται καὶ πίονται καὶ κράξονται·
|: ' μέγας μόνος   κύριος ὁ σωτὴρ ἡμῶν.' :| 10

3¹ metrum ∪́ ∪ ∪ − ∪   5¹ ἐκ καινῆς add. Krumb.   7² Βενιαμὶν] ∪ ∪ −
κζ΄ 4¹ αἰτία] Trypanis m.c.: αἴτιοι P   5¹ δὲ add. Krumb. m.c.
7² οὐ add. Pitra   9² γλῶτταν μὴ νικήσητε] Krumb.: γλῶττας μὴ νικήσετε P
κη΄ 2¹ γινώσκω] Pitra: γινώσκων P (fortasse recte)   6² μαρσίππῳ]
Krumb.: μαρσιππίῳ P

κθ´ **Βραχέα** σκεψάμενος τὰ κατὰ διάνοιαν εἰς ἔργα προέβησαν,
καὶ οὓς εἶπε κατασκόπους πρὸς ἑστίασιν ὥσπερ φίλους ποιεῖ
                  ἀναπεσεῖν·
καὶ μέσον τοῦ δείπνου τὰ τῆς ἄγρας ἐσκεύαζεν
ἐν τῷ λεληθότι δούλῳ εἰπών·
" Τῶν ἀριστούντων σὺν ἐμοὶ πλήσας τοῦ σίτου   5
τοὺς τούτων μαρσίππους, ἔνδον τοῦ μικροῦ,
οὗ φήμη Βενιαμίν, εἰς τὸν μάρσιππον τὸν αὑτοῦ,
ἐν ᾧ πίνω τὸ κόνδυ ἔμβαλε λάθρᾳ πάντων ".
καὶ πληρῶν πράγματα τὰ ῥήματα ἐκραύγαζε·
|: " Μέγας μόνος κύριος ὁ σωτὴρ ἡμῶν. " :| 10

λ´ **Ἦν** νῆμα καὶ δίκτυον τῷ νέῳ τὸ δρώμενον, οὐ σίτου ἐμπόριον·
ἦν γὰρ τοῦτον θεωρῆσαι αὐλιζόμενον ὡς ἐν ζώγρῳ κρυπτῷ
                  δόλους στοργῆς
καὶ πάντας ἐξ ἴσου μεμφόμενον ὡς κλέψαντας
τὸν κλέψαντα πάντας τρόπῳ σοφῷ.
τί γάρ; βαινόντων καθ᾽ ὁδὸν τῶν μειρακίσκων   5
παῖς ἦλθε δρομαῖος τοιαῦτα βοῶν·
" Κακοῦργοι πονηροί, κλέπται δόλιοι, τολμηροί·
τίς ἐσύλησεν, εἴπῃ, τὸ τοῦ ἄνακτος κόνδυ;
τὰ δεινὰ ἤδη ὕμας ἔφθασαν, κἂν κράξετε·
|: ' μέγας μόνος κύριος ὁ σωτὴρ ἡμῶν.' " :| 10

λα´ **Τρομέοντες** ἵσταντο ὡς ἅπαξ εὑράμενοι ἀνέγκλητον ἔγκλημα
καὶ φησὶ τῷ ἐκζητοῦντι· " Ἀνερεύνησον ὡς θέλεις ἡμᾶς·
                  πάντες ἐσμέν·
τὸ κόνδυ εἰ εὕρῃς, αἷμα χέε τοῦ κλέψαντος,
οἰκέτας δὲ λάβε πάντας ἡμᾶς·
καὶ τοὺς μαρσίππους καθελὼν κρίσει ἐρεύνα ".   5
ἐγέλων δὲ τὸν ἄνδρα ἀγνοίας σκοπῶ·
ἐγγίσας δὲ λοιπὸν τῷ μαρσίππῳ Βενιαμὶν
ἐκεῖ εὗρε τὸ κόνδυ, καὶ σαλπίζουσι θρῆνον·
" Ἰακώβ, κλαῦσον ἦμας ἅπαντας καὶ κραύγασον·
|: ' μέγας μόνος κύριος ὁ σωτὴρ ἡμῶν.' " :| 10

κθ´ 7¹ φήμη = nomen Βενιαμὶν ‿ ‿ –
λ´ 3² μεμφόμενον] Krumb. : μεμφόμενος P (fortasse recte) : metrum cf. ιβ´ 3²
4¹ τὸν κλέψαντα] Krumb. : ὁ κλέψας τοὺς P (fortasse recte)
λα´ 8¹ εὗρε] Krumb. : εὗρον P

43 CANTICA ON OLD TESTAMENT CHARACTERS

λβ´ "Ολοι μορφὴν τύπτοντες   στυγνοὶ ἐπανέστρεψαν
                                       σὺν γόμοις εἰς Αἴγυπτον,
   οἱ μὴ κλέψαντες ὡς κλέπται,
          οὓς ὁ πάνσοφος θεωρῶν σκυθρωποὺς   πάσχει ψυχήν·
   καὶ τούτων τὸ δέος   ἀποκόπτων προσήγγισεν
   ἐν μέσῳ συγγόνων·   φόβῳ δ᾽ αὐτοὶ
   εἶδον αὐτὸν ὡς ἀστραπήν·   καὶ προσκυνοῦσι   5
   δουλείαν πρὸ ψόγου   κυροῦντες αὐτῷ·
   ὁ ἄναξ δὲ ὁρῶν   παραλήπτους τοὺς ἀδελφοὺς
   ἀσφαλίζεται κλεῖθρα   καὶ ἀνοίγει τὰ ῥεῖθρα·
   ποταμοὺς ὄμμασι μιμούμενος [[ἐπ]]ἐκραύγαζε·
   |: " Μέγας μόνος   κύριος ὁ σωτὴρ ἡμῶν. :| 10

λγ´ Νῦν τί ", φησι, " φθέγξωμαι;   θαρρήσω, τίς πέφυκα;
                                       ἐλέγξω, τί πέλουσι;
   κυματοῦνται μου τὰ σπλάγχνα·   οὐ χωρεῖ μου τὴν χαρὰν ἡ ψυχὴ
                                       μεῖναι ῥοπήν·
   νικῶμαι, οὐ νήφω   καὶ μεθύω τῷ φίλτρῳ μου·
   ἐμοῦ ἡ βραδύτης   τούτους λυπεῖ."
   μήπω δὲ στέξας τὴν χαρὰν   ἄφνω ἀνοίγει   5
   καὶ ὥσπερ μαργαρίτης   ὀφθεὶς ἐκβοᾷ·
   " Ἐγώ εἰμι αὐτός,   ἀδελφοί μου, ὁ Ἰωσήφ·
   ἀποδύσασθε αἰδῶ   καὶ ἐνδύσασθε σθένος·
   τῷ θεῷ δόξαν ἀναπέμψωμεν κραυγάζοντες·
   |: ' μέγας μόνος   κύριος ὁ σωτὴρ ἡμῶν.' :| 10

λδ´ Ῥιζώσω τὸν πόθον μου,   φιλήσω τὰ ὄμματα
                                       ὑμῶν καὶ τὰ στόματα·
   εὐφρανθῶ, χορεύσω, ὅτι   βασιλεία μου ἐστέ, ἀδελφοί,
                                       ἀπὸ τοῦ νῦν.
   ἐμὲ μὴ αἰδεῖσθε,   μὴ φοβεῖσθε· ἐγώ εἰμι
   ὁ δεύτερος Ἄβελ,   ζῶν Ἰωσήφ·
   ῥίψαντες τρόμον ἀφ᾽ ὑμῶν   τὸν ἐκ τοῦ Κάϊν   5
   πορεύθητε καὶ τὸν πατέρα ἡμῶν

     λβ´ 9 ἐπ- del. Krumb. m.c. : ἐπέκραζε dub. Maas
     λγ´ 4² τούτους λυπεῖ] Krumb. : τούτοις λύπη P   8¹ metrum ⌣ ⌣ – ⌣ ⌣ – ⌣ :
     αἰδῶ] δέος dub. Trypanis
     λδ´ 6¹⁻² metrum : divisio neglecta

ἀγάγετε πρός με,   ἵν' ἐγκύψῃ οὐχὶ ἐμοί,
ἀλλὰ τῇ πορφυρίδι   καὶ τῷ ταύτης δοτῆρι·
καὶ ἐμὲ ὄψεσι θεώμενος κεκράξεται·
|: ' μέγας μόνος   κύριος ὁ σωτὴρ ἡμῶν.' " :| 10

λε' Ὡς οὖν κατεφίλησαν   ἀλλήλους, ἐξώρμησαν
                                σπουδῇ εἰς τὰ ἴδια·
  οὓς ὁρῶν ὁ γηραλέος   νέος γέγονεν ὡς ἰδὼν τοὺς υἱούς,
                                οὕτως βοῶν·
" Ἀεί σε δοξάζω,   ὁ θεός μου, ὁ πάντοτε
  ἐμὲ περιέπων   καὶ τοὺς ἐμούς "·
ὁ Συμεὼν δὲ πρὸς αὐτὸν   ἔφη· " Ὦ πάτερ,   5
  χαράν σοι μηνύω·   πορεύου, σπεῦδε·
ἰδὲ τὸν Ἰωσὴφ   βασιλέα καὶ μὴ λυποῦ "·
πρὸς ὃν ἔφη ὁ πρέσβυς·   " Ἐγγελᾷς μοι, ὦ τέκνον·
τῷ θεῷ κρύψαι σου τὰ σφάλματα ⟨καὶ⟩ βόησον·
|: ' μέγας μόνος   κύριος ὁ σωτὴρ ἡμῶν.' " :| 10

λϛ' " Μὴ δίσταζε, πίστευε ",   οἱ νέοι ἐβόησαν
                                φιλοῦντες τὰ γόνατα
τοῦ πατρὸς αὐτῶν, καὶ πάντα   τὰ ῥηθέντα διηγοῦνται αὐτῷ.
                                ὁ Ἰακὼβ
ἀκούσας ἠγέρθη   καὶ ὡς βρέφος ἐσκίρτησε·
  τὸ γῆρας τῆς κάρας   ὑπερβαλὼν
ἔσπευδεν ὡς ⟨ὁ⟩ Ἀβραάμ   ἐπαγγελίαν   5
  τοῦ τέκνου ἀκούσας·   τὸ πένθος λιπών·
" Ἐξέλθωμεν ", φησί,   " ῥαθυμίας νύκτα· μηδεὶς
  φοβηθείτω, διότι   ταύτην ἐκ τῶν ὀμμάτων
τῶν ἐμῶν κύριος ἐδίωξεν· ὑπάρχει γὰρ
|: μέγας μόνος   κύριος ὁ σωτὴρ ἡμῶν. :| 10

λζ' Ἀνέτειλεν ἤδη μοι   ἡμέρα ἡ ἔχουσα   ὡρῶν δωδεκάωρον,
  λογικῇ τῶν ἐμῶν τέκνων   τὸ ἰσάριθμον καὶ ἰσόφωτον φῶς·
                                τὰ ἀπλανῆ

λε' 6² metrum cf. μ' 6²   9 καὶ add. Krumb.
λϛ' P   5¹ ὁ add. Krumb. m.c.

τὰ τοῦ θεοῦ ἔργα   ἀπαγγέλλων οὐ παύσομαι·
φευγέτω ὁ φθόνος   ἐκ τῶν ἐμῶν·
κατὰ γὰρ ὥραν †φαίνει   τῇ πανημέρῳ†   5
καὶ τέκνον παρέσχεν   ἐμοὶ ὁ θεός·
ποῦ πέλει ἡ Ῥαχήλ,   ἵνα ἴδῃ τὸν ἐξ αὐτῆς
ἐκ νεκρῶν ἀναστάντα,   ὃν ὁ πλάστης ἐγείρας
Ἰωσὴφ ζῶντα ἐχαρίσατο; ὑπάρχει γὰρ
|: μέγας μόνος   κύριος ὁ σωτὴρ ἡμῶν." :| 10

λη΄ Νῦν [[ὁ]] γέρων τοῖς μείραξιν   ἐφάμιλλος ὥδευεν,
                                    καὶ ἐπὶ τὴν Αἴγυπτον
τὴν πορείαν ποιουμένων   θεωρῆσαι ἦν ἐκεῖ, πῶς σκιρτῶν
                                                εἷς τῷ ἑνὶ
ἔριζον· τὰ κτήνη   ἐνωθοῦντες προέκοπτον·
ἦν δὲ καὶ σκοπῆσαι   τὸν Ἰακὼβ
διεζωσμένον τὴν ὀσφὺν   καὶ βακτηρίαν   5
κρατοῦντα καὶ ὥσπερ   δρομαίᾳ σπουδῇ
προβαίνοντα καὶ τοὺς συνοδεύοντας σὺν αὐτῷ
ἐρωτῶντα τὸ μῆκος   τῆς ὁδοῦ, γαυριῶντα
καὶ ἀεὶ ἄνω προσανέχοντα καὶ κράζοντα·
|: " Μέγας μόνος   κύριος ὁ σωτὴρ ἡμῶν." :| 10

λθ΄ Ὅτε οὖν κατέλαβον   τὴν Αἴγυπτον, ἔλαμψεν
                                    ὁ ἄναξ ὡς ἥλιος
καὶ πλακεὶς ἐν τῷ τραχήλῳ   τοῦ πατρὸς αὐτοῦ κατεφίλει αὐτὸν
                                                δακρυρροῶν.
" Ἐμὲ τῷ θεῷ σου",   φησί, " πάτερ, ἐδάνεισας,
κἀγὼ ταῖς εὐχαῖς σου   καρποφορῶ·
τὸ δὲ κεφάλαιον διπλοῦν   εὗρες σὺν τόκῳ."   5
πρὸς ὃν ὁ πρεσβύτης   δακρύων βοᾷ·
" Πόθεν μοι ἔλαμψας;   ἀπὸ γῆς ἢ ἐξ οὐρανοῦ,
ἐκ νεκρῶν ἢ ἐκ ζώντων;   ποῖος θὴρ ἔτεκέν σε;
ταῦτα τοῦ κτίστου τὰ τεράστια· ὑπάρχει γὰρ
|: μέγας μόνος   κύριος ὁ σωτὴρ ἡμῶν." :| 10

λζ΄ 5¹ metrum ◡◡◡ − ◡◡◡ ⸺ : φαίνει] ἔφαινε Krumb.   5¹⁻² φαίνει μοι τῷ
πανιμέρῳ dub. Trypanis (cf. λζ΄ 1¹)
λη΄ 1¹ ὁ del. Krumb. m.c.   1² ὥδευεν] Krumb. m.c.: ὁδεύει P: ὁδεύει
ante ἐφάμ. Pitra m.c.   7¹⁻² metrum: divisio neglecta
λθ΄ 4² καρποφορῶ] Pitra: καρποφορῶν P

6329   A a

μ' Ὑμνήσωμεν ψάλλοντες   τὸν κτίστην τῆς κτίσεως
                                        τοιαῦτα παρέχοντα·
    τὴν αὐτοῦ γὰρ εὐσπλαγχνίαν   ἱκετεύοντας περιέπει ἡμᾶς
                                        διὰ παντός.
    οἱ ἄνθρωποι πάντες   σωφροσύνην ποθήσωμεν
    ζηλοῦντες εἰς πάντα   τὸν Ἰωσήφ·
    ἐρῶμεν, τί ἀποτελεῖ   ἡ σωφροσύνη,   5
    καὶ ἡ ἀκολασία   τί ἀποκύει·
    ἡ μὲν πρὸς τὴν ζωὴν   τὴν αἰώνιον καλεῖ,
    ἡ δὲ πρὸς τὴν γέενναν·   ἀλλὰ φύγωμεν ταύτην
    τῇ εὐχῇ πάντοτε σχολάζοντες καὶ κράζοντες·
    |: " Μέγας μόνος   κύριος ὁ σωτὴρ ἡμῶν. " :| 10

44 (11 Kr.)

ON JOSEPH II

Acrostichis : *ΕΙΣ ΤΟΝ ΙΩΣΗΦ ΡΩΜΑΝΟΥ ΕΠΟΣ*

Prooemium I : Χαίρετε

Ἀκολασία τὸν νέον   ἐξαπατᾷ πρὸς ἡδύτητα,
    ἡ δὲ ἁγνεία ἀνδρίαν   συνεισάγει τῷ σώφρονι·
δι' ὧν ὤφθη ὁ δίκαιος   Ἰωσὴφ ἐν Αἰγύπτῳ
                                        δεδοικὼς μὴ ἁμαρτῆσαι,
|: ὅτι πάντα ἐφορᾷ   τὸ ἀκοίμητον ὄμμα. :|

μ' 2² ἱκετεύοντας] Krumb.: ἱκετεύοντες P   5¹ ἐρῶμεν, τί] Krumb.:
ἐγὼ (ἐρῶ P^c) μὲν τί P   6² metrum cf. λε' 6²   7² metrum $\left\{ \begin{array}{c} \smile\smile-\smile\stackrel{.}{-}\smile\smile- \\ \smile\smile-\smile\smile-\smile \end{array} \right\}$:
προσκαλεῖ dub. Trypanis m.c.

44 *Codices*: PΔ (Prooem. II, III et α'–ιη')
Editiones: Pitra A.S. I, Cant. x
Titulus: On Joseph II Trypanis: Εἰς τὸν σώφρονα (σώφρ. om. V) Ἰωσήφ Δ: Εἰς
    τὸν πειρασμὸν τοῦ Ἰωσήφ P
Dies Festus: Τῇ ἁγίᾳ καὶ μεγάλῃ Δευτέρᾳ
Modus: ἦχος πλάγιος δ'
Acrostichis: Εἰς τὸν Ἰωσὴφ Ῥωμανοῦ ἔπος (ἔπος om. V) PV

Prooemium II: Ἰδιόμελον

Οἱ τὸ στάδιον τῶν νηστειῶν πανσόφως διανύσαντες
καὶ τὴν ἔναρξιν τοῦ πάθους τοῦ κυρίου ἐν πόθῳ ποιούμενοι,
δεῦτε πάντες, ἀδελφοί, τὴν τοῦ σώφρονος ἁγνείαν
Ἰωσὴφ σπουδῇ ζηλώσωμεν·
τῆς δὲ συκῆς τὴν ἀκαρπίαν φοβηθέντες
τῶν παθῶν ξηράνωμεν διὰ ἐλεημοσύνης τὴν ἡδύτητα, 5
ἵνα καὶ τὴν ἔγερσιν εὐθύμως προφθάσαντες
ὡς μύρα κομισώμεθα ἐξ ὕψους τὴν συγχώρησιν,
|: ὅτι πάντα ἐφορᾷ τὸ ἀκοίμητον ὄμμα. :|

Prooemium III: Οὐ παυόμεθα

⟦Τοὺς τὸ πάθος σου πεφθακότας καὶ τὴν ἔγερσιν
προσκυνῆσαι ἀξίωσον, σωτήρ, τὸ ἀκοίμητον ὄμμα.⟧

Strophae: Ἄγγελος πρωτοστάτης (App. Metr. XXXI)

α' Ἔχοντες βασιλέα οὐρανῶν βασιλείαν
διδοῦντα τοῖς αὑτοῦ στρατιώταις,
ἐνδυσώμεθα τὴν ἀρετὴν πανοπλίαν οὖσαν τῶν ψυχῶν
ἄτρωτον,
ἵνα καὶ πολεμήσωμεν ὡς ἔμφρονες τὴν ἁμαρτίαν·
τίνα δὲ τὴν ἀρετὴν νοῶμεν; φιλοσοφίαν ὁρῶμεν ταύτην· 5
τέχνη γὰρ ἐστὶ τῶν τεχνῶν, ὡς ἀκούομεν,
τῶν ἐπιστημῶν ἐπιστήμη τυγχάνουσα·
δι' αὐτῆς ὡς διὰ κλίμακος χειραγωγεῖται ψυχὴ
καὶ πρὸς ὕψος ἀναφέρεται τῆς οὐρανίας ζωῆς·
φρόνησιν καὶ ἀνδρίαν τοὺς ἀνθρώπους διδάσκει, 10
ἔτι δὲ σωφροσύνην καὶ ⟨τὴν⟩ δικαιοσύνην.
τούτοις ἡμεῖς τοῖς ὅπλοις στοιχήσωμεν
καὶ τοῦ Χριστοῦ τὴν χάριν αἰτήσωμεν·

Prooemium II
PΔ 2³ ἐν πόθῳ om. P 3² ἁγνείαν] ἁγίαν Δ 3³ σπουδὴν Δ
5² δι' ἐλεημ.] PΔ : corr. Krumb. 6² ἐνθύμως Pitra προφθ.] προσκυνή-
σαντες P
α' PΔ 3² ἄτρωτον] P: ἄτρεπτον Δ 4² ἐν τούτοις ὡς ἐχθρὸν
τὴν ἁμαρτίαν Δ 5¹ τίνα δὲ] P: τίνα Δ : τίνα οὖν Pitra 5² ταύτης P
7¹ καὶ τῶν ἐπιστημῶν Δ 8² ἡ ψυχὴ Δ 11² τὴν add. Trypanis m.c.
12¹ ἡμᾶς Δ 12² τειχίσωμεν Δ

δίδωσι γὰρ   τοῖς αὐτὸν ἀγαπῶσι
τὴν κατ' ἐχθρῶν   ἀναδήσασθαι νίκην,
|: ὅτι πάντα ἐφορᾷ   τὸ ἀκοίμητον ὄμμα. :|

β' Ἵνα μάθωμεν πάντες   τὴν ὑπέρλαμπρον δόξαν,
ἣν ἔχει ἀρετὴ καὶ παρέχει,
τὴν ὑπόθεσιν τοῦ Ἰωσὴφ   ἐνεγκεῖν εἰς μέσον,   εἰ δοκεῖ,
                                                σπεύσωμεν,
καὶ βίον φιλοσώφρονα   κτησώμεθα δι' ἐγκρατείας.
οὗτος πραθεὶς διὰ πάθος φθόνου   δοῦλος παθὼν οὐδαμῶς εὑρέθη·
εἶχε γὰρ τὸν νοῦν ὡς σοφὸν αὐτοκράτορα
καὶ τῶν φιλοσάρκων παθῶν ἐκυρίευσε·
διὰ τοῦτο οὐκ ἐσείετο   κολακείαις γυναικός,
ἀλλὰ ταύτης ἀπεσείετο   τὰς θωπείας ἀνδρικῶς.
ἔπεμπε μὲν ἐκείνη   ὡς ἀνέμους τοὺς λόγους,
ἵνα τῆς σωφροσύνης   καταβάλῃ τὸν οἶκον·
καὶ ὡς βροχὴν   τὴν μέθην κατέχεε
καὶ ποταμοὺς   χρημάτων προσέφερε·
νέος δὲ ὢν   Ἰωσὴφ ὁ γενναῖος
ἦν ἑστηκὼς   ἐπὶ πέτρας ἀσείστου,
|: ὅτι πάντα ἐφορᾷ   τὸ ἀκοίμητον ὄμμα. :|

γ' Σῶμα μὲν ἐδουλώθη,   τὸ δὲ φρόνημα εἶχε
ἀδούλωτον ὁ σώφρων ἐκεῖνος·
ὁ κατ' ὄναρ φανεὶς βασιλεὺς   νῦν καθάπερ δοῦλος   ὠνητὸς
                                                    γέγονεν·
ἀλλ' ὅμως καὶ κρατούμενος   ἐκράτησε τῶν κρατησάντων.
ὑπὸ δεσπότου μὲν ἐτιμᾶτο,   ὑπὸ δεσποίνης δὲ ἐποθεῖτο·
ἦν μὲν ἀγαθὴ τοῦ δεσπότου ἡ εὔνοια,
ἄχρηστος δὲ λίαν ἡ ταύτης διάνοια·
ἔστεργε διὰ σεμνότητα   ὁ ἀνὴρ τὸν Ἰωσήφ,
ἔθελγε διὰ φαυλότητα   ἡ γυνὴ τὸν εὐγενῆ·
ἔτερπε μὲν ἐκεῖνον   ἡ ὀρθότης τοῦ τρόπου,
ἔτρωσε δὲ ἐκείνην   ὡραιότης προσώπου·

β' PΔ   2 ἦν εἶχεν ὁ σοφὸς Δ   5¹ πάθος] πάθους Δ   6² ὡς σοφ.] ὁ σοφὸς Δ   7² ἐκυρ.] κατεκράτησε Δ   10¹ ἔπεμπεν οὖν Δ   11² καταλύσῃ Δ   15² ἐπὶ πέτραν στερεὸς Δ : στερεὸς ἐπὶ πέτραν Pitra
γ' PΔ   3² νῦν] ὃς C: ὡς V   4¹ καὶ om. P   4² τὸν κεκρατηκότα Δ
6¹ ἦν μὲν] Pitra: ἦν δὲ PΔ   9¹ ἔθαλπε Δ   10² ἡ ὀρθ.] ἀγαθότης Δ

οὗτος αὐτῷ τὸν οἶκον παρέδωκεν,
αὕτη αἰσχρῶς τὸ σῶμα προδέδωκεν·
ὅπερ ἰδὼν Ἰωσὴφ ἀπεστράφη
τὴν φοβερὰν ἐνθυμούμενος κρίσιν, 15
|: ὅτι πάντα ἐφορᾷ τὸ ἀκοίμητον ὄμμα. :|

δ' Τῶν πραγμάτων τὴν τάξιν ἡ παράνομος πρᾶξις
ἀπέστρεψε πρὸς τὸ ἐναντίον·
ὁ μὲν δοῦλος ἐκράτει παθῶν ὡς δεσπότης πάσης ἡδονῆς
τέλειος,
ἡ δέσποινα δὲ γέγονεν ἀνδράποδον τῆς ἁμαρτίας.
πᾶς γὰρ ὁ πράττων τὴν ἁμαρτίαν δοῦλος ὑπάρχει τῆς ἁμαρτίας, 5
πάντα μὲν τὰ ἄλλα ὡς ὄναρ ἡγούμενος,
πρὸς δὲ τὸ ποθούμενον ὅλως ἑλκόμενος,
ὥσπερ ἔπασχεν ἡ δέσποινα τοῦ δικαίου Ἰωσὴφ
πρὸς ἐκείνην τὴν ἐπέραστον εὐμορφίαν τοῦ παιδός·
βλέπουσα γὰρ τὸν νέον ὀφθαλμοῖς ἀκολάστοις 10
βέλεσιν ἀοράτοις τὴν ψυχὴν ἐκολάσθη.
ὅσον αὐτὸς τῷ κάλλει ἐξέλαμπε,
ταύτην ὁ νοῦς τοσοῦτον ἐξέλειπεν·
αὕτη πυρσὸν ἡδονῆς προετίθει,
οὗτος δὲ πῦρ ἄσβεστον ἀντετίθει, 15
|: ὅτι πάντα ἐφορᾷ τὸ ἀκοίμητον ὄμμα. :|

ε' Ὅλην τῆς Αἰγυπτίας τὴν καρδίαν συνεῖχεν
ἡ τῆς ἐπιθυμίας μανία,
καὶ πληγεῖσα κρυφίαν πληγὴν ὑπεδέχετό μεν τὰ πικρὰ
φάρμακα,
γλυκέα δὲ ἐνόμιζε τὰ τραύματα ὡς μαινομένη.
δι' ὀφθαλμῶν δεχομένη βέλη ἀπὸ τῆς σώφρονος βελοθήκης 5
καὶ τὴν ἑαυτῆς ἀσωτίαν τιτρώσκουσα
τέρψιν ἐπενόει τὴν τρῶσιν ἡ τάλαινα.
ὁ μὲν πόθος ὁ ἀκόλαστος ἐπολιόρκει τὸν νοῦν,
τὸ δὲ πάθος οὐκ ἠδύνατο φανερῶσαι τὸ αὐτῆς.

13¹⁻² αὔτ.–προδ. om. V   13² προδέδ.] ἐπέδωκε C
   δ' PΔ   2 ἀπέστρεφε Δ   3³ τελείως P   7² οὐδόλως Δ   8¹ ἔπα-
θεν Δ   10² ἀκαθάρτοις Δ   11¹ ἀκολάστοις Δ   13¹ ταύτης V
14¹⁻² πυρσ. ἡδ.] πυρὸς ἡδονὴν Δ   προσετίθει Δ
   ε' PΔ   3³ φαρμ.] τραύματα Δ   4¹ γλυκεῖα P   6² ἀσωτίαν]
καρδίαν Δ   7¹ ὑπενόει Δ

αὕτη γὰρ καὶ παρόντος   Ἰωσὴφ ὠδυνᾶτο,   10
πάλιν δὲ καὶ ἀπόντος   ἀνεφλέγετο πλέον.
λόγοις αὐτὸν   χρηστοῖς ἐκολάκευε
πεῖραν αὐτοῦ   λαβεῖν κατασπεύδουσα·
ὁ δὲ σεμνὸς   Ἰωσὴφ παρῃτεῖτο
τῆς γυναικὸς   τὴν ἀθέμιτον πρᾶξιν,   15
|: ὅτι πάντα ἐφορᾷ   τὸ ἀκοίμητον ὄμμα. :|

ϛ´ **Νυμφοστόλος** μοιχείας   ὁ διάβολος ἦλθεν,
    ἵνα τῇ Αἰγυπτίᾳ συμπράξῃ·
    καὶ " Ἀνδρίζου ", φησὶ πρὸς αὐτήν·   " ὡς ἀρχαῖον οὖσα
            καὶ στερρὸν   ἄγκιστρον
    ἑτοίμασον τὸ δέλεαρ   καὶ θήρευσον τὸν νεανίαν.
    τοὺς μὲν πλοκάμους τῆς κεφαλῆς σου
            πλέξον ὡς δίκτυα κατὰ τούτου, 5
    τὴν δὲ τοῦ προσώπου μορφὴν κατακάλλυνον
    πᾶσαν ῥοδοχρόοις κοσμοῦσα σοφίσμασι·
    φαίδρυνόν σου καὶ τὸν τράχηλον   τοῖς χρυσοπλόκοις δεσμοῖς,
    ἐπὶ πᾶσιν ἀμφιάσθητι   πολυτίμητον στολήν·
    μύροις ἄλειψαι πλείστοις,   ἐκθηλύνουσι νέους·   10
    πρόκεινται γὰρ ἀγῶνες   ἰσχυροὶ καὶ γενναῖοι.
    οὗτος μὲν σοὶ   ἁγνείαν ἀντέστησε,
        σὺ δὲ αὐτῷ   λαγνείαν ἀντίστησον.
    μὴ νικηθῇς   καὶ καταγελασθῶμεν·
    λέξει γὰρ σοί·   ' οὐ ποιήσω ὃ θέλεις,   15
|: ὅτι πάντα ἐφορᾷ   τὸ ἀκοίμητον ὄμμα.' " :|

ζ´ **Ἴδεν** ἄσεμνον ὄψιν   ὁ σεμνὸς νεανίας
    καὶ μᾶλλον ἐβδελύξατο ταύτην·
    ἐθεώρει μορφὴν ἱλαράν,   ἀλλ' ἐννόει γνώμην   δολερὰν
                ἔσωθεν
    καὶ σπεύσας ταύτην ἔφυγεν   ὡς ἔχιδναν ἐγκεκρυμμένην.
    ὅθεν μὴ φέρουσα ἡ ἀθλία   τὴν περιφρόνησιν τοῦ γενναίου   5
    πᾶσαν τὴν αἰδῶ τῆς καρδίας ἀπέρριψε
    καὶ τὴν ἑαυτῆς ἀσωτίαν ἐγύμνωσε·

11² κατεφλέγετο Δ   12² χρηστ.] πολλοῖς Δ
ϛ´ PΔ   3¹ φησὶ πρὸς αὐτ.] ὦ γύναι, φησίν Δ   7 πᾶσι Δ   12¹ σου Δ
ζ´ PΔ   1¹ Ἴδεν] PΔ : Εἶδεν Pitra   7¹ σαυτῆς P

πρῶτον μὲν γὰρ ἐθεράπευσε διὰ μέσης γυναικός,
καὶ αὐτὴ δὴ μετεπέμπετο καὶ ὡμίλει μετ' αὐτοῦ.
γλῶσσαν εἶχεν ὀξεῖαν ὑπὲρ μάχαιραν οὖσαν 10
καὶ διὰ τῆς τῶν λόγων ἡδονῆς ἀναιροῦσαν·
τέχναις αὐτὸν πολλαῖς ἐγοήτευεν,
ἀλλὰ τὸν νοῦν αὐτοῦ οὐ παρέτρεψεν·
ἔλεγε γάρ· " Οὐ ποιήσω τὸ μύσος,
ἔχων ἀεὶ πρὸς τὰ φαῦλα τὸ μῖσος, 15
|: ὅτι πάντα ἐφορᾷ τὸ ἀκοίμητον ὄμμα." :|

η' "Ὦ μανίας ἀσώτου γυναικὸς ἀκολάστου
ἐπὶ τοῦ Ἰωσὴφ ἐλεγχθείσης·
ἐπειδὴ γὰρ κατεῖδεν αὐτὸν ταῖς αὐτῆς θωπείαις μηδαμῶς
εἴκοντα,
μὴ πάθεσι νεότητος ἡττώμενον, ἐβόα τούτῳ·
" Δοῦλος ἐμὸς ὠνητὸς ὑπάρχεις, πέπρασαι μοί, ἵνα καὶ δουλεύσῃς· 5
ὅλου σε δεσπότην τοῦ οἴκου [[μου]] πεποίηκα,
γενοῦ δὲ κἀμοῦ τῆς κυρίας σου κύριος.
οὐ λογίζομαι ὑβρίζεσθαι καταβαίνουσα πρὸς σέ·
δεσποτείας καὶ δουλείας γὰρ οὐκ ἐστὶ διαφορά·
ἕνα πάντων πατέρα τὸν Ἀδὰμ ἐδιδάχθην, 10
μίαν πάντων μητέρα τὴν ἀρχέγονον Εὔαν·
πάντες ἐσμὲν ἀλλήλων ὁμότιμοι
ὡς τῆς αὐτῆς μετέχοντες φύσεως.
μὴ φοβηθῇς ὡς ἀθέμιτα πράττων,
μηδὲ πεισθῇς τοῖς λαλοῦσί σοι ταῦτα, 15
|: ὅτι πάντα ἐφορᾷ τὸ ἀκοίμητον ὄμμα. :|

θ' Σοῦ τοὺς τρόπους ὁρῶσα κοσμουμένους ἐν πᾶσι
τῶν ἄλλων προτιμῶ σε συνδούλων.
ἐν τοῖς ὄμμασι γὰρ τὴν αἰδῶ, ἐν τοῖς χείλεσί δε
τὴν πειθὼ κέκτησαι
καὶ πᾶσαν ἔχεις αἴσθησιν εὐσχήμονα καθάπερ θέλω.

9¹ δὴ] (sic) C: δὲ PV 9² ὡμίλ.] ἐλάλει Δ 11¹⁻² καὶ διὰ τῆς ἁμαρτίας ἀναιροῦσα τὸν νέον Δ
η' PΔ 1¹ ἀσώτ.] ἐσχάτης Δ 2 ἐκφλεχθείσης Δ 3³ οὐδαμῶς Δ
5¹ ἐμὸς om. P 5² ἵνα καὶ δουλ.] ἵνα μοι καὶ δουλεύῃς Δ 6² μου del.
Pitra
θ' PΔ 3² ἐν τοῖς χείλ.] καὶ τοῖς χείλ. Δ 3²⁻³ δὲ τὴν πειθὼ] σου, ὡς ποθῶ Δ

δεῦρο, ἐπάκουσον τῆς φωνῆς μου, ἵνα σοι δείξω τὴν πρόθεσίν μου· 5
πλείστων γὰρ καλῶν σε ἐμπλήσω πεισθέντα μοι
καὶ δωροδοκίαις πλουσίαις ἀμείψομαι.
καὶ γὰρ πλεῖον σὲ παράθωμαι τῷ συμβίῳ τῷ ἐμῷ,
καὶ γενέσθαι σὲ ἐλεύθερον κατασπεύσω παραυτά.
δοῦλος γὰρ οὐ κληθήσῃ συγκαθεύδων δεσποίνῃ, 10
ἐὰν δὲ μὴ πεισθῇς μοι κινδυνεύσῃς δικαίως·
σὲ γὰρ πικροῖς δεσμοῖς παραδίδωμι
καὶ πονηρῷ θανάτῳ ἐκδίδωμι.
μὴ οὖν σαυτὸν ἀδικῆσαι θελήσῃς·
οὐ γὰρ ἐστὶν ἀληθὲς ὃ νομίζεις, 15
|: ὅτι πάντα ἐφορᾷ τὸ ἀκοίμητον ὄμμα." :|

ι' Ἡ γυνὴ μὲν τοιαῦτα· ἀλλ' οὐκ ἴσχυσεν ὅλως
σαλεῦσαι τὸν ἀσάλευτον πύργον·
οὐκ ἐνύσταξε κολακευθείς, ἀλλὰ μᾶλλον εἶχε λογισμὸν
ἄγρυπνον
καὶ ἄσυλον ἐφύλαττε τὸ καύχημα τῆς σωφροσύνης.
ἔνθεν καὶ ἔνθεν περισκοπήσας ταύτην ἑώρα τὴν μαινομένην· 5
πάντας γὰρ τοὺς ἄλλους τοῦ οἴκου ἐξέπεμψε,
μόνη δὲ πρὸς μόνον τοιαῦτα ἐφθέγγετο·
" Ἕως πότε σου ἀνέξομαι παρακούοντος ἐμοί;
νῦν καιρὸς τοῦ ἀπολαῦσαι με τῆς ποθουμένης εὐνῆς·
οὐ γὰρ ἔστιν ἐνταῦθα οὐδὲ εἷς τῶν τοῦ οἴκου, 10
καὶ οὐδὲν ἐμποδίζει τοῦ γενέσθαι ὃ λέγω."
βέλη πυρὸς αὐτῷ κατηκόντιζεν,
ἀλλ' οὐδαμῶς αὐτὸν κατεφλόγιζεν·
ἔσωθεν γὰρ σωφροσύνην πηγάζων
τὰς πονηρὰς ἔσβεσεν ὁμιλίας, 15
|: ὅτι πάντα ἐφορᾷ τὸ ἀκοίμητον ὄμμα. :|

8¹ πλεῖον] Δ : πλείω P παράθωμαι] Krumb.: παράθομαι PΔ σὲ γὰρ πλ. παραθήσομαι Pitra   9² παραυτά] P: παρ' αὐτοῦ Δ   13¹⁻² τοῖς ὑπ' ἐμοῦ οἰκέταις, ὦ φίλτατε Δ   15² ὅ] ὡς Δ
ι' PΔ   3¹ οὐκ ἐν. κολακευθείς] W. Meyer: οὐκ ἐνύσταξε ταῖς κολακείαις αὐτῆς PΔ : κολακείαις οὐκ ἐνύστ. Pitra   5¹ ἔνθ. καὶ ἔνθ.] ἔνθεν κἀκεῖθεν Δ   6¹ πάντ. γὰρ] ἅπαντας Δ   9¹ τοῦ om. P   9² τῆς ποθ. εὐνῆς] τῆς ποθ. ἡδονῆς Δ : τῆς ποθεινῆς ἡδονῆς Pitra   10² οὐδὲ εἷς] Pitra m.c.: οὐδεὶς PΔ τῶν] ἐκ add. Δ   12² κατηκόντιζεν] κατηκόντισεν Pitra   13² κατεφλόγισεν Δ   15² ἐσβέννυ Δ

ια' **Φθεγγομένης** τοιαῦτα τῆς μαινάδος ἐκείνης
καὶ καταθωπευούσης τὸν νέον,
εἰς τὰ σκάμματα τῶν πειρασμῶν Ἰωσὴφ ὁ μέγας
ἀθλητὴς ἔρχεται
πολύμορφον ἀντίπαλον βουλόμενος καταπαλαῖσαι.
καὶ βραβευταὶ συνεισῆλθον δύο καὶ παρειστήκεσαν ἀμφοτέροις· 5
τῷ μὲν Ἰωσὴφ ἡ ἁγνεία συνίστατο,
τῇ δὲ γυναικὶ ἡ λαγνεία προΐστατο·
μέσος τούτων ἠγνωνίζετο ὁ φιλοσώφρων ἀνήρ,
πρὸς αὐτὸν ἀντηγωνίζετο ἡ δολιόφρων γυνή.
ἔθελγε μὲν ἐκείνη πρὸς μοιχείαν καλοῦσα, 10
ἔσπευδε δὲ νικῆσαι τὴν αἰσχρὰν ὁ γενναῖος.
τῷ Ἰωσὴφ συνέπραττον ἄγγελοι,
τῇ γυναικὶ συνέτρεχον δαίμονες·
ἄνωθεν δὲ θεωρῶν ὁ δεσπότης
τὸν νικητὴν ἔστεφε τοῖς ἐπαίνοις, 15
|: ὅτι πάντα ἐφορᾷ τὸ ἀκοίμητον ὄμμα. :|

ιβ' **Ῥήματα** σωφροσύνης Ἰωσὴφ ἀπεκρίθη
πρὸς τὴν παραφρονοῦσαν βοήσας·
" Σὸς μὲν δοῦλος εἰμὶ ὠνητὸς διὰ φθόνον τοῦτο
πεπονθὼς ἄδικον,
καὶ πέπραμαι μὲν σώματι, ἐλεύθερος δ' εἰμὶ τῇ γνώμῃ·
τὴν γὰρ εὐγένειαν τὴν τῶν τρόπων
χάρτης καὶ μέλαν οὐκ οἶδε βλάπτειν· 5
ὥσπερ ἡ ἀχλὺς τὸν ἀέρα σκεπάζουσα
τὴν ἡλιακὴν οὐκ ἀμβλύνει λαμπρότητα,
ὥσπερ νέφος ἀπελαύνεται ὑπ' ἀνέμου διωχθέν,
τοῦ ἡλίου δὲ μετέπειτα καταλάμπουσιν αὐγαί,
οὕτως καὶ ἡ δουλεία παρελεύσεται αὕτη, 10
καὶ ἡ ἐλευθερία ἡ ἐμὴ ἀναλάμψει.
πᾶσα ἡ γῆ Αἰγύπτου δουλεύσει μοι
τῷ ἡδοναῖς αἰσχραῖς μὴ δουλεύοντι·

ια' PΔ 4² ἀντιπαλαῖσαι Δ 5² παριστήκεισαν Δ 8¹ μέσον Δ
11¹ ἤθελε Δ
ιβ' PΔ 4¹ καὶ πέπ. μὲν] Krumb.: καὶ πέπραμαι δὲ P: κἂν πέπραμαι δὲ
Δ 4² δ' om. Δ 5² βάψαι Δ 6² σκοτίζουσα Δ 8¹ ὥσπ.] ὡς
γὰρ Δ 12² δουλεύουσί μοι P

τοῦτο γὰρ μοὶ προεμήνυσε πάλαι
ὁ προειδὼς τὰ ἐσόμενα μόνος, 15
|: ὅτι πάντα ἐφορᾷ τὸ ἀκοίμητον ὄμμα." :|

ιγ' Ὡς ἀκήκοεν ταῦτα προσλαλοῦντος τοῦ νέου,
καὶ πάλιν κολακεύειν πειρᾶται
καὶ τοιαῦτα φησὶν πρὸς αὐτὸν ὅτι· " Δούλου τρόπους
οὐδαμῶς κέκτησαι
δι' ἔργων· τοῦτο ἔμαθον καὶ πέπεισμαι καὶ μαρτυρῶ σοι·
καὶ γὰρ τὴν πρέπουσαν ἐλευθέρῳ σὺ ἐξετέλεσας λειτουργίαν· 5
γέγονας ἐν πᾶσι τοῖς ἔργοις σου ἄμεμπτος
καὶ πρὸς τοὺς συνδούλους τοὺς σοὺς ἀκακούργητος·
ὅθεν φαίνῃ καταγόμενος ἐκ γονέων εὐγενῶν·
διὰ τοῦτο καὶ ἐλήλυθας πρὸς τὰς χεῖρας τὰς ἐμάς,
ἵνα γένωμαι πλείστων ἀγαθῶν ἀρχηγός σοι, 10
καὶ ἡ χώρα Αἰγύπτου δι' ἐμοῦ σοι δουλεύσῃ.
μόνον ἐμὲ τὴν νῦν σοῦ δεσπόζουσαν
καὶ τὴν πρὸς σὲ στοργὴν διασώζουσαν
δέξαι λοιπὸν εἰς κοινὴν εὐφροσύνην
καὶ μὴ πτοοῦ λογιζόμενος πάλιν 15
|: ὅτι πάντα ἐφορᾷ τὸ ἀκοίμητον ὄμμα." :|

ιδ' Μετὰ τούτους τοὺς λόγους Ἰωσὴφ ἀντιλέγει
πρὸς τὴν ἀσελγεστάτην ἐκείνην·
" Ἀληθὲς μὲν ὃ λέγεις ἐστίν, ὅτι ῥίζης εἰμὶ ἀγαθῆς
βλάστημα·
ὡς ἄλογον δὲ βλέπω σε καὶ φεύγω σου τὴν συνουσίαν·
ὅταν γὰρ τὶς λογισμὸν οὐκ ἔχει τὸν χαλινοῦντα αὐτοῦ τὸν βίον, 5
δίκην ἀλογίστων κτηνῶν περιφέρεται
καὶ εἰς ἀπρεπεῖς ἡδονὰς καταφέρεται.
διὰ τοῦτο οὐκ ἀνέχομαι τῶν φιλοσάρκων παθῶν,
ἀλλὰ τούτων τὰ σκιρτήματα δι' ἐγκρατείας κρατῶ.
μέχρι νῦν καθαρεύων ἀπὸ μύσους τοιούτου 10
ἄρτι διὰ μοιχείας οὐ ῥυπῶ μου τὸ σῶμα·

15² μόνος] πάντα P
ιγ' PΔ 3¹ τοιαῦτα] Trypanis m.c.: ταῦτα codd. 6¹ ἐλευθέροις Δ
9² πρὸς] εἰς Δ 13¹ τὴν om. P
ιδ' PΔ 3² εἰμὶ] γέγονα P 3³ ἀγαθῆς] καλῆς P 7² καταφ.] P:
περι- Δ: παρα- Pitra 10¹ καθαρεύω Δ 11¹ οὐ] σου P

ἔστι μὲν γὰρ   βαρὺ καὶ ἀθέμιτον
γάμον ἀνδρὸς   συλῆσαι ἀλλότριον·
μεῖζον δὲ μοὶ   καταφαίνεται κρῖμα,
εἰ τὴν εὐνὴν   τοῦ δεσπότου ὑβρίσω,   15
|: ὅτι πάντα ἐφορᾷ   τὸ ἀκοίμητον ὄμμα." :|

ιε′ " Ἄκουσον, νεανίσκε ",   ἡ γυνὴ ἀπεκρίθη
πρὸς τὸν τῆς σωφροσύνης ἐργάτην·
" ὁ δεσπότης, ὡς οἶδας, ὁ σὸς   καταπείθεταί μου
                                τῇ βουλῇ   πάντοτε,
καὶ δύναμαι κακῶσαι σε   καὶ πάλιν παραθέσθαι τούτῳ.
ἔχει ἐν σοὶ ἀγαθὰς ἐλπίδας   ἐκ τῆς προλήψεως τῆς προτέρας·   5
στέργει καὶ ἐμὲ ὡς ἀεὶ σωφρονήσασαν·
μέχρι γὰρ τοῦ νῦν ἀκατάγνωστος ἔμεινα.
τοῦ δεσπότου οὖν, ὡς εἴρηκα,   πεποιθότος ἐφ' ἡμῖν,
οὐδενὸς δὲ τὸ πραττόμενον   θεωροῦντος ἐπὶ γῆς,
τί ὀκνεῖς πειθαρχῆσαι   τῇ ἐμῇ παρακλήσει,   10
ἧς οὐκ ἂν ἠξιώθης   μετὰ σὰς παρακλήσεις;
τοῖχοι ἡμᾶς   παντόθεν καλύπτουσιν,
ἄνωθεν δὲ   ἡ στέγη ἐφήπλωται·
μὴ οὖν φοβοῦ   οὗ οὐκ ἔστι σοι φόβος,
μηδὲ πτοοῦ   ἐνθυμούμενος πάλιν   15
|: ὅτι πάντα ἐφορᾷ   τὸ ἀκοίμητον ὄμμα." :|

ις′ Νουθετῆσαι σπουδάζων   τὴν ἀθλίαν ἐκείνην
ὁ σώφρων Ἰωσὴφ ἀπεκρίθη·
" Μὴ συμβούλευε μοὶ πονηρά,   ὡς ἡ Εὔα πάλαι
                                τῷ Ἀδάμ·   ἄπαγε·
τοῦ ξύλου γὰρ οὐ γεύσομαι   τοῦ θανάτου μοι προξενοῦντος.
ἔχω παράδεισον τὴν ἁγνείαν   πᾶσαν βλαστάνουσαν εὐωδίαν·   5
τί γὰρ τῆς ἁγνείας ἐστὶ θαυμαστότερον,
ἣν οἱ κατορθοῦντες ὡς ἄγγελοι λάμπουσι;

12¹ μὲν] μοι Δ   14¹ μείζω Ρ   15¹ εἰ] καὶ Δ   15² ὑβρίσαι Δ
ιε′ ΡΔ   1¹ νεανία Δ   8¹ οὖν] νῦν (sed in marg. οὖν) Ρ   11¹⁻² εἰ
οὐ καταξιώσεις (ἀπαξιώσεις V) τὰς ἐμὰς παρακλήσεις Δ   13² ἐπίκειται Δ
14² οὗ om. C   15¹ μηδὲ πτ.] μὴ πτοηθῇς Δ
ις′ ΡΔ   3³ τὸν Ἀδάμ Ρ   4² metrum ∪ – ∪ ∪ ∪ ∪́ ∪ – ∪ ∪ : τοῦ
θάνατόν μοι προξενήσοντος Trypanis   7² λάμψουσι Δ

κἂν τὴν πρᾶξιν δὴ μὴ ἴδωσιν   οἱ συνοικοῦντες ἡμῖν,
ὅτι ἄνθρωποι ὑπάρχουσι   μὴ ὁρῶντες τὰ κρυπτά,
ἀλλὰ τοῦ συνειδότος   τὸν κατήγορον ἔχω, 10
εἴ γε πρᾶξαι τολμήσω   τὸ παράνομον ἔργον·
εἰ καὶ μηδεὶς   ἐλέγξει μοιχεύσαντα,
ἔχω κριτὴν   ἐλέγχου μὴ χρῄζοντα,
ὅνπερ ἀεὶ   ἐνθυμούμενος φρίττω
καὶ τὰς αἰσχρὰς   ἡδονὰς ἀποφεύγω, 15
|: ὅτι πάντα ἐφορᾷ   τὸ ἀκοίμητον ὄμμα. :|

ιζ′ Ὅταν σοὶ δὲ πιστεύσω   ὅτι τοῖχοι παντόθεν
καλύπτουσιν ἡμᾶς πλημμελοῦντας,
καὶ οὐ βλέπει οὐδεὶς ἐπὶ γῆς   ὅπερ θέλεις πρᾶξαι   σὺν ἐμοὶ
                                                   ἄδικον,
τὸν βλέποντα τὰ κρύφια   ποῦ φύγωμεν, εἰπέ μοι, γύναι;
κἂν γὰρ οὐ πάρεστιν ὁ ἀνήρ σου
                       ἀλλ' οὐκ ἀπέστη νῦν ὁ κριτής μου· 5
κἂν οὐκ ἐφορᾷ με τῆς κλίνης ὁ κύριος,
ἀλλὰ ἐφορᾷ με ὁ κρίνων τὰ κρύφια.
πῶς οὖν λάθω τὸν ἐτάζοντα   τὰς καρδίας καὶ νεφρούς;
καὶ αὐτὸς δὲ κινηθήσεται   κατ' ἐμοῦ ὁ οὐρανός·
μάτην τοίχοις θαρροῦμεν   τοῖς μηδὲν ὠφελοῦσι, 10
στέγη ἐπουρανία   τὴν μοιχείαν οὐ σκέπει·
πάντα γυμνὰ   ὑπάρχει καὶ πρόδηλα
τῷ τὰ κρυπτὰ   γινώσκοντι πταίσματα·
ὅθεν ἐγὼ   οὐκ ἀνέχομαι πρᾶξαι
τὸ πονηρὸν   ἐναντίον κυρίου, 15
|: ὅτι πάντα ἐφορᾷ   τὸ ἀκοίμητον ὄμμα." :|

ιη′ Ὑπὸ τούτων τῶν λόγων   ἡ μαινὰς ἐκκαυθεῖσα
τῷ σώφρονι ἐπέρχεται νέῳ
καὶ τὸν τούτου χιτῶνα κρατεῖ   καὶ βιαίως σύρει
                             τὸν σεμνόν,   λέγουσα·
" Ἐπάκουσόν μου, φίλτατε,   καὶ δεῦρο, συνομίλησόν μοι."

8¹ δὴ] Krumb.: δὲ P: οὐ Δ   8² οἱ συνοικ. ἡμ.] οἱ οἰκοῦντες σὺν ἡμῖν Δ
10¹ τὸ συνειδός μου Δ   11¹ νομίσω Δ   12¹ καὶ ante εἰ Δ   13² χρῄζοντος P
15¹ αἰσχρὰς] νυνὶ Δ
ιζ′ PΔ   7¹ ἀλλὰ] Trypanis m.c.: ἀλλ' PΔ   11² στέγει Δ   15¹ τὸ om. P
ιη′ PΔ   2 νέῳ] ἄφνω Δ

ἔνθεν καθεῖλκεν ἡ Αἰγυπτία   πάλιν ἡ χάρις ἀνθεῖλκε τοῦτον·   5
αὕτη μὲν ἐβόα· " Ἐμοὶ συγκοιμήθητι ",
ἄνωθεν ⟨δ'⟩ ἡ χάρις· " Ἐμοὶ συγγρηγόρησον ".
μετ' ἐκείνης ὁ διάβολος   ἠγωνίζετο πικρῶς,
καὶ χερσὶ σφοδρῶς κατέσφιγγε   τὸν γενναῖον ἀθλητήν.
πάλιν ἡ σωφροσύνη   ἐκινεῖτο πρὸς πάλην   10
λῦσαι ἐπειγομένη   τὰ κρατήματα τούτων.
ἔλεγε δέ· " Ῥαγῇ τὸ ἱμάτιον
καὶ μὴ φθαρῇ   τὸ σῶμα τοῦ σώφρονος·
λήψεται γὰρ   παρὰ τοῦ ἀθλοθέτου
ὢν νικητὴς   ἔνδυμα ἀφθαρσίας,   15
|: ὅτι πάντα ἐφορᾷ   τὸ ἀκοίμητον ὄμμα." :|

ιθ' Ἔχει στέφανον μέγαν   Ἰωσὴφ ὡς ἀθλήσας
ὑπὲρ τῆς σωφροσύνης νομίμως·
τὴν γὰρ ταύτης φυλάττων στοργὴν   ἀπεδύθη μᾶλλον
                                    τὴν στολὴν   ἔξωθεν
καὶ δόξαν ἐνεδύσατο   παράδοξον ὁ στεφανίτης.
τούτῳ ἐπῆλθεν ἡ Αἰγυπτία   ὥσπερ ἀμπέλῳ δεινὴ ἀλώπηξ   5
ὅλον μὲν τὸν βότρυν τρυγῆσαι ἐλπίζουσα,
μόνα δὲ τὰ φύλλα εὑρέθη κατέχουσα.
ἄνω ἄγγελοι συνέχαιρον   τῷ δικαίῳ Ἰωσήφ,
κάτω δαίμονες συνέκλαιον   τῇ ἀδίκῳ γυναικί·
οὗτος μὲν ἐγυμνώθη   τῆς ἰδίας ἐσθῆτος,   10
ἵνα πάσας τηρήσῃ   ἀβλαβεῖς τὰς αἰσθήσεις,
ἡ δὲ μαινὰς   αἰσχύνην ἐνδύεται
καὶ τὴν αἰδῶ   ἀσμένως ἐκδύεται·
ὁ δὲ σοφὸς   κατ' ἀξίαν τιμᾶται
ὡς ἐκφυγὼν   ἁμαρτίαν μεγάλην,   15
|: ὅτι πάντα ἐφορᾷ   τὸ ἀκοίμητον ὄμμα. :|

κ' Πῶς ἀξίως ὑμνήσω   πολυύμνητον ἄνδρα
τὸν κρείττονα παντὸς ἐγκωμίου,
ὅτι σκάφος ἐδείχθη στερρὸν   καὶ ἀγρίαν ζάλην   ἡδονῶν   ἔφυγε
καὶ εἰς λιμένα εὔδιον   προσώρμησε τῆς σωφροσύνης;

5¹ καθεῖλκεν] κἀκεῖθεν Δ   7 ⟨δ'⟩ add. Krumb.   9² τὸν γενν. ἀθλ.] νῦν τὸν νέον Ἰωσὴφ Δ   11 λῦσ. ἐπειγ.] προσεπαγομένη Δ   11² τούτων] ταύτης Δ
16² ὁ ἀκοίμητος ὀφθαλμός P
ιθ' P   16² ὁ ἀκοίμητος ὀφθαλμός P

οὗτος καὶ κάμινον κατεπάτει ἔνδον τοῦ οἴκου ἀναπτομένην·
πνεῦμα γὰρ τῆς δρόσου ἑλκύσας τῆς ἄνωθεν
παμφάγον πυρὸς δυναστείαν κατέσβεσε·
τοῦτο ἔστι τὸ παγκράτιον τοῦ μεγάλου Ἰωσήφ,
τοῦτο ἔστι τὸ ἐγκώμιον τοῦ γενναίου ἀθλητοῦ.
ὅπερ τότε ἐπράχθη ἐν οἰκίσκῳ λαθραίως,
ᾄδεται ἐν τῷ κόσμῳ καθ' ἑκάστην ἡμέραν·
τὰ γὰρ καλὰ οὐδέποτε σβέννυται,
κἂν πειρασμοὶ πολλοὶ περικλύζουσι·
ῥύεται γὰρ ἀπὸ τούτων ἁπάντων
ὁ λυτρωτὴς τῶν αὐτοῦ θεραπόντων,
|: ὅτι πάντα ἐφορᾷ τὸ ἀκοίμητον ὄμμα. :|

κα´ Οἱ συναίμονες πρώην ἐπεβούλευσαν τούτῳ
διὰ τὴν βασιλείαν φθονοῦντες·
καὶ ὁρμήσαντες κτεῖναι αὐτὸν ἐν τῇ γ[νώ]μῃ μόνον
τὸ κακὸν ἔστησαν,
εἰς ἔργον δὲ οὐκ ἤγαγον τὴν [ἄδι]κον σφαγὴν ἐκείνην,
αἵματι βάψαντες τὸν χιτῶνα
[ἀλ]λ' οὐχὶ βλάπτοντες τὸν φοροῦντα·
ζῶντα γὰρ αὐτὸν ὁ θ[εὸς] διεφύλαξεν,
εἰ καὶ ὁ πατὴρ ὡς θανέντα ὠδύρετο.
αὕτη [πά]λιν ἐπολέμησε τῷ χιτῶνι μοιχαλίς,
τὴν ψυχὴν δὲ οὐκ[έ]τ' ἔτρωσε τοῦ γενναίου στρατηγοῦ.
ἦν γὰρ ἐνδεδυμένος ἀσφαλῆ πανοπλίαν
πάσας τὰς ἑλεπόλεις τῶν παθῶν καταργοῦσαν.
τοῦτον, πιστοί, μιμεῖσθαι σπουδάσωμ[εν],
ὅτι καὶ νῦν ἡμῖν ἐπανίσταται
τῶν σαρκικῶν ἡδονῶν ⟨ἡ⟩ ἀπάτη·
ἀλλὰ μηδεὶς ὑπὸ ταύτης ἡττάσθω,
|: ὅτι πάντα ἐφορᾷ τὸ ἀκοίμητον ὄμμα. :|

κβ´ Στέμμα κέκτηται θεῖον καὶ ἀοίδιμον νίκην
ὁ μέγας τῶν παθῶν αὐτοκράτωρ·

κα´ P   3²–12² suppl. Krumb.   9¹ οὐκέτ' ἔτρωσε] Krumb.: οὐκ ἐτέτρωσε Trypanis (cf. τετρώσομαι fut. L.S.J. s.v. τιτρώσκω)   14² ἡ add. Krumb. m.c.
κβ´ P   1¹ κέκτηται] Pᶜ: κέκτησαι P¹

καὶ δικαίως τὴν μνήμην αὐτοῦ παντᾶχοῦ τιμῶσιν
  οἱ πιστοὶ πάντοτε,
ὅτι οὐκ ἐκυρίευσε τοῦ σώματος ἡ ἁμαρτία.
τῆς γυναικὸς γὰρ τῆς ἀκολάστου λόγοις καὶ ἔργοις κολακευούσης 5
πᾶσαν μὲν ὑπόσχεσιν ἔρριψεν ἄθεσμον,
θάνατον δὲ μᾶλλον ἠγάπησεν ἔνδεσμον.
τί δὲ πράξω ὁ ταλαίπωρος καὶ κατάκριτος ἐγώ,
ὅτι πάντοτε συνέχει με τῆς ἁμαρτίας ἡ χείρ;
ὥσπερ ἡ Αἰγυπτία ⟨τῷ⟩ Ἰωσὴφ ἐπιβαίνει, 10
οὕτως ἕλκει με αὕτη πρὸς ἀτόπους ἐννοίας.
ἀλλὰ βοῶ πρὸς σέ, παντοδύναμε·
" Ῥῦσαι κἀμέ, Χριστέ, τυραννούμενον,
ἵνα σωθῶ διὰ τῆς θεοτόκου,
ὡς Ἰωσὴφ ὁ πιστός σου θεράπων, 15
|: ὅτι πάντα ἐφορᾷ τὸ ἀκοίμητον ὄμμα." :|

45 (56 Kr.)

ON ELIJAH

Acrostichis: *ΤΟΝ ΠΡΟΦΗΤΗΝ ΗΛΙΑΝ Ο ΡΩΜΑΝΟΣ ΑΝΕΥΦΗΜΕΙ*

Prooemium: *Ἰδιόμελον*

Προφῆτα καὶ προόπτα τῶν μεγαλουργιῶν τοῦ θεοῦ ἡμῶν,
Ἠλία μεγαλώνυμε, ὁ τῷ φθέγματί σου στήσας
  τὰ ὑδατόρρυτα νέφη,
πρέσβευε ὑπὲρ ἡμῶν
|: τὸν μόνον φιλάνθρωπον. :|

β' 10² ⟨τῷ⟩ add. Maas

45 *Codices*: A (sine λα') B (Prooem. et α'–γ') D (Prooem. et α'–γ') M (Prooem. et α'–γ' et λγ') P (sine κβ'–κζ' et κθ') T (Prooem. et α'–γ') Δ (Prooem. et α')
Editiones: Pitra A.S. I, pp. 296 sq. (usque ad γ')
Titulus: On Elijah Trypanis: Τοῦ ἁγίου προφήτου Ἠλιοῦ P(A): εἰς τὸν ἅγιον Ἠλίαν τὸν προφήτην M: τοῦ προφήτη Ἠλία Δ
Dies Festus: Ἰουλίῳ κ'
Modus: ἦχος β'
Acrostichis: Τὸν προφήτην Ἠλίαν ὁ Ῥωμανὸς ἀνευφημεῖ (ὑμνῶ P) AP

Strophae: Τὴν πολλὴν τῶν ἀνθρώπων (App. Metr. xxII)

α' **Τ**ὴν πολλὴν τῶν ἀνθρώπων ἀνομίαν
         τοῦ θεοῦ δὲ πολλὴν φιλανθρωπίαν
θεασάμενος ὁ προφήτης ἐταράττετο Ἠλίας θυμούμενος·
καὶ λόγους ἀσπλαγχνίας πρὸς τὸν εὔσπλαγχνον ἐκίνησεν·
" Ὀργίσθητι ", βοήσας, " ἐπὶ τούς σε ἀθετήσαντας
         νῦν, κριτὰ δικαιότατε "·
ἀλλὰ τὰ σπλάγχνα τοῦ ἀγαθοῦ οὐδὲ ὅλως παρεκίνησε
         πρὸς τὸ τιμωρήσασθαι 5
τοὺς αὐτὸν ἀθετήσαντας· ἀεὶ γὰρ τὴν μετάνοιαν
         τῶν πάντων ἀναμένει
|: ὁ μόνος φιλάνθρωπος. :|

β' Ὅτε πᾶσαν τὴν γῆν ἐν ἀνομίαις ἐθεάσατο τότε ὁ προφήτης,
τὸν δὲ ὕψιστον οὐδὲ ὅλως ὀργιζόμενον, ἀλλὰ ἀνεχόμενον,
κινεῖται πρὸς μανίαν καὶ μαρτύρεται τὸν εὔσπλαγχνον·
" Ἐγὼ καὶ αὐθεντήσω καὶ κολάσω τὴν ἀσέβειαν
         τῶν παροργιζόντων σε·
τῆς γὰρ πολλῆς σου ἀνοχῆς οὗτοι πάντες κατεφρόνησαν
         καὶ οὐκ ἐλογίσαντο 5
σὲ πατέρα τὸν εὔσπλαγχνον· αὐτὸς δὲ ὁ φιλότεκνος
         οἰκτείρεις τοὺς υἱούς σου,
|: ὁ μόνος φιλάνθρωπος. :|

γ' **Ν**ῦν δικάσω ἐγὼ ὑπὲρ τοῦ κτίστου,
         ἀσεβεῖς δὲ τῆς γῆς ἐξολοθρεύσω
καὶ ψηφίσομαι τιμωρίαν· ἀλλὰ δέδοικα
         τὴν θείαν χρηστότητα·
ὀλίγοις γὰρ δακρύοις δυσωπεῖται ὁ φιλάνθρωπος·
τί οὖν νῦν ἐννοήσω πρὸς τοσαύτην ἀγαθότητα;
         ναὶ στήσω τὸν ἔλεον
τὴν ψῆφον ὅρκῳ βεβαιῶν, ἵνα τοῦτον δυσωπούμενος
         μὴ λύσῃ ὁ δίκαιος 5
τὴν τοιαύτην ἀπόφασιν, ἀλλὰ καὶ βεβαιώσῃ μου
         τὴν κρίσιν ὡς δυνάστης
|: ὁ μόνος φιλάνθρωπος." :|

  α' ABDMPTΔ 4² ἀθετ. ante σε ABDP
  β' ABDMPT 4¹ καὶ αὐθ.] καταυθεντήσω ABP(D)
  γ' ABDMPT 4¹ νῦν] P: om. ABDMT 4³ ναὶ] καὶ ABP

45 CANTICA ON OLD TESTAMENT CHARACTERS

δ´ **Π**ροτερεύει τῆς κρίσεως ὁ ὅρκος
        καὶ προοίμιον ἦν τῶν ψηφισθέντων·
ἀλλ᾽ εἰ βούλεσθε, πρὸς τὴν βίβλον ἀναδράμωμεν
        καὶ γνῶμεν τὰ ῥήματα·
φησὶ γὰρ ὁ προφήτης ὀργιζόμενος, ὡς γέγραπται·
" Ζῇ κύριος· οὐ δρόσος, οὐδὲ ὄμβρος κατελεύσεται
        εἰ μὴ διὰ τοῦ λόγου μου "·
ἀλλὰ εὐθέως ὁ βασιλεὺς τῷ ᾽Ηλίᾳ ἀπεκρίνατο·
        " Ἂν ἴδω μετάνοιαν 5
καὶ πηγάζοντα δάκρυα, μὴ χορηγεῖν οὐ δύναμαι
        τὰ σπλάγχνα τοῖς ἀνθρώποις
|: ὁ μόνος φιλάνθρωπος." :|

ε´ **Ρ**ητορεύει εὐθέως ὁ προφήτης καὶ προβάλλει τὸ δίκαιον τοῦ ὅρκου·
" Κατὰ σοῦ ", φησι, " τοῦ θεοῦ τῶν ὅλων, ὤμοσα,
        πανάγιε δέσποτα,
τοὺς ὄμβρους μὴ δοθῆναι, εἰ μὴ πάλιν διὰ λόγου μου·
ἡνίκα γὰρ κατίδω τὸν λαὸν μεταμελούμενον,
        ἐγὼ ἱκετεύσω σε·
οὐκ ἔστι τοίνυν ἐν τῇ σῇ ἐξουσίᾳ, δικαιότατε,
        τοῦ λῦσαι τὴν κόλασιν 5
ἐκ τοῦ ὅρκου οὗ τέθεικα· ὃν φύλαξον καὶ σφράγισον
        συστέλλων σου τὰ σπλάγχνα,
|: ὁ μόνος φιλάνθρωπος." :|

ς´ **Ὁ** λιμὸς οὖν τὴν γῆν ἐπολιόρκει, κατεφθείροντο δὲ οἱ ἐνοικοῦντες
ὀδυρόμενοι καὶ τὰς χεῖρας ἀνατείνοντες
        πρὸς τὸν πανοικτίρμονα·
συνείχετο δὲ τούτοις ὁ δεσπότης ἑκατέρωθεν,
τὰ σπλάγχνα μὲν ἀνοίγων τοῖς αὐτὸν καθικετεύουσι
        καὶ σπεύδων πρὸς τὸν ἔλεον,
τὸν δὲ προφήτην ἐρυθριῶν καὶ τὸν ὅρκον ὅνπερ ὤμοσε
        τοὺς ὄμβρους οὐ δίδωσι· 5
ἀλλ᾽ ἐσκεύασε πρόφασιν συνέχουσαν καὶ θλίβουσαν
        ψυχὴν τὴν τοῦ προφήτου
|: ὁ μόνος φιλάνθρωπος. :|

δ´ AP 1¹ *Προτεύει* A ὁ om. P
ε´ AP 6³ *τοῦ λῦσαι*] *κωλῦσαι* P
ς´ AP 6³ *τὴν* om. A

ζ' **Φυσιούμενον βλέπων ὁ δεσπότης**
                                    κατὰ τῶν ὁμοφύλων τὸν Θεσβίτην,
    ἐδικαίωσε   τῷ λιμῷ συντιμωρήσασθαι
                                               τοῖς ἄλλοις τὸν δίκαιον,
    ἵνα τῇ ἀτροφίᾳ   πιεζόμενος βουλεύσηται
    περὶ τῆς ἐνομότου   ἀποφάσεως φιλάνθρωπα
                                          καὶ παύσῃ τὴν κόλασιν·
    ἐστὶ γὰρ ὄντως φοβερὸν   τῆς γαστρὸς τὸ ἀπαραίτητον,
                                         καὶ ἕκαστον ἔμψυχον 5
    λογικόν τε καὶ ἄλογον   σοφίᾳ ⟨τῆς⟩ θεότητος   διὰ τροφῆς
                                                              φυλάττει
    |: ὁ μόνος φιλάνθρωπος. :|

η' †Ἡ γαστὴρ μὲν συνηγόρει τὴν φύσιν
                     καὶ τοὺς νόμους τῆς φύσεως λαθοῦσα
    ἐπετίθετο   τῷ πρεσβύτῃ μεθοδεύουσα
                                        τὸ μεταβουλεύσασθαι†·
    αὐτὸς δὲ ὥσπερ λίθος   ἀναίσθητος ἐνίστατο
    τὸν ζῆλον κεκτημένος   ἀντὶ πάσης ἑστιάσεως
                                        καὶ τούτῳ ἀρκούμενος·
    ὃν θεωρήσας ὁ κριτὴς   ἐπεκούφισε λιμώττοντι
                                        τῷ φίλῳ τὴν ἔνδειαν, 5
    οὐχ ἡγούμενος δίκαιον   σὺν ἀδίκοις καὶ ἀνόμοις
                                        τὸν δίκαιον λιμώττειν
    |: ὁ μόνος φιλάνθρωπος. :|

θ' **Τὴν τροφὴν οὖν αὐτῷ ὁ πανοικτίρμων**
                                μετὰ πάσης σοφίας εὐτρεπίζει·
    τοῖς γὰρ κόραξι   τοῖς ἀσπλάγχνοις ἐγκελεύεται
                                        τροφὴν χορηγεῖν αὐτῷ·
    κοράκων δὲ τὰ γένη   εὐσπλαγχνίας ἔστιν ἄμοιρα
    τροφὴν μὴ χορηγοῦντα   νεοσσοῖς ὡς τέκνοις πώποτε·
                                        ἀλλ' ἄνωθεν τρέφονται·

ζ' AP   4² φιλανθρωπότατα A   6² τῆς add Trypanis m.c., sed cf. ιε' 6²
η' AP   1² τὸν νόμον A   λαβοῦσα P   2¹ ἐπείθετο A   3² metrum cf. κϛ' 3²   6² metrum ∪‒∪∪‒‒∪‒: σὺν ἀδίκοις καὶ ἀνόμοις Trypanis
6³ τὸν δίκαιον] Maas: σὲ τὸν δίκαιον P¹ : ἦ τὸν δίκαιον Pᶜ : καὶ τὸν δίκαιον A
        θ' AP   3¹ τὸ γένος A   3² ἄμοιρα] Pγρ : ἀμοίητα P : ἄμοιρον A
4¹⁻² τροφ. οὐ χορηγοῦν τοῖς νεοσσοῖς A   4² πώποτε] ποτέ P

ἐπειδὴ τοίνυν καὶ αὐτὸς   μισοτέκνου ἀνελάβετο
                                                      καὶ τρόπους καὶ ἔννοιαν, 5
μισοτέκνοις ἐχρήσατο   πρὸς τοῦτον ὡς μισάνθρωπον
                                                      τοῖς κόραξι πανσόφως
|: ὁ μόνος φιλάνθρωπος. :|

ι´ " Ἡ πολλή σου ", φησί, " φιλοθεΐα ",
                                      ὁ θεὸς τῷ Ἠλίᾳ διελέχθη,
" μὴ μισάνθρωπον   ἐπενέγκῃ σοι διάθεσιν,
                                      ἀλλ᾽ ὅρα τοὺς κόρακας·
οἱ γὰρ πρὸς τοὺς ἰδίους   νεοσσοὺς ἀεὶ μισότεκνοι·
αἰφνίδιον ὡς βλέπεις   περὶ σὲ εἰσὶ φιλότιμοι
                                      καὶ νῦν μεταβέβληνται·
τῆς εὐσπλαγχνίας τῆς ἐμῆς   ὑπηρέται ἀνεδείχθησαν
                                      τροφήν σοι κομίζοντες· 5
ὡς ὁρῶ δέ, οὐ δύναμαι   τὴν φύσιν ἐκβιάζεσθαι
                                      τὴν σὴν πρὸς τοὺς ἀνθρώπους
|: ὁ μόνος φιλάνθρωπος. :|

ια´ Νῦν αἰδεῖσθαι ὀφείλεις, ὦ προφῆτα,
                                      καὶ μιμεῖσθαι εὐπείθειαν ἀλόγων·
πῶς τὰ ἄσπλαγχνα   αἰδεσθέντα με τὸν εὔσπλαγχνον
                                      εὐθὺς μετεβλήθησαν·
τιμῶ σου τὴν φιλίαν   καὶ οὐ λύω τὴν ἀπόφασιν·
οὐ δύναμαι δὲ φέρειν   ὀδυρμὸν καὶ θλῖψιν πάνδημον
                                      ἀνθρώπων ὧν ἔπλασα·
τῶν δὲ νηπίων τὴν κραυγὴν   πῶς ἐνέγκω καὶ τὰ δάκρυα,
                                      κτηνῶν δὲ τὸν ἄσημον 5
μυκηθμὸν ἐπερχόμενον;   ἐγὼ γὰρ τούτοις ἅπασιν
                                      ὡς πλάστης συμπαθήσω
|: ὁ μόνος φιλάνθρωπος." :|

ι´ AP   1¹⁻²   2² ἡ πολλή σου φησὶ πολυθεΐ[α ......] μισάνθρωπον ἐπε[....
....] σὺν διάθεσιν Pγρ   2² ἐπενέγκῃ] Pᶜ : ἐνέγκῃ P   3² νεοσσοὺς om. P
4² εἰσὶ om. A
     ια´ AP   1² εὐπείθ. ἀλόγων] Maas : ἀλόγων ante εὐπ. AP   3¹⁻² φιλα-
νῖαν καὶ συλῶ τὴν ἀπόφασιν A   5³ τῶν ἀσίμων Pᶜ

ιβ' **Ἡγριοῦτο** ἐν τούτοις ὁ προφήτης,
            ἀπεκρίθη δὲ τότε τῷ δεσπότῃ·
" Μηδὲ κόρακας ὑπηρέτας πρὸς τὸ θρέψαι με
            προτρέψῃ, ὦ δέσποτα·
λιμῷ διαφθαρῆναι ἐπιλέξομαι, πανάγιε,
καὶ μόνον ἀσεβοῦντας τιμωρήσομαι καὶ ἔσται μοι
            μεγάλη ἀνάπαυσις·
συναπολέσθαι οὐκ ὀκνῶ πᾶσι τοῖς ἀπαρνουμένοις σε·
         μὴ οὖν οἰκτειρήσῃς με· 5
μὴ λιμώττοντος φείσῃ μου καὶ μόνον ἐξολόθρευσον
           τῆς γῆς τοὺς ἀσεβοῦντας,
|: ὁ μόνος φιλάνθρωπος." :|

ιγ' **Λόγους** τούτους ὡς ἤκουσεν ὁ κτίστης,
        μεθιστᾷ τὸν προφήτην ἐκ τοῦ τόπου
ἐντειλάμενος ⟦τοῖς⟧ πετεινοῖς μὴ χορηγεῖν αὐτῷ
         τροφὴν ὡς τὸ πρότερον·
καὶ πέμπει ἐν Σαρέφθοις πρὸς τὴν χήραν τὸν λιμώττοντα
εἰπὼν ὡς· " Ἐντελοῦμαι γυναικὶ τοῦ διαθρέψαι σε ",
         σοφὰ βουλευόμενος·
ἦν γὰρ καὶ χήρα καὶ ἐθνικὴ ἡ γυνὴ πρὸς ἣν ἀπέσταλτο
        καὶ τέκνων ἀντείχετο, 5
ἵν' ἀκούων ὁ δίκαιος τῆς ἐθνικῆς τὸ ὄνομα
        βοήσῃ· " Δὸς τοὺς ὄμβρους,
|: ὁ μόνος φιλάνθρωπος." :|

ιδ' **Ἰουδαίοις** ἀθέμιτον ὑπῆρχε συνεσθίειν ποτὲ τοῖς ἀλλοέθνοις·
διὰ τοῦτο οὖν τὸν Ἠλίαν πρὸς ἀλλόφυλον
        γυναῖκα ὡδήγησεν,
ἵνα τὴν παρ' ἐκείνης βδελυττόμενος ἑστίασιν
εὐθὺς περὶ τῶν ὄμβρων δυσωπήσῃ τὸν φιλάνθρωπον·
        ἀλλ' οὐκ ἐλογίσατο

ιβ' AP 2³ προτρέψῃς A 5³ οἰκτείρῃς P 6² ἐξολοθρεύσων P^c
ιγ' AP τούτους] P^c: τοὺς P 2² τοῖς del. Maas m.c. πετεινοῖς]
ὀρνέοις P (corr. P^c) αὐτὸν A 3¹ Σαράφθοις AP^c 3² χήρα AP τὸν om. A
4¹ ὡς om. A ἐντελ.] τῇ add. A 5² γυνὴ om. A 5³ ἠνείχετο P
 ιδ' AP   1² ποτὲ] τε A ἀλοεθνέσι A 4¹ τὸν ὄμβρον P^c
4³ ἀλλ' οὐκ ἠλόγ $\overline{κε}$ Pγρ

τὴν πρὸς τὰ ἔθνη ἀποφυγήν· ἀλλὰ τρέχει πρὸς τὸ γύναιον
τροφὴν ἀπαιτῶν αὐτὴν 5
μετὰ πάσης τραχύτητος· " Ἐμοί", φησί, " προσέταξεν
εἰσπρᾶξαι σε, ὦ γύναι,
|: ὁ μόνος φιλάνθρωπος." :|

ιε΄ Ἀλλὰ ταῦτα ἀκούσασα ἡ χήρα ἐν σπουδῇ τῷ προφήτῃ ἀπεκρίθη
ὡς· " Οὐκ ἔστι μοι ἐγκρυφίας ἀλλ᾽ ἢ ἄλευρον
δρακός, ὅπερ βούλομαι
ποιῆσαι εἰσελθοῦσα, ἵνα φάγω σὺν τοῖς τέκνοις μου·
οὐδὲν δὲ τῆς δρακός μου πλέον ἔτι περιλέλειπται
ἢ μόνος ὁ θάνατος "·
πρὸς δὲ τῆς χήρας τὴν φωνὴν ἐκινεῖτο καὶ συνέπασχε
διαλογιζόμενος 5
ὡς· " Ἐμοῦ πλέον τήκεται καὶ τῷ λιμῷ θλίβεται
ἡ χήρα, εἰ μὴ φθάσει
|: ὁ μόνος φιλάνθρωπος. :|

ις΄ Νῦν στενά μοι", φησί, " τὰ τοῦ γυναίου·
κἂν πεινῶ γάρ, ἐγὼ ὑπάρχω μόνος·
μετὰ τέκνων δὲ ἐκλιμώττει ἡ χηρεύουσα
πρὸς ἣν παραγέγονα·
μὴ γένωμαι ὁ ξένος τοῦ θανάτου ταύτης πρόξενος,
μηδὲ τῇ ξενοδόχῳ τεκνοκτόνος λογισθήσομαι·
ἀλλ᾽ †ἴδω† νῦν πρὸς ἔλεον·
πρὸς πάντας ἔσχον ἀπεχθῶς, πρὸς δὲ ταύτην μεταβάλλομαι·
ἐθίσω τὴν φύσιν μου 5
οἰκτιρμοῖς συναγάλλεσθαι· οἰκτίρμων γὰρ καθέστηκεν
ὁ αἴτιος τῶν πάντων,
|: ὁ μόνος φιλάνθρωπος." :|

ιζ΄ Ὁ προφήτης τῇ χήρᾳ ἀπεκρίθη·
" Δρὰξ μὲν ἔστιν ἀλεύρου σοι ὡς ἔφης,
οὐκ ἐκλείψει δὲ ἡ ὑδρία, ὁ καμψάκης δὲ
τὸ ἔλαιον βλύσει σοι "·

ιε΄ AP   1² τῷ προφ. om. P   2³ δρακός] δράκης P^c   4^{1-3} μοι πλέον
τι περιλείπεται εἰμὶ μόνος A   4² περίληπται P   6² metrum cf. ζ΄ 6²
ις΄ AP   1¹ τὰ τοῦ γυν.] γέγονε πάντα A   1² ἐγὼ ante γὰρ A
5¹ ἔχων P   ἀπαθῶς A
ιζ΄ AP   2¹ δὲ om. P   2² καὶ ὁ καμψ. A   δὲ om. A   2³ τοῦ ἐλαίου P

καὶ λόγοις μὲν Ἠλίας εὐλογίαν ἐχαρίσατο·
ὁ κτίστης δὲ εὐθέως ὡς φιλότιμος καὶ εὔσπλαγχνος
τὸ ἔργον ἐπήγαγε·
τοῦ μὲν προφήτου τὸν σκοπὸν ἐκπληρῶν φησὶν ὁ πάνσοφος·
τὸ δὲ ἀληθέστερον 5
τῆς καλλίστης προφάσεως δραξάμενος, χαρίζεται
τὸ ἄφθονον τῇ χήρᾳ
|: ὁ μόνος φιλάνθρωπος. :|

ιη′ Ῥήμασι θεὸς προφήτου ἐπεκάμφθη
καὶ τροφὴν παρεῖχε τούτῳ καὶ τῇ χήρᾳ·
ὁ Ἠλίας δὲ οὐδὲ ὅλως ἐσπλαγχνίζετο,
ἀλλ' ἔμεινεν ἄκαμπτος·
ὁ εὔσπλαγχνος δὲ βλέπων τὸν λαὸν διαφθειρόμενον
καὶ τοῦτον ἀπειθοῦντα, ἐφ' ἑτέραν τέχνην πάνσοφον
μετῆλθεν ὡς δίκαιος·
τὸν γὰρ τῆς χήρας υἱὸν τελευτήσαντα ἀπέδειξεν,
ἱνά, κἂν τὰ δάκρυα 5
καὶ τὴν ἄλλην περίστασιν τῆς χήρας θεασάμενος,
βοήσῃ· " Δὸς τοὺς ὄμβρους,
|: ὁ μόνος φιλάνθρωπος." :|

ιθ′ Ὡς οὖν εἶδεν ἡ χήρα νεκρωθέντα
τὸν υἱόν, ἐπανέστη τῷ προφήτῃ
" Εἴθε ", λέγουσα, " τῷ λιμῷ προαπέθανον,
πρὶν ἢ σὲ θεάσομαι·
συνέφερε γὰρ πάλαι τελευτῆσαί με λιμώττουσαν
καὶ μὴ τὸν υἱόν μου θεωρεῖν με κατακείμενον
ἐν τῇ παρουσίᾳ σου·
οὐχ οὗτοί εἰσιν οἱ μισθοὶ τῆς καλλίστης δεξιώσεως;
ὑπῆρχον γὰρ εὔτεκνος 5
πρὶν ἐλθεῖν σε, ὦ ἄνθρωπε· ἐλθὼν δὲ ἀτεκνίαν μοι
παρέσχες, ὀνομάσας
|: τὸν μόνον φιλάνθρωπον." :|

5¹ κόπον P?   5² φησὶν] ἡμῖν P
ιη′ AP   1¹ metrum cf. κ′ 1¹   1² metrum ∪∪−∪∪−∪∪∪−∪
2³ ἄκαμπος A   3² διαφθ.] τιμωρούμενον A   5² τελευτ.] καὶ add. P
6³ δὸς τοὺς ὄμβρους] τοῦ γενέσθαι P
ιθ′ AP   2³ ἢ σὲ om. P   4² θεωρῆσαι με P   κατακ.] νεκρὸν
κείμενον A   6¹ πρὶν ἔλθῃς, ὦ ἄνθρ. P

45 CANTICA ON OLD TESTAMENT CHARACTERS

κ' **Μ**εγάλως μὲν ἐκρατεῖτο ὑπὸ χήρας
        ὁ κρατήσας νεφῶν τε καὶ τῶν ὄμβρων
καὶ συνείχετο   ὑπὸ μίας ὁ τοὺς ἅπαντας
        συνέχων διὰ ῥήματος·
γυνὴ δὲ παναθλία   πάσης ἄμοιρος δυνάμεως
τὸν λόγῳ καὶ δυνάμει   οὐρανοὺς κρατεῖν νομίζοντα
        κρατεῖ ὡς κατάδικον·
καὶ συμπλακεῖσα μανικῶς   ὡς φονέα εἰς κριτήριον
        καθεῖλκε κραυγάζουσα· 5
" Δός μοι γόνον ὃν ἔκτεινας·   οὐ χρῄζω τοῦ ἀλεύρου ⟨σου⟩·
        μὴ θρέψῃς με κομίζων,
|: ὁ μόνος φιλάνθρωπος. :|

κα' "**Α**ρτους ἐν τῇ γαστρί μου κατασπείρας
        τὸν καρπὸν τῆς γαστρός μου καὶ τὸν κλάδον
ἐξερρίζωσας   καὶ πωλεῖς μοι ⟨∪ ∪ — ∪ ∪⟩
        τὰ δῶρα τὰ βρώσιμα·
ψυχὴν ἀντὶ ἀλεύρου   καὶ ἐλαίου ἐμεθόδευσας·
ἐγὼ δὲ δυσωπῶ σε   ἀνατρέψαι τὸ συνάλλαγμα
        καὶ δοῦναι ὃ ἔλαβες·
ἢ τοῖς θανάτοις τοῦ λαοῦ   οὐκ ἠρκέσθης, ἀλλ' ἐσπούδασας
        τοῦ οἴκου μου ἅψασθαι; 5
τὴν ψυχὴν τοῦ παιδίου μου   ἀπόλυσον καὶ κόμισαι
        ψυχήν μου ἀντ' ἐκείνου
|: καὶ γενοῦ φιλάνθρωπος." :|

κβ' **Ν**υγεὶς τούτοις ὡς κέντροις ὁ Ἠλίας,
        αἰσχυνόμενος κράζουσαν τὴν χήραν
ὑποπτεύουσαν   ὡς αὐτὸς ἐξεβιάσατο
        ⟦τὴν⟧ ψυχὴν τοῦ υἱοῦ αὐτῆς,
καὶ θέλων ταύτην πεῖσαι   διὰ λόγων οὐκ ἠδύνατο
εἰδὼς ⟦μὲν⟧ ὡς ἠπιστεῖτο   παρ' αὐτῆς ἀπολογούμενος,
        ἐθρήνει γὰρ ἄπαυστα·

κ' AP   1¹ metrum cf. ιη' 1¹   2³ σχὼν A   2³ metrum cf. κδ' 2³
3² δυνάμ.] παρρησίας A   4² οὐνὸν A   6² σου add. Trypanis m.c.
6³ μὴ–νομίζων om. P   κομίζων] R. Burn: νομίζων A
κα' AP   2² μοι om. P   5³ καὶ τοῦ οἴκ. A   6² κόσμισον A
6³ ἐκείνης:—(cett. om.) A
κβ' A   2² αὐτός] Maas: οὗτος A   2³ τὴν del. Trypanis m.c.   4¹ μὲν del. Maas m.c.

ἀλλ' ἀτενίσας εἰς οὐρανούς· "Οἴμοι, κύριε", ἐβόησεν
ὁ μάρτυς ὁ ἀμεμπτος, 5
"τῆς λαβούσης με σύνοικον· σὺ ταύτην παρεκίνησας
ἀπαιτεῖν με τὸ τέκνον,
|: ὁ μόνος φιλάνθρωπος. :|

κγ' **Οὐ** πιστεύω, σωτὴρ παντοδύναμε",
τῷ θεῷ ὁ προφήτης ἀνεβόα,
"ὡς ὁ θάνατος τῷ παιδίῳ ἐκ τῆς φύσεως
ὡς πᾶσι συμβέβηκεν,
ἀλλ' ἔστι τοῦτο τέχνη τῆς σοφίας σου, ἀναμάρτητε,
καὶ πάντως μηχανᾶσαι κατ' ἐμοῦ ἀνάγκην εὔσπλαγχνον,
ἵν' ὅταν αἰτήσω σε
ὅτι· ' τῆς χήρας τὸν υἱὸν νεκρωθέντα ἀνάστησον ',
εὐθὺς ἀντιφθέγξῃ μοι· 5
' τὸν υἱόν μου τὸν Ἰσραὴλ ἐλεήσον θλιβόμενον
καὶ πάντα τὸν λαόν μου,
|: ὁ μόνος φιλάνθρωπος.' " :|

κδ' Σῶσαι θέλων τὴν γῆν ὁ πανοικτίρμων τῷ Ἠλίᾳ εὐθέως ἀπεκρίθη·
"Νῦν τοὺς λόγους μου ἐνωτίζου φανερώτερον
καὶ ἄκουέ μου λέγοντος·
ὠδίνω καὶ σπουδάζω πρὸς τὴν λύσιν τῆς κολάσεως·
ἐπείγομαι τοῦ δοῦναι πᾶσι ⟨τὴν⟩ τροφὴν λιμώττουσι·
ὑπάρχω γὰρ εὔσπλαγχνος·
τοὺς τῶν δακρύων ὀχετοὺς βλέπων ὡς πατὴρ συγκάμπτομαι·
οἰκτείρω ἐκλείποντας 5
ὑπὸ πείνης καὶ θλίψεως· ἁμαρτωλοὺς γὰρ βούλομαι
τοῦ σῴζειν μετανοίᾳ
|: ὁ μόνος φιλάνθρωπος. :|

κε' "**Ἄκουέ** οὖν, προφῆτα, παρρησίᾳ·
καὶ γὰρ πάνυ εἰδέναι σε σπουδάζω
ὡς χειρόγραφον εὐσπλαγχνίας μου κατέχουσιν
οἱ ἄνθρωποι ἅπαντες,

κγ' A   1¹ metrum ∪ ∪ – ∪ ∪ – ∪ ∪ ∪ – ∪ : Οὐ, σωτὴρ παντοδ., πιστεύω Trypanis   3² metrum ∪ ∪ – ∪ ∪ ∪ – ∪ ∪ : σου dub. del. Trypanis m.c.
5² metrum ∪ ∪ – ∪ ∪ ∪ – ∪ ∪ : ⟨σὺ⟩ ἀνάστ. Trypanis m.c.
κδ' A   2³ metrum cf. κ' 2³   4² τὴν add. Maas m.c.
κε' A   2² μου] Maas: με A

ἐν ᾧπερ συνεθέμην, ὡς οὐ βούλομαι τὸν θάνατον
ἰδεῖν τῶν πλημμελούντων, ἀλλὰ μᾶλλον τὴν ζωὴν αὐτῶν·
μὴ οὖν ἀποδείξῃς με
ὡς ψευδολόγον παρ᾽ αὐτοῖς, ἀλλὰ δέξαι μου τὴν αἴτησιν·
πρεσβείαν προσφέρω σοι· 5
σὲ γὰρ μόνα τὰ δάκρυα τῆς χήρας συνετάραξαν·
ἐγὼ δὲ περὶ πάντας
|: ὑπάρχω φιλάνθρωπος." :|

κϛ΄ Νοῦν καὶ φρένα τοῖς λόγοις τοῦ ὑψίστου
ὁ Ἠλίας ὑπέθηκε καὶ ὦτα
καὶ ὑπέταξε τὴν ψυχὴν καὶ ἐκαλλώπισεν
αὐτὴν ἐν τοῖς ῥήμασι
καὶ εἶπε· " Γενηθήτω τὸ θέλημα σου, δέσποτα·
παράσχου καὶ τοὺς ὄμβρους καὶ ζωὴν τῷ τελευτήσαντι
καὶ ζώωσον τὰ σύμπαντα·
ζωὴ ὑπάρχων ὁ θεὸς καὶ ἀνάστασις καὶ λύτρωσις·
παράσχου τὴν χάριν σου 5
τοῖς ἀνθρώποις καὶ κτήνεσιν· αὐτὸς γὰρ μόνος δύνασαι
τὰ πάντα περισῴζειν
|: ὡς μόνος φιλάνθρωπος." :|

κζ΄ Εὐθὺς ταῦτα εἰπόντος τοῦ προφήτου,
ἀπεκρίθη πρὸς τοῦτον ὁ οἰκτίρμων·
" Τὴν προαίρεσιν ἐδεξάμην καὶ ἐπῄνεσα
καὶ σπεύδω τιμῆσαι σε·
ἐγὼ ὑπὲρ ἐκείνων παρὰ σοῦ τὴν χάριν ἔλαβον,
γενοῦ δὲ σὺ μεσίτης καὶ χορήγησον τὴν χάριν μου·
οὐδὲ γὰρ ἀνέχομαι
καταλλαγῆναι χωρὶς σοῦ· ἀλλὰ βάδισαι καὶ μήνυσον
τῶν ὄμβρων τὸ χάρισμα, 5
ἵνα πάντες κραυγάζωσιν ὅτι· ' ὁ πρώην ἄσπλαγχνος
ἐφάνη νῦν ἐξαίφνης
|: πρὸς πάντας φιλάνθρωπος.' :|

κϛ΄ Α   3² metrum cf. η΄ 3²
κζ΄ Α   6¹ κραυγάζωσιν] Trypanis m.c. : κράζωσιν Α

κη´ Ὕπαγε οὖν ταχέως, ὦ προφῆτα, καὶ ὀφθεὶς Ἀχαὰβ εὐαγγελίζου
καὶ ἐντέλλομαι ταῖς νεφέλαις καὶ ποτίσουσι
τὴν γῆν ἐν τοῖς ὕδασι·
τὴν τούτων χορηγίαν σὺ ἀπόφηναι, ὦ φίλε μου·
ἐγὼ δὲ ὑπογράφω ταῖς τοιαύταις ἀποφάσεσι
τιμῶν σου τὸ εὔγνωμον."
ἀκούσας ταῦτα παρευθὺς προσεκύνησε τὸν ὕψιστον
βοῶν τῷ οἰκτίρμονι· 5
" Πολυέλεον οἶδα σε· γινώσκω ὡς μακρόθυμος
ὑπάρχεις, ὁ θεός μου,
|: ὁ μόνος φιλάνθρωπος." :|

κθ´ Φοβηθεὶς οὖν τὸ πρόσταγμα ἐκτρέχει πρὸς τὸν Ἀχαὰβ ὁ προφήτης
καὶ εὐαγγέλια πρὸς αὐτὸν ἀποφθέγγεται
ὡς εἶπεν ὁ εὔσπλαγχνος·
εὐθὺς δὲ αἱ νεφέλαι τῇ προστάξει τοῦ ποιήσαντος
ἐγκύμονες ὑδάτων τὸν ἀέρα ἐπενήξαντο
τοὺς ὄμβρους πηγάζουσαι·
ἀγαλλιάσατο δὲ ἡ γῆ καὶ ἐδόξαζε τὸν κύριον·
τὸν παῖδα μὲν ἔλαβεν 5
ἀναστάντα τὸ γύναιον· σὺν πᾶσι ἐπευφραίνετο
ἡ γῆ καὶ ἀνευφήμει
|: τὸν μόνον φιλάνθρωπον. :|

λ´ Ἤδη χρόνου τοσούτου προϊόντος τῶν ἀνθρώπων ἑώρα τὴν κακίαν
καὶ ἐμελέτησε βαρυτέραν ἀποφήνασθαι
Ἠλίας τὴν κόλασιν·
ἰδὼν δὲ ὁ οἰκτίρμων τῷ προφήτῃ ἀπεκρίνατο·
" Τὸν ζῆλον ὅνπερ ἔχεις πρὸς τὸ δίκαιον ἐπίσταμαι
καὶ οἶδα τὴν πρόθεσιν·
ἀλλὰ συμπάσχω ἁμαρτωλοῖς, ὅταν ἄμετρα κολάζονται·
ὀργίζῃ ὡς ἄμεμπτος 5
καὶ οὐ δύνῃ ἀνέχεσθαι· ἐγὼ δὲ οὐκ ἀνέχομαι
οὐδένα ἀπολέσθαι
|: ὡς μόνος φιλάνθρωπος." :|

κη´ AP (in P κβ´) 1² καὶ] κἂν P 2¹ ἐντελοῦμαι A 2² ποτίσ.]
μεθύσω σου A 3² σὺ ἀπόφ.] συναπόφ. P 4¹ ὑπογράψω A 5¹ ταῦτα]
τε P
κθ´ A 1² ∪∪–∪∪–∪∪∪–∪

λα' Μετὰ ταῦτα δὲ βλέπων ὁ δεσπότης
       ὡς ἀπότομος οὗτος πρὸς ἀνθρώπους,
 προὐνοήσατο τοῦ γένους καὶ ἐχώρισεν
          Ἠλίαν τῆς γῆς αὐτῶν·
" Χωρίζου ", λέγων, " φίλε, τῆς ἀνθρώπων κατοικήσεως·
ἐγὼ δὲ πρὸς ἀνθρώπους ὡς οἰκτίρμων καταβήσομαι
          γενόμενος ἄνθρωπος·
ἀνέρχου τοίνυν ἀπὸ τῆς γῆς ὡς ἐνέγκαι μὴ δυνάμενος
        ἀνθρώπων τὰ πταίσματα· 5
ἀλλ' ἐγὼ ὁ οὐράνιος ἁμαρτωλοῖς συνέσομαι
        καὶ ῥύσομαι πταισμάτων,
|: ὁ μόνος φιλάνθρωπος. :|

λβ' Εἰ οὐ δύνῃ ὡς εἶπον, ὦ προφῆτα,
      συνοικεῖν τοῖς ἀνθρώποις πλημμελοῦσι,
δεῦρο μέτελθε καὶ κατοίκει ἀναμάρτητα
        χωρία τῶν φίλων μου·
ἐγὼ δὲ καταβαίνω ὁ τὸ πρόβατον δυνάμενος
τὸ ἐκπεπλανημένον ἐν τοῖς ὤμοις περιφέρεσθαι
       καὶ κράζειν τοῖς πταίουσι·
' δρομαῖοι πάντες ἁμαρτωλοί δεῦτε πρός με ἀναπαύεσθε·
        ἐγὼ γὰρ ἐλήλυθα 5
οὐ κολάσαι οὓς ἔπλασα, ἀλλὰ τοὺς ἁμαρτήσαντας
        ἁρπάσαι ἀσεβείας,
|: ὁ μόνος φιλάνθρωπος.' " :|

λγ' Ἰδοὺ τύπος Ἠλίας τῶν μελλόντων
       ἐν τῷ ὕψει στελλόμενος ἐδείχθη·
ὁ Θεσβίτης γὰρ ἀνελήφθη ἐπὶ ἅρματος
       πυρός, καθὼς γέγραπται·
Χριστὸς δὲ ἀνελήφθη ἐν νεφέλαις καὶ δυνάμεσιν·
ἀλλ' οὗτος Ἐλισσαίῳ μηλωτὴν ἐξ ὕψους ἔπεμψεν,
        ὁ Χριστὸς δὲ κατέπεμψε

λα' P (λα'] κγ' P; λα' v.l. antiquam strophae λβ' coni. Maas, cf. 49 ιδ' et ιε')
2¹ προενοήσατο P: corr. Maas m.c. 2² metrum ⏑⏑−⏑⏑⏑−⏑⏑
λβ' AP (λβ'] λα' A: κδ' P, cf. notam ad λα') 1¹ Εἰ] Νῦν P 2² κατώκει P 2³ τῶν φίλ. μου] γηθόμενος A 4¹ πεπλανημένον A 4² περιφ.] φέρειν τε A
λγ' AMP (in A λβ', in P κε') 1¹ Ἰδοὺ] ὥσπερ P Ἠλίας] ὁ praem. A 4³–5¹ ὁ Χρ.—ἑαυτοῦ] τοῖς ἀποστ. δὲ χ̅ς̅ (cett. om.) A

τοις αποστόλοις τοις εαυτού τον παράκλητον και άγιον,
ὃν πάντες ελάβομεν 5
οι το βάπτισμα έχοντες, δι' οὗ αγιαζόμεθα,
ως πάντας εκδιδάσκει
|: ο μόνος φιλάνθρωπος. :|

46 (27 Kr.)

ON THE THREE CHILDREN

Acrostichis: *ΤΟΥ ΤΑΠΕΙΝΟΥ ΡΩΜΑΝΟΥ Ο ΨΑΛΜΟΣ ΟΥΤΟΣ*

Prooemium I: Ἰδιόμελον

Χειρόγραφον εικόνα μὴ σεβασθέντες,
αλλ' άγραφον ουσίαν θωρακισθέντες,
τρισμακάριοι, εν τω σκάμματι του πυρός εδοξάσθητε.
εν μέσῳ δὲ φλογός ανυποστάτου ιστάμενοι
θεὸν επεκαλείσθε· 5
|: " Τάχυνον, ο οικτίρμων, και σπεύσον ως ελεήμων
εις την βοήθειαν ημών, ότι δύνασαι βουλόμενος." :|

Prooemium II: Ἰδιόμελον

Οι τρεις τῇ Τριάδι δουλεύσαντες εν ομονοία
θυμόν βασιλέως και πρόσταγμα απανθρωπίας
κατησχύνατε, άγιοι παίδες, ημίν υπογραμμόν καταλείποντες
πρόβουλοι της πίστεως γενηθέντες.
|: τάχυνον, ο οικτίρμων, και σπεύσον ως ελεήμων 5
εις την βοήθειαν ημών, ότι δύνασαι βουλόμενος. :|

5³ ὅν] ἵνα P
46 *Codices*: A (Prooem. I et α'–λ') B (Prooem. I et α'–γ') D (Prooem. I et α'–ι') M (Prooem. I et α'–ι') P (Prooem. I et α'–λ') T (Prooem. I et α'–ι') Δ (= C Prooem. I II et α'–λ' cum V Prooem. I et α'–λ') Pap. gr. Vind. 29 430 (P.E.R. III, 1939, p. 68: ed. Maas, Byzantion 14 (1939), p. 381) (ς')
Editiones: Pitra A.S. I, Cant. xxiv; Tomadakis P.M.Y. III, pp. 209 sq.
Titulus: On the Three Children Trypanis: Τῶν αγίων Τριῶν Παίδων (Ἀνανία, Ἀζαρία, Μισαήλ και Δανιήλ του προφήτου add. P) AMPΔ(B)
Dies Festus: Μηνί Δεκεμβρίῳ ιζ'
Modus: ἦχος πλάγιος β' MΔ: ἦχος β' PT
Acrostichis: Τοῦ ταπεινοῦ Ῥωμανοῦ ὁ ψαλμός οὗτος (ὁ ψαλμός οὗτος om. M) ADMPΔ

Strophae: *Τάχυνον ὁ οἰκτίρμων* (App. Metr. xxxii)

α' **Τάχυνον**, ὁ οἰκτίρμων, καὶ σπεῦσον, ὁ ἐλεήμων,
εἰς τὴν βοήθειαν ἥμων, ὅτι δύνασαι βουλόμενος·
ἔκτεινόν σου τὴν χεῖραν, ἧς πάλαι ἔλαβον πεῖραν
Αἰγύπτιοι πολεμοῦντες καὶ Ἑβραῖοι πολεμούμενοι·
μὴ καταλείπῃς ἥμας καὶ καταπίῃ ἥμας 5
Θάνατος ὁ διψῶν ἡμᾶς καὶ Σατὰν ὁ μισῶν ἡμᾶς·
ἀλλ' ἔγγισον ἥμιν καὶ φεῖσαι τῶν ψυχῶν ἡμῶν,
ὡς ἐφείσω τῶν παίδων σου ποτὲ
τῶν ἐν Βαβυλῶνι ἀπαύστως δοξαζόντων σε
καὶ βληθέντων ὑπὲρ σοῦ εἰς τὴν κάμινον
καὶ ἐκ ταύτης κραζόντων σοι· 10
|: " Τάχυνον, ὁ οἰκτίρμων, καὶ σπεῦσον ὡς ἐλεήμων
εἰς τὴν βοήθειαν ἥμων, ὅτι δύνασαι βουλόμενος." :|

β' **Ὅτε** ἐν Βαβυλῶνι τὸ τῆς εἰκόνος ἐπράχθη,
καὶ ἄκων πᾶς προσεκύνει τὴν μὴ ζῶσαν ὡς ἐμπνέουσαν,
τότε τρεῖς νεανίαι, ὡς ἡ γραφὴ ἐκδιδάσκει,
εἰς νοῦν λαβόντες τὸ θεῖον τὴν εὐθεῖαν οὐ κατέλιπον·
τῶν γὰρ πολλῶν τὴν λύσσαν ὡς ἀτραπὸν πλανῶσαν 5
οἱ ἀκλινεῖς ἐνόμισαν· ὅθεν ταύτην οὐχ ὥδευσαν,
ἀλλ' ὀρθοποδοῦντες ἀεὶ πρὸς τὴν ἀλήθειαν
τὴν ἀπάτην ἐγέλων τῶν Περσῶν·
μᾶλλον δὲ ἐθρήνουν καὶ ἔκλαιον οἱ ἅγιοι·
οὐ γὰρ χαίρει ἀπωλείᾳ ὁ δίκαιος, ἀλλὰ στένων προσεύχεται· 10
|: " Τάχυνον, ὁ οἰκτίρμων, καὶ σπεῦσον ὡς ἐλεήμων
εἰς τὴν βοήθειαν ἥμων, ὅτι δύνασαι βουλόμενος." :|

γ' **Ὕμνον** οὖν ὑπὲρ πάντων προσέφερεν ὡς ἐκ πάντων
ἡ τρίμυρος εὐωδία τὸν δεσπότην ἱκετεύουσα·
" Εὐεργέτα ἐν πᾶσι καὶ ἄμωμε κατὰ πάντα,
ὁ τῆς εἰδωλολατρείας ὀχετὸς μὴ παροξύνῃ σε

α' ABDMPTΔ   1² ὁ] PΔ : ὡς cett.   3¹ χεῖραν] (sic) DT : χεῖρα cett.   8² τῶν παίδων σου ποτὲ] (sic) Δ : ποτὲ ante τῶν παίδων cett.
10² κραζόντων] Pitra : κραυγαζόντων codd.
β' ABDMPTΔ   6¹ ἀκλινεῖς] AP : μακάριοι BDMT   10² ἀλλάπροσ. (κραυγάζει σοι Δ)] BTΔ : ἀλλ' ἐν τούτοις ἐπρέσβευον (πρεσβεύεται D) DM : ἀλλ' ἑστῶτες κραυγάζουσι P : διὸ καὶ ἐκραύγαζον A
γ' ABDMPTΔ   1² προσέφερον ABMΔ   3¹ εὐεργ. ἐν πᾶσι] PΔ : ᾧ φησὶν εὐεργέτα cett.

ἐκ θυσιῶν δαιμόνων καὶ ἐκ παραπτωμάτων 5
ὁρῶν τὴν γῆν σου γέμουσαν καὶ παντόθεν ἐξόζουσαν·
ἐσμὲν γὰρ ἐν μέσῳ βορβόρου ὡς θυμίαμα·
εἰ δοκεῖ σοι ὀσφράνθητι ἡμῶν
τῶν σῶν δούλων, σῶτερ, καὶ τοῦ γνησίου φίλου σου,
τοῦ εὐόσμου Δανιὴλ ὃν ἠγάπησας·
σὺν ἡμῖν γὰρ κραυγάζει σοι· 10
|: ' τάχυνον, ὁ οἰκτίρμων, καὶ σπεῦσον ὡς ἐλεήμων
εἰς τὴν βοήθειαν ἥμων, ὅτι δύνασαι βουλόμενος.' " :|

δ' Ταῦτα τότε ἐβόων οἱ περὶ τὸν Ἀνανίαν
ὁρῶντες τὴν ἀνομίαν ἣν ὁ ἄνομος ἐποίησε·
τίς δὲ ἡ ἀνομία; καὶ τίς ὁ ταύτην θεσπίσας;
προσέλθωμεν τῷ βιβλίῳ καὶ ἐκ τούτου διδασκώμεθα·
ὁ Ναβουχοδονόσορ, φησί, χρυσῆν εἰκόνα 5
πρότερον τεκτηνάμενος μετὰ ταῦτα ἀνέστησε·
κἀκείνη μὲν ἔστη, ὁ στήσας δὲ κατέπεσε
καὶ ἐρράγη ὁ ἐγείρας τὸ κακόν·
οὐκ ἤρκει δὲ μόνος τῷ πτώματι, ἀλλ' εἵλκυσε
καὶ τὸ πλῆθος, ὑπὲρ οὗ οἱ τρεῖς ἅγιοι ἀνυμνοῦντες ἐκραύγαζον· 10
|: " Τάχυνον, ὁ οἰκτίρμων, καὶ σπεῦσον ὡς ἐλεήμων
εἰς τὴν βοήθειαν ἥμων, ὅτι δύνασαι βουλόμενος." :|

ε' Ἄνω οὖν ἐπὶ ὕψους ἐστηλωμένου τοῦ μύσους
τὰ κάτω ἐθορυβοῦντο τῷ ἀθέσμῳ βαρυνόμενα·
ἦν γὰρ ἄθεσμον ὄντως τὸ προσκυνεῖν τῇ ἀψύχῳ,
καὶ πᾶσαν κτίσιν ἐδόνει τὸ ἀντίθεον τιμώμενον·

5¹⁻² ἐκ θυσ. δαιμ. (αἱμάτων Δ) καὶ ἐκ παραπτ.] PΔ: κἂν γὰρ ἐκ τῆς ἀθείας πολλὴν ἀκαθαρσίαν cett. 7¹ ἐσμὲν γὰρ] PΔ: ἀλλ' ἴδε cett. 7² ὡς] (sic) P: τὸ cett. 8¹ καὶ εἰ BDT 8²–9¹ ἡμῶν–σῶτερ (σηρ Δ : om. A)] APΔ : σωτὴρ ἡμῶν τῶν σῶν δούλων DT(B)(M)
δ' ADMPTΔ 1¹ τότε] PΔ : εἰκὸς ΔT(A) 2² ἐποίησε] PΔ : ἐθέσπισε cett. 8¹ ἐρράγη] PΔ : ἐκλίθη DMT(A) 8² metrum ∪−∪∪∪− cf. λ' 8² : ὁ om. DM (corr. metr.) : τὸ del. Trypanis m.c. ἐγείρας] PΔ : ὀρθώσας ADM : ὠρίσα (sic) T 9¹ καὶ οὐκ DMTΔ ἤρκει δὲ] P : ἠρκέθη AΔ : ἤρκεσε DMT 10² ἀνυμνοῦντες] P : καθορῶντες DMT : ὀδυρόμενοι AΔ
ε' ADMTΔP 2¹ ἐθορυβοῦντο] P : ἐθορυβεῖτο cett. 2² τῷ ἀθ.–βαρ.] PΔ : ἀθεσμότητι κρατούμενα cett. 3² τὸ προσκ. τῇ ἀψ.] PΔ : τοῦ προσκινεῖσθαι τὸ ἄπνουν cett. 4¹ καὶ–ἐδόνει] P : καὶ κτίσιν πᾶσαν ἐδόνει cett.

ὅμως καὶ κλονουμένης τῆς Βαβυλῶνος ὅλης 5
ἔμεινεν ἀκατάβλητον τὸ τῶν παίδων τριώροφον·
ἐπὶ γὰρ τὴν πέτραν καλῶς τεθεμελίωτο
καὶ οὐκ ἐβλήθη ὠθούντων τῶν πολλῶν·
πολλοὶ γὰρ ὑπῆρχον, ὡς γέγραπται, οἱ σκώπτοντες
τοὺς ἁγίους, ἀλλ' εἰς μάτην ἐμόχθησαν
ἡττηθέντες τοῖς κράζουσι· 10
|: " Τάχυνον, ὁ οἰκτίρμων, καὶ σπεῦσον ὡς ἐλεήμων
εἰς τὴν βοήθειαν ἥμων, ὅτι δύνασαι βουλόμενος." :|

ϛ' Πάνυ οὖν ἠγανάκτουν καὶ ἐδυσφόρουν Χαλδαῖοι
θεώμενοι τοὺς Ἑβραίους ἀθετοῦντας ἃ ἐθέσπιζον·
ὅθεν καὶ προσελθόντες τῷ βασιλεύοντι τότε
διέβαλον τοὺς ἁγίους ὀργιζόμενοι καὶ λέγοντες·
" ͅΩ Ναβουχοδονόσορ, ὁ γῆς καὶ πόντου ἄναξ, 5
πάντων ὁμοῦ τρεμόντων σε τρεῖς γελῶσί σε μείρακες·
θεοὺς γὰρ οὓς σέβῃ ἐκεῖνοι διαπτύουσι
καὶ εἰκόνα ἣν ἔστησας χρυσῆν·
τῆς δὲ δεξιᾶς σου τὸ κῦρος εὐτελίζουσι
καὶ τὴν ταύτης προσδοκῶσι κατάλυσιν
καθ' ἑκάστην εὐχόμενοι· 10
|: ' τάχυνον, ὁ οἰκτίρμων, καὶ σπεῦσον ὡς ἐλεήμων
εἰς τὴν βοήθειαν ἥμων, ὅτι δύνασαι βουλόμενος.' " :|

ζ' Ἔμαθεν οὖν ὁ ἄναξ καὶ θυμωθεὶς ἐπὶ τούτῳ
κελεύει τοῖς μεγιστᾶσι παραστῆσαι τὰ μειράκια·
ὅθεν ἅμα τῷ λόγῳ προέβαινε καὶ τὸ ἔργον·
καὶ ἤγοντο τὰ ἀρνία πρὸς τὸν λύκον τὸν ὠμότατον·

5¹ δονουμένης DMT 8¹ καὶ οὐκ ἐβλ.] Trypanis: καὶ οὐ κατεβλήθη DMTP: οὐκ ἐβλήθη A 8² τῶν] AΔ: om. cett. 10² ψάλλουσι DMT 5' ADMTPΔ pap. (4² λέγ.-11 οἰκτ.) 1¹ οὖν] PM: γὰρ cett. 1¹⁻² ἦγαν. et ἐδυσφ. inter se mut. DMT 5² [ὁ] γῆς] pap.: τῆς γῆς codd. πόντου] ὁ add. P 6² σε] MPΔ pap.: σου A: om. DT 7¹ σέβῃ] AMPΔ: σέβεις DT: σε[... pap. 7² ἐκεῖνοι habuisse videtur pap. nunc mutila διαπτύουσι] ADMTΔ pap.: παροργίζουσι P (corr. Pᶜ) 9¹ τῆς δὲ] pap.: καὶ τῆς P: τῆς σῆς ADMTΔ δεξιᾶς σου] P: γὰρ δεξιᾶς A: δεξιᾶς δὲ DMT: εὐδοξίας Δ: δεξιᾶς (om. δὲ) pap. 9² εὐτελίζουσι] ADMTΔ pap.: ἐνυβρίζουσι P (fortasse recte) 10¹ προσδοκῶσι] codd.: προσδοκοῦσι pap. κατάλυσιν] MPΔ pap.: κατάπτωσιν ADT 10² καθ' ἑκάστην εὐχόμενοι] ADMTΔ pap.: διὰ τοῦτο γὰρ κράζουσι P
ζ' ADMPTΔ 1² τούτοις DMT 2² παραστῆσαι] MP: παραστῆναι cett. 3² προέβαινε] PΔ: συνέβαινε cett.

ἄλλων κατασπευδόντων   καὶ ἄλλων συνωθούντων
   ὤφθησαν οἱ πανάρετοι   τῶν ἑλκόντων ὀξύτεροι·
ταχεῖς γὰρ ὑπῆρχον   εἰς πάντα δι' εὐσέβειαν
   καὶ σπουδαῖοι   ἀεὶ πρὸς τὸν θεόν,
πρὸς ὃν καὶ τὸ βλέμμα   τοῦ πνεύματος ἐξέτειναν
   καθ' ἑκάστην τῶν αὐτοῦ ἱμειρόμενοι   καὶ τυχεῖν ἱκετεύοντες·
|: "Τάχυνον, ὁ οἰκτίρμων,   καὶ σπεῦσον ὡς ἐλεήμων
   εἰς τὴν βοήθειαν ἥμων,   ὅτι δύνασαι βουλόμενος." :|

η´ Ἵσταντο οὖν οἱ παῖδες   ἐνώπιον τοῦ δολίου
   καθάπερ τρίγωνος πύργος   ἐρρωμένοι τῷ φρονήματι·
ὅθεν τούτους ἰδόντες   οἱ δωρεὰν πολεμοῦντες
   ὡς βέλη ἠκονημένα   κατηκόντιζον τὰ ῥήματα
λέγοντες τῷ τυράννῳ·   "Ὁρᾷς τοὺς παρεστῶτας·
   νόησον ἐκ τῆς ὄψεως   τὰ τῆς τούτων προθέσεως·
αὐτοί εἰσιν οὗτοι   οἱ πᾶσαν ἀνατρέποντες
   Βαβυλῶνα   καὶ τὰ δόγματα σοῦ,
οἱ ξένην λατρείαν   ἐνσπεῖραι ἐπειγόμενοι
   κατὰ πάντα τῆς Περσίδος τὰ ὅρια,   ἵνα πάντες κραυγάζωσι·
|: 'τάχυνον, ὁ οἰκτίρμων,   καὶ σπεῦσον ὡς ἐλεήμων
   εἰς τὴν βοήθειαν ἥμων,   ὅτι δύνασαι βουλόμενος.' :|

θ´ Νῦν οὖν σκέψαι τί δράσῃς   καὶ φρόντισον τί τελέσῃς·
   ἐντός σου γὰρ οἱ ἐχθροί σου   καὶ οἱ σοὶ ἐκπολεμοῦσι σε·
οἵτινες τῆς τραπέζης   ἐσθίουσί σου τὸν ἄρτον,
   αὐτοὶ ἐπῆραν τὴν πτέρναν   κατὰ σοῦ τοῦ διατρέφοντος·
ἂν οὖν καταφρονήσῃς,   φθορᾷ καταφθαρήσῃ
   σὺ καὶ ἡ βασιλεία σου·   οὐ γὰρ ἔστιν ἀκίνδυνον·
τὰ ἔξωθεν πάθη   ῥᾳδίως θεραπεύεται,
   ἡ δὲ ἔνδον   πληγὴ μένει πληγή·

6¹ ἐνάρετοι DMT   9² ἐξέτειναν (-νον Δ)] PΔ : ἐξέπεμπον (ante τοῦ πνεύμ. DMT) ADMT
    η´ ADMPTΔ   1¹ οὖν] δὲ DMT   1² δολίου] τυράννου DMT
3¹ ὁρῶντες DMT   10¹ κατὰ] ἐπὶ DMT
    θ´ ADMPTΔ   1¹⁻² δρᾶσαι ... τελέσαι ADTΔ   2² ἐκπολεμοῦντες DMT
5¹ ἂν] AP : ἐὰν cett.   5² φθορᾷ] ταχὺ DMT   7² θεραπεύεται] sic P :
-ονται DMT   8² μένει πηγή Trypanis

ἀπόκοψον τούτους ὡς πώρωμα σκληρότατον,
μὴ καὶ σῆψιν τοῖς πολλοῖς ἐμποιήσωσι
διὰ τούτων ὧν ψάλλουσι· 10
|: 'τάχυνον, ὁ οἰκτίρμων, καὶ σπεῦσον ὡς ἐλεήμων
εἰς τὴν βοήθειαν ἥμων, ὅτι δύνασαι βουλόμενος.' " :|

ι´ **Οὕτω λέγοντες τότε** ὑφῆψαν τὸν βασιλέα
καὶ ὥσπερ πῦρ ἐν ἀκάνθαις ἐξεκαύθη ὁ θυμὸς αὐτοῦ·
ὅθεν βρύξας ἐξαίφνης θηρίου δίκην ἀγρίου
ἐβόησε τοῖς ἁγίοις· " Ἀθλιώτατοι, ἀκούσατε·
εἰ ἀληθῶς τοιαῦτα τολμᾶτε καὶ λαλεῖτε, 5
μάτην τοῦ ζῆν ἐλπίζετε, μάτην εἶναι πιστεύετε·
οὐδεὶς γὰρ ἀνθρώπων ἐγένετο ἢ γίνεται
ὃς ἰσχύει καταλῦσαι τἀμά,
οὐδὲ πάλιν ἔστιν ὃς δύναται λυτρώσασθαι
τῶν χειρῶν μου τὸν αὐταῖς ὑποπίπτοντα,
οὐδ' αὐτὸς ᾧ κραυγάζετε· 10
|: 'τάχυνον, ὁ οἰκτίρμων, καὶ σπεῦσον ὡς ἐλεήμων
εἰς τὴν βοήθειαν ἥμων, ὅτι δύνασαι βουλόμενος.' :|

ια´ **Ὕπνον οὖν ὑποπτεύσας** καὶ ὄναρ εἶναι νομίσας
τὰ ἤδη γεγενημένα, ἐκ τοῦ νῦν ἐπιζητῶ ὑμᾶς·
δείξατε οὖν, ὦ παῖδες, τὰ ῥήματα τῶν λαλούντων
ληρήματα φλυαρούντων, δι' ὧν ἄρτι ἀπεργάζεσθε
ἐὰν ἠχήσῃ σάλπιγξ καὶ μουσικῶν τὰ γένη, 5
πίπτοντες προσκυνήσατε τῇ εἰκόνι ᾗ ἔστησα,
τιμήσατε ταύτης τὸ κῦρος, ὡς ὀφείλετε,
μετὰ πάντων τῶν πρώτων τοῦ λαοῦ·
μὴ δῶτε αἰτίαν ἐμοὶ τοῦ ἀνελεῖν ὑμᾶς,
μὴ δοθῆτε τῷ πυρὶ εἰς κατάκαυσιν
καὶ ἐκεῖθεν κραυγάσητε· 10
|: 'τάχυνον, ὁ οἰκτίρμων, καὶ σπεῦσον ὡς ἐλεήμων
εἰς τὴν βοήθειαν ἥμων, ὅτι δύνασαι βουλόμενος.' " :|

ι´ ADMPTΔ   1² ἀνήψαν DMT   4² ἀθλιώτατοι] sic P: τλημονέστατοι cett.   5² λαλεῖτε] PΔ: τελεῖτε cett.   6² μάτην–πιστ.] AP: εἰ οὕτως ἐπιστεύσατε DMT   8¹ ἰσχύσει MTΔ   8² τἀμά] Trypanis m.c.: τὰ ἐμὰ codd.   10² ᾧ] MP: ὃν DT(A)(Δ)
ια´ APΔ   2¹ ἤδη] πρώην Δ   3¹ οὖν om. P   4¹ φλυαρίας A
7² προσέταξα Δ   10² ἐκεῖθεν] P: δικαίως Δ (A)

ιβ' Ῥήματα δὲ τοιαῦτα   ἀκούσαντες οἱ γενναῖοι
     ἐγέλασαν τὴν τοσαύτην   ματαιότητα τοῦ ἄνακτος·
     ὅμως, ἵνα μὴ πάνυ   νομίσῃ φρόνιμος εἶναι,
     ἐπῆραν ἄνω τὸ ὄμμα   οἱ σοφοὶ ὄντως καὶ ἔφησαν·
     " Ὦ Ναβουχοδονόσορ,   τῆς Βαβυλῶνος ἄναξ,   5
     χρείαν ἡμεῖς οὐκ ἔχομεν   ἐπὶ τούτοις λαλῆσαι σοι·
     μωρὰ γὰρ λαλοῦντι   οὐδείς σοι ἀποκρίνεται,
     ὅτι οὕτως   διδάσκει ἡ γραφή·
     ' μὴ ἀνταποκρίνου   τῷ ἄφρονι τὰ ὅμοια '·
     διὰ τοῦτο σιωπὴν ᾑρησάμεθα   καὶ σιγῇ προσευχόμεθα·   10
  |: ' τάχυνον, ὁ οἰκτίρμων,   καὶ σπεῦσον ὡς ἐλεήμων
     εἰς τὴν βοήθειαν ἡμῶν,   ὅτι δύνασαι βουλόμενος.' :|

ιγ' Ὥστε οὖν μὴ ἐλπίσῃς   ἀκούειν τι περὶ τούτου·
    σκοπὸς γὰρ ἥμιν ἐν τούτῳ   μηδὲ λόγου ἀξιῶσαι σε.
    τί γὰρ ἔχομεν λέγειν   πρὸς ἄνθρωπον μεμηνότα
    καὶ ἀσυνέτως βοῶντα·   ' προσκυνεῖτε τῇ εἰκόνι μου ' ;
    καὶ τὸ δὲ χεῖρον πάντων   κολάζειν ἀπειλοῦντα   5
    πάντα τὸν μὴ πειθόμενον   προσκυνῆσαι τὴν ἄψυχον ;
    οὐ χρεία οὖν λόγων,   ἀλλ' ἔργων καὶ δυνάμεως·
    οὐ ῥημάτων,   πραγμάτων δ' ὁ καιρός.
    ηὐτρέπισας φλόγα   καὶ κάμινον ἐξέκαυσας·
    ἤδη ὄψει πῶς αὐτὴν οὐ πτοούμεθα   πεποιθότες ᾧ ψάλλομεν· 10
 |: ' τάχυνον, ὁ οἰκτίρμων,   καὶ σπεῦσον ὡς ἐλεήμων
    εἰς τὴν βοήθειαν ἡμῶν,   ὅτι δύνασαι βουλόμενος.' :|

ιδ' Μέγαν ἔχομεν πόθον   πρὸς τὸν θεὸν τῶν Ἑβραίων
    θερμότερον τοῦ πυρός σου   καὶ καμίνου καυστικώτερον·

ιβ' ΑΡΔ   2¹ ἐγέλασαν] ηὐτέλισαν Δ   3¹ πάνυ] τὰ νῦν Δ
4² σοφοὶ ὄντως] πάνσοφοι Α : τρεῖς πάνσοφοι Δ   ἔφησαν] ἔλεγον Α   6² περὶ
τούτου ΑΡ   7¹ λαλοῦντος Δ   7² σοι] Ρ : σοῦ Δ : νῦν Α   8² διδάσκει] Ρ :
κελεύει ΑΔ   9¹⁻² ἀποκριθῆτε τοῖς τὰς μωρίας λέγουσιν Δ   10¹ σιωπῇ Δ
ᾑρησάμεθα] Ρ : ἐτηρήσαμεν Α : χρησώμεθα Δ   10² καὶ—προσ.] καὶ σιγῇ
ἱκετεύομεν Α : πρὸς θεὸν κραυγάζομεν Δ
     ιγ' ΑΡΔ   1¹ νομίσῃς Δ   1² ἀκούειν] Ρ : ἀκοῦσαι cett.   τούτων Δ
2² μηδὲ] Ρ : μήτε cett.   2² ἀξιώσατε Α   3¹ γὰρ] δὲ Δ   3² μανιώδη Δ
4¹ παραφόρως Δ   4² τὴν εἰκόνα μου Α   5¹ τὸ δὲ] τὰ δὲ Ρ   7¹ οὐκ
ἦν χρεία λόγ. Δ   8² δ'] Ρ : om. cett.   10² πεποιθ.—ψάλλ.] Ρ : ἀλλ'
ἐροῦμεν πρὸς κύριον Δ : ἀλλ' αἰρούμεθα κράζοντες Α
     ιδ' ΑΡΔ   1² τῶν Ἑβρ.] οἱ τρεῖς παῖδες Δ

σὺ γὰρ τάχα λογίζῃ, ὡς ἄθεος καὶ πανώλης,
ὅτι πατρίδος λειφθέντες καὶ ἐλπίδος ἐγυμνώθημεν·
ἀλλ' οὐκ ἐπιγελάσεις ἡμῖν ὡς ἀσυνέτοις· 5
ἔχομεν γὰρ ὃν ἔχομεν πανταχοῦ περιφέροντες·
ἐνώπιον ἥμων τὸν πλάστην προορώμενοι
κατὰ τόπον λατρεύομεν αὐτῷ·
οὐκ ἔστι γαρ οὗτος ὡς αὕτη ἣν ἀνέστησας,
ἀλλ' ἐπάνω πέλει πάσης τῆς κτίσεως ἀσιγήτως ὑμνούμενος· 10
|: τάχυνον, ὁ οἰκτίρμων, καὶ σπεῦσον ὡς ἐλεήμων
εἰς τὴν βοήθειαν ἥμων, ὅτι δύνασαι βουλόμενος." :|

ιε' **Ἅμα** ἤκουσε τούτων ὁ ἄδικος καὶ πανώλης
ὡς σίδηρος ἐπυρώθη καὶ φλογμὸν ἀπεσπινθήριζε
κράζων, βράζων, ἀσθμαίνων καὶ λέγων τοῖς παρεστῶσιν·
" Ἑπτάκις ὑπὲρ τὸ πρῶτον ἐκπυρώσατε τὴν κάμινον·
νάφθῃ ὁμοῦ καὶ πίσσῃ καὶ κληματίδων πλήθει 5
ταύτης τὸ πῦρ ὑψώσαντες τῷ θυμῷ μου ἰσώσατε·
ὁμοίως γὰρ ταύτης ἀνάπτομαι καὶ φλέγομαι,
ὅτι οὗτοι ἠθέτησαν ἐμέ,
καὶ τάχα τῶν παίδων ἐγὼ προαναλίσκομαι
τῇ μανίᾳ θεωρῶν, οὓς ἠλέησα εἰς αἰσχύνην μου κράζοντας· 10
|: ' τάχυνον, ὁ οἰκτίρμων, καὶ σπεῦσον ὡς ἐλεήμων
εἰς τὴν βοήθειαν ἥμων, ὅτι δύνασαι βουλόμενος.' " :|

ις' **Νάφθῃ** οὖν καὶ στυππίῳ καὶ κλιματίδι καὶ θείῳ
καὶ ἄλλαις πλείοσιν ὕλαις διαθρέψαντες τὴν κάμινον
ηὔξησαν εἰς τοσοῦτον ὡς καὶ ὀνόματι μόνον
πτοῆσαι καὶ καταπλῆξαι καὶ νεκρῶσαι τοὺς ἀκούοντας.
ἀλλ' ὁ τοῖς πᾶσι φόβος τοῖς παναγίοις γέλως 5
γέγονε, καὶ εὐτέλισμα τὸ τοσοῦτον γαυρίαμα·

3¹ γὰρ] δὲ Δ   λογίζῃ P: νομίζεις AΔ   3² πανώλης] P: παράφρων AΔ
8¹ κατὰ τόπον] P: καὶ (om. Δ) καθ' ἑκάστην AΔ   9² ἀνέστησας] P: ἐχάλκευ-
σας AΔ   10¹ τῆς om. Δ
ιε' APΔ   1² ἄδικος] P: ἄθλιος AΔ   4² ἐκπυρ.] P: ὑποκαύσατε AΔ
6¹ ὑψ.] αὐξήσαντες A: ἐξάψαντες Δ   7¹⁻² ταύτης–φλέγ.] ταύτης φλέγομαι
κάναλίσκομαι Δ: ταύτῃ ἐξάπτομαι καὶ φλέγ. A   9¹ τάχα δὲ πρὸ τούτων Δ
10² εἰς] πρὸς Δ
ις' APΔ   3¹ ἔκαυσαν A(Δ)   3² μόνῳ AΔ   4¹ καὶ καταπλ.]
τοὺς θεωροῦντας AΔ   5¹ φόβος AΔ

ἐννέα γὰρ πήχεις ὁμοῦ καί τεσσαράκοντα
διεχεῖτο ἐπάνωθεν ἡ φλόξ,
καὶ πάντων τρεμόντων οἱ παῖδες ἦσαν ἄτρομοι·
τὴν γὰρ γνώμην καὶ τὴν ῥώμην συσφίγξαντες
θείῳ πόθῳ ὑπέψαλλον· 10
|: " Τάχυνον, ὁ οἰκτίρμων, καὶ σπεῦσον ὡς ἐλεήμων
εἰς τὴν βοήθειαν ἥμων, ὅτι δύνασαι βουλόμενος." :|

ιζ΄ Ὅτε οὖν ἐπυρώθη ἡ κάμινος τῶν Χαλδαίων,
καὶ πλέον ταύτης ἀνήφθη ὁ θυμὸς τοῦ βασιλεύοντος,
τότε τῶν μεγιστάνων τινὲς προσῆλθον τοῖς νέοις
δοκοῦντες μὲν συμβουλεύειν ἀληθῶς δ' ἐπιβουλεύοντες,
λέγοντες τοῖς ἁγίοις· " Τερπνοί, καλοὶ καὶ ὡραῖοι, 5
τίς τὴν τοιαύτην ἄνοιαν ἐν ὑμῖν ἐνεφύτευσεν;
οἱ φίλοι τὸ πάρος πῶς ὤφθητε πολέμιοι,
καὶ οἱ μύσται προδόται διὰ τί;
οἱ τοῦ βασιλέως ὑπέρμαχοι στερρόρατοι
τίνος χάριν τοῦτον λῦσαι σπουδάζετε διὰ τούτων ἃ λέγετε· 10
|: ' τάχυνον, ὁ οἰκτίρμων, καὶ σπεῦσον ὡς ἐλεήμων
εἰς τὴν βοήθειαν ἥμων, ὅτι δύνασαι βουλόμενος;' :|

ιη΄ Ὕβρις τίς ἐπηνέχθη ὑμῖν ἐκ τῶν ὑπηκόων
καὶ τούτου χάριν ἐξαίφνης κατὰ πάντων ἐξετράπητε;
τοῦτο γὰρ ὃ τελεῖτε κατάλυσίς ἐστιν ὄντως
τοῦ ἔθνους ἥμων καὶ γένους καὶ αὐτοῦ τοῦ βασιλεύοντος·
μὴ ἕως τούτου, παῖδες, πτερώσητε τὰ βέλη· 5
φείσασθε τῆς νεότητος καὶ ἑαυτοὺς ἐλεήσατε.
οὐκ ἔστιν ὄνασθαι ζωὴν μετὰ τὸν θάνατον,
οὐκ εἰσὶ γὰρ οἱ πωλοῦντες αὐτήν·

8² ἐπάνωθεν] P: ὡς γέγραπται A: om. Δ   10² κραυγάζοντες Δ
ιζ΄ ΑΡΔ   2¹ ἀνήφθη] P: ἐξήφθη cett.   4¹ δοκοῦντες—5¹ ἁγίοις om. Δ
4² δὲ ἐπεβούλευον A   5¹ ἁγίοις] γενναίοις A   5² τερπνοί] P: καλοὶ cett.
καλοὶ] P: λαμπροὶ Δ: καὶ τερπνοὶ A   ὡραῖοι] μεγάλοι A   6¹ ἄνοιαν]
Maas: ἔννοιαν P: εὔνοιαν A: μανίαν Δ   10¹ τίνος χάριν] P: πῶς ἐξαίφνης
cett. (fortasse recte)   10² διὰ—λέγ.] P: διὰ τοῦτον ὃν ψάλλετε A: διὰ
τοῦτο οὖν εὔχεσθε Δ
ιη΄ ΑΡΔ   3² ὄντως] P: πάντων A(Δ)   5² πτερώσητε] A:
πετρώσητε ΡΔ   βέλη] A: σπλάγχνα P: μέλη Δ   7¹ ὄνασθαι] P: πρίασθαι cett.

τὸ πῦρ τῶν Χαλδαίων οὐ τρέμει οὐδ' αἰσχύνεται
τὴν λατρείαν τῶν Ἑβραίων ἦν λέγετε, οὐδὲ τοῦτο ὃ ψάλλετε· 10
|: ' τάχυνον, ὁ οἰκτίρμων, καὶ σπεῦσον ὡς ἐλεήμων
εἰς τὴν βοήθειαν ἥμων, ὅτι δύνασαι βουλόμενος.' " :|

ιθ' **Οὕτω λέξαντες τότε** οἱ μεγιστᾶνες τοῖς νέοις
ἐνόμισαν ὅτι πάντως ὅπερ ἤθελον ἐξήνυσαν·
ὅμως οἱ ῥωμαλέοι καθάπερ βασανισθέντες
αὐτῶν ὁρῶντες τὴν πλάνην ἀνεβόησαν πικρότερον·
" Τί ", φησί, " τοῦτο, ἄνδρες; δοκεῖτε ὅτι λόγοις 5
ἢ ἀπειλαῖς συγκάμπτετε τὴν στερρὰν ἡμῶν πρόθεσιν;
οὐ λύετε τόνον, ὃν πίστις περιέσφιγξεν,
οὐδὲ αὕτη ἡ κάμινος †οἷς†·
θεός ἐστιν ἄνω, ὃς δύναται λυτρώσασθαι·
καὶ ἐὰν μὴ βουληθῇ ἡμᾶς ῥύσασθαι,
ἀποθνήσκομεν ψάλλοντες· 10
|: ' τάχυνον, ὁ οἰκτίρμων, καὶ σπεῦσον ὡς ἐλεήμων
εἰς τὴν βοήθειαν ἥμων, ὅτι δύνασαι βουλόμενος.' :|

κ' **Ψόγον γὰρ οὐκ ἐπάγει** ἡμῖν τὸ οὕτως τεθνάναι
ὑπὲρ θεοῦ ἀθανάτου καὶ θνητοὺς ἀθανατίζοντος·
τοῦ Ναβουχοδονόσορ πολλάκις προκινδυνεῦσαι
εἱλόμεθα καὶ σφαγῆναι, πόσῳ μᾶλλον τοῦ θεοῦ ἡμῶν;
τί οὖν λοιπόν, Χαλδαῖοι, καὶ σὺ ὁ τούτων ἄναξ, 5
τί ἡμῖν ἐμποδίζετε; οὐ γὰρ ἔσται ὃ θέλετε."
ἀκούσας δὲ ταῦτα ὁ τύραννος ἐπρίετο,
καὶ παφλάζων ἐβόησε θυμῷ·

10² οὐδὲ—ψάλλ.] P: οὐδὲ τοῦτον ὃν κράζετε A: λοιπὸν τίνι κραυγάζετε Δ
ιθ' APΔ   2² πάντως] οὕτως AΔ   4¹⁻² αὐτῶν—πικρότερα (πικρότερον A)] P: αὐτῶν—πλάνην om. A: οὐ γὰρ ὡς συμβουλευθέντες ἀπεκρίθησαν στερρότεροι Δ   6¹ συγκάμπτετε (-ψετε A)] ἐκκόπτετε Δ   7¹⁻² οὐ—ὃν] ὁ λόγος γὰρ ἡμῶν καὶ Δ   8² ἡ κάμινος οἷς] P: ἡ (ὑμῶν A) κάμινος ἐστὶ AΔ: metrum ⏑−⏑⏑−   9¹ θεός ἐστιν ἄνω] Δ: ἔστι θ. ἄνω A: ἔστι θ. ἄνωθεν P
10¹ καὶ—ῥύσ.] P: τῆς καμίνου ἡμᾶς ὅταν βούληται Δ: τῆς καμίνου καὶ εἰ μὴ βούλεται ῥύσασθαι A   10² ἀπ. ψάλλ.] P: διὰ τοῦτο κραυγάζομεν Δ: τεθνηξόμεθα ψάλλοντες A
κ' APΔ   1¹ γὰρ] οὖν Δ   2¹ θεοῦ] AΔ: Χριστοῦ P (fortasse recte)
4¹ εἱλάμεθα AΔ   6² οὐ (νῦν praem. Δ) γὰρ ἔσται (ἔστιν P) ὃ θ.] PΔ: τοῖς καλὴν ὁδὸν τρέχουσι A   7¹⁻² τοιαῦτα ἀκούων ὁ ἄναξ κατεπρίετο (κατηπείγετο Δ) AΔ   ἐπρίετο sc. τοὺς ὀδόντας   8² ἐβόα ἐν θυμῷ Δ(A)

"Δεσμεύσατε τούτους   καὶ δότε εἰς κατάκαυσιν,
ἵνα βρῶμα τῆς καμίνου γενόμενοι   τεφρωθῶσι μὴ κράζοντες·   10
|: ' τάχυνον, ὁ οἰκτίρμων,   καὶ σπεῦσον ὡς ἐλεήμων
εἰς τὴν βοήθειαν ἡμῶν,   ὅτι δύνασαι βουλόμενος.' " :|

κα'   "Ἄραντες οὖν τοὺς παῖδας   οἱ ἐπὶ τούτῳ ταχθέντες
δεσμοῦσι χεῖρας καὶ πόδας   καὶ χαλῶσιν εἰς τὴν κάμινον·
δέχεται οὖν ἐκείνη   τὴν τρίκλωνον αὐτῶν ῥίζαν
καὶ οὐ φλέγει, ἀλλὰ φυλάττει   φοβουμένη τὸν φυτεύσαντα·
ἀλλὰ εἰς πνεῦμα δρόσου   ἡ φλὸξ μεταβληθεῖσα   5
θεῖον ὅτι ἀνέψυχε   τὰ στελέχη τὰ ἅγια.
καὶ ἦν ἰδεῖν ξένον·   τὸ πῦρ γὰρ ἐπελάθετο
τῶν ἰδίων   καὶ γέγονε πηγὴ
ἀρδεύουσα μᾶλλον   ἢ φλέγουσα οὓς ἔλαβε
καὶ φρουροῦσα ὥσπερ ἄμπελον τρίφορον,
             ἵνα δῷ καρπὸν κράζουσι·   10
|: " Τάχυνον, ὁ οἰκτίρμων,   καὶ σπεῦσον ὡς ἐλεήμων
εἰς τὴν βοήθειαν ἡμῶν,   ὅτι δύνασαι βουλόμενος." :|

κβ'   Λέλυτο παραχρῆμα   ἡ δύναμις τῆς καμίνου,
ὁ ἄγγελος γὰρ ἐξαίφνης   οὐρανόθεν ἐπεδήμησε,
μέσον ταύτης εἰσῆλθε   καὶ κατεπράϋνεν ὅλην
καὶ ἔδειξε τοῖς ἁγίοις   ὡς παράδεισον τὴν κάμινον·
καὶ κατεπάτουν τότε   τοὺς ἄνθρακας ὡς ῥόδα   5
καὶ ὥσπερ ἐπὶ ἄνθεσι   τοῖς σπινθῆρσιν ἐτέρποντο·
καυτήριος τόπος   εὐκτήριος ἐγένετο,
καὶ εὑρέθη   ῥοδόπαστος παστάς·
ὁ θάνατον πνέων   τοῖς κύκλῳ καὶ τοῖς πόρρωθεν
τῶν ἐν μέσῳ τὴν ζωὴν οὐκ ἐλύπησε   δειλιῶν ὅπερ ἔψαλλον·   10
|: " Τάχυνον, ὁ οἰκτίρμων,   καὶ σπεῦσον ὡς ἐλεήμων
εἰς τὴν βοήθειαν ἡμῶν,   ὅτι δύνασαι βουλόμενος." :|

10² τεφωθέντες μὴ κράζωσι ΑΔ
ΚΑ' ΑΡΔ   2² χαλῶσιν] Ρ: ἐκρίπτουσιν Δ : ἐμβάλλουσιν Α   τὴν om. Δ
4² φυλάσσοντα Δ   6¹ θεῖον ὅτι] θεῖον οὕτω Δ : οὕτω σαφῶς Α   9² φλέγουσα]
Ρ : καίουσα cett.   10² ἵνα δῷ καρπὸν κράζουσι] Α: οἱ γὰρ τρεῖς οὕτως
ἔψαλλον Δ : ἵνα δῷ τὸν καρπὸν αὐτῆς Ρ
κβ' ΑΡΔ   3¹ ταύτην Α   5¹ τότε] Ρ: οὗτοι ΑΔ   7¹ καυτήριος] Ρ:
καυστήριος Α: ὁ καυστηρὸς Δ   8² ῥοδόπατος ἡ φλόξ Δ   9¹ δ] ἡ Δ
πνέουσα Δ   10¹ ἐσύλησε Α   10² φοβηθεῖσα (φοβηθεὶς V) ἐφ' ὧν
ἔψαλλον Δ : φοβουμένη τοῖς ψάλλουσι Α

κγ' Μόνον γὰρ συγκατέβη   τοῖς περὶ τὸν Ἀζαρίαν
   ὁ ἄγγελος οὐρανόθεν·   πρὸς ψαλμὸν αὐτοὺς διήγειρε
   λέγων· " Ἅγιοι παῖδες,   ἀκούσατέ μου τῶν λόγων·
   ἐγὼ τελῶ ἃ ἐτάχθην,   καὶ ὑμεῖς ἃ ἐδιδάχθητε·
   ὡς χαλινῷ τὴν φλόγα,   στομώσατε τὴν γλῶσσαν,   5
   ὡς ἀμαυρῷ τὴν φλέγουσαν,   ἀκονᾶτε τὴν ψάλλουσαν·
   μηδὲν πτοηθῆτε·   τὸ πῦρ οὐκ ἐνοχλεῖ ὑμῖν·
   τῶν ἐχθρῶν γὰρ   ὑμῶν ἐπικρατεῖ·
   ἐκέλευσα τοῦτο·   νηστεῦσαι ὡς νηστεύετε,
   καὶ ἀσώτως τοὺς ἀσώτους κατέδεσθαι
                              τοὺς ὑμῖν μὴ συμψάλλοντας· 10
   |: ' τάχυνον, ὁ οἰκτίρμων,   καὶ σπεῦσον ὡς ἐλεήμων
   εἰς τὴν βοήθειαν ἥμων,   ὅτι δύνασαι βουλόμενος.' :|

κδ' Ὅλην οὖν τὴν καρδίαν   ἐκδόντες πρὸς μελῳδίαν
   τῷ πλάσαντι τὰς καρδίας   ὑμνῳδίας ἐξυφάνατε·
   λάβετε καὶ τὴν κτίσιν   πρὸς εὐφημίαν τοῦ κτίστου,
   καὶ πάντα τὰ ἔργα κυρίου   εὐλογήσουσι τὸν κύριον,
   ὅτι τὸ πῦρ πηγάζει,   καὶ κάμινος δροσίζει   5
   τοὺς εἰς αὐτὸν πιστεύοντας   καὶ τῆς πλάνης ἐκφεύγοντας·
   τὰ πάντα γὰρ δοῦλα   ἐκτίσθη τοῖς δουλεύουσι
   τῷ κυρίῳ   ὡς πλάστῃ καὶ θεῷ.
   Ἠλίας τῶν ἄνω   καὶ τῶν κάτω ἐδέσποζεν,
   ὅτι μέσον τῶν ἀνόμων ἱστάμενος   τὸν θεὸν ἐλιτάνευε·   10
   |: ' τάχυνον, ὁ οἰκτίρμων,   καὶ σπεῦσον ὡς ἐλεήμων
   εἰς τὴν βοήθειαν ἥμων,   ὅτι δύνασαι βουλόμενος.' ":|

κε' Στήσαντες οὖν οἱ παῖδες   χορὸν ἐν μέσῳ καμίνου
   οὐράνιον ἐκκλησίαν   ἀπειργάσαντο τὴν κάμινον
   ψάλλοντες μετ' ἀγγέλου   τῷ ποιητῇ τῶν ἀγγέλων
   καὶ πᾶσαν τὴν λειτουργίαν   τῶν ἀσάρκων ἐκμιμούμενοι·

κγ' ΑΡΔ   2¹ διήγειρε] Α: ἐξήγειρε V: ἐξήγαγε C: διανέστησε P
3² om. A   9¹ προσέταξα A
κδ' ΑΡΔ   1² μελῳδίαν] P: ὑμνῳδίαν Δ: λειτουργίαν A   2² ὑμνῳδίας]
P(A): μελῳδίας Δ   3² πρὸς] AΔ: εἰς P   4¹ metrum ∪ − ∪ ∪ ∪ ∪ − ∪:
τὰ om. Δ   6¹ τοῖς ... πιστεύουσι A   6² ἐκφεύγουσι A   7² ἐκτίσθη
P: ὑπάρχει Δ: om. A   10¹ ὅτι] οὗτοι A   τῶν ἀνόμων] P: τῆς καμίνου
A: τῶν ἀθέων Δ
   κε' ΑΡΔ   3¹ σὺν ἀγγέλοις A   4¹ λειτουρ.] ὑμνωδίαν Δ

εἶτα ἐκ τῆς λατρείας   ἐμφορηθέντες τότε   5
τοῦ παναγίου πνεύματος   εἶδον ἄλλο παράδοξον·
αὐτὸς γὰρ ἐκεῖνος   ὃν ἔβλεπον ὡς ἄνθρωπον
καθ' ἑκάστην   ἠλλοίου τὴν μορφὴν
καὶ ὅτε μὲν θεῖος   ἄλλοτε δὲ ὡς ἄνθρωπος
ἑωρᾶτο, καὶ ποτὲ μὲν ἐκέλευε   ποτὲ δὲ καὶ συνέψαλλε·   10
|: " Τάχυνον, ὁ οἰκτίρμων,   καὶ σπεῦσον ὡς ἐλεήμων
εἰς τὴν βοήθειαν ἥμων,   ὅτι δύνασαι βουλόμενος." :|

κϛ' **Ὅθεν** καταπλαγέντες   ἐξέστησαν τῇ καρδίᾳ
Σεδράχ, Μισὰχ καὶ Ἀβδεναγώ,   καὶ ἀλλήλοις συνελάλησαν·
" Τίς", φησίν, " ἔστιν οὗτος;   οὐκ ἔστιν ἄγγελος οὗτος,
ἀλλὰ θεὸς τῶν ἀγγέλων·   ἐν ἀγγέλου μορφῇ φαίνεται
ὁ εἰς τὸν κόσμον μέλλων   ἔρχεσθαι καὶ σβεννύειν   5
τὴν τῶν εἰδώλων γέενναν   ὥσπερ ἄρτι τὴν κάμινον·
αὐτὸς καὶ νῦν ὤφθη   καὶ τῶν μελλόντων γίνεσθαι
τὴν εἰκόνα   ὑπέδειξεν ἡμῖν·
καθάπερ καὶ ἄρτι   τὴν κάμινον ἐδρόσισεν
οὕτως μέλλει ὡς ὑετὸς εἰς τὴν ἄγαμον
                                   καταρδεύειν τοὺς ψάλλοντας· 10
|: ' τάχυνον, ὁ οἰκτίρμων,   καὶ σπεῦσον ὡς ἐλεήμων
εἰς τὴν βοήθειαν ἥμων,   ὅτι δύνασαι βουλόμενος.' :|

κζ' **Ὕμνος** οὖν τῷ εὐσπλάγχνῳ   καὶ αἶνος τῷ φιλανθρώπῳ,
ὅτι ἠξίωσεν ἥμας   τῆς μελλούσης αὐτοῦ χάριτος·
δεῦτε οὖν πᾶσα κτίσις   τὸν κυβερνῶντα τὴν κτίσιν
καὶ συγκρατοῦντα τὴν φύσιν   ἱκετεύσωμεν κραυγάζοντες·

5[1-2] ἐμφορηθέντες ante τῆς λατρ. ΑΔ   6[2] παράδοξον] P: φρικτότερον ΑΔ
7[2] ἄνθρωπον] P: ἄγγελον ΑΔ   8[2] ἠλλοιοῦτο (τὴν om. Δ) ΑΔ   9[1] καὶ ὅτε]
ἄλλοτε Α   θεῖος] P: θεὸς ΑΔ   9[2] ἄγγελος Δ
κϛ' ΑΡΔ   2[1] Σέδρα, Μισὰκ καὶ ὁ ἄλλος Δ   καὶ om. A (corr. metr.?)
3[1] τίς] P: τί ΑΔ   ἔστι τοῦτο ΑΔ   3[2] ἀγγ. μορφῇ] ἀγγέλω ἡμῖν ΑΔ
7[1] καὶ νῦν] ἡμῖν Δ   7[2] γίνεσθαι} ἔρχεσθαι Δ   9[1-2] καθάπερ–ἐδρόσισεν]
P: καθάπερ γὰρ ἀρτίως δροσίζει (δρόσος εἰς A) τὴν κάμινον ΑΔ   10[1] ὡς
ὑετὸς εἰς τὴν ἄγαμον] P (cf. Lxx Jd. 6. 37; 37 ιβ' 3[2] sq., 5 δ' 1[3] et 37 prooem.
2[1-3][2]) : ὡς ὑετὸς κατελθεῖν εἰς τὴν ἄγαμον Δ : κατιέναι εἰς τὴν πάναγνον Α : metrum
◡◡−◡◡◡−◡◡−◡◡   10[2] καταρδεύειν] P: καὶ ἀρδεύειν ΑΔ
κζ' ΑΡΔ   2[2] μελλούσης] μεγάλης Δ   3[1] δεῦρο A   οὖν om. Δ
ἡ κτίσις Δ

' ὁ πρὸς ἡμᾶς καὶ ἄνω καὶ ἐν ἑκάστῳ τόπῳ, 5
ἄφραστε καὶ λαλούμενε, χωρητὲ καὶ ἀχώρητε,
ὁ ἐπὶ πτερύγων ἀνέμων ἐποχούμενος
καὶ τὰ ἴχνη μὴ ἐκφαίνων βροτοῖς,
ὁ πόλου καὶ γαίας καὶ πόντου τὴν ὑπόστασιν
καὶ τὸν κόσμον διοικῶν ὡς ἠθέλησας, ἐφ' ἡμῖν παρακλήθητι· 10
|: τάχυνον, ὁ οἰκτίρμων, καὶ σπεῦσον ὡς ἐλεήμων
εἰς τὴν βοήθειαν ἥμων, ὅτι δύνασαι βουλόμενος.' " :|

κη' Τούτων οὕτως ψαλλόντων καὶ οὕτως ἱκετευόντων
ὁ ἄναξ ἐπηκροᾶτο πρὸς τὴν κάμινον γενόμενος·
ἦλθε γὰρ μεθ' ἡμέρας, ὡς ἡ γραφὴ ἐκδιδάσκει,
ἐλπίζων κόνιν εὑρίσκειν οὓς παρέδωκεν εἰς κάμινον·
ὅμως ἐματαιώθη ἡ τούτου προσδοκία, 5
καὶ ἐξεχύθη ἄθροον ὡς καπνὸς ἡ ἐλπὶς αὐτοῦ.
ἐμβλέψας γὰρ κάτω ὁ τλήμων εἰς τὴν κάμινον
ἐθεώρει φρικτὰ καὶ θαυμαστά·
τὸ πῦρ δεδεμένον κἀκείνους οὓς ἐδέσμησε
λελυμένους, ἁλλομένους, χορεύοντας
καὶ σκιρτῶντας καὶ ψάλλοντας· 10
|: " Τάχυνον, ὁ οἰκτίρμων, καὶ σπεῦσον ὡς ἐλεήμων
εἰς τὴν βοήθειαν ἥμων, ὅτι δύνασαι βουλόμενος." :|

κθ' Ὅλως δὲ ἠλλοιώθη καὶ συνεχύθη τὰς φρένας
καὶ τί τελέσαι μὴ ἔχων τοῖς σατράπαις ἀνεβόησε·
" Τρεῖς ἐρρίψαμεν ἔνδον καὶ τέσσαρας αὐτοὺς βλέπω,
καὶ τοῦ τετάρτου ἡ ὄψις συνταράσσει τὴν καρδίαν μου·
ἀλλ' οὔτε οἶδα τίνι συγκρῖναι τὸν τοιοῦτον· 5
εἴπω ὅτι βροτός ἐστιν; ἀλλ' υἱὸς θεοῦ πέφυκε

6¹ ἄφρ.—λαλ.] P: ἄφθαστε καὶ κρατούμενε Δ : ἄφραστε καὶ ἀκράτητε Α   7¹ ὁ]
Δ : ὃς ΑΡ   9¹ γῆς Α: γαίης Δ   9² ὑπόστ.] κατάστασιν Δ   10¹ τὸν
κόσμον] ἀνθρώπων Δ   10² ἠθέλησας] P: ἐπίστασαι Α(Δ)
κη' ΑΡΔ   3¹ γὰρ μεθ' ἡμέρας (-ραν P)] ΑΡ: οὖν (om. Pᶜ) μετὰ τρίτην ΔΡᶜ
7¹ γὰρ] οὖν Δ   κάτω] P: τότε ΑΔ   9¹ om. Δ   9² ἐδέσμησε] P: ἐδέσμευσε
ΑΔ   10¹ ἁλλομένους] P: ὁμαδὸν δὲ Α (fortasse recte)   10² ψάλλοντας]
ἐπάδοντας Δ
κθ' ΑΡΔ   1¹ δὲ] οὖν Α   3¹ ἔνδον] κάτω Δ   4² συνταρ.] συντρίβει Δ
5¹ ἀλλ' οὔτε] P: οὔτε γὰρ ΑΔ   5² συγκρίνω ΑΡ   τὸν τοιοῦτον] ΑΡ:
τοῦτον ἔχω Δ   6² ἀλλ' υἱὸς] ΡΔ : ἄνθρωπος Α

δι' ὃν καὶ ἡττήθη τὸ πῦρ· οὔτε γὰρ ἴσχυσεν
ἀνταστῆναι πρὸς πύρινον ἡ φλόξ·
ἀξίως ἐσβέσθη ἡ κάμινος· οὐκ εἶχε γὰρ
ἀντιβλέψαι τὴν αὐγὴν τοῦ ἀστράπτοντος
            καὶ τοῖς νέοις συμψάλλοντος· 10
|: ' τάχυνον, ὁ οἰκτίρμων, καὶ σπεῦσον ὡς ἐλεήμων
εἰς τὴν βοήθειαν ἥμων, ὅτι δύνασαι βουλόμενος.' :|

λ' **Σέβω** οὖν καὶ μὴ θέλων τὸν κύριον τῶν Ἑβραίων,
καὶ πᾶσι τοῖς ἐν τῇ γῇ μου νῦν συντάσσω συναινέσαι μοι·
' δεῦτε, ἅγιοι παῖδες, ἐξέλθετε τῆς καμίνου,
ἐπείσθην γὰρ ὅτι ὄντως ὁ θεὸς ὑμῶν θεός ἐστιν ' ".
ταῦτα ἐν Βαβυλῶνι ἐγένετο, ὡς γράφει,   5
ὅτε αἰχμαλωτίσθησαν οἱ θεὸν παροργίσαντες.
διό, ἀδελφοί μου, ὁρᾶτε μὴ λυπήσωμεν
τὸν δεσπότην καὶ δοθῶμεν τοῖς ἐχθροῖς·
λυποῦμεν δὲ τοῦτον, ἐὰν αὐτὸν ἀφήσωμεν,
καὶ μὴ τούτου ταῖς αὐλαῖς παρεδρεύωμεν
            καὶ μὴ πάντοτε ψάλλωμεν· 10
|: " Τάχυνον, ὁ οἰκτίρμων, καὶ σπεῦσον ὡς ἐλεήμων
εἰς τὴν βοήθειαν ἥμων, ὅτι δύνασαι βουλόμενος." :|

7¹ δι' ὃν καὶ] P: καὶ (om. A) δικαίως AΔ 7² τὸ πῦρ οὔτε (οὐδὲ A) γὰρ
ἴσχυσεν] AP: ἡ κάμινος οὐκ ἔχει γὰρ Δ 8¹ ἀντιστῆναι] AP: ἐπιμεῖναι Δ
9¹ ἐσβέσθη] AP: ἡττήθη Δ 9² ἡ κάμ.—γὰρ] P: οὐκ εἶχε (ἔχει Δ) γὰρ τὴν
δύναμιν (τ. δύν. om. A) AΔ 10¹ ἀντιβλέψαι] P: ὑποστῆναι AΔ 10² καὶ
τοὺς νέους συμψάλλοντας A
λ' APΔ 2² νῦν συντάσσω] P: διατάττω AΔP^c 8² metrum ∪ − ∪ ∪ ∪ −
cf. δ' 8²: τοῖς om. Δ 10¹ καὶ (ἂν A)—παρεδρεύωμεν (προσ- A)] AP: καὶ
τὴν πίστιν τὴν ὀρθὴν παρατρώσωμεν Δ 10² μὴ om. P: ἧς ἐκτὸς λέγειν ἄδεκτον Δ

IV

Cantica on Various Subjects

47 (13 Kr.)
ON THE TEN VIRGINS I

Acrostichis: *ΤΟΥ ΤΑΠΕΙΙΝΟΥ ΡΩΜΑΝΟΥ ΤΟΥΤΟ ΤΟ ΠΟΙΗΜΑ*

Prooemium I: 'Ο ὑψωθεὶς ἐν τῷ σταυρῷ (App. Metr. XLIII)

Τὸν νυμφίον, ἀδελφοί,   ἀγαπήσωμεν,
τὰς λαμπάδας ἑαυτῶν   εὐτρεπίσωμεν
ταῖς ἀρεταῖς ἐκλάμποντες   καὶ πίστει ὀρθῇ,
ἵνα ὡς αἱ φρόνιμοι   τοῦ κυρίου ἐλθόντος
ἕτοιμοι εἰσέλθωμεν   σὺν αὐτῷ ἐν τῷ γάμῳ·   5
ὁ γὰρ οἰκτίρμων   δῶρον ὡς θεὸς
πᾶσι παρέχει
|: τὸν ἄφθαρτον στέφανον. :|

Prooemium II: 'Ο νυμφίος

'Ο νυμφίος τῆς σωτηρίας,   ἡ ἐλπὶς τῶν ἀνυμνούντων σε,
                                               Χριστὲ ὁ θεός,
δώρησαι ἡμῖν   τοῖς αἰτοῦσί σε
ἄσπιλον εὑρεῖν   ἐν τῷ γάμῳ σου
ὡς αἱ παρθένοι
|: τὸν ἄφθαρτον στέφανον. :|

47 *Codices*: M (Prooem. I et α'–ϛ') P (sine Prooem. III) T (Prooem. I III [f. 160. 5
161] et α'–γ', θ', λα') Δ (Prooem. I et α'–ζ', θ'–ι', ιβ'–ιθ', κα', κδ', κθ'–λα')
Editiones: Pitra A.S. I, Cant. XI; Krumbacher, Umarb. b. R., pp. 45 sq.
Titulus: On the Ten Virgins I Trypanis: Εἰς τὰς ι' παρθένους codd.
Dies Festus: Τῇ μεγάλῃ Τρίτῃ
Modus: ἦχος δ'
Acrostichis: Τοῦ ταπεινοῦ 'Ρωμανοῦ τοῦτο τὸ ποίημα P: Τοῦ ταπεινοῦ 'Ρωμανοῦ ᾠδή V
Prooemium I
  MPTΔ   3¹ ταῖς] ἐν ΔPγρ: om. T   6¹ ὁ] ὡς MT
Prooemium II
  P   1¹ νυμφῶν P (corr. Pγρ)

Prooemium III: ὁ ὑψωθεὶς ἐν τῷ σταυρῷ (App. Metr. XLIII)

Νῦν ὁ καιρὸς τῶν ἀρετῶν   ἐπεφάνη,
   καὶ ἐπὶ θύραις ὁ κριτής·   μὴ στυγνάσωμεν,
ἀλλὰ δεῦτε νηστεύοντες   προσάξωμεν
δάκρυα, κατάνυξιν,   καὶ ἐλεημοσύνην
κράζοντες· " Ἡμάρτομεν   ὑπὲρ ψάμμον θαλάσσης·   5
ἀλλ' ἄνες πᾶσιν,   πάντων ποιητά,
ἵνα καὶ σχῶμεν
|: τὸν ἄφθαρτον στέφανον." :|

Strophae: Τῇ Γαλιλαίᾳ τῶν ἐθνῶν (App. Metr. v)

α' **Τῆς** ἱερᾶς παραβολῆς   τῆς ἐν εὐαγγελίοις
                              ἀκούσας τῶν παρθένων
ἐξέστην, ἐνθυμήσεις   καὶ λογισμοὺς ἀνακινῶν,
πῶς τὴν τῆς ἀχράντου   παρθενίας ἀρετὴν
                              αἱ δέκα μὲν ἐκτήσαντο,
ταῖς πέντε δὲ παρθένοις   ἐγένετο   ἄκαρπος ὁ πόνος,
αἱ δὲ ἄλλαι ταῖς λαμπάσιν   ἐξήστραπτον   τῆς φιλανθρωπίας·   5
διὸ προτρέπεται   αὐτὰς ὁ νυμφίος
καὶ εἰσάγει ἐν χαρᾷ   ἐν τῷ νυμφῶνι,
ὅτε οὐρανοὺς   ἀνοίγει καὶ διανέμει
πᾶσι δικαίοις
|: τὸν ἄφθαρτον στέφανον. :| 10

β' **Οὐκοῦν** ζητήσωμεν ἡμεῖς   τῆς θείας γραφῆς ταύτης
                              τὴν χάριν καὶ τὸν τρόπον;
ἀφθάρτου γὰρ νυμφῶνος   ὑπάρχει πᾶσιν ὁδηγός,
ὥσπερ οὖν καὶ πᾶσα   ἡ θεόπνευστος γραφὴ
                              καθέστηκεν ὠφέλιμος.
Χριστῷ οὖν τῷ σωτῆρι   προσπίπτοντες   κράξωμεν προθύμως·
" Βασιλεῦ βασιλευόντων,   φιλάνθρωπε,   δὸς πᾶσι τὴν γνῶσιν·   5
ὁδήγησον ἡμᾶς   πρὸς τὰς ἐντολάς σου,
ἵνα γνῶμεν τὴν ὁδὸν   τῆς βασιλείας·
ταύτην γὰρ ἡμεῖς   ὁδεῦσαι ἐπιποθοῦμεν,
ἵνα καὶ σχῶμεν
|: τὸν ἄφθαρτον στέφανον. " :| 10

γ' Ὑπὸ τῆς πίστεως αὐτῆς   καὶ τῆς ἐπαγγελίας
                                             οἱ πλεῖστοι τῶν ἀνθρώπων
ποθοῦσιν ἐφικέσθαι   τῆς βασιλείας τοῦ θεοῦ·
ὅθεν διὰ τοῦτο   παρθενίας ἀρετὴν
                                             φυλάττειν κατεπείγονται·
ἀσκοῦσι καὶ νηστείας,   κατόρθωμα   μέγιστον ἐν βίῳ,
ταῖς εὐχαῖς προσκαρτεροῦσι,   τὸ δόγμα δὲ   ἄχραντον τηροῦσιν.   5
ἐλλείπει δὲ αὐτοῖς   ἡ φιλανθρωπία,
καὶ εὑρίσκεται λοιπὸν   μάταια πάντα·
πᾶς γὰρ ἐξ ἡμῶν   μὴ ἔχων τὴν εὐσπλαγχνίαν
οὔτε λαμβάνει
|: τὸν ἄφθαρτον στέφανον. :| 10

δ' Τὸν πλοῦν ἀνύοντες τινὲς   πάντων κατηρτισμένων
                                             λιπόντες τὴν ὀθόνην
εὐθεῖαν ἐν θαλάσσῃ   πορείαν οὐ κτῶνται ποτέ·
τότε γὰρ τοῦ δρόμου   ἐμποδίζεται ἡ ναῦς
                                             καὶ ἄπρακτος καθίσταται,
οὐ τέχνῃ κυβερνήτου   δουλεύουσα,   οὔτε δὲ οἰάκων·
τὸν αὐτὸν δὴ τρόπον πάντες   οἱ σπεύδοντες
                                             πρὸς τὴν βασιλείαν,   5
κἂν πάσης ἀρετῆς   σωρεύσουσι φόρτον,
εὐσπλαγχνίας δὲ εἰσὶ   γεγυμνωμένοι,
τοῖς πρὸς οὐρανὸν   λιμέσιν οὐ προσορμῶσιν·
οὐ κομιοῦνται
|: τὸν ἄφθαρτον στέφανον. :| 10

ε' Ἁπάσων μείζων ἀρετῶν   τὴν ἐλεημοσύνην
                                             ὁ πάντων κριτὴς κρίνας
παρέδωκεν ἀνθρώποις   διδάξας τὴν παραβολήν·
πέντε μὲν φρονίμους   τὰς τὸ ἔλαιον σαφῶς
                                             βαστάσαντας ἐκάλεσε,

γ' ΜΡΤΔ   8¹ πᾶς γὰρ ἐξ ἡμῶν] (sic) P: οὐδεὶς γὰρ ἡμῶν ΜΤΔ
9 οὔτε] P: τότε ΜΤΔ
δ' ΜΡΔ   2¹⁻² εὐθεῖαν—ποτέ] (sic) P: εὐθεῖαν οὐ ποιοῦνται τὴν ἐν θαλάσσῃ
πορείαν (ὅδευσιν Μ) ΜΔ   8¹⁻² τοῖς—προσορμῶσιν] (sic) P: οὐ φθάνουσι λοιπὸν
λιμένας ἐπουρανίους ΜΔ   9² οὐ κομ.] P: οὐδὲ φοροῦσι Δ: ἵνα καὶ σχῶμεν Μ
ε' ΜΡΔ   1¹ Ἁπάσων= ⏑ – ⏑, cf. App. Metr.   μείζων] codd.: μείζον' Pitra
3³ βαστάσαντας] Maas m.c.: βαστασάσας codd.

μωρὰς δὲ τὰς τὸν δρόμον τελέσαντας ἄνευ τοῦ ἐλαίου·
καὶ τὴν δύναμιν τὴν ταύτης ἠκούσαμεν, κράζοντος Ματθαίου· 5
ἧς πάλιν ἐπελθεῖν τὰ ῥήματα πάντα
πρὸς εἰδότας τὰς γραφὰς ἄτοπον κρίνω·
ὅθεν τὸν σκοπὸν τὸν ταύτης ἀναζητῶμεν,
ἵνα καὶ σχῶμεν
|: τὸν ἄφθαρτον στέφανον. :| 10

ς´ Πολλὴ ἡ τῆς παραβολῆς ἐστὶ διδασκαλία,
πάσης φιλανθρωπίας
καὶ ταπεινοφροσύνης ὁδὸς καὶ πᾶσιν ὁδηγός·
ἄνακτας ῥυθμίζει, ἡγουμένους τοῦ λαοῦ
διδάσκει τὴν συμπάθειαν.
καθάπερ γάρ τις οἶκον ὑπέρλαμπρον κτίσας καὶ πληρώσας,
εἰ μὴ τοῦτον ὀροφώσῃ, ἀνόνητος γίνεται ὁ πόνος, 5
οὕτως τὰς ἀρετὰς ὁ οἰκοδομήσας,
καὶ τὸν ὄροφον εἰ μὴ τῆς συμπαθείας
προσθήσῃ αὐταῖς, ἀπόλλυσι τοὺς καμάτους,
ὥστε μὴ ἔχειν
|: τὸν ἄφθαρτον στέφανον. :| 10

ζ´ Εἰδεῖν ἰσχύομεν τὸν νοῦν τῆς θείας γραφῆς ταύτης,
εἰ τὰ τῆς διανοίας
ὄμματα γρηγοροῦντα ἐπανατείνωμεν Χριστῷ·
δόξωμεν οὖν βλέπειν τῆς ψυχῆς τοῖς ὀφθαλμοῖς
τὴν πάγκοσμον ἀνάστασιν,
Χριστὸν δὲ τὸν σωτῆρα δεικνύμενον πάντων βασιλέα,
ὃς καὶ νῦν γὰρ βασιλεύει καὶ κύριος ἔστι καὶ δεσπότης· 5
κἂν στασιάσουσι τινὲς ἀγνοοῦντες,
ἀλλ' ἡ φλὸξ ἡ τοῦ πυρὸς πάντας χωνεύσει·
τότε γὰρ οὐδεὶς δυνήσεται ἀντιπίπτειν,
ὅτε παρέχει
|: τὸν ἄφθαρτον στέφανον. :| 10

ε´ 4¹ τελέσαντας] Krumb.: τελεσάσας P(M): πληρωσάσας Δ
ς´ ΜΡΔ   6² ὁ om. M   7¹ εἰ μὴ ante divisionem, quia ad praecedentia pertinet
ζ´ ΡΔ   1¹⁻² Εἰδεῖν–ταύτης] Ἰδοῦσα φῶς γνῶναι ἐστὶ τὴν θείαν γραφὴν ταύτην Δ   2² ἐξαναστήσωμεν P (corr. Pγρ)   θεῷ Δ   3² τῆς ψυχῆς τοῖς] τοῖς ψυχικοῖς Δ   3³ τὴν παγκόσμιον Δ   5 ὃς καὶ νῦν γὰρ] ὃς αἰεὶ μὲν P
8 στασιάζουσι Δ   7 πάντα χωνεύει P   8 γὰρ] οὖν Δ   ἀντιστῆναι Δ   9 παρέξει Δ

η' Ἴσμεν γὰρ πάντες ὡς φωνῇ   ἡ σάλπιγξ ἐξαπίνης
                                              ἠχοῦσα δι' ἀγγέλου
   νεκροὺς τοὺς ἀπ' αἰώνων   ἐγερεῖ μένοντας Χριστόν,
   τὸν καλὸν νυμφίον,   υἱὸν τὸν τοῦ θεοῦ,
                                              τὸν ἄναρχον θεὸν ἡμῶν·
   κραυγῆς δὲ γινομένης   αἰφνίδιον   πάντες ἀπαντῶσι,
   καὶ ἑτοίμους τὰς λαμπάδας   οἱ ἔχοντες   τὰς ἐλαιοθρέπτους   5
   εἰσέρχονται εὐθὺς   μετὰ τοῦ νυμφίου
   βασιλείαν οὐρανῶν   κληρονομοῦντες·
   τότε γὰρ αὐτοῖς   ἡ πίστις μετὰ τῶν ἔργων
   δώσει ἀξίως
   |: τὸν ἄφθαρτον στέφανον. :| 10

θ' Νικᾷ τὰς ἄλλας ἀρετὰς   ἡ ἐλεημοσύνη   ἡ ὄντως λαμπροτέρα
   πασῶν προκαθημένη   τῶν ἀρετῶν παρὰ θεῷ·
   τέμνει τὸν ἀέρα,   ὑπερβαίνει μετ' αὐτὸν   σελήνην καὶ τὸν ἥλιον
   καὶ φθάνει ἀπροσκόπως   τὴν εἴσοδον   τῶν ἐπουρανίων·
   καὶ οὐχ ἵσταται οὐδ' οὕτως,   ἀλλ' ἔρχεται   μέχρι τῶν ἀγγέλων, 5
   ἐκτρέχει τοὺς χοροὺς   καὶ τῶν ἀρχαγγέλων,
   ἐντυγχάνει τῷ θεῷ   ὑπὲρ ἀνθρώπων,
   παρίσταται δὲ   τῷ θρόνῳ τοῦ βασιλέως
   τοῦτον αἰτοῦσα
   |: τὸν ἄφθαρτον στέφανον. :| 10

ι' Οὐκοῦν κατίδωμεν ἡμεῖς   τὰς πέντε τὰς πανσόφους
                                              ἐξ ὕπνου ἀναστάσας
   καθάπερ ἐκ παστάδος   καὶ οὐκ ἐκ τάφου τῶν νεκρῶν;

η' P   4 δὲ] τε P: corr. Krumb.   In T transformatio strophae η'
Ἀνάστασιν μέντοι ποιεῖ   ἔγερσιν νεκρῶν σάλπιγξ   ἠχοῦσα δι' ἀγγέλου·
ὑμνοῦσι γὰρ νῦν πάντες   καὶ ἀναμένουσι Χριστὸν
τὸν καλὸν νυμφίον,   τὸν υἱὸν τὸν τοῦ θεοῦ,   τὸν ἄναρχον θεὸν ἡμῶν·
κραυγῆς δὲ γενομένης   αἰφνίδιον   πάντες ἀπαντῶσιν
καὶ ἑτοίμους τὰς λαμπάδας   οἱ ἔχοντες   ἐλεημοσύνην.   5
εἰσέρχονται εὐθὺς   μετὰ τοῦ νυμφίου
βασιλείαν οὐρανῶν   κληρονομοῦντες·
τότε γὰρ αὐτοῖς   ἡ πίστις μετὰ τῶν ἔργων
δώσει ἀξίως
|: τὸν ἄφθαρτον στέφανον. :|
    θ' PTΔ   1³–2² συνημμένη τῇ πίστει καὶ ὑπέρκειται πάντων ὡς βασιλεὺς
τῶν ἀγαθῶν Δ   4³ τῶν ἐπουρανίων] P: τὴν ἐπουράνιον (-νίαν Δ) PγρTΔ
7¹⁻² om. Δ   8¹ δὲ] P: γὰρ TΔ   9² τοῦτον] P: πᾶσιν TΔ
    ι' PΔ   2¹ παστάδων Δ   2² ἀλλ' οὐκ ἐκ τάφων Δ

ἔλαιον γὰρ εἶχον   καὶ εὐθὺς τὰς τῆς ψυχῆς
                                    λαμπάδας κατεκόσμησαν·
αἱ ἄλλαι δὲ ὁμοίως   ἀνέστησαν   ἄθροον σὺν ταύταις
σκυθρωπὰ προσκεκτημέναι   τὰ πρόσωπα   καὶ συμπεπτωκότα· 5
ἐσβέσθησαν μὲν γὰρ   αἱ τούτων λαμπάδες,
τὰ ἀγγεῖα δὲ αὐτῶν   κοῦφα ἐδείχθη·
ἔλαιον λαβεῖν   ἐζήτουν ἐκ τῶν φρονίμων
τῶν δρεψαμένων
|: τὸν ἄφθαρτον στέφανον. :| 10

ια΄ Ὑπολαβοῦσαι αἱ σοφαὶ   φησὶ ταῖς ἀνοήτοις·
                                " Μήποτε οὐκ ἀρκέσει
ὃ ἔσχομεν ἐν κόσμῳ   ἡμῖν τε πᾶσι καὶ ὑμῖν;
οὔτε γὰρ θαρροῦμεν   οὔτε ἔχομεν σαφῶς
                                    ἐνέχυρον τὴν ἔκβασιν ".
καὶ γὰρ ὁ τῶν δικαίων   νῦν σύλλογος   ἅπας ἀμφιβάλλει
καὶ φοβεῖται ἐν τῇ κρίσει   τὸ ἄδηλον   τὸ τοῦ κριτηρίου,   5
ἕως ἂν πρόδηλος   φανεῖται ἡ ψῆφος
καὶ λυτρώσηται αὐτοὺς   πάσης δουλείας·
τὸν ἔλεον οὖν   μερίζει ὁ πάντων κτίστης,
ὅστις δωρεῖται
|: τὸν ἄφθαρτον στέφανον. :| 10

ιβ΄ Ῥητῶς αἱ φρόνιμοι φησίν·   " Ἀπέλθατε, ζητεῖτε
                                    ἐκεῖ πρὸς τοὺς πωλοῦντας,
εἰ ἄρα δυνηθῆτε   ἔλαιον πρίασθαι νυνί "·

8² ἐκ τῶν φρονίμων] παρὰ τῶν ἄλλων Δ   9 ἵνα καὶ σχῶσιν Δ
ια΄ P   3² σαφῶς] (sub ω ε) P   6² φανεῖται] Maas: φανῆται P
ιβ΄ P
ιβ΄ bis
" Ὑπάγετέ ", φησιν αὐταῖς,   " ζητεῖτε τοὺς πωλοῦντας,   εἰ ἄρα δυνηθῆτε
πρίασθαι παρὰ τούτων   ἐλαίου μέτρον ἑαυταῖς ".
ἅμα δὲ ἀπῆλθον,   ἐπέστη ὁ νυμφίος,   καὶ παραυτίκα ἅπασαι
σὺν αὐτῷ συνῆλθον   αἱ φρόνιμοι   ἔνδον τοῦ νυμφῶνος
τοῦ ἁγίου, καὶ αἱ θύραι   ἐκλείσθησαν   αἱ τῆς εὐσπλαγχνίας.   5
πολλὰ οὖν δράσασαι   αἱ ὄντως ἄθλιαι
καὶ μὴ εὑροῦσαι λαβεῖν   ὅπερ ἐζήτουν,
θρῆνον, ὀδυρμόν,   κωκυτὸν ἀναλαβοῦσαι
ὅλως οὐχ εὗρον
|: τὸν ἄφθαρτον στέφανον. :| Δ (ια΄)
1³ εἰ ἄρα δυνηθῆτε = 2¹ in P   3² metrum ∪ ∪ –́ ∪ ∪ –   4¹ metrum
–́ ∪ ∪ ∪ – ∪: συνῆλθον] συνελθοῦσαι (vel συνελθόντες) dub. Trypanis   6² metrum ∪ –́ ∪ ∪ – ∪: αἱ ἄθλιαι ὄντως Trypanis m.c.

αύται δ' απατώνται   ως ανόητοι αεί
                                          και σπεύδουσιν ωνήσασθαι,
ότε της πραγματείας   τοις άπασι   κέκλεισται ο χρόνος,
παροδεύσας και συγκλείσας   τον άκαρπον
                                          δρόμον των αφρόνων. 5
την τότε ταραχήν   αυτών υπογράφει
και τον θόρυβον σαφώς   τούτων ελέγχει·
αδύνατον γαρ   εζήτουν ως μη φρονούσαι·
όθεν ουκ έσχον
|: τον άφθαρτον στέφανον. :| 10

ιγ´ **Ὡς** δε του δρόμου το κενόν   επέγνωσαν, εις τέλος
                                          υπέστρεψαν αι πέντε
και εύρον τον νυμφώνα   αποκλεισθέντα του Χριστού·
κράξασαι δε πάσαι   εν φωνή οδυνηρά
                                          και στεναγμοίς και δάκρυσι·
" Της σης φιλανθρωπίας,   αθάνατε,   άνοιξον την θύραν
και ημίν ταις δουλευσάσαις   τω κράτει σου   εν τη παρθενία ". 5
τότε ο βασιλεύς   προς ταύτας κραυγάζει·
" Ουκ ανοίγεται υμίν   η βασιλεία·
ουκ οίδα υμάς·   υπάγετε ουν εκ μέσου·
ου γαρ φορείτε
|: τον άφθαρτον στέφανον." :| 10

ιδ´ **Μόνον** δε ήκουσαν Χριστού   του πάντων βασιλέως
                                          βοώντος προς τας πέντε·
" Τίνες εστέ ουκ οίδα ",   πληρούνται πάσης ταραχής·
κλαύσασαι βοώσι·   " Δικαιότατε κριτά,
                                          αγνείαν ετηρήσαμεν,
εγκράτειαν δε πάσαν   ησκήσαμεν,   μετά προθυμίας
κατετάκημεν νηστείαις·   εστέρξαμεν   την ακτημοσύνην· 5

3¹ αύταις P^c
ιγ´ PΔ   1¹⁻³ 'Ὡς δε—πέντε] 'Ραδίως τούτο το καινόν. νοήσασαι αι πέντε
υπέστρεψαν ευθέως Δ   3¹ έκραξαν Δ   6² εκραύγασεν Δ
ιδ´ PΔ   1¹⁻5¹ Μόνον—νηστείαις] 'Ὡς δε ακήκοον Χριστού. του πάντων
βασιλέως. τοιαύτα ειρηκότος. εξέστησαν βοώσαι. "Δικαιοκρίτα αγαθέ, σε επιποθούμεν. και δια σε εαυτάς. νηστείαις κατετήξαμεν. αγνείαν, αγρυπνίαν ησκήσαμεν. μετά προθυμίας. ψαλμωδίαις καρτερούσαι Δ

τὴν φλόγα τοῦ πυρὸς τῆς ἀκολασίας
ἐνικήσαμεν ἡμεῖς καὶ τὰς ὀρέξεις·
ἄχραντον ἀεὶ μετήλθομεν πολιτείαν,
ἵνα καὶ σχῶμεν
|: τὸν ἄφθαρτον στέφανον. :| 10

ιε' **Ἀλλὰ** μετὰ τὰς ἀρετὰς καὶ χάριν παρθενίας
                                          καὶ τὸ καταπατῆσαι
    τὸ πῦρ τὸ τῆς λαγνείας καὶ φλόγα τὴν τῶν ἡδονῶν,
    μετὰ πλείστους πόνους, ὅτε τῶν ἐν οὐρανοῖς
                                          τὸν βίον ἐζηλώσαμεν—
καὶ γὰρ τῶν ἀσωμάτων ἐσπεύσαμεν ἔχειν πολιτείαν—
τὰ τοιαῦτα καὶ τοσαῦτα, ὡς ἔοικεν, ἄτιμα εὑρέθη·   5
πολλῆς γὰρ ἀρετῆς ἐδείξαμεν πόνον
καὶ ματαία ἡ ἐλπὶς πᾶσα ἐδείχθη·
τί οὖν προσποιῇ τὴν ἄγνοιαν ὁ παρέχων
πᾶσιν, οἷς θέλεις,
|: τὸν ἄφθαρτον στέφανον; :| 10

ις' **Νεῦσον,** σωτήρ, καὶ ἐφ' ἡμᾶς, μόνε δικαιοκρίτα·
                                          ἄνοιξον σοῦ τὴν θύραν,
    δέξαι εἰς τὸν νυμφῶνα τὰς σὰς παρθένους, λυτρωτά,
    καὶ μὴ ἀποστρέψῃς τὸ σὸν πρόσωπον, Χριστέ,
                                          τῶν ἐπικαλουμένων σε,
ἵνα μὴ στερηθῶμεν τῆς χάριτος σοῦ τῆς ἀθανάτου,
μὴ γενώμεθα αἰσχύνη καὶ ὄνειδος ἐπὶ τῶν ἀγγέλων·   5
μὴ μέχρις οὖν παντὸς ἡμᾶς παρεάσῃς
τοῦ νυμφῶνος σοῦ, Χριστέ, ἵστασθαι ἔξω·
πύρεξ γὰρ ἡμῶν οὐκ ἤσκησαν τὴν ἁγνείαν,
αἷς καὶ παρέσχες
|: τὸν ἄφθαρτον στέφανον." :| 10

ιε' PΔ   1¹⁻² Ἀλλὰ—παρθενίας] Μετὰ τοσαύτην ἀρετὴν. καὶ χρῆσιν τῆς
ἁγνείας Δ   2² ἡδονῶν] .... ῶν P   4³ ἔχειν] σχεῖν τὴν Δ   5² ὡς
ἔοικεν] φιλᾶνε̄ Pγρ   6¹ πολὺν Δ   7² πᾶσιν ἐφάνη Δ   8 ἄγνοιαν]
ἐλεημοσύνην Δ
ις' PΔ   1¹ Νεῦσον, σωτήρ,] Maas: Νεῦσ. σῶτερ P : Εἶδε σωτήρ Δ
2¹ δέξαι] καὶ praem. Δ   3² Χριστέ] ἡμῶν Δ   4³ σου τῆς ἀθανάτου] τῆς
ἀθανασίας Δ   6¹ μὴ—παντὸς] μέχρι οὖν πάσας Δ   παρεάσῃς] μὴ χωρίσῃς Δ
9 αἷς—παρέσχες] πῶς οὖν ζητεῖτε Δ

ιζ' Οὕτως ἐρούσαις ταῖς μωραῖς πρὸς τὸν κριτὴν ἁπάντων,
  πρὸς ταύτας Χριστὸς ἔφη·
" Πρόκειται νῦν ἡ κρίσις δικαία καὶ ἀληθινή·
τῆς φιλανθρωπίας ἀπεκλείσθη ὁ καιρός,
  οὐκ ἔστι νῦν συμπάθεια·
οὐκέτι εὐσπλαγχνίας ἠνέῳκται θύρα τοῖς ἀνθρώποις,
ἐπειδήπερ μετανοίας οὐ δέδοται τόπος τοῖς ἐνταῦθα· 5
οὐκέτι συμπαθὴς ὁ πρώην οἰκτίρμων,
ἀλλ' ἀπότομος κριτὴς ὁ ἐλεήμων·
ἄσπλαγχνοι ὑμεῖς ἐδείχθητε ἐν τῷ κόσμῳ·
πῶς οὖν ζητεῖτε
|: τὸν ἄφθαρτον στέφανον; :| 10

ιη' Ὑμῖν οὖν λέγω φανερῶς ἐπὶ τῶν ἀρχαγγέλων
  καὶ πάντων τῶν ἁγίων,
ἃ πέπονθα ἐκ τούτων τῶν σὺν ἐμοὶ συνελθουσῶν·
εὗρόν με ἐν θλίψει καὶ πεινάσαντα σφοδρῶς
  ἐσπούδασαν χορτάσαι με·
διψήσαντα δὲ πάλιν ἐπότισαν πάσῃ προθυμίᾳ·
ξενιτεύσαντα ἰδοῦσαι συνήγαγον ὥσπερ ἐγνωσμένον· 5
δεσμοῖς κρατούμενον περιεποιοῦντο·
ἐπεσκέψαντο δ' ἐμὲ καὶ ἀσθενοῦντα·
πᾶσαν ἀκριβῶς ἐφύλαξαν ἐντολήν μου,
ὅθεν καὶ εὗρον
|: τὸν ἄφθαρτον στέφανον. :| 10

ιθ' Τοιοῦτον οὖν οὐδὲν ὑμεῖς ἐδράσατε ἐν κόσμῳ
  φυλάξασαι νηστείαν,
ἀσκοῦσαι παρθενίαν καὶ τὴν ἐν λόγοις ἀρετήν·
ἄνευ τοίνυν ἔργων εὐσεβῶν καὶ ἐντελῶν εἰκῇ κεκοπιάκατε.
τοὺς ξένους δεομένους παρείδετε καὶ τοὺς ἀσθενοῦντας·
οὐδεμίαν τοῖς πεινῶσιν ὠρέξατε χεῖρα βοηθείας·

ιζ' ΡΔ 1¹–3¹ Οὕτως—φιλανθρωπίας] Ἀλλ' ὡς τοιαῦται αἱ μωραί. ἐροῦσι
πρὸς τὸν κτίστην. πρὸς ταύτας ἀπεκρίθη. "Νῦν ἡ κρίσις ἐπέστη. δικαία καὶ ἀληθινή.
τῆς γὰρ εὐσπλαγχνίας Δ
  ιη' ΡΔ 1¹ Ὑμῖν οὖν λέγω] Νῦν οὖν ἐκφαίνω Δ 2² εἰσελθουσῶν Δ
7¹ δ' ἐμὲ] με δὲ Ρ
  ιθ' ΡΔ 1¹ οὐδὲν τοιοῦτον οὖν ὑμεῖς Δ 1² ἐν κόσμῳ ἐποιήσατε Ρ
1³ φυλάξαι Ρ 2¹ ἀσκῆσαι Ρ 3¹ ... τοίνυν Ρ 3² ἐντολῶν ΡΔ:
corr. Pitra 4¹ τοὺς ξένους] ξένους καὶ Δ 5³ χεῖρας V σωτηρίας Δ

ὑπόκρισις ὑμᾶς   ἐξέθρεψε μόνη·
ἐσεμνύνεσθε ἀεὶ   τῇ ἀπηνείᾳ·
κρούουσι πτωχοῖς   ὅλως οὐκ ἐβοηθεῖτε·
πῶς οὖν ζητεῖτε
|: τὸν ἄφθαρτον στέφανον; :| 10

κ΄ "Ολως πρὸς οἶκτον ἑαυτὰς   οὐκ ἠνέσχεσθε δοῦναι,
                                γυμνοὺς καὶ προσηλύτους
καὶ ξένους ὑπὸ σκέπην   μὴ εἰσαγαγοῦσαι ποτέ·
πρὸς τοὺς πικρῶς ὄντας   ἐν δεσμοῖς καὶ φυλακαῖς
                                τὴν ἀκοὴν ἐφράξατε·
τοὺς μὲν ἐν ἀσθενείᾳ   οὐκ εἴδατε·   τοὺς δὲ ἐν πτωχείᾳ
καὶ ἐνδείᾳ δεομένους   οὐδ' ἱλαρᾷ   ὄψει ἑωρᾶτε,   5
ἀλλ' εἴχετε ἀεὶ   τὴν ἀπανθρωπίαν,
καὶ παρῆν ὑμῖν ὀργὴ   ἀντ' εὐσπλαγχνίας.
πῶς οὖν οἱ ποτὲ   τοιαῦτα ἐν βίῳ δρῶντες
ἄρτι ζητεῖτε
|: τὸν ἄφθαρτον στέφανον; :| 10

κα΄ Ὑπερηφάνοις ὀφθαλμοῖς   προσείχετε τοὺς πάντας,
                                πτωχοὺς κατεφρονεῖτε·
γεγόνατε τοῖς πᾶσιν   ἀσυμπαθεῖς, ἀνηλεεῖς·
κατὰ τῶν πταιόντων   ἐκινεῖσθε ἀφειδῶς
                                αἱ καθ' ἑκάστην πταίουσαι·
κατὰ τῶν ὁμοφύλων   ἀπάνθρωποι   ὡς μὴ πλημμελοῦσαι
ἐφρονεῖτε τὰ μεγάλα   κομπάζουσαι   τοῖς κατωρθωμένοις·   5
τοὺς μὴ νηστεύοντας   ὡς ἀπερριμμένους,
τοὺς ἐν γάμῳ βδελυκτοὺς   εἴχετε πάλιν·
μόνας ἑαυτὰς   ἡγεῖσθε ὥσπερ δικαίας
μήπω λαβοῦσαι
|: τὸν ἄφθαρτον στέφανον. :| 10

6 ἐξέτρεφε Δ   7² ἀπονίᾳ P   8¹ κράζουσι P   8² ἐβοηθήσατε P   8² metrum ∪−∪∪∪−∪ cf. λ΄ bis
κ΄ P   8² δράντες Pγρ
κα΄ PΔ   1²⁻³ προσείχετε–κατεφρ.] πάντας ἐθεωρεῖτε. πάντων κατεφρονεῖτε (καταφρονεῖτε V) Δ   2² ἀνελεεῖς Δ   5¹ τὰ] δὲ Δ   5² τοῖς κατωρθ.] τῇ ἀλαζονείᾳ Δ   6² ἀπερριμμένους ἀποστρεφόμεναι P   7² πάλιν] πάντας Δ

κβ' Τὴν μὲν νηστείαν εἴχετε   μὴ θίγοντες βρωμάτων·
                                        τῇ δὲ πρὸς τοὺς ἀνθρώπους
   ἐχρῆσθε λοιδορίᾳ   καὶ συκοφαντίαις ἀεί·
   ἦν ὑμῖν ἁγνεία   καὶ αὐτὴ οὐ καθαρά·
                                        τῷ ῥύπῳ γὰρ τῶν ῥήσεων
   τοιαύτην καθ' ἡμέραν   ἐχραίνετε·   τίς οὖν ὠφελία
   ἡ σεμνότης, εἰ μὴ ἔχει   τὴν ἔννοιαν   πᾶσαν σεμνοτάτην;   5
   συμφέρει οὖν τινὰ   ἐσθίειν καὶ πίνειν
   καὶ διάγειν συνετῶς   ἤπερ νηστεύειν
   καὶ μὴ †ἐκ πάντων   νηστεύειν τῶν βλαπτόντων†·
   πῶς γὰρ αἰτήσει
   |: τὸν ἄφθαρτον στέφανον; :| 10

κγ' Οὐκ οἰκοδόμηται ⟦οὖν⟧ ποτὲ   νηστεία, εἰ μὴ ἔχει
                                        τὰ πάντα ⟨ἐξελ⟩οῦσα
   ἐκ λογισμῶν ἀτόπων   καὶ πράξεων τῶν χαλεπῶν,
   οὐδὲ στερεοῦται   ἡ ἐγκράτεια σαρκὶ
                                        ἐν ἀκρατεῖ διάγουσα·
   ὑπάρχει γὰρ ⟦τῆς⟧ νηστείας   θεμέλιος,   καὶ ἐν ἀσφαλείᾳ
   δέον ταύτην καταθεῖναι   ὡς †ὅρμον†   οἶκον ἀνεγεῖραι·   5
   ὁ ἔλεος αὐτὴν   λαμπρύνει μεγάλως,
   καὶ εὐσέβεια αὐτὴν   πάλιν πιαίνει·
   αὗται οὖν αὐτὴν   ὡς τείχη περιφρουροῦσι
   καὶ προξενοῦσι
   |: τὸν ἄφθαρτον στέφανον. :| 10

κδ' Τί οὖν ὠφέλησεν ὑμᾶς   νηστεία καὶ ἁγνεία   μετὰ ἀλαζονείας;
   πραότητα ἠρνεῖσθε·   θυμὸν ἐστέργετε ἀεί·
   πρᾷος δὲ ὑπάρχων   ἐπεπόθουν τοὺς πραεῖς
                                        διδοὺς αὐτοῖς τὴν ἄφεσιν·

κβ' P   3³ ῥέσεων P: τῶν ῥύσεων Pγρ   4¹ τοιαύτην] Trypanis m.c.:
ταύτην P   8¹⁻² in margine κρίνειν ἀδελ(φὰς?) μ(ε)γ(άλ)η γὰρ βλάβη ἔστι
Pγρ   8¹⁻² metrum ‒ ⏑ ⏑ ⏑ – ⏑ – ⏑ ⏑ ⏑ ⏑ – ⏑
κγ' P   1¹ metrum ⏑ ⏑ ⏑ – ⏑ ⏑ ⏑ –: οὖν del. Maas   1³ . . . . ουσα P:
⟨ἐξελ⟩οῦσα Krumb.   4¹ τῆς del. Krumb.   5² metrum ⏑ – ⏑ ⏑: ὡς ὥρι-
μον Maas   6¹ τὸ ἔλεον P: corr. Krumb.
κδ' PΔ   1¹⁻2² Τί οὖν–ἀεί] Ὥσπερ οὐκ ἔσωσεν ὑμᾶς. ἡ ἄσπλαγχνος παρ-
θενία. οὕτως οὐδὲ νηστεία. μετὰ ἀλαζονίας. προσενεχθεῖσα παρ' ὑμῶν Δ   3¹ δὲ]
γὰρ P   3² ἐπιποθῶ Δ

ἀρνοῦμαι τοὺς νηστείαν   φυλάττοντας   μετὰ ἀσπλαγχνίας
   καὶ προσδέχομαι δὲ μᾶλλον   ἐσθίοντας   μετὰ εὐσπλαγχνίας· 5
παρθένους δὲ μισῶ   ὄντας ἀπανθρώπους,
   φιλανθρώπους δὲ τιμῶ   γεγαμηκότας·
τίμιος ἐστὶν   ὁ γάμος ἐν σωφροσύνῃ·
   ὅθεν καὶ ἔχει
|: τὸν ἄφθαρτον στέφανον. :| 10

κε΄ Οὐ ξίφος ὤξυνα ἐγὼ   πρὸς τοὺς ἡμαρτηκότας,
         ἀλλ᾽ ἔσχον ἀεὶ βλέμμα
πρᾶον πρὸς τοὺς ἀνθρώπους   ὁ τῶν ἀνθρώπων ποιητής·
κλαύσασαν τὴν πόρνην   ἐδεξάμην εὐμενῶς
         καὶ δέδωκα τὴν ἄφεσιν·
στενάξαντα τελώνην   ἠλέησα   καὶ οὐκ ἀπωσάμην,
ὅτι εἶδον τὴν βεβαίαν   μετάνοιαν   τούτῳ ἐνοικοῦσαν· 5
πρὸς πάντας συμπαθὴς   ἐδείχθην ὁ κτίστης·
   ἀρνησάμενον ἐμὲ   ᾤκτειρα Πέτρον·
δάκρυσιν ἐγὼ   συνέπαθον τοῖς ἐκείνου,
   ὅτι ἐζήτει
|: τὸν ἄφθαρτον στέφανον. :| 10

κϛ΄ Περὶ δὲ τῶν συνελθουσῶν   ἐμοὶ ἐν τῷ νυμφῶνι
         εἴπω ἐπὶ τοῦ πλήθους·
' ἐφύλαξαν σπουδαίως   τὰς ἐντολάς μου ἐπὶ γῆς·
γέγοναν ταῖς χήραις   ἀντιλήπτορες ἀεὶ
         καὶ ὀρφανοὺς ἠλέησαν·
τοῖς ἐν στενοχωρίαις   συνέπασχον   καὶ τοῖς θλιβομένοις
καὶ οὐδέποτε τὴν θύραν   ἀπέκλεισαν   πένησιν ἢ ξένοις· 5
ἰάτρευον ἀεὶ   τοὺς ἐν ἀσθενείαις,
   οὓς ἡγήσασθε ὑμεῖς   ἀπερριμμένους·
οὐκ οἶδα ὑμᾶς·   ἀρνοῦμαι τὰς ἀπανθρώπους,
   ταύταις δὲ δώσω
|: τὸν ἄφθαρτον στέφανον.' " :| 10

5¹⁻³ καὶ προσδ.–εὐσπλ.] om. Δ   5² τοὺς ἐσθ. P   6² τοὺς ὄντας P
6¹⁻⁹ παρθένους–ἔχει] παρθένους οὐ φιλῶ. κακὰς ἀπανθρώπους. ἀγαπῶ δὲ τὰς ἁγνὰς.
καὶ φιλανθρώπους. αὗται γάρ εἰσιν. ἐμοὶ ἐράσμιαι. ταύταις δὲ δώσω Δ

κζ' Ὁ τῶν ἀγγέλων δὲ χορὸς θαυμάζει ὑπακούων
                                        Χριστοῦ τοῦ βασιλέως
ταῖς πέντε μαρτυροῦντος   ταῖς εἰσελθούσαις σὺν αὐτῷ·
ὦ τῆς παρρησίας   τῶν ἁγίων τοῦ Χριστοῦ
                                        μεγίστου τε καυχήματος.
ἐπὶ τοσούτων δήμων   κομίζονται   ψῆφον ἀφθαρσίας·
ἐπὶ τούτων καὶ αἱ ἄλλαι   ἀπόφασιν   δέχονται ἐσχάτην   5
καὶ κλαύσωσι πικρῶς   ἀτέλεστον θρῆνον,
ὅτι βλέπουσι χοροὺς   τοὺς τῶν ἁγίων
ἔχοντας ἐξ ἐλέου τὴν παρρησίαν,
πάντας φοροῦντας
|: τὸν ἄφθαρτον στέφανον. :| 10

κη' Ἰδοὺ οὖν πρόδηλα εἰσὶ   τὰ εἰς τὴν βασιλείαν
                                        καλοῦντα τοὺς ἀνθρώπους·
σπεύσωμεν οὖν φυλάξαι   τὰς ἐντολὰς τὰς τοῦ Χριστοῦ·
πρόκειται εἰς πρᾶσιν,   ἂν θελήσωμεν λαβεῖν,
                                        ἐν ἀγοραῖς τὸ ἔλαιον·
εἰσὶ δὲ οἱ πωλοῦντες   οἱ χρήζοντες   ἐλεημοσύνην·
καθ' ἑκάστην τὴν ἡμέραν   πιπράσκουσι·   τί οὖν ἀμελοῦμεν;
καὶ δύο γὰρ λεπτῶν   λαμβάνομεν πάντως,   5
ὅσον λάβῃ τις διδοὺς   χρήματα πλεῖστα·
μέτρα γὰρ ἡμῶν   ἐτάζει ὁ πάντων κτίστης,
οὕτως παρέχων
|: τὸν ἄφθαρτον στέφανον. :| 10

κθ' Ἡ ἐντολὴ ἡ τοῦ θεοῦ   βαρεῖα οὐχ ὑπάρχει·
                                        οὐδὲ γὰρ παραγγέλλει
δοῦναι ὃ οὐκ ἰσχύεις,   ἀλλὰ προαίρεσιν ζητεῖ·
δύο μόνον ἔχεις ὀβολοὺς ἐπὶ τῆς γῆς,   οὐδὲν δὲ ἄλλο κέκτησαι;
τούτους ὁ πανοικτίρμων   προσδέχεται   πάντως ὡς δεσπότης,

κζ' P   2² ὑπακούων] ἐπακούων Pᶜ   2²–3³ in margine σαις σὺν αὐτῷ—
με|(γίστου) δὲ ἡμ̅ Pᶜ   8¹⁻² metrum – ⌣ ⌣ ⌣ – ⌣ – ⌣ ⌣ ⌣ ⌣ – ⌣: ἐξ] ἐκ τοῦ
(divisione neglecta) Krumb.
κη' P   3¹ πρόκειται] Krumb.: πρόκεινται P
κθ' P
κθ' bis Ἡ ἐντολή μου φορτικὴ   οὐδὲ ὅλως ὑπάρχει·
                                        οὐδὲν γὰρ παραγγέλλω
ὑπὲρ δύναμιν ἆραι,   ἀλλὰ προαίρεσιν ζητῶ·

καὶ προτίμησίν σοι δώσει   τοῦ χρήματα   πλεῖστα δεδωκότος·
οὐκ ἔχεις ὀβολόν,   ἱνά προσενέγκῃς;
δὸς ποτήριον ψυχροῦ   τῷ δεομένῳ·   5
δέχεται αὐτὸ   Χριστὸς μετ᾽ εὐχαριστίας,
πάντως διδούς σοι
|: τὸν ἄφθαρτον στέφανον. :|

λ′ Μικρὰ λαμβάνων ὁ σωτὴρ   μεγάλα ἀντιδώσει·
                                          ἀντὶ γὰρ τῶν προσκαίρων   10
   ἀπόλαυσιν δωρεῖται   τῶν αἰωνίων ἀγαθῶν·
   δὸς βραχύ τι ἄρτου   καὶ λαμβάνεις ἀντ᾽ αὐτοῦ
                                          τὸν τῆς τρυφῆς παράδεισον.
   οὐ βλάψει σε πενία,   οὐκ ἔνδεια,   ἐὰν ὑπομείνῃς·
   οὐδὲ γὰρ λογοθεσίῳ   ὑπόκεισαι·   μὴ ζήτει ἐντεῦθεν·
   ὁ γὰρ ἐλάχιστος   συγγνώμην λαμβάνει,
   δυνατοὶ δὲ δυνατῶς   λογοθετοῦνται·
   εὐγνώμων γενοῦ,   ἵν᾽ εὕρῃς τὴν βασιλείαν   5
   καὶ ⟨ἵνα⟩ λάβῃς
   |: τὸν ἄφθαρτον στέφανον. :|

3¹ metrum⏤ ⏑ ⏑ ⏑ – ⏑
4³ πάντως] Krumb.: πάντας P   10
     πέντε εἰ μόνον ἔχει   ὀβολοὺς ὁ γηγενὴς   οὐδὲν δὲ ἄλλο κέκτηται,
     ἐλάχιστον ἐκ τούτων   προσδέχομαι   μέρος ὡς δεσπότης
     προτιμήσας ὑπὲρ πλούσιον   τὸν χρήματα   πολλὰ δεδωκότα·   5
     οὐκ ἔχεις ὀβολούς,   βροτέ, προσενέγκαι;
     κἂν ποτήριον ψυχροῦν   τῷ δεομένῳ,
     καὶ τοῦτο ἐγὼ   προσδέχομαι εὐχαρίστως
     πάντως παρέχων
     |: τὸν ἄφθαρτον στέφανον. :| Δ(κα′)   10

5¹ metrum ⏑ ⏑ – ⏑ ⏑ ⏑ – ⏑ πλοῦτον Trypanis   7¹ ψυχροῦ Trypanis
λ′ P   4¹ σε om. Δ   ἡ πενία P   4¹⁻³ οὐκ ἔνδειαν ὑπομίνεις Pγρ
9 ἵνα add. Krumb.

λ′ bis Δίδω μεγάλας δωρεὰς   τοῖς μικρὰ δωρουμένοις·   ἀντὶ γὰρ τῶν προσκαίρων
   ἀπόλαυσιν παρέχω   τῶν αἰωνίων ἀγαθῶν·
   τῷ διδόντι ἄρτον   ἀντιδίδωμι αὐτῷ   τὸν τῆς τρυφῆς παράδεισον·
   οὐ βλάψει ἡ πενία   τὸν ἐνδεῆ,   ἐὰν ἑκουσίως
   ὑπομένῃ θεαρέστως   λυτρούμενος   τοῦ λογοθεσίου·   5
   ὁ γὰρ ἐλάχιστος   συγγνώμην λαμβάνει,
   δυνατοὶ δὲ δυνατῶς   λογοθετοῦνται·
   εὐγνώμονες οὖν   λήψονται τὴν παρρησίαν,
   τότε φοροῦσαι
   |: τὸν ἄφθαρτον στέφανον. :| Δ (κ′)

8² metrum ⏑ – ⏑ ⏑ ⏑ ⏑ – ⏑ (sed cf. ιθ′ 8²)

λα´ Ἄνες μοι, ἄνες μοι, σωτήρ, τῷ κατακεκριμένῳ
παρὰ πάντας ἀνθρώπους·
οὐ πράττω γὰρ ἃ λέγω καὶ συμβουλεύω τοῖς λαοῖς·
ὅθεν σοι προσπίπτω· δὸς κατάνυξιν, σωτήρ,
κἀμοὶ καὶ τοῖς ἀκούουσιν,
ἵνα τὰς ἐντολάς σου φυλάξωμεν πάσας ἐν τῷ βίῳ
καὶ μὴ μείνωμεν θρηνοῦντες καὶ κράζοντες ἔξω τοῦ
νυμφῶνος· 5
ἐλέησον ἡμᾶς τῇ σῇ εὐσπλαγχνίᾳ
ὁ βουλόμενος ἀεὶ πάντας σωθῆναι·
κάλεσον ἡμᾶς, σωτήρ, εἰς τὴν βασιλείαν
ἵνα καὶ σχῶμεν
|: τὸν ἄφθαρτον στέφανον. :| 10

48 (14 Kr.)

ON THE TEN VIRGINS II

Acrostichis: *ΤΟΥ ΤΑΠΕΙΝΟΥ ΡΩΜΑΝΟΥ*

Prooemium: *Ἰδιόμελον*

Λαμπάδα ἄσβεστον τὴν ψυχὴν
νυμφίῳ δείξωμεν τῷ Χριστῷ·
σὺν αὐτῷ εἰσελευσόμεθα·
νυμφὼν γὰρ ἀποκλείεται.
μὴ ἀπομείνωμεν ἔξω 5
|: βοῶντες· "Ἄνοιξον." :|

λα´ ΡΤΔ   1[1] σωτήρ] P: Χριστέ ΤΔ   1[3] παρά] ὑπὲρ Τ   4[2] ἐν τῷ] τὰς ἐν Δ   8[2] σωτήρ] Trypanis m.c.: σῶτερ codd.   8[2] σωτήρ–βασ.] P: πρεσβείαις τῆς θεοτόκου Ρ°ΤΔ

48 Codices: P
Editiones: Pitra, Jubiläumsgabe, pp. 31 sq.; Krumbacher, Umarb. bei R., pp. 99 sq.
Titulus: On the Ten Virgins II Trypanis: Εἰς τὰς δέκα Παρθένους P
Dies Festus: Τῇ ἁγίᾳ καὶ μεγάλῃ Τρίτῃ
Modus: ἦχος πλάγιος α´
Acrostichis: Τοῦ ταπεινοῦ Ῥωμανοῦ P

Strophae: Ἰδιόμελον (App. Metr. xxxiii)

α' Τί ῥᾳθυμεῖς, ταπεινή μου ψυχή;
    τί μεριμνᾷς ἃ οὐ προσήκει
    καὶ ἀσχολῇ   πρὸς πᾶν ἀνωφέλη⟨τον⟩
    τῶν μελλόντων καιρῶν
    καὶ κρατεῖς τὸ παρὸν
    ὡς αἰωνίῳ τούτῳ προσέχουσα;   5
ἡ ἐσχάτη ἐγγὺς
    καὶ ἀρχή σοι ἐστὶ
    τοῦ ἐπιβλέπειν εἰς ματαιότητα·
    ἀνάνευσον λοιπὸν   πρὸς Ἰησοῦν
    ὡς ἡ συγκύπτουσα.   10
ἐλύθης τῶν δεσμῶν σου·
    μὴ συγκάμψῃς τὸν νῶτον σου,
    γνωμικῆς γὰρ κατοχῆς οὐκ ἔστι λύσις·
διὸ ἀνάνηψον,
    γρηγόρησον ὡς ἀπὸ ὕπνου·   15
    ὁ νυμφίος ἔρχεται·
    μὴ ἀπομείνωμεν ἔξω
|: βοῶντες· "Ἄνοιξον." :|

β' Οὕτω ποτὲ καὶ παρθένοι μωραὶ
    ἔπαθον, ὅτε οὐ συνῆκαν
    τοῦ νυμφιοῦ   τὴν ἄθροον ἔλευσιν.
διὰ τοῦτο, ψυχή,
    ὡς ἡμέρα ἐστίν,
    ἐπὶ τὸ ἔργον ἥμων ἐξέλθωμεν,   5
ὅτι ἔρχεται νύξ,
    ἥνπερ εἶπεν Χριστός,
    ἐν ᾗ οὐδεὶς ἰσχύσει ἐργάσασθαι·
    καὶ μένομεν πτωχοὶ   καὶ πένητες·   10
    οὐ γὰρ ἐκάμομεν.
πτωχοὺς γὰρ εἰς τὸ μέλλον
    οὐκ οἰκτείρουσι πλούσιοι·
    οὐ γὰρ οἴκτειραν μωρὰς σοφαὶ παρθένοι·

α' 3² ἀνωφέλητον] Maas m.c. : ἀνωφελῇ P
β' 3² ἄθροον] Maas : ἀθρόαν P

ἐκεῖ ἀνίλεως 15
    ἡ κρίσις τῷ μὴ ἐλεοῦντι·
    ἀλλ' ἐνταῦθα φθάσωμεν
    τὸν τοῦ εὐσπλάγχνου πυλῶνα
|: βοῶντες· " Ἄνοιξον." :|

γ' Ὕπνωσας ὕπνον, ψυχή μου, κενόν·
    κεῖσαι καὶ ῥέγχεις ἕως πότε;
    γρηγόρησον   κἂν νῦν, πρὸς ὃ βλέπομεν.
    ἀπειλαὶ ἐπαχθεῖς
    καὶ σεισμοὶ συνεχεῖς 5
    συνετάραξαν γῆν μετὰ τῶν ἐν αὐτῇ·
καὶ ἐφυγάδευσαν
    †καὶ τῶν πολέμων†
    κτύποι ἐπάλληλοι καὶ τὴν θάλασσαν·
    πτοήθητι λοιπὸν   ὡς Ἰωνᾶς 10
    καὶ ἀφυπνίσθητι.
ἠχοῦσι κατὰ κόσμον
    τῶν σημείων αἱ σάλπιγγες
    προμηνύουσαι Χριστὸν τοῖς προσδοκῶσιν,
ὅτι ἐλεύσεται 15
    καὶ ἐνδημήσας ἀποκλείσει
    τὴν ἁγίαν εἴσοδον
    ⟨∪∪∪–⟩ τῶν σημείων
|: ⟨∪–∪⟩ " Ἄνοιξον."⟩ :|

δ' Ταῦτα καὶ νῦν θεωροῦμεν, ψυχή·
    θύραι εἰσίν, οὐκ ἐπὶ θύραις·
    ἐπέστη γὰρ   καὶ πάρεστιν ἕτοιμα.
οὐκ ἐλλείπει οὐδέν,
    ὥσπερ εἶπε Χριστός,
    ἀλλ' ὡς προεῖπε, πάντα γενήσεται· 5

γ' 6–8 metrum   ∪∪∪–∪⏓∪∪–∪∪
                      ∪∪–∪∪⏓
                      ∪∪–∪∪–

8 καὶ ἀνέμων πολλοὶ dub. Maas : καὶ τῶν πολεμίων Pitra   19 Ἄνοιξον add. Maas

καὶ λιμοὶ καὶ λοιμοὶ
  καὶ σεισμοὶ συνεχεῖς,
  καὶ ἔθνος ἐπὶ ἔθνος ἐγήγερται·
τὰ ἔσω φοβερά, τὰ ἔξω δὲ   10
  μάχης πεπλήρωνται.
οὐκ ἔστι ποῦ σωθῆναι·
  πανταχοῦ γὰρ ὁ κίνδυνος·
  οὐδαμοῦ καταφυγή, φυγὴ δὲ πᾶσιν·
ἡ πύλη κέκλεισται,   15
  ἡ εὐσπλαγχνία ἐσφραγίσθη·
  οὐ γὰρ ἠβουλήθημεν
  ἔνδοθεν εἶναι ⟨νυμφῶνος
|: βοῶντες· " Ἄνοιξον."⟩ :|

ε′ "Ἄκουσον ταῦτα καὶ κλαῦσον, ψυχή·
  στέναξον ἤδη κατὰ γνώμην
  πρὶν ἢ φθασθῇς   καὶ κλαύσῃς μὴ θέλουσα,
ὅτε πᾶσα ἡ γῆ
  δαπανᾶται πυρὶ   5
  καὶ ὁ οὐρανὸς ὡς χάρτης εἱλίσσεται·
ὅτε φεύγει βυθὸς
  καὶ ὁ τούτου πυθμὴν
  ⟦καὶ⟧ ἀναφανήσεται ὡς οὐδέποτε·
φωστῆρες οὐκ εἰσίν·   ἀστέρες γὰρ   10
  ὡς φύλλα πίπτουσιν.
τοσαύτη ἔσται θλῖψις,
  ὅτε ταῦτα ἐλεύσεται·
  σαλευθήσονται τῶν ἄνω αἱ δυνάμεις
ἐν ⟦τῷ⟧ φόβῳ κράζουσαι·   15
  " Ὅπου ⟨ἂν⟩ γένηται τὸ πτῶμα,
  ἀετοὶ συναχθήσονται
  ἀφέντες ἔξω τοὺς γῦπας
|: ⟨βοῶντας· ' ἄνοιξον.' ⟩" :|

δ′ 18–19 νυμφ.–Ἄνοιξον add. Krumb.
ε′ 9 καὶ del. Krumb. ὡς οὐδέποτε] Krumb. : ὡς οὐκ ἐφάνη ποτὲ P 15 τῷ del. Krumb. 16 ἄν add. Krumb. 17 metrum ∪∪–‿–∪∪ :
συνάγονται Trypanis, sed cf. Ev. Mt. 24. 29 19 add. Krumb.

ς' Πόσην οδύνην ποιεί ή φωνή
τοις ραθυμήσασι και πάσιν
αμαρτωλοίς ων πρώτος εγώ ειμι·
εκριζοί γαρ ημάς
ως ποτέ την συκήν, 5
ήτις ου δέδωκε τον καρπόν αυτής·
και γεέννης νομή
ως αξίνης τομή
αποτεμνόμενοι γενησόμεθα,
ον τρόπον Ιησούς ο των ψυχών 10
κληρούχος έφησε.
ψυχή μου, νεωθώμεν
και ποιήσωμεν γέννημα
αγαθόν ως αγαθού σπορέως σπέρμα,
ίν' όταν έρχηται 15
συναγαγείν εις αποθήκας
τους καλούς καρπούς αυτού,
μη απομείνωμεν έξω
|: βοώντες· " Άνοιξον." :|

ζ' Έφθασεν, έφθασεν ο θερισμός·
της συντελείας η δρεπάνη
ευτρέπισται και μάλλον ηκόνισται·
των σεισμών ο αυχ[μός]
ώσπερ καύσων σφοδρός 5
επί την άρουραν περικέχυτ[αι.]
οι ταχείς θερισταί
προς το έργον αυτών
τα επιτήδεια ε[πι]φέρονται·
και μένουσιν ιδείν τί ο καλός 10
γαιούχος βούλε[ται.]
ψυχή μου, τί τελούμεν;
ζιζανίων γαρ γέμομεν
και χωρίζ[ουσιν] ημάς από του σίτου,
πριν συνδεσμήσωσι 15

ζ' 4–16 suppl. Krumb. 5 σφοδρώς P: corr. Krumb.

καὶ παραδώσ[ου]σιν εἰς καῦσιν·
δεῦρο οὖν προλάβωμεν
διὰ δακρύων καὶ ⟨γόων
|: βοῶντες· " Ἄνοιξον."⟩ :|

η' Ἴδε, καιρὸς χαλεπὸς ὁ παρών·
τί ἀναμένομεν, ψυχή μου;
ἡμέρα γὰρ ἐστὶν ἐκδικήσεως.
ἐξεκαύθη θυμὸς
ἐφ' ἡμᾶς δι' ἡμᾶς, 5
ὅτι ἡμεῖς αὐτὸν ὑπανήψαμεν·
καὶ τὸ μέλλον γὰρ πῦρ
ἐξ ἡμῶν καθ' ἡμῶν,
οὐδὲ γὰρ ὕλη ξύλων εὑρίσκεται·
οὐ φαίνεται στοιβή, ἀλλ' ἀμοιβὴ 10
πυροῖ τὴν κάμινον.
ἑκάστου ἡ κακία
ὡς ἡ βάτος γενήσεται
καιομένη καὶ οὐ κατακαιομένη·
ἀεὶ γὰρ ἅπτεται 15
καὶ οὐδέποτε δαπανᾶται,
εἰ μὴ φθάσῃ δάκρυα
τῶν ἀπεντεῦθεν ἐν θλίψει
|: ⟨βοώντων· " Ἄνοιξον."⟩ :|

θ' Νὺξ πρὸ νυκτὸς καὶ πρὸ σκότους ἀχλὺς
πάντας κατέλαβεν ἐξαίφνης,
καὶ νῦν ἐσμὲν ὡς πρὶν ⟨οἱ⟩ Αἰγύπτιοι
ἐν ὁμίχλῃ πληγῶν
καὶ θυέλλῃ σεισμῶν 5
καὶ τῶν πολέμων ζόφῳ κρατούμενοι·
καὶ οὐ μέχρι αὐτῶν
ἐξαρκεῖ ἡ ὀργή·
ἡ Ἐρυθρὰ γὰρ πάντας ἐκδέχεται,

17 οὖν] Krumb.: λοιπόν P   18–19 γόων–Ἄνοιξον add. Krumb.
η' 15 ἅπτεται] Krumb.: ἅπτει P   16 metrum ∪∪∪–∪∪∪–∪   19 add. Krumb.
θ' 3² οἱ add. Krumb.

ἡ γέεννα ἐκεῖ,   οὐ πρόσκαιρος, 10
    ἀλλ᾽ εἰς ἀπέραντον.
πολὺ γὰρ παρωργίσθη
    Ἰησοῦς ὁ σωτὴρ ἡμῶν,
    ὅτι θαύματα ποιῶν οὐκ ἐπιστεύθη·
διὸ ἐν μάστιγι 15
    τὰς ἀδικίας τῶν ἀπίστων
    ἀντιεπεσκέψατο,
    ἵνα κἂν οὕτω πεισθῶμεν
|: ⟨βοῶντες· " Ἄνοιξον."⟩ :|

ι΄ **Ὅσοι** οὖν τὸν νοητὸν Φαραὼ
    καὶ τὴν πικρὰν αὐτοῦ δουλείαν
    ἐφύγομεν   εἰς τέλος μισήσωμεν·
    ἐγεννήθημεν νῦν
    Ἰσραὴλ τοῦ θεοῦ· 5
    μὴ ὑποστρέψωμεν εἰς τὴν Αἴγυπτον·
οὐκ εἰς χώραν, φημί,
    ἥνπερ ἦλθε Χριστός,
    ἀλλ᾽ εἰς τὴν τῷ Μωσεῖ μὴ πιστεύσασαν·
καρδίαν γὰρ σκληρὰν   καὶ ἀπειθῆ 10
    νοοῦμεν Αἴγυπτον,
καρδίαν πτοουμένην
    ἐπελθούσης τῆς θλίψεως,
    ἀπελθούσης δὲ αὐτῆς τραχυνομένην,
ἥνπερ ἐσχήκαμεν, 15
    καὶ ὅτι ἔχομεν δηλοῦμεν
    ἀπὸ τῶν καρπῶν ἡμῶν·
    ἐν ταῖς ἀνάγκαις γὰρ μόνον
|: βοῶμεν· " Ἄνοιξον." :|

ια΄ [Ὕπε]ρθε τῆς κεφαλῆς ἡ πληγὴ
    καὶ ἡ καρδία οὐ λυπεῖται·
    [ἀλ]γεῖ ἡ σάρξ,   καὶ ὁ νοῦς οὐκ αἰσθάνεται·
    μεμαστίγωται [πᾶ]ς

17 ἀντεπεσκέψατο P: corr. Krumb.   19 add. Krumb.
  ι΄ 14 ἀπελθούσης] Krumb.: ἐπαπελθούσης P   τραχυνομένην] Krumb.: τραχυνομένη P (fortasse recte)   15 ἥνπερ] P^c: ἦν P^1
  ια΄ 1–14 suppl. Krumb.

καὶ οὐδεὶς ἐξ ἡμῶν 5
παρακαλεῖ θερμῶς τὸν μαστί[ζο]ντα.
ὡς ἱμάντα Χριστὸς
τὸν σεισμὸν καθ' ἡμῶν
ἀνεκαίν[ισεν], ὅτι ἐζήλωσεν
ὁ πρὶν ἐν ἱερῷ   φραγέλλιον 10
ποιήσας κύριος·
ἡμεῖς δὲ ὡς παιδία
ταῖς φρεσὶν ἐγενήθημεν
μεριμνῶντες [τὸ] φαγεῖν, πιεῖν καὶ παίζειν·
ἐν ἀγοραῖς ἐσμεν 15
καθήμενοι καὶ προσφωνοῦντες·
" Εἰ καὶ κρίσις ἔρχεται,
τέως τερφθῶμεν καὶ τότε
|: βοῶμεν· ' ἄνοιξον.' " :|

ιβ' Ῥῖψον, ψυχή μου, τὸ ῥῆμα χαμαί·
πάτει τὸν νοῦν τῶν ἀπειθούντων·
ἡ κρίσις γὰρ   ἐγγίζει, ὡς γέγραπται·
ὁ πατὴρ οὐ κρινεῖ,
ἵνα [μή] τις εἴπῃ, 5
ὅτι οἰκτείρει τοὺς υἱοὺς αὐτοῦ·
ὁ υἱὸς δὲ κρινεῖ
καὶ δεικνύει ἡμῖν
ἃ δι' ἡμᾶς ὑπέστη παθήματα·
" Ἐμβλέψατε ", βοῶν,   " [εἰ] χρεωστῶν 10
τοιαῦτα πέπονθα,
εἰ ἔσχε τις ἀγάπην
κατὰ ταύτην ἣν ἔδειξα
τὴν ψυχήν μου δεδωκὼς ὑπὲρ τῶν φίλων;
καὶ θανατούμενος 15
τοῖς μαθηταῖς μου διεθέμην
καὶ τὰς κλεῖς ἐπίστευσα
τῷ Πέτρῳ λέγων· ' σὺ ἆρον
|: [βοῶντας· ' ἄνοιξον.' " '] :|

9 metrum ⏑⏑–⏑⏑⏑–⏑⏑
   ιβ' 5 μὴ suppl. Krumb.   10² εἰ suppl. Maas: μὴ Krumb.   12 εἰ] P: ἢ Krumb.   19 suppl. Krumb.

ιγ΄ **Ὦ** ποταπὸν χαλινὸν καὶ κημὸν
        οὗτος ὁ λόγος μοι ἐμβάλλει·
        οὐκ ἔχω γὰρ   πρὸς τοῦτον τι φθέγξασθαι.
    ἐὰν εἴπω Χριστῷ
        ὅτι· " Θέλημα ἦν,   5
        καὶ οὐκ ἀνάγκη τοῦ σταυρωθῆναι σε ",
    ἀντεπάγει ἐμοί·
        " Καὶ γὰρ θέλημα ἦν,
        ἀλλ' ὑπὲρ σοῦ ἐγένετο, ἄνθρωπε·
        αὐτὸς ἦς χρεωστῶν,   ἐγὼ δὲ ⟨σοὶ⟩   10
        οὐκ ἐχρεώστουν ".
    ψυχή μου, σκέψαι λόγον,
        ἵν' ἐκεῖσε προσάξωμεν
        τῷ θεῷ, ἵν' ἐν αὐτῷ δικαιωθῶμεν·
    ἀλλ' οὐχ εὑρίσκομεν,   15
        εἰ μὴ σκεψάμενοι σωθῶμεν
        καὶ Χριστῷ βοήσωμεν·
        " Ὁ πάντας θέλων σωθῆναι,
    |: καὶ ἡμῖν ἄνοιξον." :|

ιδ΄ **Μάθε**, ψυχή μου, τὸν νοῦν τοῦ κριτοῦ,
        τί ἐβουλεύσατο, τί εἶπεν
        τοῖς μαθηταῖς,   ἡνίκα διέθετο.
    " Μὴ ἐκλίπῃ ", φησί,
        " τῶν καρδίων ὑμῶν   5
        ἡ προσδοκία τῆς παρουσίας μου·
    μεθ' ὑμῶν γάρ εἰμι,
        ἕως οὗ αἱ σποραὶ
        αἱ τοῦ αἰῶνος τούτου ἐκλίπωσι·
        καὶ ἔρχομαι πάλιν   ἀπ' οὐρανῶν   10
        μετὰ δυνάμεως ".
    εἰς τί οὖν κοπιῶμεν;
        διὰ τί δὲ μοχθήσαντες
        ἐνεβάλομεν οὐδὲν τῷ βαλαντίῳ;

ιγ΄ 2 ἐμβάλλει μοι P : corr. Maas   10² σοι add. Maas : ἐγὼ οὐδὲν Trypanis
11 metrum ⏑ ⏑ ⏑ – ⏑ ⏑ : οὐκ ἐχρεώστουν ⟨σοι⟩ Trypanis
    ιδ΄ 10¹ metrum ⏑ – ⏑ ⏑ ⏑ –

καὶ εἴθε κοῦφον ἦν
    καὶ μὴ πεπλήρωτο ἀδικίας.
οὐ γὰρ [ἐνε]πόδισε
    τῇ διανοίᾳ σχολάζειν
|: τοῦ βοᾶν· " Ἄνοιξον." :|

ιε' "Ἄνοιξον, κύριε, ἄνοιξον μοὶ
    τῆς εὐσπλαγχνίας σου τὴν θύραν
    πρὸ τοῦ καιροῦ   τῆς ἀποδημίας μου·
ἀπελθεῖν με γὰρ δ[εῖ
    καὶ] ἐλθεῖν παρὰ σοὶ
    καὶ περὶ πάντων ἀπολογήσασθαι,
ὧν ἐν [λό]γοις λαλῶ
    καὶ ἐν ἔργοις τελῶ
    καὶ ἐν καρδίᾳ διαλογίζομαι·
καὶ θροῦς γὰρ γογγυσμῶν   τὸ οὖς τὸ σὸν
    οὐκ ἀποκρύβεται.
" Ἐκ[τή]σω τοὺς νεφρούς μου",
    ὁ Δαυὶδ ψάλλων κράζει σοι,
    καὶ ἐν τῷ βιβλίῳ σοῦ γέγραπται πάντα·
ἐν ᾧ τὰ στίγματα
    ἀναγινώσκ[εις] τῶν κακῶν μου,
    τῷ σταυρῷ σου χάραξον,
    ὅτι ἐν τούτῳ καυχῶμαι
|: βοῶν σοι· " Ἄνοιξον." :|

ις' Ναί, ἀδελφοί μου, ταῦτα καὶ ἡμεῖς
    εἴπωμεν πάντες πρὸς τὸν πλάστην,
    ἕως ἐστὶ   πνοὴ ἐν ῥισὶν ἡμῶν,
πρὶν ἐπέλθῃ ἡμῖν
    ἡ ὀργὴ ὡς ὠδὶν
    τῇ ἐν γαστρὶ ἐχούσῃ αἰφνίδιον·
οὐ γὰρ πλεῖον ἡμῶν

---

16 metrum ⏑⏑⏑⎯⏑⏑⏑⎯⏑: ἀδίκου Trypanis   17 suppl. Krumb.
  ιε' 4–16 suppl. Krumb.
  ις' 1 ταῦτὰ] Maas m.c.(aut del. μου) : τὰ αὐτὰ P   7 ἡμῶν] Krumb. :
ἤμεν P   7 sq. cf. Krumb. Umarb. b. R., pp. 138 sq.

οἱ ἐν Τύρῳ κακοὶ
οὐδ' οἱ ἐν τῷ Καρμήλῳ δεινότεροι·
ὡσαύτως καὶ ἡμᾶς   ὀλέσθαι δεῖ,   10
ἐὰν μὴ νήψωμεν.
ἀρκοῦσι Πτολεμαίοις
    τὰ συμβάντα εἰς ἔλεγχον
    τῆς σκληρότητος ἡμῶν καὶ ἀπειθείας·
μετανοήσωμεν   15
    πρὸς τὰ γενόμενα ὁρῶντες,
    ἵνα τὰ ἐρχόμενα
    φύγωμεν, ὅτε ἐν θλίψει
|: βοῶμεν· " Ἄνοιξον." :|

ιζ' Οὕτως ἡμῶν ἐσκληρύνθη ὁ νοῦς,
    ὅτι τῶν ἄλλων τὰς συμπτώσεις
    ἀκούσαντες   οὐδὲν διωρθώσαμεν·
    οὐκ ἐστὶ συνιὼν
    οὐδὲ εἷς ἐκζητῶν,   5
    ἀλλ' ἐξεκλίναμεν, ἠχρειώθημεν.
Νινευῖται ποτὲ
    ἐπὶ μιᾷ φωνῇ
    τῇ τοῦ προφήτου μετεμελήθησαν,
ἡμεῖς οὔτε φωνὴν   οὔτ' ἀπειλὴν   10
    ἐνενοήσαμεν.
κλαυθμῷ ὁ Ἐζεκίας
    Ἀσσυρίους ἐτρέψατο,
    [[ὁ]] ἐξεγείρας κατ' αὐτῶν τὴν ἄνω δίκην·
ἰδοὺ Ἀσσύριοι   15
    καὶ πρὸ αὐτῶν Ἰσμαηλῖται
    ἠχμαλώτευσαν ἡμᾶς,
    καὶ οὐκ ἐκλαύσαμεν οὔτε
|: βοῶμεν· " Ἄνοιξον." :|

ιη' Ὕψιστε δέσποτα, πάντων κριτά,
    τὶ τῶν ἡμῶν μὴ περιμείνῃς·
    οὐ χρεία γὰρ   σοὶ τῶν ἀγαθῶν ἡμῶν,

9 οὐδὲ οἱ P: corr. Krumb.   12 ἀρκοῦσι] Trypanis: ἀρκοῦσαν P
19 βοήσωμεν ἄνοιξον ἡμῖν P: corr. Krumb.
ιζ' 14 ὁ del. Krumb.   18 οὔτε] Trypanis m.c. : οὐδὲ P

CANTICA ON VARIOUS SUBJECTS

ὅτι ἔγκειται πᾶς
[ἐπὶ] τὰ πονηρὰ
καὶ διανοίᾳ καὶ τῷ θελήματι.
διὰ τοῦτο, [σωτήρ,]
τὰς ἡμέρας ἡμῶν
κατὰ τὸ θέλημά σου διοίκησον
μὴ [μέν]ων τὴν ἡμῶν ἐπιστροφήν·
οὔτε γὰρ ἔρχεται·
κἂν ἔλθῃ εἰς ὀλίγον,
οὐκ ἐμμένει [εἰ]ς τέλειον,
ὡς τὸ σπέρμα τὸ πεσὸν [κατ]ὰ τὰς πέτρας,
ὡς χόρτος δώματος,
πρὶν ἀναβῆναι, [ἐξ]ηράνθη·
ἀλλ' ἐφάπλωσον ἡμῖν
τοὺς οἰκτιρμούς σου καὶ [πᾶσι]
|: βοῶσιν· "Ἄνοιξον." :|

49 (61 Kr.)

ON THE PRODIGAL SON

Acrostichis: *ΔΕΗΣΕΙΣ ΚΑΙ ΤΑΥΤΗ Η ΡΩΜΑΝΟΥ*

Prooemium I: *Ἰδιόμελον*

Τὸν ἄσωτον ἐζήλωσα ταῖς ἀτόποις μου πράξεσι
καὶ ὡς ἐκεῖνος προσπίπτω σοι καὶ ζητῶ τὴν ἄφεσιν, κύριε·
διὸ μὴ παρίδῃς με,
|: ὁ τῶν ⟨αἰώνων⟩ δεσπότης καὶ κύριος. :|

ιη' 5–18 suppl. Krumb.   19 τοῖς βοῶσιν P: corr. Krumb.
49 *Codices*: A (sine Prooem. I) P (sine Prooem. II)
Editiones: Tomadakis P.M.Y. ιι, pp. 255 sq.
Titulus: On the Prodigal Son Trypanis: Τοῦ ἀσώτου A: Εἰς τὸν ἄσωτον υἱόν P
Dies Festus: Τῇ Κυριακῇ τῆς β' ἑβδομάδος τῶν νηστειῶν P
Modus: ἦχος πλάγιος δ'
Acrostichis: Δέησις καὶ ταύτη (ἡ τοῦ add. P) Ῥωμανοῦ AP
Prooemium I
P 4 αἰώνων add. Maas

Prooemium II : *Εἰ καὶ ἐν τάφῳ* (App. Metr. XLI)

Τῆς μυστικῆς σου τραπέζης, ἀθάνατε,
τὸν ἀσωτείᾳ φθαρέντα ἀξίωσον
καὶ τὴν πρώτην κα⟨τα⟩στολὴν τῆς χάριτος,
ἣν παθῶν ταῖς κηλῖσιν ὁ τάλας ἐμόλυνα·
οἰκτιρμοῖς ἀνεφίκτοις καὶ πάλιν μοι δώρησαι, 5
|: ὁ τῶν αἰώνων δεσπότης καὶ κύριος. :|

Strophae : *Τὸν πρὸ ἡλίου ἥλιον* (App. Metr. XXVI)

α΄ Δεῖπνον κατίδωμεν ἡμεῖς εὐτρεπισθὲν ἐξαισίως
τῷ πρώην μὲν ἀσώτῳ σωφρονήσαντι δὲ ὅμως·
πατὴρ γὰρ ὁ τούτου ἢ μᾶλλον πάντων ἀνθρώπων
μετανοοῦντα τοῦτον δέχεται ὡς φιλάνθρωπος·
τῇ δὲ μετανοίᾳ χαίρων τῇ τούτου 5
λέγει πρὸς τοὺς δούλους· " Σπεύσατε τὸ δεῖπνον ἡμῖν
ποιῆσαι τὸ πανάγιον.
σπεύσατε, θύσατε πάντως τὸν μόσχον,
ὅνπερ ἐγέννησε παρθένος δάμαλις,
ὅτι ὁ υἱός μου ἀπώλετο πρώην
καὶ νῦν ηὑρέθη· ἀλλ᾽ εὐφρανθῶμεν· 10
νεκρὸς ἦν καὶ ἀνέζησεν, ὃν ἔλαβον
ἐν τοῖς σπλάγχνοις μου
|: ὁ τῶν αἰώνων δεσπότης καὶ κύριος." :|

β΄ Ἔνθεν σπουδάσωμεν νυνὶ καὶ μετασχῶμεν τοῦ δείπνου·
ἐὰν ἀξιωθῶμεν τῷ πατρὶ συνευφρανθῆναι,
συνεστιαθῶμεν τῷ βασιλεῖ τῶν ἀγγέλων·
ἄρτους παρέχει τοὺς διδόντας μακαριότητα,
πόμα δὲ δωρεῖται ἅγιον αἷμα, 5
πρόξενον ἀφθάρτου καὶ ἀτελευτήτου ζωῆ.
παρίστανται δὲ ἄγγελοι·
ἴδωμεν, πρῶτος μὲν πῶς ἀνεκλίθη
αὐτὸς ὁ κύριος ὁ προτρεψάμενος·

Prooemium II
  AP 3² καταστολὴν] Orphanidis (etiam E. Petrounias apud Tom.) :
καστολὴν AP
   α΄ 12 αἰώνων] Maas : ὅλων P
   β΄ 3² αἰώνων A   4² διδοῦντας A

εὐθὺς πατριάρχαι,   χοροὶ ἀποστόλων
καὶ οἱ προφῆται   μετὰ μαρτύρων· 10
πλησίον δὲ ἀνέκλινε   τὸν ἄσωτον   υἱὸν αὐτοῦ
|: ὁ τῶν αἰώνων δεσπότης καὶ κύριος. :|

γ´ **Ἡ** δὲ ἑστία τίς ἐστί;   μάθωμεν πρῶτον τοῦ δείπνου
ἐκ τῶν εὐαγγελίων,   ἵνα καὶ ἐπευφρανθῶμεν·
τῆς οὖν τοῦ ἀσώτου   παραβολῆς μνημονεύσω·
οὗτος γὰρ πρώην   ἐγυμνώθη πάσης τῆς χάριτος
πᾶσαν τὴν οὐσίαν   καταναλώσας 5
καὶ πρὸς τὸν πατέρα   τρέχει σὺν πολλοῖς ὀδυρμοῖς
                  βοῶν· " Πάτερ, ἡμάρτηκα "·
εἶδεν οὖν,   ἔσπευσε   πάντα ὁ βλέπων
καὶ ὑπαπήντησε   καὶ κατεφίλησε
τὸν τράχηλον τούτου   τοῦ ἐπιστραφέντος·
θεὸς γὰρ ἔστι   μετανοούντων· 10
ἠλέησεν ὡς εὔσπλαγχνος   τὸν πταίσαντα   υἱὸν αὐτοῦ
|: ὁ τῶν αἰώνων δεσπότης καὶ κύριος. :|

δ´ **Σ**ωτὴρ ὁ πάντων κατιδὼν   ῥερυπωμένην ἐσθῆτα
τότε ἠμφιεσμένον   τὸν υἱὸν κατεσπλαγχνίσθη·
εὐθὺς οὖν τοῖς δούλοις   τοῖς ὑπουργοῦσιν ἐβόα·
" Δότε συντόμως   τὴν στολὴν τὴν πρώτην τῷ τέκνῳ μου,
ἣν ἡ κολυμβήθρα   πᾶσιν ὑφαίνει, 5
ἣν κατασκευάζει   χάρις ἡ τοῦ πνεύματος μοῦ,
                  καὶ σπεύσαντες ἐνδύσατε·
μέμνησθε   πῶς αὐτὸν   ἐνδεδυμένον
ἐχθρὸς ἀπέδυσε   καὶ ἐδειγμάτισε
τοῖς δαίμοσι πᾶσι   βαλλόμενος φθόνῳ,
τὸν βασιλέα   τῆς γῆς ἁπάσης, 10
δι᾽ ὃν τὸν κόσμον ἅπαντα   ἐκόσμησα,   ὃν παρήγαγον
|: ὁ τῶν αἰώνων δεσπότης καὶ κύριος. :|

γ´ 1 interpunctio incerta   2² εὐφρανθῶμεν A   3² μνημονεύω A
6³ ἡμάρτ. ante πάτερ A   8¹ καὶ ὑπήντης καὶ A   9² τοῦ om. P
δ´ 2² κατεσπλ.] Maas: καὶ ἐσπλ. (εὐσπλ. P) AP   8¹ ἐπέδυσε A
10² ἁπάσης om. A

ε' Είδον αὐτὸν καὶ παριδεῖν   οὐ στέργω τὸν γυμνωθέντα·
οὐ φέρω βλέπειν οὕτω   τὴν εἰκόνα μου τὴν θείαν·
ἐμὴ γὰρ αἰσχύνη   τὸ ὄνειδος τοῦ παιδός μου·
ἰδίαν δόξαν   τὴν τοῦ τέκνου δόξαν ἡγήσομαι.
σπεύσατε οὖν, δοῦλοι   καὶ λειτουργοί μου,   5
ἀνακαλλωπίσαι   ἅπαντα τὰ μέλη αὐτοῦ·   εἰσὶ γάρ μοι ἐράσμια·
κρίνω γὰρ   ἄτοπον   τοῦτον ὁρᾶσθαι
ἢ ἀπρονόητον   ἢ ἀκαλλώπιστον
τὸν ἐν μετανοίᾳ   ἐμοὶ προσδραμόντα
καὶ τῆς συγγνώμης   ἀξιωθέντα·   10
στολὴν τοῦτον ἐνδύσατε   τῆς χάριτος,   ὡς προσέταξα
|: ὁ τῶν αἰώνων δεσπότης καὶ κύριος. :|

ς' Στήλη αἰδέσιμος ἵνα   ἔσται τῇ κτίσει ὁ παῖς μου,
τὴν χεῖρα δακτυλίῳ   καλλωπίσατε τὴν τούτου·
ἀρραβὼν γὰρ ἔστι   τριάδος τῆς ἀχωρίστου,
ἵνα φρουρῆται   ὑπὸ ταύτης ὡς προσδραμὼν αὐτῇ,
ἵνα τὴν σφραγῖδα   ταύτην προφέρων   5
φαίνεται μακρόθεν   ὅτι υἱός μου ἐστὶ
                                                    τοῦ πάντων βασιλεύοντος·
γένηται   γνώριμος   τοῖς ἐναντίοις,
καὶ φοβερώτατος   φανῇ τοῖς δαίμοσι
καὶ τῷ διαβόλῳ   τῷ ὑπερηφάνῳ,
ἵνα μηκέτι   αὐτῷ ἐγγίζῃ·   10
ὁρῶν γὰρ τὴν σφραγῖδα μου   οὐχ ἵσταται,   ἥνπερ δίδωμι
|: ὁ τῶν αἰώνων δεσπότης καὶ κύριος. :|

ζ' Καὶ οὐδὲ πόδας τοὺς αὐτοῦ   ἀνασφαλίστους ἐάσω·
οὐ θέλω οὐδὲ τούτους   γεγυμνῶσθαι τῆς προνοίας·
ὑποδήσατέ οὖν   συντόμως τὸν γυμνωθέντα,
μὴ πάλιν εὕρῃ   ὁ πανοῦργος ὄφις καὶ δόλιος
πτέρναν τοῦ παιδός μου   γεγυμνωμένην,   5
καὶ ἐπιβουλεύσῃ   διὰ τῆς κακίας αὐτοῦ
                                                    τῷ πράῳ ὁ παμπόνηρος·

ε' 1² οὐ στέργω τὸν] τὸν ὑπ' ἐχθρῶν P   στέργω] R. Burn: στέγω P
2¹ βλέπων P   6² πάντα P   8¹ ἀπροσνόητον P   9² ἐμοί] δέ μοι P
ς' 1² ἔσται] Maas: ἔστιν codd.: ἐν add. A   4² ὑπ' αὐτῆς A   5² προσ-
φέρων P   8² φαίνη P
ζ' 2² προνοίας] μου add. A   3¹ ὑποδ.] αὐγηοδήσατε in margine P

δύναμιν δίδωμι τῷ υἱῷ μου,
ἵν' ὡς ἀδύνατον πατῇ τὸν δράκοντα,
ἵνα ἐπιβαίνῃ μετὰ παρρησίας
ἐπὶ ἀσπίδα καὶ βασιλίσκον 10
καὶ ἐπὶ τὸν παράδεισον πορεύεται ὃν ἐφύτευσα
|: ὁ τῶν αἰώνων δεσπότης καὶ κύριος. :|

η' Ἀλλ' ὑπὲρ πταίσαντος λοιπὸν θύσατε νῦν, καθὼς εἶπον,
τὸν μόσχον τὸν παρθένον, τὸν υἱὸν τὸν τῆς παρθένου,
τὸν μὴ δαμασθέντα ζυγῷ τῷ τῆς ἁμαρτίας,
τὸν προθυμίᾳ πρὸς τοὺς ἕλκοντας πορευόμενον·
οὐ γὰρ στασιάζει πρὸς τὴν θυσίαν, 5
ἀλλὰ τὸν αὐχένα κλίνει ἑκουσίως αὐτοῖς
τοῖς θύειν ἐπισπεύδουσιν·
ἕλκετε, θύσατε τὸν ζωοδότην,
τὸν καὶ θυόμενον καὶ μὴ νεκρούμενον·
τὸν ζωοποιοῦντα πάντας τοὺς ἐν Ἅιδῃ,
ἵνα φαγόντες ἐπευφρανθῶμεν· 10
νεκρὸς γὰρ ἦν, ὡς προύλεγον, καὶ ἔζησεν, ὃν ἠλέησα
|: ὁ τῶν αἰώνων δεσπότης καὶ κύριος. :|

θ' Ἱερεῖς δοῦλοι νῦν πιστοί, θύσατε τοῦτον τὸν μόσχον
καὶ δότε πᾶσι τρώγειν τοῖς τοῦ δείπνου μου ἀξίοις
τὸν ἄσπιλον μόσχον, τὸν καθαρὸν κατὰ πάντα,
τὸν σιτευθέντα ἐξ ἀσπόρου γῆς ἧσπερ ἔπλασε·
δότε δὲ πρὸς τούτοις τίμιον πόμα, 5
αἷμά τε καὶ ὕδωρ τὸ ἐκ τῆς πλευρᾶς τῆς αὐτοῦ
πηγάζον τοῖς πιστεύουσι·
πάντες οὖν πάντοτε φάγετε τοῦτον·
κἂν γὰρ μελίζεται, ἀλλ' οὐ μερίζεται
οὐδὲ διαιρεῖται οὐδὲ δαπανᾶται,
ἀλλ' εἰς αἰῶνας χορτάζει πάντας· 10
εἰς ἔδεσμα γὰρ πρόκειται πανάγιον ὁ φιλάνθρωπος,
|: ὁ τῶν αἰώνων δεσπότης καὶ κύριος." :|

η' 2² τὸν (ante τῆς) om. A   3² τῷ om. A   9² Ἅιδου A   11¹ πρού-
λεγον] Maas: προεῖπον codd.
θ' 1¹ νῦν] μου A   6¹ τε] δὲ A

ι' Τῶν κεκλημένων πᾶς λοιπὸν ὁ θίασος ὡς ἐδείπνει,
 καὶ πάντες εὐφρανθέντες ἐμελῴδουν θεῖον ὕμνον,
 ὁ πατὴρ μὲν πρῶτος κατήρξατο τῶν παρόντων·
 " Γεύσασθε ", λέγων, " καὶ ἴδετε ὅτι Χριστός εἰμι "·
 εἶτα μετὰ τοῦτο ὁ ψαλμολόγος 5
 κρούων τὴν κιθάραν κράζει ἡδυτάτῃ φωνῇ·
   " Σπουδαίως προσαγάγετε
 θύματα ἄχραντα, ηὐλογημένα
 πρὸς τὸ πανάγιον θυσιαστήριον·
 ἀνοίσατε μόσχον μετ᾽ εὐχαριστίας·"
 καὶ μετ᾽ αὐτὸν δὲ βοᾷ ὁ Παῦλος· 10
 " Τὸ πάσχα τὸ ἡμέτερον ἐτύθη νῦν Ἰησοῦς ὁ Χριστός,
 |: ὁ τῶν αἰώνων δεσπότης καὶ κύριος." :|

ια' Ἄγγελοι εἴδοσαν αὐτοὺς οἱ ὑπουργοῦντες τῷ δείπνῳ
 οὕτως εὐφραινομένους καὶ συντόνως μελῳδοῦντας,
 καὶ ζηλοῦσι τούτους καὶ ἤρξαντο ὑμνῳδίας·
 τίς δὲ ὁ ὕμνος ἐπακούσωμεν, εἰ δοκεῖ ὑμῖν·
 " Ἅγιος εἶ, πάτερ, ὁ εὐδοκήσας 5
 τοῦ σφαγιασθῆναι ὑπὲρ τῶν ἀνθρώπων νυνὶ
   τὸν μόσχον τὸν ἀκήρατον·
 ἅγιος ἔστι δὲ καὶ ὁ υἱός σου,
 ἑκὼν θυόμενος ὡς μόσχος ἄσπιλος,
 ὃς καὶ ἁγιάζει τοὺς βαπτιζομένους
 ἐν τῇ δυνάμει τῆς κολυμβήθρας· 10
 τὸ Πνεῦμα πάλιν ἅγιον, ὃ δίδωσι τοῖς πιστεύουσιν
 |: ὁ τῶν αἰώνων δεσπότης καὶ κύριος." :|

ιβ' Υἱὸς ὁ πρῶτος παντελῶς ταῦτα ἠγνόει, διότι
 ἐτύγχανεν ἐκεῖνος εἰς ἀγρὸν πεπορευμένος·
 ἀλλὰ ὑποστρέψας ἀκούει τῆς συμφωνίας,
 καὶ παῖδα ἕνα μεταπέμπεται καὶ πυνθάνεται·

ι' stropham del. Orphanidis propter acrostichidem, sed cf. Maas B.Z. 16
(1907), pp. 574 sq. 5¹ ταῦτα A 6¹⁻² τῇ κιθάρᾳ κράζει δυνατὰ τῇ φ.
P 11³ Ἰησοῦς om. A
 ια' 2² καὶ om. A¹ 5¹ εἶ πάτ.] ὁ π̄η̄ρ̄ A 6¹ τοῦ om. A 8¹⁻² ut
haeretica damnat Orphanidis 10² κολυμβήθρας] βασιλείας P

"Τί ἂν εἴη τοῦτο; λέγε συντόμως· 5
καὶ γὰρ μυστικός μοι ἦχος εἰς τὰ ὦτα κτυπεῖ
μεγάλης πανηγύρεως·
λέγε μοι τί ἐστι τοῦτο τὸ δρᾶμα;
τίς τὰ προσήκοντα ἐμοὶ μυστήρια
καὶ πάντα τὸν πλοῦτον τῆς θείας θυσίας
ἐμοῦ ἀπόντος μερίζει ἄλλοις; 10
μὴ ἄρα πάλιν δίδωσι χαρίσματα ὁ γεννήσας με,
|: ὁ τῶν αἰώνων δεσπότης καὶ κύριος;" :|

ιγ' Τότε ὁ παῖς ἐρωτηθεὶς εἶπε πρὸς τοῦτον σπουδαίως
ὅτι· "Ὁ ἀδελφός σου παρεγένετο ὁ νέος·
ηὐφράνθη δὲ τοῦτον ἀπολαβὼν ὁ πατήρ σου·
καί, ἐπειδήπερ ἐρρωμένον τοῦτον ἐδέξατο,
ἔθυσε τὸν μόσχον τὸν σιτευθέντα 5
καὶ ἐπὶ τὸ δεῖπνον τούτου προετρέψατο νῦν
τοὺς φίλους καὶ γνωστοὺς αὐτοῦ"·
ταῦτα οὖν ἅπαντα οὗτος ἀκούσας
εὐθὺς ἐξίστατο καὶ οὐκ ἐβούλετο
τῷ δείπνῳ παρεῖναι τῷ τῆς εὐωχίας
ὡς ὠργισμένος τοῖς γινομένοις 10
εἰπών· "Οὐκ εἰσελεύσομαι· οὐκ ὄψομαι ἃ ἐποίησεν
|: ὁ τῶν αἰώνων δεσπότης καὶ κύριος." :|

ιδ' Ἡμῖν ὑπογραμμὸν Χριστὸς τῆς ἑαυτοῦ εὐσπλαγχνίας
διδάσκει διὰ τοῦτο καὶ ἀμέτρου συμπαθείας
τῆς καὶ τοὺς δικαίους πρὸς φθόνον ἐρεθιζούσης·
δεῦτε οὖν γνῶμεν, πῶς παρακαλῶν αὐτὸν ἵσταται
οὗτος ὁ γεννήσας τοὺς ἀμφοτέρους, 5
οὗτος ὁ τῶν ὅλων πρύτανις καὶ κτίστης θεὸς
ὁ θέλων πάντας σῴζεσθαι·
ἄφατος, ἄφραστος τοῖς σῳζομένοις
ἡ εὐσπλαχνία σου ἐστί, φιλάνθρωπε·

ιβ' 6¹ μου A
ιγ' 5² σιτευτὸν A (cf. Ev. Luc. 15. 27)
ιδ' (ιδ' et ιε' eiusdem strophae variationes antiquae Maas, cf. 45 λα' et λβ')

τοὺς μὲν γὰρ δικαίους ἀεὶ θεραπεύεις,
ἁμαρτωλοὺς δὲ ἀνακαλεῖσαι· 10
τὸν δίκαιον ἐφύλαξας, τὸν ἄλλον δὲ περιέσωσας,
|: ὁ τῶν αἰώνων δεσπότης καὶ κύριος. :|

ιε´ Ἤγειρε πταίσαντα υἱὸν δοὺς δεξιὰν ὁ οἰκτίρμων,
τὸν ἄλλον δὲ ὁμοίως ὑπεστήρισεν ἑστῶτα·
τὸν κείμενον κάτω ἀνέστησε συμπαθήσας,
τὸν δὲ ἑστῶτα πεσεῖν ὅλως οὐ συνεχώρησε·
τὸν μὲν ἐν πενίᾳ ὄντα πλουτίζει, 5
τὸν δὲ ἐν τῷ πλούτῳ γενέσθαι οὐκ εἴασε πτωχόν,
ἀλλ' ἔσωσε τοὺς ἅπαντας·
δεῦτε οὖν, μάθωμεν, τί τῷ πατρὶ μὲν
ὁ παῖς ἐφθέγγετο, καὶ οὐκ ἐβούλετο
τῷ δείπνῳ παρεῖναι τῷ εὐτρεπισθέντι
ὡς ὠργισμένος τοῖς γινομένοις· 10
αὐτὸς δὲ ὁ πατὴρ αὐτοῦ πῶς ἵστατο δυσωπῶν αὐτόν,
|: ὁ τῶν αἰώνων δεσπότης καὶ κύριος. :|

ις´ Ῥήματα ἔφη τῷ πατρὶ ὁ υἱὸς ἀγανακτήσας·
" Τοσοῦτον χρόνον ἔχω τῇ βουλήσει σου δουλεύων
καὶ ταῖς ἐντολαῖς σου ἀεὶ ὑπηρετησάμην·
καὶ οὐδεμίαν ἐντολήν σου ὅλως παρέτρωσα·
οἶδας, κἂν μὴ λέγω, ὡς ἀληθεύω, 5
καὶ ὑπὲρ τῶν πόνων τούτων οὐ παρέσχες ἐμοὶ
ὡς τέκνῳ σου κἂν ἔριφον·
πάντοτε θλίβομαι ἐν ἐρημίαις
καὶ ὑστερούμενος καὶ κακουχούμενος
ἐν καύσωσι πλείστοις καὶ ἐν τοῖς χειμῶσιν,
ἵνα ἀρέσω τῇ σῇ δυνάμει· 10
καὶ ὅλως ἐπιστρέψαντα τὸν ἄσωτον προετίμησας,
|: ὁ τῶν αἰώνων δεσπότης καὶ κύριος. :|

11³ ἠλέησας P
ιε´ (cf. notam ad ιδ´)   1¹ πεσόντα P   2² ὑπεστήρισεν] (sic) AP
6² πτωχὸν ante γεν. οὐκ εἴασ. A: metrum ∪∪−∪∪∪−: εἴα Trypanis m.c.
8² ἠβούλετο A
ις´ 1² metrum −∪∪−∪∪−∪   2² βουλῆσου A   9¹ καύσωνι AP:
corr. Maas

ιζ' Ὡς εἶδες δὲ τὸν υἱὸν   τοῦτον τὸν καταφαγόντα
    τὸν πλοῦτον σου σὺν πόρναις,   εὐθὺς ἔσφαξας τὸν μόσχον·
    ἐχρῆν γάρ, ὡς οἶμαι,   κἂν μέμψασθαι διὰ λόγων
    καὶ διελέγξαι,   ἀποστρέψαι δὲ καὶ τὸ πρόσωπον·
    ἀλλὰ παραχρῆμα   τοῦτον ἐδέξω   5
    καὶ κατηλέησας·   πρῶτος συνεπλάκης αὐτῷ,
                    στολῇ δὲ κατεκόσμησας·
    ἔντιμον ἔδειξας   τῷ δακτυλίῳ
    καὶ περιέσφιγξας   τοῖς ὑποδήμασι·
    ἐποίησας δεῖπνον   πρὸς τὴν εὐωχίαν,
    καὶ προετρέψω   τοὺς φίλους πάντας·   10
    τιμὰς τοιαύτας ἔδωκας   τῷ πταίσαντι   ἐπιστρέψαντι,
    |: ὁ τῶν αἰώνων δεσπότης καὶ κύριος." :|

ιη' Μόνον δὲ ταῦτα ὁ πατὴρ   ἤκουσε παρὰ τοῦ τέκνου,
    εὐθέως ἀπεκρίθη   σὺν πραότητι πρὸς τοῦτον·
    "Κλῖνον σου τὰ ὦτα   καὶ ἄκουσον τοῦ πατρός σου·
    σὺ μετ' ἐμοῦ εἶ·   οὐκ ἀπέστης γάρ μου οὐδέποτε·
    σὺ τῆς ἐκκλησίας   οὐκ ἐχωρίσθης·   5
    σύ μοι συντυγχάνεις   πάντοτε παρὼν σὺν ἐμοὶ
                    σὺν πᾶσι τοῖς ἀγγέλοις μου·
    οὗτος δὲ   ἤλυθε   κατῃσχυμμένος,
    γυμνὸς καὶ ἄμορφος   βοῶν· ' ἐλέησον·
    ἡμάρτηκα, πάτερ,   καὶ καθικετεύω
    ὁ πλημμελήσας   ἐνώπιόν σου·   10
    ὡς μίσθιόν με πρόσδεξαι   καὶ θρέψον με   ὡς φιλάνθρωπος,
    |: ὁ τῶν αἰώνων δεσπότης καὶ κύριος.' :|

ιθ' Ἀδελφὸς ἔκραξεν ὁ σός·   ' σῶσον με, ἅγιε πάτερ '·
    τί εἶχον οὖν ποιῆσαι   τοῦ κλαυθμοῦ τούτου ἀκούων;
    πῶς δὲ ἐδυνάμην   μὴ ἐλεῆσαι καὶ σῶσαι
    τὸν υἱόν μου   τὸν θρηνοῦντα καὶ ὀδυρόμενον;
    σὲ κριτὴν αἱροῦμαι   τὸν ἐγκαλοῦντα·   5
    δίκασόν μοι, τέκνον,   ὁ καταμεμφόμενος μοὶ
                    καὶ γίνου διαγνώμων μοι·

ιζ' 1¹ δὲ om. A   2¹ σου σὺν] σὺν ταῖς P   2² εὐθὺς ἔσφ.] ἔθυσας σφάξας P
6² πρῶτον P
ιη' 3² σου om. A   4² μου ante γάρ P   7² ἤλυθε] Maas m.c.: ἦλθε
AP   10¹ ὅ] ὡς A   11² με om. A

χαίρω γὰρ πάντοτε φιλανθρωπίᾳ·
πῶς οὖν ἀπάνθρωπος γενέσθαι ἴσχυον;
ὃν ἔπλασα πρώην πῶς μὴ ἐλεήσω
καὶ οἰκτειρήσω μετανοοῦντα; 10
τὰ σπλάγχνα μου ἐγέννησαν τὸ τέκνον μου ὃ ἠλέησα
|: ὁ τῶν αἰώνων δεσπότης καὶ κύριος. :|

κ' Νόει ἃ λέγω σοι, υἱέ· τὰ ἐμὰ πάντα σὰ ἔστι·
κἀκείνῳ ἐβουλήθην παρασχεῖν τῶν ἀγαθῶν μου·
ἀμείωτος ἔστιν ἣν ἔχεις περιουσίαν·
οὐ γὰρ ἐκ ταύτης λαβὼν δέδωκα τῷ συγγόνῳ σου,
ἐκ τῶν θησαυρῶν μου τούτῳ παρέσχον· 5
εἷς εἰμι τῶν δύο κτίστης καὶ πατὴρ ἀγαθός,
φιλάνθρωπος καὶ εὔσπλαγχνος·
σὲ τιμῶ, τέκνον μου, ὡς προαιρέσει
ἀεί με στέρξαντα καὶ θεραπεύσαντα,
κἀκείνῳ συμπάσχω διὰ τὸ σπουδάσαι
τῇ μετανοίᾳ προσκαρτερῆσαι· 10
εὐφραίνεσθαι οὖν ἔδει σε σὺν ἅπασιν οἷσπερ κέκληκα
|: ὁ τῶν αἰώνων δεσπότης καὶ κύριος. :|

κα' Ὅθεν σὺν ἅπασιν, υἱέ, τοῖς εἰς τὸ δεῖπνον κληθεῖσιν
εὐφραίνου καὶ μελῴδει μετὰ πάντων τῶν ἀγγέλων·
ὁ γὰρ ἀδελφός σου ἀπώλετο καὶ ηὑρέθη·
οὗτος νεκρὸς ἦν καὶ ἀπροσδοκήτως ἀνέζησε."
ταῦτα οὖν ἀκούσας οὗτος ἐπείσθη 5
καὶ ἠγαλλιᾶτο μετὰ τοῦ συγγόνου αὐτοῦ
καὶ ψάλλων ταῦτα ἔλεγεν
"Ἅπαντες κράξατε μετ' εὐφημίας,
ὅτι μακάριοι ὧνπερ ἀφίεται
πᾶσα ἁμαρτία, καὶ ἡ ἀνομία
ἐπεκαλύφθη καὶ ἐξηλείφθη· 10
σὲ εὐλογῶ, φιλάνθρωπε, ὃς ἔσωσας καὶ τὸν σύγγονον,
|: ὁ τῶν αἰώνων δεσπότης καὶ κύριος." :|

κ' 2¹ 11² πᾶσιν A
κα' 6¹ ἠγαλλιάσατο P 8² περ om. P 9² ἡ om. P

κβ' Υἱὲ καὶ λόγε τοῦ θεοῦ, δημιουργὲ τῶν ἁπάντων,
αἰτοῦντες δυσωπούμεν οἱ ἀνάξιοί σου δοῦλοι·
ἐλέησον πάντας τοὺς σὲ ἐπικαλουμένους·
ἡμαρτηκότας ὡς τὸν ἄσωτον περιποίησαι·
πρόσδεξαι καὶ σῶσον δι' εὐσπλαγχνίας 5
τοὺς ἐν μετανοίᾳ τρέχοντας πρὸς σέ, βασιλεῦ,
κραυγάζοντας· " Ἡμάρτομεν ".
δὸς ἡμῖν δάκρυα ὥσπερ τῇ πόρνῃ
καὶ τὴν συγχώρησιν ὧνπερ ἡμάρτομεν·
καὶ ὡς τὸν τελώνην οἰκτείρησον πάντας
ταῖς ἱκεσίαις τῆς θεοτόκου, 10
μετόχους τε τοῦ δείπνου σου ἀνάδειξον ὡς τὸν ἄσωτον,
|: ὁ τῶν αἰώνων δεσπότης καὶ κύριος. :|

50 (69 Kr.)
ON DIVES AND LAZARUS

Acrostichis: *ΠΟΙΗΜΑ ΡΩΜΑΝΟΥ ΤΑΠΕΙΝΟΥ*

Prooemium: *Ἰδιόμελον*

Εἰ καὶ τῶν ἐμῶν βλέπω πταισμάτων
ὑπὲρ ἀριθμὸν ψάμμου τὸ πλῆθος,
ἀλλὰ τὸ ἄφατον τῶν οἰκτιρμῶν σου γινώσκων
κραυγάζω· " Οἴκτειρόν με
|: καὶ ἐλέησον, κύριε." :| 5

Strophae: *Τὸν ἀγεώργητον βότρυν* (App. Metr. II)

α' Πνευματικῇ ὑμνῳδίᾳ ὑμνοῦμεν σε, πανάγιε,
σὺν τῷ ἀνάρχῳ σου Λόγῳ καὶ τῷ ἁγίῳ Πνεύματι·

κβ' 5¹ πρόσδ.] καὶ πρόσδ. A   5² εὐσπλαγχνίαν A   7¹ δὸς om. A
11¹ τε] καὶ P

50 *Codices*: P
Editiones: Mioni R. il. M., pp. 181 sq.; Tomadakis P.M.Y I, pp. 197 sq.
Titulus: On Dives and Lazarus Trypanis: Εἰς τὸν πλούσιον καὶ τὸν Λάζαρον P
Dies Festus: τῇ δ' τῆς ς' ἑβδομάδος τῶν νηστειῶν
Modus: ἦχος πλάγιος β'
Acrostichis: Ποίημα Ῥωμανοῦ ταπεινοῦ P

προσκυνοῦντες σοι ἐν πίστει
ὁμολογοῦμεν τριάδα ἀχώριστον σέ, τρισάγιε·
ἀλλ' αὐτὸς τοὺς πίστει βοῶντας σοι   φωτί σου καταύγασον   5
μετὰ τῶν ἁγίων σου   ὡς τὸν δίκαιον Λάζαρον·
ἀνέγνωμεν γὰρ τούτου τὸν βίον ἐν γραφαῖς
καὶ τοῦ μισανθρώπου ἀσπλαγχνίαν πρὸς αὐτόν·
τὸν μὲν γὰρ παρέπεμψας   γεέννῃ πυρός,   τὸν δὲ κόλποις Ἀβραάμ·
ἀλλ' αὐτὸς ἡμᾶς, οἰκτίρμων,   τῆς ὀργῆς σου ῥυσάμενος   10
|: ἐλέησον, κύριε. :|
β' Ὁ κύριος ὁ τῆς δόξης   φιλῶν τὴν ἀνθρωπότητα
καὶ θέλων πάντας σωθῆναι   ἐγνώρισε τὰ μέλλοντα
προχαράξας ἐν τῇ βίβλῳ
τὴν ἀπόδοσιν ἣν δώσει τότε ἀγαθοῖς καὶ πονηροῖς.
τὸν γὰρ βίον τούτου τοῦ ἅρπαγος   ἀρτίως ἀκούσαντες   5
τὰ ἡμῶν σκοπήσωμεν,   ἑαυτοὺς ἀνακρίνωμεν·
αὐτὸ γὰρ φησὶ καὶ ἡ θεόλεκτος γραφή·
τὶς ἄνθρωπος ἦν πλούσιος χρήμασι πολλοῖς,
ὃς ἐνεδιδύσκετο   βύσσον πολλὴν   καὶ πορφυρίδα λαμπράν,
εὐφραινόμενος ἐν δόξῃ,   εὐωχούμενος, μὴ βοῶν·   10
|: " Ἐλέησον, κύριε." :|
γ' Ἰδὼν τὸν Λάζαρον τότε   ὁ πλούσιος ὡς ἄσπλαγχνος,
ὀργίλῳ ἀπανθρωπίᾳ   τὸν πένητα βδελύττεται
ἀσθενείᾳ τετρωμένον·
καὶ ἀπανθρώπως ἀποστρεφόμενος αὐτὸν ὁ εὐσθενὴς
ὀδυνώμενόν τε παρέβλεπε   λιμῷ τε φθειρόμενον   5
οὐδέποτε ἐλεῶν   ὁ θεὸν μὴ φοβούμενος·
ὑπερηφανῶν τὸν ἀδελφὸν ὁ δυσμενὴς
καὶ ἀνηλεῶς βλέπων ἐν πτωχείᾳ αὐτὸν
γυμνὸν ὄντα πάντοτε   ⟨ – ∪ ∪ – ⟩   ἐν τῷ πυλῶνι αὐτοῦ
κατακείμενον ὡς σκεῦος   τεθλασμένον κραυγάζοντα·   10
|: " Ἐλέησον, κύριε." :|

α' 9² γεέννῃ] – ∪, cf. s' 6²
β' 4 ἀπόδοσιν] Maas m.c. : ἀνταπόδοσιν P:
metrum $\begin{Bmatrix} \cup\cup\cup-\cup\cup\cup\mathrel{\overset{\text{\textperiodcentered}}{-}}\cup\cup\cup-\mathrel{\overset{\text{\textperiodcentered}}{-}}\cup\cup\mathrel{\overset{\text{\textperiodcentered}}{-}} \\ \cup-\cup-\cup\cup\cup-\cup\cup\cup- \end{Bmatrix}$: τὴν ἀπόδοσιν] ἀνταποδόσιν $\Big\}$ (∪∪∪–⌒) Trypanis
7 αὐτὸ] Trypanis m.c. : τοῦτο P
γ' 1¹ Ἴδεν Orphanidis   2² βδελύττεται] Trypanis metri et syntaxis causa : βλεδυττόμενος (sic) P (etiam apud editores omnes βδελυττόμενος)
5¹ τε] Maas: δὲ P

δ' **Ἡ** ὑπερήφανος γνώμη   εἰργάσατο τὸν πλούσιον
ἀνελεήμονα φύσει   ἀπάνθρωπον καὶ ἄφρονα·
ἐπελπίσας γὰρ τῷ πλούτῳ
ἐφυσιοῦτο, καὶ ἐν τοῖς χρήμασιν αὐτοῦ ἦν γαυριῶν·
ἀλλ' ὡς ἔφη ἥμιν τὸ σύγγραμμα,   λαμπρῶς εὐφραινόμενος,   5
τῷ οἴνῳ μεθυσκόμενος   ἀσελγείαις δεδούλωτο·
ὃς καὶ ἐνδημῶν καὶ ἐκπορευόμενος
ἑώρα ἐν γῇ Λάζαρον ψιχίων ἐνδεῆ
καὶ πρὸ πύλης κείμενον   ἐν στεναγμοῖς
      τὸ σῶμα βλέπων αὐτοῦ
ἀσθενείᾳ τετρωμένον·   καὶ οὐδ' οὕτως ἐβοήσεν·   10
|: " Ἐλέησον, κύριε." :|

ε' **Μ**ακροθυμῶν καρτερίᾳ   ὁ Λάζαρος ὑπέμενεν·
ὡς δὲ ἑώρα εἰκότως   τὸν πλούσιον ἐσθίοντα,
ἐπεθύμει καὶ ἐζήτει
ἐκ τῶν ψιχίων τῶν ἐκπιπτόντων παρ' αὐτοῦ μεταλαβεῖν·
κατακείμενος γὰρ παράλυτος   τραυμάτων πεπλήρωτο,   5
δεινῶς δὲ ἐπτώχευεν   ἀσθενείαις κρατούμενος,
βοῶν ἐκτενῶς ἐν τῇ εὐχῇ πρὸς τὸν θεόν,
τὰ ἕλκη ὁρῶν τῆς ἀνιάτου συμφορᾶς·
ὅθεν καὶ συνέπασχον   ὡς ἰατροὶ   οἱ κύνες τῷ ἀσθενεῖ,
καὶ ἀνέλειχον τὰ ἕλκη   τοῦ ἐν θλίψει κραυγάζοντος·   10
|: " Ἐλέησον, κύριε." :|

ς' **Ἀ**νεξερεύνητα πάντα   τὰ κρίματα τοῦ πλάσαντος·
τὸν μὲν γὰρ ἐνταῦθα κρίνει,   τὸν δὲ ἐκεῖ εἰς γέενναν,
ἕκαστος κατὰ τὸ ἔργον
καθὼς μετρήσει καὶ μετρηθήσεται αὐτῷ παρὰ θεοῦ·
ταῦτα δὲ τινὲς ἐλογίσαντο   σκιὰν καὶ ἐνύπνιον,   5
ἕως ἂν κατήντησαν   εἰς τὴν γέενναν τὴν ἄσβεστον,
ὡς οὗτος ὁ ἅρπαξ καὶ μισόθεος ἀνὴρ
τρυφὴν τὰ αὐτοῦ πρὶν ἐλογίσατο κακῶς
λέγων· " Οὐκ ἐστὶ θεὸς   οὐδὲ κριτὴς   ὁ κύριος τῶν βροτῶν·
διὰ τοῦτο εὐωχοῦμαι,   ἐντρυφῶ, σκιρτῶ καὶ οὐ βοῶ·   10
|: ἐλέησον, κύριε." :|

δ' 6¹ metrum ∪—∪∪—∪∪: τῷ del. Trypanis (sed cf. ιβ' 6¹)   7 metrum
cf. ια' 7, ιθ' 7, κ' 7   8 metrum cf. κ' 8
ς' 5² ἐνύπνιον] Trypanis, cf. 5, ι' 7²: ὕπνον P   6² γέενναν] – ∪, cf. α' 9²

ζ' Ῥύπον εἰ εἶχε κηλῖδος ὁ Λάζαρος τοῖς πταίσμασι,
μικρὸν πρὸς ἔτασιν οὕτω προσκαίρως ἔνθεν κρίνεται,
ἕως ὅτου ἀνῃρέθη
ἡ ἁμαρτία τοῖς πόνοις τοῦ σώματος νῦν ὡς ἐν πυρί·
οὐδεὶς ἔστι γὰρ ἀναμάρτητος, εἰ μὴ μόνος κύριος· 5
ὅθεν ὡς ἐλάχιστος μετὰ φειδοῦς κριθήσεται·
δυνάσται λαῶν δὲ ἐτασθῶσι δυνατῶς,
ὡς ἔφη τὸ πρὶν ἐν παροιμίαις Σολομῶν·
οὗτοι γὰρ γενήσονται βρῶμα πυρός, οἱ ἀμελοῦντες θεοῦ
καὶ δικαίου ἀποστάντες· δι' ὧν ἦμας ῥυσάμενος 10
|: ἐλέησον, κύριε. :|

η' Ὡς ἐκ πολλῆς ἀσθενείας ὀχλούμενος ὁ ὅσιος,
δεχόμενος τὰς ὀδύνας εἰκότως ταῦτα ἔφησεν·
" Πρώην μὲν ἐν τοῖς ἀρχαίοις
Ἰὼβ πτωχεύσας ἐγκαρτερῶν ἐν τῇ πληγῇ ἐρρύσθη αὐτῆς,
ἐγὼ δὲ τὸν θάνατον ἔτοιμον ὁρῶ ἐναντίον μου· 5
διὸ μὴ παρίδῃς με, ἀλλὰ δέξαι τὸ πνεῦμα μου,
ὅτι κατελείφθην ὑπὸ πάντων ὡς νεκρός·
ἀπέλθω οὖν νῦν καὶ οὐχ ὑπάρξω λυπηρὸς
κατοικῶν ἐν μνήματι ὡς οἰκίᾳ, ὡς χοῦς εἰς γῆν κατελθών·
ἀλλὰ ῥῦσαι με ἐξ Ἅιδου, ὁ θεός μου, κραυγάζοντα· 10
|: ἐλέησον, κύριε." :|

θ' Μετὰ τοιαύτας δεήσεις ὁ πάντα ἐπιστάμενος
τῷ ἐν ὀδύναις ἐπεῖδε καὶ ἔπεμψε τὴν λύτρωσιν
δι' ἀγγέλων ταξιάρχων
τοῦ μεταστῆσαι ἐκ τῶν τοῦ σώματος δεινῶν τὸν εὐσεβῆ·
τούτῳ δὲ ἀθρόως ἐπέστησαν ὡς φίλοι οἱ ἄγγελοι, 5
αὐτὸν κολακεύοντες, ὡς δικαίῳ συμπάσχοντες·
οὓς πόθῳ ὁρῶν οὐ θορυβεῖται τῇ ψυχῇ,
τὴν ἔξοδον δὲ οὐκ ἠγωνία ἐννοῶν·
τοῦτον ἀσπασάμενοι ὡς προσφιλεῖς πορεύονται ἐν χαρᾷ,
καταλείψαντες τὸ σῶμα ἐν τῇ γῇ τοῦ κραυγάζοντος· 10
|: " Ἐλέησον, κύριε." :|

ζ' 6¹ ὃς Orphanidis 10² διὸ Orphanidis
η' 4 metrum ∪∪∪–∪∪∪∪–∪∪––∪∪–: ἐν dub. del. Trypanis m.c.
9³ χοῦς] Orphanidis: χνοῦς P 11 κύριε] Maas: με P
θ' 5¹ = ια' 5¹

ι' **Ἀλλ'** ἀνεθεὶς τῆς ὀδύνης   ἀμώμως ἐπορεύετο
     μετὰ ἁγίων ἀγγέλων   ὁ δίκαιος γηθόμενος·
     καταφθάσας δὲ τὸ βῆμα
     καὶ προσκυνήσας κυρίῳ τῷ πάντων κριτῇ εἶχε χαράν·
     εὐμενῶς δὲ τοῦτον προσέταξεν   ὁ πάντα δυνάμενος   5
     οἰκεῖν μετὰ Ἀβραὰμ   εἰς τὸν θεῖον παράδεισον·
     μακάριος γὰρ ὃν ἐξελέξω, ἀγαθέ·
     καὶ ὃν προσελάβου ἐν αὐλαῖς σου, λυτρωτά,
     κατοικεῖν τὴν ἄφατον   δόξαν ἀεὶ   τοῦ οἴκου σου καὶ ὁρᾶν,
     ἅπερ νοῦς βροτῶν οὐκ ἔγνω·   ἃ καὶ ἡμῖν δωρούμενος   10
     |: ἐλέησον, κύριε. :|

ια' **Νέμων** ὁ κριτὴς ἑκάστῳ   τὰ δίκαια ὡς δίκαιος,
     ἀγγέλους ἐξαποστέλλει   ὀξεῖς καὶ ὀλοθρεύοντας
     συλλαβέσθαι ἀποτόμως
     τὸν μὴ θελήσαντα συμπάσχειν τῷ πτωχῷ ὡς γηγενεῖ·
     ἀθρόως δὲ τούτῳ ἐπέστησαν   οἱ ἐπὶ τῆς φάσεως   5
     ἐν προφυλακῇ νυκτός·   οὓς ἰδὼν ἀπεπλήκτησε·
     τῷ βέλει τρωθεὶς τῷ τοῦ ὀλοθρεύοντος
     ἐδίδου ψυχὴν βρυχῶν τε καὶ ἀγνωνιῶν,
     φανερῶς γὰρ φθέγγεται   ὁ ψαλμῳδός·   " Τὰ βέλη τοῦ δυνατοῦ
     σὺν τοῖς ἄνθραξιν ὑπάρχει   ἀναιροῦντα ⟦τοὺς⟧ μὴ κράζοντας·   10
     |: 'ἐλέησον, κύριε.' ":|

ιβ' **Ὄντως** τὰ βέλη κυρίου   ὀργῇ διαπορεύεται
     ἐπὶ υἱοὺς ἀδικίας·   διὸ καὶ τούτῳ ἔφθασεν
     ἡ ὠδὶν ὡς ⟨τῇ⟩ τικτούσῃ,
     καὶ καταλείπει τὰ πρὶν ὑπάρξαντα αὐτῷ ἄλλοις ἄκων·
     πάντες δὲ οἱ φίλοι καὶ ἴδιοι   ἐτήρουν τὸν κείμενον   5
     τὸ ἄπληστον μεμφόμενοι·   πρὸς ἀλλήλους δὲ ἔλεγον·
     " Οὐχ οὗτός ἐστιν ὁ μὴ φοβούμενος θεὸν
     καὶ ἄνθρωπον ὅλως μὴ ἐλεήσας ποτέ;"

     ια' 1¹ Νέμων] Maas: Μέμων P   ἀμώμως] Trypanis m.c.: ἄμωμος P
     4 metrum ∪∪∪−∪∪∪∸∪∪∪−∸∪∸   5¹ = θ' 5¹   7 metrum
     cf. δ' 7¹, ιθ' 7¹, κ' 7¹   10² τοὺς del. Maas m.c.
     ιβ' 3 τῇ add. Maas   4 ἀκών? m.c. (ut ἑκών)   6¹ ἄπληστον] Orphanidis (etiam Tom.): ἄπλαστον P: τὸ del. Trypanis, sed cf. δ' 6¹

καὶ σπουδαίως θάψαντες τοῦτον εἰς γῆν, μερίζονται τὰ αὐτοῦ,
ἃ κατέλιπεν ἀδίκοις θησαυροῖς· οὐ γὰρ ἔκραξεν· 10
|: " Ἐλέησον, κύριε." :|

ιγ' "Ὕλῃ πολλῇ τῶν πταισμάτων κρινόμενος ὁ πλούσιος
εἰκότως ἐνεθυμήθη· " Πολλὰ μὲν ἡμάρτηκα·
τίς δὲ ἡ αἰτία ἔστιν
ὅτι ἐνταῦθα νῦν τηγανίζομαι φλογὶ ἀνηλεῶς;"
†ὅθεν† ταῦτα ἤκουσε κύριος ὁ πάντα ἐπιστάμενος 5
δεικνύων τῷ πταίσαντι τὴν αἰτίαν τῆς κρίσεως·
εἰς Ἅιδην γὰρ ὢν ἐπὶ τὸ ὕψος ὁρᾷ
καὶ Λάζαρον βλέπει ἐν τοῖς κόλποις Ἀβραάμ·
ὅθεν καὶ ἐπεγίνωσκε τὸν πρὶν πτωχόν, καὶ ἀλλοιοῦται τηρῶν
ὃν παρέβλεπεν ἐν κόσμῳ εὐωχούμενος, μὴ βοῶν· 10
|: " Ἐλέησον, κύριε." :|

ιδ' Τότε θαυμάζων ὁ ἅρπαξ καθ' ἑαυτὸν ἐφθέγγετο·
" Οὗτος ὑπάρχει ὁ πρώην ἐν τοῖς προθύροις κείμενος,
ὃν ψιχίων οὐκ ἠξίουν·
καὶ πόσον φέγγος καὶ δόξαν ἔχει ἣν οὐκ εἶδον ἐν τῇ γῇ;
καὶ τί νῦν βοήσω ἢ σκέψομαι; αἰτήσω τὸν Λάζαρον, 5
ἵνα ῥανίδι μικρᾷ καταψύξῃ τὴν γλῶσσαν μου;
αἰσχύνομαι νῦν τοῦτον αἰτῆσαι τὸν πτωχὸν
ὃν ἔβλεπον πρὶν καὶ τῶν ψιχίων ἐνδεῆ·
Ἀβραὰμ αἰτοῦμαι οὖν, ' πάτερ ', βοῶν, ' ἐλέησον τὸν υἱὸν
καὶ ἀπόστειλον ταχέως τὸν βοήσαντα Λάζαρον· 10
|: ' ἐλέησον, κύριε.' :|

ιε' Ἀδίκως πρὶν τῷ Λαζάρῳ ἐνήδρευσα ὡς πένητι·
ἀνομιῶν ἐνεπλήσθην, ἀδίκως ἐπορεύθην δὲ
γαυριῶν ἐπὶ τῷ πλούτῳ·
ἀλαζὼν ὢν δὲ ἀπεπλανήθην τῆς ὁδοῦ τῆς ἀληθοῦς,
καὶ τὸ φῶς ἐμοὶ οὐκ ἐπέλαμψεν, ὅτι οὐκ ἐπέγνωκα 5
ὁδοὺς ὁσιότητος παροδεύσας τὸν βίον μου·

10¹ ἀδίκοις] ἀδύτοις Tom.
ιγ' 2² metrum ∪‒∪∪∪‒∪∪ : ἐξημάρτηκα Trypanis m.c.   5¹ sq. ὡς
δὲ (= ὅθεν) ... δεικνύει Orphanidis : ὅτε Maas
ιδ' 8 ἔβλεπον] Maas (etiam A. Bagionas apud Tom.) : βλέπων P

παρῆλθεν ὁ πλοῦτος ὡς ἀράχνη καὶ σκιὰ
καὶ ὡς ἐξανθῶν χόρτος ἐπὶ δώματος,
ὡς ναῦς δὲ διέδραμεν ἐν τῷ βυθῷ· ἴχνος οὐκ ἔστιν εὑρεῖν·
ἀνωφέλητον οὖν ἔστι τὸ ἐνταῦθα κραυγάζειν με·
|: 'ἐλέησον, κύριε.' :|

ις´ **Π**λοῦτος καὶ βίος παρῆλθεν ὡς ἄχνη ὑπὸ λαίλαπος,
καὶ κάπνη ὑπὸ ἀνέμου ἐκδιωχθεὶς οὐ φαίνεται·
οὕτως μου τὸ πνεῦμα ἄφνω
ἐκπορευθὲν ἐμοῦ διεχέθη ὡς χαῦνος νυνὶ ἀήρ·
σκιὰ γὰρ ὁ βίος παντὶ θνητῷ· οὐκ ἔστιν ἀνάλυμα
ἐν τῇ τελευτῇ ἐμοῦ, ὅτι σφόδρα ἡμάρτηκα·
δικαίων ψυχαὶ ἐν ταῖς χερσὶ δὲ τοῦ θεοῦ,
καὶ οὐκ ἐγγιεῖ μάστιξ σκηνώματι αὐτῶν·
διὸ νῦν κεκράξομαι πρὸς Ἀβραάμ, ἐξιλεῶσαι θεὸν
καὶ πεμφθῆναι τὸν γνωστόν μου, τὸν βοήσαντα Λάζαρον·
|: ' ἐλέησον κύριε.' " :|

ιζ´ Εὐθὺς νευροῦται ἐν τούτοις ὁ πλούσιος κρινόμενος,
καὶ Ἀβραὰμ ἐδυσώπει δακρύων καὶ βοῶν αὐτῷ·
" Πάτερ Ἀβραάμ, οἰκτείρας
σπλαγχνίσθητί μοι καὶ πέμψον Λάζαρον δροσίσαι με σπουδῇ·
τῇ φλογὶ δεινῶς ὀδυνώμενος ἀποτηγανίζομαι·
διὸ μὴ παρίδῃς με, ἀλλὰ πρόσχες τῇ κρίσει μου·
ἐλθέτω πρὸς μὲ ὅνπερ παρέβλεπον μισῶν,
ὁρῶν ἐνδεῆ καὶ ἐκτηκόμενον λιμῷ·
νῦν γὰρ οὗτος πλούσιος, ἐγὼ [[δὲ]] πτωχὸς
κρινόμενος ἐν φλογί·
διὸ οὗτος μου δροσίσῃ χείλη τὰ μὴ βοήσαντα,
|: 'ἐλέησον, κύριε.' " :|

ιη´ " Ἰδοὺ πατέρα φωνεῖς με μὴ γνούς μου τὸ φιλόξενον·
οὐκ ἂν γὰρ βλέπων παρεῖδες τὸν ἐν πτωχείᾳ Λάζαρον·
οὗτος γὰρ ὅνπερ καλέεις,
παρακαλεῖται, σὺ δ' ὀδυνᾶσαι ἐν πυρὶ ἄθλιος ὤν·

ιε´ 8 metrum cf. κα´ 8
ις´ 2¹ κάπνη] Trypanis m.c. : καπνὸς P   4 χαυνὸς? m.c. (ut καλός, κακὸς etc.) Trypanis
ιζ´ 9² δὲ del. Maas m.c.

οὐκ ᾠκτείρησας, οὐκ ἠλέησας ἐν τῇ παροικίᾳ σου
τὸν δίκαιον Λάζαρον ἐν πτωχείᾳ φερόμενον·
οὐκ ἐνεθυμήθης ὡς θνητὸς τὰ τοῦ θεοῦ,
ἀλλ' ἔμεινας μάτην θησαυρίζων τὸν χρυσόν·
ἐνδεῆ παρέβλεπες μὴ ἐλεῶν ὡς πλούσιος καὶ φθαρτός·
προστιθέμενος τῷ πλούτῳ πλοῦτον ἄλλον, οὐκ ἔκραζες·
|: 'ἐλέησον, κύριε'." :|

ιθ' " Νῦν τῆς προσκαίρου ἀπάτης ἀπήλαυσα, ὡς ἔφησας,
καὶ ἐν τῷ Ἅιδῃ ὑπάρχω πικρῶς βασανιζόμενος·
ὅθεν ἐρωτῶ σε, πάτερ,
ἐξαπόστειλον τὸν Λάζαρον ὡς ὑετὸν γλώσσῃ ἐμῇ."
Ἀβραὰμ δὲ τούτῳ ἀντέφησεν· " Ἀπέλαβες, ἄνθρωπε,
ἐν βίῳ τὰ ἀγαθά· ὅθεν οὐ κεχρεώστησαι·
καὶ Λάζαρος πάντα τὰ κακὰ ἔλαβεν
ὡς βέλη τὰ ἕλκη ἐν τῷ σώματι αὐτοῦ·
ὅθεν οὐκ ἐτάζεται ὡς πληρωθεὶς τῶν ἀπεκεῖθεν κακῶν,
ἵνα τούτων ἀπολαύσῃ τῶν καλῶν, ὅτι ἔκραζεν·
|: 'ἐλέησον, κύριε.' :|

κ' Οὐκ ὦν ἀνοικτίρμων νῦν σοι τοιαῦτα ἔφην, ἄνθρωπε·
ἀλλ' ὅτι μέγιστον χάος ὑπάρχει μεταξὺ ἡμῶν [[καὶ ὑμῶν]],
ἵνα μὴ οἱ ἐν τῷ Ἅιδῃ
ἐνταῦθα ἔρχωνται, μήθ' ἡμεῖς διαπερῶμεν πρὸς ὑμᾶς."
πρὸς ταῦτα τῷ Ἀβραὰμ ἔφησε· " Σοῦ δέομαι, κύριε,
ἔγειρέ με ἐκ νεκρῶν τοῦ [[ἂν]]ἀγγεῖλαι τῷ γένει μου,
μήπως καὶ αὐτοὶ σὺν ἐμοὶ κριθήσονται ".
ἀντέφη δ' αὐτῷ· " Ἔχουσι προφήτας καὶ Μωσῆν·
αὐτῶν ἀκουσάτωσαν ταῖς διδαχαῖς·
ὃς δ' ἂν τούτοις μὴ πεισθῇ,
οὐδ' ἐκ τάφου ἂν καθίδῃ ἀνιστάμενον φθέγξεται·
|: 'ἐλέησον, κύριε.' ":|

ιθ' 7 metrum cf. δ' 7, ια' 7, κ' 7
κ' 2² καὶ ὑμῶν del. Maas m.c.   5¹ ταῦτα] αὐτὰ Trypanis m.c.   6² ἀγγεῖλαι] Trypanis m.c.   7¹ metrum cf. δ' 7¹, ια' 7¹, ιθ' 7¹   8 metrum cf. δ' 8   10¹⁻² καθίδῃ ἀνιστάμενον]: Maas (etiam Orphanidis): καθεύδῃ διανιστάμενον P   10² φθέγξεται] Maas: φθέγξηται P

κα' Υἱὲ θεοῦ, σῶσον ἡμᾶς ὡς μόνος ἀτελεύτητος·
ἀνθρώπου γὰρ αἱ ἡμέραι ὡς ἄνθος χόρτου ἔσονται·
ὡς χλόη πρωῒ ἀνθήσει,
τὸ δὲ ἑσπέρας ἀποπεσῇ ⟨καὶ⟩ σκληρυνθῇ καὶ ξηρανθῇ·
ὅτι πνεῦμα ἦλθεν ἐν ῥισὶν ἡμῶν, καὶ ὡς οὐχ ὑπάρξαντες   5
πάλιν γενησόμεθα, ὡς σκιὰ παρερχόμενοι·
ἐν τῷ οὖν ἐκλείπειν τὴν ψυχήν μου ἀπ' ἐμοῦ,
μὴ ὄντος λυτρουμένου μηδὲ σώζοντος,
αὐτός με ἐξάρπασον ὡς λυτρωτὴς τῆς ἀπειλῆς τοῦ πυρὸς
ἀκατάκριτόν με δείξας· μετὰ πάντων τῶν δούλων σου   10
|: ἐλέησον, κύριε. :|

51 (60 Kr.)

ON FASTING

Acrostichis : *ΤΟΥ ΤΑΠΕΙΝΟΥ ΡΩΜΑΝΟΥ Ο ΥΜΝΟΣ*

Prooemium : '*Ιδιόμελον*

Σχόλασον, ψυχή μου, ἐν μετανοίᾳ, ἑνώθητι Χριστῷ κατὰ γνώμην
βοῶσα ἐν στεναγμοῖς· " Συγχώρησιν παράσχου μοι
 τῶν δεινῶν μου πράξεων,
|: ἵνα λάβω [[παρὰ σοῦ, μόνε ἀγαθέ]],
τὴν [[ἄφεσιν καὶ]] ζωὴν τὴν αἰώνιον." :|

Strophae : *Τὸ ἰατρεῖον τῆς μετανοίας* (App. Metr. xxxiv)

α' Τῆς μακαρίας τυχεῖν ἐλπίδος
 δι' ἔργων προσδοκῶμεν καὶ πίστεως, ὅσοι
φυλάττομεν τὰ τοῦ κυρίου καὶ σωτῆρος διδάγματα·
διὰ τοῦτο τιμῶμεν καὶ στέργομεν
τὸ ἀγγέλοις τίμιον τῆς νηστείας κατόρθωμα,

κα' 4² καὶ add. Maas m.c.   5¹ metrum ⏑⏑–⏑–⏑⏑–⏑⏑   5² ὡς]
P^c: om. P¹   8 metrum cf. ιε' 8

51 *Codices*: P
Editiones: Nulla
Titulus: On Fasting Trypanis : sine titulo P
Dies Festus: Τῇ δ' τῆς β' ἑβδομάδος τῶν νηστειῶν
Modus: ἦχος α'
Acrostichis: Τοῦ ταπεινοῦ Ῥωμανοῦ ὁ ὕμνος P
Prooem. 3¹–4¹ παρὰ–ἀγαθέ et ἄφεσιν καὶ del. Trypanis m.c.

ὃ προφῆται τηρήσαντες μέτοχοι γεγόνασι
τῶν χορῶν τῶν οὐρανίων οἱ ἐπίγειοι·
ὅπου γε ταύτης τὴν ἐργασίαν
Χριστὸς οὐκ ἐπῃσχύνθη ἐκτελέσαι, ἑκὼν δὲ ἐνήστευσεν,
ἡμῖν καθυπογράφων
|: διὰ ταύτης τὴν ζωὴν τὴν αἰώνιον. :|

β′ "Οτι μεγάλοι ἐν [[τοῖς]] ἔργοις ἦσαν
Μωσῆς καὶ Ἠλίας, οἱ πύρινοι πύργοι,
γινώσκομεν, ὅτι καὶ πρῶτοι ἐν προφήταις τυγχάνουσιν·
πρὸς θεὸν παρρησίαν ἐκέκτηντο,
ὅτιπερ ἐβούλοντο προσιέναι καὶ δέεσθαι
καὶ αὐτῷ διαλέγεσθαι πρόσωπον πρὸς πρόσωπον,
ὃ ὑπάρχει θαυμαστόν τε καὶ παράδοξον·
ὅμως καὶ οὕτως πρὸς τὴν νηστείαν
κατέφευγον σπουδαίως διὰ ταύτης αὐτῷ προσαγόμενοι·
νηστεία οὖν μετ' ἔργων
|: ἀποδίδωσι ζωὴν τὴν αἰώνιον. :|

γ′ Ὑπὸ νηστείας ὡς ὑπὸ ξίφους οἱ δαίμονες πάντες ἐλαύνονται,
ὅτι
οὐ φέρουσιν οὐδ' ἐξαρκοῦσι πρὸς τὴν ταύτης τερπνότητα·
τρυφητὴν ἀγαπῶσι καὶ μέθυσον,
ἐὰν δὲ θεάσωνται τῆς νηστείας τὸ πρόσωπον,
οὔτε στῆναι ἰσχύουσιν, πόρρω δὲ ἐκτρέχουσιν,
ὡς Χριστὸς ἡμᾶς διδάσκει ὁ θεὸς ἡμῶν
λέγων· " Τὸ γένος τὸ τῶν δαιμόνων
νηστείᾳ καὶ δεήσει ἐκνικᾶται "· διὸ δεδιδάγμεθα
ὡς δίδωσι νηστεία
|: τοῖς ἀνθρώποις ⟨τὴν⟩ ζωὴν τὴν αἰώνιον. :|

δ′ Τῆς σωφροσύνης ἁγνεία μήτηρ
ὑπάρχει, τῆς νηστείας τὸ ἄχραντον κάλλος·
πηγάζει δὲ φιλοσοφίαν καὶ παρέχει τὸν στέφανον,
προξενεῖ δὲ ἡμῖν τὸν παράδεισον,
τὴν πατρῴαν δίδωσιν οἰκίαν τοῖς νηστεύουσιν,

β′ 1¹ τοῖς del. Maas m.c.   4² δέεσθαι] Maas : δεῖσθαι P
γ′ 10¹ ⟨τὴν⟩ add. Trypanis m.c., cf. α′ 10¹

ἧς [[ὁ]] Ἀδὰμ ἀπωλίσθησεν,   εἵλκυσε δὲ θάνατον
ἀτιμάσας τῆς νηστείας   τὸ ἀξίωμα·
ταύτης γὰρ τότε   καθυβρισθείσης,
θεὸς ὁ πάντων κτίστης καὶ δεσπότης   εὐθὺς ἠγανάκτησε·
τοῖς ταύτην δὲ τιμῶσιν
|: ἀποδίδωσι ζωὴν   τὴν αἰώνιον. :|

ε΄ Αὐτὸς γὰρ ὡς μητρὶ φιλοστόργῳ
    νηστείας ἐντολῇ ὁ φιλάνθρωπος   πρώην
παρέθετο   ὡς διδασκάλῳ   παραχθέντα τὸν ἄνθρωπον
ἐν χερσὶν αὐτῆς παραδοὺς τὴν ζωὴν αὐτοῦ·
καὶ εἰ ταύτην ἔστερξε,   μετ᾽ ἀγγέλων ηὐλίζετο·
ἀθετήσας δὲ εὕρετο   πόνους καὶ τὸν θάνατον,
ἀκανθῶν δὲ καὶ τριβόλων   τὴν τραχύτητα
καὶ ἐπιμόχθου   βίου τὴν θλῖψιν·
εἰ δὲ ἐν παραδείσῳ ⟨ἡ⟩ νηστεία   ὠφέλιμος δείκνυται,
πόσῳ μᾶλλον ἐνταῦθα,
|: ἵνα σχῶμεν τὴν ζωὴν   τὴν αἰώνιον; :|

ϛ΄ Παντὸς μὲν ξύλου κελεύει φαγεῖν
    τὸν ἄνθρωπον Ἀδὰμ τὸν πρωτόπλαστον   τότε
ὁ ὕψιστος   ἐν παραδείσῳ   θεὶς αὐτόν, καθὼς γέγραπται,
ἀλλ᾽ ἑνὸς ξύλου βρῶσιν ἐκώλυσε·
καὶ αὐτὰ τὰ ῥήματα   τὰ τοῦ κτίστου φιλάνθρωπα·
"Κατατρύφα", γὰρ ἔλεγε,   "πάντων ὧν κεχάρισμαι,
τῇ τρυφῇ γάρ σου τῇ τούτων   ἀρεσθήσομαι·
ἐὰν φυλάξῃς   τὴν ἐντολήν μου,
φυλάξω σε τρυφῶντα· διὰ τοῦτο   φθορᾶς ἀνεπίδεκτον
ἡ χάρις μου φρουρεῖ σε
|: ὡς λαμβάνοντα [[τὴν ἄφεσιν   καὶ]] ζωὴν   τὴν αἰώνιον. :|

ζ΄ Ἐμῶν ῥημάτων ἀνάσχου, Ἀδάμ,
    καὶ πρόσσχες ἀκριβῶς τῷ προστάγματι   τούτῳ·
ἑνὸς γάρ σοι   ἐκ πάντων τούτων   παραγγέλλω ἀπέχεσθαι·

δ΄ 5¹ ὁ del. Maas m.c.   10¹ ἀποδίδωσι] τοῖς ἀνθρώποις add. P
ε΄ 1¹ metrum ⏑⏑ − ⏑⏑ −́ ⏑ −́ ⏑   1¹⁻³ sensus obscurus   3 metrum ⏑⏑ −− ⏑⏑ −− ⏑⏑ : παραδοὺς] θεὶς Maas : αὑτῆς del. Trypanis m.c.
8² ἡ add. Maas m.c.   9¹ ἐνταῦθα πόσῳ μᾶλλον Trypanis m.c.   μᾶλλον] νῦν add. P
ϛ΄ 10¹ ἄφεσιν καὶ del. Maas (cf. ζ΄ 10¹, ιε΄ 10¹, κ΄ 10¹)

οὐ κακοῦ μὲν τὴν φύσιν ὑπάρχοντος,
ἀλλὰ σοῦ τὴν κάκωσιν   παραβάντι σκευάζοντος·
ἡ οὐσία τοῦ ξύλου γὰρ   ἔστι μὲν οὐκ ἄχρηστος,   5
     ἡ δὲ τούτου μετουσία   σοὶ γενήσεται
βλάβης αἰτία,   ἔχει γὰρ τοῦτο
ἀκόνην λογισμῶν ἐγκεκρυμμένην   καὶ γεύσεως μάχαιραν·
     ἂν φάγῃς οὖν ἐκ τούτου,
|: ἀποβάλλεις τὴν 〚ἄφεσιν καὶ〛 ζωὴν   τὴν αἰώνιον. :| 10

η΄ Ἰδού, πρωτόπλαστε, παραγγέλλω
                              μὴ ἅψῃ 〚ἐκ〛 τοῦ ξύλου οὗ εἶπον σοι   ὅλως·
     ἂν ἅψῃ γάρ,   εὐθὺς ὡς κλέπτης   ἐκδοθήσει πρὸς θάνατον,
οὐχ ὡς ἔχειν αὐτὸ μὴ δυνάμενος,
ἀλλ' ἐπειδὴ ἄπιστος   ἀποβήσῃ καὶ ἄχρηστος·
πρὸς μικρόν σε καὶ εὔκολον   θεῖον νόμον ἤγαγον·   5
     διὰ τοῦτο τὴν τῶν ἄλλων   ἀφθονίαν σοι
ἐδωρησάμην,   ἵν' ὅλων τούτων
ἐν ἀπολαύσει γένῃ, καὶ θανάτου   μὴ γένῃ ὑπεύθυνος
     ὁ κατ' εἰκόνα ἔχων
|: καὶ κατέχων ⟨τὴν⟩ ζωὴν   τὴν αἰώνιον." :| 10

θ΄ Νόμον οὖν θεῖον κρατοῦντες ποτὲ
                              Ἀδάμ τε καὶ ἡ Εὔα ἐφύλαττον   τοῦτον·
ἐτήρει δὲ   ὁρμὰς τὰς τούτων   ὁ ⟨⏑ – ⏑⟩ διάβολος
καὶ ἀπάτην σκευάζειν ἐπείγετο·
καὶ ὡς ἐθεάσατο   κρυπτομένους ὡς ἔμφρονας
προσελθεῖν τῷ ἀνθρώπῳ μὲν   τέως οὐκ ἐθάρρησε,   5
     τὴν δὲ Εὔαν ὁ πανοῦργος   θεασάμενος
παρὰ τὸ δένδρον   μόνην ἑστῶσαν
ἐντίθησιν εὐθέως διὰ ταύτης   τοῖς δύο τὸ πρόσκομμα
     τοῖς πρότερον λαβοῦσι
|: διὰ χάριτος ζωὴν   τὴν αἰώνιον. :| 10

ζ΄ 8¹ ἀκόνην cf. Pind. Ol. 6. 82   10¹ ἀποβάλλεις] Maas: ἀποβάλλει P
ἄφεσιν καὶ del. Maas m.c. (cf. ς΄ 10¹, ιε΄ 10¹, κ΄ 10¹)
η΄ 1² ἐκ del. Maas   10¹ τὴν add. Trypanis m.c.
θ΄ 2³ ὁ ⟨κακοῦργος⟩ διάβ. Maas (cf. ι΄ 2³)

ι΄ Ὁ πονηρὸς γὰρ πρὸς τὴν γυναῖκα
        ὡς φίλος καὶ συνήθης προσέρχεται   δόλῳ,
καὶ πλάττεται   καὶ προσκομίζει   τὴν κακοῦργον ἐρώτησιν·
ὡς συμπάσχων αὐτῇ διαλέγεται·
" Διὰ ποίαν πρόφασιν   ὁ θεὸς τὸν παράδεισον
ὡς φιλῶν ὑμῖν δέδωκε,   πάντων δὲ ἐκώλυσε   5
τῶν φυτῶν μεταλαμβάνειν   ὁ φιλότιμος;
τίνος οὖν χάριν   τοῦ παραδείσου
τὴν οἴκησιν κρατεῖτε, τῆς δὲ τούτου   τρυφῆς ἐστερήθητε;
πῶς δύνασθε οὖν ἔχειν
|: ⟨ἄνευ ταύτης τὴν⟩ ζωὴν τὴν αἰώνιον;" :| 10

ια΄ Ὑπὸ τῶν λόγων ἀπατηθεῖσα   ἡ Εὔα πρὸς αὐτὸν ἀπεκρίνατο
                     ταῦτα·
" Πεπλάνησαι   καὶ οὐ γινώσκεις,   τί προσέταξε κύριος·
τὸν παράδεισον ὅλον ὡς τράπεζαν
παραχθεῖσι δέδωκεν   ὁ θεὸς εἰς ἀπόλαυσιν·
ἀλλ᾽ ἑνὸς τὴν μετάληψιν   μόνου διεκώλυσεν   5
ἐμποδίου γενομένου   τῇ ζωῇ ἡμῶν,
ὃ χρησιμεύει   τοῖς ἀμφοτέροις
καὶ ἐκπαιδεύειν οἶδε τῶν καλῶν τε
           καὶ [[τῶν]] φαύλων τὴν εἴδησιν·
ἐλάβομεν γὰρ ἤδη
|: ὥσπερ κτῆσιν ⟨τὴν⟩ ζωὴν   τὴν αἰώνιον." :| 10

ιβ΄ Ῥήματι οὖν θανατηφόρῳ   γλυκεῖαν ὁ ἐχθρὸς συγκατέμιξε
                     γεῦσιν
σκεπτόμενος   καὶ λέγων ταῦτα   κατ᾽ ἰδίαν ὁ ἔχθιστος·
" Εἰ μὴ δόλῳ κεράσω τὸ βούλημα,
ἂν καταψηφίσωμαι   τοῦ θεοῦ ἐν τοῖς λόγοις μου,
εὐθέως ὑποπτεύσει με   Εὔα ὡς μισόθεον,   5
καὶ γενήσομαι πρὸς ταύτην   ἀπαράδεκτος·
οὐδὲ γὰρ οἶδα   τέως τὴν γνώμην

  ι΄ 10¹ ἄνευ ταύτης add. Maas   τὴν add. Trypanis m.c.
  ια΄ 8³ τῶν del. Maas m.c.   10¹ τὴν add. Trypanis m.c.
  ιβ΄ 5¹ metrum ∪∪–∪∪–∪∪

ταύτης· ἂν ἰσχύσω διαστρέψαι,   ἐστὶν ὅτι στέργει με·
ἐντέχνως οὖν προσέλθω
|: τοῖς λαβοῦσι ⟨τὴν⟩ ζωὴν   τὴν αἰώνιον." :| 10

ιγ' Ὡς δὲ τοιαῦτα διενοήθη   ὁ ὄφις, πρὸς τὴν Εὔαν ἐφθέγξατο
λέγων·
" Συνήδομαι   τῇ ἀφθονίᾳ   τῆς τρυφῆς ἧς ἐλάβετε·
ἐπαινῶ τοῦ θεοῦ τὴν ἀλήθειαν,
ὅτι οὐκ ἐψεύσατο   πρὸς ὑμᾶς διηγούμενος
ὡς μεγάλη ἡ δύναμις   τούτου τοῦ φυτοῦ ἐστι·   5
τῶν καλῶν γὰρ καὶ τῶν φαύλων   γνῶσιν δίδωσι·
μόνος θεὸς δὲ   διαγινώσκει
διάκρισιν τὴν πάντων· διὰ τοῦτο   τὴν τούτων μετάληψιν
παρήγγειλε μὴ ἔχειν,
|: ὃ παρέχει ⟨τὴν⟩ ζωὴν   τὴν αἰώνιον. :| 10

ιδ' Μὴ γὰρ οὐκ οἶδα ὅτι τὴν κτίσιν   καλὴν ὁ θεὸς ἀπειργάσατο
πᾶσαν·
ὁ πάντα οὖν   καλὰ ποιήσας   πῶς φυτεῦσαι ἠνείχετο
παραδείσου εἰς μέσον τὸν θάνατον;
οὐχ ὑπάρχει πρόσκομμα   τὸ φυτὸν τὸ τῆς γνώσεως·
οὐδὲ γὰρ ἀποθνῄσκετε,   ἐὰν τοῦτο φάγητε,   5
ὡς θεοὶ δὲ διὰ τούτου   νῦν γενήσεσθε
ὥσπερ ὁ κτίστης   τοῦ διακρίνειν
καλῶν καὶ φαύλων τρόπους· διὰ τοῦτο
ἐν μέσῳ προτέθειται
παντὸς τοῦ παραδείσου
|: ὡς παρέχοντα ζωὴν   τὴν αἰώνιον." :| 10

ιε' Αὕτη οὖν ἰδοῦσα τὸ δένδρον   ὡς ἔστιν εὐπρεπὲς καὶ εὐάρεστον
Εὔα
ἐφλέγετο,   καὶ πρὸς τὴν γεῦσιν   ταῖς ἐλπίσιν ἐπείγετο·
λογισμοῖς ἑαυτὴν συνεκίνησεν·
" Ὁ μηνύσας ", λέγουσα,   " οὐκ ἐχθρὸς τοῦ θεοῦ ἐστι·

8¹ ἂν] ἐὰν Trypanis, cf. 46 θ' 5¹ ἂν AP: ἐὰν DMTΔ ; 5 ε' 8² ἐὰν codd.: corr. Krumb.
10¹ τὴν add. Trypanis m.c.
   ιγ' 10¹ τὴν add Trypanis m.c.
   ιδ 10¹ ὡς παρέχοντα] Maas: ὥσπερ ἔχοντα P
   ιε' 1¹ metrum cf. ις' 1¹, κα' 1¹

ποίαν ἔχθραν γὰρ κέκτηται [[ὁ]] ὄφις πρὸς τὸν πλάσαντα; 5
τὸ φυτὸν δὲ καὶ τῇ θέᾳ ἐστὶ πάγκαλον·
σπεύσω πρὸς βρῶσιν θεοποιίας
καὶ ἀπολαύσω τούτου, οὗ τὴν θέαν ὁρῶσα μαραίνομαι,
καὶ δώσω τῷ ἀνδρί μου,
|: ἵνα σχῶμεν τὴν [[ἄφεσιν καὶ]] ζωὴν τὴν αἰώνιον." :| 10

ις´ Νῦν ἐδέξω θανατηφόρον, ὦ τάλαινα Εὔα, καὶ ἔφαγες τούτου,
τί τρέχεις οὖν συναπολέσαι καὶ τὸν ἄνδρα τὸν ἴδιον;
ἀκριβῶς ἑαυτὴν κατεξέτασον,
εἰ ὃ προσεδόκησας διὰ γεύσεως γέγονας,
εἰ θεὸς εἶ, ὡς ἤλπισας· γνῶθι τοῦτο πρότερον, 5
καὶ εἶτα οὕτως πρὸς τὴν γεῦσιν καὶ τὸν ἄνδρα σου,
γύναι, προτρέπου· μὴ οὖν ποιήσῃς
συγκτήτορα [[σοῦ]] τὸν ἄνδρα ἀπωλείας· τί σπεύδεις νομίζουσα
ὡς βρῶσις σοι παρέσχεν
|: ἡ τοῦ ξύλου ⟨τὴν ζωὴν τὴν αἰώνιον⟩; :| 10

ιζ´ Ὅτε τῷ δένδρῳ ἐπιτερφθεῖσα ἀπώλετο, οὐ γὰρ ἀπήλαυσεν
Εὔα,
ἐσπούδασε καὶ ἐπεδίδου καὶ Ἀδὰμ τοῦ καρποῦ αὐτοῦ·
καὶ ὡς μέγιστον δῶρον προσφέρουσα
οὕτως διεγίνετο· πρὸς αὐτὸν δὲ ἐφθέγγετο·
" Θησαυρὸν παρετρέχομεν μέχρι νῦν, ὦ σύζυγε, 5
καὶ τρυφὴν τὴν μακαρίαν ἐφοβούμεθα·
νῦν ἔγνων, ἄνερ, καὶ ἐπειράθην,
ὡς ἄκαιρον δειλίαν ἐκρατοῦμεν· καὶ γὰρ ἐγὼ ἔφαγον
καὶ ζῶσα σοι παρέστην
|: καὶ ἀπέχω ⟨τὴν ζωὴν τὴν αἰώνιον⟩. :| 10

ιη´ Ὑπάρχει μᾶλλον, ὡς ἔχων πεῖραν,
ὁ λόγος τοῦ μηνύσαντος βέβαιος ὄντως·
φαγοῦσα γὰρ οὐκ ἐνεκρώθην, ὡς θεὸς προηγόρευσεν,
ἀλλὰ ζῶσα σοι νῦν παραγέγονα,

5² ὁ del. Trypanis m.c., sed cf. κδ´ 5² 10¹ ἄφεσιν καὶ del. Maas m.c.
ις´ 1¹ metrum cf. ιε´ 1¹, κα´ 1¹ 6¹ εἶτα] Maas: εἶθ᾽ P 8¹ σου del.
Maas m.c., sed cf. κ´ 8¹ et κδ´ 8¹ 9¹ βρῶσις] Maas: βρῶσιν P 10¹ τὴν
ζωὴν τὴν αἰών. add. Maas
ιζ´ 5¹ παρετρέχομεν] Maas: παρατρέχ. P 9¹ παρέστην] Orphanidis (cf.
ιη´ 3): παρέστιν P 10¹⁻² |: καὶ ἀπέχω τοῦ ξύλου :| P: τὴν—αἰών. add. Maas
ιη´ 1¹ πείρας Orphanidis

καὶ σχηματισμός ἐστι   τοῦ θεοῦ τὸ παράγγελμα·
εἰ γὰρ ἦν ἀληθέστατον,   ἄρτι συνεθρήνεις με   5
  ὡς θανοῦσαν καὶ κειμένην   πρὸς τὸν θάνατον·
δέχου οὖν, ἄνερ,   καὶ κατατρύφα·
προσλάμβανε ἀξίαν διὰ τούτου   τὴν θείαν καὶ ἄχραντον·
θεὸς γενήσει ὥσπερ
|: ὁ παρέχων ⟨τὴν ζωὴν   τὴν αἰώνιον⟩." :| 10

ιθ´ Ὁ μὲν οὖν ὄφις, ὡς φθάσας εἶπον,
                    ἐγγίσαι τῷ Ἀδὰμ οὐκ ἐθάρρησε   τότε
  φοβούμενος   μὴ διαμάρτῃ   τῆς ἐλπίδος ἧς ἔσπευδεν·
ἀλλὰ ἄλλος ἐφάνη δεινότερος
καὶ ὀφιωδέστερος   ὄφις τούτου τοῦ ὄφεως·
ὃν γὰρ ὄφις, οὐκ ἔδακεν   αὕτη ἐθανάτωσεν·   5
  κολακεύουσα γὰρ τότε   τὸν ἰὸν αὐτῆς
τούτῳ ἐμβάλλει,   καὶ ἑαυτήν τε
κἀκεῖνον ἀπορρήσσει καὶ σκευάζει   ἀπάτῃ τῆς βρώσεως
  νεκροὺς ὀφιοπλήκτους
|: ἀπολέσαντας ζωὴν   τὴν αἰώνιον. :| 10

κ´ Ὑπὸ οὖν ταύτης πολιορκεῖται   Ἀδὰμ τῆς ἀπάτης ὁ δείλαιος
                                                          πρώην·
  μιᾷ μὲν γὰρ   πληγῇ τιτρώσκει   διὰ βρώσεως ἅπαντας·
διὰ τοῦτο δὲ οὗτος ὡς ἄτακτος
ἐν τοῖς πόνοις ἅπασιν   ἐπὶ γῆς κατεβέβλητο·
πρὸς νηστείαν γὰρ σύμμετρον   ὄντως καὶ ὠφέλιμον   5
  μὴ μεθύειν ἀκρασίᾳ   οὐκ ἠνέσχετο·
Χριστιανῶν δὲ   πάντα τὰ γένη
νηστείᾳ προσεθίζειν καὶ ἐρίζειν   ἀγγέλοις ἐπείγονται,
  ἐλπίζοντα ἐντεῦθεν
|: προσλαμβάνειν τὴν ⟦ἄφεσιν καὶ⟧ ζωὴν   τὴν αἰώνιον. :| 10

κα´ Μεγάλη ἐστὶν ἡ νηστεία,   πρὸς ἣν ὁ Ἀδὰμ ἐκεκλήρωτο
                                                          πρώην·
  ἐν μόνοις γὰρ   φυτοῖς ὑπῆρχεν   ἡ τροφὴ τῷ γεννήτορι·

10¹⁻² τὴν ζωὴν τὴν αἰώνιον add. Maas
  κ´ 8¹ προσεθίζειν] Trypanis: προσερεθίζειν P   10¹ ἄφεσιν καὶ del. Maas
  κα´ 1¹ metrum cf. ιε´ 1¹, ιζ´ 1¹

ἀκρατὴς δὲ καὶ οὗτος ἐγένετο·
νῦν παντοδαπής ἐστι τῶν βρωμάτων ἀπόλαυσις·
τῶν ἰχθύων τὰ ἥδιστα, ὄρνεις καὶ τετράποδα, 5
τῶν φυτῶν καὶ τῶν σπερμάτων τὰ ποικίλματα,
⟨αἱ⟩ μαγγανεῖαι αἱ τῶν τρυφώντων,
τῶν τραπεζῶν ἡ χάρις ἡ κινοῦσα ἡμᾶς πρὸς τὴν ὄρεξιν
τὴν τῆς γαστριμαργίας
|: ⟨καὶ ἀφαιροῦσα τὴν ζωὴν τὴν αἰώνιον⟩. :| 10

κβ' Νῦν ταῦτα λέγων μὴ ἐρεθίσω
πολλοὺς πρὸς γυμνασίαν παμφάγον, φίλοι·
μὴ δείξω δὲ τοῦ πρωτοπλάστου λιχνωτέρους ἐν βρώμασιν·
τὸν γὰρ ζῆλον ἡμῶν, ὦ πιστότατοι,
περὶ τὴν ἐγκράτειαν τὴν μεγίστην ἐκήρυξα·
λειτουργεῖν γὰρ ἐπείγεσθε τὴν νηστείαν στέργοντες 5
ἐτησίως νῦν δεκάτας τῷ θεῷ ἡμῶν,
ὥσπερ Ἑβραῖοι ἐκ τῶν χρημάτων
προσέφερον κυρίῳ τὰς δεκάτας τῷ τύπῳ σημαίνοντες
τὴν μέλλουσαν νηστείαν,
|: δι' ἧς ἔχομεν ζωὴν τὴν αἰώνιον. :| 10

κγ' Ὁ ἀριθμὸς οὖν ἐν τῇ νηστείᾳ δηλούσθω ὁ τῆς δεκατώσεως,
φίλοι·
ἑπτὰ μὲν γὰρ αἱ ἑβδομάδες τῆς νηστείας ὑπάρχουσιν·
αἱ δὲ πέντε ἡμέραι ὑπόψηφοι
ἐφ' ἑκάστῃ δείκνυνται ἑβδομάδι νηστεύσιμοι,
ὡς ὑπάρχειν τριάκοντα πέντε ἃς νηστεύομεν, 5
καὶ νυχθήμερον πρὸς τούτοις τὸ τοῦ σαββάτου
τοῦ σωτηρίου ἔχομεν πάθους·
τριάκοντα ἓξ οὖν ἡμέραι πᾶσαι καὶ ἥμισυ γίνονται
δεκάτωσις τοῦ ἔτους,
|: δι' ἧς κτώμεθα ζωὴν τὴν αἰώνιον. :| 10

7¹ αἱ add. Maas, sed cf. 52 ις' 7¹ 10¹⁻² add. Maas

κβ' 1² metrum {∪−∪∪∪−∪∪−∪∪ / ∪−∪∪−∪∪−∪∪} : πρὸς] Pᶜ: om. P¹: παμφάγον]τὴν πάμφγον (−∪∪) Trypanis (accentus ut πάναγνος, πάμφυλος, πάναβρος, etc.)

κγ' 8¹ metrum ∪∪∪−∪−∪∪∪−∪

κδ' Σῶτερ τοῦ κόσμου, σὲ προσκυνοῦντες
λατρείαν λογικήν σοι προσφέρομεν ταύτην·
φιλάνθρωπε καὶ ἐλεῆμον, σὺ τοὺς πάντας ἐλέησον·
καὶ ἐσθίοντες γὰρ καὶ νηστεύοντες
πάντες σὲ δοξάζομεν τὸν ῥυόμενον ⟨ἅπαντας⟩
ἐκ τῆς πλάνης οὓς ἔπλασας· σὺ γὰρ εἶ [[ὁ]] θεὸς ἡμῶν, 5
εἰ καὶ ἄνθρωπος ἐγένου ὡς ἠθέλησας
ἐκ τῆς παρθένου καὶ παναγίας
Μαρίας τῆς [[πανα]]χράντου θεοτόκου· διό σοι προσπίπτομεν·
πρεσβείαις τῆς μητρός σου
|: δὸς τοῖς δούλοις σου ζωὴν τὴν αἰώνιον. :| 10

52 (84 Kr.)

ON REPENTANCE

Acrostichis: *ΤΟΝ ΠΡΟΦΗΤΗΝ ΚΥΡΙΟΥ*

Prooemium: *Ἰδιόμελον*

Ἀπεγνωσμένην τὴν Νινευῒ προέφθασας,
ἐπηγγελμένην τὴν ἀπειλὴν παρήγαγες·
καὶ τὴν ὀργὴν ἐνίκησε τὸ ἔλεός σου, κύριε·
σπλαγχνίσθητι καὶ νῦν ἐπὶ λαὸν καὶ πόλιν σου,
παλάμῃ κραταιᾷ τοὺς καθ' ἡμῶν κατάβαλε 5
πρεσβείαις τῆς θεοτόκου
|: προσδεχόμενος ἡμῶν τὴν μετάνοιαν. :|

Strophae: *Τὸ ἰατρεῖον τῆς μετανοίας* (App. Metr. xxxiv)

α' **Τὸ** ἰατρεῖον τῆς μετανοίας τοῖς γνώμῃ ἀρρωστοῦσιν ἀνέῳκται·
δεῦτε
προφθάσωμεν κἀκεῖθεν ῥῶσιν ταῖς ψυχαῖς ἡμῶν λάβωμεν·

κδ' 4² ἅπαντας add. Maas 5² ὁ del. Maas, sed cf. ιε' 5² 8¹ metrum
cf. ις' 8¹, κ' 8¹: ἀχράντου Trypanis m.c.

52 *Codices*: P
Editiones: Nulla
Titulus: On Repentance Trypanis: sine titulo P
Dies Festus: τῇ δ' τῆς δ' ἑβδομάδος τῶν νηστειῶν
Modus: ἦχος α'
Acrostichis: Τὸν προφήτην κυρίου P

ἐν αὐτῷ γὰρ ἡ πόρνη ὑγίανεν,
ἐν αὐτῷ ἀπέθετο   καὶ ὁ Πέτρος τὴν ἄρνησιν·
ἐν αὐτῷ τὸ ἐγκάρδιον   ἄλγος Δαβὶδ ἔθραυσεν,   5
    ἐν αὐτῷ καὶ Νινευῖται   ἰατρεύθησαν·
μὴ οὖν ὀκνῶμεν,   ἀλλ' ἀναστῶμεν
καὶ δείξωμεν τὸ τραῦμα   τῷ σωτῆρι   καὶ λάβωμεν ἔμπλαστρον·
    [[δωρεὰν γὰρ θεραπεύει]]   ὑπὲρ πάντα γὰρ πόθον
|: προσδέχεται ἡμῶν   τὴν μετάνοιαν. :| 10

β' Οὐκ ἀπαιτεῖ⟨ται⟩   μισθὸν οὐδὲ εἷς
                τῶν αὐτῷ προσελθόντων οὐδέποτε·   ὅτι
    οὐκ ἴσχυον   τῆς ἰατρείας   δοῦναι δῶρον ἀντάξιον,
διὰ τοῦτο δωρεὰν ὑγίαναν,
ἐκεῖνο δὲ ἔδωκαν,   ὃ καὶ δοῦναι ἐδύναντο,
ἀντὶ δώρων τὰ δάκρυα·   ἔστι γὰρ καὶ φίλτατα   5
    καὶ ἐράσμια τῷ ῥύστῃ   καὶ ποθούμενα·
μάρτυς ἡ πόρνη   ἅμα τῷ Πέτρῳ,
Δαβὶδ καὶ Νινευῖται,   ὅτι μόνον   κλαυθμὸν προσενέγκαντες
ὑπέπεσαν τῷ ῥύστῃ,
|: καὶ ἐδέξατο αὐτῶν   τὴν μετάνοιαν. :| 10

γ' Νικᾷ πολλάκις   κλαυθμὸς τὸν θεόν,
                εἰ ἔξεστιν εἰπεῖν, καὶ βιάζεται   ὄντως·
ἡδέως γὰρ   ὑπὸ δακρύων   ὁ οἰκτίρμων συνέχεται·
τῶν δακρύων δὲ τῶν ἐκ τοῦ πνεύματος,
οὐ τῶν ἐκ ⟨τοῦ⟩ σώματος   ὧν αἱ θλίψεις παραίτιοι·
καὶ νεκροὺς γὰρ δακρύομεν   καὶ ἐκ πληγῶν κλαίομεν·   5
    ἡ γὰρ σὰρξ πηλὸς ὑπάρχει   ῥέων ἄπαυστα·
κλαύσωμεν τοίνυν   ἀπὸ καρδίας,
ὃν τρόπον Νινευῖται   κατανύξει   τὸν οὐρανὸν ἤνοιξαν
    καὶ ὤφθησαν τῷ ῥύστῃ,
|: καὶ ἐδέξατο αὐτῶν   τὴν μετάνοιαν. :| 10

α' 9¹ del. Maas   θεραπεύει] |: (= signum ephymnii) add. P   9-10¹ δωρεὰν θεραπεύει |: προσδεχόμενος ἡμῶν Trypanis m.c.   10¹ προσ(δέχεται)
P^c: δέχεται P   ἡμῶν P^c: om. P
β' 1¹ corr. Maas m.c.   3 metrum ∪∪−∪∪−∪∪−∪∪: δωρεὰν διὰ
τοῦτο ὑγ. Trypanis m.c.   ὑγίαιναν P: corr. Maas
γ' 4¹ τοῦ add. Maas m.c.

δ' Περὶ οὖν τούτους   εἰλήσθω ὁ νοῦς·
                        αὐτῶν γὰρ καὶ ἐστὶν ἡ ὑπόθεσις,   ὅθεν
  σχολάσωμεν   καὶ τῶν ἐκείνοις   πεπραγμένων ἀκούσωμεν·
  μετ' ἐκεῖνο τὸ ἔμφοβον κήρυγμα
  ὃ πρώην ἐκήρυξεν   Ἰωνᾶς τοῖς μὴ νήφουσι,
  μετ' ἐκείνην τὴν ἄστεκτον   καὶ τὴν ἀνυπόστατον   5
    ἀπειλὴν ἣν ὁ προφήτης   προεκήρυξεν,
  οἱ Νινευῖται   ὥσπερ τεχνῖται
  ἐπιστηρίξαι πόλιν,   ἣν κακίαι   ἐσάλευσαν, ἔσπευσαν,
    οὐ λίθον ὑποθέντες,
  |: ἀλλὰ πέτραν ἀσφαλῆ   τὴν μετάνοιαν. :| 10

ε' Ῥοαῖς δακρύων   τὸν ῥύπον αὐτῆς
                      ἐκπλύναντες εὐχαῖς κατεκόσμησαν   ὅλην
  καὶ ἤρεσεν   ἐπιστραφεῖσα   [[ἡ]] Νινευῒ τῷ οἰκτίρμονι·
  τὸ γὰρ κάλλος αὐτῆς τὸ ἐγκάρδιον
  εὐθέως ὑπέδειξε   τῷ καρδίας ἐτάζοντι,
  καὶ τὴν σάρκα τὴν ἄμορφον   σάκκῳ σποδῷ μίξασα   5
    εὐποιΐαις ὡς ἐλαίῳ   ἐπεχρίσατο
  καὶ ταῖς νηστείαις   μυρισαμένη
  πρὸς τὸν ἀρχαῖον ἄνδρα   ἀναλύει   καὶ τούτῳ προσπλέκεται·
    διὸ καὶ ὁ νυμφίος
  |: ἠγκαλίσατο αὐτῆς   τὴν μετάνοιαν. :| 10

ϛ' Ὁ βασιλεὺς δὲ   αὐτῆς ὁ σοφὸς
                      καθάπερ νυμφοστόλος γενόμενος   τότε
  ἐκέλευσε   τὴν πόλιν πᾶσαν   ἀρετὴν ἀναδήσασθαι
  καὶ ὡς νύμφην λοιπὸν ἐκαλλώπισε
  καὶ κτήνη καὶ θρέμματα   ὡς εἰς φέρνην ηὐτρέπιζε·
  "Πάντα", λέγων, "προσφέρω σοι·   μόνον διαλλάγηθι,   5
    νυμφίε, θεέ, σωτήρ μου,   καταλλάγηθι
  τῇ πορνευσάσῃ   καὶ ἀποστάσῃ
  ἐκ τῆς ἀκηλιδώτου   συνουσίας   τῆς σῆς καθαρότητος·
    ἰδοὺ γὰρ σὲ φιλοῦσα
  |: σοὶ προσφέρει δωρεὰν   τὴν μετάνοιαν. :| 10

δ' 10¹ ἀσφαλῆ] |: (= signum ephymnii) add. P
ϛ' 6¹ metrum ⏑⏑–́⏑⏑⏑–⏑

6329   G g

ζ' **Φωνὴ ἀλόγων** ζητούντων νομήν,
                              ἀνθρώποις γὰρ ὁμοῦ καὶ τοῖς κτήνεσι πᾶσιν
ἐκέλευσα νηστείαν ἄγειν, ἕως ἂν φιλιωθῇς ἡμῖν·
εἰ ἐγὼ ὁ ἀνάσσων ἡνόμησα,
ἐμὲ μόνον ἔτασον καὶ τοὺς πάντας ἐλέησον·
εἰ δὲ πάντες ἡμάρτομεν, πάντων φωνὰς ἄκουσον,   5
τῶν βοῶν καὶ τῶν προβάτων τὰ μυκήματα
καὶ τῶν ἀνθρώπων τὰς ἱκεσίας·
ἐπιφθασάτω μόνον ἡ ῥοπή σου, καὶ πᾶν δεινὸν λέλυται·
οὐ δειλιῶμεν φόβον,
|: ἐὰν δέξῃ παρ' ἡμῶν τὴν μετάνοιαν. :| 10

η' **Ἡ** τὸν ζυγόν σου, σωτὴρ ἀγαθέ,
                              τραχήλου ἑαυτῆς ἀπορρίψασα, αὕτη
προσπίπτει σοι καὶ πάλιν τοῦτον ὑποθεῖναι ἐπείγεται·
Νινευΐ ἡ δραπέτις προσπίπτει σοι,
κἀγὼ ὁ ταλαίπωρος βασιλεὺς καὶ οἰκέτης σου
ὡς τοῦ θρόνου ἀνάξιος ἐπὶ σποδοῦ κάθημαι,   5
ὡς τὸ στέμμα καθυβρίσας κόνιν πέπασμαι,
ὡς μὴ ἁρμόζων τῇ πορφυρίδι
τὸν σάκκον ἐνεδύθην καὶ ὠδυνήθην· διὸ μὴ παρίδῃς με·
ἐπίβλεψον, σωτήρ μου,
|: καὶ ⟨νῦν⟩ πρόσδεξαι ἡμῶν τὴν μετάνοιαν. :| 10

θ' **Τίς** ὠφελία ἐν τῇ Νινευΐ, ἐὰν καταστραφῇ, ἀναμάρτητε
                                                              μόνε;
μὴ δύναται ὁ χοῦς ἐν Ἅιδῃ ἀναγγεῖλαι σοι αἴνεσιν;
διὰ τοῦτο οἱ ζῶντες ζητοῦμεν σε·
ἐκεῖνο ὃ πέφυκας, τοῦτο δεῖξον τοῖς δούλοις σου·
ἐλεήμων, οἰκτίρμων εἶ, οἴκτειρον, ἐλέησον,   5
μὴ ποιήσῃς ἥμας ⟨ἄγραν⟩ τῶν ἐχθρῶν ἡμῶν,
μὴ μισηθῶμεν ὡς Σοδομῖται,
μὴ γέλως ἐξαπίνης τοῖς ἐχθροῖς μου ἡ πόλις σου γένηται·
ἀλλὰ ὡς ἐλεήμων
|: ⟨καὶ⟩ νῦν πρόσδεξαι ἡμῶν τὴν μετάνοιαν. :| 10

ζ' 2³ ⏑⏑–⏑⏑–⏑⏑ metrum: φιλιώνω apud hodiernos Graecos
η' 1² σωτὴρ] Maas m.c.: σεῥ P   10¹ νῦν add. Trypanis m.c., cf. θ' 10¹
θ' 6¹ post ἥμας spatium; in margine πῆμα P: ἄγραν add. Maas: λῆμμα dub.
Trypanis   10¹ καὶ add. Trypanis m.c., cf. η' 10¹

ι' Ἡ ναυαγοῦσα ὁλκὰς Νινευΐ
καὶ πάσης τῆς ζωῆς ἀπελπίσασα, κράξον
καὶ αἴτησαι τὸν πάντων ῥύστην δεξιὰν ἐπιδοῦναι σοι·
ὁ γάρ σε κυβερνῶν οὐκ ἀκούομαι·
πάντων γὰρ τὰ πταίσματα ἐν ἐμοὶ μόνῳ φαίνεται·
διὰ τοῦτο οὖν κραύγασον· τάχα τοῖς σοῖς πείθεται   5
καὶ τοῖς δάκρυσί σου μᾶλλον ἐπικάμπτεται·
κλαῦσον, ὦ νύμφη, κλαύσατε, νέοι,
κλαύσατε, νεανίσκος σὺν παρθένῳ, πρεσβῦται καὶ νήπια,
ἐνώπιον κυρίου,
|: προσενέγκωμεν ⟨αὐτῷ⟩ τὴν μετάνοιαν." :| 10

ια' Νομοθετήσας τοιαῦτα ποτὲ
ὁ πάνσοφος ὁμοῦ καὶ πανεύφημος ἄναξ
ὑπήκοον τὴν πόλιν πᾶσαν εὗρεν ὥσπερ ἠθέλησεν·
καὶ μαστῶν ὁ θηλάζων ἀπείχετο,
παῖδες ἀσεβήσαντες ἡδονῶν ἀπετάξαντο,
καὶ τὸν γάμον τὰ γύναια τίμιον ἡγήσαντο   5
καὶ ἀμίαντον τὴν κοίτην διεφύλαξαν·
πάντες οἱ νέοι ἅμα πρεσβύταις
εὐχαῖς, λιταῖς, νηστείαις, εὐποιΐαις τὸν νῶτον συνέκαμψαν,
καὶ τοιαῦτα πραξάντων
|: προσεδέξατο ⟦ὁ⟧ θεὸς τὴν μετάνοιαν. :| 10

ιβ' Καὶ ἵνα γνῶμεν τὸ μεῖζον καλόν,
οὐκ εἶπεν ἡ γραφὴ ὅτι ἤσκησαν μόνον
οὐδ' ἔφησεν ὅτι νηστείαις καὶ τῷ σάκκῳ ἐχρήσαντο,
ἀλλὰ τί μετὰ ταῦτα ἐποίησαν·
ἐβόησεν ἕκαστος ἐκτενῶς πρὸς τὸν κύριον,
πρὸς ἐκεῖνον ⟨ὃν⟩ ἔφυγον πάλιν ἐπανέλυσαν·   5
οὐ γὰρ εὗρον ἄλλον οὕτω σπλαγχνιζόμενον
μετανοοῦντα ἐπὶ κακίαις,
καὶ ἀγαπῶντα σῴζειν καὶ φιλοῦντα λυτροῦσθαι καὶ ῥύεσθαι
καὶ σπεύδοντα οἰκτείρειν
|: καὶ δεχόμενον ⟨ἡμῶν⟩ τὴν μετάνοιαν. :| 10

ι' 10¹ αὐτῷ add. Trypanis m.c., cf. β' 10¹, γ' 10¹, ε' 10¹
ια' 3 ἀπετάξατο P¹   9¹ τοιαῦτα] Trypanis: ταῦτα αὐτῶν P   10¹ ὁ del. Trypanis m.c.
ιβ' 4² τὸν] Pᶜ: om. P   5¹ ὃν add. Maas   7¹ μετανοοῦντας dub. Maas
10¹ ἡμῶν add. Trypanis m.c.

ιγ΄ Ὑπὸ δὲ τούτων   εὐθὺς Ἰωνᾶς   τῇ λύπῃ ἑαυτὸν κατεμάρανε
                                                                                        λέγων·
  " Οὐκ ἔλεγον,   †ὅτι οἰκτείρεις   καὶ οὐ κτείνεις, φιλόψυχε†,
διὰ τοῦτο γὰρ φεύγειν ἐσπούδαζον,
οὐχ ἵνα ⟨μὴ⟩ πέμψῃς με,   ἀλλὰ ἵνα μὴ ψεύσωμαι·
καὶ τὰ νῦν ἠθύμησα,   οὐκ ἐπειδὴ ἔσωσας,   5
  ἀλλ' ἐζήτουν ὡς τῶν πρώτων   κῆρυξ γέγονα,
οὕτως καὶ τούτων   ἀξιωθῆναι·
ἀλλ' ἐγενόμην κῆρυξ   τῆς ὀργῆς σου   καὶ οὐ τῆς ἀφέσεως·
  ἐγὼ σκληρὸς οἰκέτης,
|: †σὺ δὲ πρᾶος καὶ φιλόστοργος†. :| 10

ιδ΄ Ῥανίδα μόνην   τῶν σῶν οἰκτιρμῶν
                      παράσχου μοι τὰ νῦν ὡς οἰκέτῃ σου·   λάβε
τὸ πνεῦμα μου·   καλὸν γὰρ ἔστι
                                τὸ θανεῖν ἢ τὸ ζῆσαι με "·
καὶ τοιαῦτα εἰπὼν ἐκαθεύδησε·
τῇ λύπῃ γὰρ πάντοτε   καὶ ὁ ὕπνος ἀκόλουθος·
ὁ δὲ μόνος ἀνύστακτος   τότε τὸν κοιμώμενον   5
τῇ σκιᾷ τῆς κολοκύντης   ἐπανέπαυσε,
ταύτῃ σκεπάζων   τὸν ἀθυμοῦντα
καὶ δι' αὐτῆς διδάσκων   τὸν προφήτην   μισεῖν τὸ ἀπότομον
  καὶ ἄπασι συμπάσχειν
|: καὶ φιλεῖν ⟨∪∪∪–⟩   τὴν μετάνοιαν. :| 10

ιε΄ Ἰδοὺ ὁ τύπος   τοῦ νόμου σαφῶς
                      ἐπὶ τῆς κολοκύντης γνωρίζεται   ὄντως·
φυεῖσα γὰρ   νυκτὸς ἐκείνη   Ἰωνᾶν ὑπεσκίαζε·
καὶ ὁ νόμος σκιάζων τὰ μέλλοντα
νυκτὸς ἀνεβλάστησε   τῷ Μωσῇ ὑπὸ νέφεα,
ἡ δὲ χάρις ὡς ἥλιος   ἄρτι ἀνατείλασα   5
  ἐπεκάλυψε τὸν νόμον   ὡς τὸ λάχανον·
ὅθεν ὁ κόσμος   ὡς ὁ προφήτης

ιγ΄ 3³ ἀλλ' P: corr. Maas   4¹ μὴ add. Trypanis (cf. Lxx Jn. 4. 1 sq.)
7² ἀξιωθῆναι] Trypanis: ἠξιώθην P   10¹⁻² σὺ δὲ πρᾶος καὶ φιλῶν τὴν
μετάνοιαν e.g. Trypanis (cf. ιζ΄ 10¹⁻²)
  ιδ΄ 3¹ τοιαῦτα] Trypanis: ταῦτα P
  ιε΄ 6² νέφεα] Trypanis: νέφελα P (cf. Lxx Ex. 20. 21)   7² ὡς τὸ]
Maas: ὥσπερ P

ἀφυπνισθεὶς κατεῖδεν ὅτι πᾶσαν τοῦ νόμου τὴν ἄγρωστιν
   ἐθέρισεν ἡ χάρις
|: καὶ ἐφύτευσεν ἡμῖν τὴν μετάνοιαν. :| 10

ις´ **Ὁ** μὲν προφήτης ποτὲ Ἰωνᾶς
              ἐχάρη κατιδὼν τὴν κολόκυνταν τότε
   καὶ ἄθροον ὡς ξηρανθεῖσαν θεωρήσας ἠθύμησεν·
   ὁ δὲ πλάστης φησὶ πρὸς τὸν ὅσιον·
   " Εἰ σφόδρα λελύπησαι ὑπὲρ ἧς οὐκ ἐκοπίασας,
   εἰ τὸ ἄνθος σε ἔθλιψε, πόσῳ μᾶλλον ἄνθρωπος;   5
   εἰ τοῦ χόρτου ξηρανθέντος ὠλιγόρησας,
   μὴ οἰκτείρω πόλιν ⟦τὴν⟧ τοιαύτην
   ἐν μέτρῳ δεκαδύο μυριάδας ἀνδρῶν πλήρης γέμουσαν;
   †διὸ οὖν μεγαλοψύχει
|: καὶ ἀγάπα σὺν ἡμῖν τὴν μετάνοιαν†." :| 10

ιζ´ **Υἱὲ** τοῦ μόνου καὶ μόνε θεέ,
        ὁ θέλημα ποιῶν τῶν φιλούντων σε, ῥῦσαι
   ὡς εὔσπλαγχνος ἐκ τῆς μελλούσης ἀπειλῆς, ἀναμάρτητε·
   ὡς ποτὲ Νινευίτας ᾠκτείρησας
   καὶ τῶν μυστηρίων σου Ἰωνᾶν κατηξίωσας,
   οὕτω νῦν τοὺς ὑμνοῦντάς σε λύτρωσαι τῆς κρίσεως   5
   καὶ ἐμοὶ μισθὸν τοῦ λόγου δὸς τὴν ἄφεσιν·
   λέγειν γὰρ οἶδα, πράττειν δ' οὐκ οἶδα,
   ἐπειδὴ οὖν οὐκ ἔχω ἔργα, σῶτερ, τῆς σῆς δόξης ἄξια·
   ἀλλ' οὖν διὰ τοὺς λόγους
|: ἐξελοῦ με ⟨ὡς⟩ φιλῶν τὴν μετάνοιαν. :| 10

ις´ 4² metrum ⏑ ⏑ – ⏑ ⏑ – ⏑ ⏑ : ἐκόπιασας dub. Maas (ut apud hodiernos
Graecos)   7¹ metrum cf. 51 κα´ 7¹: οἰκτειρήσω Trypanis m.c.   7² τὴν
del. Maas m.c.   9 metrum ⏑ ‒ ⏑ ⏑ ⏑ – ⏑
ιζ´ 7² δ'] Trypanis m.c.: δὲ P   10¹ ὡς add. Maas m.c.

53 (46 Kr.)

ON BAPTISM

Acrostichis: *ΤΟΥ ΤΑΠΙΝΟΥ ΡΩΜΑΝΟΥ ΑΙΝΟΣ*

Prooemium: *Ἰδιόμελον*

Τῆς κολυμβήθρας τὰ τέκνα, οἱ νεοφώτιστοι πάντες
εὐχαριστοῦντες βοῶμεν σοι, Χριστὲ ὁ θεός·
" Ἐφώτισας ἡμᾶς τῷ φωτὶ τοῦ προσώπου σου,
ἐνέδυσας στολὴν τὴν ἀξίαν τοῦ γάμου σου·
δόξα σοι, δόξα σοι, ὅτι οὕτως ηὐδόκησας 5
⟨|: τὴν ἀνάστασιν ἡμῶν." :|⟩

Strophae: *Ἰδιόμελον* (App. Metr. xxxv)

α' **Τ**ίς εἴπῃ, τίς δείξῃ Ἀδὰμ τῷ πρωτοπλάστῳ
τὸ κάλλος, τὸ καῦχος, τὸ κῦρος τῶν αὐτοῦ τέκνων;
τίς πάλιν διηγήσεται καὶ τῇ ταλαίνῃ Εὔᾳ,
ὅτι οἱ ἐκ ταύτης ἐβασίλευσαν
στολὴν φοροῦντες δόξης, καὶ μετὰ πολλῆς δόξης 5
δοξάζουσι τὸν δοξάσαντα τῷ σώματι, τῷ πνεύματι,
καὶ τῷ σχήματι λάμποντες.
βαβαὶ τοῦ θαύματος· οἱ πρώην ἄνθρωποι
ἐξαπίνης ἄγγελοι· οἱ πήλινοι πύρινοι·
καὶ τίς τούτους ὕψωσε; πάντως
|: ἡ ἀνάστασις ἡμῶν. :| 10

β' **Ο**ὐκέτι ὡς ξένοι τῶν θείων ἐξωθοῦνται,
ἀλλ' ἄρτι ὡς ἴδιοι τὸ " δεῦτε " ἤκουσαν πάντες·

53 *Codices*: P
Editiones: Tomadakis P.M.Y. ii, pp. 205 sq.
Titulus: On Baptism Trypanis: Εἰς τοὺς νεοφωτίστους P
Dies Festus: Ἰανουαρίου ϛ'
Modus: ἦχος πλάγιος δ'
Acrostichis: Τοῦ ταπεινοῦ Ῥωμανοῦ αἶνος P
Ephymnium: Per totum canticum post v. 10 δόξα σοι, δόξα σοι, ὅτι οὕτως ηὐδόκησας
add. P, quod del. Maas
Prooemium
6 τὴν ἀνάστασιν ἡμῶν dub. add. Maas
α' 5² πολλῆς δόξ.] Maas m.c.: δόξης πολλῆς P   6¹ metrum ∪ – ∪ ∪ – ∪ ∪:
δοξάζουν dub. Maas: τὸν del. Trypanis
β' 2¹ metrum ∪ – ∪ ∪ – ∪   ἴδιοι] φίλοι dub. Maas (cf. ιδ' 2¹, ιε' 1¹)

οὐκέτι παραστήκουσι τῇ θύρᾳ τοῦ νυμφῶνος,
ὅτι τὸν νυμφίον ἐνεδύσαντο·
οὐκέτι ἀπιστοῦνται, ἀλλὰ πάντα θαρροῦνται· 5
οὐκέτι ὡς κατάσκοποι, ἀλλ᾽ ὄντως ὡς ἐπίσκοποι
τῶν ἁγίων ἐφάπτονται·
οὐκέτι κρούουσι τὴν θύραν κράζοντες·
" Ὦ οἰκτίρμον, ἄνοιξον ", ἀλλ᾽ ἔνδοθεν ᾄδουσιν·
" Σὺ ἐφώτισας ἡμᾶς πάντας
|: ἡ ἀνάστασις ἡμῶν." :| 10

γ' Ὑψώθη ἡ πάλαι ταπεινωθεῖσα φύσις,
ὑψώθη, ἐπήρθη, καὶ θείαν ἔφθασε κτίσιν
ἐγένετο ὁ ἄνθρωπος θεὸς θεὸν φορέσας·
εὗρεν ὃν ἐζήτει εἰς παράδεισον·
ἐκζητήσας ἄλλο μετέπεσεν εἰς ἄλλο· 5
ἐνταῦθα δὲ ἐζήτησε καὶ τάχος ἐβασίλευσε
καὶ θεὸς ἐχρημάτισεν·
ἐκεῖ ἐδίψησε καὶ ὧδε ἔπιεν·
ἐκεῖ ἐπεθύμησε καὶ ὧδε ἐπέτυχε·
καὶ τίς τούτῳ δέδωκε [[ταῦτα]]; πάντως
|: ἡ ἀνάστασις ἡμῶν. :| 10

δ' Τρανὸς εἶ, λαμπρὸς εἶ, Ἀδάμ, καὶ ζηλωτὸς ὢν
τοῦ σὲ μισοῦντος ἐκτήκεις βάσκανον ὄμμα·
ὁρῶν σε γὰρ ὁ τύραννος μαραίνεται καὶ κράζει·
" Τίς ἐστιν ὃν βλέπω; οὐκ ἐπίσταμαι·
ὁ χοῦς ἀνενεώθη, ἡ κόνις ἐθεώθη· 5
ὁ πένης καὶ ἐλάχιστος ἐκλήθη καὶ ἐλούσατο
καὶ εἰσελθὼν ἀνέπεσεν·
[[καὶ]] πρὸς δεῖπνον ἕλκεται, φαγεῖν ἐτόλμησε
καὶ πιεῖν ἐθάρρησεν αὐτὸν τὸν ποιήσαντα·
καὶ τίς τούτῳ δέδωκεν; πάντως
|: ἡ ἀνάστασις ὑμῶν. :| 10

γ' 2² κτίσιν] Maas: φύσιν P   5¹ metrum ∪ − ∪ ∪ − ∪   9 ταῦτα del. Tom.
δ' 1² Ἀδάμ om. P¹: post ὢν add. Pᶜ: corr. Maas (cf. α' 1²)   2¹ metrum
cf. ιβ' 2¹   7¹ καὶ del. Maas (etiam Tom.) m.c.   10 ὑμῶν] Trypanis (cf.
θ' 10): ἡμῶν P

ε′ Ἀρχαίων πταισμάτων   αὐτοῦ οὐ μνημονεύει·
  προτέρων τραυμάτων   οὐλὴν οὐδ' ὅλως ἐμφαίνει·
πολύχρονον παράλυσιν   παρὰ τὴν κολυμβήθραν
  ἔρριψεν ὡς πάλαι ὁ παράλυτος·
καὶ νῦν ἐπὶ τῶν ὤμων   τὴν κλίνην οὐ βαστάζει,   5
  ἀλλ' ὄντως ἐπιφέρεται   σταυρὸν τοῦ ἐλεήσαντος
                                                                καὶ ἐμὲ ἀπολέσαντος·
πολλοὺς ἐν ὕδασι   πολλάκις ἔλουσεν
  φιλανθρώπως πρότερον,   καὶ οὕτως οὐκ ἔλαμψαν·
φαιδροὺς τούτους ἔδειξεν ἄρτι
|: ἡ ἀνάστασις ὑμῶν. :| 10

ϛ′ Πηγῆς ἀενάου   τῆς ἐν τῷ παραδείσῳ
  τὰ νάματα ὄντως   εἰς ποταμοὺς διαιροῦνται·
καὶ τούτοις †κατατεταγμένος†   ὁ Ἀδὰμ ἀρρωστήσας
  μίαν ἀλγηδόνα οὐ κατέπαυσε·
κατέκλυσε τὸ ὕδωρ   τὴν γῆν ἐπὶ τοῦ Νῶε   5
  καὶ ὅμως οὐκ ἀπέσμηξε   τὸν πρώην ἀρρωστήσαντα,
                                                                ἀλλὰ μᾶλλον ἀπέπνιξε·
καὶ τί ἐγένετο,   ὅτι τὰ ὕδατα
  τοῦ βυθίζειν ἔλαθε   καὶ σώζειν μεμάθηκεν;
ὄντως μετεσκεύασε ταῦτα
|: ἡ ἀνάστασις ὑμῶν. :| 10

ζ′ Ἰδοὺ μεῖζον βλέπω   τῆς Ἐρυθρᾶς θαλάσσης·
  ἐκείνη δειχθεῖσα   βυθὸς βατὸς τοῖς ἀνθρώποις
οὐκ ἔλουσεν, οὐκ ἔσωσεν   αὐτοὺς τῆς ἁμαρτίας·
  ἐνταῦθα δὲ καὶ ἔλουσε καὶ ἔσωσε·
κἀκεῖ μὲν οὐχὶ πάντας,   ἀλλὰ τὸν λαὸν μόνον   5
  ἐδέξατο τὰ ὕδατα,   ἐνταῦθα δὲ ἑκάστοτε
                                                                πᾶσιν ἔθνεσι πρόκειται·
οὐκ ἀποστρέφονται,   οὐκ ἀποκρίνονται·
  ' μὴ Φαραωνίτης εἶ; '   ἀλλ' ' εἴτις εἶ, εἴσελθε '·
ζῶν γὰρ ὕδωρ ἔδειξε τούτοις
|: ἡ ἀνάστασις ὑμῶν. :| 10

ε′ 3² τὴν κολυμβήθραν] P^c τῇ κολυμβήθᾳ P¹   8¹ φιλανθρώπως]
Trypanis m.c.: ὁ φιλάνθρωπος P   10 ὑμῶν Trypanis: ἡμῶν P
ϛ′ 3¹ κατατεταγμένος] (sic) P¹: ..]ούμενος P^c: [κυλινδ]ούμενος Orphanidis
10 ὑμῶν] Trypanis: ἡμῶν P
ζ′ 3¹ (οὐκ ἔβ)ρεξεν· οὐκ ἔσμηξεν Pγρ   10 ὑμῶν] Trypanis: ἡμῶν P

η' Ναμάτων κακίστων   πηγή ποτε ιάθη
   υπό Ελισσαίου   του σοφωτάτου προφήτου·
   εστείρου γὰρ τὰ γύναια   ἡ τῶν ὑδάτων γεῦσις
   νόσον ἀτεκνίας παρεχόμενα·
   καὶ ὅμως ἰαθέντα   καὶ μεταποιηθέντα   5
   οὐκ ἔμαθον τὰ ὕδατα   καθαίρειν ἁμαρτήματα
                             καὶ καινίζειν τὰ πνεύματα·
   ἀλλ' ὧδε ἔμαθον   καὶ πάντας ἥγνισαν
   καὶ τοῖς πᾶσι γεγόνασι   λουτρὸν ἀνακτίσεως·
   καὶ ἤνοιξε τοῦτο δωρεὰν
   |: ἡ ἀνάστασις ὑμῶν. :| 10

θ' Οὐκ οἶδα τί λέξω,   οὐκ οἶδα τί τελέσω·
   στενά μοι παντόθεν·   ἀπορῶ πρὸς ἃ βλέπω·
   ἡ χάρις ἄνευ δόσεως,   τὸ δῶρον ἄνευ δώρου·
   τίς οὖν ἐπὶ τοῦτο οὐκ ἐπείγεται;
   πτωχὸς ἔχει ὀκνῆσαι   ἢ πλούσιος ὀκλάσαι;   5
   οἱ ἄμορφοι αἰσχύνονται;   οἱ δοῦλοι οὐκ ἐπείγονται;
                             οἱ δεσπόται οὐ τρέχουσιν;
   οἱ πάντες ἔρχονται·   καὶ γὰρ ἀκήκοαν
   τοῦ δεσπότου φήσαντος·   ' πηγὴ παρ' ἐμοὶ ζωῆς·
   ἐγὼ λούω πάντας καὶ σμήχω,
   |: ἡ ἀνάστασις ὑμῶν.' :| 10

ι' Ὑπνοῦντας τοὺς πάντας   εἰς Ἅιδου κατωτάτου
   καθάπερ χειμάρρους   ὁ τοῦ λουτροῦ τούτου ἦχος
   ἀφύπνωσεν, ἀνέστησε   τοὺς ἐκ τοῦ παραβάντος
   καὶ τῇ κεφαλῇ μου ἐπεβίβασε·
   καθῆρε ῥυπωθέντας   καὶ ἄνευ ἀργυρίου   5
   ἐπλούτισε τοὺς ἅπαντας   καὶ μόνον λόγον ἔλαβε
                             παρ' αὐτῶν ἀνθ' ὧν ἔδωκε·
   ' πιστεύω ', ἔφησαν,   καὶ πάντα ἔλαβον·
   ἐμοὶ ἐνεφύσησαν   καὶ οὕτως ἐβόησαν·
   ' πιστεύομεν [[ὅτι]] ῥύεται ἥμας
   |: ἡ ἀνάστασις ἡμῶν.' " :| 10

η' 8¹ metrum ∪ ∪ – ∪ – ∪ ∪ –: τοῖς dub. del. Maas (et. Tom.) m.c. : γεγόνασι] γέγονε Trypanis m.c.   10 ὑμῶν] Trypanis: ἡμῶν P
θ' 2² metrum ∪ – ∪ – ∪ ∪ – ∪: ⟨καὶ⟩ ἀπορῶ Trypanis   6¹⁻³ οἱ] ἢ Orphanidis
ι' 9 ὅτι del.Trypanis m.c.

ια΄ Ῥημάτων τοιούτων   τὸν ὄχλον ὄντως ἔχοντα
    ὁρῶν ὁ Βελίαρ   τὸν νεοφώτιστον ἄρτι
καὶ νῦν ὑπὲρ τὸ πρότερον   δριμύτερον προσέχει
    τῷ τῆς κολυμβήθρας γεννήματι·
διὸ παρακαλῶ σε   ὡς πλεῖον ἀγαπῶν σε·   5
τερπνέ μου νεοφώτιστε,   ἀεὶ γενοῦ ὃ κέκλησαι
            πανταχοῦ νεοφώτιστος·
τερπνὸς ἑκάστοτε,   ὡραῖος πάντοτε,
μὴ νυμφίος σήμερον   καὶ αὔριον ἄγαμος·
ἥρμοσέ γαρ σε τῷ δεσπότῃ
|: ἡ ἀνάστασις ἡμῶν. :| 10

ιβ΄ Ὡς εἶπες· " Πιστεύω ",   ἐπίμεινον πιστεύων,
    ⟨καὶ⟩ ὡς συνετάξω,   οὕτω πολίτευσαι ἔξω·
μὴ ἅμα τῷ ἐνδύματι   ἐκδύσῃς σου τὴν δόξαν·
μεῖνον λευκοφόρος τὴν διάνοιαν.
μὴ εἴπῃ σοι ὁ πλάνος·   " Ἑπτὰ ἡμέρας μόνας   5
ὀφείλεις συναυλίζεσθαι   ᾧ ἔφθασας συντάξασθαι,
            καὶ μετέπειτα πάρελθε ".
ἀλλ' ὥσπερ ἔμαθες   καὶ χαίρων ἔψαλλες
" Ἐὰν τῆς φωνῆς αὐτοῦ   ἀκούσητε σήμερον ",
οὕτως ὕμνησον καθ' ἡμέραν
|: τὴν ἀνάστασιν ἡμῶν. :| 10

ιγ΄ Μὴ γάρ σοι ἀνάγκης   ἐπιτεθείσης ἦλθες,
ἢ ἄλλου βιαίως   ἑλκύσαντός σε εἰσῆλθες·
αὐτὸς αὐτὸν κατήπειξας   ἀκούσας τοῦ εἰπόντος·
" Δεῦτε οἱ διψῶντες με καὶ πίετε ".
καὶ μόνον ὡς εἰσῆλθες   καὶ τοῦτο ἠρωτήθης·   5
" Πιστεύεις ὅτι κέκτημαι   πηγὴν ζωῆς, ὦ ἄνθρωπε;"
        τὸ " Πιστεύω "· ἀντέφησας.
παρῆσαν ἅγιοι,   συνῆσαν ἄγγελοι,
    αἱ δυνάμεις ἵσταντο,   ἀρχαί, θρόνοι ἤκουον
σοῦ βοῶντος ὅτι " Πιστεύω
|: τὴν ἀνάστασιν ἡμῶν." :| 10

ια΄ 1² metrum ∪−∪∪∪−∪: ἔχων dub. Trypanis, cf. Mayser, Grammatik der gr. Pap. II. 3, pp. 193 sq.   4 metrum ∪∪∪∪−∪∪∪−∪∪
    ιβ΄ 2¹ καὶ add. Maas (sed cf. δ΄ 2¹)
    ιγ΄ 3¹ ⟨σ⟩αυτὸν Orphanidis (cf. ιε΄ 1², ιη΄ 1²)

ιδ′ **Ἀλλ'** ὅτι πρὸς τούτους ἐὰν ἀρνήσῃ ἔχεις,
φυλάττου, ὦ φίλε, καὶ ἀσφαλίζου παντόθεν·
μὴ κτήσῃ κατηγόρους σου τοὺς ἄνω καὶ τοὺς κάτω·
πᾶσα γὰρ ἡ κτίσις σοῦ ἀκήκοεν·
πολλάκις δὲ καὶ φόβῳ τῶν νῦν κρατούντων νόμων 5
προσῆλθες τῷ βαπτίσματι καὶ γέγονας ὃ γέγονας
τὸν καιρὸν αἰσχυνόμενος·
καὶ τί σοι γένηται, ὅταν ἐλεύσεται
ὁ καιρὸς τῆς κρίσεως καὶ πάντα ἐλέγχεται
καὶ τοῖς πᾶσιν ἀνταποδώσει
|: ἡ ἀνάστασις ἡμῶν; :| 10

ιε′ **Νουθέτει**, ὦ φίλε, σαυτὸν ἐν τοῖς τοιούτοις,
κἂν φόβῳ προσῆλθες, λοιπὸν ἐπίμεινον πόθῳ·
ἀγάπησον ἃ ἔλαβες, καὶ σφίγξον ἃ κατέχεις·
μὴ αὐτομολήσῃς πρὸς τὰ πρότερα·
μὴ γένῃ καταγέλως τοῦ νῦν σε φοβουμένου· 5
ἐὰν γὰρ θεωρήσῃ σε δραμόντα πρὸς τὰ πρότερα,
ἐπιχαίρων σοι φθέγγεται·
" Οὐκ ἀπετάξω μοι καὶ τῇ λατρείᾳ μου,
οὐ Χριστὸν ἠγάπησας, κἀμοὶ ἐνεφύσησας,
οὐκ ἠρνήσω με λέγων· ' σέβω
|: τὴν ἀνάστασιν ἡμῶν.' " :| 10

ιϛ′ **Οὐκοῦν** ἵνα μή σε ὁ ἐχθρὸς ὀνειδίσῃ,
μήτε ὁ οἰκτίρμων ὡς παραβάτην σε κρίνῃ,
ἐπίβλεψον τῷ ὅπλῳ σου ᾧ νῦν ἐθωρακίσω,
φρόνησον ἐπάξια τοῦ κάλλους σου·
μνημόνευε καθ' ὥραν, τίς ἦς καὶ τί ἐγένου· 5
εἰς νοῦν φέρε ἑκάστοτε τὴν πρώτην σου εὐτέλειαν
καὶ τὴν νῦν βασιλείαν σου·
μὴ λάθῃ, ἄνθρωπε, τῶν γενομένων σοι,
μὴ κριθῇς ἀνόητος καὶ κτήνεσιν ὅμοιος·
σύνες πάντα καὶ ἀνευφήμει
|: τὴν ἀνάστασιν ἡμῶν. :| 10

ιδ′ 5¹ sq. ad Iustiniani de baptismate leges spectat, cf. BZ. 15, 1906, p. 32
ιϛ′ 1² metrum ∪ - ∪ ∪ ∪ - ∪   7¹ λάθῃ] Orphanidis : λάθῃς P

ιζ' Υἱόν σε ὁ πλάστης καὶ κληρονόμον ἔχει·
οὓς γὰρ ἀποτίκτει ἡ μήτρα τῆς κολυμβήθρας
λαμβάνει ὁ φιλόστοργος πατὴρ ὁ ἐπὶ πάντων
καὶ εἰς κληρονόμους ἀναγράφεται·
ἰδὲ οὖν, ἀδελφέ μου, πατέρα τίνα ἔχεις 5
καὶ τούτῳ προσκολλήθητι· μὴ λίπῃς τὸν γεννήσαντα
καὶ λοιπὸν κατεντύχῃ σου
βοῶν· " Ἀκούσατε, υἱὸν ἐγέννησα
καὶ γεννήσας ὕψωσα, αὐτὸς δὲ ἠθέτησεν
ὁ πρὸ ὥρας κράζων μοι· ' σέβω
|: τὴν ἀνάστασιν ἡμῶν.' " :| 10

ιη' Ἀνάτεινον ὅλον σαυτὸν ἐπὶ τὸ θεῖον,
καὶ γὰρ ὄντως ὅλων τῶν θείων νῦν ἠξιώθης·
οὐδέν σοι μέρος ἄμοιρον ἐγένετο τῆς δόξης·
ἅπαντα δὲ σύμπασιν ἡγίασται·
μὴ σπεύσῃς σου μολῦναι τὰ ὄμματα ταῖς θέαις· 5
τὰ ὦτα μὴ σπιλώσῃ σου ὁ φθόγγος ὁ ὀλέθριος
ὁ καλῶν εἰς ἀπώλειαν·
μὴ βορβορώσῃς σου τὸ στόμα ᾄσμασιν,
οἷς ἐχθρὸς μὲν τέρπεται, ψυχὴ δὲ βαρύνεται·
ἁπλῶς ὕμνει πάντοτε βοῶν
|: τὴν ἀνάστασιν ἡμῶν. :| 10

ιθ' Ἰδοὺ ἀνεκτίσθης, ἰδοὺ ἀνεκαινίσθης,
μηκέτι συγκάμψῃς τὸν νῶτον ἐν ἁμαρτίαις·
ἐκτήσω, νεοφώτιστε, σταυρὸν ὡς βακτηρίαν·
τούτῳ τὴν νεότητα σου στήριξον·
αὐτὸν ἐν τῇ εὐχῇ σου, αὐτὸν ἐν τῇ τραπέζῃ [[σου]], 5
αὐτὸν ἐπὶ τῆς κλίνης σου ὡς καύχημά σου πρόφερε
πανταχοῦ, νεοφώτιστε·
καὶ γὰρ οἱ δαίμονες ὡς κύνες ἄγριοι
ὑλακτοῦσι πάντοτε· πρὸς οὓς ἀναβόησον·
" Σταυρὸν [[μου]] ἔχων ἵσταμαι στέργων
|: τὴν ἀνάστασιν ἡμῶν." :| 10

ιζ' 7¹ λάθῃ] Orphanidis: λάθης P
ιθ' 5² σου del. Trypanis m.c.   9 μου del. Maas (etiam Tom.) m.c.

53 CANTICA ON VARIOUS SUBJECTS

κ' **Νῦν**, ὅτι τῇ ποίμνῃ   Χριστοῦ συναγελάζει,
   ἀπόσχου τῶν λύκων,   μὴ συμμιγῇς ⟦τοῖς⟧ ἀκαθάρτοις·
   ἀμνὸς εἶ ἁπαλόσαρκος·   μὴ ἀποσκληρυνθήσῃ·
   μὴ ἀπολιθώσῃ †ἔσο πέτρινος†·
   μὴ εἴπῃ σοι ὁ πλάνος·   "Μὴ ψέγε οὓς οὐ σέβει",   5
   μήδ' ὅλως ὑποσύρῃ σε   καιρὸν παρατηρήσασθαι
                                καὶ ἡμέρας φυλάξασθαι,
   τοῦ μὲν μὴ ἅπτεσθαι,   τοῦ δὲ ἀπέχεσθαι
   ⟨∪∪–∪–∪∪⟩ τῶν πάντων κυρίευσον·
   πάντα γάρ σοι δέδωκε δοῦλα
   |: ἡ ἀνάστασις ἡμῶν. :| 10

κα' **Οὐ** λέγει ἐφάπαξ·   "Ἀπόστα τοῦ θεοῦ σου",
   ἀλλὰ κατὰ μέρος   τῶν θείων ἀποσυλεῖ σε
   δεικνύων σοι ἐνύπνια   καὶ δι' αὐτῶν πτοῶν σε
   καὶ ἐν τοῖς ὀνείροις σου φαντάζων σε·
   "Τοῦ τόπου τούτου χώρει·   τοῦ δένδρου τούτου φεῦγε·   5
   τὸ φρέαρ τοῦτο τίμησον,   ἐγὼ γὰρ τούτῳ ἕπομαι
                                καὶ μέλλω εἶναι ἄγγελος".
   μὴ τούτοις πείσῃ σε   καὶ ὑποφθείρῃ σε,
   καὶ νομίσῃς, ἄνθρωπε,   τὸν δαίμονα ἄγγελον·
   μᾶλλον πάτησον αὐτὸν σέβων
   |: τὴν ἀνάστασιν ἡμῶν. :| 10

κβ' **Σωφρόνει** καὶ φρόνει   λοιπὸν τὰ τοῦ κυρίου·
   αὐτοῦ γὰρ ἐκλήθης   καὶ εἶ πιστὸς οἰκονόμος·
   διὸ καὶ παρακάλεσον   τὸν ἐμπιστεύσαντά σοι
   ὑπὲρ τῆς εἰρήνης τῶν ψυχῶν ἡμῶν·
   εἰπὲ τῷ νυμφίῳ σου   τῷ νῦν σοι συνημμένῳ·   5
   "Προσπίπτω σοι, ἐπίνευσον   καὶ δὸς ὡς πολυέλεος
                                 τὴν εἰρήνην τῷ κόσμῳ σου,
   ταῖς ἐκκλησίαις σου   τὴν σὴν βοήθειαν,
   τοῖς ποιμέσιν εὔνοιαν,   ταῖς ποίμναις ὁμόνοιαν,
   ἵνα πάντες πάντοτε ὑμνῶμεν
   |: τὴν ἀνάστασιν ἡμῶν." :| 10

κ' 2² τοῖς del. Maas m.c.   4 ἀπολιθώσῃ] (sic) P¹ : ἀπολιθωθήσῃ Pᶜ ἀπολιθώσῃ σε ὁ πέτρινος dub. Orphanidis   6² καιροὺς Orphanidis
κα' 6³ metrum ∪∪–∪∪–∪∪
κβ' 9 metrum ∪∪–∪–∪∪–∪: πάντοτε] πάντα Trypanis m.c.

54 (62 Kr.)

ON EARTHQUAKES AND FIRES

Acrostichis: *ΤΟΥ ΤΑΠΕΙΝΟΥ ΡΩΜΑΝΟΥ Ο ΨΑΛΜΟΣ*

Prooemium: *'Επεφάνης σήμερον*(App. Metr. xxix)

Τοὺς ἐν θλίψει, κύριε,   κατεχομένους
μὴ παρίδῃς κράζοντας   ἐν μετανοίᾳ σοι, σωτήρ·
" Τῇ εὐσπλαγχνίᾳ σου δώρησαι   πᾶσιν ἀνθρώποις
|: ζωὴν τὴν αἰώνιον." :|

Strophae: *Τῇ Γαλιλαίᾳ* (App. Metr. v)

α' Τὸ ἰατρεῖον τῶν ψυχῶν   τοῖς γνώμῃ ἀρρωστοῦσι
                                            προέθηκεν ἀφθόνως
ὁ μόνος τῶν σωμάτων   καὶ τῶν ψυχῶν ἰατρευτής,
ἵνα οἱ νοσοῦντες   ἰατρείαν ἐξ αὐτοῦ
                                            αἰτοῦσι καὶ λαμβάνουσιν·
ὁ ῥύστης μὲν γὰρ σπεύδει   τὰ τραύματα   πάντων θεραπεύειν,
καὶ πρὸ πάσης ἱκεσίας   χαρίζεται   πάντα συμφερόντως· 5
συστέλλει δὲ ποτὲ   τὴν χεῖρα πρὸς δόσιν
διεγείρων τὸ νωθρὸν   τὸ τῶν ῥᾳθύμων,
πλάττων ὡς σοφὸς   τὴν ἴασιν τῶν πταιόντων,
ἵνα παρέχῃ
|: ζωὴν τὴν αἰώνιον. :| 10

β' Ὁ τῆς ζωῆς γὰρ χορηγός,   ἡ πάντων σωτηρία
                                            πρὸς πάντας ἡπλωμένη,
οὐ περιγραφομένη   ἀεὶ ἀέννaος πηγὴ
πᾶσι μὲν δωρεῖται   ὡς δεσπότης ἀγαθὸς
                                            μεγάλα τὰ χαρίσματα·

---
54 *Codices*: P
Editiones: Mioni, R. il. M., pp. 86 sq.; Tomadakis P.M.Y. 1, pp. 89 sq.
Titulus: On Earthquakes and Fires Trypanis: Εἰς ἕκαστον σεισμὸν καὶ ἐμπρησμόν P
Dies Festus: Τῇ δ' τῆς γ' ἑβδομάδος τῶν νηστειῶν
Modus: ἦχος δ'
Acrostichis: Τοῦ ταπεινοῦ Ῥωμανοῦ ψαλμός P
   α' 8¹⁻² πλάττει τε ἀεὶ τ'. σφίγγ' τ. θέλων δοῦναι (?) P^c

θέλει δὲ ⟨ἀπ⟩αιτεῖσθαι   τὰς χάριτας,   ἵνα συνεθίσῃ
τοὺς οἰκέτας τοῦ προσφέρειν   τὴν δέησιν
              τούτῳ ὡς δεσπότῃ· 5
ὀργίζεταί δε που   ἐπὶ ῥᾳθυμίαις
προσποιούμενος ἀεί,   ὅπερ οὐκ ἔχει·
χρηστότητος γὰρ   τὸ ἔργον ὑπάρχει τοῦτο,
ἵνα παρέχῃ
|: ζωὴν τὴν αἰώνιον. :| 10

γ' Ὑπόδειγμα δὲ ἀληθὲς   τῆς τούτου εὐσπλαγχνίας
            καὶ ὅτι οὕτως ἔδει,
ἐν σχήματι δὲ μόνῳ   ὀργίζεται ὁ ἀγαθός,
τοὺς Ἰσραηλίτας   ἁμαρτήσαντας ποτὲ
          καλῶν πρὸς ἐπιστροφὴν
πρὸς τὸν Μωσέα λέγει   τὸν δίκαιον· " Ἔασόν με, φίλε,
θυμωθῆναι καὶ ἐκτρῖψαι   τοῖς νόμοις μου
           τοὺς μὴ πειθαρχοῦντας ". 5
κεκράτητο μὲν γὰρ   τῇ φιλανθρωπίᾳ,
ἐπιγράφει δὲ Μωσῇ   δῆθεν τὸ σχῆμα·
" Ἔασον ", φησίν,   " ἐκτρίψω τοὺς ἀπειθοῦντας,
ἵνα καὶ δώσω
|: ζωὴν τὴν αἰώνιον." :| 10

δ' Τούτῳ γὰρ δῆθεν τῷ Μωσῇ   τὴν πᾶσαν ἐπιγράφει
           κατάστασιν ὁ κτίστης
δεικνὺς φιλανθρωπίας   μεστὴν ὑπάρχειν τὴν ὀργήν·
τίθησιν εἰς χεῖρας   Μωϋσέως τοῦ θυμοῦ
          ὁ πλάστης τὴν διοίκησιν,
ἵνα ἀκούων τούτου   τὸ " Ἄφες με "   ἔννοιαν κινήσῃ,
ὅτι ὅλως ἐξισχύει   κρατεῖν αὐτοῦ,   ὅταν ὀργισθείη, 5
προσπέσῃ δὲ αὐτῷ   καὶ κράξας βοήσῃ·
" Ἀμνησίκακε θεὲ   καὶ πανοικτίρμον,
οὐ μή σε ἀφῶ,   ἂν μή μοι κατεπαγγείλῃ
τούτοις παρέχων
|: ζωὴν τὴν αἰώνιον." :| 10

β' 4¹ ⟨ἀπ⟩αιτεῖσθαι Maas m.c.
γ' 1³ οὕτως] οὐχ ὡς Maas ἔδει] ἔχει Orphanidis 3³ metrum
◡⏒◡◡—◡◡ 4¹ Μωσέα] Maas : Μωϋσέα P
δ' 4¹ τούτου] Maas : σοῦ P 9 παρέχειν dub. Maas

ε' Ἄγαν ἦν οἰκονομικὸν καὶ τὸ τῆς Χαν⟨αν⟩αίας,
                                              ὅτιπερ θεραπεύειν
ἐπείγετο ὁ κτίστης   τὴν θυγατέρα τὴν αὐτῆς·
ἆραι γὰρ τὸν ἄρτον   τὸν τῶν τέκνων καὶ βαλεῖν
                                        κυσὶ φησὶν οὐ δίκαιον·
ἔνδοθεν ὁ δεσπότης   φιλάνθρωπος,   ἔξωθεν ὀργίλος·
οὐκ ὀκνεῖ γὰρ ὑπολήψεις   προσκτήσασθαι
                                         τῶν καθυβριζόντων 5
σπουδάζων ὡς σοφὸς   τὴν ὑβριζομένην
στεφανῶσαι τὴν καλῶς   ἀνεχομένην·
οὔτε γὰρ ναρκᾷ   τὸ γύναιον πρὸς τὴν ὕβριν,
ἀλλὰ καὶ αἰτεῖ
|: ζωὴν τὴν αἰώνιον. :| 10

ϛ' Πᾶσα γὰρ δόσις ἀγαθὴ   καὶ πᾶν δώρημα κρεῖττον
                                         ἐξ ὕψους καταβαίνει
ἐκ τοῦ πατρὸς τῶν φώτων,   ὡς ὁ ἀπόστολος φησίν·
ἀλλ' οὐ κατ' ἀνάγκην,   τῇ αἰτήσει δὲ ἡμῶν
                                          θελήσει παραγίνεται·
τῷ μὲν γὰρ ἡ ἀνάγκη   ἐχθρά ἐστι   πᾶσα τε ἡ βία·
οὐ γὰρ θέλει τῶν ἀνθρώπων   βιάζεσθαι
                                        γνώμας τὰς ἐν τούτοις· 5
αὐτὸς ὡς ἀγαθὸς   τὴν βίαν ἐκ τούτων
ὑπομένει· ἐνδιδούς   χαίρει γὰρ ὄντως
παρὰ βιαστῶν   ἁρπάζεσθαι βασιλείαν,
πᾶσι δὲ δοῦναι
|: ζωὴν τὴν αἰώνιον. :| 10

ζ' Ἐν τούτοις βούλεται θεός·   ἡμεῖς δὲ ἀμελοῦμεν
                                          καὶ φεύγομεν προθέσει
τὴν χάριν τοῦ σωτῆρος   ἐπιθυμοῦντες τῶν κακῶν·
πρᾶξις γὰρ ὁποία   εὑρεθήσεται ἡμῖν   ἢ ποῖος λόγος ἄξιος
πρὸς τὸν ὑπὲρ ἀνθρώπων   ἑλόμενον   πάντα ὑπομεῖναι;
τίς ἡμᾶς δὲ ἐξαιτεῖται   καὶ ῥύσεται   ἆρα ἐν ἀνάγκῃ;   5

ε' 2² Χαναναίας] Maas : Χαναίας P
ϛ' 3 παραγίνεται] Maas: παραγίνεσθαι P : θέλει συμπαραγίνεσθαι Orphanidis
ζ' ζ'] η' P   5¹ ἐξαιρεῖται Orphanidis

καὶ μὴ αὐτὸς ἡμᾶς   Χριστὸς καθ' ἑκάστην
προτρεπόμενος καλεῖ,   καὶ οὐ φρονοῦμεν;
ὥσπερ γὰρ πατὴρ   ἐπάγει τὴν σωφροσύνην,
ἵνα παράσχῃ
|: ζωὴν τὴν αἰώνιον. :| 10

η' Ἰδοὺ ὁποῖα γέγονε   τῷ γένει τῶν ἀνθρώπων
                                παρὰ τοῦ φιλανθρώπου,
καὶ ποῖα ἀντεδόθη   ὑπὲρ ἁπάντων τῷ θεῷ·
τὸ φυτὸν τὸ πρῶτον,   ὃ ἐφύτευσεν εὐθὺς
                                καλὸν τῆς ἀνθρωπότητος,
πῶς ἄκαρπον εὑρέθη   καὶ ἄξιον   τοῦ ἐκριζωθῆναι·
τὸν δὲ φίλον ὅνπερ ἔσχε   συνέστιον   εὕρηκε προδότην·   5
ἐκεῖνος μὲν ἐκ τῶν τῆς δημιουργίας
προοιμίων τυραννεῖν   διενοήθη,
οὗτος πιστευθεὶς   τὸν πλοῦτον, Χριστὸν ἐπώλει·
ὅθεν οὐκ ἔχει
|: ζωὴν τὴν αἰώνιον. :| 10

θ' Ναρκοῦν λαμβάνει τὴν ἀρχὴν   τὸ γένος τῶν ἀνθρώπων
                                ἐκ τῆς τοῦ πρωτοπλάστου
ῥίζης, τοῦ ἁμαρτάνειν   ἐξεναντίας τῷ θεῷ·
ἀλλ' ὁ ἐλεήμων   φιλανθρώπως γεωργεῖ
                                ἀρδείαις τοὺς χηρεύοντας
ποτὲ μὲν νουθεσίαις,   ἠπείλει δὲ   ἄλλοτε παιδεύων·
πρὸς δὲ τούτοις καὶ προφήταις   ἐχρήσατο
                                νόμων ταῖς φυτείαις·   5
ὅθεν τῇ ἀρετῇ   τῇ τῆς γεωργίας
ἐξεβλάστησε καλὸν   δένδρον τῷ γένει
ἐκ παρθενικῆς   νηδύος ἐξανατέλλον,
πᾶσι παρέχον
|: ζωὴν τὴν αἰώνιον. :| 10

ι' Ὁπόσα μὲν οὖν ὁ Χριστὸς   ἐτέλει φιλανθρώπως
                                εἰς πάντων σωτηρίαν,
πᾶσι δῆλον ὑπάρχει   τοῖς πεποιθόσιν ἐπ' αὐτῷ·

6¹ καί] οὐ dub. Orphanidis
η' 6¹⁻² metrum : divisio neglecta
θ' 3³ χηρεύοντας] χερσεύοντας Maas, cf. 3 ιε' 8¹ sq.

πῶς μὲν τοὺς τελώνας   μαθητεύειν τοῖς αὐτοῦ
                                    ἐδίδαξεν ὡς εὔσπλαγχνος,
καὶ ὅπως καὶ τὰς πόρνας   ἐπαίδευσε   χάριν μετανοίας·
ἁλιεύει ἐκ ναμάτων   καὶ γύναιον   ἐκ τῆς Σαμαρείας·   5
ἐκφέρει θαυμαστῶς   καὶ τοὺς ἀχαρίστους
καὶ ἐχόρτασεν αὐτοὺς   ἐν τῇ ἐρήμῳ·
οἶνον δὲ αὐτοῖς   ἐξ ὕδατος ἐχορήγει
πᾶσι παρέχων
|: ζωὴν τὴν αἰώνιον. :| 10

ια΄ Ὑπὲρ ἁπάντων τῶν βροτῶν   τὸ χρέος ἀποτίσας
                                    τὸ ἐκ τῆς ἁμαρτίας
    ἐδίδαξε τοὺς πάντας   τηρεῖν αὐτοῦ τὰς ἐντολάς
    ἀλλ' ἐπείπερ ταύτας   οὐ φυλάττομεν ἡμεῖς
                                βουλήσει παρατρέχοντες,
ὀργῆς ἡμᾶς πολλάκις   διήγειρεν   ἅπαντας δειλία
ἢ θυμὸς ὁ περιζέων   θερμότητι   πρὸς τὴν τιμωρίαν·   5
ἀλλ' ὥσπερ ἰατρὸς   προσφέρει τῷ πάθει
τὸ δριμύτατον ἀεὶ   τὸ τῶν φαρμάκων,
οὕτως ὁ Χριστὸς   παιδεύει καὶ ἰατρεύει
πᾶσι παρέχων
|: ζωὴν τὴν αἰώνιον. :| 10

ιβ΄ Ῥᾳδίως ἴδωμεν σαφῶς,   πῶς πάντας ἰατρεύει
                                    καὶ πάσαις δὲ ταῖς νόσοις
ἐμπλάστρους προσαρμόζει   ὁ τῶν ψυχῶν ἰατρευτής·
οἶδε ποίον πάθει   ἐπιτήδειόν ἐστι   καὶ χρήσιμον παράγγελμα·
ἐπίσταται δὲ ποῖον   χειρούργημα   τραύματι ἁρμόζει·
εἰ δὲ καὶ ταῖς κολακίαις   ὁ πάσχων δὴ   ἀποστασιάζει,   5
λοιπὸν ἐφ' ἕτερον   μεταβαίνει τρόπον
καὶ δι' ἔργων τοῦ λοιποῦ   ἀδρανεστέρων
πράττει ὡς σοφὸς   τὴν τέχνην τῆς ἰατρείας,
ἵνα καὶ σχῶμεν
|: ζωὴν τὴν αἰώνιον. :| 10

ι΄ 3² τοῖς] τοὺς Orphanidis
ια΄ 1² ἀποτίσας] Orphanidis: ἀπωτήσας P   5¹ περιζέων] Pᶜ: ὁ ζέων P¹
ιβ΄ 1¹ ἴδωμεν] Maas: εἴδομεν P   8¹ πράττει] Maas (cf. ιζ΄ 8¹) : πράτ-
των P

ιγ′ Ὡς γὰρ οὐ λόγων ἐπῳδαῖς   τὰ πάντων ἰατρεύων
                                              εὕρῃ τοὺς ἀπειθοῦντας,
   μετέρχεται ἐν ἔργοις   τὴν θεραπείαν τὴν ἡμῶν·
   σείει γὰρ τὴν κτίσιν   καὶ ποιεῖ βρύχειν τὴν γῆν
                                              ἐκ τῶν ἁμαρτιῶν ἡμῶν·
   τὸν χρόνον τοῦ σεισμοῦ δὲ   στενάξαντες,   πάλιν πρὸς τὸ ἔθος
   ἐκδραμόντες λησμοσύνῃ   δεδώκαμεν   ἅπαντα τὸν φόβον·   5
   διὸ προσέταξε   νεφέλαις πολλάκις
      τὰς ψεκάδας μηδαμῶς   δοῦναι τὸν ὄμβρον,
   ἵνα τῆς ψυχῆς   τὸ ῥᾴθυμον ἀφυπνίσῃ,
      ὥστε αἰτεῖσθαι
   |: ζωὴν τὴν αἰώνιον. :| 10

ιδ′ Μίαν δευτέραν τὴν πληγὴν   ὁ κτίστης ἐπιφέρων,
                                              ἀνθρώπους δὲ εὑρίσκων
   κρείττους μὴ γινομένους,   ἀλλὰ καὶ χείρους ἑαυτῶν,
   τότε ἀθυμίαν   ἐπιφέρει εἰς αὐτὴν   τὴν τράπεζαν τῆς χάριτος,
   καυθῆναι συγχωρήσας   τὰ ἅγια   τὰ τῆς ἐκκλησίας,
   ὡς καὶ πρώην ἀλλοφύλοις   ἐκδέδωκε   κιβωτὸν τὴν θείαν·   5
   καὶ ἐξεχέετο   ὁ θρῆνος τοῦ πλήθους
   ἐν πλατείαις τε ὁμοῦ   καὶ ἐκκλησίαις·
   τὰ πάντα γὰρ πῦρ   διέφθειρεν, εἰ μὴ ἔσχον
      †θεὸν τὸν παρέχοντα† πᾶσι
   |: ζωὴν τὴν αἰώνιον. :| 10

ιε′ Ἅπαντες ἴσασιν εἰκὸς   τὰ τότε γεγονότα,
                                              ὧν εἰκότως ἡ μνήμη
   τὸν νοῦν αἰχμαλωτίζει   καὶ τὴν διάνοιαν ἡμῶν,
   καὶ ὀκνηροτέραν   καὶ τὴν γλῶτταν τὴν ἡμῶν
                                              ποιεῖ πρὸς τὴν διήγησιν·
   τὸ πῦρ μὲν γὰρ ταῖς ὕλαις   ἐτρέφετο   σπεῦδον διατρέχειν
   ὑπ' ἀνέμων ἐπιφόβων   ὠθούμενον   πρὸς τὸ κατακαίειν,
   ἡμεῖς δὲ πρὸς αὐτὸ   τὸ πάθος ἀλγοῦντες
   εἰς κακίαν τὴν ὀργὴν   μεταποιοῦμεν·

ιγ′ 1² τὰ] τὸ Orphanidis   ἰατρεῖον Orphanidis   1³ εὐπειθοῦντας Orphanidis   v. 1 corruptus videtur   7² τῶν ὄμβρων Orphanidis
ιδ′ 9 metrum: – ‿ ‿ – ‿
ιε′ 2² ἡμῶν] Maas: ὑμῶν P   7² μεταποιοῦμεν dub. Maas

οὐκ ἔγνωμεν γὰρ κἂν οὕτως μετανοῆσαι,
ὥστε καὶ ἔχειν
|: ζωὴν τὴν αἰώνιον. :|

ις' Νεφέλης δίκην μὲν τὸ πῦρ ἐν ὅλῳ τῷ ἀέρι
ἐκτύπει ἐξαστράπτον
καὶ πάντα καταφλέγον, ἦχον καὶ φόβον ἐμποιοῦν,
οὐκ ἀνέμοις εἶκον ἐναντίοις καὶ πολλοῖς,
οὐχ ὕδατα φοβούμενον·
πρὸς τούτοις δὲ τὸ ὕδωρ ἐγείρετο τὸ ἐν τῇ θαλάσσῃ·
τῶν ἀνθρώπων δὲ αἱ χεῖρες ἀνόνητοι πρὸς ἐπικουρίαν· 5
ἀντέτεινεν αὐτοῖς τὸ πῦρ καὶ ἐνίκα·
καὶ ἡ θάλαττα αὐτὴ ἐφιλονίκει·
ἐκώλυε γὰρ τοὺς φεύγειν ἐπειγομένους,
ὅθεν ἐκάλουν
|: ζωὴν τὴν αἰώνιον. :|

ιζ' Ὅμως, ἵν' εἴπω συνελών, πάντα τὰ ἐν τῷ ἄστει
σὺν καὶ ταῖς ἐκκλησίαις
ἅμα τῷ παλατίῳ πάσης ἐλπίδος ἦν ἐκτὸς
ὅσον ἐπ' ἀνθρώποις· ἀλλὰ πάντα ὁ θεός,
συνήθως ἐπεσκέψατο·
διὰ μὲν τοὺς οἰκοῦντας τὸ ἔλεος καὶ τοὺς δεομένους
σωφρονίζει καὶ παρέχει τὸν οἰκτιρμὸν πᾶσιν ὁ δεσπότης· 5
διὰ δὲ τοὺς κακοὺς τοὺς μὴ βουλομένους
ὑπ' αὐτῆς τῆς ἀπειλῆς σωφρονισθῆναι
ἐπάγει ὀργὴν ἐν στόματι μαχαίρας,
ὥστε γνωρίζειν
|: ζωὴν τὴν αἰώνιον. :|

ιη' Ὑπὸ μὲν τούτων τῶν δεινῶν κατείχετο ἡ πόλις
καὶ θρῆνον εἶχε μέγα⟨ν⟩·
θεὸν οἱ δεδιότες χεῖρας ἐξέτεινον αὐτῷ
ἐλεημοσύνην ἐξαιτοῦντες παρ' αὐτοῦ
καὶ τῶν κακῶν κατάπαυσιν.

ιζ' 4¹ οἰκοῦντας] ἀσκοῦντας Maas: αἰτοῦντας Mercati   8¹ ἐπάγει] Maas
(cf. ιβ' 8¹): ἐπάγων P   8² metrum ∪ − ∪ ∪ ∪ − ∪: ⟨τῆς⟩ μαχαίρας Maas
ιη' 1³ μέγα⟨ν⟩] Maas: μέγα P

σὺν τούτοις δὲ εἰκότως   ἐπηύχετο   καὶ ὁ βασιλεύων
ἀναβλέψας πρὸς τὸν πλάστην·   σὺν τούτῳ δὲ
                                                        σύνευνος ἡ τούτου· 5
" Δός μοι ", βοῶν, " σωτήρ,   ὡς καὶ τῷ Δαβὶδ σου
τοῦ νικῆσαι Γολιάθ·   σοὶ γὰρ ἐλπίζω·
σῶσον τὸν πιστὸν   λαόν σου ὡς ἐλεήμων·
οἷσπερ καὶ δώσῃς
|: ζωὴν τὴν αἰώνιον." :| 10

ιθ' Ὅτε δὲ ἤκουσε θεὸς   φωνῆς τῆς τῶν κραζόντων
                                                 καὶ τῶν βασιλευόντων,
καὶ ἔδωκε τῷ ἄστει   τοὺς φιλανθρώπους οἰκτιρμούς,
ὀδυρμὸς πικρὸς γὰρ   ἐγεγόνει διὰ τοὺς ἀναιρεθέντας ξίφεσιν·
γυναῖκες χηρείαν   ὠδύροντο,   παῖδες ὀρφανείαν,
οἱ πατέρες ἀτεκνίαν,   οἱ σύγγονοι   στέρησιν συναίμων·   5
ἄλλοι ἀπώλειαν   ἐθρήνουν πραγμάτων·
καὶ τὸ πένθος ἦν κοινὸν   πάσῃ τῇ πόλει.
ἔκειτο χαμαὶ   ὁ θρόνος τῆς ἐκκλησίας,
ὅστις παρέχει
|: ζωὴν τὴν αἰώνιον. :| 10

κ' Ψαλμοῖς ἐγέραιρον ποτὲ   Σοφίαν καὶ Εἰρήνην,
                                                 δυνάμεις τὰς ἐνδόξους
τῆς ἄνω πολιτείας   οἱ τοῦ βαπτίσματος υἱοί·
ἔβλεπον δὲ ἄρτι   τοὺς ναοὺς τοὺς ἱεροὺς
                                                 κειμένους εἰς τὸ ἔδαφος·
τὸ κάλλος τὸ ἐκ τούτων   τὸ ἔνδοξον   πλήρης ἦν σαπρίας·
ὁ δὲ τόπος ὁ ἐκλάμπων   φαιδρότητα   φόβον νῦν ἠπείλει·   5
ἀπήστραπτε ποτὲ   τὸ φῶς ἐκ τοῦ κάλλους,
ἀπεδίωκε νυνὶ   πῦρ τοὺς ὁρῶντας·
μόνη δὲ ἡμῖν   ἠλπίζετο σωτηρία,
ἥτις παρέχει
|: ζωὴν τὴν αἰώνιον. :| 10

6¹ σωτήρ] Maas m.c. : σε̅ρ P
ιθ' 3² διὰ τοὺς] Maas : δι' αὐτοὺς P   3²⁻³ metrum : divisio neglecta
κ' 4³ πλήρης] (sic) P   6¹ ἀπέστραπτε P : corr. Maas

κα' Ἀεὶ γὰρ πάντες οἱ πιστοὶ   θεῷ οἱ πεποιθότες
                                        ἐλπίζουσιν εἰκότως
κρειττόνων ἀξιοῦσθαι·   τοιαῦτα γὰρ τὰ τοῦ θεοῦ·
ἂν γάρ τις ἀπίδῃ   πρὸς τὴν Ἱερουσαλὴμ
                                     καὶ τὸν ναὸν τὸν μέγιστον,
ὅν⟦περ⟧ Σολομῶν ἐκεῖνος   ὁ πάνσοφος   χρόνῳ μακροτάτῳ
ἀνεγείρας καὶ κοσμήσας   ἐποίκιλε   πλούτῳ ἀπεράντῳ,   5
ὅπως καταβληθεὶς   εἰς ὕβριν ἐδόθη
καὶ ⟨ἔτι⟩ μένει ἐκπεσὼν   καὶ οὐκ ἀνέστη,
ἴδῃ ἂν αὐτῆς   τὴν χάριν τῆς ἐκκλησίας,
ἥτις παρέχει
|: ζωὴν τὴν αἰώνιον. :| 10

κβ' Λαὸς μὲν ὁ τοῦ Ἰσραὴλ   ναοῦ ἀποστερεῖται·
                                        ἡμεῖς δὲ ἀντ' ἐκείνου
Ἀνάστασιν ἁγίαν   καὶ τὴν Σιὼν ἔχομεν νῦν,
ἥνπερ Κωνσταντῖνος   καὶ Ἑλένη ἡ πιστὴ
                                     τῷ κόσμῳ ἐδωρήσαντο
μετὰ διακοσίους   πεντήκοντα   χρόνους τοῦ πτωθῆναι.
ἀλλ' ἐνταῦθα μετὰ μίαν   τῆς πτώσεως   ἤρξαντο ἡμέραν   5
τὸ τῆς ἐκκλησιᾶς   ἐγείρεσθαι ἔργον·
καὶ φαιδρύνεται λαμπρῶς   καὶ τελειοῦται.
οἱ μὲν βασιλεῖς   δαπάνῃ φιλοτιμοῦνται,
ὁ δὲ δεσπότης παρέχει
|: ζωὴν τὴν αἰώνιον. :| 10

κγ' Μεγάλα ὄντως καὶ φαιδρὰ   καὶ ἄξια θαυμάτων
                                        καὶ ὑπερβεβηκότα
ἅπαντας τοὺς ἀρχαίους   βασιλεῖς ἔδειξαν νυνὶ
οἱ ἐν τῷ παρόντι   τῶν Ῥωμαίων εὐσεβῶς
                                     τὰ πράγματα διέποντες·
ἐν χρόνῳ γὰρ ὀλίγῳ   ἀνέστησαν   ἅπασαν τὴν πόλιν,
ὡς καὶ λήθην ἐγγενέσθαι   τοῖς πάσχουσι
                                     πάντων τῶν δυσκόλων.   5

κα' 4¹ ὅν] Trypanis m.c.: ὅνπερ P   7¹ ἔτι add. Trypanis m.c.   8¹· αὐτῆς] Trypanis m.c.: ταύτης P
κβ' 3² ἡ πιστὴ] Pγρ: πίστει P¹   5³ ἤρξατο Orphanidis   9 metrum
‒ ∪ ∪ – ∪: δεσπότης del. Trypanis
κγ' 2² metrum ∪ ∪ ∪ ‒ ∪ ∪ ∪ –: βασιλεῖς post νυνὶ Trypanis m.c.

ὁ οἶκος δὲ αὐτὸς   ὁ τῆς ἐκκλησίας
  ἐν τοσαύτῃ ἀρετῇ   οἰκοδομεῖται,
ὡς τὸν οὐρανὸν   μιμεῖσθαι, τὸν θεῖον θρόνον,
  ὃς καὶ παρέχει
|: ζωὴν τὴν αἰώνιον. :| 10

κδ′ Ὅσοι οὖν στέργομεν Χριστὸν   καὶ σπεύδομεν ἐκείνῳ
                                  τὴν δόξαν ἀναπέμπειν,
  αἰτοῦμεν τὸν δεσπότην   καὶ ποιητὴν τῶν οὐρανῶν
τὸ τῆς ἐκκλησίας   στερεῶσαι τῆς αὐτοῦ
                                  ἐγχείρημα καὶ ἕδρασμα,
ἵν' ἀξιωθῶμεν   θεάσασθαι   πᾶσαν πληρωθεῖσαν
⟨⏑⏑−⏑⏑⏑−⏑⟩   καὶ βρύουσαν   χάριν τοῖς ὁρῶσιν   5
ἐν λειτουργίαις τε   ᾠδαῖς καὶ τοῖς ὕμνοις,
  ἵνα καὶ οἱ βασιλεῖς   καὶ οἱ πολῖται
καὶ ⟨οἱ⟩ ἱερεῖς   ἐν ταύτῃ ἀγαλλιῶνται
  πᾶσι δοθῆναι
|: ζωὴν τὴν αἰώνιον. :| 10

κε′ Σῶτερ ἀθάνατε, υἱὲ   πατρὸς προαιωνίου,
                                  πᾶσαν σῶσον τὴν πόλιν,
  σῶσον τὰς ἐκκλησίας,   σῶσον δὲ καὶ τοὺς βασιλεῖς·
λύτρωσαι τὸ ἄστυ   ἀπὸ πάσης ταραχῆς,
                                  σεισμοῦ, λιμοῦ, καὶ θνήσεως·
πᾶσαν τὴν πολιτείαν   περίσωσον,   πάνσοφε δυνάστα·
  καὶ ἐμοὶ δὲ τῷ ἀθλίῳ   τὴν ἄφεσιν
                                  δὸς τὴν τῶν πταισμάτων·   5
τῶν περιεχόντων   δεινῶν ἐξελοῦ με
  καὶ θεράπευσον ἐμοῦ   τὴν ἀθυμίαν·
ταύτην τὴν ζωὴν   ἀπρόσκοπτον διοδεῦσαι
  δός μοι κἀκεῖ δὲ
|: ζωὴν τὴν αἰώνιον. :| 10

κδ′ 4¹ ἵν' ἀξιωθῶμεν] P^c : ἂν ἀξιωθ. P¹   5¹ ⟨τὴν μεγάλην ἐκκλησίαν⟩
dub. Trypanis   8¹ οἱ add. Maas m.c.
κε′ 8² ἀπρόσκοπον P : corr. Orphanidis

55 (8 Kr.)

ON LIFE IN THE MONASTERY

Acrostichis: *ΤΟΥ ΤΑΠ[Ε]ΙΝΟΥ ΡΩΜΑΝΟΥ [Ο] ΨΑΛ[ΜΟΣ ΟΥ]ΤΟΣ*

Prooemium I: ʹΩς ἀπαρχάς (App. Metr. XLII)

Ὡς εὐσεβείας κήρυκας   καὶ ἀσεβείας φίμωτρα
τῶν θεοφόρων τὸν δῆμον   ἐφαίδρυνας τῇ ὑψηλίῳ λάμποντα·
ταῖς αὐτῶν ἱκεσίαις   ἐν εἰρήνῃ τελείᾳ
τοὺς σὲ δοξάζοντας   καὶ μεγαλύνοντας
διαφύλαξον ψάλλειν καὶ ᾄδειν σοι·   5
|: " Ἀλληλούϊα." :|

Prooemium II: ʹΩς ἀπαρχάς (App. Metr. XLII)

Οἱ ἐκ τοῦ βίου σήμερον   πρὸς νοητὸν παράδεισον
τὴν κατοικίαν ποιήσαντες   ἐν μετανοίᾳ κράξωμεν·
" Σῶσον, μόνε οἰκτίρμων,   τοὺς εἰς σὲ προσφυγόντας·
ἰδοὺ γὰρ πάντα   ἐγκατελίπομεν
καὶ σὲ μόνον ποθοῦντες ψάλλομεν·   5
|: 'ἀλληλούϊα.' " :|

55 In cantico 55 plurima mutaverunt posteri. Codices ABMPV solos citavimus, minoris momenti lectiones omisimus
Codices: A (Prooem. I, II et α´-ιη´, κ´-κβ´, κη´-λ´) B (Prooem. I et α´-ς´, θ´-ιη´, κ´-κβ´, κη´-λ´) M (Prooem. III et α´-ς´, η´-ιη´, κ´-κβ´, κη´-λ´) P (Prooem. I, II et α´-λ´) V (Prooem. III et α´-ς´, η´-ιη´, κ´-λ´)
Editiones: Pitra A.S. I, Cant. VII: Tomadakis P.M.Y. III, pp. 289 sq.
Titulus: On Life in the Monastery Trypanis: Εἰς ὁσίους μοναχοὺς ἀσκητὰς καὶ μοναζούσας P: εἰς σχῆμα μοναχῶν A. alii codd. alia
Dies Festus: Τῷ Σαββάτῳ τῆς Τυροφάγου
Modus: ἦχος πλάγιος δ´
Acrostichis: Τοῦ ταπεινοῦ Ῥωμανοῦ ὁ ψαλμὸς οὗτος P: Τοῦ ταπεινοῦ Ῥωμανοῦ ψαλμὸς M: Τοῦ ταπ. Ῥωμ. V
Ephymnium: τὸ ἀλληλούϊα passim nonnulli codd.
Prooemium I ABP
2² λάμποντας AB   5¹ ψάλλειν καὶ ᾄδειν σοι] ψάλλοντας (ψάλλοντα B) σοι (κύριε add. B) AB
Prooemium II AP
2¹ ποιήσαντες] ἅπαντες add. A   4¹ ἅπαντα ἐγκατελείπαμεν A

Prooemium III: *Ὡς ἀγαπητά*

Ὡς ἀγαπητὰ τὰ σκηνώματά σου, κύριε τῶν δυνάμεων·
διό, σωτήρ, οἱ οἰκοῦντες αὐτὰ εἰς τοὺς αἰῶνας αἰνέσουσι σὲ
ᾄδοντες, ψάλλοντες σὺν τῷ προφήτῃ Δαυίδ·
|: " Ἀλληλούϊα." :|

Strophae: *Οἱ ἐν πάσῃ τῇ γῇ* (App. Metr. xi)

α' Τοῖς τοῦ βίου τερπνοῖς ἐνητένιζον λογισμῷ θεωρῶν τὰ γινόμενα
καὶ σκοπήσας αὐτοῦ τὰ ἐπώδυνα τὴν ζωὴν τῶν βροτῶν ἐταλάνισα·
ὑμᾶς δὲ μόνους ἐμακάρισα τοὺς μερίδα καλὴν ἐπιλεξαμένους,
τὸ ποθεῖν τὸν Χριστὸν καὶ συμμένειν αὐτῷ
καὶ συμψάλλειν τερπνῶς τῷ προφήτῃ Δαβὶδ 5
|: ἀλληλούϊα· :|

β' Οὐδὲ ἕνα βροτὸν εἶδον ἄλυπον, ὁ γὰρ κόσμος ἑκάστοτε τρέπεται·
ὃν γὰρ εἶδον τῇ χθὲς ἐπαιρόμενον,
νῦν ὁρῶ ἀπὸ ὕψους ἐκπίπτοντα·
πτωχὸν αἰφνίδιον τὸν πλούσιον,
ἐνδεῆ καὶ πεινῶντα τὸν εὐποροῦντα·
ἀλλ' ὑμεῖς τούτων πάντων ἐλεύθεροι·
ἐδουλώθητε γὰρ ψυχικῶς τῷ ψαλμῷ· 5
|: ἀλληλούϊα. :|

γ' Ὑψαυχεῖ κατὰ πένητος πλούσιος κατεσθίων αὐτοῦ πᾶσαν ὕπαρξιν·
κοπιᾷ γεωργὸς καὶ ὁ κτήτωρ τρυφᾷ·
ἄλλου κάμνοντος, ἄλλος εὐφραίνεται·
ἱδρῶν συνάγει ὁ πενόμενος, ἵνα μόχθῳ κομίσηται ἃ σκορπίζει·
ἀλλ' ὑμῶν πᾶς ὁ κόπος πεφύλακται
ἀπαράλλακτον ἔχων σφραγῖδα Χριστοῦ· 5
|: ἀλληλούϊα. :|

Prooemium III MV
1² κύριε] ὁ θεὸς add. M   2² αἰνέσουσι σὲ] εὐφραίνονται M   3¹ ᾄδοντες om. M   3² προφήτῃ om. V
α' ABMPV   2¹ αὐτῶν MP   4 τὸ] τοῦ BV
β' ABMPV   1¹ εἶδον] εὗρον BV   2¹ ὄν–ἐπαιρ.] καὶ ὁ (τὰ γὰρ P) ἄρτι καλὸς (καλῶς P) μετ' ὀλίγον κακὸς (κακῶς P) AP   2² νῦν–ἐκπίπτ.] καὶ ὁ χθὲς ἱλαρὸς σήμερον αὐχμηρός (σκυθρωπός A) AP   3¹ πτωχ.–πλ.] πτωχὸς αἰφνίδιον ὁ πλούσιος AP   3² ἐνδ.–εὐπ.] ἀθυμεῖ νῦν (μὲν A) ὁ πρώην ἐν εὐθυμίᾳ AP : τὸ γὰρ ἄρτι γλυκὺ μετ' ὀλίγον πικρόν B
γ' ABMPV   1² ὕπαρξιν] δύναμιν AP   3² ἃ σκορπ.] ὁ σκορπίζων AM
4¹ ἀλλ'] καὶ BP   5 ἀπαράλλακτον–Χριστοῦ (καλήν A : ἀεί M)] οὐ γὰρ ἔχετε μέριμναν ἄλλην εἰ μὴ (τὸν ψαλμὸν add. P) PV

δ' Τοὺς ἀγάμους ἐλπίδες συγκόπτουσι,
                                    τοὺς ἐν γάμῳ φροντίδες συντήκουσι·
τοὺς ἀτέκνους ἡ λύπη ἐμάρανε,   πολυτέκνους ἡ θλῖψις ἀνάλωσεν·
οἱ μὲν τῷ γάμῳ ἀποδύρονται,   οἱ δὲ πάλιν θρηνοῦσι τὴν ἀπαιδίαν·
καὶ ὑμῶν ἐπὶ τούτοις ὁ γέλως πλατύς,
ἀπαράλλακτος γὰρ ἡ χαρὰ τοῦ ψαλμοῦ·   5
|: ἀλληλούϊα. :|

ε' Ἁλμυρὰ τῆς θαλάσσης τὰ ὕδατα,   γλυκηρὰ τῇ κοιλίᾳ τὰ βρώματα·
ῥιψοκίνδυνοι πλέουσιν ἄνθρωποι,
                                    ἡ γαστὴρ γὰρ αὐτοὺς κατηνάγκασε·
ψυχὰς σανίσιν ἐμπιστεύουσι·
                            τροφῆς χάριν καὶ ζάλης καταφρονοῦσιν·
ἀλλ' ὑμῶν ἡ γαλήνη ἀχείμαστος,
ὡς γὰρ ἄγκυρα ὗμιν ἐστὶν ὁ ψαλμός·   5
|: ἀλληούϊα. :|

ϛ' Πειρατὰς καὶ χειμώνων τοὺς κλύδωνας
                                    παρορῶσιν οἱ χρήματα στέργοντες·
τῶν κυμάτων τὸ γαῦρον θεώμενοι
                                    δειλιῶσιν, ἀλλ' ὅμως οὐ φεύγουσιν·
ἐλπὶς γὰρ πλούτου τούτους ἕλκουσα,
                                    κἂν πνιγμὸν ἀπειλήσῃ, οὐ καταπλήττει·
τὸ δὲ σκάφος ὑμῶν ἀναυάγητον,
ὡς λιμένα γὰρ εὔδιον εὔρατε τὸ   5
|: ἀλληλούϊα. :|

ζ' [|Ἐπὶ γῆς διοδεύσαντες, ἅγιοι,   ὡς μὴ ὄντες τὴν γῆν κατελείπατε·
γήϊνον ἀποθέμενοι φρόνημα,   τὴν ἁγίαν ὁδὸν ἐπεφθάσατε·

δ' ABMPV   2¹ ἐμάρανε] πεπλήρωκε BV   3¹ τῷ γάμῳ] τὸν γάμον PV   ἀποδ.] ἐποδύρονται AV(M)   3² οἱ–ἀπαιδίαν (ἀτεκνίαν A)] ἄλλοι (οἱ δὲ M) πάλιν τὴν ἀτεκνίαν (τὴν ἀπαιδίαν B: τῇ ἀτεκνίᾳ M) θρηνοῦσι BMV   5 ἀπαρ.–ψαλμ.] ἀπαράλλακτος (ἀπαράλειπτος B) γὰρ ἡ χ. τοῦ ψαλμοῦ (ἡ ὑμῶν V) BV: οὐ γὰρ ἔχετε μέριμναν ἄλλο τι πλὴν (εἰ μὴ P) τὸν ψαλμόν (τὸν ψαλμόν om. A) AMP

ε' ABMPV   2¹ πλέουσιν] ἔμαθον AP   3¹ ἐμπιστεύοντες A: ἐμπιστεύσαντες V: ἐπιστρέφουσαν M   5 ὡς–ψαλμός] ὡς λιμένα γὰρ εὔδιον ἔχετε ἀεὶ BV

ϛ' ABMPV   1¹ χειμῶνας ABMP   καὶ] τοὺς BM   5¹ ὡς–τὸ (τὸν ψαλμόν AMP)] ὡς γὰρ ἄγκυρα ἐστιν ὑμῖν ὁ ψαλμός V(B)

ζ' P   stropha spuria videtur; cf. etiam 9 ξ', 19 ϛ' bis, 25 ζ', 31 ζ', 53 ζ'

μελέτης ἕνεκα, ὦ ἅγιοι,   τῆς ἁγίας φωνῆς ὑπηκούσατε,
τῆς " Δεῦτε πρός με " λεγούσης " οἱ ὄντες ἐμοί,
ὅτι θέλω καὶ χαίρω ἀκούειν ὑμῶν "· ⟦τὸν ψαλμὸν⟧   5
|: ἀλληλούϊα. :|⟧

η' Ἵνα δὲ συνελὼν εἴπω, ἅπαντα
                           τὰ ἐν κόσμῳ σὺν κόσμῳ παρέρχεται·
ὅτε πάντα γὰρ βίον κερδίσωμεν,
                  τότε ὄντως τὸν τάφον οἰκήσομεν·
καλῶς οὖν ἔφησεν ὁ πάνσοφος·
                     " Ματαιότης ματαιοτήτων τὰ πάντα "·
εἰ γὰρ ἔστι θανεῖν, διὰ τὶ καὶ πλουτεῖν;
ἀγαθὸν οὖν ἡσύχως τὸ ψάλλειν Χριστῷ   5
|: ἀλληλούϊα. :|

θ' Νῦν εἰσὶν ἐν ὑμῖν οἱ βοῶντές μοι,
                  κἂν μὴ στόματι, ἀλλὰ τῷ πνεύματι·
" Πονηρὸς μὲν ὁ βιός, ὡς ἔφησας,
                       σὺ δὲ τούτου ἀκμὴν ἀπησχόλησαι·
δοκὸς ἐπίκειται σοῖς ὄμμασι,
            καὶ πῶς βλέπεις τὸ κάρφος τῶν ἄλλων ἆραι;
εἰ καλὸν ὃ λαλεῖς, διὰ τί μὴ ποιεῖς;"
ἀληθῶς κατακέκριμμαι μὴ μελετῶν·   5
|: ἀλληλούϊα. :|

3^2 metrum $\begin{Bmatrix} \cup\cup\stackrel{\doteq}{}\cup\cup\stackrel{\doteq}{}\cup\cup\cup\stackrel{\doteq}{}-\cup \\ \cup\cup-\cup\cup-\cup\cup\cup\stackrel{\doteq}{}\cup \end{Bmatrix}$ 4 metrum $\cup\cup\stackrel{\doteq}{}\cup\cup\stackrel{\doteq}{}\cup\cup\stackrel{\doteq}{}\cup\cup$ (−)

5 τὸν ψαλμὸν del. Trypanis m.c.
Εἰ καὶ μέχρις αἰῶνος παρέμενον   τὰ παρόντα μηδέπω λυόμενα,
οὐδὲ οὕτως τοῖς ἔχουσι σύνεσιν   αἱρετὰ καὶ ποθούμενα ἔδοξεν·
ὅτι δὲ ⟦καὶ⟧ τὸ τάχος παρέρχεται   καὶ πρὸ τέλους πολλάκις ὀλλύμενα,
ὁ ἐάσας αὐτὰ τρισμακάριστος,
ἐὰν πίστει καὶ πόθῳ μελετᾷ τὸν ψαλμόν,   5
|: τὸ ἀλληλούϊα. :| A
3^{1-2} metrum $\cup\stackrel{\doteq}{}\cup-\cup\cup\cup-\cup\cup$ $\begin{Bmatrix}\cup\cup\stackrel{\doteq}{}\cup\cup\stackrel{\doteq}{}\cup\cup\cup\cup-\cup\\ \cup\cup-\cup\cup-\cup\cup\cup\stackrel{\doteq}{}\cup\end{Bmatrix}$: καὶ del. Trypanis m.c. (vel κατὰ τάχος)
5 metrum $\cup\cup\stackrel{\doteq}{}\cup\cup\stackrel{\doteq}{}\cup\cup\stackrel{\doteq}{}\cup\cup-$
    η' AMPV 2^1 γὰρ (τὸν M) βίον ante πάντα MP 4^1 καὶ πλουτεῖν]
μοι καμεῖν AV   5 ἀγαθὸν οὖν ἡσύχως (ὑπάρχει P) τὸ ψάλλειν (ἀπαύστως
add. P) Χριστῷ (θεῷ V)] ἀγ. τὸ ἡσ. αἰνεῖν τὸν θεόν A: ἀγαθὸν ἡσυχάζοντι
μελετᾶν M
    θ' ABMPV 2^2 τούτῳ MV 3^2 τῶν ἄλλων ἆραι (ἆραι om. V)] τοῦ
ἀδελφοῦ σου AB: τῶν ἀλλοτρίων M: τῶν ἀδελφῶν ἄρα P

ι' Ὅμως μέντοι οὐ πάντες ἐχώρησαν,
οἷς ὁ κύριος τότε προσέταξε·
τῷ ἑνὶ γὰρ εἰπὼν πᾶσιν ἔφησε·
" Πώλησόν σου τὰ πάντα καὶ ἕπου μοι ".
οἱ μὲν οὖν ἤκουσαν ὡς φρόνιμοι,
οἱ δὲ οὔ τι προσέσχον ὡς ὅμοιοι μοῦ.
εἷς γὰρ τούτων εἰμί, κἂν μὴ λέξητε μοί·
διὰ τοῦτο ὑμᾶς ἐξαιτῶ τὴν ᾠδήν·   5
|: ἀλληλούϊα. :|

ια' Ὑπεκκαίω ὑμῶν τὴν προαίρεσιν
πρὸς τὸ ψάλλειν καὶ τέρπειν τὸν κύριον,
ἵν', ὑμῖν ὁ μισθὸς ὅτε δίδοται,
σὺν ὑμῖν καὶ ἡ μνήμη μου γένηται·
ἀκούσατε οὖν τῶν ῥημάτων μου,
τῶν δὲ πράξεων πόρρω ἀποχωρεῖτε·
ἀγαπᾶτε τοὺς λόγους τῶν ἔργων ἐκτός,
οὐ γὰρ ἔχω τι ᾄδειν εἰ μὴ τὸν ψαλμόν·   5
|: ἀλληλούϊα. :|

ιβ' Ῥύπον βίου καλῶς ἀπεφύγετε   καὶ πηγῇ καθαρᾷ προσεφύγετε·
τῶν ἀσάρκων τὸν βίον ζηλώσαντες
τῆς σαρκὸς μὴ ποιεῖσθε τὴν πρόνοιαν·
μὴ ἀγαπᾶτε ἃ ἀφήκατε,   οἷς ἐλύσατε μὴ ἐποικοδομεῖτε,
ἵνα μὴ τοῦ ἐχθροῦ γέλως γένησθε,
ἀλλὰ στήκετε νήφοντες ἐν τῇ ᾠδῇ·   5
|: ἀλληλούϊα. :|

ι' ABMPV   1² οἷς] BP: ὡς AM   3¹ οὖν ἤκουσαν] ὑπ(ἐπ- A)ήκουσαν AB   4 εἷς–μοί] ἐξ αὐτῶν γὰρ εἰμί, κἂν μὴ λέγῃ μοι τίς V (M)   5 ὑμᾶς] ὑμῖν AB
ια' ABMPV   1¹ Ὑπεκκαίων B (M)   2¹ ὅτε] ὅταν AM (V)   καί] κἂν AM   γίνεται MP   3² πράξεων] μου add. ABMV   5 τι–ψαλμόν] εἰπεῖν (ἐν add. B) ὑμῖν ἄλλο εἰ μὴ (τὸ add. B) AB: λαλεῖν ἄλλο τι πλὴν M: διὰ τοῦτο αἰτοῦμαι συμψάλλειν ὑμῖν V
ιβ' ABMPV   ιβ'–λ' cantatur εἰς σχῆμα μοναχοῦ   2² ποιεῖτε MP   4 τῷ ἐχθρῷ AMV   5 ἀλλὰ–ᾠδῇ] ἀλλὰ στήκοντες (στήκετε A: ᾄδοντες V) νίφετε (νίψατε V) ἐν τῇ ᾠδῇ AMV: ἀλλὰ στ. νίφ. ἐν καιρῷ καὶ βοᾶτε Χριστῷ σὺν ἐμοὶ B

ιγ΄ *Ὧν τὰς πράξεις καλῶς ἀπεφύγετε,
τούτων νῦν καὶ τὴν μνήμην μισήσατε·
ἀφιλόνεικον βίον καὶ ἄφθορον   ἀναλάβετε ἅπαξ ὡς ἄγγελοι
τιμῇ ἀλλήλους προηγούμενοι·
μὴ ἐρεῖτε· " Τοῦτο σόν". ἢ "Τοῦτο ἐμόν "·
οὐ γὰρ ἔχει μονάζων τι ἴδιον,
ὅτι πάντων τὰ πάντα ἐστὶ ὁ ψαλμός·   5
|: ἀλληλούϊα. :|

ιδ΄ Μὴ ἀλλήλων ἁπλῶς κατεπαίρεσθε·
" Τί γὰρ ἔχεις ", φησίν, " ὃ οὔκ ἔλαβες;"
ὁ νηστεύων μὴ κρίνῃ τὸν τρώγοντα,
καὶ ὁ τρώγων τιμάτω τὸν ἄσιτον·
ὁ μὲν γὰρ τρώγει δι' ἀσθένειαν, ὁ δὲ πάλιν δι' ἐγκράτειαν νηστεύει·
ἄλλος κάμνει μοχθῶν, ἄλλος ψάλλει ποθῶν,
εἷς δὲ ἔστιν μισθὸς τῷ ποθοῦντι Χριστόν·   5
|: ἀλληλούϊα. :|

ιε΄ Ἀλλ' ἐρεῖ τις· " Ἐγὼ περισσότερον
ὡς εἰδὼς τὰς γραφὰς ἔχω καύχημα ".
τί οὖν ὁ ἁλιεὺς Πέτρος ἔμαθεν,   ὅτι   τοῦ Μωσέως προτέτακται;
τῶν Αἰγυπτίων πᾶσαν φρόνησιν
ὥσπερ ἔπος ἐξέμαθεν ὁ προφήτης,
καὶ τοῦ Πέτρου λαλοῦντος σιγᾷ Μωϋσῆς·
μὴ βδελύξῃ οὖν τὸν ἀμαθῆ ὁ μαθών·   5
|: ἀλληλούϊα. :|

ις΄ Νευρωθῶμεν τῇ πίστει σφιγγόμενοι   οἱ τῷ σώματι ἀποταξάμενοι·
ὁπλισθῶμεν ἀγρύπνως τοῖς ᾄσμασιν,
οἱ μισοῦντες ἡμᾶς οὐ καθεύδουσιν·

ιγ΄ ABMPV   1¹ τὰς πράξεις] τὸν βίον MV : τὴν κτίσιν B   2¹ ἄφθορον]
ἥσυχον ABV   3² μὴ–ἐμόν] μὴ ἔριδι τοῦτο ὅτι τοῦτο ἐμόν P : μὴ ἐρίζοντες σὸν
τοῦτο ἢ ἐκεῖνο ἐμόν M : μὴ ἐρίσητε λέγοντες· οὗτος ἔχει V   5 ὅτι–ψαλμός]
ἀλλὰ (ἀλλ' ἡ B) πάντων τὰ πάντα (τὸ πᾶν BV : ἀπάντων M) ἐστιν (ἔστω V : καὶ
add. B) ὁ ψαλμός (ἡ ᾠδή M : ἡ προσευχή V) ABMV
ιδ΄ ABMPV   3² ὁ–νηστεύει] ἄλλος (ὁ δὲ V) πάλιν νηστεύει δι' ἐγκράτειαν
ABMV   5 εἷς–Χριστόν] εἷς δὲ ἔστιν ὁ μισθὸς τῷ μοχθοῦντι καὶ τῷ ψάλλοντι
A : εἷς δὲ (καὶ εἷς M) ἔστι (ὁ add. M) μισθὸς ἀμφοτέρων ὑμῶν (ἀμφοτέροις
αὐτοῖς M : ἀμφοτέροις ὑμῖν V) BMV
ιε΄ ABMPV   1² εἰδώς] μαθὼν ABM
ις΄ ABMPV   2¹⁻² οἱ μισ. ἡμ. οὐ καθ. ὁπλισθῶμεν οὖν ἵνα ἴδωσι (φύγωσι
M) AMV

καὶ τί τὸ ὅπλον τοῦ μονάζοντος;
ὑποτάσσεσθαι πράως τῷ ἡγουμένῳ,
ἀγαπᾶν τὸν Χριστὸν καὶ φιλεῖν ἀδελφοὺς
καὶ εὐπρόθυμον εἶναι αὐτὸν ἐν καιρῷ· 5
|: ἀλληλούϊα. :|

ιζ′ Ὅταν εἷς καθ' ἑνὸς ὑπεραίρεσθε,
τότε ὑπὸ ⟦τοῦ⟧ ἐχθροῦ παρεμπαίζεσθε·
τὸ γὰρ ἔργον αὐτοῦ ὑπεισέρχεται
καὶ φαντάζει τὸν νοῦν τῶν σαθρῶν ἀδελφῶν.
τὸν μὲν ἐπαίρει ὡς καλλίφωνον,
τὸν δὲ πάλιν ὡς τρανολάλον φυσιοῖ
καὶ τυφλώσας αὐτοὺς ἐγγελᾷ πρὸς αὐτούς·
ἀλλ' ἐκνήψαντες στήκετε ἐν τῇ ᾠδῇ· 5
|: ἀλληλούϊα. :|

ιη′ Ὑπεισῆλθε πολλάκις τῷ κάμνοντι
ἀδελφῷ καὶ φησί· " Τί εἰς μάτην μοχθεῖς;
ἰδοὺ ἄλλος μὴ κάμνων πρωτεύει σου,
σὺ δὲ πάντων τυγχάνεις περίψημα "·
κἀκεῖνος τούτοις ὡς ἁπλούστερος
πιστωθεὶς εἴασεν ὅθεν ἐδικαιοῦτο
καὶ λιπὼν τὸ καμεῖν μελετᾷ τὸ λαλεῖν·
μὴ οὖν σχῇ ⟦ποτε⟧ λαλιὰν παρεκτὸς τῆς ᾠδῆς· 5
|: ἀλληλούϊα. :|

ιθ′ ⟦Ὁπλισθέντες τῇ πίστει ἑστήκατε
τοὺς αὐχένας ὑμῶν κάτω κλίναντες
τὸ μὲν σῶμα εἰς γῆν κάτω νεύοντες
τῇ ψυχῇ δὲ Χριστὸν ἄνω βλέποντες,

5 αὐτὸν ἐν καιρῷ] ἐν (τῷ add. P) καιρῷ τοῦ ψαλμοῦ AP
ιζ′ ABMPV   1² τοῦ del. Trypanis m.c.   παρεμπ.] ἐμπαίζεσθε Α: κατεμπαίζεσθαι (-εται Μ) ΒΜ   2¹ τὸ–ὑπεισ.] τὸ γὰρ (om. Α) ἔργον αὐτοῦ (τούτου Α) ὑπεισέρχεται (-χεσθαι Β) ABM: ἔργον ἔχει (γὰρ add. V) τὸ ὑπεισέρχεσθαι PV   2² φαντάζειν APV   5 ἀλλ'–ᾠδῇ] P: μὴ οὖν (om. Β) ἔχωμεν (σχῶμεν Β) ποτὲ λαλιὰν παρεκτὸς ΑΒ: διὰ τοῦτο οὖν δράμωμεν πρὸς τὴν ᾠδὴν Μ: μὴ οὖν τις ἐξ ὑμῶν καταλίπῃ ποτὲ V
ιη′ ABMPV   2² σὺ–περίψ.] V: ἀφορμὴν τοῦ λαλεῖν προτετίμηται ΑΒΡ: μήτε μὴν κοπιῶν προτετίμηται σου Μ   3² πιστωθεὶς] Ρ: πεισθεὶς AMV: πιστεύσας Β   5 σχῇ] σχῶμεν ΒΜ   ποτε del. Trypanis m.c.   τῆς ᾠδῆς] om. BMV
ιθ′ P   stropha spuria videtur, quae solum in cod. P legitur. Cf. etiam sensum et metrum.

καραδοκοῦντες καὶ σπουδάζοντες   μεταστῆναι τοῦ βίου τούτου
καὶ κατοικῆσαι ἐν ταῖς τῶν ἁγίων πάντων σκηναῖς,
ἵνα ὥσπερ ἐνταῦθα ἀναβοᾶτε τὴν ᾠδήν·   5
|: ἀλληλούϊα. :|]]

κ΄ **Ψυχικῶς** τὸν κανόνα ποθήσατε,
                                            ὃν καλῶς καὶ φρονίμως ᾑρήσασθε·
μετ' ἀλλήλων ἐὰν ἀντιβάλητε,   χώραν τῷ πονηρῷ μὴ παράσχητε·
μηδεὶς ῥεπέτω πρὸς τὴν ἔξοδον·
                                    ὡς γὰρ λέων θηρᾷ ὑμᾶς ὁ πανοῦργος
καὶ τὴν μάνδραν κυκλῶν ζητεῖ βρῶσιν ἀμνῶν·
μὴ οὖν τις καταλίπῃ ποτὲ τὸν ψαλμόν·   5
|: ἀλληλούϊα. :|

κα΄ **Ἂν** ὁ νοῦς σου ποτὲ σκανδαλίζῃ σε
                                        ἐρεθίζων σε ἐπὶ τὴν ἔξοδον,
καὶ φησί· " Τί ἐνταῦθα συγκέκλεισαι;
                                    πόσοι ἔξωθεν ἐδικαιώθησαν;"
εἰπὲ εὐθέως, ἅπερ ἔμαθες,   ὅτι· " Εἶδον ἐν κόσμῳ ἀντιλογίαν
καὶ πολλὴν ἀνομίαν ἐν πόλεσιν·
διὸ ἔνθα οἰκῶ κελαδῶν τὸν ψαλμόν,   5
|: ἀλληλούϊα." :|

κβ΄ **Λέγει** πάλιν πρὸς σέ· " Καὶ πῶς δύνασαι
                                    τὸν κανόνα τελεῖν τοῦ μονάζοντος;
ὁ ζυγὸς γὰρ βαρὺς καὶ δυσαύχενος,
                                    καὶ ὁ τοῦτον μὴ φέρων ἀχρήσιμος"·

3^2 metrum {∪∪−∪∪−∪∪∪∪−∪}   4 metrum ∪∪−∪∪−∪∪−∪∪ (−)
             {∪∪−∪∪−∪∪∪−∪}
5 metrum ∪∪−∪∪−∪∪−∪∪−

κ΄ ABMPV 3^2 θηρᾷ ὑμᾶς] θηρεύει MV   4 ζητ. βρῶσιν ἀμνῶν] ζ. εἰς βρῶσιν ἀμνόν V: ἐκζητῶν τὸν ἀμν. εἰς βρ. M: ζ. βρώσειν ἀμνόν A   5 μὴ ψαλμὸν] μή τις οὖν (οὖν τις B) καταλίπῃ (ἀπολείπη AB) ποτὲ τὸν ψαλμὸν (τὴν ᾠδήν A: τῶν ψαλμῶν B) ABV: δι' οὗ φύγωμεν πρὸς τὴν ᾠδήν M: μὴ οὖν τις καταλίπῃ τοῦ ψάλλειν ἀεὶ τὸν ψαλμὸν P
ka΄ ABMPV 1^1 σκανδ.] ἐρεθίσῃ M(B)   5 διὸ−(κελαδῶ PV) τὸν ψαλμὸν] διὸ ἔνθα μενῶ τὸν θεὸν καὶ λαλῶν ἀνυμνῶ A(M): διὸ ἐνθάδε μένω κελαδῶν B(M): διὸ μένω ἀεὶ κελαδῶν τῷ θεῷ A
κβ΄ ABMPV 1^2 τὸν καν. τελεῖν] τῷ κανόνι στιχεῖν ABM 2^1 δυσαύχενος] δυσβάστακτος PV

ἐρεῖς εὐθέως πρὸς τὸν δόλιον·
            " Ὁ κανὼν κατὰ δύναμιν ἀπαιτεῖ με·
ἂν γὰρ τοῦτο μὴ μάθω, τὸ ἄλλο κρατῶ·
ἂν ἰσχύω, μοχθῶ μελετῶν τὸν ψαλμόν·
|: ἀλληλούϊα." :|

κγ′ [Μετὰ τῶν ἐργατῶν ὧν ἐκάλεσεν   ἔνδον τοῦ ἀμπελῶνος ὁ κύριος
καὶ ὑμεῖς τοῦ καμεῖν ἐσπουδάσατε·
            τὸ σαθρὸν τῆς σαρκὸς ἀπωσάμενοι
ἀγγέλων βίον ἀνελάβετε,   ἵν' εἰσέλθητε τὴν ἑνδεκάτην ὥραν
μετὰ τῶν ὑπενεγκάντων τὸν καύσωνα·
καὶ ὑμῶν γὰρ ὁ κλῆρός ἐστιν ὁ μισθός·
|: ἀλληλούϊα. :|

κδ′ Ὁ εἰπών· " Ἐγὼ πέλω ἡ ἄμπελος,
            καὶ ὑμεῖς μου ὑπάρχετε κλήματα ",
ἑρμηνεύων ἡμῖν τὴν συνάφειαν
            τὴν αὐτοῦ πρὸς ἡμᾶς τοῦτο ἔφησε·
διὸ ἐν τούτῳ ἐργασώμεθα,   ἵνα οὕτως γενώμεθα μετὰ κόπου
ὡς αὐτὸς ἐν ἡμῖν καὶ ἡμεῖς ἐν αὐτῷ,
ὅτι θέλει καὶ χαίρει ἀκούειν ἡμῶν
|: ἀλληλούϊα. :|

κε′ Στερρωθέντες τῇ πίστει οὖν στήκετε
            τοὺς αὐχένας ὑμῶν κάτω κάμπτοντες,
τὸ μὲν ὄμμα εἰς γῆν κάτω νεύοντες,
            τῇ ψυχῇ δὲ Χριστὸν ἄνω βλέποντες·

4 ἄν–μάθω (θέλω V)] κἂν γὰρ τοῦτο ἀφήσω AM   5 ἄν–ψαλμόν] dub. Trypanis: ἂν μὴ ἀλγήσω μοχθῶν κἂν ἀρκήσω ψάλλειν A: ἂν χύσω μόχθω ἂν ἀλγίσω ψαλλῶ B (sic): ἂν ἰσχύω μοχθῶ κἂν ναρκήσω ψάλλω M: ἂν οὐκ ἰσχύω καμεῖν μελετῶ τὴν ᾠδήν P: ἂν μὴ ἰσχύσω καμεῖν μελετῶ τὸν ψαλμόν V
   κγ′ PV   strophae κγ′–κζ′ spuriae sunt. cf. κη′ 1¹⁻² in codd. ABM
2¹ τοῦ καμεῖν ante καὶ ὑμεῖς V   2² τῆς σαρκὸς] τῆς ψυχῆς P   ἀποθέμενοι P
3¹ βίον] τάξιν V   4¹ ὑπενεγκάντων] Pitra (e codd. minor.) : ἐνεγκάντων P : ἐνεγκόντων V   5 ὑμῶν] ὑμῖν V   ὁ μισθός] τῆς ᾠδῆς V
   κδ′ PV   1¹ πέλω] εἰμὶ P   2¹ συνάφειαν] P γρ V: σαφήνειαν P   2² ἔφρασεν V   3² ἵνα οὕτω γεν.] P γρ V: om. P¹   5 ἡμῶν] τὴν ᾠδήν P
   κε′ PV   1¹ Στερρωθέντες] Pitra (e codd. minor.) : στερεωθέντες P : στηριχθέντες V   2¹ om. V   2² βλέποντες] τῶν ἐν γῇ παντελῶς μὴ φροντίσητε add. V

καραδοκοῦντες καὶ σπουδάζοντες
μετὰ τὸ μεταστῆναι τοῦ βίου τούτου
κατοικῆσαι ἐν ταῖς τῶν ἁγίων σκηναῖς,
ἵνα ὥσπερ ἐνταῦθα βοᾶτε κἀκεῖ· 5
|: " Ἀλληλούϊα." :|

κϛ′ Ὁ καιρὸς τῆς χαρᾶς ὑμῶν ἔφθασεν·
ὁ γὰρ κύριος τάχιον ἔρχεται·
ὁ νυμφὼν τὸν νυμφίον ἐκδέχεται,
καὶ ὑμεῖς ταῖς λαμπάσιν ἀστράπτετε·
ὡς εὖ φρονοῦντες παρθενεύετε·
παρθενεία γὰρ ἔστι ψυχῆς ἁγνεία,
δι' ἧς ἔχετε βλέπειν τὴν δόξαν Χριστοῦ
δᾳδουχοῦντες αὐτῷ μετ' ᾠδῆς τὸν ψαλμόν· 5
|: ἀλληλούϊα. :|

κζ′ Ὑπ' ἐμοῦ νῦν ὑμεῖς ἐδιδάχθητε
κατακρίνειν ἐμέ ποτε μέλλοντες·
διὰ τοῦτο κυρίῳ δεήθητε, ἵνα ἄνεσιν εὕρω σὺν πᾶσι ὑμῖν
καὶ ἀπολαύσω σὺν ὑμῖν κἀγὼ
τῆς χαρᾶς ἐκείνης τῆς αἰωνιζούσης·
τοῦ θεοῦ γὰρ ἐστὲ εὐωδία ὑμεῖς,
καὶ αἰτοῦμαι ὑμᾶς τὸ συμψάλλειν ἀεί 5
|: ἀλληλούϊα. :|]]

κη′ Τῶν ἀγγέλων τὸν βίον βιῶσαι νυν, μέγα ὑμῖν παρέσχεν ὁ κύριος·
μεῖζον πάλιν καὶ τοῦτο εὑρήκατε,
ἔχειν ὡς ἀδελφὸν τὸν ἡγούμενον,
πραέως πάντων ἀνεχόμενον,
πτωχὸν ἤθει καὶ πλούσιον ἐν φρονήσει,
τάξει ὑπὲρ ὑμᾶς καὶ οὐδὲν καθ' ὑμᾶς,
πάντας στέργοντα, πάντας καλοῦντα εἰπεῖν· 5
|: " Ἀλληλούϊα." :|

3¹ καὶ σπουδάζοντες] καὶ ἐκδεχόμενοι P   3² μετὰ τὸ om. P   4 ἐν] δὲ P
σκηναῖς] μοναῖς V   5 κἀκεῖ] τὴν ᾠδήν add. P
κϛ′ PV   5 μετ' ᾠδῆς τὸν ψαλμόν] καὶ βοῶντες ἀεί V
κζ′ PV   3² αἰωνιζούσης] αἰωνίου τότε P
κη′ ABMPV   1¹⁻² Μέγαν ὑμῖν παρέσχεν ὁ κύριος βίον ὄντως βιῶσαι
ἰσάγγελον (ὡς ἄγγελοι A) ABM   3¹ πραέως πάντων] πρᾳὺν καὶ πάντων A(B)
3² ἐν] τῇ PV   4 οὐδὲν] βουλῇ ABM

κθ' **Οὐκ ἀρκεῖ** μοι ὁ λόγος πρὸς ἔπαινον
τῆς ἀμέτρου αὐτοῦ ἡμερότητος·
καὶ εἰσὶν ἐν ὑμῖν μαρτυροῦντές μοι
καὶ κυροῦντες τοῖς ἔργοις τοὺς λόγους μου,
ὅτι πολλάκις ἀπεδήμησαν
τῶν ἀμνῶν πολλοὶ ἔξω τῆς μάνδρας ταύτης
καὶ τῇ τούτου εὐχῇ ἐπανέλυσαν,
οὓς δεξάμενος πάλιν προσήνωσε βοᾶν·   5
|: " Ἀλληλούϊα." :|

λ' **Σὺ οὖν**, δέσποτα, ὡς παντοδύναμος
τὴν ζωὴν ἡμῶν πᾶσαν κυβέρνησον·
τῷ ποιμένι τὴν ποίμνην συντήρησον
καὶ ἐμὲ ταῖς εὐχαῖς αὐτοῦ στήριξον·
τοῦ ἀγελάρχου τὸ μνημόσυνον
πολλοῖς χρόνοις ἡμῖν ἐκτελεῖν παράσχου
καὶ τὴν σὴν βασιλείαν ἀεὶ ἀνυμνεῖν·
ἀγαθὸν γὰρ τὸ λέγειν συχνῶς τὸν ψαλμόν·   5
|: " Ἀλληλούϊα." :|

κθ' ABMPV   1² ἀμέτρου] τοσαύτης PV   2² καὶ κυρ. τοῖς ἔργοις (τρόποις A) τοὺς λόγ. μου] καὶ κυρ. τὰ ῥήματα (τοῖς τὰ φθέγματα M) μου BM   3² τῶν—πολλοὶ] οἱ (οἱ om. V) πολλοὶ τῶν ἀμνῶν PV   ἔξω] ἔξωθεν BV ταύτης om. BV   4 ταῖς τούτου εὐχαῖς ABM
λ' ABMPV   3² ἡμῖν ἐκτελεῖν παράσχου] Trypanis m.c.: παράσχου ἡμῖν ἐκτελεῖν codd.   4 καὶ τοὺς σοὺς οἰκτειρμοὺς ἐγκατάσπειρον M (V)
5 ἀγαθόν—ψαλμόν] πρὸς τὸ ψάλλειν τερπνῶς καὶ βοᾶν σοι ἀεί M(V)

56 (66 Kr.)

A PRAYER

Acrostichis: *ΠΡΟΣΕΥΧΗ ΡΩΜΑΝΟΥ*

Prooemium: *Ἰδιόμελον*

Τοῦ φοβεροῦ δικαστοῦ τὴν ἐξέτασιν
       ἐν τῇ ζωῇ σου, ψυχή, ἐνθυμήθητι
καὶ μνήσθητι τῶν στεναγμῶν τοῦ τελώνου,
       τῶν ὀδυρμῶν τῆς πόρνης,
κραυγάζουσα ἐν κατανύξει·   " Ταῖς εὐχαῖς τῶν ἁγίων
       ἱλασμόν μοι παράσχου,
|: ὁ θέλων πάντας τοὺς ἀνθρώπους σωθῆναι." :|

Strophae: *Ὁ χρόνος μου συντελεῖται* (App. Metr. xxxvi)

α' Πολλοὶ διὰ μετανοίας   τῆς παρὰ σοῦ φιλανθρωπίας ἠξιώθησαν·
τελώνην στενάξαντα   καὶ πόρνην δακρύσασαν   ἐδικαίωσας·
τῇ προθέσει γὰρ προσβλέπεις   καὶ παρέχεις τὴν ἄφεσιν·
μεθ' ὧν κἀμὲ ἐπίστρεψον   ὡς ἔχων πλῆθος οἰκτιρμῶν,
|: ὁ θέλων πάντας τοὺς ἀνθρώπους σωθῆναι. :| 5

β' Ῥερύπωται ἡ ψυχή μου
     ἐνδεδυμένη τὸν χιτῶνα τῶν πταισμάτων μου·
αὐτὸς δὲ παράσχου μοι   ἀπὸ τῶν ὀμμάτων μου
         ῥεῦσαι ὕδατα,
ἵνα ταύτην καθαρίσω   διὰ τῆς κατανύξεως·
λαμπρὰν στολήν με ἔνδυσον   ἀξίαν τοῦ γάμου σου,
|: ὁ θέλων πάντας τοὺς ἀνθρώπους σωθῆναι. :| 5

56 *Codices*: P
Editiones: Mioni R. il. M. p. 144 sq.; Tomadakis P.M.Y. 1, pp. 5 sq.
Titulus: A Prayer Trypanis: sine titulo P
Dies Festus: Τῇ δ' τῆς ε' ἑβδομάδος τῶν νηστειῶν
Modus: ἦχος πλάγιος δ'
Acrostichis: Προσευχὴ Ῥωμανοῦ P
Prooemium
 P   2² τὸν ὀδυρμὸν P: corr. Maas
 α' 3¹ προσβλέπεις] Maas (etiam K. Fafalios apud Tom.): προβλέπεις P
 β' 4² metrum ∪∪̽−∪∪−: σου] τοῦ σοῦ dub. Trypanis

γ′ Ὁ χρόνος μου συντελεῖται,
                    ὁ δὲ φρικτός σου θρόνος λοιπὸν εὐτρεπίζεται·
ὁ βίος παρέρχεται,   ἡ κρίσις ἐκδέχεται   ἀπειλοῦσά μοι
τοῦ πυρὸς τὴν τιμωρίαν   καὶ τὴν φλόγα τὴν ἄσβεστον·
δακρύων ὄμβρους πέμψον μοι   καὶ σβέσον αὐτῆς τὴν ἰσχύν,
|: ὁ θέλων πάντας τοὺς ἀνθρώπους σωθῆναι. :| 5

δ′ Συμπάθησον τῇ φωνῇ μου   ὡς τῷ ἀσώτῳ υἱῷ, πάτερ οὐράνιε·
κἀγὼ γὰρ προσπίπτω σοι   καὶ κράζω ὡς ἔκραξε·
                                    " Πάτερ, ἥμαρτον "·
μὴ παραδώσῃς ⟦με⟧, σωτήρ μου,   τὸν ἀνάξιον παῖδα σου,
ἀλλ' εὔφρανον καὶ ἐπ' ἐμοὶ   τοὺς σοὺς ἀγγέλους, ἀγαθέ,
|: ὁ θέλων πάντας τοὺς ἀνθρώπους σωθῆναι. :| 5

ε′ Ἐμὲ γὰρ υἱόν σου   καὶ κληρονόμον ἑαυτοῦ ἔδειξας χάριτι·
ἐγὼ δὲ προσκρούσας σοι   αἰχμάλωτος γέγονα   καὶ δεδούλωμαι
τῇ βαρβάρῳ ἁμαρτίᾳ   πεπραμένος ὁ ἄθλιος·
τὴν σὴν εἰκόνα οἴκτειρον   καὶ ἀνακάλεσαι, σωτήρ,
|: ὁ θέλων πάντας τοὺς ἀνθρώπους σωθῆναι. :| 5

ϛ′ Ὑπνοῦντά με ῥαθυμίᾳ   ὁ πονηρὸς ἐπαγρυπνῶν ἐσυλαγώγησε·
τὸν νοῦν μου ἐπλάνησε,   τὴν φρένα ἐσύλησε   καὶ διήρπασε
τὸν τῆς χάριτός σου πλοῦτον   ὁ λῃστὴς ὁ ἀρχέκακος·
ἀλλ' ἔγειρον πεσόντα με   καὶ ἀνακάλεσαι, σωτήρ,
|: ὁ θέλων πάντας τοὺς ἀνθρώπους σωθῆναι. :| 5

ζ′ Χρῄζω τῆς σῆς βοηθείας,
                    ὥσπερ ὁ Πέτρος ἐν θαλάσσῃ χειμαζόμενος·
τοῦ βίου τὸ πέλαγος   βαδίζων ποντίζομαι
                                      καὶ προσπίπτω σοι·
ἐγγισάτω μοι ἡ χείρ σου   καὶ σωσάτω με, κύριε·
ὡς ἐκ βυθοῦ ἀνάγαγε   ἐκ τοῦ χειμῶνος τῶν κακῶν,
|: ὁ θέλων πάντας τοὺς ἀνθρώπους σωθῆναι. :| 5

γ′ 1¹ cf. nomen melodiae stropharum
δ′ 3¹ με del. Trypanis m.c.   σωτήρ] Trypanis: σῶτερ P: metrum
cf. ι′ 3¹ ?   4² σοὺς] Maas (etiam Tom.): σοῦ P
ε′ 1¹ metrum ⏑ – ⏑ ⏑ ⏑ ⏑ – ⏑ ⟨καὶ⟩ υἱόν σου Trypanis m.c., cf. Ep. Gal. 4. 7
4² = ϛ′ 4²
    ϛ′ 4¹ με ante πεσόντα P: transp. Maas   4² = ε′ 4²
    ζ′ 2² ποντίζομαι] Orphanidis: ποντίζει με P

η´ Ἤκουσα καὶ τοῦ προφήτου
προτρεπομένου με περὶ τῆς σωτηρίας μου·
εἰπὼν γὰρ ἐγγίζειν σε   τοῖς ἐπικαλουμένοις σε
διεγείρει με
συνεχέστερον βοᾶν σοι   καὶ καλεῖν σε εἰς ἀντίληψιν·
τῶν οἰκτιρμῶν σου μνήσθητι   καὶ ἔγειρόν με ὡς θεός,
|: ὁ θέλων πάντας τοὺς ἀνθρώπους σωθῆναι. :| 5

θ´ Ῥύστην σε, σωτήρ, γινώσκω
μετανοοῦντα ἐπὶ πάσαις ταῖς κακίαις μου·
ἐξάλειψον τὰ πταίσματα,   ὑπόγραψον ἄφεσιν,   ἀμνησίκακε·
τὸ χειρόγραφόν μου σχίσον   καὶ ἐμὲ ἐλευθέρωσον
αὐτὸς γὰρ πέλεις, κύριε,   ὁ βασιλεύς μου καὶ θεός,
|: ὁ θέλων πάντας τοὺς ἀνθρώπους σωθῆναι. :|

ι´ Ὦ ἀφροσύνη, φοβοῦμαι
καὶ ἐννοῶν τὸν ὀδυρμὸν οὐ σωφρονίζομαι·
πτοοῦμαι τὴν κόλασιν   καὶ ἔργα κολάσεως   διαπράττομαι·
[[καὶ]] δειλιῶ μαστιγωθῆναι   καὶ τὸ πταίειν οὐ παύομαι·
ὀψὲ ποτὲ ἀνάνηψιν   παράσχου μοι, μόνε σωτήρ,
|: ὁ θέλων πάντας τοὺς ἀνθρώπους σωθῆναι. :| 5

ια´ Μικρὸν ὀδυνᾷ με, οἴμοι,   ἡ ἁμαρτία δολερὸν ἔχουσα φάρμακον·
αὐτή μοι συνήγορος,   αὐτὴ καὶ κατήγορος   ἀναδείκνυται·
τὴν δοκοῦσαν συμβουλεύειν   αὐτὴν βλέπω ἐπίβουλον·
αὐτὴ βοθρίσαι σπεύδει με,   αὐτῆς με λύτρωσαι, σωτήρ,
|: ὁ θέλων πάντας τοὺς ἀνθρώπους σωθῆναι. :| 5

ιβ´ Ἀεὶ κρυπτῶς μαστιγοῦμαι·
τὸ συνειδὸς γὰρ ἑαυτοῦ καταδικάζει με·
καὶ κριτήριον κέκτημαι   τὸν ἴδιον ἔλεγχον   τιμωροῦντα με
προτοῦ ἤξω καὶ ὑφέξω   τὴν αἰώνιον βάσανον·
ἐνταῦθά με διόρθωσαι   καὶ τότε φεῖσαι μου, σ[ωτήρ],
|: ὁ θέλων πάντας τοὺς ἀνθρώπους σωθῆναι. :| 5

η´ 2¹ σε] Orphanidis: σοι P   2² metrum ⏑−⏑⏑−⏑⏑: τοῖς del. Trypanis
3² metrum ⏑⏑−⏑⏑−⏑⏑: σε dub. del. Trypanis m.c.
θ´ 2¹ metrum: ὑ−⏑⏑−⏑⏑: τὰ del. Trypanis
ι´ 3¹ metrum cf. δ´ 3¹?: καὶ del. Trypanis
ιβ´ 2¹ metrum ⏑−⏑⏑−⏑⏑: καὶ dub. del. Maas   3¹ ἀφέξω Orphanidis
4² suppl. Maas

ιγ´ **Νυνὶ** καιρὸς μετανοίας
                    τοῖς βουλομένοις τὸ τάλαντον πραγματεύσασθαι·
πανήγυρις ἵσταται,   κἀγὼ οὐκ ἐργάζομαι,   ἵνα λήψομαι
τὸν καιρὸν τῆς ἐργασίας   καὶ τοῦ κόπου τὴν ἄνεσιν·
προτοῦ λυθῇ τὸ θέατρον,   δώρησαι τὴν ἐπιστροφήν,
|: ὁ θέλων πάντας τοὺς ἀνθρώπους σωθῆναι. :| 5

ιδ´ **Ὁ** Παύλου λόγος ὠθεῖ με
                    προσκαρτερεῖν σου τῇ εὐχῇ καὶ ἀναμένειν σε·
θαρρῶν οὖν προσεύχομαι,   σαφῶς γὰρ ἐπίσταμαι
                                            τὰ ἐλέη σου,
ὅτι πρῶτός μοι προσέρχῃ   καὶ καλεῖς εἰς ἀντίληψιν·
χρονίζεις δὲ ἵνά μοι δῷς   τῆς προσεδρείας τὸν μισθόν,
|: ὁ θέλων πάντας τοὺς ἀνθρώπους σωθῆναι. :| 5

ιε´ **Ὑμνεῖν** καὶ δοξολογεῖν σε   ἐν πολιτείᾳ καθαρᾷ δώρησαι πάντοτε·
συμπράττειν τοῖς λόγοις μου   τὰ ἔργα εὐδόκησον,
                                            παντοδύναμε,
ἵνα ψάλλω καὶ λαμβάνω   παρὰ σοῦ τὰ αἰτήματα·
ἁγνὴν εὐχὴν προσφέρειν σοι   παράσχου μοι, μόνε Χριστέ,
|: ὁ θέλων πάντας τοὺς ἀνθρώπους σωθῆναι. :| 5

ιγ´ 1² metrum ⏑⏑⏑–⏑⏑⏑–⏑⏑⏑–⏑⏑   3¹ καιρὸν] μισθὸν dub. Maas

V

Cantica on Martyrs and Saints

57 (48 Kr.)
ON THE FORTY MARTYRS OF SEBASTEIA I

Acrostichis: *ΤΟΥ ΚΥΡΟΥ ΡΩΜΑΝΟΥ ΕΠ[Η]Η*

Prooemium I: Ἰδιόμελον

Τὸ ξίφος τὸ ὑγρὸν   οὐκ ἐπτοήθητε
θαρροῦντες εἰς τὸ πῦρ   τὸ τῆς θεότητος,
ὃ ἐνεδύσασθε,   ἅγιοι μάρτυρες·
πρὸς παγετὸν γὰρ καὶ κρύος   παραταξάμενοι
καὶ τὰς ἐξ ὕψους ἀκτῖνας   ὑποδεξάμενοι   5
|: στεφάνων ἐτύχετε. :|

Prooemium II: Χορὸς ἀγγελικός (App. Metr. xxxviii)

Τὰ ὅπλα τῆς σαρκὸς   ἀπορρίψαντες πάντα
εἰσήλθετε γυμνοὶ   εἰς τὸ μέσον τῆς λίμνης
τῷ κρύει σφιγγόμενοι   καὶ τῇ πίστει θαλπόμενοι·
διελθόντες δὲ   διὰ πυρός, ἀθλοφόροι,
καὶ τοῦ ὕδατος   παρὰ θεοῦ ἐπαξίως   5
|: στεφάνων ἐτύχετε. :|

Prooemium III: Χορὸς ἀγγελικός (App. Metr. xxxviii)

Τὸ ξίφος τὸ ὑγρὸν   ⟨μὴ⟩ πτοούμενοι, ἅγιοι,
ἐν λίμνῃ κρυερᾷ   ἐμβληθέντες προθύμως,
γενναίως [[ὑπ]]ἐμείνατε   τῶν τυράννων τὰς μάστιγας·

57 *Codices*: P (sine Prooem. III) V (Prooem. I, III et α′–β′)
Editiones: Krumbacher, Misc. pp. 16 sq.
Titulus: On the Forty Martyrs of Sebasteia I Trypanis: Τῶν ἁγίων μ′ μαρτύρων PV
Dies Festus: Μηνὶ Μαρτίῳ θ′
Modus: ἦχος α′
Acrostichis: Τοῦ κύρου Ῥωμανοῦ ἔπη P
Prooemium II (post canticum add. P)
Prooemium III V
3¹ ὑπ- del. Trypanis m.c.

νῦν ἀγάλλονται   τῶν οὐρανῶν αἱ δυνάμεις,
τέρπει, χαίρεται   καὶ τῶν ἀνθρώπων τὸ γένος,   ὅτι
|: στεφάνων ἐτύχετε. :|

Strophae: *Τὸ φοβερόν σου κριτήρων* (App. Metr. IV)

α' **Τοῦ Ἰησοῦ** τὰ παθήματα   καὶ τὰ θαύματα
                                      κατιδόντες οἱ μάρτυρες
καὶ τὸν ἑκούσιον θάνατον
σπεύδουσιν παθόντα   ἀνταμείψασθαι πάθεσι
                                      καὶ θανάτῳ τὸν θάνατον·
" Εἰ γὰρ ἔπαθε ", λέγοντες, " ὁ ὢν ἀνεύθυνος,
                                      πόσῳ μᾶλλον οἱ ὑπεύθυνοι·
εἰ ἁμαρτίαν ὁ μὴ ποιήσας   θελήσει ἐσταυρώθη,
πάθωμεν ἡμεῖς προθύμως   συλληφθέντες ἀνομίαις ".
ταῦτα καὶ τοιαῦτα   λέγοντες εἰκότως   τυράννων κατεπέβητε·
βασάνους μὴ πτήξαντες,   εἰς τέλος ἐμμένοντες
|: στεφάνων ἐτύχετε. :|

β' **Ὅλον** τὸν βίον ἡγούμενοι   ματαιότητα
                                      καὶ ὡς ὄναρ παράγοντα,
φθαρτὸν ὁμοῦ καὶ φιλόφθορον
τῶν ἀεὶ μενόντων   ἐγενήθητε ἔμποροι,
                                      ζωὴν θανάτῳ πορίσαντες.
τὸ γὰρ σκῆνος ὡς σκάφος ὑμῶν λογισάμενοι
                                      ζάλην κόσμου ἐφύγετε,
πνοὰς ἀνέμων μὴ πτοηθέντες,   τῷ πνεύματι θαρροῦντες·
τὸν βυθὸν δὲ ἀφριῶντα   ἐγελάσατε περῶντες
καὶ τὸν μαργαρίτην   οὐκ ἐν τῇ ἀβύσσῳ   ἐφεύρατε, πανάγιοι,
ἀλλ' ἄνω πετάσαντες   τὸν νοῦν σὺν τοῖς ὄμμασι
|: στεφάνων ἐτύχετε. :|

6 ὅτι dub. del. Trypanis m.c.
  α' PV   1¹ τοῦ Χριστοῦ V   1² om. V   οἱ μάρτυρες] οἱ ἅγιοι PγρV
  3¹ παθῆναι V   3² πάθεσι] ἄνθεσιν V   4¹ λέγοντες] ἔλεγον V   4¹ ὢν]
  καὶ add. V   4² οἱ om. V (corr. metr.?): metrum ⏑ ⏑ − ⏑ ⏑ − ⏑ ⏑   7¹ καὶ]
  τὰ add. V   7³ κατεπέβησαν Pγρ: ἐνεπέβητε V   8² ἐμμείναντες V
  β' PV   1¹ ἡγήσασθε V   1² μάταιον V   3³ ζῆν in ras. V   πορίσαντες] προκρίναντες V: metrum ⏑ ⏑ − ⏑ ⏑ − ⏑ ⏑ (cf. θ' 3³)   5² οὐκ
  ἐπτοήθσθε V   6¹ ἀφριῶντα] ἀφορῶντες V   8¹ ἀναπετάσαντες V   8² σὺν
  τοῖς σώμασι P

γ' Ὕβριν ὑμῖν ὁ πολέμιος   ὑπελάμβανεν
                         τὰ δεσμὰ καὶ τὴν φρούρησιν
   καὶ ἀτιμίαν τὰς μάστιγας·
   ὤφθη δὲ ἡ ὕβρις   αὖχος δόξαν προσφέρουσα,
                         καὶ ὁ πόνος τὸν ἔπαινον.
   αἱ ἀλύσεις γὰρ λύσιν ὑμῖν προεξένησαν,
                         καὶ στεφάνους αἱ βάσανοι.
   ἐμαστιγώθητε μὴ σφαλέντες,   ἀλλ' ὡς Χριστὸν ποθοῦντες   5
   τὸν μηδὲν ἠδικηκότα   καὶ βουλήματι θανόντα·
   τοῦτον θεωροῦντες   καλῶς προεστῶτα
                         τῶν ἄθλων ὡς πολύαθλοι
   τῇ πάλῃ ἐπέβητε   καὶ τὸν ἐχθρὸν ῥήξαντες
   |: στεφάνων ἐτύχετε. :|

δ' Καύσας ὑμᾶς διεσκόρπισεν   ὁ πολέμιος,   ἀπολλύειν οἰόμενος
   γαῖαν καὶ θάλασσαν ἔπλησεν·
   ὅθεν ὁ συλλέξας   τὰ ὀστᾶ ὑμῶν εὕρηκεν   εὐρωστίαν καὶ ἴασιν.
   ὁ γὰρ πίστει κτησάμενος ὑμῶν ἕνα λείψανον
                         ἑαυτῷ πάντας κέκτηται.
   λιμὸν καὶ δίψαν οὐχ ὑπομένει,   οὐ γύμνωσιν ὑφίσταται,   5
   ἀλλ' ἐκ πάντων τῶν λυπούντων   ταῖς εὐχαῖς ὑμῶν ἐκφεύγει
   καὶ τῶν πολεμίων   λόγον οὐ ποιεῖται   μαθών, ὅτι τὸν τύραννον
   ὑμεῖς ἐνικήσατε·   εἰς γῆν τοῦτον ῥίψαντες
   |: στεφάνων ἐτύχετε. :|

ε' Ὕψους αὐτὸν κατεβάλετε   οὐ κρατήματι,   ἀλλὰ ῥήματι, ἅγιοι,
   " Χριστιανοί ἐσμεν ", λέξαντες·
   ἤκουσε τοῦ λόγου   καὶ τοῦ θρόνου κατήνεκται
                         καὶ τὸ κράτος ἀπώλεσε·
   καὶ ὁ πρότερον ἄνωθεν πεσὼν ὀλέθριος   κάτω ἕρπει ὁ ἄθλιος.
   τῆς γῆς καυχώμενος κυριεύειν,   ποῦ στῆναι οὐχ εὑρίσκει·   5
   ὁ θρασὺς κατὰ τῶν πράων   τούτους πράως κολακεύει·
   ὧν ἔτεμεν κάρας,   τούτων ὑπὸ πόδας   καὶ κεῖται καὶ νενίκηται·
   παλάμην ἀνέτεινε   καὶ κράζει πατούμενος·
   |: " Στεφάνων ἐτύχετε." :|

   γ' P   4¹ προσεξένισαν P   8² ῥήξ. ante τὸν ἐχθρὸν P
   δ' P   5² metrum cf. s' 5², ια' 5²
   ε' P   8¹ prona palma luctatores in palaestra se victos esse confite-
   bantur (cf. Ov. Am. 3. 14. 47)

ϛ' Ῥίψας τὸ βέλος ὁ δόλιος   πάλαι ἔτρωσε
                                   τὸν Ἀδὰμ καὶ ἐνέκρωσε
   καὶ ἀσθενῆ ἀπειργάσατο·
   νῦν δὲ τῶν γενναίων   κἂν ἐπάταξε σώματα,
                                   τὰς ψυχὰς οὐκ ἀπέκτεινεν.
   τὸν πρωτόπλαστον ῥήμασι πεσεῖν ὑπέπεισε,
                                   τούτους δὲ οὔτε πράγμασιν·
   ἐκείνῳ βασκαίνων ὑπισχνεῖτο   καὶ τούτοις ἐπηγγέλλετο,   5
   τῷ Ἀδὰμ θεοποιΐαν   καὶ τοῖς μάρτυσιν ἀξίαν.
   ἃ οὐκ ἔχει, παρέχει·   ὧν οὐκ ἐξουσία,   δωρεῖσθαι ὑποτίθεται·
   διὸ τὴν βουλὴν αὐτοῦ   σκεδάσαντες, ἅγιοι,
   |: στεφάνων ἐτύχετε. :|

ζ' Οὕτως τὸν Κάϊν ἠρέθισεν   ὁ πολέμιος
                                   ἀνελεῖν τὸν συναίμονα
   λέγων αὐτῷ ὅτι γίνεται
   μόνος γῆς κληροῦχος   μετὰ θάνατον τοῦ Ἄβελ·
                                   καὶ πιστεύσας ἐφόνευσε.
   τὸν Ἀδὰμ καὶ τὸν Κάϊν πλανήσας ὁ δόλιος
                                   τοὺς ἁγίους οὐκ ἔλαθε·
   δεικνὺς ἀξίαν καὶ τιμωρίαν   ἐγνώσθη ὁ πανοῦργος,   5
   ὅτι πρῶτον κολακεύει   καὶ μετέπειτα κολάζει.
   τούτου τὰς παγίδας   γνόντες, ἀθλοφόροι,
                                   ἐφύγετε τὰ θήρατρα·
   Χριστοῦ δὲ τοῖς ῥήμασι   καλῶς ἀγρευόμενοι
   |: στεφάνων ἐτύχετε. :|

η' Ὕμνησεν πᾶσα ἡ ἤπειρος   καὶ ἡ θάλασσα
                                   Σολομῶντος τὴν σύνεσιν·
   ἀλλ' ὁ πανοῦργος διάβολος
   ἤμβλυνε τὰς φρένας   τοῦ σοφοῦ διὰ λαγνείας,
                                   καὶ εἰδώλοις ἐσπείσατο·

ϛ' P   3³ τὴν ψυχὴν P¹   5¹ ἐκεῖνον P: corr. Krumb.   5¹ metrum ∪∪∪−∪∪∪∪−∪   5² metrum cf. δ' 5², ια' 5²   7¹ metrum cf. ιζ' 7¹, ιθ' 7¹: οὐκ ἔχων, παρέχει Trypanis   7² ἐξουσία] Trypanis m.c.: ἐξουσιάζει P   8² ἅγιοι] ἅπασι Pγρ
η' P

ἀλλ' ἐκεῖ δυναστεύσας ἐνταῦθα ἠσθένησε·
τότ' ἰσχύσας νῦν δ' ἔπεσε·
τὸν Σολομῶντα ὡς ῥαθυμοῦντα κατέσχεν ὑπουργοῦντα· 5
τοὺς ἁγίους δὲ ἐφεῦρε φροντιστὰς τῆς εὐσεβείας·
ἄνακτα δουλώσας, δυνάστας πατήσας
πτωχῶν ποσὶ πεπάτηται.
πτωχεύει ὡς ἀεὶ πτωχός· ὑμεῖς δὲ ὡς πλούσιοι
|: στεφάνων ἐτύχετε. :|

θ' Ῥέπειν τοὺς πάντας ἐδίδαξεν πρὸς τὰ εἴδωλα,
βασιλεῖς τε καὶ ἄρχοντας,
γῆς τὴν εὐπρέπειαν ἤμβλυνεν,
οὐρανοῦ δὲ κάλλος ἐκμολύνων ἠμαύρωσεν
ἐκ καπνοῦ τῶν θυσίων αὐτοῦ·
διὰ τοῦτο ὁ ὕψιστος ἐξ ὕψους διέκυψεν γῆν ἰδεῖν τὴν αἱμόφυρτον·
ὁ γεννηθεὶς ἄνω πρὸ αἰώνων ἀρχὴν λαμβάνει κάτω 5
ἐκ μὲν τοῦ πατρὸς ἀχρόνως, ἐκ δὲ τῆς μητρὸς ἀφθόρως.
τούτου τὴν ἀγάπην τὴν πρὸς τοὺς ἀνθρώπους
μαθόντες οἱ πανάγιοι
σφαγῆναι ᾑρήσαντο· Χριστῷ ζῆν ποθήσαντες
|: στεφάνων ἐτύχετε. :|

ι' Ὤλοντο πάντα τὰ εἴδωλα καὶ ἀπώλοντο
τοῦ Χριστοῦ ἐνδημήσαντος·
θάμβος κρατεῖ τὸν διάβολον·
δρᾶσαι οὐκ ἰσχύει, ἃ σκεπτόμενος ηὕρισκε·
τὴν γὰρ δύναμιν λέλυται·
καὶ ⟨ὁμοῦ⟩ συνταράττεται καὶ τεταπείνωται
καὶ εἰς χάος λελόγισται.
διπλοῦς αὐτῷ ἔστι φόβος, Χριστοῦ καὶ τῶν ἁγίων· 5
τὸν Χριστὸν ἀκούων φρίττει καὶ τοὺς μάρτυρας πτοεῖται·
τοῦ σταυροῦ τὸ ξύλον βλέψαι οὐκ ἰσχύει,
μαρτύρων δὲ τὰ μνήματα
πτοεῖται θεώμενος καὶ κράζει πατούμενος·
|: "Στεφάνων ἐτύχετε." :|

4² τότε P: corr. Maas   δὲ P: corr. Maas   8¹ metrum cf. ιη' 8¹
θ' P   6¹ μὲν post τοῦ πατρ. P: transp. Maas
ι' P   4¹ ὁμοῦ add. Maas m.c.   5¹ metrum ∪∪−∪∪∪−∪
7¹ τοῦ] Krumb.: τὸ P

ια' Μάτην φασὶν οἱ ἀνόητοι   ὡς τὰ μέλλοντα
                                            προγινώσκει διάβολος·
μάτην πλανᾶσαι, ὦ ἄνθρωπε·
ὅτι γὰρ οὐκ οἶδεν,   διδαξάτω σε τὸ πέρας
                                            καὶ τῶν ἔργων ἡ ἔκβασις·
εἰ ἠπίστατο ὅτι ζωὴν μετὰ θάνατον   κομιοῦνται οἱ ἅγιοι,
οὐκ ἐθανάτου τοὺς ἀθλοφόρους,   ἵνα ζωῆς μὴ τύχωσιν·   5
εἰ συνῆκεν ὅτι ὄντως   εἰς παράδεισον χωροῦσιν,
οὐκ ἔσφαζε τούτους·   παντὶ γὰρ σπουδάζει
                                            κεκλεῖσθαι τὸν παράδεισον.
διὰ τὴν βουλὴν αὐτοῦ   νικήσαντες, μάρτυρες,
|: στεφάνων ἐτύχετε. :|

ιβ' Ἆρα ποῖον αἱρετώτερον   τῷ Βελίαρ ἦν,
                                            θεωρεῖν τὸν πρωτόπλαστον
μόνον οἰκοῦντα παράδεισον,
ἢ γὰρ ὅτι βλέπει   πλῆθος νῦν τῶν πιστευόντων;
                                            ἀλλ' οὐκ ᾔδει τὰ μέλλοντα·
αἱρετὸν ἦν αὐτῷ ⟨τὸν⟩ Ἀδὰμ βλέπειν ἔντιμον
                                            ἢ λῃστὴν βλέπειν ἔνδοξον·
ἡδὺς αὐτῷ Κάϊν μὴ φονεύσας   ἢ ὁ τελώνης νήψας·   5
Σολομῶντα οὐκ ἐζήτει,   τὴν δὲ πόρνην ἐπεπόθει·
πῶς ταῦτα οὐκ ἔγνω,   εἰ πάντα γινώσκει;
                                            πῶς ἔλαθεν τὸν δόλιον,
ὅτι ἐκ τοῦ †Ἀδὰμ γίνεται   πιστοὺς προσκυνεῖν βοῶν†·
|: " Στεφάνων ἐτύχετε ";

ιγ' Νύξ ἐστι φύσει διάβολος   καὶ τὰ μέλλοντα
                                            φαεινὰ οὐκ ἐπίσταται·
ἄπωσαι τοῦτον, ὦ ἄνθρωπε·
γνῶθι τὸν εἰδότα   καρδιῶν ἐνθυμήματα
                                            καὶ προσκύνει ὡς εὔσπλαγχνον·
ὁμιλίαι κακαί γαρ χρηστὰ ἤθη φθείρουσιν,
                                            ὥς φησιν ὁ ἀπόστολος·
κενῆς σοφίας ἀπάτῃ λόγων   μηδεὶς περιφερέσθω·   5
κωφωθῶμεν, ὅταν δίχα   τοῦ Χριστοῦ ἡμῖν λαλῶσι,

ια' P   5² metrum cf. δ' 5², 5' 5²
ιβ'   4¹ αἱρετὸν] Pᶜ: αἱρετώτερον P¹   τὸν add. Trypanis m.c.   5¹ ἡδὺς]
Pγρ: εἴθε P   φονεύσας] Krumb.: φονεῦσαι P   8¹ metrum ∪–∪∪–∪∪

καὶ τοὺς ἀθλοφόρους   ζηλώσωμεν πάντες,
                                    οὓς πρώην ὁ πολέμιος
    καὶ λόγοις καὶ πράγμασι   μὴ πείσας ἐκραύγαζε·
|: " Στεφάνων ἐτύχετε." :|

ιδ' "Οντως ἡμεῖς ἀνεδείχθητε   ὑπὲρ ἄνθρωπον,
                                    καίπερ ὄντες ἐν σώματι·
    σιδήρου δίκην διήλθετε,
    πῦρ καὶ τὰς βασάνους   καὶ στρεβλώσεις ὡς λίθινοι
                                    ὑπεμείνατε, ἅγιοι·
    οὐχ ὑμῶν δὲ ἡ δύναμις, ἀλλὰ τοῦ λέξαντος·
                            " Μεθ' ὑμῶν εἰμι πάντοτε "·
    τοῦ προειπόντος· " Μὴ μεριμνᾶτε,   τὸ πῶς ἢ τί λαλήσετε·   5
    ἐν ὑμῖν ἐγὼ λαλήσω   καὶ ὑμᾶς ἐγὼ θαρρύνω ".
    τοῦτον θεωροῦντες   καλῶς προεστῶτα
                                    τῶν ἄθλων, ὦ πολύαθλοι,
    τῇ πάλῃ ἐπέβητε   καὶ ῥήξαντες τὸν Σατὰν
|: στεφάνων ἐτύχετε. :|

ιε' "Υδατος δίκην ἐξέχεαν   οἱ ἀνόητοι   τῶν ἁγίων τὰ αἵματα,
    ἵν' ἡμεῖς σχῶμεν ἰάματα·
    τούτων δὲ τὰς σάρκας   τῷ πυρὶ παραδίδοντες
                                    κλέος μέγα ἐπέθηκαν·
    καὶ ἐγενήθησαν ὄνειδος οἱ ἀποκτείνατες,
                                    οἱ κτανθάντες δὲ καύχημα·
    ἐμυκτηρίσθησαν οἱ μανέντες   κατὰ τῶν ἀθλοφόρων·   5
    μετὰ θάνατον γὰρ ζῶσι   καὶ ψυχὰς πιστῶν φρουροῦσι·
    τούτους νῦν ἐν τάφῳ   ὥσπερ ἐν θαλάμῳ   ὁρῶντες, ἱκετεύομεν·
    " Δεσμῶν ἡμᾶς ῥύσασθε·   δεσμὰ γὰρ πατήσαντες
|: στεφάνων ἐτύχετε." :|

ιϛ' "Ελαβεν λίμνη τοὺς μάρτυρας   ὥσπερ βάπτισμα
                                    ἀποπλῦνον τὰ πταίσματα·
    ἐκεῖ γὰρ τότε ὑπάρχοντες
    εὗρον ἀφθαρσίαν   τὸν ἐχθρὸν καταβάλλοντες,
                                    φωτισθέντες τῷ πνεύματι·

ιϛ' P   ιϛ'–ιθ' posterius addidisse poetam (sine stropha ιη') censet
Maas (B.Z. 24 (1921), p. 13²). Romanus videtur canticum ita divisisse, ut ad
gloriam quorumlibet martyrum strophae α'–ιε', Sebastiae autem quadraginta
strophae ιϛ'–ιθ' cantarentur   1³ ἀποπλῦνον] Maas: ἀποπλύνων P

τὰ δὲ στέμματα βλέποντες 〚ἔτι〛 πλείω ἐθάρρησαν
            οὐρανόθεν ἐρχόμενοι·
ἀλλ' ὁ Ἰούδαν πάλαι συλήσας   καὶ ὧδε ἕνα κλέπτει   5
καὶ χωρίζει τῶν ἁγίων τῷ λουτρῷ ἀποπλανήσας·
ὅμως δὲ ἡ χάρις   ἄλλον ἀντεισάγει   εἰς τόπον ⟨τοῦ⟩ ὀκλάσαντος
βοῶσα τοῖς μάρτυσι·   " Τὴν πίστιν τηρήσαντες
|: στεφάνων ἐτύχετε." :|

ιζ' **Πάντα** τὰ πάθη ἐνίκησε   μήτηρ φέρουσα
            ψυχορραγοῦντα ὃν ἔτεκεν·
ὡς γὰρ οἱ πάντες προέλαβον
ἔπαθλα λαβόντες   τῆς ζωῆς τῆς αἰωνίου
            τῷ Χριστῷ παριστάμενοι,
τὸν υἱὸν θεωρήσασα μὴ τελευτήσαντα   ἀνεβόα σὺν δάκρυσιν·
" Ὡς ἐν κοιλίᾳ πάλιν βαστάζω,   ὃν ἔτεκον ἐν πόνοις·   5
ἐγὼ νῦν τοὺς ὤμους δείξω   ὥσπερ μήτραν μου δευτέραν·
φθάσον τοὺς προλαβόντας,   στῆθι ἐπὶ θρόνου·
            Χριστός σε ἀνεκδέχεται·
μὴ λάθῃ μου, τέκνον μου,   ὡς χάριτι πίστεως
|: στεφάνων ἐτύχετε." :|

ιη' 〚**Ἦν** θεωρῆσαι τὸ γύναιον   ὡς ἐγγάστριον
            ὀδυνοῦσαν τὸ δεύτερον,
ἀγωνιῶσαν καὶ κράζουσαν·
" Μὴ τὴν εὐφορίαν   τῆς ἐμῆς μήτρας ἄκαρπον
            δείξῃς, τέκος γλυκύτατον·
τοκετοῦ καὶ τροφείων σου τῶν ἐκ τοῦ γάλακτος
            τῶν ἐμῶν μασθῶν μνήσθητι·
τοῦτο γνωρίζω εἶναί μοι τέκνον,   τὸ νῦν ὑπὲρ τὸ πρῶτον   5
τοῦτον στέργουσα τὸν τόκον   ἄνωθεν κυοφορῆσαι·
βλέψον ἐμοὺς ὤμους   μήτραν μιμουμένους
            καὶ τοὺς ἐν γήρει ἵδρωτας·
σκιρτήσω, εἴπω χαίρουσα·   ' ἀξίως ὑμεῖς, ἅγιοι,
|: στεφάνων ἐτύχετε.' " :|〛

4¹ ἔτι del. Krumb. m.c.   4² ἐρχόμενα W. Weyh, B.Z. 21 (1912), p. 92¹
7³ τοῦ add. Krumb. m.c.
 ιζ' P   1³ metrum ∪∪−∪∪−∪∪   7¹ metrum cf. ς' 7¹, ιθ' 7¹:
τοὺς dub. del. Trypanis
 ιη' P   stropham spuriam probant materia (cf. ιζ') et acrostichis
8¹ metrum cf. η' 8¹   8² metrum ∪−∪∪−∪∪

ιθ' "Ηλιε άδυτε, άσβεστε, ἀκατάληπτε,
                                      ἐπιλάμπων τοῖς μάρτυσι
καὶ τῇ ψυχῇ μου καταύγασον·
σὲ καθικετεύω   ταῖς πρεσβείαις τῆς μητρός σου,
                                      τῆς ἀφθάρτως τεκούσης σε·
τῶν ἁγίων τοῖς αἵμασιν ἡμᾶς ἁγίασον,   ἵνα ὦμεν συμμέτοχοι
τῶν ἑλομένων σφαγιασθῆναι   καὶ ὑπὲρ σοῦ θανῆναι·   5
τὴν τερπνήν σου ταύτην ποίμνην   ἐν τῷ φόβῳ σου στηρίξαις,
ἵνα δοξολογοῦμεν   σῶν ἁγίων μνήμην
                                      τῶν θλίψεων λυτρούμενοι·
αὐτοῖς γὰρ κραυγάζομεν·   " Χριστὸν ἀγαπήσαντες
|: στεφάνων ἐτύχετε." :|

58 (49 Kr.)

ON THE FORTY MARTYRS OF SEBASTEIA II

Acrostichis: *ΤΟΥ ΤΑΠΙΝΟΥ ΡΩΜΑΝΟΥ[Υ]*

Prooemium I: *Τὴν ὑπὲρ ἡμῶν* (App. Metr. xxxvii)

Πᾶσαν στρατιὰν   τοῦ κόσμου καταλιπόντες
τῷ ἐν οὐρανοῖς   δεσπότῃ προσεκολλήθητε,
ἀθλοφόροι κυρίου   τεσσαράκοντα·
διὰ πυρὸς γὰρ καὶ ὕδατος   διελθόντες, μακάριοι,
                                      ἐπαξίως ἐκομίσασθε
|: δόξαν ἐκ τῶν οὐρανῶν   καὶ στεφάνων πληθύν. :| 5

ιθ' P   7¹ metrum cf. ς' 7¹, ιζ' 7¹ : ἵνα] νὰ dub. Maas et Trypanis, cf. App. Metr.
58 *Codices*: A (sine Prooem. II) B (Prooem. I et α'–ε') D (sine Prooem. II) M (Prooem. I et α'–ε') P (sine Prooem. II) T (Prooem. I, II et α', ε'–ζ', ιζ') V (Prooem. I et α'–θ', ιζ'–ιη')
Editiones: Pitra A.S. I, pp. 599 sq. (partim tantum); Krumbacher, Misc. zu Rom., pp. 22 sq.
Titulus: On the Forty Martyrs of Sebasteia II Trypanis: Τῶν ἁγίων μ' μαρτύρων codd.
Dies Festus: Μηνὶ τῷ αὐτῷ (sc. Μαρτίῳ) θ'
Modus: ἦχος πλάγιος β'
Acrostichis: Τοῦ ταπεινοῦ Ῥωμανοῦ ὕμνος ('Ρωμ. ὕμν. om. V) PV
Prooemium I
ABDMPTV   1¹ στρατείαν BPV

Prooemium II : Τὴν ὑπὲρ ἡμῶν (App. Metr. xxxvii)

[Χαίροις, ὁ στρατὸς   τῆς δόξης τοῦ βασιλέως,
χαίρετε, φαιδροὶ   φωστῆρες τῆς εὐσεβείας,
ἐκκλησίας, χαίρετε,   φρουροὶ ἀσφαλεῖς,
βασιλέων κλέος, χαίρετε,   πολιτείας πύργος, χαίρετε,
              ἀθληταὶ οἱ τεσσαράκοντα,
|: ἐν τῇ μνήμῃ τῇ ὑμῶν   οἰκτείρατε ἡμᾶς. :|]   5

Strophae : Τὰ τῆς γῆς (App. Metr. iii)

α΄ **Τ**ῷ ἐν θρόνῳ ἀστέκτῳ   ἐποχουμένῳ,
τῷ ἐκτείναντι τὸ φῶς   καθάπερ δέρριν,
τῷ τὴν γῆν ἑδράσαντι   καὶ συνάξαντι ὕδατα
              εἰς τὰς συναγωγὰς αὐτῶν,
τῷ πάντα ἐκ μὴ ὄντων   ποιήσαντι ὑπάρχειν
καὶ πᾶσι χορηγοῦντι   πνοὴν καὶ ζωήν,   5
τῷ προσδεχομένῳ   τῶν ἀρχαγγέλων τὸν ὕμνον
καὶ ὑπ᾽ ἀγγέλων   προσκυνουμένῳ
καὶ ὑπὸ πάντων   ἀνυμνουμένῳ,
Χριστῷ τῷ παντοκράτορι,   τῷ πλάστῃ καὶ θεῷ ἡμῶν,
προσπίπτω ὁ ἀνάξιος   προσάγων μου τὴν δέησιν,   10
λόγου χάριν αἰτῶν,   ἵν᾽ ἰσχύσω εὐσεβῶς   ἀνυμνῆσαι κἀγὼ
τοὺς ἁγίους, οὓς αὐτὸς   ἔδειξε νικητὰς
δωρησάμενος αὐτοῖς
|: δόξαν ἐκ τῶν οὐρανῶν   καὶ στεφάνων πληθύν. :|

β΄ **Ο**ὗτοι τῶν ἐγκωμίων   ὑπερβαλλόντως
ὑπέρκεινται πανσόφως   οἱ ἀθλοφόροι·
οὗτοι παρετάξαντο   τῷ Σατὰν καὶ ἐπάταξαν
              τῶν εἰδώλων τὸ φρύαγμα·
οὗτοι τῆς ἀσεβείας   κατέβαλον τὸ σέβας,   5
οὗτοι τῆς εὐσεβείας   κήρυκες στερροί·
οὗτοι ἀμφιβόλων   †ἀκριβείας διδάσκαλοι†,
οὗτοι νοσοῦντας   ἀεὶ ἰῶνται
καὶ ἐκ πνευμάτων   δεινῶν λυτροῦνται,

α΄ ABDMPTV   7²–8² ἀνυμνουμένῳ et προσκυνουμένῳ inter se mut.
ADM   10² προσάγω BMP   11¹ αἰτῶν] AM : αἰτῶ BDPV
12² ἔδειξας BMP
β΄ ABDMPV   2¹ πανσόφως] σαφῶς A : σοφοὶ D : οἱ σοφοὶ V   3² τὸν
Σατὰν MPV   6¹ ἀναμφίβολοι P   6² metrum ⏑⏑⏑−⏑⏑−⏑ : διδάσκαλοι
ἀκριβείας D

οὗτοι τυφλῶν ἀνάβλεψις καὶ τῶν λεπρῶν καθάρσιον·
οὗτοι χωλῶν ἀνόρθωσις καὶ παρειμένων ἔγερσις, 10
οὗτοι πλεόντων λιμήν, οὗτοι ὁδοιπορούντων ὁδηγοὶ ἀγαθοί,
οὗτοι τυραννουμένων ἔκδικοι ἀσφαλεῖς
ὡς λαβόντες ὁμαδὸν
|: δόξαν ἐκ τῶν οὐρανῶν καὶ στεφάνων πληθύν. :|

γ´ Ὑπὲρ ἡλίου αἴγλην ὑπερβαλλόντως
ἡ τῶν ἁγιων τούτων λάμπει φαιδρότης·
νέφη γὰρ καλύπτουσι τὴν ἐκείνου, τὴν τούτων δὲ
οὐδὲ νὺξ διαδέχεται·
ἐκεῖνος ἀνατέλλων μαρμαρυγὰς ἐκπέμπει
καὶ δύνων αὖθις ἕλκει πάσας σὺν αὐτῷ· 5
τῶν δὲ πανολβίων τὴν φαεινὴν λαμπηδόνα
καὶ ἡ ἡμέρα ἀνακηρύττει,
καὶ ἡ νὺξ δὲ πάλιν θαυμάζει ἄγαν,
πῶς διασχίσαι ἴσχυσε τὴν τῶν πραγμάτων θύελλαν·
παρέστη γὰρ πολύδοξος τῷ τοὺς πιστοὺς δοξάζοντι 10
καὶ ἤκουσε παρ᾽ αὐτοῦ· " Σὺ ἐδόξασας ἐμὲ ἐπὶ τῶν γηγενῶν·
ἐν ὑψίστοις οὖν κἀγὼ ἐν σοὶ ὁμολογῶ
παρασχών σοι ἀγαθά,
|: δόξαν ἐκ τῶν οὐρανῶν καὶ στεφάνων πληθύν." :|

δ´ Τοῦ πανσόφου δεσπότου σοφοὶ οἰκέται,
τοῦ γνησίου γενέτου γνήσια τέκνα,
τοῦ στρατολογήσαντος Ἰησοῦ τοῦ θεοῦ ἡμῶν
ὁ στρατὸς ὁ ἐλλόγιμος,
τοῦ θαυμαστοῦ ποιμένος ἡ θαυμασία ποίμνη,
τοῦ γεωργοῦ τῶν ὅλων τὸ γεώργιον, 5
πηγῆς ἀενάου πέλει τὰ νάματα ταῦτα·
ἀμπέλου θείας κλήματα θεῖα,
ἁγίας ῥίζης ἅγιοι κλάδοι,
τοῦ κτίστου πάσης κτίσεως ὡς κτίσμα τὸ ἐράσμιον,
τοῦ ἀκηράτου ἄνακτος ἡ πανολβία σύγκλητος, 10

11² metrum ⏑⏑–⏑⏑⏑–: οὗτοι] τῶν add. AP   12¹ metrum ⏑⏑–⏑⏑⏑–
οὗτοι] τῶν add. ABVPᶜ
γ´ ABDMPV   6¹ τὴν δὲ πανολβίαν M(A)(B)   9¹ ἴσχυσαν BPV
δ´ ABDMPTV   3³ ἐλλόγιμος] DP: εὐλογημένος ABM Pγρ: πανευλόγητος V
6329   k k

οἱ μαθηταὶ τοῦ Χριστοῦ,   οὓς συνήγαγεν αὐτός,
                                                ὁ τῶν ὅλων σωτήρ,
καὶ προσέταξεν οἰκεῖν   ἐν ἀγήρῳ ζωῇ
δωρησάμενος αὐτοῖς
|: δόξαν ἐκ τῶν οὐρανῶν   καὶ στεφάνων πληθύν. :|

ε' Ἄγαν ὑπερυψώθη   ὑπὸ τοῦ πλάστου
καὶ μετὰ τῶν ἀγγέλων   πανηγυρίζει
ἡ τῶν τεσσαράκοντα   ἀθλοφόρων πανεύφημος
                                                φάλαγξ ἀκαταγώνιστος·
καὶ γὰρ ὡς νικηφόρος   πᾶσι τοῖς ἀπ' αἰῶνος
ἁγίοις ἐν ὑψίστοις   συναγάλλεται,   5
στολὴν λευχείμονα,   ἀκήρατον καὶ ἁγίαν
τὴν ἐκ τῶν ἄθλων   ἠμφιεσμένη
καὶ ἐν τῇ πίστει   τὴν κορωνίδα,
ἡ ἅπασιν αἰδέσιμος   ταῖς νοεραῖς δυνάμεσιν
ὡς νύμφη ἀξιάγαστος   καὶ τοῦ κυρίου πάρεδρος,   10
τοῦ ἀγαθοῦ νυμφιοῦ,   ἣν ἐκόσμησεν αὐτὸς
                                                ταῖς αὑτοῦ δωρεαῖς,
ἡ ἐκλάμπουσα ἀεὶ   θείας μαρμαρυγάς·
ἠξιώθη γὰρ λαβεῖν
|: δόξαν ἐκ τῶν οὐρανῶν   καὶ στεφάνων πληθύν. :|

ς' Ποῖον στόμα ἀρκέσει   πρὸς εὐφημίαν,
ποία γλῶσσα ἰσχύσει   ἐγκωμιάσαι
τοὺς ἁγίους μάρτυρας,   τοὺς λιπόντας τὴν πρόσκαιρον
                                                δόξαν διὰ τὴν μέλλουσαν,
τοὺς ἀποχωρισθέντας   ἀπὸ τοῦ διαβόλου
καὶ κολληθέντας πίστει   τῷ σωτῆρι ἡμῶν,   5
τοὺς ἀποσπασθέντας   ἀπὸ πάσης ἁμαρτίας
καὶ συναφθέντας   δικαιοσύνῃ,
τοὺς ἀπροσίτους   ἐν τοῖς ἐπαίνοις,
τοὺς ἅπασαν τὴν ἤπειρον   τῆς πλάνης ἀπαλλάξαντας
καὶ δόγματα ὀρθόδοξα   κηρύξαντας τοῖς πέρασι,   10

  ε' ABDMPTV   7² ἠμφιεσμένην DMT   11¹ νυμφιοῦ] νύμφη φαιδρὰ
AMT (corr. metrica)   13¹ γὰρ] τοῦ PV : om. BD

τοὺς στρατιώτας Χριστοῦ,   τοὺς ὑπὲρ τῶν εὐσεβῶν
                                                  προμαχοῦντας ἀεὶ
καὶ θερμῶς τοὺς τοῦ θεοῦ   πολεμοῦντας ἐχθρούς·
οἷς δεδώρηται αὐτὸς
|: δόξαν ἐκ τῶν οὐρανῶν   καὶ στεφάνων πληθύν. :|

ζ' Ἰσχυροὶ ἐν πολέμοις   ἀναδειχθέντες
ἰσχυροὶ ἐν τοῖς ἄθλοις   ὤφθησαν αὖθις
ἄγαν οἱ πανόλβιοι,   οἱ πολλοὶ καὶ διάφοροι,   εἷς δὲ ὄντες ἐν ἅπασιν·
ἓν δὲ θέλημα τούτοις   ἐν μιᾷ ὁμονοίᾳ
λατρεύειν ὁλοψύχως   τῷ τῶν ὅλων θεῷ·   5
ὁμόφρονες ὄντες   καὶ ὁμογνώμονες ὄντως,
ὁμοῦ τὴν πλάνην   ἀπολιπόντες,
ὁμοῦ ταῖς στρέβλαις   ἐγκαρτεροῦντες,
ὁμοῦ καὶ τὴν ἀπόλαυσιν   τῶν ἀγαθῶν ἐκτήσαντο,
ὁμοῦ καὶ τοὺς στεφάνους δὲ   ἀπέλαβον οἱ ἄξιοι   10
τῇ καρτερίᾳ αὐτῶν·   τεσσαρά⟦κο⟧ντα ὤφθησαν
                                              οἱ Χριστοῦ ἀθληταί,
οὓς ἐδόξασεν Χριστός,   ὁ μόνος λυτρωτής,
δωρησάμενος αὐτοῖς
|: δόξαν ἐκ τῶν οὐρανῶν   καὶ στεφάνων πληθύν. :|

η' Ναρκιᾷ μου ἡ ψυχὴ   διηγουμένη
τὴν τῆς θείας πληθύος   μίαν καρδίαν·
ἐν διῃρημένοις γὰρ   τεσσαράκοντα σώμασι
                                              μίαν γνώμην ἐκτήσαντο·
διὸ καὶ †τῶν βιαίων†   ἀπὸ βορρᾶ φυγόντες
διάβολον γενναίως   ἐτροπώσαντο.   5
τεσσαρά⟦κο⟧ντα γλώσσας   ὤφελον ἀναλαβέσθαι,
ἵνα ἰσχύσω   ὑμνολογῆσαι
τοὺς μίαν γλῶσσαν   ἀναλαβόντας

ζ' ADPTV   3² οἱ] ὡς PV   3³ εἷς δὲ ὄντες] AT : εἴποντο P : ἤγοντο
Pγρ : εἶπον τῷ τε D : λέξαντες V   4¹ δὲ om. PV   τούτοις] ἐν τούτοις PTV
5¹ ὁμοψύχως DPᶜ   6² ὄντες AP   10¹⁻¹³¹ ὁμοῦ τὴν θείαν οἴκησιν τοῦ
παραδείσου εὕραντο ὄνομα ἅπασιν ἐν ᾧ ἐκτήσαντο ἐν τῇ καρτερίᾳ αὐτῶν· τεσσαρά-
κοντα ὄντων εὐσεβῶν ἀριθμός. οἷς δεδώρηται Χριστὸς A(T)   10² οἱ] ὡς DPV
11² τεσσαράκοντα codd. : τεσσαράντα Maas m.c.
η' ADPV   4¹ τῶν βιαίων] D : τὸν βίαιον AP : τὸν βιαίως V   fortasse οἱ
βίαιοι ἀπὸ βορρᾶ = οἱ βίαιοι βόρειοι ἄνεμοι, cf. ιϛ' 7¹ sq.   6¹ τεσσαράκοντα]
codd. : τεσσαράντα (vel σαράκοντα) Maas m.c.   7² ὑμνολογῆσαι] PV : κἀγὼ
ὑμνῆσαι APγρ : κἀγὼ ἀνυμνῆσαι D

καὶ προσκολλᾶσθαι σπεύσαντας   ταῖς νοεραῖς δυνάμεσι
τοῦ σὺν αὐταῖς ἀσίγητον   γεραίρειν ᾆσμα ἅγιον
τῷ ἐν ὑψίστοις θεῷ   τῷ χωρίσαντι αὐτοὺς
          τῶν προσκαίρων δεινῶν
καὶ συνάψαντι αὐτοὺς   τοῖς αὐτοῦ λειτουργοῖς·
καὶ γὰρ δέδωκεν αὐτοῖς
|: δόξαν ἐκ τῶν οὐρανῶν   καὶ στεφάνων πληθύν. :|

θ' Οἱ στερροὶ στρατιῶται   τοῦ ἐν ὑψίστοις
μετὰ τὴν τῶν πολέμων   ἀνδραγαθίαν
αὖθις παρετάξαντο   τῷ τῶν ἀθέων ἄνακτι·
        εἰ δοκεῖ οὖν, πιστότατοι,
συντείνατέ μοι ἅμα   τὸν νοῦν καὶ τὰς καρδίας·
χρήσασθαι γὰρ παραδείγματι βούλομαι·
ὥσπερ ἐν σκοπέλῳ   κατίδωμεν ἐν ὑψίστοις
τὸν τῶν ἀγώνων   ἀγωνοθέτην
Χριστὸν σκοποῦντα   ἐν τῷ σταδίῳ·
πολεμικὴν παράταξιν   πανοῦργον, πολυμήχανον
Σατὰν παραταττόμενον   σὺν τοῖς οἰκείοις ἅπασι
τῷ εὐσεβεῖ ἀριθμῷ,   καὶ αὐτὸν τὸν εὐσεβῆ   κατὰ τοῦ ἀσεβοῦς
πολυτρόπως σπεύδοντα   ἐκνικῆσαι αὐτόν,
ἵνα λάβῃ ὁμαδὸν
|: δόξαν ἐκ τῶν οὐρανῶν   καὶ στεφάνων πληθύν. :|

ι' Ὑψώσας τὴν κακίαν   Σατὰν ὁ πλάνος
παρετάξατο †πόλεμον†   εἰς τοὺς ἁγίους·
οὗτοι παρετάξαντο   κατ' αὐτοῦ οἱ πανόλβιοι
         τῷ θεῷ ἐπελπίζοντες·
εἶχον γὰρ συμμαχίαν   τὴν πίστιν καὶ ἐλπίδα,
οἱ δὲ τοῦ ἐναντίου   ὑπερασπισταὶ
ὁ δοὺξ καὶ ὁ ἡγεμών·   συνῆλθον οὖν πρὸς τὴν θέαν
σὺν τῷ ὑψίστῳ   ἀγγέλων πλῆθος,
σὺν τῷ Βελίαρ   δαιμόνων στῖφος·

9¹ καὶ] τοὺς AD   10¹ τοῦ] καὶ AD
  θ' ADPV   5¹⁻² metrum: divisio neglecta?   10¹ Σατὰν] PV: εἶτα A: σαυτὸν D
  ι' ADP   1¹ κακίαν] σου add. D   1¹⁻2² Ὕψωσε τὴν κακίαν ὑπερβαλλόντως. ὁ σατὰν παρετάξατο τοῖς ἁγίοις A   2¹ metrum ◡◡—◡◡◡—: πόλεμον] πάλιν dub. Trypanis: πάλην dub. Maas   3¹ οὗτοι (δὲ add. P) παρετάξαντο] ἀντεπαρετάξαντο APγρ   3³ ἐν τῷ θεῷ ἐλπίζοντες P

ὡπλίσαντο οἱ ἄδικοι   τοῖς δόρασι μαχήσασθαι,
ὁμοίως καὶ οἱ δίκαιοι   θυρεῶν ἐπελάβοντο   10
δέξασθαι τὰς προσβολάς·   τὰ μὲν ὅπλα τῶν δεινῶν
                            αἰκισμοὶ συνεχεῖς·
τῶν δὲ πράων ποῖα ἦν;   προσευχὴ ἐκτενής·
δι' ὧν εὗρον οἱ πιστοὶ
|: δόξαν ἐκ τῶν οὐρανῶν   καὶ στεφάνων πληθύν. :|

ια΄ Ῥωμαλέος ὁ τρόπος   τῶν ἀθλοφόρων·
    παρετάξαντο κατὰ   τῶν ἀντιθέων,
    ὥσπερ παρετάξατο   ὁ Μωσῆς πρὸς τὸν Ἀμαλὴκ
                            ἀτενίζων πρὸς κύριον
πετάσας ἐν τῷ ὕψει   τὸν νοῦν καὶ τὴν καρδίαν
σὺν ταῖς χερσὶ καὶ πᾶσαν   τὴν αἴσθησιν ⟨⏑ –⟩·   5
καὶ οὗτος ἀρτίως   παραπλησίως ἐδείχθη
πετάσας χεῖρας   σὺν τῇ καρδίᾳ
καὶ ἀτενίζων   τῷ ἐν ὑψίστοις·
ἐκεῖνον ὑπεστήριζον   Ἀαρὼν καὶ Ὢρ, ὡς γέγραπται,
καὶ τοῦτον ὑπεστήριξε   πίστις, ἐλπίς, ὡς ἔγνωμεν·   10
ὤφθη Μωσῆς νικητὴς   ἐκδιδάσκων ἅπαντας
                            ἀτενίζειν θεῷ·
καὶ ὁ τρόπος τῶν πιστῶν   δι' εὐχῆς νικητὴς
ἀνεδείχθη ὡς λαβὼν
|: δόξαν ἐκ τῶν οὐρανῶν   καὶ στεφάνων πληθύν. :|

ιβ΄ Ὥσπερ πρόμαχος δεινὸς   τῆς ἀσεβείας
    Ἀγρικόλαος δίκην   βελῶν τοὺς λόγους
    σπεύσας κατηκόντισε   πειθανάγκην οἰόμενος
                            ἀπατῆσαι τοὺς μάρτυρας·

11^2 τὰ μὲν] P: τὰ δὲ AD 12^1 τῶν δὲ πρ.] P: τὰ τῶν πράων AD 12^2 προσ.
ἐκτενής] P: προσευχαὶ ἐκτενεῖς AD   13 ὅπως λάβουν ὁμαδὸν D
ια΄ ADP 2^{1-2} κατὰ τῶν ἀντ.] πιστῶς τοῖς ἐναντίοις P 3^1 om. P
παρετάξ.] P: παρετάξαντο Α: ἐτάξατο D 3^2 ὁ] ὡς P   πρός] πρὶν D:
κατὰ P   τὸν om. A   τοῦ P 3^3 κύριον] ὅμματα καὶ νοήματα add. P 4^1 ἐν]
γὰρ P 5^2 metrum {⏑ – ⏑ – / ⏑ ⏑ – ⏑ ⏑ –} : αὐτοῦ add. Trypanis 7^1 τὰς χεῖρας
D 9^2 ὁ Ἀαρὼν P   ὑπεστήρισαν D: om. A 10^2 ἐλπίς] καὶ ἀγάπη
add. A 12^1–13^1 τοὺς πιστοὺς δι' εὐχῆς νικητὰς ἀνέδειξεν P
ιβ΄ ADP 3^2 πειθανάγκη Α: πείθειν ἄγαν P

φησὶν αὐτοῖς· " Ὦ φίλοι,   ὑμᾶς προσήκει εἶναι
   ὑπερμάχους Ῥωμαίων   καὶ στρατηγούς·
   μὴ ὑστερήσητε   ἑαυτοὺς ἐκ τῆς συγκλήτου,
   μὴ συμμιγῆτε   τοῖς κατακρίτοις,
   τοῖς ἐντρυφῶσιν   ἐν ταῖς βασάνοις·
   ὑμῶν ὁ βίος ἔντιμος,   ἐκείνων δὲ ἐπάρατος·
   ὑμῖν ἡ δόξα ἕπεται,   ἐκείνοις δὲ ἡ κόλασις· 10
   μὴ οὖν φυρῆτε αὐτοῖς   ἑαυτοὺς ἁρπάσαντες
         ἐκ θανάτου πικροῦ·
   οὐ λυτροῦται γὰρ ὑμᾶς   ἐξ αὐτοῦ ὁ Χριστός·
   οὐ καρποῦσθε δι' αὐτοῦ
   |: δόξαν ἐκ τῶν οὐρανῶν   καὶ στεφάνων πληθύν. :|

ιγ´ **Μηχανὰς πολυπλόκους**   καὶ παγκακίστους
   κατὰ τῶν ἀντιθέων   ἐπιτηδεύω,
   αἷς οὐ μὴ δυνήσονται   ἀντιστῆναι τὸ σύνολον
         οἱ ἡμῖν ἀντιλέγοντες·
   ὑμᾶς δὲ ὡς ὀφθέντας   Ῥωμαίων ὑπερμάχους
   θαρρῶ, ὅτι ἐν πᾶσιν   ὑπήκοοι ἐστέ· 5
   καὶ πλούτῳ καὶ δόξῃ   ὑμᾶς τιμήσει ὁ ἄναξ
   ὡς σεμνοὺς ἄνδρας   διαφανέντας
   καὶ σωφροσύνῃ   κεκοσμημένους·
   ὑμεῖς γὰρ νῦν ἐπίστασθε   τὰ τῶν Ῥωμαίων δόγματα·
   δεῦτε οὖν, προσφιλέστατοι,   σὺν πᾶσι τοῖς εὐγνώμοσι 10
   προσπέσωμεν τοῖς θεοῖς,   ἵνα ῥύσωνται ἡμᾶς
         ἐκ θανάτου πικροῦ,
   ᾧ προστρέχουσιν ἀεὶ   οἱ Χριστοῦ μαθηταὶ
   ὡς οἰόμενοι εὑρεῖν
   |: δόξαν ἐκ τῶν οὐρανῶν   καὶ στεφάνων πληθύν." :|

4¹ φησὶ γὰρ P: καὶ φησὶν A   4² ὑμᾶς] ἡμετέρους A   5¹ Ῥωμαίων ὑπερ-
μάχους A   6¹ μὴ οὖν ἀποχωρήσητε A   7¹ συμμιγῆσθε D   8² ἐν
τοῖς D   9¹ ὁ βίος] βιαίως A¹   11¹ φυρῆτε] συνταγῆτε P   αὐτοῖς]
ὑμεῖς D   11² ἁρπάσατε A   11³ τοῦ πικροῦ A (cf. ιγ´ 11³)
    ιγ´ ADP   2² ἐπιτηδείως D   3¹ αἷς οὐ μὴ] A: ἵνα μὴ P: μήπως οὖν D
3² ἀναστῆναι D   7¹ σεμνοὺς ἄνδρας] ἐν πολέμοις A   9¹ νῦν] P: καὶ A:
δι (ἐπίστασθαι) D   10² ἐν πᾶσιν τοῖς ἀγνώμωσιν D   11¹ θωπεύσωμεν
A   τοὺς θεοὺς AD   11² ὑμᾶς D   11³ τοῦ πικροῦ A (cf. ιβ´ 11³)   12¹ ᾧ]
A: ὡς DP

ιδ´ Ἀτρομάκτως ἔλαβον βέλη τοιαῦτα
τροπωσάμενοι αὐτοῦ τὴν κακουργίαν·
ἄτρωτοι δὲ ἔμειναν· πρὸς γὰρ ταῦτα ἀντέφησαν
τῷ ἀδίκῳ οἱ δίκαιοι·
" Ἐχθρὲ τῆς ἀληθείας, υἱὲ τῆς ἀπωλείας,
καλῶς ἐπωνομάσθη τὸ ὄνομα σοῦ 5
Ἀγρικόλαος· ἄγριος γὰρ εἶ κολακευτὴς
ὡς ὁ πατήρ σου Σατὰν ἐκεῖνος,
ὁ συμβουλεύσας, φησί, τῇ Εὔᾳ·
' ἐὰν τοῦ ξύλου γεύσησθε, ὥσπερ θεοὶ γενήσεσθε' ·
καὶ σὺ ἡμῖν τὴν πρόσκαιρον δόξαν ἑλέσθαι εἴρηκας· 10
ἀλλ' οὐ γελάσεις ἡμᾶς· οὐκ ἀρνούμεθα Χριστὸν
τὸν θεὸν τοῦ παντός,
τὸν δεσπόζοντα ζωῆς καὶ θανάτου ἀεί,
τὸν διδοῦντα τοῖς πιστοῖς
|: δόξαν ἐκ τῶν οὐρανῶν καὶ στεφάνων πληθύν." :|

ιε´ Νευρωθεὶς τῷ ἀστέκτῳ θυμῷ ὁ πλάνος
ὡς τοιαῦτα ἀκούσας ὑπὸ τῶν πράων
τοὺς ὀδόντας ἔβρυξεν ὥσπερ λέων ἀνήμερος
καὶ ὡς ὄφις ἐσύρισεν·
θυμομαχῶν οὖν ἔφη ὁ δοὺξ τῷ ἡγεμόνι·
" Ἐν λίθοις συντριβήτω τὸ στῖφος αὐτῶν". 5
αὐτίκα δ' ἐπέστη ξιφηφόρος ὁ Βελίαρ,
ἵνα ἐν τάχει σὺν τοῖς ἀθέοις
ἐκπολεμήσῃ τοὺς φιλοθέους·
καὶ †διακατασπεύσαντες† τοῦ πολεμεῖν ἀπήρξαντο
καὶ λίθους κατηκόντιζον· ἀλλ' ὤφθησαν οἱ ἄνομοι 10

ιδ´ ADP 2¹ αὐτὸν D 3¹ δὲ μείναντες A : διέμειναν D 4¹ ἀληθείας] P : εὐσεβείας AD 5¹ ἐπωνομάσθης A 5² om. A 6¹⁻² metrum ‿ ‿ ‿ ‿ ‿ ‿ ‿ ‿ ‿ ‿ ‿ ‿ ‿: divisio neglecta? de nomine Ἀγρικόλαος cf. Krumb. Misc. pp. 84 sq. γὰρ om. AD κολακεύων D 7¹⁻² ὡς ὁ Σατὰν ὁ πατήρ σου. κἀκεῖνος γὰρ πάλαι ἐν παραδείσῳ A 7² κἀκεῖνος AD 8¹ ὡς (ὁ D) συμβουλεύων AD 8² Εὔᾳ] ἐν παραδείσῳ add. P 10¹ σὺν D 10² ἔδεσθαι D 11¹ γελάσει D 12² ἀεί] ἡμῖν A 13¹ τὸν διδοῦντα] ἀντιδιδοῦντα A
ιε´ ADP 3¹ ἔβρυχεν AD 3³ ἐσύριζε AD 4¹ οὖν] A : δὲ P : om. D 6¹ αὐτίκα δ'] P : καὶ (om. D) αὐτίκα AD 6² ξιφήρης P (corr. Pγρ) : ξιφηρὸς D 9¹ καὶ δικαστὰς σπουδάσαντος P : καὶ δὴ νῦν κατασπεύσαντες A 10² ἄτονοι D

συντρίβοντες εαυτούς· ἡ κακία γὰρ αὐτῶν ἐπῆλθεν ἐπ' αὐτούς,
καὶ τὸ ἄδικον αὐτῶν ἐπὶ κάραν αὐτῶν·
οὐ γὰρ εὗρον οἱ δεινοὶ
|: δόξαν ἐκ τῶν οὐρανῶν καὶ στεφάνων πληθύν. :|

ις´ Οὕτως δὲ συντριβέντες ὑπὸ τῶν λίθων
τῶν ἁγίων οἱ ἐχθροὶ ἀπηναισχύντουν
καὶ ἑτέραν βάσανον ἐξευρεῖν ἐβουλεύοντο
κατὰ τῶν στρατιωτῶν Χριστοῦ.
καὶ δὴ συμβουλευθέντες μετὰ τοῦ διαβόλου
εὕραντο τιμωρίαν δεινὴν κατ' αὐτῶν· 5
τῆς λίμνης τὸ κρύος κατανοήσαντες μέγα
βορραίου ταύτην ὑπερφυσῶντος
καὶ δριμυτάτης νυκτὸς πελούσης
προσέταξαν τοὺς μάρτυρας γυμνοὺς ἐν ταύτῃ ἵστασθαι·
οἱ δὲ ἀποδυσάμενοι γυμνοὶ ὥσπερ εἰς στάδιον 10
εἰσήλθοσαν ἐν αὐτῇ καὶ τὴν νύκτα τὰς εὐχὰς
ἀνέπεμπον τῷ Χριστῷ·
τὸν δὲ ἕνα ὁ ἐχθρὸς ἐκχωρίζει ἀπ' αὐτῶν·
οὐ γὰρ ἤλπιζεν εὑρεῖν
|: δόξαν ἐκ τῶν οὐρανῶν καὶ στεφάνων πληθύν. :|

ιζ´ Ὑψόθεν δὲ ὁ κτίστης ὥσπερ ἐν θέρει
ἥλιον ἀνατέλλει τοῖς ἀθλοφόροις
καὶ στεφάνους ἔπεμψεν ἐννέα καὶ τριάκοντα
τοῖς τὸ κρύος ἐνέγκασι·
τοῦτο δὲ θεωρήσας εἷς ἐκ τῶν φυλασσόντων
εἰσῆλθεν ἐν τῇ λίμνῃ πιστεύσας Χριστῷ· 5

12² om. A 13 οἱ δὲ δίκαιοι ἔλαβον Α: οὐ γὰρ ηὗρον ἰδεῖν D
ις´ ADP 2¹ οἱ ἐχθροὶ τῶν ἁγίων AD 2² ἀπηναισχύντων P 3² ἐβουλεύσαντο P 3²–5² οἱ ὠμοὶ καὶ ἀπάνθρωποι. ὁ δοὺξ καὶ ὁ ἡγεμών. κατὰ τῶν στρατιωτῶν τοῦ παμβασιλέως Χριστοῦ P 4¹ καὶ δὴ] ἴδει D 5¹ εὕραντο Trypanis m.c., cf. ιζ´ 13: ηὗρον D: εὗρον AP 5² κατ' αὐτῶν] καὶ πικροτάτην A 6¹ λίμνης] γὰρ add. P 7² ἐπιφυσῶντος D 8² πελούσης] πηγνυούσης A: πηγνοίσης D 10² ὥσπερ (καθάπερ D) ἐν σταδίῳ γυμνοὶ DP 11¹ εἰσελθόντες A 11³ ἀναπέμπουσι A τῷ Χριστῷ] P: θερμῶς A: αὐτοὶ D 12² ἀφαρπάζει A: χωρίζει D 13 ἤλπισεν P
ιζ´ ADPTV 5² τῷ Χριστῷ APV

ἀπῆλθεν Ἰούδας καὶ ἀντεισήχθη Ματθίας·
ὁ πρὶν αὐθάδης, ὁ χθὲς διώκτης
συνηριθμήθη τοῖς ἀθλοφόροις·
πρωίας δὲ ὡς εἴδοσαν αὐτὸν οἱ ἀσεβέστατοι,
προσέταξαν θυμούμενοι βάκλοις τοὺς στερροὺς κλάνεσθαι 10
καὶ δὴ ἐξάψαντες πυρὰν ἐν αὐτῇ κατέκαυσαν
τὰ σώματα αὐτῶν
καὶ τὰ λείψανα αὐτῶν ἔρριψαν ποταμῷ,
καὶ εὕραντο οἱ πιστοὶ
|: δόξαν ἐκ τῶν οὐρανῶν καὶ στεφάνων πληθύν. :|

ιη' Ὑπολειφθέντα ἕνα ἐκ τῶν ἁγίων
ὑπὸ τῶν παρανόμων βλέπουσα μήτηρ,
ἄρασα ὃν ἔτεκεν ἐπὶ ὤμων τοῖς σώμασι
τῶν ἁγίων ἐπέρριψε
νικήσασα τὰ πάθη τῇ ἑαυτῆς προθέσει,
εὑροῦσα αἰωνίαν δόξαν σὺν αὐτοῖς· 5
ἀλλ' ὥσπερ καὶ τότε, Χριστέ, σωτήρ, βασιλεῦ μου,
τοῖς σοῖς ἁγίοις παρέσχες νίκην
κατὰ δαιμόνων καὶ τῶν τυράννων,
καὶ νῦν ὡς εὐδιάλλακτος τῷ πιστοτάτῳ ἄνακτι
κατὰ βαρβάρων δώρησαι τὰς νίκας καὶ τὰ τρόπαια, 10
εἰρήνην νέμων σῷ λαῷ ἱκεσίαις καὶ εὐχαῖς
τῆς τεκούσης σε σαρκί,
τῶν ἁγίων καὶ στερρῶν ἀθλοφόρων σου ἀεί,
τῶν λαβόντων παρὰ σοῦ
|: δόξαν ἐκ τῶν οὐρανῶν καὶ στεφάνων πληθύν. :|

9² αὐτὸν] P: τοῦτο AV: οὗτοι DT   10² βάκλοις post τοὺς στερροὺς dub.
Trypanis m.c.   13 εὕραντο] P: εὗρον A: ηὗρον DT: εὕροσαν V
ιη' ADPV stropha dubia propter acrostichidem   3³ ἀπέρριψεν DP
4¹ τὰ πάθη] τὴν φύσιν P: καὶ πάθη V   11³ σε σαρκί (μητρὸς A: om. V)]
ἁγνῆς καὶ τῶν σῶν μαθητῶν D   12² σου ἀεί] P: σου πάντων A: τῶν σῶν
D: σου V

59 (24 Kr.)
ON ALL MARTYRS

Acrostichis: *Ο ΑΙΝΟΣ ΡΩΜΑΝΟΥ[Δ]*

Prooemium I : 'Ως απαρχάς (App. Metr. XLII)

'Ως απαρχάς της φύσεως   τω φυτουργώ της κτίσεως
ή οικουμένη προσφέρει σοι, κύριε,   τους θεοφόρους μάρτυρας·
ταις αυτών ικεσίαις   εν ειρήνη βαθεία
την εκκλησίαν σου,   την πολιτείαν σου
διά της θεοτόκου συντήρησον,   5
|: πολυέλεε. :|

Prooemium II : *Ιδιόμελον*

'Ως ελεήμων υπάρχων, Χριστέ ο θεός,
         τας των μαρτύρων αικίσεις εδρόσισας,
των διά σε τυράννοις   την πίστιν τρανωσάντων·
αλλ' ως αυτοίς εδωρήσω   την ευλογίαν
υπομονής εκ της άνω   θεογνωσίας,
και ημίν πάσι,
|: πολυέλεε. :| 5

Strophae: *Οι εν πάση τη γη* (App. Metr. XI)

α' **Ο**ι εν πάση τη γη μαρτυρήσαντες
         και εν τοις ουρανοίς μετοικήσαντες,
οι τα πάθη Χριστού μιμησάμενοι
         και τα πάθη ημών αφαιρούμενοι
ενταύθα σήμερον αθροίζονται   πρωτοτόκων δεικνύοντες εκκλησίαν
ως της άνω τον τύπον επέχουσαν
και Χριστώ εκβοώσαν· " Θεός μου ει σύ,   5
|: πολυέλεε." :|

59 *Codices*: A (sine Prooem. II) C (Prooem. I, II et α'–ιγ') M (Prooem. I et
    α'–ιγ') T (Prooem. I et α'–γ')
Editiones: Pitra A.S. I, Cant. XXI
Titulus: On All Martyrs Trypanis: *Τῶν Ἁγίων Πάντων* A
Dies Festus: Κυριακῇ τῶν Ἁγίων Πάντων
Modus: ἦχος πλάγιος δ'
Acrostichis: 'Ο αἶνος Ῥωμανοῦ AMC
    α' ACMT   3² πρωτοτόκον dub. Maas

β´ Ἀπὸ πάσης συνήχθησαν πόλεως
       καὶ ἡμῶν πατριῶται γεγόνασιν,
ἐκ τοῦ κόσμου παντὸς ἐπεδήμησαν
       καὶ τὸν κόσμον ἡμῖν συνεπάγονται
τῆς πανηγύρεως συμμέτοχοι· σὺν τῇ ἄνω ἡ κάτω χορεύει κτίσις·
μεθ᾽ ἡμῶν γὰρ βοῶσι καὶ ἄγγελοι·
" Θαυμαστὸς ἐν ἁγίοις σου εἶ ἀληθῶς,   5
|: πολυέλεε." :|

γ´ Ἱερὰν εὐωχίαν τελέσωμεν, οὐρανὸς τὰ ἐπίγεια γέγονεν·
οἱ φωστῆρες ἐν τῷ στερεώματι,
       οἱ δὲ μάρτυρες ἐν τῷ πληρώματι
τῆς ἐκκλησίας ἀναλάμπουσι
       καὶ φωτίζουσι πᾶσαν τὴν οἰκουμένην,
ἵνα λέγῃ λοιπὸν ὁ Δαβὶδ μεθ᾽ ἡμῶν
ὅτι· ""Ἔφαναν αἱ ἀστραπαί σου τῇ γῇ",   5
|: πολυέλεε.:|

δ´ Νῦν ἀκούσατε ξένα καὶ ἴδετε θεῖα καὶ ἀσυλλόγιστα πράγματα·
πανταχοῦ τῶν μαρτύρων τὰ αἵματα
       ὥσπερ ῥόδα μὴ ἔχουσα ἀκάνθας
σπαρέντα βρύουσιν ἰάματα, εὐωδίαν δὲ πνέουσι χαρισμάτων,
δι᾽ ὧν λαβεῖν παθῶν ἀπαλλαγὴν
καὶ βοᾶν τῷ θεῷ· " Ὑψηλή σου ἡ χείρ,   5
|: πολυέλεε. ":|

ε´ Οἱ ἀγῶνες ὑμῶν καὶ οἱ στέφανοι,
       οἱ ἱδρῶτες ὑμῶν καὶ τὰ θαύματα
οὐδὲ λόγῳ ἑνὶ ὑπογράφονται, οὐδὲ τόπῳ ἑνὶ περιγράφονται·
ἡ ἐκκλησία τούτοις ἥδεται
       ὡς χρυσοῖς κροσσωτοῖς περιβεβλημένη
καὶ παρέστηκε σοὶ ὡς βασίλισσα
βασιλεῖ ἀθανάτῳ καὶ ἀφθάρτῳ θεῷ,   5
|: πολυέλεε. :|

  β´ ACMT 2² συνεπάγονται] Τ(Μ) : συνεισήγαγον Α : συνευφραίνονται C
  γ´ 2² om. MT
  δ´ ACM 2² αἵματα] ἔπαθλα Μ 2² ἀκάνθας] (sic) AM : ἄκανθα C

ς' **Συνετῶς τῷ θεῷ ἡμῶν ψάλλωμεν·**
        δαψιλῶς γὰρ τὴν χάριν ἐξέχεεν,
ἣν ποτὲ Ἰωὴλ προεκήρυξεν·
     "Ἐκχεῶ", γὰρ φησίν, "ἐκ τοῦ πνεύματος
ἐπὶ τοὺς δούλους καὶ τὰς δούλας μου"·
       ἡ γὰρ τούτου ἰσχὺς καὶ τοῖς ἀθλοφόροις
ἐχορήγει καὶ λόγον καὶ δύναμιν,
καὶ ἐνέφραττε στόματα τῶν κατὰ σοῦ,   5
|: πολυέλεε. :|

ζ' **Ῥέων πλοῦτος αὐτοὺς οὐκ ἠπάτησε,**
        τὴν γὰρ σὴν βασιλείαν ἠγάπησαν·
τῶν προσκαίρων τὴν λήθην ἐλάμβανον,
      τῶν ἀφθάρτων τὴν μνήμην προσέμενον·
ἐν οἷς ὁδεῦσαι ἐπειγόμενοι
       τὸ θανεῖν ἤπερ ζῆν μᾶλλον προετίμων,
ἵνα σὲ τὴν ζωὴν ἐμπορεύσονται
καὶ τρυφήσουσι τῶν παρὰ σοῦ ἀγαθῶν,   5
|: πολυέλεε. :|

η' **Ὠμοτάτων θηρῶν ἀγριώτεροι**   βασιλεῖς τοῖς ἁγίοις σου, κύριε,
ἀπειλαῖς καὶ θυμῷ ἐπερχόμενοι
       καὶ σφοδρᾷ τῇ ὀργῇ βασανίζοντες
ὡς λύκοι ἄρνας διεσπάραττον·
      ἀλλ' αὐτὸς ὁ ἀμνὸς τοῦ θεοῦ καὶ ποιμὴν ἡμῶν
τὴν βοήθειαν σοῦ ἐχορήγεις αὐτοῖς·
διὰ σὲ γὰρ ὑπέμειναν τοὺς αἰκισμούς,   5
|: πολυέλεε. :|

θ' **Μόνος λόγος ὁ σὸς ἐπεσπάσατο**   τοὺς ἁγίους ὀπίσω σου, κύριε·
ὡς γὰρ εἶπας· "Ὁ θέλων μοι ἕπεσθαι
       συγγενεῖς καὶ γονεῖς ἀπαρνήσεται"·
προθύμως πᾶσιν ἀπετάξαντο
      καὶ τῶν ὧδε γυμνοὶ ἠκολούθησάν σοι,
τῇ εὐθείᾳ ὁδῷ καὶ πηγῇ τῆς ζωῆς,
ἀδιστάκτῳ τῇ γνώμῃ πιστεύσαντες σοί,   5
|: πολυέλεε. :|

  η' ACM 2^2 ὀργῇ] ὀρμῇ M
              3^2 metrum $\begin{Bmatrix} \cup\cup\perp\cup\cup\perp\cup\cup\cup-\cup \\ \cup\cup-\cup\cup-\cup\cup\cup\perp\cup \end{Bmatrix}$:
  τοῦ θεοῦ om. A (fortasse recte): ἡμῶν om. C

ι' Ἀπὸ τῶν θυσιῶν ἀπογεύσασθαι
                        κατηνάγκαζον τούτους οἱ ἄθεσμοι·
ἀλλ' αὐτοὶ τὸν οὐράνιον δεῖπνον σου
                        ψυχικοῖς ὀφθαλμοῖς προορώμενοι
εἰδώλων βρώσει οὐκ ἐμόλυναν
                        τὰ αἰνοῦντά σε χείλη καὶ εὐλογοῦντα,
ἵνα σῶν ἀγαθῶν γένωνται κοινωνοί,
ὧν ἠξίωσας τοὺς σοὺς μαθητάς,   5
|: πολυέλεε. :|

ια' Ναρκησάντων θηρίων τὰ στόματα   οἱ ὁρῶντες ἐγίνοντο ἔκθαμβοι·
πλησιάζοντα τούτων τοῖς σώμασι   πρὸ ποδῶν ἐκυλίοντο κείμενα,
δουλείαν μᾶλλον ἀσπαζόμενα
                        ἥπερ δρᾶσαί τι τῶν ἁγίων τολμῶντα,
τὸ δὲ πῦρ †πάλιν ἐχαλίνου αὐτοῖς·†
ἐδιδάσκετο γὰρ καταιδεῖσθαι τοὺς σούς,   5
|: πολυέλεε. :|

ιβ' Ὁ διάβολος τέτρωται, πέπτωκε   μετὰ πάσης αὐτοῦ τῆς δυνάμεως·
τῶν βελῶν τὴν φαρέτραν ἐκένωσε
                        καὶ τοὺς σοὺς στρατιώτας οὐκ ἔτρωσε·
κυμάτων σάλον ἐπανέστησε,   τοὺς ἑστῶτας δὲ ἐπὶ τὴν πέτραν
οὐ κατέβαλεν οὐδὲ ἐσάλευσεν,
ἀσφαλῆ τὸν θεμέλιον ἔχοντας σέ,   5
|: πολυέλεε. :|

ιγ' Ὑπομείναντες ὄντως ὑπέμειναν
                        καὶ νομίμως ἀθλήσαντες ἤθλησαν·
τὸν ἀγῶνα καλῶς ἠγωνίσαντο
                        καὶ τὸν δρόμον εἰς τέλος ἐτέλεσαν·
τὴν πίστιν ἄμωμον ἐτήρησαν,
                        ἀντὶ πάντων δὲ τούτων τῶν ἀλγεινῶν

ια' ACM   3¹ δουλ. μᾶλλ. (μᾶλλ. φιλίαν C) ἀσπ. (ἑλόμενα A): om. M
4 metrum ◡◡⏓◡◡⏓◡◡⏓◡◡ (−): πάλιν ἐχαλίνου] M: μὴ φέρον ἐχαλινοῦτο C:
φιμωθὲν A   5 γὰρ–σοὺς] μὴ κατέδεσθαι ὅλως τοὺς σοὺς ἀθλητάς A
ιβ' ACM
               3² metrum $\begin{Bmatrix} ◡◡⏓◡◡⏓◡◡◡◡−◡ \\ ◡◡−◡◡−◡◡◡⏓◡ \end{Bmatrix}$: τοὺς δὲ ἱσταμένους
ἐπὶ σὲ τὴν πέτραν C: τοὺς δ' ἑστῶτας ἐν πέτρᾳ τῆς πίστεως A; cf. 44 β' 15¹⁻²
ιγ' ACM
               3² metrum $\begin{Bmatrix} ◡◡⏓◡◡⏓◡◡◡◡−◡ \\ ◡◡−◡◡−◡◡◡⏓◡ \end{Bmatrix}$: ἀλγηδόνων C (corr.
metr.?): καὶ δεινῶν add. M

παρὰ σοῦ τοὺς στεφάνους ἐκδέχονται·
ταῖς εὐχαῖς αὐτῶν ἴλεως γενοῦ ἡμῖν,   5
|: πολυέλεε. :|

ιδ΄ [[Δαψιλῶς σου ἡ χάρις ἐκχέεται
                               τοῖς ἐν πίστει αἰτοῦσι τὰ δέοντα·
διὰ τοῦτο κἀγὼ ὁ ἀνάξιος   ἱκετεύω σε, εὔσπλαγχνε κύριε·
μικρὸν σταγόνα ἐκ τοῦ πνεύματος
                         ὥσπερ ὄμβρον κατάπεμψον, δέομαι,
ἵνα ψάλλω λοιπὸν καὶ τὰ σὰ μελετῶ
καὶ πλουτίσω πολλοὺς ἐκ τῶν σῶν δωρεῶν,   5
|: πολυέλεε. :|]]

4 ἐδέξαντο A 5^1 metrum ⏑⏑$\stackrel{\_}{\smile}$⏑⏑$\stackrel{\_}{\smile}$ ⏑⏑$\stackrel{\_}{\smile}$⏑⏑ $-$: ἴλεως γενοῦ ἡμῖν]
σῶσον ἡμῶν τὰς ψυχὰς A: ὁ θεὸς add. C
   ιδ΄ A   stropha spuria; cf. acrostichidem 3^2 metrum
{⏑⏑$\stackrel{\_}{\smile}$⏑⏑$\stackrel{\_}{\smile}$⏑⏑⏑⏑ $-$ ⏑}
{⏑⏑ $-$ ⏑⏑ $-$ ⏑⏑⏑$\stackrel{\_}{\smile}$⏑}

Metrical Appendix

THIS is not the place for a detailed examination of the metres of Romanos. There are, however, a few general observations which, if included in an appendix, may be helpful to the reader of this book.

In the poetry of Romanos, which completely disregards the ancient Greek metres, the rhythmic effects are achieved through the number of syllables included in each metrical unit, and the placing of the accent on certain set syllables. As this is a stress accent, acute (´), grave (`), and circumflex (˜) are metrically equivalent.

In a kontakion the prooemium (κουκούλιον) is always in a different metre from that of the stanzas of the main body of the poem (οἶκοι).

In the stanzas of the main body we have an *Outer* and an *Inner Correspondence*. By *Outer Correspondence* is meant the exact metrical equivalence of all the stanzas (οἶκοι), for they are all fashioned on the metrical pattern of the first.[1] This *Outer Correspondence* is not limited to the number of syllables and the placing of set accents in every half or full line. It also embraces the Sense-pauses. Of these there are three kinds: (*a*) the *Weak Sense-pause*, where a word regularly ends at the same point within the line (end of a colon, which in print is indicated by a short blank space), (*b*) the *Medium Sense-pause*, where a word, regularly ending at the same point, is followed by punctuation (end of a line within a stanza), and (*c*) the *Strong Sense-pause*, where a word always ends at the same point and is followed by regular stronger punctuation (end of a period, indicated in print by beginning the following line more to the left).

By *Inner Correspondence* is meant the metrical correspondence of certain colons and periods within the framework of the same stanza. The number varies from metrical pattern to pattern. In some it is frequent, in others less so.[2] Inner Correspondence is also found within the framework of the prooemium.

Furthermore, the following peculiarities of medieval Greek

[1] This is often wrongly called *heirmos* (εἱρμός), a term which should be applied only to the *Kanons*.
[2] The *Inner Correspondence* is indicated by identical letters next to the metrical *schema*. The letter x signifies a metrical unit, which is not repeated within the same stanza. In dealing with the metres of Romanos – indicates an accented and ᴗ an unaccented syllable. ᴗ̆ and ˉ̆ indicate syllables which may be or may not be accented.

metrics, which occur in the kontakia printed in this volume, should be noted:[1]

(A) No enclitic transfers its accent—as far as the metre is concerned—to the ultimate syllable of a properispomenon. Thus in **1** ς' 5 ζητοῦσί σε = ∪ − ∪ ∪; or in **29** ιδ' 9² λαβοῦσά με = ∪ − ∪ ∪; or in **10** ιε' 9² καταφιλοῦσά με κράζει = ∪ ∪ ∪ − ∪ ∪ − ∪.

(B) All enclitics may retain their accents as far as the metre is concerned. Thus in **1** η' 6 δύναμις δέ τις = − ∪ ∪ ∪ −; in **44** η' 5² πέπρασαί μοι = − ∪ ∪ −; or in **54** κ' 1¹ ἐγέραιρόν ποτε = ∪ − ∪ ∪ ∪ −.

(C) δέ, γάρ, μέν, οὖν, νῦν, ἄν, εἰ may add a metrical accent to the final syllable of a preceding proparoxytone:[2] e.g. **1** ιε' 4 ἠκούσαμεν γάρ = ∪ − ∪ − ∪; **19** ς' 4¹ ἔνδοθεν γὰρ ταύτης = − ∪ − ∪ − ∪.

(D) The oblique cases of ἡμεῖς, ὑμεῖς, and αὐτός may be regarded as unaccented after any word with an accent on the ultimate syllable.[3] Thus **1** η' 2 μητρὸς αὐτοῦ = ∪ − ∪ ∪; **22** ς' 8² σταυροῦ αὐτοῦ = ∪ − ∪ ∪; or **34** ιβ' 4¹ ἰὸν αὐτοῦ = ∪ − ∪ ∪.

(E) When two accented syllables occur next to one another within a colon (which is unusual) one may be regarded as having no metrical accent. Thus **1** ιγ' 3 μαθεῖν θέλεις πόθεν = ∪ − ∪ ∪ − ∪; or **22** ζ' 2² τυφλὸς τυφλῷ λέγει = ∪ − ∪ − ∪ ∪.

(F) *Praepositiva* (i.e. articles, relatives, prepositions, &c.) are regarded as having no accent. Thus **1** δ' 7 τίς ὁ πατήρ σου = ∪ − ∪ − ∪; **34** ιε' 6¹ μετὰ δόξης = ∪ ∪ − ∪; **34** ιε' 8¹ ὃν τρέμουσιν = ∪ − ∪ ∪; **58** ιγ' 3¹ αἷς οὐ μὴ δυνήσονται = ∪ ∪ ∪ ∪ − ∪ ∪; or **44** ιε' 7 μέχρι γὰρ τοῦ νῦν = ∪̇ ∪ ∪ ∪ −.

(G) No monosyllabic *praepositivum* can occur at the end of a colon. Of disyllabic *praepositiva* only ὅτι occurs. On the other hand groups of *praepositiva* often occur at the end of a colon, but the last syllable of the colon must be accented, e.g. **1** ιε' 8 μεθ' ὧν = ∪ −.

(H) When ἡμῶν, -ῖν, -ᾶς is not metrically accented on the last syllable, it is often accented as a paroxytone, e.g. **1** ιβ' 7 καὶ ᾖρεν ἥμας = ∪ − ∪ − ∪, or **29** κγ' 9² συνάγαγε ἥμας = ∪ − ∪ ∪ − ∪.[4]

(I) Shifting of the accent by two syllables is always allowed

---

[1] Cf. Maas, *Byz. Zeit.* 24 (1923), pp. 10 f.

[2] The manuscripts often mark the metrical and not the grammatical accent. See also Bekker, *Anecdota Graeca*, p. 1150 (Hilgard, Schol. Dion. Thrac. 466. 17): σύνδεσμοι δὲ ἐγκλίνονται 'μέν', 'δέ', 'τέ', 'γάρ'. οἷον ἐγώ μεν, σύ δε, αὐτός τε, ἄλλός γαρ καὶ τὰ τοιαῦτα. On οὖν see Apollonius Dysk. i. 258. 9.

[3] Very rarely do other words enjoy the same freedom, e.g. **1** ε' 5 παραβολὰς σοφῶν = ∪ ∪ ∪ − ∪ ∪.

[4] Cf. J. A. Lambert, Le Roman de Libistros et Rhodamné, Amsterdam 1935, p. 391 (as regards αὐτο).

METRICAL APPENDIX 513

within a colon, e.g. $-\cup-\cup\cup-$ instead of $\cup\cup-\cup\cup-$, or $-\cup-\cup-$ instead of $-\cup\cup\cup-$.

(J) Occasionally εἰ and ᾖ (forms of εἰμί) are considered enclitics, e.g. **1** ζ′ 5¹ αὐτός εἰ; **15** ς′ 2¹ ποῦ εἰ; **23** κβ′ 1¹ τέλειόν ᾖ.

Moreover there are two important alternative metrical forms which occur, and which should always be borne in mind:

(i) Before a Strong or even a Medium Sense-pause (therefore only at the end of a line) $-\cup\cup$ is equivalent to $-\cup\cup-$.
(ii) Before a Weak Sense-pause (therefore only at the end of a colon within a line) $-\cup\cup$ is equivalent to $\cup\cup-$.

Some of the metrical patterns attributed to Romanos became very popular (e.g. that of the kontakia On the Nativity (**1**) or On the Resurrection VI (**28**)), and later poets used them in their own works, obviously wishing to keep the same popular tune of the original.* Romanos himself appears to have written more than one kontakion in the same metre (and therefore to the same tune), though he usually added a new metre (and tune) to the prooemium that introduced the later work.† He himself seems to have composed kontakia to fit famous metres and tunes composed by others, as can be seen from **44** On Joseph II, which is fashioned on the metres of the long stanzas of the famous *Akathistos Hymn*.

The popularity of the words of a kontakion and that of its metre and tune do not seem to have always coincided, for there are instances when genuine kontakia by Romanos were later rewritten to fit into a different metrical pattern, because the tune which accompanied it had captured the popular taste.‡

Finally it should be borne in mind that later atticizing scribes often 'corrected' the text of the kontakia by changing the grammatical forms which were used by Romanos, in many cases to the detriment of the metres.§

Early Medieval Greek accentuation:

In the early Middle Ages Greek authors put no accents on their words. In later Byzantine copies we find the Hellenistic accents employed. The only means, therefore, by which we can discover early medieval Greek accentuation is a close examination of the

---

* Cf. *Byz. Zeit.* 15 (1906), p. 35. † Cf. *Byz. Zeit.* 15 (1906), p. 35.
‡ Such are for instance **2** *On Adam and Eve and the Nativity* and 147 Kr., or **10** *On the Sinful Woman* and 194 Kr., or **48** *On the Ten Virgins II* and 193 Kr. Cf. Krumbacher, *Umarbeitungen bei Rom.*, pp. 112 f. and 90 f., and Maas, *Byz. Zeit.* 16 (1907), pp. 584 f.
§ On these see General Introduction pp. xviii f. and Maas, *Byz. Zeit.* 16 (1907), pp. 576 f.

regular set accents in the poetry and rhythmic prose of that period.*

Romanos is the most important example we possess, because the internal and external correspondence of his metres help us in a number of instances to establish the right accent of words in the sixth century. Attention should be drawn to the following instances:

I. Nouns and Adjectives

1. *First declension masculine in* -ης

   Genitive plural: οἰκέτων (∪ – ∪) **16** ις' 2; ψεύστων (– ∪) **25** κα' 4¹; δυνάστων (∪ – ∪) **28** η' 2²; ταξιάρχων (∪ ∪ – ∪) **50** θ' 3; στρατιώτων (∪ ∪ – ∪) **58** ις' 3³.

2. *First declension feminine in* -α

   Accusative singular: οἰκιάν (∪ ∪ –) **10** ς' 6²; **11** ς' 5; **14** ια' 7; **51** δ' 4².
   Genitive singular:† καρδιᾶς (∪ ∪ –) **9** ιζ' 7³; κοιλιᾶς (∪ ∪ –) **41** ιδ' 5¹; ἐκκλησιᾶς (∪ ∪ ∪ –) **54** κβ' 6¹.
   Accusative plural: ἀκάνθας (– ∪ ∪) **40** κ' 10¹; **59** δ' 2².
   Genitive plural: θηλειῶν (∪ – ∪) **18** ιζ' 5², 12; ἐλαίων (∪ – ∪) **32** β' 6; θαλάσσων (∪ – ∪) **40** ιγ' 6²; ἁπάσων (∪ – ∪) **47** ε' 1; καρδιῶν (∪ – ∪) **48** ιδ' 5; θυσιῶν (∪ – ∪) **57** θ' 3².

3. *First declension feminine in* -η

   Nominative plural: στρῶμναι (– ∪) 13 ιθ' 4².
   Genitive plural: ἀγκάλων (∪ – ∪) **4** ε' 3; **33** ις' 2²; **43** η' 5.

4. *Second declension masculine*

   Nominative singular: πῆρος (– ∪) **6** β' 3¹, 7¹; χαυνός (∪ –) **23** ις' 4; **50** ις' 4; περιβοητός (∪ ∪ ∪ –) **24** γ' 4; πρωτοτόκος (∪ ∪ – ∪) **42** ς' 9², ιγ' 11¹; πάμφαγος (– ∪ ∪) **51** κβ' 1²; τρανολάλος (∪ ∪ – ∪) **55** ιζ' 3²
   Accusative singular: λιχνὸν (∪ –) **25** δ' 3¹.
   Genitive singular: ἀναμάρτητου (∪ ∪ – ∪ ∪) **27** ιε' 7²; νυμφιοῦ (∪ ∪ –) **48** β' 2¹; **58** ε' 11¹.

* On the shifting of accents in medieval Greek see Hatzidakis, *Einleitung in die Neugr. Grammatik*, Leipzig 1892, pp. 418 ff.; Μεσαιωνικὰ καὶ Νέα Ἑλληνικά ii (Athens 907), pp. 22 f., 82 ff.; Krumbacher *Kuhn's Zeit.* 27 (1884), pp. 521 f.; *Rom. und Kyriakos*, pp. 710 f. (and in his other commentaries *passim*); Maas, *Kuhn's Zeit.* 58 (1930), pp. 125 f.; H. Christensen, *Byz. Zeit.* 7 (1898), p. 367; J. A. Lambert, *Le Roman de Libistos et Rhodamné*, p. 39.

† But note μίας (– ∪) **45** κ' 2² and the dative μιᾷ (– ∪) **58** ζ' 4².

METRICAL APPENDIX 515

Dative singular: νυμφιῷ (∪∪–) **53** κβ′ 5¹.
Genitive plural: τυραννουμένων (∪∪–∪∪) **58** β′ 12¹; ἁγίων (–∪∪) **58** γ′ 2¹; στρατιώτων (∪∪–∪) **58** ις′ 3³.
Dative plural: ἀδίκοις (–∪∪) **45** η′ 6²; ἀνόμοις (–∪∪) **45** η′ 6² (?)

5. *Second declension neuter*
   Genitive singular: σάββατου (–∪∪) **51** κγ′ 6².

6. *Third declension masculine*
   Nominative singular: καταγέλως (∪∪–∪) **53** ιε′ 5¹; ἀκών (∪–) **50** ιβ′ 4.
   Dative singular: πρύτανει (–∪∪) **33** ε′ 5¹.
   Accusative plural: ἵδρωτας (–∪∪) **57** ιη′ 7³.

7. *Third declension feminine*
   Accusative singular: ἀνταποδόσιν (∪∪∪–∪) **50** β′ 4.

8. *Third declension neuter*
   Genitive plural: ῥημάτων (–∪∪) **26** η′ 1¹.

II. PRONOUNS

ἤμων—ἤμιν—ἤμας; ὔμων—ὔμιν—ὔμας (–∪), cf. Maas, *Byz. Zeit.* 24 (1921), p. 11.

III. NUMERALS

δυό (∪–) **39** η′ 1²; **42** ε′ 8¹.

IV. VERBS

λάβε (–∪) **23** ε′ 3¹; **42** α′ 5¹; γ′ 9²; ἔλθε (–∪) **9** ια′ 6²; εἶπε (in loco εἰπέ) (–∪) **7** ιζ′ 1¹; μετασχῶμεν (∪∪–∪) **49** β′ 1²; ἔστι (in loco ἐστί) (–∪) very frequent.
On πρόειπε and πρόσειπε (in loco προεῖπε et προσεῖπε) cf. Introd. p. xxix.

V. ADVERBS

παραυτά (∪∪–) **14** γ′ 3; παντόθεν (∪–∪) **25** ζ′ 3¹, ιβ′ 6³; **44** ιε′ 12², ιζ′ 1¹; **53** θ′ 2¹, ιδ′ 2²; ὅτε (in loco ὀτέ) (–∪) **46** κε′ 9¹; νυχθήμερον (∪–∪∪) **51** κγ′ 6¹; ἐνδόθεν (∪–∪) **54** ε′ 4¹.

VI. CONJUNCTIONS

On ἰνά (∪–) cf. Trypanis, *Glotta* 38 (1960) pp. 312 f. On νά, **2** ιδ′ 8²; **19** ι′ 6¹; **30** ιγ′ 9, ιη′ 4, **57** ιθ′ 7¹, cf. Krumbacher, *Misc. z. Rom.* p. 21 and K. Dieterich, *Untersuchungen*, p. 30.

VII. Proper Names

Θώμας (–∪), cf. Maas *Byz. Zeit.* 16 (1907) pp. 577 f.

Hebrew Names

It is significant for the metres of Romanos to bear in mind that often Hebrew names are scanned as pronounced in Hebrew. Thus Ἀβραάμ (= ∪–) **43** κς´ 2²; Βενιαμίν (= ∪∪–) **43** κθ´ 15, κς´ 16; γέενα (= –∪) **50** α´ 10², ς´ 6²; Ἰαείρου (= ∪–∪) **16** γ´ 6¹; Ἰακώβ (= ∪–) **1** ε´ 9²; **26** β´ 5²; **42** θ´ 4²; Ἰεζάβελ (= ∪–∪) **38** ε´ 2¹; Ἰερεμίας (= ∪∪–∪) **6** ιε´ 2¹; Ἰησοῦς (= ∪–) **2** ς´ 5¹; **11** ιε´ 6¹ **23** ιε´ 9² (cf. Synesius VII [6 Terz.] 4); Ἰσαάκ (= ∪–) **35** η´ 2; **42** ις´ 9²; Ἰσκαριώτου (= ∪∪–∪) **31** κα´ 4³ (cf. C. K. Barrett, *Journ. of Theol. Studies* xi (N.S.) 1 (1960), pp. 135 f.); Ἰωακείμ (= ∪∪–) **35** γ´ 3³; Ἰωσήφ (= ∪–) **24** κ´ 4; **43** ιη´ 7, κγ´ 15, κε´ 16; Μαριάμ (= ∪–) **3** α´ 11³; Ῥαχήλ (= ∪∪–) **3** α´ 11²; θ´ 11¹.

METRICAL APPENDIX

I
Τὴν Ἐδὲμ Βηθλεέμ*
(ἦχος γ΄)

̆υ–υυ– ⸺υυ⸺–υυ		ab
̆υ⸺υυ– –υυ⸺υ–υυ		ab
υ⸺υυ–υ υ⸺υυ–υ		ee
υ–υ–υ –υυ–υυ υ⸺υυ–υυ		dex
5 υ⸺υ–υ ⸺υυ–υυ		de
⸺υυυ– ⸺υυ–υυ		xe
υ⸺υ–υ υ⸺υ–υ		dd
υ ̆υ–υυυ– υ ̆υ⸺ ̆υυ–		ff
̆υ–υυ–υ ̆υ ̆υ⸺ ̆υυ–υ		xx
10 |:υ–υ–υ υυυ–υυ–:|		dx

1 (1 Kr.) ON THE NATIVITY I (MARY AND THE MAGI) (Prooem. Ἡ παρθένος σήμερον).

II
Τὸν ἀγεώργητον βότρυν
(ἦχος πλάγιος β΄)

̆υ ̆υ⸺υυ–υ υ⸺υ ̆υυ–υυ		ab
̆υ ̆υ⸺υυ–υ υ⸺υ ̆υυ–υυ		ab
̆υ ̆υ⸺υ ̆υυ–υ		c
̆υ ̆υ–υ‖υ ̆υ ̆υ⸺ ̆υυυ–‖⸺ ̆υυ⸺		xde
5 ̆υ ̆υ⸺υ⸺υυ–υ ̆υ { υ⸺υυ–υυ / υ⸺υυυ–υυ }		x{f/b}
υ⸺υ ̆υ⸺υυ υυ–υυ–υυ		fg
{ υ⸺υυ⸺‖⸺υυ⸺ ̆υυυ– / υ⸺υυ–‖υυ ̆υ ̆υυ⸺ }		{hd/hi}
υ⸺υυ–‖⸺ ̆υυ⸺ ̆υυ–		hd
̆υ ̆υ⸺υ–υυ ⸺υυ– υ⸺υ ̆υυυ–		fei
10 ̆υυ⸺υ‖ ̆υυ–υ ̆υ ̆υ⸺υ ̆υ⸺υ ̆υ		cg
|: { υυυυυ–υ / υυυυ–υ / υ–υυ–υ } :|		{x/x/f}

2 (42 Kr.) ON THE NATIVITY II (Prooem. Ἰδιόμελον).
23 (64 Kr.) ON THE ADORATION AT THE CROSS (Prooem. Ἰδιόμελον).
50 (69 Kr.) ON DIVES AND LAZARUS (Prooem. Ἰδιόμελον).

* In all metrical patterns of this edition ᴗ indicates an unaccented and – an accented syllable; ̆υ or ⸺ indicate a syllable which may or may not be accented (̆υ = mainly unaccented, ⸺ = mainly accented). Identical letters show corresponding colons; × indicates a colon which never recurs in the same stanza. ᵛ demonstrates a variant of a corresponding colon. The names given to the metrical patterns are those attributed by the manuscripts to the melodies which accompanied them (and which are now lost). The metrical *schemata* in this appendix give the basic metrical pattern. All individual variations or exceptions are treated in the apparatus criticus to the text.

518   METRICAL APPENDIX

III

Τὰ τῆς γῆς ἐπὶ τῆς γῆς
(ἦχος πλάγιος β′)

̆ ̆ ̱ ̆ ̆ ̆ (̱)	̆ ̆ ̆ – ̆	ab
̆ ̆ ̱ ̆ ̆ ̆ ̱	̆ ̆ ̆ – ̆	ab
̱ ̆ ̆ ̆ – ̆ ̆	̆ ̆ ̱ ̆ ̆ – ̆ ̆	
		̱ ̆ ̆ ̆ ̆ – ̆ ̆ (–)xcc
̆ ̱ ̆ ̆ ̆ – ̆	̆ ̱ ̆ ̆ ̆ – ̆	dd
5 ̱ ̆ ̆ ̆ – ̆	{ ̆ ̱ ̆ ̆ ̱ / ̆ ̆ ̱ ̆ ̆ – }	d{x/e}
̆ ̱ ̆ ̆ ̱ ̆	̆ ̆ ̆ ̱ ̆ ̆ – ̆	xx
̆ ̆ ̆ – ̆	̆ ̆ ̆ – ̆	bb
̆ ̆ ̆ – ̆	̆ ̆ ̆ – ̆	bb
̆ ̱ ̆ ̆ ̆ – ̆ ̆	̱ ̆ ̆ ̆ ̆ – ̆ ̆	cc
10 ̆ ̱ ̆ ̆ ̆ – ̆ ̆	̆ ̆ ̆ ̱ ̆ – ̆ ̆	cc
{ ̆ ̱ ̆ ̆ ̆ ̆ (–) / ̆ ̱ ̆ ̱ ̆ ̆ ̆ ̱ }	̆ ̆ ̱ ̆ ̆ ̆ ̱	{ ̆ ̆ ̱ ̆ ̆ (–) / ̆ ̆ – ̆ ̆ ̆ – } {a/x} a {e/a}
̆ ̆ ̱ ̆ ̆ ̆ –	{ ̆ ̱ ̆ ̆ ̆ – / ̆ ̆ – ̆ ̆ ̆ – }	a {e/a}
|: ̆ ̆ ̱ ̆ ̆ ̆ – [|:] ̆ ̱ ̆ ̆ ̆ ̆ –	̆ ̆ – ̆ ̆ – :|	aaᵛe

3 (44 Kr.) ON THE MASSACRE OF THE INNOCENTS (Prooem. Τὴν ὑπὲρ ἡμῶν).
32 (22 Kr.) ON THE ASCENSION (Prooem. I Τὴν ὑπὲρ ἡμῶν; Prooem. II ᾽Ιδιόμελον).
40 (63 Kr.) ON NOAH (Prooem. I ᾽Ιδιόμελον; Prooem. II Τὴν ὑπὲρ ἡμῶν).
58 (49 Kr.) ON THE FORTY MARTYRS OF SEBASTEIA II (Prooem. I et II Τὴν ὑπὲρ ἡμῶν).

IV

Τὸ φοβερόν σου κριτήριον
(ἦχος α′)

̱ ̆ ̆ – ̆ ̆ – ̆ ̆	̆ ̆ – ̆ ̆	̆ ̆ ̱ ̆ ̆ – ̆ ̆	axb
̆ ̆ ̆ ̱ ̆ ̆ – ̆ ̆			a
̱ ̆ ̆ – ̆	̆ ̆ ̱ ̆ ̆ ̱ ̆ ̆	̆ ̆ – ̆ ̆ – ̆ ̆	cbb
̆ ̆ – ̆ ̆ – ̆ ̆ ̱ ̆ ̆ – ̆ ̆	̆ ̆ ̱ ̆ ̆ – ̆ ̆		xb
5 ̆ ̆ ̆ – ̆ ⁞ ̆ ̆ ̆ – ̆	̆ ̱ ̆ ̆ ̆ – ̆		eex
̆ ̆ ̱ ̆ ̆ ̆ – ̆	̆ ̆ – ̆ ̆ ̆ – ̆		gg
̱ ̆ ̆ ̆ – ̆	̱ ̆ ̆ ̆ – ̆	̆ ̱ ̆ ̆ ̆ – ̆	ccx
̆ ̱ ̆ ̆ – ̆ ̆	̆ ̱ ̆ ̆ – ̆ ̆		dd
|: ̆ – ̆ ̆ – ̆ ̆ :|			d

4 (6 Kr.) ON THE PRESENTATION IN THE TEMPLE (Prooem. I et II Χορὸς ἀγγελικός; Prooem. III ῾Ο μήτραν παρθενικήν).
34 (7 Kr.) ON THE SECOND COMING (Prooem. ῞Οταν ἔλθῃς).
57 (48 Kr.) ON THE FORTY MARTYRS OF SEBASTEIA I (Prooem. I ᾽Ιδιόμελον; Prooem. II et III Χορὸς ἀγγελικός).

V

Τῇ Γαλιλαίᾳ
(ἦχος δ')

```
 ⏑⏑⏑⌣⏑⏑⏑–    ⏑⌣⏑⏑⏑–⏑    ⏑⌣⏑⏑⏑–⏑        abb
   ⏑⌣⏑⏑⏑–⏑    ⏑⏑⏑⌣⏑⏑⏑–                   ba
   ⌣⏑⏑⏑–⏑    ⏑⏑⌣⏑⏑⏑–    ⏑⌣⏑⏑⏑–⏑⏑        cdx
   ⌣⏑⏑⏑⏑–⏑   ⏑–⏑⏑    ⌣⏑⏑⏑–⏑              bec
5  ⏑⏑–⏑‖ ⏑⏑–⏑    ⏑⌣⏑⏑    ⌣⏑⏑⏑–⏑          ffec
   ⏑⌣⏑⏑⏑⌣    ⏑⌣⏑⏑–⏑                      xcᵛ
   ⏑⏑–⏑⏑⏑–    ⏑⏑⏑–⏑                      dg
   ⌣⏑⏑⏑–    ⏑–⏑⏑⏑⏑–⏑                     xx
   ⌣⏑⏑–⏑                                  g
10 |: ⏑–⏑⏑–⏑⏑ :|                         x
```

5 (4 Kr.) ON THE BAPTISM OF CHRIST (Prooem. Ἐπεφάνης σήμερον).
47 (13 Kr.) ON THE TEN VIRGINS I (Prooem. Ὁ ὑψωθεὶς ἐν τῷ σταυρῷ).
54 (62 Kr.) ON EARTHQUAKES AND FIRES (Prooem. Ἐπεφάνης σήμερον).

VI

Τῷ τυφλωθέντι Ἀδάμ
(ἦχος πλάγιος β')

```
{ ⌣⏑⏑–⏑⏑⌣⏑⏑– }                                         ⎰a ⎱
{ –⏑⏑–⏑⏑–⏑⏑⏑– }    ⏑⌣⏑⌣⏑⏑⌣⏑⏑–              ⎱aᵛ⎰ a
   ⏑–⏑⌣⏑⌣⏑–⏑    ⏑⏑–⏑⏑–‖ ⏑⏑–⏑⏑–⏑⏑                       xxb
   ⌣⏑⏑⌣⏑–⏑    ⌣⏑⏑⌣⏑–⏑    ⏑⏑⌣⏑⏑–⏑⏑                      ccb
   ⏑–⏑⌣⏑–    ⏑⏑⌣⏑⏑–⏑                                   de
5  ⏑⌣⏑⌣⏑–    ⏑⏑⌣⏑⏑–⏑                                   de
   ⏑⏑–⏑    ⏑–⏑⏑–⏑⏑                                     fx
   ⌣⏑⏑–⏑⌣⏑⌣⏑⌣    ⌣⏑⏑–⏑⏑ (–)                            xx
   ⏑⏑–⏑⏑–⏑    ⏑⏑⌣⏑⏑⌣⏑–⏑                                ex
|: ⏑⏑–⏑    ⏑⏑–⏑⏑–⏑ :|                                  fe
```

6 (5 Kr.) ON THE EPIPHANY (Prooem. Ἰδιόμελον).
7 (77 Kr.) ON THE MARRIAGE AT CANA (Prooem. Ἰδιόμελον).

VII

Τοὺς μὴ ὄντας θεούς
(ἦχος δ')

```
   ∪∪–∪∪–∪∪∪–∪      ∪∪–∪∪–∪∪–∪                    xa
   ̆∪∪–∪∪–∪∪    ∪̆∪∪–∪∪–∪    ∪∪∪–              xxx
   ∪∪–∪̆∪∪–∪    ∪̆∪∪–∪∪∪–∪                       xb
   ∪̆∪∪–∪̆∪∪–∪     ∪∪±∪∪–                           bx
5  ∪∪–∪∪∪–∪       ∪–∪∪–∪                              cx
   ∪∪±∪∪–∪       ∪∪±∪–∪      ∪∪±∪–∪∪              cxx
   ∪–∪∪∪–∪       ∪∪–∪∪∪–∪∪–∪                       da
   ∪–∪∪∪–∪       –∪∪̆∪∪–∪                            dx
   ∪–∪̆∪∪–∪                                              d
10 |:∪∪–∪∪:|                                             x
```

8 (78 Kr.) ON THE HEALING OF THE LEPER (Prooem. *Ἰδιόμελον*).

VIII

Ἰδιόμελον
(ἦχος πλάγιος β')

```
   ∪–∪±∪∪–∪      ∪±∪±∪∪–∪                           aa
   ∪̆∪∪±∪∪–∪    {∪∪–∪∪∪–∪}                          a{x
                   {–∪–∪∪–∪ }                              x}
   ∪∪–∪       ∪∪–∪∪∪–       ∪∪∪–∪                   bxc
   ∪–∪̆∪∪–∪    ∪±∪̆∪∪–∪    ∪̆∪–∪∪                   ddx
5  ∪–∪̆∪∪–∪    ∪–∪̆∪∪–∪    ∪±∪̆∪∪–∪∪               dde
   ∪–∪̆∪∪–∪∪   ∪∪–∪∪–∪                                 ex
   ∪–∪̆∪∪–∪    ∪±∪̆∪∪–∪    ∪±∪±∪–∪                   ddd
   ∪̆∪∪–∪      ∪̆∪∪–∪      ∪–∪̆∪∪–∪                   ccd
   ∪∪–∪                                                    b
10 |:∪∪–∪∪∪∪∪–∪∪:|                                       x
```

9 (80 Kr.) ON THE WOMAN OF SAMARIA (Prooem. *Ἰδιόμελον*).

METRICAL APPENDIX

IX

Τὰ ῥήματα τοῦ Χριστοῦ
(ἦχος πλάγιος δ')

```
     ⏑´⏑⏑‖ ⏑⏑´   ⏑⏑´⏑´⏑⏑                    abc
     ⏑´⏑⏑‖ ⏑⏑´   ⏑⏑´⏑⏑⏑´                    abc
     ⏑⏑⏑–⏑⏑   ⏑´⏑⏑⏑⏑–⏑                      de
     ´⏑⏑–⏑⏑´⏑⏑–⏑⏑–⏑⏑                        x
 5   ⏑´⏑⏑⏑⏑–⏑   ⏑⏑⏑–                        ef
     ⏑⏑´⏑⏑⏑–⏑   ⏑⏑⏑–   ⏑⏑⏑–⏑                efx
     ⏑´⏑⏑⏑–⏑⏑   ´⏑⏑–⏑⏑(–)                   gd
     ⏑´⏑⏑⏑–⏑⏑   ⏑⏑⏑–⏑⏑(–)                   gd
     ⏑⏑⏑´⏑⏑–⏑   ⏑´⏑´⏑⏑–⏑                    ee
10   ⏑–⏑´⏑–⏑⏑   ⏑⏑–⏑                        gx
     |:⏑⏑–⏑⏑–⏑⏑:|                           x
```

10 (15 Kr.) ON THE SINFUL WOMAN (Prooem. I et II Ἰδιόμελα).
39 (76 Kr.) ON THE HEALING OF THE LAME MAN BY PETER AND JOHN (Prooem. Ἰδιόμελον).

X

Τὴν ζωὴν τῇ ταφῇ
(ἦχος α')

```
     ⏑⏑´⏑⏑–‖ ⏑⏑´⏑⏑–                         a(a)
     ⏑⏑´⏑⏑´⏑⏑´⏑⏑ (–)                        b
     ⏑´⏑⏑⏑–‖ ⏑⏑´⏑⏑ (–)                      b
    { ⏑⏑–⏑⏑–⏑⏑–⏑⏑ (–)  }                   { b
    { ⏑⏑⏑–⏑⏑´⏑⏑–⏑⏑ (–) }                   { x
 5   ⏑⏑⏑´⏑⏑–⏑⏑–⏑⏑´⏑⏑ (´)                    x
     ´⏑⏑´⏑⏑–⏑⏑   ⏑´⏑´⏑⏑–⏑⏑                  cc
     ⏑⏑⏑–⏑⏑⏑–⏑                              x
     ⏑⏑–⏑⏑´⏑⏑´⏑⏑–⏑⏑´⏑⏑ (–)                  x
     |:⏑–⏑⏑–⏑:|                             x
```

11 (81 Kr.) ON THE MAN POSSESSED WITH DEVILS (Prooem. Ἰδιόμελον).
24 (72 Kr.) ON THE RESURRECTION I (Prooem. Ἰδιόμελον).

XI

Οἱ ἐν πάσῃ τῇ γῇ
(ἦχος πλάγιος δ')

```
   ̆ ̄ – ̆ ̆ – ̆ ̆ – ̆ ̆       ̆ ̄ ± ̆ ̆ ± ̆ ̆ ± ̆ ̆ (–)              aa
   ̆ ̄ – ̆ ̆ ± ̆ ̆ – ̆ ̆       ̆ ̄ ± ̆ ̆ – ̆ ̆ – ̆ ̆ (–)              aa
   ̆ ± ̄ – ̆ ̆ ̆ – ̆ ̆      { ̆ ̆ ± ̆ ̆ ± ̆ ̆ ̆ ̆ – ̆ }           x{x/b}
                               { ̆ ̆ – ̆ ̆ – ̆ ̆ ̆ ± ̆ }
    ̆ ̆ ± ̆ ̆ ± ̆ ̆ ± ̆ ̆ (–)                                      bᵛ
5   ̆ ̆ ± ̆ ̆ ± ̆ ̆ ± ̆ ̆ –                                         bᵛ
   |: ̆ ̆ – ̆ ̆ :|                                                 x
```

12 (82 Kr.) ON THE WOMAN WITH AN ISSUE OF BLOOD (Prooem. Ἰδιόμελον).
55 (8 Kr.) ON LIFE IN THE MONASTERY (Prooem. I et II Ὡς ἀπαρχάς; Prooem. III Ὡς ἀγαπητά).
59 (24 Kr.) ON ALL MARTYRS (Prooem. I Ὡς ἀπαρχάς; Prooem. II Ἰδιόμελον).

XII

Τίς ἐφύλαξε
(ἦχος πλάγιος δ')

```
   ± ̆ – ̆ ̆     ̆ ± ̆ ̆ –     ̆ ± ̆ ̆ ̆ ̆ – ̆ ̆              xax
    ̆ ̆ ± ̆ ̆ ̆ ̆ –      ̆ – ̆    ̆ ̆ – ̆                       xxb
    ̆ – ̆ ̆ ̆ – ̆      ̆ ± ̆ ̆    ̆ ̆ – ̆                         xxb
     ± ̆ ̆ ̆ –       – ̆ ̆ – ̆ ̆ – ̆                             aᵛx
5   ̆ ± ̆ ̆ ̆ –       ̆ ̆ ± ̆ ̆ – ̆                              cx
    ̆ ± ̆ ̆ ̆ ±      ± ̆ ̆ ̆ ̆ – ̆                                cd
    ̆ ± ̆ ̆ ̆ – ̆ ̆   ̆ ± ̆ ̆ ̆ – ̆                               xdᵛ
     ̆ ̆ ̆ – ̆      ± ̆ ̆ – ̆                                   ee
    ̆ ̆ – ̆ ̆ – ̆ ̆ – ̆ ̆ ̆ – ̆                                   x
10 |: – ̆ ̆ ̆ – ̆    ̆ ̆ – ̆ ̆ :|                               xx
```

13 (83 Kr.) ON THE MULTIPLICATION OF THE LOAVES (Prooem. Ἰδιόμελον).
30 (21 Kr.) ON DOUBTING THOMAS (Prooem. I et II Ἰδιόμελα; Prooem. III Τῶν φοβερῶν σου).

METRICAL APPENDIX

XIII

'Ιδιόμελον
(ἦχος πλάγιος β')

```
ŭŭ⁻–ŭŭ    ŭŭŭ⁻ŭŭ    –ŭŭ                         aax
ŭŭŭ–ŭŭ    ŭŭ–ŭŭ–ŭŭ–ŭ                            ab
ŭ⁻ŭŭŭ–    ŭ⁻ŭŭŭ–                                cc
ŭ–ŭŭ    ŭŭ⁻ŭŭ–    ŭŭŭ⁻ŭŭ–ŭŭ–                    xdx
⁻ŭŭ⁻ŭŭŭ–ŭ    ŭŭ–ŭŭ⁻ŭ–ŭ                          xx
–ŭ–ŭŭŭ–ŭŭ    {ŭŭ–ŭŭ–ŭŭ–ŭŭ / ŭŭ–ŭŭŭ–ŭŭ}         x{x/x}
ŭŭ–ŭŭ⁻ŭŭ–ŭ                                      b
{ŭŭ–ŭ  ŭŭ–ŭŭ / –ŭ–ŭŭ–ŭŭ}⁻ŭ–ŭ   ŭŭ–ŭŭ–          {ef/x} ed
ŭŭ–ŭŭ    ŭŭ–ŭŭ                                  ff
ŭŭ⁻ŭŭ–ŭŭ⁻ŭŭ–                                    x
|:ŭŭ–ŭŭŭ–ŭŭ–ŭ    ŭ–ŭ–ŭŭ–ŭŭ:|                    xx
```

14 (70 Kr.) ON THE RAISING OF LAZARUS I (Prooem. *Ἰδιόμελον*).

XIV

Τράνωσον
(ἦχος β')

```
⁻ŭŭ⁻ŭ⁻ŭŭ–ŭ    ⁻ŭ⁻ŭŭ–ŭ    ŭŭ⁻ŭŭ–
                                ŭ⁻ŭŭ⁻ŭ–ŭŭ       axxb
⁻ŭŭ⁻ŭŭŭŭ–ŭ    ŭŭ⁻ŭŭ⁻ŭŭ⁻ŭ–ŭ                     aᵛx
–ŭŭ–    ŭŭ–ŭŭ⁻ŭŭ–ŭŭ (–)                         xc
ŭ–ŭ‖⁻ŭŭ–ŭ    ŭŭ⁻ŭŭ–ŭŭ–ŭŭ (–)                   xxc
ŭ⁻ŭ⁻ŭŭ–ŭŭ    ŭŭ–ŭŭ–ŭŭ–ŭŭ (–)                   bᵛc
|:ŭ–ŭŭ–ŭ    {ŭŭ–ŭŭ / ŭ–ŭŭ} :|                   x{x/x}
```

15 (71 Kr.) ON THE RAISING OF LAZARUS II (Prooem. *Τὰ ἄνω ζητῶν*).
31 (25 Kr.) ON THE MISSION OF THE APOSTLES (Prooem. I *Τοὺς ἀσφαλεῖς*; Prooem. II *Ὁ σοφίσας*).

XV

'Ιδιόμελον
(ἦχος πλάγιος β')

⏑⏠⏑⏠⏑−⏑⏑ ⏑⏠⏑⏑⏠−⏑⏑ ⏑−⏑⏑−⏑⏑	aab
⏑−⏑⏑−⏑⏑ ⏑⏑⏠⏑⏑ ⏑⏠⏑⏑⏑−	bxc
⏑−⏑⏑⏑−⏑⏑ ⏑⏑⏠⏑⏑−⏑⏑	ax
⏑−⏑⏑⏑⏠ ⏑−⏑⏑⏑−⏑ ⏑⏑⏑⏠⏑⏑⏑−	cdx
5 ⏑⏑⏠⏑−⏑ ⏑−⏑⏑⏑−⏑⏠⏑⏑−⏑	d^v x
⏑−⏑⏑⏑− ⏑⏠⏑⏑−⏑	cd
⏑−⏑⏑⏑− ⏑⏠⏑⏑−⏑	cd
⏠⏑⏑⏑−⏑⏑⏑−	x
⃒: ⏑⏑⏑−⏑−⏑⏑−⏑⏑ −⏑−⏑⏑⏑−⏑⏑ :⃒	xx

16 (10 Kr.) ON THE ENTRY INTO JERUSALEM (Prooem. I et II 'Ιδιόμελα).

XVI

Τίς ἀκούσας
(ἦχος πλάγιος γ')

−⏑⏑⏠⏑⏑−⏑⏑ ⏑⏑⏠⏑⏠⏑⏑⏑−⏑⏑	ax
⏑⏑⏑⏠ ⏠⏑⏑−⏑⏑	bx
⏑⏑−⏠⏑⏑−⏑⏑ ⏑⏑−⏠⏑⏑−⏑⏑	cc
⏑⏑⏠ ⏠⏑⏑ ⏑−⏑⏑	ddb
5 ⏑⏑⏑⏠⏑⏠⏑−⏑⏑ ⏑⏠⏑⏑⏑⏑⏑−⏑⏑	ee^v
⏑⏑⏑⏠−⏑ ⏑⏑⏑⏠−⏑ ⏑⏑⏑⏠⏑−⏑	fff
⏑⏑⏑−⏑⏑⏑⏠⏑−⏑ ⏑⏠⏑⏠⏑⏑⏑−	xx
⃒: −⏑⏑−⏑⏑−⏑⏑ ⏑−⏑⏑	ab
⏑−⏑⏑⏑−⏑⏑ ⏑−⏑⏑⏑−⏑⏑ :⃒	gg

17 (16 Kr.) ON JUDAS (Prooem. I 'Ιδιόμελον; Prooem. II Πάτερ ἐπουράνιε).

XVII

Τὸν νοῦν ἀνυψώσωμεν
(ἦχος πλάγιος δ')

```
◡∸◡◡–◡◡      ◡∸◡◡–◡◡    ◡∸◡◡–◡◡               aaa
◡◡–◡◡◡–◡    {◡◡–◡◡◡∸◡◡–}            ◡◡◡–     x{x/x}b
             {◡◡–◡◡◡◡–◡◡–}
◡∸◡◡–◡    ◡◡∸◡◡–◡◡                              cx
◡◡◡◡–◡    ◡◡◡–                                  cb
5   ◡◡◡∸◡◡◡∸    ◡◡◡–◡                          xx
{◡∸◡◡–◡}        ◡∸◡◡∸                          {c/d}x
{◡∸◡◡◡–◡}
◡∸◡◡◡∸    {◡◡–◡ ⁝ ∸◡◡–}                        x{ef/d}
           {◡◡–◡◡◡–◡}
◡◡∸◡◡–◡    ◡◡∸◡◡–◡                              dd
◡◡∸⁝–◡◡◡–◡◡◡–◡◡                                 xx
10  |:–◡–◡   –◡◡◡◡–◡◡:|                         ex
```

18 (18 Kr.) ON PETER'S DENIAL (Prooem. I Τῶν φοβερῶν; Prooem. II Τὴν ἐκ νεκρῶν; Prooem. III Ὁ ποιμήν).
43 (12 Kr.) ON JOSEPH I (Prooem. Ὁ υἱός σου, Παρθένε).

XVIII

Ἰδιόμελον
(ἦχος πλάγιος δ')

```
◡–◡◡–◡    ◡–◡◡–◡                               aa
◡◡–◡◡◡∸    ◡◡–◡◡◡–◡    ◡◡–◡                    bxx
◡◡–◡◡◡–    ∸◡◡–◡                               bc
–◡∸◡–◡    ◡◡–◡◡◡–    ∸◡◡–◡                     dbc
5   ◡∸◡◡–◡    ∸◡–◡◡◡–                          ab
◡∸◡◡–◡    ◡◡–◡◡◡–∸◡◡–◡                         ax
◡–◡◡–◡    ◡∸◡◡–◡                               aa
–◡–◡–◡    ◡◡–◡◡◡∸                              db
◡◡–◡–◡◡                                        bᵛ
10  |:◡◡–◡◡–◡:|                                x
```

19 (17 Kr.) ON MARY AT THE CROSS (Prooem. Τὸν δι' ἡμᾶς σταυρωθέντα).

XIX

'Ιδιόμελον
(ἦχος γ')

```
-∪∪-∪∪∪∪-        ∸∪∪∸∪∸∪                    xa
∪∪-∪∪̇∪∸    {∪-∪ }                           aᵛ{x
              {∸∪-∪}                            {x
∪∪-∪∪̇∪-∪   {∪-∪∪-∪∪(-)}                    x{x
              {∪∪̇∸∪∪-∪∪̇}                      {b
∪-∪∪∸∪    ∪∪-∪∪∪-     ∪̇∪-∪∪-∪∪         cdb
5 ∪-∪∪̇∪∸     ∪̇∸∪-∪∪                       eeᵛ
∸∪∸∪∪̇∪-     ∪̇∪̇∪∪∸∪∪̇∪-∪                 dx
∪-∪̇∪∪-∪   ∪̇∪̇∪∸∪     ∸∪∪-∪                xcᵛx
|:-∪∪-∪∪∪-:|                                 x
```

20 (19 Kr.) ON THE PASSION OF CHRIST (Prooem. I et II 'Ιδιόμελα).

XX

'Ιδιόμελον
(ἦχος πλάγιος β')

```
∪∸∪-∪∪-∪       ∸∪∸∪∪-∪                       ab
∪∪̇∪-∪∪̇∪-      ∪∸∪∪∪-∪                      aᵛb
∸∪∪∪-∪∪∪-∪∪                                   x
∪∪̇∪∪-∪    {∪-∪∪ }                            c{d
             {∪∪-∪∪}                             {e
5 ∪∪̇∪∪-∪   {∪∪-∪∪}                           c{e
             {∪-∪∪ }                             {d
∪∪-∪     ∪∪-∪∪∪-                             xx
∪̇∸∪∪∸∪-∪                                     
|:∪∪∪-∪-∪∪-:|                                 x
```

21 (67 Kr.) ON THE CRUCIFIXION (Prooem. 'Ιδιόμελον).

XXI

'Ιδιόμελον
(ἦχος βαρύς)

	metrical scheme	label
	–u±u–uu u±u–uu–u	ab
	–u̮u–uu u±u±uu–u	ab
	u±uu–u u–uu–u	cc
	±uu–u uu–uu	de
5	u̮uu–u ±u̮u–uu	da
	u–uu–uu–uu–u u̮u–uu(–)	xf
	u±uu– u̮u±uuu–	xg
	u̮uu–uu– u̮u±u–uu	xa
	uuu–uu uu–uu	fe
10	uu–uuu– ±uu–uu	gf
	uu±uu–u	x
	|:–uuuu–uu:|	x

22 (9 Kr.) ON THE VICTORY OF THE CROSS (Prooem. I, II, et III 'Ιδιόμελα).

XXII

Τὴν πολλὴν τῶν ἀνθρώπων
(ἦχος πλάγιος β' vel ἦχος β')

u̮u±uu±uuu–u uu–uu–u̮u–u		aa
u̮u–uu uu–uuu–uu u±uu–uu(–)		xbc
u±u̮u–u uu±u̮u–uu		db
u±u̮u–u uu–u̮u–uu {u̮u±uu–uu / u±uu–uu}		db {e/c}
5 {u̮u̮u±uuu– / uuu–uuuu–} u̮u–u̮u–uu u±uu–uu	{x/x}	bc
uu±uu–uu u±u̮u–u̮u u±u̮uu–u		ee^v d
|:u–uu–uu:|		c

25 (73 Kr.) ON THE RESURRECTION II (Prooem. 'Ιδιόμελον).
45 (56 Kr.) ON ELIJAH (Prooem. 'Ιδιόμελον).

XXIII

'Ιδιόμελον
(ἦχος πλάγιος δ')

```
    ⏊∪∪−∪∪−      ∪−∪∪−∪∪              ab
    ⏊∪∪−∪∪−      ∪−∪∪⏊∪∪−             abᵛ
    ∪∪⏊∪∪−       ∪∪−∪∪−∪              xc
    ∪−∪∪∪−∪      ∪⏊∪∪(−)              dx
5   ⏊∪∪∪∪∪−      ∪∪−∪∪∪−              eeᵛ
    ∪−∪∪∪−∪      ∪∪⏊∪∪∪−∪             df
    ⏊∪∪−∪        ∪−∪∪−∪∪              xb
    ∪∪−∪∪−∪      ∪∪−∪∪∪−∪             cf
    {∪∪−∪−∪}     {∪∪−∪∪−∪}            {x}{c}
    {−∪−∪∪−∪}    {∪−∪∪−∪}             {c}{x}
10  ∪∪∪∪−∪∪      ∪∪−∪                 xx
    |:∪∪∪∪∪−∪∪:|                      x
```

26 (75 Kr.) ON THE RESURRECTION III (Prooem. 'Ιδιόμελον).

XXIV

Τῷ ἀρχαγγέλῳ Γαβριήλ
(ἦχος α')

```
    ∪∪∪−∪∪∪⏊     ⏊∪∪∪∪∪−∪    ∪∪∪⏊∪∪−∪    xaa
    ∪−∪∪∪−∪∪     ∪∪−∪   ∪∪−∪∪−∪∪         xxb
    ∪∪⏊∪∪∪⏊      ∪∪∪−   ∪∪∪⏊∪∪−∪∪        cdx
    ∪∪⏊∪∪∪−      ⏊∪∪⏊∪∪⏊∪∪−∪∪            cx
5   ⏊∪∪⏊∪∪−      ∪⏊∪∪−∪    ∪∪−∪∪∪−∪      cᵛxx
    ∪∪∪−∪∪       ⏊∪∪∪∪−∪∪                eb
    ⏊∪∪−∪∪       ∪∪⏊∪∪∪−                 dc
    ⏊∪∪−∪∪       ∪∪−∪∪    ∪∪−∪∪          eff
10  ∪∪⏊∪−∪∪                              x
    |:∪∪−∪∪−∪∪:|                         b
```

27 (79 Kr.) ON THE RESURRECTION IV (Prooem. 'Ιδιόμελον).
36 (50 Kr.) ON THE ANNUNCIATION I (Prooem. 'Ιδιόμελον).

METRICAL APPENDIX

XXV

'Ιδιόμελον
(ἦχος πλάγιος β')

[metrical scheme diagram with brackets and prosodic marks]

aa
ex
e{f/x}
5   xa
xf
ff
cx
xdc

28 (74 Kr.) ON THE RESURRECTION V (Prooem. 'Ιδιόμελον).

XXVI

Τὸν πρὸ ἡλίου ἥλιον
(ἦχος πλάγιος δ')

ab
xb
cb
d{x/x}
5   cd
cax
eed
ff
c^v c^v
10 dd
ggg
x

29 (20 Kr.) ON THE RESURRECTION VI (Prooem. I Εἰ καὶ ἐν τάφῳ; Prooem. II 'Ιδιόμελον).
42 (68 Kr.) ON JACOB AND ESAU (Prooem. 'Ιδιόμελον).
49 (61 Kr.) ON THE PRODIGAL SON (Prooem. I 'Ιδιόμελον; Prooem. II Εἰ καὶ ἐν τάφῳ).

XXVII

'Ιδιόμελον
(ἦχος πλάγιος δ')

```
  ∪−∪̆∪∪−      ⸗∪∪̆∪−∪    ∪⸗∪∪̆∪∪−           aba
  ∪⸗∪∪̆∪−∪     ∪⸗∪∪−∪                        bᵛc
  ∪∪−∪∪̆∪−∪∪   ∪−∪∪                          de
  ∪∪−∪∪̆∪−∪∪   ∪̆∪∪−∪∪    ∪∪−∪∪−∪∪           dxx
5 ⸗∪∪⸗∪−∪∪    {∪̆∪∪−
                ∪̆∪∪∪−}                      f{x
                                               g
  ⸗∪∪⸗∪−∪∪    ⸗∪∪∪−                          fg
  ∪∪̆∪⸗∪∪−∪   ⸗∪⸗∪∪̆∪−∪                      hh
  ∪⸗∪∪−∪∪    ∪−∪∪    ∪⸗∪∪−∪                  xec
  |:∪∪−∪∪−∪:|                                x
```

33 (23 Kr.) ON PENTECOST (Prooem. 'Ιδιόμελον).

XXVIII

'Η προσευχή
(ἦχος δ')

```
 ⸗∪∪      ∪−∪∪̆∪⸗    ∪∪⸗∪∪⸗∪∪−∪∪             xab
 {∪⸗∪∪̆∪−∪∪−∪∪
  ∪∪∪−∪∪−∪∪−∪∪}                             {bᵛ
                                              x}
 {∪⸗∪−∪−∪∪
  ∪∪−∪∪−∪∪−∪∪}  ∪̆∪⸗∪̆∪∪−   ∪∪−∪∪−∪          {x
                                              b}xc
 ∪⸗∪⸗∪⸗   {∪̆∪∪−∪
            ∪∪̆⸗∪∪−∪}                        a{d
                                              c}
5 {∪−∪⸗∪−∪
   ∪⸗∪∪∪∪−∪}   ∪⸗∪−∪                        {x
                                              x}d
 ∪̆∪∪̆∪∪−                                    x
 |:∪−∪−∪    ∪∪∪−∪    ⸗∪−∪∪−∪:|               ddᵛcᵛ
```

35 (28 Kr.) ON THE NATIVITY OF THE VIRGIN MARY (Prooem. 'Ιδιόμελον).
37 (43 Kr.) ON THE ANNUNCIATION II (Prooem. Κατεπλάγη 'Ιωσήφ).

METRICAL APPENDIX 531

XXIX

'Ιδιόμελον
(ἦχος πλάγιος α')

```
   ∪∪–∪≛∪∪∪–∪      ≛∪∪–∪∪∪–∪∪              ab
   ∪̇∪∪–∪∪∪–∪       ∪∪̇∪–∪∪̇∪–∪∪              xb
   ∪̇∪–∪∪̇∪–∪∪                                x
   ∪∪–∪∪̇∪–∪    ∪∪≛∪∪∪–∪      ∪̇≛∪∪–         ccd
5  ∪̇∪∪–∪    ∪∪∪≛∪∪–∪                         ef
   ∪̇∪∪–∪∪–∪     ∪̇≛∪∪–                       fd
   ∪̇∪∪–∪    ∪̇∪∪≛∪∪–∪                         ef
   ∪∪∪≛∪∪–∪    ∪̇≛∪∪–                          fd
   ∪∪–∪∪̇∪–∪    ∪∪∪–∪∪–                       cx
10 ∪∪̇≛∪∪–∪    ≛∪∪̇≛∪∪∪–                       xx
   |:∪∪–∪∪–∪∪:|                               x
```

38 (26 Kr.) ON THE BEHEADING OF JOHN THE BAPTIST (Prooem. I et II 'Ιδιόμελα).

XXX

'Ιδιόμελον
(ἦχος πλάγιος α')

```
   {∪≛∪∪–∪∪ }          –∪∪–∪    ∪–∪∪ (–)        {a} bc
   {∪–∪∪̇∪–∪∪}                                  {x}
         ∪̇≛∪–∪    ∪∪–∪∪∪≛                       bd
   ∪≛∪̇∪∪–∪–∪∪    {∪̇∪–∪∪ }                       x{e}
                 {∪–∪∪  }                         {c}
   ∪̇∪–∪   {∪̇∪≛∪∪–∪ }                            x{f}
          {∪∪–∪∪∪–∪}                              {g}
5  ∪̇∪∪–∪    ≛∪∪∪–∪∪   {∪∪–∪∪}                   ba{e}
                       {∪–∪∪ }                      {c}
   {∪–∪∪–∪ }   {∪∪̇≛∪∪–∪ }                       {h}{f}
   {∪≛∪∪∪–∪}   {∪∪–∪∪∪–∪}                       {x}{g}
      ∪–∪∪–∪    ∪̇∪≛∪∪–∪                          hf
   {∪∪–∪∪≛∪∪–∪∪    }                             {x}
   {∪∪̇≛∪∪≛∪∪∪–∪∪ }                              {x}
   |:∪∪–∪∪∪–    ∪∪–∪∪–∪∪:|                       dx
```

41 (65 Kr.) ON ABRAHAM AND ISAAC (Prooem. 'Ιδιόμελον).

XXXI

Ἄγγελος πρωτοστάτης
(ἦχος πλάγιος δ´)

⌣̄⌣⌣̄⌣⌣−⌣ ⌣⌣−⌣⌣−⌣	aa
⌣⌣̄⌣⌣⌣−⌣⌣−⌣	x
⌣⌣−⌣⌣⌣̄⌣⌣− ⌣⌣−⌣⌣̄⌣ ⌣⌣−	
−⌣⌣	bb(= 3^2+3^3)x
⌣̄⌣⌣̆⌣−⌣⌣ ⌣−⌣⌣⌣⌣̆⌣−⌣⌣	xx
5 ⌣̆⌣⌣̄⌣⌣⌣̆⌣−⌣ ⌣̆⌣⌣−⌣⌣⌣̆⌣−⌣	cc
−⌣⌣⌣−⌣⌣−⌣⌣−⌣⌣	d
⌣̆⌣⌣⌣−⌣⌣−⌣⌣−⌣⌣	d
⌣̆⌣̄⌣⌣⌣−⌣⌣ ⌣⌣̄⌣̆⌣⌣−	ef
⌣̆⌣−⌣⌣⌣−⌣⌣ ⌣⌣̄⌣̆⌣⌣−	ef
10 ⌣̄⌣⌣̆⌣⌣−⌣ ⌣⌣−⌣⌣−⌣	gg
⌣̄⌣⌣̆⌣⌣−⌣ ⌣⌣−⌣⌣−⌣	gg
⌣̆⌣⌣− ⌣−⌣⌣−⌣⌣	hi
⌣̆⌣⌣− ⌣−⌣⌣−⌣⌣	hi
⌣̄⌣⌣− ⌣⌣̄⌣⌣−⌣	hg
15 ⌣̆⌣⌣− ⌣̆⌣̄⌣⌣−⌣	hg
‖: ⌣⌣−⌣⌣⌣− ⌣⌣−⌣⌣−⌣ :‖	fg

44 (11 Kr.) ON JOSEPH II (Prooem. I Χαίρετε; Prooem. II 'Ιδιόμελον; Prooem. III Οὐ παυόμεθα).

XXXII

Τάχυνον ὁ οἰκτίρμων
(ἦχος β´ vel πλάγιος β´)

−⌣⌣̆⌣−⌣ ⌣̄⌣⌣̆⌣⌣−⌣	ab
⌣⌣̆⌣̄⌣⌣̄⌣ ⌣⌣̄⌣̆⌣⌣−⌣⌣	bc
⌣̄⌣⌣̆⌣⌣−⌣ ⌣̄⌣̄⌣⌣−⌣	ab
⌣−⌣⌣⌣−⌣ ⌣⌣−⌣⌣⌣−⌣⌣	bc
5 ⌣̆⌣⌣̄⌣−⌣ ⌣̆⌣⌣̄⌣−⌣	aa
⌣̄⌣⌣̆⌣−⌣⌣ ⌣⌣−⌣⌣−⌣⌣	dd
⌣̄⌣⌣−⌣ ⌣̄⌣̆⌣⌣−⌣⌣	ed
⌣⌣−⌣ ⌣̄⌣̆⌣⌣−	xx
⌣⌣̄⌣−⌣ ⌣̄⌣̆⌣⌣−⌣⌣	ex
10 ⌣⌣−⌣⌣⌣−⌣⌣−⌣⌣ ⌣⌣−⌣⌣−⌣⌣	xd
‖: −⌣⌣⌣⌣−⌣ ⌣−⌣⌣⌣⌣−⌣	ab
⌣⌣⌣−⌣⌣−⌣ ⌣⌣−⌣⌣⌣−⌣⌣ :‖	bc

46 (27 Kr.) ON THE THREE CHILDREN (Prooem. I et II 'Ιδιόμελα).

XXXIII

'Ιδιόμελον
(ἦχος πλάγιος α')

```
  ±υυ±υυ–υυ–                              x
    ῠυυ–υυυ–υ                             a
    υῠυ±    υ–υυ–υυ                       bx
    υυ–υυ–                                c
5   υυ–υυ–                                c
    υυυ–υ±υυ–υυ                           d
  υυ–υυ±                                  c
    υυ–υυ–                                c
    υυυ±υῠυυ–υυ                           d
10 υ–υυυ–    υῠυ±                         eb
    υῠυ–υυ                                eᵛ
  υ–υῠυ–υ                                 x
    υυ–υυ–υυ                              x
    υυ–υυυ–υ±υ–υ                          x
15 υῠυ–υῠ                                 eᵛ
    υῠυ±υυυ–υ                             a
    υυ±υ–υυ                               x
    ῠυυ–υυ–υ                              x
  |:υ–υ–υυ:|                              eᵛ
```

48 (14 Kr.) ON THE TEN VIRGINS II (Prooem. 'Ιδιόμελον).

XXXIV

Τὸ ἰατρεῖον τῆς μετανοίας
(ἦχος α')

```
 ῠῠυ–υυ±υ±ῠ   {υ±υυυ–υυ–υυ}   –υ   x{a}x
              {υ–υυ–υυ–υυ}          {x}
  υ–υυ   υ±υ–υ   υυ–υυ–υυ           xbc
  υυ±υυ–υυ–υυ                       aᵛ
  ῠῠυ–υυ    υυ–υυ–υυ                dc
5 υυ±υυ–υυ    ±υῠυ–υυ               ed
  υυ±υῠυ–υ   ῠυ–υυ                  xe
  ῠυυ–υ   ῠυυ–υ                     bb
  υῠυ±υ–υ|| υυ–υ   υ±υυ–υυ          fxx
   υ±υῠυ–υ                          f
10 |:υυυ–υυυ–   υυ–υυ:|             xe
```

51 (60 Kr.) ON FASTING (Prooem. 'Ιδιόμελον).
52 (84 Kr.) ON REPENTANCE (Prooem. 'Ιδιόμελον).

XXXV

'Ιδιόμελον
(ἦχος πλάγιος δ')

```
   ᴗ−ᴗᴗ−ᴗ        ᴗ±ᴗᴗ̆−ᴗ                              ab
   ᴗ±ᴗᴗ−ᴗ        ᴗ±ᴗ±ᴗᴗ−ᴗ                             ax
   ᴗ−ᴗᴗ̆−ᴗᴗ       ᴗᴗᴗ̆ᴗ−ᴗ                              cd
   ᴗ̆ᴗᴗᴗ−ᴗᴗᴗ−ᴗᴗ                                       x
5  ᴗ−ᴗᴗ̆−ᴗ        ᴗ±ᴗᴗᴗ̆−ᴗ                             dd
   ᴗ−ᴗᴗᴗ−ᴗᴗ     ᴗ−ᴗᴗ̆ᴗ−ᴗᴗ     ᴗᴗ−ᴗ̆ᴗ−ᴗᴗ                ccx
   ᴗ±ᴗ−ᴗᴗ        ᴗ±ᴗ−ᴗᴗ                               ee
   ᴗᴗ±ᴗ−ᴗᴗ       ᴗ±ᴗᴗ−ᴗᴗ                              xx
10 ᴗ̆ᴗ±ᴗ±ᴗᴗ±ᴗ̆                                         x
   |: ᴗᴗ−ᴗᴗᴗ−:|                                       x
```

53 (46 Kr.) ON BAPTISM (Prooem. 'Ιδιόμελον).

XXXVI

Ὁ χρόνος μου συντελεῖται
(ἦχος πλάγιος δ')

```
   ᴗ̆±ᴗᴗ̆ᴗᴗ−ᴗ       ᴗᴗᴗ−ᴗᴗᴗ−ᴗᴗᴗ−ᴗᴗ                      xx
   ᴗ±ᴗᴗ−ᴗᴗ        ᴗ−ᴗᴗᴗ−ᴗᴗ      ᴗ̆ᴗ−ᴗᴗ                 aax
   ᴗᴗ−ᴗᴗᴗ−ᴗ       ᴗᴗ−ᴗᴗ−ᴗᴗ                            xx
   ᴗ±ᴗ±ᴗ±ᴗᴗ̆       ᴗᴗ̆ᴗ±ᴗ̆ᴗᴗᴗ−                           bb
5  |: ᴗ−ᴗ−ᴗᴗᴗ−ᴗᴗ−ᴗ :|                                 x
```

56 (66 Kr.) A PRAYER (Prooem. 'Ιδιόμελον).

XXXVII

Τὴν ὑπὲρ ἡμῶν
(ἦχος πλάγιος β′)

```
    ⏑⏑⏑–      ⏑–⏑⏑⏑–⏑                              ab
    ⏑⏑⏑–      ⏑–⏑⏑⏑–⏑                              ab
   ⏑⏑⩛⏑⏑–⏑    ⏑⩛⏑⏑⩛                                xa
  ⏑⏑⩛⏑⏑–⏑⏑   ⏑⏑–⏑⏑⏑–⏑⏑   ⏑⏑–⏑⏑⏑–⏑⏑                 ccc
5 |:⏑⩛⏑⏑⏑⏑–   ⏑⏑–⏑⏑–:|                             xx
```

3 (44 Kr.) ON THE SLAUGHTER OF THE INNOCENTS, Prooemium.
        4^{1-2} ⏑⏑–⏑⏑–⏑⏑ ⏑⏑–⏑⏑–⏑⏑
32 (22 Kr.) ON THE ASCENSION, Prooem. I.
40 (63 Kr.) ON NOAH, Prooem. II.
        4^{1-3} ⏑⏑–⏑⏑ ⏑⏑–⏑⏑   cc
            ⏑⏑–⏑– –⏑⏑⏑⏑–⏑   ax
$5^{⏑}$ (49 Kr.) ON THE FORTY MARTYRS OF SEBASTEIA II, Prooem. I et II.
    Prooem. I 2^2 ⏑–⏑⏑⏑⏑–⏑⏑
                  4^2 ⏑⏑–⏑⏑–⏑⏑
    [[Prooem. II 3^1 ⏑⏑–⏑–⏑⏑
                  5^{1-2} |:⏑⏑–⏑⏑⏑– ⏑–⏑⏑⏑–:|]]

XXXVIII

Χορὸς ἀγγελικός
(ἦχος α′)

```
     ⏑–⏑⏑–     ⏑⏑–⏑⏑–⏑                             ab
     ⏑–⏑⏑⏑–    ⏑⏑–⏑⏑–⏑                             ab
     ⏑–⏑⏑–⏑⏑   ⏑⏑–⏑⏑–⏑⏑ (–)                        cx
    ⏑⏑–⏑⏑      ⏑⏑⏑–⏑⏑–⏑                            de
5    ⏑⏑–⏑⏑     ⏑⏑⏑–⏑⏑–⏑                            de
   |:⏑–⏑⏑–⏑⏑:|                                     c
```

4 (6 Kr.) ON THE PRESENTATION IN THE TEMPLE, Prooem. I et II.
57 (48 Kr.) ON THE FORTY MARTYRS OF SEBASTEIA I, Prooem. II et III.
      Prooem. III 1^2 ⏑⏑–⏑⏑–⏑⏑
                  5 –⏑–⏑⏑ ⏑⏑⏑–⏑⏑–⏑ ⏑⏑

XXXIX

'Επεφάνης σήμερον
(ἦχος δ')

```
∪∪-∪-∪∪     ∪∪∪-∪                              ab
∪∪-∪-∪∪    ∪∪∪-∪∪∪-                            ax
∪∪∪-∪∪-∪∪    -∪∪-∪                             xb
|:∪-∪∪-∪∪:|                                     x
```

5 (4 Kr.) on the baptism of christ, Prooemium.
54 (62 Kr.) on earthquakes and fires, Prooemium.

XL

Τῶν φοβερῶν σου
(ἦχος πλάγιος δ')

```
 {∪∪∪-∪     ∪-∪∪∪∪-}                          {ab}
 {∪∪∪-∪-∪∪∪∪-       }                          {c }
 {∪∪∪-∪     ∪-∪∪∪∪-}                          {ab}
 {∪∪∪-∪-∪∪∪∪-       }                          {c }
 {∪-∪-∪∪    ∪-∪∪∪-}                           {xx}
 {∪-∪-∪∪∪-∪∪-      }                           {x }
  ∪-∪ŏ∪-∪∪    ∪-∪∪∪-∪∪                         dd
5 ∪-∪∪∪-∪∪    ∪-∪∪∪-∪∪                         dd
  ∪∪∪-∪∪-∪                                     x
 {|:-∪-∪    -∪∪∪-∪∪:|}                        {xx}
 {|:-∪∪∪-∪    ∪∪-∪∪:|}                        {xx}
```

18 (18 Kr.) on peter's denial, Prooem. I.
30 (21 Kr.) on doubting thomas, Prooem. III.

METRICAL APPENDIX

XLI

Εἰ καὶ ἐν τάφῳ
(ἦχος πλάγιος δ')

```
  ∪∪∪–∪    ∪–∪⋮∪–∪∪                    abc
   ∪∪∪–∪    ∪–∪⋮∪–∪∪                   abc
  ∪∪–∪∪∪∪–    ∪–∪∪–                    xx
  ∪∪–    ∪∪–∪    ∪–∪    ∪–∪∪           debc
5  ∪∪–    ∪∪–∪    ∪–∪    ∪–∪∪          debc
  |:∪∪∪–∪∪–∪∪–∪∪:|                     x
```

29 (20 Kr.) ON THE RESURRECTION VI, Prooem. I.
49 (61 Kr.) ON THE PRODIGAL SON, Prooem. II.
1²⁻³ divisio neglecta
2²⁻³ divisio neglecta
3¹⁻² ∪∪–∪   ∪∪∪–∪–∪∪

XLII

Ὡς ἀπαρχάς
(ἦχος πλάγιος δ')

```
  ∪∪∪–∪–∪∪    ∪∪∪–∪–∪∪                 aa
  ∪∪∪–∪∪–∪∪–∪∪    ∪∪∪–∪–∪∪             xx
  ∪̇∪–∪∪–∪    ∪∪–∪∪–∪                   bb
  ∪∪∪–∪∪    ∪∪∪–∪∪                     cc
5  ∪∪–⸱∪∪–∪∪–∪∪                        x
  |:∪∪–∪∪:|                            x
```

55 (8 Kr.) ON LIFE IN THE MONASTERY, Prooem. I et II.
59 (24 Kr.) ON ALL MARTYRS, Prooem. I.

XLIII

'Ο ὑψωθεὶς ἐν τῷ σταυρῷ
(ἦχος δ')

```
 {∪∪-∪∪∪-  }   {∪∪-∪∪}                {a} {b}
 {∪∪∪-∪∪∪-}    {∪∪-∪ }                {x} {x}
  ∪∪-∪∪∪-       ∪∪-∪∪                  ab
  ∪∪⏑⏔∪-∪∪      ∪-∪∪(-)                xx
  -∪∪∪-∪∪       ∪∪⏔∪∪-∪                cd
5 -∪∪∪-∪∪       ∪∪-∪∪-∪                cd
  ∪⏑∪-∪         -∪∪∪-                  xx
  -∪∪-∪                                 x
 |:∪-∪∪-∪∪:|                            x
```

47 (13 Kr.) ON THE TEN VIRGINS I, Prooem. I et III.

INDEX NOMINUM

Ἀαρών: 20 ιδ' 3; 37 pr. 5; 37 δ' 1; 37 δ' 4; 58 ια' 9.
Ἀβδεναγώ: 46 κϛ' 2.
Ἄβελ: 1 κα' 8; 3 ια' 12; 3 ιβ' 3; 4 ζ' 1; 20 ε' 4; 21 δ' 7; 43 λδ' 4; 57 ζ' 3.
Ἀβραάμ: 3 ια' 11; 4 ιδ' 7; 6 δ' 1; 6 δ' 7; 15 θ' 3; 23 ιη' 4; 23 ιη' 8; 26 β' 5; 28 ιϛ' 6; 41 tit.; 41 α' 5; 41 ιθ' 1; 41 κ' 3; 41 κα' 4; 41 κδ' 1; 43 ιβ' 5; 43 ιε' 2; 43 κϛ' 2; 43 λϛ' 5; 50 α' 9; 50 ι' 6; 50 ιγ' 8; 50 ιδ' 9; 50 ιϛ' 9; 50 ιζ' 2; 50 ιζ' 3; 50 ιθ' 5.
ἄγγελος: 1 pr. 3; 1 ια' 5; 4 γ' 1; 4 ε' 5; 4 ιγ' 4; 5 δ' 5; 5 ζ' 3; 5 ι' 5; 6 pr. 3; 7 θ' 5; 7 ιγ' 7; 9 ϛ' 7; 13 α' 1; 15 ι' 2; 16 pr. I 2; 16 ζ' 6; 16 ιβ' 1; 17 ϛ' 6; 17 ζ' 5; 17 θ' 1; 18 η' 5; 18 κα' 7; 18 κβ' 2; 24 β' 8; 27 β' 6; 27 ιζ' 5; 27 ιθ' 2; 17 ιθ' 8; 28 ιδ' 6; 29 ιζ' 7; 29 ιθ' 9; 29 κ' 2; 29 κ' 3; 29 κα' 1; 29 κγ' 4; 29 κγ' 5; 32 ι' 4; 32 ιγ' 5; 32 ιε' 6¹; 32 ιε' 6²; 32 ιε' 9; 32 ιε' 10; 32 ιε' 12; 33 ε' 5; 34 β' 3; 34 γ' 1; 34 γ' 3; 34 ιε' 8; 34 ιϛ' 2; 34 ιη' 3; 34 ιθ' 1; 35 ε' 2; 36 ϛ' 1; 36 ϛ' 9; 36 η' 4; 36 θ' 1; 36 ι' 5; 36 ια' 6; 37 θ' 1; 39 ιδ' 10; 40 α' 8; 40 ια' 10; 41 ζ' 6; 41 ι' 1; 42 α' 5; 44 ια' 12; 44 ιϛ' 7; 44 ιθ' 8; 46 κβ' 2; 46 κγ' 2; 46 κε' 3¹; 46 κε' 3²; 46 κϛ' 3; 46 κϛ' 4¹; 46 κϛ' 4²; 47 η' 1; 47 θ' 5; 47 ιϛ' 5; 47 κζ' 1; 49 β' 3; 49 β' 6; 49 ια' 1; 49 ιη' 6; 49 κα' 2; 50 θ' 3; 50 θ' 5; 50 ι' 2; 50 ια' 2; 51 α' 4; 51 ε' 4; 51 κ' 8; 53 α' 8; 53 ιγ' 7; 53 κα' 6; 53 κα' 8; 55 ιγ' 2; 55 κγ' 3; 55 κη' 1; 56 δ' 4; 58 α' 7; 58 ε' 2; 58 ι' 7; 59 β' 4; cf. 25 ιε' 6 f.; 25 ιζ' 5 ff.; 32 ιγ' 9; 34 θ' 5; see also ἀρχάγγελος.
Ἀγρικόλαος: 58 ιβ' 2; 58 ιδ' 6.
Ἀδάμ: 1 α' 8; 2 γ' 4; 2 δ' 2; 2 ε' 1; 2 η' 5; 2 θ' 4; 2 ι' 2; 2 ιβ' 7; 2 ιη' 7; 4 α' 5; 5 α' 6; 5 β' 4; 6 α' 1; 6 β' 1; 6 γ' 1; 7 tit.; 8 β' 3¹; 8 β' 3²; 11 ιη' 7; 12 ιβ' 4; 14 ιζ' 8; 15 η' 4²;

15 η' 4³; 15 ι' 5; 15 ιη' 6; 16 pr. I 3; 16 pr. II 5; 16 α' 9; 16 β' 9; 16 γ' 9; 16 δ' 9; 16 ε' 9; 16 ϛ' 9; 16 ζ' 9; 16 η' 9; 16 θ' 1; 16 θ' 9; 16 ι' 9; 16 ια' 9; 16 ιβ' 9; 16 ιγ' 9; 16 ιδ' 9; 16 ιε' 9; 16 ιϛ' 9; 18 ζ' 6; 19 δ' 5; 19 ζ' 4; 19 η' 3; 19 η' 5; 19 θ' 4; 19 θ' 8; 19 ι' 2; 19 ι' 8; 19 ια' 6; 19 ιβ' 4; 19 ιδ' 8; 20 pr. I 5; 20 pr. II 5; 20 α' 8; 20 β' 8; 20 γ' 8; 20 δ' 8; 20 ε' 8; 20 ϛ' 8; 20 ζ' 3; 20 ζ' 8; 20 η' 8; 20 θ' 8; 20 ι' 8; 20 ια' 8; 20 ιβ' 8; 20 ιγ' 8; 20 ιδ' 8; 20 ιε' 8; 20 ιϛ' 8; 20 ιζ' 8; 20 ιη' 8; 20 ιθ' 7; 20 κ' 8; 20 κα' 8; 20 κβ' 8; 20 κγ' 8; 21 α' 2; 22 pr. III 1; 22 α' 10; 22 β' 8; 22 γ' 5; 22 γ' 10; 22 ε' 11; 22 ϛ' 11; 22 ζ' 11; 22 η' 11; 22 ιβ' 11; 22 ιγ' 11; 22 ιδ' 11; 22 ιζ' 6; 23 α' 4; 23 β' 10; 23 γ' 3; 23 γ' 6; 23 γ' 8; 23 δ' 3; 23 ϛ' 8; 23 ϛ' 10; 23 ζ' 9; 23 ιγ' 9; 23 ιγ' 10; 24 ιε' 5; 24 κ' 6; 25 ι' 1; 26 pr. 2; 26 α' 2; 26 β' 2; 26 γ' 1; 26 δ' 5; 26 ζ' 9; 26 θ' 5; 27 δ' 2; 27 ϛ' 7; 27 θ' 4; 27 ιβ' 1; 27 ιβ' 5; 27 ιγ' 1; 27 ιγ' 3; 28 κ' 6; 28 κγ' 1; 28 κδ' 3; 28 κε' 5; 28 κζ' 2; 28 κη' 7; 28 λα' 3; 29 α' 6; 31 ϛ' 4; 31 ιβ' 1; 31 κβ' 4; 35 pr. 2; 37 β' 3; 37 η' 4¹; 37 η' 1³; 37 η' 4; 38 ιη' 10; 40 ιζ' 11; 40 κ' 1; 42 α' 6; 44 η' 10; 44 ιϛ' 3; 51 δ' 5; 51 ϛ' 1; 51 ζ' 1; 51 θ' 1; 51 ιζ' 2; 51 ιθ' 1; 51 κ' 1; 51 κα' 1; 53 α' 1; 53 δ' 1; 53 ϛ' 3; 57 ϛ' 1; 57 ϛ' 6; 57 ζ' 4; 57 ιβ' 4; 57 ιβ' 8.
Ἀζαρίας: 46 κγ' 1.
Ἀθηναῖοι: 31 ιϛ' 2.
Αἰγυπτία: 43 ιγ' 4; 44 ε' 1; 44 ϛ' 2; 44 ιη' 5; 44 ιθ' 5; 44 κβ' 10.
Αἰγύπτιοι: 7 δ' 2; 7 δ' 4; 40 η' 10; 46 α' 4; 48 θ' 3; 55 ιε' 3.
Αἴγυπτος: 1 ιη' 7; 1 κδ' 8; 3 ιε' 6; 3 ιϛ' 5; 3 ιζ' 5; 3 ιζ' 10; 16 γ' 1; 16 ε' 4; 22 ε' 10; 22 ιγ' 7; 33 ιε' 5; 40 η' 4; 43 ι' 1; 43 ιζ' 1; 43 ιζ' 7; 43 ιη' 1; 43 κβ' 5; 43 κϛ' 5;

540 INDEX NOMINUM

Αἴγυπτος (cont.)
43 λβ' 1; 43 λη' 1; 43 λθ' 1; 44 pr.
I 3; 44 ιβ' 12; 44 ιγ' 11; 48 ι' 6;
48 ι' 11.
Ἀίδης: 2 η' 5; 14 pr. 1; 14 ε' 3;
14 η' 5; 14 θ' 2; 14 ι' 2; 14 ιβ' 2;
14 ιγ' 2; 14 ιδ' 1; 14 ιε' 6; 15 α' 3;
15 ς' 5; 15 ιβ' 5; 15 θ' 1; 15 ι' 1;
16 α' 1; 17 ιθ' 7; 17 κ' 7; 17 κγ' 7;
18 ε' 7; 19 δ' 6; 19 ι' 2; 20 β' 6;
20 ι' 1; 22 pr. I 4; 22 α' 3; 22 β' 2;
22 γ' 1; 22 δ' 1; 22 ς' 1; 22 ζ' 1;
22 ζ' 10; 22 η' 2; 22 ια' 2; 22 ιβ' 2;
22 ιδ' 1; 22 ις' 1; 24 α' 2¹; 24 α' 2²;
24 ις' 6; 25 α' 1¹; 25 α' 1²; 25 β' 3;
25 ια' 6;   25 ιβ' 5;   25 κα' 1;
25 κα' 6;   26 pr. 2;   26 α' 2;
26 α' 4; 26 β' 2; 26 γ' 1; 26 ς' 10;
26 ζ' 1; 26 ζ' 5; 26 η' 9; 26 θ' 9;
26 ι' 9; 26 ια' 9; 27 pr. 3; 27 δ' 8;
27 ε' 1; 27 ε' 8; 27 ς' 5; 27 ς' 6;
27 ζ' 1; 27 ζ' 2; 27 ζ' 5; 27 ζ' 7;
27 η' 1; 27 ι' 5; 27 ιβ' 3; 27 ιδ' 5;
27 ις' 1; 27 ις' 6; 27 ιζ' 1; 27 ιθ' 5;
28 pr. 4; 28 α' 9; 28 β' 9; 28 γ' 9;
28 δ' 9; 28 ε' 9; 28 ς' 9; 28 ζ' 9;
28 η' 9; 28 θ' 9; 28 ι' 9; 28 ια' 9;
28 ιβ' 9; 28 ιγ' 9; 28 ιδ' 9; 28 ιε' 9;
28 ις' 9; 28 ιζ' 9; 28 ιη' 9; 28 ιθ' 1;
28 ιθ' 9; 28 κ' 2; 28 κ' 7; 28 κ' 9;
28 κα' 9;   28 κβ' 9;   28 κγ' 9;
28 κδ' 1;   28 κδ' 6;   28 κδ' 9;
28 κε' 2¹;   28 κε' 2²;   28 κε' 7;
28 κς' 9;   28 κς' 1;   28 κς' 4;
28 κς' 9;   28 κζ' 1;   28 κζ' 9;
28 κη' 1;   28 κη' 9;   28 κθ' 1;
28 κθ' 9; 28 λ' 9; 28 λα' 1; 28 λα' 4;
28 λα' 9;   28 λβ' 9;   28 λγ' 9;
29 pr. I 2; 29 κ' 7; 31 ιβ' 3; 31 κγ' 5;
36 η' 4;   38 pr. II 2;   43 κδ' 1;
43 κε' 4; 49 η' 9; 50 η' 10; 50 ιγ' 7;
50 ιθ' 2; 50 κ' 3; 50 κ' 5; 52 θ' 2;
53 ι' 1; and see Τάρταρος.
Ἀμαλήκ: 58 ια' 3.
Ἀμάν: 22 η' 5.
Ἀμώς, ὁ τοῦ: see Ἠσαΐας.
Ἀνανίας: 46 δ' 1.
Ἀμβακούμ: 1 κ' 8.
Ἀνδρέας: 7 ιζ' 3;   31 ζ' 1;   32 ε' 6;
33 ιε' 6.
Ἄννα (N.T.): 7 θ' 3; 35 pr. 1; 35 α' 2;
35 β' 1; 35 γ' 5; 35 δ' 1; 35 ς' 1;
35 θ' 5.

Ἄννα (O.T.): 10 η' 4; 10 η' 6; 35 ς' 3.
Ἀντίχριστος: 34 ς' 7; 34 ζ' 1.
ἀπόστολος: 7 ιζ' 4; 13 β' 5; 13 ζ' 1;
13 η' 1; 13 ι' 8; 13 ιθ' 1; 15 ε' 1;
15 ιη' 2; 17 ια' 1; 18 ι' 1; 18 ιδ' 1;
23 ιε' 1; 23 ιζ' 2; 23 κ' 6; 29 pr.
I 5; 29 ιβ' 11; 29 κβ' 3; 30 pr. I 4;
30 δ' 1; 31 γ' 1; 31 κδ' 2; 32 α' 11;
32 δ' 1; 32 ζ' 1; 32 ιβ' 1; 33 α' 6;
33 β' 6; 33 δ' 1; 33 ιγ' 1; 33 ιε' 3;
39 pr. 3; 39 α' 6; 39 β' 5; 39 ιδ' 3;
43 δ' 8; 45 λγ' 5; 49 β' 9; 54 ς' 2;
57 ιγ' 4.
Ἀράβιοι: 33 ιδ' 6.
Ἀραράτ: 40 ιε' 11.
Ἄρατος: 33 ιζ' 4.
Ἀρειανοί: 8 ις' 3.
Ἄρειος: 28 ιδ' 1.
ἀρχάγγελος: 4 ε' 5; 27 tit.; 27 β' 6;
32 ι' 2; 34 ις' 3; 35 η' 3; 36 α' 1;
47 θ' 6; 47 ιη' 1; 48 α' 6; see also
ἄγγελος.
Ἀσιανοί: 33 ιδ' 7.
Ἀσσύριοι: 48 ιζ' 13; 48 ιζ' 15.
Ἀχαάβ: 38 ε' 8; 45 κη' 1; 45 κθ' 1.

Βαβυλών: 1 ιγ' 5; 30 ιε' 3; 46 α' 9;
46 β' 1; 46 ε' 5; 46 η' 8; 46 ιβ' 5;
46 λ' 5.
Βαλαάμ: 1 ε' 1.
βαπτιστής: see Ἰωάννης (Baptist).
Βελίαρ: 16 ε' 7;   21 δ' 2;   22 γ' 1;
22 θ' 1; 28 pr. 4; 28 α' 9; 28 β' 9;
28 γ' 9; 28 δ' 9; 28 ε' 9; 28 ς' 9;
28 ζ' 9; 28 η' 9; 28 θ' 9; 28 ι' 9;
29 ια' 9; 28 ιβ' 9; 28 ιγ' 9; 28 ιδ' 9;
28 ιε' 9; 28 ις' 9; 28 ιζ' 9; 28 ιη' 9;
28 ιθ' 9; 28 κ' 9; 28 κα' 9; 28 κβ' 9;
28 κγ' 9;   28 κδ' 9;   28 κε' 9;
28 κς' 9;   28 κζ' 9;   28 κη' 9;
28 κθ' 9; 28 λ' 9; 28 λα' 4; 28 λα' 9;
28 λβ' 9;   28 λγ' 9;   53 ια' 2;
57 ιβ' 1; 58 ι' 1; 58 ιε' 6; and see
διάβολος.
Βενιαμίν: 3 α' 5; 43 ιθ' 7; 43 κγ' 2;
43 κγ' 5; 43 κγ' 7; 43 κε' 4; 43 κς' 7;
43 κη' 5; 43 κθ' 7; 43 λα' 7.
Βηθανία: 14 η' 4; 15 β' 1; 15 ιη' 1.
Βηθλεέμ: 1 tit.;   1 α' 1;   3 pr. 1;
3 α' 11;   3 δ' 9;   3 ε' 6;   3 ε' 12;
3 ς' 2;   3 ς' 5;   3 η' 3;   5 α' 3;
21 ιη' 4.
Βορρᾶς: 40 ις' 11.

INDEX NOMINUM

Γαβριήλ: 5 δ' 3; 5 η' 6; 7 η' 8; 17 ζ' 4; 18 ια' 7; 27 tit.; 36 α' 1; 36 ζ' 1; 36 ιβ' 1; 37 ζ' 1.
Γαλιλαία: 5 tit.; 5 α' 1; 6 ις' 8; 47 tit.; 54 tit.
Γαλιλαῖος: 31 ις' 2; 32 ιδ' 1; 33 ιε' 3; and see Deity.
γίγαντες: 40 η' 9; 40 ιγ' 9.
Γολγοθά: 22 α' 1; 23 α' 8.
Γολιάθ: 3 ς' 3; 16 ς' 2; 54 ιη' 7.

Δαβίδ, 1 α' 6; 1 α' 8; 2 ια' 6; 3 ς' 1; 9 ιγ' 7; 10 ια' 1; 10 ια' 5; 10 ια' 6; 10 ια' 8; 11 α' 4; 15 β' 3; 16 α' 3; 16 δ' 2; 16 ς' 1; 16 ς' 4; 16 ς' 7; 19 ς' 4; 20 ιδ' 4; 21 ιη' 6; 23 ιη' 4; 25 ι' 6; 28 κβ' 6; 37 ιβ' 3; 48 ιε' 13; 52 α' 5; 52 β' 8; 54 ιη' 6; 55 pr. III 3; 55 α' 5; 59 γ' 4.
δαβιδικῶς: 32 ιγ' 2.
δαιμόνια: 11 κγ' 5.
δαιμονιζόμενος: 11 ε' 5.
δαιμονῶν: 11 ζ' 6; 11 ι' 1; 11 ιη' 6.
δαίμων: 11 β' 2; 11 β' 6; 11 δ' 3; 11 η' 1; 11 θ' 4; 11 ιβ' 2; 11 ιε' 2; 11 κα' 2; 11 κα' 7; 11 κβ' 7; 11 κδ' 2; 14 ε' 4; 15 ι' 2; 17 γ' 6; 21 ιδ' 1; 21 ιε' 1; 22 ια' 1; 22 ιδ' 1; 23 η' 7; 34 θ' 5; 34 ιθ' 4; 44 ια' 13; 44 ιθ' 9; 46 γ' 5; 49 δ' 9; 49 ς' 8; 51 γ' 1; 51 γ' 7; 53 ιθ' 7; 53 κα' 8; 58 ι' 8; 58 ιη' 8.
Δανιήλ: 1 κ' 8; 6 η' 5; 6 ιε' 7; 34 ς' 1; 40 α' 10; 46 γ' 10.
Δημοσθένης: 31 ις' 2; 33 ιζ' 5.
διάβολος: 11 β' 6; 11 κε' 3; 15 θ' 1; 17 ιγ' 1; 17 ιγ' 3; 17 ιδ' 1; 17 κ' 4; 21 α' 3; 21 ζ' 1; 22 ζ' 1; 22 η' 2; 23 ιδ' 4; 28 ιγ' 1; 31 κα' 3; 34 η' 1; 34 θ' 5; 44 ς' 1; 44 ιη' 8; 49 ς' 9; 51 θ' 2; 57 η' 2; 57 ι' 2; 57 ια' 1; 57 ιγ' 1; 58 ς' 4; 58 η' 5; 58 ις' 4; 59 ιβ' 1; see also Βελίαρ, δράκων, ἐχθρός, ὄφις, πλάνος, Σατανᾶς.
δράκων: 21 ις' 1; 21 κ' 1; 22 ι' 1; 28 κ' 1; 28 κγ' 1; 34 η' 7; 34 ι' 7; 34 ιβ' 2.

Ἑβραῖοι: 7 δ' 2; 7 δ' 4; 8 ιδ' 5; 9 θ' 8; 15 γ' 5; 23 ζ' 8; 23 ις' 6; 31 ια' 2; 34 θ' 1; 39 γ' 3; 39 ιδ' 9; 46 α' 4; 46 ς' 2; 46 ιδ' 1; 46 ιη' 10; 46 λ' 1; 51 κβ' 7.

Ἐδέμ: 1 tit.; 1 α' 1; 6 α' 1; 6 γ' 7; 12 ιβ' 4; 22 pr. I 1; 22 ε' 8; 22 η' 10; 23 α' 7; 23 β' 4; 23 ε' 4; 23 ις' 4.
Ἐζεκίας: 48 ιζ' 12.
ἐκκλησία: 5 ιγ' 3; 7 α' 3; 7 κ' 3; 9 ε' 5; 9 ζ' 2; 9 ιβ' 2; 9 ιβ' 3; 10 ιζ' 9; 11 β' 7; 14 ς' 6; 15 ιε' 1; 16 ις' 4; 20 ιδ' 7; 23 ζ' 9; 23 ιη' 6; 28 λγ' 5; 31 pr. II 4; 31 κβ' 5; 33 δ' 4; 40 γ' 4; 42 ιθ' 7; 42 ιθ' 9; 46 κε' 2; 49 ιη' 5; 53 κβ' 7; 54 ιδ' 4; 54 ιδ' 7; 54 ιζ' 1; 54 ιθ' 8; 54 κα' 8; 54 κβ' 6; 54 κγ' 6; 54 κδ' 3; 54 κε' 2; 58 pr. II 3; 59 pr. I 4; 59 α' 3; 59 γ' 3; 59 ε' 3.
Ἐλαιών: 32 ιζ' 7; 33 β' 7; 33 γ' 1.
Ἐλαμῖται: 33 ιδ' 5.
Ἑλένη: 23 ιθ' 4; 54 κβ' 3.
Ἐλισάβεθ: 7 θ' 1.
Ἐλισσαῖος, Ἐλισσαιέ: 14 ις' 3; 14 ις' 5; 22 γ' 6; 45 λγ' 4; 53 η' 2.
Ἕλληνες: 33 ιζ' 3.
Ἐνάπιοι: 28 η' 1.
Ἐνώχ: 4 ιε' 4; 32 ιδ' 5; 32 ιδ' 6; 32 ιδ' 11; 34 ε' 3.
Ἑρμονιείμ: 32 ιη' 2.
Ἐρυθρά (θάλασσα): 53 ζ' 1.
Εὖα: 2 γ' 4; 2 θ' 1; 2 ι' 1; 2 ιβ' 2; 2 ιβ' 8; 2 ιη' 8; 15 ιη' 6; 19 θ' 9; 19 ι' 4; 19 ι' 9; 19 ια' 6; 19 ιβ' 7; 20 pr. II 1; 22 ια' 10; 24 κ' 6; 24 κ' 7; 27 ς' 7; 28 κ' 8; 28 λα' 3; 35 pr. 2; 37 η' 4; 43 ι' 8; 44 η' 11; 44 ις' 3; 51 θ' 1; 51 θ' 6; 51 ια' 1; 51 ιβ' 5; 51 ιγ' 1; 51 ιε' 1; 51 ις' 1; 51 ιζ' 1; 53 α' 3; 58 ιδ' 8.
ἐχθρός: 11 ι' 8; 11 ια' 5; 11 ια' 8; 11 κγ' 8; 12 δ' 3; 16 γ' 4; 17 ι' 3; 17 κα' 7; 23 ς' 8; 31 ιβ' 1; 32 ιη' 11; 34 ιβ' 3; 34 ιθ' 4; 51 ιβ' 1; 53 ις' 1; 55 ιβ' 4; 55 ιζ' 1; 57 γ' 8; 57 ις' 3.
ἔχθιστος: 51 ιβ' 2.

Ζαβουλών: 5 α' 1.
Ζαβουλωνία: 6 ις' 3.
Ζαχαρίας (N.T.): 5 δ' 3; 5 ιδ' 1; 5 ιη' 1; 35 δ' 2; 35 θ' 2; 36 ζ' 5; 38 β' 10; 38 ζ' 9.
Ζαχαρίας (O.T.): 3 ιβ' 5; 16 ι' 2; 23 κβ' 6; 25 ι' 5; 38 ια' 4.
Ζεβεδαῖος: 31 θ' 1.

Ζεβεδαίου, οἱ τοῦ: 29 δ' 1; 29 ε' 1; 30 δ' 2; 32 ς' 2; 33 ιε' 7.

'Ηλί: 10 η' 6; 35 ς' 3.
'Ηλίας: 4 ιε' 4; 14 ιε' 1; 14 ις' 2; 16 β' 5; 17 ιη' 1; 17 ιη' 4; 17 ιη' 5; 17 ιη' 6; 32 ιδ' 9; 32 ιδ' 11; 34 δ' 3; 34 δ' 5; 34 δ' 8; 34 ε' 2; 38 ε' 2; 38 ε' 4; 45 tit.; 45 pr. 2; 45 α' 2; 45 δ' 5; 45 ι' 1; 45 ιδ' 2; 45 ιζ' 3; 45 ιη' 2; 45 κβ' 1; 45 κδ' 1; 45 κς' 1; 45 λ' 2; 45 λα' 2; 45 λβ' 1; 46 κδ' 9; 51 β' 1.
(Θεσβίτης): 38 ε' 7; 45 ζ' 1; 45 λβ' 2.
'Ηρώδης: 1 ις' 5; 1 ιζ' 3; 1 ιζ' 4; 3 pr. 5; 3 α' 9; 3 α' 13; 3 β' 11; 3 γ' 3; 3 ε' 2; 3 η' 12; 3 θ' 3; 3 ια' 13; 3 ιε' 2; 3 ιε' 13; 3 ις' 12; 3 ιζ' 7; 3 ιζ' 13; 21 ε' 4; 38 α' 1; 38 α' 9; 38 β' 1; 38 γ' 8; 38 δ' 4; 38 ε' 6; 38 ι' 1; 38 ια' 7; 38 ιβ' 1; 38 ιγ' 6; 38 ιδ' 4; 38 ιε' 9; 38 ιζ' 4.
'Ηρωδιάς: 38 pr. II 3; 38 ιγ' 1; 38 ιδ' 7.
'Ησαΐας: 3 β' 4; 3 ιβ' 11; 6 ζ' 1; 28 ς' 5; 32 ζ' 11; 37 δ' 2.
'Ησαῦ: 42 pr. 1; 42 β' 3; 42 γ' 2; 42 δ' 3; 42 ς' 9; 42 θ' 2; 42 θ' 5; 42 ιγ' 2; 42 ιγ' 10; 42 ιδ' 8; 42 ιε' 5; 42 ις' 2; 42 ις' 6; 42 ιζ' 2; 42 ιη' 1; 42 ιη' 8; 42 ιθ' 3.

Θαβώρ: 32 ιη' 2.
Θάνατος: 14 η' 6¹; 14 η' 6²; 14 θ' 1; 14 θ' 8; 14 ι' 1; 14 ιγ' 1; 14 ιδ' 1; 14 ιε' 5; 14 ις' 6; 15 α' 4; 15 γ' 4; 15 θ' 1; 15 θ' 5; 15 ις' 1; 16 α' 1; 16 δ' 5; 16 ε' 5; 18 κβ' 9; 19 η' 9; 21 ιγ' 3; 21 ιε' 2; 21 ιθ' 2; 21 κ' 4; 21 κ' 1; 21 κβ' 3; 22 pr. I 3; 22 pr. II 5; 23 α' 6; 24 pr. 1; 24 α' 1; 24 ς' 3; 24 ιγ' 5; 24 ιδ' 1; 24 ις' 6; 25 κβ' 2; 27 pr. 3; 27 δ' 6; 27 ε' 8; 27 ζ' 2; 27 ζ' 5; 27 ζ' 6; 27 η' 1; 27 ι' 5; 27 ιβ' 3; 27 ιβ' 7; 27 ιζ' 2; 28 pr. 4; 28 α' 9; 28 β' 9; 28 γ' 9; 28 δ' 9; 28 ε' 9; 28 ς' 9; 28 ζ' 9; 28 η' 9; 28 θ' 9; 28 ι' 9; 28 ια' 9; 28 ιβ' 9; 28 ιγ' 9; 28 ιδ' 9; 28 ιε' 9; 28 ις' 9; 28 ιζ' 2; 28 ιζ' 9; 28 ιη' 2; 28 ιη' 9; 28 ιθ' 9; 28 κ' 9; 28 κα' 9;
28 κβ' 1; 28 κβ' 9; 28 κγ' 9; 28 κδ' 1; 28 κδ' 9; 28 κε' 7; 28 κε' 9; 28 κς' 2; 28 κς' 9; 28 κζ' 9; 28 κη' 9; 28 κθ' 9; 28 λ' 9; 28 λα' 9; 28 λβ' 9; 28 λγ' 9; 29 ιδ' 11; 29 κγ' 11; 35 pr. 2; 44 ις' 4; 45 κγ' 2; 46 α' 6.
Θάρρα: 28 ις' 7.
Θαρσίς: 22 ιη' 7.
Θεσβίτης: see 'Ηλίας.
Θώμας, Θωμᾶς,] Δίδυμος: 19 γ' 4; 30 pr. I 2; 30 pr. II 1; 30 pr. III 3; 30 α' 8; 30 β' 2; 30 γ' 2; 30 γ' 7; 30 δ' 3; 30 δ' 6; 30 δ' 8; 30 ς' 6; 30 ζ' 1; 30 ζ' 5; 30 ι' 1; 30 ι' 2; 30 ια' 5; 30 ιβ' 1; 30 ιβ' 5; 30 ιγ' 5; 30 ιη' 5; 31 ια' 1; 32 ς' 9.

'Ιάειρος: 16 δ' 6; 20 η' 4; 28 ιη' 5; 29 η' 9.
'Ιαήλ: 22 η' 6.
'Ιακώβ: 1 ε' 9; 3 α' 3; 6 ε' 1; 9 η' 6; 9 ι' 5; 26 β' 5; 42 pr. 1; 42 γ' 3; 42 δ' 1; 42 θ' 4; 42 ι' 1; 42 ια' 3; 42 ιε' 2; 42 ιε' 6; 42 ιη' 1; 42 ιθ' 4; 43 pr. 1; 43 η' 4; 43 ιζ' 6; 43 κγ' 6; 43 κδ' 7; 43 κς' 3; 43 λα' 9; 43 λς' 2; 43 λη' 4.
'Ιάκωβος: 31 θ' 1.
'Ιεζάβελ: 38 ε' 2.
'Ιεζεκιήλ: 6 ιε' 5.
'Ιερεμίας: 6 ιε' 2.
'Ιερουσαλήμ: 1 ιε' 2; 1 ις' 2; 16 ιγ' 4; 33 γ' 3; 54 κα' 3.
'Ιεσσαί: 2 γ' 9; 37 δ' 3; 37 δ' 4.
'Ιησοῦς ὁ τοῦ Ναυῆ: 22 η' 8; 28 η' 1.
'Ιορδάνης: 5 γ' 4; 5 δ' 2; 5 ιδ' 8; 5 ιε' 3; 6 pr. 1; 6 α' 2; 27 ιη' 6.
'Ιουδαία: 3 θ' 2; 14 γ' 4; 14 η' 1.
'Ιουδαῖος: 3 ιβ' 8; 3 ιε' 8; 8 ιε' 5; 15 ζ' 4; 16 pr. II 2; 21 ζ' 5; 21 η' 1; 21 θ' 2; 21 ι' 1; 21 ιζ' 6; 21 κ' 2; 22 β' 6; 23 κα' 3; 28 η' 1; 34 γ' 7; 42 ιθ' 3; 45 ιδ' 1.
'Ιούδας 'Ισκαριώτης: 17 pr. I 1; 17 β' 7; 17 ζ' 7; 17 ιβ' 1; 17 ιγ' 1; 17 κ' 5; 18 θ' 6; 21 ε' 2; 23 ιε' 5; 24 ιβ' 4; 28 ε' 1; 28 λ' 5; 31 κα' 1; 31 κα' 4; 40 κ' 8; 43 ζ' 3; 43 ζ' 5; 57 ις' 5; 58 ιζ' 6.
'Ιούδας (Κυριακός): 23 κ' 7; 23 κα' 5.
'Ιούδας (Ο.Τ.): 43 ζ' 3; 43 ζ' 5.
'Ισαάκ: 6 ιδ' 7; 20 ιθ' 6; 26 β' 5;

INDEX NOMINUM

35 η' 2; 41 pr. 2; 41 ε' 4; 41 θ' 4;
41 ιε' 4; 41 ιζ' 2; 41 κγ' 1; 41 κδ' 2;
42 β' 2; 42 ζ' 1; 42 η' 1; 42 θ' 3;
42 θ' 7; 42 ιβ' 1; 42 ιγ' 1; 42 ιγ' 7;
42 ιε' 1; 42 ις' 1; 42 ις' 9; 43 θ' 7;
43 κς' 2.
'Ισμαηλῖται: 43 ζ' 8; 48 ιζ' 16.
'Ισραήλ: 11 κ' 5; 13 ιζ' 5; 19 γ' 6;
19 ιε' 7; 23 ι' 8; 35 γ' 3; 35 δ' 1; 45 κγ'
6; 48 ι' 5; 54 κβ' 1.
'Ισραηλῖται: 7 ιε' 2; 54 γ' 3.
'Ιωακείμ: 35 pr. 1; 35 α' 2; 35 β' 3;
35 γ'; 35 δ' 3.
'Ιωάννης (Baptist): 5 γ' 4; 5 δ' 2;
5 η' 2; 6 pr. 2; 34 δ' 1; 34 δ' 7;
38 γ' 9; 38 δ' 2; 38 ε' 4; 38 ζ' 9;
38 η' 1; 38 ις' 5; 38 ιη' 2.
(Πρόδρομος): 5 γ' 9; 5 ε' 8;
5 η' 1; 6 ιβ' 4; 20 ιβ' 6; 29 ζ' 11;
38 pr. I 1; 38 pr. II 1; 38 ιζ' 6.
(βαπτιστής): 5 δ' 6; 5 θ' 1; 5 ι' 1;
5 ιγ' 1; 6 ιγ' 1; 38 α' 5; 38 η' 2;
38 ιβ' 9; 38 ις' 6.
'Ιωάννης (Evangelist): 7 β' 2;
7 ς' 3; 7 ζ' 4; 7 ιζ' 3; 29 δ' 3;
30 δ' 3; 31 η' 1; 34 ε' 3; 39 γ' 9;
39 δ' 2; 39 ε' 3; 39 ιγ' 2; see also
Ζεβεδαίου, οἱ τοῦ.
'Ιώβ: 38 ια' 3; 50 η' 4.
'Ιωήλ: 59 ς' 2.
'Ιωνᾶ: 39 ιη' 6.
'Ιωνᾶς: 20 κ' 2; 26 θ' 1; 27 ε' 4;
48 γ' 10; 52 γ' 4; 52 ιγ' 1;
52 ιε' 2; 52 ις' 1; 52 ιζ' 4.
'Ιωσήφ (Father of the Lord): 1 ι' 8;
1 ια' 2; 1 ια' 9; 35 θ' 3; 36 β' 3;
36 ιβ' 3; 36 ιγ' 1; 36 ιδ' 4; 36 ιε' 1;
36 ις' 1; 36 ιζ' 6; 37 pr. 1; 37 η' 5;
37 ι' 3.
'Ιωσήφ (O.T.): 3 α' 4; 17 ιθ' 6;
24 β' 3; 26 β' 5; 43 pr. 3; 43 α' 2;
43 α' 7; 43 δ' 2; 43 δ' 4; 43 ς' 2;
43 ιβ' 2; 43 ιγ' 7; 43 ιδ' 4; 43 ις' 9;
43 ιη' 3; 43 κγ' 7; 43 κδ' 3;
43 κε' 7; 43 κς' 7; 43 λγ' 7;
43 λδ' 4; 43 λε' 7; 43 λζ' 9;
43 μ' 4; 44 tit.; 44 pr. I 3; 44 pr.
II 3; 44 β' 3; 44 β' 14; 44 γ' 8;
44 γ' 14; 44 δ' 8; 44 ε' 10; 44 ε' 14;
44 η' 2; 44 ια' 3; 44 ια' 6; 44 ια' 12;
44 ιβ' 1; 44 ιδ' 1; 44 ις' 2; 44 ιθ' 1;
44 ιθ' 8; 44 κ' 8; 44 κβ' 10;
44 κβ' 15.

'Ιωσήφ (of Arimathea): 24 β' 2[1];
24 β' 2[2]; 24 η' 2; 24 κ' 4; 24 κ' 5.

Καϊάφας: 18 α' 6; 18 θ' 7; 20 γ' 3;
20 δ' 6; 21 ε' 2.
Κάϊν: 1 κα' 7; 20 ε' 4; 21 δ' 6;
43 λδ' 5; 57 ζ' 1; 57 ζ' 4; 57 ιβ' 5.
Καίσαρος: 20 ις' 4; 20 ις' 5.
Κανᾶ: 7 δ' 1; 7 ζ' 8; 13 ιε'; 19 α';
13 ιε' 2; 19 α' 5.
Καρμήλ: 48 ις' 9.
Κόρινθος: 31 ις' 5.
Κυριακός: see 'Ιούδας.
Κωνσταντῖνος: 23 ιη' 3; 54 κβ' 3.

Λάζαρος (brother of Mary and
Martha): 14 pr. 1; 14 β' 6; 14 γ' 8;
14 δ' 5; 14 δ' 10; 14 ε' 2; 14 ς' 2;
14 ζ' 6; 14 η' 10; 14 ια' 9; 14 ιβ' 4;
14 ιγ' 10; 14 ιζ' 5; 14 ιζ' 7;
14 ιζ' 9; 14 ιη' 3; 15 pr. 2; 15 β' 5;
15 γ' 3; 15 δ' 5; 15 ζ' 3; 15 η' 5;
15 ι' 1; 15 ιγ' 4; 15 ιζ' 2; 15 ιζ' 5;
15 ιη' 2; 16 δ' 3; 19 η' 6; 20 η' 6;
21 ιε' 4; 28 ιη' 6; 29 η' 2; 30 ς' 5.
Λάζαρος (beggar): 50 α' 6; 50 γ' 1;
50 δ' 8; 50 ε' 1; 50 ζ' 1; 50 ιγ' 8;
50 ιδ' 5; 50 ιδ' 10; 50 ιε' 1;
50 ις' 10; 50 ιζ' 4; 50 ιη' 2;
50 ιη' 6; 50 ιθ' 4; 50 ιθ' 7.
Λευῖται: 35 δ' 4.
Λίβανον: 32 ιη' 1.
Λουκᾶς: 8 δ' 4; 27 α' 1; 32 β' 8;
33 γ' 2.
Λώτ: 40 η' 12.

μάγοι: 1 pr. 4; 1 δ' 4; 1 ς' 5; 1 ζ' 9;
1 η' 7; 1 θ' 4; 1 ι' 1; 1 ια' 1; 1 ιβ' 5;
1 ις' 1; 1 κ' 1; 1 κ' 9; 1 κα' 2;
1 κβ' 2; 1 κδ' 3; 1 κδ' 4; 2 pr. 3;
3 pr. 2; 3 γ' 4; 3 δ' 4; 3 ς' 10;
7 θ' 3; 11 ιη' 1; 29 α' 7.
μαθηταί: 4 ιγ' 8; 9 ιθ' 5; 11 ια' 1;
11 ιγ' 1; 11 ιε' 1; 12 ιγ' 2; 12 ιγ' 4;
13 ι' 8; 13 ια' 1; 13 ιγ' 1; 13 ιδ' 8;
13 κ' 4; 14 ς' 1; 15 δ' 1; 15 ιε' 3;
16 ζ' 7; 16 η' 3; 17 ια' 5; 17 κ' 1;
18 γ' 5; 18 ιη' 4; 18 ιζ' 4; 18 ιθ' 2;
21 κα' 7; 23 ιδ' 9; 23 ιε' 7; 23 ιε' 8;
24 δ' 7; 28 ιε' 4; 29 γ' 7; 29 ιβ' 4;
30 α' 1; 30 γ' 6; 30 δ' 6; 30 ε' 2;

μαθηταί (cont.)
30 ζ' 4; 30 ιε' 1; 30 ιζ' 8; 31 pr. 2;
31 β' 1; 31 ιη' 1; 32 pr. II 1;
32 γ' 1; 32 ιε' 2; 32 ιζ' 1; 32 ιη' 4;
33 β' 1; 33 γ' 1; 33 γ' 5; 33 ς' 5;
33 ιη' 1; 34 γ' 2; 39 δ' 6; 39 η' 2;
39 θ' 1;   48 ιβ' 16;   48 ιδ' 3;
58 δ' 11; 58 ιγ' 12; 59 ι' 5.
Μαλαχίας: 34 δ' 4.
Μαμβρῆ: 6 δ' 1.
Μάρθα: 14 pr. 4; 14 β' 5; 14 γ' 8;
14 δ' 5; 14 ε' 8; 14 ιζ' 10; 15 pr. 5;
15 α' 1; 15 α' 6; 15 β' 6; 15 γ' 6;
15 δ' 4; 15 δ' 6; 15 ε' 6; 15 ς' 6;
15 ζ' 6; 15 η' 1; 15 η' 6; 15 θ' 6;
15 ι' 6; 15 ια' 6; 15 ιβ' 6; 15 ιγ' 6;
15 ιδ' 6; 15 ιε' 6; 15 ις' 6; 15 ιζ' 6.
Μαρία (Sister of Martha): 14 pr. 4;
14 β' 5; 14 γ' 8; 14 δ' 5; 14 ε' 4;
15 pr. 5; 15 α' 1; 15 α' 6; 15 β' 6;
15 γ' 6; 15 δ' 4; 15 δ' 6; 15 ε' 6;
15 ς' 1; 15 ς' 6; 15 ζ' 6; 15 η' 6;
15 θ' 6; 15 ι' 6; 15 ια' 6; 15 ιβ' 6;
15 ιγ' 6; 15 ιδ' 6; 15 ιε' 6; 15 ις' 6;
15 ιζ' 6.
Μαρία, Μαριάμ, Μαγδαληνή: 28 ιε' 1;
29 β' 9; 29 γ' 2; 29 ε' 2; 29 ς' 5;
29 ζ' 1; 29 θ' 1; 29 θ' 5; 29 ι' 2;
29 ι' 4; 29 ιβ' 4; 29 ιδ' 7; 29 ιε' 2;
29 ις' 4; 29 κγ' 6.
Μάρκος: 8 δ' 3.
Ματθαῖος: 8 δ' 3; 18 γ'; 31 ιβ' 1;
32 ς'; 34 δ' 6; 47 ε'; 18 γ' 3;
32 ς' 6; 47 ε' 5.
Ματθίας: 58 ιζ' 6; cf. 31 κα' 4.
Μελχώ: 10 ια' 5.
Μέρρα: 22 ιε' 2.
Μῆδοι: 33 ιδ' 4.
Μισάχ: 46 κς' 2.
Μιχαήλ: 18 ια' 5.
Μιχαίας: 3 ις' 5.
Μωσῆς, Μωϋσῆς: 1 ιθ' 2; 3 ιβ' 11;
3 ιε' 11; 4 ιζ' 4; 5 ζ' 6; 5 ς' 1;
8 ιε' 4; 8 ιε' 6; 16 ε' 4; 16 ε' 6;
19 ιε' 5; 19 ιε' 7; 20 γ' 5; 20 γ' 6;
20 ιδ' 3; 21 ιβ' 1; 22 ιγ' 6; 22 ιε' 1;
25 ια' 3; 28 θ' 3; 28 λ' 1; 29 ιδ' 3;
30 β' 2;   32 ιζ' 10;   32 ιζ' 12;
36 θ' 4; 36 ι' 7; 36 ιε' 7; 37 γ' 1;
37 ε' 3; 48 ι' 9; 50 κ' 8; 51 β' 1;
52 ιε' 4; 54 γ' 4; 54 γ' 7; 54 δ' 1;
54 δ' 3; 55 ιε' 2; 55 ιε' 4; 58 ια' 3;
58 ια' 11.

Ναβουχοδονόσορ: 46 δ' 5;   46 ς' 5;
46 ιβ' 5; 46 κ' 3.
Ναζαρέτ: 6 γ' 7; 11 ιζ' 2; 14 θ' 8;
31 ις' 5; 36 β' 3.
Ναούμ: 25 ι' 3.
Ναυῆ: 22 η' 8.
Ναφθαλείμ: 5 α' 1.
Νεῖλος: 3 ιε' 10.
Νινευΐ: 20 κ' 5; 52 pr. 1; 52 ε' 2;
52 η' 3; 52 θ' 1; 52 ι' 1.
Νινευῖται: 48 ιζ' 7; 52 α' 6; 52 β' 8;
52 γ' 8; 52 δ' 7; 52 ιζ' 3.
Νῶε: 22 ιγ' 4; 29 ιδ' 10; 40 pr. I 1;
40 pr. II 1;   40 α' 2;   40 β' 1;
40 ς' 3; 40 ζ' 4; 40 ζ' 9; 40 ις' 7;
40 ιζ' 3; 40 ιζ' 9; 40 ιθ' 6; 53 ς' 5.

'Οζάν: 5 ιβ' 6.
"Ομηρος: 33 ιζ' 6.
ὄφις: 2 δ' 7; 2 η' 9; 2 ιβ' 9; 15 β' 4;
15 ι' 3; 22 β' 1; 22 ε' 1; 28 ιζ' 2;
28 ιη' 2; 42 α' 2; 43 ι' 8; 49 ζ' 4;
51 ιγ' 1; 51 ιε' 5; 51 ιθ' 1; 51 ιθ' 4;
51 ιθ' 5.

Παμφυλία: 33 ιε' 7.
Παράδεισος: 1 α' 3; 1 κγ' 8; 2 ζ' 2;
2 ιδ' 6; 5 β' 1; 6 ις' 3; 20 pr. I 4;
20 β' 4; 21 δ' 5; 22 pr. I 6; 22 pr.
II 7;   22 pr. III 2;   22 α' 12;
22 β' 12;   22 γ' 12;   22 δ' 12;
22 ε' 12;   22 ς' 12;   22 ζ' 12;
22 η' 12;   22 θ' 12;   22 ι' 12;
22 ια' 12;   22 ιβ' 12;   22 ιγ' 12;
22 ιδ' 12;   22 ιε' 12;   22 ις' 12;
22 ιζ' 12;   22 ιη' 12;   23 pr. 5;
23 α' 2;   23 α' 11;   23 β' 11;
23 γ' 11; 23 δ' 6; 23 δ' 11; 23 ε' 1;
23 ε' 11;   23 ς' 11;   23 ζ' 11;
23 η' 11; 23 θ' 11; 23 ι' 4; 23 ι' 11;
23 ια' 11;   23 ιβ' 4;   23 ιβ' 11;
23 ιγ' 2;   23 ιγ' 4;   23 ιγ' 11;
23 ιδ' 1;   23 ιδ' 6;   23 ιδ' 11;
23 ιε' 5;   23 ιε' 11;   23 ις' 2;
23 ις' 11;   23 ιζ' 11;   23 ιη' 11;
23 ιθ' 11;   23 κ' 11;   23 κα' 11;
23 κβ' 11;   23 κγ' 2;   23 κγ' 3;
23 κγ' 11;   23 κδ' 11;   26 γ' 5;
31 ς' 3; 36 ιγ' 5; 44 ις' 5; 46 κβ' 4;
47 λ' 3; 49 ζ' 11; 50 ι' 6; 51 δ' 3;
51 ε' 8; 51 ς' 2; 51 ι' 4; 51 ι' 7;
51 ια' 3; 51 ιδ' 3; 51 ιδ' 9; 53 γ' 4;
53 ς' 1;   55 pr. II 1;   57 ια' 6;
57 ια' 7; 57 ιβ' 2.

INDEX NOMINUM

Πάρθοι: 33 ιδ' 4.
Παῦλος: 7 γ' 1; 14 ς' 5; 23 κ' 5; 28 ις' 1; 31 κα' 5; 38 ιη'; 49 ι'; 56 ιδ' 1.
Πέρσαι: 3 pr. 2; 46 β' 8.
Περσίς: 1 ιθ' 7; 7 θ' 3; 11 ιη' 2; 46 η' 10.
Πετεφρής: 43 ι' 2; 43 ι' 5; 43 ιβ' 6; 43 ιγ' 5.
Πέτρος: 7 ιζ' 3; 17 ς' 1; 17 ζ' 6; 17 ζ' 7; 17 θ' 4; 18 pr. I 3; 18 α' 5; 18 α' 7; 18 β' 1; 18 β' 3; 18 γ' 1; 18 γ' 7; 18 δ' 1; 18 ς' 1; 18 ς' 2; 18 η' 1; 18 θ' 1; 18 θ' 2; 18 θ' 8; 18 ιβ' 1; 18 ιγ' 1; 18 ιγ' 8; 18 ις' 1; 18 ιζ' 2; 18 ιζ' 3; 18 ιζ' 8; 18 ιη' 1; 18 ιθ' 2; 18 ιθ' 9; 18 κ' 1; 18 κ' 2; 18 κ' 4; 18 κ' 8; 18 κα' 4; 18 κα' 6; 18 κα' 8; 18 κβ' 3; 18 κβ' 5; 19 γ' 2; 23 ιδ' 7; 29 δ' 3; 29 δ' 7¹; 29 δ' 7²; 29 δ' 9; 29 δ' 11; 29 ε' 1; 29 ιγ' 7; 30 ζ' 8; 30 η' 5; 30 ια' 7; 31 ε' 2; 31 ς' 1; 32 ε' 4; 33 γ' 5; 33 δ' 1; 33 ι' 1; 33 ιε' 5; 39 γ' 9; 39 δ' 2; 39 ε' 3; 39 ε' 4; 39 ε' 8; 39 ι' 2; 39 ια' 7; 39 ια' 9; 39 ιβ' 1; 39 ιε' 1; 39 ιζ' 1; 39 ιη' 2; 47 κε' 7; 48 ιβ' 18; 52 α' 4; 52 β' 7; 55 ιε' 2; 55 ιε' 4; 56 ζ' 1.
(Κηφᾶς): 18 ιβ' 6; 18 ιε' 7; 29 δ' 1; 31 ς' 5; 31 ις' 3; 33 γ' 6; 33 ιγ' 1; 33 ιε' 5; 39 ιθ' 1.
(Σίμων): 29 δ' 9.
(Σίμων Βαριωνᾶ): 12 ιε' 2.
Πιλᾶτος: 20 ς' 3; 20 η' 2; 20 ιγ' 4; 20 ιε' 2; 20 ιε' 7; 21 ε' 5; 21 θ' 7; 21 ιγ' 7; 21 ιδ' 6; 22 α' 1; 22 δ' 6; 22 ι' 7; 24 δ' 2; 24 ε' 2; 24 ε' 6; 24 ε' 7; 24 ζ' 1; 24 ι' 1; 24 ι' 4; 24 ια' 6; 28 η' 7; 28 θ' 2; 28 λ' 6.
πλάνος: 20 γ' 7; 21 δ' 1; 21 ιγ' 1; 27 ιβ' 5; 28 ε' 6; 28 κ' 2; 28 κβ' 1; 34 η' 6.
Πλάτων: 33 ιζ' 4.
πλατωνίζοντες: 31 ιε' 5.
Πρόδρομος: see Ἰωάννης (Baptist).
Πτολεμαῖοι: 48 ις' 12.
Πυθαγόρας: 33 ιζ' 7.

Ῥαάβ: 10 ζ' 1.
Ῥαμᾶ: 3 α' 2.
Ῥαχήλ: 3 α' 3; 3 α' 4; 3 α' 5; 3 α' 11;

3 θ' 10; 3 θ' 11; 3 ιβ' 12; 43 κγ' 8; 43 κε' 8; 43 λζ' 7.
Ῥεβέκκα: 42 β' 2; 42 ιβ' 4; 42 ιθ' 8.
Ῥουβίμ: 43 ς' 7; 43 κα' 9.
Ῥωμαῖοι: 33 ιδ' 4; 54 κγ' 3; 58 ιβ' 5; 58 ιγ' 4; 58 ιγ' 9.

Σαβαώθ: 6 ζ' 5; 40 κ' 11.
Σαμαρεία: 9 δ' 3; 9 κβ' 1; 54 ι' 5.
Σαμαρεῖται: 9 κ' 1.
Σαμαρεῖτις: 9 pr. 2; 9 β' 3; 9 γ' 1; 9 γ' 5; 9 ε' 2; 9 ζ' 1; 9 ζ' 7; 9 ι' 1; 9 ια' 3; 9 ιδ' 3; 9 ιζ' 3; 9 κ' 1; 43 α' 8.
Σαμουήλ: 10 η' 9; 35 ς' 4.
Σαμψών: 25 κα' 5.
Σαούλ: 16 ς' 4; 16 ς' 6.
Σαρέφθα: 45 ιγ' 3.
Σάρρα: 1 γ' 7; 35 η' 1; 35 η' 5; 41 ε' 6; 41 ζ' 1; 41 ιδ' 1; 41 ιε' 6; 41 κδ' 1.
Σατανᾶς, Σατάν: 17 δ' 7; 21 θ' 2; 43 δ' 7; 46 α' 6; 57 ιδ' 8; 58 β' 3; 58 θ' 10; 58 ι' 1; 58 ιδ' 7.
Σεδράχ: 46 κς' 2.
Σεραφίμ: 1 κα' 6; 18 ι' 9; 23 ιγ' 8; 27 β' 7; 34 ις' 6.
Σίμων: 10 η' 3; 10 η' 5; 10 ιβ' 5; 10 ιγ' 8; 10 ιδ' 3; 10 ιε' 6; 10 ις' 9; 10 ιζ' 7.
(Φαρισαῖος): 10 β' 6; 10 δ' 6; 10 ς' 6; 10 ιβ' 3; 10 ιγ' 6; 10 ιε' 1.
Σινᾶ, Σινάτιον: 19 ς' 3; 32 ιζ' 9.
Σισαρᾶ: 22 η' 6.
Σιών: 16 γ' 1; 16 η' 2; 16 ιγ' 3; 22 ιη' 6; 54 κβ' 2.
Σόδομα: 33 β' 4; 40 η' 11.
Σοδομῖται: 52 θ' 6.
Σολομῶν: 22 ιη' 8; 50 ζ' 8; 54 κα' 4; 57 η' 1; 57 η' 5; 57 ιβ' 6.
Σοφονίας: 25 ι' 1.
Συμεών (O.T.): 43 κ' 7; 43 κα' 4; 43 κβ' 2; 43 κβ' 3; 43 κγ' 7; 43 κδ' 8; 43 κε' 5.
Συμεών (N.T.): 4 pr. III 2; 4 α' 2; 4 ε' 3; 7 θ' 2.
Συχάρ: 9 ε' 3; 9 ζ' 2; 9 ιη' 7.
Συχέμ: 6 ις' 7.
Σωρήχ: 22 ιε' 10.

Τάρταρος: 22 ιζ' 2; 28 κε' 4; and see Ἅιδης.
Τύρος: 48 ις' 8.

Φαραώ: 40 η' 5; 40 η' 10; 43 ις' 1; 48 ι' 1.
Φαραωνίτης: 53 ζ 8.
Φαρισαῖοι: 1 ιζ' 3; and see Σίμων.
Φίλιππος (disciple): 31 ι' 1.
Φίλιππος (brother of Herod): 38 δ' 6.
Φρύγιοι: 33 ιδ' 7.

Χαλδαῖοι: 1 ιγ' 4; 1 ιη' 8; 46 ς' 1; 46 ιζ' 1; 46 ιη' 9; 46 κ' 5.
Χάμ: 40 ι' 11; 40 κ' 2.

Χαναναία: 21 ις' 5; 54 ε' 1.
Χαναναῖοι: 43 ιζ' 5.
Χανανίς: 10 γ' 7; 43 κη' 9.
Χερουβίμ: 2 ζ' 5; 2 ιγ' 9; 4 β' 3; 7 β' 4; 16 β' 4; 20 κα' 6; 23 ε' 2; 23 ε' 8; 23 ι' 4; 23 ι' 6; 23 ια' 5; 23 ιβ' 2; 26 ε' 5; 27 β' 7; 34 ις' 6.
Χριστιανοί: 6 ιδ' 1; 35 ι' 4; 42 ιθ' 4; 51 κ' 7; 57 ε' 2.

Ὥρ: 58 ια' 9.

CONSPECTUS

CONSPECTUS OF THE NUMBERS OF THIS EDITION AND THOSE OF KRUMBACHER, *Die Akrostichis in der griechischen Kirchenpoesie*

Maas–Trypanis	Krumbacher	Maas–Trypanis	Krumbacher
1	1	31	25
2	42	32	22
3	44	33	23
4	6	34	7
5	4	35	28
6	5	36	50
7	77	37	43
8	78	38	26
9	80	39	76
10	15	40	63
11	81	41	65
12	82	42	68
13	83	43	12
14	70	44	11
15	71	45	56
16	10	46	27
17	16	47	13
18	18	48	14
19	17	49	61
20	19	50	69
21	67	51	60
22	9	52	84
23	64	53	46
24	72	54	62
25	73	55	8
26	75	56	66
27	79	57	48
28	74	58	49
29	20	59	24
30	21